2022

SOLDADO – POLÍCIA MILITAR DO ESTADO DO CEARÁ – PMCE

3ª EDIÇÃO

Proteção de direitos

Todos os direitos autorais desta obra são reservados e protegidos pela Lei nº 9.610/1998. É proibida a reprodução de qualquer parte deste material didático, sem autorização prévia expressa por escrito do autor e da editora, por quaisquer meios empregados, sejam eletrônicos, mecânicos, videográficos, fonográficos, reprográficos, microfílmicos, fotográficos, gráficos ou quaisquer outros que possam vir a ser criados. Essas proibições também se aplicam à editoração da obra, bem como às suas características gráficas.

Diretor Geral: Evandro Guedes
Diretor de TI: Jadson Siqueira
Diretor Editorial: Javert Falco
Gerente Editorial: Mariana Passos
Editor(a): Mateus Ruhmke Vazzoller
Gerente de Editoração: Alexandre Rossa
Diagramador(a): Emilly Lazarotto

Língua Portuguesa/Interpretação de Textos
Adriano Pacciclo, Giancarla Bombonato, Glaucia Cansian, Pablo Jamilk, Priscila Conte

Raciocínio Lógico-Matemático
Daniel Lustosa

Noções de Administração Pública/Ética no Serviço Público
Evandro Guedes, Giovana Carranza, Isabel Rossoni, Luiz Rezende, Pablo Jamilk

Noções de Direito Constitucional
Daniel Sena, Gustavo Muzy

Noções de Direito Administrativo
Evandro Guedes, Vinicius Albuini

Noções de Direitos Humanos
Diogo Medeiros, Guilherme de Luca, Nilton Matos, Rafael Medeiros

Noções de Direito Penal Militar/Processo Penal Militar
André Adriano

Noções de Direito Processual Penal
Roberto Fernandes

História do Ceará
Nilton Matos

Segurança Pública
Diogo Medeiros

Dados Internacionais de Catalogação na Publicação (CIP)
Jéssica de Oliveira Molinari CRB-8/9852

S668

Soldado da polícia militar do estado do Ceará : PMCE / Equipe de professores Alfacon. -- 3. ed. -- Cascavel, PR : AlfaCon, 2022.
   448 p.

Bibliografia
ISBN 978-65-5918-511-5

1. Serviço público - Concursos – Brasil 2. Polícia militar – Ceará 3. Língua portuguesa 4. Raciocínio Lógico 5. Ceará – História 6. Direito 7. Administração pública 8. Criminologia 9. Segurança pública

22-5924   CDD 351.81076

Índices para catálogo sistemático:
1. Serviço público - Brasil - Concursos

Dúvidas?
Acesse: www.alfaconcursos.com.br/atendimento
Núcleo Editorial:
   Rua: Paraná, nº 3193, Centro - Cascavel/PR
   CEP: 85810-010
Núcleo Comercial/Centro de Distribuição:
   Rua: Dias Leme, nº 489, Mooca - São Paulo/SP
   CEP: 03118-040

SAC: (45) 3037-8888

Data de fechamento
1ª impressão:
19/10/2022

www.alfaconcursos.com.br/apostilas

Atualizações e erratas
Esta obra é vendida como se apresenta. Atualizações - definidas a critério exclusivo da Editora AlfaCon, mediante análise pedagógica – e erratas serão disponibilizadas no site www.alfaconcursos.com.br/codigo, por meio do código disponível no final do material didático Ressaltamos que há a preocupação de oferecer ao leitor uma obra com a melhor qualidade possível, sem a incidência de erros técnicos e/ou de conteúdo. Caso ocorra alguma incorreção, solicitamos que o leitor, atenciosamente, colabore com sugestões, por meio do setor de atendimento da AlfaCon Concursos Públicos.

APRESENTAÇÃO

A chance de fazer parte do Serviço Público chegou, e a oportunidade está no concurso para **Soldado – Polícia Militar do Estado do Ceará – PMCE**. Neste universo dos concursos públicos, estar bem-preparado faz toda a diferença e para ingressar nesta carreira, é fundamental que esteja preparado com os conteúdos que o AlfaCon julga mais importante cobrados na prova:

Aqui, você encontrará os conteúdos básicos de

> Língua Portuguesa/Interpretação de Textos
> Raciocínio Lógico-Matemático
> Noções de Administração Pública/Ética no Serviço Público
> Noções de Direito Constitucional
> Noções de Direito Administrativo
> Noções de Direitos Humanos
> Noções de Direito Penal Militar/Processo Penal Militar
> Noções de Direito Processual Penal
> História do Ceará
> Segurança Pública

O AlfaCon preparou todo o material com explicações, reunindo os principais conteúdos relacionados a prova, dando ênfase aos tópicos mais cobrados. ESTEJA ATENTO AO CONTEÚDO ONLINE POR MEIO DO CÓDIGO DE RESGATE, para que você tenha acesso a todo conteúdo do solicitado pelo edital.

Desfrute de seu material o máximo possível, estamos juntos nessa conquista!

Bons estudos e rumo à sua aprovação!

COMO ESTUDAR PARA UM CONCURSO PÚBLICO!

Para se preparar para um concurso público, não basta somente estudar o conteúdo. É preciso adotar metodologias e ferramentas, como plano de estudo, que ajudem o concurseiro em sua organização.

As informações disponibilizadas são resultado de anos de experiência nesta área e apontam que estudar de forma direcionada traz ótimos resultados ao aluno.

Curso on-line GRATUITO

- Como montar caderno
- Como estudar
- Como e quando fazer simulados
- O que fazer antes, durante e depois de uma prova!

Ou pelo link: alfaconcursos.com.br/cursos/material-didatico-como-estudar

ORGANIZAÇÃO

Organização é o primeiro passo para quem deseja se preparar para um concurso público.

Conhecer o conteúdo programático é fundamental para um estudo eficiente, pois os concursos seguem uma tendência e as matérias são previsíveis. Usar o edital anterior - que apresenta pouca variação de um para outro - como base é uma boa opção.

Quem estuda a partir desse núcleo comum precisa somente ajustar os estudos quando os editais são publicados.

PLANO DE ESTUDO

Depois de verificar as disciplinas apresentadas no edital, as regras determinadas para o concurso e as características da banca examinadora, é hora de construir uma tabela com seus horários de estudo, na qual todas as matérias e atividades desenvolvidas na fase preparatória estejam dispostas.

PASSO A PASSO

VEJA AS ETAPAS FUNDAMENTAIS PARA ORGANIZAR SEUS ESTUDOS

PASSO 1
Selecionar as disciplinas que serão estudadas.

PASSO 2
Organizar sua rotina diária: marcar pontualmente tudo o que é feito durante 24 horas, inclusive o tempo que é destinado para dormir, por exemplo.

PASSO 3
Organizar a tabela semanal: dividir o horário para que você estude 2 matérias por dia e também destine um tempo para a resolução de exercícios e/ou revisão de conteúdos.

PASSO 4
Seguir rigorosamente o que está na tabela, ou seja, destinar o mesmo tempo de estudo para cada matéria. Por exemplo: 2h/dia para cada disciplina.

PASSO 5
Reservar um dia por semana para fazer exercícios e também simulados.

Esta tabela é uma sugestão de como você pode organizar seu plano de estudo. Para cada dia, você deve reservar um tempo para duas disciplinas e também para a resolução de exercícios e/ou revisão de conteúdos. Fique atento ao fato de que o horário precisa ser determinado por você, ou seja, a duração e o momento do dia em que será feito o estudo é você quem escolhe.

TABELA SEMANAL

SEMANA	SEGUNDA	TERÇA	QUARTA	QUINTA	SEXTA	SÁBADO	DOMINGO
1							
2							
3							
4							

SUMÁRIO

LÍNGUA PORTUGUESA/INTERPRETAÇÃO DE TEXTOS 23

1. **FONOLOGIA** 24
   1.1 Partição silábica 24
2. **ACENTUAÇÃO GRÁFICA** 25
   2.1 Padrões de tonicidade 25
   2.2 Encontros vocálicos 25
   2.3 Regras gerais 25
3. **ACORDO ORTOGRÁFICO DA LÍNGUA PORTUGUESA** 26
   3.1 Trema 26
   3.2 Regras de acentuação 26
   3.3 Hífen com compostos 26
   3.4 Uso do hífen com palavras formadas por prefixos 27
4. **ORTOGRAFIA** 30
   4.1 Alfabeto 30
   4.2 Emprego da letra H 30
   4.3 Emprego de E e I 30
   4.4 Emprego de O e U 30
   4.5 Emprego de G e J 31
   4.6 Orientações sobre a grafia do fonema /s/ 31
   4.7 Emprego da letra Z 32
   4.8 Emprego do X e do CH 32
   4.9 Escreveremos com X 32
   4.10 Escreveremos com CH 32
5. **NÍVEIS DE ANÁLISE DA LÍNGUA** 33
6. **ESTRUTURA E FORMAÇÃO DE PALAVRAS** 34
   6.1 Estrutura das palavras 34
   6.2 Radicais gregos e latinos 34
   6.3 Origem das palavras de Língua Portuguesa 34
   6.4 Processos de formação de palavras 35
   6.5 Acrônimo ou sigla 35
   6.6 Onomatopeia ou reduplicação 35
7. **MORFOLOGIA** 36
   7.1 Substantivos 36
   7.2 Artigo 36
   7.3 Pronome 37
   7.4 Verbo 41
   7.5 Adjetivo 46
   7.6 Advérbio 48
   7.7 Conjunção 48
   7.8 Interjeição 49
   7.9 Numeral 50
   7.10 Preposição 51

Sumário

Sumário

8. SINTAXE BÁSICA 52
    8.1 Período simples (oração) 52
    8.2 Termos integrantes da oração 53
    8.3 Termos acessórios da oração 53
    8.4 Período composto 53
9. FUNÇÕES DO "SE" 56
    9.1 Partícula apassivadora 56
    9.2 Pronome reflexivo 56
    9.3 Pronome recíproco 56
    9.4 Partícula expletiva (de realce) 56
    9.5 Pronome indeterminador do sujeito 56
    9.6 Parte do verbo pronominal 56
    9.7 Conjunção 56
10. FUNÇÕES DO "QUE" 57
    10.1 Substantivo 57
    10.2 Pronome 57
    10.3 Interjeição 57
    10.4 Preposição 57
    10.5 Advérbio 57
    10.6 Conjunção 57
    10.7 Conjunção subordinativa 57
    10.8 Partícula expletiva (de realce) 57
11. CONCORDÂNCIA VERBAL E NOMINAL 58
    11.1 Concordância verbal 58
    11.2 Concordância nominal 59
12. REGÊNCIA VERBAL E NOMINAL 60
    12.1 Regência verbal 60
    12.2 Regência nominal 61
13. PARALELISMO 62
    13.1 Paralelismo sintático 62
    13.2 Paralelismo semântico 62
14. COLOCAÇÃO PRONOMINAL 63
    14.1 Regras de próclise 63
    14.2 Regras de mesóclise 63
    14.3 Regras de ênclise 63
    14.4 Casos facultativos 63
15. CRASE 64
    15.1 Crase proibitiva 64
    15.2 Crase obrigatória 64
    15.3 Crase facultativa 64
16. PONTUAÇÃO 65
    16.1 Principais sinais e usos 65

17. PARÁFRASE 67
    17.1 Passos da paráfrase..67
18. REESCRITURA DE FRASES 68
    18.1 Substituição de palavras ou de trechos de texto 68
    18.2 Conectores de mesmo valor semântico 68
    18.3 Retextualização de diferentes gêneros e níveis de formalidade............68
19. FIGURAS DE LINGUAGEM..71
    19.1 Vícios de linguagem 72
    19.2 Funções da linguagem...72
20. TIPOLOGIA TEXTUAL...73
    20.1 Texto narrativo 73
    20.2 Texto dissertativo...73
    20.3 Texto descritivo 74
    20.4 Conotação × denotação 75
21. COMPREENSÃO E INTERPRETAÇÃO DE TEXTOS.................................76
    21.1 Ideias preliminares sobre o assunto 76
    21.2 Semântica ou pragmática?..76
    21.3 Questão de interpretação 76
    21.4 Dicas para interpretação..76
    21.5 Dicas para organização 77
22. INTERPRETAÇÃO DE TEXTO POÉTICO 79
    22.1 Tradução de sentido...79
    22.2 Organização de texto 79
    22.3 Significação das palavras 80
    22.4 Inferência..80
23. TIPOS DE DISCURSO...82
    23.1 Discurso direto 82
    23.2 Discurso indireto 82
    23.3 Discurso indireto livre...82

RACIOCÍNIO LÓGICO-MATEMÁTICO 83
  1 PROPOSIÇÕES 84
    1.1 Definições 84
    1.2 Tabela verdade e valores lógicos das proposições compostas...............85
    1.3 Tautologias, contradições e contingências 86
    1.4 Equivalências lógicas 86
    1.5 Relação entre todo, algum e nenhum...88
  2 ARGUMENTOS...89
    2.1 Definições 89
    2.2 Métodos para classificar os argumentos 89
  3 PSICOTÉCNICOS...91

Sumário

Sumário

4 CONJUNTOS **93**
    4.1 Definição 93
    4.2 Subconjuntos 93
    4.3 Operações com conjuntos 93

5 CONJUNTOS NUMÉRICOS **95**
    5.1 Números naturais 95
    5.2 Números inteiros 95
    5.3 Números racionais 95
    5.4 Números irracionais 97
    5.5 Números reais 97
    5.6 Intervalos 97
    5.7 Múltiplos e divisores 97
    5.8 Números primos 97
    5.9 MMC e MDC 97
    5.10 Divisibilidade 98
    5.11 Expressões numéricas 98

6 SISTEMA LEGAL DE MEDIDAS **99**
    6.1 Medidas de tempo 99
    6.2 Sistema métrico decimal 99

7 PROPORCIONALIDADE **100**
    7.1 Grandeza 100
    7.2 Razão 100
    7.3 Proporção 100
    7.4 Divisão em partes proporcionais 100
    7.5 Regra das torneiras 101
    7.6 Regra de três 101

8 FUNÇÕES **102**
    8.1 Definições 102
    8.2 Plano cartesiano 102
    8.3 Funções injetoras, sobrejetoras e bijetoras 102
    8.4 Funções crescentes, decrescentes e constantes 102
    8.5 Funções inversas e compostas 102
    8.6 Função afim 103
    8.7 Equação e função exponencial 105
    8.8 Equação e função logarítmica 105

9 SEQUÊNCIAS NUMÉRICAS **107**
    9.1 Definições 107
    9.2 Lei de formação de uma sequência 107
    9.3 Progressão aritmética (P.A.) 107
    9.4 Progressão geométrica (P.G.) 108

10 ANÁLISE COMBINATÓRIA **109**
    10.1 Definição 109
    10.2 Fatorial 109
    10.3 Princípio fundamental da contagem (PFC) 109

    10.4 Arranjo e combinação 109
    10.5 Permutação 110
11 PROBABILIDADE **112**
    11.1 Definições 112
    11.2 Fórmula da probabilidade... 112
    11.3 Eventos complementares 112
    11.4 Casos especiais de probabilidade 112
12 MATRIZES **114**
    12.1 Representação de uma matriz... 114
    12.2 Lei de formação de uma matriz 114
    12.3 Tipos de matrizes... 114
    12.4 Operações com matrizes 115
    12.5 Multiplicação de matrizes... 115
13 DETERMINANTES..**117**
    13.1 Cálculo dos determinantes... 117
    13.2 Propriedades dos determinantes 118
14 SISTEMAS LINEARES **120**
    14.1 Representação de um sistema linear em forma de matriz 120
    14.2 Resolução de um sistema linear... 120
15 NÚMEROS COMPLEXOS..**121**
    15.1 Unidade imaginária.. 121
    15.2 Forma algébrica de um número complexo 121
    15.3 Conjugado e módulo de um número complexo 121
    15.4 Forma trigonométrica de um número complexo.................... 121
    15.5 Operações com números complexos.. 121
16 POLINÔMIOS..**122**
    16.1 Definições 122
    16.2 Função polinomial 122
    16.3 Polinômio nulo.. 122
    16.4 Grau de um polinômio 122
    16.5 Identidade entre polinômios 122
    16.6 Valor numérico de um polinômio.. 122
    16.7 Operações com polinômios 122
    16.8 Divisões com polinômios 122
    16.9 Equações polinomiais 123
17 TRIGONOMETRIA...**124**
    17.1 Triângulos 124
    17.2 Trigonometria no triângulo retângulo 124
    17.3 Trigonometria em um triângulo qualquer.................................. 124
    17.4 Medidas dos ângulos 124
    17.5 Ciclo trigonométrico 125
    17.6 Funções trigonométricas 126
    17.7 Identidades e operações trigonométricas................................. 126
    17.8 Bissecção de arcos ou arco metade 127

Sumário

Sumário

18 GEOMETRIA PLANA **128**
    18.1 Semelhanças de figuras 128
    18.2 Relações métricas nos triângulos 128
    18.3 Quadriláteros 129
    18.4 Polígonos regulares 130
    18.5 Círculos e circunferências 131
    18.6 Polígonos regulares inscritos e circunscritos 131
    18.7 Perímetros e áreas dos polígonos e círculos 133

19 GEOMETRIA ESPACIAL **134**
    19.1 Retas e planos 134
    19.2 Prismas 135
    19.3 Cilindro 139
    19.4 Cone circular 140
    19.5 Pirâmides 141
    19.6 Troncos 142
    19.7 Esfera 143

NOÇÕES DE ADMINISTRAÇÃO PÚBLICA/ÉTICA NO SERVIÇO PÚBLICO 145

1 TEORIAS ADMINISTRATIVAS **146**
    1.1 Conceito de Administração 146
    1.2 Teorias Administrativas - Principais Escolas - Características Básicas e Contribuições 146

2 PROCESSO ADMINISTRATIVO (ORGANIZACIONAL) **155**
    2.1 Planejamento 155
    2.2 Organização 159
    2.3 Direção 165
    2.4 Controle 177

3 DEPARTAMENTALIZAÇÃO **180**
    3.1 Conceito de Departamentalização 180
    3.2 Tipos de Departamentalização 180

4 ORGANIZAÇÃO ADMINISTRATIVA **182**
    4.1 Centralização e Descentralização 182
    4.2 Concentração e Desconcentração 183

5 GESTÃO DE CONTRATOS E NOÇÕES DE PROCESSOS LICITATÓRIOS **184**
    5.1 Bases Legais da Gestão de Contratos 184
    5.2 Noções de Processo Licitatório 184

6 GESTÃO DE PROCESSOS **185**
    6.1 Conceitos 185
    6.2 Níveis de Detalhamento dos Processos 186
    6.3 O Guia BPM CBOK 186
    6.4 Mapeamento de Processos 187
    6.5 Projeto de Mapeamento e Modelagem de Processos 188
    6.6 Diferenciando BPM e BPMS 189
    6.7 Ciclo PDCA 189

7 PLANEJAMENTO ESTRATÉGICO 190
7.1 Processo de Planejamento 190
7.2 Níveis de Planejamento.. 190

8 PRINCÍPIOS FUNDAMENTAIS DA ADMINISTRAÇÃO PÚBLICA.....................198
8.1 Classificação.. 198
8.2 Princípios explícitos da Administração Pública................ 198
8.3 Princípios implícitos da Administração Pública............... 199

9 ÉTICA E CIDADANIA..202
9.1 Ética.. 202
9.2 Cidadania 204

10 IMPROBIDADE ADMINISTRATIVA 206
10.1 Sujeitos.. 206
10.2 Regras gerais 206
10.3 Atos de improbidade administrativa 206
10.4 Efeitos da lei 207
10.5 Sanções... 207
10.6 Prescrição 208

11 EXECUÇÃO INDIRETA DE ATIVIDADES – TERCEIRIZAÇÃO 209

NOÇÕES DE DIREITO CONSTITUCIONAL 210
1. DIREITOS FUNDAMENTAIS – REGRAS GERAIS 211
1.1 Conceito 211
1.2 Classificação... 211
1.3 Características.. 211
1.4 Dimensões dos direitos fundamentais......................... 211
1.5 Titulares dos direitos fundamentais 212
1.6 Cláusulas pétreas fundamentais 212
1.7 Eficácia dos direitos fundamentais 212
1.8 Força normativa dos tratados internacionais............... 213
1.9 Tribunal Penal Internacional (TPI) 213
1.10 Direitos e garantias... 214

2. DIREITOS E DEVERES INDIVIDUAIS E COLETIVOS......................215
2.1 Direito à vida... 215
2.2 Direito à igualdade.. 215
2.3 Direito à liberdade... 216
2.4 Direito à propriedade 218
2.5 Direito à segurança 219
2.6 Remédios constitucionais.. 225

3. DIREITOS SOCIAIS 228
3.1 Direitos sociais 228

4. DIREITOS POLÍTICOS 231
4.1 Direitos políticos... 231

Sumário

Sumário

5. ORGANIZAÇÃO POLÍTICO-ADMINISTRATIVA 234
    5.1 Princípio federativo: entes federativos.. 234
    5.2 Intervenção 241

6. PODER LEGISLATIVO 244
    6.1 Funções típicas do Legislativo 244

7. PODER EXECUTIVO 247
    7.1 Princípios constitucionais 247
    7.2 Presidencialismo 247

8. PODER JUDICIÁRIO 251
    8.1 Disposições gerais 251
    8.2 Composição dos órgãos do Poder Judiciário... 252
    8.3 Análise das competências dos órgãos do Poder Judiciário.................... 254

9. FUNÇÕES ESSENCIAIS À JUSTIÇA 255
    9.1 Ministério Público... 255
    9.2 Advocacia Pública 260
    9.3 Advocacia 262

10. DEFESA DO ESTADO E DAS INSTITUIÇÕES DEMOCRÁTICAS 263
    10.1 Forças Armadas 263
    10.2 Órgãos de segurança pública 264

NOÇÕES DE DIREITOS HUMANOS..267

1 TEORIA GERAL DOS DIREITOS HUMANOS 268
    1.1 Conceitos 268
    1.2 Concepções 268
    1.3 Terminologia 268
    1.4 Características 269

2 DIREITOS HUMANOS E RESPONSABILIDADE DO ESTADO 270
    2.1 O Estado, seu conceito e funções para os Direitos Humanos 270
    2.2 Gerações ou dimensões dos Direitos Humanos 270

3 CONSTITUIÇÃO BRASILEIRA E TRATADOS DE DIREITOS HUMANOS 272
    3.1 Contexto histórico 272
    3.2 A redemocratização e os tratados internacionais de Direitos Humanos 272
    3.3 Localização dos tratados internacionais dos Direitos Humanos na pirâmide de Hans Kelsen... 272
    3.4 Declaração Universal dos Direitos Humanos (DUDH)............................. 273
    3.5 Convenção Americana de Direitos Humanos (Pacto de São José da Costa Rica).. 275

4 PROGRAMA NACIONAL DE DIREITOS HUMANOS (PNDH-3) 278
    4.1 Breve contexto histórico e importância do Programa Nacional de Direitos Humanos (PNDH-3)... 278
    4.2 Decreto nº 7.037/2009 e seus eixos orientadores 278

5 LEI Nº 11.340/2006 - LEI MARIA DA PENHA 284
   5.1 Origem da Lei Maria da Penha 284
   5.2 Objetivos... 284
   5.3 Direitos das mulheres... 284
   5.4 Sujeitos da violência doméstica e familiar contra a mulher.................. 284
   5.5 Alcance da Lei 285
   5.6 Formas de violência doméstica e familiar contra a mulher.................. 285
   5.7 Requisitos para aplicar a Lei Maria da Penha..................................... 286
   5.8 Da assistência à mulher em situação de violência doméstica e familiar
   286
   5.9 Aspectos processuais relevantes 288
   5.10 Medidas protetivas de urgência 289
   5.11 Da equipe de atendimento multidisciplinar 292
   5.12 Disposições transitórias... 292
   5.13 Disposições finais.. 292
   5.14 Alterações legislativas... 293

6 LEI Nº 12.288/2010 - ESTATUTO DA IGUALDADE RACIAL..........................294
   6.1 A relevância histórica da legislação de promoção da igualdade racial 294
   6.2 Avanços contra o preconceito racial 295
   6.3 Direitos fundamentais 297
   6.4 Qual é a diferença entre preto, pardo e negro? 297

7 ESTATUTO DA PESSOA COM DEFICIÊNCIA (OU LEI DE INCLUSÃO) 298
   7.1 Da igualdade e não discriminação.. 299
   7.2 Do atendimento prioritário... 299
   7.3 Direitos Fundamentais 300
   7.4 Da Inclusão da Pessoa com Deficiência no Trabalho......................... 303

8 ACESSIBILIDADE 305
   8.1 Do Acesso à Justiça.. 307
   8.2 Do Reconhecimento Igual perante à Lei 307
   8.3 Crimes e Infrações 307

9 LEIS FEDERAIS, DECRETOS E RESOLUÇÕES CORRELATAS A ACESSIBILIDADE 308
   9.1 Lei nº 10.048/2000 - Atendimento Prioritário 309
   9.2 Lei nº 10.098/2000 — Promoção da Acessibilidade............................ 310

10 RESOLUÇÃO Nº 230/2016 - CNJ 314
   10.1 Princípios Gerais da Convenção Internacional sobre os Direitos das Pessoas com Deficiência 314

11 DOS DIREITOS DAS PESSOAS MORADORAS DE FAVELA 315
   11.1 Intervenção federal no Rio de Janeiro e a violação das pessoas moradoras de favela... 315

12 PESSOAS EM SITUAÇÃO DE RUA 317
   12.1 Política nacional para a população de rua 317
   12.2 Comitê intersetorial de acompanhamento da política para população em situação de rua... 318

Sumário

13 PROTEÇÃO DA DIVERSIDADE SEXUAL **319**
    13.1 Documentos internacionais 319
    13.2 Jurisprudência correlata 319

14 CONVENÇÃO INTERAMERICANA CONTRA O RACISMO E FORMAS CORRELATAS DE INTOLERÂNCIA **321**
    14.1 Natureza jurídica da convenção 321
    14.2 Definições 321

15 CASOS DE CONDENAÇÃO DO BRASIL NA CORTE INTERAMERICANA **322**
    15.1 Corte interamericana de direitos humanos 322
    15.2 Caso Cosme Rosa Genoveva e outros vs. Brasil ("caso favela Nova Brasília") 322

16 GARANTIAS JUDICIAIS **324**
    16.1 Diferença entre direito e garantia 324
    16.2 Diferença entre garantia e remédio constitucional 324

17 VEDAÇÃO À TORTURA **325**
    17.1 Protocolo de Instambul 325

18 POLÍTICAS PÚBLICAS **326**
    18.1 Política nacional de direitos humanos 326

NOÇÕES DE DIREITO PENAL MILITAR/PROCESSO PENAL MILITAR..328

1 APLICAÇÃO DA LEI PENAL MILITAR **329**
    1.1 Princípio da Legalidade 329
    1.2 Lei Supressiva de Incriminação 329
    1.3 Medidas de Segurança 329
    1.4 Lei Excepcional ou Temporária 329
    1.5 Tempo do Crime 329
    1.6 Lugar do Crime 329
    1.7 Territorialidade e Extraterritorialidade 329
    1.8 Pena Cumprida no Estrangeiro 330

2 CRIMES PROPRIAMENTE E IMPROPRIAMENTE MILITARES **331**
    2.1 Crimes Militares em Tempo de Paz 331
    2.2 Crimes Militares em Tempo de Guerra 331
    2.3 Militares Estrangeiros 332
    2.4 Equiparação a Militar da Ativa 332
    2.5 Militar da Reserva ou Reformado 332
    2.6 Defeito de Incorporação 332
    2.7 Tempo de Guerra 332
    2.8 Contagem de Prazo 332
    2.9 Legislação Especial 332
    2.10 Crimes Praticados em Prejuízo de País Aliado 332
    2.11 Infrações Disciplinares 332
    2.12 Crimes Praticados em Tempo de Guerra 332
    2.13 Assemelhado 332
    2.14 Pessoa Considerada Militar 332

- 2.15 Equiparação a Comandante 332
- 2.16 Conceito de Superior 332
- 2.17 Crime Praticado em Presença do Inimigo 332
- 2.18 Referência a "Brasileiro" ou "Nacional" 333
- 2.19 Estrangeiros 333
- 2.20 Os Que se Compreendem como Funcionários da Justiça Militar 333
- 2.21 Casos de Prevalência do Código Penal Militar 333

3 DO CRIME 334
- 3.1 Relação de Causalidade 334
- 3.2 Superveniência de Causa Relativamente Independente 334
- 3.3 Omissão e Sua Relevância 334
- 3.4 Crime Consumado e Tentado 334
- 3.5 Desistência Voluntária e Arrependimento Eficaz 334
- 3.6 Crime Impossível 334
- 3.7 Tipicidade Subjetiva 334
- 3.8 Nenhuma Pena Sem Culpabilidade 334
- 3.9 Erro de Direito 334
- 3.10 Erro de Fato 334
- 3.11 Erro Sobre a Pessoa 335
- 3.12 Coação Irresistível 335
- 3.13 Obediência Hierárquica 335
- 3.14 Estado de Necessidade Com Excludente de Culpabilidade 335
- 3.15 Coação Física ou Material 335
- 3.16 Atenuação de Pena 335
- 3.17 Exclusão do Crime 335
- 3.18 Excesso Culposo 336
- 3.19 Excesso Escusável 336
- 3.20 Excesso Doloso 336
- 3.21 Elementos Não Constitutivos do Crime 336

4 DA IMPUTABILIDADE PENAL 337
- 4.1 Inimputáveis 337
- 4.2 Menores e Equiparação a Maiores 337

5 CONCURSO DE AGENTES 338
- 5.1 Condições ou Circunstâncias Pessoais 338
- 5.2 Agravação e Atenuação da Pena 338
- 5.3 Cabeças 338

6 DA APLICAÇÃO DA PENA 339
- 6.1 Fixação da Pena Privativa de Liberdade 339
- 6.2 Determinação da Pena 339
- 6.3 Circunstâncias Agravantes 339
- 6.4 Reincidência 339
- 6.5 Circunstâncias Atenuantes 339
- 6.6 Quantum da Agravação ou Atenuação 339
- 6.7 Mais de Uma Agravante ou Atenuante 339

Sumário

Sumário

    6.8 Concurso de Agravantes e Atenuantes 339
    6.9 Majorantes e Minorantes 340
    6.10 Pena-Base 340
    6.11 Criminoso Habitual ou Por Tendência 340
    6.12 Concurso de Crimes 340
    6.13 Crime Continuado 340
    6.14 Limite da Pena Unificada 340
    6.15 Penas Não Privativas de Liberdade 340
    6.16 Da Suspensão Condicional da Pena 340
    6.17 Do Livramento Condicional 341
    6.18 Revogação Obrigatória e Facultativa 341
    6.19 Das Penas Acessórias 341
    6.20 Dos Efeitos da Condenação 342
7 DAS MEDIDAS DE SEGURANÇA 343
    7.1 Medidas de Segurança Pessoais 343
    7.2 Medidas de Segurança Patrimoniais 343
8 DA AÇÃO PENAL 344
9 DA EXTINÇÃO DA PUNIBILIDADE 345
    9.1 Prescrição da Ação Penal 345
    9.2 Prescrição da Execução Penal 345
    9.3 Prescrição no caso de Reforma ou Suspensão de Exercício 346
    9.4 Reabilitação 346
10 CRIMES MILITARES EM TEMPO DE PAZ 347
    10.1 Dos Crimes Contra a Segurança Externa do País 347
    10.2 Dos Crimes Contra a Autoridade ou Disciplina Militar 349
    10.3 Dos Crimes Contra o Serviço Militar e o Dever Militar 354
    10.4 Dos Crimes Contra a Pessoa 356
    10.5 Dos Crimes Contra o Patrimônio 361

NOÇÕES DE DIREITO PROCESSUAL PENAL 366
1 INTRODUÇÃO AO DIREITO PROCESSUAL PENAL 367
    1.1 Lei Processual Penal no espaço 367
    1.2 Lei Processual Penal no tempo 367
    1.3 Interpretação da Lei Processual Penal 367
2 INQUÉRITO POLICIAL 368
    2.1 Conceito de inquérito policial 368
    2.2 Natureza jurídica 368
    2.3 Características do inquérito policial 368
    2.4 Valor probatório do inquérito policial 369
    2.5 Vícios 369
    2.6 Procedimento investigatório face aos servidores vinculados aos órgãos da segurança da pública (art. 144, CF/1988) 369
    2.7 Incomunicabilidade 370
    2.8 Notícia crime 370
    2.9 Prazos para conclusão do inquérito policial 370

3 AÇÃO PENAL..372
- 3.1 Condições da ação penal... 372
- 3.2 Espécies de ação penal 372
- 3.3 Ação penal incondicionada... 372
- 3.4 Princípios que regem a ação penal incondicionada........................ 372
- 3.5 Ação penal pública condicionada 372
- 3.6 Ação penal privada exclusiva 373
- 3.7 Ação penal privada subsidiária da pública 373
- 3.8 Ação penal personalíssima 373
- 3.9 Denúncia e queixa... 373
- 3.10 Acordo de não persecução penal 373
- 3.11 Da ação penal.. 374

4 PRISÕES..377
- 4.1 Conceito 377
- 4.2 Espécies de prisão cautelar... 377

5 HABEAS CORPUS E SEU PROCESSO 380
- 5.1 Espécies de HC 380
- 5.2 Outra denominação 380
- 5.3 Cabimento 380
- 5.4 Sujeitos 380
- 5.5 Formalidades 380

NOÇÕES DE CRIMINOLOGIA..382

1 INTRODUÇÃO, MÉTODO, CONCEITO E RELAÇÕES DA CRIMINOLOGIA............383
- 1.1 Introdução à Criminologia 383
- 1.2 Método (ou métodos) 384
- 1.3 Conceito 384
- 1.4 Relações.. 384
- 1.5 Criminologia – multidisciplinaridade ou interdisciplinaridade?........ 385

2 OBJETOS E FINALIDADES 386
- 2.1 Objetos da Criminologia 386
- 2.2 Funções e finalidades da Criminologia 388

3 VITIMOLOGIA..389
- 3.1 Desenvolvimento histórico da vítima.. 389
- 3.2 Classificação das vítimas 389
- 3.3 Vitimização.. 390
- 3.4 Programas e políticas de estado 390

4 FATORES CONDICIONANTES E DESENCADEANTES DA CRIMINALIDADE 391

5 SISTEMA PENAL E ESTRUTURA SOCIAL 393
- 5.1 Visão geral 393
- 5.2 Correntes do Direito na Criminologia... 393
- 5.3 Políticas de Segurança Pública 393
- 5.4 Plano Nacional de Direitos Humanos (PNDH-3) 395

Sumário

6 POLÍTICAS DE SEGURANÇA PÚBLICA E SERVIÇOS PENAIS 397
6.1 1ª Conferência Nacional de Segurança Pública (1ª CONSEG) 397
6.2 Secretaria Nacional de Segurança Pública (SENASP/MJ) 398
6.3 Força Nacional de Segurança Pública (FNSP) 398
6.4 Gabinete de Gestão Integrada (GGI) 398
6.5 Conselho Nacional de Segurança Pública (CONASP) 398
6.6 Estratégia Nacional de Justiça e Segurança Pública (ENASP) 399
6.7 Sistema Único de Segurança Pública (SUSP) 399
6.8 Política Nacional de Proteção aos Defensores dos Direitos Humanos (PNPDDH) 401
6.9 O Conselho Nacional de Combate à Discriminação e Promoção dos Direitos de Lésbicas, Gays, Bissexuais, Travestis e Transexuais (CNCD/LGBT) 401

HISTÓRIA DO CEARÁ 402
1 O PERÍODO COLONIAL 403
1.1 A ocupação do território 403
1.2 Aldeamentos 403
1.3 Confederação dos Cariris (guerra dos bárbaros) 405

2 O PERÍODO IMPERIAL 406
2.1 O Ceará no processo de independência 406
2.2 Confederação do Equador 406
2.3 Ciclo do algodão 406
2.4 Fortaleza na belle époque 407
2.5 Escravidão no Ceará 407
2.6 Processo de abolição no Ceará 408

3 O PERÍODO REPUBLICANO 409
3.1 O dia dos mil mortos 409
3.2 Passeata das crianças 409
3.3 Sedição de juazeiro 409
3.4 Lampião e padre Cícero 410
3.5 Caldeirão 410
3.6 Destruição do sítio caldeirão 411
3.7 Campos de concentração em Fortaleza 412
3.8 1940-1950 412
3.9 Semta 412

4 O PERÍODO 1930-1964 414
4.1 Indústria da Seca 414
4.2 Departamento nacional de obras contra as secas (DNOCS) 414
4.3 1909-1930 414
4.4 Período pós-1930 414
4.5 Sudene 415

5 REPÚBLICA MILITAR 416
5.1 Governo Castelo Branco (1964-1967) 416
5.2 Governo Costa e Silva (1967-1969) 416

5.3 Atos institucionais 416
5.4 Governo da junta militar 417
5.5 Governo Médici (1969-1974) 417
5.6 Crise do regime militar 417
5.7 Milagre econômico 417
5.8 Governo Geisel (1974-1979) 418
5.9 Governo Figueiredo (1979-1985) 418
5.10 Governo Virgílio Távora 419
5.11 Governo plácido castelo (1966-1971) 420
5.12 Governo Virgílio Távora 420
5.13 Primeira Fase (1963-1964) 420
5.14 Segunda Fase (1964-1966) 421
5.15 Governo Plácido Castelo (1966-1971) 421

6 NOVA REPÚBLICA 422
6.1 César Cals (1971-1975) 422
6.2 Adauto Bezerra (1975-1978) 422
6.3 Virgílio Távora (1979-1982) 422
6.4 Gonzaga Mota (1983-1987) 422

7 A "NOVA REPÚBLICA": OS "GOVERNOS DAS MUDANÇAS" 424
7.1 Tasso Jereissati (1987-1991) 424
7.2 Ciro Gomes (1991-1995) 424

SEGURANÇA PÚBLICA 425

1 PRONASCI – PROGRAMA NACIONAL DE SEGURANÇA PÚBLICA COM CIDADANIA 426
1.1 Focos prioritários dos programas, projetos e ações do Pronasci 426
1.2 Diretrizes do Pronasci 426
1.3 Gestão do Pronasci 426
1.4 Programas, projetos e ações do Pronasci 427

2 PRONASCI E COMBATE AO PRECONCEITO 428
2.1 Atendimento a grupos vulneráveis 428
2.2 Do princípio da igualdade 428
2.3 Minorias e grupos vulneráveis 429

3 COMBATE AO PRECONCEITO DE GÊNERO 430
3.1 Introdução 430
3.2 Caso Maria da Penha Maia Fernandes 430

4 COMBATE AO PRECONCEITO DAS PESSOAS COM DEFICIÊNCIA ..431

5 COMBATE AO PRECONCEITO ÉTNICO 431
5.1 Povos indígenas 431
5.2 Quilombolas 431
5.3 Comunidades tradicionais 431

6 COMBATE AO PRECONCEITO DE ORIENTAÇÃO SEXUAL 432
6.1 União homoafetiva na jurisprudência do STF 432
6.2 Atos de homofobia e transfobia 432
6.3 Alteração do nome no registro civil do transexual 432

Sumário

7 COMBATE AO PRECONCEITO RACIAL, ÉTNICO, CULTURAL 433
    7.1 Convenção interamericana contra o racismo e formas correlatas de intolerância 433
    7.2 Natureza jurídica da convenção 433
    7.3 Definições 433

8 COMBATE AO RACISMO 434
    8.1 Jurisprudência correlata 434

9 COMBATE AO PRECONCEITO GERACIONAL – IDOSOS 434

10 SEGURANÇA PÚBLICA 435
    10.1 Polícia comunitária 435
    10.2 Funções de cada um dos órgãos de segurança pública 436

11 ENFRENTAMENTO À CORRUPÇÃO POLICIAL E AO CRIME ORGANIZADO 439
    11.1 Laboratórios contra lavagem de dinheiro 439
    11.2 Ouvidorias e corregedorias 439
    11.3 Tráfico de pessoas 439

12 GARANTIA DO ACESSO À JUSTIÇA 440
    12.1 Lei Maria da Penha/proteção à mulher 440
    12.2 Capacitação de magistrados, promotores e defensores públicos em direitos humanos 440
    12.3 Formação de núcleos de justiça comunitária 440
    12.4 Canal comunidade 440

SIMULADO PARA PMCE 441
    1 Gabaritos 448

LÍNGUA PORTUGUESA/ INTERPRETAÇÃO DE TEXTOS

FONOLOGIA

1. FONOLOGIA

Para escrever corretamente, dentro das normas aplicadas pela gramática, é preciso estudar o menor elemento sonoro de uma palavra: o fonema. A fonologia, então, é o estudo feito dos fonemas.

Os fonemas podem ser classificados em vogais, semivogais e consoantes. Esta qualificação ocorre de acordo com a forma como o ar passa pela boca e/ou nariz e como as cordas vocais vibram para produzir o som deles.

Cuidado para não confundir fonema com letra! A letra é a representação gráfica do fonema. Uma palavra pode ter quantidades diferentes de letras e fonemas.

Por exemplo:

Manhã: 5 letras

m/ /a/ /nh/ /ã/: 4 fonemas

- **Vogais:** existem **vogais nasais**, quando ocorre o movimento do ar saindo pela boca e pelo nariz. Tais vogais acompanham as letras m e n, ou também podem estar marcadas pelo til (~). No caso das **vogais orais**, o som passa apenas pela boca.

    Por exemplo:

    Mãe, lindo, tromba → vogais nasais

    Flor, calor, festa → vogais orais

- **Semivogais:** os fonemas /i/ e /u/ acompanhados por uma vogal na mesma sílaba da palavra constituem as semivogais. O som das semivogais é mais fraco do que o das vogais.

    Por exemplo: automóvel, história.

- **Consoantes:** quando o ar que sai pela boca sofre uma quebra formada por uma barreira como a língua, os lábios ou os dentes. São elas: b, c, d, f, g, j, k, l, lh, m, n, nh, p, rr, r, s, t, v, ch, z.

Lembre-se de que estamos tratando de fonemas, e não de letras. Por isso, os dígrafos também são citados como consoantes: os dígrafos são os encontros de duas consoantes, também chamados de encontros consonantais.

O encontro de dois sons vocálicos, ou seja, vogais ou semivogais, chama-se encontro vocálico. Eles são divididos em: ditongo, tritongo e hiato.

- **Ditongo:** na mesma sílaba, estão uma vogal e uma semivogal.

    Por exemplo: p**ai** (A → vogal, I → semivogal).

- **Tritongo:** na mesma sílaba, estão juntas uma semivogal, uma vogal e outra semivogal.

    Por exemplo: Urug**uai** (U → semivogal, A → vogal, I → semivogal).

- **Hiato:** são duas vogais juntas na mesma palavra, mas em sílabas diferentes.

    Por exemplo: juíza (ju-í-za).

1.1 Partição silábica

Quando um fonema é falado em uma só expiração, ou seja, em uma única saída de ar, ele recebe o nome de sílaba. As palavras podem ser classificadas de diferentes formas, de acordo com a quantidade de sílabas ou quanto à sílaba tônica.

Pela quantidade de sílabas, as palavras podem ser:

- Monossílaba: 1 sílaba.

    Por exemplo: céu (monossílaba).

- Dissílaba: 2 sílabas.

    Por exemplo: jovem (jo-vem).

- Trissílaba: 3 sílabas.

    Por exemplo: palhaço (pa-lha-ço).

- Polissílaba: 4 ou mais sílabas.

    Por exemplo: dignidade (dig-ni-da-de,), particularmente (par-ti-cu-lar-men-te).

Pela tonicidade, ou seja, pela força com que a sílaba é falada e sua posição na palavra:

- **Oxítona:** a última sílaba é a tônica.
- **Paroxítona:** a penúltima sílaba é a tônica.
- **Proparoxítona:** a antepenúltima sílaba é a tônica.

A identificação da posição da sílaba tônica de uma palavra é feita de trás para frente. Desta forma, uma palavra oxítona possui como sílaba tônica a sílaba final da palavra.

Para realizar uma correta divisão silábica, é preciso ficar atento às regras.

- Não separe ditongos e tritongos.

    Por exemplo: sau-da-de, sa-guão.

- Não separe os dígrafos **CH, LH, NH, GU, QU**.

    Por exemplo: ca-**ch**o, a-be-**lh**a, ga-li-**nh**a, Gui-**lh**er-me, **qu**e-ri-do.

- Não separe encontros consonantais que iniciam sílaba.

    Por exemplo: **ps**i-có-lo-go, a-**gl**u-ti-nar.

- Separe as vogais que formam um hiato.

    Por exemplo: pa-**ra**-í-so, sa-ú-de.

- Separe os dígrafos **RR, SS, SC, SÇ, XC**.

    Por exemplo: bar-ri-ga, as-sa-do, pis-ci-na, cres-ço, ex-ce-der.

- Separe as consoantes que estejam em sílabas diferentes.

    Por exemplo: a**d**-**j**un-to, subs-tan-ti-vo, pra**g**-**m**á-ti-co.

2. ACENTUAÇÃO GRÁFICA

Antes de começar o estudo, é importante que você entenda quais são os padrões de tonicidade da Língua Portuguesa e quais são os encontros vocálicos presentes na Língua. Assim, fica mais fácil entender quais são as regras e como elas surgem.

2.1 Padrões de tonicidade

- **Palavras oxítonas:** última sílaba tônica (*so*-**fá**, *ca*-**fé**, *ji*-**ló**).
- **Palavras paroxítonas:** penúltima sílaba tônica (fer-**ru**-gem, a-**du**-bo, sa-**ú**-de).
- **Palavras proparoxítonas:** antepenúltima sílaba tônica (**â**-ni-mo, **ví**-ti-ma, **ó**-ti-mo).

2.2 Encontros vocálicos

- **Hiato:** encontro vocálico que se separa (pi-a-no, sa-ú-de).
- **Ditongo:** encontro vocálico que permanece unido na sílaba (cha-**péu**, to-n**éis**).
- **Tritongo:** encontro vocálico que permanece unido na sílaba (sa-**guão**, U-ru-**guai**).

2.3 Regras gerais

2.3.1 Quanto às proparoxítonas

Acentuam-se todas as palavras proparoxítonas:
- Por exemplo: **ví**-ti-ma, **â**-ni-mo, hi-per-**bó**-li-co.

2.3.2 Quanto às paroxítonas

Não se acentuam as paroxítonas terminadas em **A, E, O** (seguidas ou não de **S**) **M** e **ENS**.
- Por exemplo: cast**e**lo, gran**a**da, pan**e**la, pep**i**no, p**a**jem, im**a**gens etc.

Acentuam-se as terminadas em **R, N, L, X, I** ou **IS, US, UM, UNS, PS, Ã** ou **ÃS** e ditongos.
- Por exemplo: susten**tá**vel, **tó**rax, **hí**fen, **tá**xi, **ál**bum, **bí**ceps, prin**cí**pio etc.

Fique de olho em alguns casos particulares, como as palavras terminadas em **OM, ON, ONS**.
- Por exemplo: i**ân**dom; **pró**ton, **nêu**trons etc.

Com a reforma ortográfica, deixam de se acentuar as paroxítonas com **OO** e **EE**:
- Por exemplo: v**oo**, enj**oo**, perd**oo**, mag**oo**, l**ee**m, v**ee**m, d**ee**m, cr**ee**m etc.

2.3.3 Quanto às oxítonas

São acentuadas as terminadas em:
- **A** ou **AS**: so**fá**, Pa**rá**.
- **E** ou **ES**: ra**pé**, ca**fé**.
- **O** ou **OS**: a**vô**, ci**pó**.
- **EM** ou **ENS**: tam**bém**, para**béns**.

2.3.4 Acentuação de monossílabos

Acentuam-se os monossílabos tônicos terminados em **A, E O**, seguidos ou não de **S**.
- Por exemplo: **pá, pó, pé, já, lá, fé, só**.

2.3.5 Acentuação dos hiatos

Acentuam-se os hiatos quando forem formados pelas letras **I** ou **U**, sozinhas ou seguidas de **S**:
- Por exemplo: sa**ú**va, ba**ú**, bala**ús**tre, pa**ís**.

Exceções:
- Seguidas de **NH**: ta**inha**.
- Paroxítonas antecedidas de ditongo: feiura.
- Com o **I** duplicado: xiita.

2.3.6 Ditongos abertos

Serão acentuados os ditongos abertos **ÉU, ÉI** e **ÓI**, com ou sem **S**, quando forem oxítonos ou monossílabos.
- Por exemplo: chap**éu**, r**éu**, ton**éis**, her**ói**, past**éis**, hot**éis**, lenç**óis** etc.

Com a reforma ortográfica, caiu o acento do ditongo aberto em posição de paroxítona.
- Por exemplo: id**ei**a, onomatop**ei**a, jib**oi**a, paran**oi**a, her**oi**co etc.

2.3.7 Formas verbais com hífen

Para saber se há acento em uma forma verbal com hífen, deve-se analisar o padrão de tonicidade de cada bloco da palavra:
- Aju**dá**-lo (oxítona terminada em "a" → monossílabo átono).
- Con**tar**-lhe (oxítona terminada em "r" → monossílabo átono).
- Convi**dá**-la-íamos (oxítona terminada em "a" → proparoxítona).

2.3.8 Verbos "ter" e "vir"

Quando escritos na 3ª pessoa do singular, não serão acentuados:
- Ele **tem/vem**.

Quando escritos na 3ª **pessoa do plural**, receberão o **acento circunflexo**:
- Eles **têm/vêm**.

Nos verbos derivados das formas apresentadas anteriormente:
- Acento agudo para singular: contém, convém.
- Acento circunflexo para o plural: contêm, convêm.

2.3.9 Acentos diferenciais

Alguns permanecem:
- Pôde/pode (pretérito perfeito/presente simples).
- Pôr/por (verbo/preposição).
- Fôrma/forma (substantivo/verbo ou ainda substantivo).

Caiu o acento diferencial de:
- Para/pára (preposição/verbo).
- Pelo/pêlo (preposição + artigo/substantivo).
- Polo/pólo (preposição + artigo/substantivo).
- Pera/pêra (preposição + artigo/substantivo).

3. ACORDO ORTOGRÁFICO DA LÍNGUA PORTUGUESA

O Acordo Ortográfico busca simplificar as regras ortográficas da Língua Portuguesa e unificar a nossa escrita e a das demais nações de língua portuguesa: Portugal, Angola, Moçambique, Cabo Verde, Guiné-Bissau, São Tomé e Príncipe e Timor-Leste.

Sua implementação no Brasil passou por algumas etapas:
- **2009:** vigência ainda não obrigatória.
- **2010-2015:** adaptação completa às novas regras.
- **A partir de 1º de janeiro de 2016:** emprego obrigatório. O acordo ortográfico passa a ser o único formato da língua reconhecido no Brasil.

Entre as mudanças na língua portuguesa decorrentes da reforma ortográfica, podemos citar o fim do trema, alterações na forma de acentuar palavras com ditongos abertos e que sejam hiatos, supressão dos acentos diferenciais e dos acentos tônicos, novas regras para o emprego do hífen e inclusão das letras w, k e y ao idioma.

3.1 Trema

Não se usa mais o trema (¨), sinal colocado sobre a letra u para indicar que ela deve ser pronunciada nos grupos **gue, gui, que, qui**.
- Por exemplo: aguentar, bilíngue, cinquenta, delinquente, eloquente, ensanguentado, frequente, linguiça, quinquênio, sequência, sequestro, tranquilo etc.

Obs.: o trema permanece apenas nas palavras estrangeiras e em suas derivadas. Exemplos: Müller, mülleriano.

3.2 Regras de acentuação

3.2.1 Ditongos abertos em paroxítonas

Não se usa mais o acento dos ditongos abertos **EI** e **OI** das palavras paroxítonas (palavras que têm acento tônico na penúltima sílaba).
- Por exemplo: alcateia, androide, apoia, apoio (verbo), asteroide, boia, celuloide, claraboia, colmeia, Coreia, debiloide, epopeia, estoico, estreia, geleia, heroico, ideia, jiboia, joia, odisseia, paranoia, paranoico, plateia, tramoia etc.

Obs.: a regra vale somente para palavras paroxítonas. Assim, continuam a ser acentuadas as palavras oxítonas e os monossílabos tônicos terminados em ÉI(S), ÓI(S).
- Por exemplo: papéis, herói, heróis, dói (verbo doer), sóis etc.

A palavra **ideia** não leva mais acento, assim como **heroico**, mas o termo **herói** é acentuado.

3.2.2 I e U tônicos depois de um ditongo

Nas palavras paroxítonas, não se usa mais o acento no **I** e no **U** tônicos quando vierem depois de um ditongo.
- Por exemplo: baiuca, bocaiuva (tipo de palmeira), cauila (avarento).

Obs.:
- Se a palavra for oxítona e o I ou o U estiverem em posição final (ou seguidos de S), o acento permanece. Exemplos: tuiuiú, tuiuiús, Piauí.
- Se o I ou o U forem precedidos de ditongo crescente, o acento permanece. Exemplos: guaíba, Guaíra.

3.2.3 Hiatos EE e OO

Não se usa mais acento em palavras terminadas em **EEM** e **OO(S)**.
- Abençoo, creem, deem, doo, enjoo, leem, magoo, perdoo, povoo, veem, voos, zoo.

3.2.4 Acento diferencial

Não se usa mais o acento que diferenciava os pares pára/para, péla(s)/pela(s), pêlo(s)/pelo(s), pólo(s)/polo(s) e pêra/pera. Por exemplo:
Ele para o carro.
Ele foi ao polo Norte.
Ele gosta de jogar polo.
Esse gato tem pelos brancos.
Comi uma pera.

Obs.:
- Permanece o acento diferencial em **pôde/pode**. Pôde é a forma do passado do verbo poder (pretérito perfeito do indicativo), na 3ª pessoa do singular. Pode é a forma do presente do indicativo, na 3ª pessoa do singular.
  - Por exemplo: Ontem, ele não **pôde** sair mais cedo, mas hoje ele **pode**.
- Permanece o acento diferencial em **pôr/por**. Pôr é verbo. Por é preposição.
  - Por exemplo: Vou **pôr** o livro na estante que foi feita **por** mim.
- Permanecem os acentos que diferenciam o singular do plural dos verbos ter e vir, assim como de seus derivados (manter, deter, reter, conter, convir, intervir, advir etc.). Por exemplo:
Ele **tem** dois carros. Eles **têm** dois carros.
Ele **vem** de Sorocaba. Eles **vêm** de Sorocaba.
Ele **mantém** a palavra. Eles **mantêm** a palavra.
Ele **convém** aos estudantes. Eles **convêm** aos estudantes.
Ele **detém** o poder. Eles **detêm** o poder.
Ele **intervém** em todas as aulas. Eles **intervêm** em todas as aulas.
- É facultativo o uso do acento circunflexo para diferenciar as palavras **forma/fôrma**. Em alguns casos, o uso do acento deixa a frase mais clara. Por exemplo: Qual é a forma da fôrma do bolo?

3.2.5 Acento agudo no U tônico

Não se usa mais o acento agudo no **U** tônico das formas (tu) arguis, (ele) argui, (eles) arguem, do presente do indicativo dos verbos **arguir** e **redarguir**.

3.3 Hífen com compostos

3.3.1 Palavras compostas sem elementos de ligação

Usa-se o hífen nas palavras compostas que não apresentam elementos de ligação.
- Por exemplo: guarda-chuva, arco-íris, boa-fé, segunda-feira, mesa-redonda, vaga-lume, joão-ninguém, porta-malas, porta-bandeira, pão-duro, bate-boca etc.

Exceções: não se usa o hífen em certas palavras que perderam a noção de composição, como girassol, madressilva, mandachuva, pontapé, paraquedas, paraquedista, paraquedismo.

3.3.2 Compostos com palavras iguais

Usa-se o hífen em compostos que têm palavras iguais ou quase iguais, sem elementos de ligação.
- Por exemplo: reco-reco, blá-blá-blá, zum-zum, tico-tico, tique-taque, cri-cri, glu-glu, rom-rom, pingue-pongue, zigue-zague, esconde-esconde, pega-pega, corre-corre.

3.3.3 Compostos com elementos de ligação

Não se usa o hífen em compostos que apresentam elementos de ligação.
- Por exemplo: pé de moleque, pé de vento, pai de todos, dia a dia, fim de semana, cor de vinho, ponto e vírgula, camisa de força, cara de pau, olho de sogra.

Obs.: incluem-se nesse caso os compostos de base oracional.
- Por exemplo: Maria vai com as outras, leva e traz, diz que diz que, Deus me livre, Deus nos acuda, cor de burro quando foge, bicho de sete cabeças, faz de conta.

Exceções: água-de-colônia, arco-da-velha, cor-de-rosa, mais-que-perfeito, pé-de-meia, ao deus-dará, à queima-roupa.

3.3.4 Topônimos

Usa-se o hífen nas palavras compostas derivadas de topônimos (nomes próprios de lugares), com ou sem elementos de ligação. Por exemplo:
- Belo Horizonte: belo-horizontino.
- Porto Alegre: porto-alegrense.
- Mato Grosso do Sul: mato-grossense-do-sul.
- Rio Grande do Norte: rio-grandense-do-norte.
- África do Sul: sul-africano.

3.4 Uso do hífen com palavras formadas por prefixos

3.4.1 Casos gerais

Antes de H

Usa-se o hífen diante de palavra iniciada por **H**.
- Por exemplo: anti-higiênico, anti-histórico, macro-história, mini-hotel, proto-história, sobre-humano, super-homem, ultra-humano.

Letras iguais

Usa-se o hífen se o prefixo terminar com a mesma letra com que se inicia a outra palavra.
- Por exemplo: micro-ondas, anti-inflacionário, sub-bibliotecário, inter-regional.

Letras diferentes

Não se usa o hífen se o prefixo terminar com letra diferente daquela com que se inicia a outra palavra.
- Por exemplo: aeroespacial agroindustrial autoescola, antiaéreo, intermunicipal, supersônico, superinteressante, semicírculo.

Obs.: se o prefixo terminar por vogal e a outra palavra começar por **R** ou **S**, dobram-se essas letras.
- Por exemplo: minissaia, antirracismo, ultrassom, semirreta.

3.4.2 Casos particulares

Prefixos SUB- e SOB-

Com os prefixos **SUB-** e **SOB-**, usa-se o hífen também diante de palavra iniciada por **R**.
- Por exemplo: sub-região, sub-reitor, sub-regional, sob-roda.

Prefixos CIRCUM- e PAN-

Com os prefixos **CIRCUM-** e **PAN-**, usa-se o hífen diante de palavra iniciada por **M, N** e vogal.
- Por exemplo: circum-murado, circum-navegação, pan-americano.

Outros prefixos

Usa-se o hífen com os prefixos **EX-, SEM-, ALÉM-, AQUÉM-, RECÉM-, PÓS-, PRÉ-, PRÓ-, VICE-**.
- Por exemplo: além-mar, além-túmulo, aquém-mar, ex-aluno, ex-diretor, ex-hospedeiro, pós-graduação, pré-história, pré-vestibular, pró-europeu, recém-casado, recém-nascido, sem-terra, vice-rei.

Prefixo CO

O prefixo **CO** junta-se com o segundo elemento, mesmo quando este se inicia por **O** ou **H**. Neste último caso, corta-se o **H**. Se a palavra seguinte começar com **R** ou **S**, dobram-se essas letras.
- Por exemplo: coobrigação, coedição, coeducar, cofundador, coabitação, coerdeiro, corréu, corresponsável, cosseno.

Prefixos PRE- e RE-

Com os prefixos **PRE-** e **RE-**, não se usa o hífen, mesmo diante de palavras começadas por **E**.
- Por exemplo: preexistente, reescrever, reedição.

Prefixos AB-, OB- e AD-

Na formação de palavras com **AB-, OB-** e **AD-**, usa-se o hífen diante de palavra começada por **B, D** ou **R**.
- Por exemplo: ad-digital, ad-renal, ob-rogar, ab-rogar.

3.4.3 Outros casos do uso do hífen

NÃO e QUASE

Não se usa o hífen na formação de palavras com **não** e **quase**.
- Por exemplo: (acordo de) não agressão, (isto é, um) quase delito.

MAL

Com **mal**, usa-se o hífen quando a palavra seguinte começar por vogal, **H** ou **L**.
- Por exemplo: mal-entendido, mal-estar, mal-humorado, mal-limpo.

Obs.: quando **mal** significa doença, usa-se o hífen se não houver elemento de ligação.
- Por exemplo: mal-francês.

Se houver elemento de ligação, escreve-se sem o hífen.
- Por exemplo: mal de Lázaro, mal de sete dias.

Tupi-guarani

Usa-se o hífen com sufixos de origem tupi-guarani que representam formas adjetivas: **açu, guaçu, mirim**.
- Por exemplo: capim-açu, amoré-guaçu, anajá-mirim.

ACORDO ORTOGRÁFICO DA LÍNGUA PORTUGUESA

Combinação ocasional

Usa-se o hífen para ligar duas ou mais palavras que ocasionalmente se combinam, formando não propriamente vocábulos, mas encadeamentos vocabulares.

- Por exemplo: ponte Rio-Niterói, eixo Rio-São Paulo.

Hífen e translineação

Para clareza gráfica, se no final da linha a partição de uma palavra ou combinação de palavras coincidir com o hífen, ele deve ser repetido na linha seguinte.

- Por exemplo: O diretor foi receber os ex-
  -alunos.

3.4.4 Síntese das principais regras do hífen

	Síntese do hífen	Exemplos
Letras diferentes	Não use hífen	Infraestrutura, extraoficial, supermercado
Letras iguais	Use hífen	Anti-inflamatório, contra-argumento, inter-racial, hiper-realista
Vogal + R ou S	Não use hífen (duplique R ou S)	Corréu, cosseno, minissaia, autorretrato
Bem	Use hífen	Bem-vindo, bem-humorado

3.4.5 Quadro resumo do emprego do hífen com prefixos

Prefixos	Letra que inicia a palavra seguinte
Ante-, anti-, contra-, entre-, extra-, infra-, intra-, sobre-, supra-, ultra-	H/VOGAL IDÊNTICA À QUE TERMINA O PREFIXO Exemplos com H: ante-hipófise, anti-higiênico, anti-herói, contra-hospitalar, entre-hostil, extra-humano, infra-hepático, sobre-humano, supra-hepático, ultra-hiperbólico. Exemplos com vogal idêntica: anti-inflamatório, contra-ataque, infra-axilar, sobre-estimar, supra-auricular, ultra-aquecido.
Ab-, ad-, ob-, sob-	B/R/D (Apenas com o prefixo "Ad") Exemplos: ab-rogar (pôr em desuso), ad-rogar (adotar), ob-reptício (astucioso), sob-roda, ad-digital
Circum-, pan-	H/M/N/VOGAL Exemplos: circum-meridiano, circum-navegação, circum-oral, pan-americano, pan-mágico, pan-negritude.
Ex- (no sentido de estado anterior), sota-, soto-, vice-, vizo-	DIANTE DE QUALQUER PALAVRA Exemplos: ex-namorada, sota-soberania (não total), soto-mestre (substituto), vice-reitor, vizo-rei.
Hiper-, inter-, super-	H/R Exemplos: hiper-hidrose, hiper-raivoso, inter-humano, inter-racial, super-homem, super-resistente.
Pós-, pré-, pró- (tônicos e com significados próprios)	DIANTE DE QUALQUER PALAVRA Exemplos: pós-graduação, pré-escolar, pró-democracia. Obs.: se os prefixos não forem autônomos, não haverá hífen. Exemplos: predeterminado, pressupor, pospor, propor.
Sub-	B /H/R Exemplos: sub-bloco, sub-hepático, sub-humano, sub-região. Obs.: "subumano" e "subepático" também são aceitas.
Pseudoprefixos (diferem-se dos prefixos por apresentarem elevado grau de independência e possuírem uma significação mais ou menos delimitada, presente à consciência dos falantes.) Aero-, agro-, arqui-, auto-, bio-, eletro-, geo-, hidro-, macro-, maxi-, mega-, micro-, mini-, multi-, neo-, pluri-, proto-, pseudo-, retro-, semi-, tele-	H/VOGAL IDÊNTICA À QUE TERMINA O PREFIXO Exemplos com H: geo-histórico, mini-hospital, neo-helênico, proto-história, semi-hospitalar. Exemplos com vogal idêntica: arqui-inimigo, auto-observação, eletro-ótica, micro-ondas, micro-ônibus, neo-ortodoxia, semi-interno, tele-educação.

Não se utilizará o hífen:
- Em palavras iniciadas pelo prefixo **CO-**.
    - Por exemplo: Coadministrar, coautor, coexistência, cooptar, coerdeiro corresponsável, cosseno.
- Em palavras iniciadas pelos prefixos **DES-** ou **IN-** seguidos de elementos sem o "h" inicial.
    - Por exemplo: desarmonia, desumano, desumidificar, inábil, inumano etc.
- Com a palavra não.
    - Por exemplo: Não violência, não agressão, não comparecimento.
- Em palavras que possuem os elementos **BI, TRI, TETRA, PENTA, HEXA** etc.
    - Por exemplo: bicampeão, bimensal, bimestral, bienal, tridimensional, trimestral, triênio, tetracampeão, tetraplégico, pentacampeão, pentágono etc.
- Em relação ao prefixo **HIDRO-**, em alguns casos pode haver duas formas de grafia.
    - Por exemplo: hidroelétrica e hidrelétrica.
- No caso do elemento **SOCIO**, o hífen será utilizado apenas quando houver função de substantivo (= de associado).
    - Por exemplo: sócio-gerente / socioeconômico.

ORTOGRAFIA

4. ORTOGRAFIA

A ortografia é a parte da Gramática que estuda a escrita correta das palavras. O próprio nome da disciplina já designa tal função. É oriunda das palavras gregas *ortho* que significa "correto" e *graphos* que significa "escrita".

4.1 Alfabeto

As letras **K**, **W** e **Y** foram inseridas no alfabeto devido a uma grande quantidade de palavras que são grafadas com tais letras e não podem mais figurar como termos exóticos em relação ao português. Eis alguns exemplos de seu emprego:

- Em abreviaturas e em símbolos de uso internacional: **kg** - quilograma / **w** - watt.
- Em palavras estrangeiras de uso internacional, nomes próprios estrangeiros e seus derivados: Kremlin, Kepler, Darwin, Byron, byroniano.

O alfabeto, também conhecido como abecedário, é formado (a partir do novo acordo ortográfico) por 26 letras.

FORMA MAIÚSCULA	FORMA MINÚSCULA	FORMA MAIÚSCULA	FORMA MINÚSCULA
A	a	N	n
B	b	O	o
C	c	P	p
D	d	Q	q
E	e	R	r
F	f	S	s
G	g	T	t
H	h	U	u
I	i	V	v
J	j	W	w
K	k	X	x
L	l	Y	y
M	m	Z	z

4.2 Emprego da letra H

A letra **H** demanda um pouco de atenção. Apesar de não possuir verdadeiramente sonoridade, ainda a utilizamos por convenção histórica. Seu emprego, basicamente, está relacionado às seguintes regras:

- No início de algumas palavras, por sua origem: hoje, hodierno, haver, Helena, helênico.
- No fim de algumas interjeições: Ah! Oh! Ih! Uh!
- No interior de palavra compostas que preservam o hífen, nas quais o segundo elemento se liga ao primeiro: super-homem, pré-história, sobre-humano.
- Nos dígrafos **NH**, **LH** e **CH**: tainha, lhama, chuveiro.

4.3 Emprego de E e I

Existe uma curiosidade a respeito do emprego dessas letras nas palavras que escrevemos: o fato de o "e", no final da palavra, ser pronunciado como uma semivogal faz com que muitos falantes pensem ser correto grafar a palavra com **I**.

Aqui, veremos quais são os principais aspectos do emprego dessas letras.

- Escreveremos com "e" palavras formadas com o prefixo **ANTE-** (que significa antes, anterior).
  - Por exemplo: antebraço, antevéspera, antecipar, antediluviano etc.
- A sílaba final de formas conjugadas dos verbos terminados em **–OAR** e **–UAR** (quando estiverem no subjuntivo).
  - Por exemplo: abençoe (abençoar), continue (continuar), pontue (pontuar).
- Algumas palavras, por sua origem.
  - Por exemplo: arrepiar, cadeado, creolina, desperdiçar, desperdício, destilar, disenteria, empecilho, indígena, irrequieto, mexerico, mimeógrafo, orquídea, quase, sequer, seringa, umedecer etc.
- Escreveremos com "i" palavras formadas com o prefixo **ANTI-** (que significa contra).
  - Por exemplo: antiaéreo, anticristo, antitetânico, anti-inflamatório.
- A sílaba final de formas conjugadas dos verbos terminados em **-AIR**, **-OER** e **-UIR**.
  - Por exemplo: cai (cair), sai (sair), diminui (diminuir), dói (doer).
- Os ditongos AI, OI, ÓI, UI.
  - Por exemplo: pai, foi, herói, influi.
- As seguintes palavras: aborígine, chefiar, crânio, criar, digladiar, displicência, escárnio, implicante, impertinente, impedimento, inigualável, lampião, pátio, penicilina, privilégio, requisito etc.

Vejamos alguns casos em que o emprego das letras **E** e **I** pode causar uma alteração semântica:

- Escrito com **E**:
  Arrear = pôr arreios.
  Área = extensão de terra, local.
  Delatar = denunciar.
  Descrição = ação de descrever.
  Descriminação = absolver.
  Emergir = vir à tona.
  Emigrar = sair do país ou do local de origem.
  Eminente = importante.
- Escrito com **I**:
  Arriar = abaixar, desistir.
  Ária = peça musical.
  Dilatar = alargar, aumentar.
  Discrição = separar, estabelecer diferença.
  Imergir = mergulhar.
  Imigrar = entrar em um país estrangeiro.
  Iminente = próximo, prestes a ocorrer.

O Novo Acordo Ortográfico explica que, agora, escreve-se com **I** antes de sílaba tônica. Veja alguns exemplos: acriano (admite-se, por ora, acreano, de Acre), rosiano (de Guimarães Rosa), camoniano (de Camões), nietzschiano (de Nietzsche) etc.

4.4 Emprego de O e U

Apenas por exceção, palavras em português com sílabas finais átonas (fracas) terminam por **US**; o comum é que se escreva com **O** ou **OS**. Por exemplo: carro, aluno, abandono, abono, chimango etc.

Exemplos das exceções a que aludimos: bônus, vírus, ônibus etc.

Em palavras proparoxítonas ou paroxítonas com terminação em ditongo, são comuns as terminações em **-UA**, **-ULA**, **-ULO**: tábua, rábula, crápula, coágulo.

As terminações em **-AO, -OLA, -OLO** só aparecem em algumas palavras: mágoa, névoa, nódoa, agrícola, vinícola, varíola etc.

Fique de olho na grafia destes termos:
- **Com a letra O:** abolir, boate, botequim, bússola, costume, engolir, goela, moela, moleque, mosquito etc.
- **Com a letra U:** bulício, buliçoso, bulir, camundongo, curtume, cutucar, jabuti, jabuticaba, rebuliço, urtiga, urticante etc.

4.5 Emprego de G e J

Essas letras, por apresentarem o mesmo som, eventualmente, costumam causar problemas de ortografia. A letra **G** só apresenta o som de **J** diante das letras **E e I**: gesso, gelo, agitar, agitador, agir, gíria.

4.5.1 Escreveremos com G

- Palavras terminadas em **-AGEM, -IGEM, -UGEM**. Por exemplo: garagem, vertigem, rabugem, ferrugem, fuligem etc.
  > **Exceções**: pajem, lambujem (doce ou gorjeta), lajem (pedra da sepultura).
- Palavras terminadas em **-ÁGIO, -ÉGIO, -ÍGIO, -ÓGIO, -ÚGIO**: contágio, régio, prodígio, relógio, refúgio.
- Palavras derivadas de outras que já possuem a letra **G**. Por exemplo: **viagem** – viageiro; **ferrugem** – ferrugento; **vertigem** – vertiginoso; **regime** – regimental; **selvagem** – selvageria; **regional** – regionalismo.
- Em geral, após a letra "r". Por exemplo: aspergir, divergir, submergir, imergir etc.
- Palavras:
  > **De origem latina:** agir, gente, proteger, surgir, gengiva, gesto etc.
  > **De origem árabe:** álgebra, algema, ginete, girafa, giz etc.
  > **De origem francesa:** estrangeiro, agiotagem, geleia, sargento etc.
  > **De origem italiana:** gelosia, ágio etc.
  > **Do castelhano:** gitano.
  > **Do inglês:** gim.

4.5.2 Escreveremos com J

- Os verbos terminados em **-JAR** ou **-JEAR** e suas formas conjugadas:
  > **Gorjear:** gorjeia (lembre-se das "aves"), gorjeiam, gorjearão.
  > **Viajar:** viajei, viaje, viajemos, viajante.

> Cuidado para não confundir os termos **viagem** (substantivo) com **viajem** (verbo "viajar"). Vejamos o emprego:
> Ele fez uma bela viagem.
> Tomara que eles viajem amanhã.

- Palavras derivadas de outras terminadas em **-JA**. Por exemplo: **granja**: granjeiro, granjear; **loja**: lojista, lojinha; **laranja**: laranjal, laranjeira; **lisonja**: lisonjeiro, lisonjeador; **sarja**: sarjeta.
- Palavras cognatas (raiz em comum) ou derivadas de outras que possuem o J. Por exemplo:
  > **Laje:** lajense, lajedo.
  > **Nojo:** nojento, nojeira.
  > **Jeito:** jeitoso, ajeitar, desajeitado.
- Palavras de origem ameríndia (geralmente tupi-guarani) ou africana: canjerê, canjica, jenipapo, jequitibá, jerimum, jia, jiboia, jiló, jirau, Moji, pajé.

- Palavras: conjetura, ejetar, injeção, interjeição, objeção, objeto, objetivo, projeção, projeto, rejeição, sujeitar, sujeito, trajeto, trajetória, trejeito, berinjela, cafajeste, jeca, jegue, Jeremias, jerico, jérsei, majestade, manjedoura, ojeriza, pegajento, rijeza, sujeira, traje, ultraje, varejista.

4.6 Orientações sobre a grafia do fonema /s/

Podemos representar o fonema /s/ por:
- **S**: ânsia, cansar, diversão, farsa.
- **SS**: acesso, assar, carrossel, discussão.
- **C, Ç**: acetinado, cimento, açoite, açúcar.
- **SC, SÇ**: acréscimo, adolescente, ascensão, consciência, nasço, desça.
- **X**: aproximar, auxiliar, auxílio, sintaxe.
- **XC**: exceção, exceder, excelência, excepcional.

4.6.1 Escreveremos com S

- A correlação **ND – NS**:
  > **Pretender** – pretensão, pretenso.
  > **Expandir** – expansão, expansivo.
- A correlação **RG – RS**:
  > **Aspergir** – aspersão.
  > **Imergir** – imersão.
  > **Emergir** – emersão.
- A correlação **RT – RS**:
  > **Divertir** – diversão.
  > **Inverter** – inversão.
- O sufixo **-ENSE**:
  > Paranaense.
  > Cearense.
  > Londrinense.

4.6.2 Escreveremos com SS

- A correlação **CED – CESS**:
  > **Ceder** – cessão.
  > **Interceder** – intercessão.
  > **Retroceder** – retrocesso.
- A correlação **GRED – GRESS**:
  > **Agredir** – agressão, agressivo.
  > **Progredir** – progressão, progresso.
- A correlação **PRIM – PRESS**:
  > **Imprimir** – impressão, impresso.
  > **Oprimir** – opressão, opressor.
  > **Reprimir** – repressão, repressivo.
- A correlação **METER – MISS**:
  > **Submeter** – submissão.
  > **Intrometer** – intromissão.

4.6.3 Escreveremos com C ou com Ç

- Palavras de origem tupi ou africana. Por exemplo: açaí, araçá, Iguaçu, Juçara, muçurana, Paraguaçu, caçula, cacimba.
- **O Ç só será usado antes das vogais A, O e U.**
- Com os sufixos:
  > **-AÇA**: barcaça.
  > **-AÇÃO**: armação.
  > **-ÇAR**: aguçar.
  > **-ECER**: esmaecer.

ORTOGRAFIA

-**IÇA**: carniça.
-**NÇA**: criança.
-**UÇA**: dentuça.

- Palavras derivadas de verbos terminados em -**TER** (não confundir com a regra do –**METER** – -**MISS**):
    Abster: abstenção.
    Reter: retenção.
    Deter: detenção.
- Depois de ditongos:
    Feição; louça; traição.
- Palavras de origem árabe:
    Açúcar; açucena; cetim; muçulmano.

4.6.4 Emprego do SC

Escreveremos com **SC** palavras que são termos emprestados do latim. Por exemplo: adolescência; ascendente; consciente; crescer; descer; fascinar; fescenino.

4.6.5 Grafia da letra S com som de /z/

Escreveremos com S:
- Terminações em -**ÊS**, -**ESA** e -**ISA**, que indicam nacionalidade, título ou origem:
    Japonês – japonesa.
    Marquês – marquesa.
    Camponês – camponesa.
- Após ditongos: causa; coisa; lousa; Sousa.
- As formas dos verbos **pôr** e **querer** e de seus compostos:
    Eu pus, nós pusemos, pusésseis etc.
    Eu quis, nós quisemos, quisésseis etc.
- Terminações -**OSO** e -**OSA**, que indicam qualidade. Por exemplo: gostoso; garboso; fervorosa; talentosa.
- Prefixo **TRANS**-: transe; transação; transoceânico.
- Em diminutivos cujo radical termine em S:
    Rosa – rosinha.
    Teresa – Teresinha.
    Lápis – lapisinho.
- Na correlação **D** – **S**:
    Aludir – alusão, alusivo.
    Decidir – decisão, decisivo.
    Defender – defesa, defensivo.
- Verbos derivados de palavras cujo radical termina em S:
    Análise – analisar.
    Presa – apresar.
    Êxtase – extasiar.
    Português – aportuguesar.
- Substantivos com os sufixos gregos -**ESE**, -**ISA** e -**OSE**: catequese, diocese, poetisa, virose, (obs.: "catequizar" com **Z**).
- Nomes próprios: Baltasar, Heloísa, Isabel, Isaura, Luísa, Sousa, Teresa.
- Palavras: análise, cortesia, hesitar, reses, vaselina, avisar, defesa, obséquio, revés, vigésimo, besouro, fusível, pesquisa, tesoura, colisão, heresia, querosene, vasilha.

4.7 Emprego da letra Z

Escreveremos com **Z**:
- Terminações -**EZ** e -**EZA** de substantivos abstratos derivados de adjetivos:
    Belo – beleza.
    Rico – riqueza.
    Altivo – altivez.
    Sensato - sensatez.
- Verbos formados com o sufixo -**IZAR** e palavras cognatas: balizar, inicializar, civilizar.
- As palavras derivadas em:
    -**ZAL**: cafezal, abacaxizal.
    -**ZEIRO**: cajazeiro, açaizeiro.
    -**ZITO**: avezita.
    -**ZINHO**: cãozinho, pãozinho, pezinho
- Derivadas de palavras cujo radical termina em **Z**: cruzeiro, esvaziar.
- Palavras: azar, aprazível, baliza, buzina, bazar, cicatriz, ojeriza, prezar, proeza, vazamento, vizinho, xadrez, xerez.

4.8 Emprego do X e do CH

A letra X pode representar os seguintes fonemas:
/**ch**/: xarope.
/**cx**/: sexo, tóxico.
/**z**/: exame.
/**ss**/: máximo.
/**s**/: sexto.

4.9 Escreveremos com X

- Em geral, após um ditongo. Por exemplo: caixa, peixe, ameixa, rouxinol, caixeiro. **Exceções**: recauchutar e guache.
- Geralmente, depois de sílaba iniciada por **EN**-: enxada; enxerido; enxugar; enxurrada.
- Encher (e seus derivados); palavras que iniciam por **CH** e recebem o prefixo **EN**-. Por exemplo: encharcar, enchumaçar, enchiqueirar, enchumbar, enchova.
- Palavras de origem indígena ou africana: abacaxi, xavante, xará, orixá, xinxim.
- Após a sílaba **ME** no início da palavra. Por exemplo: mexerica, mexerico, mexer, mexida. **Exceção**: mecha de cabelo.
- Palavras: bexiga, bruxa, coaxar, faxina, graxa, lagartixa, lixa, praxe, vexame, xícara, xale, xingar, xampu.

4.10 Escreveremos com CH

- As seguintes palavras, em razão de sua origem: chave, cheirar, chuva, chapéu, chalé, charlatão, salsicha, espadachim, chope, sanduíche, chuchu, cochilo, fachada, flecha, mecha, mochila, pechincha.
- **Atente para a divergência de sentido com os seguintes elementos:**
    Bucho – estômago.
    Buxo – espécie de arbusto.
    Cheque – ordem de pagamento.
    Xeque – lance do jogo de xadrez.
    Tacha – pequeno prego.
    Taxa – imposto.

LÍNGUA PORTUGUESA/INTERPRETAÇÃO DE TEXTOS

5. NÍVEIS DE ANÁLISE DA LÍNGUA

A Língua Portuguesa possui quatro níveis de análise. Veja cada um deles:

▷ **Nível fonético/fonológico:** estuda a produção e articulação dos sons da língua.

▷ **Nível morfológico:** estuda a estrutura e a classificação das palavras.

▷ **Nível sintático:** estuda a função das palavras dentro de uma sentença.

▷ **Nível semântico:** estuda as relações de sentido construídas entre as palavras.

Na **Semântica**, entre outras coisas, estuda-se a diferença entre linguagem de sentido denotativo (ou literal, do dicionário) e linguagem de sentido conotativo (ou figurado).

▷ Rosa é uma flor.

- **Morfologia:**
    Rosa: substantivo;
    É: verbo ser;
    Uma: artigo;
    Flor: substantivo

- **Sintaxe:**
    Rosa: sujeito;
    É uma flor: predicado;
    Uma flor: predicativo do sujeito.

- **Semântica:**
    Rosa pode ser entendida como uma pessoa ou como uma planta, depende do sentido.

ESTRUTURA E FORMAÇÃO DE PALAVRAS

6. ESTRUTURA E FORMAÇÃO DE PALAVRAS

6.1 Estrutura das palavras

Para compreender os termos da Língua Portuguesa, deve-se observar, nos vocábulos, a presença de algumas estruturas como **raiz**, **desinências** e **afixos**:

- **Raiz ou radical (morfema lexical):** parte que guarda o sentido da palavra.

    Pedreiro.
    Pedrada.
    Em**ped**rado.
    Pedregulho.

- **Desinências:** fazem a flexão dos termos.

    Nominais:
    Gênero: jogador/jogadora.
    Número: aluno/alunos.
    Grau: cadeira/cadeirinha.
    Verbais:
    Modo-tempo: cantá**va**mos, vendê**ra**mos.
    Número-pessoa: fize**mos**, compra**stes**.

- **Afixos:** conectam-se às raízes dos termos.

    Prefixos: colocados antes da raiz.
    Infeliz, **des**fazer, **re**tocar.
    Sufixos: colocados após a raiz.
    Feliz**mente**, capac**idade**, igual**dade**.

Também é importante atentar aos termos de ligação. São eles:

- **Vogal de ligação:**

    Gas**ô**metro, bar**ô**metro, cafe**i**cultura, carn**í**voro.

- **Consoante de ligação:**

    Gira**s**sol, cafe**t**eira, pau**l**ada, cha**l**eira.

6.2 Radicais gregos e latinos

O conhecimento sobre a origem dos radicais é, muitas vezes, importante para a compreensão e memorização de inúmeras palavras.

6.2.1 Radicais gregos

Os radicais gregos têm uma importância expressiva para a compreensão e fácil memorização de diversas palavras que foram criadas e vulgarizadas pela linguagem científica.

Podemos observar que esses radicais se unem, geralmente, a outros elementos de origem grega e, frequentemente, sofrem alterações fonéticas e gráficas para formarem palavras compostas.

Seguem alguns radicais gregos, seus respectivos significados e algumas palavras de exemplo:

- *Ácros* (**alto**): acrópole, acrobacia, acrofobia.
- *Álgos* (**dor**): algofilia, analgésico, nevralgia.
- *Ánthropos* (**homem**): antropologia, antropófago, filantropo.
- *Astér, astéros* (**estrela**): asteroide, asterisco.
- *Ástron* (**astro**): astronomia, astronauta.
- *Biblíon* (**livro**): biblioteca, bibliografia, bibliófilo.
- *Chéir, cheirós* (**mão – cir-, quiro**): cirurgia, cirurgião, quiromante.
- *Chlorós,* (**verde**): cloro, clorofila, clorídrico.
- *Chróma, chrómatos,* (**cor**): cromático, policromia.
- *Dáktylos* (**dedo**): datilografia, datilografar.
- *Déka* (**dez**): decálogo, decâmetro, decassílabo.
- *Gámos,* (**casamento**): poligamia, polígamo, monogamia.
- *Gastér, gastrós,* (**estômago**): gastrite, gastrônomo, gástrico.
- *Glótta, glóssa,* (**língua**): poliglota, epiglote, glossário.
- *Grámma* (**letra, escrito**): gramática, anagrama, telegrama.
- *Grápho* (**escrevo**): grafia, ortografia, caligrafia.
- *Heméra* (**dia**): herneroteca, hernerologia, efêmero.
- *Hippos* (**cavalo**): hipódromo, hipismo, hipopótamo.
- *Kardía* (**coração**): cardíaco, cardiologia, taquicardia.
- *Mésos,* (**meio, do meio**): mesocarpo, mesóclise, mesopotâmia.
- *Mnéme* (**memória, lembrança**): mnemônico, amnésia, mnemoteste.
- *Morphé* (**forma**): morfologia, amorfo, metamorfose.
- *Nekrós* (**morto**): necrotério, necropsia, necrológio.
- *Páis, paidós* (**criança**): pedagogia, pediatria, pediatra.
- *Pyr, pyrós* (**fogo**): pirosfera, pirotécnico, antipirético.
- *Rhis, rhinós* (**nariz**): rinite, rinofonia, otorrino.
- *Theós* (**deus**): teologia, teólogo, apoteose.
- *Zóon* (**animal**): zoologia, zoológico, zoonose.

6.2.2 Radicais latinos

Outras palavras da língua portuguesa possuem radicais latinos. A maioria delas entrou na língua entre os séculos XVIII e XX. Seguem algumas das que vieram por via científica ou literária:

- *Ager, agri* (**campo**): agrícola, agricultura.
- *Ambi* (**de ambo, ambos**): ambidestro, ambíguo.
- *Argentum, argenti* (**prata**): argênteo, argentífero, argentino.
- *Capillus, capilli* (**cabelo**): capilar, capiliforme, capilaridade.
- *Caput, capitis* (**cabeça**): capital, decapitar, capitoso.
- *Cola-, colere* (**habitar, cultivar**): arborícola, vitícola.
- *Cuprum, cupri* (**cobre**): cúpreo, cúprico, cuprífero.
- *Ego* (**eu**): egocêntrico, egoísmo,ególatra.
- *Equi-, aequus* (**igual**): equivalente, equinócio, equiângulo.
- *-fero, ferre* (**levar, conter**): aurífero, lactífero, carbonífero.
- *Fluvius* (**rio**): fluvial, fluviômetro.
- *Frigus, frigoris* (**frio**): frigorífico, frigomóvel.
- *Lapis, lapidis* (**pedra**): lápide, lapidificar, lapidar.
- *Lex, legis* (**lei**): legislativo, legislar, legista.
- *Noceo, nocere* (**prejudicar, causar mal**): nocivo, inocente, inócuo.
- *Pauper, pauperis* (**pobre**): pauperismo, depauperar.
- *Pecus* (**rebanho**): pecuária, pecuarista, pecúnia.
- *Pluvia* (**chuva**): pluvial, pluviômetro.
- *Radix, radieis* (**raiz**): radical, radicar, erradicar.
- *Sidus, sideris* (**astro**): sideral, sidéreo, siderar.
- *Stella* (**estrela**): estelar, constelação.
- *Triticum, tritici* (**trigo**): triticultura, triticultor, tritícola.
- *Vinum, vini* (**vinho**): vinicultura, vinícola.
- *Vitis* (**videira**): viticultura, viticultor, vitícola.
- *Volo, volare* (**voar**): volátil, noctívolo.
- *Vox, vocis* (**voz**): vocal, vociferar.

6.3 Origem das palavras de Língua Portuguesa

As palavras da Língua Portuguesa têm múltiplas origens, mas a maioria delas veio do latim vulgar, ou seja, o latim que era falado pelo povo duzentos anos antes de Cristo.

No geral, as palavras que formam o nosso léxico podem ser de origem latina, de formação vernácula ou de importação estrangeira.

Quanto às palavras de origem latina, sabe-se que algumas datam dos séculos VI e XI, aproximadamente, e outras foram introduzidas na língua por escritores e letrados ao longo do tempo, sobretudo no período áureo, o século XVI, e de forma ainda mais abundante durante os séculos que o seguiram, por meios literário e científico. As primeiras, as formas populares, foram grandemente alteradas na fala do povo rude, mas as formas eruditas tiveram leves alterações.

Houve, ao longo desses séculos, com incentivo do povo luso-brasileiro, a criação de palavras que colaboraram para enriquecer o vocabulário. Essas palavras são chamadas criações vernáculas.

Desde os primórdios da língua, diversos termos estrangeiros entraram em uso, posteriormente enriquecendo definitivamente o patrimônio léxico, porque é inevitável que palavras de outros idiomas adentrem na língua por meio das relações estabelecidas entre os povos e suas culturas.

Devido a isso, encontramos, no vocabulário português, palavras provenientes:
- Do grego: por influência do cristianismo e do latim literário: anjo, bíblia, clímax. E por criação de sábios e cientistas: nostalgia, microscópio.
- Do hebraico: veiculadas pela Bíblia: aleluia, Jesus, Maria, sábado.
- Do alemão: guerra, realengo, interlância.
- Do árabe: algodão, alfaiate, algema.
- Do japonês: biombo, micado, samurai.
- Do francês: greve, detalhe, pose.
- Do inglês: bife, futebol, tênis.
- Do turco: lacaio, algoz.
- Do italiano: piano, maestro, lasanha.
- Do russo: vodca, esputinique.
- Do tupi: tatu, saci, jiboia, pitanga.
- Do espanhol: cavalheiro, ninharia, castanhola.
- De línguas africanas: macumba, maxixe, marimbondo.

Atualmente, o francês e o inglês são os idiomas com maior influência sobre a língua portuguesa.

6.4 Processos de formação de palavras

Há dois processos mais fortes (presentes) na formação de palavras em Língua Portuguesa: a composição e a derivação. Vejamos suas principais características.

6.4.1 Composição

É uma criação de vocábulo. Pode ocorrer por:
- **Justaposição:** sem perda de elementos.
  Guarda-chuva, girassol, arranha-céu etc.
- **Aglutinação:** com perda de elementos.
  Embora, fidalgo, aguardente, planalto, boquiaberto etc.
- **Hibridismo:** união de radicais oriundos de línguas distintas.
  Automóvel (latim e grego); sambódromo (tupi e grego).

6.4.2 Derivação

É uma transformação no vocábulo. Pode ocorrer das seguintes maneiras:
- **Prefixal (prefixação):** reforma, anfiteatro, cooperação.
- **Sufixal (sufixação):** pedreiro, engenharia, florista.
- **Prefixal – sufixal:** infelizmente, ateísmo, desordenamento.
- **Parassintética:** prefixo e sufixo simultaneamente, sem a possibilidade de remover umas das partes.
  Avermelhado, anoitecer, emudecer, amanhecer.
- **Regressão (regressiva) ou deverbal:** advinda de um verbo.
  Abalo (abalar), luta (lutar), fuga (fugir).
- **Imprópria (conversão):** mudança de classe gramatical.
  O jantar, um não, o seu sim, o pobre.

6.4.3 Estrangeirismo

Pode-se entender como um empréstimo linguístico.
- **Com aportuguesamento:** abajur (do francês *abat-jour*), algodão (do árabe *al-qutun*), lanche (do inglês *lunch*) etc.
- **Sem aportuguesamento:** *networking, software, pizza, show, shopping* etc.

6.5 Acrônimo ou sigla

- **Silabáveis:** podem ser separados em sílabas.
  Infraero (Infraestrutura Aeroportuária), **Petrobras** (Petróleo Brasileiro) etc.
- **Não-silabáveis:** não podem ser separados em sílabas.
  FMI, MST, SPC, PT, INSS, MPU etc.

6.6 Onomatopeia ou reduplicação

- **Onomatopeia:** tentativa de representar um som da natureza.
  Pow, paf, tum, psiu, argh.
- **Reduplicação:** repetição de palavra com fim onomatopaico.
  Reco-reco, tique-taque, pingue-pongue.
- **Redução ou abreviação:** eliminação do segmento de alguma palavra.
  Fone (telefone), cinema (cinematógrafo), pneu (pneumático) etc.

7. MORFOLOGIA

Antes de adentrar nas conceituações, veja a lista a seguir para facilitar o estudo. Nela, temos uma classe de palavra seguida de um exemplo.

Artigo: o, a, os, as, um, uma, uns, umas.
Adjetivo: legal, interessante, capaz, brasileiro, francês.
Advérbio: muito, pouco, bem, mal, ontem, certamente.
Conjunção: que, caso, embora.
Interjeição: Ai! Ui! Ufa! Eita!
Numeral: sétimo, vigésimo, terço.
Preposição: a, ante, até, após, com, contra, de, desde, em, entre.
Pronome: cujo, o qual, quem, eu, lhe.
Substantivo: mesa, bicho, concursando, Pablo, José.
Verbo: estudar, passar, ganhar, gastar.

7.1 Substantivos

É a palavra variável que designa qualidades, sentimentos, sensações, ações etc.

Quanto à sua classificação, o substantivo pode ser:
- **Primitivo** (sem afixos): pedra.
- **Derivado** (com afixos): pedreiro/empedrado.
- **Simples** (1 núcleo): guarda.
- **Composto** (mais de 1 núcleo): guarda-roupas.
- **Comum** (designa ser genérico): copo, colher.
- **Próprio** (designa ser específico): Maria, Portugal.
- **Concreto** (existência própria): cadeira, lápis.
- **Abstrato** (existência dependente): glória, amizade.

7.1.1 Substantivos concretos

Designam seres de existência própria, como: padre, político, carro e árvore.

7.1.2 Substantivos abstratos

Nomeiam qualidades ou conceitos de existência dependente, como: beleza, fricção, tristeza e amor.

7.1.3 Substantivos próprios

São sempre concretos e devem ser grafados com iniciais maiúsculas. Alguns substantivos próprios, no entanto, podem vir a se tornar comuns pelo processo de derivação imprópria que, geralmente, ocorre pela anteposição de um artigo e a grafia do substantivo com letra minúscula (um judas = traidor/um panamá = chapéu). As flexões dos substantivos podem se dar em gênero, número e grau.

7.1.4 Gênero dos substantivos

Quanto à distinção entre masculino e feminino, os substantivos podem ser:
- **Biformes:** quando apresentam uma forma para o masculino e outra para o feminino. Por exemplo: gato, gata, homem, mulher.
- **Uniformes:** quando apresentam uma única forma para ambos os gêneros. Nesse caso, eles estão divididos em:
  - **Epicenos:** usados para animais de ambos os sexos (macho e fêmea). Por exemplo: besouro, jacaré, albatroz.
  - **Comum de dois gêneros:** aqueles que designam pessoas. Nesse caso, a distinção é feita por um elemento ladeador (artigo, pronome). Por exemplo: o/a terrícola, o/a estudante, o/a dentista, o/a motorista.
  - **Sobrecomuns:** apresentam um só gênero gramatical para designar seres de ambos os sexos. Por exemplo: o indivíduo, a vítima, o algoz.

Em algumas situações, a mudança de gênero altera também o sentido do substantivo:
- O cabeça (líder).
- A cabeça (parte do corpo).

7.1.5 Número dos substantivos

Tentemos resumir as principais regras de formação do plural nos substantivos.

TERMINAÇÃO	VARIAÇÃO	EXEMPLO
vogal ou ditongo	acréscimo do S	barco – barcos
M	NS	pudim – pudins
ÃO (primeiro caso)	ÕES	ladrão – ladrões
ÃO (segundo caso)	ÃES	pão – pães
ÃO (terceiro caso)	S	cidadão – cidadãos
R	ES	mulher – mulheres
Z	ES	cartaz – cartazes
N	ES	abdômen – abdômenes
S (oxítonos)	ES	inglês – ingleses
AL, EL, OL, UL	IS	tribunal – tribunais
IL (oxítonos)	S	barril – barris
IL (paroxítonos)	EIS	fóssil – fósseis
ZINHO, ZITO	S	anelzinho – aneizinhos

Alguns substantivos são grafados apenas no plural: alvíssaras, anais, antolhos, arredores, belas-artes, calendas, cãs, condolências, esponsais, exéquias, fastos, férias, fezes, núpcias, óculos, pêsames.

7.1.6 Grau do substantivo

Aumentativo/diminutivo

Analítico: quando se associam os adjetivos ao substantivo. Por exemplo: carro grande, pé pequeno.
Sintético: quando se adiciona ao substantivo sufixos indicadores de grau, carrão, pezinho.
- **Sufixos:**
  - **Aumentativos:** -ÁZIO, -ORRA, -OLA, -AZ, -ÃO, -EIRÃO, -ALHÃO, -ARÃO, -ARRÃO, -ZARRÃO.
  - **Diminutivos:** -ITO, -ULO-, -CULO, -OTE, -OLA, -IM, -ELHO, -INHO, -ZINHO. O sufixo -ZINHO é obrigatório quando o substantivo terminar em vogal tônica ou ditongo: cafezinho, paizinho etc.

O aumentativo pode exprimir tamanho (casarão), desprezo (sabichão, ministraço, poetastro) ou intimidade (amigão); enquanto o diminutivo pode indicar carinho (filhinho) ou ter valor pejorativo (livreco, casebre), além das noções de tamanho (bolinha).

7.2 Artigo

O artigo é a palavra variável que tem por função individualizar algo, ou seja, possui como função primordial indicar um elemento, por meio de definição ou indefinição da palavra que, pela anteposição do artigo, passa a ser substantivada. Os artigos se subdividem em:

- **Artigos definidos (O, A, OS, AS):** definem o substantivo a que se referem. Por exemplo:

    Hoje à tarde, falaremos sobre **a** aula da semana passada.
    Na última aula, falamos **do** conteúdo programático.

- **Artigos indefinidos (um, uma, uns, umas):** indefinem o substantivo a que se referem. Por exemplo:

    Assim que eu passar no concurso, eu irei comprar **um** carro.
    Pela manhã, papai, apareceu **um** homem da loja aqui.

É importante ressaltar que os artigos podem ser contraídos com algumas preposições essenciais, como demonstrado na tabela a seguir:

PREPOSIÇÕES	ARTIGO								
	DEFINIDO				INDEFINIDO			
	O	A	OS	AS	UM	UMA	UNS	UMAS
A	ao	à	aos	às	-	-	-	-
De	do	da	dos	das	dum	duma	duns	dumas
Em	no	na	nos	nas	num	numa	nuns	numas
Per	pelo	pela	pelos	pelas	-	-	-	-
Por	polo	pola	polos	polas	-	-	-	-

O artigo é utilizado para substantivar um termo. Ou seja, quer transformar algo em um substantivo? Coloque um artigo em sua frente.

Cantar alivia a alma. (Verbo)
O **cantar** alivia a alma. (Substantivo)

7.2.1 Emprego do artigo com a palavra "todo"

Quando inserimos artigos ao lado da palavra "todo", em geral, o sentido da expressão passa a designar totalidade. Como no exemplo abaixo:

Pobreza é um problema que acomete **todo país**. (todos os países)
Pobreza é um problema que acomete **todo o país**. (o país em sua totalidade).

7.3 Pronome

Em uma definição breve, podemos dizer que pronome é o termo que substitui um substantivo, desempenhando, na sentença em que aparece, uma função coesiva. Podemos dividir os pronomes em sete categorias, são elas: pessoais, tratamento, demonstrativos, relativos, indefinidos, interrogativos, possessivos.

Antes de partir para o estudo pormenorizado dos pronomes, vamos fazer uma classificação funcional deles quando empregados em uma sentença:

- **Pronomes substantivos:** são aqueles que ocupam o lugar do substantivo na sentença. Por exemplo:

    Alguém apareceu na sala ontem.
    Nós faremos todo o trabalho.

- **Pronomes adjetivos:** são aqueles que acompanham um substantivo na sentença. Por exemplo:

    Meus alunos são os mais preparados.
    Pessoa **alguma** fará tal serviço por **esse** valor.

7.3.1 Pronomes substantivos e adjetivos

É chamado **pronome substantivo** quando um pronome substitui um substantivo.

É chamado **pronome adjetivo** quando determina o substantivo com o qual se encontra.

7.3.2 Pronomes pessoais

Referem-se às pessoas do discurso, veja:

- Quem fala (1ª pessoa).
- Com quem se fala (2ª pessoa).
- De quem se fala (3ª pessoa).

Classificação dos pronomes pessoais (caso **reto** × caso **oblíquo**):

PESSOA GRAMATICAL	RETOS	OBLÍQUOS	
		ÁTONOS	TÔNICOS
1ª – Singular	eu	me	mim, comigo
2ª – Singular	tu	te	ti, contigo
3ª – Singular	ele, ela	o, a, lhe, se	si, consigo
1ª – Plural	nós	nos	nós, conosco
2ª – Plural	vós	vos	vós, convosco
3ª – Plural	eles, elas	os, as, lhes, se	si, consigo
Função	Sujeito	Complemento/Adjunto	

Veja a seguir o emprego de alguns pronomes (**certo** × **errado**).

Eu e tu × mim e ti

1ª regra: depois de preposição essencial, usa-se pronome oblíquo. Observe:

Entre mim e ti, não há acordo.
Sobre Manoel e ti, nada se pode falar.
Devo **a** ti esta conquista.
O presente é **para** mim.
Não saia **sem** mim.
Comprei um livro **para** ti.
Observe a preposição essencial destacada nas sentenças.

2ª regra: se o pronome utilizado na sentença for sujeito de um verbo, deve-se empregar os do caso reto.

Não saia sem **eu** deixar.
Comprei um livro para **tu** leres.
O presente é para **eu** desfrutar.

Observe que o pronome desempenha a função de sujeito do verbo destacado. Ou seja: "mim" não faz nada!

Não se confunda com as sentenças em que a ordem frasal está alterada. Deve-se, nesses casos, tentar colocar a sentença na ordem direta.

Para mim, fazer exercícios é muito bom. → Fazer exercícios é muito bom para mim.
Não é tarefa para mim realizar esta revisão. → Realizar esta revisão não é para mim.

Com causativos e sensitivos

Regra com verbos causativos (mandar, fazer, deixar) ou sensitivos (ver, ouvir, sentir): quando os pronomes oblíquos átonos são empregados com verbos causativos ou sensitivos, pode haver a possibilidade de desempenharem a função de sujeito de uma forma verbal próxima. Veja os exemplos:

Fiz **Juliana** chorar. (Sentença original).
Fi-**la** chorar. (Sentença reescrita com a substituição do termo Juliana pelo pronome oblíquo).

MORFOLOGIA

Em ambas as situações, a "Juliana é a chorona". Isso quer dizer que o termo feminino que está na sentença é sujeito do verbo "chorar". Pensando dessa maneira, entenderemos a primeira função da forma pronominal "la" que aparece na sentença reescrita.

Outro fator a ser considerado é que o verbo "fazer" necessita de um complemento, portanto, é um verbo transitivo. Ocorre que o complemento do verbo "fazer" não pode ter outro referente senão "Juliana". Então, entendemos que, na reescrita da frase, a forma pronominal "la" funciona como complemento do verbo "fazer" e sujeito do verbo "chorar".

Si e consigo

Esses pronomes somente podem ser empregados se se referirem ao sujeito da oração, pois possuem função reflexiva. Observe:

Alberto só pensa em si. ("Si" refere-se a "Alberto": sujeito do verbo "pensar").

O aluno levou as apostilas consigo. ("consigo" refere-se ao termo "aluno").

Estão erradas, portanto, frases como estas:

Creio muito em si, meu amigo.

Quero falar consigo.

Corrigindo:

Creio muito em você, meu amigo.

Quero falar contigo.

Conosco e convosco

As formas **"conosco"** e **"convosco"** são substituídas por **"com nós"** e **"com vós"** quando os pronomes pessoais são reforçados por palavras como **outros, mesmos, próprios, todos, ambos** ou **algum numeral**. Por exemplo:

Ele disse que iria com nós três.

Ele(s), ela(s) × o(s), a(s)

É muito comum ouvirmos frases como: "vi **ela** na esquina", "não queremos **eles** aqui". De acordo com as normas da Língua Portuguesa, é errado falar ou escrever assim, pois o pronome em questão está sendo utilizado fora de seu emprego original, ou seja, como um complemento (ao passo que deveria ser apenas sujeito). O certo é: "vi-**a** na esquina", "não **os** queremos aqui".

"O" e "a"

São complementos diretos, ou seja, são utilizados juntamente aos verbos transitivos diretos, ou nos bitransitivos, como no exemplo a seguir:

Comprei **um carro** para minha namorada = Comprei-**o** para ela. (Ocorreu a substituição do objeto direto)

É importante lembrar que há uma especificidade em relação à colocação dos pronomes "o" e "a" depois de algumas palavras:

- Se a palavra terminar em **R, S** ou **Z**: tais letras devem ser suprimidas e o pronome será empregado como **lo, la, los, las**.

    Fazer as tarefas = fazê-**las**.

    Querer o dinheiro = querê-**lo**.

- Se a palavra terminar com **ÃO, ÕE** ou **M**: tais letras devem ser mantidas e o pronome há de ser empregado como **no, na, nos, nas**.

    Compraram a casa = compraram-**na**.

    Compõe a canção = compõe-**na**.

Lhe

É um complemento indireto, equivalente a "a ele" ou "a ela". Ou seja, é empregado juntamente a um verbo transitivo indireto ou a um verbo bitransitivo, como no exemplo:

- Comprei um carro **para minha namorada** = comprei-**lhe** um carro. (Ocorreu a substituição do objeto indireto).

Muitas bancas gostam de trocar as formas "o" e "a" por "lhe", o que não pode ser feito sem que a sentença seja totalmente reelaborada.

7.3.3 Pronomes de tratamento

São pronomes de tratamento **você, senhor, senhora, senhorita, fulano, sicrano, beltrano** e as expressões que integram o quadro seguinte:

PRONOME	ABREVIATURA SINGULAR	ABREVIATURA PLURAL
Vossa Excelência(s)	V. Ex.ª	V. Ex.ᵃˢ
USA-SE PARA:		
Presidente (sem abreviatura), ministro, embaixador, governador, secretário de Estado, prefeito, senador, deputado federal e estadual, juiz, general, almirante, brigadeiro e presidente de câmara de vereadores.		
PRONOME	ABREVIATURA SINGULAR	ABREVIATURA PLURAL
Vossa(s) Magnificência(s)	V. Mag.ª	V. Mag.ᵃˢ
USA-SE PARA:		
Reitor de universidade para o qual também se pode usar V. Ex.ª.		

LÍNGUA PORTUGUESA/INTERPRETAÇÃO DE TEXTOS

PRONOME	ABREVIATURA SINGULAR	ABREVIATURA PLURAL
Vossa(s) Senhoria(s)	V. Sª	V. S.ªˢ
USA-SE PARA:		
Qualquer autoridade ou pessoa civil não citada acima.		

PRONOME	ABREVIATURA SINGULAR	ABREVIATURA PLURAL
Vossa(s) Santidade(s)	V. S	VV. SS.
USA-SE PARA:		
Papa.		

PRONOME	ABREVIATURA SINGULAR	ABREVIATURA PLURAL
Vossa(s) Eminência(s)	V. Em.ª	V.Em.ªˢ
USA-SE PARA:		
Cardeal.		

PRONOME	ABREVIATURA SINGULAR	ABREVIATURA PLURAL
Vossa(s) Excelência(s)Reverendíssima(s)	V. Exª. Rev.ma	V. Ex.ªˢ. Rev.mas
USA-SE PARA:		
Arcebispo e bispo.		

PRONOME	ABREVIATURA SINGULAR	ABREVIATURA PLURAL
Vossa(s) Reverendíssima(s)	V. Rev.ma	V.Rev.mas
Usa-se para:		
Autoridade religiosa inferior às acima citadas.		

PRONOME	ABREVIATURA SINGULAR	ABREVIATURA PLURAL
Vossa(s) Reverência(s)	V. Rev.ª	V. Rev.mas
USA-SE PARA:		
Religioso sem graduação.		

PRONOME	ABREVIATURA SINGULAR	ABREVIATURA PLURAL
Vossa(s) Majestade(s)	V. M.	VV. MM.
USA-SE PARA:		
Rei e imperador.		

PRONOME	ABREVIATURA SINGULAR	ABREVIATURA PLURAL
Vossa(s) Alteza(s)	V. A.	VV. AA.
USA-SE PARA:		
Príncipe, arquiduque e duque.		

Todas essas expressões se apresentam também com "Sua" para cujas abreviaturas basta substituir o "V" por "S".

Emprego dos pronomes de tratamento

- **Vossa Excelência** etc. × **Sua Excelência** etc.

Os pronomes de tratamento iniciados com "Vossa(s)" empregam-se em uma relação direta, ou seja, indicam o nosso interlocutor, pessoa com quem falamos:

Soube que V. Ex.ª, Senhor Ministro, falou que não estava interessado no assunto da reunião.

Empregaremos o pronome com a forma "sua" quando a relação não é direta, ou seja, quando falamos sobre a pessoa:

A notícia divulgada é de que Sua Excelência, o Presidente da República, foi flagrado em uma boate.

Utilização da 3ª pessoa

Os pronomes de tratamento são de 3ª pessoa; portanto, todos os elementos relacionados a eles devem ser empregados também na 3ª pessoa, para que se mantenha a uniformidade:

É preciso que V. Ex.ª **diga** qual será o **seu** procedimento no caso em questão, a fim de que seus assessores possam agir a tempo.

MORFOLOGIA

Uniformidade de tratamento

No momento da escrita ou da fala, não é possível ficar fazendo "dança das pessoas" com os pronomes. Isso quer dizer que se deve manter a uniformidade de tratamento. Para tanto, se for utilizada 3ª pessoa no início de uma sentença, ela deve permanecer ao longo de todo o texto. Preste atenção para ver como ficou estranha a construção abaixo:

Quando **você** chegar, eu **te** darei o presente.

"Você" é de 3ª pessoa e "te" é de 2ª pessoa. Não há motivo para cometer tal engano. Tome cuidado, portanto. Podemos corrigir a sentença:

Quando tu chegares, eu te darei o presente.
Quando você chegar, eu lhe darei o presente.

7.3.4 Pronomes possessivos

São os pronomes que atribuem posse de algo às pessoas do discurso. Eles podem estar em:

- **1ª pessoa do singular:** meu, minha, meus, minhas.
- **2ª pessoa do singular:** teu, tua, teus, tuas.
- **3ª pessoa do singular:** seu, sua, seus, suas.
- **1ª pessoa do plural:** nosso, nossa, nossos, nossas.
- **2ª pessoa do plural:** vosso, vossa, vossos, vossas.
- **3ª pessoa do plural:** seu, sua, seus, suas.

Emprego

- Ambiguidade: "seu", "sua", "seus" e "suas" são os reis da ambiguidade (duplicidade de sentido).

    O policial prendeu o maconheiro em **sua** casa. (casa de quem?).
    Meu pai levou meu tio para casa em **seu** carro. (no carro de quem?).

- Corrigindo:

    O policial prendeu o maconheiro na casa **deste**.
    Meu pai, em **seu** carro, levou meu tio para casa.

- Emprego especial: não se usam os possessivos em relação às partes do corpo ou às faculdades do espírito. Devemos, pois, dizer:

    Machuquei a mão. (E não "a minha mão").
    Ele bateu a cabeça. (E não "a sua cabeça").
    Perdeste a razão? (E não "a tua razão").

7.3.5 Pronomes demonstrativos

São os que localizam ou identificam o substantivo ou uma expressão no espaço, no tempo ou no texto.

- **1ª pessoa:**
    Masculino: este(s).
    Feminino: esta(s).
    Neutro: isto.
    No espaço: com o falante.
    No tempo: presente.
    No texto: o que se pretende dizer ou o imediatamente retomado.

- **2ª pessoa**
    Masculino: esse(s).
    Feminino: essa(s).
    Neutro: isso.
    No espaço: pouco afastado.
    No tempo: passado ou futuro próximos.
    No texto: o que se disse anteriormente.

- **3ª pessoa**
    Masculino: aquele(s).
    Feminino: aquela(s).
    Neutro: aquilo.
    No espaço: muito afastado.
    No tempo: passado ou futuro distantes.
    No texto: o que se disse há muito ou o que se pretende dizer.

Quando o pronome retoma algo já mencionado no texto, dizemos que ele possui função **anafórica**. Quando aponta para algo que será dito, dizemos que possui função **catafórica**. Essa nomenclatura começou a ser cobrada em algumas questões de concurso público, portanto, é importante ter esses conceitos na ponta da língua.

Exemplos de emprego dos demonstrativos:

Veja **este** livro que eu trouxe, é muito bom.
Você deve estudar mais! **Isso** é o que eu queria dizer.
Vê **aquele** mendigo lá na rua? Terrível futuro o aguarda.

Há outros pronomes demonstrativos: **o, a, os, as**, quando antecedem o relativo que e podem ser permutados por **aquele(s), aquela(s), aquilo**. Veja os exemplos:

Não entendi o que disseste. (Não entendi aquilo que disseste.).
Esta rua não é a que te indiquei. (Esta rua não é aquela que te indiquei.).

Tal: quando puder ser permutado por qualquer demonstrativo:

Não acredito que você disse **tal** coisa. (Aquela coisa).

Semelhante: quando puder ser permutado por qualquer demonstrativo:

Jamais me prestarei a **semelhante** canalhice. (Esta canalhice).

Mesmo: quando modificar os pronomes eu, tu, nós e vós:

Eu **mesmo** investiguei o caso.

De modo análogo, classificamos o termo "**próprio**" (eu próprio, ela própria).

O termo "**mesmo**" pode ainda funcionar como pronome neutro em frases como: "é o mesmo", "vem a ser o mesmo".

Vejamos mais alguns exemplos:

José e **João** são alunos do ensino médio. Este gosta de matemática, **aquele** gosta de português.

Veja que a verdadeira relação estabelecida pelos pronomes demonstrativos focaliza, por meio do "este" o elemento mais próximo, por meio do "aquele" o elemento mais afastado.

Esta sala precisa de bons professores.
Gostaria de que esse órgão pudesse resolver meu problema.

Este(s), esta(s), isto indicam o local de onde escrevemos. **Esse(s), essa(s), isso** indicam o local em que se encontra o nosso interlocutor.

7.3.6 Pronomes relativos

São termos que relacionam palavras em um encadeamento. Os relativos da Língua Portuguesa são:

- **Que:** quando puder ser permutado por "o qual" ou um de seus termos derivados. Utiliza-se o pronome "que" para referências a pessoas ou coisas.

    O peão a **que** me refiro é Jonas.

- **O qual:** empregado para referência a coisas ou pessoas.

    A casa **na qual** houve o tiroteio foi interditada.

- **Quem:** é equivalente a dois pronomes: "aquele" e "que".

    O homem para **quem** se enviou a correspondência é Alberto.

LÍNGUA PORTUGUESA/INTERPRETAÇÃO DE TEXTOS

- **Quanto:** será relativo quando seu antecedente for o termo "tudo".

    Não gastes tudo **quanto** tens.

- **Onde:** é utilizado para estabelecer referência a lugares, sendo permutável por "em que" ou "no qual" e seus derivados.

    O estado para **onde** vou é Minas Gerais.

- **Cujo:** possui um sentido possessivo. Não permite permuta por outro relativo. Também é preciso lembrar que o pronome "cujo" não admite artigo, pois já é variável (cujo/cuja, jamais "cujo o", "cuja a").

    Cara, o pedreiro em **cujo** serviço podemos confiar é Marcelino.

> A preposição que está relacionada ao pronome é, em grande parte dos casos, oriunda do verbo que aparece posteriormente na sentença.

7.3.7 Pronomes indefinidos

São os pronomes que se referem, de forma imprecisa e vaga, à 3ª pessoa do discurso.

Eles podem ser:

- **Pronomes indefinidos substantivos:** têm função de substantivo: alguém, algo, nada, tudo, ninguém.
- **Pronomes indefinidos adjetivos:** têm função de adjetivo: cada, certo(s), certa (s).
- **Que variam entre pronomes adjetivos e substantivos:** variam de acordo com o contexto: algum, alguma, bastante, demais, mais, qual etc.

VARIÁVEIS				INVARIÁVEIS
MASCULINO		**FEMININO**		
SINGULAR	PLURAL	SINGULAR	PLURAL	
Algum	Alguns	Alguma	Algumas	Alguém
Certo	Certos	Certa	Certas	Algo
Muito	Muitos	Muita	Muitas	Nada
Nenhum	Nenhuns	Nenhuma	Nenhumas	Ninguém
Outro	Outros	Outra	Outras	Outrem
Qualquer	Quaisquer	Qualquer	Quaisquer	Cada
Quando	Quantos	Quanta	Quantas	-
Tanto	Tantos	Tanta	Tantas	-
Todo	Todos	Toda	Todas	Tudo
Vário	Vários	Vária	Várias	-
Pouco	Poucos	Pouca	Poucas	-

Fique bem atento para as alterações de sentido relacionadas às mudanças de posição dos pronomes indefinidos.

> Alguma pessoa passou por aqui ontem. (Alguma pessoa = ao menos uma pessoa).
>
> Pessoa alguma passou por aqui ontem. (Pessoa alguma = ninguém).

Locuções pronominais indefinidas

"Cada qual", "cada um", "seja qual for", "tal qual", "um ou outro" etc.

7.3.8 Pronomes interrogativos

Chamam-se interrogativos os pronomes **que, quem, qual** e **quanto**, empregados para formular uma pergunta direta ou indireta:

> **Que** conteúdo estão estudando?
> Diga-me **que** conteúdo estão estudando.
> **Quem** vai passar no concurso?
> Gostaria de saber **quem** vai passar no concurso.
> **Qual** dos livros preferes?
> Não sei **qual** dos livros preferes.
> **Quantos** de coragem você tem?
> Pergunte **quanto** de coragem você tem.

7.4 Verbo

É a palavra com que se expressa uma ação (cantar, vender), um estado (ser, estar), mudança de estado (tornar-se) ou fenômeno da natureza (chover).

Quanto à noção que expressam, os verbos podem ser classificados da seguinte maneira:

- **Verbos relacionais:** exprimem estado ou mudança de estado. São os chamados verbos de ligação.
- **Verbos de ligação: ser, estar, continuar, andar, parecer, permanecer, ficar, tornar-se** etc.
- **Verbos nocionais:** exprimem ação ou fenômeno da natureza. São os chamados verbos significativos.

Os verbos nocionais podem ser classificados da seguinte maneira:

- **Verbo Intransitivo (VI):** diz-se daquele que não necessita de um complemento para que se compreenda a ação verbal. Por exemplo: "morrer", "cantar", "sorrir", "nascer", "viver".
- **Verbo Transitivo (VT):** diz-se daquele que necessita de um complemento para expressar o afetado pela ação verbal. Divide-se em três tipos:
    - **Diretos (VTD):** não possuem preposição para ligar o complemento verbal ao verbo. São exemplos os verbos "querer", "comprar", "ler", "falar" etc.
    - **Indiretos (VTI):** possuem preposição para ligar o complemento verbal ao verbo. São exemplos os verbos "gostar", "necessitar", "precisar", "acreditar" etc.
    - **Diretos e Indiretos (VTDI) ou bitransitivos:** possuem dois complementos, um não preposicionado, outro com preposição. São exemplos os verbos "pagar", "perdoar", "implicar" etc.

Preste atenção na dica que segue:

> João morreu. (Quem morre, morre. Não é preciso um complemento para entender o verbo).
>
> Eu quero um aumento. (Quem quer, quer alguma coisa. É preciso um complemento para entender o sentido do verbo).
>
> Eu preciso de um emprego. (Quem precisa, precisa "de" alguma coisa. Deve haver uma preposição para ligar o complemento ao seu verbo).
>
> Mário pagou a conta ao padeiro. (Quem paga, paga algo a alguém. Há um complemento com preposição e um complemento sem preposição).

MORFOLOGIA

7.4.1 Estrutura e conjugação dos verbos

Os verbos possuem:
- **Raiz:** o que lhes guarda o sentido (**cant**ar, **corr**er, **sorr**ir).
- **Vogal temática:** o que lhes garante a família conjugacional (AR, ER, IR).
- **Desinências:** o que ajuda a conjugar ou nominalizar o verbo (canta**ndo**, cant**ávamos**).

Os verbos apresentam três conjugações, ou seja, três famílias conjugacionais. Em função da vogal temática, podem-se criar três paradigmas verbais. De acordo com a relação dos verbos com esses paradigmas, obtém-se a seguinte classificação:

- **Regulares:** seguem o paradigma verbal de sua conjugação sem alterar suas raízes (amar, vender, partir).
- **Irregulares:** não seguem o paradigma verbal da conjugação a que pertencem. As irregularidades podem aparecer na raiz ou nas desinências (ouvir – ouço/ouve, estar – estou/estão).
- **Anômalos:** apresentam profundas irregularidades. São classificados como anômalos em todas as gramáticas os verbos "ser" e "ir".
- **Defectivos:** não são conjugados em determinadas pessoas, tempo ou modo, portanto, apresentam algum tipo de "defeito" ("falir", no presente do indicativo, só apresenta a 1ª e a 2ª pessoa do plural). Os defectivos distribuem-se em grupos:
  - Impessoais.
  - Unipessoais: vozes ou ruídos de animais, só conjugados nas terceiras pessoas.
  - Antieufônicos: a sonoridade permite confusão com outros verbos – "demolir"; "falir", "abolir" etc.
- **Abundantes:** apresentam mais de uma forma para uma mesma conjugação.

Existe abundância **conjugacional** e **participial**. A primeira ocorre na conjugação de algumas formas verbais, como o verbo "haver", que admite "nós havemos/hemos", "vós haveis/heis". A segunda ocorre com as formas nominais de particípio.

A seguir segue uma lista dos principais abundantes na forma participial.

VERBOS	PARTICÍPIO REGULAR – EMPREGADO COM OS AUXILIARES "TER" E "HAVER"	PARTICÍPIO IRREGULAR – EMPREGADO COM OS AUXILIARES "SER", "ESTAR" E "FICAR"
aceitar	aceitado	aceito
acender	acendido	aceso
benzer	benzido	bento
eleger	elegido	eleito
entregar	entregado	entregue
enxugar	enxugado	enxuto
expressar	expressado	expresso
expulsar	expulsado	expulso
extinguir	extinguido	extinto
matar	matado	morto
prender	prendido	preso
romper	rompido	roto
salvar	salvado	salvo
soltar	soltado	solto
suspender	suspendido	suspenso
tingir	tingido	tinto

7.4.2 Flexão verbal

Relativamente à flexão verbal, anotamos:
- **Número:** singular ou plural.
- **Pessoa gramatical:** 1ª, 2ª ou 3ª.

Tempo: referência ao momento em que se fala (pretérito, presente ou futuro). O modo imperativo só tem um tempo, o presente.
- **Voz:** ativa, passiva, reflexiva e recíproca (que trabalharemos mais tarde).
- **Modo:** indicativo (certeza de um fato ou estado), subjuntivo (possibilidade ou desejo de realização de um fato ou incerteza do estado) e imperativo (expressa ordem, advertência ou pedido).

7.4.3 Formas nominais do verbo

As três formas nominais do verbo (infinitivo, gerúndio e particípio) não possuem função exclusivamente verbal.
- **Infinitivo:** assemelha-se ao substantivo, indica algo atemporal – o nome do verbo, sua desinência característica é a letra R: ama**r**, realça**r**, ungi**r** etc.
- **Gerúndio:** equipara-se ao adjetivo ou advérbio pelas circunstâncias que exprime de ação em processo. Sua desinência característica é -NDO: ama**ndo**, realça**ndo**, ungi**ndo** etc.
- **Particípio:** tem valor e forma de adjetivo – pode também indicar ação concluída, sua desinência característica é -ADO ou -IDO para as formas regulares: am**ado**, realç**ado**, ung**ido** etc.

7.4.4 Tempos verbais

Dentro do **modo indicativo**, anotamos os seguintes tempos:
- **Presente do indicativo:** indica um fato situado no momento ou época em que se fala.

    Eu amo, eu vendo, eu parto.
- **Pretérito perfeito do indicativo:** indica um fato cuja ação foi iniciada e concluída no passado.

    Eu amei, eu vendi, eu parti.
- **Pretérito imperfeito do indicativo:** indica um fato cuja ação foi iniciada no passado, mas não foi concluída ou era uma ação costumeira no passado.

    Eu amava, eu vendia, eu partia.
- **Pretérito mais-que-perfeito do indicativo:** indica um fato cuja ação é anterior a outra ação já passada.

    Eu amara, eu vendera, eu partira.
- **Futuro do presente do indicativo:** indica um fato situado em momento ou época vindoura.

    Eu amarei, eu venderei, eu partirei.
- **Futuro do pretérito do indicativo:** indica um fato possível, hipotético, situado num momento futuro, mas ligado a um momento passado.

    Eu amaria, eu venderia, eu partiria.

Dentro do **modo subjuntivo**, anotamos os seguintes tempos:
- Presente do subjuntivo: indica um fato provável, duvidoso ou hipotético, situado no momento ou época em que se fala. Para facilitar a conjugação, utilize a conjunção "que".

    Que eu ame, que eu venda, que eu parta.

- Pretérito imperfeito do subjuntivo: indica um fato provável, duvidoso ou hipotético, cuja ação foi iniciada, mas não concluída no passado. Para facilitar a conjugação, utilize a conjunção "se".

    Se eu amasse, se eu vendesse, se eu partisse.

- Futuro do subjuntivo: indica um fato provável, duvidoso, hipotético, situado num momento ou época futura. Para facilitar a conjugação, utilize a conjunção "quando".

    Quando eu amar, quando eu vender, quando eu partir.

7.4.5 Tempos compostos da voz ativa

Constituem-se pelos verbos auxiliares "**ter**" ou "**haver**" + particípio do verbo que se quer conjugar, dito principal.

No **modo indicativo**, os tempos compostos são formados da seguinte maneira:
- **Pretérito perfeito:** presente do indicativo do auxiliar + particípio do verbo principal (tenho amado).
- **Pretérito mais-que-perfeito:** pretérito imperfeito do indicativo do auxiliar + particípio do verbo principal (tinha amado).
- **Futuro do presente:** futuro do presente do indicativo do auxiliar + particípio do verbo principal (terei amado).
- **Futuro do pretérito:** futuro do pretérito indicativo do auxiliar + particípio do verbo principal (teria amado).

No **modo subjuntivo**, a formação se dá da seguinte maneira:
- **Pretérito perfeito:** presente do subjuntivo do auxiliar + particípio do verbo principal (tenha amado).
- **Pretérito mais-que-perfeito:** imperfeito do subjuntivo do auxiliar + particípio do verbo principal (tivesse amado).
- **Futuro composto:** futuro do subjuntivo do auxiliar + particípio do verbo principal (tiver amado).

Quanto às **formas nominais**, elas são formadas da seguinte maneira:
- **Infinitivo composto:** infinitivo pessoal ou impessoal do auxiliar + particípio do verbo principal (ter vendido/teres vendido).
- **Gerúndio composto:** gerúndio do auxiliar + particípio do verbo principal (tendo partido).

7.4.6 Vozes verbais

Quanto às vozes, os verbos apresentam voz:
- **Ativa:** o sujeito é agente da ação verbal.

    O corretor vende casas.

- **Passiva:** o sujeito é paciente da ação verbal.

    Casas são vendidas **pelo corretor**.

- **Reflexiva:** o sujeito é agente e paciente da ação verbal.

    A garota feriu-**se** ao cair da escada.

- **Recíproca:** há uma ação mútua descrita na sentença.

    Os amigos entreolh**aram-se**.

Voz passiva: sua característica é possuir um sujeito paciente, ou seja, que é afetado pela ação do verbo.
- **Analítica:** verbo auxiliar + particípio do verbo principal. Isso significa que há uma locução verbal de voz passiva.

    Casas **são *vendidas*** pelo corretor.

    Ele fez o trabalho – O trabalho **foi feito** por ele (mantido o pretérito perfeito do indicativo).

    O vento ia levando as folhas – As folhas iam **sendo levadas** pelo vento (mantido o gerúndio do verbo principal em um dos auxiliares).

    Vereadores entregarão um prêmio ao gari – Um prêmio **será entregue** ao gari por vereadores (veja como a flexão do futuro se mantém na locução).

- **Sintética:** verbo apassivado pelo termo "se" (partícula apassivadora) + sujeito paciente.

    Roubou-se **o dinheiro do povo**.

    Fez-se **o trabalho** com pressa.

É comum observar, em provas de concurso público, questões que mostram uma voz passiva sintética como aquela que é proveniente de uma ativa com sujeito indeterminado.

Alguns verbos da língua portuguesa apresentam **problemas de conjugação**:

Compraram um carro novo (ativa).

Comprou-se um carro novo (passiva sintética).

7.4.7 Verbos com a conjugação irregular

Abolir: defectivo – não possui a 1ª pessoa do singular do presente do indicativo, por isso não possui presente do subjuntivo e o imperativo negativo. (= banir, carpir, colorir, delinquir, demolir, descomedir-se, emergir, exaurir, fremir, fulgir, haurir, retorquir, urgir).

Acudir: alternância vocálica O/U no presente do indicativo – acudo, acodes etc. Pretérito perfeito do indicativo com U. (= bulir, consumir, cuspir, engolir, fugir).

Adequar: defectivo – só possui a 1ª e a 2ª pessoa do plural no presente do indicativo.

Aderir: alternância vocálica E/I no presente do indicativo – adiro, adere etc. (= advertir, cerzir, despir, diferir, digerir, divergir, ferir, sugerir).

Agir: acomodação gráfica G/J no presente do indicativo – ajo, ages etc. (= afligir, coagir, erigir, espargir, refulgir, restringir, transigir, urgir).

Agredir: alternância vocálica E/I no presente do indicativo – agrido, agrides, agride, agredimos, agredis, agridem. (= prevenir, progredir, regredir, transgredir).

Aguar: regular. Presente do indicativo – águo, águas etc. Pretérito perfeito do indicativo – aguei, aguaste, aguou, aguamos, aguastes, aguaram. (= desaguar, enxaguar, minguar).

Aprazer: irregular. Presente do indicativo – aprazo, aprazes, apraz etc. Pretérito perfeito do indicativo – aprouve, aprouveste, aprouve, aprouvemos, aprouvestes, aprouveram.

Arguir: irregular com alternância vocálica O/U no presente do indicativo – arguo (ú), arguis, argui, arguimos, arguis, arguem. Pretérito perfeito – argui, arguiste etc.

Atrair: irregular. Presente do indicativo – atraio, atrais etc. Pretérito perfeito – atraí, atraíste etc. (= abstrair, cair, distrair, sair, subtrair).

Atribuir: irregular. Presente do indicativo – atribuo, atribuis, atribui, atribuímos, atribuís, atribuem. Pretérito perfeito – atribuí, atribuíste, atribuiu etc. (= afluir, concluir, destituir, excluir, instruir, possuir, usufruir).

Averiguar: alternância vocálica O/U no presente do indicativo – averiguo (ú), averiguas (ú), averigua (ú), averiguamos, averiguais, averiguam (ú). Pretérito perfeito – averiguei, averiguaste etc. Presente do subjuntivo – averigue, averigues, averigue etc. (= apaziguar).

Cear: irregular. Presente do indicativo – ceio, ceias, ceia, ceamos, ceais, ceiam. Pretérito perfeito indicativo – ceei, ceaste, ceou, ceamos,

MORFOLOGIA

ceastes, cearam. (= verbos terminados em -ear: falsear, passear... - alguns apresentam pronúncia aberta: estreio, estreia...).

Coar: irregular. Presente do indicativo – coo, côas, côa, coamos, coais, coam. Pretérito perfeito – coei, coaste, coou etc. (= abençoar, magoar, perdoar).

Comerciar: regular. Presente do indicativo – comercio, comerciais etc. Pretérito perfeito – comerciei etc. (= verbos em -iar, exceto os seguintes verbos: mediar, ansiar, remediar, incendiar, odiar).

Compelir: alternância vocálica E/I. Presente do indicativo – compilo, compeles etc. Pretérito perfeito indicativo – compeli, compeliste.

Compilar: regular. Presente do indicativo – compilo, compilas, compila etc. Pretérito perfeito indicativo – compilei, compilaste etc.

Construir: irregular e abundante. Presente do indicativo – construo, constróis, constrói, construímos, construís, constroem. Pretérito perfeito indicativo – construí, construíste etc.

Crer: irregular. Presente do indicativo – creio, crês, crê, cremos, credes, creem. Pretérito perfeito indicativo – cri, creste, creu, cremos, crestes, creram. Imperfeito indicativo – cria, crias, cria, críamos, crίeis, criam.

Falir: defectivo. Presente do indicativo – falimos, falis. Pretérito perfeito indicativo – fali, faliste etc. (= aguerrir, combalir, foragir-se, remir, renhir).

Frigir: acomodação gráfica G/J e alternância vocálica E/I. Presente do indicativo – frijo, freges, frege, frigimos, frigis, fregem. Pretérito perfeito indicativo – frigi, frigiste etc.

Ir: irregular. Presente do indicativo – vou, vais, vai, vamos, ides, vão. Pretérito perfeito indicativo – fui, foste etc. Presente subjuntivo – vá, vás, vá, vamos, vades, vão.

Jazer: irregular. Presente do indicativo – jazo, jazes etc. Pretérito perfeito indicativo – jázi, jazeste, jazeu etc.

Mobiliar: irregular. Presente do indicativo – mobílio, mobílias, mobília, mobiliamos, mobiliais, mobíliam. Pretérito perfeito indicativo – mobiliei, mobiliaste.

Obstar: regular. Presente do indicativo – obsto, obstas etc. Pretérito perfeito indicativo – obtei, obstaste etc.

Pedir: irregular. Presente do indicativo – peço, pedes, pede, pedimos, pedis, pedem. Pretérito perfeito indicativo – pedi, pediste etc. (= despedir, expedir, medir).

Polir: alternância vocálica E/I. Presente do indicativo – pulo, pules, pule, polimos, polis, pulem. Pretérito perfeito indicativo – poli, poliste etc.

Precaver-se: defectivo e pronominal. Presente do indicativo – precavemo-nos, precaveis-vos. Pretérito perfeito indicativo – precavi-me, precaveste-te etc.

Prover: irregular. Presente do indicativo – provejo, provês, provê, provemos, provedes, proveem. Pretérito perfeito indicativo – provi, proveste, proveu etc.

Reaver: defectivo. Presente do indicativo – reavemos, reaveis. Pretérito perfeito indicativo – reouve, reouveste, reouve etc. (verbo derivado do haver, mas só é conjugado nas formas verbais com a letra v).

Remir: defectivo. Presente do indicativo – remimos, remis. Pretérito perfeito indicativo – remi, remiste etc.

Requerer: irregular. Presente do indicativo – requeiro, requeres etc. Pretérito perfeito indicativo – requeri, requereste, requereu etc. (Derivado do querer, diferindo dele na 1ª pessoa do singular do presente do indicativo e no pretérito perfeito do indicativo e derivados, sendo regular).

Rir: irregular. Presente do indicativo – rio, ris, ri, rimos, rides, riem. Pretérito perfeito indicativo – ri, riste. (= sorrir).

Saudar: alternância vocálica. Presente do indicativo – saúdo, saúdas etc. Pretérito perfeito indicativo – saudei, saudaste etc.

Suar: regular. Presente do indicativo – suo, suas, sua etc. Pretérito perfeito indicativo – suei, suaste, sou etc. (= atuar, continuar, habituar, individuar, recuar, situar).

Valer: irregular. Presente do indicativo – valho, vales, vale etc. Pretérito perfeito indicativo – vali, valeste, valeu etc.

Também merecem atenção os seguintes verbos irregulares:

▷ **Pronominais:** apiedar-se, dignar-se, persignar-se, precaver-se.

- **Caber**
  Presente do indicativo: caibo, cabes, cabe, cabemos, cabeis, cabem.
  Presente do subjuntivo: caiba, caibas, caiba, caibamos, caibais, caibam.
  Pretérito perfeito do indicativo: coube, coubeste, coube, coubemos, coubestes, couberam.
  Pretérito mais-que-perfeito do indicativo: coubera, couberas, coubera, coubéramos, coubéreis, couberam.
  Pretérito imperfeito do subjuntivo: coubesse, coubesses, coubesse, coubéssemos, coubésseis, coubessem.
  Futuro do subjuntivo: couber, couberes, couber, coubermos, couberdes, couberem.

- **Dar**
  Presente do indicativo: dou, dás, dá, damos, dais, dão.
  Presente do subjuntivo: dê, dês, dê, demos, deis, deem.
  Pretérito perfeito do indicativo: dei, deste, deu, demos, destes, deram.
  Pretérito mais-que-perfeito do indicativo: dera, deras, dera, déramos, déreis, deram.
  Pretérito imperfeito do subjuntivo: desse, desses, desse, déssemos, désseis, dessem.
  Futuro do subjuntivo: der, deres, der, dermos, derdes, derem.

- **Dizer**
  Presente do indicativo: digo, dizes, diz, dizemos, dizeis, dizem.
  Presente do subjuntivo: diga, digas, diga, digamos, digais, digam.
  Pretérito perfeito do indicativo: disse, disseste, disse, dissemos, dissestes, disseram.
  Pretérito mais-que-perfeito do indicativo: dissera, disseras, dissera, disséramos, disséreis, disseram.
  Futuro do presente: direi, dirás, dirá etc.
  Futuro do pretérito: diria, dirias, diria etc.
  Pretérito imperfeito do subjuntivo: dissesse, dissesses, dissesse, disséssemos, dissésseis, dissessem.
  Futuro do subjuntivo: disser, disseres, disser, dissermos, disserdes, disserem.

- **Estar**
  Presente do indicativo: estou, estás, está, estamos, estais, estão.
  Presente do subjuntivo: esteja, estejas, esteja, estejamos, estejais, estejam.
  Pretérito perfeito do indicativo: estive, estiveste, esteve, estivemos, estivestes, estiveram.
  Pretérito mais-que-perfeito do indicativo: estivera, estiveras, estivera, estivéramos, estivéreis, estiveram.

Pretérito imperfeito do subjuntivo: estivesse, estivesses, estivesse, estivéssemos, estivésseis, estivessem.
Futuro do subjuntivo: estiver, estiveres, estiver, estivermos, estiverdes, estiverem.

- **Fazer**

   Presente do indicativo: faço, fazes, faz, fazemos, fazeis, fazem.
   Presente do subjuntivo: faça, faças, faça, façamos, façais, façam.
   Pretérito perfeito do indicativo: fiz, fizeste, fez, fizemos, fizestes, fizeram.
   Pretérito mais-que-perfeito do indicativo: fizera, fizeras, fizera, fizéramos, fizéreis, fizeram.
   Pretérito imperfeito do subjuntivo: fizesse, fizesses, fizesse, fizéssemos, fizésseis, fizessem.
   Futuro do subjuntivo: fizer, fizeres, fizer, fizermos, fizerdes, fizerem.

Seguem esse modelo os verbos: desfazer, liquefazer e satisfazer.
Os particípios destes verbos e seus derivados são irregulares: feito, desfeito, liquefeito, satisfeito etc.

- **Haver**

   Presente do indicativo: hei, hás, há, havemos, haveis, hão.
   Presente do subjuntivo: haja, hajas, haja, hajamos, hajais, hajam.
   Pretérito perfeito do indicativo: houve, houveste, houve, houvemos, houvestes, houveram.
   Pretérito mais-que-perfeito do indicativo: houvera, houveras, houvera, houvéramos, houvéreis, houveram.
   Pretérito imperfeito do subjuntivo: houvesse, houvesses, houvesse, houvéssemos, houvésseis, houvessem.
   Futuro do subjuntivo: houver, houveres, houver, houvermos, houverdes, houverem.

- **Ir**

   Presente do indicativo: vou, vais, vai, vamos, ides, vão.
   Presente do subjuntivo: vá, vás, vá, vamos, vades, vão.
   Pretérito imperfeito do indicativo: ia, ias, ia, íamos, íeis, iam.
   Pretérito perfeito do indicativo: fui, foste, foi, fomos, fostes, foram.
   Pretérito mais-que-perfeito do indicativo: fora, foras, fora, fôramos, fôreis, foram.
   Pretérito imperfeito do subjuntivo: fosse, fosses, fosse, fôssemos, fôsseis, fossem.
   Futuro do subjuntivo: for, fores, for, formos, fordes, forem.

- **Poder**

   Presente do indicativo: posso, podes, pode, podemos, podeis, podem.
   Presente do subjuntivo: possa, possas, possa, possamos, possais, possam.
   Pretérito perfeito do indicativo: pude, pudeste, pôde, pudemos, pudestes, puderam.
   Pretérito mais-que-perfeito do indicativo: pudera, puderas, pudera, pudéramos, pudéreis, puderam.
   Pretérito imperfeito do subjuntivo: pudesse, pudesses, pudesse, pudéssemos, pudésseis, pudessem.
   Futuro do subjuntivo: puder, puderes, puder, pudermos, puderdes, puderem.

- **Pôr**

   Presente do indicativo: ponho, pões, põe, pomos, pondes, põem.
   Presente do subjuntivo: ponha, ponhas, ponha, ponhamos, ponhais, ponham.
   Pretérito imperfeito do indicativo: punha, punhas, punha, púnhamos, púnheis, punham.
   Pretérito perfeito do indicativo: pus, puseste, pôs, pusemos, pusestes, puseram.
   Pretérito mais-que-perfeito do indicativo: pusera, puseras, pusera, puséramos, puséreis, puseram.
   Pretérito imperfeito do subjuntivo: pusesse, pusesses, pusesse, puséssemos, pusésseis, pusessem.
   Futuro do subjuntivo: puser, puseres, puser, pusermos, puserdes, puserem.

Todos os derivados do verbo pôr seguem exatamente este modelo: antepor, compor, contrapor, decompor, depor, descompor, dispor, expor, impor, indispor, interpor, opor, pospor, predispor, pressupor, propor, recompor, repor, sobrepor, supor, transpor são alguns deles.

- **Querer**

   Presente do indicativo: quero, queres, quer, queremos, quereis, querem.
   Presente do subjuntivo: queira, queiras, queira, queiramos, queirais, queiram.
   Pretérito perfeito do indicativo: quis, quiseste, quis, quisemos, quisestes, quiseram.
   Pretérito mais-que-perfeito do indicativo: quisera, quiseras, quisera, quiséramos, quiséreis, quiseram.
   Pretérito imperfeito do subjuntivo: quisesse, quisesses, quisesse, quiséssemos, quisésseis, quisessem.
   Futuro do subjuntivo: quiser, quiseres, quiser, quisermos, quiserdes, quiserem.

- **Saber**

   Presente do indicativo: sei, sabes, sabe, sabemos, sabeis, sabem.
   Presente do subjuntivo: saiba, saibas, saiba, saibamos, saibais, saibam.
   Pretérito perfeito do indicativo: soube, soubeste, soube, soubemos, soubestes, souberam.
   Pretérito mais-que-perfeito do indicativo: soubera, souberas, soubera, soubéramos, soubéreis, souberam.
   Pretérito imperfeito do subjuntivo: soubesse, soubesses, soubesse, soubéssemos, soubésseis, soubessem.
   Futuro do subjuntivo: souber, souberes, souber, soubermos, souberdes, souberem.

- **Ser**

   Presente do indicativo: sou, és, é, somos, sois, são.
   Presente do subjuntivo: seja, sejas, seja, sejamos, sejais, sejam.
   Pretérito imperfeito do indicativo: era, eras, era, éramos, éreis, eram.
   Pretérito perfeito do indicativo: fui, foste, foi, fomos, fostes, foram.
   Pretérito mais-que-perfeito do indicativo: fora, foras, fora, fôramos, fôreis, foram.
   Pretérito imperfeito do subjuntivo: fosse, fosses, fosse, fôssemos, fôsseis, fossem.
   Futuro do subjuntivo: for, fores, for, formos, fordes, forem.

MORFOLOGIA

As segundas pessoas do imperativo afirmativo são: sê (tu) e sede (vós).

- **Ter**

    Presente do indicativo: tenho, tens, tem, temos, tendes, têm.
    Presente do subjuntivo: tenha, tenhas, tenha, tenhamos, tenhais, tenham.
    Pretérito imperfeito do indicativo: tinha, tinhas, tinha, tínhamos, tínheis, tinham.
    Pretérito perfeito do indicativo: tive, tiveste, teve, tivemos, tivestes, tiveram.
    Pretérito mais-que-perfeito do indicativo: tivera, tiveras, tivera, tivéramos, tivéreis, tiveram.
    Pretérito imperfeito do subjuntivo: tivesse, tivesses, tivesse, tivéssemos, tivésseis, tivessem.
    Futuro do subjuntivo: tiver, tiveres, tiver, tivermos, tiverdes, tiverem.

Seguem esse modelo os verbos: ater, conter, deter, entreter, manter, reter.

- **Trazer**

    Presente do indicativo: trago, trazes, traz, trazemos, trazeis, trazem.
    Presente do subjuntivo: traga, tragas, traga, tragamos, tragais, tragam.
    Pretérito perfeito do indicativo: trouxe, trouxeste, trouxe, trouxemos, trouxestes, trouxeram.
    Pretérito mais-que-perfeito do indicativo: trouxera, trouxeras, trouxera, trouxéramos, trouxéreis, trouxeram.
    Futuro do presente: trarei, trarás, trará etc.
    Futuro do pretérito: traria, trarias, traria etc.
    Pretérito imperfeito do subjuntivo: trouxesse, trouxesses, trouxesse, trouxéssemos, trouxésseis, trouxessem.
    Futuro do subjuntivo: trouxer, trouxeres, trouxer, trouxermos, trouxerdes, trouxerem.

- **Ver**

    Presente do indicativo: vejo, vês, vê, vemos, vedes, veem.
    Presente do subjuntivo: veja, vejas, veja, vejamos, vejais, vejam.
    Pretérito perfeito do indicativo: vi, viste, viu, vimos, vistes, viram.
    Pretérito mais-que-perfeito do indicativo: vira, viras, vira, víramos, víreis, viram.
    Pretérito imperfeito do subjuntivo: visse, visses, visse, víssemos, vísseis, vissem.
    Futuro do subjuntivo: vir, vires, vir, virmos, virdes, virem.

Seguem esse modelo os derivados antever, entrever, prever, rever. Prover segue o modelo acima apenas no presente do indicativo e seus tempos derivados; nos demais tempos, comporta-se como um verbo regular da segunda conjugação.

- **Vir**

    Presente do indicativo: venho, vens, vem, vimos, vindes, vêm.
    Presente do subjuntivo: venha, venhas, venha, venhamos, venhais, venham.
    Pretérito imperfeito do indicativo: vinha, vinhas, vinha, vínhamos, vínheis, vinham.
    Pretérito perfeito do indicativo: vim, vieste, veio, viemos, viestes, vieram.
    Pretérito mais-que-perfeito do indicativo: viera, vieras, viera, viéramos, viéreis, vieram.
    Pretérito imperfeito do subjuntivo: viesse, viesses, viesse, viéssemos, viésseis, viessem.
    Futuro do subjuntivo: vier, vieres, vier, viermos, vierdes, vierem.
    Particípio e gerúndio: vindo.

7.4.8 Emprego do infinitivo

Apesar de não haver regras bem definidas, podemos anotar as seguintes ocorrências:

▷ Usa-se o **impessoal**:

- Sem referência a nenhum sujeito:
    É proibido **estacionar** na calçada.
- Nas locuções verbais:
    Devemos **pensar** sobre a sua situação.
- Se o infinitivo exercer a função de complemento de adjetivos:
    É uma questão fácil de **resolver**.
- Se o infinitivo possuir valor de imperativo:
    O comandante gritou: "**marchar!**"

▷ Usa-se o **pessoal**:

- Quando o sujeito do infinitivo é diferente do sujeito da oração principal:
    Eu não te culpo por **seres** um imbecil.
- Quando, por meio de flexão, se quer realçar ou identificar a pessoa do sujeito:
    Não foi bom **agires** dessa forma.

7.5 Adjetivo

É a palavra variável que expressa uma qualidade, característica ou origem de algum substantivo ao qual se relaciona.

- Meu terno é azul, elegante e italiano.

Analisando, entendemos assim:

　　Azul: característica.
　　Elegante: qualidade.
　　Italiano: origem.

7.5.1 Estrutura e a classificação dos adjetivos

Com relação à sua formação, eles podem ser:

- **Explicativos:** quando a característica é comum ao substantivo referido.
    Fogo **quente**, homem **mortal**. (Todo fogo é quente, todo homem é mortal).
- **Restritivos:** quando a característica não é comum ao substantivo, ou seja, nem todo substantivo é assim caracterizado.
    Terno **azul**, casa **grande**. (Nem todo terno é azul, nem toda casa é grande).
- **Simples:** quando possui apenas uma raiz.
    Amarelo, brasileiro, competente, sagaz, loquaz, inteligente, grande, forte etc.
- **Composto:** quando possui mais de uma raiz.
    Amarelo-canário, luso-brasileiro, verde-escuro, vermelho-sangue etc.
- **Primitivo:** quando pode dar origem a outra palavra, não tendo sofrido derivação alguma.
    Bom, legal, grande, rápido, belo etc.
- **Derivado:** quando resultado de um processo de derivação, ou seja, oriundo de outra palavra.
    Bondoso (de bom), grandioso (de grande), maléfico (de mal), esplendoroso (de esplendor) etc.

Os adjetivos que designam origem de algum termo são denominados adjetivos pátrios ou gentílicos.

Adjetivos pátrios de estados:
Acre: acriano.
Alagoas: alagoano.
Amapá: amapaense.
Aracaju: aracajuano ou aracajuense.
Amazonas: amazonense ou baré.
Belém (PA): belenense.
Belo Horizonte: belo-horizontino.
Boa Vista: boa-vistense.
Brasília: brasiliense.
Cabo Frio: cabo-friense.
Campinas: campineiro ou campinense.
Curitiba: curitibano.
Espírito Santo: espírito-santense ou capixaba.
Fernando de Noronha: noronhense.
Florianópolis: florianopolitano.
Fortaleza: fortalezense.
Goiânia: goianiense.
João Pessoa: pessoense.
Macapá: macapaense.
Maceió: maceioense.
Manaus: manauense.
Maranhão: maranhense.
Marajó: marajoara.
Natal: natalense ou papa-jerimum.
Porto Alegre: porto alegrense.
Ribeirão Preto: ribeiropretense.
Rio de Janeiro (estado): fluminense.
Rio de Janeiro (cidade): carioca.
Rio Branco: rio-branquense.
Rio Grande do Norte: rio-grandense-do-norte, norte-riograndense ou potiguar.
Rio Grande do Sul: rio-grandense-do-sul, sul-rio-grandense ou gaúcho.
Rondônia: rondoniano.
Roraima: roraimense.
Salvador: salvadorense ou soteropolitano.
Santa Catarina: catarinense ou barriga verde.
Santarém: santarense.
São Paulo (estado): paulista.
São Paulo (cidade): paulistano.
Sergipe: sergipano.
Teresina: teresinense.
Tocantins: tocantinense.

Adjetivos pátrios de países:
Croácia: croata.
Costa Rica: costarriquense.
Curdistão: curdo.
Estados Unidos: estadunidense, norte-americano ou ianque.
El Salvador: salvadorenho.
Guatemala: guatemalteco.
Índia: indiano ou hindu (os que professam o hinduísmo).
Israel: israelense ou israelita.
Irã: iraniano.
Moçambique: moçambicano.
Mongólia: mongol ou mongólico.
Panamá: panamenho.
Porto Rico: porto-riquenho.
Somália: somali.

Na formação de adjetivos pátrios compostos, o primeiro elemento aparece na forma reduzida e, normalmente, erudita.

Observe alguns exemplos de adjetivos pátrios compostos:
África: afro-americana.
Alemanha: germano- ou teuto-: competições teutoinglesas.
América: Américo-: companhia américo-africana.
Ásia: ásio-: encontros ásio-europeus.
Áustria: austro-: peças austro-búlgaras.
Bélgica: belgo-: acampamentos belgo-franceses.
China: sino-: acordos sino-japoneses.
Espanha: hispano- + mercado: hispano-português.
Europa: euro + negociações euro-americanas.
França: franco- ou galo-: reuniões franco-italianas.
Grécia: greco-: filmes greco-romanos.
Índia: indo-: guerras indo-paquistanesas.
Inglaterra: anglo-: letras anglo-portuguesas.
Itália: ítalo-: sociedade ítalo-portuguesa.
Japão: nipo-: associações nipo-brasileiras.
Portugal: luso-: acordos luso-brasileiros.

7.5.2 Locução adjetiva

Expressão que tem valor adjetival, mas que é formada por mais de uma palavra. Geralmente, concorrem para sua formação uma preposição e um substantivo. Veja alguns exemplos de locução adjetiva seguida de adjetivo:

De águia: aquilino.
De aluno: discente.
De anjo: angelical.
De bispo: episcopal.
De cabelo: capilar.
De cão: canino.
De dedo: digital.
De estômago: estomacal ou gástrico.
De fera: ferino.
De gelo: glacial.
De homem: viril ou humano.
De ilha: insular.
De lago: lacustre.
De madeira: lígneo.
De neve: níveo ou nival.
De orelha: auricular.
De paixão: passional.
De quadris: ciático.
De rio: fluvial.
De serpente: viperino.
De trigo: tritício.
De urso: ursino.
De velho: senil.

7.5.3 Flexão do adjetivo

O adjetivo pode ser flexionado em gênero, número e grau.

Flexão de gênero (masculino/feminino)

Com relação ao gênero, os adjetivos podem ser classificados de duas formas:

- Biformes: quando possuem uma forma para cada gênero.
  Homem **belo**/mulher **bela**.
  Contexto **complicado**/questão **complicada**.
- Uniformes: quando possuem apenas uma forma, como se fossem elementos neutros.
  Homem **fiel**/mulher **fiel**.
  Contexto **interessante**/questão **interessante**.

Flexão de número (singular/plural)

Os adjetivos simples seguem a mesma regra de flexão que os substantivos simples. Serão, por regra, flexionados os adjetivos compostos que, em sua formação, possuírem dois adjetivos. A flexão ocorrerá apenas no segundo elemento da composição.

Guerra greco-**romana** – Guerras greco-**romanas**.
Conflito **socioeconômico** – Análises **socioeconômicas**.

Por outro lado, se houver um substantivo como elemento da composição, o adjetivo fica invariável.

Blusa **amarelo-canário** – Blusas **amarelo-canário**.
Mesa **verde-musgo** – Mesas **verde-musgo**.

O caso em questão também pode ocorrer quando um substantivo passa a ser, por derivação imprópria, um adjetivo, ou seja, também serão invariáveis os "substantivos adjetivados".

Terno cinza – Ternos cinza.
Vestido rosa – Vestidos rosa.

E também:

Surdo mudo – surdos mudos.
Pele vermelha – peles vermelhas.

> Azul-marinho e azul-celeste são invariáveis.

7.5.4 Flexão de grau (comparativo e superlativo)

Há duas maneiras de se estabelecer o grau do adjetivo: por meio do **grau comparativo** e por meio do **grau superlativo**.

Grau comparativo: estabelece um tipo de comparação de características, sendo estabelecido de três maneiras:
- **Inferioridade:** o açúcar é **menos** doce (do) **que** os teus olhos.
- **Igualdade:** o meu primo é **tão** estudioso **quanto** o meu irmão.
- **Superioridade:** gramática é **mais legal** (do) **que** matemática.

Grau superlativo: reforça determinada qualidade em relação a um referente. Pode-se estabelecer o grau superlativo de duas maneiras:
▷ **Relativo:** em relação a um grupo.
  - **De superioridade:** José é o **mais** inteligente dos alunos.
  - **De inferioridade:** o presidente foi o **menos** prestigiado da festa.
▷ **Absoluto:** sem relações, apenas reforçando as características:
  - **Analítico:** com auxílio de algum termo:
    Pedro é muito magro.
    Pedro é magro, magro, magro.
  - **Sintético** (com o acréscimo de -íssimo ou -érrimo):
    Pedro é macérrimo.
    Somos todos estudiosíssimos.

Veja, agora, alguns exemplos de superlativos sintéticos:
Ágil: agilíssimo.
Bom: ótimo ou boníssimo.
Capaz: capacíssimo.
Difícil: dificílimo.
Eficaz: eficacíssimo.
Fiel: fidelíssimo.
Geral: generalíssimo.
Horrível: horribilíssimo.
Inimigo: inimicíssimo.
Jovem: juveníssimo.
Louvável: laudabilíssimo.
Mísero: misérrimo.
Notável: notabilíssimo.
Pequeno: mínimo ou pequeníssimo.
Sério: seríssimo.
Terrível: terribilíssimo.
Vão: vaníssimo.

Atente à mudança de sentido provocada pela alteração de posição do adjetivo.

Homem **grande** (alto, corpulento).
Grande homem (célebre).

Mas isso nem sempre ocorre. Se você analisar a construção "giz azul" e "azul giz", perceberá que não há diferença semântica.

7.6 Advérbio

É a palavra invariável que se relaciona ao verbo, ao adjetivo ou a outro advérbio para atribuir-lhes uma circunstância. Veja os exemplos:

Os alunos saíram **apressadamente**.
O caso era muito **interessante**.
Resolvemos **muito bem** o problema.

7.6.1 Classificação do advérbio

- **Afirmação:** sim, certamente, efetivamente etc.
- **Negação:** não, nunca, jamais.
- **Intensidade:** muito, pouco, assaz, bastante, mais, menos, tão, tanto, quão etc.
- **Lugar:** aqui, ali, aí, aquém, acima, abaixo, atrás, dentro, junto, defronte, perto, longe, algures, alhures, nenhures etc.
- **Tempo:** agora, já, depois, anteontem, ontem, hoje, jamais, sempre, outrora, breve etc.
- **Modo:** assim, bem, mal, depressa, devagar, melhor, pior e a maior parte das palavras formadas de um adjetivo, mais a terminação "mente" (leve + mente = levemente; calma + mente = calmamente).
- **Inclusão:** também, inclusive.
- **Designação:** eis.
- **Interrogação:** onde, como, quando, por que.

Também existem as chamadas locuções adverbiais que vêm quase sempre introduzidas por uma preposição: à farta (= fartamente), às pressas (= apressadamente), à toa, às cegas, às escuras, às tontas, às vezes, de quando em quando, de vez em quando etc.

Existem casos em que utilizamos um adjetivo como forma de advérbio. É o que chamamos de adjetivo adverbializado. Veja os exemplos:

Aquele orador fala **belamente**. (Advérbio de modo).
Aquele orador fala **bonito**. (Adjetivo adverbializado que tenta designar modo).

7.7 Conjunção

É a palavra invariável que conecta elementos em algum encadeamento frasal. A relação em questão pode ser de natureza lógico-semântica (relação de sentido) ou apenas indicar uma conexão exigida pela sintaxe da frase.

7.7.1 Coordenativas

São as conjunções que conectam elementos que não possuem dependência sintática, ou seja, as sentenças que são conectadas por meio desses elementos já estão com suas estruturas sintáticas (sujeito / predicado / complemento) completas.

- **Aditivas:** e, nem (= e não), também, que, não só..., mas também, não só... como, tanto ... como, assim... como etc.

    José não foi à aula **nem** fez os exercícios.
    Devemos estudar **e** apreender os conteúdos.

- **Adversativas:** mas, porém, contudo, todavia, no entanto, entretanto, senão, não obstante, aliás, ainda assim.

    Os países assinaram o acordo, **mas** não o cumpriram.
    A menina cantou bem, **contudo** não agradou ao público.

- **Alternativas:** ou... ou, já ... já, seja... seja, quer... quer, ora... ora, agora... agora.

    Ora diz sim, **ora** diz não.
    Ou está feliz, **ou** está no ludibriando.

- **Conclusivas:** logo, pois (depois do verbo), então, portanto, assim, enfim, por fim, por conseguinte, conseguintemente, consequentemente, donde, por onde, por isso.

    O **concursando** estudou muito, **logo**, deverá conseguir seu cargo.
    É professor, **por conseguinte** deve saber explicar o conteúdo.

- **Explicativas:** isto é, por exemplo, a saber, ou seja, verbi gratia, pois (antes do verbo), pois bem, ora, na verdade, depois, além disso, com efeito, que, porque, ademais, outrossim, porquanto etc.

    Deve ter chovido, **pois** o chão está molhado.
    O homem é um animal racional, **porque** é capaz de raciocinar.
    Não converse agora, **que** eu estou explicando.

7.7.2 Subordinativas

São as conjunções que denotam uma relação de subordinação entre orações, ou seja, a conjunção subordinativa evidencia que uma oração possui dependência sintática em relação a outra. O que se pretende dizer com isso é que uma das orações envolvidas nesse conjunto desempenha uma função sintática para com sua oração principal.

Integrantes

- Que, se:

    Sei **que** o dia do pagamento é hoje.
    Vejamos **se** você consegue estudar sem interrupções.

Adverbiais

▷ **Causais:** indicam a causa de algo.
- Já que, porque, que, pois que, uma vez que, sendo que, como, visto que, visto como, como etc.

    Não teve medo do perigo, **já que** estava protegido.
    Passou no concurso, **porque** estudou muito.

▷ **Comparativas:** estabelecem relação de comparação:
- Como, mais... (do) que, menos... (do) que, tão como, assim como, tanto quanto etc.

    Tal como procederes, receberás o castigo.
    Alberto é aplicado **como** quem quer passar.

▷ **Concessivas (concessão):** estabelecem relação de quebra de expectativa com respeito à sentença à qual se relacionam.

- Embora, ainda que, dado que, posto que, conquanto, em que, quando mesmo, mesmo que, por menos que, por pouco que, apesar de (que).

    Embora tivesse estudado pouco, conseguiu passar.
    Conquanto estudasse, não conseguiu aprender.

▷ **Condicionais:** estabelecem relação de condição.
- Se, salvo se, caso, exceto se, contanto que, com tal que, caso, a não ser que, a menos que, sem que etc.

    Se tudo der certo, estaremos em Portugal amanhã.
    Caso você tenha dúvidas, pergunte a seu professor.

▷ **Consecutivas:** estabelecem relação de consequência.
- Tanto que, de modo que, de sorte que, tão...que, sem que etc.

    O aluno estudou **tanto que** morreu.
    Timeto Amon era **tão** feio **que** não se olhava no espelho.

▷ **Conformativas:** estabelecem relação de conformidade.
- Conforme, consoante, segundo, da mesma maneira que, assim como, como que etc.

    Faça a prova **conforme** teu pai disse.
    Todos agem **consoante** se vê na televisão.

▷ **Finais:** estabelecem relação de finalidade.
- Para que, a fim de que, que, porque.

    Estudou muito **para que** pudesse ter uma vida confortável.
    Trabalhei **a fim de que** o resultado seja satisfatório.

▷ **Proporcionais:** estabelecem relação de proporção.
- À proporção que, à medida que, quanto mais... tanto mais, quanto menos... tanto menos, ao passo que etc.

    À medida que o momento de realizar a prova chegava, a ansiedade de todos aumentava.
    Quanto mais você estudar, **tanto mais** terá a chance de ser bem-sucedido.

▷ **Temporais:** estabelecem relação de tempo.
- Quando, enquanto, apenas, mal, desde que, logo que, até que, antes que, depois que, assim que, sempre que, senão quando, ao tempo que, apenas que, antes que, depois que, sempre que etc.

    Quando todos disserem para você parar, continue.
    Depois que terminar toda a lição, poderá descansar um pouco.
    Mal chegou, já quis sair.

7.8 Interjeição

É o termo que exprime, de modo enérgico, um estado súbito de alma. Sem muita importância para a análise a que nos propomos, vale apenas lembrar que elas possuem uma classificação semântica:

- **Dor:** ai! ui!
- **Alegria:** ah! eh! oh!
- **Desejo:** oxalá! tomara!
- **Admiração:** puxa! cáspite! safa! quê!
- **Animação:** eia! sus! coragem!
- **Aplauso:** bravo! apoiado!
- **Aversão:** ih! chi! irra! apre!
- **Apelo:** ó, olá! psit! pitsiu! alô! socorro!
- **Silêncio:** psit! psiu! caluda!
- **Interrogação, espanto:** hem!

Há, também, locuções interjeitivas: **minha nossa! Meu Deus!**

A despeito da classificação acima, o que determina o sentido da interjeição é o seu uso.

MORFOLOGIA

7.9 Numeral

É a palavra que indica uma quantidade, multiplicação, fração ou um lugar em uma série. Os numerais podem ser divididos em:

- **Cardinais:** quando indicam um número básico: um, dois, três, cem mil etc.
- **Ordinais:** quando indicam um lugar numa série: primeiro, segundo, terceiro, centésimo, milésimo etc.
- **Multiplicativos:** quando indicam uma quantidade multiplicativa: dobro, triplo, quádruplo etc.
- **Fracionários:** quando indicam parte de um inteiro: meio, metade, dois terços etc.

ALGARISMO ROMANOS	ALGARISMO ARÁBICOS	CARDINAIS	ORDINAIS
I	1	um	primeiro
II	2	dois	segundo
III	3	três	terceiro
IV	4	quatro	quarto
V	5	cinco	quinto
VI	6	seis	sexto
VII	7	sete	sétimo
VIII	8	oito	oitavo
IX	9	nove	nono
X	10	dez	décimo
XI	11	onze	undécimo ou décimo primeiro
XII	12	doze	duodécimo ou décimo segundo
XIII	13	treze	décimo terceiro
XIV	14	quatorze ou catorze	décimo quarto
XV	15	quinze	décimo quinto
XVI	16	dezesseis	décimo sexto
XVII	17	dezessete	décimo sétimo
XVIII	18	dezoito	décimo oitavo
XIX	19	dezenove	décimo nono
XX	20	vinte	vigésimo
XXI	21	vinte e um	vigésimo primeiro
XXX	30	trinta	trigésimo
XXXL	40	quarenta	quadragésimo
L	50	cinquenta	quinquagésimo
LX	60	sessenta	sexagésimo
LXX	70	setenta	septuagésimo ou setuagésimo
LXXX	80	oitenta	octogésimo
XC	90	noventa	nonagésimo
C	100	cem	centésimo
CC	200	duzentos	ducentésimo
CCC	300	trezentos	trecentésimo
CD	400	quatrocentos	quadringentésimo
D	500	quinhentos	quingentésimo
DC	600	seiscentos	seiscentésimo ou sexcentésimo
DCC	700	setecentos	septingentésimo
DCCC	800	oitocentos	octingentésimo
CM	900	novecentos	nongentésimo ou noningentésimo
M	1.000	mil	milésimo
X'	10.000	dez mil	dez milésimos
C'	100.000	cem mil	cem milésimos
M'	1.000.000	um milhão	milionésimo
M''	1.000.000.000	um bilhão	bilionésimo

Lista de numerais multiplicativos e fracionários:

Algarismos	Multiplicativos	Fracionários
2	duplo, dobro, dúplice	meio ou metade
3	triplo, tríplice	terço
4	quádruplo	quarto
5	quíntuplo	quinto
6	sêxtuplo	sexto
7	sétuplo	sétimo
8	óctuplo	oitavo
9	nônuplo	nono
10	décuplo	décimo
11	undécuplo	onze avos
12	duodécuplo	doze avos
100	cêntuplo	centésimo

7.9.1 Cardinais

Para realizar a leitura dos cardinais, é necessário colocar a conjunção "e" entre as centenas e dezenas, assim como entre as dezenas e a unidade.

Exemplo: 3.068.724 = três milhões, sessenta **e** oito mil, setecentos **e** vinte **e** quatro.

7.9.2 Ordinais

Quanto à leitura do numeral ordinal, há duas possibilidades: quando é inferior a 2.000, lê-se inteiramente segundo a forma ordinal.

- 1.766º = milésimo septingentésimo sexagésimo sexto.

Acima de 2.000, lê-se o primeiro algarismo como cardinal e os demais como ordinais. Hodiernamente, entretanto, tem-se observado a tendência a ler os números redondos segundo a forma ordinal.

- 2.536º = dois milésimos quingentésimo trigésimo sexto.
- 8 000º = oitavo milésimo.

7.9.3 Fracionários

O numerador de um numeral fracionário é sempre lido como cardinal. Quanto ao denominador, há dois casos:
- Primeiro: se for inferior ou igual a 10, ou ainda for um número redondo, será lido como ordinal 2/6 = dois sextos; 9/10 = nove décimos; centésimos (se houver). São exceções: 1/2 = meio; 1/3 = um terço.
- Segundo: se for superior a 10 e não constituir número redondo, é lido como cardinal, seguido da palavra "avos". 1/12 = um doze avos; 4/25 = quatro vinte e cinco avos.

Ao se fazer indicação de reis, papas, séculos, partes de uma obra, usam-se os numerais ordinais até décimo. A partir daí, devem-se empregar os cardinais. Século V (século quinto), século XX (vinte), João Paulo II (segundo), Bento XVI (dezesseis).

7.10 Preposição

É a palavra invariável que serve de ligação entre dois termos de uma oração ou, às vezes, entre duas orações. Costuma-se denominar "regente" o termo que exige a preposição e "regido" aquele que recebe a preposição:

Ele comprou um livro **de** poesia.
Ele tinha medo **de** ficar solitário.

Como se vê, a preposição "de", no primeiro caso, liga termos de uma mesma oração; no segundo, liga orações.

7.10.1 Preposições essenciais

São aquelas que têm como função primordial a conexão das palavras:
- a, ante, até, após, com contra, de, desde, em, entre, para, per, perante, por, sem, sob, sobre, trás.

Veja o emprego de algumas preposições:

Os manifestantes lutaram **contra** a polícia.
O aluno chegou **ao** salão rapidamente.
Aguardo sua decisão **desde** ontem.
Entre mim e ti, não há qualquer problema.

7.10.2 Preposições acidentais

São palavras que pertencem a outras classes, empregadas, porém, eventualmente como preposições: conforme, consoante, durante, exceto, fora, agora, mediante, menos, salvante, salvo, segundo, tirante.

O emprego das preposições acidentais é mais comum do que parece, veja os exemplos:

Todos saíram da sala, **exceto** eu.
Tirante as mulheres, o grupo que estava na sala parou de falar.
Escreveu o livro **conforme** o original.

7.10.3 Locuções prepositivas

Além das preposições simples, existem também as chamadas locuções prepositivas, que terminam sempre por uma preposição simples:
- abaixo de, acerca de, acima de, a despeito de, adiante de, a fim de, além de, antes de, ao lado de, a par de, apesar de, a respeito de, atrás de, através de, de acordo com, debaixo de, de cima de, defronte de, dentro de, depois de, diante de, embaixo de, em cima de, em frente de(a), em lugar de, em redor de, em torno de, em vez de, graças a, junto a (de), para baixo de, para cima de, para com, perto de, por baixo de, por causa de, por cima de, por detrás de, por diante de, por entre, por trás de.

7.10.4 Conectivos

Os conectivos têm a função de ligar palavras ou orações. Eles podem ser coordenativos (ligam orações coordenadas) ou subordinativos (ligam orações subordinadas).

Coordenativos
- Conjunções coordenativas que iniciam as orações coordenadas:
    Aditivas: e.
    Adversativas: mas.
    Alternativas: ou.
    Conclusivas: logo.
    Explicativas: pois.

Subordinativos
- Pronomes relativos que iniciam as orações adjetivas:
    Que.
    Quem.
    Cujo/cuja.
    O qual/a qual.
- Conjunções subordinativas que iniciam as orações adverbiais:
    Causais: porque.
    Comparativas: como.
    Concessivas: embora.
    Condicionais: se.
    Conformativas: conforme.
    Consecutivas: (tão) que.
    Finais: para que.
    Proporcionais: à medida que.
    Temporais: quando.
- **Conjunções subordinativas que iniciam as orações substantivas:**
    Integrantes: que, se.

7.10.5 Formas variantes

Algumas palavras possuem mais de uma forma, ou seja, junto à forma padrão existem outras formas variantes.

Em algumas situações, é irrelevante a variação utilizada, mas em outros deve-se escolher a variação mais generalizada.

Exemplos:
Assobiar, assoviar.
Coisa, cousa.
Louro, loiro.
Lacrimejar, lagrimejar.
Infarto, enfarte.
Diabete, diabetes.
Transpassar, traspassar, trespassar.

8. SINTAXE BÁSICA

Sintaxe é a parte da Gramática que estuda a função das palavras ou das expressões em uma oração ou em um período.

Antes de iniciar o estudo da sintaxe, faz-se necessário definir alguns conceitos, tais como: frase, oração e período (conceitos essenciais).

- **Frase**: qualquer sentença dotada de sentido.
    Eu adoro estudar português!
    Fogo! Socorro!
- **Oração**: frase organizada em torno de uma forma verbal.
    Os alunos farão a prova amanhã!
- **Período**: conjunto de orações.
    - Período simples: 1 oração.
        Ex.: **Estudarei** português.
    - Período composto: mais de 1 oração.
        Ex.: **Estudarei** português e **farei** a prova.

8.1 Período simples (oração)

A oração é dividida em termos. Assim, o estudo fica organizado e impossibilita a confusão. São os termos da oração:
- Essenciais.
- Integrantes.
- Acessórios.

8.1.1 Termos essenciais da oração

Sujeito e predicado: são chamados de essenciais, porque são os elementos que dão vida à oração. Quer dizer, sem um deles (o predicado, ao menos) não se pode formar oração.
- O **Brasil** caminha para uma profunda transformação social.
    O Brasil: sujeito.
    Para uma profunda transformação social: predicado.

Sujeito

Sujeito é o termo sintático sobre o qual se declara ou se constata algo. Deve-se observar que há uma profunda relação entre o verbo que comporá o predicado e o sujeito da oração. Usualmente, o sujeito é formado por um substantivo ou por uma expressão substantivada.

O sujeito pode ser: simples; composto; oculto, elíptico ou desinencial; indeterminado; inexistente ou oracional.

- **Sujeito simples**: aquele que possui apenas um núcleo.
    O **país** deverá enfrentar difíceis rivais na competição.
    A **perda** de fôlego de algumas das grandes economias também já foi notada por outras gigantes do setor.
- **Sujeito composto**: é aquele que possui mais de um núcleo.
    João e **Maria** são amigos inseparáveis.
    Eu, meus **amigos** e todo o **resto** dos alunos faremos a prova.
- **Sujeito oculto, elíptico ou desinencial**: aquele que não se encontra expresso na oração, porém é facilmente subentendido pelo verbo apresentado.
    Acord**amos** cedo naquele dia. (Nós)
    Abri o blusão, tirei o 38, e perguntei com tanta raiva que uma gota de meu cuspe bateu na cara dele. (R. Fonseca) (eu)
    Vanderlei camin**hou** pela manhã. À tarde pass**eou** pelo lago municipal, onde encontr**ou** a Anaconda da cidade. (Ele, Vanderlei)

Perceba que o sujeito não está grafado na sentença, mas é facilmente recuperável por meio da terminação do verbo.

▷ **Sujeito indeterminado**: ocorre quando o verbo não se refere a um núcleo determinado. São situações de indeterminação do sujeito:
- Terceira pessoa do plural sem um referente:
    Nunca lhe **deram** nada.
    Fizeram comentários maldosos a seu respeito.
- Com verbos transitivos indiretos, intransitivo e relacionais (de ligação) acompanhados da partícula "se" que, no caso, será classificada como índice de indeterminação de sujeito:
    Vive-se muito bem.
    Precisa-se de força e coragem na vida de estudante.
    Nem sempre **se está** feliz na riqueza.

▷ **Sujeito inexistente ou oração sem sujeito**: ocorre em algumas situações específicas.
- Com verbos impessoais (principalmente os que denotam fenômeno da natureza).
    Em setembro **chove** muito.
    Nevava em Palotina.
- Com o verbo haver, desde que empregado nos sentidos de existir, acontecer ou ocorrer.
    Há poemas perfeitos, não **há** poetas perfeitos.
    Deveria haver soluções para tais problemas.
- Com os verbos ir, haver e fazer, desde que empregado fazendo alusão a tempo transcorrido.
    Faz um ano que não viajo. (verbo "fazer" no sentido de "tempo transcorrido")
    Há muito tempo que você não aparece. (verbo "haver" no sentido de "tempo")
    Vai para dois meses que não recebo salário. (verbo "ir" no sentido de "tempo")
- Com os verbos ser ou estar indicando tempo.
    Era noite fechada.
    É tarde, eles não vêm!
- Com os verbos bastar e chegar indicando cessamento.
    Basta de tanta corrupção no Senado!
    Chega de ficar calado quando a situação aperta!
- Com o verbo ser indicando data ou horas.
    São dez horas no relógio da torre.
    Amanhã **serão** dez de dezembro.

▷ **Sujeito oracional**: ocorre nas análises do período composto, quando se verifica que o sujeito de um verbo é uma oração.
    É preciso **que você estude Língua Portuguesa**.

Predicado

É o termo que designa aquilo que se declara acerca do sujeito. É mais simples e mais prudente para o aluno buscar identificar o predicado antes do sujeito, pois, se assim o fizer, terá mais concretude na identificação do sujeito.

O predicado pode ser nominal, verbal ou verbo-nominal.
- **Predicado Nominal**: o predicado nominal é formado por um verbo relacional (de ligação) + predicativo.

Principais verbos de ligação: ser, estar, permanecer, continuar, ficar, parecer, andar e torna-se.
    A economia da Ásia parecia derrotada após a crise.
    O deputado, de repente, virou patriota.
    Português é legal.

- **Predicado Verbal:** o predicado verbal tem como núcleo um verbo nocional.

  Empresários **investirão R$ 250 milhões em novo berço para o Porto de Paranaguá**.

- **Predicado Verbo-nominal:** ocorre quando há um verbo significativo (nocional) + um predicativo do sujeito.

  O trem chegou atrasado. ("atrasado" é uma qualidade do sujeito que aparece após o verbo, portanto, é um predicativo do sujeito).

  Pedro Paladino já nasceu rico.

  Acompanhei a indignação de meus alunos preocupado.

Predicativo

O predicativo é um termo componente do predicado. Qualifica sujeito ou objeto.

Josefina era **maldosa, ruim, sem valor**. (predicativo do sujeito)

Leila deixou o garoto **louco**. (predicativo do objeto)

O diretor nomeou João **chefe da repartição**. (predicativo do objeto)

8.2 Termos integrantes da oração

Os termos integrantes da oração são: objeto direto (complemento verbal); objeto indireto (complemento verbal); complemento nominal e agente da passiva.

- **Objeto Direto:** é o complemento de um verbo transitivo direto.

  Os bons cidadãos cumprem **as leis**. (quem cumpre, cumpre algo)

  Em resumo: ele queria **uma mulher**. (quem quer, quer algo)

- **Objeto Indireto:** é o complemento de um verbo transitivo indireto.

  Os bons cidadãos obedecem **às leis**. (quem obedece, obedece a algo)

  Necessitamos **de manuais mais práticos** nos dias de hoje. (quem necessita, necessita de algo)

- **Complemento Nominal:** é o complemento, sempre preposicionado, de adjetivos, advérbios e substantivos que, em determinadas circunstâncias, pedem complemento, assim como os verbos transitivos indiretos.

  O filme era impróprio para crianças.

  Finalizou-se a construção do prédio.

  Agiu favoravelmente ao réu.

- **Agente da Passiva:** é o complemento que, na voz passiva, designa o ser praticante da ação sofrida ou recebida pelo sujeito. Veja os exemplos:

  Voz ativa: o zagueiro executou a jogada.

  Voz passiva: a jogada foi executada **pelo zagueiro**. (**Agente da passiva**)

  Conversas foram interceptadas pela **Polícia Federal**. (Agente da passiva)

8.3 Termos acessórios da oração

Os termos acessórios da oração são: adjunto adnominal; adjunto adverbial; aposto e vocativo.

▷ **Adjunto Adnominal:** a função do adjunto adnominal é desempenhada por qualquer palavra ou expressão que, junto de um substantivo ou de uma expressão substantivada, modifica o seu sentido. Vejamos algumas palavras que desempenham tal função.

- **Artigos: as** alunas serão aprovadas.
- **Pronomes adjetivos: aquela** aluna será aprovada.
- **Numerais adjetivos: duas** alunas serão aprovadas.
- **Adjetivos:** aluno **estudioso** é aprovado.
- **Locuções adjetivas:** aluno **de gramática** passa no concurso.

▷ **Adjunto Adverbial:** o adjunto adverbial é o termo acessório (que não é exigido por elemento algum da sentença) que exprime circunstância ao verbo e, às vezes, ao adjetivo ou mesmo ao advérbio.

- **Advérbios:** os povos antigos trabalhavam mais.
- **Locuções Adverbiais:** li vários livros **durante as férias**.
- **Alguns tipos de adjuntos adverbiais:**

  Tempo: ontem, choveu muito.

  Lugar: gostaria de que me encontrasse **na esquina da padaria**.

  Modo: Alfredo executou a aria **fantasticamente**.

  Meio: fui para a escola **a pé**.

  Causa: por amor, cometem-se loucuras.

  Instrumento: quebrou a **vidraça com uma pedra**.

  Condição: se estudar muito, será aprovado.

  Companhia: faremos sucesso **com essa banda**.

▷ **Aposto:** o aposto é o termo sintático que, possuindo equivalência semântica, esclarece seu referente. Tipos de aposto:

Explicativo: Alencar, **escritor romântico**, possui uma obra vastíssima.

Resumitivo ou recapitulativo: estudo, esporte, cinema, **tudo** o chateava.

Enumerativo: preciso de duas coisas: **saúde e dinheiro**.

Especificativo: a notícia foi publicada na revista **Veja**.

Distributivo: havia grupos interessados: **o da direita e o da esquerda**.

Oracional: desejo só uma coisa: **que vocês passem no concurso**.

Vocativo: é uma interpelação, é um chamamento. Normalmente, indica com quem se fala.

▷ **Ó mar**, por que não me levas contigo?

- Vem, **minha amiga**, abraçar um vitorioso.

8.4 Período composto

O período composto possui dois processos: coordenação e subordinação.

- **Coordenação:** ocorre quando são unidas orações independentes sintaticamente. Ou seja, são autônomas do ponto de vista estrutural. Vamos a um exemplo:

  - Altamiro pratica esportes e estuda muito.

- **Subordinação:** ocorre quando são unidas orações que possuem dependência sintática. Ou seja, não estão completas em sua estrutura. O processo de subordinação ocorre de três maneiras:

  - **Substantiva:** quando a oração desempenhar a função de um substantivo na sentença (**sujeito, predicativo, objeto direto, objeto indireto, complemento nominal ou aposto**).

  - **Adjetiva:** quando a oração desempenhar a função de adjunto adnominal na sentença.

  - **Adverbial:** quando a oração desempenhar a função de adjunto adverbial na sentença.

    Eu quero **que vocês passem no concurso**. (Oração subordinada substantiva objetiva direta – a função de objeto direto está sendo desempenhada pela oração)

    O Brasil, **que é um belíssimo país**, possui vegetação exuberante. (Oração subordinada adjetiva explicativa)

    Quando José entrou na sala, Manoel saiu. (Oração subordinada adverbial temporal)

8.4.1 Processo de coordenação

Há dois tipos de orações coordenadas: **assindéticas** e **sindéticas**.

- **Assindéticas:**

O nome vem da palavra grega *sýndetos*, que significa conjunção, união. Ou seja, oração que não possui conjunção quando está colocada ao lado de outra.

> Valdevino **correu (oração coordenada assindética), correu (oração coordenada assindética), correu (oração coordenada assindética)** o dia todo.

Perceba que não há conjunções para ligar os verbos, ou seja, as orações estão colocadas uma ao lado da outra sem síndeto, portanto, são **orações coordenadas assindéticas**.

- **Sindéticas:**

Contrariamente às assindéticas, as sindéticas possuem conjunção para exprimir uma relação lógico-semântica. Cada oração recebe o nome da conjunção que a introduz. Por isso é necessário decorar as conjunções.

- **Aditivas:** são introduzidas pelas conjunções e, nem, mas também, também, como (após "não só"), como ou quanto (após "tanto"), mais etc., dando a ideia de adição à oração anterior.

> A seleção brasileira venceu a Dinamarca / **e empatou com a Inglaterra.** (Oração coordenada assindética / **oração coordenada sindética aditiva**)

- **Adversativas:** são introduzidas pelas conjunções: mas, porém, todavia, contudo, entretanto, no entanto, não obstante, senão, apesar disso, embora etc., indicando uma relação de oposição à sentença anterior.

> O time batalhou muito, / **mas não venceu o adversário.** (Oração coordenada assindética / **oração coordenada sindética adversativa**)

- **Alternativas:** são introduzidas pelas conjunções ou... ou, ora... ora, já... já, quer... quer, seja... seja, nem... nem etc., indicando uma relação de alternância entre as sentenças.

> Ora estuda, / ora trabalha. (**Oração coordenada sindética alternativa / oração coordenada sindética alternativa**)

- **Conclusivas:** são introduzidas pelas conjunções: pois (posposto ao verbo), logo, portanto, então, por conseguinte, por consequência, assim, desse modo, destarte, com isso, por isto, consequentemente, de modo que, indicando uma relação de conclusão do período anterior.

> Comprei a carne e o carvão, / **portanto podemos fazer o churrasco.** (Oração coordenada assindética / **oração coordenada sindética conclusiva**)

> Estou muito doente, / **não posso, pois, ir à aula.** (Oração coordenada assindética/ **oração coordenada sindética conclusiva**)

- **Explicativas:** são introduzidas pelas conjunções que, porque, porquanto, por, portanto, como, pois (anteposta ao verbo), ou seja, isto é, indicando uma relação de explicação para com a sentença anterior.

> Não converse, / **pois estou estudando.** (Oração coordenada assindética / **oração coordenada sindética explicativa**)

8.4.2 Processo de subordinação

As orações subordinadas substantivas se dividem em seis tipos, introduzidas, geralmente, pelas conjunções **"que"** e **"se"**.

- **Subjetiva:** exerce função de sujeito do verbo da oração principal.

> É interessante / **que todos joguem na loteria.** (Oração principal / **oração subordinada substantiva subjetiva**)

- **Objetiva direta:** exerce função de objeto direto.

> Eu quero / **que você entenda a matéria.** Quem quer, quer algo ou alguma coisa. (Oração principal / **oração subordinada substantiva objetiva direta**)

- **Objetiva indireta:** exerce função de objeto indireto.

> Os alunos necessitam / **de que as explicações fiquem claras.** Quem necessita, necessita de algo. (Oração principal / **oração subordinada substantiva objetiva indireta**)

- **Predicativa:** exerce função de predicativo.

> O bom é / **que você faça exercícios todos os dias.** (Oração principal / **oração subordinada substantiva predicativa**)

- **Completiva nominal:** exerce função de complemento nominal de um nome da oração principal.

> Jonas tem vontade / **de que alguém o mande calar a boca.** (Oração principal / **oração subordinada substantiva completiva nominal**)

- **Apositivas:** possuem a função de aposto da sentença principal, geralmente são introduzidas por dois-pontos (:).

> Eu quero apenas isto: / **que você passe no concurso.** (Oração principal / **oração subordinada substantiva apositiva**)

- **Orações subordinadas adjetivas:** dividem-se em dois tipos. Quando desenvolvidas, são introduzidas por um pronome relativo.

O nome oração subordinada adjetiva se deve ao fato de ela desempenhar a mesma função de um adjetivo na oração, ou seja, a função de adjunto adnominal. Na Gramática de Portugal, são chamadas de orações relativas pelo fato de serem introduzidas por pronome relativo.

- **Restritivas:** restringem a informação da oração principal. Não possuem vírgulas.

> O homem / **que mora ao lado** / é mal-humorado. (Oração principal / **oração subordinada adjetiva restritiva** / oração principal)

Para entender basta perguntar: qualquer homem é mal-humorado? Não. Só o que mora ao lado.

- **Explicativas:** explicam ou dão algum esclarecimento sobre a oração principal.

> João, / **que é o ex-integrante da comissão,** / chegou para auxiliar os novos contratados. (Oração principal / **oração subordinada adjetiva explicativa** /oração principal)

- **Orações subordinadas adverbiais:** dividem-se em nove tipos. Recebem o nome da conjunção que as introduz. Nesse caso, teremos uma principal (que não está negritada) e uma subordinada adverbial (que está em negrito).

Essas orações desempenham a função de adjunto adverbial da oração principal.

- **Causais:** exprimem a causa do fato que ocorreu na oração principal. Introduzidas, principalmente, pelas conjunções porque, visto que, já que, uma vez que, como que, como.

> **Já que precisamos de dinheiro,** vamos trabalhar.

- **Comparativas:** representam o segundo termo de uma comparação. Introduzidas, na maior parte dos casos, pelas conjunções que, do que, como, assim como, (tanto) quanto.

> Tiburcina fala **como uma gralha** (fala - o verbo está elíptico).

- **Concessivas:** indica uma concessão entre as orações. Introduzidas, principalmente, pelas conjunções embora, a menos que, ainda que, posto que, conquanto, mesmo que, se bem que, por mais que, apesar de que. Fique de olho na relação da conjunção com o verbo.

> **Embora não tivesse tempo disponível,** consegui estudar.

- **Condicionais:** expressa ideia de condição. Introduzidas, principalmente, pelas conjunções se, salvo se, desde que, exceto, caso, desde, contanto que, sem que, a menos que.

    Se ele não se defender, acabará como "boi-de-piranha" no caso.

- **Conformativas:** exprimem acordo, concordância entre fatos ou ideias. Introduzidas, principalmente, pelas conjunções como, consoante, segundo, conforme, de acordo com etc.

    Realize as atividades **conforme eu expliquei**.

- **Consecutivas:** indicam a consequência ou o efeito daquilo que se diz na oração principal. Introduzidas, principalmente, pelas conjunções que (precedida de tal, tão, tanto, tamanho), de sorte que, de modo que.

    Estudei tanto, **que saiu sangue dos olhos**.

- **Finais:** exprimem finalidade da ação primeira. Introduzidas, em grande parte dos casos, pelas conjunções para que, a fim de que, que e porque.

    Estudei muito **para que pudesse fazer a prova**.

- **Proporcionais:** expressa uma relação de proporção entre as orações. Introduzidas, principalmente, pelas conjunções (locuções conjuntivas) à medida que, quanto mais... mais, à proporção que, ao passo que, quanto mais.

    - José piorava, **à medida que abandonava seu tratamento**.

- **Temporais:** indicam circunstância de tempo. Introduzidas, principalmente, pelas conjunções quando, antes que, assim que, logo que, até que, depois que, mal, apenas, enquanto etc.

    Logo que iniciamos o trabalho os alunos ficaram mais tranquilos.

9. FUNÇÕES DO "SE"

A palavra "se", assim como o "que", possui diversas funções e costuma gerar muitas dúvidas. Por isso, para entender cada função e identificá-las, observe os exemplos a seguir.

9.1 Partícula apassivadora

Vendem-**se** plantas. (É possível passar a oração para a voz passiva analítica: plantas são vendidas).

Neste caso, o "se" nunca será seguido por preposição.

9.2 Pronome reflexivo

Nesse caso, o pronome expressa a igualdade entre o sujeito e o objeto da ação, exercendo a função de complemento verbal.

Penteou-**se** com capricho.

9.3 Pronome recíproco

Denota a ocorrência de que houve uma ação trocada entre os elementos do sujeito.

Amaram-**se** durante anos.

9.4 Partícula expletiva (de realce)

Tem o papel de realçar ou enfatizar um vocábulo ou um segmento da frase. Pode ser retirada da frase sem prejuízo sintático ou semântico.

Foi-**se** o tempo em que confiávamos nos políticos. (Não possui função na oração, apenas realça o que foi dito).

9.5 Pronome indeterminador do sujeito

O pronome "se" serve como índice de indeterminação do sujeito. O sujeito indeterminado é o sujeito que não quer ou não se pode identificar.

Precisa-**se** de secretária. (Não se pode passar a oração para a voz passiva analítica).

Nessa casa, come-**se** muito.

9.6 Parte do verbo pronominal

Alguns verbos exigem a presença da partícula "se" para indicar que a ação é referente ao sujeito que a pratica. Veja os exemplos:

Arrependeu-**se** de ter ligado.

Outros exemplos de verbos pronominais: lembrar-**se**, queixar-**se**, enganar-**se**, suicidar-**se**.

9.7 Conjunção

A conjunção "se" pode assumir várias funções, veja alguns exemplos:

Vou chegar no horário **se** não chover. (Conjunção condicional).

Não sei **se** dormirei em casa hoje. (Conjunção integrante).

Se vai ficar aqui, então fale comigo. (Conjunção adverbial causal).

Se queria ser mãe, nunca demonstrou amor pelas crianças. (Conjunção concessiva).

10. FUNÇÕES DO "QUE"

A palavra "que" possui diversas funções e costuma gerar muitas dúvidas. Por isso, para entender cada função e identificá-las, observe os exemplos a seguir:

10.1 Substantivo

Senti um **quê** de falsidade naquela fala.

Neste caso, o que está precedido por um determinante – um artigo –, e é acentuado, pois assume o papel de um substantivo. Poderia ser substituído por outro substantivo:

Senti um **ar** de falsidade naquela fala.

Quanto atua como substantivo, o quê será sempre acentuado e precedido por um artigo, pronome ou numeral.

10.2 Pronome

Exemplos:

Que beleza de festa! (Pronome exclamativo)
O livro **que** comprei estava em promoção. (Pronome relativo)
Que dia é a prova? (Pronome interrogativo)

10.3 Interjeição

Exemplos:

Quê? Não entendi.
Quê! Ela sabe sim!

10.4 Preposição

Temos **que** chegar cedo.

Observe que a regência do verbo ter exige a preposição "de": *temos de chegar cedo*. No entanto, na fala coloquial, já é aceito o uso do "que" como preposição.

10.5 Advérbio

Que bela está a casa!

Neste caso, antecede um adjetivo, modificando-o: **como** a casa está bela!

Que longe estava da cidade!

Neste caso, antecede um advérbio, intensificando-o: Estava **muito longe** da cidade.

10.6 Conjunção

Exemplos:

Que gostem ou **que** não gostem, tomei minha decisão. (Conjunção alternativa).
Pode entrar na fila **que** não será atendida. (Conjunção adversativa).
Não falte à aula **que** o conteúdo é importante. (Conjunção explicativa).

10.7 Conjunção subordinativa

Exemplos:

Estava tão cansada **que** não quis recebê-lo. (Conjunção subordinativa consecutiva).
Gostei da viagem, cara **que** tenha sido. (Conjunção subordinativa concessiva).
Não corra **que** o chão está molhado! (Conjunção subordinativa causal).

10.8 Partícula expletiva (de realce)

Que bonito **que** está o seu cabelo! (Não tem função na oração, apenas realça o que está sendo falado)

CONCORDÂNCIA VERBAL E NOMINAL

11. CONCORDÂNCIA VERBAL E NOMINAL

Trata-se do processo de flexão dos termos a fim de se relacionarem harmoniosamente na frase. Quando se pensa sobre a relação do verbo com os demais termos da oração, o estudo focaliza a concordância verbal. Quando a análise se volta para a relação entre pronomes, substantivos, adjetivos e demais termos do grupo nominal, diz-se que o foco é concordância nominal.

11.1 Concordância verbal

11.1.1 Regra geral

O verbo concorda com o sujeito em número e pessoa.

> O **primeiro-ministro** russo **acusou** seus inimigos.
> Dois **parlamentares rebateram** a acusação.
> **Contaram**-se **mentiras** no telejornal.
> **Vós sois** os responsáveis por vosso destino.

Regras para sujeito composto

- Anteposto se colocado antes do verbo, o verbo vai para o plural:
  > **Eu e meus irmãos vamos** à praia.

- Posposto se colocado após o verbo, o verbo concorda com o mais próximo ou vai para o plural:
  > **Morreu (morreram)**, no acidente, **o prefeito e o vereador**.

- Formado por pessoas (gramaticais) diferentes: plural da predominante.
  > Eu, você e os alunos **estudaremos** para o concurso. (a primeira pessoa é a predominante, por isso, o verbo fica na primeira pessoa do plural).

- Com núcleos em correlação, a concordância se dá com o mais próximo ou fica no plural:
  > O professor assim como o monitor auxilia(m) os estudantes.

- **Ligado por NEM o verbo concordará:**
  - No singular: se houver exclusão.
    > Nem Josias nem Josué **percebeu** o perigo iminente.
  - No singular: quando se pretende individualizar a ação, aludindo a um termo em específico.
    > Nem os esportes nem a leitura **o entretém**.
  - No plural: quando não houver exclusão, ou seja, quando a intenção for aludir ao sujeito em sua totalidade.
    > Nem a minha rainha nem o meu mentor **serão** tão convincentes a ponto de me fazerem mudar de ideia.

- **Ligado por COM o verbo concorda com o antecedente do COM ou vai para o plural:**
  > O vocalista com os demais integrantes da banda **realizaram (realizou)** o show.

- **Ligado por OU o verbo fica no singular (se houver exclusão) ou no plural (se não houver exclusão):**
  > Ou Pedro Amorim ou Jurandir Leitão **será** eleito vereador da cidade.
  > O aviso ou o ofício **deveriam** ser expedidos antes da data prevista.

- **Se o sujeito for construído com os termos:** um e outro, nem um nem outro, o verbo fica no singular ou plural, dependendo do sentido pretendido.
  > Um e outro **passou (passaram)** no concurso.
  > Um ou outro: verbo no singular.
  > Um ou outro fez a lição.

- **Expressões partitivas seguidas de nome plural:** verbo no singular ou plural.
  > A maior parte das pessoas **fez (fizeram)** o exercício recomendado.

- **Coletivo geral:** verbo no singular.
  > O cardume **nadou** rio acima.

- **Expressões que indicam quantidade aproximada seguida de numeral:** o verbo concorda com o substantivo.
  > Aproximadamente 20% dos eleitores **compareceram** às urnas.
  > Aproximadamente 20% do eleitorado **compareceu** às urnas.

- **Pronomes (indefinidos ou interrogativos) seguidos dos pronomes "nós" e/ou "vós":** o verbo fica no singular ou plural.
  > Quem de nós **fará (faremos)** a diferença?

- **Palavra QUE (pronome relativo):** o verbo concorda com o antecedente do pronome "que".
  > Fui eu que **fiz** a diferença.

- **Palavra QUEM:** verbo na 3ª pessoa do singular.
  > Fui eu *quem* **fez** a diferença.

  Pela repetida utilização errônea, algumas gramáticas já toleram a concordância do verbo com a pessoa gramatical distinta da terceira, no caso de se utilizar um pronome pessoal como antecedente do "quem".

- **Um dos que:** verbo no singular ou plural.
  > Ele foi *um dos que* **fez (fizeram)** a diferença.

- **Palavras sinônimas:** verbo concorda com o mais próximo ou fica no plural.
  > A ruindade, a maldade, a vileza **habita (habitam)** a alma do ser humano.

- **Quando os verbos estiverem acompanhados da palavra "SE":** fique atento à função da palavra "SE".
  - **SE na função de pronome apassivador:** o verbo concorda com o sujeito paciente.
    > **Vendem-se** casas e sobrados em Alta Vista.
    > **Presenteou**-se o aluno aplicado com uma gramática.
  - **SE na função de índice de indeterminação do sujeito:** o verbo fica sempre na 3ª pessoa do singular.
    > **Precisa-se** de empregados com capacidade de aprender.
    > **Vive**-se muito bem na riqueza.

  A dica é ficar de olho na transitividade do verbo. Se o verbo for VTI, VI ou VL, o termo "SE" será índice de indeterminação do sujeito.

- **Casos de concordância com o verbo "ser":**
  - **Quando indicar tempo ou distância:** concorda com o predicativo.
    > Amanhã **serão** 7 de fevereiro.
    > São 890 quilômetros daqui até Florianópolis.
  - **Quando houver sujeito que indica quantidade e predicativo que indica suficiência ou excesso:** concorda com o predicativo.
    > Vinte milhões **era** muito por aquela casa.
    > Sessenta centavos **é** pouco por aquele lápis.
  - **O verbo "dar", no sentido de "bater" ou "soar", acompanhado do termo "hora(s)":** concorda com o sujeito.
    > **Deram** cinco horas no relógio do juiz.
    > **Deu** cinco horas o relógio juiz.
  - **Verbo "parecer" somado a infinitivo:** flexiona-se um dos dois.
    > Os alunos **pareciam** estudar novos conteúdos.
    > Os alunos **pareciam estudarem** novos conteúdos.

- **Quando houver sujeito construído com nome no plural,** com artigo no singular ou sem artigo: o verbo fica no singular.

    Memórias Póstumas de Brás Cubas **continua** sendo lido por jovens estudantes.
    Minas Gerais **é** um lindo lugar.

- Com artigo plural: o verbo fica no plural.

    Os Estados Unidos **aceitaram** os termos do acordo assinado.

11.2 Concordância nominal

A concordância nominal está relacionada aos termos do grupo nominal. Ou seja, relaciona-se com o substantivo, o pronome, o artigo, o numeral e o adjetivo. Vamos à regra geral para a concordância.

11.2.1 Regra geral

O artigo, o numeral, o adjetivo e o pronome adjetivo devem concordar com o substantivo a que se referem em gênero e número.

   Meu belíssimo e **antigo** carro **amarelo** quebrou, ontem, em **uma** rua **estreita.**

Os termos destacados acima, mantém uma relação harmoniosa com o núcleo de cada expressão. Relação essa que se estabelece em questões de gênero e de número.

A despeito de a regra geral dar conta de grande parte dos casos de concordância, devemos considerar a existência de casos particulares, que merecem atenção.

11.2.2 Casos que devem ser estudados

Dependendo da intencionalidade de quem escreve, pode-se realizar a concordância atrativa, primando por concordar com apenas um termo de uma sequência ou com toda a sequência. Vejamos:

   Vi um carro e uma **moto** *vermelha*. (concordância apenas com o termo "moto")
   Vi um carro e uma **moto** *vermelhos*. (concordância com ambos os elementos)

A palavra "**bastante**", por exemplo, varia de acordo com o contexto. Se "bastante" é pronome adjetivo, será variável; se for advérbio (modificando o verbo), será invariável, ou seja, não vai para o plural.

   Há *bastantes* **motivos** para sua ausência. (adjetivo)
   Os alunos **falam** *bastante*. (advérbio)

Troque a palavra "bastante" por "muito". Se "muito" for para o plural, "bastante" também irá.

Anexo, incluso, apenso, obrigado, mesmo, próprio: são adjetivos que devem concordar com o substantivo a que se referem.

   O *relatório* segue **anexo** ao documento.
   Os *documentos* irão **apensos** ao relatório.

A expressão "em anexo" é invariável (não vai para plural nem para o feminino).

   As planilhas irão **em anexo.**

É bom, é necessário, é proibido, é permitido: variam somente se o sujeito vier antecedido de um artigo ou outro termo determinante.

   Maçã é **bom** para a voz. / A maçã é **boa** para a voz.
   É necessário **aparecer** na sala. / É necessária **sua aparição** na sala.

"Menos" e "alerta" são sempre invariáveis, contanto que respeitem sua classe de origem - advérbio: se forem derivadas para substantivo, elas poderão variar.

   Encontramos **menos** alunos na escola. / Encontramos **menos** alunas na escola.
   O policial ficou **alerta**. / Os policiais ficaram **alerta**.

"**Só**" e "**sós**" variam apenas quando forem adjetivos: quando forem advérbios, serão invariáveis.

   Pedro apareceu **só** (sozinho) na sala. / Os meninos apareceram **sós** (sozinhos) na sala. (adjetivo)
   Estamos **só** (somente) esperando sua decisão. (advérbio)

- A expressão "a sós" é invariável.

   A menina ficou **a sós** com seus pensamentos.

Troque "só" por "sozinho" (vai para o plural) ou "somente" (fica no singular).

12. REGÊNCIA VERBAL E NOMINAL

Regência é a parte da Gramática Normativa que estuda a relação entre dois termos, verificando se um termo serve de complemento a outro e se nessa complementação há uma preposição.

Dividimos a regência em:
- Regência verbal (ligada aos verbos).
- Regência nominal (ligada aos substantivos, adjetivos ou advérbios).

12.1 Regência verbal

Deve-se analisar, nesse caso, a necessidade de complementação, a presença ou ausência da preposição e a possibilidade de mudança de sentido do texto.

Vamos aos casos:

- **Agradar e desagradar:** são transitivos indiretos (com preposição a) nos sentidos de satisfazer, contentar.
    A biografia de Aníbal Machado **agradou/desagradou** à maioria dos leitores.
    A criança **agradava** ao pai por ser muito comportada.
- **Agradar:** pode ser transitivo direto (sem preposição) se significar acariciar, afagar.
    Agradar a esposa.
    Pedro passava o dia todo **agradando** os seus gatos.
- **Agradecer:** transitivo direto e indireto, com a preposição a, no sentido de demonstrar gratidão a alguém.
    Agradecemos a Santo Antônio o milagre alcançado.
    Agradecemos-lhes a benesse concedida.

O verbo em questão também pode ser transitivo direto no sentido de mostrar gratidão por alguma coisa:
    Agradeço a dedicação de todos os estudantes.
    Os pais **agradecem** a dedicação dos professores para com os alunos.

- **Aspirar:** é transitivo indireto (preposição "a") nos sentidos de desejar, pretender ou almejar.
    Sempre **aspirei** a um cargo público.
    Manoel **aspirava** a ver novamente a família na Holanda.
- **Aspirar:** é transitivo direto na acepção de inalar, sorver, tragar, ou seja, mandar para dentro.
    Aspiramos o perfume das flores.
    Vimos a empregada **aspirando** a poeira do sofá.
- **Assistir:** é transitivo direto no sentido de ajudar, socorrer etc.
    O professor **assistia** o aluno.
    Devemos **assistir** os mais necessitados.
- **Assistir:** é transitivo indireto (complemento regido pela preposição "a") no sentido de ver ou presenciar.
    Assisti ao comentário da palestra anterior.
    Você deve **assistir** às aulas do professor!
- **Assistir:** é transitivo indireto (complemento regido pela preposição "a") no sentido de "ser próprio de", "pertencer a".
    O direito à vida **assiste** ao ser humano.
    Esse comportamento **assiste** às pessoas vitoriosas.
- **Assistir:** é intransitivo no sentido de morar ou residir.
    Maneco **assistira** em Salvador.
- **Chegar:** é verbo intransitivo e possui os adjuntos adverbiais de lugar introduzidos pela preposição "a".
    Chegamos a Cascavel pela manhã.
    Este é o ponto a que pretendia **chegar**.

Caso a expressão indique posição em um deslocamento, admite-se a preposição em:
    Cheguei no trem à estação.

Os verbos ir e vir têm a mesma regência de chegar:
    Nós **iremos** à praia amanhã.
    Eles **vieram** ao cursinho para estudar.

- **Custar no sentido de** ter valor ou preço: verbo transitivo direto.
    O avião **custa** 100 mil reais.
- **Custar no sentido de** ter como resultado certa perda ou revés é verbo transitivo direto e indireto:
    Essa atitude **custou**-lhe a vida.
- **Custar no sentido de** ser difícil ou trabalhoso é intransitivo:
    Custa muito entender esse raciocínio.
- **Custar no sentido de** levar tempo ou demorar é intransitivo:
    Custa a vida para aprender a viver.
- **Esquecer/lembrar:** possuem a seguinte regra – se forem pronominais, terão complemento regido pela preposição "de"; se não forem, não haverá preposição.
    Lembrei-**me de** seu nome.
    Esqueci-**me de** seu nome.
    Lembrei seu nome.
    Esqueci seu nome.
- **Gostar:** é transitivo indireto no sentido de apreciar (complemento introduzido pela preposição "de").
    Gosto de estudar.
    Gosto muito de minha mãe.
- **Gostar:** como sinônimo de experimentar ou provar é transitivo direto.
    Gostei a sobremesa apenas uma vez e já adorei.
    Gostei o chimarrão uma vez e não mais o abandonei.
- **Implicar** pode ser:
    - **Transitivo direto** (sentido de acarretar):
        Cada escolha **implica** uma renúncia.
    - **Transitivo direto e indireto** (sentido de envolver alguém em algo):
        Implicou a irmã no crime.
    - **Transitivo indireto** (sentido de rivalizar):
        Joana estava **implicando** com o irmão menor.
- **Informar:** é bitransitivo, ou seja, é transitivo direto e indireto. Quem informa, informa:
    Algo a alguém: **informei** o acontecido para Jonas.
    Alguém de algo: **informei**-o do acontecido.
    Alguém sobre algo: **informei**-o sobre o acontecido.
- **Morar/residir:** verbos intransitivos (ou, como preconizam alguns dicionários, transitivo adverbiado), cujos adjuntos adverbiais de lugar são introduzidos pela preposição "em".
    José **mora** em Alagoas.
    Há boas pessoas **residindo** em todos os estados do Brasil.
- **Obedecer:** é um verbo transitivo indireto.
    Os filhos **obedecem** aos pais.
    Obedeça às leis de trânsito.

Embora transitivo indireto, admite forma passiva:
    Os pais são obedecidos pelos filhos.

O antônimo "desobedecer" também segue a mesma regra.
- **Perdoar:** é transitivo direto e indireto, com objeto direto de coisa e indireto de pessoa.
    > Jesus **perdoou** os pecados aos pecadores.
    > **Perdoava**-lhe a desconsideração.

Perdoar admite a voz passiva:
    > Os pecadores foram perdoados por Deus.

- **Precisar:** é transitivo indireto (complemento regido pela preposição de) no sentido de "necessitar".
    > **Precisaremos** de uma nova Gramática.
- **Precisar:** é transitivo direto no sentido de indicar com precisão.
    > Magali não soube **precisar** quando o marido voltaria da viagem.
- **Preferir:** é um verbo bitransitivo, ou seja, é transitivo direto e indireto, sempre exigindo a preposição a (preferir alguma coisa à outra).
    > Adelaide **preferiu** o filé ao risoto.
    > **Prefiro** estudar a ficar em casa descansando.
    > **Prefiro** o sacrifício à desistência.

É incorreto reforçar o verbo "preferir" ou utilizar a locução "do que".
- **Proceder:** é intransitivo na acepção de "ter cabimento":
    > Suas críticas são vazias, não **procedem**.
- **Proceder:** é também intransitivo na acepção de "portar-se":

Todas as crianças **procederam** bem ao lavarem as mãos antes do lanche.
- **Proceder:** no sentido de "ter procedência" é utilizado com a preposição de:
    > Acredito que a dúvida **proceda** do coração dos curiosos.
- **Proceder:** é transitivo indireto exigindo a preposição a no sentido de "dar início":
    > Os investigadores **procederam** ao inquérito rapidamente.
- **Querer:** é transitivo direto no sentido de "desejar":
    > Eu **quero** um carro novo.
- **Querer:** é transitivo indireto (com o complemento de pessoa) no sentido de "ter afeto":
    > **Quero** muito a meus alunos que são dedicados.
- **Solicitar:** é utilizado, na maior parte dos casos, como transitivo direto e indireto. Nada impede, entretanto, que se construa como transitivo direto.
    > O juiz **solicitou** as provas ao advogado.
    > **Solicito** seus documentos para a investidura no cargo.
- **Visar:** é transitivo direto na acepção de mirar.
    > O atirador **visou** o alvo e disparou um tiro certeiro.
- **Visar:** é transitivo direto também no sentido de "dar visto", "assinar".
    > O gerente havia **visado** o relatório do estagiário.
- **Visar:** é transitivo indireto, exigindo a preposição a, na acepção de "ter em vista", "pretender", "almejar".
    > Pedro **visava** ao amor de Mariana.
    > As regras gramaticais **visam** à uniformidade da expressão linguística.

12.2 Regência nominal

Alguns nomes (substantivos, adjetivos e advérbios) são comparáveis aos verbos transitivos indiretos: precisam de um complemento introduzido por uma preposição.

Acompanhemos os principais termos que exigem regência especial.

SUBSTANTIVO

Admiração a, por	Devoção a, para, com, por	Medo a, de
Aversão a, para, por	Doutor em	Obediência a
Atentado a, contra	Dúvida acerca de, em, sobre	Ojeriza a, por
Bacharel em	Horror a	Proeminência sobre
Capacidade de, para	Impaciência com	Respeito a, com, para com, por
Exceção a	Excelência em	Exatidão de, em
Dissonância entre	Divergência com, de, em, entre, sobre	Referência a
Alusão a	Acesso a	Menção a

ADJETIVOS

Acessível a	Diferente de	Necessário a
Acostumado a, com	Entendido em	Nocivo a
Afável com, para com	Equivalente a	Paralelo a
Agradável a	Escasso de	Parco em, de
Alheio a, de	Essencial a, para	Passível de
Análogo a	Fácil de	Preferível a
Ansioso de, para, por	Fanático por	Prejudicial a
Apto a, para	Favorável a	Prestes a
Ávido de	Generoso com	Propício a
Benéfico a	Grato a, por	Próximo a
Capaz de, para	Hábil em	Relacionado com
Compatível com	Habituado a	Relativo a
Contemporâneo a, de	Idêntico a	Satisfeito com, de, em, por
Contíguo a	Impróprio para	Semelhante a
Contrário a	Indeciso em	Sensível a
Curioso de, por	Insensível a	Sito em
Descontente com	Liberal com	Suspeito de
Desejoso de	Natural de	Vazio de
Distinto de, em, por	Dissonante a, de, entre	Distante de, para

ADVÉRBIOS

Longe de	Perto de	Relativamente a
Contemporaneamente a	Impropriamente a	Contrariamente a

É provável que você encontre muitas listas com palavras e suas regências, porém a maneira mais eficaz de se descobrir a regência de um termo é fazer uma pergunta para ele e verificar se, na pergunta, há uma preposição. Havendo, descobre-se a regência.
- A descoberta era **acessível** a todos.

Faz-se a pergunta: algo que é acessível é acessível? (a algo ou a alguém). Descobre-se, assim, a regência de acessível.

13. PARALELISMO

Ocorre quando há uma sequência de expressões com estrutura idêntica.

13.1 Paralelismo sintático

O paralelismo sintático é possível quando a estrutura de termos coordenados entre si é idêntica. Nesse caso, entende-se que "termos coordenados entre si" são aqueles que desempenham a mesma função sintática em um período ou trecho.

>João comprou **balas** e **biscoitos**.

Perceba que "balas" e "biscoitos" têm a mesma função sintática (objeto direto). Além disso, ambas são expressões nominais. Assim, apresentam, na sentença, uma estrutura sintática idêntica.

>Os formandos **estão pensando na carreira, isto é, no futuro.**

Tanto "na carreira" quanto "no futuro" são complementos do verbo pensar. Ademais, as duas expressões são formadas por preposição e substantivo.

13.2 Paralelismo semântico

Estrutura-se pela coerência entre as informações.

>Lucélia **gosta de maçã e de pera**.

Percebe-se que há uma relação semântica entre maçã e pera, pois ambas são frutas.

>Lucélia **gosta de livros de ação e de pizza**.

Observa-se que os termos "livros de ação" e "pizza" não possuem sentidos semelhantes que garantam a sequência lógica esperada no período.

LÍNGUA PORTUGUESA/INTERPRETAÇÃO DE TEXTOS

14. COLOCAÇÃO PRONOMINAL

Esta parte do conteúdo é relativa ao estudo da posição dos pronomes oblíquos átonos em relação ao verbo. Antes de iniciar o estudo, memorize os pronomes em questão.

PRONOMES OBLÍQUOS ÁTONOS
me
te
o, a, lhe, se
nos
vos
os, as, lhes, se

Quatro casos de colocação:
- **Próclise** (anteposto ao verbo):
    Nunca **o** vi.
- **Mesóclise** (medial em relação ao verbo):
    Dir-**te**-ei algo.
- **Ênclise** (posposto ao verbo):
    Passa-**me** a resposta.
- **Apossínclise** (intercalação de uma ou mais palavras entre o pronome e o verbo):
    - Talvez tu **me** já não creias.

14.1 Regras de próclise

- Palavras ou expressões negativas:
    Não **me** deixe aqui neste lugar!
    Ninguém **lhe** disse que seria fácil.
- Pronomes relativos:
    O material de que **me** falaste é muito bom.
    Eis o conteúdo que **me** causa nojo.
- Pronomes indefinidos:
    Alguém **me** disse que você vai ser transferido.
    Tudo **me** parece estranho.
- Conjunções subordinativas:
    Confiei neles, assim que **os** conheci.
    Disse que **me** faltavam palavras.
- Advérbios:
    Sempre **lhe** disse a verdade.
    Talvez **nos** apareça a resposta para essa questão.
- Pronomes interrogativos:
    Quem **te** contou a novidade?
    Que **te** parece essa situação?
- "Em + gerúndio"
    Em **se** tratando de Gramática, eu gosto muito!
    Nesta terra, em **se** plantando, tudo há de nascer.
- Particípio
    Ele havia avisado-**me**. (errado)
    Ele **me** havia avisado. (certo)
- Sentenças optativas:
    Deus **lhe** pague!
    Deus **o** acompanhe!

14.2 Regras de mesóclise

Emprega-se o pronome oblíquo átono no meio da forma verbal, quando ela estiver no futuro do presente ou no futuro simples do pretérito do indicativo.

Chamar-**te**-ei, quando ele chegar.
Se houver tempo, contar-**vos**-emos nossa aventura.
Contar-**te**-ia a novidade.

14.3 Regras de ênclise

Não se inicia sentença, em Língua Portuguesa, por pronome oblíquo átono. Ou seja, o pronome átono não deve ficar no início da frase.
Formas verbais:
- Do **infinitivo impessoal** (precedido ou não da preposição "a");
- Do **gerúndio**;
- Do **imperativo afirmativo**:

    Alcança-**me** o prato de salada, por favor!
    Urge obedecer-**se** às leis.
    O garoto saiu da sala desculpando-**se**.
    Tratando-**se** desse assunto, não gosto de pensar.
    Dá-**me** motivos para estudar.

Se o gerúndio vier precedido da preposição "em", deve-se empregar a próclise.

Em **se** tratando de Gramática, eu gosto muito.

14.4 Casos facultativos

Sujeito expresso, próximo ao verbo.
    O menino se machucou (-**se**).
    Eu **me** refiro (-**me**) ao fato de ele ser idiota.
Infinitivo antecedido de "não" ou de preposição.
    Sabemos que não se habituar (-**se**) ao meio causa problemas.
    O público o incentivou a se jogar (-**se**) do prédio.

15. CRASE

O acento grave é solicitado nas palavras quando há a união da preposição "a" com o artigo (ou a vogal dependendo do caso) feminino "a" ou com os pronomes demonstrativos (aquele, aquela, aquilo e "a").

- Mário foi **à** festa ontem.
  > Tem-se o "a" preposição e o "a" artigo feminino.
  > Quem vai, vai a algum lugar. "Festa" é palavra feminina, portanto, admite o artigo "a".
- Chegamos **àquele** assunto (a + aquele).
- A gravata que eu comprei é semelhante **à** que você comprou (a + a).

Decore os casos em que não ocorre crase, pois a tendência da prova é perguntar se há crase ou não. Sabendo os casos proibitivos, fica muito fácil.

15.1 Crase proibitiva

Não se pode usar acento grave indicativo de crase:
- Antes de palavras masculinas.
  > Fez uma pergunta **a** Mário.
- Antes de palavras de sentido indefinido.
  > Não vai **a** festas, **a** reuniões, **a** lugar algum.
- Antes de verbos.
  > Todos estão dispostos **a** colaborar.
- Antes de pronomes pessoais.
  > Darei um presente **a ela**.
- Antes de nomes de cidade, estado ou país que não utilizam o artigo feminino.
  > Fui **a** Cascavel.
  > Vou **a** Pequim.
- Antes da palavra "casa" quando tem significado de próprio lar, ou seja, quando ela aparecer indeterminada na sentença.
  > Voltei a casa, pois precisava comer algo.

> Quando houver determinação da palavra casa, ocorrerá crase.
> "Voltei à casa de meus pais."

- Da palavra "terra" quando tem sentido de solo.
  > Os tripulantes vieram a terra.

> A mesma regra da palavra "casa" se aplica à palavra terra.

- De expressões com palavras repetidas.
  > Dia a dia, mano a mano, face a face, cara a cara etc.
- Diante de numerais cardinais referentes a substantivos que não estão determinados pelo artigo.
  > Assistirei a duas aulas de Língua Portuguesa.

> No caso de locuções adverbiais que exprimem hora determinada e nos casos em que o numeral estiver precedido de artigo, acentua-se:
> "Chegamos às oito horas da noite."
> "Assisti às duas sessões de ontem."

> No caso dos numerais, há uma dica para facilitar o entendimento dos casos de crase. Se houver o "a" no singular e a palavra posterior no plural, não ocorrerá o acento grave. Do contrário, ocorrerá.

15.2 Crase obrigatória

Deve-se usar acento grave indicativo de crase:
- Antes de locução adverbial feminina.
  > À noite, à tarde, às pressas, às vezes, à farta, à vista, à hora certa, à esquerda, à direita, à toa, às sete horas, à custa de, à força de, à espera de, à vontade, à toa.
- Antes de termos femininos ou masculinos com sentido da expressão "à moda de" ou "ao estilo de".
  > Filé à milanesa, servir à francesa, brigar à portuguesa, gol à Pelé, conto à Machado de Assis, discurso à Rui Barbosa etc.
- Antes de locuções conjuntivas proporcionais.
  > À medida que, à proporção que.
- Antes de locuções prepositivas.
  > À procura de, à vista de, à margem de, à beira de, à custa de, à razão de, à mercê de, à maneira de etc.
- Para evitar ambiguidade: receberá o acento o termo afetado pela ação do verbo (objeto direto preposicionado).
  > Derrubou a menina **à panela**.
  > Matou a vaca **à cobra**.
  > Diante da palavra distância quando houver determinação da distância em questão:
  > Achava-se à **distância de cem** (ou de alguns) **metros**.
- Antes das formas de tratamento "senhora", "senhorita" e "madame" = não há consenso entre os gramáticos, no entanto, opta-se pelo uso.
  > Enviei lindas flores **à senhorita**.
  > Josias remeteu uma carta **à senhora**.

15.3 Crase facultativa

- Após a preposição até.
  > As crianças foram até **à escola**.
- Antes de pronomes possessivos femininos.
  > Ele fez referência **à nossa causa!**
- Antes de nomes próprios femininos.
  > Mandei um SMS **à Joaquina**.
- Antes da palavra "Dona".
  > Remeti uma carta à **Dona Benta**.
  > Não se usa crase antes de nomes históricos ou sagrados.
  > O padre fez alusão a Nossa Senhora.
  > Quando o professor fez menção a Joana D'Arc, todos ficaram entusiasmados.

LÍNGUA PORTUGUESA/INTERPRETAÇÃO DE TEXTOS

16. PONTUAÇÃO

A pontuação assinala a melodia de nossa fala, ou seja, as pausas, a ênfase etc.

16.1 Principais sinais e usos

16.1.1 Vírgula

É o sinal mais importante para concurso público.

Usa-se a vírgula para:

- Separar termos que possuem mesma função sintática no período.
  > **José**, **Maria**, **Antônio** e **Joana** foram ao mercado. (Função de núcleo do sujeito).
- Isolar o vocativo.
  > Então, **minha cara**, não há mais o que se dizer!
- Isolar um aposto explicativo (cuidado com essa regra, veja que não há verbo no aposto explicativo).
  > O João, **ex-integrante da comissão**, veio fazer parte da reunião.
- Isolar termos antecipados, como: complemento, adjunto ou predicativo.
  > **Na semana passada**, comemos camarão no restaurante português. (Antecipação de adjunto adverbial).
- Separar expressões explicativas, conjunções e conectivos.
  > Isto é, ou seja, por exemplo, além disso, pois, porém, mas, no entanto, assim etc.
- Separar os nomes dos locais de datas.
  > Cascavel, 2 de maio de 2012.
- Isolar orações adjetivas explicativas (pronome relativo + verbo + vírgula).
  > O Brasil, **que é um belíssimo país**, possui ótimas praias.
- Separar termos de uma enumeração.
  > Vá ao mercado e traga **cebola**, **alho**, **sal**, **pimenta e coentro**.
- Separar orações coordenadas.
  > Esforçou-se muito, **mas não venceu o desafio**. (Oração coordenada sindética adversativa).
  > Roubou todo o dinheiro, **e ainda apareceu na casa**. (Oração coordenada sindética aditiva).

A vírgula pode ser utilizada antes da conjunção aditiva "e" caso se queira enfatizar a oração por ela introduzida.

- Omitir um termo, elipse (no caso da elipse verbal, chamaremos "zeugma").
  - De dia era um anjo, de noite um **demônio**. (Omissão do verbo "ser").
- Separar termos de natureza adverbial deslocados dentro da sentença.
  > **Na semana passada**, trinta alunos foram aprovados no concurso. (Locução adverbial temporal)
  > **Se estudar muito**, você será aprovado no concurso. (Oração subordinada adverbial condicional)

16.1.2 Ponto final

Usa-se o ponto final:

- Ao final de frases para indicar uma pausa total; é o que marca o fim de um período.
  > Depois de passar no concurso, comprarei um carro.

Em abreviaturas:
  > Sr., a. C., Ltda., num., adj., obs., máx., *bat.*, *brit.* etc.

16.1.3 Ponto e vírgula

Usam-se ponto e vírgula para:

- Separar itens que aparecem enumerados.
  - Uma boa dissertação apresenta:
    Coesão;
    Coerência;
    Progressão lógica;
    Riqueza lexical;
    Concisão;
    Objetividade;
    Aprofundamento.
- Separar um período que já se encontra dividido por vírgulas.
  > Não gostava de trabalhar; queria, no entanto, muito dinheiro no bolso.
- Separar partes do texto que se equilibram em importância.
  > Os pobres dão pelo pão o trabalho; os ricos dão pelo pão a fazenda; os de espíritos generosos dão pelo pão a vida; os de nenhum espírito dão pelo pão a alma. (Vieira)
  > O capitalismo é a exploração do homem pelo homem; o socialismo é exatamente o contrário.

16.1.4 Dois pontos

São usados dois pontos quando:

- Se vai fazer uma citação ou introduzir uma fala.
  > José respondeu:
  > – Não, muito obrigado!
- Se quer indicar uma enumeração.
  > Quero apenas uma coisa: que vocês sejam aprovados no concurso!

16.1.5 Aspas

São usadas aspas para indicar:

- Citação presente no texto.
  > "Há distinção entre categorias do pensamento" – disse o filósofo.
- Expressões estrangeiras, neologismos, gírias.
  > Na parede, haviam pintado a palavra "love". (Expressão estrangeira).
  > Ficava "bailarinando", como diria Guimarães. (Neologismo).
  > "Velho", esconde o "cano" aí e "deixa baixo". (Gíria).

16.1.6 Reticências

São usadas para indicar supressão de um trecho, interrupção na fala, ou dar ideia de continuidade ao que se estava falando.

> [...] Profundissimamente hipocondríaco. Este ambiente me causa repugnância. Sobe-me à boca uma ânsia análoga à ânsia. Que se escapa pela boca de um cardíaco [...]
> Eu estava andando pela rua quando...
> Eu gostei da nova casa, mas da garagem...

16.1.7 Parênteses

- São usados quando se quer explicar melhor algo que foi dito ou para fazer simples indicações.
  > Foi o homem que cometeu o crime (o assassinato do irmão).

PONTUAÇÃO

16.1.8 Travessão

- Indica a fala de um personagem.
    Ademar falou.
    Amigo, preciso contar algo para você.
- Isola um comentário no texto.
    O estudo bem realizado – **diga-se de passagem, que quase ninguém faz** – é o primeiro passo para a aprovação.
- Isola um aposto na sentença.
    A Semântica – **estudo sobre as relações de sentido** – é importantíssima para o entendimento da Língua.
- Reforçar a parte final de um enunciado.
    Para passar no concurso, é preciso estudar muito – **muito mesmo.**

16.1.9 Trocas

A banca, eventualmente, costuma perguntar sobre a possibilidade de troca de termos, portanto, atenção!

Vírgulas, travessões e parênteses, quando isolarem um aposto, podem ser trocados sem prejuízo para a sentença.

Travessões podem ser trocados por dois pontos, a fim de enfatizar um enunciado.

16.1.10 Regra de ouro

Na ordem natural de uma sentença, é proibido:

- Separar sujeito e predicado com vírgulas:
    Aqueles maravilhosos velhos ensinamentos de meu pai foram de grande utilidade. (Certo)
    Aqueles maravilhosos velhos ensinamentos de meu pai, foram de grande utilidade. (Errado)
- Separar verbo de objeto:
    "O presidente do maravilhoso país chamado Brasil assinou uma lei importante. (Certo)
    O presidente do maravilhoso país chamado Brasil assinou, uma lei importante. (Errado)

17. PARÁFRASE

Parafrasear, em sentido lato, significa reescrever uma sequência de texto sem alterar suas informações originais. Isso quer dizer que o texto resultante deve apresentar o mesmo sentido do texto original, modificando, evidentemente, apenas a ordem frasal ou o vocabulário. Há algumas exigências para uma paráfrase competente. São elas:

- Usar a mesma ordem das ideias que aparecem no texto original.
- Em hipótese alguma é possível omitir informações essenciais.
- Não tecer comentários acerca do texto original, apenas parafrasear, sem frescura.
- Usar construções sintáticas e vocabulares que, apesar de manterem o sentido original, sejam distintas das do texto base.

17.1 Passos da paráfrase

Há alguns recursos para parafrasear um texto:

- Utilização de termos sinônimos.

    > O presidente assinou o documento, **mas** esqueceu-se de pegar sua caneta.

    > O presidente assinou o documento, **contudo** esqueceu-se de pegar sua caneta.

- Uso de palavras antônimas, valendo-se de palavra negativa.

    > José era um **covarde.**

    > José **não** era um **valente.**

- Emprego de termos anafóricos.

    > São Paulo e Palmeiras são dois times brasileiros. O São Paulo venceu o Palmeiras na semana passada.

    > São Paulo e Palmeiras são dois times brasileiros. **Aquele** (São Paulo) venceu **este** (Palmeiras) na semana passada.

- Permuta de termo verbal por nominal, e vice-versa.

    > É importante que chegue cedo.

    > **Sua chegada** é importante.

- Deixar termos elípticos.

    > Eu preciso da colaboração de todos.

    > Preciso da colaboração de todos.

- Alteração da ordem frasal.

    > Adalberto venceu o último desafio de sua vida ontem.

    > Ontem, Adalberto venceu o último desafio de sua vida.

- Transposição de voz verbal.

    > Joel cortou a seringueira centenária. A seringueira centenária foi cortada por Joel.

- Troca de discurso.

    > Naquela manhã, Oséas dirigiu-se ao pai dizendo: "Cortarei a grama sozinho." (Discurso direto).

    > Naquela manhã, Oséas dirigiu-se ao pai dizendo que cortaria a grama sozinho. (Discurso indireto).

- Troca de palavras por expressões perifrásticas.

    > **O Rei do Futebol** esteve presente durante as celebrações.

    > **Pelé** esteve presente durante as celebrações.

- Troca de locuções por palavras de mesmo sentido.

    > A turma **da noite** está comprometida com os estudos.

    > A turma **noturna** está mais comprometida com os estudos.

REESCRITURA DE FRASES

18. REESCRITURA DE FRASES

A reescrita de frases é uma paráfrase que visa à mudança da forma de um texto. Para que o novo período esteja correto, é preciso que sejam respeitadas a correção gramatical e o sentido do texto original. Desse modo, quando há qualquer inadequação do ponto de vista gramatical e/ou semântico, o trecho reescrito deve ser considerado incorreto.

Assim, para resolver uma questão que envolve reescrita de trechos ou períodos, é necessário verificar os aspectos gramaticais (principalmente, pontuação, elementos coesivos, ortografia, concordância, emprego de pronomes, colocação pronominal, regência etc.) e aspectos semânticos (significação de palavras, alteração de sentido etc.).

Existem diversas maneiras de se parafrasear uma frase, por isso cada banca examinadora pode formular questões a partir de muitas formas. Nesse sentido, é essencial conhecer e dominar as variadas estruturas que uma sentença pode assumir quando ela é reescrita.

18.1 Substituição de palavras ou de trechos de texto

No processo de reescrita, pode haver a substituição de palavras ou trechos. Ao se comparar o texto original e o que foi reestruturado, é necessário verificar se essa substituição mantém ou altera o sentido e a coerência do primeiro texto.

18.1.1 Locuções × palavras

Em muitos casos, há locuções (expressões formadas por mais de uma palavra) que podem ser substituídas por uma palavra, sem alterar o sentido e a correção gramatical. Isso é muito comum com verbos.

Os alunos **têm buscado** formação profissional. (Locução: têm buscado).

Os alunos **buscam** formação profissional. (Uma palavra: buscam).

Ambas as frases têm sentido atemporal, ou seja, expressam ações constantes, que não têm fim.

18.1.2 Significação das palavras

Ao avaliarmos a significação das palavras, devemos ficar atentos a alguns aspectos: sinônimos, antônimos, polissemia, homônimos e parônimos.

Sinônimos

Palavras que possuem significados próximos, mas não são totalmente equivalentes.

Casa – lar – moradia – residência.
Carro – automóvel.

Para verificar a validade da substituição, deve-se também ficar atento ao significado contextual. Por exemplo, na frase "as fronteiras entre o bem e o mal", não há menção a limites geográficos, pois a palavra "fronteira" está em sentido conotativo (figurado).

Além disso, nem toda substituição é coerente. Por exemplo, na frase "eu comprei uma casa", fica incoerente reescrever "eu comprei um lar".

Antônimos

Palavras que possuem significados diferentes, opostos, contrários.
Mal – bem.
Ausência – presença.
Subir – descer.
Cheio – vazio.
Possível – impossível.

Polissemia

Ocorre quando uma palavra apresenta mais de um significado em diferentes contextos.

Banco (instituição comercial financeira; assento).
Manga (parte da roupa; fruta).

A polissemia está relacionada ao significado contextual, ou seja, uma palavra tem um sentido específico apenas no contexto em que está inserida. Por exemplo:

A eleição foi marcada por debates explosivos (ou seja: debates acalorados, e não com sentido de explodir algo).

Homônimos

Palavras com a mesma pronúncia (algumas vezes, a mesma grafia), mas com significados diferentes.

Acender: colocar fogo. **As**cender: subir.
Con**c**erto: sessão musical. Con**s**erto: reparo.

Homônimos perfeitos

Palavras com a mesma grafia e o mesmo som.

Eu **cedo** este lugar você. (**Cedo** = verbo).
Cheguei **cedo** para jantar. (**Cedo** = advérbio de tempo).

Percebe-se que o significado depende do contexto em que a palavra aparece. Portanto, deve-se ficar atento à ortografia quando a questão é de reescrita.

Parônimos

Palavras que possuem significados diferentes, mas são muito parecidas na pronúncia e na escrita.

Ab**s**olver: perdoar, inocentar. Ab**s**orver: aspirar.
Comprimento: extensão. **C**umprimento: saudação.

18.2 Conectores de mesmo valor semântico

Há palavras, principalmente as conjunções, que possuem valores semânticos específicos, os quais devem ser levados em conta no momento de fazer uma substituição.

Logo, pode-se reescrever um período, alterando a conjunção. Para tanto, é preciso que a outra conjunção tenha o mesmo valor semântico. Além disso, é importante verificar como ficam os tempos verbais após a substituição.

Embora fosse tarde, fomos visitá-lo. (Conjunção subordinativa concessiva).

Apesar de ser tarde, fomos visitá-lo. (Conjunção subordinativa concessiva).

No exemplo anterior, o verbo também sofreu alteração.

Toque o sinal **para que** todos entrem na sala. (Conjunção subordinativa final).

Toque o sinal **a fim de que** todos entrem na sala. (Conjunção subordinativa final).

No exemplo anterior, o verbo permaneceu da mesma maneira.

18.3 Retextualização de diferentes gêneros e níveis de formalidade

Na retextualização, pode-se alterar o nível de linguagem do texto, dependendo de qual é a finalidade da transformação proposta. Nesse caso, são possíveis as seguintes alterações: linguagem informal para a formal; tipos de discurso; vozes verbais; oração reduzida para desenvolvida; inversão sintática; dupla regência.

18.3.1 Linguagem formal × linguagem informal

Um texto pode estar escrito em linguagem coloquial (informal) ou formal (norma padrão). A proposta de reescrita pode mudar de uma linguagem para outra. Veja o exemplo:

Pra que serve a política? (Informalidade)
Para que serve a política? (Formalidade)

A oralidade, geralmente, é mais informal. Portanto, fique atento: a fala e a escrita são diferentes, ou seja, a escrita não reproduz a fala e vice-versa.

18.3.2 Tipos de discurso

Discurso está relacionado à construção de textos, tanto orais quanto escritos, portanto, ele é considerado uma prática social.

Em um texto, podem ser encontrados três tipos de discurso: o discurso direto, o indireto e o indireto livre.

Discurso direto

São as falas das personagens. Esse discurso pode aparecer em forma de diálogos e citações, e vêm marcados com alguma pontuação (travessão, dois pontos, aspas etc.). Ou seja, o discurso direto reproduz fielmente a fala de alguém.

O médico disse à paciente:
Você precisa fazer exercícios físicos regularmente.

Discurso indireto

É a reprodução da fala de alguém, a qual é feita pelo narrador. Normalmente, esse discurso é escrito em terceira pessoa.

O médico disse à paciente que ela precisava fazer exercícios regulamente.

Discurso indireto livre

É a ocorrência do discurso direto e indireto ao mesmo tempo. Ou seja, o narrador conta a história, mas as personagens também têm voz própria.

No exemplo a seguir, há um discurso direto: "que raiva", que mostra a fala da personagem.

> Retirou as asas e estraçalhou-a. Só tinham beleza. Entretanto, qualquer urubu... que raiva...
>
> (Ana Maria Machado)

No trecho a seguir, há uma fala da personagem, mesclada com a narração: "Para que estar catando defeitos no próximo?".

> D. Aurora sacudiu a cabeça e afastou o juízo temerário. Para que estar catando defeitos no próximo? Eram todos irmãos. Irmãos.
>
> (Graciliano Ramos)

Exemplo de uma transposição de discurso direto para indireto:

Ana perguntou:
– Qual é a resposta correta?
Ana perguntou qual era a resposta correta.

Nas questões de reescrita que tratam da transposição de discursos, é mais frequente a substituição do direto pelo indireto. Nesse caso, deve-se ficar atento aos tempos verbais.

18.3.3 Voz verbal

Um verbo pode apresentar-se na voz ativa, passiva ou reflexiva.

Ativa

Ocorre quando o sujeito é agente, ou seja, pratica a ação expressa pelo verbo.

O aluno resolveu o exercício.

Passiva

Ocorre quando o sujeito é paciente, ou seja, recebe a ação expressa pelo verbo.

O exercício foi resolvido pelo aluno.

Reflexiva

Ocorre quando o sujeito é agente e paciente ao mesmo tempo, ou seja, pratica e recebe a ação.

A criança feriu-se com a faca.

Não confunda o emprego reflexivo do verbo com a reciprocidade. Por exemplo:

Os lutadores de MMA feriram-se. (Um ao outro)

Formação da voz passiva

A voz passiva pode ocorrer de forma analítica ou sintética.

- **Voz passiva analítica:** verbo SER + particípio do verbo principal.

  A academia de polícia **será pintada**.
  O relatório é **feito** por ele.

- A variação de tempo é determinada pelo verbo auxiliar (SER), pois o particípio é invariável.

  João **fez** a tarefa. (Pretérito perfeito do indicativo)
  A tarefa **foi** feita por João. (Pretérito perfeito do indicativo)
  João **faz** a tarefa. (Presente do indicativo)
  A tarefa **é** feita por João. (Presente do indicativo)
  João **fará** a tarefa. (Futuro do presente)
  A tarefa **será** feita por João. (Futuro do presente)

- **Voz passiva sintética:** verbo na 3ª pessoa, seguido do pronome apassivador SE.

  Abriram-se as inscrições para o concurso.

Transposição da voz ativa para a voz passiva

Pode-se mudar de uma voz para outra sem alterar o sentido da frase.

Os médicos brasileiros **lançaram** um tratamento para o câncer.
Um tratamento para o câncer **foi lançado** pelos médicos brasileiros.

Nas questões de concursos, costuma-se cobrar a transposição da voz ativa para a passiva, e da voz passiva sintética para a analítica.

Veja os exemplos:

A fiscalização exige o passaporte.
O passaporte é exigido pela fiscalização.
Exige-se comprovante de pagamento.
É exigido comprovante de pagamento.

18.3.4 Oração reduzida × oração desenvolvida

As orações subordinadas podem ser reduzidas ou desenvolvidas. Não há mudança de sentido se houver a substituição de uma pela outra. Veja os exemplos:

Ao terminar a aula, todos podem sair. (Reduzida de infinitivo)
Quando terminarem a prova, todos podem sair. (Desenvolvida)
Os vizinhos ouviram uma criança chorando na rua. (Reduzida de gerúndio)
Os vizinhos ouviram uma criança que chorava na rua. (Desenvolvida)
Terminada a reforma, a família mudou-se para a nova casa. (Reduzida de particípio)
Assim que terminou a reforma, a família mudou-se para a nova casa. (Desenvolvida)

REESCRITURA DE FRASES

18.3.5 Inversão sintática

Um período pode ser escrito na ordem direta ou indireta. Nesse caso, quando ocorre a inversão sintática, a correção gramatical é mantida. Apenas é necessário ficar atento ao sentido do período.

- Ordem direta: sujeito – verbo – complementos/adjuntos adverbiais.

   Os documentos foram levados para o gerente. (Direta)
   Foram levados os documentos para o gerente. (Indireta)

18.3.6 Dupla regência

Há verbos que exigem a presença da preposição e outros não. Deve-se ficar atento ao fato de que a regência pode influenciar no significado de um verbo.

Verbos transitivos diretos ou indiretos

Sem alterar o sentido, alguns verbos admitem duas construções: uma transitiva direta e outra indireta. Portanto, a ocorrência ou não da preposição mantém um trecho com o mesmo sentido.

- Almejar

   Almejamos **a** paz entre os países que estão em guerra.
   Almejamos **pela** paz entre os países que estão em guerra.

- Atender

   O gerente atendeu **os** meus pedidos.
   O gerente atendeu **aos** meus pedidos.

- Necessitar

   Necessitamos algumas horas para organizar o evento.
   Necessitamos **de** algumas horas para organizar o evento.

Transitividade e mudança de significado

Existem alguns verbos que, conforme a mudança de transitividade, têm o sentido alterado.

- **Aspirar:** é **transitivo direto** no sentido de sorver, inspirar (o ar), inalar.

   Aspirava o suave perfume. (Aspirava-o.)

- **Aspirar:** é **transitivo indireto** no sentido de desejar, ter como ambição.

   Aspirávamos ao cargo de diretor.

LÍNGUA PORTUGUESA/INTERPRETAÇÃO DE TEXTOS

19. FIGURAS DE LINGUAGEM

As figuras de linguagem (também chamadas de figuras de pensamento) são construções que se relacionam com a função **poética da linguagem**, ou seja, estão articuladas em razão de modificar o código linguístico para dar ênfase no sentido de uma frase.

É comum vermos exemplos de figuras de linguagem em propagandas publicitárias, poemas, músicas etc. Essas figuras estão presentes em nossa fala cotidiana, principalmente na fala de registro **informal**.

O registro dito informal é aquele que não possui grande preocupação com a situação comunicativa, uma vez que não há tensão para a comunicação entre os falantes. Gírias, erros de concordância e subtração de termos da frase são comuns nesse baixo nível de formalidade comunicativa. Até grandes poetas já escreveram textos sobre esse assunto, veja o exemplo do escritor Oswald de Andrade, que discute a norma gramatical em relação à fala popular do brasileiro:

Pronominais
Dê-me um cigarro
Diz a gramática
Do professor e do aluno
E do mulato sabido
Mas o bom negro e o bom branco
Da Nação Brasileira
Dizem todos os dias
Deixa disso camarada
Me dá um cigarro

ANDRADE, Oswald de Andrade. **Os Cem Melhores Poemas Brasileiros do Século** - Seleção e Organização de Ítalo Moriconi. Rio de Janeiro: Editora Objetiva, 2001.

Vejamos agora algumas das principais figuras de linguagem que costumam ser cobradas em provas de concursos públicos:

- **Metáfora:** uma figura de linguagem, que consiste na comparação de dois termos sem o uso de um conectivo.
    Rosa **é uma flor**. (A pessoa é como uma flor: perfumada, delicada, bela etc.).
    Seus olhos **são dois oceanos**. (Os olhos possuem a profundidade do oceano, a cor do oceano etc.).
    João **é fera**. (João é perito em alguma coisa, desempenha determinada tarefa muito bem etc.).
- **Metonímia:** figura de linguagem que consiste em utilização de uma expressão por outra, dada a semelhança de sentido ou a possibilidade de associação lógica entre elas.

Há vários tipos de metonímia, vejamos alguns deles:
    Efeito pela causa: O carrasco ergueu **a morte**. (O efeito é a morte, a causa é o machado)
    Marca pelo produto: Vá ao mercado e traga um **Nescau**. (Achocolatado em pó)
    Autor pela obra: Li **Camões** com entusiasmo. (Quem leu, leu a obra, não o autor)
    Continente pelo conteúdo: Comi **dois pratos** de feijão. (Comeu o feijão, ou seja, o conteúdo do prato)
    Parte pelo todo: Peço sua **mão** em casamento. (Pede-se, na verdade, o corpo todo)
    Possuidor pelo possuído: Mulher, vou **ao médico**. (Vai-se ao consultório que pertence ao médico, não ao médico em si)
- **Antítese:** figura de linguagem que consiste na exposição de ideias opostas.
    *Nasce o **Sol** e não dura mais que um dia*
    *Depois da **Luz** se segue à **noite escura***
    *Em tristes **sombras** morre a formosura,*
    *Em contínuas **tristezas** e **alegrias**.*

(Gregório de Matos)

Os termos em negrito evidenciam relações semânticas de distinção (oposição). Nascer é o contrário de morrer, assim como sombra é o contrário de luz. Essa figura foi muito utilizada na poesia brasileira, em especial pelo autor dos versos citados anteriormente: Gregório de Matos Guerra.

- **Paradoxo:** expressão que contraria o senso comum. Ilógica.
    *Amor é fogo que **arde sem se ver**;*
    *É ferida que **dói e não se sente**;*
    *É um **contentamento descontente**;*
    *É dor que **desatina sem doer**.*

(Luís de Camões)

A construção semântica apresentada é totalmente ilógica, pois é impossível uma ferida doer e não ser sentida, assim como não é possível o contentamento ser descontente.

- **Perífrase:** expressão que tem por função substituir semanticamente um termo:
    A última flor do Lácio anda muito judiada. (Português é a última flor do Lácio)
    O país do futebol é uma grande nação. (Brasil)
    O Bruxo do Cosme Velho foi um grande escritor. (Machado de Assis era conhecido como o Bruxo do Cosme Velho)
    O anjo de pernas tortas foi o melhor jogador do mundo. (Garrincha)
- **Eufemismo:** figura que consiste em atenuar uma expressão desagradável:
    José **pegou emprestado sem avisar**. (Roubou)
    Maurício **entregou a alma a Deus**. (Morreu)
    Coitado, só porque **é desprovido de beleza**. (Feio)
- **Disfemismo:** contrário ao eufemismo, é a figura de linguagem que consiste em tornar uma expressão desagradável em algo ainda pior.
    O homem **abotoou o paletó de madeira**. (Morreu)
    Está chupando cana pela raiz. (Morreu)
    Sentou no colo do capeta. (Morreu)
- **Prosopopeia:** atribuição de características animadas a seres inanimados.
    O vento sussurrou em meus ouvidos.
    Parecia que a **agulha odiava o homem**.
- **Hipérbole:** exagero proposital de alguma característica.
    Estou morrendo de rir.
    Chorou rios de lágrimas.
- **Hipérbato:** inversão sintática de efeito expressivo.
    Ouviram do Ipiranga as margens plácidas. / De um povo heroico o brado e retumbante.
    - **Colocando na ordem direta:**
        As margens plácidas do Ipiranga ouviram o brado retumbante de um povo heroico.
- **Gradação:** figura que consiste na construção de uma escala de termo que fazem parte do mesmo campo semântico.
    Plantou **a semente**, zelou pelo **broto**, regou a **planta** e colheu o **fruto**. (A gradação pode ser do campo semântico da palavra semente – broto, planta e fruto – ou da palavra plantar – zelar, regar, colher)
- **Ironia:** figura que consiste em dizer o contrário do que se pensa.
    Lamento por ter sido eu o vencedor dessa prova. (Evidentemente a pessoa não lamenta ser o vencedor de alguma coisa)
- **Onomatopeia:** tentativa de representar um som da natureza. Figura muito comum em histórias em quadrinhos.
    Pof, tic-tac, click, bum, vrum!

FIGURAS DE LINGUAGEM

- **Sinestesia:** confusão dos sentidos do corpo humano para produzir efeitos expressivos.

  Ouvi uma **voz suave** saindo do quarto.

  O seu **perfume doce** é extremamente inebriante.

19.1 Vícios de linguagem

Em âmbito geral, vício de linguagem é toda expressão contrária à lógica da norma gramatical. Vejamos quais são os principais deslizes que se transformam em vícios.

- **Pleonasmo vicioso:** consiste na repetição desnecessária de ideias.

  Subir para cima.
  Descer para baixo.
  Entrar para dentro.
  Cardume de peixes.
  Enxame de abelhas.
  Elo de ligação.
  Fato real.

> **OBSERVAÇÃO**
>
> Pode existir o plágio expressivo em um texto poético. Na frase "ele penetrou na escura treva" há pleonasmo, mas não é vicioso.

- **Ambiguidade:** ocorre quando a construção frasal permite que a sentença possua dois sentidos.

  Tenho de buscar **a cadela da sua irmã**.

  A empregada disse para o chefe que o cheque estava sobre **sua mesa**.

- **Cacofonia:** ocorre quando a pronúncia de determinadas palavras permite a construção de outra palavra.

  Dei um beijo na bo**ca dela**. (Cadela)
  No**sso hino** é belo. (Suíno)
  Na **vez passada**, esca**pei de** uma. (Vespa assada)

- **Barbarismo:** é um desvio na forma de falar ou grafar determinada palavra.

  Mortandela (em vez de mortadela).
  Poblema (em vez de problema).
  Mindingo (em vez de mendigo).
  Salchicha (em vez de salsicha).

Esse conteúdo costuma ser simples para quem pratica a leitura de textos poéticos, portanto, devemos sempre ler poesia.

19.2 Funções da linguagem

Deve-se a Roman Jakobson a discriminação das seis funções da linguagem na expressão e na comunicação humanas, conforme o realce particular que cada um dos componentes do processo de comunicação recebe no enunciado. Por isso mesmo, é raro encontrar em uma única mensagem apenas uma dessas funções, ou todas reunidas em um mesmo texto. O mais frequente é elas se superporem, apresentando-se uma ou outra como predominante.

Em que pese tal fato, é preciso considerar que há particularidades com relação às funções da linguagem, ou seja, cada função descreve algo em particular. Com isso, pretendo dizer que, antes de o estudante se ater às funções em si, é preciso que ele conheça o sistema que é um pouco mais amplo, ou seja, o ato comunicativo. Afinal, a teoria de Roman Jakobson se volta à descrição do ato comunicativo em si.

Na obra *Linguística e comunicação*, o linguista Roman Jakobson, pensando sobre o ato comunicativo e seus elementos, identifica seis funções da linguagem.

- Nesse esquema, identificamos:
  - **Emissor:** quem enuncia.
  - **Mensagem:** aquilo que é transmitido pelo emissor.
  - **Receptor:** quem recebe a mensagem.
  - **Código:** o sistema em que a mensagem é codificada. O código deve ser comum aos polos da comunicação.
  - **Canal:** meio físico porque ocorre a comunicação.

Pensando sobre esses elementos, Jakobson percebeu que cada função da linguagem está centrada em um elemento específico do ato comunicativo. É o que veremos agora.

As funções da linguagem são:

- **Referencial:** centrada na mensagem, ou seja, na transmissão do conteúdo. Como possui esse caráter, a objetividade é uma constante para a função referencial. É comum que se busque a imparcialidade quando dela se faz uso. É também conhecida como função denotativa. Como a terceira pessoa do singular é predominante, podem-se encontrar exemplos de tal função em textos científicos, livros didáticos, textos de cunho apenas informativo etc.

- **Emotiva:** centrada no emissor, ou seja, em quem enuncia a mensagem. Basicamente, a primeira pessoa predomina quando o texto se apoia sobre a função emotiva. É muito comum a observarmos em depoimentos, discursos, em textos sentimentais, e mesmo em textos líricos.

- **Apelativa:** centrada no receptor, ou seja, em quem recebe a mensagem. As características comuns a manifestações dessa função da linguagem são os verbos no modo imperativo, a tentativa de persuadir o receptor, a utilização dos pronomes de tratamento que tangenciem o interlocutor. É comum observar a função apelativa em propaganda, em discursos motivacionais etc.

- **Poética:** centrada na transformação da mensagem, ou seja, em como modificar o conteúdo da mensagem a fim de torná-lo mais expressivo. As figuras de linguagem são abundantes nessa função e, por sua presença, convencionou-se chamar, também, função poética de função conotativa. Textos literários, poemas e brincadeiras com a mensagem são fontes em que se pode verificar a presença da função poética da linguagem.

- **Fática:** centrada no canal comunicativo. Basicamente, busca testar o canal para saber se a comunicação está ocorrendo. Expressões como "olá", "psiu" e "alô você" são exemplos dessa função.

- **Metalinguística:** centrada no código. Quando o emissor se vale do código para explicar o próprio código, ou seja, num tipo de comunicação autorreferente. Como exemplo, podemos citar um livro de gramática, que se vale da língua para explicar a própria língua; uma aula de didática (sobre como dar aula); ou mesmo um poema que se refere ao processo de escrita de um poema. O poema a seguir é um ótimo exemplo de função metalinguística.

> *Catar feijão*
>
> *Catar feijão se limita com escrever:*
> *jogam-se os grãos na água do alguidar*
> *e as palavras na da folha de papel;*
> *e depois, joga-se fora o que boiar.*
> *Certo, toda palavra boiará no papel,*
> *água congelada, por chumbo seu verbo:*
> *pois para catar esse feijão, soprar nele,*
> *e jogar fora o leve e oco, palha e eco.*
> *Ora, nesse catar feijão entra um risco:*
> *o de que entre os grãos pesados entre*
> *um grão qualquer, pedra ou indigesto,*
> *um grão imastigável, de quebrar dente.*
> *Certo não, quando ao catar palavras:*
> *a pedra dá à frase seu grão mais vivo:*
> *obstrui a leitura fluviante, flutual,*
> *açula a atenção, isca-a com risco.*

MELO NETO, João Cabral de. **Obra completa**. Rio de Janeiro: Nova Aguilar, 1995.

20. TIPOLOGIA TEXTUAL

O primeiro item que se deve ter em mente na hora de analisar um texto segundo sua tipologia é o caráter da predominância. Isso quer dizer que um mesmo agrupamento textual pode possuir características de diversas tipologias distintas, porém as questões costumam focalizar qual é o "tipo" predominante, o que mais está evidente no texto. Um pouco de bom-senso e uma pequena dose de conhecimento relativo ao assunto são necessários para obter sucesso nesse conteúdo.

Trabalharemos com três tipologias básicas: **narração, dissertação e descrição**.

20.1 Texto narrativo

Facilmente identificável, a tipologia narrativa guarda uma característica básica: contar algo, transmitir a ocorrência de fatos e/ou ações que possuam um registro espacial e temporal. Quer dizer, a narração necessita, também, de um espaço bem-marcado e de um tempo em que as ações narradas ocorram. Discorramos sobre cada aspecto separadamente.

São elementos de uma narração:
- **Personagem:** quem pratica ação dentro da narrativa, é claro. Deve-se observar que os personagens podem possuir características físicas (altura, aparência, cor do cabelo etc.) e psicológicas (temperamento, sentimentos, emoções etc.), as quais podem ser descritas ao longo do texto.
- **Espaço:** trata-se do local em que a ação narrativa ocorre.
- **Tempo:** é o lapso temporal em que a ação é descrita. O tempo pode ser enunciado por um simples "era uma vez".
- **Ação:** não existe narração sem ação! Ou seja, os personagens precisam fazer algo, ou sofrer algo para que haja ação narrativa.
- **Narrador:** afinal, como será contada uma estória sem uma voz que a narre? Portanto, este é outro elemento estruturante da tipologia narrativa. O narrador pode estar inserido na narrativa ou apenas "observar" e narrar os acontecimentos.

Note-se que, na tipologia narrativa, os verbos flexionados no pretérito são mais evidentes.

Eis um exemplo de narração, tente observar os elementos descritos anteriormente, no texto a seguir:

Um apólogo
Era uma vez uma agulha, que disse a um novelo de linha:
— Por que está você com esse ar, toda cheia de si, toda enrolada, para fingir que vale alguma cousa neste mundo?
— Deixe-me, senhora.
— Que a deixe? Que a deixe, por quê? Por que lhe digo que está com um ar insuportável? Repito que sim, e falarei sempre que me der na cabeça.
— Que cabeça, senhora? A senhora não é alfinete, é agulha. Agulha não tem cabeça. Que lhe importa o meu ar? Cada qual tem o ar que Deus lhe deu. Importe-se com a sua vida e deixe a dos outros.
— Mas você é orgulhosa.
— Decerto que sou.
— Mas por quê?
— É boa! Porque coso. Então os vestidos e enfeites de nossa ama, quem é que os cose, senão eu?
— Você? Esta agora é melhor. Você é que os cose? Você ignora que quem os cose sou eu e muito eu? – Você fura o pano, nada mais; eu é que coso, prendo um pedaço ao outro, dou feição aos babados...
— Sim, mas que vale isso? Eu é que furo o pano, vou adiante, puxando por você, que vem atrás obedecendo ao que eu faço e mando...
— Também os batedores vão adiante do imperador.

— Você é imperador?
— Não digo isso. Mas a verdade é que você faz um papel subalterno, indo adiante; vai só mostrando o caminho, vai fazendo o trabalho obscuro e ínfimo. Eu é que prendo, ligo, ajunto...

Estavam nisto, quando a costureira chegou à casa da baronesa. Não sei se disse que isto se passava em casa de uma baronesa, que tinha a modista ao pé de si, para não andar atrás dela. Chegou à costureira, pegou do pano, pegou da agulha, pegou da linha, enfiou a linha na agulha, e entrou a coser. Uma e outra iam andando orgulhosas, pelo pano adiante, que era a melhor das sedas, entre os dedos da costureira, ágeis como os galgos de Diana – para dar a isto uma cor poética. E dizia a agulha:
— Então, senhora linha, ainda teima no que dizia há pouco? Não repara que esta distinta costureira só se importa comigo; eu é que vou aqui entre os dedos dela, unidinha a eles, furando abaixo e acima...
A linha não respondia; ia andando. Buraco aberto pela agulha era logo enchido por ela, silenciosa e ativa, como quem sabe o que faz, e não está para ouvir palavras loucas. A agulha, vendo que ela não lhe dava resposta, calou-se também, e foi andando. E era tudo silêncio na saleta de costura; não se ouvia mais que o plic-plic-plic-plic da agulha no pano. Caindo o sol, a costureira dobrou a costura, para o dia seguinte. Continuou ainda nessa e no outro, até que no quarto acabou a obra, e ficou esperando o baile.

Veio a noite do baile, e a baronesa vestiu-se. A costureira, que a ajudou a vestir-se, levava a agulha espetada no corpinho, para dar algum ponto necessário. E enquanto compunha o vestido da bela dama, e puxava de um lado ou outro, arregaçava daqui ou dali, alisando, abotoando, acolchetando, a linha para mofar da agulha, perguntou-lhe:
— Ora, agora, diga-me, quem é que vai ao baile, no corpo da baronesa, fazendo parte do vestido e da elegância? Quem é que vai dançar com ministros e diplomatas, enquanto você volta para a caixinha da costureira, antes de ir para o balaio das mucamas? Vamos, diga lá.
Parece que a agulha não disse nada; mas um alfinete, de cabeça grande e não menor experiência, murmurou à pobre agulha:
— Anda, aprende, tola. Cansas-te em abrir caminho para ela e ela é que vai gozar da vida, enquanto aí ficas na caixinha de costura. Faze como eu, que não abro caminho para ninguém. Onde me espetam, fico.
Contei esta história a um professor de melancolia, que me disse, abanando a cabeça:
— Também eu tenho servido de agulha a muita linha ordinária!
ASSIS, Machado de. Um apólogo. In: **Para Gostar de Ler**. v. 9, Contos. São Paulo: Ática, 1984, p. 59.

20.2 Texto dissertativo

O texto dissertativo, também chamado por alguns de informativo, possui a finalidade de discorrer sobre determinado assunto, apresentando fatos, opiniões de especialistas, dados quantitativos ou mesmo informações sobre o assunto da dissertação. É preciso entender que nem sempre a dissertação busca persuadir o seu interlocutor, ela pode simplesmente transmitir informações pertinentes ao assunto dissertado.

Quando a persuasão é objetivada, o texto passa a ter também características argumentativas. A rigor, as questões de concurso público focalizam a tipologia, não seus interstícios, portanto, não precisa ficar desesperado com o fato de haver diferença entre texto dissertativo-expositivo e texto dissertativo-argumentativo. Importa saber que ele é dissertativo.

Ressalta-se que toda boa dissertação possui a **introdução** do tema, o **desenvolvimento** coeso e coerente, que está vinculado ao que se diz na introdução, e uma **conclusão** lógica do texto, evidenciando o que se permite compreender por meio da exposição dos parágrafos de desenvolvimento.

TIPOLOGIA TEXTUAL

A tipologia dissertativa pode ser facilmente encontrada em editoriais, textos de divulgação acadêmica, ou seja, com caráter científico, ensaios, resenhas, artigos científicos e textos pedagógicos.

Exemplo de dissertação:

Japão foi avisado sobre problemas em usinas dois anos antes, diz Wikileaks

O Wikileaks, site de divulgação de informações consideradas sigilosas, vazou um documento que denuncia que o governo japonês já havia sido avisado pela vigilância nuclear internacional que suas usinas poderiam não ser capazes de resistir a terremotos. O relatório, assinado pelo embaixador Thomas Schieffer obtido pelo WikiLeaks foi publicado hoje pelo jornal britânico, The Guardian.

O documento revela uma conversa de dezembro de 2008 entre o então deputado japonês, Taro Kono, e um grupo diplomático norte-americano durante um jantar. Segundo o relatório, um membro da Agência Internacional de Energia Atômica (AIEA) disse que as normas de segurança estavam obsoletas para aguentar os fortes terremotos, o que significaria "um problema grave para as centrais nucleares". O texto diz ainda que o governo do Japão encobria custos e problemas associados a esse ramo da indústria.

Diante da recomendação da AIEA, o Japão criou um centro de resposta de emergência em Fukushima, capaz de suportar, apenas, tremores até magnitude 7,0.

Como visto anteriormente, conceituar, polemizar, questionar a lógica de algum tema, explicar ou mesmo comentar uma notícia são estratégias dissertativas. Vamos dividir essa tipologia textual em dois tipos essencialmente diferentes: o **dissertativo-expositivo** e o **dissertativo-argumentativo**.

Padrão dissertativo-expositivo

A característica fundamental do padrão expositivo da dissertação é utilizar a estrutura da prosa não para convencer alguém de alguma coisa, e sim para apresentar uma ideia, apresentar um conceito. O princípio do texto expositivo não é a persuasão, é a informação e, justamente por tal fato, ficou conhecido como informativo. Para garantir uma boa interpretação desse padrão textual, é importante buscar a ideia principal (que deve estar presente na introdução do texto) e, depois, entender quais serão os aspectos que farão o texto progredir.

- **Onde posso encontrar esse tipo de texto?** Jornais revistas, sites sobre o mundo de economia e finanças. Diz-se que esse tipo de texto focaliza a função referencial da linguagem.
- **Como costuma ser o tipo de questão relacionada ao texto dissertativo-expositivo?** Geralmente, os elaboradores questionam sobre as informações veiculadas pelo texto. A tendência é que o elaborador inverta as informações contidas no texto.
- **Como resolver mais facilmente?** Toda frase que mencionar o conceito ou a quantidade de alguma coisa deve ser destacada para facilitar a consulta.

Padrão dissertativo-argumentativo

No texto do padrão dissertativo-argumentativo, existe uma opinião sendo defendida e existe uma posição ideológica por detrás de quem escreve o texto. Se analisarmos a divisão dos parágrafos de um texto com características argumentativas, perceberemos que a introdução apresenta sempre uma tese (ou hipótese) que é defendida ao longo dos parágrafos.

Uma vez feito isso, o candidato deve entender qual é a estratégia utilizada pelo produtor do texto para defender seu ponto de vista. Na verdade, agora é o momento de colocar "a mão na massa" para valer, uma vez que aqueles enunciados que iniciam com "infere-se da argumentação do texto", "depreende-se dos argumentos do autor" serão vencidos caso se observem os fatores de interpretação corretos:

- Conexão entre as ideias do texto (atenção para as conjunções).
- Articulação entre as ideias do texto (atenção para a combinação de argumentos).
- Progressão do texto.

Recursos argumentativos

Quando o leitor interage com uma fonte textual, deve observar – tratando-se de um texto com o padrão dissertativo-argumentativo – que o autor se vale de recursos argumentativos para construir seu raciocínio dentro do texto. Vejamos alguns recursos importantes:

- **Argumento de autoridade:** baseado na exposição do pensamento de algum especialista ou alguma autoridade no assunto. Citações, paráfrases e menções ao indivíduo podem ser tomadas ao longo do texto. É importante saber diferenciar se a opinião colocada em foco é a do autor ou se é a do indivíduo que ele cita ao longo do texto.
- **Argumento com base em consenso:** parte de uma ideia tomada como consensual, o que leva o leitor a entender apenas aquilo que o elaborador mostra. Sentenças do tipo "todo mundo sabe que", "é de conhecimento geral que" identificam esse tipo de argumentação.
- **Argumento com fundamentação concreta:** basear aquilo que se diz em algum tipo de pesquisa ou fato que ocorre com certa frequência.
- **Argumento silogístico (com base em um raciocínio lógico):** do tipo hipotético – "Se ... então".
- **Argumento de competência linguística:** consiste em adequar o discurso ao panorama linguístico de quem é tido como possível leitor do texto.
- **Argumento de exemplificação:** utilizar casos ou pequenos relatos para ilustrar a argumentação do texto.

20.3 Texto descritivo

Em um texto descritivo, faz-se um tipo de retrato por escrito de um lugar, uma pessoa, um animal ou um objeto. Os adjetivos são abundantes nessa tipologia, uma vez que a sua função de caracterizar os substantivos é extremamente exigida nesse contexto. É possível existir um texto descritivo que enuncie características de sensações ou sentimentos, porém não é muito comum em provas de concurso público. Não há relação temporal na descrição. Os verbos relacionais são mais presentes para poder evidenciar aspectos e características. Significa "criar" com palavras uma imagem.

Exemplo de texto descritivo:

Texto extraído da prova do BRB (2010) – Banca CESPE/UnB

Nome científico: Ginkgo biloba L.
Nome popular: Nogueira-do-japão
Origem: Extremo Oriente
Aspecto: as folhas dispõem-se em leque e são semelhantes ao trevo; a altura da árvore pode chegar a 40 metros; o fruto lembra uma ameixa e contém uma noz que pode ser assada e comida

20.4 Conotação × denotação

É interessante, quando se estuda o conteúdo de tipologia textual, ressaltar a distinção conceitual entre o sentido conotativo e o sentido denotativo da linguagem. Vejamos como se opera essa distinção:

Sentido conotativo: figurado, ou abstrato. Relaciona-se com as figuras de linguagem.

- Adalberto **entregou sua alma a Deus**.

   A ideia de entregar a alma a Deus é figurada, ou seja, não ocorre literalmente, pois não há um serviço de entrega de almas. Essa é uma figura que convencionamos chamar de **metáfora**.

Sentido denotativo: literal, ou do dicionário. Relaciona-se com a função **referencial** da linguagem.

- Adalberto **morreu**.

   Quando dizemos função referencial, entende-se que o falante está preocupado em transmitir precisamente o fato ocorrido, sem apelar para figuras de pensamento. Essa frase do exemplo serviu para mostrar o sinônimo da figura de linguagem anterior.

COMPREENSÃO E INTERPRETAÇÃO DE TEXTOS

21. COMPREENSÃO E INTERPRETAÇÃO DE TEXTOS

21.1 Ideias preliminares sobre o assunto

Para interpretar um texto, o indivíduo precisa de muita atenção e de muito treino. Interpretar pode ser comparado com o disparar de uma arma: apenas temos chance de acertar o alvo se treinarmos muito e soubermos combinar todos os elementos externos ao disparo: velocidade do ar, direção, distância etc.

Quando o assunto é texto, o primordial é estabelecer uma relação contextual com aquilo que estamos lendo. Montar o contexto significa associar o que está escrito no texto-base com o que está disposto nas questões. Lembre-se de que as questões são elaboradas com a intenção de testar os concursandos, ou seja, deve ficar atento para todas as palavras e para todas as possibilidades de mudança de sentido que possa haver nas questões.

É preciso, para entender as questões de interpretação de qualquer banca, buscar o raciocínio que o elaborador da questão emprega na redação da questão. Usualmente, objetiva-se a depreensão dos sentidos do texto. Para tanto, destaque os itens fundamentais (as ideias principais contidas nos parágrafos) para poder refletir sobre tais itens dentro das questões.

21.2 Semântica ou pragmática?

Existe uma discussão acadêmica sobre o que possa ser considerado como semântica e como pragmática. Em que pese o fato de os universitários divergirem a respeito do assunto, vamos estabelecer uma distinção simples, apenas para clarear nossos estudos.

- **Semântica:** disciplina que estuda o **significado** dos termos. Para as questões relacionadas a essa área, o comum é que se questione acerca da troca de algum termo e a manutenção do sentido original da sentença.
- **Pragmática:** disciplina que estuda o **sentido** que um termo assume dentro de determinado contexto. Isso quer dizer que a identificação desse sentido depende do entorno linguístico e da intenção de quem exprime a sentença.

Para exemplificar essa situação, vejamos o exemplo a seguir:

- **Pedro está na geladeira.**

Nesse caso, é possível que uma questão avalie a capacidade de o leitor compreender que há, no mínimo, dois sentidos possíveis para essa sentença: um deles diz respeito ao fato de a expressão "na geladeira" poder significar algo como "ele foi até a geladeira buscar algo", o que – coloquialmente – significaria uma expressão indicativa de lugar.

O outro sentido diz respeito ao fato de "na geladeira" significar que "foi apartado de alguma coisa para receber algum tipo de punição".

A questão sobre **semântica** exigiria que o candidato percebesse a possibilidade de trocar a palavra "geladeira" por "refrigerador" – havendo, nesse caso, uma relação de sinonímia.

A questão de **pragmática** exigiria que o candidato percebesse a relação contextualmente estabelecida, ou seja, a criação de uma figura de linguagem (um tipo de metáfora) para veicular um sentido particular.

21.3 Questão de interpretação

Como se faz para saber que uma questão de interpretação é uma questão de interpretação?

Respondendo a essa pergunta, entende-se que há pistas que identificam a questão como pertencente ao rol de questões para interpretação. Os indícios mais precisos que costumam aparecer nas questões são:

- Reconhecimento da intenção do autor.
- Ponto de vista defendido.
- Argumentação do autor.
- Sentido da sentença.

Apesar disso, não são apenas esses os indícios de que uma questão é de interpretação. Dependendo da banca, podemos ter a natureza interpretativa distinta, principalmente porque o critério de interpretação é mais subjetivo que objetivo. Algumas bancas podem restringir o entendimento do texto; outras podem extrapolá-lo.

21.4 Dicas para interpretação

Há três elementos fundamentais para boa interpretação:

- Eliminação dos vícios de leitura.
- Organização.
- Sagacidade.

21.4.1 Vícios de leitura

A pior coisa que pode acontecer com o concursando, quando recebe um texto complexo para ler e interpretar, é cair num vício de leitura. Veja se você possui algum deles. Caso possua, tente eliminar o quanto antes.

Movimento

Como tudo inicia. O indivíduo pega o texto para ler e não para quieto. Troca a maneira de sentar, troca a posição do texto, nada está bom, nada está confortável. Em casa, senta para estudar e o que acontece? Fome. Depois? Sede. Então, a pessoa fica se mexendo para pegar comida, para tomar água, para ficar mais sossegado e o fluxo de leitura vai para o espaço. Fique quieto! O conceito é militar! Sente-se e permaneça assim até acabar a leitura, do contrário, vai acabar com a possibilidade de entender o que está escrito. Estudar com televisão, rádio, redes sociais e qualquer coisa dispersiva desse gênero só vai atrapalhar você.

Apoio

Não é aconselhável utilizar apoios para a leitura, tais como: réguas, acompanhar a linha com a caneta, ler em voz baixa, passar o dedo pelo papel etc. Basta pensar que seus olhos são muito mais rápidos que qualquer movimento ou leitura em voz alta.

"Garoto da borboleta"

Se você possui os vícios anteriores, certamente é um "garoto da borboleta" também. Isso quer dizer que é desatento e fica facilmente (fatalmente) disperso. Tudo chama sua atenção: caneta batendo na mesa, o concorrente barulhento, a pessoa estranha que está em sua frente, o tempo passando etc. Você vai querer ficar voltando ao início do texto porque não conseguiu compreender nada e, finalmente, vai perder as questões de interpretação.

21.4.2 Organização da leitura

Para que ocorra organização, é necessário compreender que todo texto possui:

- **Posto:** aquilo que é dito no texto. O conteúdo expresso.
- **Pressuposto:** aquilo que não está dito, mas que é facilmente compreendido.
- **Subentendido:** o que se pode interpretar por uma soma de dito com não-dito.

Veja um exemplo:

Alguém diz: "felizmente, meu tio parou de beber." É certo que o dito se compõe pelo conteúdo da mensagem: o homem parou de beber. O não-dito, ou pressuposto, fica a cargo da ideia de que o homem bebia e, agora, não bebe mais. Por sua vez, o subentendido pode ser abstraído como "meu tio possuía problemas com a bebida e eu assumo isso por meio da sentença que profiro". Não é difícil! É necessário, no entanto, possuir uma certa "malandragem linguística" para perceber isso de início.

21.5 Dicas para organização

As dicas de organização não são novas, mas são eficazes, vamos lá:

- **Ler mais de uma vez o texto (quando for curto, é lógico)**

A primeira leitura é para tomar contato com o assunto, a segunda, para observar como o texto está articulado.

Ao lado de cada parágrafo, escreva a principal ideia (tópico frasal) ou argumento mais forte do trecho. Isso ajuda você a ter clareza da temática e como ela está sendo desenvolvida.

Se o texto for muito longo, recomenda-se ler primeiro a questão de interpretação, para, então, buscá-la na leitura.

- **Observar as relações entre parágrafos**

Observar que há relações de exemplificação, oposição e causalidade entre os parágrafos do texto, por isso, tente compreender as relações intratextuais nos parágrafos.

Ficar de olho aberto para as conjunções adversativas: *no entanto*, *contudo*, *entretanto* etc.

- **Atentar para o comando da questão**

Responda àquilo que foi pedido.

- **Dica:** entenda que modificar e prejudicar o sentido não são a mesma coisa.

- **Palavras de alerta (polarizadoras)**

Sublinhar palavras como: *erro*, *incorreto*, *correto* e *exceto*, para não se confundir no momento de responder à questão.

Inaceitável, *incompatível* e *incongruente* também podem aparecer.

- **Limitar os horizontes**

Não imaginar que você sabe o que o autor quis dizer, mas sim entender o que ele disse: o que ele escreveu. Não extrapolar a significação do texto. Para isso, é importante prestar atenção ao significado das palavras.

Pode até ser coerente o que você concluiu, mas se não há base textual, descarte.

O homem **pode** morrer de infarto. / O homem **deve** morrer de infarto.

- **Busque o tema central do texto**

Geralmente aparece no primeiro parágrafo do texto.

- **Desenvolvimento**

Se o enunciado mencionar a argumentação do texto, você deve buscar entender o que ocorre com o desenvolvimento dos parágrafos.

Verificar se o desenvolvimento ocorre por:
- Causa e consequência.
- Enumeração de fatos.
- Retrospectiva histórica.
- Fala de especialista.
- Resposta a um questionamento.
- Sequência de dados.
- Estudo de caso.
- Exemplificação.

- **Relatores**

Atentar para os pronomes relativos e demonstrativos no texto. Eles auxiliam o leitor a entender como se estabelece a coesão textual.

Alguns deles: *que, cujo, o qual, onde, esse, este, isso, isto* etc.

- **Entender se a questão é de interpretação ou de compreensão**
    - Interpretação

Parte do texto para uma conclusão. As questões que solicitam uma inferência costumam apresentar as seguintes estruturas:

"É possível entender que..."
"O texto possibilita o entendimento de que..."
"O texto encaminha o leitor para..."
"O texto possibilita deduzir que..."
"Depreende-se do texto que..."
"Com apoio no texto, infere-se que..."
"Entende-se que..."
"Compreende-se que..."
"Compreensão"

Buscam-se as informações solicitadas pela questão no texto. As questões dessa natureza possuem as seguintes estruturas:

"De acordo com o texto, é possível afirmar..."
"Segundo o texto..."
"Conforme o autor..."
"No texto..."
"Conforme o texto..."

- **Tome cuidado com as generalizações**

Na maior parte das vezes, o elaborador da prova utiliza a generalização para tornar a questão incorreta.

Atenção para as palavras: *sempre, nunca, exclusivamente, unicamente, somente*.

O que você não deve fazer!

"Viajar" no texto: interpretar algo para além do que o texto permite.

Interpretar apenas um trecho do texto.

Entender o contrário: fique atento a palavras como "pode", "não", "deve" etc.

21.5.1 Astúcia da banca

Talvez seja essa a característica mais difícil de se desenvolver no concursando, pois ela envolve o conhecimento do tipo de interpretação e dos limites estabelecidos pelas bancas. Só há uma maneira de ficar esperto estudando para concurso público: realizando provas! Pode parecer estranho, mas depois de resolver 200 questões da mesma banca, você já consegue prever como será a próxima questão. Prever é garantir o acerto! Então, faça exercícios até cansar e, quando cansar, faça mais um pouco.

Vamos trabalhar com alguns exemplos agora:

- **Exemplo I**

Entre os maiores obstáculos ao pleno desenvolvimento do Brasil, está a educação. Este é o próximo grande desafio que deve ser enfrentado com paciência, mas sem rodeios. É a bola da vez dentro das políticas públicas prioritárias do Estado. Nos anos 1990 do século passado, o país derrotou a inflação – que corroía salários, causava instabilidade política e irracionalidade econômica. Na primeira década deste século, os avanços deram-se em direção a uma agenda social, voltada para a redução da pobreza e da desigualdade estrutural. Nos próximos anos, a questão da melhoria da qualidade do ensino deve ser uma obrigação dos governantes, sejam quais forem os ungidos pelas decisões das urnas.

Jornal do Brasil, Editorial, 21/1/2010 (com adaptações).

COMPREENSÃO E INTERPRETAÇÃO DE TEXTOS

Agora o mesmo texto, devidamente marcado.

> *Entre **os maiores obstáculos** ao pleno desenvolvimento do Brasil, está a educação. Este é o **próximo grande desafio** que deve ser enfrentado com paciência, mas sem rodeios. É a **bola da vez** dentro das políticas públicas prioritárias do Estado. **Nos anos 90 do século passado**, o país derrotou a inflação – que corroía salários, causava instabilidade política e irracionalidade econômica. **Na primeira década deste século**, os avanços deram-se em direção a uma agenda social, voltada para a redução da pobreza e da desigualdade estrutural. **Nos próximos anos**, a questão da melhoria da qualidade do ensino deve ser uma **OBRIGAÇÃO DOS GOVERNANTES**, sejam quais forem os ungidos pelas decisões das urnas.*

Observe que destacamos para você elementos que podem surgir, posteriormente como questões. O texto inicia falando que há mais obstáculos além da educação. Também argumenta, posteriormente, que já houve outros desafios além desse que ele chama de "próximo grande desafio". Utilizando uma expressão de sentido **conotativo** (bola da vez), o escritor anuncia que a educação ocupa posição de destaque quando o assunto se volta para as políticas públicas prioritárias do Estado.

No decorrer do texto, que se desenvolve por um tipo de retrospectiva histórica (veja o que está destacado), o redator traça um panorama dessas políticas públicas ao longo da história do país, fazendo uma previsão para os anos vindouros (o que foi destacado em caixa alta).

- **Exemplo II**

> *Um passo fundamental para que não nos enganemos quanto à **natureza do capitalismo contemporâneo** e o significado das políticas empreendidas pelos países centrais para enfrentar a recente **crise econômica** é problematizarmos, com cuidado, o termo **neoliberalismo**: "começar pelas palavras talvez não seja coisa vã", escreve Alfredo Bosi em Dialética da Colonização.*
>
> ***A partir da década de 1980***, *buscando exprimir a natureza do capitalismo contemporâneo, muitos, principalmente os críticos, utilizaram esta palavra que, por fim, se generalizou. Mas o que, de fato, significa? O prefixo neo quer dizer novo; portanto, novo liberalismo. Ora, durante o século **XIX deu-se a construção de um liberalismo** que viria encontrar a sua crise definitiva na I Guerra Mundial em 1914 e na crise de 1929. Mas desde o período entre guerras e, sobretudo, depois, com o término da II Guerra Mundial, em 1945, tomou corpo um novo modelo, principalmente na Europa, que de certa forma se contrapunha ao velho liberalismo: era **o mundo da socialdemocracia**, da presença do Estado na vida econômica, das ações políticas inspiradas na reflexão teórica do economista britânico John Keynes, um crítico do liberalismo econômico clássico que viveu na primeira metade do século XX. Quando esse modelo também entrou em crise, no princípio da década de 1970, surgiu a perspectiva de **reconstrução da ordem liberal**. Por isso, novo liberalismo, neoliberalismo.*

Grupo de São Paulo, disponível em: http://www.correiocidadania.com.br/content/view/5158/9/. Acesso em: 28/10/2010. (Adaptado)

- **Exemplo III**

> *Em Defesa do Voto Obrigatório*
>
> *O voto, direito duramente conquistado, **deve ser considerado um dever** cívico, sem o exercício do qual o **direito se descaracteriza ou se perde**, afinal liberdade e democracia são fins e não apenas meios. Quem vive em uma comunidade política não pode estar **desobrigado** de opinar sobre os rumos dela. Nada contra a desobediência civil, recurso legítimo para o protesto cidadão, que, no caso eleitoral, se pode expressar no voto nulo (cuja tecla deveria constar na máquina utilizada para votação). Com o **voto facultativo**, o direito de votar e o de não votar ficam inscritos, em pé de igualdade, no corpo legal. Uma parte do eleitorado deixará voluntariamente de opinar sobre a constituição do poder político. O desinteresse pela política e a descrença no voto são registrados como mera "escolha", sequer como desobediência civil ou protesto. **A consagração da alienação política** como um direito legal interessa aos conservadores, reduz o peso da soberania popular e desconstitui o sufrágio como universal.*
>
> *Para o **cidadão ativo**, que, além de votar, se organiza para garantir os direitos civis, políticos e sociais, o enfoque é inteiramente outro. O tempo e o **trabalho dedicados ao acompanhamento continuado da política não se apresentam como restritivos da liberdade individual**. Pelo contrário, são obrigações auto assumidas no esforço de construção e aprofundamento da democracia e de vigília na defesa das liberdades individuais e públicas. A ideia de que a democracia se constrói nas lutas do dia a dia se contrapõe, na essência, ao modelo liberal. O cidadão escolado na disputa política sabe que a liberdade de não ir votar é uma armadilha. Para que o sufrágio continue universal, para que todo poder emane do povo e não, dos donos do poder econômico, o voto, além de ser um direito, **deve conservar a sua condição de dever cívico**.*

LÍNGUA PORTUGUESA/INTERPRETAÇÃO DE TEXTOS

22. INTERPRETAÇÃO DE TEXTO POÉTICO

Cada vez mais comum em provas de concursos públicos, o texto poético possui suas particularidades. Nem todas as pessoas possuem a capacidade de ler um texto poético, quanto mais interpretá-lo. Justamente por esse fato, ele tem sido o predileto dos examinadores que querem dificultar a vida dos candidatos.

Antes de passar à interpretação propriamente dita, é preciso identificar a nomenclatura das partes de um poema. Cada "linha" do poema é chamada de "**verso**", o conjunto de versos é chamado de "**estrofe**". A primeira sugestão para quem pretende interpretar um poema é segmentar a interpretação por estrofe e anotar o sentido trazido ao lado e cada trecho.

Geralmente, as bancas pecam ao diferenciar **autor** de **eu-lírico**. O primeiro é realmente a pessoa por detrás da caneta, ou seja, é quem efetivamente escreve o texto; o segundo é a "voz" do poema, a "pessoa" fictícia, abstrata que figura como quem traz o poema para o leitor.

Outra dificuldade muito comum é a leitura do texto. Como o texto está em uma disposição que não é mais tão usual, as pessoas têm dificuldade para realizar a leitura. Eis uma dica fundamental: só interrompa a leitura quando chegar a um ponto ou a uma vírgula, porque é dessa maneira que se lê um texto poético. Além disso, é preciso que, mesmo mentalmente, o indivíduo tente dar ênfase na leitura, pois isso pode ajudar na interpretação.

Comumente, o vocabulário do texto poético não é acessível e, em razão disso, costuma haver notas explicativas com o significado das palavras, jamais ignore essa informação! Pode ser a salvação para a interpretação do texto lido.

Veja um exemplo:

Nel mezzo del camin
Cheguei. Chegaste. Vinhas fatigada
E triste, e triste e fatigado eu vinha.
Tinhas a alma de sonhos povoada,
E a alma de sonhos povoada eu tinha...

E paramos de súbito na estrada
Da vida: longos anos, presa à minha
A tua mão, a vista deslumbrada
Tive da luz que teu olhar continha.

Hoje, segues de novo... Na partida
Nem o pranto os teus olhos umedece,
Nem te comove a dor da despedida.
E eu, solitário, volto a face, e tremo,
Vendo o teu vulto que desaparece
Na extrema curva do caminho extremo.

(Olavo Bilac)

Existe outro fator extremamente importante na hora de tentar entender o conteúdo de um texto poético: o **título**! Nem todo poema possui um título, é claro, mas os que possuem ajudam, e muito, na compreensão do "assunto" do poema.

É claro que ter conhecimento do autor e do estilo de escrita por ele adotado é a ferramenta mais importante para que o candidato compreenda com profundidade o que está sendo veiculado pelo texto, porém, como grande parte das bancas ainda não chegou a esse nível de aprofundamento interpretativo, apenas o reconhecimento da superfície do texto já é suficiente para responder às questões.

Vejamos alguns textos para explanar melhor:

Bem no fundo
No fundo, no fundo,
Bem lá no fundo,
A gente gostaria
De ver nossos problemas
Resolvidos por decreto

A partir desta data,
Aquela mágoa sem remédio
É considerada nula
E sobre ela – silêncio perpétuo

Extinto por lei todo o remorso,
Maldito seja quem olhar pra trás,
Lá pra trás não há nada,
E nada mais

Mas problemas não se resolvem,
Problemas têm família grande,
E aos domingos saem todos passear
O problema, sua senhora
E outros pequenos probleminhas

(Paulo Leminski)

Interpretação: por mais que trabalhemos para resolvermos nossos problemas, a única certeza é a de que eles continuarão existindo, pois é isso o que nos move.

22.1 Tradução de sentido

As questões de tradução de sentido costumam ser o "calcanhar de Aquiles" dos candidatos. A maneira mais eficaz de resolvê-las é buscar relações de sinonímia em ambos os lados da sentença. Com isso, fica mais fácil acertar a questão.

Consideremos a relação de sinonímia presente entre "alegria" e "felicidade". Esses dois substantivos não significam, rigorosamente, a mesma coisa, mas são considerados sinônimos contextuais, se considerarmos um texto. Disso, entende-se que o sinônimo é identificado contextualmente e não depende, necessariamente, do conhecimento do sentido de todas as palavras.

Seria bom se fosse sempre dessa maneira. Ocorre que algumas bancas tentam selecionar de maneira não rigorosa os candidatos, cobrando deles o chamado "conhecimento que não é básico". O melhor exemplo é pedir o significado da palavra "adrede", o qual pouquíssimas pessoas conhecem.

22.2 Organização de texto

Em algumas bancas, é comum haver questões que apresentam um texto desordenado, para que o candidato o reordene, garantido a **coesão** e a **coerência**. Além disso, não é raro haver trecho de texto com lacunas para preencher com alguns parágrafos. Para que isso ocorra, é mister saber o que significa coesão e coerência. Vamos a algumas definições simples.

22.2.1 Coesão

Coesão é o conjunto de procedimentos e mecanismos que estabelecem conexão dentro do texto, o que busca garantir a progressão daquilo que se escreve nas sentenças. Pronomes, perífrases e sinônimos estão entre os mecanismos de coesão que podem ser empregados na sentença.

INTERPRETAÇÃO DE TEXTO POÉTICO

22.2.2 Coerência

Coerência diz respeito à organização de significância do texto, ou seja, o sentido daquilo que se escreve. A sequência temporal e o princípio de não contradição são os dispostos mais emergentes da coerência.

Em questões dessa natureza, busque analisar as sequências de entrada e saída dos textos. Veja se há definições e conectivos que encerram ideias, ou se há pronomes que buscam sequenciar as sentenças. Desse modo, fica mais fácil acertar a questão.

22.3 Significação das palavras

22.3.1 Compreensão, interpretação e intelecção

O candidato que é concurseiro de longa data sabe que, dentre as questões de interpretação de texto, é muito comum surgirem nomenclaturas distintas para fenômenos não tão distintos assim. Quer dizer que, se no seu edital há elementos como leitura, compreensão, intelecção ou interpretação de texto, no fundo, o conceito é o mesmo. Ocorre que, dentro desse processo de interpretação, há elementos importantes para a resolução dos certames.

O que se diz e o que se pode ter dito

Sempre que há um momento de enunciação, o material linguístico serve de base para que os interlocutores negociem o sentido daquilo que está na comunicação. Isso ocorre por meio de vários processos. É possível destacar alguns mais relevantes:

- **Dito:** consiste na superfície do enunciado. O próprio material linguístico que se enuncia.
- **Não-dito:** consiste naquilo que se identifica imediatamente, quando se trabalha com o que está posto (o dito).
- **Subentendido:** consiste nos sentidos ativados por um processo inferencial de análise e síntese do material linguístico somado ao não-dito.

Vejamos isso em uma sentença para compreendermos a teoria.

- "A eleição de Barack Obama não é um evento apenas americano."

    Dito: é o próprio conteúdo da sentença – o fato de a eleição em questão não ser um evento apenas americano.
    Não-dito: alguém poderia pensar que a eleição teria importância apenas para os americanos.
    Subentendido: pode-se concluir que a eleição em questão terá grandes repercussões, a um nível global.

22.4 Inferência

Para a finalidade dos concursos públicos, vamos considerar que a inferência é o resultado do processamento na leitura, ou seja, é aquilo que se pode "concluir" ou "depreender" da leitura de um texto.

No momento de responder a uma questão dessa natureza, recomenda-se prudência. Existe um conceito que parece fundamental para facilitar a resolução dessas questões. Ele se chama **ancoragem lexical**. Basicamente, entende-se como ancoragem lexical a inserção de algum elemento que dispara pressuposições e fomenta inferências, ou seja, se alguma questão pedir se é possível inferir algo, o candidato só poderá responder afirmativamente, se houver uma palavra ou uma expressão (âncora lexical) que permita associar diretamente esses elementos.

Semântica (sentido)

Evidentemente, o conteúdo relativo à significação das palavras deve muito a uma boa leitura do dicionário. Na verdade, o vocabulário faz parte do histórico de leitura de qualquer pessoa: quanto mais você lê, maior é o número de palavras que você vai possuir em seu vocabulário. Como é impossível receitar a leitura de um dicionário, podemos arrolar uma lista com palavras que possuem peculiaridades na hora de seu emprego. Falo especificamente de **sinônimos, antônimos, homônimos e parônimos**. Mãos à obra!

▷ **Sinônimos:**
- Sentido aproximado: não existem sinônimos perfeitos:
    Feliz – alegre – contente.
    Palavra – vocábulo.
    Professor – docente.
    O **professor** Mário chegou à escola. O **docente** leciona matemática.

▷ **Antônimos:**
- Oposição de sentido:
    Bem – mal.
    Bom – mau.
    Igual – diferente.

▷ **Homônimos:** são palavras com escrita ou pronúncia iguais (semelhantes), porém com significado (sentido) diferente.
    Adoro comer **manga** com sal.
    Derrubei vinho na **manga** da camisa.

Há três tipos de homônimos: homógrafos, homófonos e homônimos perfeitos.

- **Homógrafos** – palavras que possuem a mesma grafia, mas o som é diferente.
    O meu **olho** está doendo.
    Quando eu **olho** para você, dói.
- **Homófonos** – apresentam grafia diferente, mas o som é semelhante.
    A **cela** do presídio foi incendiada.
    A **sela** do cavalo é novinha.
- **Homônimos perfeitos** – possuem a mesma grafia e o mesmo som.
    O **banco** foi assaltado.
    O **banco** da praça foi restaurado ontem.
    Ele não **para** de estudar.
    Ele olhou **para** a prova.
- **Parônimos:** são palavras que possuem escrita e pronúncia semelhantes, mas com significado distinto.
    O professor fez a **descrição** do conteúdo.
    Haja com muita **discrição**, Marivaldo.

Aqui vai uma lista para você se precaver quanto aos sentidos desses termos:

- **Ascender** (subir) e **acender** (pôr fogo, alumiar).
    Quando Nero **ascendeu** em Roma, ele **acendeu** Roma.
- **Acento** (sinal gráfico) e **assento** (lugar de sentar-se).
    O **acento** grave indica crase.
    O **assento** 43 está danificado.
- **Acerca de** (a respeito de) e **cerca de** (aproximadamente).
    Há **cerca de** (faz aproximadamente).
    Falamos **acerca de** Português ontem.
    José mora **cerca de** mim.
    Há **cerca de** 10 anos, leciono Português.
- **Afim** (semelhante a) e **a fim de** (com a finalidade de).
    Nós possuímos ideias **afins**.
    Nós estamos estudando **a fim** de passar.

LÍNGUA PORTUGUESA/INTERPRETAÇÃO DE TEXTOS

- **Aprender** (instruir-se) e **apreender** (assimilar).
  Quando você **apreender** o conteúdo, saberá que **aprendeu** o conteúdo.
- **Área** (superfície) e **ária** (melodia, cantiga).
  O tenor executou a ária.
  A polícia cercou a área.
- **Arrear** (pôr arreios) e **arriar** (abaixar, descer).
  Precisamos **arrear** o cavalo.
  Joaquim **arriou** as calças.
- **Caçar** (apanhar animais) e **cassar** (anular).
  O veado foi **caçado**.
  O deputado teve sua candidatura **cassada**.
- **Censo** (recenseamento) e **senso** (raciocínio).
  Finalizou-se o **censo** no Brasil.
  Argumentou com bom-**senso**.
- **Cerração** (nevoeiro) **serração** (ato de serrar).
  Nos dias de chuva, pode haver **cerração**.
  Rolou a maior **serração** na madeireira ontem.
- **Cerrar** (fechar) e **serrar** (cortar).
  Cerrou os olhos para a verdade.
  Marina **serrou**, acidentalmente, o nariz na serra.
- **Cessão** (ato de ceder), **seção** (divisão), **secção** (corte) e **sessão** (reunião).
  O órgão pediu a **cessão** do espaço.
  Compareça à **seção** de materiais.
  Fez-se uma **secção** no azulejo.
  Assisti à **sessão** de cinema ontem. Passava "A Lagoa Azul".
- **Concerto** (sessão musical) e **conserto** (reparo).
  Vamos ao **concerto** hoje.
  Fizeram o **conserto** do carro.
- **Mal** (antônimo de bem) e **mau** (antônimo de bom).
  O homem **mau** vai para o inferno.
  O **mal** nunca prevalece sobre o bem.
- **Ratificar** (confirmar) e **retificar** (corrigir).
  O documento **ratificou** a decisão.
  O documento **retificou** a decisão.
- **Tacha** (pequeno prego, mancha) e **taxa** (imposto, percentagem).
  Comprei uma **tacha**.
  Paguei outra **taxa**.
  Bucho (estômago) e **buxo** (arbusto)
- **Calda** (xarope) e **cauda** (rabo)
- **Cela** (pequeno quarto) e **sela** (arreio)
- **Chá** (bebida) e **xá** (título do soberano da Pérsia, atual Irã, antes da revolução islâmica)
- **Cheque** (ordem de pagamento) e **xeque** (lance do jogo de xadrez)
- **Comprimento** (extensão) e **cumprimento** (saudação)
- **Conjetura** (hipótese) e **conjuntura** (situação)
- **Coser** (costurar) e **cozer** (cozinhar)
- **Deferir** (costurar) e **diferir** (distinguir-se)
- **Degredado** (desterrado, exilado) e **degradado** (rebaixado, estragado)
- **Descrição** (ato de descrever) e **discrição** (reserva, qualidade de discreto)
- **Descriminar** (inocentar) e **discriminar** (distinguir)

- **Despensa** (lugar de guardar mantimentos) e **dispensa** (isenção, licença)
- **Despercebido** (não notado) e **desapercebido** (desprovido, despreparado)
- **Emergir** (vir à tona) e **imergir** (mergulhar)
- **Eminente** (notável, célebre) e **iminente** (prestes a acontecer)
- **Esbaforido** (ofegante, cansado) e **espavorido** (apavorado)
- **Esperto** (inteligente) e **experto** (perito)
- **Espiar** (observar) e **expiar** (sofrer castigo)
- **Estada** (ato de estar, permanecer) e **estadia** (permanência, estada por tempo limitado)
- **Estático** (imóvel) e **extático** (pasmo)
- **Estrato** (tipo de nuvem) e **extrato** (resumo)
- **Flagrante** (evidente) e **fragrante** (perfumado)
- **Fluir** (correr) e **fruir** (gozar, desfrutar)
- **Incidente** (episódio) e **acidente** (acontecimento grave)
- **Incipiente** (principiante) e **insipiente** (ignorante)
- **Inflação** (desvalorização do dinheiro) e **infração** (violação, transgressão)
- **Infligir** (aplicar castigo) e **infringir** (transgredir)
- **Intercessão** (ato de interceder) e **interseção ou intersecção** (ato de cortar)
- **Laço** (nó) e **lasso** (frouxo)
- **Mandado** (ordem judicial) e **mandato** (período político)
- **Ótico** (relativo ao ouvido) e **óptico** (relativo à visão)
- **Paço** (palácio) e **passo** (passada)
- **Peão** (empregado/peça de xadrez) e **pião** (brinquedo)
- **Pequenez** (pequeno) e **pequinês** (ração de cão, de Pequim)
- **Pleito** (disputa) e **preito** (homenagem)
- **Proeminente** (saliente) e **preeminente** (nobre, distinto)
- **Prescrição** (ordem expressa) e **proscrição** (eliminação, expulsão)
- **Prostrar-se** (humilhar-se) e **postar-se** (permanecer por muito tempo)
- **Ruço** (grisalho, desbotado) e **russo** (da Rússia)
- **Sexta** (numeral cardinal), **cesta** (utensílio) e **sesta** (descanso depois do almoço)
- **Sortido** (abastecido) e **surtido** (produzido, causado)
- **Sortir** (abastecer) e **surtir** (efeito ou resultado)
- **Sustar** (suspender) e **suster** (sustentar)
- **Tilintar** (soar) e **tiritar** (tremer)
- **Tráfego** (trânsito) e **tráfico** (comércio ilícito)
- **Vadear** (passa a pé ou a cavalo, atravessar o rio) e **vadiar** (vagabundear)
- **Viagem** (substantivo) e **viajem** (verbo)
- **Vultoso** (volumoso, grande vulto) e **vultuoso** (inchado)

23. TIPOS DE DISCURSO

Discurso está relacionado à construção de textos, tanto orais quanto escritos, portanto, ele é considerado uma prática social.

Em um texto, podem ser encontrados três tipos de discurso: o discurso **direto**, o **indireto** e o **indireto livre**.

23.1 Discurso direto

São as falas das personagens. Esse discurso pode aparecer em forma de diálogos e citações, e vem marcado com alguma pontuação (travessão, dois pontos, aspas etc.). Ou seja, o discurso direto reproduz fielmente a fala de alguém.

- Por exemplo:

   O médico disse à paciente:
   Você precisa fazer exercícios físicos regularmente.

23.2 Discurso indireto

É a reprodução da fala de alguém, a qual é feita pelo narrador. Normalmente, esse discurso é escrito em terceira pessoa.

- Por exemplo:

   O médico disse à paciente que ela precisava fazer exercícios regulamente.

23.3 Discurso indireto livre

É a ocorrência do discurso direto e indireto ao mesmo tempo. Ou seja, o narrador conta a história, mas as personagens também têm voz própria.

No exemplo a seguir, há um discurso direto: "que raiva", que mostra a fala da personagem.

   "Retirou as asas e estraçalhou-a. Só tinham beleza. Entretanto, qualquer urubu... que raiva..." (Ana Maria Machado)

No trecho a seguir, há uma fala da personagem, mesclada com a narração: "Para que estar catando defeitos no próximo?".

   "D. Aurora sacudiu a cabeça e afastou o juízo temerário. Para que estar catando defeitos no próximo? Eram todos irmãos. Irmãos." (Graciliano Ramos)

Exemplo de uma transposição de discurso direto para indireto:

   Ana perguntou:
   – Qual a resposta correta?
   Ana perguntou qual era a resposta correta.

Ressalta-se que nas questões de reescrita que tratam da transposição de discursos, é mais frequente a substituição do direto pelo indireto.

RACIOCÍNIO LÓGICO-MATEMÁTICO

PROPOSIÇÕES

1 PROPOSIÇÕES

1.1 Definições

Proposição é uma sentença declarativa que admite apenas um dos dois valores lógicos (verdadeiro ou falso). As sentenças podem ser classificadas em abertas – que são as expressões que não podemos identificar como verdadeiras ou falsas – ou fechadas – que são as expressões que podemos identificar como verdadeiras ou falsas.

A seguir exemplos de algumas sentenças:

p: Danilo tem duas empresas.
Q: Susana comprou um carro novo.
a: Beatriz é inteligente.
B: 2 + 7 = 10

Nos exemplos acima, as letras do alfabeto servem para representar (simbolizar) as proposições.

1.1.1 Valores lógicos das proposições

Uma proposição só pode ser classificada em dois valores lógicos, que são: **Verdadeiro (V)** ou **Falso (F)**, não admitindo outro valor.

As proposições têm três princípios básicos, no entanto, o princípio fundamental é:

▷ **Princípio da não contradição:** diz que uma proposição não pode ser verdadeira e falsa ao mesmo tempo.

▷ **Os outros dois são:**

▷ **Princípio da identidade:** diz que uma proposição verdadeira sempre será verdadeira e uma falsa sempre será falsa.

▷ **Princípio do terceiro excluído:** diz que uma proposição só pode ter dois valores lógicos, – verdadeiro ou falso – se **não existir** um terceiro valor.

Interrogações, exclamações, ordens e frase sem verbo não são proposições.

Que dia é hoje?
Que maravilha!
Estudem muito.
Ótimo dia.

1.1.2 Sentenças abertas e quantificadores lógicos

Existem algumas sentenças abertas com incógnitas (termo desconhecido) ou com sujeito indefinido, como x + 2 = 5, ou seja, não sendo consideradas proposições, porque não se pode classificá-las sem saber o valor de x ou se ter a definição do sujeito. Com o uso dos **quantificadores lógicos**, tornam-se proposições, uma vez que eles passam a dar valor ao x ou definir o sujeito.

Os quantificadores lógicos são:

∀: para todo; qualquer que seja; todo;

∃: existe; existe pelo menos um; algum;

∄: não existe; nenhum.

x + 2 = 5 (sentença aberta – não é proposição).
p: ∃ x, x + 2 = 5 (lê-se: existe x tal que, x + 2 =5). Agora é proposição, porque é possível classificar a proposição como verdadeira, já que sabemos que tem um valor de x que somado a dois é igual a cinco.

1.1.3 Negação de proposição (modificador lógico)

Negar uma proposição significa modificar o seu valor lógico, ou seja, uma proposição é verdadeira, a sua negação será falsa, e se uma proposição for falsa, a sua negação será verdadeira.

Os símbolos da negação são (~) ou (¬) antes da letra que representa a proposição.

p: 3 é ímpar.
~p: 3 **não** é ímpar.
¬p: 3 é **par** (outra forma de negar a proposição).
~p: não é verdade que 3 é ímpar (outra forma de negar a proposição).
¬p: é mentira que 3 é ímpar (outra forma de negar a proposição).

Lei da dupla negação:

~(~p) = p, negar uma proposição duas vezes significa voltar para a própria proposição:

q: 2 é par;
~q: 2 não é par;
~(~q): 2 **não** é **ímpar**;
Portanto:
q: 2 é par.

1.1.4 Tipos de proposição

Simples ou atômica: são únicas, com apenas um verbo (ação), não pode ser dividida/separada (fica sem sentido) e não tem conectivo lógico.

Na proposição "João é professor", tem-se uma única informação, com apenas um verbo. Não é possível separá-la e não ter um conectivo.

Composta ou molecular: tem mais de uma proposição simples, unidas pelos conectivos lógicos. Podem ser divididas/separadas e ter mais de um verbo (pode ser o mesmo verbo referido mais de uma vez).

"Pedro é advogado e João é professor". É possível separar em duas proposições simples: "Pedro é advogado" e "João é professor".

Simples (atômicas)	Compostas (moleculares)
Não têm conectivo lógico	Têm conectivo lógico
Não podem ser divididas	Podem ser divididas
1 verbo	+ de 1 verbo

Conectivo lógico

Serve para unir as proposições simples, formando proposições compostas. São eles:

e: conjunção (∧)
ou: disjunção (∨)
ou... ou: disjunção exclusiva (⊻)
se..., então: condicional (→)
se..., e somente se: bicondicional (↔)

Alguns autores consideram a negação (~) como um conectivo, aqui não faremos isso, pois os conectivos servem para formar proposição composta, e a negação faz apenas a mudança do valor das proposições.

O e possui alguns sinônimos, que são: mas, porém, nem (nem = e não) e a vírgula. O condicional também tem alguns sinônimos que são: portanto, quando, como e pois (pois = condicional invertido, como: A, pois B = B → A).

a: Maria foi à praia.
b: João comeu peixe.
p: Se Maria foi a praia, então João comeu peixe.
q: ou 4 + 7 = 11 ou a Terra é redonda.

1.2 Tabela verdade e valores lógicos das proposições compostas

A tabela verdade é um mecanismo usado para dar valor às proposições compostas (podendo ser verdadeiras ou falsas), por meio de seus respectivos conectivos.

A primeira coisa que precisamos saber numa tabela verdade é o seu número de linhas, e que esse depende do número de proposições simples que compõem a proposição composta.

Número de linhas = 2^n

Em que **n** é o número de proposições simples que compõem a proposição composta. Portanto, se houver 3 proposições simples formando a proposição composta, então, a tabela dessa proposição terá 8 linhas (2^3 = 8). Esse número de linhas da tabela serve para que tenhamos as possíveis relações entre V e F das proposições simples. Veja:

P	Q	R
V	V	V
V	V	F
V	F	V
V	F	F
F	V	V
F	V	F
F	F	V
F	F	F

Observe que temos as relações entre os valores lógicos das proposições, que são três verdadeiras (1ª linha), três falsas (última linha), duas verdadeiras e uma falsa (2ª, 3ª e 5ª linhas), e duas falsas e uma verdadeira (4ª, 6ª e 7ª linhas). Nessa demonstração, observamos uma forma prática de como organizar a tabela, sem se preocupar se foram feitas todas relações entre as proposições.

Para o correto preenchimento da tabela, devemos seguir algumas regras:

- Comece sempre pelas proposições simples e suas negações, se houver.
- Resolva os parênteses, colchetes e chaves, respectivamente (igual à expressão numérica), se houver.
- Faça primeiro as conjunções e disjunções, depois os condicionais e, por último, os bicondicionais.
- Em uma proposição composta, com mais de um conectivo, o conectivo principal será o que for resolvido por último (importante saber o conectivo principal).
- A última coluna da tabela deverá ser sempre a da proposição toda, conforme as demonstrações a seguir.

O valor lógico de uma proposição composta depende dos valores lógicos das proposições simples que a compõem e do conectivo utilizado. Veja a seguir.

Valor lógico de uma proposição composta por conjunção (e) = tabela verdade da conjunção (∧)

Conjunção e: p e q são proposições, sua conjunção é denotada por p ∧ q. Essas proposições só são verdadeiras simultaneamente (se p ou q for falso, então p ∧ q será falso).

| P ∧ Q

P	Q	P∧Q
V	V	V
V	F	F
F	V	F
F	F	F

| Representado por meio de conjuntos, temos: P ∧ Q

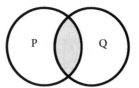

Valor lógico de uma proposição composta por disjunção (ou) = tabela verdade da disjunção (∨)

Disjunção "ou": sejam p e q proposições, a disjunção é denotada por p ∨ q. Essas proposições só são falsas simultaneamente (se p ou q for verdadeiro, então p ∨ q será verdadeiro).

| P ∨ Q

P	Q	P∨Q
V	V	V
V	F	V
F	V	V
F	F	F

| Representado por meio de conjuntos, temos: P ∨ Q

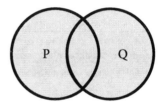

Valor lógico de uma proposição composta por disjunção exclusiva (ou, ou) = tabela verdade da disjunção exclusiva (⊻)

Disjunção Exclusiva ou ..., ou ...: p e q são proposições, sua disjunção exclusiva é denotada por p ⊻ q. Essas proposições só são verdadeiras quando p e q tiverem valores diferentes/contrários (se p e q tiverem valores iguais, então p ⊻ q será falso).

| P ⊻ Q

P	Q	P⊻Q
V	V	F
V	F	V
F	V	V
F	F	F

| Representado por meio de conjuntos, temos: P ⊻ Q

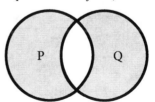

Valor lógico de uma proposição composta por condicional (se, então) = tabela verdade do condicional (→)

Condicional Se p, e ntão q: p e q são proposições, sua condicional é denotada por p → q, onde se lê p condiciona q ou se p, então q. A proposição assume o valor falso somente quando p for verdadeira e q for falsa. A seguir, a tabela para a condicional de p e q.

PROPOSIÇÕES

| $P \to Q$

P	Q	P→Q
V	V	V
V	F	F
F	V	V
F	F	V

Dicas:

P é antecedente e Q é consequente = $P \to Q$

P é consequente e Q é antecedente = $Q \to P$

P é suficiente e Q é necessário = $P \to Q$

P é necessário e Q é suficiente = $Q \to P$

| Representado por meio de conjuntos, temos: $P \to Q$

Valor lógico de uma proposição composta por bicondicional (se e somente se) = tabela verdade do bicondicional (↔)

Bicondicional se, e somente se: p e q são proposições, a bicondicional de p e q é denotada por p ↔ q, onde se lê p bicondicional q. Essas proposições só são verdadeias quando tiverem valores iguais (se p e q tiverem valores diferentes, então p ↔ q será falso).

No bicondicional, P e Q são ambos suficientes e necessários ao mesmo tempo.

| $P \leftrightarrow Q$

P	Q	P↔Q
V	V	V
V	F	F
F	V	F
F	F	V

| Representado por meio de conjuntos, temos: $P \leftrightarrow Q$

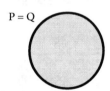

P = Q

Proposição composta	Verdadeira quando:	Falsa quando:
P∧Q	P e Q são verdadeiras	Pelo menos uma falsa
P∨Q	Pelo menos uma verdadeira	P e Q são falsas
P⊻Q	P e Q têm valores diferentes	P e Q têm valores iguais
P→Q	P = verdadeiro, Q = verdadeiro ou P = falso	P = verdadeiro e Q = falso
P↔Q	P e Q têm valores iguais	P e Q têm valores diferentes

1.3 Tautologias, contradições e contingências

▷ **Tautologia:** proposição composta que é **sempre verdadeira**, independente dos valores lógicos das proposições simples que a compõem.

| $(P \land Q) \to (P \lor Q)$

P	Q	P∧Q	P∨Q	(P∧Q)→(P∨Q)
V	V	V	V	V
V	F	F	V	V
F	V	F	V	V
F	F	F	F	V

▷ **Contradição:** proposição composta que é **sempre falsa**, independente dos valores lógicos das proposições simples que a compõem.

| $\sim(P \lor Q) \land P$

P	Q	P∨Q	~(P∨Q)	~(P∨Q)∧P
V	V	V	F	F
V	F	V	F	F
F	V	V	F	F
F	F	F	V	F

▷ **Contingência:** ocorre quando não é tautologia nem contradição.

| $\sim(P \lor Q) \leftrightarrow P$

P	Q	P∨Q	~(P∨Q)	~(P∨Q)↔P
V	V	V	F	V
V	F	V	F	F
F	V	V	F	V
F	F	F	V	F

1.4 Equivalências lógicas

Duas ou mais proposições compostas são equivalentes, quando são formadas pelas mesmas proposições simples, e suas tabelas verdades (resultado) são iguais.

> **Fique Ligado**
> Atente-se para o princípio da equivalência. A tabela verdade está aí só para demonstrar a igualdade.

Seguem algumas demonstrações importantes:

▷ $P \land Q = Q \land P$: trocar as proposições de lugar – chamada de **recíproca**.

P	Q	P∧Q	Q∧P
V	V	V	V
V	F	F	F
F	V	F	F
F	F	F	F

RACIOCÍNIO LÓGICO-MATEMÁTICO

▷ **P ∨ Q = Q ∨ P**: trocar as proposições de lugar – chamada de **recíproca**.

P	Q	P∨Q	Q∨P
V	V	V	V
V	F	V	V
F	V	V	V
F	F	F	F

P ⊻ Q = Q ⊻ P: trocar as proposições de lugar – chamada de **recíproca**.
P ⊻ Q = ~P ⊻ ~Q: negar as proposições – chamada de **contrária**.
P ⊻ Q = ~Q ⊻ ~P: trocar as proposições de lugar e negar – chamada de **contrapositiva**.
P ⊻ Q = (P ∧ ~Q) ∨ (~P ∧ Q): observe a seguir a exclusividade dessa disjunção.

P	Q	~P	~Q	P∧~Q	~P∧Q	P⊻Q	Q⊻P	~P⊻~Q	~Q⊻~P	(P∧~Q)∨(~P∧Q)
V	V	F	F	F	F	F	F	F	F	F
V	F	F	V	V	F	V	V	V	V	V
F	V	V	F	F	V	V	V	V	V	V
F	F	V	V	F	F	F	F	F	F	F

P ↔ Q = Q ↔ P: trocar as proposições de lugar – chamada de **recíproca**.
P ↔ Q = ~P ↔ ~Q: negar as proposições – chamada de **contrária**.
P ↔ Q = ~Q ↔ ~P: trocar as proposições de lugar e negar – chamada de **contrapostiva**.
P ↔ Q = (P → Q) ∧ (Q → P): observe a seguir a condicional para os dois lados, ou seja, bicondicional.

P	Q	~P	~Q	P→Q	Q→P	P↔Q	Q↔P	~P↔~Q	~Q↔~P	(P→Q)∧(Q→P)
V	V	F	F	V	V	V	V	V	V	V
V	F	F	V	F	V	F	F	F	F	F
F	V	V	F	V	F	F	F	F	F	F
F	F	V	V	V	V	V	V	V	V	V

> **Fique Ligado**
> A disjunção exclusiva e o bicondicional são as proposições com o maior número de equivalências.

P → Q = ~Q → ~P: trocar as proposições de lugar e negar – chamada de **contrapositiva**.
P → Q = ~P ∨ Q: negar o antecedente ou manter o consequente.

P	Q	~P	~Q	P→Q	~Q→~P	~P∨Q
V	V	F	F	V	V	V
V	F	F	V	F	F	F
F	V	V	F	V	V	V
F	F	V	V	V	V	V

Equivalências importantes e mais cobradas em concursos.

PROPOSIÇÕES

1.4.1 Negação de proposição composta

São também equivalências lógicas. Veja

▷ ~(P ∧ Q) = ~P ∨ ~Q (Leis de Morgan)

Para negar a conjunção, troca-se o conectivo **e** (∧) por **ou** (∨) e nega-se as proposições que a compõem.

P	Q	~P	~Q	P∧Q	~(P∧Q)	~P∨~Q
V	V	F	F	V	F	F
V	F	F	V	F	V	V
F	V	V	F	F	V	V
F	F	V	V	F	V	V

▷ ~(P ∨ Q) = ~P ∧ ~Q (Leis de Morgan)

Para negar a disjunção, troca-se o conectivo **ou** (∨) por **e** (∧) e negam-se as proposições simples que a compõem.

P	Q	~P	~Q	P∨Q	~(P∨Q)	~P∧~Q
V	V	F	F	V	F	F
V	F	F	V	V	F	F
F	V	V	F	V	F	F
F	F	V	V	F	V	V

▷ ~(P → Q) = P ∧ ~Q

Para negar o condicional, mantém-se o antecedente e nega-se o consequente.

P	Q	~Q	P→Q	~(P→Q)	P∧~Q
V	V	F	V	F	F
V	F	V	F	V	V
F	V	F	V	F	F
F	F	V	V	F	F

▷ ~(P ⊻ Q) = P ↔ Q

Para negar a disjunção exclusiva, faz-se o biconditional ou nega-se a disjunção exclusiva com a própria disjunção exclusiva, mas negando apenas uma das proposições que a compõe.

P	Q	P⊻Q	~(P⊻Q)	P↔Q
V	V	F	V	V
V	F	V	F	F
F	V	V	F	F
F	F	F	V	V

▷ ~(P ↔ Q) = (P ⊻ Q)

Para negar a biconditional, faz-se a disjunção exclusiva ou nega-se o biconditional com o próprio biconditional, mas negando apenas uma das proposições que a compõe.

P	Q	P↔Q	~(P↔Q)	P⊻Q
V	V	V	F	F
V	F	F	V	V
F	V	F	V	V
F	F	V	F	F

1.5 Relação entre todo, algum e nenhum

Têm algumas relações entre si, conhecidas como **quantificadores lógicos**. Veja:

"Todo A é B" equivale a **"nenhum A não é B"**, vice-versa.

| "todo amigo é bom = nenhum amigo não é bom."

"Nenhum A é B" equivale a **"todo A não é B"**, vice-versa.

| "nenhum aluno é burro = todo aluno não é burro."

"Todo A é B" tem como negação **"algum A não é B"**, vice-versa.

| ~(todo estudante tem insônia) = algum estudante não tem insônia.

"Nenhum A é B" tem como negação **"algum A é B"**, vice-versa.

| ~(algum sonho é impossível) = nenhum sonho é impossível.

Representado em forma de conjuntos:

TODO A é B:

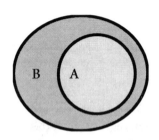

ALGUM A é B:

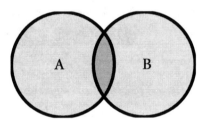

NENHUM A é B:

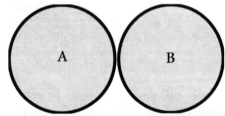

Relação de Equivalência	Relação de Negação
Todo A é B = Nenhum A não é B. *Todo diretor é bom ator. = Nenhum diretor é mau ator.*	Todo A é B = Algum A não é B. *Todo policial é honesto. = Algum policial não é honesto.*
Nenhum A é B = Todo A não é B. *Nenhuma mulher é legal. = Toda mulher não é legal.*	Nenhum A é B = Algum A é B. *Nenhuma ave é mamífera. = Alguma ave é mamífera.*

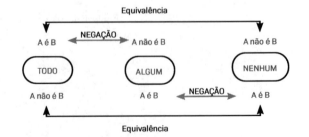

RACIOCÍNIO LÓGICO-MATEMÁTICO

2 ARGUMENTOS

Os argumentos são uma extensão das proposições, mas com algumas características e regras próprias. Veja:

2.1 Definições

Argumento é um conjunto de proposições, divididas em premissas (proposições iniciais – hipóteses) e conclusões (proposições finais – teses).

- p_1: Toda mulher é bonita.
- p_2: Toda bonita é charmosa.
- p_3: Maria é bonita.
- c: Portanto, Maria é charmosa.
- p_1: Se é homem, então gosta de futebol.
- p_2: Mano gosta de futebol.
- c: Logo, Mano é homem.

p1, p2, p3, pn, correspondem às premissas, e c à conclusão.

2.1.1 Representação dos argumentos

Os argumentos podem ser representados das seguintes formas:

$$\frac{\begin{array}{c} P_1 \\ P_2 \\ P_3 \\ \cdots \\ P_n \end{array}}{C}$$

ou

$$P_1 \wedge P_2 \wedge P_3 \wedge \cdots \wedge P_n \to C$$

ou

$$P_1, P_2, P_3, \cdots, P_n \vdash C$$

2.1.2 Tipos de argumentos

A seguir, conheça os tipos de argumentos.

Dedução

O argumento dedutivo é aquele que procede de proposições gerais para as proposições particulares. Esta forma de argumento é válida quando suas premissas, sendo verdadeiras, fornecem uma conclusão também verdadeira.

- p_1: Todo professor é aluno.
- p_2: Daniel é professor.
- c: Logo, Daniel é aluno.

Indução

O argumento indutivo é o contrário do argumento dedutivo, procede de proposições particulares para proposições gerais. Quanto mais informações nas premissas, maior chance da conclusão estar correta.

- p_1: Cerveja embriaga.
- p_2: Uísque embriaga.
- p_3: Vodca embriaga.
- c: Portanto, toda bebida alcoólica embriaga.

Analogia

As analogias são comparações (nem sempre verdadeiras). Neste caso, procede de uma proposição conhecida para outra desconhecida, mas semelhante. Na analogia, não temos certeza.

- p_1: No Piauí faz calor.
- p_2: No Ceará faz calor.
- p_3: No Paraná faz calor.
- c: Sendo assim, no Brasil faz calor.

Falácia

As falácias são falsos argumentos, logicamente inconsistentes, inválidos ou que não provam o que dizem.

- p_1: Eu passei num concurso público.
- p_2: Você passou num concurso público.
- c: Logo, todos passaram num concurso público.

Silogismos

Tipo de argumento formado por três proposições, sendo duas premissas e uma conclusão. São em sua maioria dedutivos.

- p_1: Todo estudioso passará no concurso.
- p_2: Beatriz é estudiosa.
- c: Portanto, Beatriz passará no concurso.

2.1.3 Classificação dos argumentos

Os argumentos só podem ser classificados como válidos ou inválidos:

Válidos ou bem construídos

Os argumentos são válidos quando as premissas garantirem a conclusão, ou seja, quando a conclusão for uma consequência obrigatória do seu conjunto de premissas.

- p_1: Toda mulher é bonita.
- p_2: Toda bonita é charmosa.
- p_3: Maria é mulher.
- c: Portanto, Maria é bonita e charmosa.

Se Maria é mulher, toda mulher é bonita e toda bonita é charmosa, conclui-se que Maria só pode ser bonita e charmosa.

Inválidos ou mal construídos

Os argumentos são inválidos quando as premissas **não** garantem a conclusão, ou seja, quando a conclusão **não** for uma consequência obrigatória do seu conjunto de premissas.

- p_1: Todo professor é aluno.
- p_2: Daniel é aluno.
- c: Logo, Daniel é professor.

Se Daniel é aluno, nada garante que ele seja professor, pois o que sabemos é que todo professor é aluno, não o contrário.

Alguns argumentos serão classificados apenas por meio desse conceito (da GARANTIA).

2.2 Métodos para classificar os argumentos

Os argumentos nem sempre podem ser classificados da mesma forma, por isso existem os métodos para sua classificação. Veja:

▷ **1º método:** diagramas lógicos (ou método dos conjuntos).

Utilizado sempre que houver as expressões **todo**, **algum** ou **nenhum** e seus respectivos sinônimos.

ARGUMENTOS

> **Fique ligado**
>
> Esse método é muito utilizado pelas bancas de concursos e tende a confundir o concurseiro, principalmente nas questões em que temos mais de uma opção de diagrama para o mesmo enunciado. Lembre-se que quando isso ocorrer, a questão só estará correta se a conclusão estiver presente em todas as representações e se todos os diagramas corresponderem à mesma condição.

Representaremos o que for dito em forma de conjuntos e verificaremos se a conclusão está correta (presente nas representações).

As representações genéricas são:

TODO A é B:

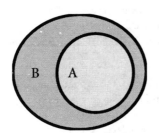

ALGUM A é B:

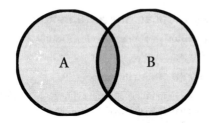

NENHUM A é B:

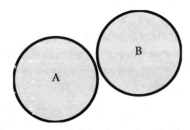

▷ **2º método:** premissas verdadeiras (proposição simples ou conjunção).

Utilizado sempre que não for possível os diagramas lógicos e se houver proposição simples ou conjunção.

A proposição simples ou a conjunção serão os pontos de partida da resolução, já que consideraremos todas as premissas verdadeiras e elas só admitem uma maneira de serem verdadeiras.

O método considera todas as premissas como verdadeiras, dá valor às proposições simples que as compõem e, no final, avalia a conclusão. Se a conclusão for verdadeira o argumento é válido, porém se a conclusão for falsa o argumento é inválido.

Premissas verdadeiras e conclusão verdadeira = argumento válido.

Premissas verdadeiras e conclusão falsa = argumento inválido.

▷ **3º método:** conclusão falsa (proposição simples, disjunção ou condicional).

Utilizado sempre que não for possível um dos dois métodos citados anteriormente e se na conclusão houver proposição simples, disjunção ou condicional.

A proposição simples, a disjunção ou o condicional serão os pontos de partida da resolução, já que consideraremos a conclusão como sendo falsa e elas só admitem um jeito de serem falsas.

O método considera a conclusão como falsa, dá valor às proposições simples que as compõem, pressupondo as premissas como verdadeiras e atribui valor às proposições simples das premissas. Se a conclusão for falsa e as premissas verdadeiras, o argumento será inválido; porém se uma das premissas mudar de valor, então o argumento passa a ser válido.

Conclusão falsa e premissas verdadeiras = argumento inválido.

Conclusão falsa e pelo menos uma premissa falsa = argumento válido.

Para o 2º método e o 3º método, podemos definir a validade dos argumentos da seguinte forma:

Premissas	Conclusão	Argumento
Verdadeiras	Verdadeira	Válido
Verdadeiras	Falsa	Inválido
Pelo menos uma falsa	Falsa	Válido

▷ **4º método:** tabela verdade.

Utilizado em último caso, quando não for possível usar qualquer um dos anteriores.

Depende da quantidade de proposições simples que tiver o argumento, esse método fica inviável, pois temos que desenhar a tabela verdade. No entanto, esse método é um dos mais garantidos nas resoluções das questões de argumentos.

Consiste em desenhar a tabela verdade do argumento em questão e avaliar se as linhas em que as premissas forem todas verdadeiras – ao mesmo tempo – a conclusão também será toda verdadeira. Caso isso ocorra, o argumento será válido, porém se uma das linhas em que as premissas forem todas verdadeiras e a conclusão for falsa, o argumento será inválido.

Linhas da tabela verdade em que as premissas são todas verdadeiras e a conclusão, for verdadeira = argumento válido.

Linhas da tabela verdade em que as premissas são todas verdadeiras e pelo menos uma conclusão for falsa = argumento inválido.

3 PSICOTÉCNICOS

Questões psicotécnicas são as que não precisamos de conhecimento adicional para resolvê-las. As questões podem ser de associações lógicas, verdades e mentiras, sequências lógicas, problemas com datas – calendários, sudoku, entre outras.

Abordar-se-á, agora, as questões mais simples do raciocínio lógico para uma melhor familiarização.

Não existe teoria, somente prática e é com ela que vamos trabalhar e aprender.

01. (FCC) Considere que os dois primeiros pares de palavras foram escritos segundo determinado critério.

Temperamento → totem

Traficante → tetra

Massificar → ?

De acordo com esse mesmo critério, uma palavra que substituiria o ponto de interrogação é:

a) ramas.
b) maras.
c) armas.
d) samar.
e) asmar.

Resposta: C.

Ao analisar os dois primeiros pares de palavras, observamos que a segunda palavra de cada par é formada pela última sílaba + a primeira sílaba da primeira palavra do par, logo, teremos AR + MAS = armas.

02. (FCC) Observe atentamente a disposição das cartas em cada linha do esquema seguinte. A carta que está oculta é:

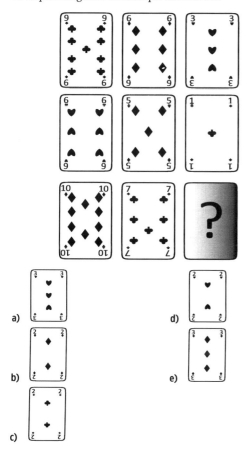

Resposta: A.

Ao observar cada linha (horizontal), temos nas duas primeiras três naipes iguais (copas, paus e ouros, só mudando a ordem). A terceira carta é o resultado da subtração da primeira pela segunda; portanto, a carta que está oculta tem que ser o 3 de copas, pois 10 – 7 = 3 e o naipe que não apareceu na terceira linha foi o de copas.

03. (FCC) Considere a sequência de figuras abaixo. A figura que substitui corretamente a interrogação é:

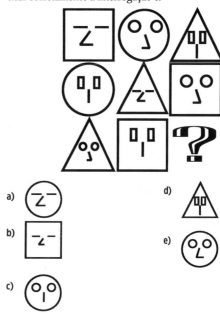

Resposta: A.

Observe que em cada fila (linha ou coluna) temos um círculo, um triângulo e um quadrado, fazendo o contorno da careta. Os olhos são círculos, quadrados ou tiras; o nariz é reto, para direita ou para esquerda; sendo assim, no ponto de interrogação o que está faltando é a carta redonda com os olhos em tiras e o nariz para a esquerda.

04. (FGV) Certo dia, três amigos fizeram, cada um deles, uma afirmação:

Aluísio: Hoje não é terça-feira.

Benedito: Ontem foi domingo.

Camilo: Amanhã será quarta-feira.

Sabe-se que um deles mentiu e que os outros dois falaram a verdade. Assinale a alternativa que indique corretamente o dia em que eles fizeram essas afirmações.

a) Sábado.
b) Domingo.
c) Segunda-feira.
d) Terça-feira.
e) Quarta-feira.

Resposta: C.

Com base no que foi dito na questão, Benedito e Camilo não podem estar falando a verdade, pois teríamos dois dias diferentes. Conclui-se que Aluísio e Benedito falaram a verdade, e que Camilo está mentindo. Logo, o dia em que foi feita a afirmação é uma segunda-feira.

PSICOTÉCNICOS

05. (FUMARC) Heloísa, Bernardo e Antônio são três crianças. Uma delas tem 12 anos a outra tem 10 anos e a outra 8 anos. Sabe-se que apenas uma das seguintes afirmações é verdadeira:

I.   Bernardo tem 10 anos.
II. Heloísa não tem 10 anos.
III. Antônio não tem 12 anos.

Considerando estas informações é correto afirmar que:
a) Heloísa tem 12 anos, Bernardo tem 10 anos e Antônio tem 8 anos.
b) Heloísa tem 12 anos, Bernardo tem 8 anos e Antônio tem 10 anos.
c) Heloísa tem 10 anos, Bernardo tem 8 anos e Antônio tem 12 anos.
d) Heloísa tem 10 anos, Bernardo tem 12 anos e Antônio tem 8 anos.

Resposta: D.

Como a questão informa que só uma afirmação é verdadeira, vejamos: se **I** for a verdadeira, teremos Bernardo e Heloísa, com 10 anos, o que pelo enunciado não é possível; se **II** for a verdadeira, teremos Bernardo e Heloísa com 8 anos, o que também não é possível; se **III** for a verdadeira, teremos Heloísa com 10 anos, Bernardo com 12 anos e Antônio com 8 anos.

06. (FCC) Na sentença seguinte falta a última palavra. Você deve escolher a alternativa que apresenta a palavra que MELHOR completa a sentença.

Devemos saber empregar nosso tempo vago; podemos, assim, desenvolver hábitos agradáveis e evitar os perigos da:
a) Desdita.
b) Pobreza.
c) Ociosidade.
d) Bebida.
e) Doença.

Resposta: C.

Qual dessas alternativas tem a palavra que mais se relaciona com tempo vago? A palavra é OCIOSIDADE.

No livro *Alice no País dos Enigmas*, o professor de matemática e lógica Raymond Smullyan apresenta vários desafios ao raciocínio lógico que têm como objetivo distinguir entre verdadeiro e falso. Considere o seguinte desafio inspirado nos enigmas de Smullyan.

Duas pessoas carregam fichas nas cores branca e preta. Quando a primeira pessoa carrega a ficha branca, ela fala somente a verdade, mas, quando carrega a ficha preta, ela fala somente mentiras. Por outro lado, quando a segunda pessoa carrega a ficha branca, ela fala somente mentira, mas, quando carrega a ficha preta, fala somente verdades.

Com base no texto acima, julgue o item a seguir.

07. (CESPE) Se a primeira pessoa diz "Nossas fichas não são da mesma cor" e a segunda pessoa diz "Nossas fichas são da mesma cor", então, pode-se concluir que a segunda pessoa está dizendo a verdade.

Certo ( )   Errado ( )

Resposta: Certo.

Ao analisar, a seguir, linha por linha da tabela, encontramos contradições nas três primeiras linhas, ficando somente a quarta linha como certa, o que garante que a segunda pessoa está falando a verdade.

1ª pessoa: Nossas fichas não são da mesma cor	2ª pessoa: Nossas fichas são da mesma cor
Ficha branca (verdade)	Ficha branca (mentira)
Ficha branca (verdade)	Ficha preta (verdade)
Ficha preta (mentira)	Ficha branca (mentira)
Ficha preta (mentira)	Ficha preta (verdade)

Uma proposição é uma afirmação que pode ser julgada como verdadeira (V) ou falsa (F), mas não como ambas. As proposições são usualmente simbolizadas por letras maiúsculas do alfabeto, como, por exemplo, P, Q, R etc. Se a conexão de duas proposições é feita pela preposição "e", simbolizada usualmente por ∧, então obtém-se a forma P∧Q, lida como "P e Q" e avaliada como V se P e Q forem V, caso contrário, é F. Se a conexão for feita pela preposição "ou", simbolizada usualmente por ∨, então obtém-se a forma P∨Q, lida como "P ou Q" e avaliada como F se P e Q forem F, caso contrário, é V. A negação de uma proposição é simbolizada por ¬P, e avaliada como V, se P for F, e como F, se P for V.

Um argumento é uma sequência de proposições P1, P2, ..., Pn, chamadas premissas, e uma proposição Q, chamada conclusão. Um argumento é válido, se Q é V sempre que P1, P2, ..., Pn forem V, caso contrário, não é argumento válido.

A partir desses conceitos, julgue o próximo item.

08. (CESPE) O quadro abaixo pode ser completamente preenchido com algarismos de 1 a 6, de modo que cada linha e cada coluna tenham sempre algarismos diferentes.

Certo ( )   Errado ( )

1			3	2	
		5	6		1
	1	6		5	
5	4			2	
	3	2	4		
4			2		3

Resposta: Certo.

Vamos preencher o quadro, de acordo com o que foi pedido:

1	6	4	5	3	2
3	2	5	6	4	1
2	1	6	3	5	4
5	4	3	1	2	6
6	3	2	4	1	5
4	5	1	2	6	3

4 CONJUNTOS

4.1 Definição

Os conjuntos numéricos são advindos da necessidade de contar ou quantificar as coisas ou os objetos, adquirindo características próprias que os diferem. Os componentes de um conjunto são chamados de elementos. Costuma-se representar um conjunto nomeando os elementos um a um, colocando-os entre chaves e separando-os por vírgula, o que chamamos de representação por extensão. Para nomear um conjunto, usa-se geralmente uma letra maiúscula.

$A = \{1,2,3,4,5\} \rightarrow$ conjunto finito

$B = \{1,2,3,4,5,...\} \rightarrow$ conjunto infinito

Ao montar o conjunto das vogais do alfabeto, os **elementos** serão a, e, i, o, u.

A nomenclatura dos conjuntos é formada pelas letras maiúsculas do alfabeto.

Conjunto dos estados da região Sul do Brasil:
A = {Paraná, Santa Catarina, Rio Grande do Sul}.

4.1.1 Representação dos conjuntos

Os conjuntos podem ser representados em **chaves** ou em **diagramas**.

> **Fique ligado**
> Quando é dada uma característica dos elementos de um conjunto, diz-se que ele está representado por compreensão.
> $A = \{x \mid x \text{ é um múltiplo de dois maior que zero}\}$

▷ **Representação em chaves**

Conjunto dos estados brasileiros que fazem fronteira com o Paraguai:
B = {Paraná, Mato Grosso do Sul}.

▷ **Representação em diagramas**

Conjunto das cores da bandeira do Brasil:

4.1.2 Elementos e relação de pertinência

Quando um elemento está em um conjunto, dizemos que ele pertence a esse conjunto. A relação de pertinência é representada pelo símbolo $\in$ (pertence).

Conjunto dos algarismos pares: $G = \{2, 4, 6, 8, 0\}$.
Observe que:
$4 \in G$
$7 \notin G$

4.1.3 Conjuntos unitário, vazio e universo

Conjunto unitário: possui um só elemento.

Conjunto da capital do Brasil: K = {Brasília}

Conjunto vazio: simbolizado por Ø ou { }, é o conjunto que não possui elemento.

Conjunto dos estados brasileiros que fazem fronteira com o Chile: M = Ø.

Conjunto universo: em inúmeras situações é importante estabelecer o conjunto U ao qual pertencem os elementos de todos os conjuntos considerados. Esse conjunto é chamado de conjunto universo. Assim:
- Quando se estuda as letras, o conjunto universo das letras é o alfabeto.
- Quando se estuda a população humana, o conjunto universo é constituído de todos os seres humanos.

Para descrever um conjunto A por meio de uma propriedade característica p de seus elementos, deve-se mencionar, de modo explícito ou não, o conjunto universo U no qual se está trabalhando.

$A = \{x \in R \mid x > 2\}$, onde $U = R \rightarrow$ forma explícita.
$A = \{x \mid x > 2\} \rightarrow$ forma implícita.

4.2 Subconjuntos

Diz-se que B é um subconjunto de A se todos os elementos de B pertencem a A.

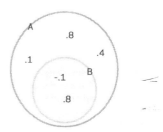

Deve-se notar que $A = \{-1, 0, 1, 4, 8\}$ e $B = \{-1, 8\}$, ou seja, todos os elementos de B também são elementos do conjunto **A**.

- Os símbolos $\subset$ (contido), $\supset$ (contém), $\not\subset$ (não está contido) e $\not\supset$ (não contém) são utilizados para relacionar conjuntos.

Nesse caso, diz-se que B está contido em A ou B é subconjunto de A ($B \subset A$). Pode-se dizer também que A contém B ($A \supset B$).

Observações:

- Se $A \subset B$ e $B \subset A$, então $A = B$.
- Para todo conjunto A, tem-se $A \subset A$.
- Para todo conjunto A, tem-se $\emptyset \subset A$, onde $\emptyset$ representa o conjunto vazio.
- Todo conjunto é subconjunto de si próprio ($D \subset D$).
- O conjunto vazio é subconjunto de qualquer conjunto ($\emptyset \subset D$).
- Se um conjunto A possui p elementos, então ele possui 2p subconjuntos.
- O conjunto formado por todos os subconjuntos de um conjunto A, é denominado conjunto das partes de A. Assim, se A = {4, 7}, o conjunto das partes de A, é dado por {Ø, {4}, {7}, {4, 7}}.

4.3 Operações com conjuntos

União de conjuntos: a união de dois conjuntos quaisquer será representada por $A \cup B$ e terá os elementos que pertencem a A ou a B, ou seja, todos os elementos.

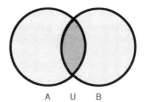

Interseção de conjuntos: a interseção de dois conjuntos quaisquer será representada por $A \cap B$. Os elementos que fazem parte do conjunto interseção são os elementos comuns aos dois conjuntos.

CONJUNTOS

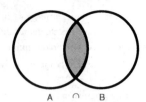

Conjuntos disjuntos: se dois conjuntos não possuem elementos em comum, diz-se que eles são disjuntos. Simbolicamente, escreve-se $A \cap B = \emptyset$. Nesse caso, a união dos conjuntos A e B é denominada união disjunta. O número de elementos $A \cap B$ nesse caso é igual a zero.

$$n(A \cap B) = 0$$

Seja $A = \{1, 2, 3, 4, 5\}$, $B = \{1, 5, 6, 3\}$, $C = \{2, 4, 7, 8, 9\}$ e $D = \{10, 20\}$. Tem-se:
$A \cup B = \{1, 2, 3, 4, 5, 6\}$
$B \cup A = \{1, 2, 3, 4, 5, 6\}$
$A \cap B = \{1, 3, 5\}$
$B \cap A = \{1, 3, 5\}$
$A \cup B \cup C = \{1, 2, 3, 4, 5, 6, 7, 8, 9\}$ e
$A \cap D = \emptyset$
É possível notar que A, B e C são todos disjuntos com D, mas A, B e C não são dois a dois disjuntos.

Diferença de conjuntos: a diferença de dois conjuntos quaisquer será representada por $A - B$ e terá os elementos que pertencem somente a A, mas não pertencem a B, ou seja, que são exclusivos de A.

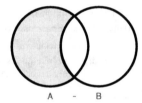

Complementar de um conjunto: se A está contido no conjunto universo U, o complementar de A é a diferença entre o conjunto universo e o conjunto A, será representado por $CU(A) = U - A$ e terá todos os elementos que pertencem ao conjunto universo, menos os que pertencem ao conjunto A.

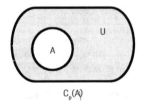

5 CONJUNTOS NUMÉRICOS

Os números surgiram da necessidade de contar ou quantificar coisas ou objetos. Com o passar do tempo, foram adquirindo características próprias.

5.1 Números naturais

É o primeiro dos conjuntos numéricos. Representado pelo símbolo $\mathbb{N}$ e formado pelos seguintes elementos:

$\mathbb{N} = \{0, 1, 2, 3, 4, 5, 6, 7, 8, 9, 10, 11, 12, 13, ... + \infty\}$

O símbolo ∞ significa infinito, o + quer dizer positivo, então $+\infty$ quer dizer infinito positivo.

5.2 Números inteiros

Esse conjunto surgiu da necessidade de alguns cálculos não possuírem resultados, pois esses resultados eram negativos. Representado pelo símbolo $\mathbb{Z}$ e formado pelos seguintes elementos:

$\mathbb{Z} = \{-\infty, ..., -3, -2, -1, 0, 1, 2, 3, ..., +\infty\}$

5.2.1 Operações e propriedades dos números naturais e inteiros

As principais operações com os números naturais e inteiros são: adição, subtração, multiplicação, divisão, potenciação e radiciação (as quatro primeiras são também chamadas operações fundamentais).

Adição

Na adição, a soma dos termos ou das parcelas resulta naquilo que se chama **total**.

| $2 + 2 = 4$

As propriedades da adição são:

- **Elemento neutro**: qualquer número somado ao zero tem como total o próprio número.
| $2 + 0 = 2$
- **Comutativa**: a ordem dos termos não altera o total.
| $2 + 3 = 3 + 2 = 5$
- **Associativa**: o ajuntamento de parcelas não altera o total.
| $(2 + 3) + 5 = 2 + (3 + 5) = 10$

Subtração

Operação contrária à adição é conhecida como diferença.

Os termos ou parcelas da subtração, assim como o total, têm nomes próprios:

M – N = P; em que M = minuendo, N = subtraendo e P = diferença ou resto.

| $7 - 2 = 5$

Quando o subtraendo for maior que o minuendo, a diferença será negativa.

Multiplicação

É a soma de uma quantidade de parcelas fixas. O resultado da multiplicação chama-se produto. Os sinais que indicam a multiplicação são o × e o ·.

| $4 \times 7 = 7 + 7 + 7 + 7 = 28$
| $7 \cdot 4 = 4 + 4 + 4 + 4 + 4 + 4 + 4 = 28$

As propriedades da multiplicação são:

Elemento neutro: qualquer número multiplicado por 1 terá como produto o próprio número.

| $5 \cdot 1 = 5$

Comutativa: ordem dos fatores não altera o produto.
| $3 \cdot 4 = 4 \cdot 3 = 12$

Associativa: o ajuntamento dos fatores não altera o resultado.
| $2 \cdot (3 \cdot 4) = (2 \cdot 3) \cdot 4 = 24$

Distributiva: um fator em evidência multiplica todas as parcelas dentro dos parênteses.
| $2 \cdot (3 + 4) = (2 \cdot 3) + (2 \cdot 4) = 6 + 8 = 14$

Fique ligado

Na multiplicação existe jogo de sinais. Veja a seguir:

Parcela	Parcela	Produto
+	+	+
+	–	–
–	+	–
–	–	+

| $2 \cdot (-3) = -6$
| $-3 \cdot (-7) = 21$

Divisão

É o inverso da multiplicação. Os sinais que indicam a divisão são: ÷, :, /.

| $14 \div 7 = 2$
| $25 : 5 = 5$
| $36/12 = 3$

Fique ligado

Por ser o inverso da multiplicação, a divisão também possui o jogo de sinal.

5.3 Números racionais

Os números racionais são os números que podem ser escritos na forma de fração, são representados pela letra $\mathbb{Q}$ e podem ser escritos em forma de frações.

| $\mathbb{Q} = \dfrac{a}{b}$ (com b diferente de zero → b ≠ 0); em que a é o numerador e b é o denominador.

Pertencem também a este conjunto as dízimas periódicas (números que apresentam uma série infinita de algarismos decimais, após a vírgula) e os números decimais (aqueles que são escritos com a vírgula e cujo denominador são potências de 10).

Toda fração cujo numerador é menor que o denominador é chamada de fração própria.

5.3.1 Operações com números racionais

Adição e subtração

Para somar frações deve estar atento se os denominadores das frações são os mesmos. Caso sejam iguais, basta repetir o denominador e somar (ou subtrair) os numeradores, porém se os denominadores forem diferentes é preciso fazer o MMC (mínimo múltiplo comum) dos denominadores, constituindo novas frações equivalentes às frações originais e proceder com o cálculo.

CONJUNTOS NUMÉRICOS

$$\frac{2}{7} + \frac{4}{7} = \frac{6}{7}$$

$$\frac{2}{3} + \frac{4}{5} = \frac{10}{15} + \frac{12}{15} = \frac{22}{15}$$

Multiplicação

Multiplicar numerador com numerador e denominador com denominador das frações.

$$\frac{3}{4} \cdot \frac{5}{7} = \frac{15}{28}$$

Divisão

Para dividir frações, multiplicar a primeira fração com o inverso da segunda fração.

$$\frac{2}{3} \div \frac{4}{5} = \frac{2}{3} \cdot \frac{5}{4} = \frac{10}{12} = \frac{5}{6}$$

(Simplificado por 2)

Toda vez, que for possível, deve simplificar a fração até sua fração irredutível (aquela que não pode mais ser simplificada).

Potenciação

Se a multiplicação é a soma de uma quantidade de parcelas fixas, a potenciação é a multiplicação de uma quantidade de fatores fixos, tal quantidade indicada no expoente que acompanha a base da potência.

A potenciação é expressa por: a^n, cujo **a** é a base da potência e o **n** é o expoente.

$4^3 = 4 \cdot 4 \cdot 4 = 64$

Propriedades das potências:

$a^0 = 1$

$3^0 = 1$

$a^1 = a$

$5^1 = 5$

$a^{-n} = 1/a^n$

$2^{-3} = 1/2^3 = 1/8$

$a^m \cdot a^n = a^{(m+n)}$

$3^2 \cdot 3^3 = 3^{(2+3)} = 3^5 = 243$

$a^m : a^n = a^{(m-n)}$

$4^5 : 4^3 = 4^{(5-3)} = 4^2 = 16$

$(a^m)^n = a^{m \cdot n}$

$(2^2)^4 = 2^{2 \cdot 4} = 2^8 = 256$

$a^{m/n} = \sqrt[n]{a^m}$

$7^{2/3} = \sqrt[3]{7^2}$

Não confunda: $(a^m)^n \neq a^{m^n}$

Não confunda também: $(-a)^n \neq -a^n$.

Radiciação

É a expressão da potenciação com expoente fracionário.

A representação genérica da radiciação é: $\sqrt[n]{a}$; cujo **n** é o índice da raiz, o **a** é o radicando e $\sqrt{\ }$ é o radical.

Quando o índice da raiz for o 2 ele não precisa aparecer e essa raiz será uma raiz quadrada.

Propriedades das raízes:

$\sqrt[n]{a^m} = (\sqrt[n]{a})^m = a^{m/n}$

$\sqrt[n]{\sqrt[m]{a}} = \sqrt[m \cdot n]{a}$

$\sqrt[n]{a^n} = a = a^{m/m} = a^1 = a$

Racionalização: se uma fração tem em seu denominador um radical, faz-se o seguinte:

$$\frac{1}{\sqrt{a}} = \frac{1}{\sqrt{a}} \cdot \frac{\sqrt{a}}{\sqrt{a}} = \frac{\sqrt{a}}{\sqrt{a^2}} = \frac{\sqrt{a}}{a}$$

5.3.2 Transformação de dízima periódica em fração

Para transformar dízimas periódicas em fração, é preciso atentar-se para algumas situações:

- Verifique se depois da vírgula só há a parte periódica, ou se há uma parte não periódica e uma periódica.
- Observe quantas são as casas periódicas e, caso haja, as não periódicas. Lembre-se sempre que essa observação só será para os números que estão depois da vírgula.
- Em relação à fração, o denominador será tantos 9 quantos forem as casas do período, seguido de tantos 0 quantos forem as casas não periódicas (caso haja e depois da vírgula). Já o numerador será o número sem a vírgula até o primeiro período menos toda a parte não periódica (caso haja).

$$0{,}6666\ldots = \frac{6}{9}$$

$$0{,}36363636\ldots = \frac{36}{99}$$

$$0{,}123333\ldots = \frac{123 - 12}{900} = \frac{111}{900}$$

$$2{,}8888\ldots = \frac{28 - 2}{9} = \frac{26}{9}$$

$$3{,}754545454\ldots = \frac{3754 - 37}{990} = \frac{3717}{990}$$

5.3.3 Transformação de número decimal em fração

Para transformar número decimal em fração, basta contar quantas casas existem depois da vírgula; então o denominador da fração será o número 1 acompanhado de tantos zeros quantos forem o número de casas, já o numerador será o número sem a vírgula.

$$0{,}3 = \frac{3}{10}$$

$$2{,}45 = \frac{245}{100}$$

$$49{,}586 = \frac{49586}{1000}$$

5.4 Números irracionais

São os números que não podem ser escritos na forma de fração.

O conjunto é representado pela letra $\mathbb{I}$ e tem como elementos as dízimas não periódicas e as raízes não exatas.

5.5 Números reais

Simbolizado pela letra $\mathbb{R}$, é a união do conjunto dos números racionais com o conjunto dos números irracionais.

Representado, temos:

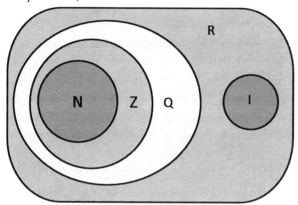

Colocando todos os números em uma reta, temos:

As desigualdades ocorrem em razão de os números serem maiores ou menores uns dos outros.

Os símbolos das desigualdades são:

$\geq$ maior ou igual a.

$\leq$ menor ou igual a.

$>$ maior que.

$<$ menor que.

Dessas desigualdades surgem os intervalos, que nada mais são do que um espaço dessa reta, entre dois números.

Os intervalos podem ser abertos ou fechados, depende dos símbolos de desigualdade utilizados.

Intervalo aberto ocorre quando os números não fazem parte do intervalo e os sinais de desigualdade são:

$>$ maior que.

$<$ menor que.

Intervalo fechado ocorre quando os números fazem parte do intervalo e os sinais de desigualdade são:

$\geq$ maior ou igual a.

$\leq$ menor ou igual a.

5.6 Intervalos

Os intervalos numéricos podem ser representados das seguintes formas:

5.6.1 Com os símbolos <, >, ≤, ≥

Quando usar os símbolos < ou >, os números que os acompanham não fazem parte do intervalo real. Quando usar os símbolos ≤ ou ≥, os números farão parte do intervalo real.

$2 < x < 5$: o 2 e o 5 não fazem parte do intervalo.

$2 \leq x < 5$: o 2 faz parte do intervalo, mas o 5 não.

$2 \leq x \leq 5$: o 2 e o 5 fazem parte do intervalo.

5.6.2 Com os colchetes [ ]

Quando os colchetes estiverem voltados para os números, significa que farão parte do intervalo. Quando os colchetes estiverem invertidos, significa que os números não farão parte do intervalo.

]2;5[: o 2 e o 5 não fazem parte do intervalo.

[2;5[: o 2 faz parte do intervalo, mas o 5 não faz.

[2;5]: o 2 e o 5 fazem parte do intervalo.

5.6.3 Sobre uma reta numérica

▷ **Intervalo aberto**

$2 < x < 5$:

Em que 2 e 5 não fazem parte do intervalo numérico, representado pela marcação aberta (sem preenchimento - O).

▷ **Intervalo fechado e aberto**

$2 \leq x < 5$:

Em que 2 faz parte do intervalo, representado pela marcação fechada (preenchida ●) em que 5 não faz parte do intervalo, representado pela marcação aberta (O).

▷ **Intervalo fechado**

$2 \leq x \leq 5$:

Em que 2 e 5 fazem parte do intervalo numérico, representado pela marcação fechada (●).

5.7 Múltiplos e divisores

Os múltiplos são resultados de uma multiplicação de dois números naturais.

Os múltiplos de 3 são: 0, 3, 6, 9, 12, 15, 18, 21, 24, 27, 30... (os múltiplos são infinitos).

Os divisores de um número são os números, cuja divisão desse número por eles será exata.

Os divisores de 12 são: 1, 2, 3, 4, 6, 12.

> **Fique ligado**
>
> Números quadrados perfeitos são aqueles que resultam da multiplicação de um número por ele mesmo.
>
> $4 = 2 \cdot 2$
> $25 = 5 \cdot 5$

5.8 Números primos

São os números que têm apenas dois divisores, o 1 e ele mesmo. (Alguns autores consideram os números primos aqueles que tem 4 divisores, sendo o 1, o -1, ele mesmo e o seu oposto – simétrico.)

2 (único primo par), 3, 5, 7, 11, 13, 17, 19, 23, 29, 31, 37, 41, 43, 47, 53, 59, ...

Os números primos servem para decompor outros números.

A decomposição de um número em fatores primos serve para fazer o MMC e o MDC (máximo divisor comum).

5.9 MMC e MDC

O MMC de um, dois ou mais números é o menor número que, ao mesmo tempo, é múltiplo de todos esses números.

O MDC de dois ou mais números é o maior número que pode dividir todos esses números ao mesmo tempo.

Para calcular, após decompor os números, o MMC de dois ou mais números será o produto de todos os fatores primos, comuns e

CONJUNTOS NUMÉRICOS

não comuns, elevados aos maiores expoentes. Já o MDC será apenas os fatores comuns a todos os números elevados aos menores expoentes.

$6 = 2 \cdot 3$
$18 = 2 \cdot 3 \cdot 3 = 2 \cdot 3^2$
$35 = 5 \cdot 7$
$144 = 2 \cdot 2 \cdot 2 \cdot 2 \cdot 3 \cdot 3 = 2^4 \cdot 3^2$
$225 = 3 \cdot 3 \cdot 5 \cdot 5 = 3^2 \cdot 5^2$
$490 = 2 \cdot 5 \cdot 7 \cdot 7 = 2 \cdot 5 \cdot 7^2$
$640 = 2 \cdot 2 \cdot 2 \cdot 2 \cdot 2 \cdot 2 \cdot 2 \cdot 5 = 2^7 \cdot 5$
MMC de 18 e 225 = $2 \cdot 3^2 \cdot 5^2 = 2 \cdot 9 \cdot 25 = 450$
MDC de 225 e 490 = 5

Para saber a quantidade de divisores de um número basta, depois da decomposição do número, pegar os expoentes dos fatores primos, somar +1 e multiplicar os valores obtidos.

$225 = 3^2 \cdot 5^2 = 3^{2+1} \cdot 5^{2+1} = 3 \cdot 3 = 9$

Nº de divisores = $(2 + 1) \cdot (2 + 1) = 3 \cdot 3 = 9$ divisores. Que são: 1, 3, 5, 9, 15, 25, 45, 75, 225.

5.10 Divisibilidade

As regras de divisibilidade servem para facilitar a resolução de contas, para ajudar a descobrir se um número é ou não divisível por outro. Veja algumas dessas regras.

Divisibilidade por 2: para um número ser divisível por 2, ele tem de ser par.

14 é divisível por 2.
17 não é divisível por 2.

Divisibilidade por 3: para um número ser divisível por 3, a soma dos seus algarismos tem de ser divisível por 3.

174 é divisível por 3, pois $1 + 7 + 4 = 12$.
188 não é divisível por 3, pois $1 + 8 + 8 = 17$.

Divisibilidade por 4: para um número ser divisível por 4, ele tem de terminar em 00 ou os seus dois últimos números devem ser múltiplos de 4.

300 é divisível por 4.
532 é divisível por 4.
766 não é divisível por 4.

Divisibilidade por 5: para um número ser divisível por 5, ele deve terminar em 0 ou em 5.

35 é divisível por 5.
370 é divisível por 5.
548 não é divisível por 5.

Divisibilidade por 6: para um número ser divisível por 6, ele deve ser divisível por 2 e por 3 ao mesmo tempo.

78 é divisível por 6.
576 é divisível por 6.
652 não é divisível por 6.

Divisibilidade por 9: para um número ser divisível por 9, a soma dos seus algarismos deve ser divisível por 9.

75 é não divisível por 9.
684 é divisível por 9.

Divisibilidade por 10: para um número ser divisível por 10, ele tem de terminar em 0.

90 é divisível por 10.
364 não é divisível por 10.

5.11 Expressões numéricas

Para resolver expressões numéricas, deve-se seguir a ordem:
- Resolva os parênteses ( ), depois os colchetes [ ], depois as chaves { }, sempre nessa ordem.
- Dentre as operações, resolva primeiro as potenciações e raízes (o que vier primeiro), depois as multiplicações e divisões (o que vier primeiro) e, por último, as somas e subtrações (o que vier primeiro).

Calcule o valor da expressão:

$8 - \{5 - [10 - (7 - 3 \cdot 2)] \div 3\}$
$8 - \{5 - [10 - (7 - 6)] \div 3\}$
$8 - \{5 - [10 - (1)] \div 3\}$
$8 - \{5 - [9] \div 3\}$
$8 - \{5 - 3\}$
$8 - \{2\}$
6

6 SISTEMA LEGAL DE MEDIDAS

6.1 Medidas de tempo

A unidade padrão do tempo é o segundo (s), mas devemos saber as seguintes relações:

1min = 60s

1h = 60min = 3.600s

1 dia = 24h = 1.440min = 86.400s

30 dias = 1 mês

2 meses = 1 bimestre

6 meses = 1 semestre

12 meses = 1 ano

10 anos = 1 década

100 anos = 1 século

> 15h47min18s + 11h39min59s = 26h86min77s = 26h87min17s = 27h27min17s= 1 dia 3h27min17s.
>
> 8h23min – 3h49min51s = 7h83min – 3h49min51s = 7h82min60s – 3h49min51s = 4h33min9s.

Cuidado com as transformações de tempo, pois elas não seguem o mesmo padrão das outras medidas.

6.2 Sistema métrico decimal

Serve para medir comprimentos, distâncias, áreas e volumes. Tem como unidade padrão o metro (m). Veja a seguir seus múltiplos, variações e algumas transformações.

Metro (m):

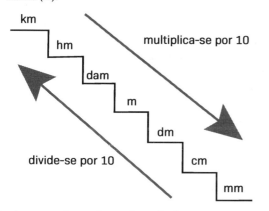

Ao descer um degrau da escada, multiplica-se por 10, e ao subir um degrau, divide-se por 10.

> Transformar 2,98km em cm = 2,98 · 100.000 = 298.000cm (na multiplicação por 10 ou suas potências, basta deslocar a vírgula para a direita).
>
> Transformar 74m em km = 74 ÷ 1.000 = 0,074km (na divisão por 10 ou suas potências, basta deslocar a vírgula para a esquerda).

> **Fique ligado**
>
> O grama (g) e o litro (l) seguem o mesmo padrão do metro (m).

Metro quadrado (m^2):

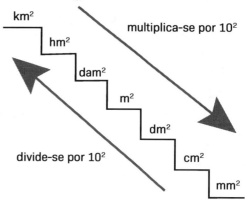

Ao descer um degrau da escada, multiplica por 10^2 ou 100, e ao descer um degrau, divide por 10^2 ou 100.

> Transformar 79,11m^2 em cm^2 = 79,11 · 10.000 = 791.100cm^2.
>
> Transformar 135m^2 em km^2 = 135 ÷ 1.000.000 = 0,000135km^2.

Metro cúbico (m^3):

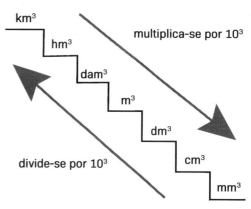

Ao descer um degrau da escada, multiplica-se por 10^3 ou 1.000, e ao subir um degrau, divide-se por 10^3 ou 1.000.

> Transformar 269dm^3 em cm^3 = 269 · 1.000 = 269.000cm^3.
>
> Transformar 4.831cm^3 cm m^3 = 4.831 ÷ 1.000.000 = 0,004831m^3.

O metro cúbico, por ser uma medida de volume, tem relação com o litro (l), e essa relação é:

1m^3 = 1.000 litros.

1dm^3 = 1 litro.

1cm^3 = 1 mililitro.

PROPORCIONALIDADE

7 PROPORCIONALIDADE

Os conceitos de razão e proporção estão ligados ao quociente. Esse conteúdo é muito solicitado pelas bancas de concursos.

Primeiramente, vamos compreender o que é grandeza, em seguida, razão e proporção.

7.1 Grandeza

É tudo aquilo que pode ser contado, medido ou enumerado.

| Comprimento (distância), tempo, quantidade de pessoas e/ou coisas etc.

Grandezas diretamente proporcionais: são aquelas em que o aumento de uma implica o aumento da outra.

| Quantidade e preço.

Grandezas inversamente proporcionais: são aquelas em que o aumento de uma implica a diminuição da outra.

| Velocidade e tempo.

7.2 Razão

É a comparação de duas grandezas. Essas grandezas podem ser da mesma espécie (unidades iguais) ou de espécies diferentes (unidades diferentes). Nada mais é do que uma fração do tipo $\frac{a}{b}$, com $b \neq 0$.

Nas razões, os numeradores são também chamados de antecedentes e os denominadores de consequentes.

Escala: comprimento no desenho comparado ao tamanho real.
Velocidade: distância comparada ao tempo.

7.3 Proporção

É determinada pela igualdade entre duas razões.

$$\frac{a}{b} = \frac{c}{d}$$

Dessa igualdade, tiramos a propriedade fundamental das proporções: o produto dos meios igual ao produto dos extremos (a chamada multiplicação cruzada).

$$b \cdot c = a \cdot d$$

É basicamente essa propriedade que ajuda resolver a maioria das questões desse assunto.

Dados três números racionais a, b e c, não nulos, denomina **quarta proporcional** desses números um número x tal que:

$$\frac{a}{b} = \frac{c}{x}$$

Proporção contínua é a que apresenta os meios iguais.

De um modo geral, uma proporção contínua pode ser representada por:

$$\frac{a}{b} = \frac{b}{c}$$

As outras propriedades das proporções são:

Numa proporção, a soma dos dois primeiros termos está para o 2º (ou 1º) termo, assim como a soma dos dois últimos está para o 4º (ou 3º).

$$\frac{a+b}{b} = \frac{c+d}{d} \quad \text{ou} \quad \frac{a+b}{a} = \frac{c+d}{c}$$

Numa proporção, a diferença dos dois primeiros termos está para o 2º (ou 1º) termo, assim como a diferença dos dois últimos está para o 4º (ou 3º).

$$\frac{a-b}{b} = \frac{c-d}{d} \quad \text{ou} \quad \frac{a-b}{a} = \frac{c-d}{c}$$

Numa proporção, a soma dos antecedentes está para a soma dos consequentes, assim como cada antecedente está para o seu consequente.

$$\frac{a+c}{b+d} = \frac{c}{d} = \frac{a}{b}$$

Numa proporção, a diferença dos antecedentes está para a diferença dos consequentes, assim como cada antecedente está para o seu consequente.

$$\frac{a-c}{b-d} = \frac{c}{d} = \frac{a}{b}$$

Numa proporção, o produto dos antecedentes está para o produto dos consequentes, assim como o quadrado de cada antecedente está para quadrado do seu consequente.

$$\frac{a \cdot c}{b \cdot d} = \frac{a^2}{b^2} = \frac{c^2}{d^2}$$

A última propriedade pode ser estendida para qualquer número de razões.

$$\frac{a \cdot c \cdot e}{b \cdot d \cdot f} = \frac{a^3}{b^3} = \frac{c^3}{d^3} = \frac{e^3}{f^3}$$

7.4 Divisão em partes proporcionais

Para dividir um número em partes direta ou inversamente proporcionais, devem-se seguir algumas regras.

▷ **Divisão em partes diretamente proporcionais**

Divida o número 50 em partes diretamente proporcionais a 4 e a 6.

$4x + 6x = 50$

$10x = 50$

$x = \frac{50}{10}$

$x = 5$

x = constante proporcional

Então, $4x = 4 \cdot 5 = 20$ e $6x = 6 \cdot 5 = 30$

Logo, a parte proporcional a 4 é o 20 e a parte proporcional ao 6 é o 30.

▷ **Divisão em partes inversamente proporcionais**

Divida o número 60 em partes inversamente proporcionais a 2 e a 3.

$$\frac{x}{2} = \frac{x}{3} = 60$$

$$\frac{3x}{6} + \frac{2x}{6} = 60$$

$5x = 60 \cdot 6$

$5x = 360$

$x = \frac{360}{5}$

$x = 72$

x = constante proporcional

Então, $\frac{x}{2} = \frac{72}{2} = 36$ e $\frac{x}{3} = \frac{72}{3} = 24$

Logo, a parte proporcional a 2 é o 36 e a parte proporcional ao 3 é o 24.

Perceba que, na divisão diretamente proporcional, quem tiver a maior parte ficará com o maior valor. Já na divisão inversamente proporcional, quem tiver a maior parte ficará com o menor valor.

7.5 Regra das torneiras

Sempre que uma questão envolver uma situação que pode ser feita de um jeito em determinado tempo (ou por uma pessoa) e, em outro tempo, de outro jeito (ou por outra pessoa), e quiser saber em quanto tempo seria se fosse feito tudo ao mesmo tempo, usa-se a regra da torneira, que consiste na aplicação da seguinte fórmula:

$$t_T = \frac{t_1 \cdot t_2}{t_1 + t_2}$$

Em que **T** é o tempo.

Quando houver mais de duas situações, é melhor usar a fórmula:

$$\frac{1}{t_T} = \frac{1}{t_1} + \frac{1}{t_2} + \ldots + \frac{1}{t_n}$$

Em que **n** é a quantidade de situações.

Uma torneira enche um tanque em 6h. Uma segunda torneira enche o mesmo tanque em 8h. Se as duas torneiras forem abertas juntas quanto tempo vão levar para encher o mesmo tanque?

$t_T = \frac{6 \cdot 8}{6 + 8} = \frac{48}{14} = 3h25min43s$

7.6 Regra de três

Mecanismo prático e/ou método utilizado para resolver questões que envolvem razão e proporção (grandezas).

7.6.1 Regra de três simples

Aquela que só envolve duas grandezas.

Durante uma viagem, um carro consome 20 litros de combustível para percorrer 240km, quantos litros são necessários para percorrer 450km?

Primeiro, verifique se as grandezas envolvidas na questão são direta ou inversamente proporcionais, e monte uma estrutura para visualizar melhor a questão.

Distância	Litro
240	20
450	x

Ao aumentar a distância, a quantidade de litros de combustível necessária para percorrer essa distância também vai aumentar, então, as grandezas são diretamente proporcionais.

$$\frac{20}{x} = \frac{240}{450}$$

Aplicando a propriedade fundamental das proporções:
$240x = 9.000$

$x = \frac{9.000}{240} = 37,5$ litros

7.6.2 Regra de três composta

Aquela que envolve mais de duas grandezas.

Dois pedreiros levam nove dias para construir um muro com 2m de altura. Trabalhando três pedreiros e aumentando a altura para 4m, qual será o tempo necessário para completar esse muro? Neste caso, deve-se comparar uma grandeza de cada vez com a variável.

Dias	Pedreiros	Altura
9	2	2
x	3	4

Note que, ao aumentar a quantidade de pedreiros, o número de dias necessários para construir um muro diminui, então as grandezas pedreiros e dias são inversamente proporcionais. No entanto, se aumentar a altura do muro, será necessário mais dias para construí-lo. Dessa forma, as grandezas muro e dias são diretamente proporcionais. Para finalizar, monte a proporção e resolva. Lembre-se que quando uma grandeza for inversamente proporcional à variável sua fração será invertida.

$$\frac{9}{x} = \frac{3}{2} \cdot \frac{2}{4}$$

$$\frac{9}{x} = \frac{6}{8}$$

Aplicar a propriedade fundamental das proporções:
$6x = 72$

$x = \frac{72}{6} = 12$ dias

8 FUNÇÕES

8.1 Definições

A função é uma relação estabelecida entre dois conjuntos A e B, em que exista uma associação entre cada elemento de A com um único de B por meio de uma lei de formação.

Podemos dizer que a função é uma relação de dois valores, por exemplo: $f(x) = y$, sendo que x e y são valores, nos quais x é o domínio da função (a função está dependendo dele) e y é um valor que depende do valor de x, sendo a imagem da função.

As funções possuem um conjunto chamado domínio e outro, imagem da função, além do contradomínio. No plano cartesiano, que o eixo x representa o **domínio** da função, enquanto no eixo y apresentam-se os valores obtidos em função de x, constituindo a imagem da função (o eixo y seria o **contradomínio** da função).

Com os conjuntos A = {1, 4, 7} e B = {1, 4, 6, 7, 8, 9, 12} cria-se a função f: A → B definida por $f(x) = x + 5$, que também pode ser representada por y = x + 5. A representação, utilizando conjuntos, desta função é:

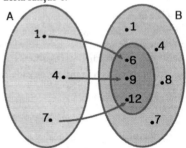

O conjunto A é o conjunto de saída e o B é o conjunto de chegada. Domínio é um sinônimo para conjunto de saída, ou seja, para esta função o domínio é o próprio conjunto A = {1, 4, 7}.

Como, em uma função, o conjunto de saída (domínio) deve ter todos os seus elementos relacionados, não precisa ter subdivisões para o domínio.

O domínio de uma função é chamado de campo de definição ou campo de existência da função, e é representado pela letra D.

O conjunto de chegada B, também possui um sinônimo, é chamado de contradomínio, representado por CD.

Note que é possível fazer uma subdivisão dentro do contradomínio e ter elementos do contradomínio que não são relacionados com algum elemento do domínio e outros que são. Por isso, deve-se levar em consideração esta subdivisão.

Este subconjunto é chamado de conjunto **imagem**, e é composto por todos os elementos em que as flechas de relacionamento chegam.

O conjunto imagem é representado por Im, e cada ponto que a flecha chega é chamado de imagem.

8.2 Plano cartesiano

Criado por René Descartes, o plano cartesiano consiste em dois eixos perpendiculares, sendo o horizontal chamado de eixo das abscissas e o vertical de eixo das ordenadas. O plano cartesiano foi desenvolvido por Descartes no intuito de localizar pontos em determinado espaço.

As disposições dos eixos no plano formam quatro quadrantes, mostrados na figura a seguir:

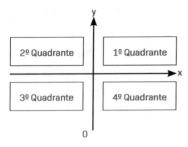

O encontro dos eixos é chamado de origem. Cada ponto do plano cartesiano é formado por um par ordenado (x, y), em que x: abscissa e y: ordenada.

8.2.1 Raízes

Em matemática, uma raiz ou zero da função consiste em determinar os pontos de interseção da função com o eixo das abscissas no plano cartesiano. A função f é um elemento no domínio de f tal que $f(x) = 0$.

Considere a função:
$f(x) = x^2 - 6x + 9$
3 é uma raiz de f, porque:
$f(3) = 3^2 - 6 \cdot 3 + 9 = 0$

8.3 Funções injetoras, sobrejetoras e bijetoras

Função injetora: é a função em que cada x encontra um único y, ou seja, os elementos distintos têm imagens distintas.

Função sobrejetora: a função em que o conjunto imagem é exatamente igual ao contradomínio (y).

Função bijetora: a função que for injetora e sobrejetora ao mesmo tempo.

8.4 Funções crescentes, decrescentes e constantes

Função crescente: à medida que x aumenta, as imagens vão aumentando.

Com $x_1 > x_2$ a função é crescente para $f(x_1) > f(x_2)$, isto é, aumentando valor de x, aumenta o valor de y.

Função decrescente: à medida que x aumenta, as imagens vão diminuindo (decrescente).

Com $x_1 > x_2$ a função é crescente para $f(x_1) < f(x_2)$, isto é, aumentando x, diminui o valor de y.

Função constante: em uma função constante qualquer que seja o elemento do domínio, eles sempre terão a mesma imagem, ao variar x encontra sempre o mesmo valor y.

8.5 Funções inversas e compostas

8.5.1 Função inversa

Dada uma função f: A → B, se f é bijetora, se define a função inversa f^{-1} como sendo a função de B em A, tal que $f^{-1}(y) = x$.

Determine a inversa da função definida por:
$y = 2x + 3$
Trocando as variáveis x e y:
$x = 2y + 3$

Colocando y em função de x:
$$2y = x - 3$$
$$y = \frac{x-3}{2}, \text{ que define a função inversa da função dada.}$$

8.5.2 Função composta

A função obtida que substitui a variável independente x por uma função, chama-se função composta (ou função de função).

Simbolicamente fica:

$$f_o g(x) = f(g(x)) \text{ ou } g_o f(x) = g(f(x))$$

Dadas as funções $f(x) = 2x + 3$ e $g(x) = 5x$, determine $g_o f(x)$ e $f_o g(x)$.
$g_o f(x) = g[f(x)] = g(2x + 3) = 5(2x + 3) = 10x + 15$
$f_o g(x) = f[g(x)] = f(5x) = 2(5x) + 3 = 10x + 3$

8.6 Função afim

Chama-se função polinomial do 1º grau, ou função afim, qualquer função f dada por uma lei da forma $f(x) = ax + b$, cujo a e b são números reais dados e a ≠ 0.

Na função $f(x) = ax + b$, o número a é chamado de coeficiente de x e o número b é chamado termo constante.

8.6.1 Gráfico

O gráfico de uma função polinomial do 1º grau, $y = ax + b$, com a ≠ 0, é uma reta oblíqua aos eixos x e y.

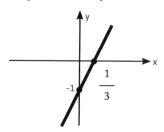

8.6.2 Zero e equação do 1º grau

Chama-se zero ou raiz da função polinomial do 1º grau $f(x) = ax + b$, a ≠ 0, o número real x tal que $f(x) = 0$.

Assim: $f(x) = 0 \Rightarrow ax + b = 0 \Rightarrow x = \frac{-b}{a}$

8.6.3 Crescimento e decrescimento

A função do 1º grau $f(x) = ax + b$ é crescente, quando o coeficiente de x é positivo (a > 0).

A função do 1º grau $f(x) = ax + b$ é decrescente, quando o coeficiente de x é negativo (a < 0).

8.6.4 Sinal

Estudar o sinal de qualquer $y = f(x)$ é determinar o valor de x para os quais y é positivo, os valores de x para os quais y é zero e os valores de x para os quais y é negativo.

Considere uma função afim $y = f(x) = ax + b$, essa função se anula para a raiz $x = \frac{-b}{a}$.

Há dois casos possíveis:

a > 0 (a função é crescente)

$$y > 0 \Rightarrow ax + b > 0 \Rightarrow x > \frac{-b}{a}$$

$$y < 0 \Rightarrow ax + b < 0 \Rightarrow x < \frac{-b}{a}$$

Logo, y é positivo para valores de x maiores que a raiz; y é negativo para valores de x menores que a raiz.

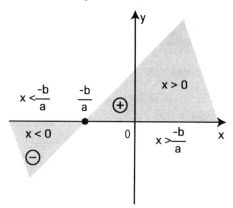

a < 0 (a função é decrescente)

$$y > 0 \Rightarrow ax + b > 0 \Rightarrow x < \frac{-b}{a}$$

$$y < 0 \Rightarrow ax + b < 0 \Rightarrow x < \frac{-b}{a}$$

Portanto, y é positivo para valores de x menores que a raiz; y é negativo para valores de x maiores que a raiz.

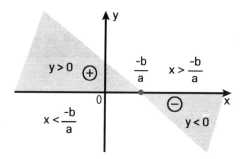

8.6.5 Equações e inequações do 1º grau

Equação

Uma equação do 1º grau na incógnita x é qualquer expressão do 1º grau que pode ser escrita em uma das seguintes formas:

$$ax + b = 0$$

Para resolver uma equação, basta achar o valor de x.

▷ **Sistema de equação**

Um sistema de equação de 1º grau com duas incógnitas é formado por duas equações de 1º grau com duas incógnitas diferentes em cada equação.

$$\begin{cases} x + y = 20 \\ 3x - 4y = 72 \end{cases}$$

Para encontrar o par ordenado desse sistema, é preciso utilizar dois métodos para a sua solução, são eles: substituição e adição.

▷ **Método da substituição**

Esse método consiste em escolher uma das duas equações, isolar uma das incógnitas e substituir na outra equação.

FUNÇÕES

Dado o sistema $\begin{cases} x + y = 20 \\ 3x - 4y = 72 \end{cases}$ enumeramos as equações.

$\begin{cases} x + y = 20 \quad \boxed{1} \\ 3x - 4y = 72 \quad \boxed{2} \end{cases}$

Escolhemos a equação 1 e isolamos o x:
x + y = 20
x = 20 - y
Na equação 2, substituímos o valor de x = 20 - y.
3x + 4y = 72
3(20 - y) + 4y = 72
60 - 3y + 4y = 72
- 3y + 4y = 72 - 60
y = 12
Para descobrir o valor de x, substituir y por 12 na equação:
x = 20 - y.
x = 20 - y
x = 20 - 12
x = 8
Portanto, a solução do sistema é S = (8, 12)

▷ **Método da adição**

Este método consiste em adicionar as duas equações de tal forma que a soma de uma das incógnitas seja zero. Para que isso aconteça, será preciso que multipliquemos as duas equações ou apenas uma equação por números inteiros para que a soma de uma das incógnitas seja zero.

Dado o sistema:
$\begin{cases} x + y = 20 \\ 3x - 4y = 72 \end{cases}$

Para adicionar as duas equações e a soma de uma das incógnitas de zero, teremos que multiplicar a primeira equação por –3.

$\begin{cases} x + y = 20 \quad \boxed{(-3)} \\ 3x - 4y = 72 \end{cases}$

Agora, o sistema fica assim:
$\begin{cases} -3x - 3y = -60 \\ 3x + 4y = 72 \end{cases}$

Adicionando as duas equações:
- 3x - 3y = - 60
+ 3x + 4y = 72
y = 12
Para descobrir o valor de x, escolher uma das duas equações e substituir o valor de y encontrado:
x + y = 20
x + 12 = 20
x = 20 - 12
x = 8
Portanto, a solução desse sistema é: S = (8, 12)

Inequação

Uma inequação do 1º grau na incógnita x é qualquer expressão do 1º grau que pode ser escrita em uma das seguintes formas:

ax + b > 0
ax + b < 0
ax + b ≥ 0
ax + b ≤ 0

Sendo **a, b** são números reais com a ≠ 0.

$\begin{cases} -2x + 7 > 0 \\ x - 10 \leq 0 \\ 2x + 5 \leq 0 \\ 12 - x < 0 \end{cases}$

▷ **Resolvendo uma inequação de 1º grau**

Uma maneira simples de resolver uma inequação do 1º grau é isolar a incógnita x em um dos membros da desigualdade.

Resolva a inequação $-2x + 7 > 0$:
$-2x > -7 \cdot (-1)$
$2x < 7$
$x < \dfrac{7}{2}$

Logo, a solução da inequação é $x < \dfrac{7}{2}$.

Resolva a inequação $2x - 6 < 0$:
$2x < 6$
$x < \dfrac{6}{2}$
$x < 3$

Portanto, a solução da inequação é x < 3.

Pode-se resolver qualquer inequação do 1º grau por meio do estudo do sinal de uma função do 1º grau, com o seguinte procedimento:

- Iguala-se a expressão ax + b a zero.
- Localiza-se a raiz no eixo x.
- Estuda-se o sinal conforme o caso.

$-2x + 7 > 0$
$-2x + 7 = 0$
$x = \dfrac{7}{2}$

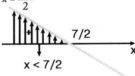

x < 7/2

$2x - 6 < 0$
$2x - 6 = 0$
$x = 3$

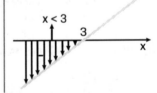

8.7 Equação e função exponencial

Equação exponencial é toda equação na qual a incógnita aparece em expoente.

Para resolver equações exponenciais, devem-se realizar dois passos importantes:
- Redução dos dois membros da equação a potências de mesma base.
- **Aplicação da propriedade:**
$a^m = a^n \Rightarrow m = n$ ($a \neq 1$ e $a > 0$)

8.7.1 Função exponencial

Funções exponenciais são aquelas nas quais temos a variável aparecendo em expoente.

A função $f: \mathbb{R} \to \mathbb{R}_+$, definida por $f(x) = a^x$, com $a \in \mathbb{R}_+$ e $a \neq 1$, é chamada função exponencial de base a. O domínio dessa função é o conjunto $\mathbb{R}$ (reais) e o contradomínio é $\mathbb{R}_+$ (reais positivos, maiores que zero).

8.7.2 Gráfico cartesiano da função exponencial

Há dois casos a considerar:

Quando a>1:

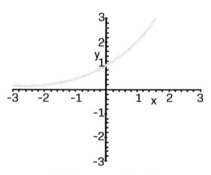

$f(x)$ é crescente e Im = $\mathbb{R}_+$

Para quaisquer x_1 e x_2 do domínio: $x_2 > x_1 \Rightarrow y_2 > y_1$ (as desigualdades têm mesmo sentido).

Quando 0 < a < 1:

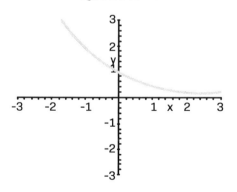

$f(x)$ é decrescente e Im = $\mathbb{R}_+$

Para quaisquer x_1 e x_2 do domínio: $x_2 > x_1 \Rightarrow y_2 < y_1$ (as desigualdades têm sentidos diferentes).

Nas duas situações, pode-se observar que:
- O gráfico nunca intercepta o eixo horizontal.
- A função não tem raízes; o gráfico corta o eixo vertical no ponto (0,1).
- Os valores de y são sempre positivos (potência de base positiva é positiva), portanto, o conjunto imagem é Im =$\mathbb{R}_+$.

8.7.3 Inequações exponenciais

Inequação exponencial é toda inequação na qual a incógnita aparece em expoente.

Para resolver inequações exponenciais, devem-se realizar dois passos:
- Redução dos dois membros da inequação a potências de mesma base.
- **Aplicação da propriedade:**

a > 1

$a^m > a^n \Rightarrow m > n$

(as desigualdades têm mesmo sentido)

0 < a < 1

$a^m > a^n \Rightarrow m < n$

(as desigualdades têm sentidos diferentes)

8.8 Equação e função logarítmica

8.8.1 Logaritmo

$$a^x = b \Leftrightarrow \log_a b = x$$

Sendo $b > 0$, $a > 0$ e $a \neq 1$

Na igualdade $x = \log_a b$ tem:

a = base do logaritmo

b = logaritmando ou antilogaritmo

x = logaritmo

Consequências da definição

Sendo $b > 0$, $a > 0$ e $a \neq 1$ e m um número real qualquer, em seguida, algumas consequências da definição de logaritmo:

$\log_a 1 = 0$

$\log_a a = 1$

$\log_a a^m = m$

$a^{\log_a b} = b$

$\log_a b = \log_a c \Leftrightarrow b = c$

Propriedades operatórias dos logaritmos

$\log_a (x \cdot y) = \log_a x + \log_a y$

$\log_a \left[\dfrac{x}{y}\right] = \log_a x - \log_a y$

$\log_a x^m = m \cdot \log_a x$

$\log_a \sqrt[n]{x^m} = \log_a x^{\frac{m}{n}} = \dfrac{m}{n} \cdot \log_a x$

Cologaritmo

$\operatorname{colog}_a b = \log_a \dfrac{1}{b}$

$\operatorname{colog}_a b = -\log_a b$

FUNÇÕES

Mudança de base

$$\log_a x = \frac{\log_b x}{\log_b a}$$

8.8.2 Função logarítmica

A função $f: \mathbb{R}_+ \to \mathbb{R}$, definida por $f(x) = \log_a x$, com $a \neq 1$ e $a > 0$, é chamada função logarítmica de base a. O domínio dessa função é o conjunto $\mathbb{R}_+$ (reais positivos, maiores que zero) e o contradomínio é $\mathbb{R}$ (reais).

Gráfico cartesiano da função logarítmica

Há dois casos a se considerar:

Quando a>1:

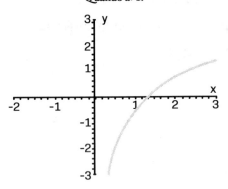

$f(x)$ é crescente e $\text{Im} = \mathbb{R}$

Para quaisquer x_1 e x_2 do domínio: $x_2 > x_1 \Rightarrow y_2 < y_1$ (as desigualdades têm mesmo sentido).

Quando 0<a<1:

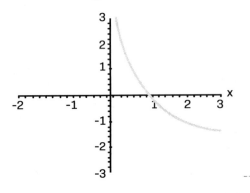

$f(x)$ é decrescente e $\text{Im} = \mathbb{R}$

Para quaisquer x_1 e x_2 do domínio: $x_1 > x_2 \Rightarrow y_1 < y_2$ (as desigualdades têm sentidos diferentes).

Nas duas situações, pode-se observar que:
- O gráfico nunca intercepta o eixo vertical.
- O gráfico corta o eixo horizontal no ponto $(1, 0)$.
- A raiz da função é $x = 1$.
- Y assume todos os valores reais, portanto, o conjunto imagem é $\text{Im} = \mathbb{R}$.

8.8.3 Equações logarítmicas

Equações logarítmicas são toda equação que envolve logaritmos com a incógnita aparecendo no logaritmando, na base ou em ambos.

8.8.4 Inequações logarítmicas

Inequações logarítmicas são toda inequação que envolve logaritmos com a incógnita aparecendo no logaritmando, na base ou em ambos.

Para resolver inequações logarítmicas, devem-se realizar dois passos:
- Redução dos dois membros da inequação a logaritmos de mesma base.
- **Aplicação da propriedade:**

a > 1

$\log_a m > \log_a n \Rightarrow m > n > 0$

(as desigualdades têm mesmo sentido)

0 < a < 1

$\log_a m > \log_a n \Rightarrow 0 < m < n$

(as desigualdades têm sentidos diferentes)

9 SEQUÊNCIAS NUMÉRICAS

Neste capítulo, conheceremos a formação de uma sequência e também do que trata a P.A. (Progressão Aritmética) e a P.G. (Progressão Geométrica).

9.1 Definições

Sequências: conjunto de elementos organizados de acordo com certo padrão, ou seguindo determinada regra. O conhecimento das sequências é fundamental para a compreensão das progressões.

Progressões: são sequências numéricas com algumas características exclusivas.

Cada elemento das sequências e/ou progressões são denominados termos.

Sequência dos números quadrados perfeitos: (1, 4, 9, 16, 25, 36, 49, 64, 81, 100...).

Sequência dos números primos: (2, 3, 5, 7, 11, 13, 17, 19, 23, 29, 31, 37, 41, 43, 47, 53...).

O que determina a formação na sequência dos números é: $a_n = n^2$.

9.2 Lei de formação de uma sequência

Para determinar uma sequência numérica é preciso uma lei de formação. A lei que define a sequência pode ser a mais variada possível.

A sequência definida pela lei $a_n = n^2 + 1$, com $n \in \mathbb{N}$, cujo a_n é o termo que ocupa a n-ésima posição na sequência é: 0, 2, 5, 10, 17, 26... Por esse motivo, a_n é chamado de termo geral da sequência.

9.3 Progressão aritmética (P.A.)

Progressão aritmética é uma sequência numérica em que cada termo, a partir do segundo, é igual ao anterior adicionado a um número fixo, chamado razão da progressão (r).

Quando r > 0, a progressão aritmética é crescente; quando r < 0, decrescente e quando r = 0, constante ou estacionária.

- (2, 5, 8, 11, ...), temos r = 3. Logo, a P.A. é crescente.
- (20, 18, 16, 14, ...), temos r = -2. Logo, a P.A. é decrescente.
- (5, 5, 5, 5, ...), temos r = 0. Logo, a P.A. é constante.

A representação matemática de uma progressão aritmética é: $(a_1, a_2, a_3, ..., a_n, a_{n+1}, ...)$ na qual:

$$\begin{cases} a_2 = a_1 + r \\ a_3 = a_2 + r \\ a_4 = a_3 + r \\ \vdots \end{cases}$$

Se a razão de uma P.A. é a quantidade que acrescentamos a cada termo para obter o seguinte, podemos dizer que ela é igual à diferença entre qualquer termo, a partir do segundo, e o anterior. Assim, de modo geral, temos:

$$r = a_2 - a_1 = a_3 - a_2 = ... = a_{n+1} - a_n$$

Para encontrar um termo específico, a quantidade de termos ou até mesmo a razão de uma P.A., dispomos de uma relação chamada termo geral de uma P.A.: $a_n = a_1 + (n-1)r$, onde:

- a_n é o termo geral.
- a_1 é o primeiro termo.
- n é o número de termos.
- r é a razão da P.A.

Propriedades:

P_1. Em toda P.A. finita, a soma de dois termos equidistantes dos extremos é igual à soma dos extremos.

```
1    3    5    7    9    11
          └─5+7=12─┘
     └──── 3+9=12 ────┘
└──────── 1+11=12 ────────┘
```

Dois termos são equidistantes quando a distância entre um deles para o primeiro termo da P.A. é igual a distância do outro para o último termo da P.A.

P_2. Uma sequência de três termos é P.A. se o termo médio é igual à média aritmética entre os outros dois, isto é, (a, b, c) é P.A. $\Leftrightarrow b = \dfrac{a+c}{2}$

| Seja a P.A. (2, 4, 6), então, $4 = \dfrac{2+6}{2}$

P_3. Em uma P.A. com número ímpar de termos, o termo médio é a média aritmética entre os extremos.

| (3, 6, 9, 12, 15, 18, 21, 24, 27, 30, 33, 36, 39), $21 = \dfrac{3+39}{2}$

P_4. A soma S_n dos n primeiros termos da P.A. $(a_1, a_2, a_3, ... a_n)$ é dada por:

$$S_n = \dfrac{(a_1 + a_n) \cdot n}{2}$$

| Calcule a soma dos temos da P.A. (1, 4, 7, 10, 13, 16, 19, 22, 25).
$a_1 = 1; a_n = 25; n = 9$

$S_n = \dfrac{(a_1 + a^n) \cdot n}{2}$

$S_n = \dfrac{(1 + 25) \cdot 9}{2}$

$S_n = \dfrac{(26) \cdot 9}{2}$

$S_n = \dfrac{234}{2}$

$S_n = 117$

9.3.1 Interpolação aritmética

Interpolar significa inserir termos, ou seja, interpolação aritmética é a colocação de termos entre os extremos de uma P.A. Consiste basicamente em descobrir o valor da razão da P.A. e inserir esses termos.

Utiliza-se a fórmula do termo geral para a resolução das questões, em que **n** será igual a **k + 2**, cujo **k** é a quantidade de termos que se quer interpolar.

| Insira 5 termos em uma P.A. que começa com 3 e termina com 15.
$a_1 = 3; a_n = 15; k = 5$ e
$n = 5 + 2 = 7$
$a_n = a_1 + (n - 1) \cdot r$
$15 = 3 + (7 - 1) \cdot r$
$15 = 3 + 6r$
$6r = 15 - 3$
$6r = 12$
$r = \dfrac{12}{6}$
$r = 2$

| Então, P.A.
(3, 5, 7, 9, 11, 13, 15)

SEQUÊNCIAS NUMÉRICAS

9.4 Progressão geométrica (P.G.)

Progressão geométrica é uma sequência de números não nulos em que cada termo, a partir do segundo, é igual ao anterior multiplicado por um número fixo, chamado razão da progressão (q).

A representação matemática de uma progressão geométrica é $(a_1, a_2, a_3, ..., a_{n-1}, a_n)$, na qual $a_2 = a_1 \cdot q$, $a_3 = a_2 \cdot q$,... etc. De modo geral, escrevemos: $a_{n+1} = a_n \cdot q$, $\forall\ n \in \mathbb{N}^*$ e $q \in \mathbb{R}$.

Em uma P.G., a razão q é igual ao quociente entre qualquer termo, a partir do segundo, e o anterior.

$$(4, 8, 16, 32, 64)$$
$$q = \frac{8}{4} = \frac{16}{8} = \frac{32}{16} = \frac{64}{32} = 2$$

$$(6, -18, 54, -162)$$
$$q = \frac{186}{6} = \frac{54}{-18} = \frac{-162}{54} = -3$$

Assim, podemos escrever:
$$\frac{a_2}{a_1} = \frac{a_3}{a_2} = ... = \frac{a_{n+1}}{a_n} = q$$, sendo q a razão da P.G.

Podemos classificar uma P.G. como:

Crescente:
Quando $a_1 > 0$ e $q > 1$
| $(2, 6, 18, 54, ...)$ é uma P.G. crescente com $a_1 = 2$ e $q = 3$
Quando $a_1 < 0$ e $0 < q < 1$
| $(-40, -20, -10, ...)$ é uma P.G. crescente com $a_1 = -40$ e $q = 1/2$

Decrescente:
Quando $a_1 > 0$ e $0 < q < 1$
| $(256, 64, 16, ...)$ é uma P.G. decrescente com $a_1 = 256$ e $q = 1/4$
Quando $a_1 < 0$ e $q > 1$
| $(-2, -10, -50, ...)$ é uma P.G. decrescente com $a_1 = -2$ e $q = 5$

Constante:
Quando $q = 1$
| $(3, 3, 3, 3, ...)$ é uma P.G. constante com $a_1 = 3$ e $q = 1$

Alternada:
Quando $q < 0$
| $(2, -6, 18, -54)$ é uma P.G. alternada com $a_1 = 2$ e $q = -3$

A fórmula do termo geral de uma P.G. nos permite encontrar qualquer termo da progressão.

$$a_n = a_1 \cdot q^{n-1}$$

Propriedades:

P_1. Em toda P.G. finita, o produto de dois termos equidistantes dos extremos é igual ao produto dos extremos.

```
1    3    9    27    81    243
              9 · 27 = 243
          3 · 81 = 243
       1 · 243 = 243
```

Dois termos são equidistantes quando a distância de um deles para o primeiro termo P.G. é igual a distância do outro para o último termo da P.G.

P_2. Uma sequência de três termos, em que o primeiro é diferente de zero, é uma P.G., e sendo o quadrado do termo médio igual ao produto dos outros dois, isto é, $a \neq 0$.

| (a, b, c) é P.G. $\Leftrightarrow b^2 = ac$
| $(2, 4, 8) \Leftrightarrow 4^2 = 2 \cdot 8 = 16$

P_3. Em uma P.G. com número ímpar de termos, o quadrado do termo médio é igual ao produto dos extremos.

| $(2, 4, 8, 16, 32, 64, 128, 256, 512)$, temos que $32^2 = 2 \cdot 512 = 1.024$.

P_4. Soma dos n primeiros termos de uma P.G.: $S_n = \dfrac{a_1(q^n - 1)}{q - 1}$

P_5. Soma dos termos de uma P.G. infinita:

- $S_\infty = \dfrac{a_1}{1 - q}$, se $-1 < q < 1$
- $S_\infty = +\infty$, se $q > 1$ e $a_1 > 0$
- $S_\infty = -\infty$, se $q > 1$ e $a_1 < 0$

9.4.1 Interpolação geométrica

Interpolar significa inserir termos, ou seja, interpolação geométrica é a colocação de termos entre os extremos de uma P.G. Consiste basicamente em descobrir o valor da razão da P.G. e inserir esses termos.

Utiliza-se a fórmula do termo geral para a resolução das questões, em que **n** será igual a **p + 2**, cujo **p** é a quantidade de termos que se quer interpolar.

Insira 4 termos em uma P.G. que começa com 2 e termina com 2.048.
$a_1 = 2$; $a_n = 2.048$; $p = 4$ e $n = 4 + 2 = 6$
$a_n = a_1 \cdot q^{(n-1)}$
$2.048 = 2 \cdot q^{(6-1)}$
$2.048 = 2 \cdot q^5$
$q^5 = \dfrac{2.048}{2}$
$q^5 = 1.024$ ($1.024 = 4^5$)
$q^5 = 4^5$
$q = 4$
P.G. $(2, \mathbf{8, 32, 128, 512}, 2.048)$.

9.4.2 Produto dos termos de uma P.G.

Para o cálculo do produto dos termos de uma P.G., usar a seguinte fórmula:

$$P_n = \sqrt{(a_1 \cdot a_n)^n}$$

Qual o produto dos termos da P.G. $(5, 10, 20, 40, 80, 160)$?
$a_1 = 5$; $a_n = 160$; $n = 6$
$P_n = \sqrt{(a_1 \cdot a_n)^n}$
$P_n = \sqrt{(5 \cdot 160)^6}$
$P_n = (5 \cdot 160)^3$
$P_n = (800)^3$
$P_n = 512.000.000$

RACIOCÍNIO LÓGICO-MATEMÁTICO

10 ANÁLISE COMBINATÓRIA

As primeiras atividades matemáticas estavam ligadas à contagem de objetos de um conjunto, enumerando seus elementos.

Vamos estudar algumas técnicas para a descrição e contagem de casos possíveis de um acontecimento.

10.1 Definição

A análise combinatória é utilizada para descobrir o **número de maneiras possíveis** para realizar determinado evento, sem que seja necessário demonstrar essas maneiras.

> Quantos são os pares formados pelo lançamento de dois **dados** simultaneamente?
> No primeiro dado, temos 6 possibilidades – do 1 ao 6 – e, no segundo dado, também temos 6 possibilidades – do 1 ao 6. Juntando todos os pares formados, temos 36 pares (6 · 6 = 36).
> (1,1), (1,2), (1,3), (1,4), (1,5), (1,6),
> (2,1), (2,2), (2,3), (2,4), (2,5), (2,6),
> (3,1), (3,2), (3,3), (3,4), (3,5), (3,6),
> (4,1), (4,2), (4,3), (4,4), (4,5), (4,6),
> (5,1), (5,2), (5,3), (5,4), (5,5), (5,6),
> (6,1), (6,2), (6,3), (6,4), (6,5), (6,6).
> Logo, temos **36 pares**.

Não há necessidade de expor todos os pares formados, basta que saibamos quantos pares existem.

Imagine se fossem 4 dados e quiséssemos saber todas as quadras possíveis, o resultado seria 1.296 quadras. Um número inviável de ser representado. Por isso utilizamos a análise combinatória.

Para resolver as questões de análise combinatória, utilizamos algumas técnicas, que veremos a seguir.

10.2 Fatorial

É comum, nos problemas de contagem, calcularmos o produto de uma multiplicação cujos fatores são números naturais consecutivos. Fatorial de um número (natural) é a multiplicação deste número por todos os seus antecessores, em ordem, até o número 1 ·

$$n! = n(n-1)(n-2)...3.2.1, \text{ sendo } n \in \mathbb{N} \text{ e } n > 1.$$

Por definição, temos:
- $0! = 1$
- $1! = 1$
- $4! = 4 \cdot 3 \cdot 2 \cdot 1 = 24$
- $6! = 6 \cdot 5 \cdot 4 \cdot 3 \cdot 2 \cdot 1 = 720$
- $8! = 8 \cdot 7 \cdot 6 \cdot 5 \cdot 4 \cdot 3 \cdot 2 \cdot 1 = 40.320$

Observe que:
- $6! = 6 \cdot 5 \cdot 4!$
- $8! = 8 \cdot 7 \cdot 6!$

Para n = 0, teremos: $0! = 1$.
Para n = 1, teremos: $1! = 1$.

> Qual deve ser o valor numérico de n para que a equação $(n + 2)! = 20 \cdot n!$ seja verdadeira?
> O primeiro passo na resolução deste problema consiste em escrevermos **(n + 2)!** em função de **n!**, em busca de uma equação que não mais contenha fatoriais:
> $(n+2)(n+1)n! = 20n!$, dividindo por n!, tem os:
> $(n+2)(n+1) = 20$, fazendo a distributiva.
> $n^2 + 3n + 2 = 20 \Rightarrow n^2 + 3n - 18 = 0$
> Conclui-se que as raízes procuradas são **-6** e **3**, mas como não existe fatorial de números negativos, já que eles não pertencem ao conjunto dos números naturais, ficamos apenas com a raiz igual a **3**.
> Portanto:
> O valor numérico de n, para que a equação seja verdadeira, é igual a 3.

10.3 Princípio fundamental da contagem (PFC)

O PFC é utilizado nas questões em que os elementos podem ser repetidos **ou** quando a ordem dos elementos fizer diferença no resultado.

É uma das técnicas mais importantes e uma das mais utilizadas nas questões de análise combinatória.

> **Fique ligado**
>
> Esses elementos são os dados das questões, os valores envolvidos.

Consiste de dois princípios: o **multiplicativo** e o **aditivo**. A diferença dos dois consiste nos termos utilizados durante a resolução das questões.

Multiplicativo: usado sempre que na resolução das questões utilizarmos o termo e. Como o próprio nome já diz, faremos multiplicações.

Aditivo: usado quando utilizarmos o termo **ou**. Aqui realizaremos somas.

> Quantas senhas de 3 algarismos são possíveis com os algarismos 1, 3, 5 e 7?
> Como nas senhas os algarismos podem ser repetidos, para formar senhas de 3 algarismos temos a seguinte possibilidade:
> SENHA = Algarismo E Algarismo E Algarismo
> Nº de SENHAS = 4 · 4 · 4 (já que são 4 os algarismos que temos na questão, e observe o princípio multiplicativo no uso do e). Nº de SENHAS = 64.

> Quantos são os números naturais de dois algarismos que são múltiplos de 5?
> Como o zero à esquerda de um número não é significativo, para que tenhamos um número natural com dois algarismos, ele deve começar com um dígito de 1 a 9. Temos, portanto, 9 possibilidades.
> Para que o número seja um múltiplo de 5, ele deve terminar em 0 ou 5, portanto, temos apenas 2 possibilidades. A multiplicação de 9 por 2 nos dará o resultado desejado. Logo: são 18 os números naturais de dois algarismos e múltiplos de 5.

10.4 Arranjo e combinação

Duas outras técnicas usadas para resolução de problemas de análise combinatória, sendo importante saber quando usa cada uma delas.

Arranjo: usado quando os elementos (envolvidos no cálculo) não podem ser repetidos E quando a ordem dos elementos faz diferença no resultado.

A fórmula do arranjo é:

$$A_{n,p} = \frac{n!}{(n-p)!}$$

Sendo:
- **n** = todos os elementos do conjunto.
- **p** = os elementos utilizados.
- pódio de competição

109

ANÁLISE COMBINATÓRIA

Combinação: usado quando os elementos (envolvidos no cálculo) não podem ser repetidos E quando a ordem dos elementos não faz diferença no resultado.

A fórmula da combinação é:

$$C_{n,p} = \frac{n!}{p! \cdot (n-p)!}$$

Sendo:

n = a todos os elementos do conjunto.

p = os elementos utilizados.

| salada de fruta.

10.5 Permutação

10.5.1 Permutação simples

Seja E um conjunto com **n** elementos. Chama-se permutação simples dos **n** elementos, qualquer agrupamento (sequência) de **n** elementos distintos de E em outras palavras. Permutação é a **organização** de **todos** os elementos

Podemos, também, interpretar cada permutação de **n** elementos como um arranjo simples de **n** elementos tomados **n** a **n**, ou seja, p = n.

Nada mais é do que um caso particular de arranjo cujo p = n.

Logo:

Assim, a fórmula da permutação é:

$$P_n = n!$$

Quantos anagramas tem a palavra prova?

A palavra **prova** tem 5 letras, e nenhuma repetida, sendo assim n = 5, é:

P5 = 5!

P5 = 5 · 4 · 3 · 2 · 1

P5 = 120 anagramas

Fique ligado

As permutações são muito usadas nas questões de anagramas. Anagramas são palavras formadas com todas as letras de uma palavra, desde que essas novas palavras tenham sentido ou não na linguagem comum.

10.5.2 Permutação com elementos repetidos

Na permutação com elementos repetidos, usa-se a seguinte fórmula:

$$P_n^{k,y,...,w} = \frac{n!}{k! \cdot y! \cdot ... \cdot w!}$$

Sendo:

n = o número total de elementos do conjunto.

k, y, w = as quantidades de elementos repetidos.

Quantos anagramas tem a palavra concurso?

Observe que na palavra **concurso** existem duas letras repetidas, C e O, e cada uma duas vezes, portanto, n = 8, k = 2 e y = 2, sendo:

$$P_8^{2,2} = \frac{8!}{2! \cdot 2!}$$

$$P_8^{2,2} = \frac{8 \cdot 7 \cdot 6 \cdot 5 \cdot 4 \cdot 3 \cdot 2!}{2 \cdot 1 \cdot 2!} \text{ (Simplificando o 2!)}$$

$$P_8^{2,2} = \frac{20.160}{2}$$

$$P_8^{2,2} = 10.080 \text{ anagramas}$$

Resumo:

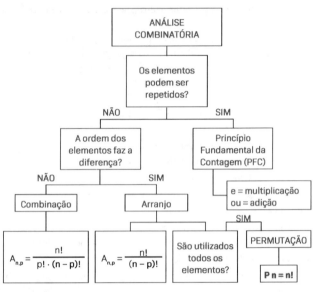

Para saber qual das técnicas utilizar, faça duas, no máximo, três perguntas para a questão, como segue:

Os elementos podem ser repetidos?

Se a resposta for sim, deve-se trabalhar com o PFC; se a resposta for não, passe para a próxima pergunta.

A ordem dos elementos faz diferença no resultado da questão?

Se a resposta for sim, trabalha-se com arranjo; se a resposta for não, trabalha-se com as combinações (todas as questões de arranjo podem ser feitas por PFC).

Vou utilizar todos os elementos para resolver a questão? (opcional)

Para fazer a 3ª pergunta, dependerá se a resposta da 1ª for não e a 2ª for sim; se a resposta da 3ª for sim, trabalha-se com as permutações.

10.5.3 Permutações circulares e combinações com repetição

Casos especiais dentro da análise combinatória

Permutação circular: usada quando houver giro horário ou anti-horário. Na permutação circular o que importa são as posições, não os lugares.

$$PC_n = (n-1)!$$

Sendo:

n = o número total de elementos do conjunto.

Pc = permutação circular.

Combinação com repetição: usada quando p > n ou quando a questão deixar subentendido que pode haver repetição.

$$A_{n,p} = C_{(n+p-1,p)} = \frac{(n+p-1)!}{p! \cdot (n-1)!}$$

Sendo:

n = o número total de elementos do conjunto.

p = o número de elementos utilizados.

Cr = combinação com repetição.

11 PROBABILIDADE

A que temperatura a água entra em ebulição? Ao soltar uma bola, com que velocidade ela atinge o chão? Ao conhecer certas condições, é perfeitamente possível responder a essas duas perguntas, antes mesmo da realização desses experimentos.

Esses experimentos são denominados determinísticos, pois neles os resultados podem ser previstos.

Considere agora os seguintes experimentos:
- No lançamento de uma moeda, qual a face voltada para cima?
- No lançamento de um dado, que número saiu?
- Uma carta foi retirada de um baralho completo. Que carta é essa?

Mesmo se esses experimentos forem repetidos várias vezes, nas mesmas condições, não poderemos prever o resultado.

Um experimento cujo resultado, mesmo que único, é imprevisível, é denominado experimento aleatório. E é justamente ele que nos interessa neste estudo. Um experimento ou fenômeno aleatório apresenta as seguintes características:
- Pode se repetir várias vezes nas mesmas condições.
- É conhecido o conjunto de todos os resultados possíveis.
- Não se pode prever o resultado.

A teoria da probabilidade surgiu para nos ajudar a medir a chance de ocorrer determinado resultado em um experimento aleatório.

11.1 Definições

Para o cálculo das probabilidades, temos que saber primeiro os três conceitos básicos acerca do tema:

> **Fique ligado**
>
> Maneiras possíveis de se realizar determinado evento (análise combinatória).
> ≠ (diferente)
> Chance de determinado evento ocorrer (probabilidade).

Experimento aleatório: é o experimento em que não é possível garantir o resultado, mesmo que esse seja feito diversas vezes nas mesmas condições.

Lançamento de uma moeda: ao lançar uma moeda os resultados possíveis são cara ou coroa, mas não tem como garantir qual será o resultado desse lançamento.

Lançamento de um dado: da mesma forma que a moeda, não temos como garantir qual é o resultado (1, 2, 3, 4, 5 e 6) desse lançamento.

Espaço amostral (Ω) ou (U): é o conjunto de todos os resultados possíveis para um experimento aleatório.

Na moeda: o espaço amostral na moeda é $\Omega = 2$, pois só temos dois resultados possíveis para esse experimento, que é ou cara ou coroa.

No dado: o espaço amostral no dado é U = 6, pois temos do 1 ao 6, como resultados possíveis para esse experimento.

Evento: qualquer subconjunto do espaço amostral é chamado evento.

No lançamento de um dado, por exemplo, em relação à face voltada para cima, podemos ter os eventos:
O número par: {2, 4, 6}.
O número ímpar: {1, 3, 5}.
Múltiplo de 8: { }.

11.2 Fórmula da probabilidade

Considere um experimento aleatório em que para cada um dos n eventos simples, do espaço amostral U, a chance de ocorrência é a mesma. Nesse caso, o cálculo da probabilidade de um evento qualquer dado pela fórmula:

$$P(A) = \frac{n(A)}{n(U)}$$

Na expressão acima, **n (U)** é o número de elementos do espaço amostral **U** e **n (A)**, o número de elementos do evento **A**.

$$P = \frac{evento}{espaço\ amostral}$$

Os valores da probabilidade variam de 0 (0%) a 1 (100%).

Quando a probabilidade é de 0 (0%), diz-se que o evento é impossível.
| Chance de você não passar num concurso.

Quando a probabilidade é de 1 (100%), diz-se que o evento é certo.
| Chance de você passar num concurso.

Qualquer outro valor entre 0 e 1, caracteriza-se como a probabilidade de um evento.

Na probabilidade também se usa o PFC, ou seja, sempre que houver duas ou mais probabilidades ligadas pelo conectivo e elas serão multiplicadas, e quando for pelo ou, elas serão somadas.

11.3 Eventos complementares

Dois eventos são ditos **complementares** quando a chance do evento ocorrer somado à chance de ele não ocorrer sempre dá 1.

$$P(A) + P(\bar{A}) = 1$$

Sendo:
- **P(A)** = a probabilidade do evento ocorrer.
- **P(Ā)** = a probabilidade do evento não ocorrer.

11.4 Casos especiais de probabilidade

A partir de agora, veremos algumas situações típicas da probabilidade, que servem para não perdermos tempo na resolução das questões.

11.4.1 Eventos independentes

Dois ou mais eventos são independentes quando não dependem uns dos outros para acontecer, porém ocorrem simultaneamente. Para calcular a probabilidade de dois ou mais eventos independentes, multiplicar a probabilidade de cada um deles.

Uma urna tem 30 bolas, sendo 10 vermelhas e 20 azuis. Se sortear 2 bolas, 1 de cada vez e repondo a sorteada na urna, qual será a probabilidade de a primeira ser vermelha e a segunda ser azul?

Sortear uma bola vermelha da urna não depende de uma bola azul ser sorteada e vice-versa, então a probabilidade da bola ser vermelha é $\frac{10}{30}$, e para a bola ser azul a probabilidade é $\frac{20}{30}$. Dessa forma, a probabilidade de a primeira bola ser vermelha e a segunda azul é:

$$P = \frac{20}{30} \cdot \frac{10}{30}$$

$$P = \frac{200}{900}$$

$$P = \frac{2}{9}$$

11.4.2 Probabilidade condicional

É a probabilidade de um evento ocorrer, sabendo que já ocorreu outro, relacionado a esse.

A fórmula para o cálculo dessa probabilidade é:

$$P_{A/B} = \frac{P(A \cap B)}{P_B}$$

$$P = \frac{\text{probabilidade dos eventos simultâneos}}{\text{probabilidade do evento condicional}}$$

11.4.3 Probabilidade da união de dois eventos

Assim como na teoria de conjuntos, faremos a relação com a fórmula do número de elementos da união de dois conjuntos. É importante lembrar o que significa união.

A fórmula para o cálculo dessa probabilidade é:

$$P(A \cup B) = P(A) + P(B) - P(A \cap B)$$

Ao lançar um dado, qual é a probabilidade de obter um número primo ou um número ímpar?

Os números primos no dado são 2, 3 e 5, já os números ímpares no dado são 1, 3 e 5, então os números primos e ímpares são 3 e 5. Ao aplicar a fórmula para o cálculo da probabilidade fica:

$$P_{(A \cup B)} = \frac{3}{6} + \frac{3}{6} - \frac{2}{6}$$

$$P_{(A \cup B)} = \frac{4}{6}$$

$$P_{(A \cup B)} = \frac{2}{3}$$

11.4.4 Probabilidade binomial

Essa probabilidade é a chamada probabilidade estatística e será tratada aqui de forma direta e com o uso da fórmula.

A fórmula para o cálculo dessa probabilidade é:

$$P = C_{n,s} \cdot P^s_{sucesso} \cdot P^f_{fracasso}$$

Sendo:
- **C** = o combinação.
- **n** = o número de repetições do evento.
- **s** = o número de sucessos desejados.
- **f** = o número de fracassos.

12 MATRIZES

Matriz: é uma tabela que serve para organizar dados numéricos em linhas e colunas.

Nas matrizes, cada número é chamado de elemento da matriz, as filas horizontais são chamadas **linhas** e as filas verticais são chamadas **colunas**.

$$\begin{bmatrix} 1 & 4 & 7 \\ 13 & -1 & 18 \end{bmatrix} \rightarrow \text{Linha}$$

↓ Coluna

No exemplo, a matriz apresenta 2 linhas e 3 colunas. Dizemos que essa matriz é do tipo 2x3 (2 linhas e 3 colunas). Lê-se dois por três.

12.1 Representação de uma matriz

Uma matriz pode ser representada por parênteses ( ) ou colchetes [ ], com seus dados numéricos inseridos dentro desses símbolos matemáticos. Cada um desses dados, ocupam uma posição definida por uma linha e coluna.

A nomenclatura da matriz se dá por uma letra maiúscula. De modo geral, uma matriz A de m linhas e n colunas (m x n) pode ser representada da seguinte forma:

$$A = \begin{bmatrix} a_{11} & a_{12} & a_{13} & \cdots & a_{1n} \\ a_{21} & a_{22} & a_{23} & \cdots & a_{2n} \\ a_{31} & a_{32} & a_{33} & \cdots & a_{3n} \\ \cdots & \cdots & \cdots & \cdots & \cdots \\ a_{m1} & a_{m2} & a_{m3} & \cdots & a_{mn} \end{bmatrix}_{m \times n} \text{com m, n} \in \mathbb{N}^*$$

Abreviadamente:

$$A_{m \times n} = [a_{ij}]_{m \times n}$$

Com: $i \in \{1, 2, 3, ..., m\}$ e $j \in \{1, 2, 3, ..., n\}$

No qual, a_{ij} é o elemento da i linha com a j coluna.

$$B_{3 \times 2} = \begin{pmatrix} 4 & 7 \\ 6 & 8 \\ 18 & 10 \end{pmatrix} \text{ matriz de ordem 3 x 2}$$

$$C_{2 \times 2} = \begin{pmatrix} 2 & 13 \\ 18 & 28 \end{pmatrix} \text{ matriz quadrada de ordem 2 x 2 ou somente 2}$$

12.2 Lei de formação de uma matriz

As matrizes possuem uma lei de formação que define seus elementos a partir da posição (linha e coluna) de cada um deles na matriz, e podemos assim representar:

$D = (d_{ij})_{3 \times 3}$ em que $d_{ij} = 2i - j$

$$D = \begin{pmatrix} d_{11} = 2 \cdot (1) - 1 = 1 & d_{12} = 2 \cdot (1) - 2 = 0 & d_{13} = 2 \cdot (1) - 3 = -1 \\ d_{21} = 2 \cdot (2) - 1 = 3 & d_{22} = 2 \cdot (2) - 2 = 2 & d_{23} = 2 \cdot (2) - 3 = 1 \\ d_{31} = 2 \cdot (3) - 1 = 5 & d_{32} = 2 \cdot (3) - 2 = 4 & d_{33} = 2 \cdot (3) - 3 = 3 \end{pmatrix}$$

$$= \begin{pmatrix} 1 & 0 & -1 \\ 3 & 2 & 1 \\ 5 & 4 & 3 \end{pmatrix}$$

Logo: $D = \begin{pmatrix} 1 & 0 & -1 \\ 3 & 2 & 1 \\ 5 & 4 & 3 \end{pmatrix}$

12.3 Tipos de matrizes

Existem alguns tipos de matrizes mais comuns e usados nas questões de concursos são eles:

▷ **Matriz linha:** é aquela que possui somente uma linha.

$A_{1 \times 3} = [4 \quad 7 \quad 10]$

▷ **Matriz coluna:** é aquela que possui somente uma coluna.

$$B_{3 \times 1} = \begin{bmatrix} 6 \\ 13 \\ 22 \end{bmatrix}$$

▷ **Matriz nula:** é aquela que possui todos os elementos nulos ou zero.

$$C_{2 \times 3} = \begin{bmatrix} 0 & 0 & 0 \\ 0 & 0 & 0 \end{bmatrix}$$

▷ **Matriz quadrada:** é aquela que possui o número de linhas igual ao número de colunas.

$$D_{3 \times 3} = \begin{bmatrix} 2 & 4 & 7 \\ 13 & 10 & 18 \\ 32 & 29 & 1 \end{bmatrix}$$

- **Características das matrizes quadradas:** possuem diagonal principal e secundária.

$$A_{3 \times 3} = \begin{bmatrix} 1 & 2 & 3 \\ 2 & 4 & 6 \\ 3 & 6 & 9 \end{bmatrix} \text{diagonal principal}$$

$$A_{3 \times 3} = \begin{bmatrix} 1 & 2 & 3 \\ 2 & 4 & 6 \\ 3 & 6 & 9 \end{bmatrix} \text{diagonal secundária}$$

▷ **Matriz identidade:** é toda a matriz quadrada que os elementos da diagonal principal são iguais a um e os demais são zeros.

$$A_{3 \times 3} = \begin{bmatrix} 1 & 0 & 0 \\ 0 & 1 & 0 \\ 0 & 0 & 1 \end{bmatrix}$$

▷ **Matriz diagonal:** é toda a matriz quadrada que os elementos da diagonal principal são diferentes de zero e os demais são zeros.

$$A_{3 \times 3} = \begin{bmatrix} 1 & 0 & 0 \\ 0 & 4 & 0 \\ 0 & 0 & 7 \end{bmatrix}$$

▷ **Matriz triangular:** é aquela cujos elementos de um dos triângulos formados pela diagonal principal são zeros.

$$A_{3 \times 3} = \begin{bmatrix} 2 & 5 & 8 \\ 0 & 6 & 3 \\ 0 & 0 & 9 \end{bmatrix}$$

▷ **Matriz transposta (a^t):** é aquela em que ocorre a troca ordenada das linhas por colunas.

$$A = [a_{ij}]_{m \times n} = A^t = [a^t_{ji}]_{n \times m}$$

$$A_{2 \times 3} = \begin{bmatrix} 1 & 4 & 7 \\ 6 & 8 & 9 \end{bmatrix} \rightarrow A^t_{3 \times 2} = \begin{bmatrix} 1 & 6 \\ 4 & 8 \\ 7 & 9 \end{bmatrix}$$

RACIOCÍNIO LÓGICO-MATEMÁTICO

Perceba que a linha 1 de A corresponde à coluna 1 de A^t e a coluna 2 de A corresponde à coluna 2 de A^t.

▷ **Matriz oposta:** é toda matriz obtida trocando o sinal de cada um dos elementos de uma matriz dada.

$$A_{2 \times 2} = \begin{bmatrix} 4 & -1 \\ -6 & 7 \end{bmatrix} \rightarrow -A_{2 \times 2} = \begin{bmatrix} -4 & 1 \\ 6 & -7 \end{bmatrix}$$

▷ **Matriz simétrica:** é toda matriz cuja matriz transposta é igual à própria matriz, ou seja, $A = A^t$.

$$\left. \begin{array}{l} A = \begin{bmatrix} 1 & 3 \\ 3 & 2 \end{bmatrix} \\ A^t = \begin{bmatrix} 1 & 3 \\ 3 & 2 \end{bmatrix} \end{array} \right\} A = A^t$$

12.4 Operações com matrizes

Vamos estudar as principais operações com as matrizes. Atente-se para a multiplicação de duas matrizes.

▷ **Igualdade de matrizes:** duas matrizes são iguais quando possuem o mesmo número de linhas e colunas (mesma ordem) e os elementos correspondentes são iguais.

$$X = Y \rightarrow X_{2 \times 2} = \begin{bmatrix} 1 & 0 \\ 3 & 2 \end{bmatrix} \text{ e } Y_{2 \times 2} = \begin{bmatrix} 1 & 0 \\ 3 & 2 \end{bmatrix}$$

▷ **Soma de matrizes:** só é possível somar matrizes de mesma ordem. Para fazer o cálculo, somar os elementos correspondentes.

S = X + Y (S = matriz soma de X e Y)

$$X_{2 \times 3} = \begin{bmatrix} 6 & 8 & 9 \\ 10 & 13 & 4 \end{bmatrix} \text{ e } Y_{2 \times 3} = \begin{bmatrix} 18 & 22 & 30 \\ 9 & 14 & 28 \end{bmatrix}$$

$$S = \begin{bmatrix} 6+18 & 8+22 & 9+30 \\ 10+9 & 13+14 & 4+28 \end{bmatrix}$$

$$S_{2 \times 3} = \begin{bmatrix} 24 & 30 & 39 \\ 19 & 27 & 32 \end{bmatrix}$$

▷ **Produto de uma constante por uma matriz:** multiplicar a constante por todos os elementos da matriz.

P = 2Y

$$Y_{2 \times 2} = \begin{bmatrix} 7 & 4 \\ 13 & 25 \end{bmatrix}$$

$$P = \begin{bmatrix} 2 \cdot 7 & 2 \cdot 4 \\ 2 \cdot 13 & 2 \cdot 25 \end{bmatrix}$$

$$P_{2 \times 2} = \begin{bmatrix} 14 & 8 \\ 26 & 50 \end{bmatrix}$$

12.5 Multiplicação de matrizes

Para multiplicar matrizes, devemos multiplicar linhas por colunas, ou seja, multiplica o 1º número da linha pelo 1º número da coluna, o 2º número da linha pelo 2º número da coluna e, assim sucessivamente, para todos os elementos das linhas e colunas.

Esse procedimento de cálculo só poderá ser feito se o número de colunas da 1ª matriz for igual ao número de linhas da 2ª matriz.

$$(A_{m \times n}) \cdot (B_{n \times p}) = C_{m \times p}$$

$$M = A_{2 \times 3} \cdot B_{3 \times 2}$$

$$A_{2 \times 3} = \begin{bmatrix} 1 & 2 & 4 \\ 5 & 7 & 6 \end{bmatrix} \text{ e } B_{3 \times 2} = \begin{bmatrix} 2 & 3 \\ 8 & 1 \\ 4 & 9 \end{bmatrix}$$

$$M_{2 \times 3} = \begin{bmatrix} m_{11} & m_{12} \\ m_{21} & m_{22} \end{bmatrix}$$

$$M_{2 \times 2} = \begin{bmatrix} m_{11} = (1 \cdot 2 + 2 \cdot 8 + 4 \cdot 4) & m_{12} = (1 \cdot 3 + 2 \cdot 1 + 4 \cdot 9) \\ m_{21} = (5 \cdot 2 + 7 \cdot 8 + 6 \cdot 4) & m_{22} = (5 \cdot 3 + 7 \cdot 1 + 6 \cdot 9) \end{bmatrix}$$

$$M_{2 \times 2} = \begin{bmatrix} m_{11} = 34 & m_{12} = 41 \\ m_{21} = 90 & m_{22} = 76 \end{bmatrix}$$

$$M_{2 \times 2} = \begin{bmatrix} 34 & 41 \\ 90 & 76 \end{bmatrix}$$

12.5.1 Matriz inversa (a^{-1})

Se existe uma matriz B, quadrada de ordem n, tal que $A \cdot B = B \cdot A = I_n$, dizemos que a matriz B é a inversa de A. Costumamos indicar a matriz inversa por A^{-1}. Assim $B = A^{-1}$.

Logo: $A \cdot A^{-1} = A^{-1} \cdot A = I_n$

$A \cdot A^{-1} = I_n$

$$A_{2 \times 2} = \begin{bmatrix} 1 & -2 \\ 3 & 1 \end{bmatrix} \text{ e } A^{-1}_{2 \times 2} = \begin{bmatrix} a & b \\ c & d \end{bmatrix}$$

$$\begin{bmatrix} 1 & -2 \\ 3 & 1 \end{bmatrix} \cdot \begin{bmatrix} a & b \\ c & d \end{bmatrix} = \begin{bmatrix} 1 & 0 \\ 0 & 1 \end{bmatrix}$$

$$\begin{bmatrix} 1a - 2c & 1b - 2d \\ 3a + 1c & 3b + 1d \end{bmatrix} = \begin{bmatrix} 1 & 0 \\ 0 & 1 \end{bmatrix}$$

$$\begin{cases} 1a - 2c = 1 \\ 1b - 2d = 0 \\ 3a + 1c = 0 \\ 3b + 1d = 1 \end{cases} \quad I \begin{cases} 1a - 2c = 1 \\ 3a + 1c = 0 \end{cases} \quad II \begin{cases} 1b - 2d = 0 \\ 3b + 1d = 1 \end{cases}$$

Resolvendo o sistema I:

$$I \begin{cases} 1a - 2c = 1 \\ 3a + 1c = 0 \; (\cdot 2) \end{cases}$$

$$I \begin{cases} 1a - 2c = 1 \\ 6a + 2c = 0 \end{cases} + \text{(somando as equações)}$$

$7a = 1$

$a = \dfrac{1}{7}$

Substituindo-se a em uma das duas equações, temos:

$3\left(\dfrac{1}{7}\right) + 1c = 0$

$\dfrac{3}{7} + 1c = 0$

$c = \dfrac{-3}{7}$

Resolvendo o sistema II:

$$II \begin{cases} 1b - 2d = 0 \; (\cdot -3) \\ 3b + 1d = 1 \end{cases}$$

MATRIZES

$$\text{II} \begin{cases} -3 + 6d = 0 \\ 3b + 1d = 1 \end{cases} + \text{(somando as equações)}$$

$7d = 1$

$d = \dfrac{1}{7}$

Substituindo-se d em uma das duas equações, temos:

$1b - 2\left(\dfrac{1}{7}\right) = 0$

$b - \dfrac{2}{7} = 0$

$b = \dfrac{2}{7}$

$a = \dfrac{1}{7}; b = \dfrac{2}{7}; c = \dfrac{-3}{7}; d = \dfrac{1}{7}$

Logo:

$$A^{-1}_{2 \times 2} = \begin{bmatrix} \dfrac{1}{7} & \dfrac{2}{7} \\ \dfrac{-3}{7} & \dfrac{1}{7} \end{bmatrix}$$

13 DETERMINANTES

Determinante é um número real associado à matriz.

Só há determinante de matriz quadrada. Cada matriz apresenta um único determinante.

13.1 Cálculo dos determinantes

▷ **Determinante de uma matriz de ordem 1 ou de 1ª ordem:** se a matriz é de 1ª ordem, significa que ela tem apenas uma linha e uma coluna, portanto, só um elemento, que é o próprio determinante da matriz.

$A_{1 \times 1} = [13]$
Det A = 13
$B_{1 \times 1} = [-7]$
Det B = -7

▷ **Determinante de uma matriz de ordem 2 ou de 2ª ordem:** será calculado pela **subtração** do produto dos elementos da diagonal principal pelo produto dos elementos da diagonal secundária.

$A_{2 \times 2} = \begin{bmatrix} 2 & 4 \\ 3 & 7 \end{bmatrix}$
Det A = $(2 \cdot 7) - (4 \cdot 3)$
Det A = $(14) - (12)$
Det A = 2
$B_{2 \times 2} = \begin{bmatrix} 6 & -4 \\ 8 & 9 \end{bmatrix}$
Det B = $(6 \cdot 9) - (-1 \cdot 8)$
Det B = $(54) - (-8)$
Det B = 54 + 8
Det B = 62

▷ **Determinante de uma matriz de ordem 3 ou de 3ª ordem:** será calculado pela Regra de Sarrus, que consiste em:

1º passo: repetir as duas primeiras colunas ao lado da matriz.

2º passo: multiplicar os elementos da diagonal principal e das outras duas diagonais que seguem a mesma direção, e somá-los.

3º passo: multiplicar os elementos da diagonal secundária e das outras duas diagonais que seguem a mesma direção, e somá-los.

4º passo: o valor do determinante será dado pela subtração do resultado do 2º com o 3º passo.

$A_{3 \times 3} = \begin{bmatrix} 2 & 4 & 7 \\ 3 & 5 & 8 \\ 1 & 9 & 6 \end{bmatrix} \begin{matrix} 2 & 4 \\ 3 & 5 \\ 1 & 9 \end{matrix} \quad A_{3 \times 3} = \begin{bmatrix} 2 & 4 & 7 \\ 3 & 5 & 8 \\ 1 & 9 & 6 \end{bmatrix} \begin{matrix} 2 & 4 \\ 3 & 5 \\ 1 & 9 \end{matrix}$

Det A = $(2 \cdot 5 \cdot 6 + 4 \cdot 8 \cdot 1 + 7 \cdot 3 \cdot 9) - (7 \cdot 5 \cdot 1 + 2 \cdot 8 \cdot 9 + 4 \cdot 3 \cdot 6)$
Det A = $(60 + 32 + 189) - (35 + 144 + 72)$
Det A = $(281) - (251)$
Det A = 30

Se estiver diante de uma matriz triangular ou matriz diagonal, o seu determinante será calculado pelo produto dos elementos da diagonal principal.

▷ **Matriz triangular**

$A_{3 \times 3} = \begin{bmatrix} 2 & 4 & 7 \\ 0 & 5 & 8 \\ 0 & 0 & 6 \end{bmatrix} \begin{matrix} 2 & 4 \\ 0 & 5 \\ 0 & 0 \end{matrix} \quad A_{3 \times 3} = \begin{bmatrix} 2 & 4 & 7 \\ 0 & 5 & 8 \\ 0 & 0 & 6 \end{bmatrix} \begin{matrix} 2 & 4 \\ 0 & 5 \\ 0 & 0 \end{matrix}$

Det A = $(2 \cdot 5 \cdot 6 + 4 \cdot 8 \cdot 0 + 7 \cdot 0 \cdot 0) - (7 \cdot 5 \cdot 0 + 2 \cdot 8 \cdot 0 + 4 \cdot 0 \cdot 6)$
Det A = $(60 + 0 + 0) - (0 + 0 + 0)$
Det A = 60 (produto da diagonal principal = $2 \cdot 5 \cdot 6$)

▷ **Matriz diagonal**

$B_{3 \times 3} = \begin{bmatrix} 2 & 0 & 0 \\ 0 & 5 & 0 \\ 0 & 0 & 6 \end{bmatrix} \begin{matrix} 2 & 0 \\ 0 & 5 \\ 0 & 0 \end{matrix} \quad B_{3 \times 3} = \begin{bmatrix} 2 & 0 & 0 \\ 0 & 5 & 0 \\ 0 & 0 & 6 \end{bmatrix} \begin{matrix} 2 & 0 \\ 0 & 5 \\ 0 & 0 \end{matrix}$

Det B = $(2 \cdot 5 \cdot 6 + 0 \cdot 0 \cdot 0 + 0 \cdot 0 \cdot 0) - (0 \cdot 5 \cdot 0 + 2 \cdot 0 \cdot 0 + 0 \cdot 0 \cdot 6)$
Det B = $(60 + 0 + 0) - (0 + 0 + 0)$
Det B = 60 (produto da diagonal principal = $2 \cdot 5 \cdot 6$)

▷ **Determinante de uma matriz de ordem superior a 3:** será calculado pela **Regra de Chió** ou pelo **Teorema de Laplace**.

- **Regra de Chió**

Escolha um elemento $a_{ij} = 1$.

Retire a linha (i) e a coluna (j) do elemento $a_{ij} = 1$, obtenha o menor complementar (D_{ij}) do referido elemento – uma nova matriz com uma ordem a menos.

Subtraia de cada elemento dessa nova matriz menor complementar (D_{ij}) o produto dos elementos que pertenciam a sua linha e coluna e que foram retirados, formando outra matriz.

Calcule o determinante dessa última matriz e multiplique por: $(-1)^{i+j}$, sendo que i e j pertencem ao elemento $a_{ij} = 1$.

$A_{3 \times 3} = \begin{bmatrix} 2 & 4 & 7 \\ 3 & 5 & 8 \\ 1 & 9 & 6 \end{bmatrix}$ (I)

Det. $A_{3 \times 3} = \begin{vmatrix} 2 & 4 & 7 \\ 3 & 5 & 8 \\ 1 & 9 & 6 \end{vmatrix} = \begin{bmatrix} 4 & 7 \\ 5 & 8 \end{bmatrix}$ (II)

Det. $A_{3 \times 3} = \begin{vmatrix} 2 & 4 & 7 \\ 3 & 5 & 8 \\ 1 & 9 & 6 \end{vmatrix} = \begin{bmatrix} 4 - (2 \cdot 9) & 7 - (2 \cdot 6) \\ 5 - (3 \cdot 9) & 8 - (3 \cdot 6) \end{bmatrix}$ (III)

Det. $A_{3 \times 3} = (-1)^{3+1} \cdot \begin{bmatrix} -14 & -5 \\ -22 & -10 \end{bmatrix}$ (IV)

Det. $A_{3 \times 3} = (-1)^{3+1} \cdot (1) \cdot (140 - 110)$

Det. A = 30

- **Teorema de Laplace**

Primeiramente, precisamos saber o que é um cofator. O cofator de um elemento a_{ij} de uma matriz é: $A_{ij} = (-1)^{i+j} \cdot D_{ij}$.

No teorema, deve-se escolher uma linha ou coluna do determinante, calcular o cofator de cada elemento da fila e multiplicar cada elemento pelo seu respectivo cofator, sendo a soma dos produtos o determinante da matriz.

DETERMINANTES

Escolha uma linha ou coluna qualquer do determinante:

$$A_{3 \times 3} = \begin{bmatrix} \mathbf{2} & 4 & 7 \\ \mathbf{3} & 5 & 8 \\ \mathbf{1} & 9 & 6 \end{bmatrix}$$

Calcule o cofator de cada elemento dessa fila:

$a_{11} = A_{11} = (-1)^{1+1} \cdot \begin{bmatrix} 5 & 8 \\ 9 & 6 \end{bmatrix} = (1) \cdot (-42) = -42$

$a_{21} = A_{21} = (-1)^{2+1} \cdot \begin{bmatrix} 4 & 7 \\ 9 & 6 \end{bmatrix} = (1) \cdot (-39) = 39$

$a_{31} = A_{31} = (-1)^{3+1} \cdot \begin{bmatrix} 4 & 7 \\ 5 & 8 \end{bmatrix} = (1) \cdot (-3) = -3$

Multiplique cada elemento da fila selecionada pelo seu respectivo cofator. O determinante da matriz será a soma desses produtos.

Det. $A_{3 \times 3} = a_{11} \cdot A_{11} + a_{21} \cdot A_{21} + a_{31} \cdot A_{31}$
Det. $A_{3 \times 3} = 2 \cdot (-42) + 3 \cdot 39 + 1 \cdot (-3)$
Det. $A_{3 \times 3} = (-84) + 117 + (-3)$
Det. $A_{3 \times 3} = 117 - 87$
Det. A = 30

13.2 Propriedades dos determinantes

As propriedades dos determinantes servem para facilitar o cálculo do determinante, uma vez que, com elas, diminuímos nosso trabalho nas resoluções das questões de concursos.

▷ **Determinante de matriz transposta:** se A é uma matriz de ordem n e A^t sua transposta, então: Det. A^t = Det. A.

$$A_{2 \times 2} = \begin{bmatrix} 2 & 3 \\ 1 & 4 \end{bmatrix}$$
Det. A = $2 \cdot 4 - 3 \cdot 1$
Det. A = $8 - 3$
Det. A = 5
$$A^t_{2 \times 2} = \begin{bmatrix} 2 & 1 \\ 3 & 4 \end{bmatrix}$$
Det. A^t = $2 \cdot 4 - 1 \cdot 3$
Det. A^t = $8 - 3$
Det. A^t = 5

▷ **Determinante de uma matriz com fila nula:** se uma das filas (linha ou coluna) da matriz A for toda nula, então, Det. A = 0.

$$A_{2 \times 2} = \begin{bmatrix} 2 & 3 \\ 0 & 0 \end{bmatrix}$$
Det. A = $2 \cdot 0 - 3 \cdot 0$
Det. A = 0 - 0
Det. A = 0

▷ **Determinante de uma matriz cuja fila foi multiplicada por uma constante:** se multiplicarmos uma fila (linha ou coluna) qualquer da matriz A por um número k, o determinante da nova matriz será k vezes o determinante de A.

Det. A' (k vezes uma fila de A) = k · Det. A

$$A_{2 \times 2} = \begin{bmatrix} 2 & 1 \\ 3 & 2 \end{bmatrix}$$

Det. A = $2 \cdot 2 = 1 \cdot 3$
Det. A = $4 - 3$
Det. A = 1
$$A'_{2 \times 2} = \begin{bmatrix} 4 & 2 \\ 3 & 2 \end{bmatrix} \cdot 2 \; (k = 2)$$
Det. A' = $4 \cdot 2 - 2 \cdot 3$
Det. A' = $8 - 6$
Det. A' = 2
Det. A' = k · Det. A
Det. A' = $2 \cdot 1$
Det. A' = 2

▷ **Determinante de uma matriz multiplicada por uma constante:** se multiplicarmos toda uma matriz A de ordem n por um número k, o determinante da nova matriz será o produto (multiplicação) de k^n pelo determinante de A.

Det (k · A) = k^n · Det. A

$$A_{2 \times 2} = \begin{bmatrix} 2 & 1 \\ 4 & 3 \end{bmatrix}$$
Det. A = $2 \cdot 3 = 1 \cdot 4$
Det. A = $6 - 4$
Det. A = 2
$$3 \cdot A_{2 \times 2} = \begin{bmatrix} 6 & 3 \\ 12 & 9 \end{bmatrix}$$
Det. 3A = $6 \cdot 9 - 3 \cdot 12$
Det. 3A = $54 - 36$
Det. 3A = 18
Det (k · A) = kn · Det. A
Det (3 · A) = $3^2 \cdot 2$
Det (3 · A) = $9 \cdot 2$
Det (3 · A) = 18

▷ **Determinante de uma matriz com filas paralelas iguais:** se uma matriz A de ordem n ≥ 2 tem duas filas paralelas com os elementos respectivamente iguais, então: Det. A = 0.

$$A_{2 \times 2} = \begin{bmatrix} 2 & 3 \\ 2 & 3 \end{bmatrix}$$
Det. A = $2 \cdot 3 - 3 \cdot 2$
Det. A = $6 - 6$
Det. A = 0

▷ **Determinante de uma matriz com filas paralelas proporcionais:** se uma matriz A de ordem n ≥ 2 tem duas filas paralelas com os elementos respectivamente proporcionais, então, Det. A = 0.

$$A_{2 \times 2} = \begin{bmatrix} 3 & 6 \\ 4 & 8 \end{bmatrix}$$
Det. A = $3 \cdot 8 - 6 \cdot 4$
Det. A = $24 - 24$
Det. A = 0

▷ **Determinante de uma matriz com troca de filas paralelas:** se em uma matriz A de ordem n ≥ 2 trocarmos de posição duas filas paralelas, obteremos uma nova matriz B, tal que: Det. A = - Det. B.

$A_{2 \times 2} = \begin{bmatrix} 5 & 4 \\ 2 & 3 \end{bmatrix}$

Det. A = 5 · 3 − 2 · 4
Det. A = 15 − 8
Det. A = 7

$B_{2 \times 2} = \begin{bmatrix} 4 & 5 \\ 3 & 2 \end{bmatrix}$

Det. B = 4 · 2 − 5 · 3
Det. B = 8 − 15
Det. B = −7
Det. A = − Det. B
Det. A = − (−7)
Det. A = 7

▷ **Determinante do produto de matrizes:** se A e B são matrizes quadradas de ordem n, então: Det. (A · B) = Det. A · Det. B.

$A_{2 \times 2} = \begin{bmatrix} 1 & 2 \\ 2 & 3 \end{bmatrix}$

Det. A = 1 · 3 − 2 · 2
Det. A = 3 − 4
Det. A = −1

$A_{2 \times 2} = \begin{bmatrix} 2 & 5 \\ 3 & 4 \end{bmatrix}$

Det. B = 2 · 4 − 5 · 3
Det. B = 8 − 15
Det. B = −7

$A \cdot B_{2 \times 2} = \begin{bmatrix} 8 & 13 \\ 13 & 22 \end{bmatrix}$

Det. (A · B) = 8 · 22 − 13 · 13
Det. (A · B) = 176 − 169
Det. (A · B) = 7
Det. (A · B) = Det. A · Det. B
Det. (A · B) = (−1) · (−7)
Det. (A · B) = 7

▷ **Determinante de uma matriz triangular:** o determinante é igual ao produto dos elementos da diagonal principal.

▷ **Determinante de uma matriz inversa:** seja B a matriz inversa de A, então, a relação entre os determinantes de B e A é dado por:

$$\boxed{\text{Det}(B) = \frac{1}{\text{Det}(A)}}$$

$A_{2 \times 2} = \begin{bmatrix} 1 & -2 \\ 3 & 1 \end{bmatrix}$

Det. A = 1 · 1 − (−2 · 3)
Det. A = 1 + 6
Det. A = 7

$B = A^{-1}_{2 \times 2} = \begin{bmatrix} \dfrac{1}{7} & \dfrac{2}{7} \\ -\dfrac{3}{7} & \dfrac{1}{7} \end{bmatrix}$

Det. B = $(\dfrac{1}{7} \cdot \dfrac{1}{7}) - (\dfrac{2}{7} \cdot -\dfrac{3}{7})$

Det. B = $\dfrac{1}{49} + \dfrac{6}{49}$

Det. B = $\dfrac{7}{49}$

Det. B = $\dfrac{1}{7}$

Det. B = $\dfrac{1}{\text{Det (A)}}$

Det. B = $\dfrac{1}{7}$

14 SISTEMAS LINEARES

Equação linear: é toda equação do 1º grau com uma ou mais incógnitas.

Sistema linear: é o conjunto de equações lineares.

Equação: $2x + 3y = 7$

Sistema: $\begin{cases} 2x + 3y = 7 \\ 4x - 5y = 3 \end{cases}$

Equação: $x + 2y + z = 8$

Sistema: $\begin{cases} x + y - z = 4 \\ 2x - y = z = 5 \\ x + 2y + z = 8 \end{cases}$

14.1 Representação de um sistema linear em forma de matriz

Todo sistema linear pode ser escrito na forma de uma matriz.

Esse conteúdo será importante mais adiante para a resolução dos sistemas.

$\begin{cases} 2x + 3y = 7 \\ 4x - 5y = 3 \end{cases}$

Forma de matriz

$\begin{bmatrix} 2 \text{ (coeficiente de x)} & 3 \text{ (coeficiente de y)} \\ 4 \text{ (coeficiente de x)} & -5 \text{ (coeficiente de y)} \end{bmatrix} \cdot \begin{bmatrix} x \\ y \end{bmatrix} = \begin{bmatrix} 7 \\ 3 \end{bmatrix}$

↓ Termos independentes

Matriz incompleta

$\begin{bmatrix} 2 & 3 \\ 4 & -5 \end{bmatrix}$

Matriz de x

$\begin{bmatrix} 7 & 3 \\ 3 & -5 \end{bmatrix}$

Substituem-se os coeficientes de x pelos termos independentes.

Matriz de y

$\begin{bmatrix} 2 & 7 \\ 4 & 3 \end{bmatrix}$

Substituem-se os coeficientes de y pelos termos independentes.

14.2 Resolução de um sistema linear

Resolvem-se os sistemas pelo método dos determinantes, também conhecido como **Regra de Cramer.**

> **Fique ligado**
> A Regra de Cramer só é possível quando o número de variáveis for igual ao número de equações.

Na regra, o valor das variáveis será calculado dividindo o **determinante da matriz da variável** pelo **determinante da matriz incompleta**, do sistema.

Então:

O valor de x é dado por:

$x = \dfrac{\text{determinante de matriz de x}}{\text{determinante da matriz incompleta}}$

O valor de y é dado por:

$y = \dfrac{\text{determinante de matriz de y}}{\text{determinante da matriz incompleta}}$

O valor de z é dado por:

$z = \dfrac{\text{determinante de matriz de z}}{\text{determinante da matriz incompleta}}$

Se o determinante da matriz incompleta for diferente de zero (Det. In. ≠ 0), teremos sempre um sistema possível e determinado.

Se o determinante da matriz incompleta for igual a zero (Det. In. = 0), temos duas situações:

- **1ª:** se os determinantes de todas as matrizes das variáveis também forem iguais a zero (Det. X = 0 e Det. Y = 0 e Det. Z = 0), teremos um sistema possível e indeterminado.
- **2ª:** se o determinante de, pelo menos, uma das matrizes das variáveis for diferente de zero (Det. · ≠ 0 ou Det. Y ≠ 0 ou Det. Z ≠ 0), teremos um sistema impossível.

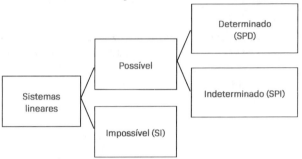

- **SPD:** sistema possível e determinado (quando Det. In. ≠ 0).
- **SPI:** sistema possível e indeterminado (quando Det. In. = 0, e Det. X = 0 e Det. Y = 0 e Det. Z = 0).
- **SI:** sistema impossível (quando Det. In. = 0, e Det. X ≠ 0 ou Det. Y ≠ 0 ou Det. Z ≠ 0).

$\begin{cases} x + y - z = 4 \\ 2x - y + z = 5 \\ x + 2y + z = 8 \end{cases}$

Matriz incompleta: $\begin{bmatrix} 1 & 1 & -1 \\ 2 & -1 & 1 \\ 1 & 2 & 1 \end{bmatrix}$ det. In. = -9

Matriz de X: $\begin{bmatrix} 4 & 1 & -1 \\ 5 & -1 & 1 \\ 8 & 2 & 1 \end{bmatrix}$ det. X = -27

Matriz de Y: $\begin{bmatrix} 1 & 4 & -1 \\ 2 & 5 & 1 \\ 1 & 8 & 1 \end{bmatrix}$ det. Y = -18

Matriz de Z: $\begin{bmatrix} 1 & 1 & 4 \\ 2 & -1 & 5 \\ 1 & 2 & 8 \end{bmatrix}$ det. Z = -9

Valor de x é: $x = \dfrac{-27}{-9} = 3$

Valor de y é: $y = \dfrac{-18}{-9} = 2$

Valor de z é: $z = \dfrac{-9}{-9} = 1$

Solução: $x = 3$, $y = 2$ e $z = 1$

15 NÚMEROS COMPLEXOS

Neste capítulo, veremos outro conjunto numérico até então desconhecido e não utilizado, porém passa a fazer muito sentido quando queremos obter a raiz de um número negativo.

15.1 Unidade imaginária

Para resolver uma equação do tipo $x^2 + 1 = 0$, não existe solução no conjunto dos números reais, mas foi criado um conjunto, com um valor, que permite resolver essa equação, é o conjunto dos números complexos e o valor é o da unidade imaginária ($i^2 = -1$).

Partindo desse conceito, temos que $i^2 = -1$, assim podemos definir as potências de i.

$i^0 = 1$	$i^1 = i$	$i^2 = -1$	$i^3 = -i$
$i^4 = 1$	$i^5 = i$	$i^6 = -1$	$i^7 = -i$
$i^8 = 1$	$i^9 = i$	$i^{10} = -1$	$i^{11} = -i$

15.2 Forma algébrica de um número complexo

Um número complexo é representado na forma $Z = a + bi$ em que a e b são números reais.

▷ A representação $Z = a + bi$ tem três classificações.
- $Z = a + bi$; se $b = 0$ podemos afirmar que Z é um número real.
- $Z = a + bi$ é imaginário puro se $a = 0$ e $b \neq 0$.
- $Z = a + bi$ é simplesmente imaginário se a e b forem diferentes de zero.

Logo, pode-se concluir que os números complexos contêm todos os reais mais os imaginários:

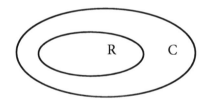

15.3 Conjugado e módulo de um número complexo

Para encontrar o conjugado de um número complexo, basta trocar o sinal da parte imaginária, ou seja, dado $Z = a + bi$, o conjugado $\overline{Z}$ será $\overline{Z} = a - bi$.

A representação de um número complexo pode ser feita no Plano Cartesiano (Plano de Argand-Gauss), sendo x o eixo real e y o eixo imaginário. Dessa forma, um número complexo $Z = a + bi$ é representado no plano da seguinte maneira:

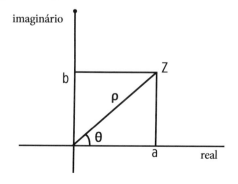

O par ordenado (a, b) do número complexo $Z = a + bi$ é chamado de afixo do número.

Temos que $\rho = |Z|$, ou seja, ρ é o módulo de Z dado por $\rho \sqrt{a^2 + b^2}$.

O ângulo θ é chamado de argumento de Z e sempre será o ângulo entre a reta real e o segmento de comprimento ρ.

Para encontrar θ, usamos a trigonometria no triângulo retângulo.

$$\text{sen}\theta = \frac{b}{\rho} \text{ e } \cos\theta = \frac{a}{\rho}$$

15.4 Forma trigonométrica de um número complexo

A forma trigonométrica de um número complexo é dada pela fórmula:

$$Z = (\cos\theta + i \cdot \text{sen}\theta)$$

15.5 Operações com números complexos

15.5.1 Adição

Para somar dois números complexos (na forma algébrica), deve-se somar parte real com parte real e parte imaginária com parte imaginária.

15.5.2 Subtração

A subtração de complexos (na forma algébrica), segue as mesmas regras da adição, parte real com parte real e parte imaginária com parte imaginária.

15.5.3 Multiplicação

Na multiplicação de complexos (na forma algébrica), tem-se que multiplicar tudo, aplicando a propriedade distributiva da multiplicação, se for necessário.

Já na forma trigonométrica, deve-se proceder da seguinte forma:
$$z_1 \cdot z_2 = |z_1| \cdot |z_2| \cdot [\cos(\theta + \alpha) + i \cdot \text{sen}(\theta + \alpha)]$$

15.5.4 Divisão

Para efetuar a divisão de $\frac{z_1}{z_2}$ (na forma algébrica), deve-se multiplicar o denominador e o numerador pelo conjugado do denominador.

Na forma trigonométrica, deve-se proceder assim:
$$\frac{z_1}{z_2} = \frac{|z_1|}{|z_2|} \cdot [\cos(\theta - \alpha) + i \cdot \text{sen}(\theta - \alpha)]$$

15.5.5 Potenciação

Na forma trigonométrica, temos:
$$Z^n = |Z|^n \cdot (\cos(n\theta) + i \cdot \text{sen}(n\theta))$$

16 POLINÔMIOS

Neste capítulo, será abordado um assunto que é próximo ao das equações, mas existem algumas características que são próprias dos polinômios.

16.1 Definições

Monômio: é um número ou uma letra (incógnita), ou o produto dos números com as letras, ou somente das letras.

- $2x$;
- $3y$;
- z^4;
- 7;
- $-a$;
- a^3b^5

Os monômios são constituídos de coeficiente (número), parte literal (incógnita) e grau (soma dos expoentes das incógnitas).

- $7 \to$ coeficiente = 7; parte literal = não tem; grau = 0
- $3y \to$ coeficiente = 3; parte literal = y; grau = 1
- $a^3b^5 \to$ coeficiente = 1 parte literal = a^3b^5; grau = 8

Polinômio: é a soma algébrica (adição e/ou subtração) de monômios.

- $2x + 3y$;
- $z^4 - 7$;
- $-a + a^3b^5$

Monômios semelhantes: são aqueles que possuem a mesma parte literal.

Polinômios com uma só variável: são aqueles que possuem, nas suas partes literais, a mesma incógnita (mudando apenas o grau).

16.2 Função polinomial

Uma função polinomial, ou simplesmente polinômio, é toda função definida pela relação:

$P(x) = a_n x^n + a_{n-1} \cdot x^{n-1} + a_{n-2} \cdot x^{n-2} + ... + a_2 x^2 + a_1 x + a_0$

Em que:

$a_n, a_{n-1}, a_{n-2}, ..., a_2, a_1, a_0$ são números reais chamados coeficientes.

$n \in \mathbb{N}$

$x \in \mathbb{C}$, é a variável.

16.3 Polinômio nulo

Diz-se que um polinômio é nulo quando todos os seus coeficientes forem iguais a zero: $P(x) = 0$.

16.4 Grau de um polinômio

O grau de um polinômio é dado pelo maior expoente de x com coeficiente não nulo.

- $P(x) = 4x^2 + 5x\,7$ é um polinômio do segundo grau.
- $P(x) = 3x^5 + 2x^2 + 2$ é um polinômio de quinto grau.

16.5 Identidade entre polinômios

Dois polinômios são idênticos quando todos os seus coeficientes, de termos semelhantes (variável com o mesmo grau), são números iguais.

16.6 Valor numérico de um polinômio

O valor numérico de um polinômio $P(x)$ para $x = a$ é o número que se obtém substituindo x por a e efetuando todas as operações indicadas pela relação que define o polinômio.

Se $P(x) = x^3 + 2x^2 + x - 4$, o valor numérico de P(x), para x = 2, é:
$P(x) = x^3 + 2x^2 + x - 4$
$P(2) = 2^3 + 2 \cdot 2^2 + 2 - 4$
$P(2) = 14$
Se $P(a) = 0$, o número a é chamado raiz ou zero de $P(x)$.
$P(x) = x^2 - 3x + 2$, temos $P(1) = 0$
logo, 1 é raiz ou zero desse polinômio.

16.7 Operações com polinômios

16.7.1 Soma e subtração

Adição: somam-se os coeficientes dos diversos monômios de mesmo grau.

Subtração: subtraem-se os coeficientes dos diversos monômios de mesmo grau.

16.7.2 Multiplicação

Para multiplicar os polinômios, basta usar a propriedade distributiva da multiplicação.

Produtos notáveis são exemplos das multiplicações de polinômios e ajudam nos cálculos da questão.

$(a + b)^2 = a^2 + 2ab + b^2$
$(a - b)^2 = a^2 - 2ab + b^2$
$(a + b) \cdot (a - b) = a^2 - b^2$
$(x + a) \cdot (x + b) = x^2 + (a + b) \cdot x + ab$
$(a + b)^3 = a^3 + 3a^2b + 3ab^2 + b^3$
$(a - b)^3 = a^3 - 3a^2b + 3ab^2 - b^3$
$(a + b) \cdot (a^2 - ab + b^2) = a^3 + b^3$
$(a - b) \cdot (a^2 + ab + b^2) = a^3 - b^3$

16.8 Divisões com polinômios

Dado dois polinômios $P(x)$ e $D(x)$, com $D(x)$ não nulo. Efetuar a divisão de P por D é determinar dois polinômios $Q(x)$ e $R(x)$, que satisfaçam as duas condições abaixo:

- $Q(x) \cdot D(x) + R(x) = P(x)$
- grau (R) < grau (D) ou $R(x) = 0$

$$\begin{array}{c|c} P(x) & D(x) \\ R(x) & Q(x) \end{array}$$

Nesta divisão:

$P(x)$ é o dividendo.

$D(x)$ é o divisor.

$Q(x)$ é o quociente.

$R(x)$ é o resto da divisão.

Quando temos $R(x) = 0$, dizemos que a divisão é exata, ou seja, $P(x)$ é divisível por $D(x)$ ou $D(x)$ é divisor de $P(x)$.

16.8.1 Teorema do resto

O resto da divisão de um polinômio $P(x)$ pelo binômio $ax + b$ é igual a $P(-b/a)$.

16.8.2 Teorema de D'Alembert

Um polinômio $P(x)$ é divisível pelo binômio $ax + b$ se $P(-b/a) = 0$.

▷ **Propriedades importantes:**

- Toda equação algébrica de grau n possui exatamente n raízes.
- Se b for raiz de $P(x) = 0$, então, $P(x)$ é divisível por $x - b$.

- Se o número complexo a + bi for raiz de P(x) = 0, então o conjugado a − bi também será raiz.
- Se a equação P(x) = 0 possuir k raízes iguais a m, então dizemos que m é uma raiz de grau de multiplicidade k.
- Se a soma dos coeficientes de uma equação algébrica P(x) = 0 for nula, então, a unidade é raiz da equação (1 é raiz).
- Toda equação de termo independente nulo admite um número de raízes nulas igual ao menor expoente da variável.

Se $x_1, x_2, x_3, ... , x_n$ são raízes da equação:

$$a_0x^n + a_1x^{n-1} + a_2x^{n-2} + ... + a_n = 0$$

Então ela pode ser escrita na forma fatorada:

$$a_0(x - x_1) \cdot (x - x_2) \cdot (x - x_3) ..... (x - x_n) = 0$$

16.8.3 Dispositivo de Briot-Ruffini

Serve para efetuar a divisão de um polinômio P(x) por um binômio da forma (ax + b). Seguem algumas regras para realizar esse procedimento:

- Coloca-se a raiz do divisor e os coeficientes do dividendo ordenadamente na parte de cima da "cerquinha".
- O primeiro coeficiente do dividendo é repetido abaixo.
- Multiplica-se a raiz do divisor por esse coeficiente repetido abaixo e soma-se o produto com o 2º coeficiente do dividendo, colocando-se o resultado abaixo deste.
- Multiplica-se a raiz do divisor pelo número colocado abaixo do 2º coeficiente e soma-se o produto com o 3º coeficiente, colocando-se o resultado abaixo deste, e assim sucessivamente.
- Separa-se o último número formado, que é igual ao resto da divisão, e os números que ficam à esquerda deste serão os coeficientes do quociente.

> Determinar o quociente e o resto da divisão do polinômio P(x) = 3 x 3 − 5 x 2 + x−2 por (x−2).
> Aplicando o dispositivo:
>
> | RAIZ DO DIVISOR | COEFICIENTES DE P(x) | | | |
> |---|---|---|---|---|
> | 2 | 3 | −5 | 1 | −2 |
> | | ↓ | 3·(2) − 5 | 1·(2) + 1 | 3·(2) − 2 |
> | | 3 | 1 | 3 | 4 |
> | | COEFICIENTES DO QUOCIENTE Q(x) | | | RESTO |
>
> Nesse caso, o Q(x) = 3x2 + x + 3 e o resto é 4.

16.9 Equações polinomiais

Equação polinomial ou algébrica é toda equação da forma p(x) = 0, em que p(x) é um polinômio.

> $x^4 + 9x^2 − 10x + 3 = 0$
> $x^8 − x^6 − 6x + 2 = 0$

16.9.1 Raízes dos polinômios

As raízes de uma equação polinomial constituem o conjunto solução da equação.

Para as equações em que o grau é 1 ou 2, o método de resolução é simples. Nos casos em que o grau dos polinômios é maior que 2, existem expressões para a obtenção da solução.

16.9.2 Raízes múltiplas

Pode ocorrer que uma ou mais raízes sejam iguais, nesse caso essas raízes são definidas como múltiplas.

> P(x) = 4(x − 1) (x − 1) (x − 2) (x − 2) (x −2) (x − 8)
> Observe a multiplicidade da raiz 1 (2 vezes) e da raiz 2 (3 vezes).
> Denomina-se que a equação polinomial P(x) possui a raiz 1 com multiplicidade 2, a raiz 2 de multiplicidade 3 e a raiz 8 de multiplicidade 1.

Raízes complexas

Qualquer equação polinomial, de grau n, com n ≥ 1, possui pelo menos 1 raiz complexa (real ou imaginária).

As equações polinomiais que possuam uma raiz imaginária terão também o conjugado dessa raiz como raiz. Assim, se z = a + bi é raiz de uma equação polinomial z = a bi, também será raiz. Sendo a, b ∈ R e i^2 = −1.

> **Fique ligado**
>
> Os números complexos contêm os números reais, ou seja, um número real é também um número complexo

16.9.3 Teorema fundamental da álgebra

Toda equação polinomial p(x) = 0, de grau n cujo n ≥ 1, admite pelo menos uma raiz complexa.

O teorema fundamental da álgebra apenas garante a existência de pelo menos uma raiz, ele não demonstra qual o número de raízes de uma equação nem como achar essas raízes.

O teorema somente tem valor para C; para R, esse teorema não é válido.

> A equação $x^2 + 1 = 0$ não possui raiz real, porém aceita, no campo complexo, os números i e −i como raízes.

16.9.4 Teorema da decomposição

Todo o polinômio de grau n tem exatamente n raízes reais e complexas.

> Compor o polinômio, sabendo que suas raízes são 1, 2 e 4.
> Como existem 3 raízes, n = 3, então o polinômio é:
> P(x) = an · (x − r_1) · (x − r_2) · (x − r_3)
> Fazendo an = 1, temos que:
> P(x) = 1 · (x − 1) · (x − 2) · (x − 4)
> P(x) = $x^3 − 7x^2 + 14x − 8$

16.9.5 Relação entre coeficientes e raízes

Relações de Girard

São as relações existentes entre os coeficientes e as raízes de uma equação algébrica.

Para uma equação do 2º grau, $ax^2 + bx + c = 0$, já se conhecem as seguintes relações entre os coeficientes e as raízes x_1 e x_2:

$x_1 + x_2 = −b/a$ e $x_1 \cdot x_2 = c/a$

Para uma equação do 3º grau, $ax^3 + bx^2 + cx + d = 0$, sendo x_1, x_2 e x_3 as raízes, temos as seguintes relações de Girard:

$x_1 + x_2 + x_3 = −b/a$; $x_1 \cdot x_2 + x_1 \cdot x_3 + x_2 \cdot x_3 = c/a$ e $x_1 \cdot x_2 \cdot x_3 = −d/a$

17 TRIGONOMETRIA

Neste capítulo, estudaremos os triângulos e as relações que os envolvem.

17.1 Triângulos

O triângulo é uma das figuras mais simples e também uma das mais importantes da Geometria. O triângulo possui propriedades e definições de acordo com o tamanho de seus lados e medida dos ângulos internos.

▷ **Quanto aos lados, o triângulo pode ser classificado em:**
- **Equilátero:** possui todos os lados com medidas iguais.
- **Isósceles:** possui dois lados com medidas iguais.
- **Escaleno:** possui todos os lados com medidas diferentes.

▷ **Quanto aos ângulos, os triângulos podem ser denominados:**
- **Acutângulo:** possui os ângulos internos com medidas menores que 90°.
- **Obtusângulo:** possui um dos ângulos com medida maior que 90°.
- **Retângulo:** possui um ângulo com medida de 90°, chamado ângulo reto.

No triângulo retângulo existem importantes relações, uma delas é o **Teorema de Pitágoras**, que diz o seguinte: "A soma dos quadrados dos catetos é igual ao quadrado da hipotenusa".

$$a^2 = b^2 + c^2$$

A condição de existência de um triângulo é: um lado do triângulo ser menor do que a soma dos outros dois lados e também maior do que a diferença desses dois lados.

17.2 Trigonometria no triângulo retângulo

As razões trigonométricas básicas são relações entre as medidas dos lados do triângulo retângulo e seus ângulos. As três funções básicas da trigonometria são: seno, cosseno e tangente. O ângulo é indicado pela letra x.

Função	Notação	Definição
seno	sen(x)	medida do cateto oposto a x / medida da hipotenusa
cosseno	cos(x)	medida do cateto adjacente a x / medida da hipotenusa
tangente	tg(x)	medida do cateto oposto a x / medida do cateto adjacente a x

Relação fundamental: para todo ângulo x (medido em radianos), vale a importante relação:

$$\cos^2(x) + \operatorname{sen}^2(x) = 1$$

17.3 Trigonometria em um triângulo qualquer

Os problemas envolvendo trigonometria são resolvidos em sua maioria por meio da comparação com triângulos retângulos. No cotidiano, algumas situações envolvem triângulos acutângulos ou triângulos obtusângulos. Nesses casos, necessitamos da Lei dos Senos ou dos Cossenos.

17.3.1 Lei dos senos

A Lei dos Senos estabelece relações entre as medidas dos lados com os senos dos ângulos opostos aos lados. Observe:

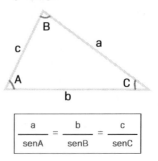

$$\frac{a}{\operatorname{sen}A} = \frac{b}{\operatorname{sen}B} = \frac{c}{\operatorname{sen}C}$$

17.3.2 Lei dos cossenos

Nos casos em que não pode aplicar a Lei dos Senos, existe o recurso da Lei dos Cossenos. Ela permite trabalhar com a medida de dois segmentos e a medida de um ângulo. Dessa forma, dado um triângulo ABC de lados medindo a, b e c, temos:

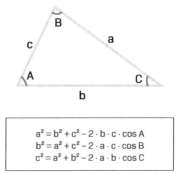

$$a^2 = b^2 + c^2 - 2 \cdot b \cdot c \cdot \cos A$$
$$b^2 = a^2 + c^2 - 2 \cdot a \cdot c \cdot \cos B$$
$$c^2 = a^2 + b^2 - 2 \cdot a \cdot b \cdot \cos C$$

17.4 Medidas dos ângulos

17.4.1 Medidas em grau

Sabe-se que uma volta completa na circunferência corresponde a 360°; se dividir em 360 arcos, haverá arcos unitários medindo 1° grau. Dessa forma, a circunferência é simplesmente um arco de 360° com o ângulo central medindo uma volta completa ou 360°.

É possível dividir o arco de 1° grau em 60 arcos de medidas unitárias iguais a 1' (arco de um minuto). Da mesma forma, podemos dividir o arco de 1' em 60 arcos de medidas unitárias iguais a 1" (arco de um segundo).

17.4.2 Medidas em radianos

Dada uma circunferência de centro O e raio R, com um arco de comprimento s e α o ângulo central do arco, vamos determinar a medida do arco em radianos de acordo com a figura a seguir:

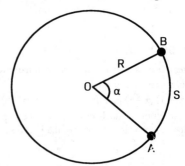

Diz-se que o arco mede um radiano se o comprimento do arco for igual à medida do raio da circunferência. Assim, para saber a medida de um arco em radianos, deve-se calcular quantos raios da circunferência são precisos para obter o comprimento do arco. Portanto:

$$\alpha = \frac{S}{R}$$

Com base nessa fórmula, podemos encontrar outra expressão para determinar o comprimento de um arco de circunferência:

$$s = \alpha \cdot R$$

De acordo com as relações entre as medidas em grau e radiano de arcos, vamos destacar uma regra de três capaz de converter as medidas dos arcos.

360° → 2π radianos (aproximadamente 6,28)
180° → π radiano (aproximadamente 3,14)
90° → π/2 radiano (aproximadamente 1,57)
45° → π/4 radiano (aproximadamente 0,785)

Medida em graus	Medida em radianos
180	π
x	a

17.5 Ciclo trigonométrico

Considerando um plano cartesiano, representados nele um círculo com centro na origem dos eixos e raios.

Divide-se o ciclo trigonométrico em quatro arcos, obtendo quatro quadrantes.

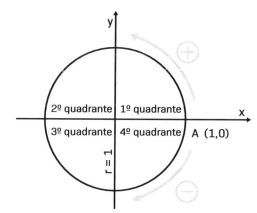

Dessa forma, obtêm-se as relações:

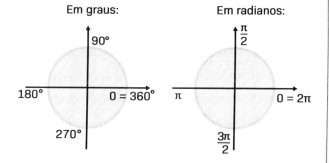

17.5.1 Razões trigonométricas

As principais razões trigonométricas são:

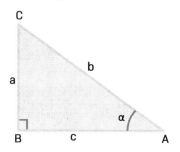

$$\operatorname{sen} \alpha = \frac{\text{comprimento do cateto oposto}}{\text{comprimento da hipotenusa}} = \frac{a}{b}$$

$$\cos \alpha = \frac{\text{comprimento do cateto adjacente}}{\text{comprimento da hipotenusa}} = \frac{c}{b}$$

$$\operatorname{tg} \alpha = \frac{\text{comprimento do cateto oposto}}{\text{comprimento do cateto adjacente}} = \frac{a}{b}$$

Outras razões decorrentes dessas são:

$$\operatorname{tg} x = \frac{\operatorname{sen} x}{\cos x}$$

$$\operatorname{cotg} x = \frac{1}{\operatorname{tg} x} = \frac{\cos x}{\operatorname{sen} x}$$

$$\sec x = \frac{1}{\cos x}$$

$$\operatorname{cossec} x = \frac{1}{\sec x}$$

A partir da relação fundamental, encontram as seguintes relações:
$(\operatorname{sen} x)^2 + (\cos x)^2 = 1$ = [relação fundamental da trigonometria]
$1 + (\operatorname{cotg} x)^2 = (\operatorname{cossec} x)^2$
$1 + (\operatorname{tg} x)^2 = (\sec x)^2$

17.5.2 Redução ao 1° quadrante

$\operatorname{sen}(90° - \alpha) = \cos \alpha$
$\cos(90° - \alpha) = \operatorname{sen} \alpha$
$\operatorname{sen}(90° + \alpha) = \cos \alpha$
$\cos(90° + \alpha) = -\operatorname{sen} \alpha$
$\operatorname{sen}(180° - \alpha) = \operatorname{sen} \alpha$
$\cos(180° - \alpha) = -\cos \alpha$
$\operatorname{tg}(180° - \alpha) = -\operatorname{tg} \alpha$
$\operatorname{sen}(180° + \alpha) = -\operatorname{sen} \alpha$
$\cos(180° + \alpha) = -\cos \alpha$
$\operatorname{sen}(270° - \alpha) = -\cos \alpha$
$\cos(270° - \alpha) = -\operatorname{sen} \alpha$
$\operatorname{sen}(270° + \alpha) = -\cos \alpha$
$\cos(270° + \alpha) = \operatorname{sen} \alpha$
$\operatorname{sen}(-\alpha) = -\operatorname{sen} \alpha$
$\cos(-\alpha) = \cos \alpha$
$\operatorname{tg}(-\alpha) = -\operatorname{tg} \alpha$

TRIGONOMETRIA

17.6 Funções trigonométricas

17.6.1 Função seno

Função seno é a função $f(x) = \text{sen } x$.

O domínio dessa função é R e a imagem é Im $[-1,1]$, visto que, na circunferência trigonométrica, o raio é unitário.

Então:
- Domínio de $f(x) = \text{sen } x$; $D(\text{sen } x) = R$.
- Imagem de $f(x) = \text{sen } x$; $\text{Im}(\text{sen } x) = [-1,1]$.

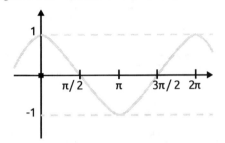

Sinal da função

$f(x) = \text{sen } x$ é positiva no 1º e 2º quadrantes (ordenada positiva).

$f(x) = \text{sen } x$ é negativa no 3º e 4º quadrantes (ordenada negativa).

- **Quando** $x \in \left[0, \dfrac{\pi}{2}\right]$: 1º quadrante, o valor de sen x cresce de 0 a 1.

- **Quando** $x \in \left[\dfrac{\pi}{2}, \pi\right]$: 2º quadrante, o valor de sen x decresce de 1 a 0.

- **Quando** $x \in \left[\pi, \dfrac{3\pi}{2}\right]$: 3º quadrante, o valor de sen x decresce de 0 a –1.

- **Quando** $x \in \left[\dfrac{3\pi}{2}, 2\pi\right]$: 4º quadrante, o valor de sen x cresce de –1 a 0.

17.6.2 Função cosseno

Função cosseno é a função $f(x) = \cos x$

O domínio dessa função também é R e a imagem é Im $[-1,1]$; visto que, na circunferência trigonométrica, o raio é unitário.

Então:
- Domínio de $f(x) = \cos x$; $D(\cos x) = R$.
- Imagem de $f(x) = \cos x$; $\text{Im}(\cos x) = [-1,1]$.

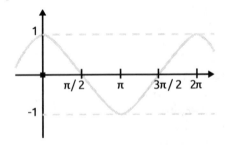

17.6.3 Sinal da função

$f(x) = \cos x$ é positiva no 1º e 4º quadrantes (abscissa positiva).

$f(x) = \cos x$ é negativa no 2º e 3º quadrantes (abscissa negativa).

- **Quando** $x \in \left[0, \dfrac{\pi}{2}\right]$: 1° quadrante, o valor de cos x cresce de 0 a 1.

- **Quando** $x \in \left[\dfrac{\pi}{2}, \pi\right]$: 2° quadrante, o valor de cos x decresce de 1 a 0.

- **Quando** $x \in \left[\pi, \dfrac{3\pi}{2}\right]$: 3° quadrante, o valor de cos x decresce de 0 a –1.

- **Quando** $x \in \left[\dfrac{3\pi}{2}, 2\pi\right]$: 4° quadrante, o valor de cos x cresce de –1 a 0.

17.6.4 Função tangente

Função tangente é a função $f(x) = \text{tg } x$.

Então:
- **Domínio de $f(x)$:** o domínio dessa função são todos os números reais, exceto os que zeram o cosseno, pois não existe cos x = 0
- Imagem de $f(x) = \text{Im} =]-\infty, \infty[$

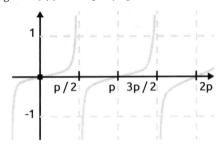

Sinal da função

$f(x) = \text{tg } x$ é positiva no 1º e 3º quadrantes (produto da ordenada pela abscissa positiva).

$f(x) = \text{tg } x$ é negativa no 2º e 4º quadrantes (produto da ordenada pela abscissa negativa).

17.6.5 Outras funções

Função secante

Denomina-se função secante a função: $f(x) = \dfrac{1}{\cos x}$

Função cossecante

Denomina-se função cossecante a função: $f(x) = \dfrac{1}{\text{sen } x}$

Função cotangente

Denomina-se função cotangente a função: $f(x) = \dfrac{1}{\text{tg } x}$

17.7 Identidades e operações trigonométricas

As mais comuns são:

$\text{sen}(a + b) = \text{sen } a \cdot \cos b + \text{sen } b \cdot \cos a$

$\text{sen}(a - b) = \text{sen } a \cdot \cos b - \text{sen } b \cdot \cos a$

$\cos(a + b) = \cos a \cdot \cos b - \text{sen } a \cdot \cos b$

$\cos(a - b) = \cos a \cdot \cos b + \text{sen } a \cdot \cos b$

$\text{tg }(a + b) = \dfrac{\text{tg}a + \text{tg}b}{1 - \text{tg}a \cdot \text{tg}b}$

$\text{tg }(a - b) = \dfrac{\text{tg}a - \text{tg}b}{1 + \text{tg}a \cdot \text{tg}b}$

$$\text{sen}(2x) = 2 \cdot \text{sen}(x) \cdot \cos(x)$$

$$\cos(2x) = \cos^2(x) - \text{sen}^2(x)$$

$$\text{tg}(2x) = \left(\frac{2 \cdot \text{tg}(x)}{1 - \text{tg}^2(x)}\right)$$

$$\text{sen}(x) + \text{sen}(y) = 2 \cdot \text{sen}\left(\frac{x+y}{2}\right) \cdot \cos\left(\frac{x-y}{2}\right)$$

$$\text{sen}(x) - \text{sen}(y) = 2 \cdot \text{sen}\left(\frac{x-y}{2}\right) \cdot \cos\left(\frac{x+y}{2}\right)$$

$$\cos(x) + \cos(y) = 2 \cdot \cos\left(\frac{x+y}{2}\right) \cdot \cos\left(\frac{x-y}{2}\right)$$

$$\cos(x) - \cos(y) = 2 \cdot \text{sen}\left(\frac{x+y}{2}\right) \cdot \text{sen}\left(\frac{x-y}{2}\right)$$

17.8 Bissecção de arcos ou arco metade

Também temos a fórmula do arco metade para senos, cossenos e tangentes:

$$\sin\left(\frac{a}{2}\right) = \pm\sqrt{\frac{1 - \cos(a)}{2}}$$

$$\cos\left(\frac{a}{2}\right) = \pm\sqrt{\frac{1 + \cos(a)}{2}}$$

$$\tan\left(\frac{a}{2}\right) = \pm\sqrt{\frac{1 - \cos(a)}{1 + \cos(a)}}$$

18 GEOMETRIA PLANA

- **Ceviana:** são segmentos de reta que partem do vértice do triângulo para o lado oposto.
- **Mediana:** é o segmento de reta que liga um vértice deste triângulo ao ponto médio do lado oposto a este vértice. As medianas se encontram em um ponto chamado de baricentro.
- **Altura:** altura de um triângulo é um segmento de reta perpendicular a um lado do triângulo ou ao seu prolongamento, traçado pelo vértice oposto. As alturas se encontram em um ponto chamado ortocentro.
- **Bissetriz:** é o lugar geométrico dos pontos que equidistam de duas retas concorrentes e, por consequência, divide um ângulo em dois ângulos congruentes. As bissetrizes se encontram em um ponto chamado incentro.
- **Mediatrizes:** são retas perpendiculares a cada um dos lados de um triângulo. As mediatrizes se encontram em um ponto chamado circuncentro.

18.1 Semelhanças de figuras

Duas figuras (formas geométricas) são semelhantes quando satisfazem a duas condições: os seus ângulos têm o mesmo tamanho e os lados correspondentes são proporcionais.

Nos triângulos existem alguns casos de semelhanças bem conhecidos:

- **1º caso: LAL (lado, ângulo, lado):** dois lados congruentes e o ângulo entre esses lados também congruente.

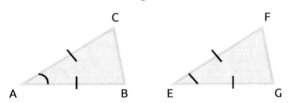

- **2º caso: LLL (lado, lado, lado):** os três lados congruentes.

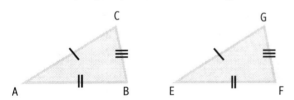

- **3º caso: ALA (ângulo, lado, ângulo):** dois ângulos congruentes e o lado entre esses ângulos também congruente.

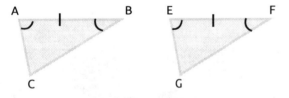

- **4º caso: LAAo (lado, ângulo, ângulo oposto):** congruência do ângulo adjacente ao lado, e congruência do ângulo oposto ao lado.

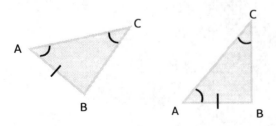

18.2 Relações métricas nos triângulos

18.2.1 Triângulo retângulo e suas relações métricas

Denomina-se triângulo retângulo o triângulo que tem um de seus ângulos retos, ou seja, um de seus ângulos mede 90°. O triângulo retângulo é formado por uma hipotenusa e dois catetos, a hipotenusa é o lado maior, o lado aposto ao ângulo de 90°, e os outros dois lados são os catetos.

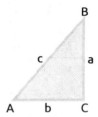

Na figura, podemos observar o triângulo retângulo de vértices A, B e C, e lados a, b e c. Como o ângulo de 90° está no vértice C, então a hipotenusa do triângulo é o lado c, e os catetos são os lados a e b.

Assim, podemos separar um triângulo em dois triângulos semelhantes:

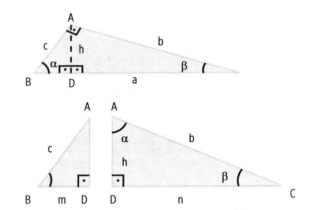

Neste segundo triângulo, podemos observar uma perpendicular à hipotenusa até o vértice A; essa é a altura h do triângulo, separando a hipotenusa em dois segmentos, o segmento m e o segmento n, separando esses dois triângulos obtemos dois triângulos retângulos, o triângulo $\triangle ABD$ e $\triangle ADC$. Como os ângulos dos três triângulos são congruentes, então podemos dizer que os triângulos são semelhantes.

Com essa semelhança, ganhamos algumas relações métricas entre os triângulos:

$$\frac{c}{a} = \frac{m}{c} \Rightarrow c^2 = am$$

$$\frac{c}{a} = \frac{h}{b} \Rightarrow cb = ah$$

$$\frac{b}{a} = \frac{n}{b} \Rightarrow b^2 = an$$

$$\frac{h}{m} = \frac{n}{h} \Rightarrow h^2 = mn$$

Da primeira e da terceira equação, obtemos:

$c^2 + b^2 = am + an = a(m + n)$.

Como vimos na figura que m+n=a, então temos:

$c^2 + b^2 = aa = a^2$

ou seja, trata-se do Teorema de Pitágoras.

18.2.2 Lei dos cossenos

Para um triângulo qualquer demonstra-se que:

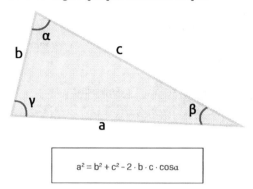

$$a^2 = b^2 + c^2 - 2 \cdot b \cdot c \cdot \cos\alpha$$

Note que o lado a do triângulo é oposto ao cosseno do ângulo α.

18.2.3 Lei dos senos

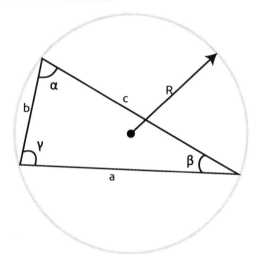

R é o raio da circunferência circunscrita a esse triângulo.

Neste caso, valem as seguintes relações, conforme a lei dos senos:

$$\frac{a}{\text{sen}\alpha} = \frac{b}{\text{sen}\beta} = \frac{c}{\text{sen}\gamma} = 2R$$

18.3 Quadriláteros

Quadrilátero é um polígono de quatro lados. Eles possuem os seguintes elementos:

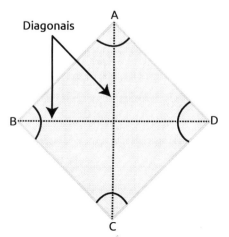

Vértices: A, B, C, e D.
Lados: AB, BC, CD, DA.
Diagonais: AC e BD.
Ângulos internos ou ângulos do quadrilátero ABCD: $\hat{A}, \hat{B}, \hat{C}, \hat{D}$.
Todo quadrilátero tem duas diagonais.

O perímetro de um quadrilátero ABCD é a soma das medidas de seus lados, ou seja, AB + BC + CD + DA.

18.3.1 Quadriláteros importantes

▷ **Paralelogramo:** é o quadrilátero que tem os lados opostos paralelos.

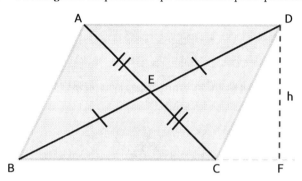

h é a altura do paralelogramo.

Em um paralelogramo:
- Os lados opostos são congruentes.
- Cada diagonal o divide em dois triângulos congruentes.
- Os ângulos opostos são congruentes.
- As diagonais interceptam-se em seu ponto médio.

▷ **Retângulo:** é o paralelogramo em que os quatro ângulos são congruentes (retos).

▷ **Losango:** é o paralelogramo em que os quatro lados são congruentes.

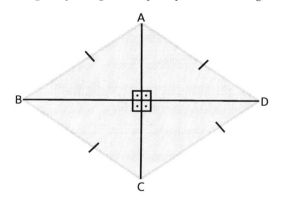

GEOMETRIA PLANA

▷ **Quadrado:** é o paralelogramo em que os quatro lados e os quatro ângulos são congruentes.

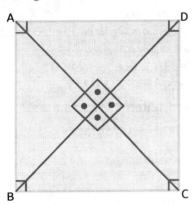

▷ **Trapézio:** é o quadrilátero que apresenta somente dois lados paralelos chamados bases.

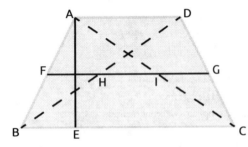

• **Trapézio retângulo:** é aquele que apresenta dois ângulos retos.

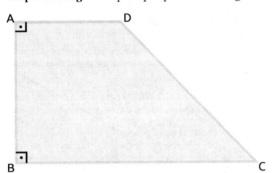

• **Trapézio isósceles:** é aquele em que os lados não paralelos são congruentes.

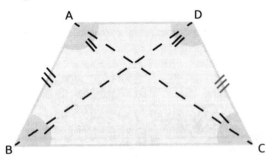

18.4 Polígonos regulares

Um polígono é regular se todos os seus lados e todos os seus ângulos forem congruentes.

Os nomes dos polígonos dependem do critério que se utiliza para classificá-los. Usando **o número de ângulos** ou o **número de lados**, tem-se a seguinte nomenclatura:

Número de lados (ou ângulos)	Nome do Polígono Em função do número de ângulos	Em função do número de lados
3	triângulo	trilátero
4	quadrângulo	quadrilátero
5	pentágono	pentalátero
6	hexágono	hexalátero
7	heptágono	heptalátero
8	octógono	octolátero
9	eneágono	enealátero
10	decágono	decalátero
11	undecágono	undecalátero
12	dodecágono	dodecalátero
15	pentadecágono	pentadecalátero
20	icoságono	icosalátero

Nos polígonos regulares cada ângulo externo é dado por:

$$e = \frac{360°}{n}$$

A soma dos ângulos internos é dada por:

$$S_i = 180 \cdot (n-2)$$

E cada ângulo interno é dado por:

$$i = \frac{180(n-2)}{n}$$

18.4.1 Diagonais de um polígono

O segmento que liga dois vértices não consecutivos de polígono é chamado de diagonal.

O número de diagonais de um polígono é dado pela fórmula:

$$d = \frac{n \cdot (n-3)}{2}$$

18.5 Círculos e circunferências

18.5.1 Círculo
É a área interna a uma circunferência.

18.5.2 Circunferência
É o contorno do círculo. Por definição, é o lugar geométrico dos pontos equidistantes ao centro.

A distância entre o centro e o lado é o raio.

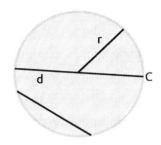

Corda
É o seguimento que liga dois pontos da circunferência.

A maior corda, ou corda maior de uma circunferência, é o diâmetro. Também dizemos que a corda que passa pelo centro é o diâmetro.

Posição relativa entre reta e circunferência

Uma reta é:
- **Secante:** distância entre a reta e o centro da circunferência é menor que o raio.
- **Tangente:** a distância entre a reta e o centro da circunferência é igual ao raio.
- **Externa:** a distância entre a reta e o centro da circunferência é maior que o raio.

Posição relativa entre circunferência

As posições relativas entre circunferência são basicamente 5:
▷ **Circunferência secante:** distância entre os centros é menor que a soma dos raios das duas, porém, é maior que o raio de cada uma.

▷ **Externo:** a distância entre os centros é maior que a soma do raio.

▷ **Tangente:** distância entre os centros é igual à soma dos raios.

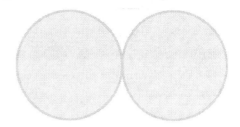

▷ **Interna:** distância entre os centros mais o raio da menor é igual ao raio da maior.

▷ **Interior:** distância entre os centros menos o raio da menor é menor que o raio da maior.

Ângulo central e ângulo inscrito

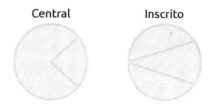

Um ângulo central sempre é o dobro do ângulo inscrito de um mesmo arco.

As áreas de círculos e partes do círculo são:

Área do círculo = $\pi \cdot r^2 = \dfrac{1}{4} \pi \cdot D^2$

Área do setor circular = $\pi \cdot r^2 = \dfrac{\alpha}{360°} = \dfrac{1}{2} \alpha \cdot r^2$

Área da coroa = área do círculo maior − área do círculo menor

> **Fique ligado**
> Os ângulos podem ser expressos em graus (360° = 1 volta) ou em radianos (2π = 1 volta)

18.6 Polígonos regulares inscritos e circunscritos

As principais relações entre a circunferência e os polígonos são:
- Qualquer polígono regular é inscritível em uma circunferência.
- Qualquer polígono regular e circunscritível a uma circunferência.

GEOMETRIA PLANA

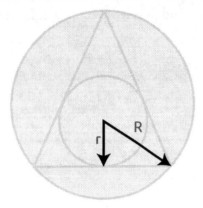

Polígono circunscrito a uma circunferência é o que possui seus lados tangentes à circunferência. Ao mesmo tempo, dizemos que esta circunferência está inscrita no polígono.

Um polígono é inscrito em uma circunferência se cada vértice do polígono for um ponto da circunferência, e neste caso dizemos que a circunferência é circunscrita ao polígono.

Da inscrição e circunscrição dos polígonos nas circunferências podem-se ter as seguintes relações:

Apótema de um polígono regular é a distância do centro a qualquer lado. Ele é sempre perpendicular ao lado.

Nos polígonos inscritos:

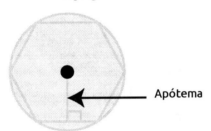
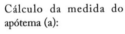

18.6.1 No quadrado

Cálculo da medida do lado (L):

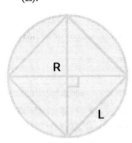

$$L = R\sqrt{2}$$

Cálculo da medida do apótema (a):

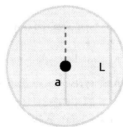

$$a = \frac{R\sqrt{2}}{2}$$

18.6.2 No hexágono

Cálculo da medida do lado (L):

$$L = R$$

Cálculo da medida do apótema (a):

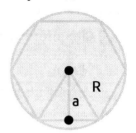

$$a = \frac{R\sqrt{3}}{2}$$

18.6.3 No triângulo equilátero

Nos polígonos circunscritos:

Cálculo da medida do lado (L):

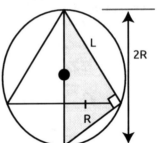

$$L = R\sqrt{3}$$

Cálculo da medida do apótema (a):

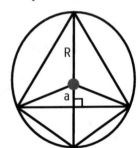

$$a = \frac{R}{2}$$

18.6.4 No quadrado

Cálculo da medida do lado (L):

$$L = 2R$$

Cálculo da medida do apótema (a):

$$a = R$$

18.6.5 No hexágono

Cálculo da medida do lado (L):

$$L = \frac{2R\sqrt{3}}{3}$$

Cálculo da medida do apótema (a):

$$a = R$$

18.6.6 No triângulo equilátero

Cálculo da medida do lado (L):

$$L = 2R\sqrt{3}$$

Cálculo da medida do apótema (a):

$$a = R$$

18.7 Perímetros e áreas dos polígonos e círculos

18.7.1 Perímetro
É o contorno da figura, ou seja, a soma dos lados da figura.
Para calcular o perímetro do círculo utilize: $P = 2\pi \cdot r$

18.7.2 Área
É o espaço interno, ou seja, a extensão que ela ocupa dentro do perímetro.

Principais áreas (S) de polígonos

Retângulo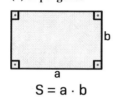
$S = a \cdot b$

Quadrado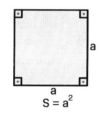
$S = a^2$

Paralelogramo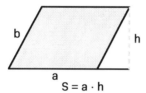
$S = a \cdot h$

Losango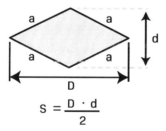
$S = \dfrac{D \cdot d}{2}$

Trapézio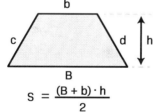
$S = \dfrac{(B + b) \cdot h}{2}$

Triângulo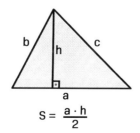
$S = \dfrac{a \cdot h}{2}$

Triângulo equilátero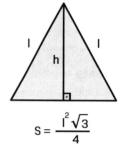
$S = \dfrac{l^2 \sqrt{3}}{4}$

Círculo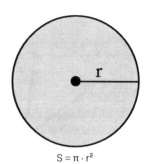
$S = \pi \cdot r^2$

19 GEOMETRIA ESPACIAL

Neste capítulo, serão abordados os principais conceitos de geometria espacial e suas aplicações.

19.1 Retas e planos

A reta é infinita, ou seja, contém infinitos pontos.

Por um ponto, podem ser traçadas infinitas retas.

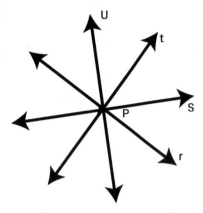

Por dois pontos distintos, passa uma única reta.

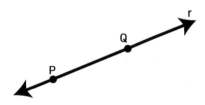

Um ponto qualquer de uma reta divide-a em duas semirretas.

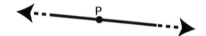

Por três pontos não colineares, passa um único plano.

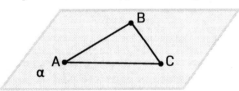

Por uma reta, pode ser traçada uma infinidade de planos.

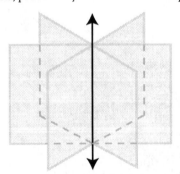

19.1.1 Posições relativas de duas retas

No espaço, duas retas distintas podem ser concorrentes, paralelas ou reversas:

Concorrentes

$r \cap s = \{ P \}$
$r \subset \alpha$
$s \subset \alpha$

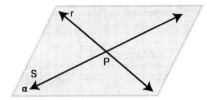

Paralelas

$r \cap s = \{ \}$
$r \subset \alpha$
$s \subset \alpha$

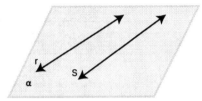

Concorrentes

$r \cap s = \{ \}$

Não existe plano que contenha r e s simultaneamente

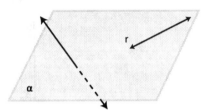

Em particular nas retas concorrentes, há aquelas que são perpendiculares.

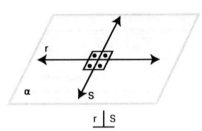

19.1.2 Posições relativas entre reta e plano

Reta contida no plano

Se uma reta r tem dois pontos distintos num plano α, então, r está contida nesse plano:

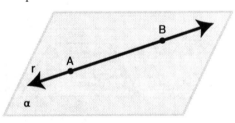

$$\begin{matrix} A \in \alpha \text{ e } B \in \alpha \\ A \in r \text{ e } B \in r \end{matrix} \Rightarrow r \subset \alpha$$

RACIOCÍNIO LÓGICO-MATEMÁTICO

Reta concorrente ou incidente ao plano

Dizemos que a reta r fura o plano α ou que r e α são concorrentes em P quando r ∩ α = { P }.

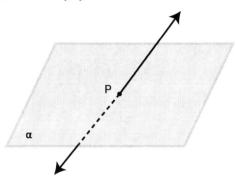

Reta paralela ao plano

Se uma reta r e um plano α não tem ponto em comum, então, a reta r é paralela a uma reta t contida no plano α; portanto,
r || α, || t e t ⊂ α ⇒ r || α

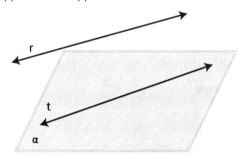

Se dois planos distintos têm um ponto em comum, então, a sua interseção é dada por uma única reta que passa por esse ponto.

19.1.3 Perpendicularismo entre reta e plano

Uma reta r é perpendicular a um plano α se, e somente se, r for perpendicular a todas as retas de α que passam pelo ponto de interseção de r e α.

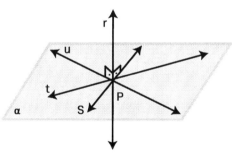

19.1.4 Posições relativas de dois planos

Planos coincidentes ou iguais

Planos concorrentes ou secantes

Dois planos, α e β, são concorrentes quando sua interseção é uma única reta:

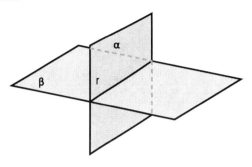

Planos paralelos

Dois planos, α e β, são paralelos quando sua interseção é vazia:

Perpendicularismo entre planos

Dois planos, α e β, são perpendiculares se existir uma reta de um deles que seja perpendicular ao outro:

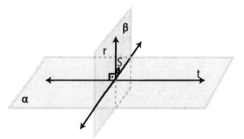

19.2 Prismas

Na figura a seguir, temos dois planos paralelos e distintos, α e β, um polígono convexo R contido em α e uma reta r que intercepta α e β, mas não R:

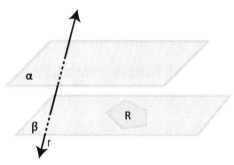

Para cada ponto P da região R, vamos considerar o segmento $\overline{P'P}$, paralelo à reta r (P linha, pertence a Beta).

GEOMETRIA ESPACIAL

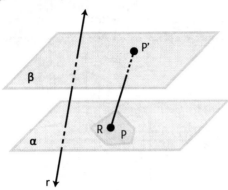

Assim, temos:

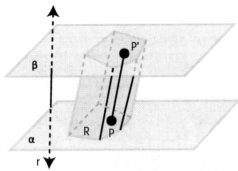

O conjunto de todos os segmentos congruentes $\overline{P'P}$ paralelos a r, é conhecido por prisma ou prisma limitado.

19.2.1 Elementos do prisma

Dado o prisma a seguir, considere os seguintes elementos:

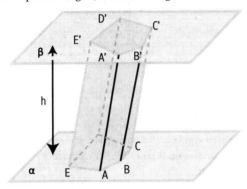

Bases: as regiões poligonais R e S

Altura: a distância h entre os planos α e β

Arestas das bases:

Lados AB, BC, CD, DE, EA, A'B', B'C', D'E', E'A' (dos polígonos)

Arestas laterais:

Os segmentos AA', BB', CC', DD', EE'

Faces laterais: os paralelogramos AA'BB', BB'C'C, CC'D'D, DD'E'E, EE'A'A

19.2.2 Classificação

Um prisma pode ser:

Reto: quando as arestas laterais são perpendiculares aos planos das bases.

Oblíquo: quando as arestas laterais são oblíquas aos planos das bases.

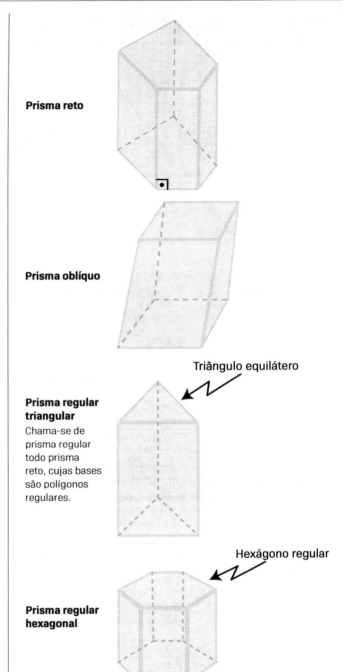

Prisma reto

Prisma oblíquo

Prisma regular triangular
Chama-se de prisma regular todo prisma reto, cujas bases são polígonos regulares.

Triângulo equilátero

Hexágono regular

Prisma regular hexagonal

Fique ligado

As faces de um prisma regular são retângulos congruentes.

19.2.3 Áreas

Em um prisma distinguimos dois tipos de superfície: as faces e as bases. Assim, temos de considerar as seguintes áreas:

$AL = n \cdot AF$ (n = número de lados do polígono da base).

- **Área de uma face (AF):** área de um dos paralelogramos que constituem as faces.
- **Área lateral (AL):** soma das áreas dos paralelogramos que formam as faces do prisma.
- **Área da base (AB):** área de um dos polígonos das bases.
- **Área total (AT): soma da área lateral com a área das bases:**

$$A_T = A_L + 2A_B$$

19.2.4 Paralelepípedo

Todo prisma cujas bases são paralelogramos recebe o nome de paralelepípedo.

Paralelepípedo oblíquo

Paralelepípedo reto

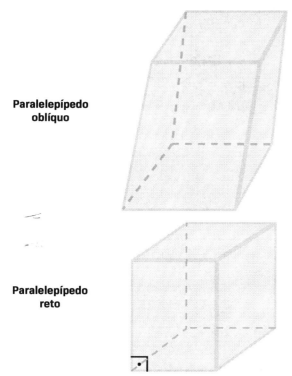

Se o paralelepípedo reto tem bases retangulares, ele é chamado de paralelepípedo reto-retângulo, ortoedro ou paralelepípedo retângulo.

Paralelepípedo retângulo

Diagonais da base e do paralelepípedo

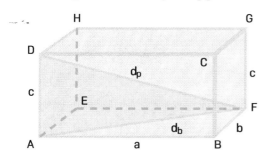

db = diagonal da base
dp = diagonal do paralelepípedo

Na base, ABFE, tem-se:

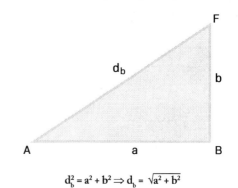

$$d_b^2 = a^2 + b^2 \Rightarrow d_b = \sqrt{a^2 + b^2}$$

No triângulo AFD, tem-se:

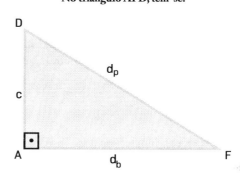

$$d_p^2 = d_b^2 + c^2 = a^2 + b^2 + c^2 \Rightarrow d_p = \sqrt{a^2 + b^2 + c^2}$$

Área lateral

Sendo AL a área lateral de um paralelepípedo retângulo, tem-se:

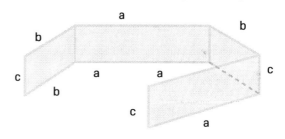

$$A_L = ac + bc + ac + bc = 2ac + 2bc = A_L = 2(ac + bc)$$

Área total

Planificando o paralelepípedo, verificamos que a área total é a soma das áreas de cada par de faces opostas:

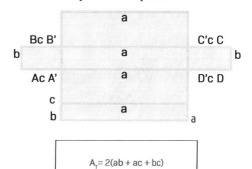

$$A_T = 2(ab + ac + bc)$$

GEOMETRIA ESPACIAL

Volume

O volume de um paralelepípedo retângulo de dimensões a, b e c é dado por:

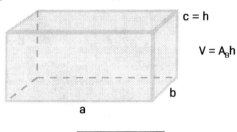

$$V = a \cdot b \cdot c$$

19.2.5 Cubo

Um paralelepípedo retângulo com todas as arestas congruentes (a = b = c) recebe o nome de cubo. Dessa forma, cada face é um quadrado.

Diagonais da base e do cubo

Considere a figura a seguir:

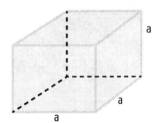

dc = diagonal do cubo
db = diagonal da base

Na base ABCD, tem-se:

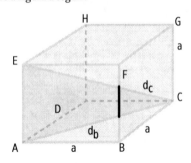

$$d_c^2 = a^2 + a^2 = 2a^2 \Rightarrow d_b = a\sqrt{2}$$

No triângulo ACE, tem-se:

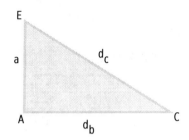

$$d_c^2 = a^2 + d_b^2 = a^2 + 2a^2 = 3a^2 \Rightarrow d_b = a\sqrt{3}$$

Área lateral

A área lateral AL é dada pela área dos quadrados de lado a:

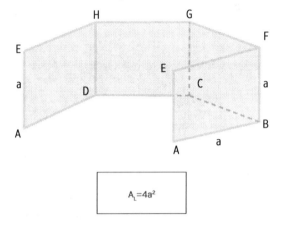

$$A_L = 4a^2$$

Área total

A área total AT é dada pela área dos seis quadrados de lado a:

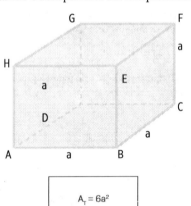

$$A_T = 6a^2$$

Volume

De forma semelhante ao paralelepípedo retângulo, o volume de um cubo de aresta a é dado por:

$$V = a \cdot a \cdot a = a^3$$

Generalização do volume de um prisma:
Vprisma = AB · h

19.3 Cilindro

19.3.1 Elementos do cilindro

Dado o cilindro a seguir, considere os seguintes elementos:

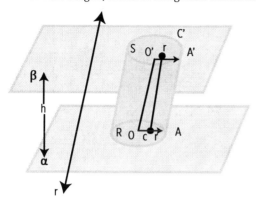

Bases: os círculos de centro O e O' e raios r.
Altura: a distância h entre os planos α e β.
Geratriz: qualquer segmento de extremidades nos pontos das circunferências das bases (por exemplo, $\overline{AA'}$) e paralelo à reta r.

19.3.2 Classificação do cilindro

Um cilindro pode ser:
- **Circular oblíquo:** quando as geratrizes são oblíquas às bases.
- **Circular reto:** quando as geratrizes são perpendiculares às bases.

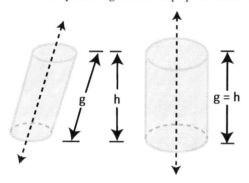

O cilindro circular reto é também chamado de cilindro de revolução, por ser gerado pela rotação completa de um retângulo por um de seus lados. Assim, a rotação do retângulo ABCD pelo lado $\overline{BC}$ gera o cilindro a seguir:

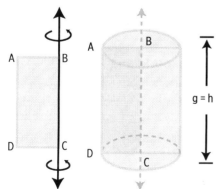

A reta $\overline{BC}$ contém os centros das bases e é o eixo do cilindro.

19.3.3 Seção

Seção transversal é a região determinada pela interseção do cilindro com um plano paralelo às bases. Todas as seções transversais são congruentes.

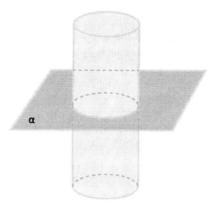

Seção meridiana é a região determinada pela interseção do cilindro com um plano que contém o eixo.

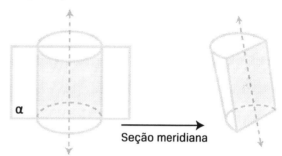

19.3.4 Áreas

Num cilindro, consideramos as seguintes áreas:

Área Lateral (AL)

Pode-se observar a área lateral de um cilindro fazendo a sua planificação:

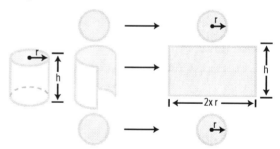

Assim, a área lateral do cilindro reto cuja altura é h e cujos raios dos círculos das bases são r é um retângulo de dimensões $2\pi r$ e h:

$$A_L = 2\pi r h$$

Área da base (AB): área do círculo de raio r:

$$A_B = 2\pi r^2$$

Área total (AT): soma da área lateral com as áreas das bases:

$$A_T = A_L + 2A_B = 2\pi r h + 2\pi r^2 = 2\pi r(h+r)$$

19.3.5 Volume

O volume de todo paralelepípedo retângulo e de todo cilindro é o produto da área da base pela medida de sua altura:

$$V_{cilindro} = A_B \cdot h$$

No caso do cilindro circular reto, a área da base é a área do círculo de raio r, $AB = \pi r^1 h$; portanto, seu volume é:

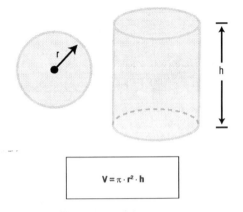

$$V = \pi \cdot r^2 \cdot h$$

19.3.6 Cilindro equilátero

Todo cilindro cuja seção meridiana é um quadrado (altura igual ao diâmetro da base) é chamado cilindro equilátero.

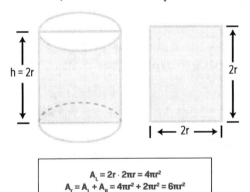

$$A_L = 2r \cdot 2\pi r = 4\pi r^2$$
$$A_T = A_L + A_B = 4\pi r^2 + 2\pi r^2 = 6\pi r^2$$

19.4 Cone circular

Dado um círculo C, contido num plano α, e um ponto V (vértice) fora de α, chamamos de cone circular o conjunto de todos os segmentos $\overline{VP}$, $P \in C$.

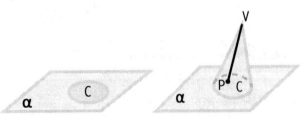

19.4.1 Elementos do cone circular

Dado o cone a seguir, consideramos os seguintes elementos:

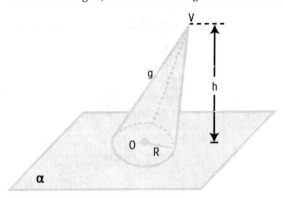

Altura: distância h do vértice V ao plano α.
Geratriz (g): segmento com uma extremidade no ponto V e outra em um ponto da circunferência.
Raio da base: raio R do círculo.
Eixo de rotação: reta $\overline{VO}$ determinada pelo centro do círculo e pelo vértice do cone.

19.4.2 Cone reto

Todo cone cujo eixo de rotação é perpendicular à base é chamado cone reto, também denominado cone de revolução. Ele pode ser gerado pela rotação completa de um triângulo retângulo em torno de um de seus catetos.

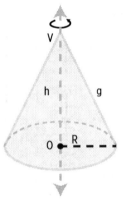

Da figura, e pelo Teorema de Pitágoras, temos a seguinte relação:

$$g^2 = h^2 + R^2$$

19.4.3 Seção meridiana

A seção determinada, em um cone de revolução, por um plano que contém o eixo de rotação é chamada seção meridiana.

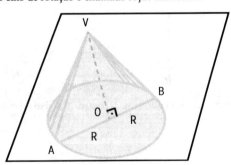

Se o triângulo AVB for equilátero, o cone também será equilátero:

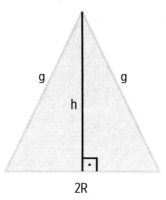

$$g = 2R$$
$$h = R\sqrt{3}$$

19.4.4 Áreas

Desenvolvendo a superfície lateral de um cone circular reto, obtemos um setor circular de raio g e comprimento $L = 2\pi R$.

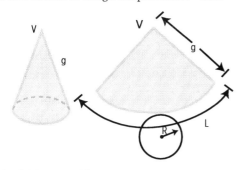

▷ **Assim, há de se considerar as seguintes áreas:**
Área lateral (AL): área do setor circular:

$$A_L = \frac{gl}{2} = \frac{g \cdot 2\pi R}{2} \Rightarrow A_L = \pi Rg$$

Área da base (AB): área do círculo do raio R:
$A_B = \pi R^2$
Área total (AT): soma da área lateral com a área da base:
$A_T = A_L + A_B = \pi Rg + \pi R^2 \rightarrow A_T \pi R (g + R)$

19.4.5 Volume

$$V_{cone} = 2 \pi dS = 2\pi \; \frac{r}{3} \cdot \frac{rh}{2} \Rightarrow V_{cone} \; \frac{1}{3} \cdot \pi r^2 h$$

19.5 Pirâmides

Dado um polígono convexo R, contido em um plano α, e um ponto V (vértice) fora de α, chamamos de pirâmide o conjunto de todos os segmentos $\overline{VP}$, $P \in R$.

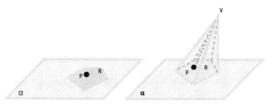

19.5.1 Elementos da pirâmide

Dada a pirâmide a seguir, tem-se os seguintes elementos:

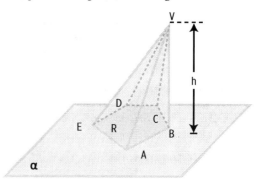

Base: o polígono convexo R.
Arestas da base: os lados AB, BC, CD, DE, EA do polígono.
Arestas laterais: os segmentos VA, VB, VC, VD, VE.
Faces laterais: os triângulos VAB, VBC, VCD, VDE, VEA.
Altura: distância h do ponto V ao plano.

19.5.2 Classificação

Uma pirâmide é reta quando a projeção ortogonal do vértice coincide com o centro do polígono da base.

Toda pirâmide reta, cujo polígono da base é regular, recebe o nome de pirâmide regular. Ela pode ser triangular, quadrangular, pentagonal etc., conforme sua base, seja, respectivamente, um triângulo, um quadrilátero, um pentágono etc.

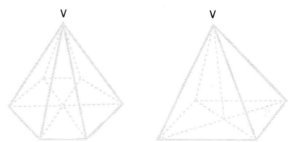

Pirâmide regular hexagonal   Pirâmide regular quadrangular

19.5.3 Áreas

Em uma pirâmide, temos as seguintes áreas:
Área lateral (AL): reunião das áreas das faces laterais.
Área da base (AB): área do polígono convexo (base da pirâmide).
Área total (AT): união da área lateral com a área da base.

$$A_T = A_L + A_B$$

Para uma pirâmide regular, temos:

$$V_L = n \cdot \frac{bg}{2} \quad A_b = pa$$

Em que:
- **b** é a aresta;
- **g** é o apótema;
- **n** é o número de arestas laterais;
- **p** é o semiperímetro da base;
- **a** é o apótema do polígono da base.

19.5.4 Volume

$$V_{cone} = \frac{1}{3} \cdot \underbrace{\pi \cdot R^2 h}_{\text{Área de base}} \rightarrow \boxed{V_{pirâmide} = \frac{1}{3} \cdot A_B h}$$

19.6 Troncos

Se um plano interceptar todas as arestas de uma pirâmide ou de um cone, paralelamente às suas bases, o plano dividirá cada um desses sólidos em dois outros: uma nova pirâmide e um tronco de pirâmide; e um novo cone e um tronco de cone.

19.6.1 Tronco da pirâmide

Dado o tronco de pirâmide regular a seguir, tem-se:

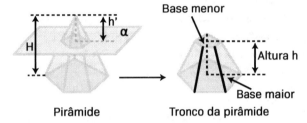

As bases são polígonos regulares paralelos e semelhantes.

As faces laterais são trapézios isósceles congruentes.

Áreas

Área lateral (AL): soma das áreas dos trapézios isósceles congruentes que formam as faces laterais.

Área total (AT): soma da área lateral com a soma das áreas da base menor (Ab) e maior (AB).

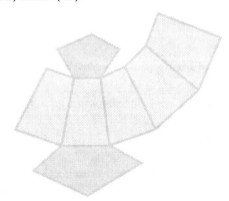

$$A_T = A_L + A_B + A_b$$

Volume

O volume de um tronco de pirâmide regular é dado por:

$$V_r = \frac{h}{3} (A_B + A_b + \sqrt{A_B A_b})$$

Sendo V o volume da pirâmide e V' o volume da pirâmide obtido pela seção, é válida a relação:

$$\frac{V'}{V} = \left(\frac{h'}{H}\right)^3$$

19.6.2 Tronco do cone

Sendo o tronco do cone circular regular a seguir, tem-se:

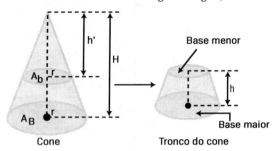

As bases maior e menor são paralelas.

A altura do tronco é dada pela distância entre os planos que contêm as bases.

Áreas

Área lateral

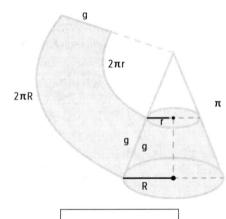

$$\boxed{A_L = \pi(R + r)g}$$

Área total

$$A_T = A_L + A_B + A_b = \pi(R + r)g + \pi R^2 + \pi r^2$$

$$\downarrow$$

$$A_T = [(R + r)g + R^2 + r^2]$$

Volume

$$V_r = \frac{h}{3} (A_B + A_b + \sqrt{A_B A_b}) \frac{h}{3} (\pi R^2 + \pi r^2 + \sqrt{\pi R^2 \cdot \pi r^2})$$

$$\downarrow$$

$$V = \frac{\pi h}{3} (R^2 + r^2 + Rr)$$

Sendo V o volume do cone e V' o volume do cone obtido pela seção, são válidas as relações:

$$\frac{r}{r'} = \frac{H'}{h'}$$

$$\frac{A_B}{A_b} = \left(\frac{H'}{h'}\right)^2$$

$$\frac{V}{V'} = \left(\frac{H'}{h'}\right)^3$$

RACIOCÍNIO LÓGICO-MATEMÁTICO

19.7 Esfera

Chama-se de esfera de centro O e raio R, o conjunto de pontos do espaço cuja distância ao centro é menor ou igual ao raio R.

Considerando a rotação completa de um semicírculo em torno de um eixo, a esfera é o sólido gerado por essa rotação. Assim, ela é limitada por uma superfície esférica e formada por todos os pontos pertencentes a essa superfície e ao seu interior.

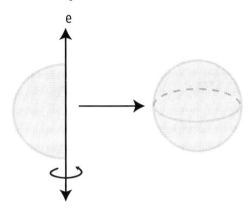

19.7.1 Volume

O volume da esfera de raio R é dado por:

$$V_e = \frac{4}{3} \cdot \pi R^3$$

19.7.2 Partes da esfera

Superfície esférica

A superfície esférica de centro O e raio R é o conjunto de pontos do espaço cuja distância ao ponto O é igual ao raio R.

Se considerar a rotação completa de uma semicircunferência em torno de seu diâmetro, a superfície esférica é o resultado dessa rotação.

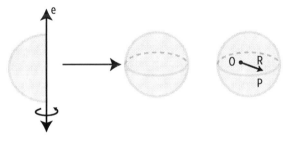

A área da superfície esférica é dada por:

$$A_s = 4\pi R^2$$

Zona esférica

É a parte da esfera gerada do seguinte modo:

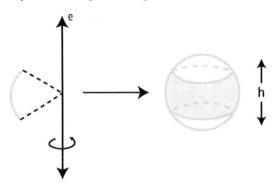

A área da zona esférica é dada por:

$$S = 2\pi Rh$$

Calota esférica

É a parte da esfera gerada do seguinte modo:

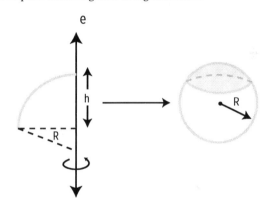

A área da calota esférica é dada por:

$$S = 2\pi Rh$$

Fuso esférico

O fuso esférico é uma parte da superfície esférica que se obtém ao girar uma semicircunferência de um ângulo $\alpha (0 < \alpha < 2\pi)$ em torno de seu eixo:

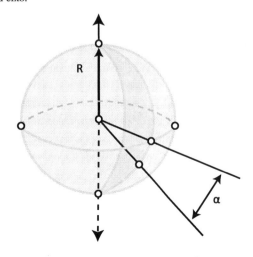

A área do fuso esférico pode ser obtida por uma regra de três simples:

$A_S - 2\pi \quad A_F = \dfrac{4\pi R^2 \alpha}{2\pi} \Rightarrow A_F = 2R^2\alpha$ (α em radianos)
$A_F - \alpha$

$A_S - 360° \quad A_F = \dfrac{4\pi R^2 \alpha}{360°} \Rightarrow A_F \; \dfrac{\pi R^2 \alpha}{90°}$ (α em graus)
$A_F - \alpha$

Cunha esférica

Parte da esfera que se obtém ao girar um semicírculo em torno de seu eixo de um ângulo $\alpha (0 < \alpha < 2\pi)$:

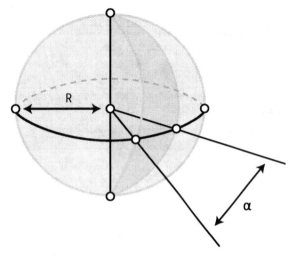

O volume da cunha pode ser obtido por uma regra de três simples:

$\left.\begin{array}{l} V_e - 2\pi \\ V_c - \alpha \end{array}\right] V_c = \dfrac{\frac{4}{3}\pi R^3 \alpha}{2\pi} \quad V_c = \dfrac{2}{3} R^3 \alpha$ (α em radianos)

$\left.\begin{array}{l} V_e - 360° \\ V_c - \alpha \end{array}\right] V_c = \dfrac{\frac{4}{3}\pi R^3 \alpha}{360°} \quad V_c = \dfrac{\pi R^3 \alpha}{270°}$ (α em graus)

NOÇÕES DE ADMINISTRAÇÃO PÚBLICA/ÉTICA NO SERVIÇO PÚBLICO

1 TEORIAS ADMINISTRATIVAS

1.1 Conceito de Administração

A Administração (do latim: administratione) é o conjunto de atividades voltadas à direção de uma organização. Tais atividades devem fazer uso de técnicas de gestão para que seus objetivos sejam alcançados de forma eficaz e eficiente, com responsabilidade social e ambiental.

Lacombe (2003, p.4) afirma que a essência do trabalho do administrador é obter resultados por meio das pessoas que ele coordena. A partir desse raciocínio de Lacombe, temos o papel do "Gestor Administrativo" que, com sua capacidade de gestão com as pessoas, consegue obter os resultados esperados.

Drucker (1998, p. 2) conceitua que administrar é manter as organizações coesas, fazendo-as funcionar.

Administrar como processo significa **planejar, organizar, dirigir (coordenar e liderar)**, e controlar organizações e/ou tarefas, tendo como objetivo maior produtividade e/ou lucratividade. Para se chegar a isso, o administrador avalia os objetivos organizacionais e desenvolve as estratégias necessárias para alcançá-los. Este profissional, no entanto, não tem apenas função teórica, ele é responsável pela implantação de tudo que planejou e, portanto, vai ser aquele que define os programas e métodos de trabalho, avaliando os resultados e corrigindo os setores e procedimentos que estiverem com problemas. Como é função do administrador que a produtividade e/ou lucros sejam altos, ele também terá a função de fiscalizar a produção e, para isso, é necessário que fiscalize cada etapa do processo, controlando inclusive os equipamentos e materiais (recursos) envolvidos na produção, para evitar desperdícios e prejuízos para a organização.

A Administração é uma ciência como qualquer outra e, como ocorre com todas as ciências, foi necessário o desenvolvimento de teorias que explicassem e orientassem as organizações. De vez em quando essa evolução é abordada em concursos, e quando isso acontece, o conteúdo está especificado como Teorias Administrativas ou Teoria Científica, Clássica, Burocrática, Relações Humanas, Estruturalista, Sistêmica e Contingencial.

1.2 Teorias Administrativas - Principais Escolas - Características Básicas e Contribuições

1.2.1 A Administração Científica (Taylorismo)

Para compreender esta teoria, precisamos nos localizar no tempo. Com a Revolução Industrial, as relações de trabalho e as condições em que a produção ocorria se transformaram tremendamente. A máquina a vapor proporcionou uma melhoria nos transportes (principalmente no que tange aos navios a vapor e trens). Isso permitiu que uma empresa "entregasse" seus produtos para um público cada vez maior e mais distante. Além disso, este novo maquinário levou a um novo tipo de processo produtivo: a produção em massa.

A produtividade e a velocidade de produção foram ampliadas enormemente. A pequena oficina aos poucos deu espaço a grandes indústrias, em que o ambiente de trabalho era insalubre e perigoso, com jornadas de trabalho de mais de doze horas diárias.

E quem eram os operários? A indústria na época contratava, em grande parte, os moradores do campo, que eram atraídos por melhores salários. Assim, estes trabalhadores chegavam às indústrias sem qualificação específica e efetuavam um trabalho basicamente manual (ou "braçal").

Então, procuremos imaginar a situação: a empresa precisava de produtividade, mas os funcionários não tinham a capacitação necessária; era um caos total.

Com isso, existia um ambiente de grande desperdício e baixa eficiência nas indústrias. O primeiro teórico a buscar mudar esta realidade foi Frederick Taylor, por isso que a Teoria Científica pode ser chamada também de Taylorismo.

Nas fábricas, os funcionários faziam seu trabalho de forma empírica, ou seja, na base da tentativa e do erro. Os gerentes não estudavam as melhores formas de se trabalhar. Os funcionários não se comprometiam com os objetivos (de acordo com Taylor, ficavam "vadiando") e cada um fazia o trabalho como "achava melhor" – não existia, assim, uma padronização dos processos de trabalho. Os funcionários utilizavam técnicas diferentes para realizar o mesmo trabalho e eram propensos a "pegar leve".

Taylor acreditava que o trabalho poderia ser feito de modo muito mais produtivo. A Administração Científica buscou, então, a melhoria da eficiência e da produtividade.

Fique ligado

Foco da Teoria Científica → EFICIÊNCIA E PRODUTIVIDADE

Frederick Taylor era engenheiro mecânico e constantemente se irritava com a ineficiência e incompetência dos funcionários.

Texto retirado e adaptado de: (CHIAVENATO, História da Administração: entendendo a Administração e sua poderosa influência no mundo moderno, 2009)

(Andrade & Amboni, 2011)

(CHIAVENATO, Introdução à teoria geral da Administração, 2011)

Taylorismo: *é sinônimo de Administração Científica. Muitos autores se referem a esta teoria fazendo alusão ao nome de seu principal autor: Frederick Taylor.*

Ele passou a estudar então a "melhor maneira" de se fazerem as tarefas. Este trabalho foi chamado de **estudo de tempos e movimentos**. O trabalho do operário era analisado e cronometrado, de modo que os gerentes pudessem determinar a maneira mais eficiente – "The One Best Way" ou a maneira certa de se fazer uma tarefa. Após a definição do modo mais rápido e fácil de executar uma tarefa (por exemplo, a montagem de uma roda), os funcionários eram treinados para executá-las desta forma – criando, assim, uma **padronização** do trabalho.

Esta padronização evitaria a execução de tarefas desnecessárias por parte dos empregados. Tudo isso ajudaria na economia de esforços e evitaria uma rápida **fadiga humana**. Para Taylor, a Administração Científica deveria analisar os movimentos efetuados pelos trabalhadores para conseguir desenhar um processo com um mínimo de esforço em cada tarefa.

Contexto da Administração Científica

- Industrialização
- Ineficiência/Desperdícios
- Nova força de trabalho desqualificada e barata
- Trabalho predominante era braçal

Outro aspecto importante foi a **divisão do trabalho**. De acordo com os teóricos da Administração Científica, seria muito mais fácil treinar e capacitar um funcionário a executar uma tarefa específica (parafusar um assento, por exemplo) do que fazer todo o trabalho sozinho (montar uma bicicleta inteira, por exemplo).

Texto retirado de: (Certo & Certo, 2006), (Sobral &Peci, 2008), (Daft, 2005).

Este conceito foi a base da linha de montagem – processo produtivo em que a peça a ser feita vai passando de funcionário a funcionário, até que todos tenham montado "sua parte".

Chamamos isso de especialização. O empregado ficava restrito a uma pequena parte do processo produtivo, de modo que seu treinamento e adaptação à "melhor maneira" (o modo padronizado de se trabalhar) fosse facilitada.

Taylor também buscou aumentar o incentivo ao funcionário. Ele acreditava que a remuneração por hora não trazia nenhum incentivo ao funcionário. Assim, ele indicou o pagamento por produtividade (pagamento por peça, por exemplo) como essencial para que este funcionário buscasse um maior esforço.

Portanto, Taylor acreditava que o incentivo material levava a uma maior motivação para o trabalho. Isso foi a base do conceito do "Homo Economicus". Ou seja, a ideia de que a principal motivação de uma pessoa no trabalho seria a remuneração (ou benefícios materiais). Acreditava-se que pagando mais o funcionário seria mais produtivo.

A especialização surge em decorrência da divisão de trabalho. Preparar alunos para concursos, por exemplo, é uma atividade complexa. Por isso, ocorre a divisão: um professor ministra apenas a disciplina de Administração, outro leciona apenas Direito Constitucional, e assim por diante. Desse modo, quando um indivíduo executa apenas uma atividade, ele acaba se tornando especialista no assunto e executa a sua função de uma maneira mais adequada.

Entretanto, a Administração Científica pecou por não analisar a organização em todo o seu contexto. Ou seja, apenas analisava seu ambiente interno e seus problemas e as demandas de produção (ou seja, os problemas do "chão de fábrica"). Assim, não captava toda a complexidade em que a Administração estava envolvida. Analisar só a tarefa ou o trabalho em si não permite que a empresa toda seja gerenciada com sucesso. O foco era muito limitado.

A Teoria Científica, por ignorar (não considerar) o meio onde ela estava inserida (por exemplo, concorrentes, fornecedores, economia, governo, influências e inter-relações entre as demais organizações), é considerada uma teoria de sistema fechado. Seria como analisar uma empresa "no vácuo", sem imaginar a resposta dos seus consumidores ao aumento do preço de um produto, por exemplo.

No campo prático, a contribuição mais famosa para a Administração Científica foi a de Henry Ford (1863-1947), que deu origem ao fenômeno conhecido como Fordismo. Ford era um empresário da indústria automobilística americana. Basicamente, aplicando princípios de racionalização da produção. Ele acreditava que, com a produção em massa e padronizada, conseguiria transformar o sonho americano. O automóvel, que era um bem de luxo, passaria a ser mais barato, acessível a mais pessoas.

Ele "*acreditava também que o trabalho deveria ser altamente especializado, realizando cada operário uma única tarefa. Além disso, propunha boa remuneração e jornada de trabalho menor para aumentar a produtividade dos operários*". O Fordismo é, portanto, identificado com uma experiência prática de produção em massa ou em larga escala que aplicou princípios da Administração Científica e do Taylorismo.

Taylor procurou implementar uma mudança entre os trabalhadores e a Administração, estabelecendo diretrizes claras para melhorar a eficiência da produção. São elas:

- **Análise do trabalho e estudo dos tempos e movimentos:** o trabalho deveria ser feito de uma maneira simples, evitando movimentos desnecessários e com tempo médio estabelecido.
- Divisão do trabalho e especialização.
- **Desenho de cargos e tarefas:** estabelecer o conjunto de funções, responsabilidades e tarefas que o indivíduo deve executar e as relações com os demais cargos existentes.
- **Padronização:** obter a uniformidade dos processos e reduzir custos.
- **Estudo da fadiga humana:** a fadiga diminui a produtividade, aumenta os acidentes de trabalho e a rotatividade de pessoal, devem ser adotados métodos de trabalho para reduzi-la.
- **Supervisão funcional:** a supervisão seria feita por especialistas e não mais por um único chefe centralizador.
- **Homem econômico:** a motivação do indivíduo está vinculada diretamente com as recompensas salariais e materiais.

Características da Administração Científica

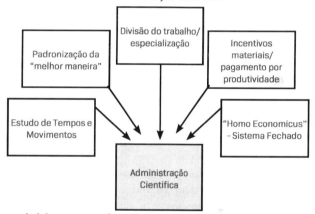

A Administração Científica, como qualquer teoria, recebeu críticas. Apresentamos algumas delas:

- O mecanicismo - a ideia de que a organização funcionaria como uma "máquina" e seus funcionários seriam "engrenagens" que deveriam funcionar no máximo da eficiência.
- A superespecialização do trabalhador – se as tarefas mais simples eram mais fáceis de serem treinadas e padronizadas, também tornavam o trabalho extremamente "chato"! Em pouco tempo o trabalhador já não tinha mais desafios e sua motivação diminuía.
- Visão microscópica do homem – a Administração Científica focava principalmente no trabalho manual (não se preocupando com sua criatividade) e se baseava na ideia de que o homem se motivava principalmente por influência dos incentivos materiais (sem atentar para outros fatores, como um ambiente desafiador, por exemplo).
- A Abordagem de sistema fechado – Taylor não se preocupou com o ambiente externo – o mercado de trabalho, os concorrentes, os fornecedores etc. Sua visão é voltada para dentro da empresa somente.
- A exploração dos empregados – apesar de Taylor propor um relacionamento "ganha-ganha" entre patrões e empregados, na prática a aplicação dos preceitos da Administração Científica levou a uma maior exploração dos empregados.
- Recompensas limitadas – para Taylor, o ser humano era motivado apenas por incentivos materiais. Atualmente, sabemos que existem diversos outros fatores que servem de motivadores para as pessoas.

TEORIAS ADMINISTRATIVAS

1.2.2 A Teoria Clássica

Em um contexto semelhante ao da Administração Científica (pois foram criadas na mesma época), a Teoria Clássica da Administração, desenvolvida por Henri Fayol, buscou a melhoria da eficiência por meio do **foco nas estruturas organizacionais**.

> **Fique ligado**
>
> Foco da Teoria Clássica → ESTRUTURAS ORGANIZACIONAIS

Dessa forma, o foco com Fayol saiu das tarefas para a estrutura. Ele tinha uma visão de "cima para baixo" das empresas. Por meio dos estudos da departamentalização, via os departamentos como partes da estrutura da organização. A estrutura mostra como a empresa está organizada de uma maneira geral.

Foi, portanto, um dos pioneiros no que se chamou de teóricos **fisiologistas** da Administração. Assim, o escopo do trabalho do administrador foi bastante ampliado dentro da visão de Fayol.

Fayol é considerado o "pai da teoria administrativa", pois buscou instituir princípios gerais do trabalho de um administrador. Seu trabalho ainda é (após um século) considerado como relevante para que possamos entender o trabalho de um gestor atual. Ele foi capaz de definir funções empresariais, as quais, na sua grande maioria, ainda são utilizadas.

Fayol estabeleceu as Funções Básicas da Empresa, conforme os itens a seguir:

- Técnica - aquilo para que a empresa existe, o que ela faz, o que ela sabe fazer.
- Comercial - compra, venda e troca de mercadorias e serviços.
- Financeira - aplicação dos recursos com o objetivo de aumentar a riqueza da empresa.
- Contábil - fiscalizar e controlar os atos da empresa (balanços, relatórios, inventários, etc.).
- Segurança - manutenção e segurança dos operários e do patrimônio da empresa.
- Administrativa - responsável pelo controle e operacionalização das demais.

Essa última seria a responsável pela coordenação das outras funções.

Além disso, Fayol definiu o trabalho de um administrador dentro do que ele chamou de **processo administrativo** – as funções do administrador. De acordo com Fayol, elas são:

- **Prever:** visualizar o futuro e traçar o programa de ação em médio e longo prazos.
- **Organizar:** constituir a estrutura material e humana para realizar o empreendimento da empresa.
- **Comandar:** dirigir e orientar o pessoal para mantê-lo ativo na empresa.
- **Coordenar:** ligar e harmonizar todos os atos e todos os esforços coletivos.
- **Controlar:** cuidar para que tudo se realize de acordo com os planos da empresa.

Estes seriam elementos que estariam presentes no trabalho de cada administrador, independentemente de seu nível hierárquico. Assim, tanto o presidente da empresa quanto um mero supervisor deveriam desempenhar estas funções em seu dia a dia. Atualmente fala-se em:

- planejar;
- organizar;
- dirigir (coordenar e liderar);
- controlar.

Observando-se detalhadamente tais considerações, percebe-se a importância de Fayol nas teorias administrativas contemporâneas.

A Teoria Clássica também se baseava na mesma premissa do Taylorismo: a de que o homem seria motivado por incentivos financeiros e materiais, ou seja, o conceito de "*Homo Economicus*".

Além disso, também se preocupava mais com os aspectos internos das organizações, sem analisar as inter-relações e trocas entre a organização e o seu ambiente externo. Assim, *também era uma teoria de sistema fechado*.

Fayol estabeleceu quatorze princípios gerais da Administração, que orientariam a gestão das organizações para buscar maior eficiência e produtividade:

- **Divisão do trabalho:** consiste na especialização das tarefas e das pessoas para aumentar a eficiência.
- **Autoridade e responsabilidade:** autoridade é o direito de dar ordens e o poder de esperar obediência. A responsabilidade é uma consequência natural da autoridade e significa executar corretamente o trabalho de acordo com a confiança depositada.
- **Disciplina:** depende de obediência, aplicação, energia, comportamento e respeito aos acordos, regras e normas estabelecidas.
- **Unidade de comando:** cada empregado deve receber ordens de apenas um superior, evita a ambiguidade.
- **Unidade de direção:** uma cabeça e um plano para cada conjunto de atividades que tenham o mesmo objetivo, a empresa tem que seguir um rumo, uma direção.
- **Subordinação dos interesses individuais aos gerais:** os interesses pessoais devem estar em segundo plano e os organizacionais em primeiro.
- **Remuneração do pessoal:** deve haver justa e garantida satisfação para os empregados e para a organização em termos de retribuição, pagamento de acordo com a produtividade.
- **Centralização:** refere-se à concentração da autoridade no topo da hierarquia da organização ou nas mãos de poucos.
- **Cadeia escalar:** linha de autoridade que vai do escalão mais alto ao mais baixo da hierarquia; é necessário respeitar a ordem hierárquica das chefias.
- **Ordem:** um lugar para cada coisa e cada coisa em seu lugar.
- **Equidade:** amabilidade e justiça para alcançar a lealdade dos empregados.
- **Estabilidade do pessoal:** a rotatividade do pessoal é prejudicial para a eficiência da organização, pois o primeiro impacto é o aumento de custos.
- **Iniciativa:** a capacidade de visualizar um plano e assegurar pessoalmente seu sucesso.
- **Espírito de equipe:** a harmonia e a união entre as pessoas são grandes forças para a organização.

> **Fique ligado**
>
> Não se deve confundir Teoria Clássica com Abordagem Clássica, a Teoria Clássica é a de Fayol; a Abordagem Clássica envolve a Teoria Científica, a Teoria Clássica e a Burocrática.

Como problemas da Teoria Clássica, podemos citar a falta de preocupação com a organização informal das organizações (apenas focava na organização formal – linhas de autoridade, descrição de cargos, hierarquia etc.), além de uma ênfase exagerada na centralização, como o princípio da unidade de comando exemplifica. A ideia de uma organização flexível ainda não estava sendo tomada em consideração.

Fayol ignorava as relações interpessoais de amizade e inimizade, conflitos e sentimentos dos funcionários (desconsiderava a organização informal).

A Teoria Clássica também não se preocupou muito com os aspectos ligados às pessoas. Temas como: comunicação, motivação, negociação e liderança ainda eram pouco relevantes nestes estudos.

Taylor Versus Fayol

Tanto Fayol quanto Taylor fazem parte da abordagem clássica. As teorias deles, porém, são diferentes, e temos que ter isso em mente, porque esse assunto é muito abordado em concursos.

A principal diferença está na ênfase: Taylor tinha como ênfase a tarefa, enquanto Fayol tinha como ênfase a estrutura. Assim, enquanto a Administração Científica partia do específico (tarefa) para o geral, a Teoria Clássica analisava do geral para o específico, ou seja, das funções, princípios e hierarquia para o particular.

Outra diferença refere-se às relações de comando. Enquanto Fayol era forte defensor do princípio da unidade de comando, segundo o qual cada trabalhador deve receber ordens de apenas um chefe, Taylor defendia o princípio da supervisão funcional, o que permitia que cada trabalhador fosse supervisionado por múltiplos chefes, segundo as áreas de especialização de cada um.

Apesar disso, ambas as abordagens têm muitas coisas em comum. O próprio Fayol chegou a declarar que elas não deviam ser vistas como opostas, e sim como complementares. Ambas propuseram que a Administração deveria considerada uma ciência; ambas sugeriram um estudo sistemático do funcionamento da organização. Elas observaram a organização como um sistema fechado, desconsiderando a dimensão ambiente, e concentraram-se nos aspectos formais da organização.

A preocupação com a organização informal (relações interpessoais, amizades, inimizades, conflitos) e assuntos como motivação, liderança e frustrações só foi estudada pela Teoria das Relações Humanas. Mas antes de estudarmos essa teoria, veremos outra: a Burocracia.

1.2.3 Teoria Burocrática

Muitas vezes, o termo Burocracia é associado à ideia de lentidão, papelada, excesso de regras e normas, mas na verdade essas são as suas disfunções. Burocracia significa organização do trabalho. O termo é derivado do termo francês "bureau" (que significa escritório) e do termo grego "kratia", que se relaciona a poder ou regra. Dessa forma, a Burocracia seria um modelo em que o "escritório" ou os servidores públicos de carreira seriam os detentores do poder.

Com a industrialização e a introdução de regimes democráticos, no fim do século XIX, as sociedades ficaram cada vez mais complexas. A introdução da máquina a vapor acarretou uma evolução tremenda dos meios de transporte. Se antes eram necessários meses para realizar uma viagem do Brasil para a Europa, por exemplo, uma viagem por meio de navios a vapor passou a ser feita em poucos dias.

O trem a vapor fez a mesma revolução no transporte interno. Dessa forma, as notícias passaram a "correr" muito mais rápido e os produtos de cada região puderam passar a ser comercializados em cada vez mais mercados consumidores.

Estes fatores levaram a uma urbanização acelerada, pois as indústrias, agora com máquinas, necessitavam de cada vez mais "braços" para poder produzir em larga escala. Diante do aumento da demanda por trabalhadores no setor industrial, os salários na indústria ficaram melhores do que os do campo. Desta forma, o êxodo rural (massa de trabalhadores saindo do campo e se dirigindo para as cidades em busca de trabalho) foi marcante neste período.

Essas pessoas encontravam na cidade grande uma realidade totalmente diferente da qual estavam acostumadas, pois tinham necessidades que o Estado (que tinha uma filosofia liberal) ainda não estava capacitado para atender. Era o início do que iríamos denominar de "sociedade de massa".

As empresas e os governos necessitavam de uma administração mais racional e que maximizasse os recursos, além de ter uma maior estabilidade e previsibilidade em suas operações e processos de trabalho.

O Estado, por exemplo, que antes só se preocupava em manter a ordem interna e externa, passou a ter de se organizar cada vez mais para induzir o crescimento econômico, aumentar a infraestrutura do país e para prestar cada vez mais serviços à população.

O Patrimonialismo (modelo de gestão pública em que o patrimônio público se "mesclava" com o privado, e as relações se baseavam na confiança e não no mérito) não conseguia mais atender a este novo Estado, que concentrava cada vez mais atividades em sua máquina.

A Burocracia também pode ser alcunhada de Moldes Weberianos, pois Max Weber foi o idealizador dessa teoria e, muitas vezes, o nome do teórico é dado à teoria. Pode ser chamada também de Caráter Racional-Legal.

> **Fique ligado**
>
> O modelo burocrático de Weber tinha como objetivo uma maior previsibilidade e padronização do desempenho dos seus funcionários, atingindo, assim, uma maior eficiência.

O **modelo Burocrático**, inspirado por Max Weber, veio então suprir esta necessidade de impor uma administração adequada aos novos dEsafios do Estado moderno, com o objetivo de combater o nepotismo e a corrupção. Ou seja, uma administração mais racional e impessoal. No caso das grandes empresas, o modelo buscava o aumento consistente da produção, com maior eficiência.

Dessa forma, o modelo burocrático surgiu como uma necessidade histórica baseada em uma sociedade cada vez mais complexa, em que as demandas sociais cresceram, e havia um ambiente com empresas cada vez maiores, com uma população que buscava uma maior participação nos destinos dos governos. **Portanto, não se podia mais "depender" do arbítrio de um só indivíduo.**

Uma coisa que devemos ter em mente é que a Burocracia foi uma grande evolução do modelo patrimonialista. Weber concebeu a Burocracia como o modelo mais racional existente, o qual seria mais eficiente na busca dos seus objetivos.

Continuando, as características principais da Burocracia são:

Formalidade – a autoridade deriva de um conjunto de normas e leis, expressamente escritas e detalhadas. O poder do chefe é restrito aos objetivos propostos pela organização e somente é exercido no ambiente de trabalho - não na vida privada. As comunicações internas e externas também são todas padronizadas e formais.

Impessoalidade – os direitos e deveres são estabelecidos em normas. As regras são aplicadas de forma igual a todos, conforme seu cargo em função na organização. Segundo Weber, a Burocracia deve evitar lidar com elementos humanos, como a raiva, o ódio, o amor, ou seja, as emoções e as irracionalidades. As pessoas devem ser promovidas por mérito, e não por ligações afetivas. O poder é ligado não às pessoas, mas aos cargos – só se tem o poder em decorrência de estar ocupando um cargo.

TEORIAS ADMINISTRATIVAS

Profissionalização – as organizações são comandadas por especialistas, remunerados em dinheiro e não em honrarias, títulos de nobreza, sinecuras (cargos rendosos), prebendas (de pouco trabalho), etc., contratados pelo seu mérito e seu conhecimento (e não por alguma relação afetiva ou emocional).

O modelo burocrático, que se caracterizou pela meritocracia na forma de ingresso nas carreiras públicas, mediante concursos públicos, buscou eliminar o hábito arraigado do modelo patrimonialista de ocupar espaço no aparelho do Estado por meio de trocas de cargos públicos por favores pessoais ao soberano.

Neste modelo, as pessoas seriam nomeadas por seus conhecimentos e habilidades, não por seus laços familiares ou de amizade. Prebendas e sinecuras, características do modelo patrimonialista, ou seja, aquelas situações em que pessoas ocupam funções no governo ganhando uma remuneração em troca de pouco ou nenhum trabalho, são substituídas pelo concurso público e pela noção de carreira.

Desta forma, o que se busca é a **profissionalização** do funcionário, sua especialização. De acordo com Weber, cada funcionário deve ser um especialista no seu cargo. Assim, deve ser contratado com base em sua competência técnica e ter um plano de carreira, sendo promovido devido à sua capacidade.

A impessoalidade no tratamento foi pensada de modo a evitar as emoções nos julgamentos e decisões. Seria, portanto, um modo de alcançar uma isonomia no tratamento das pessoas e uma maior racionalidade na tomada de decisões. Se mal conhecemos nossos funcionários, tenderemos a nos concentrar nos aspectos mais "concretos" dos problemas, não é mesmo?

A comunicação formal ajudaria nisso, pois os canais de transmissão de informações (como os ofícios e memorandos) não abrem espaço para um contato mais íntimo e pessoal. Boatos e "fofocas" não são usualmente escritos em cartas, não é verdade?

Além disso, outra característica importante da Burocracia é a noção de hierarquia. Toda a organização é feita de modo hierarquizado, com a autoridade sendo baseada nas normas e leis internas que determinam a competência de cada cargo. Assim, seu chefe tem o poder e a autoridade concedidos a ele por deter um cargo acima do seu. A obediência é ao cargo e não à pessoa.

Portanto, as organizações são estruturadas em vários níveis hierárquicos, em que o nível de cima controla o de baixo. É o que chamamos de estrutura verticalizada, na qual as decisões são tomadas na cúpula (topo da hierarquia ou nível estratégico).

Essa situação acaba gerando uma demora na tomada de decisões e no fluxo de informações dentro da organização.

Dentre as principais vantagens que a Burocracia trouxe, podemos citar: o predomínio de uma lógica científica sobre uma lógica da intuição, do "achismo"; a redução dos favoritismos e das práticas clientelistas; uma mentalidade mais democrática, que possibilitou igualdade de oportunidades e tratamento baseado em leis e regras aplicáveis a todos.

Atualmente, o termo "Burocracia" virou sinônimo de ineficiência e lentidão, pois conhecemos os defeitos do modelo (que chamamos de disfunções da Burocracia), mas ele foi um passo adiante na sua época. A Burocracia veio para modernizar o Estado e a sua gestão.

Na Burocracia, existe uma desconfiança extrema em relação às pessoas. Portanto, são desenvolvidos controles dos processos e dos procedimentos, de forma a evitar os desvios. Acreditava-se que, com o controle rigoroso, eliminar-se-iam a corrupção e o nepotismo, e a eficiência seria alcançada.

Ou seja, os funcionários tinham pouca discricionariedade, ou liberdade de escolha da melhor estratégia para resolver um problema ou atender seus clientes. Tudo era padronizado, manualizado. Com isso, os servidores passaram a se preocupar mais em seguir regulamentos do que em atingir bons resultados.

Devemos entender que **nenhum modelo existiu isoladamente**, mas que todos conviveram e convivem juntos. O modelo de gestão pública almejado no presente momento é o gerencial, mas ainda é muito forte a presença do modelo burocrático e, infelizmente, do próprio modelo patrimonialista na Administração Pública brasileira. Ou seja, **nunca aplicamos o modelo "puro" da Burocracia Weberiana**. Fique ligado: as bancas costumam cobrar muito isso.

A Burocracia foi implementada, mas nunca consolidada no Brasil. Atualmente, com o modelo Gerencial, busca-se a qualidade e a eficiência, mas isso já é outro assunto - é Administração Pública - e nós estamos focando na Administração Geral.

As principais disfunções da Burocracia são:

Dificuldade de resposta às mudanças no meio externo – visão voltada excessivamente para as questões internas (sistema fechado, ou seja, autorreferente, com a preocupação não nas necessidades dos clientes, mas nas necessidades internas da própria Burocracia).

Rigidez e apreço extremo às regras – o controle é sobre procedimentos e não sobre resultados, levando à falta de criatividade e ineficiências.

Perda da visão global da organização – a divisão de trabalho pode levar a que os funcionários não tenham mais a compreensão da importância de seu trabalho nem quais são as necessidades dos clientes.

Lentidão no processo decisório – hierarquia, formalidade e falta de confiança nos funcionários levam a uma demora na tomada de decisões importantes.

Excessiva formalização – em um ambiente de mudanças rápidas, não é possível padronizar e formalizar todos os procedimentos e tarefas, gerando uma dificuldade da organização de se adaptar a novas demandas. A formalização também dificulta o fluxo de informações dentro da empresa.

1.2.4 Teoria das Relações Humanas

O crescimento das ciências sociais, como a Psicologia, levou a diversos estudos dentro do contexto do homem no trabalho. Além disso, no início da década de 1930, a economia passou por uma grande depressão em todo o mundo. Com a crise, o desemprego cresceu muito. As más condições de trabalho predominavam na indústria, e os conflitos entre trabalhadores e patrões estavam aumentando. Nessa época ocorreram muitas greves e conflitos nas fábricas por todo o mundo.

A ideia de que o homem deveria ser uma engrenagem de uma "máquina" passou a não ser mais aceita. O Taylorismo começou a ser criticado por não se preocupar com o aspecto humano. Além disso, a produtividade prometida, muitas vezes, não se concretizou. Neste cenário, a Teoria das Relações Humanas começou a tomar forma.

Assim, a Teoria das Relações Humanas buscou o aumento da produtividade por meio de uma Fique ligado especial às pessoas. De acordo com seus teóricos, se os gestores entendessem melhor seus funcionários e se "adaptassem" a eles, as suas organizações teriam um maior sucesso.

Dentre os estudos que impulsionaram esta teoria, destacou-se o trabalho de um pesquisador de Harvard: Elton Mayo.

> **Fique ligado**
>
> Foco da Teoria das Relações Humanas → PESSOAS

Este autor desenvolveu uma pesquisa dentro de uma indústria da empresa Western Electric, em **Hawthorne**. Seu intuito inicial foi o de entender o efeito da iluminação no desempenho humano.

Ele iniciou os estudos em um grupo de mulheres operárias de uma fábrica. Dividiu o grupo em duas partes: uma ele deixou da mesma forma de antes, serviria como grupo de controle; e o outro grupo seria cuidadosamente estudado e observado.

A Teoria de Relações Humanas utilizou métodos científicos de pesquisa.

A surpresa de Mayo foi descobrir que a mudança na iluminação - seja ela qual fosse – aumentava a motivação dos empregados. Ele ficou sem compreender, aperfeiçoou o estudo e percebeu que a motivação interferia na produtividade. As funcionárias que estavam sendo observadas se sentiram especiais, e isso foi, na verdade, o que as motivou, e não a iluminação em si.

Essas trabalhadoras passaram a se sentir importantes. Passaram a perceber que seu trabalho estava sendo observado e medido por pesquisadores. Com isso, esforçavam-se mais. A iluminação em si era um aspecto menor. Já o sentimento de orgulho por fazer um trabalho bem feito era fundamental para o aumento da produtividade.

Com essas descobertas, todo o enfoque da Administração foi alterado. O foco de um gestor não deveria ser voltado aos aspectos fisiológicos do trabalhador, mas aos aspectos emocionais e psicológicos. Com esse aparecimento da noção de que a produtividade está ligada ao relacionamento entre as pessoas e o funcionamento dos grupos dentro de uma empresa, nasceu essa nova teoria. O conceito que se firmou, então, foi o de **homem social**.

De acordo com Sobral, as conclusões da pesquisa de Hawthorne foram:

- A integração social afeta a produtividade – assim, não é capacidade individual de cada funcionário o que define sua produtividade, e sim a sua capacidade social, sua integração no grupo.
- O comportamento é determinado pelas regras do grupo – os funcionários não agem isoladamente ou "no vácuo", mas como membros de um grupo.
- As organizações são formadas por grupos informais e formais – volta-se o foco para os grupos que existem de modo informal na empresa e que não são relacionados aos cargos e funções.
- A supervisão mais cooperativa aumenta produtividade – o supervisor mais eficaz é aquele que tem habilidade e capacidade de motivar e liderar seus funcionários em torno dos objetivos da empresa.
- A autoridade do gerente deve se basear em competências sociais – o gerente deve ser capaz de interagir, motivar e comandar seus funcionários. Apenas o fato de ter conhecimento técnico dos métodos de produção não é mais visto como o bastante.

Desta maneira, a Teoria das Relações Humanas trouxe para o debate a necessidade de se criar um ambiente de trabalho mais dEsafiador e de se compreender a influência da motivação e dos aspectos de liderança na produtividade das organizações.

Além disso, as recompensas não poderiam ficar reduzidas aos aspectos materiais. O reconhecimento social é uma força motivadora, e um ambiente de trabalho saudável também influencia na produtividade.

Apesar disso, a Teoria das Relações Humanas recebeu muitas críticas. A primeira delas é a de que permaneceu a análise da organização como se ela existisse "no vácuo", sem se relacionar com o "mundo exterior". Ou seja, **a abordagem de sistema fechado se manteve**.

A segunda é a de que nem sempre funcionários "felizes" e satisfeitos são produtivos. Ou seja, apenas os aspectos psicológicos e sociais não explicam de todo o fator produtividade. Outra crítica é a de que existiu uma "negação" do conflito inerente entre os funcionários e a empresa. Os objetivos individuais são muitas vezes diferentes dos objetivos organizacionais. Este conflito deve ser administrado, e não "negado".

Assim, podemos dizer que a Teoria das Relações Humanas se "esqueceu" dos aspectos técnicos envolvidos na produtividade. O aspecto humano é importante, mas não é a única variável da produtividade e do sucesso de uma organização.

E observarmos com Fique ligado, cada teoria tinha uma visão muito limitada de como conseguir a eficiência: a Teoria Científica focava a Tarefa; a Teoria Clássica, a estrutura; a Teoria Burocrática, as regras, normas e processos; e a Teoria das Relações Humanas, só as pessoas. As teorias atuais não tentam eliminar as teorias anteriores, e sim aproveitar os aspectos positivos de cada uma e ter uma visão mais abrangente da organização.

1.2.5 Abordagem Comportamental da Administração

A teoria Comportamental da Administração, também conhecida como Comportamentalista ou Behaviorismo (do inglês behavior, comportamento), trouxe uma nova concepção e um novo enfoque dentro da Teoria Administrativa: a abordagem da ciência do comportamento (Behavioral Sciences Approach), é um movimento de oposição às Teorias Clássica e de Administração Científica, que, respectivamente, focaram a estrutura e a produção (o processo). Essa abordagem é uma evolução da teoria das relações humanas, a qual se preocupa com o indivíduo e como ele funciona - como age e reage aos estímulos externos, o que deu início aos estudos sobre o comportamento organizacional.

Portanto, os comportamentalistas foram estudiosos preocupados com o indivíduo, sua importância e seu impacto nas organizações, tendo contribuição tanto da Teoria Clássica, como da Escola das Relações Humanas. Tal teoria surgiu nos Estados Unidos em 1947, com a contribuição principalmente de McGregor, Maslow e Herzberg, entre outros.

A Abordagem Comportamental enfatiza as Ciências do Comportamento na Teoria da Administrativa e a busca de saídas democráticas e flexíveis para os problemas organizacionais. É por meio dessa abordagem que a ansiedade com a estrutura se arrasta para a preocupação com os processos e com o comportamento das pessoas na organização. Além disso, predomina a ênfase nas pessoas, inaugurada com a Teoria das Relações Humanas, mas dentro de um contexto organizacional.

A ciência comportamental é, portanto, o produto da expansão das fronteiras da ciência para incluir o comportamento humano e a mentalidade, processo grupal, e todos os processos peculiares e intrincados de que a mente do homem é capaz.

Comportamento Organizacional

O Comportamento Organizacional é um campo de estudos que investiga o impacto que indivíduos, grupos e a estrutura têm sobre o comportamento dentro das organizações, com o propósito de utilizar este conhecimento para melhorar a eficácia organizacional. O Comportamento Organizacional se preocupa com o estudo do que as pessoas fazem nas organizações e de como esse comportamento afeta o desempenho das empresas.

TEORIAS ADMINISTRATIVAS

Os componentes que constituem a área de estudos do Comportamento Organizacional incluem motivação, comportamento e poder de liderança, comunicação interpessoal, estrutura e processos de grupos, aprendizado, desenvolvimento de atitudes e percepção, processos de mudanças, conflitos, planejamento do trabalho, estresse no trabalho, entre outros que compõem os fatores que influenciam o comportamento das pessoas.

Principais Teorias sobre Motivação

Para explicar o comportamento organizacional, a teoria comportamental fundamenta-se no comportamento individual das pessoas. Para explicar como as pessoas se comportam, estuda-se a motivação humana. O administrador precisa conhecer as necessidades humanas para melhor compreender o comportamento humano e utilizar a motivação humana como poderoso meio para melhorar a qualidade de vida, dentro das organizações.

Motivação é o motivo que a pessoa tem para agir.

Motivo é tudo aquilo que impulsiona a pessoa a agir de determinada forma ou, pelo menos, que dá origem a um comportamento específico. Porém, os motivos variam de acordo com valores, expectativas e anseios de cada pessoa, pois estas realizam atividades, trabalhos por interesses distintos e possuem atitudes diferentes, e consequentemente, comportam-se de maneira específica. O impulso à ação pode ser provocado por um estímulo externo (extrínseco - provindo do ambiente) e pode também ser gerado internamente (intrínseco) nos processos mentais do indivíduo.

1.2.6 Abordagem Neoclássica da Administração

No início da década de 1950, na Teoria Administrativa, ocorreu um período de intensa remodelação. A Segunda Guerra Mundial havia terminado e o mundo passou a conhecer um extraordinário surto de desenvolvimento industrial e econômico sem antecedentes. Em outras palavras, o mundo das organizações introduziu-se em uma etapa de grandes mudanças e transformações. Criada por Peter Drucker, Harold Koontz e Cyril O'Donnell, a qualificação de Teoria Neoclássica é, na verdade, um tanto exagerada, já que seus criadores não desenvolvem exatamente uma escola, mas um movimento que apresenta mais de uma fase ou sistema.

A Teoria Neoclássica da Administração surgiu da necessidade de se utilizarem os conceitos válidos e relevantes da Teoria Clássica, expurgando-os dos exageros e distorções típicos do pioneirismo, e condensando-os com outros conceitos válidos e relevantes oferecidos por outras teorias administrativas mais recentes.

Ela é identificada por algumas características marcantes:

- Ênfase na prática da Administração, reafirmação relativa (e não absoluta) dos postulados clássicos.
- Ênfase nos princípios clássicos de Administração.
- Ênfase nos resultados e objetivos e, sobretudo, no ecletismo aberto e receptivo.
- **Talvez a essencial implicação da Teoria Neoclássica refira-se aos tipos de organização formal, que envolvem a estrutura organizacional, filosofia, diretrizes, normas e regulamentos. Destacam-se algumas características básicas tais como:** a divisão do trabalho, especialização, hierarquia, distribuição de autoridade e responsabilidade e racionalismo da organização formal.

Nesse sentido, considera a Administração como uma técnica social básica, a qual leva à necessidade de haver conhecimentos técnicos, bem como aspectos relacionados com a direção de pessoas dentro da organização.

Na teoria Neoclássica, enfatizam-se novamente as funções do administrador: planejamento, organização, direção e controle, sendo a primeira função aquela que determina antecipadamente os objetivos e o que deve ser feito para alcançá-los.

A função Organização consiste no agrupamento das atividades necessárias para realizar o que foi planejado.

A Direção orienta e guia o comportamento das pessoas na direção dos objetivos a serem alcançados e, por último, o Controle que visa a assegurar se o que foi planejado, organizado e dirigido realmente cumpriu os objetivos pretendidos.

Administração por Objetivos

A Teoria Neoclássica deslocou progressivamente a Fique ligado antes colocada nas chamadas atividades-meio para os objetivos ou finalidades da organização. O enfoque baseado no processo e a preocupação maior com as atividades (meios) passaram a ser substituídos por enfoque nos resultados e objetivos alcançados (fins).

A preocupação de "como" administrar passou à preocupação de "por que" ou "para que" administrar. A ênfase em fazer corretamente o trabalho (The Best Way, de Taylor), para alcançar a eficiência, passou a dar ênfase em fazer o trabalho mais relevante aos objetivos da organização para alcançar a eficácia. O trabalho passou de um fim em si mesmo a um meio de obter resultados.

A APO (Administração por Objetivos), também conhecida por Administração por Resultados, constitui um modelo administrativo bastante difundido e plenamente identificado com o espírito pragmático e democrático da Teoria Neoclássica. Seu aparecimento deu-se em 1954.

Peter F. Drucker publicou um livro (Prática de Administração de Empresas), no qual caracterizava pela primeira vez a APO, sendo considerado seu criador.

Características da APO

A APO é uma técnica de direção de esforços por meio do planejamento e do controle administrativo, fundamentados no princípio de que, para atingir resultados, a organização precisa, antes, definir em que negócio está atuando e que objetivos pretende alcançar.

A Administração por Objetivos é um processo pelo qual os gerentes, superior e subordinado, de uma organização identificam objetivos comuns, definem as áreas de responsabilidade de cada um, em termos de resultados esperados, e usam esses objetivos como guias para a operação dos negócios. Obtêm-se objetivos comuns e firmes que eliminam qualquer hesitação do gerente, ao lado de uma coesão de esforços em direção aos objetivos principais da organização.

Na realidade, a APO é um sistema dinâmico que integra a necessidade da companhia de alcançar seus objetivos de lucro e crescimento, a par da necessidade do gerente de contribuir para o seu próprio desenvolvimento. É um estilo exigente e compensador de Administração.

Em suma, a APO apresenta as seguintes características principais:

Estabelecimento do conjunto de objetivos entre o executivo e o seu supervisor; tanto o executivo quanto o seu superior participam do processo de estabelecimento e fixação de objetivos.

Estabelecimento de objetivos para cada departamento ou posição basicamente; a APO está fundamentada no estabelecimento de objetivos por posições de gerência.

Interligação dos objetivos departamentais; sempre existe alguma forma de correlacionar os objetivos dos vários órgãos ou gerentes envolvidos, mesmo que nem todos os objetivos estejam apoiados nos mesmos princípios básicos. Elaboração de planos táticos e de planos operacionais, com ênfase na mensuração e no controle a partir dos objetivos departamentais traçados. O executivo e o seu superior (ou somente o executivo que, posteriormente, obtém a aprovação de seu superior) elaboram os Planos Táticos adequados para alcançá-los da melhor maneira. Assim, os planos táticos constituirão os meios capazes de alcançar aqueles objetivos departamentais. Na sequência, os planos táticos serão desdobrados e melhor detalhados em planos operacionais. Em todos esses planos, a APO enfatiza a quantificação, a mensuração e o controle. Torna-se necessário mensurar os resultados obtidos e compará-los com os resultados planejados. São exatamente a mensuração e o controle que causam as maiores dificuldades de implantação da APO, pois, se o resultado não pode ser medido, é melhor esquecer o assunto.

Contínua avaliação, revisão e reciclagem dos planos. Praticamente todos os sistemas de APO possuem alguma forma de avaliação e de revisão regular do processo efetuado, por meio dos objetivos já alcançados e dos objetivos a serem alcançados, permitindo que algumas providências sejam tomadas e que novos objetivos sejam fixados para o período seguinte.

Participação atuante da chefia; há grande participação do superior. A maior parte dos sistemas de APO envolve mais o superior do que o subordinado. Há casos em que o superior estabelece os objetivos, mensura-os e avalia o progresso. Esse progresso, frequentemente usado, é muito mais característico do controle por objetivos do que da Administração por Objetivos.

A APO, sem dúvida alguma, representa uma evolução na TGA, apresentando uma nova metodologia de trabalho, reconhecendo o potencial dos funcionários das empresas, ampliando o seu campo de atuação para outros tipos de organizações (e não somente indústrias), permitindo estilos mais democráticos de Administração.

Essa Teoria já existe há várias décadas e predomina ainda hoje em algumas organizações.

1.2.7 Teoria Estruturalista

A Teoria Estruturalista veio como uma crítica tanto às teorias clássicas quanto à Teoria das Relações Humanas. Um de seus mais importantes teóricos, **Amitai Etzione**, considerava a organização como "um complexo de grupos sociais cujos interesses podem ou não ser conflitantes". Dessa maneira, tal teoria buscou "complementar" ou sintetizar as teorias anteriores (clássicas e humanas), pois acreditava que estas focavam apenas em partes do todo. Assim, a ideia principal foi considerar a organização em todos os aspectos como uma só estrutura – integrando todas as "visões" anteriores.

Assim, um aspecto importante foi a busca de uma análise tanto da **organização formal** (abordada na teoria clássica) quanto da **informal** (abordada na teoria das relações humanas). Dessa maneira, deveria existir um equilíbrio destas duas visões.

Para os estruturalistas, a sociedade moderna seria uma sociedade de organizações. O homem dependeria dessas organizações para tudo, e nelas cumpriria uma série de "papéis" diferentes. Assim, apareceu o conceito de **homem organizacional**. Seria o homem que desempenha diversos papéis nas diversas organizações. Outro conceito foi trazido por Gouldner: as diferentes concepções das organizações. Para este autor, existiria o modelo racional e o modelo natural de organização.

O **modelo racional** seria baseado no controle e no planejamento. A ideia era a de um **sistema fechado**, com pouca incerteza e preocupação para com o "mundo externo" à organização.

O outro modelo era o **natural**. Nele, existiria a noção de que a realidade é incerta e de que a organização é um conjunto de órgãos inter-relacionados e que são interdependentes. Assim, é um modelo que se preocupa com as "trocas" com o ambiente externo, ou seja, trata-se de um **modelo de sistema aberto**.

1.2.8 Teoria dos Sistemas

A Teoria dos Sistemas na Administração - TGS foi derivada do trabalho do biólogo Ludwig Von Bertalanffy. Este teórico criou então a TGS, que buscou ser uma teoria que integrasse todas as áreas do conhecimento.

Um sistema, de acordo com Bertalanffy, é um conjunto de unidades reciprocamente relacionadas para alcançar um propósito ou objetivo. Assim, a Teoria dos Sistemas acolheu o conceito no qual as organizações são **sistemas abertos**, ou seja, que trocam continuamente energia (ou matéria-prima, informações etc.) com o meio ambiente. Portanto, não podemos entender uma organização sem saber o contexto em que ela opera. Do mesmo modo, uma organização é a soma de suas partes (gerência de marketing, gerência de finanças etc.), e uma área depende da outra – o conceito de interdependência. Ou seja, é inútil uma área da empresa se sair muito bem (área de vendas, por exemplo) se outra área está tendo dificuldades (produção, por exemplo).

No caso citado, a empresa perderia os clientes por não conseguir cumprir as vendas efetuadas. Dessa forma, o administrador deve ter uma visão do todo. De como as áreas da organização interagem e quais são as interdependências.

Fique ligado

Atualmente, as organizações são vistas como sistemas abertos.

Os principais conceitos da Teoria dos Sistemas são:

- **Entrada** – relaciona-se com tudo o que o sistema recebe do ambiente externo para poder funcionar: recursos, insumos, dados, etc.
- **Saída** – é o que o sistema produz. Uma saída pode ser: uma informação, um produto, um serviço etc.
- **Feedback** – é o retorno sobre o que foi produzido, de modo que o sistema possa se corrigir ou se modificar.
- **Caixa preta** – se relaciona com um sistema em que o "interior" não é facilmente acessível (como o corpo humano, por exemplo). Assim, só temos acesso aos elementos de entrada e saída para sabermos como ele funciona.

Vejamos outros conceitos importantes a seguir, os quais são muito abordados em concursos públicos:

- Organizações são sistemas abertos, que influenciam o ambiente e são influenciados por ele.
- Organização é um sistema complexo, com partes inter-relacionadas e interdependentes.
- Organização está em constante interação com meio ambiente.
- **Feedback** – retroalimentação, controle dos resultados, retroinformação.
- **Sinergia** – o trabalho em sinergia mostra que o todo tem um resultado maior do que a soma das partes.
- **Holismo** – o sistema é um todo. Mudança em uma parte afeta as outras partes.
- **Homeostase** – o sistema busca o equilíbrio; é a capacidade de a organização fazer mudanças internas para se adaptar às mudanças externas.
- **Equifinalidade** – objetivos podem ser alcançados de várias maneiras; não existe um único modo; é possível partir de vários pontos e chegar ao mesmo objetivo.

- **Entropia** – tendência de qualquer sistema de se desintegrar, entrar em desordem, ficar obsoleto, entrar em desuso e morrer; é necessário evitar a entropia e buscar a entropia negativa.
- **Entropia Negativa** – recarga de "energia" e recursos no sistema, de maneira a evitar a desintegração, por meio de inovação, melhoria, crescimento, desenvolvimento e treinamento.

1.2.9 Teoria Contingencial

Antigamente, só existiam fábricas e indústrias e estabelecer regras e normas para um gerenciamento poderia trazer bons resultados. Mas atualmente existem organizações de diferentes tipos, inclusive virtuais, que oferecem produtos ou serviços. Ou seja, já não podemos afirmar que há uma única e correta maneira de administrar.

Para a Teoria da Contingência, que pode ser chamada de Situacional também, não existe uma "fórmula mágica" para se resolver os problemas das organizações. Cada situação pede uma resposta diferente. Assim, tudo é relativo. Tudo depende.

Ou seja, antes que um administrador possa determinar qual é o "caminho" correto para uma empresa, é necessária uma análise ambiental. Assim, dependendo da situação da empresa, sua estratégia ou a tecnologia envolvida, o "caminho" será de uma maneira ou de outra.

Estes fatores principais - como o tamanho da empresa e seu ambiente - são considerados contingências, que devem ser analisadas antes de se determinar um curso de ação. Portanto, não existe mais a "melhor maneira" de se administrar uma organização.

Do mesmo modo, esta teoria postula que existem várias maneiras de se alcançar um objetivo. O que um gestor deve buscar é um ajuste constante entre a organização e seu meio, suas contingências.

Dentre estas contingências importantes, Sobral cita: o ambiente interno e externo, a tecnologia, o tamanho e o tipo de tarefa.

Uma consequência prática destas ideias no mundo organizacional foi a tendência das organizações se tornarem mais flexíveis (para que possam reagir mais rápido às mudanças no ambiente).

Dentre os novos modelos adotados, temos as organizações em rede. Estas são muito mais flexíveis e dependem de uma nova visão. De acordo com Motta, o ambiente é uma rede formada por diversas organizações interligadas. Desta forma, o mercado automobilístico é formado por diversas montadoras, oficinas, seguradoras, fábricas de peças etc.

Além disso, a própria organização é composta por diversas redes sociais internas. Os diversos departamentos e áreas são dependentes uns dos outros. Como estas áreas ou grupos estão sempre em contato, seus membros recebem uma pressão ou influência que é derivada deste contato.

Nas organizações em rede, em vez da empresa "verticalizar" sua produção e "fazer tudo sozinha" - como comprar uma indústria e contratar funcionários - faz um contrato com um parceiro que passa a cumprir esta função.

Entretanto, apesar desta teoria acertar ao identificar a realidade e a complexidade da atuação das organizações atualmente, acaba "caindo" em um relativismo exagerado. Ou seja, para a Teoria da Contingência tudo depende. Desta maneira, não existem prescrições que possam ser generalizadas. Cada caso será sempre um caso específico e que deve ser analisado dentro de seu contexto.

Além disso, as contingências que influenciam a situação de uma organização são, muitas vezes, inúmeras. Ou seja, a definição do "caminho" a ser seguido por uma empresa pode ser um trabalho bastante complexo.

O Ambiente

Como na Teoria Contingencial é preciso levar em conta o ambiente, é necessário também entender o que é o "ambiente". Ele pode ser compreendido como o contexto que envolve externamente a organização. É a situação dentro da qual uma organização está inserida. Pode ser multivariado e complexo. Torna-se necessário dividi-lo para poder analisá-lo de acordo com o seu conteúdo. Sendo assim, é necessário entender o ambiente como o ambiente geral, e o ambiente de tarefa, conforme a exposição a seguir:

Ambiente Geral - é o macroambiente, ou seja, ambiente genérico e comum a todas as organizações. Tudo o que acontece no ambiente geral afeta direta ou indiretamente todas as organizações. O ambiente geral é constituído de um conjunto de condições comuns para todas as organizações. As principais condições são: condições tecnológicas, legais, políticas, econômicas, demográficas, ecológicas e culturais.

Ambiente de Tarefa - é o ambiente mais próximo e imediato da organização. É o segmento do ambiente geral do qual uma determinada organização extrai as suas entradas e deposita as suas saídas. É o ambiente de operações de cada organização. O ambiente de tarefa é constituído por: fornecedores de entradas, clientes ou usuários, concorrentes e entidades reguladoras.

Classificação de Ambientes

Os ambientes podem ser classificados de acordo com a sua diferenciação (estrutura) e conforme a sua dinâmica:

- **Quanto à sua diferenciação:**

Ambiente Homogêneo: quando é composto de fornecedores, clientes e concorrentes semelhantes. O ambiente é homogêneo quando há pouca segmentação ou diferenciação dos mercados.

Ambiente Heterogêneo: quando ocorre muita diferenciação entre fornecedores, clientes e concorrentes, provocando uma diversidade de problemas à organização. O ambiente é heterogêneo quando há muita diferenciação dos mercados.

- **Quanto à sua dinâmica:**

Ambiente Estável: é o ambiente que se caracteriza por pouca ou nenhuma mudança. É o ambiente em que quase não ocorrem mudanças, ou que, se houver, são mudanças lentas e perfeitamente previsíveis. É um ambiente tranquilo e previsível.

Ambiente Instável: é o ambiente dinâmico, que se caracteriza por muitas mudanças. É o ambiente em que os agentes estão constantemente provocando mudanças e influências recíprocas, formando um campo dinâmico de forças. A instabilidade provocada pelas mudanças gera incerteza para a organização. Sendo assim, a análise ambiental é feita pela análise das variáveis do ambiente de tarefa e do ambiente geral e também pela identificação da dinâmica e da diferenciação ambiental.

De uma forma geral, a abordagem contingencial coloca a sua maior ênfase no ambiente, de onde se identificam ameaças e oportunidades que condicionam as estratégias de ação. Também existe forte ênfase na tecnologia, que constitui tanto uma variável interna da organização, como externa (ambiental). Ela também concilia as abordagens de sistemas abertos e fechados e cria novas tendências para as organizações.

NOÇÕES DE ADMINISTRAÇÃO PÚBLICA/ÉTICA NO SERVIÇO PÚBLICO

2 PROCESSO ADMINISTRATIVO (ORGANIZACIONAL)

A Administração (do latim: *administratione*) é o conjunto de atividades voltadas à direção de uma organização. Tais atividades devem fazer uso de técnicas de gestão para que seus objetivos sejam alcançados de forma eficaz e eficiente, com responsabilidade social e ambiental. E o que são as organizações?

Segundo a banca Cespe, *"uma organização é o produto da combinação de esforços individuais, visando à realização de propósitos coletivos. Por meio de uma organização, é possível perseguir ou alcançar objetivos que seriam inatingíveis para uma pessoa"*.

Organizações são, portanto, empreendimentos coletivos, com um fim comum. No sentido clássico da Administração Geral, podem ser analisados como organizações: as empresas (uma padaria ou o Google), os órgãos públicos, os partidos políticos, as igrejas, as associações de bairro e outros agrupamentos humanos.

Uma característica essencial das organizações é que elas são sistemas sociais, com divisão de tarefas.

Lacombe (2003, p.4) diz que a essência do trabalho do administrador é obter resultados por meio das pessoas que ele coordena. A partir desse raciocínio de Lacombe, temos o papel do "Gestor Administrativo" que, com sua capacidade de gestão com as pessoas, consegue obter os resultados esperados. **Drucker** (1998, p. 2) diz que administrar é manter as organizações coesas, fazendo-as funcionar.

Administrar como processo significa **planejar, organizar, dirigir** e **controlar** organizações e/ou tarefas, tendo como objetivo maior produtividade e/ou lucratividade. Para se chegar a isso, o administrador avalia os objetivos organizacionais e desenvolve as estratégias necessárias para alcançá-los. Este profissional, no entanto, não tem apenas função teórica, ele é responsável pela implantação de tudo que planejou e, portanto, será aquele que definirá os programas e métodos de trabalho, avaliando os resultados e corrigindo os setores e procedimentos que estiverem com problemas. Como é função do administrador que a produtividade e/ou lucros sejam altos, ele também terá a função de fiscalizar a produção e, para isso, é necessário que fiscalize cada etapa do processo, controlando, inclusive, os equipamentos e materiais envolvidos na produção, para evitar desperdícios e prejuízos para a organização.

A realidade das empresas de hoje é muito diferente das empresas administradas no passado. Com o surgimento de várias inovações tecnológicas e com o próprio desenvolvimento intelectual do homem, é necessário muito mais do que intuição e percepção das oportunidades. A administração necessita de um amplo conhecimento e a aplicação correta dos princípios técnicos até agora formulados, a necessidade de combinar os meios e objetivos com eficiência e eficácia.

Principais Funções Administrativas
- Fixar objetivos.
- **Analisar:** conhecer os problemas.
- Solucionar problemas.
- Organizar e alocar recursos (financeiros, materiais, ambientais, humanos e tecnológicos).
- Comunicar, dirigir e motivar as pessoas (liderar).

- Negociar.
- Tomar as decisões.
- Mensurar e avaliar (controlar).

2.1 Planejamento

O trabalho do administrador não se restringe ao presente, ao atual, ao corrente. Ele precisa extrapolar o imediato e se projetar para frente. O administrador precisa tomar decisões estratégicas e planejar o futuro de sua organização. Ao tomar decisões, o administrador configura e reconfigura continuamente a sua organização ou a unidade organizacional que administra. Ele precisa saber em qual rumo deseja que sua organização vá em frente, tomar as decisões necessárias e elaborar os planos para que isso realmente aconteça. O planejamento está voltado para o futuro. E o futuro requer uma Fique ligado especial. É para ele que a organização deve estar preparada a todo instante.

Planejamento é a função administrativa que define objetivos e decide sobre os recursos e tarefas necessários para alcançá-los adequadamente. Como principal decorrência do planejamento, estão os planos. Os planos facilitam a organização no alcance de suas metas e objetivos. Além disso, os planos funcionam como guias ou balizamentos para assegurar os seguintes aspectos:

01. Os planos definem os recursos necessários para alcançar os objetivos organizacionais.

02. Os planos servem para integrar os vários objetivos a serem alcançados em um esquema organizacional que proporciona coordenação e integração.

03. Os planos permitem que as pessoas trabalhem em diferentes atividades consistentes com os objetivos definidos; eles dão racionalidade ao processo; são racionais, porque servem de meios para alcançar adequadamente os objetivos traçados.

04. Os planos permitem que o alcance dos objetivos possa ser continuamente monitorado e avaliado em relação a certos padrões ou indicadores, a fim de permitir a ação corretiva necessária quando o progresso não seja satisfatório.

O primeiro passo do planejamento consiste na definição dos objetivos para a organização. Objetivos são resultados específicos que se pretende atingir. Os objetivos são estabelecidos para cada uma das subunidades da organização, como suas divisões ou departamentos etc. Uma vez definidos, os programas são estabelecidos para alcançar os objetivos de maneira sistemática e racional. Ao selecionar objetivos e desenvolver programas, o administrador deve considerar sua viabilidade e aceitação pelos gerentes e funcionários da organização.

2.1.1 Objetivos e Metas

Objetivo é um resultado desejado que se pretende alcançar dentro de um determinado período de tempo. Os objetivos organizacionais podem ser rotineiros, inovadores e de aperfeiçoamento. A partir dos objetivos se estabelece a estratégia adequada para alcançá-los. Enquanto os objetivos são qualitativos, as **metas** são quantitativas. **Ex.:** uma determinada empresa estabeleceu como objetivo aumentar as vendas, e a meta é de R$ 500.000,00 (quinhentos mil reais); os objetivos só serão alcançados se as vendas chegarem às metas estabelecidas.

Fique ligado

Esse conjunto de funções administrativas: Planejar, Organizar, Dirigir e Controlar corresponde ao Processo Organizacional, que pode ser chamado também de Processo Administrativo.

Fique ligado

Os objetivos e as metas têm em comum o fato de que devem ser reais, alcançáveis; devem ter prazo; são hierárquicos, específicos e desafiadores.

PROCESSO ADMINISTRATIVO (ORGANIZACIONAL)

2.1.2 Estratégias

Estratégia organizacional refere-se ao comportamento global e integrado da empresa em relação ao ambiente externo. A estratégia é formulada a partir da missão, da visão e dos objetivos organizacionais, da análise ambiental (o que há no ambiente) e da análise organizacional (o que temos na empresa) para definir o que devemos fazer. A estratégia é a maneira racional de aproveitar as oportunidades externas e de neutralizar as ameaças externas, bem como de aproveitar as forças potenciais internas e neutralizar as fraquezas potenciais internas.

Geralmente, a estratégia organizacional envolve os seguintes aspectos fundamentais:

- É definida pelo nível institucional da organização.
- É projetada em longo prazo e define o futuro e destino da organização.
- Envolve a empresa na sua totalidade.
- É um mecanismo de aprendizagem organizacional.

Planejar significa olhar para frente, visualizar o futuro e o que deverá ser feito; elaborar bons planos é ajudar as pessoas a fazer hoje as ações necessárias para melhor enfrentar os desafios do amanhã. Em outros termos, o planejamento, constitui hoje uma responsabilidade essencial em qualquer tipo de organização ou de atividade.

O planejamento constitui a função inicial da administração. Antes que qualquer função administrativa seja executada, a administração precisa planejar, ou seja, determinar os objetivos e os meios necessários para alcançá-los adequadamente.

2.1.3 O Planejamento como uma Função Administrativa

De acordo com Idalberto Chiavenato:

O planejamento pode estar voltado para a estabilidade, no sentido de assegurar a continuidade do comportamento atual em um ambiente previsível e estável. Também pode estar voltado para a melhoria do comportamento para assegurar a reação adequada a frequentes mudanças em um ambiente mais dinâmico e incerto. Pode ainda estar voltado para as contingências no sentido de antecipar-se a eventos que podem ocorrer no futuro e identificar as ações apropriadas para quando eles eventualmente ocorrerem.

Como todo planejamento se subordina a uma filosofia de ação, Ackoff aponta três tipos de filosofia do planejamento:

05. **Planejamento conservador:** É o planejamento voltado para a estabilidade e para a manutenção da situação existente. As decisões são tomadas no sentido de obter bons resultados, mas não necessariamente os melhores possíveis, pois dificilmente o planejamento procurará fazer mudanças radicais na organização. Sua ênfase é conservar as práticas atualmente vigentes. O planejamento conservador está mais preocupado em identificar e sanar deficiências e problemas internos do que em explorar oportunidades ambientais futuras. Sua base é predominantemente retrospectiva no sentido de aproveitar a experiência passada e projetá-la para o futuro.

06. **Planejamento otimizante (retrospectivo):** É o planejamento voltado para a adaptabilidade e inovação dentro da organização. As decisões são tomadas no sentido de obter os melhores resultados possíveis para a organização, seja minimizando recursos para alcançar um determinado desempenho ou objetivo, seja maximizando o desempenho por melhor utilizar os recursos disponíveis. O planejamento otimizante geralmente está baseado em uma preocupação em melhorar as práticas atualmente vigentes na organização. Sua base é predominantemente incremental no sentido de melhorar continuamente, tornando as operações melhores a cada dia que passa.

07. **Planejamento adaptativo (ofensivo):** É o planejamento voltado para as contingências e para o futuro da organização. As decisões são tomadas no sentido de compatibilizar os diferentes interesses envolvidos, elaborando uma composição capaz de levar a resultados para o desenvolvimento natural da empresa e ajustá-la às contingências que surgem no meio do caminho. O planejamento adaptativo procura reduzir o planejamento retrospectivo voltado para a eliminação das deficiências localizadas no passado da organização. Sua base é predominantemente aderente no sentido de ajustar-se às demandas ambientais e preparar-se para as futuras contingências.

Em todos os casos, o planejamento consiste na tomada antecipada de decisões. Trata-se de decidir, no momento presente, o que fazer antes da ocorrência da ação necessária. Não se trata simplesmente da previsão das decisões que deverão ser tomadas no futuro, mas da tomada de decisões que produzirão efeitos e consequências futuras.

2.1.4 O Processo de Planejamento

O planejamento é um processo constituído de uma série sequencial de seis passos, a saber:

- **Estabelecer a Missão e Visão no caso do Planejamento Estratégico.** As organizações não existem a esmo. Todas elas têm uma missão a cumprir. **Missão** significa uma incumbência que se recebe, a razão de existência de uma organização. A missão funciona como o propósito orientador para as atividades de uma organização e para aglutinar os esforços dos seus membros. Enquanto a missão define o credo da organização, a **visão** define o que a organização pretende ser no futuro. A visão funciona como o projeto do que a organização gostaria de ser, ou seja, define os objetivos organizacionais mais relevantes.

- **Definir os objetivos.** Os objetivos da organização devem servir de direção a todos os principais planos, servindo de base aos objetivos departamentais e a todos os objetivos das áreas subordinadas. Os objetivos devem especificar resultados desejados e os pontos finais aonde se pretende chegar, para conhecer os passos intermediários.

- **Diagnóstico.** Verificar qual a situação atual em relação aos objetivos. Simultaneamente, a definição dos objetivos, deve-se avaliar a situação atual em contraposição aos objetivos desejados, verificar onde se está e o que precisa ser feito.

- **Prognóstico, estabelecer estratégias.** Premissas constituem os ambientes esperados dos planos em operação. Como a organização opera em ambientes complexos, quanto mais pessoas estiverem atuando na elaboração e compreensão do planejamento e quanto mais se obter envolvimento para utilizar premissas consistentes, tanto mais coordenado será o planejamento. Trata-se de gerar cenários alternativos para os estados futuros das ações, analisar o que pode ajudar ou prejudicar o progresso em direção aos objetivos. A previsão é um aspecto importante no desenvolvimento de premissas. A previsão está relacionada com pressuposições antecipatórias a respeito do futuro.

- **Analisar as alternativas de ação (estratégias).** Trata-se de relacionar e avaliar as ações que devem ser tomadas, escolher uma delas para perseguir um ou mais objetivos, fazer um plano para alcançar os objetivos.

- **Escolher um curso de ação entre as várias alternativas.** Trata-se de uma tomada de decisão, em que se escolhe uma alternativa e se abandonam as demais. A alternativa escolhida se transforma em um plano para o alcance dos objetivos.

- **Implementar o plano e avaliar os resultados.** Fazer aquilo que o plano determina e avaliar cuidadosamente os resultados para assegurar o alcance dos objetivos, seguir através do que foi planejado e tomar as ações corretivas à medida que se tornarem necessárias.

Nem sempre o planejamento é feito por administradores ou por especialistas trancados em salas e em apenas algumas épocas predeterminadas. Embora seja uma atividade voltada para o futuro, o planejamento deve ser contínuo e permanente e, se possível, abrangendo o maior número de pessoas na sua elaboração e implementação. Em outras palavras, o planejamento deve ser constante e participativo. A descentralização proporciona a participação e o envolvimento das pessoas em todos os aspectos do seu processo. É o chamado planejamento participativo.

Para fazer o planejamento, é vital que se conheça o contexto em que a organização está inserida. Em outras palavras, qual é o seu microambiente, qual a sua missão e quais os seus objetivos básicos. Sobretudo, quais os fatores-chave para o seu sucesso. A partir daí, pode-se começar a pensar em planejamento.

2.1.5 Fatores Críticos de Sucesso

Mas, o que são fatores críticos (chave) de sucesso?

Os **fatores críticos de sucesso**, em inglês *critical success factor* (CSF), são os pontos-chave que definem o sucesso ou o fracasso de um objetivo definido por um planejamento de determinada organização. Estes fatores precisam ser encontrados pelo estudo sobre os próprios objetivos, derivados deles, e tomados como condições fundamentais a serem cumpridas para que a instituição sobreviva e tenha sucesso na sua área. Quando bem definidos, os fatores críticos de sucesso se tornam um ponto de referência para toda a organização em suas atividades voltadas para a sua missão.

Exemplo: se a empresa quer melhorar o atendimento ao cidadão, um exemplo de fator crítico de sucesso é treinar os funcionários e colocar mais pessoas no setor de atendimento.

Os fatores críticos de sucesso são os elementos principais no alcance dos objetivos e metas da instituição, são aspectos ligados diretamente ao seu sucesso. Se eles não estiverem presentes, os objetivos não serão alcançados.

Como poderemos identificar os fatores críticos de sucesso?

Os fatores críticos de sucesso podem ser identificados de duas maneiras. Uma delas é perguntar ao cliente ao que ele atribui mais importância na hora de adquirir o produto ou serviço.

Por exemplo, o que um indivíduo que é concurseiro deve fazer para alcançar o seu objetivo que é ser servidor público? A resposta é óbvia: ele deve estudar, resolver questões, tirar dúvidas, assistir às aulas etc. Então podemos dizer que esses são exemplos de fatores críticos de sucesso.

Outra maneira para identificar os fatores críticos de sucesso é analisar profundamente os recursos organizacionais e o mercado, de maneira imaginativa, para identificar os segmentos que são mais decisivos e importantes. Para essa pesquisa, a ferramenta de *benchmarking* pode ser utilizada.

O *benchmarking* é um dos mais úteis instrumentos de gestão para melhorar o desempenho das empresas e conquistar a superioridade em relação à concorrência. Baseia-se na aprendizagem das melhores experiências de empresas similares e ajuda a explicar todo o processo que envolve uma excelente "performance" empresarial. A essência deste instrumento parte do princípio de que nenhuma empresa é a melhor em tudo, o que implica reconhecer que existe no mercado quem faz melhor do que nós. Habitualmente, um processo de *benchmarking* arranca quando se constata que a empresa está diminuindo a sua rentabilidade. Quando a aprendizagem resultante de um processo de *benchmarking* é aplicada de forma correta, facilita a melhoria do desempenho em situações críticas no seio de uma empresa.

Em outras palavras, *benchmarking* é a técnica por meio da qual a organização compara o seu desempenho com o de outra. Por meio do benchmarking, uma organização procura imitar outras organizações, concorrentes ou não, do mesmo ramo de negócios ou de outros, que façam algo de maneira particularmente bem feita (essa frase já apareceu de maneira idêntica em provas tanto da FCC como da Cespe).

Questões importantes a serem identificadas na elaboração do planejamento:
- É possível fazer?
- Vale a pena fazer?
- Quem faz?
- Como fazer bem?
- Funciona?

2.1.6 Benefícios do Planejamento

As empresas estão cada vez mais inseridas em ambientes altamente mutáveis e complexos; enfrentam uma enorme variedade de pessoas, fornecedores e concorrentes. Do lado externo, temos os concorrentes, o governo e suas regulamentações, a tecnologia, a economia globalizada, os fornecedores etc. No ambiente interno, existe a necessidade de trabalhar de forma cada vez mais eficiente, novas estruturas organizacionais, funcionários, recursos e muitos desafios administrativos.

O planejamento oferece inúmeras vantagens nessas situações, inclusive melhora a capacidade da empresa de se adaptar às mudanças (flexibilidade organizacional), ajuda na coordenação e na administração do tempo.

Vejamos algumas vantagens:
- permite utilizar os recursos de forma eficaz (alcance de resultados) e eficiente (economia);
- aumenta o conhecimento sobre o negócio/projeto e seu potencial de mercado;
- facilita a percepção de novas oportunidades ou riscos e aumenta a sensibilidade do empresário/executivo frente a problemas futuros;
- cria um "espírito de negócio" e comprometimento com o negócio/projeto, tanto em relação ao "dono" ou responsável pelo negócio, como também junto aos funcionários/parceiros envolvidos;
- determina tarefas e prazos com responsabilidade definida, viabilizando o controle do processo e do andamento do negócio;
- deixa claro para o empresário/executivo qual é o diferencial competitivo de seu negócio;
- pode ser utilizado como suporte para conseguir credibilidade e apoio financeiro interno e/ou no mercado;
- maior flexibilidade;
- agilidade nas tomadas de decisões;
- melhor conhecimento dos seus concorrentes;
- melhor comunicação entre os funcionários;
- maior capacitação gerencial, até dos funcionários de níveis inferiores;
- orientação maior nos comportamentos de funcionários;
- maior capacitação, motivação e comprometimento dos envolvidos;
- consciência coletiva;
- melhor conhecimento do ambiente em que os funcionários trabalham;
- melhor relacionamento entre empresa-ambiente;
- maior capacidade e rapidez de adaptação dentro da empresa;
- visão de conjunto;

PROCESSO ADMINISTRATIVO (ORGANIZACIONAL)

- aumenta o foco (concentração de esforços) e a flexibilidade (facilidade de se adaptar e ajustar);
- melhora a coordenação e o controle.

De acordo com Chiavenato: "O planejamento ajuda o administrador em todos os tipos de organização a alcançar o melhor desempenho, porque:

01. **O planejamento é orientado para resultados.** Cria um senso de direção, de desempenho orientado para metas e resultados a serem alcançados.

02. **O planejamento é orientado para prioridades.** Assegura que as coisas mais importantes receberão Fique ligado principal.

03. **O planejamento é orientado para vantagens.** Ajuda a alocar e a dispor recursos para sua melhor utilização e desempenho.

04. **O planejamento é orientado para mudanças.** Ajuda a antecipar problemas que certamente aparecerão e a aproveitar oportunidades à medida que se defronta com novas situações."

2.1.7 Tipos de Planejamento

O planejamento é feito através de planos. O administrador deve saber lidar com diferentes tipos de planos. Estes podem incluir períodos de longo, médio e curto prazo, como podem envolver a organização inteira, uma divisão ou departamento ou ainda uma tarefa. O planejamento é uma função administrativa que se distribui entre, todos os níveis organizacionais. Embora o seu conceito seja exatamente o mesmo, em cada nível organizacional, o planejamento apresenta características diferentes.

O planejamento envolve uma volumosa parcela da atividade organizacional. Com isso, queremos dizer que toda organização está sempre planejando: o nível institucional elabora genericamente o planejamento estratégico, o nível intermediário segue-o com planos táticos e o nível operacional traça detalhadamente os planos operacionais. Cada qual dentro de sua área de competência e em consonância com os objetivos globais da organização. O planejamento impõe racionalidade e proporciona o rumo às ações da organização. Além disso, estabelece coordenação e integração de suas várias unidades, que proporcionam a harmonia e sinergia da organização no caminho em direção aos seus objetivos principais.

Os planos podem abranger diferentes horizontes de tempo. Os planos de curto prazo cobrem um ano ou menos; os planos intermediários, um a dois anos; e os planos de longo prazo abrangem cinco ou mais anos. Os objetivos do planejamento devem ser mais específicos, no curto prazo, e mais abertos, no longo prazo. As organizações precisam de planos para todas as extensões de tempo. O administrador do nível institucional está mais voltado para planos de longo prazo que atinjam a organização inteira para proporcionar aos demais administradores um senso de direção para o futuro.

Uma pesquisa desenvolvida por Elliot Jaques mostra como as pessoas variam em sua capacidade de pensar, organizar e trabalhar com eventos situados em diferentes horizontes de tempo. Muitas pessoas trabalham confortavelmente com amplitudes de apenas três meses; um pequeno grupo trabalha melhor com uma amplitude de tempo de um ano; e somente poucas pessoas podem enfrentar o desafio de 20 anos pela frente. Como o administrador pode trabalhar em vários níveis de autoridade, ele deve planejar em função de diferentes períodos de tempo. Enquanto o planejamento de um supervisor desafia o espaço de três meses, um gerente pode lidar com períodos de um ano, enquanto um diretor lida com uma amplitude que pode ir de três, cinco, dez anos ou mais. O progresso nos níveis mais elevados da hierarquia administrativa pressupõe habilidades conceituais a serem trabalhadas, bem como uma visão projetada em longo prazo de tempo.

2.1.8 Planejamento Estratégico

O planejamento estratégico apresenta cinco características fundamentais.

01. **O planejamento estratégico está relacionado com a adaptação da organização a um ambiente mutável.** Está voltado para as relações entre a organização e seu ambiente de tarefa. Portanto, sujeito à incerteza a respeito dos eventos ambientais. Por se defrontar com a incerteza, tem suas decisões baseadas em julgamentos e não em dados concretos. Reflete uma orientação externa que focaliza as respostas adequadas às forças e pressões que estão situadas do lado de fora da organização.

02. **O planejamento estratégico é orientado para o futuro.** Seu horizonte de tempo é o longo prazo. Durante o curso do planejamento, a consideração dos problemas atuais é dada apenas em função dos obstáculos e barreiras que eles possam provocar para um desejado lugar no futuro. É mais voltado para os problemas do futuro do que daqueles de hoje.

03. **O planejamento estratégico é compreensivo.** Ele envolve a organização como uma totalidade, abarcando todos os seus recursos, no sentido de obter efeitos sinergísticos de todas as capacidades e potencialidades da organização. A resposta estratégica da organização envolve um comportamento global, compreensivo e sistêmico.

04. **O planejamento estratégico é um processo de construção de consenso.** Dada a diversidade dos interesses e necessidades dos parceiros envolvidos, o planejamento oferece um meio de atender todos eles na direção futura que melhor convenha a todos.

05. **O planejamento estratégico é uma forma de aprendizagem organizacional.** Como está orientado para a adaptação da organização ao contexto ambiental, o planejamento constitui uma tentativa constante de aprender a ajustar-se a um ambiente complexo, competitivo e mutável.

O planejamento estratégico se assenta sobre três parâmetros: a visão do futuro, os fatores ambientais externos e os fatores organizacionais internos. Começa com a construção do consenso sobre o futuro que se deseja: é a visão que descreve o mundo em um estado ideal. A partir daí, examinam-se as condições externas do ambiente e as condições internas da organização.

2.1.9 Planejamento Tático

O planejamento tático é o planejamento focado no médio prazo e que enfatiza as atividades correntes das várias unidades ou departamentos da organização. O administrador utiliza o planejamento tático para delinear o que as várias partes da organização, como departamentos ou divisões, devem fazer para que a organização alcance sucesso. Os planos táticos geralmente são desenvolvidos para as áreas de produção, *marketing*, pessoal, finanças e contabilidade. Para ajustar-se ao planejamento tático, o exercício contábil da organização e os planos de produção, de vendas, de investimentos etc., abrangem geralmente o período anual.

Os planos táticos geralmente envolvem:

01. **Planos de produção.** Envolvendo métodos e tecnologias necessárias para as pessoas em seu trabalho arranjo físico do trabalho e equipamentos como suportes para as atividades e tarefas.

02. **Planos financeiros.** Envolvendo captação e aplicação do dinheiro necessário para suportar as várias operações da organização.

03. **Planos de marketing.** Envolvendo os requisitos de vender e distribuir bens e serviços no mercado e atender o cliente.

04. **Planos de recursos humanos.** Envolvendo recrutamento, seleção e treinamento das pessoas nas várias atividades dentro da organização. Recentemente, as organizações estão também se preocupando com a aquisição de competências essenciais para o negócio por meio da gestão do conhecimento corporativo.

Contudo, os planos táticos podem também se referir à tecnologia utilizada pela organização (tecnologia da informação, tecnologia de produção etc.), investimentos, obtenção de recursos etc.

Políticas

As políticas constituem exemplos de planos táticos que funcionam como guias gerais de ação. Elas funcionam como orientações para a tomada de decisão. Geralmente, refletem um objetivo e orienta as pessoas em direção a esses objetivos em situações que requeiram algum julgamento. As políticas servem para que as pessoas façam escolhas semelhantes ao se defrontarem com situações similares. As políticas constituem afirmações genéricas baseadas nos objetivos organizacionais e visam oferecer rumos para as pessoas dentro da organização.

2.1.10 Planejamento Operacional

O planejamento operacional é focalizado para o curto prazo e abrange cada uma das tarefas ou operações individualmente. Preocupa-se com "o que fazer" e com o "como fazer" as atividades quotidianas da organização. Refere-se especificamente às tarefas e operações realizadas no nível operacional. Como está inserido na lógica de sistema fechado, o planejamento operacional está voltado para a otimização e maximização de resultados, enquanto o planejamento tático está voltado para a busca de resultados satisfatórios.

O planejamento operacional é constituído de uma infinidade de planos operacionais que proliferam nas diversas áreas e funções dentro da organização. Cada plano pode consistir em muitos subplanos com diferentes graus de detalhamento. No fundo, os planos operacionais cuidam da administração da rotina para assegurar que todos executem as tarefas e operações de acordo com os procedimentos estabelecidos pela organização, a fim de que esta possa alcançar os seus objetivos. Os planos operacionais estão voltados para a eficiência (ênfase nos meios), pois a eficácia (ênfase nos fins) é problema dos níveis institucional e intermediário da organização.

Apesar de serem heterogêneos e diversificados, os planos operacionais podem ser classificados em quatro tipos, a saber:

01. **Procedimentos.** São os planos operacionais relacionados com métodos.
02. **Orçamentos.** São os planos operacionais relacionados com dinheiro.
03. **Programas (ou programações).** São os planos operacionais relacionados com tempo.
04. **Regulamentos.** São os planos operacionais relacionados com comportamentos das pessoas.

2.2 Organização

2.2.1 Definição de Organização

"*Organização da empresa é a ordenação e o agrupamento de atividades e recursos, visando ao alcance de objetivos e resultados estabelecidos*". (Djalma, 2002, p. 84).

Segundo Maximiano, uma **organização** é um sistema de recursos que procura alcançar objetivos. Em outras palavras, Organizar é desenhar/montar a estrutura da empresa/instituição de modo a facilitar o alcance dos resultados.

Os níveis da organização são:

Abrangência	Conteúdo	Tipo de Desenho	Resultado
Nível Institucional	A instituição como uma totalidade	Desenho organizacional	Tipo de organização
Nível intermediário	Caso departamento isoladamente	Desenho departamental	Tipo de departamentalização
Nível operacional	Cada tarefa ou operação	Desenho de cargos e tarefas	Análise e descrição de cargos

2.2.2 Estrutura Organizacional

VASCONCELOS (1989) entende estrutura como o resultado de um processo no qual a autoridade é distribuída, as atividades são especificadas (desde os níveis mais baixos até a alta administração) e um sistema de comunicação é delineado, permitindo que as pessoas realizem as atividades e exerçam a autoridade que lhes compete para o alcance dos objetivos da organização.

Estrutura organizacional: forma pela qual as atividades de uma organização são divididas, organizadas e coordenadas. (Stoner, 1992, p.230).

2.2.3 Estrutura Formal e Informal

Estrutura Formal: é aquela representada pelo organograma. Todas as relações são formais. Não se pode descartá-la e deixar funcionários se relacionarem quando eles não devem ter relações diretas. Na **Estrutura Formal (Organização Formal)**, conseguimos identificar os departamentos, os cargos, a definição das linhas de autoridade e de comunicação entre os departamentos e cargos envolvidos.

Já a **Estrutura Informal (Organização Informal)** é a rede de relações sociais e pessoais que não é representada ou requerida pela estrutura formal. Surge da interação social das pessoas, o que significa que se desenvolve, espontaneamente, quando as pessoas se reúnem. Portanto, apresenta relações que, usualmente, não são formalizadas e **não aparecem no organograma da empresa**. A organização informal envolve as emoções, atitudes e ações das pessoas em termos de suas necessidades, e não de procedimentos ou regras.

2.2.4 Elementos da Estrutura Organizacional

Especialização

Consequência da divisão do trabalho: cada unidade ou cargo passa a ter funções e tarefas específicas e especializadas.

A especialização pode dar-se em dois sentidos: vertical e horizontal.

A horizontal representa a tendência de criar departamentos especializados no mesmo nível hierárquico, cada qual com suas funções e tarefas. Exemplo: gerência de *Marketing*, gerência de Produção, gerência de Recursos Humanos.

A vertical caracteriza-se pelos níveis hierárquicos (chefia), pois, na medida em que ocorre a especialização horizontal do trabalho, é necessário coordenar essas diferentes atividades e funções. **Ex.:** Presidência, Diretoria-Geral, Gerências, Coordenadorias, Seções.

2.2.5 Centralização/Descentralização/Delegação

Centralização

CENTRALIZAÇÃO significa que a autoridade para decidir está localizada no topo da organização, ou seja, a maioria das decisões relativas ao trabalho que está sendo executado não é tomada por aqueles que o executam, mas em um ponto mais alto da organização.

PROCESSO ADMINISTRATIVO (ORGANIZACIONAL)

Vantagens	Desvantagens
• decisões mais consistentes com os objetivos gerais;	• decisões e administradores distanciados dos fatos locais;
• maior uniformidade de procedimentos;	• dependência dos subordinados;
• aproveitamento da capacidade dos líderes generalistas;	• diminuição da motivação, criatividade;
• redução dos riscos de erros por parte dos subordinados;	• maior demora na implementação das decisões
• maior controle global do desempenho da organização.	• maior custo operacional.

Descentralização

Por outro lado, podemos dizer que **DESCENTRALIZAÇÃO** significa que a maioria das decisões relativas ao trabalho que está sendo executado é tomada pelos que o executam, ou com sua participação. A autoridade para decidir está dispersa nos níveis organizacionais mais baixos. A tendência moderna ocorre no intuito de descentralizar para proporcionar melhor uso dos recursos humanos.

Vantagens	Desvantagens
- maior agilidade e flexibilidade nas decisões;	- perda de uniformidade das decisões;
- decisões mais adaptadas aos fatos locais;	- maiores desperdícios e duplicação de recursos;
- maior motivação, autonomia e disponibilidade dos líderes;	- canais de comunicação mais dispersos;
- maior facilidade do controle específico do desempenho de unidades e gerentes.	- dificuldade de encontrar responsáveis e controlar o desempenho da organização como um todo;
	- mais cara.

Delegação

Segundo Oliveira (2010, p. 189), delegação é o processo de transferência de determinado nível de autoridade de um chefe para seu subordinado, criando o correspondente compromisso pela execução da tarefa delegada.

Em outras palavras, delegação é o processo de transmitir certas tarefas e obrigações de uma pessoa para outra, em geral, de um superior para um colaborador. Aquele que recebe o poder delegado tem autoridade suficiente para concluir o trabalho, mas aquele que delega fica com a total responsabilidade pelo seu êxito ou fracasso.

2.2.6 Cadeia de Comando/ Escalar ou Linha de Comando

A cadeia de comando de uma organização mostra, basicamente, quem "manda em quem". Ou seja, descreve as linhas de autoridade, desde a cúpula da empresa até o seu nível mais baixo. A cadeia de comando mostra, portanto, a relação de subordinação dentro da estrutura e mostra como funciona a hierarquia funcional. Esta "estrutura hierárquica" é o que chamamos de "cadeia de comando".

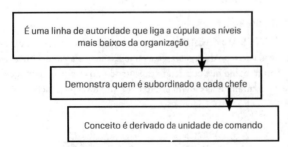

2.2.7 Amplitude Administrativa/Controle

Amplitude administrativa (ou amplitude de comando, ou de controle) é o número de subordinados/áreas que um gestor tem sob seu comando/supervisão. Em qualquer nível, cada gestor tem um determinado número de pessoas que se reportam a ele, pessoas estas que podem estar agrupadas em conjuntos de cargos ou em departamentos. Uma decisão importante no processo de organização é a definição da amplitude ideal de comando, ou seja, a quantidade de áreas e pessoas que um chefe tem capacidade de gerir com eficácia.

2.2.8 Organograma

É uma representação gráfica da estrutura da uma empresa/instituição, a divisão do trabalho em suas unidades/departamentos, a hierarquia e os canais de comunicação.

- **Divisão do trabalho:** quadros (retângulos) representam cargos ou unidades de trabalho (departamentos). Eles indicam o critério de divisão e de especialização das áreas, ou seja, como as responsabilidades estão divididas dentro da organização.
- **Autoridade e Hierarquia:** a quantidade de níveis verticais em que os retângulos estão agrupados mostra a cadeia de comando, ou seja, como a autoridade está distribuída, do diretor que tem mais autoridade, no topo da estrutura, até o funcionário que tem menos autoridade, na base da estrutura.
- **Canais de comunicação:** as linhas que verticais e horizontais que ligam os retângulos mostram as relações/comunicações entre as unidades de trabalho.

Formalização

Grau de controle da organização sobre o indivíduo, definido pelas normas e procedimentos, limitando a atuação e o comportamento.

Responsabilidade

Dever de desempenhar a tarefa ou atividade, ou cumprir um dever para o qual se foi designado. Nada mais é do que executar a tarefa adequadamente, de acordo com a confiança depositada.

O grau de responsabilidade é, geralmente, diretamente proporcional ao grau de autoridade da pessoa. Dessa forma, os cargos de alto escalão possuem maior autoridade e maior responsabilidade que os cargos mais baixos.

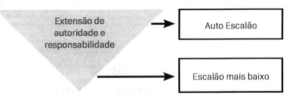

2.2.9 Departamentalização

Diferenciação horizontal que permite simplificar o trabalho, aproveitando os recursos de forma mais racional. É o agrupamento dos indivíduos em unidades gerenciáveis para facilitar a coordenação e o controle.

Um departamento é um "pedaço" da organização. É um setor que está focado em um aspecto de seu funcionamento. O departamento é uma unidade de trabalho que concentra um conjunto de tarefas.

Tipos de Departamentalização

Departamentalização por Função (Funcional)

É a divisão lógica de acordo com as funções a serem desempenhadas, ou seja, é a divisão departamental que segue o princípio da especialização.

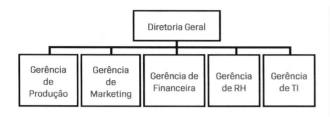

Vantagens	Desvantagens
- agrupa vários especialistas em uma mesma unidade; - simplifica o treinamento e orienta as pessoas para uma função específica, concentrando sua competência e habilidades técnicas; - permite economia de escala pelo uso integrado de pessoas, máquinas e produção em massa; - indicada para situações estáveis, tarefas rotineiras e para produtos ou serviços que permaneçam longos ciclos sem mudanças.	- reduz a cooperação interdepartamental (ênfase nas especialidades); - é inadequada para ambiente e tecnologia em constante mudança, pois dificulta a adaptação e a flexibilidade às mudanças externas; - foco na especialidade em detrimento do objetivo organizacional global.

Vantagens	Desvantagens
- fixa a responsabilidade dos departamentos para uma linha de produto; - facilita a coordenação entre as diferentes áreas: a preocupação principal é o produto, e as atividades das áreas envolvidas dão pleno suporte; - facilita a inovação, pois requer cooperação e comunicação dos vários grupos que contribuem para gerar o produto.	- dispersa os especialistas nos diversos subgrupos orientados para os produtos; - não é indicada para circunstâncias externas não mutáveis, empresas com pouca variabilidade dos produtos, por trazer custos operacionais elevados; - em situações de instabilidade externa, pode gerar temores e ansiedades na força de trabalho de determinada linha de produto, em função da possibilidade de desemprego ou prejuízo funcional; pode enfatizar a coordenação em detrimento da especialização.

Departamentalização Base Territorial ou Geográfica

É a diferenciação e o agrupamento das atividades de acordo com o local onde o trabalho será desempenhado, ou então a área de mercado a ser servida pela empresa. É utilizada geralmente por empresas que cobrem grandes áreas geográficas e cujos mercados são extensos e diversificados, ou seja, quando as circunstâncias externas indicam que o sucesso da organização depende particularmente do seu ajustamento às condições e às necessidades locais e regionais.

Departamentalização por Cliente

Envolve a diferenciação e o agrupamento das atividades de acordo com o tipo de pessoa/grupo/empresa para quem o trabalho é executado. Divide as unidades organizacionais para que cada uma possa servir a um grupo de clientes, sendo indicada quando as características dos clientes – idade, sexo, nível socioeconômico – são determinantes para o sucesso do negócio e requerem diferentes abordagens para as vendas, os produtos, os serviços adicionais.

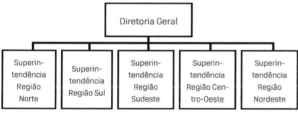

Vantagens	Desvantagens
- amplia a área de atuação, atingindo maior número de clientes; - permite fixar a responsabilidade de lucro e de desempenho no comportamento local ou regional, além de encorajar os executivos a pensar em termos de sucesso de território; - as características da empresa podem acompanhar adequadamente as variações de condições e características locais.	- o enfoque territorial pode deixar em segundo plano a coordenação, tanto dos aspectos de planejamento e execução, quanto de controle como um todo, em face do grau de liberdade e autonomia nas regiões; - em situações de instabilidade externa em determinada região, pode gerar temores e ansiedades na força de trabalho em função da possibilidade de desemprego ou prejuízo funcional.

Vantagens	Desvantagens
- quando a satisfação do cliente é o aspecto mais crítico da organização, ou seja, quando o cliente é o mais importante, e os produtos e serviços devem ser adaptados às suas necessidades. - dispõe os executivos e todos os participantes da organização para a tarefa de satisfazer as necessidades e os requisitos dos clientes; - permite à organização concentrar seus conhecimentos sobre as distintas necessidades e exigências dos canais mercadológicos.	-as demais atividades da organização – produção, finanças – podem se tornar secundárias ou acessórias, em face da preocupação compulsiva com o cliente; - os demais objetivos da organização – lucratividade, produtividade – podem ser deixados de lado ou sacrificados.

Departamentalização por Produto/Serviço

Descentraliza as atividades e decisões de acordo com os produtos ou serviços executados. É realizada quando as atividades inerentes a cada um dos produtos ou serviços possuem diferenciações significativas e, por isso, fica mais fácil administrar cada produto/serviço individualmente.

Departamentalização por Processos

Processo é um conjunto de atividades inter-relacionadas e cíclicas que transforma insumos (entradas) em produtos (saídas). A departamentalização por fases do processo é utilizada quando o produto final é tão complexo que se faz necessário fabricá-lo a partir da divisão em processos menores, com linhas de produção distintas. Exemplo: indústria automobilística. Uma linha de produção é um arranjo físico de máquinas e equipamentos. Essa linha define o agrupamento de pessoas e de materiais para processar as operações.

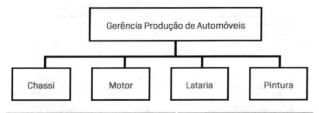

Vantagens	Desvantagens
- fixa a responsabilidade e a união dos esforços em determinado processo; - extrai vantagens econômicas oferecidas pela própria natureza do equipamento ou da tecnologia. A tecnologia passa a ser o foco e o ponto de referência para o agrupamento de unidades e posições.	- quando a tecnologia utilizada sofre mudanças e desenvolvimento revolucionários, a ponto de alterar profundamente os processos; - deve haver especial cuidado com a coordenação dos distintos processos.

Departamentalização por Projetos

Projeto é um evento temporário e não repetitivo, caracterizado por uma sequência lógica de atividades, com início, meio e fim, que se destina a atingir um objetivo claro e definido, sendo conduzido por pessoas dentro de parâmetros predefinidos de tempo, custo, recursos e qualidade.

A departamentalização por projetos, portanto, é utilizada em empresas cujos produtos envolvem grandes concentrações de recursos por um determinado tempo (navios, fábricas, usinas hidrelétricas, pontes, estradas), que exigem tecnologia sofisticada e pessoal especializado. Como o produto é de grande porte, exige planejamento individual e detalhado e um extenso período de tempo para execução; cada produto é tratado como um projeto.

Vantagens	Desvantagens
concentração de recursos e especialistas para realizar um trabalho complexo; foco no resultado; melhoria no controle da execução.	cada projeto é único, inédito, e envolve muitas habilidades e conhecimentos dispersos na empresa ao longo de seu ciclo de execução. Assim, quando termina uma fase, ou mesmo o projeto, a empresa pode ser obrigada a dispensar pessoal ou a paralisar máquinas e equipamentos se não tiver outro projeto em vista.

Departamentalização Matricial

Chama-se matricial, pois combina duas formas de estrutura formando uma espécie de grade. Trata-se de uma estrutura mista, híbrida, que combina geralmente a departamentalização funcional com a de produtos ou de projetos.

Os projetos seriam as áreas-fim, enquanto a estrutura funcional seria a área-meio, responsável pelo apoio aos projetos. A autonomia e o poder relativo a cada estrutura seriam decorrentes da ênfase dada pela empresa aos projetos ou às funções tradicionais.

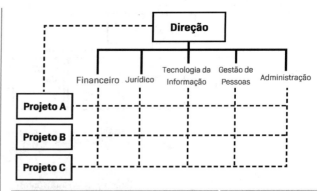

Vantagens	Desvantagens
- maior versatilidade e otimização dos recursos humanos; - forma efetiva para conseguir resultados ou resolver problemas complexos; - mais fortemente orientada para resultados; - maior grau de especialização.	- conflito linha/projeto; - duplicidade de autoridade e comando.

Departamentalização Mista/Híbrida/Combinada

É praticamente impossível encontrar, na prática, a aplicação pura de um único tipo de departamentalização em toda uma empresa. Geralmente, encontra-se uma reunião de diversos tipos de departamentalização em todos os níveis hierárquicos, a qual se denomina **Departamentalização Mista** ou **Combinada**.

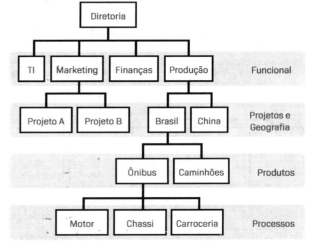

2.2.10 Modelos de Estrutura Organizacional

Desenho/Estrutura Vertical (Modelo Mecanicista)

O desenho é piramidal, caracterizando centralização das decisões. Geralmente é a estrutura de organizações tradicionais, forma burocrática, autoridade centralizada, hierarquizadas, mais rígidas, regras e procedimentos padronizados, divisão de trabalho, amplitude administrativa estreita e meios formais de coordenação.

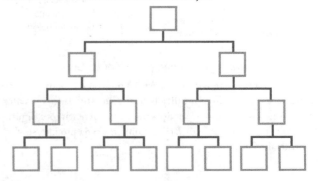

Desenho/Estrutura Horizontal (Modelo Orgânico)

As estruturas são mais achatadas e flexíveis, denotando a descentralização de decisões. *Downsizing* – estratégia administrativa para reduzir número de níveis e aspectos burocráticos da empresa. *Adhocráticos*, adaptativos, mais horizontais, com poucas regras e procedimentos, pouca divisão de trabalho, amplitudes administrativas maiores e mais meios pessoais de coordenação.

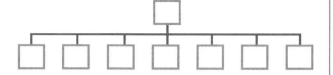

2.2.11 Variáveis Condicionantes da Estrutura Organizacional

01. **Ambiente:** instável, estável, homogêneo, heterogêneo (estrutura se adapta ao ambiente).
02. **Estratégia:** estabilidade ou crescimento (estrutura segue a estratégia), a mudança da estrutura em função da estratégia se chama covariação estrutural.
03. **Tecnologia:** em massa, por processo, unitária; sequencial, mediadora, intensiva (estrutura depende da tecnologia).
04. **Ciclo de vida e tamanho:** nascimento, crescimento, juventude, maturidade (estrutura se ajusta ao tamanho).
05. **Pessoas:** conhecimento x reposição.

2.2.12 Tipos de Estruturas Organizacionais

Cada estrutura deverá se adequar a um modelo, ora mais mecanicista, ora mais orgânico, a depender das variáveis condicionantes.

Os diferentes tipos de organização são decorrência da estrutura organizacional, ou seja, da arquitetura ou formato organizacional que assegura a divisão e a coordenação das atividades dos membros da instituição. A estrutura é o esqueleto que sustenta e articula as partes integrantes. Cada subdivisão recebe o nome de unidade, departamento, divisão, seção, equipe, grupo de trabalho.

Estrutura Linear

É a forma mais simples e antiga, originada dos exércitos e organizações eclesiásticas. O nome "linear" se dá em função das linhas diretas e únicas de autoridade e responsabilidade entre superiores e subordinados, resultando em um formato piramidal de organização. Cada gerente recebe e transmite tudo o que se passa na sua área de competência, pois as linhas de comunicação são rigidamente estabelecidas.

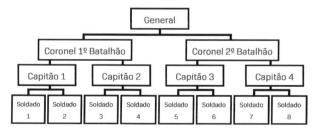

Vantagens	Desvantagens
- estrutura simples e de fácil compreensão e implantação; - clara delimitação das responsabilidades dos órgãos – nenhum órgão ou cargo interfere em área alheia; - estabilidade e disciplina garantidas pela centralização do controle e da decisão. - evita a ambiguidade; - unidade de comando, cada subordinado recebe ordens de um único chefe; - ideal para ambientes estáveis; - aproveita o conhecimento das chefias generalistas; - geralmente só é vantajoso em empresas pequenas.	- o formalismo das relações pode levar à rigidez e à inflexibilidade, dificultando a inovação e adaptação a novas circunstâncias; - a autoridade linear baseada no comando único e direto pode tornar-se autocrática, dificultando o aproveitamento de boas ideias; - chefes tornam-se generalistas e ficam sobrecarregados em suas atribuições na medida em que tudo tem que passar por eles; - com o crescimento da organização, as linhas formais de comunicação se congestionam e ficam lentas, pois tudo deve passar por elas.

Estrutura Funcional

É o tipo de organização em que se aplica o princípio funcional ou princípio da especialização. Cada área é especializada em um determinado assunto; é a autoridade em um tema. Dessa forma, ela presta seus serviços às demais áreas de acordo com sua especialidade.

Vantagens	Desvantagens
- proporciona especialização e aperfeiçoamento; - permite a melhor supervisão técnica possível; - comunicações diretas, sem intermediação, mais rápidas e menos sujeitas a distorções; - separa as funções de planejamento e de controle das funções de execução: há uma especialização do planejamento e do controle, bem como da execução, permitindo plena concentração de cada atividade.	- não há unidade de mando, o que dificulta o controle das ações e a disciplina; - subordinação múltipla pode gerar tensão e conflitos dentro da organização; - concorrência entre os especialistas, cada um impondo seu ponto de vista de acordo com sua área de atuação; - coordenação e comunicação entre os departamentos é péssima; - pode gerar ambiguidade; responsabilidade parcial de cada departamento.

Estrutura Linear-Staff

Nela coexistem os órgãos de linha (de execução) e de assessoria (de apoio e consultoria), mantendo relações entre si. As atividades de linha são aquelas intimamente ligadas aos objetivos da organização (áreas-fim). As atividades de *staff* são as áreas-meio, ou seja, prestam serviços especializados que servem de suporte às atividades-fim.

A autoridade para decidir e executar é do órgão de linha. A área de *staff* apenas assessora, sugere, dá apoio e presta serviços especializados. A relação deve ser sinérgica, pois a linha necessita do *staff* para poder desenvolver suas atividades, enquanto o *staff* necessita da linha para poder atuar.

PROCESSO ADMINISTRATIVO (ORGANIZACIONAL)

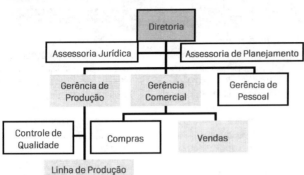

Vantagens	Desvantagens
melhor embasamento técnico e operacional para as decisões; agregar conhecimento novo e especializado à organização; facilita a utilização de especialistas; possibilita a concentração de problemas específicos nos órgãos de staff, enquanto os órgãos de linha ficam livres para executar as atividades-fim.	conflitos entre órgãos de linha e staff: experiências profissionais diversas, visões de trabalho distintas, diferentes níveis de formação; dificuldade de manutenção do equilíbrio entre linha e staff.

Estrutura Divisional ou Unidades Estratégicas de Negócios

Na estrutura divisional, a empresa desmembra sua estrutura em divisões, agregando os recursos e pessoas de acordo com os produtos, clientes e/ou mercados que são considerados importantes.

A vantagem deste modelo é que cada divisão funciona de maneira quase autônoma, independente, facilitando sua gestão. Cada divisão passa a ter seus próprios setores de pessoal, de *marketing*, e logística.

Com isso, estas divisões podem escolher estratégias distintas para atingir seus objetivos. Naturalmente, estas divisões não ficam "totalmente livres" do controle da cúpula da empresa, mas encontram muito mais flexibilidade para gerir seus negócios.

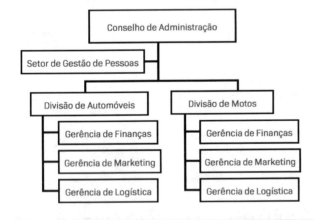

Vantagens	Desvantagens
- foco no resultado; - coordenação em razão do produto e serviço; - favorece a inovação e o crescimento; - comunicação e coordenação intradepartamentais boas.	- custos elevados, duplicidade de órgãos; - dificuldade de integração entre unidades; - a comunicação e a coordenação entre as divisões são péssimas.

Estrutura Matricial

Estas estruturas são um modelo híbrido, que conjuga duas estruturas em uma só. Normalmente, é um somatório de uma estrutura funcional com outra estrutura horizontal, temporária, focada em projetos.

As empresas que atuam com esta estrutura buscam associar as vantagens das duas estruturas, juntando os especialistas funcionais nos projetos mais estratégicos, sempre que necessário.

Ela é chamada de matricial porque seu aspecto é parecido com o de uma matriz. Sua criação foi uma tentativa de conciliar, em uma estrutura rígida e hierárquica, a flexibilidade de uma estrutura temporária.

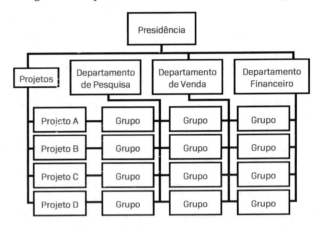

Vantagens	Desvantagens
- máximo aproveitamento de pessoal; - redução de custos; - flexibilidade para aumento e redução de quadro organizacional; - facilidade de apuração de resultado e controle de prazos e custos por projeto; - maior ganho de experiência prática do pessoal; - comunicação e coordenação intradepartamentais boas.	- menor lealdade à instituição; possibilidade de falta de contato entre elementos da mesma especialidade que trabalham em projetos diferentes; - responsabilidade parcial; comunicação e coordenação interdepartamentais péssimas.

Estrutura em Virtual ou em Rede

A antiga ideia de uma organização que "fazia de tudo" (ou verticalizada) ficou para trás. Como ninguém é "bom em tudo", devemos nos aliar a diferentes parceiros, dependendo da necessidade do momento.

Esta é a ideia central das redes organizacionais. Estas surgiram como uma necessidade de que as organizações fossem mais **flexíveis e adaptáveis às mudanças no ambiente**. Desta maneira, se uma empresa necessita de um novo design para seu novo produto, contrata um escritório de *design*. O mesmo ocorre quando esta empresa necessita de distribuir seu produto em um novo mercado – contrata uma empresa especializada em distribuição.

Assim sendo, a empresa pode estabelecer um foco naquilo que melhor sabe fazer e "mudar de rumo" sempre que for necessário. De acordo com este pensamento, surgiram as "organizações em rede" ou as "redes organizacionais".

Como as pessoas demandam cada vez mais produtos e serviços "customizados", essa tendência tem se acelerado. Mais estratégico do que ter capacidades "internas" (e mais estáveis, claro) é ter parceiros dentro de uma rede de atuação que deem este *Know-how* ou competências que possam ser "adquiridas" sempre que necessário.

A flexibilidade ocorre porque a organização passa a contratar qualquer serviço ou produto que precisar diretamente no mercado. Se em um segundo momento esses produtos e serviços não forem mais demandados, poderá cancelar o contrato e trocar de fornecedor, sem precisar demitir funcionários, vender maquinários, dentre outros custos e problemas.

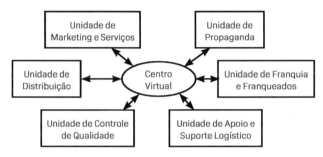

Vantagens	Desvantagens
- negócios virtuais ou unidades de negócios; - baixo custo operacional e administrativo; - competitividade global; - flexibilidade e adaptabilidade a ambientes complexos. - rapidez de respostas às demandas ambientais.	- controle global difícil, riscos e incertezas; - dificuldade de cultura corporativa e lealdades fracas.

2.3 Direção

A direção é a função administrativa que se refere ao relacionamento interpessoal do administrador com seus subordinados. Para que o planejamento e a organização possam ser eficazes, eles precisam ser complementados pela orientação e pelo apoio às pessoas, por meio de adequada comunicação, liderança e motivação, características estas que um administrador deve possuir para conseguir dirigir pessoas com eficiência. Enquanto as outras funções administrativas – planejamento, organização e controle – são impessoais, a direção constitui um processo interpessoal que define as relações entre os indivíduos.

A direção está relacionada diretamente com a atuação sobre as pessoas da organização. Por essa razão, constitui uma das mais complexas funções da administração. Alguns autores preferem substituir a palavra *direção* por liderança ou influenciação. Outros ainda preferem o termo *coaching*. A direção é a fusão de outras duas funções, a coordenação (ajustamento do trabalho) e a liderança.

Para podermos aprofundar na função *direção*, precisamos estudar motivação, pois é questão certa na sua prova também.

2.3.1 Motivação

A motivação define-se pelo desejo de exercer altos níveis de esforço em direção a determinados objetivos, organizacionais ou não, condicionados pela capacidade de satisfazer algumas necessidades individuais.

A motivação é relativa às forças internas ou externas que fazem uma pessoa se entusiasmar e persistir na busca de um objetivo.

Podemos dizer que as principais características básicas da motivação consistem no fato de que ela é um fenômeno individual, ou seja, somos únicos e devemos ser tratados com tal; a motivação é intencional, uma vez que está sob o controle do trabalhador; a motivação é multifacetada, depende tanto do estímulo como da escolha do comportamento empregado.

Outra característica encontrada é que não podemos medir a motivação diretamente. Medimos o comportamento motivado, a ação e as forças internas e externas que influenciam na escolha de ação, pois a motivação não é passível de observação.

A motivação é a força propulsora do comportamento; oferece direção, intensidade, sentido e persistência.

Ciclo Motivacional

Em todo estado de motivação existe um ciclo motivacional. Ele começa com o surgimento de uma necessidade; portanto, sem essa necessidade, não há ciclo. A necessidade traz um estado psicológico no indivíduo causando um desconforto levando a um motivo para sair de determinada situação. Quando as pessoas estão em estado estável, sem essa necessidade, elas tendem a ficar estáticas, acomodando-se nos lugares que ocupam. Por um lado, isso é bom, mas por outro, seres estáticos se acomodam com a situação atual e acabam ficando para trás. Por isso, este incômodo pode ser visto como algo positivo, pois é ele que faz as pessoas se moverem e conseguirem grandes realizações e avanços como seres humanos ou para qualquer outra coisa.

No ciclo motivacional nem sempre a necessidade pode ser satisfeita. Nesses casos ela é liberada na forma de frustrações, causando desconfortos psicológicos como apatia, depressão, entre outros. Porém, quando não é liberada em aspectos psicológicos, pode ser levada para vias fisiológicas, causando problemas no organismo. A necessidade pode também ser transferida para outro lugar, como, por exemplo, a não conquista de uma necessidade é compensada por algum outro benefício.

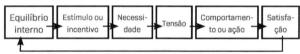

As *etapas do ciclo motivacional, envolvendo a satisfação de uma necessidade*

Tipos de Motivação

Observamos uma divisão no tipo de motivação sabendo que são diversas as causas motivacionais do indivíduo, suas necessidades e expectativas.

Chamamos a motivação de **INTRÍNSECA** quando ela está relacionada com recompensas psicológicas: reconhecimento, respeito, *status*. Esse tipo motivacional está intimamente ligado às ações individuais dos gerentes em relação aos seus subordinados.

Por outro lado, fala-se de motivação **EXTRÍNSECA** quando as causas estão baseadas em recompensas tangíveis: salários, benefícios, promoções, sendo que estas causas independem da gerência intermediária, pois geralmente são determinadas pela alta administração, pelos gerentes gerais.

2.3.2 Principais Teorias Motivacionais

Algumas provas, por exemplo, podem buscar a classificação das teorias em **teorias de conteúdo e teorias de processo**:

- As **teorias de conteúdo** são aquelas que se referem ao conteúdo da motivação, ou seja, **o que** leva o indivíduo a se motivar.
- As **teorias de processos** são aquelas que se referem ao processo motivacional e ao seu funcionamento.

PROCESSO ADMINISTRATIVO (ORGANIZACIONAL)

Teorias de conteúdo	Teorias de processo
1. Teoria da Hierarquia das Necessidades de Maslow. 2. Teoria ERC de Alderfer. 3. Teoria dos dois fatores de Herzberg. 4. Teoria X e Y de McGregor. 5. Teoria das Necessidades adquiridas de McClelland.	1. Teoria da Expectativa ou da Expectância de Vroom. 2. Teoria do Reforço – Skinner. 3. Teoria da Equidade - Stacy Adams. 4. Teoria da Autoeficácia – Bandura. 5. Teoria da Definição de Objetivos – Edwin Locke.

Teorias de Conteúdo

As teorias de conteúdo partem do princípio de que os motivos do comportamento humano residem no próprio indivíduo. A motivação para agir e se comportar é originada das forças existentes no indivíduo. Assim, cada pessoa reage de forma diferente a estímulos recebidos.

Teoria da Hierarquia das Necessidades de Maslow

É a teoria mais conhecida sobre motivação, foi proposta pelo psicólogo americano Abraham H. Maslow, baseia-se na ideia de que cada ser humano esforça-se muito para satisfazer suas necessidades pessoais e profissionais. É um esquema que apresenta uma divisão hierárquica em que as necessidades consideradas de nível mais baixo devem ser satisfeitas antes das necessidades de nível mais alto. Segundo esta teoria, cada indivíduo tem de realizar uma "escalada" hierárquica de necessidades para atingir a sua plena autorrealização.

Para tanto, **Maslow** definiu uma série de cinco necessidades do ser, que são explicadas uma a uma a seguir:

Autorrealização	Desejo da pessoa de se tornar "tudo o que é capaz", crescimento profissional, etc.
Estima	Necessidade de respeito próprio, reconhecimento, status, etc.
Sociais	Necessidade de pertencimento: ter amigos, ter um bom ambiente de trabalho, etc.
Segurança	Ausência de ameaças e perigos: trabalho seguro, sem poluição, tranquilidade financeira
Fisiológicas	Necessidades mais básicas de todo ser-humano: ar, comida, água, etc.

Alguns aspectos sobre a Hierarquia de Necessidades de Maslow

- Para alcançar uma nova etapa, a anterior deve estar satisfeita. Isso se dá uma vez que, quando uma etapa está satisfeita, ela deixa de ser o elemento motivador do comportamento do ser, fazendo com que outra necessidade tenha destaque como motivação.
- Os 4 primeiros níveis dessas necessidades podem ser satisfeitos por aspectos extrínsecos (externos) ao ser humano, e não apenas por sua vontade.
- **Importante!** A necessidade de autorrealização nunca é saciada, ou seja, quanto mais se sacia, mais a necessidade aumenta.
- Acredita-se que as necessidades fisiológicas já nascem com o indivíduo. As outras mostradas no esquema acima se adquirem com o tempo.
- As necessidades primárias, ou básicas, satisfazem-se mais rapidamente que as necessidades secundárias, ou superiores.
- O indivíduo será sempre motivado pelas necessidades que se apresentarem mais importantes para ele.
- De acordo com Maslow, há uma hierarquia na satisfação das necessidades, indo da base para o topo.
- De acordo com os teóricos atuais, não há hierarquia entre as necessidades; tudo depende da prioridade de cada indivíduo. (BOLD)

Essa teoria está perdendo cada vez mais força, mas ainda é considerada importante pela excelente divisão das necessidades.

Teoria ERC ou ERG de Clayton Alderfer

Basicamente, é uma adaptação da teoria da hierarquia das necessidades de Maslow.

Alderfer procurou adequar os estudos de Maslow para que a teoria pudesse refletir os dados de suas pesquisas.

A primeira diferença é o fato de que Alderfer reduziu os níveis hierárquicos para três: de existência, de relacionamento e de crescimento (em inglês: *grow*).

01. Necessidades de existência (*existence*): incluem as necessidades de bem-estar físico: existência, preservação e sobrevivência. Abarcam as necessidades básicas de Maslow, ou seja, as fisiológicas e as de segurança.

02. Necessidades de relacionamento (*relatedness*): são as necessidades de relacionamentos interpessoais, ou seja, de sociabilidade e relacionamento social. Podem ser associadas às necessidades sociais e de estima de Maslow.

03. Necessidades de crescimento (*grow*): são as necessidades que o ser humano tem de desenvolver seu potencial e crescer. Relacionam-se com as necessidades de realização de Maslow.

Outra diferença está no fato de que na teoria ERC não existe uma hierarquia tão rígida. Vários níveis de necessidades podem ser estimulados ao mesmo tempo – a satisfação de um nível anterior não seria um pré-requisito para a satisfação do nível seguinte.

Além disso, se um nível de necessidade superior não for atendido, isso pode levar a pessoa a aumentar a necessidade de nível inferior. Exemplo: a falta de reconhecimento no trabalho poderia aumentar a demanda por melhores salários.

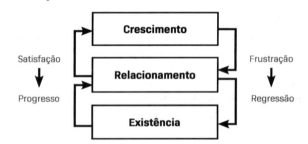

Teoria das Necessidades Adquiridas de David McClelland

De acordo com McClelland, a motivação é relacionada com a satisfação de certas necessidades adquiridas dos indivíduos. Estas necessidades seriam geradas por meio da própria experiência das pessoas, de sua vivência.

01. Necessidade de Realização (Competir): é o desejo de ser excelente, de ser melhor, de ser mais eficiente; as pessoas com essas necessidades gostam de correr riscos calculados, de ter responsabilidades, de traçar metas.

02. Necessidade de Poder (Exercer influência): é o desejo de controlar os outros e de influenciá-los. Pessoas assim têm grande poder de argumentação e esse poder pode ser tanto positivo quanto negativo; elas procuram assumir cargos de liderança.

03. Necessidade de Afiliação (Relacionar-se): reflete o desejo de interação social, de contatos interpessoais, de amizades e de poucos conflitos. Pessoas com essas necessidades colocam seus relacionamentos acima das tarefas.

As principais conclusões que podemos tirar dessa teoria são:

01. As pessoas se sentem muito motivadas quando o trabalho tem bastante responsabilidade, um grau médio de riscos e bastante *feedback*.
02. Uma grande necessidade de realização não faz de alguém, necessariamente, um bom gestor, mas faz com que ela busque o desempenho para atingir as metas fixadas. Isso acontece porque pessoas preocupadas demais em realizar os objetivos não costumam se importar tanto em fazer com que os membros de uma equipe melhorem seu desempenho. Os bons gerentes gerais não costumam ter uma alta necessidade de realização.
03. As necessidades de poder e afiliação estão intimamente ligadas ao sucesso gerencial. Os melhores gestores são aqueles que possuem grande necessidade de poder e baixa necessidade de afiliação. Pode-se considerar que uma grande motivação pelo poder é requisito para a eficácia administrativa.

Trata-se, como se vê, de uma teoria com bastante suporte, mas que possui dificuldades em se operacionalizar, dado que é custoso e demorado conseguir identificar as necessidades do indivíduo sob esta teoria, já que elas são subconscientes.

Teoria dos Dois Fatores de Herzberg

A Teoria dos Dois Fatores de Herzberg é uma das teorias motivacionais mais importantes, sendo também chamada de Teoria da Higiene-Motivação.

Segundo essa teoria, a motivação para o trabalho resulta de dois fatores:

- **Fatores Higiênicos:** referentes ao **AMBIENTE DE TRABALHO**, também chamados de fatores extrínsecos ou profiláticos. Eles **evitam a insatisfação** caso estejam presentes. Incluem aspectos como qualidade da supervisão, remuneração, políticas da empresa, condições físicas de trabalho, relacionamento com colegas e segurança no emprego, benefícios, estilos de gestão, políticas da empresa;
- **Fatores Motivacionais:** referentes ao **CONTEÚDO DO CARGO**, ou seja, ao próprio trabalho, sendo também chamados de fatores intrínsecos. São responsáveis pela existência de satisfação dos funcionários. Incluem aspectos como chances de promoção, oportunidades de crescimento pessoal, reconhecimento, responsabilidades e realização.

Fatores Motivacionais	Fatores Higiênicos
Trabalho em si.	Condições de trabalho.
Realização.	Administração da empresa.
Reconhecimento.	Salário.
Progresso.	Relações com o supervisor.
Responsabilidade.	Benefícios e incentivos sociais.

- A satisfação no cargo depende dos fatores motivacionais.
- A insatisfação no cargo depende dos fatores higiênicos.

Convém compreender que, para a Teoria dos Dois Fatores, **a satisfação não é o oposto da insatisfação.** (TODA A FRASE EM BOLD)

Na verdade, na ausência de fatores higiênicos, haveria a insatisfação; enquanto que, na sua presença, chegar-se-ia a um "ponto neutro", chamado de não insatisfação.

Enquanto isso, na ausência de fatores motivacionais, haveria, quanto a esses fatores, um estado de não satisfação. Se eles estiverem presentes, haveria um estado de satisfação.

Para que o trabalhador se sinta motivado, é necessário que ele possua fatores extrínsecos satisfeitos (para evitar a desmotivação) e fatores motivacionais também satisfeitos (para que se gere a motivação).

Teoria X e Y de Douglas McGregor

As Teorias X e Y são antagônicas quanto à sua visão do ser humano. Ambas foram desenvolvidas por Douglas McGregor, de acordo com sua observação do comportamento dos gestores com relação aos funcionários.

De acordo com os pressupostos da **Teoria X**, as pessoas: são preguiçosas e indolentes; evitam o trabalho; evitam a responsabilidade para se sentirem mais seguras; precisam ser controladas e dirigidas; são ingênuas e sem iniciativa.

Se o gestor tem esta visão negativa das pessoas, ele tende a ser mais controlador e repressor, a tratar os subordinados de modo mais rígido, a ser autocrático, a não delegar responsabilidades.

Nas pressuposições da **Teoria Y**, o trabalho é uma atividade tão natural como brincar ou descansar, portanto, as pessoas: são esforçadas e gostam de ter o que fazer; procuram e aceitam responsabilidades e desafios; podem ser automotivadas e autodirigidas; são criativas e competentes.

Como o gestor acredita no potencial dos funcionários, ele incentiva a participação, delega poderes e cria um ambiente mais democrático e empreendedor.

Teoria X	Teoria Y
Um indivíduo comum, em situações comuns, evitará sempre que possível o trabalho.	O indivíduo comum não só aceita a responsabilidade do trabalho, como também as procura.
Alguns indivíduos só trabalham sob forte pressão.	O controle externo e a ameaça não são meios adequados de se obter trabalho.
Precisam ser forçados, contralados para que se esforcem em cumprir os objetivos.	O dispêndio de esforço no trabalho é algo natural.
É preguiçoso e prefere ser dirigido, evita as responsabilidades, tem ambições e, acima de tudo, deseja sua própria segurança.	São criativos e incentivos, buscam sempre a solução para os problemas da empresa.
O indivíduo é motivado pelo menor esforço, demandando um acompanhamento por parte do líder.	São pessoas motivadas pelo máximo esforço, demandando uma participação maior nas decisões e negociações inerentes ao seu trabalho.
São ameaçados com punições severas para que se esforcem em cumprir os objetivos estabelecidos pela organização.	O atingimento dos objetivos da organização está ligado às recompensas associadas e não ao controle rígido e às punições.
O homem comum busca, basicamente, segurança.	Os indivíduos são criativos e inventivos, buscam sempre a solução para os problemas da empresa.

Teorias de Processo

Enquanto as teorias de conteúdo se preocupam com as necessidades, as teorias de processo procuram verificar como o comportamento é ativado, dirigido, mantido e ativado.

PROCESSO ADMINISTRATIVO (ORGANIZACIONAL)

Teoria da Expectativa ou da Expectância de Vroom

A Teoria da Expectativa (também chamada de Expectância), de Victor Vroom, é uma das teorias da motivação mais amplamente aceitas para o contexto organizacional atual.

Sua ideia central é a seguinte: os funcionários ficarão motivados para um trabalho quando acreditarem que seu esforço gerará o desempenho esperado pela organização e que esse desempenho fará com que ele receba recompensas da organização, que servirão para a satisfação de suas metas pessoais.

Parece complexo, mas vamos desdobrar o que foi dito acima em três aspectos centrais. Assim, as relações que influenciam a motivação do funcionário na organização são as seguintes:

01. **Relação esforço-desempenho (Expectância):** trata-se da crença do funcionário de que seu esforço gerará o desempenho esperado e que esse resultado será percebido pela organização em sua avaliação de desempenho.

02. **Relação desempenho-recompensa (Instrumentalidade):** trata-se da crença de que ao atingir os objetivos fixados para si, o funcionário receberá recompensas da organização, como remuneração variável, bônus, folgas, etc.

03. **Relação recompensa-metas pessoais (Valência):** trata-se do grau em que as recompensas que o funcionário recebe da organização servem para que ele possa atingir as próprias metas pessoais.

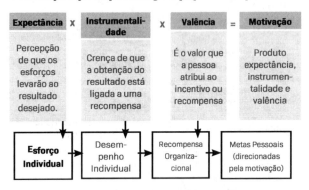

Teoria do Reforço - Skinner

A ideia principal dessa teoria é a de que o reforço condiciona o comportamento, sendo que este é determinado por experiências negativas ou positivas, devendo o gerente estimular comportamentos desejáveis e desencorajar comportamentos não agradáveis.

O reforço positivo se dá de várias formas, tais como: premiações, promoções e até um simples elogio a um trabalho bem feito. São motivadores vistos que incentivam o alto desempenho.

O reforço negativo condiciona o funcionário a não se comportar de maneira desagradável. Tal reforço atua por meio de repreensões, chegando até a demissão.

Conforme Schermerhorn (1996 apud CHIAVENATO, 2005, p. 486-487), **existem quatro estratégias de modificação de comportamento organizacional:**

- **Reforço positivo:** para aumentar a frequência ou intensidade do comportamento desejável, relacionando com as consequências agradáveis e contingentes à sua ocorrência. **Exemplo:** um administrador que demonstra aprovação por uma atitude de um funcionário; uma organização que concede um prêmio financeiro a um funcionário por uma boa sugestão.

- **Reforço negativo:** para aumentar a frequência ou intensidade do comportamento desejável pelo fato de evitar uma consequência desagradável e contingente à sua ocorrência. Um gerente deixa de repreender o funcionário faltoso ou deixa de exigir que não mais cometa determinada falta.

- **Punição:** para diminuir a frequência ou eliminar um comportamento indesejável pela aplicação da consequência desagradável e contingente à sua ocorrência. Um administrador repreende o funcionário ou suspende o pagamento de bônus ao funcionário que atrasa indevidamente o seu trabalho.

- **Extinção:** para diminuir a frequência ou eliminar um comportamento indesejável pela remoção de uma consequência agradável e contingente à sua ocorrência. Um administrador observa que um empregado faltoso recebe aprovação social de seus colegas e aconselha os colegas a não praticarem mais tal aprovação. A extinção não encoraja nem recompensa.

Teoria da Equidade - Stacy Adams

Para Stacy Adams, todos fazem uma comparação entre o que "entrega" e o que "recebe" em troca (pela empresa e colegas). Assim, a noção de que a relação é justa teria um impacto significativo na motivação.

Equidade, neste caso, é a relação entre a contribuição que o indivíduo dá em seu trabalho e as recompensas que recebe, comparadas com as recompensas que os outros recebem em troca dos esforços empregados. É uma relação de comparação social.

A Teoria da Equidade focaliza a relação dos resultados para os esforços empreendidos em relação à razão percebida pelos demais, existindo assim a EQUIDADE. Porém, quando essa relação resulta em um sentimento de desigualdade, ocorre a INEQUIDADE, podendo esta ser *negativa*, quando o trabalhador recebe menos que os outros, e positiva, quando o trabalhador recebe mais que os outros.

Se alguma dessas duas condições acontece, o indivíduo poderá se comportar da seguinte forma:

- Apresentará uma redução ou um aumento em nível de esforço.
- Poderá fazer tentativas para alterar os resultados.
- Poderá distorcer recursos e resultados.
- Poderá mudar de setor ou até de emprego.
- Poderá provocar mudanças nos outros.
- E, por fim, poderá trocar o grupo ao qual está se comparando.

A equidade é subjetiva: o que pode parecer justo para o superior pode não parecer justo para o subordinado. Por isso, a maior importância recai sobre o que o ambiente percebe como justo, e não sobre o que o gerente acredita ser justo.

Teoria da Autoeficácia – Bandura

Segundo esta teoria, a motivação e o desempenho de um indivíduo podem ser determinados pelo quanto este indivíduo acredita que pode ser eficiente desenvolvendo as tarefas (SPECTOR, 2006). Isso significa que pessoas com alto nível de **autoeficácia** são motivadas a fazer tarefas, pois acreditam que podem desempenhá-las bem, e pessoas com baixo nível de **autoeficácia** não se motivam por certas tarefas por não acreditarem no sucesso de suas ações para desenvolvê-las.

Utilizando o pensamento de Bandura, *apud* Yassudaetall (2005), pode-se dizer que a teoria da autoeficácia prevê que a confiança que o indivíduo tem em sua capacidade é uma grande fonte de motivação e é reguladora de suas atitudes. Quando uma pessoa se percebe capaz de realizar algo, esforça-se mais e tem mais motivação para concluir sua tarefa do que o indivíduo com baixo nível de autoeficácia.

NOÇÕES DE ADMINISTRAÇÃO PÚBLICA/ÉTICA NO SERVIÇO PÚBLICO

> **Fique ligado**
>
> Autoeficácia é a percepção que temos de que somos capazes, competentes e aptos para realizar um trabalho. Assim, torna-se necessária para a motivação. Mas quando é elevada demais, é um obstáculo para o aprendizado, pois o indivíduo acredita que já não precisa melhorar mais, porque está no nível de excelência.

Assim, este estudo afirma que uma pessoa esforça-se mais em tarefas que acredita ter maior grau de autoeficácia para realizar, e que a autoeficácia das pessoas pode variar de acordo com a tarefa que terão que realizar (SPECTOR, 2006).

Bandura também apresenta quatro fontes possíveis para autoeficácia: a fonte mais importante seria o próprio desempenho da pessoa nas tarefas em um determinado domínio. A autoeficácia também pode ser influenciada pela observação do desempenho de outras pessoas - que pode nos levar a concluir que faríamos melhor ou pior do que os outros fazem. Outra fonte da autoeficácia seria a persuasão verbal de outras pessoas, que podem nos convencer de que somos ou não capazes de realizar algo. Finalmente, a percepção de nossos estados fisiológicos também pode afetar nossa autoeficácia, pois se nos sentimos ansiosos, amedrontados frente a certas tarefas, podemos inferir que nos sentimos assim porque não somos capazes de realizá-las (BANDURA *apud* YASSUDA *et all*, 2005, p.1).

Teoria da Definição de Objetivos - Edwin Locke

A Teoria da Definição de Objetivos desenvolvida por Edwin Locke preconiza que a motivação das pessoas está intrinsecamente ligada à busca de alcance de objetivos. O objetivo sinaliza às pessoas o que precisa ser feito e quanto esforço elas terão de despender para o seu alcance.

É uma abordagem cognitiva que sustenta que o comportamento de uma pessoa é orientado por seus propósitos.

Está fundamentada em alguns pressupostos:

01. Objetivos bem definidos e mais difíceis de serem alcançados levam a melhores resultados do que metas genéricas e abrangentes.
02. Objetivos difíceis, para pessoas capacitadas, elevam o desempenho.
03. A retroação a respeito do desempenho provoca melhor desempenho. Quando a retroação é autogerenciada, é mais poderosa que a retroação externa.
04. Objetivos construídos com a participação dos funcionários, que terão que atingi-los para que surtam mais resultados.
05. Pessoas com alta autoeficácia tendem a concluir com êxito as tarefas. Pessoas com baixa autoeficácia precisam de maior retroação externa.
06. A definição individual de objetivos funciona melhor para tarefas individuais e independentes.

2.3.3 Estilos de Direção

Os Sistemas Administrativos

Dentro desse filão, Likert, outro expoente da teoria comportamental, fez uma pesquisa levando em conta algumas variáveis comportamentais importantes. Dentre elas, estão o processo decisorial, os sistemas de comunicação, o relacionamento interpessoal dos membros e os sistemas de punições e recompensas adotados pelas organizações.

- **Processo decisorial.** O administrador pode centralizar totalmente em suas mãos todas as decisões dentro da organização (centralização) ou pode descentralizar totalmente as decisões de maneira conjunta e participativa com as pessoas envolvidas (descentralização). Ele pode adotar uma supervisão direta, rígida e fechada sobre as pessoas (estilo autocrático) até uma supervisão genérica, aberta, democrática e orientadora que permite ampla autodireção e autocontrole por parte das pessoas (estilo democrático).
- **Sistemas de comunicação.** O administrador pode adotar fluxos descendentes de ordens e instruções e fluxos ascendentes de relatórios para informação (comunicação vertical e rígida), ou pode adotar sistemas de informação desenhados para proporcionar acesso a todos os dados necessários ao desempenho (comunicação vertical e horizontal intensa e aberta).
- **Relacionamento interpessoal.** O administrador pode adotar cargos com tarefas segmentadas e especializadas (cargos especializados, individualizados e confinados em que as pessoas não podem se comunicar entre si) ou pode adotar desenhos de cargos que permitam o trabalho em grupo ou em equipe em operações autogerenciadas e autoavaliadas (cargos enriquecidos e abertos).
- Sistemas de punições e recompensas. O administrador pode adotar um esquema de punições que obtenha a obediência por meio da imposição de castigos e medidas disciplinares (ênfase nas punições e no medo), ou pode adotar um esquema de recompensas materiais e simbólicas para obter a aceitação, a motivação positiva e o comprometimento das pessoas (ênfase nas recompensas e no estímulo).

Likert chegou à conclusão de que as variáveis comportamentais escolhidas para sua pesquisa variam e se comportam como continuons.

Em função dessa continuidade, chegou à conclusão de que existem quatro sistemas administrativos.

Sistema 1: Autoritário-Coercitivo

No extremo esquerdo do *continuum*, o Sistema 1 constitui o sistema mais fechado, duro e arbitrário de administrar uma organização. É totalmente coercitivo e coativo, impondo regras e regulamentos, e exige rígida e cega obediência. As decisões são monopolizadas na cúpula da organização. Impede a liberdade, nega a informação, restringe o indivíduo e faz com que ele trabalhe isoladamente dos demais. Há forte desconfiança em relação às pessoas e impede-se qualquer contato interpessoal. Para incentivar as pessoas a trabalharem, utiliza punições e castigos - a motivação negativa - de modo a impor intimidação e medo e reforçar a obediência cega.

Sistema 2: Autoritário-Benevolente

O Sistema 2 é também um sistema autoritário. Todavia, é benevolente e menos coercitivo e fechado do que o anterior. Permite alguma delegação das decisões em níveis mais baixos, desde que essas decisões sejam repetitivas e operacionais e sujeitas à confirmação da cúpula. As restrições à liberdade são menores do que no Sistema 1; oferece-se alguma informação, já que o fluxo vertical de informações traz ordens e comandos de cima para baixo e informações de baixo para cima a fim de abastecer o processo decisório. Existe ainda uma grande desconfiança das pessoas, mas permite-se algum relacionamento entre elas, como certa condescendência da organização. O sistema utiliza punições e castigos, mas já se preocupa com recompensas, que são estritamente materiais e salariais, frias e calculistas.

Sistema 3: Consultivo

O Sistema 3 já é mais aberto do que os anteriores. Deixa de ser autocrático e impositivo para dar alguma margem de contribuição das pessoas. Daí a sua denominação do sistema consultivo. Proporciona descentralização e delegação das decisões, permitindo que as pessoas possam envolver-se no processo decisorial da organização. O sistema se apoia em boa dose de confiança nas pessoas, permitindo que elas trabalhem ocasionalmente em grupos ou em equipes. As comunicações são intensas e o seu fluxo é vertical - acentuadamente ascendente

PROCESSO ADMINISTRATIVO (ORGANIZACIONAL)

e descendente – com algumas repercussões laterais ou horizontais. O sistema utiliza mais recompensas – que são predominantemente materiais e ocasionalmente sociais – e poucas punições.

Sistema 4: Participativo

No extremo direito do *continuum* está o Sistema 4, que constitui o sistema mais aberto e democrático de todos. É denominado sistema participativo, pois incentiva total descentralização e delegação das decisões aos níveis mais baixos da organização, exigindo apenas um controle dos resultados por parte da cúpula. As decisões passam a ser tomadas diretamente pelos executores das tarefas. O sistema se apoia em total confiança nas pessoas e no seu *empoderamento* (*empowerment*), incentivando a responsabilidade e o trabalho conjunto em equipe. As comunicações constituem o núcleo de integração do sistema, e seu fluxo é tanto vertical como horizontal para proporcionar envolvimento total das pessoas no negócio da organização. O sistema utiliza amplamente as recompensas salariais como parte do seu esquema de remuneração variável pelo alcance de metas e resultados, bem como recompensas sociais ou simbólicas. As punições são raras e, quando acontecem, são decididas e administradas pelas equipes ou grupos de trabalho.

Mas, o que determina o tipo de administração a ser desenvolvido pelo administrador? Geralmente, a consistência entre meios e fins. E aqui reside um dos principais aspectos da teoria administrativa. Essa consistência depende de conceitos e teorias a respeito da natureza das pessoas, como elas se comportam nas organizações e como os administradores devem se comportar nesse conjunto. Os sistemas administrativos de Likert constituem uma notável contribuição da escola comportamental para a avaliação do grau de abertura e democratização das organizações. As organizações bem-sucedidas estão migrando decidida e rapidamente para o lado direito do *continuum* descrito – Sistema 4 – e adotando posturas altamente participativas e democráticas com relação às pessoas que nelas trabalham.

2.3.4 O Papel da Direção

Para a Teoria Comportamental, o papel do administrador é promover a integração e articulação entre as variáveis organizacionais e as variáveis humanas, focalizando o ambiente e, mais especificamente, o cliente. De um lado, as variáveis organizacionais, como missão, objetivos, estrutura, tecnologia, tarefas etc.; e de outro, as variáveis humanas, como habilidades, atitudes, competências, valores, necessidades individuais etc., que devem ser devidamente articuladas e balanceadas. As ações de planejar, organizar, controlar e, principalmente, dirigir servem exatamente para proporcionar essa integração e articulação.

Para alcançar uma adequada integração e articulação entre as variáveis organizacionais e as variáveis humanas, o administrador deve utilizar vários mecanismos, como as variáveis comportamentais estudadas por Likert: o processo decisório, os sistemas de comunicação, o relacionamento interpessoal dos membros e o sistema de punições e recompensas.

Por meio desses mecanismos de integração, o papel do administrador se estende por uma ampla variedade de alternativas, que vão desde o Sistema 1 até o Sistema 4 de Likert. O administrador exerce direção, toma decisões e influencia e motiva as pessoas. Ele comunica e estrutura as organizações e desenha cargos e tarefas que repercutem no relacionamento interpessoal dos membros. Ele incentiva as pessoas sob diferentes aspectos. Em cada uma dessas áreas, o papel do administrador pode variar entre comportamentos ou abordagens alternativos.

A Direção e as Pessoas

As mais recentes abordagens administrativas enfatizam que são as pessoas que fazem a diferença nas organizações. Em outras palavras, em um mundo onde a informação é rapidamente disponibilizada e compartilhada pelas organizações, sobressaem aquelas que são capazes de transformá-la rapidamente em oportunidades em termos de novos produtos e serviços antes que outras organizações o façam. E isso somente pode ser conseguido com a ajuda das pessoas que sabem utilizá-la adequadamente, e não apenas com a tecnologia que pode ser adquirida no mercado. São as pessoas – e não apenas a tecnologia – que fazem a diferença. A tecnologia pode ser adquirida por qualquer organização com relativa facilidade nos balcões do mercado. Bons funcionários requerem um investimento muito mais longo em termos de capacitação quanto a habilidades e conhecimentos e, sobretudo, de confiança e comprometimento pessoal.

Ouchi deu o nome de **Teoria Z** para descrever o esquema de administração adotado pelos japoneses, cujos princípios são:

- Filosofia de emprego em longo prazo.
- Poucas promoções verticais e movimentos em cargos laterais.
- Ênfase no planejamento e desenvolvimento da carreira.
- Participação e consenso na tomada de decisões.
- Envolvimento dos funcionários.

É certo que todos esses princípios são válidos para o Japão e sua peculiar cultura oriental e tradições milenares. Mas todos eles podem ser simplesmente transplantados para um país como o nosso, com hábitos e costumes totalmente diferentes. Contudo, alguns aspectos mostram que confiança, consenso e envolvimento das pessoas no negócio são fatores inequívocos de sucesso organizacional. Em qualquer lugar do mundo, é bom não perdê-los de vista.

Conceito de Grupo Social

No passado, prevaleceu por longas décadas a noção de que os indivíduos constituíam o elemento básico na construção dos blocos organizacionais e da dinâmica organizacional. O tempo, a experiência e os resultados serviram para descartar essa noção míope e errônea, e as organizações mais avançadas passaram a redesenhar os seus processos organizacionais construídos sobre e ao redor de indivíduos para remodelá-los inteiramente no nível de grupos de trabalho. Um grande número de organizações está caminhando rápida e definitivamente nessa direção: a ideia é sair do nível do átomo ou da molécula e passar a selecionar grupos – e não mais indivíduos – treinar, remunerar, promover, liderar e motivar grupos, e uma enorme extensão de atividades organizacionais, no sentido de utilizar não mais as pessoas de maneira confinada e isolada, mas grupos de trabalho atuando coesa e conjuntamente. Chegou, portanto, a hora de levar os grupos a sério.

Um grupo pode ser definido como um conjunto de dois ou mais indivíduos que estabelecem contatos pessoais, significativos e propositais, uns com os outros, em uma base de continuidade, para alcançar um ou mais objetivos comuns. Nesse sentido, um grupo é muito mais do que um simples conjunto de pessoas, pois seus membros se consideram mutuamente dependentes para alcançar os objetivos e interagem uns com os outros regularmente para o alcance desses objetivos no decorrer do tempo. Todas as pessoas pertencem a vários grupos, dentro e fora de organizações. Por outro lado, os administradores estão participando e liderando as atividades de muitos e diferentes grupos em suas organizações.

Existem grupos formais e informais. Um grupo formal é um grupo oficialmente designado para atender a um específico propósito dentro de uma organização. Algumas unidades de grupo são permanentes e até podem aparecer nos organogramas de muitas organizações na figura de departamentos (como departamentos de pesquisa de mercado), divisões (como divisão de produtos de consumo) ou de equipes (como equipe de montagem de produtos). Um grupo permanente pode variar de tamanho, indo desde um pequeno departamento ou uma equipe de poucas pessoas até grandes divisões com centenas de pessoas envolvidas. Em todos esses casos, os grupos formais compartilham a característica comum de serem criados oficialmente para desempenhar certas tarefas em uma base duradoura, e continuam sua existência até que alguma decisão mude ou reconfigure a organização por alguma razão.

Os grupos temporários são criados para específicos propósitos e se dissolvem quando tal propósito é alcançado ou cumprido. Certos comitês ou forças-tarefa designados para resolver problemas específicos ou cumprir atribuições especiais são exemplos típicos de grupos temporários. O presidente de uma organização pode solicitar uma força-tarefa para estudar a viabilidade de adotar horário flexível para o pessoal de nível gerencial da empresa. Alguns grupos temporários requerem apenas um líder ou orientador, e não um gerente para alcançar bons resultados.

Por outro lado, muitas organizações utilizam grupos informais que emergem extraoficialmente e que não são reconhecidos como parte da estrutura formal da organização. São grupos amigáveis que se compõem de pessoas com afinidades naturais entre si e que trabalham juntas com mais facilidade. Os grupos de interesses são compostos de pessoas que compartilham interesses comuns e que podem ter interesses relacionados com o trabalho, como serviços comunitários, esportes ou religião.

Quaisquer que sejam os tipos de grupos de trabalho, é inegável a sua enorme utilidade para as organizações.

2.3.5 Trabalho em Equipe

A formação de uma boa equipe que conquiste excelentes resultados tem sido uma busca cada vez mais frequente em qualquer tipo de organização. A tradicional reunião de pessoas em busca de objetivos comuns, que, no passado, era chamada de equipe, hoje é entendida como sendo, na verdade, apenas agrupamento, ou grupo. A verdadeira equipe é aquela que possui objetivos claros, sabe exatamente onde deve chegar, cresce enquanto equipe, mas que respeita e incentiva o crescimento de cada um dos seus componentes. Dessa forma, muito mais do que retratar o papel das equipes na organização, pretende-se descrever os tipos de personalidade, de modo que se consiga uma formação, por meio de uma melhor análise, de equipes de elevado desempenho, com personalidades que venham sempre a somar.

O que é uma Equipe?

A equipe é um grupo de pessoas, em que seus participantes se conhecem, relacionam-se diretamente, havendo ainda uma unidade de espírito e de ação. Quando se focalizam as equipes, verifica-se que os resultados que elas querem atingir são os objetivos da organização.

A equipe traz consigo a ação, a execução do trabalho, agrupando profissionais de categorias diferentes ou não, complementando-se, articulando-se e dependendo uns dos outros para objetivos comuns.

Objetivos do Trabalho em Equipe

As organizações que se baseiam no trabalho em equipe buscam evitar condições opressivas de trabalho e as substituem por processos e políticas que estimulam as pessoas a trabalharem efetivamente para objetivos comuns. Conforme MOSCOVICI (1996) *"(...) desenvolver uma equipe é ajudar a aprender e a institucionalizar um processo constante de autoexame e avaliação das condições que dificultam seu funcionamento efetivo, além de desenvolver habilidades para lidar eficazmente com esses problemas."*

É necessário que uma equipe possua objetivos, para que consiga se manter e se desenvolver. Os objetivos são de suma importância para o trabalho em equipe, pois guiam as ações dos participantes do grupo, que coordenam e planejam seus esforços. Servem ainda para delimitar critérios a fim de resolver conflitos interpessoais, de maneira a promover a melhoria do trabalho, que passa a ser constantemente avaliado, analisado e revisado. Os objetivos, quando imediatos, têm maior significado para a equipe. Devem servir como passos intermediários para os objetivos principais.

Tipos de Equipes

PARKER (1995) divide as equipes em três tipos específicos, cada qual com as suas características.

A **equipe funcional** é formada por um chefe e seus subordinados diretos e tem sido a marca da empresa moderna. Questões como autoridade, relações, tomada de decisão, liderança e gerenciamento demarcado são simples e claras.

A **equipe autogerenciável** é um grupo íntegro de colaboradores responsáveis por todo um processo ou segmento de trabalho, que oferece um produto ou serviço a um cliente interno ou externo. Em diferentes instâncias, os membros da equipe trabalham em conjunto para melhorar as suas operações, lidar com os problemas do dia a dia e planejar e controlar as suas atividades.

E a **equipe interfuncional**, às vezes chamada de **equipe multidisciplinar**, faz parte da silenciosa revolução que atualmente vem abrangendo as organizações. PARKER (1995) diz que *"(...) as possibilidades para esse tipo de equipe parecem ser ilimitadas. Encontro-as nos mais diversos ramos de atividade, desempenhando uma gama de funções igualmente amplas, até então praticadas isoladamente."* Ainda sob o enfoque de PARKER (1995), *"(...) equipes interfuncionais estão ajudando a agilizar o processo de desenvolvimento de produtos, melhorar o enfoque dado ao cliente, aumentar a capacidade criativa da empresa, oferecer um fórum para o aprendizado organizacional e servir de ponto único de contato para clientes, fornecedores e outros envolvidos."*

Equipe virtual - as pessoas estão separadas fisicamente, mas unidas pela TI (Tecnologia da Informação).

Equipe temporária - as pessoas estão unidas por um período de tempo específico; após esse prazo, a equipe é desfeita.

Equipe força-tarefa - é uma equipe temporária, montada para resolver um problema específico.

Equipe transversal - é formada por pessoas de departamentos diferentes e níveis organizacionais diferentes.

Estágio de Desempenho de Equipes

De acordo com KATZENBACH e SMITH (apud MOSCOVICI, 1996), a curva de desempenho da equipe permite classificá-la de acordo com o modo de funcionamento em uma das cinco posições:

Pseudo-equipe: neste grupo, pode-se definir um trabalho, mas não há preocupação com o desempenho coletivo apreciável. Prevalece a individualidade.

Grupos de trabalho: não existe estímulo para transformar-se em equipe. Os membros partilham informações entre si, porém são mantidas, de forma individual, as responsabilidades e objetivos. Não se produz desempenho coletivo.

Equipe potencial: existe intenção de produzir o desempenho coletivo. Necessita-se assumir compromisso quanto ao resultado de grupo e se requerem esclarecimentos das finalidades, dos objetivos e da abordagem de tarefa.

PROCESSO ADMINISTRATIVO (ORGANIZACIONAL)

Equipe real: composta de pessoas que, além de possuírem habilidades que se complementam, comprometem-se umas com as outras, por meio da missão e dos objetivos comuns e da abordagem de trabalho bem definida. Existe confiança entre os membros do grupo, assumindo responsabilidade plena sobre o desempenho.

Equipe de elevado desempenho: equipe com membros profundamente comprometidos com o crescimento pessoal de cada indivíduo e com o sucesso deles mesmos e dos outros. Possuem resultados muito além das expectativas. Na análise de MANZ e SIMS (1996), com coautores de Empresas sem chefes, instalando equipes de elevado desempenho, tem-se:

a) aumento na produtividade;
b) melhora na qualidade;
c) melhora na qualidade de vida profissional dos funcionários;
d) redução no nível de rotatividade de pessoal e absenteísmo;
e) redução no nível de conflito;
f) aumento na inovação;
g) aumento na flexibilidade; e
h) obtenção de economia de custos da ordem de 30% a 70%.

É necessário aprender a trabalhar em equipe, sabendo-se que uma equipe não começa a funcionar eficientemente no momento em que é criada. Conforme KOPITTKE (2000) *"é necessário um tempo para que a equipe se alinhe."* Em um importante estudo, feito nos anos 70, o psicólogo Tuckman identificou quatro estágios de desenvolvimento de equipes que visam ao sucesso, conforme relata KOPITTKE (2000), sendo eles:

a) **formação:** neste estágio, as pessoas ainda estão aprendendo a lidar umas com as outras; pouco trabalho é feito;
b) **tormenta:** tem-se uma época de difícil negociação das condições sob as quais a equipe vai trabalhar;
c) **aquiescência:** é a época na qual os papéis são aceitos (posse do problema) e as informações circulam livremente;
d) **realização:** quando a execução do trabalho atinge níveis ótimos (não há mais problema).

Habilidades para o Trabalho em Equipe

As competências para um bom desempenho no trabalho em equipe diferem das competências necessárias ao trabalho individual. A seguir, estão explicitadas essas competências:

a) **cooperar:** participar voluntariamente, apoiar as decisões da equipe, fazer a sua parte do trabalho;
b) **compartilhar informações:** manter as pessoas informadas e atualizadas sobre o processo do grupo;
c) **expressar expectativas positivas:** esperar o melhor das capacidades dos outros membros do grupo, falando dos membros da equipe para os outros com aprovação. Apelar para a racionalidade em situações de conflito e não assumir posição polêmica nesses casos;
d) **estar disposto a aprender com os companheiros:** valorizar a experiência dos outros, solicitar dados e interagir pedindo e valorizando ideias;
e) **encorajar os outros:** dar crédito aos colegas que tiveram bom desempenho tanto dentro como fora da equipe;
f) **construir um espírito de equipe:** tomar atitudes especiais para promover clima amigável, moral alto e cooperação entre os membros da equipe;
g) **resolver conflitos:** trazer à tona o conflito dentro da equipe e encorajar ou facilitar uma solução construtiva para a equipe. Não esconder ou evitar o problema, mas tentar resolvê-lo da forma mais rápida possível.

As diferenças entre as mentalidades

Fatores	Ênfase em "você"	Ênfase em "nós"
Estrutura	Trabalho individual centralizado nos departamentos.	Trabalho por processos realizado por times semiautônomos.
Hierarquia	Rígida, com muitos níveis.	Poucos níveis para facilitar a comunicação e agilizar a tomada de decisões.
Carreira	Baseada em cargos e em tempo de serviço.	O funcionário ganha projeção à medida que adquire mais habilidades.
Execução de projetos	Uma área ou pessoa é eleita para levar adiante um projeto.	As equipes multidisciplinares, formadas por pessoas de diversos setores, assumem o projeto.
Tomada de decisão	Todas as decisões operacionais são de responsabilidade do supervisor.	As decisões sobre detalhes do dia a dia do funcionário são tomadas por ele mesmo. A autonomia acelera os processos e aumenta a produtividade.
Remuneração fixa	Baseada em cargos, tempo de serviço e formação.	Baseada nas habilidades que agregam valor aos produtos da empresa
Remuneração variável	Não há participação nos resultados.	Participação nos resultados proporcional às metas alcançadas variável pelo time ou pelo cumprimento de projetos individuais.
Comunicação	A comunicação é truncada, pois há dificuldade de transmissão das informações entre os departamentos. Crença de que a competição interna gera lucros para a empresa.	Estímulo à comunicação aberta entre todos os níveis. A internet tem sido o veículo mais utilizado e as reuniões viraram hábito diário.
Competição	Crença de que a competição interna gera lucros para a empresa.	Diminuição da competitividade. As promoções são baseadas nas habilidades adquiridas e, muitas vezes, só acontecem com o consentimento do grupo.

Liderança

Para o empregado de hoje, ter sucesso significa alcançar a realização pessoal, social e financeira, ser interdependente, contribuir para a solução de problemas, encontrar desafios e atingir metas. As pessoas querem sentir que seus esforços são valorizados e que seu trabalho é o diferencial que contribui para o sucesso da empresa em que trabalham.

O líder de hoje pode se perguntar: *"Quais as habilidades essenciais que preciso ter para obter a lealdade e o comprometimento da minha equipe? Como posso ser ainda mais útil com cada pessoa do meu time?"*.

NOÇÕES DE ADMINISTRAÇÃO PÚBLICA/ÉTICA NO SERVIÇO PÚBLICO

Tais questões serão respondidas adiante, com a intenção de estimular o pensamento e as ações do candidato, desenvolvendo nele as habilidades necessárias para adotar comportamentos de liderança e, ao mesmo tempo, obter êxito na prova de Administração Geral, pois este tema é muito cobrado em concursos.

A fim de conquistar o comprometimento de uma equipe, é necessário que o líder inspire – e não exija – respeito e confiança. Cada pessoa se compromete quando é tratada como se fizesse parte da equipe – quando sabe que sua contribuição é importante. Quando a pessoa percebe que é considerada, compreendida e reconhecida, sua percepção de comprometimento cresce. Um líder que forma outros líderes ensina que são seis os passos que criam condições para o desenvolvimento da lealdade e do comprometimento:

01. Comunicação franca e aberta.
02. Envolvimento e potencialização dos colaboradores.
03. Desenvolvimento profissional e pessoal dos colaboradores.
04. Demonstrar o reconhecimento.
05. Liderar com ética e imparcialidade.
06. Promover o bem-estar no ambiente de trabalho.

Quando Fayol anunciou as funções administrativas, elas eram representadas pela sigla POCCC (Planejamento, Organização, Comando, Coordenação e Controle). Com o passar do tempo, as funções de comando e coordenação foram unificadas na letra D, de direção. Essa função engloba atividades como a tomada de decisão, a comunicação com os subordinados, superiores e pares, a obtenção, a motivação e o desenvolvimento de pessoal.

A liderança nas empresas pode ocorrer de duas maneiras:
a) liderança decorrente de uma função (cargo com autoridade de decisão);
b) liderança como uma qualidade pessoal (conjunto de atributos e atitudes que tornam uma pessoa um líder.

Teorias sobre Liderança

As teorias sobre liderança podem ser classificadas em três grandes grupos:

01. Teoria dos traços de liderança.
02. Estilos de liderança.
03. Liderança situacional (contingencial).

Vamos aprofundar, vejamos o que o Idalberto Chiavenato explica:

1ª. Teoria dos Traços de Personalidade

De acordo com esta teoria, já desacreditada, o líder possuiria características marcantes de personalidade que o qualificariam para a função. Essas características eram:
- habilidade de interpretar objetivos e missões;
- facilidade em solucionar problemas e conflitos;
- habilidade de delegar responsabilidades aos outros;
- facilidade em supervisionar e orientar pessoas;
- habilidade de estabelecer prioridades;
- habilidade de planejar e programar atividades em equipe.

De acordo com vários autores, somente seriam líderes potenciais aqueles que possuíssem essas qualidades.

2ª. Estilos de Liderança?

Esta teoria aponta três estilos de liderança: **autocrática, democrática e liberal**. Ela está concentrada mais especificamente no modo como os líderes tomavam decisões, e o efeito que isso produzia nos índices de produtividade e na satisfação geral dos subordinados.

AUTOCRÁTICA	DEMOCRÁTICA	LIBERAL
Apenas o líder fixa as diretrizes, sem qualquer participação do grupo.	As diretrizes são debatidas pelo grupo, estimulado e assistido pelo líder.	Há liberdade completa para as decisões grupais ou individuais, com participação mínima do líder.
O líder determina as providências e as técnicas para a execução das tarefas, cada uma por vez, na medida em que se tornam necessárias e de modo imprevisível para o grupo.	O próprio grupo esboça as providências e as técnicas para atingir o alvo solicitando aconselhamento técnico ao líder quando necessário, passando este a sugerir duas ou mais alternativas para o grupo escolher. As tarefas ganham nova perspectivas com os debates.	A participação do líder no debate é pouca, esclarecendo que poderia fornecer informações desde que as pedissem.
O líder determina qual a tarefa que cada um deve executar e qual o seu companheiro de trabalho.	A divisão das tarefas fica a critério do próprio grupo e cada membro tem liberdade de escolher seus companheiros de trabalho.	Tanto a divisão das tarefas, como a escolha dos companheiros, fica totalmente a cargo do grupo. Absoluta falta de participação do líder.
O líder é Dominador e é "pessoal" nos elogios e nas críticas ao trabalho de cada membro.	O líder procura ser um membro normal do grupo, em espírito, sem encarregar-se muito de tarefas. O líder é "objetivo" e limita-se aos "fatos" em suas críticas e elogios.	O líder não faz nenhuma tentativa de avaliar ou de regular o curso dos acontecimentos. O líder somente faz comentários irregulares sobre as atividades dos membros quando perguntado.

As experiências demonstram o seguinte comportamento aos diferentes tipos de liderança a que foram submetidos:

- **Liderança Autocrática.** O comportamento dos grupos mostrou forte tensão, frustração e, sobretudo, agressividade, de um lado; e, de outro, nenhuma espontaneidade nem iniciativa, nem formação de grupos de amizade. Embora aparentemente gostassem das tarefas, não demonstraram satisfação com relação à situação. O trabalho somente se desenvolvia com a presença física do líder. Quando este se ausentava, as atividades paravam e os grupos expandiam seus sentimentos reprimidos, chegando a explosões de indisciplina e de agressividade.

- **Liderança Liberal.** Embora a atividade dos grupos fosse intensa, a produção foi simplesmente medíocre. As tarefas se desenvolviam ao acaso, com muitas oscilações, perdendo-se muito tempo com discussões mais voltadas para motivos pessoais do que relacionadas com o trabalho em si. Notou-se forte individualismo agressivo e pouco respeito com relação ao líder.

- **Liderança Democrática.** Houve formação de grupos de amizade e de relacionamentos cordiais entre os participantes. Líder e subordinados passaram a desenvolver comunicações espontâneas,

PROCESSO ADMINISTRATIVO (ORGANIZACIONAL)

francas e cordiais. O trabalho mostrou um ritmo suave e seguro sem alterações, mesmo quando o líder se ausentava. Houve um nítido sentido de responsabilidade e comprometimento pessoal.

Grid Gerencial

Robert R. Blake e Jane S. Mouton (1989) procuraram representar os vários modos de usar autoridade ao exercer a liderança por meio do Grid Gerencial. Esta representação possui duas dimensões: preocupação com a produção e preocupação com as pessoas.

A **preocupação com a produção** refere-se ao enfoque dado pelo líder aos resultados, ao desempenho, à conquista dos objetivos. O líder com este tipo de preocupação empenha-se na mensuração da quantidade e da qualidade do trabalho de seus subordinados.

A **preocupação com as pessoas** diz respeito aos pressupostos e atitudes do líder para com seus subordinados. Este tipo de preocupação revela-se de diversas formas, desde o esforço em assegurar a estima dos subordinados e em obter a sua confiança e respeito, até o empenho em garantir boas condições de trabalho, benefícios sociais e outras vantagens.

O inter-relacionamento entre as duas dimensões do Grid Gerencial expressa o uso de autoridade por um líder.

> **Ex.:** quando uma alta preocupação com as pessoas se associa a uma baixa preocupação com a produção, o líder deseja que as pessoas se relacionem bem e sejam "felizes", o que é bem diferente de quando uma alta preocupação com as pessoas se associa a uma alta preocupação com a produção. O líder, aqui, deseja que as pessoas mergulhem no trabalho e procurem colaborar com entusiasmo (Blake e Mouton, 1989, p.14).

Cinco estilos básicos de uso de autoridade são definidos por Blake e Mouton. Os autores criaram uma grade gerencial para mostrar que a preocupação com a produção e a preocupação com as pessoas são aspectos complementares e não mutuamente excludentes. Os líderes foram dispostos em dois eixos: o eixo horizontal se refere à preocupação com a produção, enquanto o eixo vertical se refere à preocupação com as pessoas. Cada eixo está dividido em nove graduações. A graduação mínima é 1 e significa pouquíssima preocupação por parte do administrador. A graduação máxima é 9 e significa a máxima preocupação possível. A figura subsequente ilustra a grade gerencial.

Os Cinco Estilos do Grid Gerencia e Seus Significados

ESTILO	SIGNIFICADO	PARTICIPAÇÃO	FRONTEIRAS INTERGRUPAIS
1.1	Mínima preocupação com a produção e com as pessoas.	Pouco envolvimento e comprometimento.	Isolamento. Falta de coordenação intergrupal.
1.9	Enfatiza as pessoas, com mínima preocupação com a produção.	Comportamento superficial e efêmero. Soluções do mínimo denominador comum.	Coexistência pacífica. Grupos evitam problemas para manter harmonia.
9.1	Preocupação máxima com a produção e mínima com as pessoas.	Não há participação das pessoas.	Hostilidade intergrupal. Suspeita e desconfiança mútuas. Atitude de ganhar/perder.
5.5	Estilo meio-termo. Atitude de conseguir alguns resultados sem muito esforço.	Meio caminho e acomodação que deixa todos descontentes.	Trégua inquieta. Transigência, rateios e acomodação para manter a paz.
9.9	Estilo de excelência. Ênfase na produção e nas pessoas.	Elevada participação e envolvimento. Comprometimento das pessoas.	Comunicações abertas e francas. Flexibilidade e atitude para o tratamento construtivo dos problemas.

Vejamos essa mesma grade, de modo mais detalhado, e como é a maneira pela qual cada líder pensa e atua:

- **(1,1):** a preocupação mínima com a produção e com as pessoas caracteriza o líder que desempenha uma gerência empobrecida. Este tipo de líder, em geral, adota uma postura passiva em relação ao trabalho, fazendo o mínimo para garantir sua permanência na organização.

"Faço o suficiente para ir levando. Aceito os fatos, as crenças e as posições que me são fornecidos. Guardo minhas opiniões para mim mesmo, mas respondo quando solicitado. Evito tomar partido, não revelando minhas opiniões, atitudes e ideias. Permaneço neutro ou tento manter-me fora do conflito. Deixo os outros tomarem suas decisões ou me conformo com o que quer que aconteça. Evito fazer críticas".

- **(1,9):** a preocupação máxima com as pessoas e mínima com a produção caracteriza o líder que faz do ambiente do trabalho um clube campestre. Este líder busca sempre a harmonia de relacionamentos, mesmo que tenha que sacrificar a eficiência e a eficácia do trabalho realizado.

"Tomo a iniciativa de ações que ajudem e apoiem os outros. Procuro fatos, crenças e posições que sugiram estar tudo bem. Em benefício da harmonia, não me inclino a contestar os outros. Acato as opiniões, atitudes e ideias dos outros, embora tenha restrições. Evito gerar conflitos, mas se ocorrerem, tento acalmar os ânimos, a fim de manter todos unidos. Busco tomar decisões que preservem as boas relações e estimulo os outros a tomarem decisões sempre que possível. Encorajo e elogio quando ocorre algo positivo, mas evito dar um 'feedback' negativo".

- **(9,1):** a preocupação máxima com a produção e mínima com as pessoas caracteriza o líder que se utiliza da autoridade para alcançar resultados. Este líder, em geral, age de maneira centralizadora e controladora.

"Exijo de mim e dos outros. Investigo os fatos, as crenças e as posições, a fim de manter qualquer situação sob controle e certificar-me de que os outros não estejam cometendo erros. Não abro mão de minhas opiniões, atitudes e ideias, mesmo que isso signifique rejeitar os pontos de vista alheios. Quando o conflito surge, procuro atalhá-lo ou fazer valer minha posição. Dou grande valor a tomar minhas próprias decisões e raramente me deixo influenciar pelos outros. Assinalo fraquezas ou o fracasso em corresponder às expectativas."

- **(5,5):** o meio-termo, ou seja, a preocupação média com a produção e com as pessoas caracteriza o líder que vê as pessoas no trabalho dentro do pressuposto do homem organizacional. Este tipo de líder busca o equilíbrio entre os resultados obtidos e a disposição e ânimo no trabalho.

"Tento manter um ritmo constante. Aceito os fatos mais ou menos pela aparência e investigo os fatos, as crenças e as posições quando surgem discrepâncias óbvias. Expresso minhas opiniões, atitudes e ideias como quem tateia o terreno e tenta chegar a uma concordância por meio de concessões mútuas. Quando surge um conflito, tento encontrar uma posição razoável, considerada conveniente pelos outros. Procuro tomar decisões exequíveis que os outros aceitem. Dou 'feedback' indireto ou informal sobre sugestões para aperfeiçoamento."

- **(9,9):** a máxima preocupação com a produção e com as pessoas caracteriza o líder que vê no trabalho em equipe a única forma de alcançar resultados, estimulando assim, a máxima participação e interação entre seus subordinados na busca de objetivos comuns.

"Exerço esforço vigoroso e os outros aderem entusiasticamente. Procuro e confirmo as informações. Solicito e dou Fique ligado a opiniões, atitudes e ideias diferentes das minhas. Reavalio continuamente meus próprios dados, crenças e posições bem como os dos outros, a fim de estar seguro da sua validade. Julgo importante expressar minhas preocupações e convicções. Reajo a ideias melhores do que as minhas, mudando meu modo de pensar. Quando o conflito surge, procuro saber seus motivos, a fim de solucionar as causas subjacentes. Dou grande valor à tomada de decisões certas. Procuro o entendimento e o acordo. Encorajo o 'feedback' de mão-dupla a fim de fortalecer a operacionalidade".

Blake e Mouton caracterizaram este último estilo como o mais apropriado para conseguir os objetivos das organizações. Os treinamentos realizados por eles em programas de Desenvolvimento Organizacional visavam a fazer com que os líderes adotassem o estilo (9,9). Entretanto, pesquisas empíricas têm revelado que nem sempre este tipo de estilo de liderança é o mais indicado para a eficiência e a eficácia dos resultados.

3ª Teoria Situacional de Liderança

Nesta teoria, o líder pode assumir diferentes padrões de liderança de acordo com a situação e para cada um dos membros da sua equipe.

A Teoria Situacional surgiu diante da necessidade de um modelo significativo na área de liderança, em que é definida a maturidade como a capacidade e a disposição das pessoas de assumir a responsabilidade de dirigir o próprio comportamento. Portanto, entende-se como Liderança Situacional o líder que se comporta de um determinado modo ao tratar individualmente os membros do seu grupo e, de outro, quando se dirigir a este como um todo, dependendo do nível de maturidade das pessoas que tal líder deseja influenciar.

A Liderança Situacional não só sugere o estilo de liderança de alta probabilidade para os vários níveis de maturidade, como indica a probabilidade de sucesso das outras configurações de estilo, se o líder não for capaz de adotar o estilo desejável. Estes conceitos são válidos em qualquer situação em que alguém pretende influenciar o comportamento de outras pessoas. Em um contexto geral, ela pode ser aplicada em qualquer tipo organizacional, quer se trate de uma organização empresarial, educacional, governamental ou militar e até mesmo na vida familiar.

As principais ramificações da Teoria Situacional são:

- A escolha dos padrões de liderança.
- Modelo Contingencial.
- Teoria do Caminho – meta.

A escolha dos padrões de liderança

De acordo com essa teoria, para que o administrador escolha qual o padrão de liderança que desenvolverá em relação aos seus subordinados, ele deve considerar e avaliar três forças.

01. Forças no administrador, como:
   a) seu sistema de valores e convicções pessoais;
   b) sua confiança nos subordinados;
   c) suas inclinações pessoais a respeito de como liderar;
   d) seus sentimentos de segurança em situações incertas.

02. Forças nos subordinados, como:
   a) sua necessidade de liberdade ou de orientação superior;
   b) sua disposição de assumir responsabilidade;
   c) sua segurança na incerteza;
   d) seu interesse pelo problema ou pelo trabalho;
   e) sua compreensão e identificação do problema;
   f) seus conhecimentos e experiência para resolver o problema;
   g) sua expectativa de participação nas decisões.

03. Forças na situação, como:
   a) o tipo de empresa, seus valores e tradições, suas políticas e diretrizes;
   b) a eficiência do grupo de subordinados;
   c) o problema a ser resolvido ou a complexidade do trabalho;
   d) a premência de tempo.

Da abordagem situacional, podem-se inferir as seguintes proposições:

a) Quando as tarefas são rotineiras e respectivas, a liderança é geralmente limitada e sujeita a controles pelo chefe, que passa a se situar em um padrão de liderança próximo ao extremo esquerdo do gráfico.

b) Um líder pode assumir diferentes padrões de liderança para cada um de seus subordinados, de acordo com as forças acima.

c) Para um mesmo subordinado, o líder também pode assumir diferentes padrões de liderança, conforme a situação envolvida. Em situações em que o subordinado apresenta alto nível de eficiência, o líder pode dar-lhe maior liberdade nas decisões; mas se o subordinado apresenta erros seguidos e imperdoáveis, o líder pode impor-lhe maior autoridade pessoal e menor liberdade de trabalho.

Modelo Contingencial de Fiedler

O modelo contingencial de Fiedler enuncia que a liderança eficaz é função da correlação do estilo do líder e o grau de favorabilidade de uma situação. Segundo Hersey & Blanchard (1986), Fiedler enumerou como variáveis determinantes deste último, as relações pessoais entre os atores organizacionais, o modo de estruturação dos processos de trabalho e, ainda, o poder inerente à posição hierárquica do líder.

O autor modera orientações comportamentais com fatores situacionais de modo a prever a eficácia da liderança. A eficácia tanto pode ser conseguida com uma mais elevada orientação para a tarefa como com uma mais elevada orientação para o relacionamento – dependendo do contexto organizacional.

Existem alguns fatores que determinam a eficácia da liderança: relação líder-liderado, o grau de estruturação da tarefa e a quantidade de poder, por exemplo.

Quanto melhor for a relação líder-liderados; quanto mais elevada for a estruturação das tarefas e elevado o poder decorrente da posição ocupada pelo líder, maior será o controle ou influência que ele poderá ter.

Teoria Situacional de Hersey e Blanchard – O ciclo de vida da Liderança

PROCESSO ADMINISTRATIVO (ORGANIZACIONAL)

A abordagem de Hersey e Blanchard se apoia no relacionamento entre a maturidade dos empregados e o comportamento do líder em relação ao relacionamento e à tarefa.

De acordo com os autores, os empregados variam muito em seu nível de maturidade - habilidade de fazer seu trabalho de forma independente, de assumir responsabilidade e de desejar o sucesso.

Nesse sentido, o estilo de liderança a ser utilizado depende da maturidade dos funcionários, que pode atingir um dos quatro estágios seguintes:

- **Maturidade 1:** as pessoas demonstram pouca capacidade e disposição para realizar as tarefas e assumir responsabilidades (motivação e capacidade baixas).
- **Maturidade 2:** as pessoas possuem motivação para o trabalho mas não possuem as competências necessárias para realizá-lo (baixa capacidade e alta motivação).
- **Maturidade 3:** as pessoas possuem as competências necessárias para a realização da tarefa, mas não estão motivadas para tal (alta capacidade e baixa motivação).
- **Maturidade 4:** as pessoas possuem as competências necessárias para a realização do trabalho e desejam realizar as tarefas que lhe são passadas (alta capacidade e alta motivação).

Em outras palavras, considerando o estágio da maturidade do grupo, o líder deverá adotar uma das formas de liderança possíveis, considerando tanto o **comportamento de relacionamento** (ou foco no apoio às pessoas), quanto **o comportamento de tarefa** (ou foco nas tarefas/produção), conforme apresentado a seguir:

- **Estilo 1: Narrar/Determinar/Dirigir (alto comportamento de tarefa e baixo comportamento de relacionamento):** é o estilo para grupos com a menor maturidade (M1). Nesse caso, o líder orienta claramente as tarefas a serem realizadas.
- **Estilo 2: Vender/Guiar/Persuadir (alto comportamento de tarefa e alto comportamento de relacionamento):** quando a maturidade está entre baixa e moderada (M2), esse é o estilo ideal. Nele, o líder, ao mesmo tempo em que convence as pessoas, apoia o seu desenvolvimento, pois elas possuem baixa capacitação;
- **Tipo 3: Participar (baixo comportamento de tarefa e alto comportamento de relacionamento):** é o estilo correto para a maturidade de média a alta (M3). Aqui, o papel do líder é muito mais de apoiar as pessoas, enfatizando a criação de motivação, do que de dirigi-las para a realização das tarefas, já que elas são capazes;
- **Tipo 4: Delegar (baixo comportamento de tarefa e baixo comportamento de relacionamento):** trata-se do estilo adequado para liderar pessoas com o maior nível de maturidade (M4). Nessa condição, a maturidade dos liderados permite que eles executem os planos com maior liberdade e menor controle, possibilitando ao líder a delegação das tarefas.

Teoria do Caminho-Meta

No cerne da Teoria do Caminho-Meta, encontra-se a noção de que o propósito primordial do líder é motivar os seus seguidores,, esclarecendo as metas e os melhores caminhos para alcançá-las. Essa abordagem está baseada na teoria da expectativa da motivação.

Segundo a Teoria do Caminho-Meta ou dos Objetivos, os líderes devem aumentar o número e os tipos de recompensas aos subordinados. Além disso, devem proporcionar orientação e aconselhamento para mostrar como essas recompensas podem ser obtidas. Isso significa que o líder deve ajudar os subordinados a terem expectativas realistas e a reduzir as barreiras que impedem o alcance das metas.

As pessoas estão satisfeitas com seu trabalho quando acreditam que ele levará a resultados desejáveis e trabalharão mais se sentirem que esse trabalho dará frutos compensadores. A consequência desses pressupostos para a liderança é que os liderados serão motivados pelo comportamento ou pelo estilo do líder à medida que esse estilo ou comportamento influenciam as expectativas (caminhos para a meta) e as valências (atratividade da meta). (CHIAVENATO, 1999)

Essa teoria propõe quatro estilos de comportamento, que podem permitir aos líderes manipularem as três variáveis motivacionais: liderança diretiva, encorajadora, participativa e orientada para a realização. Vejamos o quadro a seguir.

Estilos de comportamento da Teoria do Caminho-Meta (WAGNER III E HOLLENBECK, 1999, cap.9, p. 262).

Liderança	Características
Diretiva	O líder é autoritário. Os subordinados sabem exatamente o que é esperado deles; e o líder fornece direções específicas. Os subordinados não participam na tomada de decisões.
Encorajadora	O líder é amistoso e acessível e demonstra uma preocupação genuína com os subordinados.
Participativa	O líder pede e usa sugestões dos subordinados, mas ainda toma as decisões.
Orientada para a realização	O líder fixa metas desafiadoras para os subordinados e demonstra confiança em que eles atingirão as metas.

Edward Hollander sugeriu que o processo de liderança é mais bem compreendido como a ocorrência de transações mutuamente gratificantes entre líderes e seguidores dentro de um determinado contexto situacional.

Seu modelo é conhecido como **modelo transacional**.

Liderança é a junção dos três vetores:

Líderes - Seguidores - Situações

Pode-se entender a liderança apenas por meio de uma avaliação das características importantes dessas três forças e dos modos pelos quais interagem. A liderança transacional está baseada em um processo de troca, no qual o líder provê recompensas em troca do esforço de seguidores e desempenho (Bass & Avolio, 1993). Bass (1995) claramente identifica a liderança transacional como sendo baseada em troca material ou econômica.

Teoria da Liderança Transformacional

Em essência, a liderança transformacional é o processo de construção do comprometimento organizacional por meio do *empowerment* dos seguidores para acompanhar esses objetivos. Ocorre quando os líderes elevam os interesses de seus empregados garantindo a aceitação dos propósitos e da missão do grupo e estimulam seus empregados a pensar além de seus interesses em prol dos interesses da organização.

Considerando os líderes transacionais, segundo Bass (1997), esse tipo de liderança ocorre quando o líder utiliza autoridade burocrática, foco na realização da tarefa, e recompensas ou punições.

Os líderes transformacionais preocupam-se com o progresso e o desenvolvimento de seus seguidores. Eles se preocupam em transformar os valores dos seguidores para suportar a visão e os objetivos da organização. Isso cria um clima de confiança no qual a visão pode ser compartilhada.

Bass (1997) afirma que a liderança transformacional, assim como o carisma, tornou-se um tópico popular na literatura recente sobre liderança nas organizações; alguns autores usam os dois termos indistintamente, enquanto outros fazem distinção entre ambos. Define líderes transformacionais basicamente em termos do efeito dos líderes sobre os seguidores. Os seguidores sentem confiança, admiração, lealdade e respeito com relação ao líder, estando motivados a fazer por ele mais do que originalmente é esperado.

2.4 Controle

Como as organizações não operam na base da improvisação e nem ao acaso, elas precisam ser devidamente controladas. Elas requerem um considerável esforço de controle em suas várias operações e atividades para saber se estão no rumo certo e dentro do que foi planejado, organizado e dirigido. O controle constitui a última das funções administrativas, vindo depois do planejamento, da organização e da direção. Controlar significa garantir que o planejamento seja bem executado e que os objetivos estabelecidos sejam alcançados da melhor maneira possível.

A função administrativa de controle está relacionada com a maneira pela qual os objetivos devem ser alcançados por meio da atividade das pessoas que compõem a organização. O planejamento serve para definir os objetivos, traçar as estratégias para alcançá-los e estabelecer os planos de ação. A organização serve para estruturar as pessoas e os recursos de maneira a trabalhar de forma organizada e racional. A direção mostra os rumos e dinamiza as pessoas para que utilizem os recursos da melhor maneira possível. Por fim, o controle serve para que todas as coisas funcionem da maneira certa e no tempo certo.

O controle verifica se a execução está de acordo com o que foi planejado: quanto mais completos, definidos e coordenados forem os planos, mais fácil será o controle. Quanto mais complexo o planejamento e quanto maior for o seu horizonte de tempo, tanto mais complexo será o controle. Quase todos os esquemas de planejamento trazem em seu bojo o seu próprio sistema de controle. Por meio da função de controle, o administrador assegura que a organização e seus planos estejam na trilha certa.

O desempenho de uma organização e das pessoas que a compõem depende da maneira como cada pessoa e cada unidade organizacional desempenha seu papel e se move no sentido de alcançar os objetivos e metas comuns. O controle é o processo pelo qual são fornecidas as informações e retroação para manter as funções dentro de suas respectivas trilhas. É a atividade integrada e monitorada que aumenta a probabilidade de que os resultados planejados sejam atingidos da melhor maneira.

2.4.1 Conceito de Controle

A palavra "controle" pode assumir vários e diferentes significados. Quando se fala em controle, pensa-se em significados como frear, regular, conferir ou verificar, exercer autoridade sobre alguém, comparar com um padrão ou critério. No fundo, todas essas conotações constituem meias verdades a respeito do que seja o controle. Contudo, sob um ponto de vista mais amplo, os três significados mais comuns de controle são:

- **Controle como função restritiva e coercitiva.** Utilizada no sentido de coibir ou restringir certos tipos de desvios indesejáveis ou de comportamentos não aceitos pela comunidade. Nesse sentido, o controle assume um caráter negativo e restritivo, sendo muitas vezes interpretado como coerção, delimitação, inibição e manipulação. É o chamado controle social aplicado nas organizações e nas sociedades para inibir o individualismo e a liberdade das pessoas.
- **Controle como um sistema automático de regulação.** Utilizado no sentido de manter automaticamente um grau constante no fluxo ou funcionamento de um sistema. É o caso do processo de controle automático das refinarias de petróleo, de indústrias químicas de processamento contínuo e automático. O mecanismo de controle detecta possíveis desvios ou irregularidades e proporciona automaticamente a regulação necessária para se voltar à normalidade. É o chamado controle cibernético que é inteiramente autossuficiente na monitoração do desempenho e na correção dos possíveis desvios. Quando algo está sob controle significa que está dentro do normal ou da expectativa.
- **Controle como função administrativa.** É o controle como parte do processo administrativo, como o planejamento, organização e direção.

Trataremos o controle sob o ponto de vista do terceiro significado, isto é, como parte do processo administrativo. Assim, o controle é a função administrativa que monitora e avalia as atividades e resultados alcançados para assegurar que o planejamento, a organização e a direção sejam bem-sucedidos.

Tal como o planejamento, a organização e a direção, o controle é uma função administrativa que se distribui entre todos os níveis organizacionais.

Assim, quando falamos de controle, queremos dizer que o nível institucional efetua o controle estratégico, o nível intermediário faz os controles táticos e o nível operacional, os controles operacionais. Cada qual dentro de sua área de competência. Os três níveis se interligam e se entrelaçam intimamente. Contudo, o processo é exatamente o mesmo para todos os níveis: monitorar e avaliar incessantemente as atividades e operações da organização.

O controle está presente, em maior ou menor grau, em quase todas as formas de ação organizacional. Os administradores passam boa parte de seu tempo observando, revendo e avaliando o desempenho de pessoas, de unidades organizacionais, de máquinas e equipamentos, de produtos e serviços, em todos os três níveis organizacionais.

2.4.2 O Processo de Controle

A finalidade do controle é assegurar que os resultados do que foi planejado, organizado e dirigido se ajustem tanto quanto possível aos objetivos previamente estabelecidos. A essência do controle reside na verificação se a atividade controlada está ou não alcançando os objetivos ou resultados desejados. Nesse sentido, o controle consiste basicamente de um processo que guia a atividade exercida para um fim previamente determinado. O processo de controle apresenta quatro etapas ou fases, a saber:

01. Estabelecimento de objetivos ou padrões de desempenho.
02. Avaliação ou mensuração do desempenho atual.
03. Comparação do desempenho atual com os objetivos ou padrões estabelecidos.
04. Tomada de ação corretiva para corrigir possíveis desvios ou anormalidades.

PROCESSO ADMINISTRATIVO (ORGANIZACIONAL)

O processo de controle se caracteriza pelo seu aspecto cíclico e repetitivo. Na verdade, o controle deve ser visualizado como um processo sistêmico em que cada etapa influencia e é influenciada pelas demais.

2.4.3 Estabelecimento de Objetivos ou Padrões

O primeiro passo do processo de controle é estabelecer previamente os objetivos ou padrões que se deseja alcançar ou manter. Os objetivos já foram estudados anteriormente e servem como pontos de referência para o desempenho ou os resultados de uma organização, unidade organizacional ou atividade individual. O padrão é um nível de atividade estabelecido para servir como um modelo para a avaliação do desempenho organizacional. Um padrão significa um nível de realização ou de desempenho que se pretende tomar como referência. Os padrões funcionam como marcos que determinam se a atividade organizacional é adequada ou inadequada ou como normas que proporcionam a compreensão do que se deverá fazer. Eles dependem diretamente dos objetivos e fornecem os parâmetros que deverão balizar o funcionamento do sistema. Os padrões podem ser tangíveis ou intangíveis, específicos ou vagos, mas estão sempre relacionados com o resultado que se deseja alcançar.

Existem vários tipos de padrões utilizados para avaliar e controlar os diferentes recursos da organização, como:

- Padrões de quantidade. Como número de empregados, volume de produção, total de vendas, percentagem de rotação de estoque, índice de acidentes, índice de absenteísmo etc.
- Padrões de qualidade. Como padrões de qualidade de produção, índice de manutenção de máquinas e equipamentos, qualidade dos produtos ou serviços oferecidos pela organização, assistência técnica, atendimento ao cliente etc.
- Padrões de tempo. Como permanência média do empregado na organização, tempos padrões de produção, tempo de processamento dos pedidos de clientes, ciclo operacional financeiro etc.
- Padrões de custo. Como custo de estocagem de matérias-primas, custo do processamento de um pedido, custo de uma requisição de material, custo de uma ordem de serviço, relação custo-benefício de um equipamento, custos diretos e indiretos de produção etc.

2.4.4 Características do Controle

Na verdade, o administrador deve compreender que um sistema eficaz de controle precisa reunir os seguintes aspectos:

Orientação estratégica para resultados. O controle deve apoiar planos estratégicos e focalizar as atividades essenciais que fazem a real diferença para a organização.

Compreensão. O controle deve apoiar o processo de tomada de decisões apresentando dados em termos compreensíveis. O controle deve evitar relatórios complicados e estatísticas enganosas.

Orientação rápida para as exceções. O controle deve indicar os desvios rapidamente, por meio de uma visão panorâmica sobre onde as variações estão ocorrendo e o que deve ser feito para corrigi-las adequadamente.

Flexibilidade. O controle deve proporcionar um julgamento individual e que possa ser modificado para adaptar-se a novas circunstâncias e situações.

Autocontrole. O controle deve proporcionar confiabilidade, boa comunicação e participação entre as pessoas envolvidas.

Natureza positiva. O controle deve enfatizar o desenvolvimento, mudança e melhoria. Deve alavancar a iniciativa das pessoas e minimizar o papel da penalidade e das punições.

Clareza e objetividade. O controle deve ser imparcial e acurado para todos. Deve ser respeitado como um propósito fundamental: a melhoria do desempenho.

2.4.5 Tipos de Controle

Cada organização requer um sistema básico de controles para aplicar seus recursos financeiros, desenvolver pessoas, analisar o desempenho financeiro e avaliar a produtividade operacional. O desafio é saber como utilizar tais controles e aprimorá-los para, com isso, melhorar gradativa e incessantemente o desempenho de toda a organização.

Controles Estratégicos

Os controles estratégicos são denominados controles organizacionais: constituem o sistema de decisões de cúpula que controla o desempenho e os resultados da organização como um todo, tendo por base as informações externas — que chegam do ambiente externo - e as informações internas - que sobem internamente por meio dos vários níveis organizacionais.

Existem vários tipos de controles estratégicos, a saber:

Balanço e Relatórios Financeiros

É um tipo de controle do desempenho global que permite medir e avaliar o esforço total da organização, em vez de medir simplesmente algumas partes dela. O tipo mais utilizado de controle global são os balanços contábeis e relatórios financeiros, ressaltando aspectos como o volume de vendas, volume de produção, volume de despesas em geral, custos, lucros, utilização do capital, retorno sobre o investimento aplicado e outras informações numéricas dentro de um inter-relacionamento que varia de uma organização para outra. Geralmente, é um controle sobre o desempenho passado e sobre os resultados alcançados. Quase sempre permite a transposição de previsões de vendas e a previsão de despesas a serem incorridas, para proporcionar o balanço projetado ou uma espécie de projeção de lucros e perdas como importante ferramenta para o processo decisório da organização.

Controle dos Lucros e Perdas

O demonstrativo de lucros e perdas (L&P) proporciona uma visão sintética da posição de lucros ou de perdas da organização em um determinado período de tempo, permitindo comparações com períodos anteriores e detectar variações em algumas áreas (como despesas de vendas ou lucro bruto sobre vendas) que necessitam de maior Fique ligado por parte do administrador. Já que a sobrevivência do negócio depende de sua lucratividade, o lucro se coloca como importante padrão para a medida do sucesso da organização como uma totalidade. Quando aplicado a uma unidade específica, o controle sobre L&P se baseia na premissa de que o objetivo do negócio como um todo é gerar lucros, e cada parte da organização deve contribuir para esse objetivo. A capacidade de cada unidade organizacional atingir um determinado lucro esperado passa a ser o padrão adequado para medir seu desempenho e resultados.

Análise do Retorno Sobre o Investimento (RSI)

Uma das técnicas de controle global utilizadas para medir o sucesso absoluto ou relativo da organização ou de uma unidade organizacional é a razão dos ganhos em relação ao investimento de capital. Trata-se de uma abordagem desenvolvida pela *DuPont Company* como parte do seu sistema de controle global. O sistema utilizado pela *DuPont* envolve os seguintes fatores na análise do RSI:

A análise do RSI permite que a organização avalie suas diferentes linhas de produtos ou unidades de negócios para verificar onde o capital está sendo mais eficientemente empregado. Permite identificar os produtos ou unidades mais rentáveis, como melhorar outros que estão pesando negativamente na balança dos lucros. Com isso, proporciona a possibilidade de fazer uma aplicação balanceada do capital em vários produtos ou unidades organizacionais para alcançar um lucro global maior.

Controles Táticos

Os controles táticos são feitos no nível intermediário e referem-se a cada uma das unidades organizacionais - departamentos, divisões ou equipes. Geralmente, estão orientados para o médio prazo, isto é, para o exercício anual. Os tipos de controles táticos mais importantes são:

Controle Orçamentado

Falamos de orçamento quando estudamos os tipos de planos relacionados com dinheiro. O orçamento é um plano de resultados esperados expressos em termos numéricos. Por meio do orçamento, a atividade da organização é traduzida em resultados esperados, tendo o dinheiro como denominador comum. Quase sempre se fala em planejamento orçamentário, relegando o controle orçamentário a um segundo plano. O controle orçamentário é um processo de monitorar e controlar despesas programadas das várias unidades organizacionais, no decorrer de um exercício anual, apontando possíveis desvios e indicando medidas corretivas.

Contabilidade de Custos

A contabilidade de custos é considerada um ramo especializado da contabilidade. Trata de informações sobre distribuição e análise de custos considerando algum tipo de unidade-base, como produtos, serviços, componentes, projetos ou unidades organizacionais. A contabilidade de custos classifica os custos em:

• Custos fixos. São os custos que independem do volume de produção ou do nível de atividade da organização. Qualquer que seja a quantidade de produtos produzidos, os custos fixos permanecem inalterados; mesmo que a empresa nada produza, eles se mantêm constantes. Envolvem aluguéis, seguros, manutenção, depreciação, salários dos gerentes, do pessoal de assessoria etc.

• Custos variáveis. São os custos que estão diretamente relacionados com o volume de produção ou com o nível de atividade da organização. Constituem uma variável dependente da produção realizada e englobam custos de materiais diretos (materiais ou matérias-primas que são diretamente transformados em produto ou que participam diretamente na elaboração do produto) e custos de mão de obra direta (salários e encargos sociais do pessoal que realiza as tarefas de produção do produto).

Com base nos custos fixos e variáveis, pode-se calcular o ponto de equilíbrio (break-even point), também chamado ponto de paridade. É possível traçar um gráfico que permite mostrar a relação entre a renda total de vendas e os custos de produção. O ponto de equilíbrio é o ponto de intersecção entre a linha de vendas e a linha de custos totais. É o ponto em que não há lucro nem prejuízo. Ou em outros termos, é o ponto em que o lucro é zero e o prejuízo também.

O gráfico do ponto de equilíbrio é uma técnica de planejamento e de controle que procura mostrar como os diferentes níveis de venda ou de receita afetam os lucros da organização. O ponto de equilíbrio é o ponto em que os custos e as vendas se equiparam. No seu lado esquerdo, está a área de prejuízo e, no seu lado direito, a área de lucro.

Controles Operacionais

Os controles operacionais são feitos no nível operacional da organização e são projetados em curto prazo.

Disciplina

Nas organizações bem-sucedidas, o autocontrole e a autodisciplina das pessoas são sempre preferidos ao controle externo ou disciplina imposta pela força. Para muitos autores, a disciplina é o ato de influenciar o comportamento das pessoas por meio de reprimendas. Preferimos conceituar a disciplina como o processo de preparar uma pessoa de modo que ela possa desenvolver o autocontrole e tornar-se mais eficaz em fazer seu trabalho. O propósito do processo disciplinar desenvolvido pelo administrador é a manutenção de um desempenho humano de acordo com os objetivos organizacionais. O termo "disciplina" apresenta quase sempre uma conotação simplista de dar recompensas ou aplicar punições após o fato, quando, na realidade, a disciplina, em seu próprio contexto, deve ser visualizada como o desenvolvimento da habilidade ou capacidade de analisar situações, determinar qual é o comportamento adequado e decidir a agir favoravelmente no sentido de proporcionar contribuições à organização e receber suas recompensas.

Boa parte das ações corretivas de controle no nível operacional é realizada sobre as pessoas ou sobre o seu desempenho. É a chamada ação disciplinar: a ação disciplinar é a ação corretiva realizada sobre o comportamento de pessoas para orientar e/ou corrigir desvios ou discrepâncias. Seu propósito é reduzir a discrepância entre os resultados atuais e os resultados esperados. A ação disciplinar pode ser positiva ou negativa, dependendo do desvio ou da discrepância ocorridos. A ação positiva toma a forma de encorajamento, recompensas, elogios, treinamento adicional ou orientação pessoal. A ação negativa inclui o uso de advertências, admoestações, penalidades, castigos e até mesmo a demissão do funcionário. Quando é necessária a ação disciplinar negativa, ela deve ser adotada em etapas crescentes. A primeira, dependendo da infração cometida, deve ser uma reprimenda ou advertência. As reincidências devem merecer um crescimento progressivo nas penalidades para cada infração sucessiva: advertência verbal, advertência escrita, suspensão e demissão.

Para que possa ser eficaz, a ação disciplinar deve possuir as seguintes características:

Deve ser esperada. A ação disciplinar deve ser prevista em regras e procedimentos e previamente estabelecida. Não deve ser improvisada, mas planejada. A sanção negativa é imposta a fim de desencorajar a infração.

Deve ser impessoal. A ação disciplinar não deve simplesmente buscar punir uma determinada pessoa ou grupos, mas apenas corrigir a situação. Ela deve basear-se em fatos, e não em opiniões ou em pessoas. Não deve visar à pessoa, mas à discrepância, ao fato, ao comportamento em si. Ela deve fundamentar-se em regras e procedimentos.

Deve ser imediata. A ação disciplinar deve ser aplicada tão logo seja detectado o desvio, para que o infrator associe claramente a sua aplicação com o desvio que provocou.

Deve ser consistente. As regras e os regulamentos devem ser feitos para todas nas pessoas, sem exceções. Devem ser justos e equitativos, sem favoritismo ou tendenciosidade.

Deve ser limitada ao propósito. Depois de aplicada a ação disciplinar, o administrador deve reassumir sua atitude normal em relação ao funcionário faltoso. Tratar o funcionário sempre como faltoso é puni-lo permanentemente, encorajando hostilidade e autodepreciação, quando o certo seria adotar uma atitude positiva e construtiva.

Deve ser informativa. Isto é, deve proporcionar orientação sobre o que se deve fazer e o que não se pode fazer.

As técnicas de reforço positivo ou negativo que vimos anteriormente constituem um excelente ponto de partida para as situações disciplinares do dia a dia.

3 DEPARTAMENTALIZAÇÃO

3.1 Conceito de Departamentalização

De uma maneira simples, "departamentalizar" significa dividir algo a partir de um princípio de especialidade. Essa divisão está relacionada à estrutura organizacional de uma empresa. Em outras palavras, consiste em uma divisão na organização empresarial, com base nas especificidades.

Como cada organização possui uma finalidade peculiar, é notório que haja vários tipos de departamentalização. As questões costumam estar direcionadas ao reconhecimento das características que classificam a departamentalização e quais são suas vantagens e desvantagens.

3.2 Tipos de Departamentalização

De acordo com os critérios adotados para a divisão, a departamentalização pode-se dar por:

01. Função.
02. Produto ou serviço.
03. Território.
04. Cliente.
05. Processo.
06. Projeto.
07. Matricial.
08. Mista.

> **Fique ligado**
> Há que se notar que as organizações podem utilizar mais de um tipo de departamentalização em sua estrutura.

3.2.1 Funcional

A departamentalização funcional (ou por funções) consiste no agrupamento das atividades semelhantes em unidades organizacionais. Isso quer dizer que os indivíduos que desempenham funções semelhantes ficam reunidos, a fim de que o trabalho possa ser desempenhado de modo mais integrado. Como exemplo, é possível pensar em uma empresa com um setor de logística, um setor de vendas, um setor de contabilidade etc.

▷ Vantagens

Pode-se dizer que as vantagens da departamentalização funcional são:
- Mantém o controle e o prestígio nas funções principais.
- Gera eficiência por meio da especialização.
- Possibilita maior controle das funções pela administração da empresa.
- Centraliza a perícia da organização.
- A execução das tarefas passa a ser mais segura.
- Favorece o bom relacionamento entre os membros do departamento.

▷ Desvantagens
- A responsabilidade pelo desempenho fica restrita à cúpula.
- Cada gerente fica responsável por apenas uma função.
- A depender do tamanho da organização, a coordenação entre as funções se torna mais complexa.
- A especialização em excesso pode tornar o trabalho muito burocrático.

Exemplo de Estrutura Funcional

Diretoria Geral	
Gerência de Produção	Gerência Financeira

3.2.2 Por Produto ou Serviço

Esse tipo de departamentalização é realizado em razão das atividades referentes a cada um dos produtos ou dos serviços que a empresa possui.

▷ Vantagens
- Possibilidade de dirigir foco para as linhas específicas de produtos ou de serviços.
- Possibilidade de auferir melhor a responsabilidade quanto ao lucro.
- Facilidade de coordenar os resultados.
- Permite alocar capital especializado para cada grupo de produto.
- Proporciona condições para criatividade e inovação.
- Melhor coordenação das funções.

▷ Desvantagens
- Exige mais recursos de material e, consequentemente, mais pessoal.
- Em algumas situações, é possível que os custos sejam mais elevados, em razão da demanda.
- Pode desestabilizar a estrutura da empresa, em razão da força que os gerentes de produtos podem obter na empresa.

3.2.3 Territorial

Também pode ser denominada de departamentalização regional, de área ou geográfica. Nesse caso, a divisão está relacionada ao local onde as operações estão alocadas.

É possível dizer que as vantagens desse tipo de departamentalização são semelhantes às por produto, bem como as desvantagens. Além disso, o controle administrativo deve ser feito por região.

3.2.4 Por Cliente

Utilizada principalmente em grupamentos focados em vendas ou serviços, a departamentalização por cliente consiste em dividir as atividades em grupos, de modo que eles possam focalizar determinados usos de produtos ou de serviços. Para ilustrar essa situação, basta imaginar uma loja de departamentos, em que haja uma divisão relacionada a seções em cada departamento: no departamento de alimentos, por exemplo, pode haver seção de bebidas, seção de alimentos naturais e coisas do tipo.

▷ Vantagens
- Possibilidade de adaptar produtos e serviços ao cliente.

▷ Desvantagens
- Concorrência entre gerentes.
- Concessões desiguais em benefício de clientes.
- Dificuldade de coordenação.

3.2.5 Por Processo ou por Equipamento

Nesse tipo de departamentalização, a divisão ocorre em razão do agrupamento de atividades relativas à produção ou aos equipamentos. Muito comum em linhas de produção, em que cada indivíduo desenvolve apenas a sua parte do processo.

▷ Vantagens
- Possibilita a comunicação mais rápida de informações.
- Os recursos são alocados com maior especialização.

- Desvantagens
  - É difícil ter visão global do processo.
  - Há pouca flexibilidade para ajustes durante o processo.

3.2.6 Por Projeto

Nesse modelo, os indivíduos recebem atribuições temporárias, pois os projetos possuem início e término bem definidos. Ao final do projeto, as pessoas são deslocadas para outras atividades.

3.2.7 Matricial (de Matriz)

Essa estrutura consiste em um tipo híbrido de departamentalização, que funde a tradição da divisão funcional à dinamicidade da divisão por projetos. Nesse caso, o administrador não exerce autoridade de linha sobre os membros da equipe, sua organização fica sobreposta aos departamentos funcionais.

- Vantagens
  - Flexibilização da equipe de trabalho.
  - Foco no projeto ou no produto.
  - Adaptabilidade às necessidades gerenciais e fatores externos.
  - Possibilidades de desenvolvimento de equipe.
- Desvantagens
  - Conflitos internos.
  - Complexo sistema de compensação dos empregados.
  - Resistência ao fim da organização matricial.
  - Relação de comando e autoridade complexos.

3.2.8 Mista

A departamentalização mista é representada pelo uso de diversos tipos de departamentalização de foma a melhor atender as necessidade organizacionais.

4 ORGANIZAÇÃO ADMINISTRATIVA

O Estudo sobre a estrutura administrativa é geralmente vinculada ao Direito Administrativo, porém, como a linha entre esta matéria e Administração Pública é muito tênue, apresentaremos as definições dos termos como centralização, descentralização, concentração e desconcentração, porém focando na evolução administrativa do Estado brasileiro e suas reformas, pois esta é a forma de tais tópicos serem abordados quando são componentes da matéria Administração Pública.

A organização da administração pública no Brasil tem direta relação com os modelos administrativos que estiveram vigentes no Estado desde os anos 1930 do século passado até os dias atuais. É importante, no estudo para concursos públicos, criar esta relação, que é muita abordada pelas bandas organizadoras.

A opção por um ou outro modelo de organização administrativa, tem, portanto, influência na forma em que um governante exerce o poder e no grau de delegação de autoridade que resolve dar para os agentes públicos e parceiros privados.

4.1 Centralização e Descentralização

Um dos principais debates existentes na administração pública é em qual medida uma organização deve ser centralizada ou descentralizada. Historicamente este debate ganhou destaque global após o final da segunda guerra mundial, com a reorganização administrativa de praticamente todos os países da Europa. No Brasil, este debate ganhou relevância a partir do regime militar, nos anos 60 do século passado, com o Decreto-Lei 200/67, como veremos a seguir.

A Centralização e Descentralização, portanto, têm direta relação com quanto o administrador deve delegar autoridade ou manter o processo decisório concentrado em si mesmo e na estrutura sobre sua direta responsabilidade, sem delegar autoridade para terceiros.

Uma organização pode, portanto, ter unidades espalhadas em diversos Estados brasileiros, como Polícia Federal e mesmo assim ter centralização administrativa do ponto de vista da tomada de decisão.

Bresser Pereira, um dos mais importantes teóricos da administração pública e responsável pela última reforma administrativa do Estado brasileiro, explica esta relação: "do ponto de vista administrativo, a centralização ou a descentralização de caráter decisório é a que maior importância tem. A descentralização geográfica é geralmente um problema que interessa à produção (se a descentralização for de unidades produtivas) ou à mercadologia (se a descentralização for de unidade de vendas)... Para evitar confusões de ordem semântica usaremos as expressões centralização ou descentralização para nos referirmos ao nível em que as decisões são tomadas em uma organização"

Neste sentido, a existência de vários ministérios, com atribuições específicas, não constituiu exemplo de descentralização administrativa, pois quando analisamos o Estado brasileiro, a centralização e descentralização estão diretamente relacionadas à administração direta e indireta, como veremos no tópico que segue.

4.1.1 O Estado Brasileiro

Considerando o Estado brasileiro, a centralização e a descentralização estão relacionadas diretamente a organização administrativa do Estado, e a administração direta e indireta.

Centralização (administração direta) – Definimos que ocorre na administração pública a **centralização administrativa** quando a execução de tarefas é feita pelo próprio Estado de forma direta através de órgãos públicos e de servidores públicos destes órgãos que integram a Administração Direta (o próprio governo e os três poderes em âmbitos federal, estaduais e municipal).

Descentralização (administração indireta) – Definimos que ocorre na administração pública a **descentralização administrativa** quando o Estado (considerando a União, o Distrito Federal, os Estados e Municípios) delega algumas funções para outras pessoas jurídicas. Portanto a descentralização pressupõe duas pessoas jurídicas distintas: o Estado e a entidade jurídica que executará determinado serviço, por ter recebido do Estado essa atribuição. As entidades da administração direta são: Autarquias, Empresas Públicas, Sociedades de Economia Mista e Fundações Públicas.

4.1.2 Da Era Vargas até O Regime Militar

Com a revolução de 30 e a chegada ao poder de Getúlio Vargas, o Estado brasileiro entrou em uma fase weberiana, com a introdução do Modelo Burocrático, segundo a teoria desenvolvida por Max Weber. Com a adoção de princípios como a legalidade e a impessoalidade, a lógica era a concentração extrema das ações públicas, e inclusive a mais importante ação do governo Getúlio Vargas para a introdução do Modelo Burocrático, a criação da DASP (Departamento Administrativo do Serviço Público) através do Decreto-Lei 579/38 representou a centralização absoluta do Estado, com as decisões nas mãos de poucos: aqueles que dirigiam a DASP, que concentravam as decisões sobre compras, contratações, processos etc. Portanto esta fase foi caracterizada como a prioridade absoluta para a administração direta e a centralização.

Pode parecer contraditório, mas durante a era Vargas, mesmo priorizando a administração direta e a centralização das ações administrativas, pois era introduzido o Modelo Burocrática (Weberiano) que prioriza a concentração de ações, foram criadas importantes autarquias como o Banco Central do Brasil, que hoje é uma entidade da administração indireta.

4.1.3 O regime militar e o decreto-lei 200/67

A introdução do modelo burocrático na década de 30 do século passado era uma necessidade para superar o modelo que existia antes e que se mantinha por séculos (desde o Brasil colônia, passando pela monarquia, até os primeiros anos da república, que era o modelo patrimonialista baseado na pessoalidade, no favorecimento de parentes e pessoas próximas ao governante, com cargos no governo e a não distinção entre bens públicos e privados), porém nas décadas seguintes à introdução do modelo burocrático, ocorreu um desgaste administrativo devido a extrema centralização. A Administração pública no Brasil se tornou burocratizada (burocracia excessiva e redundante), e a condição monopolista daquela época não permitiu o Estado ter referências externas, tendo a auto-referência. Este desgaste teve seu auge nos anos 50 e 60 do século passado, tornando a administração pública burocratizada e ineficaz.

O regime militar, desde que assumiu o poder, realizou estudos sobre a administração pública com o objetivo de superar esse desgaste, e através do Decreto-Lei 200/67, tentou de forma malsucedida implementar o gerencialismo administrativo.

A forma que o regime militar tentou superar a rigidez burocrática foi um processo de delegação de poderes, priorizando a descentralização e a administração indireta, como podemos verificar no Plano Diretor da Reforma do Aparelho do Estado, de 1995.

"A reforma operada em 1967 pelo Decreto-Lei 200, entretanto, constitui um marco na tentativa de superação da rigidez burocrática, podendo ser considerada como um primeiro momento da administração gerencial no Brasil. Mediante o referido decreto-lei, realizou-se a transferência de atividades para autarquias, fundações, empresas públicas e sociedades de economia mista, a fim de obter-se maior dinamismo operacional por meio da descentralização funcional. Instituíram-se como princípios de racionalidade administrativa o planejamento e o orçamento, o descongestionamento das chefias executivas superiores (desconcentração/descentralização), a tentativa de reunir competência e informação no processo decisório, a sistematização, a coordenação e o controle".

O problema do Decreto-Lei 200/67, foi não criar um núcleo dirigente das ações públicas, e, com isso, perder o controle daquelas atividades e prestações de serviço transferidas para entidades da administração indireta. Esta situação trouxe de volta resquícios do patrimonialismo, como o desvio de verbas públicas, a falta de controle e o nepotismo.

4.1.4 A Constituição de 88

A promulgação da Constituição Federal vigente, em 1988, retorna, do ponto de vista administrativo, aos anos 30 do século passado, pois, tentando superar os resquícios do patrimonialismo que o Decreto-Lei 200/67 trouxe para o Estado brasileiro, consolidou o modelo burocrático, como o Plano Diretor da Reforma do Aparelho do Estado, de 1995, localiza:

"As ações rumo a uma administração pública gerencial são, entretanto, paralisadas na transição democrática de 1985 que, embora representasse uma grande vitória democrática, teve como um de seus custos mais surpreendentes o loteamento dos cargos públicos da administração indireta e das delegacias dos ministérios nos Estados para os políticos dos partidos vitoriosos. Um novo populismo patrimonialista surgia no país. De outra parte, a alta burocracia passava a ser acusada, principalmente pelas forças conservadoras, de ser a culpada da crise do Estado, na medida em que favorecera seu crescimento excessivo.

A conjunção desses dois fatores leva, na Constituição de 1988, a um retrocesso burocrático sem precedentes. Sem que houvesse maior debate público, o Congresso Constituinte promoveu um surpreendente engessamento do aparelho estatal, ao estender para os serviços do Estado e para as próprias empresas estatais praticamente as mesmas regras burocráticas rígidas adotadas no núcleo estratégico do Estado. A nova Constituição determinou a perda da autonomia do Poder Executivo para tratar da estruturação dos órgãos públicos, instituiu a obrigatoriedade de regime jurídico único para os servidores civis da União, dos Estados membros e dos Municípios, e retirou da administração indireta a sua flexibilidade operacional, ao atribuir às fundações e autarquias públicas normas de funcionamento idênticas às que regem a administração direta"

Podemos localizar em toda constituição federal elementos que reforçam a centralização, priorizando a administração direta, porém os elementos abaixo explicitam esta orientação burocrática da Constituição.

- Controle entre os poderes.
- Atribuições do tribunal de contas da União.
- Obrigatoriedade de concursos públicos (salvo "livre provimento").

4.1.5 A NAP (nova Administração Pública)

A última reforma do Estado ocorre na década de 1990, com a implementação da administração gerencial, descentralizando prestações de serviços e reestruturando a administração indireta, principalmente no governo Fernando Henrique Cardoso com o ministro Bresser Pereira, no então MARE (Ministério da Administração Federal e Reforma do Estado) que deu origem ao atual Ministério do Planejamento e Gestão.

A administração gerencial, ainda em fase de implementação, assume referências do mercado, como a excelência na prestação de serviço, a competitividade, e inclusive o fortalecimento da parceria entre a gestão pública e parceiros privados.

Na administração gerencial o controle passa a ser finalístico, não havendo relação hierárquica entre quem controla e quem é controlado, baseada na legalidade. Como por exemplo o controle do Estado na administração indireta, onde a direta, exerce o controle finalístico sobre as fundações ou autarquias. As mais importantes referências teóricas da administração gerencial são Peter Druker (teoria da globalização nas empresas) e Michel Porter (teórico da competitividade e da vantagem competitiva).

Segundo a teoria de Peter Druker, a organização se adapta à globalização quando consegue oferecer o produto ou serviço prestado certo para o público certo, realizando adequada distribuição, preço e no momento correto adequados.

Segundo Porter, a organização nunca pode parar de aprender sobre o mercado em que atua, seus rivais e formular formas de melhorar sua posição competitiva. As 5 forças de portes são a rivalidade entre concorrentes, o poder de negociação dos clientes, o poder de barganha do fornecedor, a ameaça de entrada de novos concorrentes e a ameaça de produto substituídos.

Na administração gerencial, o controle passa a ser finalístico, não havendo relação hierárquica entre quem controla e quem é controlado, baseada na legalidade. Como, por exemplo, o controle do Estado na administração indireta, onde a direta exerce o controle finalístico sobre as fundações ou autarquias.

4.2 Concentração e Desconcentração

Diferentemente da centralização e descentralização, mas guardando relação com estes termos, a concentração e desconcentração estão vinculadas diretamente a forma em que uma organização divide internamente suas tarefas, e inclusive em sua adequação aos novos desafios administrativos, pois desde a última reforma administrativa do Estado brasileiro, nos anos 90 do século passado, a administração pública busca a vantagem competitiva, e isto tem direta relação com a concentração e desconcentração. Segue a definição inicial dos termos.

Concentração – A prestação de serviço ou ação administrativa (a competência administrativa) se realiza em órgão que não tem divisão interna, concentrando em si as ações. Na concentração existe uma única pessoa jurídica e um único órgão executando a ação administrativa.

Desconcentração – A prestação de serviço ou ação administrativa (a competência administrativa) com atribuições divididas entre diversos órgãos da mesma pessoa jurídica. Na concentração existe uma única pessoa jurídica e mais de um órgão executando a ação administrativa.

Sendo portanto coisas distintas, os termos centralização e concentração e descentralização de desconcentração podem estar associados na administração, cada um com sua definição, como conta do texto do Plano diretor ao analisar a reforma proposta pelo Decreto-Lei 579/38, um processo de priorizar a administração indireta (descentralização) e massificação de unidade (desconcentração), como explicita o trecho que segue...

"A reforma operada em 1967 pelo Decreto-Lei 200, entretanto, constitui um marco na tentativa de superação da rigidez burocrática, podendo ser considerada como um primeiro momento da administração gerencial no Brasil. Mediante o referido decreto-lei, realizou-se a transferência de atividades para autarquias, fundações, empresas públicas e sociedades de economia mista, a fim de obter-se maior dinamismo operacional por meio da descentralização funcional. Instituíram-se como princípios de racionalidade administrativa o planejamento e o orçamento, o descongestionamento das chefias executivas superiores (desconcentração/descentralização), a tentativa de reunir competência e informação no processo decisório, a sistematização, a coordenação e o controle".

5 GESTÃO DE CONTRATOS E NOÇÕES DE PROCESSOS LICITATÓRIOS

Os assuntos referentes à gestão de contratos e às noções de processos licitatórios são abordados em Direito Administrativo. Por isso, iremos pontuar qual a relação desses tópicos com a Administração Pública.

5.1 Bases Legais da Gestão de Contratos

Dentre as inúmeras tarefas inerentes a administração pública, existem serviços e compras realizadas junto a iniciativa privada, e esta relação se dá através de contratos firmados. A base para a gestão de contratos está definida na lei nº 8.666, de 21 dE Junho de 1993, e no seu art. 2º define contrato como:

> *Art. 2º. As obras, serviços inclusive de publicidade, compras, alienações, concessões, permissões e locações da Administração Pública, quando contratadas com terceiros, serão necessariamente precedidas de licitação, ressalvadas as hipóteses previstas nesta Lei.*
>
> *Parágrafo único. Para os fins desta Lei, considera-se contrato todo e qualquer ajuste entre órgãos ou entidades da Administração Pública e particulares, em que haja um acordo de vontades para a formação de vínculo e a estipulação de obrigações recíprocas, seja qual for a denominação utilizada.*

5.2 Noções de Processo Licitatório

Com a introdução do gerencialismo na administração pública no Brasil, a obtenção da vantagem competitiva e a necessidade de conhecer o mercado em que atua, tornaram-se princípios.

Peter Drucker, o teórico da globalização nas empresas, que combate o monopólio e defende que uma organização deve se atualizar e conhecer o tempo todo o mercado e seus concorrentes, e Michael Porter, que criou as 5 forças de Porter, que representam os elementos importantes para a vantagem competitiva, entre elas o de reduzir a barganha do fornecedor. É neste sentido que a licitação ganha relevância na administração pública.

A Lei 8666/93 apresenta as seis modalidades da licitação: concorrência, tomada de preços, convite, concurso, leilão e pregão.

Concorrência – Esta modalidade traz a exigência de requisitos para a habilitação, segundo o edital de convocação. Em sua fase inicial, tais requisitos são comprovados mediante documentos. A concorrência ocorre quando se trata de concessão de direito real de uso de obras ou serviços públicos (de engenharia ou não), na compra e venda de imóveis (bens públicos) e licitações internacionais.

Tomada de preços – Esta modalidade traz a necessidade de um certificado do registro cadastral (CRC), comprovando os requisitos para participar da licitação até o terceiro dia anterior ao término do período de proposta.

Convite – Esta modalidade não traz a necessidade de publicação de edital, pois demanda maior celeridade no processo. Os interessados são escolhidos em um número mínimo de três licitantes. Aqueles que não forem convidados, poderão demonstrar interesse com vinte e quatro horas de antecedência à apresentação das propostas.

Concurso – Modalidade que ocorre quando a escolha é de trabalho científico, artístico, ou técnico com prêmio ou remuneração aos vencedores, de acordo com o edital publicado na imprensa oficial, respeitando o princípio da publicidade, com antecedência mínima de quarenta e cinco dias. A escolha é feita por uma comissão julgadora especializada na área em questão.

Leilão – Esta modalidade trata dos bens inservíveis para a Administração Pública, de mercadorias legalmente apreendidas, de bens penhorados (dados em penhor – direito real constituído ao bem) e de imóveis adquiridos pela Administração por dação em pagamento ou por medida judicial.

Pregão – (Lei 10520/02), e trata da aquisição de bens e serviços comuns (serviços cujos padrões de desempenho e qualidade possam ser objetivamente definidos pelo edital).

Os tipos de licitação dizem respeito ao modelo de decisão na escolha do vencedor da licitação.

Menor preço - Sendo vencedora a proposta mais vantajosa com o menor custo para a administração pública.

Melhor técnica – Sendo vencedora a proposta de melhor técnica que aceitar o valor da proposta mais baixa dentre todas as com a técnica mínima exigida no edital ou carta convite;

Melhor técnica e preço - as propostas recebem uma nota que leva em conta a técnica e o preço (com pesos na composição da nota definidos no edital ou carta convite) e vence a com melhor nota;

Maior lance ou oferta - Para o caso de venda de bens ou concessão de direito real de uso.

6 GESTÃO DE PROCESSOS

6.1 Conceitos

As organizações privadas ou públicas podem ser vistas como um conjunto de processos. Todo processo deve ter, **no mínimo**, entrada, processamento e saída. Os produtos mais típicos da saída são: bens, serviços e informações. É no "processamento" que estão concentradas as atividades do processo.

> **Fique ligado**
>
> O processo existe em todas as empresas – de forma bem definida ou de forma fragmentada (ainda que as empresas não consigam visualizá-lo e defini-lo como tal).

O valor é o cliente quem atribui, reconhecendo sua importância e demonstrando disposição em pagar o preço estabelecido. Fonte: Agostinho Paludo, Administração Pública, 3ª edição, Editora Elsevier, 2013, página 339.

Fornecedor	Atividades/Tarefas	Cliente
Entrada →	Processamento →	Saída →
Insumos Produto Serviço Informação	Transformação Agregação de valor	Produtos Bens Serviços Informações

Um processo compreende uma série de atividades, racionalmente sequenciais e inter-relacionadas, que devem ser executadas para se obter determinado resultado pretendido. É um modo de transformar insumos em produtos para atender à necessidade de algum cliente. O processo inicia com a identificação de uma necessidade e termina com a entrega do produto (bem ou serviço) ao cliente.

Na visão de Thomas Davenport *o processo é uma ordenação específica das atividades de trabalho no tempo e no espaço, com um começo e um fim, inputs e outputs claramente identificados.* Segundo o mesmo autor, tais atividades são estruturadas com a finalidade de agregar valor às entradas *(inputs)*, resultando em um produto para um cliente.

Desta maneira, todo tipo de trabalho importante em uma organização faz parte de algum processo. Não existe produto ou serviço fornecido sem que exista um processo organizacional por trás.

Harrington define processo como a utilização de recursos da empresa para oferecer resultados objetivos aos seus clientes. Assim sendo, **o processo seria um fluxo de trabalho**, em que existiriam os *inputs* (materiais, informação, equipamentos etc.) que seriam trabalhados, de forma a agregar valor. Desta forma, o fluxo resultaria em uma série de *outputs* (produtos e serviços desejados pelos clientes).

Para o GesPública (2011), o *processo é um conjunto de decisões que transformam insumos em valores gerados ao cliente/cidadão.*

Portanto, cada atividade destas pode agregar valor ou não ao processo, pois um erro ou demora em uma delas acabará por prejudicar o cliente.

Assim, quando pensamos em processo, temos de entender que estas atividades estão interligadas e que não adianta uma delas ser muito bem feita se outra for deficiente.

Desta forma, a gestão por processos implica uma ênfase em "como" o produto ou serviço é feito, ao contrário do foco no "quê" é feito, característica das organizações tradicionais.

Assim, é possível afirmar que toda vez que tivermos um conjunto de atividades e tarefas sendo executadas de forma integrada para produzir um produto (bem ou serviço) com vistas a atender a necessidades de clientes – teremos um processo – seja ele reconhecido ou não, nominado ou não, compreendido como tal ou não.

> **Fique ligado**
>
> De acordo com Nunes,
> "O modelo de organização orientado por processos passou a ser considerado como alternativa mais adequada para promover uma maior efetividade organizacional. O pressuposto foi ode que nessa forma de organização ocorresse uma eliminação de barreiras dentro da empresa, possibilitando a visualização da organização como um todo e uma maior inter-relação entre os diferentes agentes da cadeia de valor (cliente, fornecedor, executores do processo)".

6.1.1 Cadeia de Valor

Cadeia de Valor, para Michael Porter, é o conjunto de atividades tecnológicas e econômicas distintas que uma organização utiliza para entregar produtos e serviços aos seus clientes.

Cada uma dessas atividades (produção, distribuição, comercialização etc.) deve entregar algum "valor". Quanto mais valor agregado, mais competitiva fica a empresa. Este é um conceito relacionado com a vantagem competitiva.

Os processos podem ser assim classificados:

- **Processos negócio/principais/primários/chaves/essenciais/finalísticos**, que são os processos que resultam na entrega de algum bem ou serviço ao cliente final – devem satisfazer as necessidades e expectativas dos clientes e demais partes interessadas. Ex.: produção de um bem/prestação de serviço direto ao cliente final.

- **Processos secundários/administrativo/de suporte/auxiliares/meio**, que são os processos internos que geram apenas bens e serviços internos, mas que, ao mesmo tempo, são indispensáveis para que os processos principais possam ser executados (dão suporte à execução dos processos principais), contribuindo para o sucesso da organização. Ex.: gestão de pessoas, compras, manutenção em geral, contas a pagar, processos de recursos humanos etc.

- **Processos gerenciais**, ligados às estratégias e utilizados na tomada de decisão, no estabelecimento de metas, na coordenação dos demais processos e na avaliação dos resultados. Ex.: planejamento estratégico, gestão do conhecimento, avaliação de desempenho, avaliação da satisfação dos clientes etc.

Resumindo:

Percebe-se que os **processos de negócio** são os mais importantes para a organização, constituindo o cerne de sua existência, pois eles são responsáveis pelo atendimento das necessidades dos clientes, diferenciando a organização de suas concorrentes no mercado.

Os **processos organizacionais**, por sua vez, são aqueles que dão o devido suporte e apoio para que os processos de negócio possam funcionar bem e agregar valor para os clientes.

Os **processos gerenciais**, por sua vez, são aqueles relacionados às ações dos gerentes. Trata-se da tomada de decisões gerenciais pelos gerentes para que a organização possa seguir rumo ao futuro.

Por fim, apresenta-se outra visão, que divide os processos em:

- **Processos primários:** são aqueles que agregam valor para o cliente e que vão de ponta a ponta na organização. São equivalentes aos processos de negócio ou de clientes.

GESTÃO DE PROCESSOS

- **Processos secundários:** dão o suporte necessário para que os processos primários funcionem adequadamente. Relacionam-se com os processos de gerenciamento e administrativos.

6.2 Níveis de Detalhamento dos Processos

Em toda empresa, existem alguns processos mais complexos e outros mais simples. Além disso, existem processos mais importantes e outros menos importantes. O nível de detalhamento de um processo está relacionado com a sua complexidade.

Quanto mais complexo (mais atividades, entradas ou produtos resultantes), mais provável que tenhamos de "decompô-lo" em subprocessos para que seja mais fácil a análise e o controle.

A decomposição de um processo segue a seguinte lógica:

- **Macroprocesso:** compreende a visão mais geral do processo, que, em regra, abrange vários processos principais ou secundários e envolvem mais de uma função organizacional;
- **Processo:** conjunto de operações (atividades e tarefas) que recebe um insumo, agrega valor e transforma em um produto (bem/serviço) destinado ao atendimento de necessidades dos clientes internos e externos;
- **Subprocesso:** refere-se a uma parte específica do processo, composto por um conjunto de atividades que demandam insumos próprios e resultam em subproduto(s) que concorre(m) para o produto final do processo;
- **Atividade:** é um conjunto de tarefas com procedimentos definidos que descrevem o passo a passo para a execução de acordo com algum método/técnica. A atividade terá nome próprio, será precedida por um ***input*** (entrada) e resultará em um ***output*** (saída), em um produto parcial que concorre para o produto final do processo.

Fique ligado → São as atividades que agregam valor ao processo, assim, a cada atividade executada o processo deve adquirir um valor maior.

- **Tarefa:** é a menor divisão do trabalho, exclusivamente operacional, que corresponde ao fazer. É uma partição da atividade com rotina ou procedimento específico.

Fique ligado → Nos macroprocessos a visão é geral, sem detalhamentos, nos processos tem-se um nível intermediário de detalhamento, já para as atividades e tarefas o nível de detalhamento deve ser amplo, de forma a permitir que cada detalhe importante que compõe o processo possa ser claramente visualizado e compreendido.

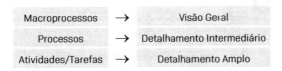

6.3 O Guia BPM CBOK

O gerenciamento de processos na Administração Pública brasileira utiliza as boas práticas previstas no guia *Business Process Management Common Book Of Knowledge* (BPM CBOK) - cujo nome pode ser traduzido como *Guia para o Corpo Comum de Conhecimentos sobre Gerenciamento de Processos de Negócio.*

Trata-se de uma abordagem que busca identificar, desenhar, medir, monitorar, controlar e melhorar os processos de negócio nas organizações. A ideia é alinhar os processos de negócio à estratégia da organização para que ela obtenha o desempenho desejado.

Nas palavras do Guia BPM CBOK:

Gerenciamento de Processos de Negócio (BPM) é uma abordagem disciplinada para identificar, desenhar, executar, documentar, medir, monitorar, controlar e melhorar processos de negócio automatizados ou não para alcançar os resultados pretendidos consistentes e alinhados com as metas estratégicas de uma organização. BPM envolve a definição deliberada, colaborativa e cada vez mais assistida por tecnologia, melhoria, inovação e gerenciamento de processos de negócio ponta a ponta que conduzem a resultados de negócios, criam valor e permitem que uma organização cumpra com seus objetivos de negócio com mais agilidade. BPM permite que uma organização alinhe seus processos de negócio à sua estratégia organizacional, conduzindo a um desempenho eficiente em toda a organização por meio de melhorias das atividades específicas de trabalho em um departamento, a organização como um todo ou entre organizações.

O gerenciamento de processos do BPM é estabelecido com base em um ciclo de vida que possui seis etapas:

01. planejamento;
02. análise;
03. desenho e modelagem;
04. implantação;
05. monitoramento e controle;
06. refinamento;

6.3.1 Planejamento

É a primeira etapa do ciclo de gerenciamento de processos. É nesta fase que é desenvolvido um plano e uma estratégia dirigida aos processos da organização, estabelecendo a estratégia e o direcionamento do BPM. O início do plano se dá por meio do entendimento das estratégias e metas que são desenhadas para garantir que o cliente perceba valor nos processos de negócio da organização. A estrutura e o direcionamento dos processos centrados no cliente são baseados no plano.

O planejamento deve assegurar que a abordagem de gestão dos processos de negócio integre a estratégia, as pessoas, processos e sistemas ao longo dos limites funcionais.

É aqui também que são identificados os papéis e responsabilidades organizacionais de gerenciamento de projetos, o patrocínio executivo, metas, expectativas quanto à medição do desempenho e as metodologias a serem utilizadas.

6.3.2 Análise

Após considerar as metas e objetivos desejados, a análise dos processos busca entender os processos atuais, também chamados de *AS IS* (do inglês - "como é" - em oposição aos processos a serem implementados no futuro, chamados de *TO BE* ("como será"), no contexto das metas e dos objetivos desejados.

Segundo o Guia de Gestão de Processos de Governo do GesPública, a análise reúne informações oriundas de planos estratégicos, modelos de processo, medições de desempenho, mudanças no ambiente externo e outros fatores, a fim de compreender os processos no escopo da organização como um todo. Nessa etapa são vistos alguns pontos como: objetivos da modelagem de negócio, ambiente do negócio que será modelado, principais *stakeholders* e escopo da modelagem de processos relacionados com o objetivo geral.

A análise dos processos leva em conta diferentes metodologias para facilitar as atividades de identificação do contexto e de diagnóstico da situação atual, que constituem o foco desta etapa.

6.3.3 Desenho e Modelagem

O desenho está focado sobre o desenho intencional e cuidadoso dos processos de negócio que entregam valor ao cliente. É no desenho que se definem as especificações dos processos de negócio, de modo que fique claro *o que, quando, onde, quem* e *como o trabalho* será realizado.

Conforme consta no Guia CBOK, o desenho dos processos trata da

Criação de especificações para processos de negócio novos ou modificados dentro do contexto dos objetivos de negócio, objetivos de desempenho de processo, fluxo de trabalho, aplicações de negócio, plataformas tecnológicas, recursos de dados, controles financeiros e operacionais, e integração com outros processos internos e externos.

Sobre a modelagem do processo, o Guia de Gestão de Processos de Governo do GesPública afirma o seguinte:

Já a modelagem de processo é definida como 'um conjunto de atividades envolvidas na criação de representações de um processo de negócio existente ou proposto', tendo por objetivo 'criar uma representação do processo em uma perspectiva ponta a ponta que o descreva de forma necessária e suficiente para a tarefa em questão'. Alternativamente chamada de fase de 'identificação', a modelagem pode ser também definida como 'fase na qual ocorre a representação do processo presente exatamente como o mesmo se apresenta na realidade, buscando-se ao máximo não recorrer à redução ou simplificação de qualquer tipo.

O Guia CBOK ressalta, no entanto, que a modelagem de processos pode ser executada tanto para o mapeamento dos processos atuais como para o mapeamento de propostas de melhoria. **Implementação**

Para a realização das atividades de implementação, subentende-se que as fases anteriores criaram e aprovaram um conjunto de especificações que podem ser executados sofrendo apenas pequenos ajustes pontuais.

Deste modo, a implementação nada mais é do que a realização do desenho do processo de negócio aprovado. Ela se dá por meio de procedimentos e fluxos de trabalho documentados, testados e operacionais.

6.3.4 Monitoramento e Controle

Esta etapa busca fornecer informações-chave de desempenho de processos por meio de métricas ligadas às metas estabelecidas e ao valor para a organização. A análise do desempenho realizada nesta etapa pode fazer com que se desenvolvam atividades de melhoria, redesenho ou reengenharia.

6.3.5 Refinamento

Segundo o Guia BPM CBOK, *o refinamento trata aspectos de ajustes e melhorias pós-implementação de processos com base nos indicadores e informações-chave de desempenho.*

Estes ajustes são feitos com base nas informações obtidas por meio da medição e do monitoramento de processos de negócio.

O Guia de Gestão de Processos de Governo afirma que esta etapa também pode ser chamada de "encenação", revendo o modelo de processo e implantando as mudanças propostas após o estudo de variados cenários.

6.4 Mapeamento de Processos

Para que possamos melhorar um processo necessitamos antes conhecê-lo. Desta maneira, precisamos analisar o processo, de forma a entender o fluxo de trabalho envolvido, quais são os setores e pessoas envolvidas e as decisões que devem ser tomadas durante o processo.

Portanto, o trabalho de "entender" e visualizar um processo de trabalho é chamado de **mapeamento de processos**. Este trabalho é executado, normalmente, por meio de uma ferramenta chamada de fluxograma, que será analisada posteriormente.

6.4.1 Técnicas de Mapeamento, Análise e Melhoria de Processos

Para que um profissional possa mapear um processo, ele deve primeiro compreendê-lo. Para que isso ocorra, existem diversas técnicas que podem ser utilizadas. As principais são:

- entrevistas e reuniões;
- observação das atividades *in loco*;
- análise da documentação e dos sistemas existentes;
- coleta de dados e evidências

Ao mapearmos um processo, este será descrito desde o início, deforma a representar cada atividade e decisão envolvida nele. Desta forma, a pessoa que estiver fazendo o mapeamento deverá compreender os elementos: (fornecedores, entradas, processo, saídas e clientes) de modo a descrever todos os aspectos do processo.

Entre os benefícios que uma organização pode ter ao mapear seus processos, temos:

- compreender o impacto que o processo tem para a organização e seus clientes;
- entender a relação de dependência entre os setores no processo;
- compreender quais são os "atores" envolvidos no processo;
- analisar se o processo é necessário e se é bem executado;
- propor mudanças no processo;
- identificar quais são os fatores críticos no processo.

Principais Técnicas para Mapeamento de Processos

Segundo DE MELLO (2008, p. 27), a literatura apresenta algumas técnicas de mapeamento com diferentes enfoques tornando a correta interpretação destas técnicas fundamental no processo de mapeamento.

Dentre as diversas técnicas de mapeamento podemos citar:

SIPOC: o SIPOC é uma ferramenta que consiste na identificação clara dos elementos dos processos, incluindo o próprio processo, suas entradas e saídas, além dos clientes e fornecedores do processo.

Trata-se de uma técnica utilizada antes mesmo do trabalha com o processo começar. Ela é anterior à construção de um mapa do processo ou fluxograma, pois identifica os fornecedores, a entrada dos insumos da empresa, todo o conjunto de atividades de processamento (tais como transporte, montagem, armazenamento etc.), os produtos finais do processo e a destinação para os clientes.

Discutindo a técnica, Lobato e Lima (2010, p. 350) apresentam os seguintes conceitos segundo Mello et. al. (2002): *fornecedor é aquele que propicia as entradas necessárias, podendo ser interno e externo; entrada é o que será transformado na execução do processo; processo é a representação esquemática da sequência de atividades que levam a um resultado esperado; saída é o produto ou serviço como solicitado pelo cliente; cliente é quem recebe o produto ou serviço.*

Blueprinting: é uma técnica que permite retratar o processo de serviço, os pontos de contato e as evidências físicas de um serviço do ponto de vista do cliente. É uma verdadeira "impressão digital" do processo, representando um verdadeiro mapa das transações em um processo de prestação de serviço.

Segundo Frazzon et al. (2014) *O uso do Service Blueprint surgiu como uma técnica para identificação de pontos de falha no processo, porém seu uso foi expandido para a área estratégica, pois ele também permite identificar as áreas prioritárias para o cumprimento dos objetivos operacionais estratégicas da organização (GIANESI; CORREA, 1994). Assim como contribui para decisões referentes ao posicionamento estratégico da organização de serviços (SHOSTACK, 1987).*

Essa ferramenta possibilita uma visualização de todo o processo de serviço em um diagrama, especialmente dos encontros de serviço com o cliente, também chamados de momentos da verdade, em que as evidências físicas da prestação de serviço são demonstradas, permitindo ainda a separação dos processos primários dos processos de apoio.

GESTÃO DE PROCESSOS

Fluxograma: esta é uma ferramenta muito utilizada para que se possa visualizar com facilidade o fluxo de ações para que determinado processo possa ser concluído.

Trata-se de um gráfico que representa o fluxo ou sequência normal de qualquer trabalho, produto, documento, informação etc., utilizando-se de diferentes símbolos que esclarecem o que está acontecendo em cada etapa.

Mapafluxograma: o mapafluxograma apresenta o fluxo de movimentação física de um determinado item com base em uma rotina produtiva preestabelecida. É como um fluxograma de como o material deverá se movimentar no espaço físico para que o processo seja desempenhado de acordo com o que está previsto no fluxograma.

Assim, o mapafluxograma permite, em conjunto com o fluxograma, o estudo do processo como um todo, tanto do ponto de vista do conjunto de atividades desempenhadas como da movimentação de material no espaço físico.

IDEF: (*Integration Definition for Function Modeling* – Definição integrada para modelagem de funções).

Segundo o CBOK, O IDEF é um padrão federal de processamento de informação (FIPS – *Federal Information Processing Standard*) desenvolvido pela Força Aérea dos EUA. **OIDEF é utilizado para criar uma descrição clara e detalhada de um processo ou um sistema.**

- **Utiliza-se quando for preciso descrever formalmente um processo, para garantir um resultado detalhado, claro e preciso.**
- **Utiliza-se quando o processo for complexo, e outros métodos fossem resultar em um diagrama mais complexo.**
- **Utiliza-se quando houver tempo hábil para trabalhar em entender e produzir uma descrição completa e correta do processo.**
- **IDEF 0** – Modelo de funções (processos)
- **IDEF 1** – Modelo de informações (dados)
- **IDEF 2** – Modelo dinâmico (comportamento)
- **IDEF 3** – Modelo de fluxo de trabalho (*workflow*)

O IDEF 0, mais utilizado da família na modelagem de processo, destina-se a descrever graficamente o processo de transformação ou produção de um bem ou serviço.

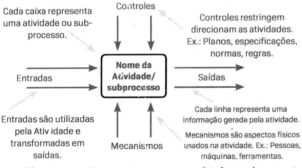

- **Mapeamento *Lean*:** é o mapeamento realizado com base na técnica do *just in time* para o processo, seja em manufatura, seja em serviço, tentando gerar economias ao longo do processamento para um processo enxuto. Sua base é a redução de desperdícios e de custos, eliminando do processo as atividades que não agregam valor, gerando um fluxo de valor. Por isso, a técnica também é conhecida como **mapeamento do fluxo de valor do processo**.

6.5 Projeto de Mapeamento e Modelagem de Processos

O BPMN (Business *Process Modeling Notation*) é o padrão utilizado para o desenho (ou modelagem) dos processos em uma organização.

Consiste de um conjunto de **notações gráficas**, ou seja, um conjunto de símbolos padronizados que servem para que possamos descrever e redesenhar um processo. Esse diagrama, que nos permite visualizar um processo, também é conhecido como **fluxograma**.

Assim, essa é a ferramenta utilizada para efetuar o mapeamento e a modelagem dos processos. Desta forma, ele é utilizado para **descrever, de modo gráfico, um processo por meio do uso de símbolos e linhas.**

6.5.1 Grau de Maturidade em Processos

O grau de maturidade na Gestão de Processos de Negócio define a maturidade a partir de níveis, que medem a evolução da organização/instituição quanto às práticas de gestão/gerenciamento de processos.

O Guia de Gestão de Processos no Governo do GesPública (2011) descreve a maturidade do processo em 5 níveis, a partir de dois modelos. Esses níveis refletem a transformação da organização na medida em que seus processos e capacidades são aperfeiçoados.

Na **visão do CBOK** – *Business Process Maturity*, os níveis (exceto o primeiro) são compostos por **áreas de processos**, estruturadas com vistas a atingir metas de criação, suporte e sustentação específicas de cada nível. Nessas áreas a **ênfase é nas melhores práticas**, indicando o que deve ser feito (mas não de que forma devem fazer).

- **Nível 1, Inicial:** os processos são executados de maneira *ad-hoc*, o gerenciamento não é consistente e é difícil prever os resultados.
- **Nível 2, Gerenciado:** a gestão equilibra os esforços nas unidades de trabalho, garantindo que sejam executados de modo que se possa repetir o procedimento e satisfazer os compromissos primários dos grupos de trabalho. No entanto, outras unidades de trabalho que executam tarefas similares podem usar diferentes procedimentos.
- **Nível 3, Padronizado:** os processos padrões são consolidados com base nas melhores práticas identificadas pelos grupos de trabalho, e procedimentos de adaptação são oferecidos para suportar diferentes necessidades do negócio. Os processos padronizados propiciam uma economia de escala e base para o aprendizado por meio de meios comuns e experiências.
- **Nível 4, Previsível:** as capacidades habilitadas pelos processos padronizados são exploradas e devolvidas às unidades de trabalho. O desempenho dos processos é gerenciado estatisticamente durante a execução de todo o *workflow*, entendendo e controlando a variação, de forma que os resultados dos processos sejam previstos ainda em estados intermediários.
- **Nível 5, Otimizado:** ações de melhorias proativas e oportunistas buscam inovações que possam fechar os *gaps* entre a capacidade atual da organização e a capacidade requerida para alcançar seus objetivos de negócio.

6.6 Diferenciando BPM e BPMS

O BPM não aceita o conceito de processos da forma trazida pelos ERPs ou SIGs – ele tem entendimento próprio e separado. **Para o BPM o processo não se restringe à execução no sistema** – mas pode ser alterado, adaptado, melhorado, monitorado em tempo real e disponibilizado por toda a organização.

Assim, para dar suporte às novas exigências do BPM é que surgiram os BPMS. Mas o que são os BPMS?

- Os BPMS – *Business Process Management Systems* – correspondem ao sistema informatizado que dá suporte para a gestão de processos nas organizações/instituições; correspondem à tecnologia que suporta o conceito e as tarefas de gestão de processos do BPM.
- Os BPMS fazem referência a um sistema computacional que suporta a gestão da informação pela organização, com foco no gerenciamento de processos.
- Os BPMS constituem uma peça de *software* que dá suporte às atividades como modelagem, análise e aprimoramento de processos de negócio.
- Os BPMS correspondem à plataforma que dá suporte aos processos de negócio.

BPM → Foco no negócio e na gestão
BPMS → Foco em TI-Tecnologia da Informação

6.6.1 Reengenharia

Na década de 1980 (pode constar em prova também década de 90), a reengenharia foi um marco para a divulgação da administração de processos e do aprimoramento de processos. O autor desse conceito foi Michael Hammer, que o divulgou no artigo "Promovendo a reengenharia do trabalho: não automatize, destrua". Nesse texto, Hammer usa o verbo "*to reengineer*" (sem equivalente em português; ficaria "reengenheirar" se fosse traduzido literalmente) com o sentido de reformular a maneira de conduzir os negócios. Hammer afirmava que a tecnologia da informação tinha sido usada de forma incorreta pela maioria das empresas. O que elas faziam, geralmente, era automatizar os processos de trabalho de forma como estavam projetados. Elas deveriam, em vez disso, redesenhar os processos.

Em seu livro de 1993, *Reengeneering the corporation*, escrito em parceria com James Champy, as ideias originais foram ampliadas e acrescidas de uma metodologia para a implantação da reengenharia. Nesse livro, os autores apresentaram as bases da administração de processos e do aprimoramento dos processos.

A reengenharia firmou-se como proposta de redesenhar a organização em torno de seus processos, para torná-la mais ágil e eficiente. Moreira (1994) apresentou a reengenharia como uma proposição audaciosa:

Fazer a reengenharia é reinventar a empresa, desafiando suas doutrinas, práticas e atividades existentes, para, em seguida, redesenhar seus recursos de maneira inovadora, em processos que integram as funções departamentais. Esta reinvenção tem como objetivo otimizar a posição competitiva da organização, seu valor para os acionistas e sua contribuição para a sociedade.

6.7 Ciclo PDCA

O Ciclo PDCA teve origem com Shewhart, nos Estados Unidos, mas tornou-se conhecido como ciclo de Deming a partir de 1950, no Japão. Para o glossário do GesPública, Ciclo PDCA é *uma ferramenta que busca a lógica para fazer certo desde a primeira vez.*

É uma técnica simples para o controle de processos, que também pode ser utilizada para o gerenciamento contínuo das atividades de uma organização. **É um método** usado para controlar e melhorar as atividades de um processo.

O PDCA:

- padroniza as informações de controle;
- reduz e evita erros lógicos;
- facilita o entendimento das informações;
- melhora a realização das atividades; e
- proporciona resultados mais confiáveis.

Também chamado Ciclo da Melhoria Contínua, o PDCA é uma "ferramenta oficial da qualidade", utilizado em processos de trabalho com vistas a maximizar a eficiência e alcançar a excelência de produtos e serviços.

O PDCA parte da insatisfação com o "estado atual das coisas" e analisa os processos com vistas a realizá-los de maneira otimizada. Inclui as seguintes etapas:

- **planejamento (*plan*):** estabelecer objetivos, metas e os meios para alcançá-los;
- **execução (*do*):** executar as atividades propostas no planejamento;
- **controle/ verificação (*check/control*):** monitora/controla a execução e verifica o grau de cumprimento do que foi planejado;
- **ação avaliativa (*act*):** identifica eventuais falhas e corrige-as, a fim de melhorar a execução.

7 PLANEJAMENTO ESTRATÉGICO

7.1 Processo de Planejamento

Maximiano descreve o planejamento como o processo de tomar *decisões para o futuro*. De forma mais completa, Chiavenato diz que *planejar é definir os objetivos e escolher antecipadamente o melhor curso de ação para alcançá-los*.

Para Felipe Sobral e Alketa Peci, o planejamento tem a dupla atribuição de definir o *que* deve ser feito – objetivos – e *como* deve ser feito – planos:

Planejamento	
Concepção de planos	Definição dos objetivos
Guias que entegram e coordenam as atividades da organização de forma a alcançar esses objetivos	Resultados, propósitos, intenções ou estados futuros que as organizações preteden alcaçar

Na lição de Chiavenato (2006), o planejamento pode ser considerado como um processo constituído de uma série sequencial de seis passos:

01. **Definição dos objetivos**: o primeiro passo do planejamento é o estabelecimento dos objetivos que se pretende alcançar, ou seja, os objetivos da organização devem orientar todos os principais planos, servindo de base aos objetivos departamentais. Os objetivos devem especificar resultados desejados e os pontos finais a que se pretende chegar, para se conhecer quais os passos intermediários para chegar lá.

02. **Verificação da situação atual em relação aos objetivos**: simultaneamente à definição dos objetivos, deve-se avaliar a situação atual em contraposição aos objetivos desejados, verificar onde se está e o que precisa ser feito.

03. **Desenvolver premissas quanto às condições futuras**: premissas constituem os ambientes esperados dos planos em operação. Como a organização opera em ambientes complexos. Trata-se de gerar cenários alternativos para os estados futuros das ações, analisando o que pode ajudar ou prejudicar o progresso em relação aos objetivos.

04. **Analisar as alternativas de ação**: o quarto passo do planejamento é a busca e análise dos cursos alternativos de ação. Trata-se de relacionar e avaliar as ações que devem ser empreendidas.

05. **Escolher um curso de ação entre as várias alternativas**: o quinto passo é selecionar o curso de ação adequada para alcançar os objetivos propostos. Trata-se de uma tomada de decisão, em que se escolhe uma alternativa e se abandona as demais. A alternativa escolhida se transforma em um plano para alcance dos objetivos.

06. **Implementar o plano e avaliar os resultados**: fazer aquilo que o plano determina e avaliar cuidadosamente os resultados para assegurar o alcance dos objetivos, seguir por meio do que foi planejado e empreender as ações corretivas à medida que se tornarem necessárias.

7.2 Níveis de Planejamento

Estratégico	Amplo e genérico - menor grau de detalhamento. Impacta em toda a organização. Determina objetivos e diretrizes institucionais. Longo Prazo - maior nível de incerteza.
Tático	Desdobramento das estratégias em cada unidade. Aproxima/intrega o estratégico com o operacional. Grau de detalhamento um pouco maior - diminui incertezas. Médio Prazo
Operacional	Desdobramento dos planos táticos em atividades. Máximo detalhamento - maior precisão. Curto prazo - menor risco. "O que" e "Como" fazer - procedimentos, cronogramas.

Planos Estratégicos	Definem a missão, o futuro e as formas de atuar no ambiente (produtos e serviços, clientes e mercados, vantagens competitivas), bem como os objetivos de longo prazo.
Planos Funcionais ou Administrativos	Definem os objetivos e curso de ações áreas funcionais (marketing, finanças, oprações, recursos humanos) para realizar os planos estratégicos.
Planos operacionais	Definem atividades, recursos e formas de controle necessários para realizar os cursos de ação escolhidos.

O planejamento estratégico é insuficiente de forma isolada para que as organizações alcancem vantagem competitiva, sendo necessário o desenvolvimento e a implantação dos planejamentos táticos e operacionais de forma integrada e alinhada.

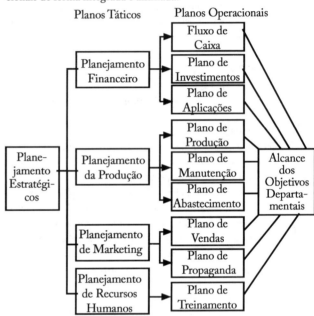

7.2.1 Planejamento Estratégico

O ambiente cheio de incertezas em que estão inseridas as organizações faz com que elas busquem se adaptar constantemente. E, nesse sentido, uma ferramenta indispensável é o planejamento estratégico, que proporciona flexibilidade na gestão das organizações com técnicas e processos administrativos.

No entanto, Matos e Chiavenato (1999) lecionam que o planejamento estratégico apresenta cinco características fundamentais:

- **O planejamento estratégico está relacionado com a adaptação da organização a um ambiente mutável**: ou seja, sujeito à incerteza a respeito dos eventos ambientais. Por se defrontar com a incerteza, tem suas decisões baseadas em julgamentos, e não em dados concretos. Reflete uma orientação externa que focaliza as respostas adequadas às forças e pressões que estão situadas do lado de fora da organização.

- **O planejamento estratégico é orientado para o futuro**: seu horizonte de tempo é o longo prazo. Durante o curso do planejamento, a consideração dos problemas atuais é dada em função dos obstáculos e barreiras que eles possam provocar para um almejado lugar no futuro.

- **O planejamento estratégico é compreensivo**: ele envolve a organização como uma totalidade, abarcando todos os seus recursos, no sentido de obter efeitos sinergéticos de todas as capacidades e potencialidades da organização. A resposta estratégica da organização envolve um comportamento global, compreensivo e sistêmico. A participação das pessoas é fundamental nesse aspecto, pois o planejamento estratégico não deve ficar apenas no papel, mas na cabeça e no coração de todos os envolvidos. São eles que o realizam e o fazem acontecer.

- **O planejamento estratégico é um processo de construção de consenso:** devido à diversidade dos interesses e necessidades dos parceiros envolvidos, o planejamento deve oferecer um meio de atender a todos na direção futura que melhor convenha para que a organização possa alcançar seus objetivos. Para isso, é preciso aceitação ampla e irrestrita para que o planejamento estratégico possa ser realizado, por meio dessas pessoas, em todos os níveis da organização.
- **O planejamento estratégico é uma forma de aprendizagem organizacional:** por estar orientado para a adaptação da organização ao contexto ambiental, o planejamento constitui uma tentativa constante de aprender a ajustar-se a um ambiente complexo, competitivo e suscetível a mudanças.

Etapas do Planejamento Estratégico

Para Maximiano, o planejamento estratégico é uma sequência de análises e decisões que compreende os seguintes componentes principais:
- - Entendimento da missão. (Em que ponto estamos?)
- - Análise do ambiente externo. (Quais são as ameaças e oportunidades do ambiente?)
- - Análise do ambiente interno. (Quais são os pontos fortes e fracos dos sistemas internos da organização?)
- - Definição do plano estratégico. (Para onde devemos ir? O que devemos fazer para chegar lá?)

Por seu turno, Chiavenato descreve sete etapas do planejamento estratégico:
- determinação dos objetivos;
- análise ambiental externa;
- análise organizacional interna;
- formulação de alternativas;
- elaboração do planejamento;
- implementação e execução;
- avaliação dos resultados.

Ademais, Djalma Rebouças de Oliveira dispõe que o planejamento estratégico compõe-se por quatro fases básicas:

Fase I – Diagnóstico estratégico – também denominada auditoria de posição, deve-se determinar "como se está". As pessoas representativas devem analisar os aspectos inerentes à realidade interna e externa da empresa. Essa fase pode ser dividida em cinco etapas básicas: (a) identificação da visão; (b) identificação dos valores; (c) análise externa; (d) análise interna; e (e) análise dos concorrentes.

Fase II – Missão da empresa – nesse momento, deve ser estabelecida a razão de ser da empresa, bem como o seu posicionamento estratégico. Essa fase divide-se em cinco etapas: (a) estabelecimento da missão da empresa; (b) estabelecimento dos propósitos atuais e potenciais; (c) estruturação e debate de cenários; (d) estabelecimento da postura estratégica; e (e) estabelecimento das macroestratégias e macropolíticas.

Fase III – Instrumentos prescritivos e quantitativos – nessa fase, deve-se estabelecer "de onde se quer chegar" e de "como chegar à situação que se deseja". Assim, pode-se dividi-la em dois instrumentos perfeitamente interligados: (a) instrumentos prescritivos (explicitação do que deve ser feito pela empresa); e (b) instrumentos quantitativos (projeções econômico-financeiras do planejamento orçamentário).

Fase IV – Controle e avaliação – deve verificar "como a empresa está indo" para a situação desejada.

7.2.2 Missão, Visão, Valores, Questões e Objetivos

A **missão significa a razão de ser da empresa**. A missão deve expressar o motivo da existência da organização e o que ela faz. Trata-se do propósito fundamental ou razão de existir de uma organização, independentemente de ser pública ou privada. É um referencial para as ações desempenhadas pela instituição.

Por outro lado, **a visão representa o consenso dos membros da organização sobre o futuro que se deseja**. Na hora de definir a visão, deve-se olhar para o futuro e identificar a forma como a organização deve ser vista por colaboradores, clientes, fornecedores e a sociedade em geral.

Por sua vez, os **valores são princípios, crenças, normas e padrões** que devem orientar o comportamento das pessoas na organização.

| Ex.: Profissionalismo, Equidade, Ética e Transparência.

Por fim, os **objetivos são resultados que a empresa pretende alcançar; enquanto as metas são os desdobramentos dos objetivos**. As estratégias representam o caminho a ser seguido para alcançar os objetivos.

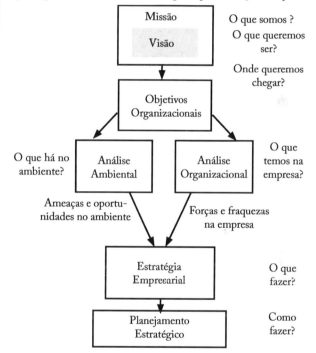

7.2.3 Evolução do Pensamento Estratégico

O pensamento estratégico vem evoluindo com o passar do tempo, sendo manifestado por meio de várias correntes. Moysés Filho et al. (2003, p. 15-30) descrevem as fases de evolução do pensamento estratégico empresarial, desde 1950 até os dias de hoje, por meio de seis escolas que se sucedem e se complementam no decorrer do tempo.

A primeira fase é correspondente à **Escola do Planejamento Financeiro**, segundo a qual a alta administração aprova um orçamento visando apenas ao controle financeiro do desempenho.

A segunda fase, caracterizada pela **Escola do Planejamento a Longo Prazo**, baseava-se na projeção do futuro por meio da elaboração de cenários na premissa de que o futuro seria estimado pela projeção de indicadores passados e atuais, podendo ser melhorados a longo prazo pela intervenção ativa no presente.

A terceira fase, chamada de **Escola do Planejamento Estratégico**, caracterizou-se por se basear principalmente na análise das

PLANEJAMENTO ESTRATÉGICO

forças-fraquezas internas e das oportunidades-ameaças do ambiente, calçada na premissa de que as estratégias eficazes derivam de um processo de pensamento rigidamente formado, dando ênfase ao planejamento.

Já a quarta escola, definida como **Escola da Administração Estratégica**, embora aceitasse a maioria das premissas desenvolvidas anteriormente, concentrou sua abordagem no argumento de que a implantação das estratégias era tão importante quanto a sua formulação, focando consequentemente a abordagem prescritiva do pensamento estratégico.

Na quinta fase, **Escola da Gestão Estratégica**, a abordagem sistêmica foi inserida a todo o processo, em que além do ato de planejar estrategicamente, era também necessário organizar, dirigir e coordenar estrategicamente, proporcionando, com isso, uma abordagem mais integrada e menos centralizada.

A sexta escola, chamada de **Gestão Estratégica Competitiva**, é descrita como uma tendência do pensamento estratégico contemporâneo. Esta Escola tem como premissa básica a ideia de que a estratégia deve assumir a forma de um processo de aprendizado ao longo do tempo, integrando oito características básicas: Atuação Global; Proatividade e Foco Participativo; Incentivo à Criatividade; Controle pelo Balanced Scorecard; Organização em Unidades Estratégicas de Negócios; Ênfase em Alianças Responsabilidade Social Aprendizagem Contínua.

Evolução do Pensamento Estratégico

Escola de Pensamento	Características Principais	Sistemas de Valores	Problemas	Predominância
Planejamento Financeiro	- Orçamento Anual - Controle Financeiro - Administração por objetivos (APO)	-Cumprir o Orçamento	-Promover a Miopia	Década de 1950
Planejamento a longo prazo	-Projeção de Tendências -Análise de Lacunas - Estudos de Cenários	-Projetar o Futuro	-Não prever descontinuidades	Década de 1960
Planejamento estratégico	-Pensamento Estratégico -Analise de Mudanças no Ambiente -Analise dos Recursos internos e Competências - Alocação de Recursos - Foco na Formulação	-Definir a Estratégia	-Falta de Foco na Implementação	Década de 1970
Administração Estratégica	-Analise da Estrutura da Indústria -Contexto Econômico e Competitivo -Estratégia Genéricas -Cadeia de Valor -Foco na análise e Implementação -Pesquisa e Informações com Base Analítica	-Definir as Atividades da Industria	-Não Desenvolver a Abordagem Sistêmica	Década de 1980
Gestão Estratégica	-Pensamento Sistêmico -Integração entre Planejamento e Controle -Coordenação de todos os Recursos para o Objetivo -Organização Estratégica -Direção Estratégica -Foco nos Objetivos Financeiros	-Buscar Sintonia Entre os Ambientes Internos e Externos	-Falta de Alinhamento com a Filosofia Organizacional	Década de 1990
Gestão Estratégica Competitiva	-Atuação Global -Proatividade e Foco Participativo -Incentivo à Criatividade -Controle pelo Balanced Scorecard -Organização em Unidades Estratégicas de Negócios -Enfase em Alianças -Responsabilidade Social -Aprendisagem Continua	-Estratégia como processo de Aprendisagem Continua e Integrada	---------------	Início do Século XXI

7.2.4 Análise SWOT

A técnica SWOT surgiu da tentativa de correção do planejamento corporativo, conhecido na época como planejamento estratégico malsucedido (Chiavenato 2000).

O planejamento estratégico, segundo Chiavenato (2000), é um método pelo qual uma organização deseja implantar uma determinada estratégia de negócios, crescimento e desenvolvimento almejando os objetivos propostos. Para Philip KOTLER (1975), o conceito de planejamento estratégico é um método gerencial pelo qual uma corporação estabelece sua direção a ser seguida, considerando a maximização da interação com o ambiente interno e externo. A direção estabelecida pela corporação deve considerar o âmbito de atuação, políticas funcionais, macropolíticas, estratégias funcionais, filosofia de atuação, macroestratégia, macro-objetivos e objetivos funcionais.

Segundo Andrade, et al. (2008),

*"A sigla S.W.O.T., deriva da língua inglesa e traduz-se: sthreats (forças), **Weaknesses** (fraquezas), **Opportunities** (oportunidades) e **Sthreats** (ameaças). Esta análise procura avaliar os pontos fortes e pontos fracos no ambiente interno da organização e as oportunidades e as ameaças no ambiente externo." (Andrade, et al. 2008).*

- **S – Sthreats:** Pontos fortes (Forças) – Descreve os pontos fortes da empresa que estão sob influência do próprio administrador;

NOÇÕES DE ADMINISTRAÇÃO PÚBLICA/ÉTICA NO SERVIÇO PÚBLICO

- **W – Weaknesses:** Pontos fracos (Fraquezas) – Competências que estão sob influência do administrador, mas por algum motivo atrapalham ou não geram vantagem competitiva;
- **O - Opportunities:** oportunidades – Forças externas à empresa, influenciando positivamente, porém não estão sob controle do administrador.
- **T - Threats:** ameaças – Forças externas à empresa, que tendem a pesar negativamente nos negócios da empresa.

As Forças e Fraquezas são fatores que estão caracterizados como internos de criação ou de destruição de valores. Estes valores podem ser ativos, habilidades ou recursos financeiros e humanos que uma organização possui a disposição em relação aos seus concorrentes (Value Based Management, 2011).

Já as Oportunidades e as Ameaças são consideradas como fatores externos de criação ou de destruição de valores, não controlados pela empresa. Estes valores podem ser fatores demográficos, políticos, sociais, legais e Tecnológicos. (Value Based Management, 2011).

A análise SWOT é uma técnica que sintetiza os principais fatores internos e externos das organizações empresariais e sua capacidade estratégica de influenciar uma tendência de causar maior impacto no desenvolvimento da estratégia (Johnson, et al. 2007). O objetivo desta ferramenta "(...) é identificar o grau em que as forças e fraquezas atuais são relevantes para, e capazes de, lidar com as ameaças ou capitalizar as oportunidades no ambiente empresarial." (JOHNSON, et al. 2007).

Há várias vantagens na utilização desta técnica, dentre elas estão:

- Auxiliar a empresa a identificar o que a torna mais efetiva (forças), aumentando a confiança nas ações a serem tomadas, indicando um caminho mais seguro para sua ação no mercado.
- Planejar ações de correção e ajuste, identificando os pontos de melhoria da empresa (fraquezas).
- Usufruir das oportunidades identificadas.
- Diminuir os riscos referentes às ameaças identificadas.
- Alcance de um maior grau de conhecimento diante do negócio, ambiente e do nicho de mercado da empresa.
- Domínio do Problema.

A Análise SWOT ou Matriz SWOT, pode ser adotada por uma organização, unidade ou até mesmo por uma equipe favorecendo uma série de objetivos do projeto, podendo esta ser utilizada para avaliar um produto ou marca; uma terceirização de uma função de negócios; uma parceria ou aquisição. Além de que, quando bem aplicada pode trazer **benefícios** para o desenvolvimento de uma negociação, a aplicação de uma tecnologia específica ou uma fonte de alimentação especial.

- **Neutralidade Aplicação:** a análise SWOT é realizada por meio da identificação de um objetivo/problema, sendo assim deve se realizar uma sessão de Brainstorming utilizada para identificar os fatores internos e externos que são favoráveis e desfavoráveis para a realização deste objetivo. Permanecendo este mesmo critério para análise com finalidade de apoio ao planejamento estratégico, análise de oportunidades, análise competitiva, desenvolvimento de negócios ou processos de desenvolvimento de produtos.
- **Análise Multinível:** consiste em informações valiosas sobre as chances de seu objetivo, podendo ser fornecidas por meio da visualização de cada um dos quatro elementos das forças de análise SWOT (Forças, Fraquezas, Oportunidades e Ameaças), de forma independente ou em combinação.

- **Integração de Dados:** a análise SWOT propõe que as informações quantitativas e qualitativas a partir de um número de fontes devem ser combinadas, facilitando o acesso a uma gama de dados de múltiplas fontes, a fim de melhorar a comunicação, o nível de planejamento e tomada de decisões da empresa, auxiliando na coordenação de suas operações.
- **Simplicidade:** esse método de análise não requer habilidades técnicas nem treinamento. Sendo assim, ela pode ser realizada por qualquer pessoa com domínio e competência de realização sobre o negócio, ou setor em que ela opera. O processo envolve uma sessão de Brainstorming, em que serão discutidas as quatro dimensões de análise SWOT, como resultado, as crenças individuais de cada participante, os conhecimentos e os julgamentos são agregados em uma avaliação coletiva assegurada pelo grupo como um todo, com a finalidade de chegar a acordo/ solução.
- **Custo:** por meio da simplicidade de realização do método SWOT, a empresa pode escolher um membro da equipe em vez de contratar um consultor externo, reduzindo assim o custo de investimento. Além disso, pode ser realizado em um curto período de tempo já que o membro da empresa que irá realizar este método de análise já possui conhecimento sobre o negócio e a conduta da empresa.

As Desvantagens em Não Utilizar a Matriz SWOT

A MATRIZ SWOT é uma ferramenta que proporciona para as empresas a facilidade de poder identificar quais são seus pontos fortes e fracos, quais são suas oportunidades e ameaças. Com a sua implantação, pode trazer a capacidade de a empresa conseguir enxergar as características principais da empresa de um modo mais específico, profundo e detalhado.

Com a identificação dessas características, traz a facilidade de se fazer ou implantar melhorias em seu processo produtivo, e também aumenta sua vantagem competitiva no mercado. O importante é que as empresas se adequem a essa ferramenta, pois ela traz pode trazer um benefício qualitativo, e pode também agregar valor para a empresa e torna a empresa mais competitiva do ponto de vista da concorrência.

Empresas que não a implantam possuem grande dificuldade de identificar os pontos a serem melhorados, e quais são seus aspectos que podem lhe proporcionar oportunidades de melhoria? Não implantar a MATRIZ SWOT traz como consequência a baixa vantagem competitiva no mercado.

Empresas que optam por não a implantar podem conseguir sucesso, mas não com a mesma forma repentina e ágil de empresas que a implantam.

ESQUEMAS

Ambiente interno (variáveis controláveis):
Pontos fortes (Strengths) - são competências, fatores ou características internas positivas que a organização possui – Ex.: funcionários capacitados; e
Pontos fracos (Weaknesses) - são deficiências, fatores ou características internas negativas que prejudicam o desempenho e o cumprimento da missão organizacional – Ex.: funcionários não capacitados.
Ambiente externo (variáveis não controláveis):
Oportunidades (Opportunities) - as oportunidades são as forças externas à organização que influenciam positivamente no cumprimento da missão, mas que não temos controle sobre elas – Ex.: mercado internacional em expansão; e
Ameaças (Threats) - são aspectos externos à organização que impactam negativamente no desempenho e no cumprimento da missão – Ex.: governo cria um novo imposto.

PLANEJAMENTO ESTRATÉGICO

Forças	Fraquezas
- Boa imagem - Qualidade do produto - Baixo custo - Parcerias - Distribuição - Liderança de mercado - Competência Tecnologia própria	- Falta de direção e estratégia - Pouco investimento em inovação - Linha de produtos muito reduzida - Distribuição limitada - Custos Altos - Problemas operacionais internos - Falta de experiência da administração - Falta de formação dos funcionários
Oportunidades	**Ameaças**
- Rápido crescimento de mercado - Abertura aos mercados estrangeiros - Empresa rival enfrenta dificuldade - Encontrados novos usos do produto - Novas tecnologias - Mudanças demográficas - Novos métodos de distribuição - Diminuição da regulamentação	- Receção - Nova tecnologia - Mudanças demográficas - Empresas rivais adaptam novas estratégias - Barreiras ao comércio exterior - Desempenho negativos das empresas associadas - Aumento da regulamentação

Graus de interação	Comprotamento	Consequências
Negativo ↓ [Dinossauro]	- Não reage - Não adapitativo - Não inovativo	Sobrevivência curto prazo ↓ [extinção]
Neutro ↓ [camaleão]	- Reagente - Adaptativo	Sobrevivência longo prazo ↓ [estagnação]
Positivo ↓ [homo sapiens]	- Reagente - Adaptativo - Inovativo	Sobrevivência longo prazo ↓ [desenvolvimento]

O cruzamento entre os quatro pontos da análise SWOT gera uma moldura em que a organização pode desenvolver suas estratégias e melhor aproveitar suas vantagens competitivas. Vamos utilizar, para essa demonstração, a nomenclatura FOFA:

FOFA		AMBIENTE INTERNO	
		Forças (S)	Fraquezas (W)
AMBIENTE EXTERNO	Oportunidades (O)	SO (máx.-máx.)- ALAVANCAGEM Tirar o máximo partido dos pontos fortes para aproveitar o máximo das oportunidades.	WO (min.-máx.)- LIMITAÇÕES Minimizar ou superar os efeitos negativos dos pontos fracos e aproveitar oportunidades.
	Ameaças (T)	ST (máx. - min.)- VULNERABILIDADE Tirar o máximo partido dos pontos fortes para minimizar efeitos das ameaças detectadas.	WT(min. - min.)- PROBLEMAS Minimizar ou ultrapassar pontos fracos e fazer face às ameaças.

Tipos de Estratégias

O executivo poderá escolher determinado tipo de estratégia que seja o mais adequado, tendo em vista a sua capacitação e o objetivo estabelecido. Entretanto, deverá estar ciente de que a escolha poderá nortear o seu desenvolvimento por um período de tempo que poderá ser longo.

As estratégias podem ser estabelecidas de acordo com a situação da empresa: podem estar voltadas à sobrevivência, à manutenção, ao crescimento ou ao desenvolvimento, conforme postura estratégica da empresa.

A combinação de estratégias deve ser feita de forma que aproveite todas as oportunidades possíveis, e utilizando a estratégia certa no memento certo.

Estratégia de Sobrevivência

Este tipo de estratégia deve ser adotado pela empresa quando não existir outra alternativa para ela, ou seja, apenas quando o ambiente e a empresa estão em situação inadequada com muitas dificuldades ou quando apresentam péssimas perspectivas (alto índice de pontos fracos internos e ameaças externas). Em qualquer outra situação, quando a empresa adota esta estratégia como precaução, as consequências podem ser desastrosas, pois numa postura de sobrevivência, normalmente a primeira decisão do executivo é parar os investimentos e reduzir, ao máximo, as despesas.

A sobrevivência pode ser uma situação adequada como condição mínima para atingir outros objetivos mais tangíveis no futuro, como lucros maiores, vendas incrementadas, maior participação no mercado, etc., mas não como um objetivo único da empresa, ou seja, estar numa situação de "sobreviver por sobreviver".

Os tipos que se enquadram na situação de estratégia de sobrevivência são:

- **Redução de custos:** utilizada normalmente em período de recessão, que consiste na redução de todos os custos possíveis para que a empresa possa subsistir.
- **Desinvestimento:** quando as empresas encontram-se em conflito com linhas de produtos que deixam de ser interessantes, portanto, é melhor desinvestir do que comprometer toda a empresa.

Se nenhuma estratégia básica de sobrevivência der certo, o executivo penderá para a adoção da estratégia de - Liquidação de negócio: estratégia usada em último caso, quando não existe outra saída, a não ser fechar o negócio.

Estratégia de Manutenção

Neste caso, a empresa identifica um ambiente com predominância de ameaças; entretanto, ela possui uma série de pontos fortes (disponibilidade financeira, recursos humanos, tecnologia etc.) acumulados ao longo dos anos, que possibilitam ao administrador, além de querer continuar sobrevivendo, também manter a sua posição conquistada até o momento. Para tanto, deverá sedimentar e usufruir ao máximo os seus pontos fortes, tendo em vista, inclusive, minimizar os seus pontos fracos, tentando ainda, maximizar os pontos fracos e minimizar os pontos fortes dos concorrentes.

A estratégia de manutenção é uma postura preferível quando a empresa está enfrentando ou espera encontrar dificuldades, e a partir dessa situação prefere tomar uma atitude defensiva diante das ameaças.

A estratégia de manutenção pode apresentar três situações:

- **Estratégia de estabilidade:** procura, principalmente, a manutenção de um estado de equilíbrio ameaçado, ou ainda, o seu retorno em caso de sua perda.
- **Estratégia de especialização:** a empresa busca conquistar ou manter a liderança no mercado por meio da concentração dos esforços de expansão numa única ou em poucas atividades da relação produto/mercado. Sua vantagem é a redução dos custos unitários, e a desvantagem é a vulnerabilidade pela alta dependência de poucas modalidades de fornecimento de produção e vendas.

- **Estratégia de nicho:** a empresa procura dominar um segmento de mercado que ela atua, concentrando o seu esforço e recursos em preservar algumas vantagens competitivas. Pode ficar entendido que este tipo de empresa tem um ambiente ecológico bem restrito, não procura expandir-se geograficamente e segue a estratégia do menor risco, executando-se aquele que é inerente a quem se encontra num só segmento. Assim a empresa dedica-se a um único produto, mercado ou tecnologia, pois não há interesse em desviar os seus recursos para outras atenções.

Estratégia de Crescimento

Nesta situação, o ambiente está proporcionando situações favoráveis que podem transformar-se em oportunidades, quando efetivamente é usufruída a situação favorável pela empresa. Normalmente, o executivo procura, nesta situação, lançar novos produtos, aumentar o volume de vendas etc.

Algumas das estratégias inerentes à postura de crescimento são:

- **Estratégia de inovação:** a empresa procura antecipar-se aos concorrentes por meio de frequentes desenvolvimentos e lançamentos de novos produtos e serviços; portanto, a empresa deve ter acesso rápido e direto a todas as informações necessárias num mercado de rápida evolução tecnológica.
- **Estratégia de joint venture:** trata-se de uma estratégia usada para entrar em novo mercado onde duas empresas se associam para produzir um produto. Normalmente, uma empresa entra no negócio com capital e a outra com a tecnologia necessária.
- **Estratégia de internacionalização:** a empresa estende suas atividades para fora do seu país de origem. Embora o processo seja lento e arriscado, esta estratégia pode ser muito interessante para empresas de grande porte, pela atual evolução de sistemas, como logísticos e comunicação.
- **Estratégia de expansão:** o processo de expansão das empresas deve ser muito bem planejado, pois caso contrário, elas podem ser absorvidas pelo Governo ou outras empresas nacionais ou multinacionais. Muitas vezes, a não expansão na hora certa pode provocar uma perda de mercado, de modo que a única providência da empresa perante esta situação seja a venda ou a associação com empresas de maior porte.

A decisão em investir na expansão é mais comum que na diversificação, pois esta última envolve uma mudança mais radical dos produtos, e dos seus usos atuais, enquanto a expansão aproveita uma situação de sinergia potencial muito forte.

Estratégia de Desenvolvimento

Neste caso, a predominância na situação da empresa é de pontos fortes e de oportunidades. Diante disso, o executivo deve procurar desenvolver a sua empresa por meio de duas direções: podem-se procurar novos mercados e clientes ou então, novas tecnologias diferentes daquelas que a empresa domina. A combinação destas permite ao executivo construir novos negócios no mercado.

- **Desenvolvimento de mercado:** ocorre quando a empresa procura maiores vendas, levando seus produtos a novos mercados.
- **Desenvolvimento de produto ou serviços:** ocorre quando a empresa procura maiores vendas mediante o desenvolvimento de melhores produtos e/ou serviços para seus mercados atuais. Este desenvolvimento pode ocorrer por meio de novas características do produto/serviço; variações de qualidade; ou diferentes modelos e tamanhos (proliferação de produtos).
- **Desenvolvimento financeiro:** união de duas ou mais empresas por meio da associação ou fusão, para a formação de uma nova empresa. Isto ocorre quando uma empresa apresenta poucos recursos financeiros e muitas oportunidades; enquanto a outra empresa tem um quadro totalmente ao contrário; e ambas buscam a união para o fortalecimento em ambos os aspectos.
- **Desenvolvimento de capacidades:** ocorre quando a associação é realizada entre uma empresa com ponto fraco em tecnologia e alto índice de oportunidades usufruídas e/ou potenciais, e outra empresa com ponto forte em tecnologia, mas com baixo nível de oportunidades ambientais.
- **Desenvolvimento de estabilidade:** corresponde a uma associação ou fusão de empresas que procuram tornar as suas evoluções uniformes, principalmente quanto ao aspecto mercadológico.

Entretanto a estratégia mais forte do desenvolvimento de uma empresa corresponde à diversificação, que é dividida em dois modelos:

- **Diversificação horizontal:** por meio desta estratégia, a empresa concentra o seu capital, pela compra ou associação com empresas similares. A empresa atua em ambiente econômico que lhe é familiar, porque os consumidores são do mesmo tipo. O potencial de ganhos de sinergia neste tipo de diversificação é baixo, com exceção da sinergia comercial, uma vez que os mesmos canais de distribuição são usados.
- **Diversificação vertical:** ocorre quando a empresa passa a produzir novo produto ou serviço, que se acha entre o seu mercado de matérias-primas e o consumidor final do produto que já se fabrica.
- **Diversificação concêntrica:** diversificação da linha de produtos, com o aproveitamento da mesma tecnologia ou força de vendas, oferecendo-se uma quantidade maior de produtos no mesmo mercado. A empresa pode ter ganhos substanciais em termos de flexibilidade.
- **Diversificação conglomerada:** consiste na diversificação de negócios em que a empresa não aproveitará a mesma tecnologia ou força de vendas.
- **Diversificação interna:** corresponde a uma situação em que a diversificação da empresa é, basicamente, gerada pelos fatores internos, e sofre menos influência dos fatores externos.
- **Diversificação mista:** trata-se de uma situação em que a empresa apresenta mais que um tipo anterior de diversificação ao mesmo tempo.

Diagnóstico	Interno	Interno
	Pontos Fracos	Pontos Forte
	Postura Estratégica de Sobrevivência	Postura Estratégica de Manutenção
PREDOMINÂNCIA DE AMEAÇAS	Redução de Custos	Estabilidade
	Desinvestimento	Nicho
	Liquidação de Negocio	Especialização
EXTERNO	Postura Estratégica de Crescimento	Postura Estratégica de Desenvolvimento
	Inovação	de Mercado
	Internacionalização	de Produção
PREDOMINÂNCIA DE OPORTUNIDADES	Joint Venture	Financeiro
		de Capacidades
	Expansão	de Estabilidade
		Diversificação

PLANEJAMENTO ESTRATÉGICO

Resumo dos tipos básicos de estratégias:
Análise competitiva e estratégias genéricas de Michael Porter

Michael Porter desenvolveu um modelo de cinco forças competitivas. Esses fatores são os seguintes:

Ameaça de Novos Entrantes – Alto investimento necessário e economias de escala são alguns dos fatores que podem dificultar a entrada de um novo competidor em um mercado. Naturalmente, é mais difícil abrir uma nova indústria aeronáutica do que uma nova loja de roupas. Dessa forma, as empresas que estão em setores com altas barreiras à entrada sofrem menos competição dos que as que estão em mercados com baixas barreiras de entrada.

Poder de Negociação dos Clientes – Quanto mais informados estão os clientes, mais eles normalmente podem exigir das empresas qualidade, preço e serviços. Os clientes são poderosos quando são poucos, ou compram em grande quantidade, quando os custos de trocar de fornecedor são baixos, quando eles conhecem as estruturas de custos das empresas e quando podem deixar de consumir os produtos ou fabricá-los internamente.

Poder de Negociação dos Fornecedores – Muitos dos fatores que podem deixar os clientes fortes podem deixar os fornecedores poderosos se forem invertidos. Os fornecedores são fortes: quando são poucos e/ou dominam o mercado; quando o custo de trocar de fornecedor é alto; quando os clientes são pouco importantes; e quando podem se tornar competidores, ou seja, passar a concorrer no mercado do cliente.

Ameaça de Produtos Substitutos – Um produto é substituto quando satisfaz a mesma necessidade dos clientes (exemplo: manteiga e margarina). Se existem muitos produtos que podem substituir o produto que sua empresa fornece, a posição estratégica é difícil e o setor será menos atraente e lucrativo.

Rivalidade entre os Concorrentes – Se existem muitos concorrentes em um mercado e se a força deles é semelhante, pode ocorrer uma guerra de preços, levando a uma queda na atratividade do setor. Outros fatores que levam a isso são: custos fixos elevados, que podem levar as empresas a buscar operar com capacidade total, e uma grande barreira de saída, como instalações caras, de difícil venda, maquinário específico e altas indenizações, que podem levar empresas a continuar investindo e operando em mercados com lucratividades baixas.

Rivalidade entre Concorrentes
Avalia a competitividade do mercado, levando em conta aspectos como:
- Quantidade de concorrentes
- Diferenciação dos produtos
- Diversidade dos concorrentes
- Marketing Share de cada concorrente
- Poder/financeiro dos concorrentes

Novos Entrantes
Avalia a dificuldade de novas empresas entrarem no mesmo Mercado, observando:
- Necessidade de Capital para iniciar o negócio
- Custos de mudança
- Acesso aos canais de distribuição
- Khow, How, patentes
- Custos e tempo para regulamentação

Compradores
Avalia o seu poder de negociação sobre os fornecedores, observando:
- Volume de compras
- Custo de mudança de fornecedor
- Produtos substitutos
- Quantidade de fornecedores

Substitutos
Analisa a possibilidadede produtos substitutos através de:
- Propensão do comprador
- Relação/rendimento
- Custos de mudança para o comprador

Fornecedores
Avalia o poder de negociação dos fornecedores, levando em conta aspectos como:
- Quantidade de fornecedores
- Custo para mudanças de fornecedor

A partir das características de cada um dos fatores acima, as empresas podem tomar uma das **três estratégicas genéricas propostas por Porter: liderança em custo, diferenciação e foco (também chamado enfoque ou estratégia de nicho)**.

Liderança em custos – Nessa estratégia, a empresa busca ser a mais eficiente na produção de produtos e serviços em seu mercado, de modo que tenha vantagem competitiva em relação aos seus concorrentes. Pode-se alcançar isso com: economias de escala, acesso a matérias-primas mais baratas, entre outras. Essa posição de custo mais baixo que seus concorrentes permite uma série de vantagens, como operar com lucratividade quando seus concorrentes estão perdendo dinheiro, por exemplo.

Diferenciação – Uma empresa também pode ter vantagens competitivas tendo produtos com características únicas na percepção de seus clientes, que lhe possibilitem cobrar um preço mais alto sem perder sua clientela. Um exemplo atual é a Apple. Essa empresa, com seus produtos inovadores, como o iPhone e o iPad, tem conquistado uma maior lealdade de seus clientes e maior lucratividade. A diferenciação pode ocorrer na qualidade do produto, no atendimento, no estilo do produto, na marca etc.

Foco ou Enfoque – Também é chamada de estratégia de nicho. Nessa situação, a empresa foca seus esforços em um mercado pequeno (seja geográfico, produto ou clientela) de modo a conseguir uma vantagem específica naquele mercado, que não tenha como conseguir em todo o mercado (a Ferrari buscou essa estratégia com o foco em carros de alto desempenho, pois era pequena para concorrer no mercado de automóveis populares, muito maior, antes de ser comprada pela Fiat).

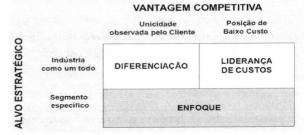

ESTRATÉGIAS GENÉRICAS DE PORTER

Em síntese, Porter identificou cinco forças competitivas que devem ser analisadas pelas empresas para que escolham uma de suas três estratégias genéricas.

Matriz *Ansoff*

Um dos fatores mais importantes para o sucesso de uma organização ou de qualquer outro negócio é a análise estratégica do mercado. Igor *Ansoff*, professor e consultor russo, desenvolveu em 1965, uma ferramenta de análise e de definição dos problemas estratégicos.

A matriz de produtos e mercados de *Ansoff* tem como foco principal mostrar a expansão de produtos e mercados visando criar oportunidades de crescimento para as empresas. Um administrador pode usar essa matriz no momento em que estiver mapeando o portfólio da sua organização. Neste momento, será analisada a receita criada pelos produtos existentes, de modo a compará-la com a receita que a organização pretende alcançar. A matriz permite estruturar e definir a estratégia para esse crescimento.

A matriz *Ansoff* é um quadrante composto por duas dimensões: produtos e mercados. Do lado direito, encontram-se os produtos novos; e do esquerdo, os existentes. Essa combinação forma quatro estratégias para o crescimento e o desenvolvimento da empresa. Essas estratégias são: o desenvolvimento do mercado, a penetração no mercado, a diversificação e o desenvolvimento do produto.

A definição desse quadro mostra em qual mercado sua organização deseja atuar.

Desenvolvimento do mercado	No desenvolvimento de mercado, a empresa deseja vender seus produtos existentes em um mercado novo. Essa estratégia de desenvolvimento de mercado deve analisar os mercados parecidos com o seu, e pensar na expansão de seus negócios. Essa expansão deve analisar alguns fatores como localização geográfica e idade. Imaginemos uma loja de camisas on-line que vende apenas em um Estado. Ela pode expandir suas vendas para outras unidades federativas, incluindo outros serviços de entrega. Se o público-alvo dessa loja for composto por homens de uma determinada faixa etária, ela pode aumentar esse público ao incluir outras idades.
Penetração de mercado	A penetração de mercado visa vender os produtos existentes em um mercado existente, ou seja, pretende-se desenvolver uma estratégia para aumentar sua presença onde ela já atua. Essa estratégia pode ser feita por meio de liquidações, fidelização de clientes, promoções, entre outras ações.
Diversificação	A diversificação é uma estratégia que objetiva criar produtos, para atuar em novos mercados. Essa estratégia busca a inovação que inevitavelmente proporciona riscos, pois a empresa está entrando em um campo desconhecido. Logo, não tem muito como fugir desse fator. Criar uma estratégia para crescer e desenvolver nesse mercado é inerente a uma organização na maioria das vezes.
Desenvolvimento do produto	Essa estratégia sugere o desenvolvimento de novos produtos em mercados existentes. Isso pode ser feito por meio de aperfeiçoamento do produto e de melhorias tecnológicas. Um bom exemplo é a ação de empresas de refrigerantes que incluem em seu MIX de sucos e refrigerantes, versões diet e light.

		Produtos	
		Existentes	**Novos**
Mercados	**Existentes**	Penetração de Mercado	Desenvolvimento de produtos
	Novos	Desenvolvimento de Mercado	Diversificação

Construção de Cenários

Para Godet (apud MARCIAL E GRUMBACH, 2008, p. 47), cenário é *"o conjunto formado pela descrição coerente de uma situação futura e pelo encaminhamento dos acontecimentos que permitem passar da situação de origem à situação futura"*.

A importância de se trabalhar com cenários, conforme menciona Valdez (2007), é que eles permitem "estimular a imaginação, reduzir as incoerências, criar uma linguagem comum e permitir a reflexão". Já Franco (2007) informa que *"a existência de mais de uma solução é condição básica para a tomada de decisão e uma das bases do planejamento estratégico"*.

No tocante à atividade de planejamento estratégico, Cortez (2007) anota dois tipos de enfoques que explicam os estudos referentes ao futuro: **a abordagem projetiva e a prospectiva**.

Segundo esse autor, a **abordagem projetiva** se refere a cenário único. É a abordagem clássica. Para os seguidores dessa linha de pensamento, as forças que atuaram no passado até o presente serão as mesmas que atuarão no presente até o futuro. Com esse raciocínio, acreditam poder prever o que ocorrerá. Naturalmente, a previsão clássica não considera o ambiente macro, tendo somente a visão parcial do problema.

A figura a seguir apresenta de maneira simples esta abordagem:

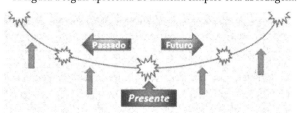

Figura 1 – Abordagem Projetiva

Pelo entendimento de Santos (2004), a abordagem prospectiva trata de vários cenários prováveis de ocorrer no futuro, dentro de um horizonte de tempo determinado. A abordagem prospectiva indica que as forças que atuaram no passado até o presente não necessariamente serão as mesmas que atuarão até o futuro. Desta forma, não existirá somente um só cenário.

A figura 2 exemplifica o raciocínio prospectivo:

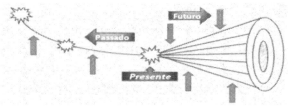

Figura 2 – Abordagem Prospectiva

O que se percebe é a criação de um cone (cone de futuro), em que o passado e o presente são conhecidos, sendo este último o vértice e os diversos caminhos até sua base os cenários que poderão vir a ocorrer.

A lógica dessa abordagem, segundo Marcial (2008), é no sentido de que, conhecendo os diversos caminhos, o homem pode influir na constituição de um futuro melhor. Isso requer que se considere o ambiente como um todo, levando em consideração as variáveis econômicas, ambientais, políticas, tecnológicas, entre outras, bem como os diversos agentes, clientes, governo, concorrentes etc. Perceber a intensidade dessas forças e, se possível, interferir para obter o melhor resultado é o propósito maior da análise prospectiva.

8 PRINCÍPIOS FUNDAMENTAIS DA ADMINISTRAÇÃO PÚBLICA

Neste momento, o objetivo é conhecer o rol de princípios fundamentais que norteiam e orientam toda a atividade administrativa do Estado, bem como toda a atuação da Administração Pública Direta e indireta.

Tais princípios são de observância obrigatória para toda a Administração Pública, quer da União, dos estados, do Distrito Federal, quer dos municípios. São considerados expressos, pois estão descritos expressamente no *caput* do art. 37 da Constituição Federal de 1988.

> *Art. 37 A Administração Pública Direta e indireta de qualquer dos Poderes da União, dos Estados, do Distrito Federal e dos Municípios obedecerá aos princípios de legalidade, impessoalidade, moralidade, publicidade e eficiência e, também, ao seguinte. (Ver CF/1988)*

8.1 Classificação

Os princípios da Administração Pública são classificados como princípios explícitos (expressos) e implícitos.

É importante apontar que não existe relação de subordinação e de hierarquia entre os princípios expressos e os implícitos; na verdade, essa relação não existe entre nenhum princípio.

Isso quer dizer que, em um aparente conflito entre os princípios, um não exclui o outro, pois deve o administrador público observar ambos ao mesmo tempo, devendo nortear sua decisão na obediência de todos os princípios fundamentais pertinentes ao caso em concreto.

Como exemplo, não pode o administrador público deixar de observar o princípio da legalidade para buscar uma atuação mais eficiente (de acordo com o princípio da eficiência), devendo ele, na colisão entre os dois princípios, observar a lei e ainda buscar a eficiência conforme os meios que lhes seja possível.

Os **princípios explícitos** ou expressos são aqueles que estão descritos no *caput* do art. 37 da CF/1988. São eles:

- Legalidade;
- Impessoalidade;
- Moralidade;
- Publicidade;
- Eficiência.

Os **princípios implícitos** são aqueles que não estão descritos no *caput* do art. 37 da Constituição Federal. São eles:

- Supremacia do interesse público;
- Indisponibilidade do interesse público;
- Motivação;
- Razoabilidade;
- Proporcionalidade;
- Autotutela;
- Continuidade dos serviços públicos;
- Segurança jurídica, entre outros.

A seguir, analisaremos as características dos princípios fundamentais da Administração Pública que mais aparecem nas provas de concurso público.

8.2 Princípios explícitos da Administração Pública

8.2.1 Princípio da legalidade

O princípio da legalidade está previsto em dois lugares distintos na Constituição Federal. Em primeiro plano, no art. 5º, inciso II: *ninguém será obrigado a fazer ou deixar de fazer alguma coisa senão em virtude de lei*. O princípio da legalidade regula a vida dos particulares e, ao particular, é facultado fazer tudo que a lei não proíbe; é o chamado princípio da autonomia da vontade. Essa regra não deve ser aplicada à Administração Pública.

Em segundo plano, o art. 37, *caput* do texto Constitucional, determina que a Administração Pública somente pode fazer aquilo que a lei determina ou autoriza. Assim, em caso de omissão legislativa (falta de lei), a Administração Pública está proibida de agir.

Nesse segundo caso, a lei deve ser entendida em sentido amplo, o que significa que a Administração Pública deve obedecer aos mandamentos constitucionais, às leis formais e materiais (leis complementares, leis delegadas, leis ordinárias, medidas provisórias) e também às normas infralegais (decretos, resoluções, portarias, entre outros), e não somente a lei em sentido estrito.

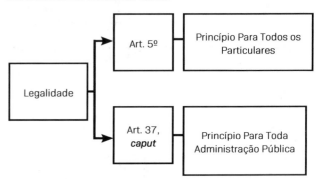

8.2.2 Princípio da impessoalidade

O princípio da impessoalidade determina que todas as ações da Administração Pública devem ser revestidas de finalidade pública. Além disso, como segunda vertente, proíbe a promoção pessoal do agente público, como determina o art. 37, § 1º da Constituição Federal de 1988:

> *Art. 37, § 1º A publicidade dos atos, programas, obras, serviços e campanhas dos órgãos públicos deverá ter caráter educativo, informativo ou de orientação social, dela não podendo constar nomes, símbolos ou imagens que caracterizem promoção pessoal de autoridades ou servidores públicos.*

O princípio da impessoalidade é tratado sob dois prismas, a saber:

- Como determinante da finalidade de toda atuação administrativa (também chamado de princípio da **finalidade**, considerado constitucional implícito, inserido no princípio expresso da impessoalidade).
- Como vedação a que o agente público se promova à custa das realizações da Administração Pública (vedação à promoção pessoal do administrador público pelos serviços, obras e outras realizações efetuadas pela Administração Pública).

É pelo princípio da impessoalidade que dizemos que o agente público age em imputação à pessoa jurídica a que está ligado, ou seja, pelo princípio da impessoalidade as ações do agente público são determinadas como se o próprio Estado estivesse agindo.

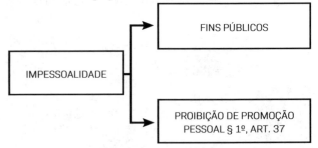

8.2.3 Princípio da moralidade

O princípio da moralidade é um complemento ao da legalidade, pois nem tudo que é legal é moral. Dessa forma, o Estado impõe a sua administração a atuação segundo a lei e também segundo a moral administrativa. Tal princípio traz para o agente público o dever de probidade. Esse dever é sinônimo de atuação com ética, decoro, honestidade e boa-fé.

O princípio da moralidade determina que o agente deva sempre trabalhar com ética e em respeito aos princípios morais da Administração Pública. O princípio está intimamente ligado ao dever de probidade (honestidade) e sua não observação acarreta a aplicação do art. 37, § 4º da Constituição Federal de 1988 e a Lei nº 8.429/1992 (Lei de Improbidade Administrativa).

> *Art. 37, § 4º Os atos de improbidade administrativa importarão a suspensão dos direitos políticos, a perda da função pública, a indisponibilidade dos bens e o ressarcimento ao erário, na forma e gradação previstas em lei, sem prejuízo da ação penal cabível.*

O desrespeito ao princípio da moralidade afeta a própria legalidade do ato administrativo, ou seja, leva a anulação do ato, e ainda pode acarretar a responsabilização dos agentes por improbidade administrativa.

O princípio da moralidade não se refere ao senso comum de moral, que é formado por meio das instituições que passam pela vida da pessoa, como família, escola, igreja, entre outras. Para a Administração Pública, esse princípio refere-se à moralidade administrativa, que está inserida no corpo das normas de Direito Administrativo.

8.2.4 Princípio da publicidade

Esse princípio deve ser entendido como aquele que determina que os atos da Administração sejam claros quanto à sua procedência. Por esse motivo, em regra, os atos devem ser publicados em diário oficial e, além disso, a Administração deve tornar o fato acessível (público). Tornar público é, além de publicar em diário oficial, apresentar os atos na internet, pois esse meio, hoje, é o que deixa todas as informações acessíveis.

O princípio da publicidade apresenta dupla acepção em face do sistema constitucional vigente:

- Exigência de publicação em órgão oficial como requisito de eficácia dos atos administrativos que devam produzir efeitos externos e dos atos que impliquem ônus para o patrimônio público.

Essa regra não é absoluta, pois, em defesa da intimidade e também do Estado, alguns atos públicos não precisam ser publicados:

> *Art. 5º, X, CF/1988 São invioláveis a intimidade, a vida privada, a honra e a imagem das pessoas, assegurado o direito a indenização pelo dano material ou moral decorrente de sua violação.*

> *Art. 5º, XXXIII, CF/1988 Todos têm direito a receber dos órgãos públicos informações de seu interesse particular, ou de interesse coletivo ou geral, que serão prestadas no prazo da lei, sob pena de responsabilidade, ressalvadas aquelas cujo sigilo seja imprescindível à segurança da sociedade e do Estado.*

Assim, o ato que tiver em seu conteúdo uma informação sigilosa ou relativa à intimidade da pessoa tem de ser resguardado no devido sigilo.

- **Exigência de transparência da atuação administrativa:**

> *Art. 5º, XXXIII, CF/1988 Todos têm direito a receber dos órgãos públicos informações de seu interesse particular, ou de interesse coletivo ou geral, que serão prestadas no prazo da lei, sob pena de responsabilidade, ressalvadas aquelas cujo sigilo seja imprescindível à segurança da sociedade e do Estado.*

O princípio da publicidade orientou o poder legislativo nacional a editar a Lei nº 12.527/2011, que regulamenta o dispositivo do art. 5º, inciso XXXIII, da Constituição Federal de 1988. Dispõe sobre o acesso à informação pública, sobre a informação sigilosa, sua classificação, bem como a informação pessoal, entre outras providências. Tal dispositivo merece ser lido, pois essa lei transpassa toda a essência do princípio da publicidade.

Podemos inclusive afirmar que esse princípio foi materializado em lei após a edição da Lei nº 12.527/2011. Veja a seguir a redação do art. 3º dessa lei:

> *Art. 3º Os procedimentos previstos nesta Lei destinam-se a assegurar o direito fundamental de acesso à informação e devem ser executados em conformidade com os princípios básicos da Administração Pública e com as seguintes diretrizes:*

> *I - Observância da publicidade como preceito geral e do sigilo como exceção;*

> *II - Divulgação de informações de interesse público, independentemente de solicitações;*

> *III - Utilização de meios de comunicação viabilizados pela tecnologia da informação;*

> *IV - Fomento ao desenvolvimento da cultura de transparência na Administração Pública;*

> *V - Desenvolvimento do controle social da Administração Pública.*

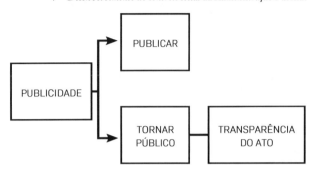

8.2.5 Princípio da eficiência

O princípio da eficiência foi o último a ser inserido no bojo do texto constitucional. Esse princípio foi incluído com a Emenda Constitucional nº 19/1998), e apresenta dois aspectos principais:

- Relativamente à forma de atuação do agente público, espera-se o melhor desempenho possível de suas atribuições, a fim de obter os melhores resultados.

- Quanto ao modo de organizar, estruturar e disciplinar a Administração Pública, exigiu-se que esse seja o mais racional possível, no intuito de alcançar melhores resultados na prestação dos serviços públicos.

> *Art. 37, § 8º, CF/1988 A autonomia gerencial, orçamentária e financeira dos órgãos e entidades da Administração Direta e indireta poderá ser ampliada mediante contrato, a ser firmado entre seus administradores e o poder público, que tenha por objeto a fixação de metas de desempenho para o órgão ou entidade, cabendo à lei dispor sobre.*

O princípio da eficiência orienta a atuação da Administração Pública de forma que essa busque o melhor custo-benefício no exercício de suas atividades, ou seja, os serviços públicos devem ser prestados com adequação às necessidades da sociedade que o custeia.

A atuação da Administração Pública tem que ser eficiente, o que acarreta ao agente público o dever de agir com presteza, esforço, rapidez e rendimento funcional. Seu descumprimento poderá acarretar a perda do seu cargo por baixa produtividade apurada em procedimento da avaliação periódica de desempenho, tanto antes da aquisição da estabilidade, como também após.

8.3 Princípios implícitos da Administração Pública

8.3.1 Princípio da supremacia do interesse público sobre o privado

Esse princípio é também considerado o norteador do Direito Administrativo. Ele determina que o Estado, quando trabalhando com o interesse público, se sobrepõe ao particular. Devemos lembrar que esse princípio deve ser utilizado pelo administrador público de forma razoável e proporcional para que o ato não se transforme em arbitrário e, consequentemente, ilegal.

É o fundamento das prerrogativas do Estado, ou seja, da relação jurídica desigual ou vertical entre o Estado e o particular. A exemplo, temos o poder de império do Estado (também chamado de poder extroverso), que se manifesta por meio da imposição da lei ao administrado, admitindo até o uso da força coercitiva para o cumprimento da

PRINCÍPIOS FUNDAMENTAIS DA ADMINISTRAÇÃO PÚBLICA

norma. Assim sendo, a Administração Pública pode criar obrigações, restringir ou condicionar os direitos dos administrados.

Limitações:

- Respeito aos demais princípios.
- Não está presente diretamente nos atos de gestão (atos de gestão são praticados pela administração na qualidade de gestora de seus bens e serviços, sem exercício de supremacia sobre os particulares, assemelhando-se aos atos praticados pelas pessoas privadas. São exemplos de atos de gestão a alienação ou a aquisição de bens pela Administração Pública, o aluguel a um particular de um imóvel de propriedade de uma autarquia, entre outros).

Exemplos de incidência:

- Intervenção na propriedade privada.
- Exercício do poder de polícia, limitando ou condicionando o exercício de direito em prol do interesse público.
- Presunção de legitimidade dos atos administrativos.

8.3.2 Princípio da indisponibilidade do interesse público

Conforme dito anteriormente, o princípio da indisponibilidade do interesse público juntamente com o da supremacia do interesse público, formam os pilares do regime jurídico administrativo.

Esse princípio é o fundamento das **restrições** do Estado. Assim sendo, apesar de o princípio da supremacia do interesse público prever prerrogativas especiais para a Administração Pública em determinadas relações jurídicas com o administrado, tais poderes são ferramentas que a ordem jurídica confere aos agentes públicos para alcançar os objetivos do Estado. E o uso desses poderes, então, deve ser balizado pelo interesse público, o que impõe restrições legais a sua atuação, garantindo que a utilização do poder tenha por finalidade o interesse público e não o do administrador.

Assim, é vedada a renúncia do exercício de competência pelo agente público, pois a atuação desse não é balizada por sua vontade pessoal, mas, sim, pelo interesse público, também chamado de interesse da lei. Os poderes conferidos aos agentes públicos têm a finalidade de auxiliá-los a atingir tal interesse. Com base nessa regra, concluímos que esses agentes não podem dispor do interesse público, por não ser o seu proprietário, e sim o povo. Ao agente público cabe a gestão da Administração Pública em prol da coletividade.

8.3.3 Princípios da razoabilidade e proporcionalidade

Os princípios da razoabilidade e da proporcionalidade não se encontram expressos no texto constitucional. Esses são classificados como princípios gerais do Direito e são aplicáveis a vários ramos da ciência jurídica. São chamados de princípios da proibição de excesso do agente público.

A razoabilidade diz que toda atuação da Administração tem que seguir a teoria do homem médio, ou seja, as decisões devem ser tomadas segundo o critério da maioria das pessoas "racionais", sem exageros ou deturpações.

- **Razoabilidade:** adequação entre meios e fins. O princípio da proporcionalidade diz que o agente público deve ser proporcional no uso da força para o cumprimento do bem público, ou seja, nas aplicações de penalidades pela Administração deve ser levada em conta sempre a gravidade da falta cometida.
- **Proporcionalidade:** vedação de imposição de obrigações, restrições e sanções em medida superior àquela estritamente necessária ao interesse público.

Podemos dar como exemplo a atuação de um fiscal sanitário, que esteja vistoriando dois estabelecimentos e, em um deles, encontre um quilo de carne estragada e, no outro, encontre uma tonelada.

Na aplicação da penalidade, deve ser respeitada tanto a razoabilidade quanto a proporcionalidade, ou seja, aplica-se, no primeiro, uma penalidade pequena, uma multa, por exemplo, e, no segundo, uma penalidade grande, suspensão de 90 dias.

Veja que o administrador não pode fazer menos ou mais do que a lei determina, isso em obediência ao princípio da legalidade, senão cometerá abuso de poder.

8.3.4 Princípio da autotutela

O princípio da autotutela propicia o controle da Administração Pública sob seus próprios atos em dois pontos específicos:

- **De legalidade:** em que a Administração Pública pode controlar seus próprios atos quando eivados de vício de ilegalidade, sendo provocado ou de ofício.
- **De mérito:** em que a Administração Pública pode revogar seus atos por conveniência e oportunidade.

Súmula nº 473 – STF A Administração pode anular seus próprios atos, quando eivados de vícios que os tornam ilegais, porque deles não se originam direitos; ou revogá-los, por motivo de conveniência ou oportunidade, respeitados os direitos adquiridos, e ressalvada, em todos os casos, a apreciação judicial.

O princípio da autotutela não exclui a possibilidade de controle jurisdicional do ato administrativo previsto no art. 5º, inciso XXXV, da Constituição Federal de 1988: a lei não excluirá da apreciação do Poder Judiciário lesão ou ameaça a direito.

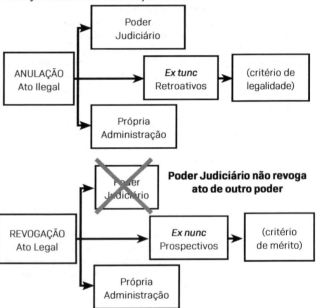

8.3.5 Princípio da ampla defesa

A ampla defesa determina que todos que sofrerem medidas de caráter de pena terão direito a se defender de todos os meios disponíveis legais em direito. Está previsto nos processos administrativos disciplinares:

Art. 5ª, LV, CF/1988 Aos litigantes, em processo judicial ou administrativo, e aos acusados em geral são assegurados o contraditório e ampla defesa, com os meios e recursos a ela inerentes;

8.3.6 Princípio da continuidade do serviço público

O princípio da continuidade do serviço público tem como escopo (objetivo) não prejudicar o atendimento dos serviços essenciais à população. Assim, evitam que esses sejam interrompidos.

Regra

- Os serviços públicos devem ser adequados e ininterruptos.

Exceção

- Aviso prévio;
- Situações de emergência.

Alcance
- Todos os prestadores de serviços públicos;
- Administração Direta;
- Administração Indireta;
- Concessionárias, autorizatárias e permissionárias de serviços públicos.

Efeitos
- Restrição de direitos das prestadoras de serviços públicos, bem como dos agentes envolvidos na prestação desses serviços, a exemplo do direito de greve.

Dessa forma, quem realiza o serviço público se submete a algumas restrições:
- Restrição ao direito de greve, art. 37, inciso VII, da Constituição Federal de 1988;
- Suplência, delegação e substituição – casos de funções vagas temporariamente;
- Impossibilidade de alegar a exceção do contrato não cumprido, somente em casos em que se configure uma impossibilidade de realização das atividades;
- Possibilidade da encampação da concessão do serviço, retomada da administração do serviço público concedido no prazo na concessão, quando o serviço não é prestado de forma adequada.

O Código de Defesa do Consumidor, em seu art. 22, assegura ao consumidor que os serviços essenciais devem ser contínuos, caso contrário, aos responsáveis, caberá indenização. O referido código não diz quais seriam esses serviços essenciais. Podemos usar, como analogia, o art. 10 da Lei nº 7.783/1989, que enumera os que seriam considerados fundamentais:

> *Art. 10 São considerados serviços ou atividades essenciais:*
> *I – Tratamento e abastecimento de água; produção e distribuição de energia elétrica, gás e combustíveis;*
> *II – Assistência médica e hospitalar;*
> *III – Distribuição e comercialização de medicamentos e alimentos;*
> *IV – Funerários;*
> *V – Transporte coletivo;*
> *VI – Captação e tratamento de esgoto e lixo;*
> *VII – Telecomunicações;*
> *VIII – Guarda, uso e controle de substâncias radioativas, equipamentos e materiais nucleares;*
> *IX – Processamento de dados ligados a serviços essenciais;*
> *X – controle de tráfego aéreo e navegação aérea;*
> *XI – Compensação bancária.*

8.3.7 Princípio da segurança jurídica

Esse princípio veda a aplicação retroativa da nova interpretação da norma.

Caso uma regra tenha a sua redação ou interpretação revogada ou alterada, os atos praticados durante a vigência da norma antiga continuam valendo, pois tal princípio visa resguardar o direito adquirido, o ato jurídico perfeito e a coisa julgada.

Assim, temos que a nova interpretação da norma, via de regra, somente terá efeitos prospectivos, ou seja, da data em que for revogada para frente, não atingindo os atos praticados na vigência da norma antiga.

ÉTICA E CIDADANIA

9 ÉTICA E CIDADANIA

Ética e Cidadania são dois conceitos fundamentais na sociedade humana.

A Ética e a Cidadania estão relacionadas com as ações dos indivíduos e a forma como estes interagem uns com os outros em sociedade.

Ética é o nome dado ao ramo da filosofia dedicado aos assuntos morais. A palavra "ética" vem do grego ethos, que significa "modo de ser" ou "caráter".

Cidadania, por sua vez, é o conjunto de direitos e deveres, ao qual o cidadão, o indivíduo, está sujeito no relacionamento com a sociedade em que vive. O termo "cidadania" vem do latim *civitas*, que quer dizer "cidade".

A ética e a moral têm uma grande influência na cidadania, pois dizem respeito à conduta do ser humano.

Assim, um país com fortes bases éticas e morais apresenta uma forte cidadania.

9.1 Ética

A ética é uma qualidade inerente a toda ação humana e, por este motivo, é um elemento vital na produção da realidade social.

Todo homem possui um senso ético, uma espécie de "consciência moral", e está constantemente avaliando e julgando suas ações, classificáveis em boas ou más, certas ou erradas, honestas ou desonestas, justas ou injustas.

Embora relacionadas com o agir individual, essas classificações sempre têm relação com as matrizes culturais que prevalecem em determinadas sociedades e contextos históricos.

Via de regra, a ética está fundamentada nas ideias de bem e de virtude, enquanto valores perseguidos por todo ser humano e cujo alcance se traduz numa existência plena e feliz.

9.1.1 Histórico da Ética

Ética Grega

Historicamente, a Ética surgiu na Grécia antiga, por volta de 500 a 300 a.C., por meio das observações de Sócrates e seus discípulos.

Sócrates (470-399 a.C.): considerou o problema ético individual como o problema filosófico central e a ética como sendo a disciplina em torno da qual deveriam girar todas as reflexões filosóficas. Para ele, ninguém pratica voluntariamente o mal. Somente o ignorante não é virtuoso, ou seja, só age mal, quem desconhece o bem, pois todo homem, quando fica sabendo o que é o bem, reconhece-o racionalmente como tal e necessariamente passa a praticá-lo. Ao praticar o bem, o homem sente-se dono de si e consequentemente é feliz.

Platão (427-347 a.C.): ao examinar a ideia do bem à luz da sua teoria das ideias, subordinou sua ética à metafísica. Sua metafísica era a do dualismo entre o mundo sensível e o mundo das ideias permanentes, eternas, perfeitas e imutáveis, que constituíam a verdadeira realidade e tendo como cume a ideia do bem, divindade, artífice ou demiurgo (deus criador) do mundo.

Aristóteles (384-322 a.C.): organizou a ética como disciplina filosófica e formulou a maior parte dos problemas de que, mais tarde, iriam se ocupar os filósofos morais: relação entre as normas e os bens, entre a ética individual e a social, entre a vida teórica e prática, classificação das virtudes etc. Sua concepção ética privilegia as virtudes (justiça, caridade e generosidade), tidas como propensas tanto a provocar um sentimento de realização pessoal àquele que age, quanto simultaneamente beneficiar a sociedade em que vive. A ética aristotélica busca valorizar a harmonia entre a natureza humana e a moralidade, concebendo a humanidade como parte da ordem natural do mundo, sendo conhecida como ética naturalista.

Ética Medieval

Na Idade Média, os valores éticos são marcados pela influência do cristianismo, que se tornou a religião oficial de Roma a partir do século IV, sobreviveu ao fim do império e ganhou força sobre as ruínas da sociedade antiga, imperando seu domínio por dez séculos. Neste período, a igreja enriqueceu e manteve um forte domínio sobre o modo de pensar, fazendo com que o teocentrismo passasse a definir as formas de ver e sentir.

Para a ética cristã medieval, a igualdade só podia ser espiritual e a mensagem cristã tinha um conteúdo moral, não havendo proposta por uma igualdade real entre os seres humanos. Com isto, a ética cristã procura regular o comportamento dos humanos com vistas ao outro mundo, sendo o valor supremo encontrado em Deus.

Teorias éticas fundamentais da Idade Média

Santo Agostinho (354-430): fundamentou a moral cristã com elementos da filosofia clássica. O objetivo da moral é ajudar os seres humanos a serem felizes, mas a felicidade suprema consiste num encontro amoroso do homem com Deus.

Santo Tomás Aquino (1225-1274): concorda na essência com Santo Agostinho, mas procura fundamentar a ética tendo em conta as questões colocadas na Antiguidade Clássica por Aristóteles.

Ética Moderna

A ética doutrinante dos séculos XV a XVII é a ética moderna, a qual reduz o homem à Razão. Neste período, a ética se caracteriza pelo contraste à ética teocêntrica e teológica da Idade Média.

A ética moderna surge com a sociedade que sucede a sociedade feudal da Idade Média, moldada pelas consequências da Reforma Protestante, que provoca um retorno aos princípios básicos da tradição cristã.

Nesta época, ocorrem mudanças na arte, na ciência, na economia, na política, e principalmente na religião, quando se transfere o centro de Deus para o homem, que passa a adquirir um valor pessoal.

Teorias éticas fundamentais da Idade Moderna

Descartes (1596-1650): filósofo que simboliza toda a fé que a Idade Moderna deposita na razão humana. Só ela nos permitiria construir um conhecimento absoluto. Em termos morais, mostrou-se, todavia, muito cauteloso. Neste caso, reconheceu que seria impossível estabelecer princípios seguros para a ação humana. Limitou-se a recomendar uma moral provisória de tendência estoica: o seu único princípio ético consistia em seguir as normas e os costumes morais que visse a maioria seguir, evitando, deste modo, rupturas ou conflitos.

John Locke (1632-1704): filósofo que parte do princípio de que todos os homens nascem com os mesmos direitos (liberdade, propriedade, vida), os quais são garantidos e reforçados por um contrato social, por meio do qual a sociedade foi constituída.

David Hume (1711-1778): defende que as nossas ações são, em geral, motivadas pelas paixões, sendo que os dois princípios éticos fundamentais seriam a utilidade e a simpatia.

Jean-Jacques Rousseau (1712-1778): concebe o homem como um ser bom por natureza (mito do "bom selvagem") e atribui a causa de todos os males à sociedade e à moral que o corrompem.

Ética Contemporânea

O Utilitarismo ou Universalismo Ético é formulado por Jeremy Bentham (1748-1832). A maior felicidade para o maior número de pessoas. Esta ética é chamada "moral do bem-estar", ou seja, o bem é útil para o indivíduo e para o coletivo.

A ética contemporânea surge numa época de progressos em várias ordens e que exercem seus influxos até os dias de hoje, apresentando-se, em suas origens, no plano filosófico, como uma reação contra o formalismo e o racionalismo abstrato kantiano e contra o racionalismo de Hegel.

Teorias éticas fundamentais Contemporâneas

Kant (1724-1804): partindo de uma concepção universalista do homem, afirma que este só age moralmente quando, pela sua livre vontade, determina as suas ações com a intenção de respeitar os princípios que reconheceu como bons. Neste caso, o que o motiva é o puro dever de cumprir aquilo que racionalmente estabeleceu, sem considerar as suas consequências. A moral assume, assim, um conteúdo puramente formal, isto é, não nos diz o que devemos fazer (conteúdo da ação), mas apenas o princípio (forma) que devemos seguir para que a ação seja considerada boa.

Jeremy Bentham (1748-1832) e Stuart Mill (1806-1873): desenvolveram uma ética baseada no princípio da utilidade (Utilitarismo). As ações morais são avaliadas em função das consequências morais que originam para quem as pratica, mas também sobre quem recaem os resultados. Princípio que deve nortear a ação moral: "A máxima felicidade possível para o maior número possível de pessoas". O Bom é aquilo que for útil para o maior número de pessoas, melhorando o bem-estar de todos, e o Mau, o seu contrário. Esta concepção deu origem no século XX às éticas pragmáticas.

Sartre: a moral é uma criação do homem, o qual se faz a si próprio, por meio das suas escolhas em cada situação. O relativismo é total, mas este fato não o desculpa. A sua responsabilidade é total, dado que ele é livre de agir como bem entender.

Habermas (1929): após a 2ª Guerra Mundial, passa a defender uma ética baseada no diálogo entre indivíduos, em situação de equidade e igualdade. A validade das normas morais depende de acordos livremente discutidos e aceites entre todos os implicados na ação.

Hans Jonas (1903-1993): perante a barbárie quotidiana e a ameaça da destruição do planeta, defende uma moral baseada na responsabilidade que todos temos em preservar e transmitir às gerações futuras uma terra onde a vida possa ser vivida com autenticidade.

Sigmund Freud (1856-1939): demonstrou o caráter inconsciente de muitas das motivações morais. Foi criador de uma das correntes de maior expressão no século XX, que procurou demonstrar as raízes biológicas da moral, comparando o comportamento dos homens e de outros animais.

Ao longo de todo o século XIX e XX sucederam-se as teorias que denunciaram o caráter repressivo da moral, estando, muitas vezes, a serviço das classes dominantes (Karl Marx, 1818-1883) ou dos fracos (Nietzsche,1844-1900).

9.1.2 Conceito de ética

A palavra "ética" vem do grego "ethos". Os romanos traduziram o "ethos" grego para o latim "mos", que quer dizer "costume", de onde vem a palavra "moral".

A Ética é a parte da filosofia que estuda a moralidade das ações humanas, isto é, se são boas ou más. É uma reflexão crítica sobre a moralidade.

Assim, a ética é definida como a teoria ou a ciência do comportamento moral, que busca explicar, compreender, justificar e criticar a moral ou as morais de uma sociedade. A ética é filosófica e científica. Compete à ética chegar, por meio de investigações científicas, à explicação de determinadas realidades sociais, ou seja, ela investiga o sentido que o homem dá a suas ações para ser verdadeiramente feliz.

Em outras palavras, assim como a palavra "moral" vem do latim (*mos, mores*), a palavra "ética" vem do grego (*ethos*) e ambas se referem a costumes, indicando as regras do comportamento e as diretrizes de conduta a serem seguidas.

Usualmente, não se faz distinção entre ética e moral, as duas palavras são usadas como sinônimos. Mas os estudiosos da questão fazem distinção entre elas. Sendo assim, vejamos.

Define-se moral como o conjunto de normas, princípios, preceitos, costumes, valores que orientam o comportamento do indivíduo no seu grupo social. A moral é normativa.

A ética, refere-se àquele conjunto de valores e costumes mais ou menos permanente no tempo e no espaço. Em outras palavras, a ética é a ciência da moral, isto é, de uma esfera do comportamento humano.

Mas a ética não é puramente teoria; é um conjunto de princípios e disposições voltados para a ação, historicamente produzidos, cujo objetivo é limitar as ações humanas.

Em seu sentido mais amplo, a ética tem sido entendida como a ciência da conduta humana perante o ser e seus semelhantes. Portanto, neste sentido, a ética envolve estudos de aprovação ou desaprovação da ação dos homens; e a consideração de valor como equivalente de uma medição do que é real e voluntarioso no campo das ações virtuosas.

Objeto e objetivo da Ética

A ética tem por objeto de estudo o estímulo que guia a ação: os motivos, as causas, os princípios, as máximas, as circunstâncias; mas também analisa as consequências dessas ações. Tem como objetivo fundamental levar a modificações na moral, com aplicação universal, guiando e orientando racionalmente e do melhor modo a vida humana.

Assim, a ética tem por objeto o comportamento humano no interior de cada sociedade, e o estudo desse comportamento, com o fim de estabelecer níveis aceitáveis que garantam a convivência pacífica dentro das sociedades e entre elas, constitui o objetivo da ética.

Campo da Ética

A obra ética de autoria de Adolfo Vázquez define que:

"Os problemas éticos, ao contrário dos problemas prático-morais, são caracterizados por sua generalidade.

A função fundamental da ética é a mesma de toda teoria: explicar, esclarecer ou investigar uma determinada realidade, elaborando os conceitos correspondentes.

Não lhe cabe formular juízos de valor sobre a prática moral de outras sociedades, ou de outras épocas, em nome de uma moral absoluta e universal, mas deve antes explicar a razão de ser desta pluralidade e das mudanças de moral; isto é, deve esclarecer o fato de os homens terem recorrido a práticas morais diferentes e até opostas."

Conduta Ética

Para que uma conduta possa ser considerada ética, três elementos essenciais devem ser ponderados: ação, intenção e circunstâncias. Se um único desses três elementos não for bom, o comportamento não é ético.

Assim, a ação (ato moral), a intenção (finalidade), e as circunstâncias e consequências do ato devem ser boas, corretas e certas.

Normas éticas e lei

Ética é um conjunto de normas que regem a boa conduta humana. As normas éticas são aquelas que prescrevem como o homem deve agir.

A norma ética possui, como uma de suas características, a possibilidade de ser violada, ao contrário da norma legal (lei).

A ética não deve ser confundida com a lei, embora, com certa frequência, a lei tenha como base princípios éticos. Ao contrário da lei, nenhum indivíduo pode ser compelido, pelo Estado ou por outros indivíduos, a cumprir as normas éticas, nem sofrer qualquer sanção pela desobediência a estas. Por outro lado, a lei pode ser omissa quanto a questões abrangidas no escopo da ética.

Ética e moral

Moral e ética não devem ser confundidas. Enquanto a moral é normativa, a ética é teórica e busca explicar e justificar os costumes de uma determinada sociedade.

A palavra moral vem do latim mos ou mores, que significa costume ou costumes.

A noção de moral está diretamente relacionada com os costumes de um grupo social.

ÉTICA E CIDADANIA

A moral é um conjunto de regras de conduta adotadas pelos indivíduos de um grupo social e tem a finalidade de organizar as relações interpessoais segundo os valores do bem e do mal.

Em outras palavras, a moral é a regulação dos valores e comportamentos considerados legítimos por uma determinada sociedade, um povo, uma religião, uma certa tradição cultural etc.

A moral varia historicamente, de acordo com o desenvolvimento de cada sociedade e, com ela, variam os seus princípios e as suas normas. Ela norteia os valores éticos na Administração Pública.

A moral é influenciada por vários fatores, como sociais e históricos. Sendo assim, há diferença entre os conceitos morais de um grupo para outro. A moral não é ciência, mas objeto da ciência; e, neste sentido, é por ela estudada e investigada.

Enquanto a ética tem caráter científico, a moral tem caráter prático imediato, visto que é parte integrante da vida cotidiana das sociedades e dos indivíduos. A moral é a aplicação da ética no cotidiano, é a prática concreta.

A moral ocupa-se basicamente de questões subjetivas, abstratas e de interesse particular do indivíduo e da sociedade, relacionando-se com valores ou condutas sociais.

Diferenças entre Ética e Moral	
Ética	Moral
Científica	Prática (objeto da ciência)
Geral	Específica
Objetiva	Subjetiva
Permanente	Temporal
Princípio	Aspectos de condutas específicas
Regra	Conduta de Regra
Teórica	Normativa
Universal (absoluta)	Cultural (relativa)

9.2 Cidadania

É muito importante entender bem o que é cidadania. Trata-se de uma palavra usada todos os dias, com vários sentidos. Mas hoje significa, em essência, o direito de viver decentemente.

Cidadania é o direito de se ter uma ideia e de poder expressá-la. É poder votar em quem quiser sem constrangimento. É poder processar um médico que age com negligência. É devolver um produto estragado e receber o dinheiro de volta. É o direito de ser negro, índio, homossexual, mulher sem ser discriminada. De praticar uma religião sem ser perseguido.

Há detalhes que parecem insignificantes, mas revelam estágios de cidadania: respeitar o sinal vermelho no trânsito, não jogar papel na rua, não destruir telefones públicos. Por trás desse comportamento está o respeito ao outro.

9.2.1 Histórico da cidadania

Grécia

Os conceitos atuais de cidadania começaram a ser forjados na Grécia antiga.

As revoluções políticas que aqui ocorreram após o século VI a.C. foram no sentido de definirem o cidadão como aquele que tinha um conjunto de direitos e deveres, pelo simples fato de ser originário de uma dada cidade-estado. Estes direitos eram iguais para todos e estavam consignados em leis escritas.

A cidadania confundia-se com a naturalidade e encontrava a sua expressão na lei. O mais elevado dos direitos era o da participação dos cidadãos nas decisões da cidade, podendo ser escolhido ou nomeado para qualquer cargo público. Todos os demais habitantes da cidade, como as mulheres e os estrangeiros, estavam afastados desses direitos.

Império Romano

O Direito Romano definiu a cidadania como um estatuto jurídico-político, que era conferido a um dado indivíduo, independentemente da sua origem ou condição social anterior. Este estatuto (status civitas), uma vez adquirido, atribuía-lhe um conjunto de direitos e deveres face à lei do Império. É neste estatuto que se inspiram os mais modernos conceitos de cidadania.

Idade Média

A desagregação do estado romano traduz-se no fim do conceito greco-romano de cidadania. Em seu lugar aparece o conceito de submissão. Os direitos do indivíduo passam a estar dependentes da vontade arbitrária do seu senhor.

Apesar deste panorama, um importante conceito começa a difundir-se nesta altura: a consciência que todos os homens eram iguais, porque filhos de um mesmo Deus. Ninguém é por natureza escravo ou senhor, mas são as circunstâncias do nascimento ou os acasos da vida que ditam as diferenças entre os homens.

Idade Moderna

Entre os séculos XVI e XVIII, desenvolvem-se em toda a Europa três importantes movimentos políticos que conduzem a uma nova perspectiva sobre a cidadania.

Na maioria dos países, a centralização do Estado implicou o fim do poder arbitrário dos grandes senhores. Este processo foi quase sempre precedido pelo reforço do poder dos reis, apoiados num sólido corpo de funcionários públicos. Os cidadãos passam a se reportar ao Estado e não a uma multiplicidade de senhores.

Ao final do século XVII, na Inglaterra, os cidadãos colocam fim ao próprio poder absoluto dos reis e consagram o princípio da igualdade de todos frente à lei. O Estado, enquanto instituição, só se justifica como garantidor dos direitos fundamentais dos cidadãos, como a liberdade, a igualdade e a propriedade.

Alguns teóricos, como John Locke, vão mais longe e proclamam que todos os homens, independentemente do Estado-Nação a que pertençam, enquanto seres humanos, possuem um conjunto de direitos inalienáveis. Nascia, deste modo, o conceito de direitos humanos e da própria cidadania mundial.

Época Contemporânea

No século XIX, as lutas sociais, que varreram a Europa, procuraram consagrar os direitos políticos e econômicos. Nos primeiros, os cidadãos reclamavam a possibilidade de eleger ou substituir os seus governantes, já nos segundos, reclamavam o acesso aos bens e ao patrimônio, coletivamente produzidos e acumulados.

No século seguinte (séc. XX), os combates sociais avançaram no sentido de uma melhor distribuição da riqueza coletivamente gerida, sobretudo para assegurar condições de vida mínimas para todos os cidadãos.

A cidadania confere automaticamente um vasto conjunto de direitos econômicos, sociais, culturais etc. Assegurados pela sociedade de pertença.

Atualmente, assistimos a dois importantes movimentos, com reflexos profundos ao nível da cidadania.

Os Estados-Nação estão a ser diluídos em organizações supranacionais, nas quais os seus cidadãos têm cada vez menor poder de decisão. Muitos dos seus direitos tradicionais, como os direitos políticos, tornam-se meras ficções. Com populações cada vez mais heterogêneas, os Estados-Nação estão a ser pressionados para alargar os seus critérios de atribuição da cidadania, para permitir o acesso à riqueza produzida e acumulada a todos aqueles que os procuram para viver e trabalhar, como os imigrantes, refugiados etc.

Num período de enorme mobilidade de pessoas à escala mundial, caminhamos para um novo conceito de cidadania identificada com uma visão cosmopolita.

9.2.2 Conceito de cidadania

De acordo com Aurélio Buarque de Holanda Ferreira, "cidadania é a qualidade ou estado do cidadão, sendo este o indivíduo no gozo dos direitos civis e políticos de um estado, ou no desempenho de seus deveres para com este".

No sentido etimológico, a palavra cidadão deriva do latim civita, que significa "cidade", e tem seu correlato grego na palavra politikos, que quer dizer "aquele que habita na cidade".

Entender a cidadania a partir da redução do ser humano às suas relações sociais e políticas não é coerente com a multidimensionalidade que nos caracteriza e com a complexidade das relações que cada um e todas as pessoas estabelecem com o mundo à sua volta.

Deve-se buscar compreender a cidadania também sob outras perspectivas, por exemplo, considerando a importância que o desenvolvimento de condições físicas, psíquicas, cognitivas, ideológicas, científicas e culturais que exercem na conquista de uma vida digna e saudável para todas as pessoas.

Assim, o conceito de cidadania tem se tornado cada vez mais amplo com o passar do tempo, porque está sempre em construção, já que cada vez mais a cidadania diz respeito a um conjunto de parâmetros sociais.

A cidadania pode ser dividida em duas categorias: cidadania formal e cidadania substantiva. A primeira se refere à nacionalidade de um indivíduo e ao fato dele pertencer a uma determinada nação. A segunda tem um caráter mais amplo, estando relacionada com direitos sociais, políticos e civis.

Com o passar dos anos, a cidadania no Brasil sofreu uma evolução no sentido da conquista dos direitos políticos, sociais e civis.

No entanto, há ainda um longo caminho a percorrer, levando-se em conta a taxa de desemprego, o baixo nível de alfabetização, a violência vivenciada na sociedade e os milhões de pessoas que vivem em situação de pobreza extrema.

Na Constituição Federal de 1988, os artigos referentes a este assunto podem ser encontrados no Capítulo I, art. 5º, que trata dos Direitos e Deveres Individuais e Coletivos.

Em seu sentido tradicional, a cidadania expressa um conjunto de direitos e de deveres que permite aos cidadãos e cidadãs o direito de participar da vida política e da vida pública, podendo votar e serem votados, participando ativamente, por exemplo, na elaboração das leis e do exercício de funções públicas.

Hoje, no entanto, o significado da cidadania assume contornos mais amplos, que extrapolam o sentido de apenas atender às necessidades políticas e sociais e assume como objetivo a busca por condições que garantam uma vida digna às pessoas.

Cada um de nós tem o direito de viver, de ser livre, de ter sua casa, de ser respeitado como pessoa, de não ter medo, de não ser humilhado por causa de seu gênero, de sua cor, de sua idade, de seu trabalho, da cidade de onde veio, da situação em que está, ou em face de qualquer outra coisa. Porém, como cidadãos brasileiros, não temos apenas direitos, mas também deveres para com a nação, além de lutar por direitos iguais para todos, de defender a pátria, de preservar a natureza, de fazer cumprir as leis etc.

Ser cidadão é fazer valer seus direitos e deveres civis e políticos, é exercer a sua cidadania. Com o não cumprimento do dever, o cidadão brasileiro pode ser processado juridicamente pelo país e até mesmo privado de sua liberdade.

Em relação a este tópico, normalmente questiona-se a respeito de noções de ética, sua origem e definição, e sua relação com a moral, bem como noções acerca de cidadania, e suas inter-relações com a ética.

IMPROBIDADE ADMINISTRATIVA

10 IMPROBIDADE ADMINISTRATIVA

A improbidade administrativa está prevista no texto constitucional em seu art. 37, § 4º, que prevê:

> **Art. 37, § 4º, CF/1988** Os atos de improbidade administrativa importarão a suspensão dos direitos políticos, a perda da função pública, a indisponibilidade dos bens e o ressarcimento ao erário, na forma e gradação previstas em lei, sem prejuízo da ação penal cabível.

A norma constitucional determinou que os atos de improbidade administrativa deveriam ser regulamentados para a sua execução, o que ocorreu com a edição da Lei nº 8.429/1992 por meio da Lei nº 14.230/2021, que dispõe sobre as sanções aplicáveis aos agentes públicos nos casos de enriquecimento ilícito no exercício de mandato, cargo, emprego ou função na Administração Pública Direta, Indireta ou fundacional e dá outras providências.

10.1 Sujeitos

10.1.1 Sujeito passivo (vítima)

A Administração Direta, Indireta ou fundacional de qualquer dos Poderes da União, dos estados, do Distrito Federal, dos municípios, de território, de empresa incorporada ao patrimônio público ou de entidade para cuja criação ou custeio o erário haja concorrido ou concorra com mais de 50% do patrimônio ou da receita anual.

Entidade que receba subvenção, benefício ou incentivo, fiscal ou creditício, de órgão público, bem como daquelas para cuja criação ou custeio o erário haja concorrido ou concorra com menos de cinquenta por cento do patrimônio ou da receita anual, limitando-se, nesses casos, a sanção patrimonial à repercussão do ilícito sobre a contribuição dos cofres públicos.

10.1.2 Sujeito ativo (pessoa que pratica o ato de improbidade administrativa)

Agente público (exceção agente político sujeito a crime de responsabilidade Supremo Tribunal Federal), servidores ou não, com algum tipo de vínculo nas entidades que podem ser vítimas de improbidade administrativa.

> **Conceito de agente público para aplicação da lei**
>
> Reputa-se agente público, para os efeitos dessa lei, todo aquele que exerce, ainda que transitoriamente ou sem remuneração, por eleição, nomeação, designação, contratação ou qualquer outra forma de investidura ou vínculo, mandato, cargo, emprego ou função nas entidades mencionadas no artigo anterior.
> Qualquer pessoa que induza ou concorra com o agente público ou que se beneficie do ato.
> As disposições dessa lei são aplicáveis, no que couber, àquele que, mesmo não sendo agente público, induza ou concorra para a prática do ato de improbidade ou dele se beneficie sob qualquer forma direta ou indireta.

10.2 Regras gerais

Os agentes públicos de qualquer nível ou hierarquia são obrigados a velar pela estrita observância dos princípios de legalidade, impessoalidade, moralidade e publicidade no trato dos assuntos que lhe são afetos.

Ocorrendo lesão ao patrimônio público por ação ou omissão, dolosa ou culposa, do agente ou de terceiros, dar-se-á o integral ressarcimento do dano.

No caso de enriquecimento ilícito, o agente público ou terceiro beneficiário perderá os bens ou valores acrescidos ao seu patrimônio.

Quando o ato de improbidade causar lesão ao patrimônio público ou ensejar enriquecimento ilícito, como medida cautelar, caberá à autoridade administrativa responsável pelo inquérito representar ao Ministério Público, para a indisponibilidade dos bens do indiciado.

O sucessor daquele que causar lesão ao patrimônio público ou se enriquecer ilicitamente está sujeito às cominações dessa lei até o limite do valor da herança.

10.3 Atos de improbidade administrativa

As modalidades estão previstas do art. 9º ao 11, da Lei nº 8.429/1992, e constituem um rol exemplificativo, ou seja, no caso concreto, podem existir outras situações capituladas como improbidade que não estão expressamente previstas no texto da lei.

10.3.1 Enriquecimento ilícito

> **Art. 9º** Constitui ato de improbidade administrativa importando em enriquecimento ilícito auferir, mediante a prática de ato doloso, qualquer tipo de vantagem patrimonial indevida em razão do exercício de cargo, de mandato, de função, de emprego ou de atividade nas entidades referidas no art. 1º desta Lei, e notadamente:
>
> I - Receber, para si ou para outrem, dinheiro, bem móvel ou imóvel, ou qualquer outra vantagem econômica, direta ou indireta, a título de comissão, percentagem, gratificação ou presente de quem tenha interesse, direto ou indireto, que possa ser atingido ou amparado por ação ou omissão decorrente das atribuições do agente público;
>
> II - Perceber vantagem econômica, direta ou indireta, para facilitar a aquisição, permuta ou locação de bem móvel ou imóvel, ou a contratação de serviços pelas entidades referidas no art. 1º por preço superior ao valor de mercado;
>
> III - Perceber vantagem econômica, direta ou indireta, para facilitar a alienação, permuta ou locação de bem público ou o fornecimento de serviço por ente estatal por preço inferior ao valor de mercado;
>
> IV - Utilizar, em obra ou serviço particular, qualquer bem móvel, de propriedade ou à disposição de qualquer das entidades referidas no art. 1º desta Lei, bem como o trabalho de servidores, de empregados ou de terceiros contratados por essas entidades;
>
> V - Receber vantagem econômica de qualquer natureza, direta ou indireta, para tolerar a exploração ou a prática de jogos de azar, de lenocínio, de narcotráfico, de contrabando, de usura ou de qualquer outra atividade ilícita, ou aceitar promessa de tal vantagem;
>
> VI - Receber vantagem econômica de qualquer natureza, direta ou indireta, para fazer declaração falsa sobre qualquer dado técnico que envolva obras públicas ou qualquer outro serviço ou sobre quantidade, peso, medida, qualidade ou característica de mercadorias ou bens fornecidos a qualquer das entidades referidas no art. 1º desta Lei;
>
> VII - Adquirir, para si ou para outrem, no exercício de mandato, de cargo, de emprego ou de função pública, e em razão deles, bens de qualquer natureza, decorrentes dos atos descritos no caput deste artigo, cujo valor seja desproporcional à evolução do patrimônio ou à renda do agente público, assegurada a demonstração pelo agente da licitude da origem dessa evolução;
>
> VIII - Aceitar emprego, comissão ou exercer atividade de consultoria ou assessoramento para pessoa física ou jurídica que tenha interesse suscetível de ser atingido ou amparado por ação ou omissão decorrente das atribuições do agente público, durante a atividade;
>
> IX - Perceber vantagem econômica para intermediar a liberação ou aplicação de verba pública de qualquer natureza;
>
> X - Receber vantagem econômica de qualquer natureza, direta ou indiretamente, para omitir ato de ofício, providência ou declaração a que esteja obrigado;
>
> XI - Incorporar, por qualquer forma, ao seu patrimônio, bens, rendas, verbas ou valores integrantes do acervo patrimonial das entidades mencionadas no art. 1º dessa lei;
>
> XII - Usar, em proveito próprio, bens, rendas, verbas ou valores integrantes do acervo patrimonial das entidades mencionadas no art. 1º dessa lei.

10.3.2 Prejuízo ao erário

Dos atos de improbidade administrativa que causam prejuízo ao erário:

> **Art. 10** Constitui ato de improbidade administrativa que causa lesão ao erário qualquer ação ou omissão dolosa, que enseje, efetiva e comprovadamente, perda patrimonial, desvio, apropriação, malbaratamento ou dilapidação dos bens ou haveres das entidades referidas no art. 1º desta Lei, e notadamente:

NOÇÕES DE ADMINISTRAÇÃO PÚBLICA/ÉTICA NO SERVIÇO PÚBLICO

I - Facilitar ou concorrer, por qualquer forma, para a indevida incorporação ao patrimônio particular, de pessoa física ou jurídica, de bens, de rendas, de verbas ou de valores integrantes do acervo patrimonial das entidades referidas no art. 1º desta Lei;

II - Permitir ou concorrer para que pessoa física ou jurídica privada utilize bens, rendas, verbas ou valores integrantes do acervo patrimonial das entidades mencionadas no art. 1º desta lei, sem a observância das formalidades legais ou regulamentares aplicáveis à espécie;

III - Doar à pessoa física ou jurídica bem como ao ente despersonalizado, ainda que de fins educativos ou assistências, bens, rendas, verbas ou valores do patrimônio de qualquer das entidades mencionadas no art. 1º desta lei, sem observância das formalidades legais e regulamentares aplicáveis à espécie;

IV - Permitir ou facilitar a alienação, permuta ou locação de bem integrante do patrimônio de qualquer das entidades referidas no art. 1º desta lei, ou ainda a prestação de serviço por parte delas, por preço inferior ao de mercado;

V - Permitir ou facilitar a aquisição, permuta ou locação de bem ou serviço por preço superior ao de mercado;

VI - Realizar operação financeira sem observância das normas legais e regulamentares ou aceitar garantia insuficiente ou inidônea;

VII - Conceder benefício administrativo ou fiscal sem a observância das formalidades legais ou regulamentares aplicáveis à espécie;

VIII - Frustrar a licitude de processo licitatório ou de processo seletivo para celebração de parcerias com entidades sem fins lucrativos, ou dispensá-los indevidamente, acarretando perda patrimonial efetiva;

IX - Ordenar ou permitir a realização de despesas não autorizadas em lei ou regulamento;

X - Agir ilicitamente na arrecadação de tributo ou de renda, bem como no que diz respeito à conservação do patrimônio público;

XI - Liberar verba pública sem a estrita observância das normas pertinentes ou influir de qualquer forma para a sua aplicação irregular;

XII - Permitir, facilitar ou concorrer para que terceiro se enriqueça ilicitamente;

XIII - Permitir que se utilize, em obra ou serviço particular, veículos, máquinas, equipamentos ou material de qualquer natureza, de propriedade ou à disposição de qualquer das entidades mencionadas no art. 1º desta lei, bem como o trabalho de servidor público, empregados ou terceiros contratados por essas entidades.

XIV - Celebrar contrato ou outro instrumento que tenha por objeto a prestação de serviços públicos por meio da gestão associada sem observar as formalidades previstas na lei;

XV - Celebrar contrato de rateio de consórcio público sem suficiente e prévia dotação orçamentária, ou sem observar as formalidades previstas na lei.

XVI - Facilitar ou concorrer, por qualquer forma, para a incorporação ao patrimônio particular de pessoa física ou jurídica, de bens, rendas, verbas ou valores públicos transferidos pela Administração Pública a entidades privadas mediante celebração de parcerias, sem a observância das formalidades legais ou regulamentares aplicáveis à espécie;

XVII - Permitir ou concorrer para que pessoa física ou jurídica privada utilize bens, rendas, verbas ou valores públicos transferidos pela Administração Pública a entidade privada mediante celebração de parcerias, sem a observância das formalidades legais ou regulamentares aplicáveis à espécie;

XVIII - Celebrar parcerias da Administração Pública com entidades privadas sem a observância das formalidades legais ou regulamentares aplicáveis à espécie;

XIX - Agir para a configuração de ilícito na celebração, na fiscalização e na análise das prestações de contas de parcerias firmadas pela Administração Pública com entidades privadas;

XX - Liberar recursos de parcerias firmadas pela Administração Pública com entidades privadas sem a estrita observância das normas pertinentes ou influir de qualquer forma para a sua aplicação irregular.

XXI – (Revogado pela Lei nº 14.230/2021).

10.3.3 Atos que atentem aos princípios da Administração Pública

Art. 11 Constitui ato de improbidade administrativa que atenta contra os princípios da Administração Pública a ação ou omissão dolosa que viole os deveres de honestidade, de imparcialidade e de legalidade, caracterizada por uma das seguintes condutas:

I e II (Revogados pela Lei nº 14.230/2021).

III - Revelar fato ou circunstância de que tem ciência em razão das atribuições e que deva permanecer em segredo, propiciando beneficiamento por informação privilegiada ou colocando em risco a segurança da sociedade e do Estado;

IV - Negar publicidade aos atos oficiais, exceto em razão de sua imprescindibilidade para a segurança da sociedade e do Estado ou de outras hipóteses instituídas em lei;

V - Frustrar, em ofensa à imparcialidade, o caráter concorrencial de concurso público, de chamamento ou de procedimento licitatório, com vistas à obtenção de benefício próprio, direto ou indireto, ou de terceiros;

VI - Deixar de prestar contas quando esteja obrigado a fazê-lo, desde que disponha das condições para isso, com vistas a ocultar irregularidades;

VII - Deixar de prestar contas quando esteja obrigado a fazê-lo, desde que disponha das condições para isso, com vistas a ocultar irregularidades;

VIII - Descumprir as normas relativas à celebração, fiscalização e aprovação de contas de parcerias firmadas pela Administração Pública com entidades privadas. (Redação dada pela Lei nº 13.019, de 2014)

IX e X -(Revogados pela Lei nº 14.230/2021).

10.4 Efeitos da lei

A lei de improbidade administrativa gera quatro efeitos.
- Suspensão dos direitos políticos;
- Perda da função pública;
- Indisponibilidade dos bens;
- Ressarcimento ao erário.

A suspensão dos direitos políticos e a perda da função pública somente se dão depois do trânsito em julgado da sentença condenatória. A indisponibilidade dos bens não constitui penalidade, mas, sim medida cautelar e pode se dar mesmo antes do início da ação.

O ressarcimento ao erário, por sua vez, constitui a responsabilidade civil do agente, ou seja, a obrigação de reparar o dano.

10.5 Sanções

10.5.1 Natureza das sanções

Administrativa
- Perda da função pública;
- Proibição de contratar com o poder público;
- Proibição de receber benefícios ou incentivos fiscais do poder público.

Civil
- Ressarcimento ao erário;
- Perda dos bens;
- Multa.

Política
- Suspensão dos direitos políticos.

Medida cautelar
- A indisponibilidade dos bens visa à garantia da aplicação das penalidades civis.
- Não estabelece sanções penais, mas, se o fato também for tipificado como crime, haverá tal responsabilidade.

IMPROBIDADE ADMINISTRATIVA

10.5.2 Penalidades

- **Enriquecimento ilícito:** perda dos bens ou valores acrescidos ilicitamente ao patrimônio; perda da função pública; suspensão dos direitos políticos até 14 anos; pagamento de multa civil equivalente ao valor do acréscimo patrimonial; e proibição de contratar com o Poder Público ou receber benefícios ou incentivos fiscais ou creditícios, direta ou indiretamente, ainda que por intermédio de pessoa jurídica da qual seja sócio majoritário, por prazo não superior a 14 anos.

- **Prejuízo ao erário:** perda dos bens ou valores acrescidos ilicitamente ao patrimônio, se concorrer essa circunstância; perda da função pública; suspensão dos direitos políticos até 12 anos; pagamento de multa civil equivalente ao valor do dano; e proibição de contratar com o poder público ou receber benefícios ou incentivos fiscais ou creditícios, direta ou indiretamente, ainda que por intermédio de pessoa jurídica da qual seja sócio majoritário, por prazo não superior a 12 anos.

- **Atos que atentem contra os princípios da Administração Pública:** pagamento de multa civil de até 24 vezes o valor da remuneração percebida pelo agente; e proibição de contratar com o Poder Público ou receber benefícios ou incentivos fiscais ou creditícios, direta ou indiretamente, ainda que por intermédio de pessoa jurídica da qual seja sócio majoritário, por prazo não superior a 4 anos.

10.5.3 Punições

Art. 12 da Lei nº 8.429/1992			
Modalidades Sanções	Enriquecimento Ilícito (art. 9º)	Prejuízo ao Erário (art. 10)	Afronta os princípios (art. 11)
Suspensão dos direitos políticos	Até 14 anos	Até 12 anos	–
Multa civil	Equivalente ao valor do acréscimo	Equivalente ao valor do dano	Até 24X o valor da remuneração
Proibição de contratar com a administração	Não superior a 14 anos	Não superior a 12 anos	Não superior a 4 anos

Aplicação das sanções: na fixação das penas previstas, o juiz levará em conta a extensão do dano causado, assim como o proveito patrimonial obtido pelo agente.

Independe de aprovação ou rejeição de contas pelos órgãos de controle.

10.6 Prescrição

Os atos de improbidade administrativa prescrevem, segundo o art. 23 da Lei nº 8.429/1992:

> **Art. 23** A ação para a aplicação das sanções previstas nesta Lei prescreve em 8 (oito) anos, contados a partir da ocorrência do fato ou, no caso de infrações permanentes, do dia em que cessou a permanência.
>
> I a III Revogados pela Lei nº 14.230/2021.
>
> **§ 1º** A instauração de inquérito civil ou de processo administrativo para apuração dos ilícitos referidos nesta Lei suspende o curso do prazo prescricional por, no máximo, 180 (cento e oitenta) dias corridos, recomeçando a correr após a sua conclusão ou, caso não concluído o processo, esgotado o prazo de suspensão.
>
> **§ 2º** O inquérito civil para apuração do ato de improbidade será concluído no prazo de 365 (trezentos e sessenta e cinco) dias corridos, prorrogável uma única vez por igual período, mediante ato fundamentado submetido à revisão da instância competente do órgão ministerial, conforme dispuser a respectiva lei orgânica.
>
> **§ 3º** Encerrado o prazo previsto no § 2º deste artigo, a ação deverá ser proposta no prazo de 30 (trinta) dias, se não for caso de arquivamento do inquérito civil.
>
> **§ 4º** O prazo da prescrição referido no caput deste artigo interrompe-se:
> I - Pelo ajuizamento da ação de improbidade administrativa;
> II - Pela publicação da sentença condenatória;
> III - Pela publicação de decisão ou acórdão de Tribunal de Justiça ou Tribunal Regional Federal que confirma sentença condenatória ou que reforma sentença de improcedência;
> IV - Pela publicação de decisão ou acórdão do Superior Tribunal de Justiça que confirma acórdão condenatório ou que reforma acórdão de improcedência;
> V - Pela publicação de decisão ou acórdão do Supremo Tribunal Federal que confirma acórdão condenatório ou que reforma acórdão de improcedência.
>
> **§ 5º** Interrompida a prescrição, o prazo recomeça a correr do dia da interrupção, pela metade do prazo previsto no caput deste artigo.
>
> **§ 6º** A suspensão e a interrupção da prescrição produzem efeitos relativamente a todos os que concorreram para a prática do ato de improbidade.
>
> **§ 7º** Nos atos de improbidade conexos que sejam objeto do mesmo processo, a suspensão e a interrupção relativas a qualquer deles estendem-se aos demais.
>
> **§ 8º** O juiz ou o tribunal, depois de ouvido o Ministério Público, deverá, de ofício ou a requerimento da parte interessada, reconhecer a prescrição intercorrente da pretensão sancionadora e decretá-la de imediato, caso, entre os marcos interruptivos referidos no § 4º, transcorra o prazo previsto no § 5º deste artigo.

Fique ligado!

As ações de ressarcimento ao erário dos prejuízos causados por atos dolosos de improbidade administrativa são imprescritíveis.

11 EXECUÇÃO INDIRETA DE ATIVIDADES – TERCEIRIZAÇÃO

A regulamentação sobre a terceirização está presente no Decreto nº 9.507/2018, que dispõe sobre a execução indireta, mediante contratação, de serviços da Administração Pública federal direta, autárquica e fundacional e das empresas públicas e das sociedades de economia mista controladas pela União.

O referido decreto uniformizou regras já praticadas pelos gestores de compras e determinou quais serviços não podem ser terceirizados no Governo Federal. O normativo coíbe o nepotismo nas contratações públicas e estabelece, ainda, padrões de qualidade esperados na prestação dos serviços.

Uma das diretrizes do decreto é a premissa de que a Administração Pública federal contrata serviços, e não mão de obra, afastando qualquer possibilidade de vínculo empregatício, inclusive com vedações de reembolso de salários, pessoalidade e subordinação direta.

Serviços que serão preferencialmente objeto de execução indireta mediante contratação, ou seja, serviços terceirizados:

- Alimentação;
- Armazenamento;
- Atividades técnicas auxiliares de arquivo e biblioteconomia;
- Atividades técnicas auxiliares de laboratório;
- Carregamento e descarregamento de materiais e equipamentos;
- Comunicação social, incluindo jornalismo, publicidade, relações públicas e cerimonial, diagramação, design gráfico, web design, edição, editoração e atividades afins;
- Conservação e jardinagem;
- Copeiragem;
- Cultivo, extração ou exploração rural, agrícola ou agropecuária;
- Elaboração de projetos de arquitetura e engenharia e acompanhamento de execução de obras;
- Geomensuração;
- Georreferenciamento;
- Instalação, operação e manutenção de máquinas e equipamentos, incluindo os de captação, tratamento e transmissão de áudio, vídeo e imagens;
- Limpeza;
- Manutenção de prédios e instalações, incluindo montagem, desmontagem, manutenção, recuperação e pequenas produções de bens móveis;
- Mensageria;
- Monitoria de atividades de visitação e de interação com público em parques, museus e demais órgãos e entidades da Administração Pública Federal;
- Recepção, incluindo recepcionistas com habilidade de se comunicar na Linguagem Brasileira de Sinais (Libras);
- Reprografia, plotagem, digitalização e atividades afins;
- Secretariado, incluindo o secretariado executivo;
- Segurança, vigilância patrimonial e brigada de incêndio;
- Serviços de escritório e atividades auxiliares de apoio à gestão de documentação, incluindo manuseio, digitação ou digitalização de documentos e a tramitação de processos em meios físicos ou eletrônicos (sistemas de protocolo eletrônico);
- Serviços de tecnologia da informação e prestação de serviços de informação;
- Teleatendimento;
- Telecomunicações;
- Tradução, inclusive tradução e interpretação de Língua Brasileira de Sinais (Libras);
- Degravação;
- Transportes;
- Tratamento de animais;
- Visitação domiciliar e comunitária para execução de atividades relacionadas a programas e projetos públicos, em áreas urbanas ou rurais;
- Monitoria de inclusão e acessibilidade; e
- Certificação de produtos e serviços, respeitado o contido no art. 3º, § 2º do Decreto nº 9.507/2018.

Não serão objeto de execução indireta na Administração Pública federal direta, autárquica e fundacional, os serviços:

- Que envolvam a tomada de decisão ou posicionamento institucional nas áreas de planejamento, coordenação, supervisão e controle;
- Que sejam considerados estratégicos para o órgão ou a entidade, cuja terceirização possa colocar em risco o controle de processos e de conhecimentos e tecnologias;
- Que estejam relacionados ao poder de polícia, de regulação, de outorga de serviços públicos e de aplicação de sanção; e
- Que sejam inerentes às categorias funcionais abrangidas pelo plano de cargos do órgão ou da entidade, exceto disposição legal em contrário ou quando se tratar de cargo extinto, total ou parcialmente, no âmbito do quadro geral de pessoal.

Assim, podemos asseverar que não poderão ser terceirizados os serviços quando relativos à fiscalização e relacionados ao exercício do poder de polícia.

> **Fique ligado!**
>
> É vedada a contratação, pelo Poder Público, de pessoa jurídica na qual haja administrador ou sócio com poder de direção que tenham relação de parentesco com:
>
> - Detentor de cargo em comissão ou função de confiança que atue na área responsável pela demanda ou pela contratação; ou
> - Autoridade hierarquicamente superior no âmbito de cada órgão ou entidade.

Para a execução indireta de serviços, no âmbito da Administração Pública, as contratações deverão ser precedidas de planejamento e o objeto será definido de forma precisa no instrumento convocatório, no projeto básico ou no termo de referência e no contrato como exclusivamente de prestação de serviços.

É vedada a inclusão de disposições nos instrumentos convocatórios que permitam:

- A indexação de preços por índices gerais, nas hipóteses de alocação de mão de obra;
- A caracterização do objeto como fornecimento de mão de obra;
- A previsão de reembolso de salários pela contratante; e
- A pessoalidade e a subordinação direta dos empregados da contratada aos gestores da contratante.

A gestão e a fiscalização da execução dos contratos compreendem o conjunto de ações que objetivam:

- Aferir o cumprimento dos resultados estabelecidos pela contratada;
- Verificar a regularidade das obrigações previdenciárias, fiscais e trabalhistas; e
- Prestar apoio à instrução processual e ao encaminhamento da documentação pertinente para a formalização dos procedimentos relativos à repactuação, reajuste, alteração, reequilíbrio, prorrogação, pagamento, aplicação de sanções, extinção dos contratos, entre outras, com vistas a assegurar o cumprimento das cláusulas do contrato a solução de problemas relacionados ao objeto.

Será admitida a repactuação de preços dos serviços continuados sob regime de mão de obra exclusiva, com vistas à adequação ao preço de mercado, desde que:

- Seja observado o interregno mínimo de um ano das datas dos orçamentos para os quais a proposta se referir; e
- Seja demonstrada de forma analítica a variação dos componentes dos custos do contrato, devidamente justificada.

O reajuste em sentido estrito, espécie de reajuste nos contratos de serviço continuado sem dedicação exclusiva de mão de obra, consiste na aplicação de índice de correção monetária estabelecido no contrato, que retratará a variação efetiva do custo de produção, admitida a adoção de índices específicos ou setoriais.

NOÇÕES DE DIREITO CONSTITUCIONAL

NOÇÕES DE DIREITO CONSTITUCIONAL

1. DIREITOS FUNDAMENTAIS – REGRAS GERAIS

1.1 Conceito

Os direitos e garantias fundamentais são institutos jurídicos que foram criados no decorrer do desenvolvimento da humanidade e se constituem de normas protetivas que formam um núcleo mínimo de prerrogativas inerentes à condição humana.

1.1.1 Amplitude horizontal e amplitude vertical

Possuem como objetivo principal a proteção do indivíduo diante do poder do Estado. Mas não só do Estado. Os direitos e garantias fundamentais também constituem normas de proteção do indivíduo em relação aos outros indivíduos da sociedade.

E é exatamente nesse ponto que surgem os conceitos de **amplitude vertical e amplitude horizontal.**

- **Amplitude vertical:** é o efeito protetor que as normas definidoras de direitos e garantias fundamentais produzem para um indivíduo diante do Estado.
- **Amplitude horizontal:** é o efeito protetor que as normas definidoras de direitos e garantias fundamentais produzem para um indivíduo diante dos outros indivíduos.

1.2 Classificação

A Constituição Federal, quando se refere aos direitos fundamentais, classifica-os em cinco grupos:
- Direitos e deveres individuais e coletivos;
- Direitos sociais;
- Direitos de nacionalidade;
- Direitos políticos;
- Partidos políticos.

Essa classificação encontra-se distribuída entre os arts. 5º e 17 do texto constitucional e é normalmente chamada pela doutrina de Conceito Formal dos Direitos Fundamentais. O Conceito Formal é o que a Constituição Federal resolveu classificar como sendo Direito Fundamental. É o rol de direitos fundamentais previstos expressamente no texto constitucional.

Costuma-se perguntar nas provas: "O rol de direitos fundamentais é um rol exaustivo? Ou melhor, taxativo?" O que se quer saber é se o rol de direitos fundamentais é só aquele que está expresso na Constituição ou não.

Responde-se a essa questão com o § 2º do art. 5º, que diz:

> *§ 2º Os direitos e garantias expressos nesta Constituição não excluem outros decorrentes do regime e dos princípios por ela adotados, ou dos tratados internacionais em que a República Federativa do Brasil seja parte.*

Isso significa que o rol não é taxativo, mas exemplificativo. A doutrina costuma chamar esse parágrafo de cláusula de abertura material, que é exatamente a possibilidade de existirem outros direitos fundamentais, ainda que fora do texto constitucional. Esse seria o conceito material dos direitos fundamentais, ou seja, todos os direitos fundamentais que possuem a essência fundamental, ainda que não estejam expressos no texto constitucional.

1.3 Características

O elemento jurídico acima abordado, além de explicar a possibilidade de se inserirem novos direitos fundamentais no rol dos que já existem expressamente na Constituição Federal, também constitui uma das características que serão abordadas a seguir:

- **Historicidade:** essa característica revela que os direitos fundamentais são frutos da evolução histórica da humanidade. Significa que eles evoluem com o passar do tempo.
- **Inalienabilidade:** os direitos fundamentais não podem ser alienados, não podem ser negociados, não podem ser transigidos.
- **Irrenunciabilidade:** os direitos fundamentais não podem ser renunciados.
- **Imprescritibilidade:** os direitos fundamentais não se sujeitam aos prazos prescricionais. Não se perde um direito fundamental pelo decorrer do tempo.
- **Universalidade:** os direitos fundamentais pertencem a todas as pessoas, independentemente da sua condição.
- **Máxima Efetividade:** essa característica é mais uma imposição ao Estado, que está coagido a garantir a máxima efetividade dos direitos fundamentais. Esses direitos não podem ser ofertados de qualquer forma. É necessário que eles sejam garantidos da melhor forma possível.
- **Concorrência:** os direitos fundamentais podem ser utilizados em conjunto com outros direitos. Não é necessário abandonar um para usufruir outro direito.
- **Complementariedade:** um direito fundamental não pode ser interpretado sozinho. Cada direito deve ser analisado juntamente com outros direitos fundamentais, bem como com outros institutos jurídicos.
- **Proibição do retrocesso:** essa característica proíbe que os direitos já conquistados sejam perdidos.
- **Limitabilidade:** não existe direito fundamental absoluto. São direitos relativos.
- **Não Taxatividade:** essa característica, já tratada anteriormente, diz que o rol de direitos fundamentais é apenas exemplificativo, tendo em vista a possibilidade de inserção de novos direitos.

1.4 Dimensões dos direitos fundamentais

As dimensões, também conhecidas por gerações de direitos fundamentais, são uma classificação adotada pela doutrina que leva em conta a ordem cronológica de reconhecimento desses direitos. São cinco as dimensões atualmente reconhecidas:

- **1ª dimensão:** foram os primeiros direitos conquistados pela humanidade. São direitos relacionados à liberdade, em todas as suas formas. Possuem um caráter negativo diante do Estado, tendo em vista ser utilizado como uma verdadeira limitação ao poder estatal, ou seja, o Estado, diante dos direitos de primeira dimensão, fica impedido de agir ou interferir na sociedade. São verdadeiros direitos de defesa com caráter individual. Estão entre estes direitos as liberdades públicas, civis e políticas.
- **2ª dimensão:** estes direitos surgem na tentativa de reduzirem as desigualdades sociais provocadas pela primeira dimensão. Por isso, são conhecidos como direitos de igualdade. Para reduzir as diferenças sociais, o Estado precisa interferir na sociedade: essa interferência reflete a conduta positiva adotada por meio de prestações sociais. São exemplos de direitos de segunda dimensão: os direitos sociais, econômicos e culturais.

DIREITOS FUNDAMENTAIS – REGRAS GERAIS

- **3ª dimensão:** aqui estão os conhecidos direitos de fraternidade. São direitos que refletem um sentimento de solidariedade entre os povos na tentativa de preservarem os direitos de toda a coletividade. São de terceira geração o direito ao meio ambiente saudável, o direito ao progresso da humanidade, ao patrimônio comum, entre outros.
- **4ª dimensão:** esses direitos ainda não possuem um posicionamento pacífico na doutrina, mas costuma-se dizer que nesta dimensão ocorre a chamada globalização dos direitos fundamentais. São direitos que rompem com as fronteiras entre os Estados. São direitos de todos os seres humanos, independentemente de sua condição, como o direito à democracia, ao pluralismo político. São também considerados direitos de 4ª geração os direitos mais novos, que estão em construção, como o direito genético ou espacial.
- **5ª dimensão:** essa é a mais nova dimensão defendida por alguns doutrinadores. É formado basicamente pelo direito à paz. Esse seria o direito mais almejado pelo homem e que consubstancia a reunião de todos os outros direitos.

Deve-se ressaltar que esses direitos, à medida que foram sendo conquistados, complementavam os direitos anteriores, de forma que não se pode falar em substituição ou superação de uma geração sobre a outra, mas em cumulação, de forma que hoje podemos usufruir de todos os direitos pertencentes a todas as dimensões.

Para não se esquecer das três primeiras dimensões é só lembrar-se do lema da Revolução Francesa: Liberdade (1ª dimensão), Igualdade (2ª dimensão) e Fraternidade (3ª dimensão).

1.5 Titulares dos direitos fundamentais

1.5.1 Quem são os titulares dos direitos fundamentais?

A própria Constituição Federal responde a essa pergunta quando diz no *caput* do art. 5º que são titulares "os brasileiros e estrangeiros residentes no país". Mas será que é necessário residir no país para que o estrangeiro tenha direitos fundamentais?

Imaginemos um avião cheio de alemães que está fazendo uma escala no Aeroporto Municipal de Cascavel-PR.

Nenhum dos alemães reside no país. Seria possível entrar no avião e matar todas aquelas pessoas, haja vista não serem titulares de direitos fundamentais por não residirem no país? É claro que não. Para melhor se compreender o termo "residente", o STF o tem interpretado de forma mais ampla no sentido de abarcar todos aqueles que estão no país. Ou seja, todos os que estão no território brasileiro, independentemente de residirem no país, são titulares de direitos fundamentais.

Mas será que, para ser titular de direitos fundamentais, é necessário ter a condição humana? Ao contrário do que parece, não é necessário. Tem-se reconhecido como titulares de direitos fundamentais as pessoas jurídicas. Ressalta-se que não só as pessoas jurídicas de direito privado, mas também as pessoas jurídicas de direito público.

Os animais não são considerados titulares de direitos fundamentais, mas isso não significa que seja possível maltratá-los. Na prática, a Constituição Federal de 1988 os protege contra situações de maus-tratos. O STF já se pronunciou sobre a "briga de galo" e a "farra do boi", declarando-as inconstitucionais. Quanto à "vaquejada", o Supremo se manifestou acerca da admissibilidade parcial, desde que não figure flagelação do animal. Por fim, o tema de "rodeios" ainda não foi pleiteado. De outro lado, mortos podem ser titulares de direitos fundamentais, desde que o direito seja compatível (por exemplo: honra).

1.6 Cláusulas pétreas fundamentais

O art. 60, § 4º da Constituição Federal de 1988, traz o rol das chamadas **Cláusulas Pétreas:**

> § 4º Não será objeto de deliberação a proposta de emenda tendente a abolir:
> I – A forma federativa de Estado;
> II – O voto direto, secreto, universal e periódico;
> III – A separação dos Poderes;
> IV – Os direitos e garantias individuais.

As Cláusulas Pétreas são núcleos temáticos formados por institutos jurídicos de grande importância, os quais não podem ser retirados da Constituição. Observe-se que o texto proíbe a abolição desses princípios, mas não impede que eles sejam modificados, no caso, para melhor. Isso já foi cobrado em prova. É importante notar que o texto constitucional prevê no inciso IV como sendo Cláusulas Pétreas apenas os direitos e garantias individuais. Pela literalidade da Constituição, não são todos os direitos fundamentais que são protegidos por esse instituto, mas apenas os de caráter individual. Parte da doutrina e da jurisprudência entende que essa proteção deve ser ampliada, abrangendo os demais direitos fundamentais. Deve-se ter atenção com esse tema em prova, pois já foram cobrados os dois posicionamentos.

1.7 Eficácia dos direitos fundamentais

O § 1º do art. 5º da Constituição Federal de 1988 prevê que:

> § 1º As normas definidoras dos direitos e garantias fundamentais têm aplicação imediata.

Quando a Constituição Federal de 1988 se refere à aplicação de uma norma, na verdade está falando da sua eficácia.

Esse tema é sempre cobrado em provas de concurso. Com o intuito de obter uma melhor compreensão, é necessário conceituar, classificar e diferenciar os vários níveis de eficácia das normas constitucionais.

Para que uma norma constitucional seja aplicada é indispensável que a ela possua eficácia, a qual é a capacidade que uma norma jurídica tem de produzir efeitos.

Se os efeitos produzidos se restringem ao âmbito normativo, tem-se a chamada **eficácia jurídica**, ao passo que, se os efeitos são concretos, reais, tem-se a chamada **eficácia social**. Eficácia jurídica, portanto, é a capacidade que uma norma constitucional tem de revogar todas as outras normas que com ela apresentem divergência. Já a eficácia social, também conhecida como efetividade, é a aplicabilidade na prática, concreta, da norma. Todas as normas constitucionais possuem eficácia jurídica, mas nem todas possuem eficácia social. Logo, é possível afirmar que todas as normas constitucionais possuem eficácia. O problema surge quando uma norma constitucional não pode ser aplicada na prática, ou seja, não possui eficácia social.

Para explicar esse fenômeno, foram desenvolvidas várias classificações acerca do grau de eficácia de uma norma constitucional. A classificação mais adotada pela doutrina e mais cobrada em prova é a adotada pelo professor José Afonso da Silva, na obra *Curso de Direito Constitucional Positivo*. Para esse estudioso, a eficácia social se classifica em:

- **Eficácia plena:** são aquelas **autoaplicáveis**. São normas que possuem aplicabilidade direta, imediata e integral. Seus efeitos práticos são plenos. É uma norma que não depende de complementação legislativa para produzir efeitos. Veja os exemplos: art. 1º; art. 5º, *caput* e incisos XXXV e XXXVI; art. 19; art. 21; art. 53; art. 60, § 1º e 4º; art. 69; art. 128, § 5º, incisos I e II; art. 145, § 2º; entre outros.

- **Eficácia contida:** também são **autoaplicáveis**. Assim como as normas de eficácia plena, elas possuem **aplicabilidade direta e imediata**. Contudo, sua aplicação não é integral. É neste ponto que a eficácia contida se diferencia da eficácia plena. A norma de eficácia contida nasce plena, mas pode ser restringida por outra norma.
- Daí a doutrina chamá-la de norma contível, restringível ou redutível. Essas espécies permitem que outra norma reduza a sua aplicabilidade. São normas que produzem efeitos imediatos, mas esses efeitos podem ser restringidos. Por exemplo: art. 5º, incisos VII, XII, XIII, XV, XXVII e XXXIII; art. 9º; art. 37, inciso I; art. 170, parágrafo único; entre outros.
- **Eficácia limitada:** são desprovidas de eficácia social. Diz-se que as normas de eficácia limitada não são autoaplicáveis, possuem aplicabilidade indireta, mediata e reduzida ou diferida.
- São normas que dependem de outra para produzirem efeitos. O que as difere das normas de eficácia contida é a dependência de outra norma para que produza efeitos sociais. Enquanto as de eficácia contida produzem efeitos imediatos, os quais poderão ser restringidos posteriormente, as de eficácia limitada dependem de outra norma para produzirem efeitos. Deve-se ter cuidado para não pensar que essas espécies normativas não possuem eficácia. Como se afirmou anteriormente, elas possuem eficácia jurídica, mas não possuem eficácia social. As normas de eficácia limitada são classificadas, ainda, em:
- **Normas de eficácia limitada de princípio institutivo:** são aquelas que dependem de outra norma para organizar ou instituir estruturas, entidades ou órgãos. Por exemplo: art. 18, § 2º; art. 22, parágrafo único; art. 25, § 3º; art. 33; art. 88; art. 90, § 2º; art. 102, § 1º; art. 107, § 1º; art. 113; art. 121; art. 125, § 3º; art. 128, § 5º; art. 131; entre outros.
- **Normas de eficácia limitada de princípio programático:** são aquelas que apresentam verdadeiros objetivos a serem perseguidos pelo Estado, programas a serem implementados. Em regra, possuem fins sociais. Por exemplo: art. 7º, incisos XI, XX e XXVII; art. 173, § 4º; arts. 196; 205; 215; 218; 227; entre outros.

O Supremo Tribunal Federal (STF) possui algumas decisões que conferiram o grau de eficácia limitada aos seguintes dispositivos: art. 5º, inciso LI; art. 37, inciso I; art. 37, inciso VII; art. 40, § 4º; art. 18, § 4º.

Feitas as considerações iniciais sobre esse tema, resta saber o que o § 1º do art. 5º da Constituição Federal de 1988 quis dizer com "aplicação imediata". Para traduzir essa expressão, basta analisar a explicação apresentada anteriormente. Segundo a doutrina, as normas que possuem aplicação imediata ou são de eficácia plena ou contida. Ao que parece, o texto constitucional quis restringir a eficácia dos direitos fundamentais em plena ou contida, não existindo, em regra, normas definidoras de direitos fundamentais com eficácia limitada. Entretanto, pelos próprios exemplos aqui apresentados, não é essa a realidade do texto constitucional. Certamente, existem normas de eficácia limitada entre os direitos fundamentais (art. 7º, incisos XI, XX e XXVII). A dúvida que surge então é: como responder na prova?

A doutrina e o STF têm entendido que, apesar do texto expresso na Constituição Federal, existem normas definidoras de direitos fundamentais que não possuem aplicabilidade imediata, as quais são de eficácia limitada. Diante dessa contradição, a doutrina tem orientado no sentido de se conferir a maior eficácia possível aos direitos fundamentais. Em prova, pode ser cobrada tanto uma questão abordando o texto puro da Constituição Federal quanto o posicionamento da doutrina. Deve-se responder conforme for perguntado.

A Constituição previu dois instrumentos para garantir a efetividade das normas de eficácia limitada: **Ação Direta de Inconstitucionalidade por Omissão** e o **Mandado de Injunção**.

1.8 Força normativa dos tratados internacionais

Uma regra muito importante para a prova é a que está prevista no § 3º do art. 5º da Constituição Federal de 1988:

> *§ 3º Os tratados e convenções internacionais sobre direitos humanos que forem aprovados, em cada Casa do Congresso Nacional, em dois turnos, por três quintos dos votos dos respectivos membros, serão equivalentes às emendas constitucionais.*

Esse dispositivo constitucional apresenta a chamada força normativa dos tratados internacionais.

Segundo o texto constitucional, é possível que um tratado internacional possua força normativa de emenda constitucional, desde que preencha os seguintes requisitos:

- Deve falar de direitos humanos;
- Deve ser aprovado nas duas casas legislativas do Congresso Nacional, ou seja, na Câmara dos Deputados e no Senado Federal;
- Deve ser aprovado em dois turnos em cada casa;
- Deve ser aprovado por 3/5 dos membros em cada turno de votação, em cada casa.

Preenchidos esses requisitos, o Tratado Internacional terá força normativa de **Emenda à Constituição.**

Mas surge a seguinte questão: e se o Tratado Internacional for de Direitos Humanos e não preencher os requisitos constitucionais previstos no § 3º do art. 5º da Constituição? Qual será sua força normativa? Segundo o STF, caso o Tratado Internacional fale de direitos humanos, mas não preencha os requisitos do § 3º do art. 5º da CF/1988/1988, ele terá força normativa de **norma supralegal.**

Ainda há os tratados internacionais que não falam de direitos humanos. São tratados que falam de outros temas, por exemplo, o comércio. Esses tratados possuem força normativa de **lei ordinária.**

Em suma, são três as forças normativas dos Tratados Internacionais:
- Emenda à Constituição;
- Norma supralegal;
- Lei ordinária.

1.9 Tribunal Penal Internacional (TPI)

Há outra regra muito interessante prevista no § 4º do art. 5º da Constituição Federal de 1988:

> *§ 4º O Brasil se submete à jurisdição de Tribunal Penal Internacional a cuja criação tenha manifestado adesão.*

É o chamado **Tribunal Penal Internacional**. Mas o que é o Tribunal Penal Internacional? É uma corte permanente, localizada em Haia, na Holanda, com competência de julgamento dos crimes contra a humanidade.

É um Tribunal, pois tem função jurisdicional; é penal porque só julga crimes; é internacional, haja vista sua competência não estar restrita à fronteira de um só Estado.

Mas uma coisa deve ser esclarecida. O TPI não julga qualquer tipo de crime. Só os crimes que tenham repercussão para toda a humanidade. Geralmente, são crimes de guerra, agressão estrangeira, genocídio, dentre outros.

Apesar de ser um tribunal com atribuições jurisdicionais, o TPI não faz parte do Poder Judiciário brasileiro. Sua competência é complementar à jurisdição nacional, não ofendendo, portanto, a soberania do Estado brasileiro. Isso significa que o TPI só age quando a Justiça Brasileira se omite ou é ineficaz.

1.10 Direitos e garantias

Muitos questionam se direitos e garantias são a mesma coisa, mas a melhor doutrina tem diferenciado esses dois institutos.

Os direitos são os próprios direitos previstos na Constituição Federal de 1988. São os bens jurídicos tutelados pela Constituição. Eles representam por si só esses bens.

As garantias são instrumentos de proteção dos direitos. São ferramentas disponibilizadas pela Constituição para a fruição dos direitos.

Apesar da diferença entre os dois institutos é possível afirmar que **toda garantia é um direito.**

NOÇÕES DE DIREITO CONSTITUCIONAL

2. DIREITOS E DEVERES INDIVIDUAIS E COLETIVOS

A Constituição Federal, ao disciplinar os direitos individuais, os coloca basicamente no art. 5º. Logo no *caput* desse artigo, já aparece uma classificação didática dos direitos ali previstos:

> **Art. 5º** *Todos são iguais perante a lei, sem distinção de qualquer natureza, garantindo-se aos brasileiros e aos estrangeiros residentes no País a inviolabilidade do direito à vida, à liberdade, à igualdade, à segurança e à propriedade, nos termos seguintes:*

Para estudarmos os direitos individuais, utilizaremos os cinco grupos de direitos previstos no *caput* do art. 5º:

- **Direito à vida;**
- **Direito à igualdade;**
- **Direito à liberdade;**
- **Direito à propriedade;**
- **Direito à segurança.**

Percebe-se que os 78 incisos do art. 5º, de certa forma, decorrem de um desses direitos que podem ser chamados de **"direitos raízes"**. Utilizando essa divisão, a seguir serão abordados os incisos mais importantes desse artigo, tendo em vista a preparação para a prova. Logicamente, não conseguiremos abordar todos os incisos, o que não tira a responsabilidade de lê-los.

2.1 Direito à vida

Ao falar desse direito, que é considerado pela doutrina como o **direito mais fundamental de todos**, por ser um pressuposto para o exercício dos demais direitos, enfrenta-se um primeiro desafio: esse direito é absoluto?

Assim como os demais direitos, o direito à vida não é absoluto. São várias as justificativas existentes para considerá-lo um direito passível de flexibilização.

2.1.1 Pena de morte

Existe pena de morte no Brasil? A resposta é sim. A alínea "a" do inciso XLVII do art. 5º traz essa previsão expressamente:

> *XLVII – Não haverá penas:*
> *a) de morte, salvo em caso de guerra declarada, nos termos do art. 84, XIX;*

Todas as vezes que a Constituição traz uma negação acompanhada de uma exceção, estamos diante de uma possibilidade.

2.1.2 Aborto

A prática de aborto no Brasil é permitida? O art. 128 do Código Penal Brasileiro apresenta duas possibilidades de prática de aborto que são verdadeiras excludentes de ilicitude:

> **Art. 128** *Não se pune o aborto praticado por médico:*
> *Aborto necessário*
> *I – Se não há outro meio de salvar a vida da gestante;*
> *Aborto sentimental*
> *II – Se a gravidez resulta de estupro e o aborto é precedido de consentimento da gestante ou, quando incapaz, de seu representante legal.*

São os **abortos necessário** e **sentimental**. Aborto necessário é aquele praticado para salvar a vida da gestante e o aborto sentimental é utilizado nos casos de estupro. Essas duas exceções à prática do crime de aborto são hipóteses em que se permite a sua prática no direito brasileiro. Além dessas duas hipóteses previstas expressamente na legislação brasileira, o STF também reconhece a possibilidade da prática de aborto do feto anencéfalo (feto sem cérebro). Mais uma vez, o direito à vida encontra-se flexibilizado.

2.1.3 Legítima defesa e estado de necessidade

Esses dois institutos, também excludentes de ilicitude do crime, são outras possibilidades de limitação do direito à vida, conforme disposto no art. 23 do Código Penal Brasileiro:

> **Art. 23** *Não há crime quando o agente pratica o fato:*
> *I – Em estado de necessidade;*
> *II – Em legítima defesa;*

Em linhas gerais e de forma exemplificativa, o estado de necessidade permite que, diante de uma situação de perigo, uma pessoa possa, para salvar uma vida, tirar a vida de outra pessoa. Na legítima defesa, caso sua vida seja ameaçada por alguém, existe legitimidade em retirar a vida de quem o ameaçou.

Outro ponto que deve ser ressaltado é que o direito à vida não está subordinado apenas ao fato de se estar vivo. Quando a constituição protege o direito à vida, a faz em suas diversas acepções. Existem dispositivos constitucionais que protegem o direito à vida no que tange a sua preservação da integridade física e moral (art. 5º, incisos III, V, XLVII e XLIX; art. 199, § 4º). A Constituição também protege o direito à vida no que tange à garantia de uma vida com qualidade (arts. 6º; 7º, inciso IV; 196; 205; 215).

2.2 Direito à igualdade

2.2.1 Igualdade formal e igualdade material

Possui como sinônimo o termo Isonomia. A doutrina classifica esse direito em:

- **Igualdade formal:** traduz-se no termo "todos são iguais perante a lei, sem distinção de qualquer natureza". É o previsto no *caput* do art. 5º. É uma igualdade jurídica, que não se preocupa com a realidade, mas apenas evita que alguém seja tratado de forma discriminatória.
- **Igualdade material:** também chamada de igualdade efetiva ou substancial. É a igualdade que se preocupa com a realidade. Traduz-se na seguinte expressão: "tratar os iguais com igualdade e os desiguais com desigualdade, na medida das suas desigualdades". Esse tipo de igualdade confere um tratamento com justiça para aqueles que não a possuem.

A igualdade formal é a regra utilizada pelo Estado para conferir um tratamento isonômico entre as pessoas. Contudo, por diversas vezes, um tratamento igualitário não consegue atender a todas as necessidades práticas. Faz-se necessária a utilização da igualdade em seu aspecto material para que se consiga produzir um verdadeiro tratamento isonômico.

Imaginemos as relações entre homens e mulheres. A regra é que homem e mulher são tratados da mesma forma conforme previsto no inciso I do art. 5º:

> *I – Homens e mulheres são iguais em direitos e obrigações, nos termos desta Constituição;*

Contudo, em diversas situações, homens e mulheres serão tratados de forma diferente:

- **Licença-maternidade:** tem duração de 120 dias para a mulher. Para o homem, apenas 5 dias de licença-paternidade;
- **Aposentadoria:** a mulher se aposenta 5 anos mais cedo que o homem;
- **Serviço militar obrigatório:** só o homem está obrigado.

DIREITOS E DEVERES INDIVIDUAIS E COLETIVOS

Essas são algumas das situações em que são permitidos tratamentos desiguais entre as pessoas. As razões que justificam essa discriminação são as diferenças efetivas que existem entre os homens e as mulheres em cada uma das hipóteses. Exemplificando, a mulher tem mais tempo para se recuperar em razão da nítida distinção do desgaste feminino para o masculino no que tange ao parto. É indiscutível que, por mais desgastante que seja o nascimento de um filho para o pai, nada se compara ao sofrimento suportado pela mãe. Por essa razão, a licença-maternidade é maior que a licença-paternidade.

2.2.2 Igualdade nos concursos públicos

O tema diz respeito à igualdade nos concursos públicos. Seria possível restringir o acesso a um cargo público em razão do sexo de uma pessoa? Ou por causa de sua altura? Ou ainda, pela idade que possui?

Essas questões encontram a mesma resposta: sim! É possível, desde que os critérios discriminatórios preencham alguns requisitos:

- **Deve ser fixado em lei:** não basta que os critérios estejam previstos no edital, precisam estar previstos em lei, no seu sentido formal.
- **Deve ser necessário ao exercício do cargo:** o critério discriminatório deve ser necessário ao exercício do cargo. A título de exemplo: seria razoável exigir para um cargo de policial militar, altura mínima ou mesmo, idade máxima, que representam vigor físico, tendo em vista a natureza do cargo que exige tal condição. As mesmas condições não poderiam ser exigidas para um cargo de técnico judiciário, por não serem necessárias ao exercício do cargo.

Em suma, podem ser exigidos critérios discriminatórios desde que previstos em lei e que sejam necessários ao exercício do cargo, observados os critérios de proporcionalidade e razoabilidade.

Esse tema sempre tem sido alvo de questões em prova, principalmente sob o aspecto jurisprudencial.

2.2.3 Ações afirmativas

Como formas de concretização da igualdade material foram desenvolvidas políticas públicas de compensação dirigidas às minorias sociais chamadas de **ações afirmativas ou discriminações positivas**. São verdadeiras ações de cunho social que visam a compensar possíveis perdas que determinados grupos sociais tiveram ao longo da história de suas vidas. Quem nunca ouviu falar nas "quotas para os pobres nas Universidades" ou ainda, "reserva de vagas para deficientes em concursos públicos"? Essas são algumas das espécies de ações afirmativas desenvolvidas no Brasil.

Mas por que reservar vagas para deficientes em concursos públicos? O deficiente, qualquer que seja sua deficiência, quando se prepara para um concurso público possui muito mais dificuldade que uma pessoa que tem a plenitude de seu vigor físico. Em razão dessa diferença, o Estado, na tentativa de reduzir a desigualdade existente entre os concorrentes, resolveu compensar a limitação de um portador de necessidades especiais reservando-lhe vagas especiais.

Perceba que, ao contrário do que parece, quando se reservam vagas num concurso público para deficientes estamos diante de um nítido tratamento discriminatório, que nesse caso é justificável pelas diferenças naturais entre o concorrente sadio e o concorrente deficiente. Lembre-se de que igualdade material é tratar iguais com igualdade e desiguais com desigualdade. O que se faz por meio dessas políticas de compensação é tratar os desiguais com desigualdade, na medida de suas desigualdades. Só dessa forma é possível alcançar um verdadeiro tratamento isonômico entre os candidatos.

Por fim, destaca-se o fato de o STF ter declarado constitucional a política de cotas étnico-raciais para seleção de estudantes em universidades públicas pacificando uma discussão antiga sobre esse tipo de ação afirmativa.

2.3 Direito à liberdade

O direito à liberdade pertence à primeira geração de direitos fundamentais por expressarem os direitos mais ansiados pelos indivíduos como forma de defesa diante do Estado. O que se verá a seguir são algumas das acepções desse direito que podem ser cobradas em prova.

2.3.1 Liberdade de ação

O inciso II do art. 5º apresenta aquilo que a doutrina chama de liberdade de ação:

> *II – Ninguém será obrigado a fazer ou deixar de fazer alguma coisa senão em virtude de lei;*

Essa é a liberdade por excelência. Segundo o texto constitucional, a liberdade só pode ser restringida por lei. Por isso, dizemos que esse inciso também apresenta o **princípio da legalidade.**

A liberdade pode ser entendida de duas formas, a depender do destinatário da mensagem:

- **Para o particular:** liberdade significa "fazer tudo que não for proibido".
- **Para o agente público:** liberdade significa "poder fazer tudo o que for determinado ou permitido pela lei".

2.3.2 Liberdade de locomoção

Uma das liberdades mais almejadas pelos indivíduos durante as lutas sociais é o grande carro-chefe na limitação dos poderes do Estado. O inciso XV do art. 5º já diz:

> *XV – É livre a locomoção no território nacional em tempo de paz, podendo qualquer pessoa, nos termos da lei, nele entrar, permanecer ou dele sair com seus bens;*

Perceba-se que o direito explanado nesse inciso não possui caráter absoluto, haja vista ter sido garantido em tempo de paz. Isso significa que em momentos sem paz seriam possíveis restrições às liberdades de locomoção. Destaca-se o Estado de Sítio que pode ser decretado nos casos previstos no art. 137 da Constituição Federal de 1988. Nessas circunstâncias, seriam possíveis maiores restrições à chamada liberdade de locomoção por meio de medidas autorizadas pela própria Constituição Federal:

> *Art. 137 O Presidente da República pode, ouvidos o Conselho da República e o Conselho de Defesa Nacional, solicitar ao Congresso Nacional autorização para decretar o estado de sítio nos casos de:*
> *I – Comoção grave de repercussão nacional ou ocorrência de fatos que comprovem a ineficácia de medida tomada durante o estado de defesa;*
> *II – Declaração de estado de guerra ou resposta a agressão armada estrangeira.*

> *Art. 139 Na vigência do estado de sítio decretado com fundamento no art. 137, I, só poderão ser tomadas contra as pessoas as seguintes medidas:*
> *I – Obrigação de permanência em localidade determinada;*
> *II – Detenção em edifício não destinado a acusados ou condenados por crimes comuns;*

Outro ponto interessante refere-se à possibilidade de qualquer pessoa entrar, permanecer ou sair do país com seus bens. Esse direito também não pode ser encarado de forma absoluta, haja vista a possibilidade de se exigir declaração de bens ou pagamento de imposto quando da entrada no país com bens. Nesse caso, liberdade de locomoção não se confunde com imunidade tributária.

Caso a liberdade de locomoção seja restringida por ilegalidade ou abuso de poder, a Constituição reservou um poderoso instrumento garantidor, o chamado *Habeas corpus*.

> *Art. 5º [...]*
> *LXVIII – conceder-se-á "Habeas corpus" sempre que alguém sofrer ou se achar ameaçado de sofrer violência ou coação em sua liberdade de locomoção, por ilegalidade ou abuso de poder;*

2.3.3 Liberdade de pensamento

Essa liberdade serve de amparo para uma série de possibilidades no que tange ao pensamento. Assim como os demais direitos fundamentais, a manifestação do pensamento não possui caráter absoluto, sendo restringido pela própria Constituição Federal, que proíbe seu exercício de forma anônima:

> *Art. 5º [...]*
> *IV – É livre a manifestação do pensamento, sendo vedado o anonimato;*

A vedação ao anonimato, além de ser uma garantia ao exercício da manifestação do pensamento, possibilita o exercício do direito de resposta caso alguém seja ofendido.

Sobre Denúncia Anônima, é importante fazer uma observação. Diante da vedação constitucional ao anonimato, poder-se-ia imaginar que essa ferramenta de combate ao crime fosse considerada inconstitucional. Contudo, não tem sido esse o entendimento do STF. A denúncia anônima pode até ser utilizada como ferramenta de comunicação do crime, mas não pode servir como amparo para a instauração do Inquérito Policial, muito menos como fundamento para condenação de quem quer que seja.

2.3.4 Liberdade de consciência e crença religiosa

Uma primeira pergunta deve ser feita acerca da liberdade religiosa em nosso país: qual a religião oficial do Brasil? A única resposta possível: é nenhuma. A liberdade religiosa do Estado brasileiro é incompatível com a existência de uma religião oficial. É o que apresenta o inciso VI do art. 5º:

> *VI – É inviolável a liberdade de consciência e de crença, sendo assegurado o livre exercício dos cultos religiosos e garantida, na forma da lei, a proteção aos locais de culto e a suas liturgias;*

Esse inciso marca a liberdade religiosa existente no Brasil. Por esse motivo, dizemos que o Brasil é um Estado laico, leigo ou não confessional. Isso significa, basicamente, que no Brasil existe uma relação de separação entre Estado e Igreja. Essa relação entre o Estado e a Igreja encontra, inclusive, vedação expressa no texto constitucional:

> *Art. 19 É vedado à União, aos Estados, ao Distrito Federal e aos Municípios:*
> *I – Estabelecer cultos religiosos ou igrejas, subvencioná-los, embaraçar-lhes o funcionamento ou manter com eles ou seus representantes relações de dependência ou aliança, ressalvada, na forma da lei, a colaboração de interesse público;*

Por causa da liberdade religiosa, é possível exercer qualquer tipo de crença no país. É possível ser católico, protestante, mulçumano, ateu ou satanista. Isso é liberdade de crença ou consciência. Liberdade de crer ou não crer. Perceba que o inciso VI, além de proteger as crenças e cultos, também protege as suas liturgias. Apesar do amparo constitucional, não se pode utilizar esse direito para praticar atos contrários às demais normas do direito brasileiro como, por exemplo, sacrificar seres humanos como forma de prestar culto a determinada divindade. Isso a liberdade religiosa não ampara.

Outro dispositivo importante é o previsto no inciso VII:

> *Art. 5º [...]*
> *VII – É assegurada, nos termos da lei, a prestação de assistência religiosa nas entidades civis e militares de internação coletiva;*

Nesse inciso, a Constituição Federal de 1988 garantiu a assistência religiosa nas entidades de internação coletivas, sejam elas civis ou militares. Entidades de internação coletivas são quartéis, hospitais ou hospícios. Em razão dessa garantia constitucional, é comum encontrarmos nesses estabelecimentos capelas para que o direito seja exercido.

Apesar da importância dos dispositivos analisados anteriormente, nenhum é mais cobrado em prova que o inciso VIII:

> *Art. 5º [...]*
> *VIII – Ninguém será privado de direitos por motivo de crença religiosa ou de convicção filosófica ou política, salvo se as invocar para eximir-se de obrigação legal a todos imposta e recusar-se a cumprir prestação alternativa, fixada em lei;*

Estamos diante do instituto da Escusa de Consciência. Esse direito permite a qualquer pessoa que, em razão de sua crença ou consciência, deixe de cumprir uma obrigação imposta sem que com isso sofra alguma consequência em seus direitos. Tal permissivo constitucional encontra uma limitação prevista expressamente no texto em análise. No caso de uma obrigação imposta a todos, se o indivíduo se recusar ao seu cumprimento, ser-lhe-á oferecida uma prestação alternativa. Não a cumprindo também, a Constituição permite que direitos sejam restringidos. O art. 15 prescreve que os direitos restringidos serão os direitos políticos:

> *Art. 15 É vedada a cassação de direitos políticos, cuja perda ou suspensão só se dará nos casos de: [...]*
> *IV – Recusa de cumprir obrigação a todos imposta ou prestação alternativa, nos termos do art. 5º, VIII;*

2.3.5 Liberdade de reunião

Acerca dessa liberdade, é importante ressaltar as condições estabelecidas pelo texto constitucional:

> *Art. 5º [...]*
> *XVI – Todos podem reunir-se pacificamente, sem armas, em locais abertos ao público, independentemente de autorização, desde que não frustrem outra reunião anteriormente convocada para o mesmo local, sendo apenas exigido prévio aviso à autoridade competente;*

Enumerando-as, de forma a facilitar o estudo, tem-se que as condições estabelecidas para o exercício do direito à reunião são:

- **Reunião pacífica:** não se legitima uma reunião que tenha fins não pacíficos.
- **Sem armas:** para evitar a violência ou coação por meio de armas.
- **Locais abertos ao público:** encontra-se subentendida a reunião em local fechado.
- **Independente de autorização:** não precisa de autorização.
- **Necessidade de prévio aviso.**
- **Não frustrar outra reunião convocada anteriormente para o mesmo local:** garantia de isonomia no exercício do direito prevalecendo o de quem exerceu primeiro.

Sobre o exercício da liberdade de reunião é importante saber que ele não depende de autorização, mas necessita de prévio aviso.

Outro ponto que já foi alvo de questão de prova é a possibilidade de restrição desse direito no Estado de Sítio e no Estado de Defesa. O problema está na distinção entre as limitações que podem ser adotadas em cada uma das medidas:

DIREITOS E DEVERES INDIVIDUAIS E COLETIVOS

Art. 136 [...]

§ 1º O decreto que instituir o estado de defesa determinará o tempo de sua duração, especificará as áreas a serem abrangidas e indicará, nos termos e limites da lei, as medidas coercitivas a vigorarem, dentre as seguintes:

I – Restrições aos direitos de:

a) reunião, ainda que exercida no seio das associações;

Art. 139. Na vigência do estado de sítio decretado com fundamento no art. 137, I, só poderão ser tomadas contra as pessoas as seguintes medidas: [...]

IV – Suspensão da liberdade de reunião;

Ao passo que no **estado de defesa** ocorrerão **restrições** ao direito de reunião, no **estado de sítio** ocorrerá a **suspensão** desse direito.

2.3.6 Liberdade de associação

São vários os dispositivos constitucionais que regulam a liberdade de associação:

Art. 5º [...]

XVII – É plena a liberdade de associação para fins lícitos, vedada a de caráter paramilitar;

XVIII – A criação de associações e, na forma da lei, a de cooperativas independem de autorização, sendo vedada a interferência estatal em seu funcionamento;

XIX – As associações só poderão ser compulsoriamente dissolvidas ou ter suas atividades suspensas por decisão judicial, exigindo-se, no primeiro caso, o trânsito em julgado;

XX – Ninguém poderá ser compelido a associar-se ou a permanecer associado;

XXI – As entidades associativas, quando expressamente autorizadas, têm legitimidade para representar seus filiados judicial ou extrajudicialmente;

O primeiro ponto que dever ser lembrado é que a liberdade de associação só poderá ser usufruída para fins lícitos sendo proibida a criação de associação paramilitar.

Entende-se como associação de caráter paramilitar toda organização paralela ao Estado, sem legitimidade, com estrutura e organização tipicamente militar. São as facções criminosas, milícias ou qualquer outra organização que possua fins ilícitos e alheios aos do Estado.

Destaca-se, com a mesma importância, a dispensa de autorização e interferência estatal no funcionamento e criação das associações.

Maior destaque deve ser dado ao inciso XIX, que condiciona qualquer limitação às atividades associativas a uma decisão judicial. As associações podem ter suas atividades **suspensas** ou **dissolvidas**. Em qualquer um dos casos deve haver **decisão judicial**. No caso da **dissolução**, por ser uma medida mais grave, não basta qualquer decisão judicial, tem que ser **transitada em julgado**. Isso significa uma decisão definitiva, à qual não caiba mais recurso.

O inciso XX tutela a chamada liberdade associativa, pela qual ninguém será obrigado a se associar ou mesmo a permanecer associado a qualquer entidade associativa.

Por fim, temos o inciso XXI, que permite às associações que representem seus associados tanto na esfera judicial quanto na administrativa desde que possuam expressa autorização. Expressa autorização significa por escrito, por meio de instrumento legal que comprove a autorização.

Vale destacar que, para suspender as atividades de uma associação, basta qualquer decisão judicial; para dissolver, tem que haver decisão judicial transitada em julgado.

2.4 Direito à propriedade

Quando se fala em direito à propriedade, alguns atributos que lhe são inerentes aparecem imediatamente. Propriedade é a faculdade que uma pessoa tem de usar, gozar dispor de um bem. O texto constitucional garante esse direito de forma expressa:

Art. 5º [...]

XXII – É garantido o direito de propriedade.

Apesar de esse direito aparentar possuir um caráter absoluto, quando se investiga mais a fundo esse tema, percebe-se que ele possui vários limitadores no próprio texto constitucional. E é isso que se passa a analisar agora.

2.4.1 Limitações

Dentre as limitações existentes na Constituição, estão: função social, requisição administrativa, desapropriação, bem de família, propriedade imaterial e direito à herança.

2.4.2 Função social

A Constituição Federal de 1988 exige, em seu art. 5º, que a propriedade atenda a sua função social:

XXIII – A propriedade atenderá a sua função social;

Isso significa que a propriedade não é tão individual quanto pensamos. A necessidade de observância da função social demonstra que a propriedade é muito mais que uma titularidade privada. Esse direito possui reflexos em toda a sociedade. É só imaginar uma propriedade imóvel, um terreno urbano, que, apesar de possuir um proprietário, fica abandonado. Cresce o mato, as pessoas começam a jogar lixo naquele lugar, alguns criminosos começam a utilizar aquele ambiente para prática de atividades ilícitas. Veja quantas coisas podem acontecer numa propriedade e que importarão em consequências gravosas para o meio social mais próximo. É por isso que a propriedade tem que atender a sua função social.

2.4.3 Requisição administrativa

Consta no inciso XXV do art. 5º:

XXV – No caso de iminente perigo público, a autoridade competente poderá usar de propriedade particular, assegurada ao proprietário indenização ulterior, se houver dano;

Essa é a chamada Requisição Administrativa. Esse instituto permite que a propriedade seja limitada pela necessidade de se solucionar situação de perigo público. Não se trata de uma forma de desapropriação, pois o dono da propriedade requisitada não a perde, apenas a empresta para uso público, sendo garantido, posteriormente, havendo dano, direito a indenização. Esse instituto limita o caráter absoluto da propriedade.

2.4.4 Desapropriação

É a perda da propriedade. Esse é o limitador por excelência do direito, restringindo o caráter perpétuo da propriedade. A seguir, estão exemplificadas as três modalidades de desapropriação.

- **Desapropriação pelo mero interesse público:** essa modalidade é utilizada pelo Estado quando o interesse social ou a utilidade pública prevalecem sobre o direito individual. Nesse tipo de desapropriação, destaca-se que o proprietário nada fez para merecê-la, contudo, o interesse público exige que determinada área seja desapropriada. É o caso de construção de uma rodovia que exige a desapropriação de várias propriedades para o asfaltamento da via.

- Deve ser destacado que essa modalidade de desapropriação gera direito à indenização, que deve ser paga em dinheiro, previamente e com valor justo.

- Conforme o texto da Constituição Federal de 1988:

Art. 5º [...]

XXIV – A lei estabelecerá o procedimento para desapropriação por necessidade ou utilidade pública, ou por interesse social, mediante justa e prévia indenização em dinheiro, ressalvados os casos previstos nesta Constituição;

- **Desapropriação-sanção:** nesta modalidade, o proprietário, por algum motivo, não observou a função social da propriedade. Por esse motivo, é chamada de Desapropriação-sanção, haja vista ser uma verdadeira punição. Segundo a Constituição Federal de 1988, essa desapropriação gera direito à indenização, que deverá ser paga em títulos da dívida pública ou agrária. Segundo os arts. 182, § 4º, inciso III e 184 da Constituição Federal de 1988:

Art. 182 [...]

§ 4º É facultado ao Poder Público municipal, mediante lei específica para área incluída no plano diretor, exigir, nos termos da lei federal, do proprietário do solo urbano não edificado, subutilizado ou não utilizado, que promova seu adequado aproveitamento, sob pena, sucessivamente, de:

I – Parcelamento ou edificação compulsórios;

II – Imposto sobre a propriedade predial e territorial urbana progressivo no tempo;

III – Desapropriação com pagamento mediante títulos da dívida pública de emissão previamente aprovada pelo Senado Federal, com prazo de resgate de até dez anos, em parcelas anuais, iguais e sucessivas, assegurados o valor real da indenização e os juros legais.

Art. 184 Compete à União desapropriar por interesse social, para fins de reforma agrária, o imóvel rural que não esteja cumprindo sua função social, mediante prévia e justa indenização em títulos da dívida agrária, com cláusula de preservação do valor real, resgatáveis no prazo de até vinte anos, a partir do segundo ano de sua emissão, e cuja utilização será definida em lei.

- **Desapropriação confiscatória:** *é a desapropriação que ocorre com a propriedade utilizada para cultivo de plantas psicotrópicas. Nesse caso, não haverá indenização, mas o proprietário poderá ser processado pela prática de ilícito penal.*

Art. 243 As propriedades rurais e urbanas de qualquer região do País onde forem localizadas culturas ilegais de plantas psicotrópicas ou a exploração de trabalho escravo na forma da lei serão expropriadas e destinadas à reforma agrária e a programas de habitação popular, sem qualquer indenização ao proprietário e sem prejuízo de outras sanções previstas em lei, observado, no que couber, o disposto no art. 5º

Parágrafo único. Todo e qualquer bem de valor econômico apreendido em decorrência do tráfico ilícito de entorpecentes e drogas afins e da exploração de trabalho escravo será confiscado e reverterá a fundo especial com destinação específica, na forma da lei.

Fique ligado!

Desapropriação por interesse público → indenizada em dinheiro.
Desapropriação-sanção → indenizada em títulos da Dívida Pública.
Desapropriação confiscatória → não tem direito à indenização.

2.4.5 Bem de família

A Constituição consagra uma forma de proteção às pequenas propriedades rurais chamada de bem de família:

Art. 5º [...]

XXVI – A pequena propriedade rural, assim definida em lei, desde que trabalhada pela família, não será objeto de penhora para pagamento de débitos decorrentes de sua atividade produtiva, dispondo a lei sobre os meios de financiar o seu desenvolvimento; =

O mais importante para prova é atentar para os requisitos estabelecidos no inciso, quais sejam:

- **Pequena propriedade rural:** não se trata de qualquer propriedade.
- **Definida em lei:** não em outra espécie normativa.
- **Trabalhada pela família:** não por qualquer pessoa.
- **Débitos decorrentes da atividade produtiva:** não por qualquer débito.

2.4.6 Propriedade imaterial

Além das propriedades sobre bens materiais, a Constituição também consagra normas de proteção sobre a propriedade de bens imateriais. São duas as propriedades consagradas: autoral e industrial.

- **Propriedade autoral:** encontra-se protegida nos incisos XXVII e XXVIII do art. 5º:

    XXVII – Aos autores pertence o direito exclusivo de utilização, publicação ou reprodução de suas obras, transmissível aos herdeiros pelo tempo que a lei fixar;

    XXVIII – São assegurados, nos termos da lei:

    a) a proteção às participações individuais em obras coletivas e à reprodução da imagem e voz humanas, inclusive nas atividades desportivas;

    b) o direito de fiscalização do aproveitamento econômico das obras que criarem ou de que participarem aos criadores, aos intérpretes e às respectivas representações sindicais e associativas;

- **Propriedade industrial:** encontra-se protegida no inciso XXIX:

    XXIX – A lei assegurará aos autores de inventos industriais privilégio temporário para sua utilização, bem como proteção às criações industriais, à propriedade das marcas, aos nomes de empresas e a outros signos distintivos, tendo em vista o interesse social e o desenvolvimento tecnológico e econômico do País;

Uma relação muito interessante entre a propriedade autoral e a industrial está no tempo de proteção previsto na Constituição Federal de 1988. Observe-se que na propriedade autoral o direito do autor é vitalício, tendo em vista a previsão de possibilidade de transmissão desses direitos aos herdeiros. Contudo, quando nas mãos dos sucessores, a proteção será pelo tempo que a lei fixar, ou seja, temporário.

Já na propriedade industrial, a proteção do próprio autor já possui caráter temporário.

2.4.7 Direito à herança

De nada adiantaria tanta proteção à propriedade se esse bem jurídico não pudesse ser transmitido por meio da sucessão de bens aos herdeiros após a morte. O direito à herança, consagrado expressamente na Constituição, traduz-se no coroamento do direito de propriedade. É a grande força motriz desse direito. Só faz sentido ter direito à propriedade se esse direito possa ser transferido aos herdeiros.

Art. 5º [...]

XXX – É garantido o direito de herança;

XXXI – A sucessão de bens de estrangeiros situados no País será regulada pela lei brasileira em benefício do cônjuge ou dos filhos brasileiros, sempre que não lhes seja mais favorável a lei pessoal do de cujus;

Destaque especial deve ser dado ao inciso XXXI, que prevê a possibilidade de aplicação de lei estrangeira no país em casos de sucessão de bens de pessoa estrangeira desde que esses bens estejam situados no Brasil. A Constituição Federal permite que seja aplicada a legislação mais favorável aos herdeiros, quer seja a lei brasileira, quer seja a lei estrangeira.

2.5 Direito à segurança

Ao se referir à segurança como direito individual, o art. 5º pretende significar "segurança jurídica" que trata de normas de pacificação social e que produzem uma maior segurança nas relações sociais. Esse é o ponto alto dos direitos individuais. Sem dúvida, aqui está a maior quantidade de questões cobradas em prova.

DIREITOS E DEVERES INDIVIDUAIS E COLETIVOS

2.5.1 Princípio da segurança nas relações jurídicas

Este princípio tem como objetivo garantir a estabilidade das relações jurídicas. Veja o que diz a Constituição:

> *Art. 5º [...]*
> *XXXVI – A lei não prejudicará o direito adquirido, o ato jurídico perfeito e a coisa julgada;*

Os três institutos aqui protegidos encontram seu conceito formalizado na **Lei de Introdução às Normas do Direito brasileiro**.

> *Art. 6º [...]*
> *§ 1º Reputa-se ato jurídico perfeito o já consumado segundo a lei vigente ao tempo em que se efetuou.*
> *§ 2º Consideram-se adquiridos assim os direitos que o seu titular, ou alguém por ele, possa exercer, como aqueles cujo começo do exercício tenha termo pré-fixo, ou condição pré-estabelecida inalterável, a arbítrio de outrem.*
> *§ 3º Chama-se coisa julgada ou caso julgado a decisão judicial de que já não caiba recurso.*

Em linhas gerais, pode-se assim conceituá-los:
- **Direito adquirido:** direito já incorporado ao patrimônio do titular.
- **Ato jurídico perfeito:** ato jurídico que já atingiu seu fim. Ato jurídico acabado, aperfeiçoado, consumado.
- **Coisa julgada:** sentença judicial transitada em julgado. Aquela sentença em relação à qual não cabe mais recurso.

De uma coisa não se pode esquecer: a proibição de retroatividade da lei nos casos aqui estudados não se aplica às leis mais benéficas, ou seja, uma lei mais benéfica poderá produzir efeitos em relação ao direito adquirido, ao ato jurídico perfeito e à coisa julgada.

2.5.2 Devido processo legal

O devido processo legal possui como objetivo principal limitar o poder do Estado. Esse princípio condiciona a restrição da liberdade ou dos bens de um indivíduo à existência de um procedimento estatal que respeite todos os direitos e garantias processuais previstos na lei. É o que diz o inciso LIV do art. 5º:

> *LIV – Ninguém será privado da liberdade ou de seus bens sem o devido processo legal;*

A exigência constitucional de existência de processo aplica-se tanto aos processos judiciais quanto aos procedimentos administrativos.

Desse princípio, surge a garantia constitucional à **proporcionalidade** e **razoabilidade**. Da mesma forma, é durante o devido processo legal que poderão ser exercidos os direitos ao contraditório e à ampla defesa, que serão analisados a seguir.

2.5.3 Contraditório e ampla defesa

Essas garantias constitucionais, conforme já salientado, decorrem do devido processo legal. São utilizadas como ferramenta de defesa diante das acusações impostas pelo Estado ou por um particular nos processos judiciais e administrativos:

> *Art. 5º [...]*
> *LV – Aos litigantes, em processo judicial ou administrativo, e aos acusados em geral são assegurados o contraditório e ampla defesa, com os meios e recursos a ela inerentes;*

Mas o que significam o contraditório e a ampla defesa?

Contraditório é o direito de contradizer, contrariar, contraditar. Se alguém diz que você é ou fez alguma coisa, o contraditório lhe permite dizer que não é e que não fez o que lhe foi imputado. É simplesmente o direito de contrariar. Já a **ampla defesa** é a possibilidade de utilização de todos os meios admitidos em direito para se defender de uma acusação.

Em regra, o contraditório e a ampla defesa são garantidos em todos os processos judiciais ou administrativos, contudo, a legislação brasileira previu alguns procedimentos administrativos incompatíveis com o exercício desse direito:
- Inquérito policial.
- Sindicância investigativa.
- Inquérito civil.

Em suma, nos procedimentos investigatórios que não possuem o condão de punir o investigado não serão garantidos o contraditório e a ampla defesa.

Observem-se as Súmulas Vinculantes do Supremo Tribunal Federal que versam sobre esse tema:

> **Súmula Vinculante nº 3 – STF** *Nos processos perante o Tribunal de Contas da União asseguram-se o contraditório e a ampla defesa quando da decisão puder resultar anulação ou revogação de ato administrativo que beneficie o interessado, excetuada a apreciação da legalidade do ato de concessão inicial de aposentadoria, reforma e pensão.*
> **Súmula Vinculante nº 5 – STF** *A falta de defesa técnica por advogado no processo administrativo disciplinar não ofende a Constituição.*
> **Súmula Vinculante nº 14 – STF** *É direito do defensor, no interesse do representado, ter acesso amplo aos elementos de prova que, já documentados em procedimento investigatório realizado por órgão com competência de polícia judiciária, digam respeito ao exercício do direito de defesa.*
> **Súmula Vinculante nº 21 – STF** *É inconstitucional a exigência de depósito ou arrolamento prévios de dinheiro ou bens para admissibilidade de recurso administrativo.*

2.5.4 Proporcionalidade e razoabilidade

Eis uma garantia fundamental que não está expressa no texto constitucional apesar de ser um dos institutos mais utilizados pelo Supremo em suas decisões atuais. Trata-se de um princípio implícito, cuja fonte é o princípio do devido processo legal. Esses dois institutos jurídicos são utilizados como parâmetro de ponderação quando adotadas medidas pelo Estado, principalmente no que tange à restrição de bens e direitos dos indivíduos. Duas palavras esclarecem o sentido dessas garantias: necessidade e adequação.

Para saber se um ato administrativo observou os critérios de proporcionalidade e razoabilidade, deve-se questionar se o ato foi necessário e se foi adequado à situação.

Para exemplificar, imaginemos que um determinado fiscal sanitário, ao inspecionar um supermercado, depara-se com um pote de iogurte com a data de validade vencida há um dia. Imediatamente, ele prende o dono do mercado, dá dois tiros para cima, realiza revista manual em todos os clientes e funcionários do mercado e aplica uma multa de dois bilhões de reais. Pergunta-se: será que a medida adotada pelo fiscal foi necessária? Foi adequada? Certamente que não. Logo, a medida não observou os princípios da razoabilidade e proporcionalidade.

É importante deixar claro que os princípios da proporcionalidade e da razoabilidade estão implícitos no texto constitucional, ou seja, não estão previstos expressamente.

2.5.5 Inadmissibilidade das provas ilícitas

Uma das garantias mais importantes do direito brasileiro é a inadmissibilidade das provas ilícitas. Encontra-se previsto expressamente no inciso LVI do art. 5º:

> *LVI – São inadmissíveis, no processo, as provas obtidas por meios ilícitos.*

Em razão dessa garantia, é proibida a produção de provas ilícitas num processo sob pena de nulidade processual. Em regra, a prova ilícita produz nulidade de tudo o que a ela estiver relacionado. Esse efeito decorre da chamada **Teoria dos Frutos da Árvore Envenenada**. Segundo a teoria, se a árvore está envenenada, os frutos também o serão. Se uma prova foi produzida de forma ilícita, as demais provas dela decorrentes também serão ilícitas (ilicitude por derivação). Contudo, deve-se ressaltar que essa teoria é aplicada de forma restrita no direito brasileiro, ou seja, encontrada uma prova ilícita num processo, não significa que todo o processo será anulado, mas apenas os atos e demais provas que decorreram direta ou indiretamente daquela produzida de forma ilícita.

Caso existam provas autônomas produzidas em conformidade com a lei, o processo deve prosseguir ainda que tenham sido encontradas e retiradas as provas ilícitas. Logo, é possível afirmar que a existência de uma prova ilícita no processo não anula de pronto todo o processo.

Deve-se destacar, ainda, a única possibilidade já admitida de prova ilícita nos tribunais brasileiros: a produzida em legítima defesa.

2.5.6 Inviolabilidade domiciliar

Essa garantia protege o indivíduo em seu recinto mais íntimo: a casa. A Constituição dispõe que:

Art. 5º [...]
XI – A casa é asilo inviolável do indivíduo, ninguém nela podendo penetrar sem consentimento do morador, salvo em caso de flagrante delito ou desastre, ou para prestar socorro, ou, durante o dia, por determinação judicial.

Como regra, só se pode entrar na casa de uma pessoa com o seu consentimento. Excepcionalmente, a Constituição Federal admite a entrada sem consentimento do morador nos casos de:

- Flagrante delito.
- Desastre.
- Prestar socorro.
- Determinação Judicial – só durante o dia.

No caso de determinação judicial, a entrada se dará apenas durante o dia. Nos demais casos, a entrada será permitida a qualquer hora.

Alguns conceitos importantes: o que é casa? O que pode ser entendido como casa para efeito de inviolabilidade? A jurisprudência tem interpretado o conceito de casa de forma ampla, em consonância com o disposto nos arts. 245 e 246 do Código de Processo Penal:

Art. 245 As buscas domiciliares serão executadas de dia, salvo se o morador consentir que se realizem à noite, e, antes de penetrarem na casa, os executores mostrarão e lerão o mandado ao morador, ou a quem o represente, intimando-o, em seguida, a abrir a porta.

Art. 246 Aplicar-se-á também o disposto no artigo anterior, quando se tiver de proceder a busca em compartimento habitado ou em aposento ocupado de habitação coletiva ou em compartimento não aberto ao público, onde alguém exercer profissão ou atividade.

O STF já considerou como casa, para efeitos de inviolabilidade, oficina mecânica, quarto de hotel ou escritório profissional.

Outra questão relevante é saber o que é dia? Dois são os posicionamentos adotados na doutrina:

- Das 6 h às 18 h.
- Da aurora ao crepúsculo.

Segundo a jurisprudência, isso deve ser resolvido no caso concreto, tendo em vista variação de fusos horários existentes em nosso país, bem como a ocorrência do horário de verão. Na prática, é possível entrar na casa independentemente do horário, desde que seja durante o dia.

2.5.7 Princípio da inafastabilidade da jurisdição

Esse princípio, também conhecido como princípio do livre acesso ao poder judiciário ou direito de ação, garante, nos casos de necessidade, o acesso direto ao Poder Judiciário. Também, decorre desse princípio a ideia de que não é necessário o esgotamento das vias administrativas para ingressar com uma demanda no Poder Judiciário. Assim prevê a Constituição Federal:

Art. 5º [...]
XXXV – A lei não excluirá da apreciação do Poder Judiciário lesão ou ameaça a direito;

Perceba que a proteção possui sentido duplo: lesão ou ameaça à lesão. Significa dizer que a garantia pode ser utilizada tanto de forma preventiva como de forma repressiva. Tanto para prevenir a ofensa a direito como para reprimir a ofensa já cometida.

Quanto ao acesso ao Judiciário independentemente do esgotamento das vias administrativas, há algumas peculiaridades previstas na legislação brasileira:

- **Justiça desportiva:** a Constituição Federal de 1988 prevê no art. 217 que o acesso ao Poder Judiciário está condicionado ao esgotamento das vias administrativas.

    Art. 217 [...]
    § 1º O Poder Judiciário só admitirá ações relativas à disciplina e às competições desportivas após esgotarem-se as instâncias da justiça desportiva, regulada em lei.

- **Compromisso arbitral:** a Lei nº 9.307/1996 prevê que as partes, quando em discussão patrimonial, poderão optar pela arbitragem como forma de resolução de conflito. Não se trata de uma instância administrativa de curso forçado, mas de uma opção facultada às partes.

- *Habeas data:* o art. 8º da Lei nº 9.507/1997 exige, para impetração do *habeas data*, a comprovação da recusa ao acesso à informação. Parte da doutrina não considera isso como exigência de prévio esgotamento da via administrativa, mas condição da ação. Veja-se a súmula nº 2 do STJ:

    Súmula nº 2 – STJ Não cabe "Habeas Data" se não houve recusa de informações por parte da autoridade administrativa.

- **Reclamação Constitucional:** o art. 7º, § 1º da Lei nº 11.417/2006, que regula a edição de Súmulas Vinculantes, prevê que só será possível a Reclamação Constitucional nos casos de omissão ou ato da Administração Pública que contrarie ou negue vigência à Súmula Vinculante, após o esgotamento das vias administrativas.

DIREITOS E DEVERES INDIVIDUAIS E COLETIVOS

2.5.8 Gratuidade das certidões de nascimento e de óbito

A Constituição Federal de 1988 traz expressamente que:

Art. 5º, LXXVI. São gratuitos para os reconhecidamente pobres, na forma da lei:
a) o registro civil de nascimento;
b) a certidão de óbito;

Observe-se que o texto constitucional condiciona o benefício da gratuidade do registro de nascimento e da certidão de óbito apenas para os reconhecidamente pobres. Entretanto, a Lei nº 6.015/1973 prevê que:

__Art. 30__ Não serão cobrados emolumentos pelo registro civil de nascimento e pelo assento de óbito, bem como pela primeira certidão respectiva.
§ 1º Os reconhecidamente pobres estão isentos de pagamento de emolumentos pelas demais certidões extraídas pelo cartório de registro civil.

Perceba que essa lei amplia o benefício garantido na Constituição para todas as pessoas no que tange ao registro e à aquisição da primeira certidão de nascimento e de óbito. Quanto às demais vias, só serão garantidas aos reconhecidamente pobres. Deve-se ter cuidado com essa questão em prova, pois deve ser levado em conta se a pergunta tem como referência a Constituição ou não.

2.5.9 Celeridade processual

Traz o texto constitucional:

Art. 5º [...]
LXXVIII – A todos, no âmbito judicial e administrativo, são assegurados a razoável duração do processo e os meios que garantam a celeridade de sua tramitação.

Essa é a garantia da celeridade processual. Decorre do princípio da eficiência que obriga o Estado a prestar assistência em tempo razoável. Celeridade quer dizer rapidez, mas uma rapidez com qualidade. Esse princípio é aplicável nos processos judiciais e administrativos, visa dar maior efetividade a prestação estatal. Deve-se garantir o direito antes que o seu beneficiário deixe de precisar. Após a inclusão desse dispositivo entre os direitos fundamentais, várias medidas para acelerar a prestação jurisdicional foram adotadas, dentre as quais destacam-se:

- Juizados especiais;
- Súmula vinculante;
- Realização de inventários e partilhas por vias administrativas;
- Informatização do processo.

Essas são algumas das medidas que foram adotadas para trazer mais celeridade ao processo.

2.5.10 Erro judiciário

Dispositivo de grande utilidade social que funciona como limitador da arbitrariedade estatal. O Estado, no que tange à liberdade do indivíduo, não pode cometer erros sob pena de ter que indenizar o injustiçado. Isso é o que prevê o inciso LXXV do art. 5º:

LXXV – O Estado indenizará o condenado por erro judiciário, assim como o que ficar preso além do tempo fixado na sentença;

2.5.11 Publicidade dos atos processuais

Em regra, os atos processuais são públicos. Essa publicidade visa a garantir maior transparência aos atos administrativos bem como permite a fiscalização popular. Além disso, atos públicos possibilitam um exercício efetivo do contraditório e da ampla defesa. Entretanto, essa publicidade comporta algumas exceções:

Art. 5º [...]
LX – A lei só poderá restringir a publicidade dos atos processuais quando a defesa da intimidade ou o interesse social o exigirem;

Nos casos em que a intimidade ou o interesse social exigirem, a publicidade poderá ser restringida apenas aos interessados. Imaginemos uma audiência em que estejam envolvidas crianças; nesse caso, como forma de preservação da intimidade, o juiz poderá restringir a participação na audiência apenas aos membros da família e demais interessados.

2.5.12 Sigilo das comunicações

Uma das normas mais importantes da Constituição Federal que versa sobre segurança jurídica é esta:

Art. 5º [...]
XII – É inviolável o sigilo da correspondência e das comunicações telegráficas, de dados e das comunicações telefônicas, salvo, no último caso, por ordem judicial, nas hipóteses e na forma que a lei estabelecer para fins de investigação criminal ou instrução processual penal;

Esse dispositivo prevê quatro formas de comunicação que possuem proteção constitucional:

- Sigilo da correspondência;
- Comunicação telegráfica;
- Comunicação de dados;
- Comunicações telefônicas.

Dessas quatro formas de comunicação, apenas uma obteve autorização de violação do sigilo pelo texto constitucional: as comunicações telefônicas. Deve-se tomar cuidado com esse tema em prova. Segundo o texto expresso, só as comunicações telefônicas poderão ter o seu sigilo violado. E só o juiz poderá fazê-lo, com fins definidos também pela Constituição, os quais são para investigação criminal e instrução processual penal.

Entretanto, considerando a inexistência de direito fundamental absoluto, a jurisprudência tem considerado a possibilidade de quebra dos demais sigilos, desde que seja determinada por ordem judicial.

No que tange ao sigilo dos dados bancários, fiscais, informáticos e telefônicos, a jurisprudência tem permitido sua quebra por determinação judicial, determinação de Comissão Parlamentar de Inquérito, requisição do Ministério Público, solicitação da autoridade fazendária.

2.5.13 Tribunal do Júri

O Tribunal do Júri é uma instituição pertencente ao Poder Judiciário, que possui competência específica para julgar determinados tipos de crime. O Júri é formado pelo Conselho de Sentença, que é presidido por um Juiz Togado e por sete jurados que efetivamente farão o julgamento do acusado. A ideia do Tribunal do Júri é que o acusado seja julgado por seus pares.

A Constituição Federal apresenta alguns princípios que regem esse tribunal:

Art. 5º [...]
XXXVIII – É reconhecida a instituição do júri, com a organização que lhe der a lei, assegurados:
a) a plenitude de defesa;
b) o sigilo das votações;
c) a soberania dos veredictos;
d) a competência para o julgamento dos crimes dolosos contra a vida.

Segundo esse texto, o Tribunal do Júri é regido pelos seguintes princípios:

- **Plenitude de defesa:** esse princípio permite que no júri sejam utilizadas todas as provas permitidas em direito. Aqui, o momento probatório é bastante explorado haja vista a necessidade de se convencer os jurados que são pessoas comuns da sociedade.

- **Sigilo das votações:** o voto é sigiloso. Durante o julgamento não é permitido que um jurado converse com o outro sobre o julgamento sob pena de nulidade;
- **Soberania dos veredictos:** o que for decidido pelos jurados será considerado soberano. Nem o Juiz presidente poderá modificar o julgamento. Aqui quem decide são os jurados;
- **Competência para julgar os crimes dolosos contra a vida:** o júri não julga qualquer tipo de crime, mas apenas os dolosos contra a vida. Crimes dolosos, em simples palavras, são aqueles praticados com intenção, com vontade. São diferentes dos crimes culposos, os quais são praticados sem intenção.

2.5.14 Princípio da anterioridade

O inciso XXXIX do art. 5º da Constituição Federal de 1988 apresenta o chamado princípio da anterioridade penal:

XXXIX – Não há crime sem lei anterior que o defina, nem pena sem prévia cominação legal.

Esse princípio decorre na necessidade de se prever antes da aplicação da pena, a conduta que é considerada como crime e a pena que deverá ser cominada. Mais uma regra de segurança jurídica.

2.5.15 Princípio da irretroatividade

Esse princípio também possui sua importância ao prever que a lei penal não poderá retroagir, salvo se for para beneficiar o réu.

Art. 5º [...]
XL – A lei penal não retroagirá, salvo para beneficiar o réu.

2.5.16 Crimes imprescritíveis, inafiançáveis e insuscetíveis de graça e anistia

Os dispositivos a seguir estão entre os mais cobrados em prova. O ideal é que sejam memorizados na ordem proposta no quadro abaixo:

Art. 5º [...]
XLII – A prática do racismo constitui crime inafiançável e imprescritível, sujeito à pena de reclusão, nos termos da lei;
XLIII – A lei considerará crimes inafiançáveis e insuscetíveis de graça ou anistia a prática da tortura, o tráfico ilícito de entorpecentes e drogas afins, o terrorismo e os definidos como crimes hediondos, por eles respondendo os mandantes, os executores e os que, podendo evitá-los, se omitirem;
XLIV – Constitui crime inafiançável e imprescritível a ação de grupos armados, civis ou militares, contra a ordem constitucional e o Estado Democrático.

Fique ligado

Crimes imprescritíveis → racismo; ação de grupos armados.
Crimes inafiançáveis → racismo; ação de grupos armados; tráfico; terrorismo, tortura; crimes hediondos.
Crimes insuscetíveis de graça e anistia → tráfico; terrorismo; tortura; crimes hediondos.

Os crimes inafiançáveis englobam todos os crimes previstos no art. 5º, incisos XLII, XLIII e XLIV.

Os crimes que são insuscetíveis de graça e anistia não são imprescritíveis, e vice e versa. Dessa forma, nunca pode existir, na prova, uma questão que trabalhe com as duas classificações ao mesmo tempo.

Nunca, na prova, pode haver uma questão em que se apresentem as três classificações ao mesmo tempo.

2.5.17 Princípio da personalidade da pena

Assim diz o inciso XLV, do art. 5º da Constituição Federal de 1988:

XLV – Nenhuma pena passará da pessoa do condenado, podendo a obrigação de reparar o dano e a decretação do perdimento de bens ser, nos termos da lei, estendidas aos sucessores e contra eles executadas, até o limite do valor do patrimônio transferido.

Esse inciso diz que a pena é pessoal, quem comete o crime responde pelo crime, de forma que não é possível que uma pessoa cometa um crime e outra responda pelo crime em seu lugar, porque a pena é pessoal.

É necessário prestar atenção ao tema, pois já apareceu em prova tanto na forma de um problema quanto com a modificação do próprio texto constitucional. Esse princípio da personalidade da pena diz que a pena é pessoal, isto é, a pena não pode passar para outra pessoa, mas permite que a responsabilidade pelos danos civis possa passar para seus herdeiros. Para exemplificar, imaginemos que uma determinada pessoa assalta uma padaria e consegue roubar uns R$ 50.000,00.

Em seguida, a polícia prende o ladrão por ter roubado a padaria. Em regra, todo crime cometido gera uma responsabilidade penal prevista no Código Penal brasileiro. Ainda, deve-se ressarcir os danos causados à vítima. Se ele roubou R$50.000,00, tem que devolver, no mínimo, esse valor à vítima.

É muito difícil conseguir o montante voluntariamente, por isso, é necessário entrar com uma ação civil *ex delicto* para reaver o dinheiro referente ao crime cometido. O dono da padaria entra com a ação contra o bandido pedindo os R$ 50.000,00 acrescidos juros e danos morais. Enquanto ele cumpre a pena, a ação está tramitando. Ocorre que o preso se envolve numa confusão dentro da penitenciária e acaba morrendo.

O preso possui alguns filhos, os quais são seus herdeiros. Quando os bens passam aos herdeiros, chamamos isso de sucessão. Quando foram contabilizar os bens que o bandido tinha, perceberam que sobraram apenas R$ 30.000,00, valor que deve ser dividido entre os herdeiros. Pergunta:

O homem que cometeu o crime estava cumprindo pena, mas ele morreu. Qual filho assume o lugar dele? O mais velho ou o mais novo?

Nenhum dos dois, porque a pena é personalíssima. Só cumpre a pena quem praticou o crime.

É possível que a responsabilidade de reparar os danos materiais exigidos pelo dono da padaria recaia sobre seus herdeiros?

Sim. A Constituição diz que os herdeiros respondem com o valor do montante recebido, até o limite da herança recebida.

O dono da padaria pediu R$ 50.000,00, mas só sobraram R$ 30.000,00. Os filhos terão que inteirar esse valor até completar os R$ 50.000,00?

Não, pois a Constituição diz que os sucessores respondem até o limite do patrimônio transferido. Ou seja, se só são transferidos R$ 30.000,00, então os herdeiros só vão responder pela indenização com esses R$ 30.000,00. E o os outros R$ 20.000,00, quem vai pagar? Ninguém. O dono da padaria fica com esse prejuízo.

2.5.18 Penas proibidas e permitidas

Vejamos agora dois incisos do art. 5º da Constituição Federal de 1988, que sempre caem em prova juntos: incisos XLVI e XLVII. Há no inciso XLVI as penas permitidas e no XLVII as penas proibidas. Mas como isso cai em prova? O examinador pega uma pena permitida e diz que é proibida ou pega uma proibida e diz que é permitida. Conforme os incisos:

Art. 5º [...]
XLVI – A lei regulará a individualização da pena e adotará, entre outras, as seguintes:

DIREITOS E DEVERES INDIVIDUAIS E COLETIVOS

a) privação ou restrição da liberdade;
b) perda de bens;
c) multa;
d) prestação social alternativa;
e) suspensão ou interdição de direitos.

Aqui há o rol de penas permitidas. Memorize essa lista para lembrar quais são as penas permitidas. Fique ligado para uma pena que é pouco comum e que geralmente em prova é colocada como pena proibida, que é a pena de perda de bens.

Veja o próximo inciso com o rol de penas proibidas:

XLVII – Não haverá penas:
a) de morte, salvo em caso de guerra declarada, nos termos do art. 84, XIX;
b) de caráter perpétuo;
c) de trabalhos forçados;
d) de banimento;
e) cruéis.

Essas são as penas que não podem ser aplicadas no Brasil. E, na prova, é cobrado da seguinte forma: existe pena de morte no Brasil? Deve-se ter muita atenção com esse tema, pois apesar de a Constituição ter dito que é proibida, existe uma exceção: no caso de guerra declarada. Essa exceção é uma verdadeira possibilidade, de forma que se deve afirmar que existe pena de morte no Brasil. Apesar de a regra ser a proibição, existe a possibilidade de sua aplicação. Só como curiosidade, a pena de morte no Brasil é regulada pelo Código Penal Militar, a qual será executada por meio de fuzilamento.

A próxima pena proibida é a de caráter perpétuo. Não existe esse tipo de pena no Brasil, pois as penas aqui são temporárias. No Brasil, uma pessoa só fica presa por, no máximo, 40 anos.

A outra pena é a de trabalhos forçados. É aquela pena em que o sujeito é obrigado a trabalhar de forma a denegrir a sua condição como ser humano. Esse tipo de pena não é permitido no Brasil.

Há ainda a pena de banimento, que é a expulsão do brasileiro, tanto nato como naturalizado.

Por fim, a Constituição veda a aplicação de penas cruéis. Pena cruel é aquela que denigre a condição humana, expõe o indivíduo a situações desumanas, vexatórias, que provoquem intenso sofrimento.

2.5.19 Princípio da individualização da pena

Nos termos do art. 5º, inciso XLVIII, da Constituição Federal de 1988:

XLVIII – A pena será cumprida em estabelecimentos distintos, de acordo com a natureza do delito, a idade e o sexo do apenado;

Esse dispositivo traz uma regra muito interessante, o princípio da individualização da pena. Significa que a pessoa, quando cumprir sua pena, deve cumpri-la em estabelecimento e condições compatíveis com a sua situação. Se mulher, deve cumprir com mulheres; se homem, cumprirá com homens; se reincidente, com reincidentes; se réu primário, com réus primários; e assim por diante. O ideal é que cada situação possua um cumprimento de pena adequado que propicie um melhor acompanhamento do poder público e melhores condições para a ressocialização.

2.5.20 Regras sobre prisões

São vários os dispositivos constitucionais previstos no art. 5º, da Constituição Federal de 1988, que se referem às prisões:

LXI – Ninguém será preso senão em flagrante delito ou por ordem escrita e fundamentada de autoridade judiciária competente, salvo nos casos de transgressão militar ou crime propriamente militar, definidos em lei;

LXII – A prisão de qualquer pessoa e o local onde se encontre serão comunicados imediatamente ao juiz competente e à família do preso ou à pessoa por ele indicada;

LXIII – O preso será informado de seus direitos, entre os quais o de permanecer calado, sendo-lhe assegurada a assistência da família e de advogado;

LXIV – O preso tem direito à identificação dos responsáveis por sua prisão ou por seu interrogatório policial;

LXV – A prisão ilegal será imediatamente relaxada pela autoridade judiciária;

LXVI – Ninguém será levado à prisão ou nela mantido, quando a lei admitir a liberdade provisória, com ou sem fiança;

LXVII – Não haverá prisão civil por dívida, salvo a do responsável pelo inadimplemento voluntário e inescusável de obrigação alimentícia e a do depositário infiel.

Como destaque para provas, é importante enfatizar o disposto no inciso LXVII, o qual prevê duas formas de prisão civil por dívida:

- **Devedor de pensão alimentícia;**
- **Depositário infiel.**

Apesar de a Constituição Federal de 1988 apresentar essas duas possibilidades de prisão civil por dívida, o STF tem entendido que só existe uma: a prisão do devedor de pensão alimentícia. Isso significa que o depositário infiel não poderá ser preso. Essa é a inteligência da Súmula Vinculante nº 25:

Súmula Vinculante nº 25 É ilícita a prisão civil de depositário infiel, qualquer que seja a modalidade do depósito.

Em relação a esse assunto, deve-se ter muita atenção ao resolver a questão. Se a Banca perguntar conforme a Constituição Federal, responde-se segundo a Constituição Federal. Mas se perguntar à luz da jurisprudência, responde-se conforme o entendimento do STF.

Fique ligado

Constituição Federal → duas formas de prisão civil → depositário infiel e devedor de pensão alimentícia.
STF → uma forma de prisão civil → devedor de pensão alimentícia.

2.5.21 Extradição

Fruto de acordo internacional de cooperação, a extradição permite que determinada pessoa seja entregue a outro país para que seja responsabilizada pelo cometimento de algum crime. Existem duas formas de extradição:

- **Extradição ativa:** quando o Brasil pede para outro país a extradição de alguém.
- **Extradição passiva:** quando algum país pede para o Brasil a extradição de alguém.

A Constituição Federal preocupou-se em regular apenas a extradição passiva por meios dos incisos LI e LII do art. 5º:

LI – Nenhum brasileiro será extraditado, salvo o naturalizado, em caso de crime comum, praticado antes da naturalização, ou de comprovado envolvimento em tráfico ilícito de entorpecentes e drogas afins, na forma da lei;

LII – Não será concedida extradição de estrangeiro por crime político ou de opinião.

De acordo com a inteligência desses dispositivos, três regras podem ser adotadas em relação à extradição passiva:

- **Brasileiro nato:** nunca será extraditado.
- **Brasileiro naturalizado:** será extraditado em duas hipóteses: crime comum cometido antes da naturalização comprovado envolvimento com o tráfico ilícito de drogas, antes ou depois da naturalização.

- **Estrangeiro:** poderá ser extraditado salvo em dois casos: **crime político e crime de opinião.**

Na **extradição ativa**, qualquer pessoa pode ser extraditada, inclusive o brasileiro nato. Deve-se ter muito cuidado com essa questão em prova. Lembre-se de que a extradição ativa ocorre quando o Brasil pede a extradição de um criminoso para outro país. Isso pode ser feito pedindo a extradição de qualquer pessoa que o Brasil queira punir.

Quais princípios que regem a extradição no país?

- **Princípio da reciprocidade:** o Brasil só extradita ao país que extradita para o Brasil. Deve haver acordo ou tratado de extradição entre o país requerente e o Brasil.
- **Princípio da especialidade:** o extraditando só poderá ser processado e julgado pelo crime informado no pedido de extradição.
- **Comutação da pena:** o país requerente deverá firmar um compromisso de comutar a pena prevista em seu país quando a pena a ser aplicada for proibida no Brasil.
- **Dupla tipicidade ou dupla incriminação:** só se extradita se a conduta praticada for considerada crime no Brasil e no país requerente.

Deve-se ter muito cuidado para não confundir extradição com entrega, deportação, expulsão ou banimento.

- **Extradição:** a extradição, como se viu, é instituto de cooperação internacional entre países soberanos para a punição de criminosos. Pela extradição, um país entrega o criminoso a outro país para que ele seja punido pelo crime praticado.
- **Entrega:** é o ato por meio do qual o país entrega uma pessoa para ser julgada no Tribunal Penal Internacional.
- **Deportação:** é a retirada do estrangeiro que tenha entrado de forma irregular no território nacional.
- **Expulsão:** é a retirada do estrangeiro que tenha praticado um ato ofensivo ao interesse nacional conforme as regras estabelecidas no Estatuto do Estrangeiro (art. 65, Lei nº 6.815/1980).
- **Banimento:** é uma das penas proibidas no direito brasileiro que consiste na expulsão de brasileiros para fora do território nacional.

2.5.22 Princípio da presunção da inocência

Também conhecido como princípio da não culpabilidade, essa regra de segurança jurídica garante que ninguém poderá ser condenado sem antes haver uma sentença penal condenatória transitada em julgado. Ou seja, uma sentença judicial condenatória definitiva:

> *Art. 5º [...]*
> *LVII – Ninguém será considerado culpado até o trânsito em julgado de sentença penal condenatória.*

2.5.23 Identificação criminal

> *Art. 5º [...]*
> *LVIII – O civilmente identificado não será submetido a identificação criminal, salvo nas hipóteses previstas em lei.*

A Constituição garante que não será identificado criminalmente quem possuir identificação pública capaz de identificá-lo. Contudo, a Lei nº 12.037/2009 prevê hipóteses nas quais será possível a identificação criminal mesmo de quem apresentar outra identificação:

> *Art. 3º Embora apresentado documento de identificação, poderá ocorrer identificação criminal quando:*
> *I – O documento apresentar rasura ou tiver indício de falsificação;*
> *II – O documento apresentado for insuficiente para identificar cabalmente o indiciado;*
> *III – O indiciado portar documentos de identidade distintos, com informações conflitantes entre si;*
> *IV – A identificação criminal for essencial às investigações policiais, segundo despacho da autoridade judiciária competente, que decidirá de ofício ou mediante representação da autoridade policial, do Ministério Público ou da defesa;*
> *V – Constar de registros policiais o uso de outros nomes ou diferentes qualificações;*
> *VI – O estado de conservação ou a distância temporal ou da localidade da expedição do documento apresentado impossibilite a completa identificação dos caracteres essenciais.*

2.5.24 Ação penal privada subsidiária da pública

> *Art. 5º [...]*
> *LIX – Será admitida ação privada nos crimes de ação pública, se esta não for intentada no prazo legal.*

Em regra, nos crimes de ação penal pública, o titular da ação penal é o Ministério Público. Contudo, havendo omissão ou mesmo desídia por parte do órgão ministerial, o ofendido poderá promover a chamada ação penal privada subsidiária da pública. Esse tema encontra-se disciplinado no art. 29 do Código de Processo Penal:

> *Art. 29 Será admitida ação privada nos crimes de ação pública, se esta não for intentada no prazo legal, cabendo ao Ministério Público aditar a queixa, repudiá-la e oferecer denúncia substitutiva, intervir em todos os termos do processo, fornecer elementos de prova, interpor recurso e, a todo tempo, no caso de negligência do querelante, retomar a ação como parte principal.*

2.6 Remédios constitucionais

Os remédios constitucionais são espécies de garantias constitucionais que visam a proteger determinados direitos e até outras garantias fundamentais. São poderosas ações constitucionais que estão disciplinadas no texto da Constituição.

2.6.1 *Habeas corpus*

Sem dúvida, esse remédio constitucional é o mais importante para prova, haja vista a sua utilização para proteger um dos direitos mais ameaçados do indivíduo: a liberdade de locomoção. Vejamos o que diz o texto constitucional:

> *Art. 5º [...]*
> *LXVIII – Conceder-se-á "Habeas corpus" sempre que alguém sofrer ou se achar ameaçado de sofrer violência ou coação em sua liberdade de locomoção, por ilegalidade ou abuso de poder.*

É essencial, conhecer os elementos necessários para a utilização dessa ferramenta.

Deve-se compreender que o *Habeas corpus* é utilizado para proteger a liberdade de locomoção. Em relação a isso, é preciso estar atento, pois ele não tutela qualquer liberdade, mas apenas a liberdade de locomoção.

Outro ponto fundamental é que ele poderá ser utilizado tanto de forma preventiva quanto de forma repressiva.

- *Habeas corpus* **preventivo**: é aquele utilizado para prevenir a violência ou coação à liberdade de locomoção.
- *Habeas corpus* **repressivo**: é utilizado para reprimir à violência ou coação a liberdade de locomoção, ou seja, é utilizado quando a restrição da liberdade de locomoção já ocorreu.

Percebe-se que não é a qualquer tipo de restrição à liberdade de locomoção que caberá o remédio, mas apenas àquelas cometidas com ilegalidade ou abuso de poder.

DIREITOS E DEVERES INDIVIDUAIS E COLETIVOS

Nas relações processuais que envolvem a utilização do *Habeas corpus*, é possível identificar a participação de três figurantes: o impetrante, o paciente e a autoridade coatora.

- **Impetrante:** o impetrante é a pessoa que impetra a ação. Quem entra com a ação. A titularidade dessa ferramenta é Universal, pois qualquer pessoa pode impetrar o HC. Não precisa sequer de advogado. Sua possibilidade é tão ampla que não precisa possuir capacidade civil ou mesmo qualquer formalidade. Esse remédio é desprovido de condições que impeçam sua utilização da forma mais ampla possível. Poderá impetrar essa ação tanto uma pessoa física quanto jurídica.
- **Paciente:** o paciente é quem teve a liberdade de locomoção restringida. Ele será o beneficiário do *Habeas corpus*. Pessoa jurídica não pode ser paciente de *Habeas corpus*, pois a liberdade de locomoção é um direito incompatível com sua natureza jurídica.
- **Autoridade coatora:** é quem restringiu a liberdade de locomoção com ilegalidade ou abuso de poder. Poderá ser tanto uma autoridade privada quanto uma autoridade pública.

Outra questão interessante que está prevista na Constituição é a gratuidade dessa ação:

> *Art. 5º [...]*
> *LXXVII – São gratuitas as ações de Habeas corpus e Habeas Data, e, na forma da lei, os atos necessários ao exercício da cidadania.*

A Constituição Federal de 1988 proíbe a utilização desse remédio constitucional em relação às punições disciplinares militares. É o que prevê o art. 142, § 2º:

> *§ 2º Não caberá "Habeas corpus" em relação a punições disciplinares militares.*

Contudo, o STF tem admitido o remédio quando impetrado por razões de ilegalidade da prisão militar. Quanto ao mérito da prisão, deve-se aceitar a vedação Constitucional, mas em relação às legalidades da prisão, prevalece o entendimento de que o remédio seria possível.

Também não cabe *Habeas corpus* em relação às penas pecuniárias, multas, advertências ou, ainda, nos processos administrativos disciplinares e no processo de *Impeachment*. Nesses casos, o não cabimento deve-se ao fato de que as medidas não visam restringir a liberdade de locomoção.

Por outro lado, a jurisprudência tem admitido o cabimento para impugnar inserção de provas ilícitas no processo ou quando houver excesso de prazo na instrução processual penal.

Por último, cabe ressaltar que o magistrado poderá concedê-lo de ofício.

2.6.2 *Habeas data*

O *habeas data* cuja previsão está no inciso LXXII do art. 5º tem como objetivo proteger a liberdade de informação:

> *LXXII – conceder-se-á "Habeas Data":*
> *a) para assegurar o conhecimento de informações relativas à pessoa do impetrante, constantes de registros ou bancos de dados de entidades governamentais ou de caráter público;*
> *b) para a retificação de dados, quando não se prefira fazê-lo por processo sigiloso, judicial ou administrativo.*

Duas são as formas previstas na Constituição para utilização desse remédio:

- **Para conhecer a informação.**
- **Para retificar a informação.**

É importante ressaltar que só caberá o remédio em relação às informações do próprio impetrante.

As informações precisam estar em um banco de dados governamental ou de caráter público, o que significa que seria possível entrar com um *habeas data* contra um banco de dados privado desde que tenha caráter público.

Da mesma forma que o *habeas corpus*, o *habeas data* também é gratuito:

> *Art. 5º [...]*
> *LXXVII – São gratuitas as ações de "Habeas corpus" e "Habeas Data", e, na forma da lei, os atos necessários ao exercício da cidadania.*

2.6.3 Mandado de segurança

O mandado de segurança é um remédio muito cobrado em prova em razão dos seus requisitos:

> *Art. 5º, CF/1988/1988 [...]*
> *LXIX – Conceder-se-á mandado de segurança para proteger direito líquido e certo, não amparado por "Habeas corpus" ou "Habeas Data", quando o responsável pela ilegalidade ou abuso de poder for autoridade pública ou agente de pessoa jurídica no exercício de atribuições do Poder Público.*

Como se pode ver, o mandado de segurança será cabível proteger direito líquido e certo desde que não amparado por *Habeas corpus* ou h*abeas data*. O que significa dizer que será cabível desde que não seja para proteger a liberdade de locomoção e a liberdade de informação. Esse é o chamado caráter subsidiário do mandado de segurança.

O texto constitucional exigiu também para a utilização dessa ferramenta a ilegalidade e o abuso de poder praticado por autoridade pública ou privada, desde que esteja no exercício de atribuições do poder público.

O mandado de segurança possui prazo decadencial para ser utilizado: 120 dias.

Existe também o mandado de segurança coletivo:

> *Art. 5º [...]*
> *LXX – O mandado de segurança coletivo pode ser impetrado por:*
> *a) partido político com representação no Congresso Nacional;*
> *b) organização sindical, entidade de classe ou associação legalmente constituída e em funcionamento há pelo menos um ano, em defesa dos interesses de seus membros ou associados.*

Observadas as regras do mandado de segurança individual, o mandado de segurança coletivo possui alguns requisitos que lhe são peculiares: os legitimados para propositura.

São legitimados para propor o mandado de segurança coletivo:

- **Partidos políticos com representação no Congresso Nacional:** para se ter representação no Congresso Nacional, basta um membro em qualquer uma das casas.
- **Organização sindical.**
- **Entidade de classe.**
- **Associação.**

Desde que legalmente constituída e em funcionamento há, pelo menos, um ano. Segundo o STF, a necessidade de estar constituída e em funcionamento há pelo menos um ano só se aplica às associações. A Banca FCC entende que esse requisito se aplica a todas as entidades.

2.6.4 Mandado de injunção

O mandado de injunção é uma ferramenta mais complexa para se entender. Vejamos o que diz a Constituição Federal de 1988:

> *Art. 5º [...]*
> *LXXI – Conceder-se-á mandado de injunção sempre que a falta de norma regulamentadora torne inviável o exercício dos direitos e liberdades constitucionais e das prerrogativas inerentes à nacionalidade, à soberania e à cidadania.*

O seu objetivo é suprir a omissão legislativa que impede o exercício de direitos fundamentais. Algumas normas constitucionais para que produzam efeitos dependem da edição de outras normas infraconstitucionais. Essas normas são conhecidas por sua eficácia como normas de eficácia limitada. O mandado de injunção visa a corrigir a ineficácia das normas com eficácia limitada.

Todas as vezes que um direito deixar de ser exercido pela ausência de norma regulamentadora, será cabível esse remédio.

No que tange à efetividade da decisão, deve-se esclarecer a possibilidade de adoção por parte do STF de duas correntes doutrinárias:

- **Teoria concretista geral:** o Poder Judiciário concretiza o direito no caso concreto aplicando seu dispositivo com efeito *erga omnes*, para todos os casos iguais;
- **Teoria concretista individual:** o Poder Judiciário concretiza o direito no caso concreto aplicando seu dispositivo com efeito *inter partes*, ou seja, apenas com efeito entre as partes.

2.6.5 Ação popular

A ação popular é uma ferramenta fiscalizadora utilizada como espécie de exercício direto dos direitos políticos. Por isso, só poderá ser utilizada por cidadãos. Segundo o inciso LXXIII do art. 5º da Constituição Federal de 1988:

> *LXXIII – Qualquer cidadão é parte legítima para propor ação popular que vise a anular ato lesivo ao patrimônio público ou de entidade de que o Estado participe, à moralidade administrativa, ao meio ambiente e ao patrimônio histórico e cultural, ficando o autor, salvo comprovada má-fé, isento de custas judiciais e do ônus da sucumbência.*

Além da previsão constitucional, essa ação encontra-se regulamentada pela Lei nº 4.717/1965. Percebe-se que seu objetivo consiste em proteger o patrimônio público, a moralidade administrativa, o meio ambiente e o patrimônio histórico e cultural.

O autor não precisa pagar custas judiciais ou ônus de sucumbência, salvo se houver má-fé.

DIREITOS SOCIAIS

3. DIREITOS SOCIAIS

3.1 Direitos sociais

3.1.1 Prestações positivas

Os direitos sociais encontram-se previstos a partir do art. 6º até o art. 11 da Constituição Federal de 1988. São normas que se concretizam por meio de prestações positivas por parte do Estado, haja vista objetivarem reduzir as desigualdades sociais.

Deve-se dar destaque para o art. 6º, que foi alterado pela Emenda Constitucional nº 90/2015 e que possivelmente será objeto de questionamento em concurso público:

> *Art. 6º São direitos sociais a educação, a saúde, a alimentação, o trabalho, a moradia, o transporte, o lazer, a segurança, a previdência social, a proteção à maternidade e à infância, a assistência aos desamparados, na forma desta Constituição.*
>
> *Parágrafo único. Todo brasileiro em situação de vulnerabilidade social terá direito a uma renda básica familiar, garantida pelo poder público em programa permanente de transferência de renda, cujas normas e requisitos de acesso serão determinados em lei, observada a legislação fiscal e orçamentária. (Incluído pela EC nº 114/2021)*

Boa parte dos direitos aqui previstos necessita de recursos financeiros para serem implementados, o que acaba por dificultar sua plena eficácia.

No entanto, antes de avançar nessa parte do conteúdo, faz-se necessário dizer que costumam ser cobradas questões de provas que abordam apenas o texto puro da Constituição Federal de 1988. A principal orientação, portanto, é que se dedique tempo à leitura da Constituição Federal, mais precisamente, do art. 7º, que possui vários dispositivos que podem ser trabalhados em prova.

3.1.2 Reserva do possível

Seria possível exigir do Estado a concessão de um direito social quando tal direito não fosse assegurado de forma condizente com sua previsão constitucional? A título de exemplo, veremos um dispositivo dos direitos sociais dos trabalhadores:

> *Art. 7º [...]*
>
> *IV – Salário-mínimo, fixado em lei, nacionalmente unificado, capaz de atender a suas necessidades vitais básicas e às de sua família com moradia, alimentação, educação, saúde, lazer, vestuário, higiene, transporte e previdência social, com reajustes periódicos que lhe preservem o poder aquisitivo, sendo vedada sua vinculação para qualquer fim.*

Observe-se que a Constituição Federal de 1988 garante que o salário-mínimo deve atender às necessidades vitais básicas do trabalhador e de sua família com moradia, alimentação, educação, saúde, lazer, vestuário, higiene, transporte e previdência social. Entendendo que os direitos sociais são espécies de direitos fundamentais e, analisando-os sob o dispositivo previsto no § 1º do art. 5º, segundo o qual "as normas definidoras de direitos e garantias fundamentais têm aplicação imediata", pergunta-se: seria possível entrar com uma ação visando a garantir o disposto no inciso IV, que está sendo analisado?

Certamente não. Para se garantir tudo o que está previsto no referido inciso, seria necessário que o salário-mínimo valesse, em média, por volta de R$ 3.000,00. Agora, imagine se algum trabalhador conseguisse esse benefício por meio de uma decisão judicial, o que não fariam todos os demais trabalhadores do país.

Se o Estado fosse obrigado a pagar esse valor para todos os trabalhadores, os cofres públicos rapidamente quebrariam. Para se garantir essa estabilidade, foi desenvolvida a **Teoria da Reserva do Possível**, por meio da qual o Estado pode alegar essa impossibilidade financeira para atender algumas demandas, como o aumento do salário-mínimo. Quando o poder público for demandado para garantir algum benefício de ordem social, poderá ser alegada, previamente, a impossibilidade financeira para concretização do direito sob o argumento da reserva do possível.

3.1.3 Mínimo existencial

Por causa da Reserva do Possível, o Estado passou a se esconder atrás dessa teoria, eximindo-se da sua obrigação social de garantia dos direitos tutelados na Constituição Federal. Tudo o que era pedido para o Estado era negado sob o argumento de que "não era possível". Para trazer um pouco de equilíbrio a essa relação, foi desenvolvida outra teoria chamada de Mínimo Existencial. Essa teoria permite que os poderes públicos deixem de atender algumas demandas em razão da reserva do possível, mas exige que seja garantido o mínimo existencial.

3.1.4 Princípio da proibição ou retrocesso ou efeito cliquet

Uma regra que funciona com caráter de segurança jurídica é a proibição do retrocesso. Esse dispositivo proíbe que os direitos sociais já conquistados sejam esvaziados ou perdidos sob pena de desestruturação social do país.

3.1.5 Salário-mínimo

Feitas algumas considerações iniciais sobre a doutrina social, segue-se à análise de alguns dispositivos que se encontram no art. 7º da Constituição Federal de 1988:

> *IV – Salário-mínimo, fixado em lei, nacionalmente unificado, capaz de atender a suas necessidades vitais básicas e às de sua família com moradia, alimentação, educação, saúde, lazer, vestuário, higiene, transporte e previdência social, com reajustes periódicos que lhe preservem o poder aquisitivo, sendo vedada sua vinculação para qualquer fim.*

Vários pontos são relevantes nesse inciso. Primeiramente, é importante comentar o trecho "fixado em lei". Segundo o texto constitucional, o salário-mínimo só poderá ser fixado em Lei; entretanto, no dia 25 de fevereiro de 2011 foi publicada a Lei nº 12.382, que prevê a possibilidade de fixação do salário-mínimo por meio de Decreto do Poder Executivo. Questionado no STF, o guardião da Constituição considerou constitucional a fixação de salário-mínimo por meio de Decreto Presidencial.

Outro ponto interessante diz respeito ao salário-mínimo ser nacionalmente unificado. Muitos acham que alguns estados da federação fixam valores referentes ao salário-mínimo maiores do que o fixado nacionalmente. O STF já afirmou que os Estados não podem fixar salário-mínimo diferente do nacionalmente unificado. O que cada Estado pode fixar é o piso salarial da categoria de trabalhadores com valor maior que o salário-mínimo.

Algumas súmulas vinculantes do STF são importantes, pois se referem ao salário-mínimo:

> **Súmula Vinculante nº 4** *Salvo nos casos previstos na Constituição, o salário-mínimo não pode ser usado como indexador de base de cálculo de vantagem de servidor público ou de empregado, nem ser substituído por decisão judicial.*
>
> **Súmula Vinculante nº 6** *Não viola a Constituição o estabelecimento de remuneração inferior ao salário-mínimo para as praças prestadoras de serviço militar inicial.*
>
> **Súmula Vinculante nº 15** *O cálculo de gratificações e outras vantagens do servidor público não incide sobre o abono utilizado para se atingir o salário-mínimo.*
>
> **Súmula Vinculante 16:** *Os Arts. 7º, IV, e 39, § 3º (redação da EC nº 19/1998) da Constituição referem-se ao total da remuneração percebida pelo servidor público.*

3.1.6 Prescrição trabalhista

Um dos dispositivos previstos no art. 7º da Constituição Federal de 1988 mais cobrados em prova é o inciso XXIX:

> *XXIX – Ação, quanto aos créditos resultantes das relações de trabalho, com prazo prescricional de cinco anos para os trabalhadores urbanos e rurais, até o limite de dois anos após a extinção do contrato de trabalho.*

Imaginemos, por exemplo, uma pessoa que tenha exercido sua função no período noturno, em uma empresa, durante 20 anos. Contudo, em todos esses anos de trabalho, ela não recebeu nenhum adicional noturno. Ao ter seu contrato de trabalho rescindido, ela poderá ingressar em juízo pleiteando as verbas trabalhistas não pagas. Tendo em vista a existência de prazo prescricional para reaver seus direitos, o trabalhador terá o prazo de 2 anos para entrar com a ação, e só terá direito aos últimos 5 anos de adicional noturno.

Ressalta-se que esses 5 anos são contados a partir do dia em que se entrou com a ação. Se ele entrar com a ação no último dia do prazo de 2 anos, só terá direito a 3 anos de adicional noturno.

Nesse exemplo, se o trabalhador entrar com a ação no dia 01/01/2021, receberá os últimos 5 anos de adicional noturno, ou seja, até o dia 01/01/2016. Mas se o trabalhador entrar com a ação no dia 01/01/2023, último dia do prazo prescricional de 2 anos, ele terá direito aos últimos 5 anos de adicional noturno a contar do dia em que entrou com a ação. Isso significa que se depare o adicional noturno até o dia 01/01/2018. Perceba que, se o trabalhador demorar a entrar com a ação, ele perde os direitos trabalhistas anteriores ao prazo dos últimos 5 anos.

3.1.7 Proibição do trabalho noturno, perigoso e insalubre

Este inciso também é muito cotado para ser cobrado em prova. É importante lê-lo para que, em seguida, se possa responder a uma pergunta que fará entender o motivo de ele ser tão abordado em testes:

> *Art. 7º [...]*
> *XXXIII – Proibição de trabalho noturno, perigoso ou insalubre a menores de dezoito e de qualquer trabalho a menores de dezesseis anos, salvo na condição de aprendiz, a partir de quatorze anos.*

A pergunta é muito simples: a partir de qual idade pode trabalhar no Brasil? Você deve estar em dúvida: entre 16 e 14 anos. Isso é o que acontece com a maioria dos candidatos. Por isso, nunca esqueça: se temos uma regra e essa regra está acompanhada de uma exceção; temos, então, uma possibilidade.

Se a Constituição diz que é proibido o trabalho para os menores de 16 e, em seguida, excepciona essa regra dizendo que é possível a partir dos 14, na condição de aprendiz, ela quis dizer que o trabalho no Brasil se inicia aos 14 anos. Esse entendimento se fortalece à luz do art. 227, § 3º, inciso I:

> *Art. 227 [...]*
> *§ 3º O direito a proteção especial abrangerá os seguintes aspectos:*
> *I – Idade mínima de quatorze anos para admissão ao trabalho, observado o disposto no art. 7º, XXXIII.*

3.1.8 Direitos dos empregados domésticos

O parágrafo único, do art. 7º, da Constituição Federal de 1988 assegurava ao trabalhador doméstico um número reduzido de direitos, se comparado com os demais empregados, urbanos ou rurais.

Nos termos da CF/1988/1988, estariam garantidos à categoria dos trabalhadores domésticos apenas os direitos previstos nos incisos IV, VI, VIII, XV, XVII, XVIII, XIX, XXI e XXIV, do art. 7º, bem como a sua integração à previdência social.

Com a promulgação da Emenda Constitucional nº 72, de 2 de abril de 2013, aquele parágrafo foi alterado para estender aos empregados domésticos praticamente todos os demais direitos constantes nos incisos, do art. 7º, da CF/1988.

A nova redação do parágrafo único, do art. 7º, da CF/1988 dispõe:

> *Art. 7º [...]*
> *Parágrafo único. São assegurados à categoria dos trabalhadores domésticos os direitos previstos nos incisos IV, VI, VII, VIII, X, XIII, XV, XVI, XVII, XVIII, XIX, XXI, XXII, XXIV, XXVI, XXX, XXXI e XXXIII e, atendidas as condições estabelecidas em lei e observada a simplificação do cumprimento das obrigações tributárias, principais e acessórias, decorrentes da relação de trabalho e suas peculiaridades, os previstos nos incisos I, II, III, IX, XII, XXV e XXVIII, bem como a sua integração à previdência social.*

3.1.9 Direitos coletivos dos trabalhadores

São basicamente os direitos relacionados à criação e organização das associações e sindicatos que estão previstos no art. 8º.

- **Princípio da unicidade sindical**

O primeiro direito coletivo refere-se ao princípio da unicidade sindical. Esse dispositivo proíbe a criação de mais de uma organização sindical, representativa de categoria profissional ou econômica, em uma mesma base territorial:

> *Art. 8º [...]*
> *II – É vedada a criação de mais de uma organização sindical, em qualquer grau, representativa de categoria profissional ou econômica, na mesma base territorial, que será definida pelos trabalhadores ou empregadores interessados, não podendo ser inferior à área de um Município.*

Em cada base territorial (federal, estadual, municipal ou distrital) só pode existir um sindicato representante da mesma categoria, lembrando que a base territorial mínima se refere à área de um município.

Exemplificando: só pode existir **um** sindicato municipal de pescadores no município de Cascavel. Só pode existir **um** sindicato estadual de pescadores no estado do Paraná. Só pode existir **um** sindicato federal de pescadores no Brasil. Contudo, é possível existirem vários sindicatos municipais de pescadores no Estado do Paraná.

- **Contribuição confederativa e sindical**

Essa questão costuma enganar até mesmo os mais preparados. Vejamos o que diz a Constituição Federal de 1988 no art. 8º, inciso IV:

> *IV – A assembleia geral fixará a contribuição que, em se tratando de categoria profissional, será descontada em folha, para custeio do sistema confederativo da representação sindical respectiva, independentemente da contribuição prevista em lei.*

A primeira coisa que se deve perceber é a existência de duas contribuições nesse inciso. Uma chamada de **contribuição confederativa** a outra de **contribuição sindical**.

A **contribuição confederativa** é a prevista nesse inciso, fixada pela assembleia geral, descontada em folha para custear o sistema confederativo. Essa contribuição é aquela paga às organizações sindicais e que só é obrigada aos filiados e aos sindicatos. Não possui natureza tributária, por isso obriga apenas as pessoas que voluntariamente se filiam a uma entidade sindical.

A **contribuição sindical**, que é a contribuição prevista em lei, mais precisamente na Consolidação das Leis Trabalhistas (Decreto-Lei nº 5.452/1943), deve ser paga por todos os trabalhadores ainda que profissionais liberais. Sua natureza é tributária, não possuindo caráter facultativo.

DIREITOS SOCIAIS

| CONTRIBUIÇÃO ||
Confederativa	Sindical
Fixada pela Assembleia	Fixada pela CLT
Natureza não tributária	Natureza tributária
Obrigada apenas aos filiados a sindicatos	Obrigada a todos os trabalhadores

- **Liberdade de associação**

Esse inciso costuma ser cobrado em prova devido às inúmeras possibilidades de se modificar o seu texto:

> *Art. 8º [...]*
> *V – Ninguém será obrigado a filiar-se ou a manter-se filiado a sindicato.*

É a liberdade de associação que permite aos trabalhadores escolherem se desejam ou não se filiar a um determinado sindicato. Ninguém será obrigado a filiar-se ou a manter-se filiado.

- **Participação do aposentado no sindicato**

Esse inciso também possui aplicação semelhante ao anterior, portanto, deve haver uma leitura atenta aos detalhes que podem ser modificados em prova:

> *Art. 8º [...]*
> *VII – O aposentado filiado tem direito a votar e ser votado nas organizações sindicais.*

- **Estabilidade sindical**

A estabilidade sindical constitui norma de proteção aos dirigentes sindicais que possui grande utilidade ao evitar o cometimento de arbitrariedades por partes das empresas em retaliação aos representantes dos empregados:

> *Art 8º [...]*
> *VIII – É vedada a dispensa do empregado sindicalizado a partir do registro da candidatura a cargo de direção ou representação sindical e, se eleito, ainda que suplente, até um ano após o final do mandato, salvo se cometer falta grave nos termos da lei.*

O importante aqui é entender o período de proteção que a Constituição Federal de 1988 garantiu aos dirigentes sindicais. A estabilidade se inicia com o registro da candidatura e permanece, com o candidato eleito, até um ano após o término do seu mandato. Ressalte-se que essa proteção contra despedida arbitrária não prospera diante do cometimento de falta grave.

NOÇÕES DE DIREITO CONSTITUCIONAL

4. DIREITOS POLÍTICOS

4.1 Direitos políticos

Os direitos políticos são um conjunto de direitos fundamentais que permitem ao indivíduo participar da vontade política do Estado. Para se falar de direitos políticos, alguns conceitos são indispensáveis.

4.1.1 Cidadania, democracia e soberania popular

A Cidadania é a condição conferida ao indivíduo que possui direito político. É o exercício desse direito. Essa condição só é possível em nosso país por causa do regime de governo adotado, a Democracia. A democracia parte do pressuposto de que o poder do Estado decorre da vontade popular, da Soberania Popular. Conforme o parágrafo único do art. 1º da Constituição:

> *Art. 1º [...]*
> *Parágrafo único. Todo o poder emana do povo, que o exerce por meio de representantes eleitos ou diretamente, nos termos desta Constituição.*

A democracia brasileira é classificada como semidireta ou participativa, haja vista poder ser exercida tanto de forma direta como de forma indireta. Como forma de exercício direto temos o previsto no art. 14 da CF/1988/1988:

> *Art. 14 A soberania popular será exercida pelo sufrágio universal e pelo voto direto e secreto, com valor igual para todos, e, nos termos da lei, mediante:*
> *I – Plebiscito;*
> *II – Referendo;*
> *III – Iniciativa popular.*

Mas ainda há a ação popular que também é forma de exercício direto dos direitos políticos:

> *Art. 5º [...]*
> *LXXIII – Qualquer cidadão é parte legítima para propor ação popular que vise a anular ato lesivo ao patrimônio público ou de entidade de que o Estado participe, à moralidade administrativa, ao meio ambiente e ao patrimônio histórico e cultural, ficando o autor, salvo comprovada má-fé, isento de custas judiciais e do ônus da sucumbência.*

Entendamos o que significa cada uma das formas de exercício direto dos direitos políticos.

- **Plebiscito:** consulta popular realizada antes da tomada de decisão. O representante do poder público quer tomar uma decisão, mas, antes de tomá-la, ele pergunta para os cidadãos quem concorda. O que os cidadãos decidirem será feito.
- **Referendo:** consulta popular realizada depois da tomada de decisão. O representante do poder público toma uma decisão e depois pergunta o que os cidadãos acharam.
- **Iniciativa Popular:** essa é uma das formas de se iniciar o processo legislativo no Brasil. A legitimidade para propor criação de lei pelo eleitorado encontra amparo no art. 61, § 2º da CF/1988:
  > *Art. 61 [...]*
  > *§ 2º A iniciativa popular pode ser exercida pela apresentação à Câmara dos Deputados de projeto de lei subscrito por, no mínimo, um por cento do eleitorado nacional, distribuído pelo menos por cinco Estados, com não menos de três décimos por cento dos eleitores de cada um deles.*
- **Ação popular:** remédio constitucional previsto no inciso LXXIII que funciona como instrumento de fiscalização dos poderes públicos nos termos do inciso citado.

Quando se fala em exercício indireto, significa exercício por meio dos representantes eleitos que representarão a vontade popular.

Todas essas ferramentas disponibilizadas acima constituem formas de exercício dos direitos políticos no Brasil.

4.1.2 Classificação dos direitos políticos

A doutrina costuma classificar os direitos políticos em **direitos políticos positivos e direitos políticos negativos.**

- **Direitos políticos positivos**

Os direitos políticos positivos se mostram pela possibilidade de participação na vontade política do Estado. Esses direitos políticos se materializam por meio da Capacidade Eleitoral Ativa e da Capacidade Eleitoral Passiva. O primeiro é a possibilidade de votar. O segundo, de ser votado.

Para que se possa exercer a capacidade eleitoral ativa, faz-se necessário o chamado alistamento eleitoral. É, simplesmente, inscrever-se como eleitor, o que acontece quando obtemos o título de eleitor. A Constituição apresenta três regras para o alistamento e o voto:

- **Voto Obrigatório:** maiores de 18 anos.
- **Voto Facultativo:** maiores de 16 e menores de 18; analfabetos e maiores de 70 anos.
- **Voto Proibido:** estrangeiros e conscritos.

Vejamos estas regras previstas no texto constitucional:

> *Art. 14. [...]*
> *§ 1º O alistamento eleitoral e o voto são:*
> *I – Obrigatórios para os maiores de dezoito anos;*
> *II – Facultativos para:*
> *a) os analfabetos;*
> *b) os maiores de setenta anos;*
> *c) os maiores de dezesseis e menores de dezoito anos.*
> *§ 2º Não podem alistar-se como eleitores os estrangeiros e, durante o período do serviço militar obrigatório, os conscritos.*

A capacidade eleitoral passiva é a capacidade de ser eleito. É uma das formas de participação política em que o cidadão aceita a incumbência de representar os interesses dos seus eleitores. Para que alguém possa ser eleito se faz necessário o preenchimento das condições de elegibilidade. São condições de elegibilidade as previstas no art. 14, § 3º da Constituição Federal de 1988:

> *Art. 14 [...]*
> *§ 3º São condições de elegibilidade, na forma da lei:*
> *I – a nacionalidade brasileira;*
> *II – o pleno exercício dos direitos políticos;*
> *III – o alistamento eleitoral;*
> *IV – o domicílio eleitoral na circunscrição;*
> *V – a filiação partidária;*
> *VI – a idade mínima de:*
> *a) trinta e cinco anos para Presidente e Vice-Presidente da República e Senador;*
> *b) trinta anos para Governador e Vice-Governador de Estado e do Distrito Federal;*
> *c) vinte e um anos para Deputado Federal, Deputado Estadual ou Distrital, Prefeito, Vice-Prefeito e juiz de paz;*
> *d) dezoito anos para Vereador.*

- **Direitos políticos negativos**

Os direitos políticos negativos são verdadeiras vedações ao exercício da cidadania. São inelegibilidades, hipóteses de perda ou suspensão dos direitos políticos que se encontram previstos expressamente no texto constitucional. Só não se pode esquecer a possibilidade prevista no § 9º do art. 14 da Constituição, que admite que sejam criadas outras inelegibilidades por Lei Complementar, desde possuam caráter relativo. Inelegibilidade absoluta, segundo a doutrina, só na Constituição Federal de 1988.

A primeira inelegibilidade está prevista no art. 14, § 4º:

> *Art. 14 [...]*
> *§ 4º São inelegíveis os inalistáveis e os analfabetos.*

Trata-se de uma inelegibilidade absoluta que impede os inalistáveis e analfabetos a concorrerem a qualquer cargo eletivo. Nota-se primeiramente que a Constituição se refere aos inalistáveis como "inelegíveis". Todas as vezes que se encontrar o termo inalistável, deve-se pensar automaticamente em estrangeiros e conscritos. Logo, são inelegíveis os estrangeiros, conscritos e analfabetos.

Quanto aos analfabetos, uma questão merece atenção: os analfabetos podem votar, mas não podem receber votos.

Em seguida, tem-se o § 5º, que traz a chamada regra da reeleição. Trata-se de uma espécie de inelegibilidade relativa por meio do qual alguns titulares de cargos políticos ficam impedidos de se reelegerem por mais de duas eleições consecutivas, ou seja, é permitida apenas uma reeleição:

> *Art. 14 [...]*
> *§ 5º O Presidente da República, os Governadores de Estado e do Distrito Federal, os Prefeitos e quem os houver sucedido, ou substituído no curso dos mandatos poderão ser reeleitos para um único período subsequente.*

O primeiro ponto interessante desse parágrafo está na restrição que só ocorre para os membros do Poder Executivo (presidente, governador e prefeito). Logo, um membro do Poder Legislativo poderá se reeleger quantas vezes ele quiser, enquanto o membro do Poder Executivo só poderá se reeleger uma única vez. Ressalte-se que o impedimento se aplica também a quem suceder ou substituir o titular dos cargos supracitados.

Mais uma regra de inelegibilidade relativa encontra-se no § 6º:

> *Art. 14 [...]*
> *§ 6º Para concorrerem a outros cargos, o Presidente da República, os Governadores de Estado e do Distrito Federal e os Prefeitos devem renunciar aos respectivos mandatos até seis meses antes do pleito.*

Estamos diante da chamada regra de **desincompatibilização**. Da mesma forma que o dispositivo anterior só se aplica aos membros do Poder Executivo, e essa norma exige que os representantes desse Poder, para que possam concorrer a outro cargo, devem renunciar os respectivos mandatos até seis meses antes do pleito.

Ainda há a chamada inelegibilidade reflexa, ou em razão do parentesco. Essa hipótese gera um impedimento, não ao titular do cargo político, mas aos seus parentes até segundo grau. Também se aplica apenas aos membros do Poder Executivo:

> *Art. 14 [...]*
> *§ 7º São inelegíveis, no território de jurisdição do titular, o cônjuge e os parentes consanguíneos ou afins, até o segundo grau ou por adoção, do Presidente da República, de Governador de Estado ou Território, do Distrito Federal, de Prefeito ou de quem os haja substituído dentro dos seis meses anteriores ao pleito, salvo se já titular de mandato eletivo e candidato à reeleição.*

O impedimento gerado está relacionado ao território de jurisdição do titular da seguinte forma:

- O prefeito gera inelegibilidade aos cargos de Prefeito e vereador do mesmo município;
- O governador gera inelegibilidade aos cargos de prefeito, vereador, deputado estadual, deputado federal, senador da República e governador do mesmo Estado Federativo;
- O Presidente gera inelegibilidade a todos os cargos eletivos do país.

São parentes de 1º grau: pai, mãe, filho, sogro. São parentes de 2º grau: avô, irmão, neto, cunhado.

O STF editou a Súmula Vinculante nº 18, que diz:

> **Súmula Vinculante nº 18** *A dissolução da sociedade ou do vínculo conjugal, no curso do mandato, não afasta a inelegibilidade prevista no § 7º do art. 14 da Constituição Federal.*

Lei complementar pode estabelecer novas hipóteses de inelegibilidade relativa. É o que dispõe o § 9º do art. 14:

> *Art. 14 [...]*
> *§ 9º Lei complementar estabelecerá outros casos de inelegibilidade e os prazos de sua cessação, a fim de proteger a probidade administrativa, a moralidade para exercício de mandato considerada vida pregressa do candidato, e a normalidade e legitimidade das eleições contra a influência do poder econômico ou o abuso do exercício de função, cargo ou emprego na administração direta ou indireta.*

Com base no texto, é possível concluir que o rol de inelegibilidades relativas previstas na Constituição Federal de 1988 é meramente exemplificativo. Há ainda a Lei Complementar nº 64/1990 que traz várias hipóteses de inelegibilidade.

4.1.3 Condições para eleição do militar

O militar pode se candidatar a cargo político eletivo desde que observadas as regras estabelecidas no § 8º do art. 14:

> *Art. 14 [...]*
> *§ 8º O militar alistável é elegível, atendidas as seguintes condições:*
> *I – se contar menos de dez anos de serviço, deverá afastar-se da atividade;*
> *II – se contar mais de dez anos de serviço, será agregado pela autoridade superior e, se eleito, passará automaticamente, no ato da diplomação, para a inatividade.*

Primeiramente, deve-se ressaltar que a Constituição veda a filiação partidária aos militares:

> *Art. 142 [...]*
> *§ 3º [...]*
> *V – O militar, enquanto em serviço ativo, não pode estar filiado a partidos políticos.*

Recordando as condições de elegibilidade, tem-se que é necessária a filiação partidária para ser elegível, contudo, no caso do militar, o TSE tem entendido que o registro da candidatura supre a falta de prévia filiação partidária.

Um segundo ponto interessante decorre da própria interpretação do § 8º, que prevê duas regras para eleição dos militares em razão do tempo de serviço:

- **Militar com menos de dez anos:** deve se afastar da atividade;
- **Militar com mais de dez anos:** deve ficar agregado pela autoridade superior e se eleito, passado para inatividade.

Esse prazo de dez anos escolhido pela Constituição decorre da garantia de estabilidade para os militares.

4.1.4 Impugnação de mandato eletivo

Estes parágrafos dispensam explicação e, quando aparecem em prova, costumam cobrar o próprio texto constitucional. Deve-se ter cuidado com o prazo de 15 dias para impugnação:

> *Art. 14 [...]*
> *§ 10 O mandato eletivo poderá ser impugnado ante a Justiça Eleitoral no prazo de quinze dias contados da diplomação, instruída a ação com provas de abuso do poder econômico, corrupção ou fraude.*
> *§ 11 A ação de impugnação de mandato tramitará em segredo de justiça, respondendo o autor, na forma da lei, se temerária ou de manifesta má-fé.*

4.1.5 Cassação, suspensão e perda dos direitos políticos

Uma coisa é certa: não existe cassação de direitos políticos no Brasil. Isso não pode ser esquecido, pois sempre é cobrado em prova. Apesar dessa norma protetiva, são permitidas a perda e a suspensão desses direitos, conforme disposto no art. 15 da Constituição:

> **Art. 15** *É vedada a cassação de direitos políticos, cuja perda ou suspensão só se dará nos casos de:*
> *I – Cancelamento da naturalização por sentença transitada em julgado;*
> *II – Incapacidade civil absoluta;*
> *III – Condenação criminal transitada em julgado, enquanto durarem seus efeitos;*
> *IV – Recusa de cumprir obrigação a todos imposta ou prestação alternativa, nos termos do art. 5º, VIII;*
> *V – Improbidade administrativa, nos termos do art. 37, § 4º.*

Observe-se que o texto constitucional não esclareceu muito bem quais são as hipóteses de perda ou suspensão, trabalho esse que ficou a cargo da doutrina fazer. Seguem abaixo as hipóteses de perda ou suspensão:

- **Cancelamento da naturalização por sentença transitada em julgado:** trata-se de perda dos direitos políticos. Ora, se o indivíduo teve cancelado seu vínculo com o Estado Brasileiro, não há sentido em lhe garantir os direitos políticos.
- **Incapacidade civil absoluta:** apesar de ser absoluta, essa incapacidade civil pode cessar dependendo da situação. Logo, é hipótese de suspensão dos direitos políticos.
- **Condenação criminal transitada em julgado, enquanto durarem seus efeitos:** condenação criminal é suspensão, pois dura enquanto durar a pena. Deve-se ter cuidado com essa questão em prova. O efeito da suspensão sobre os direitos políticos independe do tipo de pena aplicada ao cidadão.
- **Recusa de cumprir obrigação a todos imposta ou prestação alternativa, nos termos do art. 5º, inciso VIII:** essa é a famosa hipótese da escusa de consciência. Em relação a esse tema, existe divergência na doutrina. Parte da doutrina Constitucional entende que é hipótese de perda, outra parte da doutrina, principalmente eleitoral, entende que seja hipótese de suspensão.
- **Improbidade administrativa, nos termos do art. 37, § 4º, CF/1988/1988:** essa é mais uma hipótese de suspensão dos direitos políticos.

4.1.6 Princípio da anterioridade eleitoral

Este princípio exige o prazo de um ano para aplicação de lei que altere processo eleitoral. Isso visa a evitar que os candidatos sejam pegos de surpresa com as regras eleitorais. O art. 16 da Constituição Federal de 1988 diz:

> **Art. 16** *A lei que alterar o processo eleitoral entrará em vigor na data de sua publicação, não se aplicando à eleição que ocorra até um ano da data de sua vigência.*

ORGANIZAÇÃO POLÍTICO-ADMINISTRATIVA

5. ORGANIZAÇÃO POLÍTICO-ADMINISTRATIVA

Para que se possa compreender a organização político-administrativa do Estado brasileiro, faz-se necessário, primeiramente, entender como se deu essa formação. Para isso, será abordado o princípio federativo.

5.1 Princípio federativo: entes federativos

A forma de Estado adotada no Brasil é a federativa. Quando se afirma que o nosso Estado é uma Federação, quer-se dizer como se dá o exercício do poder político em função do território. Em um Estado Federal, existe pluralidade de poderes políticos internos, os quais se organizam de forma descentralizada. No Brasil, são quatro poderes políticos, também chamados de entes federativos:

- **União;**
- **Estados;**
- **Distrito Federal;**
- **Municípios.**

Essa organização é baseada na autonomia política de cada ente federativo. Deve-se estar atento a esse tema em prova, pois as bancas gostam de trocar autonomia por soberania. Cada ente possui sua própria autonomia, enquanto o Estado Federal possui a soberania. A autonomia de cada ente federativo se dá no âmbito político, financeiro, orçamentário, administrativo e em qualquer outra área permitida pela Constituição Federal:

> *Art. 18 A organização político-administrativa da República Federativa do Brasil compreende a União, os Estados, o Distrito Federal e os Municípios, todos autônomos, nos termos desta Constituição.*

Deve-se destacar, inclusive, que o pacto federativo sobrevive em torno da Constituição Federal, que impede sua dissolução sob pena de se decretar Intervenção Federal:

> *Art. 34 A União não intervirá nos Estados nem no Distrito Federal, exceto para:*
> *I – Manter a integridade nacional.*

A proibição de secessão, que impede a separação de um ente federativo, também é conhecida como princípio da indissolubilidade.

Outro ponto muito cobrado em prova diz respeito à inexistência de hierarquia entre os entes federativos. O que distingue um ente federativo do outro não é a superioridade, mas a distribuição de competências feita pela própria Constituição Federal de 1988. Não se deve esquecer também que as Unidades da Federação possuem representação junto ao Poder Legislativo da União, mais precisamente, no Senado Federal.

Em razão dessa organização completamente diferenciada, a doutrina classifica a federação brasileira de várias formas:

- **Tricotômica:** federação constituída em três níveis: federal, estadual e municipal. O Distrito Federal não é considerado nessa classificação, haja vista possuir competência híbrida, agindo tanto como um Estado quanto como Município.
- **Centrífuga:** característica que reflete a formação da federação brasileira. É a formação "de dentro para fora". O movimento é de centrifugadora. A força de criação do estado federal brasileiro surgiu a partir de um Estado Unitário para a criação de um estado federado, ou seja, o poder centralizado que se torna descentralizado. O poder político era concentrado nas mãos de um só ente e depois passa a fazer parte de vários entes federativos.
- **Por desagregação:** ocorre quando um Estado Unitário resolve se descentralizar politicamente, desagregando o poder central em favor de vários entes titulares de poder político.

Mais uma característica que não pode ser ignorada em prova: a forma Federativa de Estado é uma **cláusula pétrea**, conforme dispõe o art. 60, § 4º, inciso I:

> *Art. 60 [...]*
> *§ 4º Não será objeto de deliberação a proposta de emenda tendente a abolir:*
> *I – A forma federativa de Estado.*

Cumpre lembrar de que a capital do Brasil é Brasília. Deve-se ter cuidado: há questão de prova que diz que a capital é o Distrito Federal. O Distrito Federal é um ente federativo, ao passo que Brasília é uma região administrativa dentro do Distrito Federal:

> *Art. 18 [...]*
> *§ 1º Brasília é a Capital Federal.*

Outra coisa com a qual se deve ter cuidado diz respeito aos territórios federais:

> *Art. 18 [...]*
> *§ 2º Os Territórios Federais integram a União, e sua criação, transformação em Estado ou reintegração ao Estado de origem serão reguladas em lei complementar.*

Esses não são entes federativos, pois não possuem autonomia política. São pessoas jurídicas de direito público que possuem apenas capacidade administrativa. Sua natureza jurídica é de autarquia federal e só podem ser criados por lei federal. Para sua criação se faz necessária a aprovação das populações diretamente envolvidas, por meio de plebiscito, parecer da Assembleia Legislativa e lei complementar federal. Os territórios são administrados por governadores escolhidos pelo Presidente da República e podem ser divididos em municípios. Cada território elegerá quatro deputados federais, mas não poderá eleger Senador da República. Seguem abaixo vários dispositivos da Constituição Federal de 1988 que regulamentam os territórios:

> *Art. 18 [...]*
> *§ 3º Os Estados podem incorporar-se entre si, subdividir-se ou desmembrar-se para se anexarem a outros, ou formarem novos Estados ou Territórios Federais, mediante aprovação da população diretamente interessada, através de plebiscito, e do Congresso Nacional, por lei complementar.*
> *Art. 45 [...]*
> *§ 2º Cada Território elegerá quatro Deputados.*
> *Art. 48 Cabe ao Congresso Nacional, com a sanção do Presidente da República, não exigida esta para o especificado nos Arts. 49, 51 e 52, dispor sobre todas as matérias de competência da União, especialmente sobre:[...]*
> *VI – Incorporação, subdivisão ou desmembramento de áreas de Territórios ou Estados, ouvidas as respectivas Assembleias Legislativas.*
> *Art. 84 Compete privativamente ao Presidente da República: [...]*
> *XIV – Nomear, após aprovação pelo Senado Federal, os Ministros do Supremo Tribunal Federal e dos Tribunais Superiores, os Governadores de Territórios, o Procurador-geral da República, o presidente e os diretores do banco central e outros servidores, quando determinado em lei.*

A Constituição Federal autoriza a divisão dos Territórios em Municípios. Os Territórios com mais de 100.000 habitantes possuirão Poder Judiciário próprio, bem como membros do Ministério Público e Defensores Públicos Federais. Poderão ainda eleger membros para Câmara Territorial:

> *Art. 33 [...]*
> *§ 1º Os Territórios poderão ser divididos em Municípios, aos quais se aplicará, no que couber, o disposto no Capítulo IV deste Título. [...]*
> *§ 3º Nos Territórios Federais com mais de cem mil habitantes, além do Governador nomeado na forma desta Constituição, haverá órgãos judiciários de primeira e segunda instância, membros do Ministério Público e defensores públicos federais; a lei disporá sobre as eleições para a Câmara Territorial e sua competência deliberativa.*

5.1.1 Vedações constitucionais

A Constituição Federal de 1988 fez questão de estabelecer algumas vedações expressas aos entes federativos, as quais estão previstas no art. 19:

Art. 19 É vedado à União, aos Estados, ao Distrito Federal e aos Municípios:

I – Estabelecer cultos religiosos ou igrejas, subvencioná-los, embaraçar-lhes o funcionamento ou manter com eles ou seus representantes relações de dependência ou aliança, ressalvada, na forma da lei, a colaboração de interesse público;

II – Recusar fé aos documentos públicos;

III – Criar distinções entre brasileiros ou preferências entre si.

A primeira vedação decorre da laicidade do Estado brasileiro, ou seja, não possuímos religião oficial no Brasil, em razão da situação de separação entre Estado e Igreja. A segunda vedação decorre da presunção de veracidade dos documentos públicos. E, por último, contemplando o princípio da isonomia, o qual será tratado em momento oportuno, fica vedado estabelecer distinções entre brasileiros ou preferências entre si. Atente-se a esta questão.

5.1.2 Características dos entes federativos

- **União**

Muitos sentem dificuldade em visualizar a União, tendo em vista ser um ente meio abstrato. O que se precisa saber é que a União é uma pessoa jurídica de direito público interno ao mesmo tempo em que é pessoa jurídica de direito público externo. É o Poder Central responsável por assuntos de interesse geral do Estado e que representa os demais entes federativos. Apesar de não possuir o atributo de soberania, a União exerce essa soberania em nome do Estado Federal. É só pensar na representação internacional do Estado. Quem celebra tratados internacionais? É o chefe do executivo da União, o Presidente da República.

Um dos temas mais cobrados em prova são os Bens da União. Os bens da União estão previstos no art. 20 da Constituição Federal:

Art. 20 São bens da União:

I – Os que atualmente lhe pertencem e os que lhe vierem a ser atribuídos;

II – As terras devolutas indispensáveis à defesa das fronteiras, das fortificações e construções militares, das vias federais de comunicação e à preservação ambiental, definidas em lei;

III – Os lagos, rios e quaisquer correntes de água em terrenos de seu domínio, ou que banhem mais de um Estado, sirvam de limites com outros países, ou se estendam a território estrangeiro ou dele provenham, bem como os terrenos marginais e as praias fluviais;

IV – As ilhas fluviais e lacustres nas zonas limítrofes com outros países; as praias marítimas; as ilhas oceânicas e as costeiras, excluídas, destas, as que contenham a sede de Municípios, exceto aquelas áreas afetadas ao serviço público e a unidade ambiental federal, e as referidas no art. 26, II;

V – Os recursos naturais da plataforma continental e da zona econômica exclusiva;

VI – O mar territorial;

VII – Os terrenos de marinha e seus acrescidos;

VIII – os potenciais de energia hidráulica;

IX – Os recursos minerais, inclusive os do subsolo;

X – As cavidades naturais subterrâneas e os sítios arqueológicos e pré-históricos;

XI – As terras tradicionalmente ocupadas pelos índios.

§ 1º É assegurada, nos termos da lei, à União, aos Estados, ao Distrito Federal e aos Municípios a participação no resultado da exploração de petróleo ou gás natural, de recursos hídricos para fins de geração de energia elétrica e de outros recursos minerais no respectivo território, plataforma continental, mar territorial ou zona econômica exclusiva, ou compensação financeira por essa exploração. (Redação dada pela Emenda Constitucional nº 102/2019)

§ 2º A faixa de até cento e cinquenta quilômetros de largura, ao longo das fronteiras terrestres, designada como faixa de fronteira, é considerada fundamental para defesa do território nacional, e sua ocupação e utilização serão reguladas em lei.

Esse artigo, quando cobrado em prova, costuma ser trabalhado apenas com o texto literal da Constituição. A dica de estudo é a memorização dos bens que são considerados da União. Contudo, alguns bens necessitam de uma explicação maior para que sejam compreendidos.

- **Terras devolutas**

O inciso II fala das chamadas terras devolutas, mas o que significa terras devolutas? São terras que estão sob o domínio da União sem qualquer destinação, nem pública nem privada. Serão da União apenas as terras devolutas indispensáveis à defesa das fronteiras, das fortificações e construções militares, das vias federais de comunicação e à preservação ambiental, conforme definição em lei. As demais terras devolutas serão de propriedade dos Estados Membros nos termos do art. 26, incisos IV:

Art. 26 Incluem-se entre os bens dos Estados: [...]

IV – As terras devolutas não compreendidas entre as da União.

- **Mar Territorial, Plataforma Continental e Zona Econômica Exclusiva (ZEE)**

Os incisos IV e V apresentam três bens que são muito interessantes e que se confundem nas cabeças dos alunos: mar territorial, plataforma continental e Zona Econômica Exclusiva. A Lei nº 8.617/1993 esclarece as diferenças entre esses institutos.

O mar territorial é formado por uma faixa de água marítima ao longo da costa brasileira, com uma dimensão de 12 milhas marítimas, contadas a partir da linha base. A plataforma continental é o prolongamento natural do território terrestre, compreendidos o leito e o subsolo do mar até a distância de 200 milhas marítimas ou até o bordo exterior da margem continental.

A ZEE é a extensão situada além do mar territorial até o limite das 200 milhas marítimas.

Acerca desse tema sempre há confusão. O mar territorial é extensão do território nacional sobre qual o Estado exerce sua soberania. Já a plataforma continental e a zona econômica exclusiva são águas internacionais onde o direito à soberania do Estado se limita à exploração e ao aproveitamento, à conservação e a gestão dos recursos naturais, vivos ou não vivos, das águas sobrejacentes ao leito do mar, do leito do mar e seu subsolo, e no que se refere a outras atividades com vistas à exploração e ao aproveitamento da zona para fins econômicos.

- **Estados**

Os estados são pessoas jurídicas de direito público interno, entes federativos detentores de autonomia própria. Essa autonomia se percebe pela sua capacidade de auto-organização, autogoverno, autoadministração. Destaca-se, ainda, o seu poder de criação da própria Constituição Estadual, bem como das demais normas de sua competência:

Art. 25 Os Estados organizam-se e regem-se pelas Constituições e leis que adotarem, observados os princípios desta Constituição.

Percebe-se, ainda, o seu autogoverno à medida que cada Estado organiza seus próprios Poderes: Poder Legislativo (Assembleia Legislativa), Poder Executivo (Governador) e Poder Judiciário (Tribunal de Justiça). Destacam-se também suas autonomias administrativa, tributária e financeira.

ORGANIZAÇÃO POLÍTICO-ADMINISTRATIVA

Segundo o art. 18, § 3º, da Constituição Federal de 1988:

Art. 18 [...]

§ 3º Os Estados podem incorporar-se entre si, subdividir-se ou desmembrar-se para se anexarem a outros, ou formarem novos Estados ou Territórios Federais, mediante aprovação da população diretamente interessada, através de plebiscito, e do Congresso Nacional, por lei complementar.

O que se precisa lembrar para a prova é que, para se criar outro Estado, faz-se necessária a aprovação da população diretamente interessada por meio de plebiscito e que essa criação depende de lei complementar federal. A Constituição Federal de 1988 prevê ainda a oitiva das Assembleias Legislativas envolvidas na modificação:

Art. 48 Cabe ao Congresso Nacional, com a sanção do Presidente da República, não exigida esta para o especificado nos Arts. 49, 51 e 52, dispor sobre todas as matérias de competência da União, especialmente sobre: [...]

IV – Incorporação, subdivisão ou desmembramento de áreas de Territórios ou Estados, ouvidas as respectivas Assembleias Legislativas.

Em razão de sua autonomia, a Constituição Federal de 1988 apresentou um rol de bens que pertencem aos Estados:

Art. 26 Incluem-se entre os bens dos Estados:

I – As águas superficiais ou subterrâneas, fluentes, emergentes e em depósito, ressalvadas, neste caso, na forma da lei, as decorrentes de obras da União;

II – As áreas, nas ilhas oceânicas e costeiras, que estiverem no seu domínio, excluídas aquelas sob domínio da União, Municípios ou terceiros;

III – As ilhas fluviais e lacustres não pertencentes à União;

IV – As terras devolutas não compreendidas entre as da União.

Algumas regras em relação à Organização dos Poderes Legislativo e Executivo no âmbito dos Estados também aparecem na Constituição Federal de 1988. Quando cobradas em prova, a leitura e memorização dos artigos abaixo se tornam essenciais:

Art. 27 O número de Deputados à Assembleia Legislativa corresponderá ao triplo da representação do Estado na Câmara dos Deputados e, atingido o número de trinta e seis, será acrescido de tantos quantos forem os Deputados Federais acima de doze.

§ 1º Será de quatro anos o mandato dos Deputados Estaduais, aplicando-se-lhes as regras desta Constituição sobre sistema eleitoral, inviolabilidade, imunidades, remuneração, perda de mandato, licença, impedimentos e incorporação às Forças Armadas.

§ 2º O subsídio dos Deputados Estaduais será fixado por lei de iniciativa da Assembleia Legislativa, na razão de, no máximo, setenta e cinco por cento daquele estabelecido, em espécie, para os Deputados Federais, observado o que dispõem os Arts. 39, § 4º, 57, § 7º, 150, II, 153, III, e 153, § 2º, I.

§ 3º Compete às Assembleias Legislativas dispor sobre seu regimento interno, polícia e serviços administrativos de sua secretaria, e prover os respectivos cargos.

§ 4º A lei disporá sobre a iniciativa popular no processo legislativo estadual.

Art. 28 A eleição do Governador e do Vice-Governador de Estado, para mandato de quatro anos, realizar-se-á no primeiro domingo de outubro, em primeiro turno, e no último domingo de outubro, em segundo turno, se houver, do ano anterior ao do término do mandato de seus antecessores, e a posse ocorrerá em primeiro de janeiro do ano subsequente, observado, quanto ao mais, o disposto no art. 77.

§ 1º Perderá o mandato o Governador que assumir outro cargo ou função na Administração Pública direta ou indireta, ressalvada a posse em virtude de concurso público e observado o disposto no art. 38, I, IV e V.

§ 2º Os subsídios do Governador, do Vice-Governador e dos Secretários de Estado serão fixados por lei de iniciativa da Assembleia Legislativa, observado o que dispõem os Arts. 37, XI, 39, § 4º, 150, II, 153, III, e 153, § 2º, I.

- **Municípios**

Os municípios são elencados pela Constituição Federal de 1988 como entes federativos dotados de autonomia, a qual se percebe pela sua capacidade de auto-organização, autogoverno e autoadministração. São regidos por lei orgânica e possui Executivo e Legislativo próprio, os quais são representados, respectivamente, pela Prefeitura e pela Câmara Municipal e que são regulamentados pelos arts. 29 e 29-A da Constituição Federal de 1988. O examinador pode explorar, em prova de concurso público, questões que requeiram a memorização desses artigos. Para entender por que ele faria isso, recomenda-se a leitura:

Art. 29 O Município reger-se-á por lei orgânica, votada em dois turnos, com o interstício mínimo de dez dias, e aprovada por dois terços dos membros da Câmara Municipal, que a promulgará, atendidos os princípios estabelecidos nesta Constituição, na Constituição do respectivo Estado e os seguintes preceitos:

I – Eleição do Prefeito, do Vice-Prefeito e dos Vereadores, para mandato de quatro anos, mediante pleito direto e simultâneo realizado em todo o País;

II – Eleição do Prefeito e do Vice-Prefeito realizada no primeiro domingo de outubro do ano anterior ao término do mandato dos que devam suceder, aplicadas as regras do art. 77, no caso de Municípios com mais de duzentos mil eleitores;

III – Posse do Prefeito e do Vice-Prefeito no dia 1º de janeiro do ano subsequente ao da eleição;

IV – Para a composição das Câmaras Municipais, será observado o limite máximo de:

a) 9 (nove) Vereadores, nos Municípios de até 15.000 (quinze mil) habitantes;

b) 11 (onze) Vereadores, nos Municípios de mais de 15.000 (quinze mil) habitantes e de até 30.000 (trinta mil) habitantes;

c) 13 (treze) Vereadores, nos Municípios com mais de 30.000 (trinta mil) habitantes e de até 50.000 (cinquenta mil) habitantes;

d) 15 (quinze) Vereadores, nos Municípios de mais de 50.000 (cinquenta mil) habitantes e de até 80.000 (oitenta mil) habitantes;

e) 17 (dezessete) Vereadores, nos Municípios de mais de 80.000 (oitenta mil) habitantes e de até 120.000 (cento e vinte mil) habitantes;

f) 19 (dezenove) Vereadores, nos Municípios de mais de 120.000 (cento e vinte mil) habitantes e de até 160.000 (cento sessenta mil) habitantes;

g) 21 (vinte e um) Vereadores, nos Municípios de mais de 160.000 (cento e sessenta mil) habitantes e de até 300.000 (trezentos mil) habitantes;

h) 23 (vinte e três) Vereadores, nos Municípios de mais de 300.000 (trezentos mil) habitantes e de até 450.000 (quatrocentos e cinquenta mil) habitantes;

i) 25 (vinte e cinco) Vereadores, nos Municípios de mais de 450.000 (quatrocentos e cinquenta mil) habitantes e de até 600.000 (seiscentos mil) habitantes;

j) 27 (vinte e sete) Vereadores, nos Municípios de mais de 600.000 (seiscentos mil) habitantes e de até 750.000 (setecentos cinquenta mil) habitantes;

k) 29 (vinte e nove) Vereadores, nos Municípios de mais de 750.000 (setecentos e cinquenta mil) habitantes e de até 900.000 (novecentos mil) habitantes;

l) 31 (trinta e um) Vereadores, nos Municípios de mais de 900.000 (novecentos mil) habitantes e de até 1.050.000 (um milhão e cinquenta mil) habitantes;

m) 33 (trinta e três) Vereadores, nos Municípios de mais de 1.050.000 (um milhão e cinquenta mil) habitantes e de até 1.200.000 (um milhão e duzentos mil) habitantes;

n) 35 (trinta e cinco) Vereadores, nos Municípios de mais de 1.200.000 (um milhão e duzentos mil) habitantes e de até 1.350.000 (um milhão e trezentos e cinquenta mil) habitantes

o) 37 (trinta e sete) Vereadores, nos Municípios de 1.350.000 (um milhão e trezentos e cinquenta mil) habitantes e de até 1.500.000 (um milhão e quinhentos mil) habitantes;

p) 39 (trinta e nove) Vereadores, nos Municípios de mais de 1.500.000 (um milhão e quinhentos mil) habitantes e de até 1.800.000 (um milhão e oitocentos mil) habitantes;

q) 41 (quarenta e um) Vereadores, nos Municípios de mais de 1.800.000 (um milhão e oitocentos mil) habitantes e de até 2.400.000 (dois milhões e quatrocentos mil) habitantes;

r) 43 (quarenta e três) Vereadores, nos Municípios de mais de 2.400.000 (dois milhões e quatrocentos mil) habitantes e de até 3.000.000 (três milhões) de habitantes;

s) 45 (quarenta e cinco) Vereadores, nos Municípios de mais de 3.000.000 (três milhões) de habitantes e de até 4.000.000 (quatro milhões) de habitantes;

t) 47 (quarenta e sete) Vereadores, nos Municípios de mais de 4.000.000 (quatro milhões) de habitantes e de até 5.000.000 (cinco milhões) de habitantes;

u) 49 (quarenta e nove) Vereadores, nos Municípios de mais de 5.000.000 (cinco milhões) de habitantes e de até 6.000.000 (seis milhões) de habitantes;

v) 51 (cinquenta e um) Vereadores, nos Municípios de mais de 6.000.000 (seis milhões) de habitantes e de até 7.000.000 (sete milhões) de habitantes;

w) 53 (cinquenta e três) Vereadores, nos Municípios de mais de 7.000.000 (sete milhões) de habitantes e de até 8.000.000 (oito milhões) de habitantes; e

x) 55 (cinquenta e cinco) Vereadores, nos Municípios de mais de 8.000.000 (oito milhões) de habitantes;

V – Subsídios do Prefeito, do Vice-Prefeito e dos Secretários Municipais fixados por lei de iniciativa da Câmara Municipal, observado o que dispõem os Arts. 37, XI, 39, § 4º, 150, II, 153, III, e 153, § 2º, I;

VI – O subsídio dos Vereadores será fixado pelas respectivas Câmaras Municipais em cada legislatura para a subsequente, observado o que dispõe esta Constituição, observados os critérios estabelecidos na respectiva Lei Orgânica e os seguintes limites máximos:

a) em Municípios de até dez mil habitantes, o subsídio máximo dos Vereadores corresponderá a vinte por cento do subsídio dos Deputados Estaduais;

b) em Municípios de dez mil e um a cinquenta mil habitantes, o subsídio máximo dos Vereadores corresponderá a trinta por cento do subsídio dos Deputados Estaduais;

c) em Municípios de cinquenta mil e um a cem mil habitantes, o subsídio máximo dos Vereadores corresponderá a quarenta por cento do subsídio dos Deputados Estaduais;

d) em Municípios de cem mil e um a trezentos mil habitantes, o subsídio máximo dos Vereadores corresponderá a cinquenta por cento do subsídio dos Deputados Estaduais;

e) em Municípios de trezentos mil e um a quinhentos mil habitantes, o subsídio máximo dos Vereadores corresponderá a sessenta por cento do subsídio dos Deputados Estaduais;

f) em Municípios de mais de quinhentos mil habitantes, o subsídio máximo dos Vereadores corresponderá a setenta e cinco por cento do subsídio dos Deputados Estaduais;

VII – O total da despesa com a remuneração dos Vereadores não poderá ultrapassar o montante de cinco por cento da receita do Município;

VIII – Inviolabilidade dos Vereadores por suas opiniões, palavras e votos no exercício do mandato e na circunscrição do Município;

IX – Proibições e incompatibilidades, no exercício da vereança, similares, no que couber, ao disposto nesta Constituição para os membros do Congresso Nacional e na Constituição do respectivo Estado para os membros da Assembleia Legislativa;

X – Julgamento do Prefeito perante o Tribunal de Justiça;

XI – Organização das funções legislativas e fiscalizadoras da Câmara Municipal;

XII – Cooperação das associações representativas no planejamento municipal;

XIII – Iniciativa popular de projetos de lei de interesse específico do Município, da cidade ou de bairros, através de manifestação de, pelo menos, cinco por cento do eleitorado;

XIV – Perda do mandato do Prefeito, nos termos do art. 28, parágrafo único.

Art. 29-A *O total da despesa do Poder Legislativo Municipal, incluídos os subsídios dos Vereadores e excluídos os gastos com inativos, não poderá ultrapassar os seguintes percentuais, relativos ao somatório da receita tributária e das transferências previstas no § 5º do art. 153 e nos arts. 158 e 159, efetivamente realizado no exercício anterior: (Conforme Emenda Constitucional nº 109/2021) [...]*

I – 7% (sete por cento) para Municípios com população de até 100.000 (cem mil) habitantes;

II – 6% (seis por cento) para Municípios com população entre 100.000 (cem mil) e 300.000 (trezentos mil) habitantes;

III – 5% (cinco por cento) para Municípios com população entre 300.001 (trezentos mil e um) e 500.000 (quinhentos mil) habitantes;

IV – 4,5% (quatro inteiros e cinco décimos por cento) para Municípios com população entre 500.001 (quinhentos mil e um) e 3.000.000 (três milhões) de habitantes;

V – 4% (quatro por cento) para Municípios com população entre 3.000.001 (três milhões e um) e 8.000.000 (oito milhões) de habitantes;

VI – 3,5% (três inteiros e cinco décimos por cento) para Municípios com população acima de 8.000.001 (oito milhões e um) habitantes.

§ 1º A Câmara Municipal não gastará mais de setenta por cento de sua receita com folha de pagamento, incluído o gasto com o subsídio de seus Vereadores.

§ 2º Constitui crime de responsabilidade do Prefeito Municipal:

I – Efetuar repasse que supere os limites definidos neste artigo;

II – Não enviar o repasse até o dia vinte de cada mês; ou

III – Enviá-lo a menor em relação à proporção fixada na Lei Orçamentária.

§ 3º. Constitui crime de responsabilidade do Presidente da Câmara Municipal o desrespeito ao § 1º deste artigo.

Mesmo sendo dotada de autonomia federativa, sua organização possui algumas limitações impostas pela própria Constituição. Entre essas limitações, deve-se destacar a ausência de Poder Judiciário no âmbito municipal, cuja função jurisdicional é exercida pelos órgãos do Judiciário federal e estadual. É importante lembrar que não existe representante municipal no Congresso Nacional.

A Constituição Federal de 1988 permite que sejam criados novos municípios, conforme as regras estabelecidas no art. 18, § 4º:

Art. 18 [...]

§ 4º A criação, a incorporação, a fusão e o desmembramento de Municípios, far-se-ão por lei estadual, dentro do período determinado por Lei Complementar Federal, e dependerão de consulta prévia, mediante plebiscito, às populações dos Municípios envolvidos, após divulgação dos Estudos de Viabilidade Municipal, apresentados e publicados na forma da lei.

Perceba que as regras são um pouco diferentes das necessárias para a criação de Estados. A primeira coisa que deve ser lembrada é que a criação será por lei ordinária estadual, desde que haja autorização emanada de lei complementar federal. As populações diretamente envolvidas na modificação devem ser consultadas por meio de plebiscito. E, por último, não se pode esquecer a exigência de Estudo de Viabilidade Municipal. Para prova, memorize essas condições.

Um fato curioso é que apesar de não existir ainda uma Lei Complementar Federal autorizando o período de criação de Municípios, vários Municípios foram criados na vigência de Constituição Federal, o que obrigou o Congresso Nacional a aprovar a Emenda Constitucional nº

57/2008, que acrescentou o art. 96 ao Ato das Disposições Constitucionais Transitórias (ADCT), convalidando a criação dos Municípios até 31 de dezembro de 2006:

> **Art. 96** *Ficam convalidados os atos de criação, fusão, incorporação e desmembramento de Municípios, cuja lei tenha sido publicada até 31 de dezembro de 2006, atendidos os requisitos estabelecidos na legislação do respectivo Estado à época de sua criação.*

- **Distrito Federal**

Se questionarem se o Distrito Federal é um Estado ou é um Município, a resposta será: "O Distrito Federal não é Estado nem Município, é Distrito Federal."

A Constituição Federal afirma que o Distrito Federal é ente federativo assim como a União, os Estados e os Municípios. Esse ente federativo é conhecido pela sua autonomia e por sua competência híbrida. Quando se fala em competência híbrida, quer-se dizer que o DF pode exercer competências tanto de Estado quanto de Município:

> **Art. 32** *[...]*
> *§ 1º Ao Distrito Federal são atribuídas as competências legislativas reservadas aos Estados e Municípios.*

Caracteriza a sua autonomia o fato de poder criar a sua própria lei orgânica, bem como a existência do Poder Executivo (governador), Legislativo (Câmara Legislativa) e Judiciário (Tribunal de Justiça do Distrito Federal e Territórios):

> **Art. 32** *O Distrito Federal, vedada sua divisão em Municípios, reger-se-á por lei orgânica, votada em dois turnos com interstício mínimo de dez dias, e aprovada por dois terços da Câmara Legislativa, que a promulgará, atendidos os princípios estabelecidos nesta Constituição.*
> *§ 2º A eleição do Governador e do Vice-Governador, observadas as regras do art. 77, e dos Deputados Distritais coincidirá com a dos Governadores e Deputados Estaduais, para mandato de igual duração.*
> *§ 3º Aos Deputados Distritais e à Câmara Legislativa aplica-se o disposto no art. 27.*

Como se pode depreender da leitura do artigo, a autonomia do DF possui algumas limitações, por exemplo, a vedação da sua divisão em Municípios. Nesse mesmo sentido, deve-se lembrar que o Distrito Federal não possui competência para organizar e manter as Polícias Civil e Militar, o Corpo de Bombeiros Militar, o Poder Judiciário, o Ministério Público e a Defensoria Pública. Nesses casos, a competência foi conferida à União:

> **Art. 32** *[...]*
> *§ 4º Lei federal disporá sobre a utilização, pelo Governo do Distrito Federal, da polícia civil, da polícia penal, da polícia militar e do corpo de bombeiros militar. (Redação dada pela Emenda Constitucional nº 104/2019)*
> **Art. 21** *Compete à União:[...]*
> *XIII – organizar e manter o Poder Judiciário, o Ministério Público do Distrito Federal e dos Territórios e a Defensoria Pública dos Territórios;*
> *XIV – organizar e manter a polícia civil, a polícia penal, a polícia militar e o corpo de bombeiros militar do Distrito Federal, bem como prestar assistência financeira ao Distrito Federal para a execução de serviços públicos, por meio de fundo próprio; (Redação dada pela Emenda Constitucional nº 104/2019)*

Por fim, é importante lembrar que o Distrito Federal não se confunde com Brasília. Isso é facilmente percebido pela leitura do art. 18:

> **Art. 18** *A organização político-administrativa da República Federativa do Brasil compreende a União, os Estados, o Distrito Federal e os Municípios, todos autônomos, nos termos desta Constituição.*
> *§ 1º Brasília é a Capital Federal.*

O Distrito Federal é ente federativo, ao passo que Brasília é a capital federal. Sob a ótica da organização administrativa do DF, pode-se afirmar que Brasília é uma das regiões administrativas do Distrito Federal, haja vista não poder o DF ser dividido em municípios.

5.1.3 Competências dos entes federativos

Como já foi visto, entre os entes federativos não existe hierarquia. Mas o que diferencia um ente federativo do outro? A diferença está na distribuição das competências pela Constituição. Cada ente federativo possui sua parcela de responsabilidades estabelecidas dentro da Constituição Federal de 1988.

Para a fixação dessas competências, a Constituição fez uso do princípio da predominância de interesse. Esse princípio define a abrangência das competências de cada ente com base na predominância de interesse. Para a União, em regra, foram previstas competências de interesse geral, de toda a coletividade. Para os Estados, a Constituição reservou competências de interesse regional. Aos municípios, competências de interesse local. E, por fim, ao Distrito Federal, foram reservadas competências de interesse local e regional, razão pela qual a doutrina chama de competência híbrida.

As competências são classificadas em dois tipos:

- **Competências materiais ou administrativas:** são aquelas que preveem ações a serem desempenhadas pelos entes federativos.
- **Competências legislativas:** estão relacionadas com a capacidade que um ente federativo possui de criar leis, inovar o ordenamento jurídico. Primeiramente, serão analisadas as competências administrativas de todos os entes federativos. De início, será abordada a União.

5.1.4 Competências administrativas

A União possui duas formas de competências materiais: exclusiva e comum. As competências exclusivas estão previstas no art. 21 da Constituição Federal de 1988:

> **Art. 21** *Compete à União:*
> *I – Manter relações com Estados estrangeiros e participar de organizações internacionais;*
> *II – Declarar a guerra e celebrar a paz;*
> *III – Assegurar a defesa nacional;*
> *IV – Permitir, nos casos previstos em lei complementar, que forças estrangeiras transitem pelo território nacional ou nele permaneçam temporariamente;*
> *V – Decretar o estado de sítio, o estado de defesa e a intervenção federal;*
> *VI – Autorizar e fiscalizar a produção e o comércio de material bélico;*
> *VII – Emitir moeda;*
> *VIII – Administrar as reservas cambiais do País e fiscalizar as operações de natureza financeira, especialmente as de crédito, câmbio e capitalização, bem como as de seguros e de previdência privada;*
> *IX – Elaborar e executar planos nacionais e regionais de ordenação do território e de desenvolvimento econômico e social;*
> *X – Manter o serviço postal e o correio aéreo nacional;*
> *XI – Explorar, diretamente ou mediante autorização, concessão ou permissão, os serviços de telecomunicações, nos termos da lei, que disporá sobre a organização dos serviços, a criação de um órgão regulador e outros aspectos institucionais;*
> *XII – Explorar, diretamente ou mediante autorização, concessão ou permissão:*
> *a) os serviços de radiodifusão sonora, e de sons e imagens;*
> *b) os serviços e instalações de energia elétrica e o aproveitamento energético dos cursos de água, em articulação com os Estados onde se situam os potenciais hidroenergéticos;*
> *c) a navegação aérea, aeroespacial e a infraestrutura aeroportuária;*

d) os serviços de transporte ferroviário e aquaviário entre portos brasileiros e fronteiras nacionais, ou que transponham os limites de Estado ou Território;

e) os serviços de transporte rodoviário interestadual e internacional de passageiros;

f) os portos marítimos, fluviais e lacustres;

XIII – organizar e manter o Poder Judiciário, o Ministério Público do Distrito Federal e dos Territórios e a Defensoria Pública dos Territórios;

XIV – organizar e manter a polícia civil, a polícia penal, a polícia militar e o corpo de bombeiros militar do Distrito Federal, bem como prestar assistência financeira ao Distrito Federal para a execução de serviços públicos, por meio de fundo próprio; (Redação dada pela Emenda Constitucional nº 104/2019)

XV – Organizar e manter os serviços oficiais de estatística, geografia, geologia e cartografia de âmbito nacional;

XVI – Exercer a classificação, para efeito indicativo, de diversões públicas e de programas de rádio e televisão;

XVII – Conceder anistia;

XVIII – Planejar e promover a defesa permanente contra as calamidades públicas, especialmente as secas e as inundações;

XIX – Instituir sistema nacional de gerenciamento de recursos hídricos e definir critérios de outorga de direitos de seu uso;

XX – Instituir diretrizes para o desenvolvimento urbano, inclusive habitação, saneamento básico e transportes urbanos;

XXI – Estabelecer princípios e diretrizes para o sistema nacional de viação;

XXII – Executar os serviços de polícia marítima, aeroportuária e de fronteiras;

XXIII – Explorar os serviços e instalações nucleares de qualquer natureza e exercer monopólio estatal sobre a pesquisa, a lavra, o enriquecimento e reprocessamento, a industrialização e o comércio de minérios nucleares e seus derivados, atendidos os seguintes princípios e condições:

a) toda atividade nuclear em território nacional somente será admitida para fins pacíficos e mediante aprovação do Congresso Nacional;

b) sob regime de permissão, são autorizadas a comercialização e a utilização de radioisótopos para pesquisa e uso agrícolas e industriais; (Redação dada pela Emenda Constitucional nº 118, de 2022)

c) sob regime de permissão, são autorizadas a produção, a comercialização e a utilização de radioisótopos para pesquisa e uso médicos; (Redação dada pela Emenda Constitucional nº 118, de 2022)

d) a responsabilidade civil por danos nucleares independe da existência de culpa;

XXIV – organizar, manter e executar a inspeção do trabalho;

XXV – estabelecer as áreas e as condições para o exercício da atividade de garimpagem, em forma associativa.

XXVI – organizar e fiscalizar a proteção e o tratamento de dados pessoais, nos termos da lei. (Incluído pela Emenda Constitucional nº 115/2022)

Essas competências são exclusivas, pois a União exclui a possibilidade de outro ente federativo realizá-la. Por isso, diz-se que são indelegáveis. Só a União pode fazer.

A outra competência material da União é a comum. Ela é comum a todos os entes federativos, União, estados, Distrito Federal e municípios. Vejamos o que diz o art. 23 da Constituição Federal de 1988:

Art. 23 É competência comum da União, dos Estados, do Distrito Federal e dos Municípios:

I – Zelar pela guarda da Constituição, das leis e das instituições democráticas e conservar o patrimônio público;

II – Cuidar da saúde e assistência pública, da proteção e garantia das pessoas portadoras de deficiência;

III – Proteger os documentos, as obras e outros bens de valor histórico, artístico e cultural, os monumentos, as paisagens naturais notáveis e os sítios arqueológicos;

IV – Impedir a evasão, a destruição e a descaracterização de obras de arte e de outros bens de valor histórico, artístico ou cultural;

V – Proporcionar os meios de acesso à cultura, à educação, à ciência, à tecnologia, à pesquisa e à inovação;

VI – Proteger o meio ambiente e combater a poluição em qualquer de suas formas;

VII – Preservar as florestas, a fauna e a flora;

VIII – Fomentar a produção agropecuária e organizar o abastecimento alimentar;

IX – Promover programas de construção de moradias e a melhoria das condições habitacionais e de saneamento básico;

X – Combater as causas da pobreza e os fatores de marginalização, promovendo a integração social dos setores desfavorecidos;

XI – Registrar, acompanhar e fiscalizar as concessões de direitos de pesquisa e exploração de recursos hídricos e minerais em seus territórios;

XII – Estabelecer e implantar política de educação para a segurança do trânsito.

Parágrafo único. *Leis complementares fixarão normas para a cooperação entre a União e os Estados, o Distrito Federal e os Municípios, tendo em vista o equilíbrio do desenvolvimento e do bem-estar em âmbito nacional.*

Agora vejamos as competências materiais dos Estados. A primeira de que já se falou, é a competência comum prevista no art. 23, analisada anteriormente.

Os Estados também possuem a chamada competência residual, reservada ou remanescente. Está prevista no art. 25, § 1º, o qual cita que estão reservadas aos Estados as competências que não lhe sejam vedadas pela Constituição. Significa dizer que os Estados poderão fazer tudo aquilo que não for competência da União ou do Município:

Art. 25 [...]

§ 1º São reservadas aos Estados as competências que não lhes sejam vedadas por esta Constituição.

Em relação às competências administrativas dos Municípios, a Constituição previu duas espécies: Comum e Exclusiva. A competência comum está prevista no art. 23 e já foi vista anteriormente. A competência exclusiva está no art. 30, incisos III a IX da Constituição Federal de 1988:

Art. 30 Compete aos Municípios:[...]

III – Instituir e arrecadar os tributos de sua competência, bem como aplicar suas rendas, sem prejuízo da obrigatoriedade de prestar contas e publicar balancetes nos prazos fixados em lei;

IV – Criar, organizar e suprimir distritos, observada a legislação estadual;

V – Organizar e prestar, diretamente ou sob regime de concessão ou permissão, os serviços públicos de interesse local, incluído o de transporte coletivo, que tem caráter essencial;

VI – Manter, com a cooperação técnica e financeira da União e do Estado, programas de educação infantil e de ensino fundamental;

VII – Prestar, com a cooperação técnica e financeira da União e do Estado, serviços de atendimento à saúde da população;

VIII – Promover, no que couber, adequado ordenamento territorial, mediante planejamento e controle do uso, do parcelamento e da ocupação do solo urbano;

IX – Promover a proteção do patrimônio histórico-cultural local, observada a legislação e a ação fiscalizadora federal e estadual.

No âmbito das competências administrativas, temos as competências do Distrito Federal que são chamadas de híbridas. O Distrito Federal pode fazer tudo o que for de competência dos Estados ou dos Municípios.

ORGANIZAÇÃO POLÍTICO-ADMINISTRATIVA

5.1.5 Competências legislativas

Vejamos agora as competências legislativas de cada ente federativo. Primeiramente, no que diz respeito às competências legislativas da União, elas podem ser privativas ou concorrentes.

As competências privativas da União estão previstas no art. 22 da Constituição Federal de 1988 e possuem como característica principal a possibilidade de delegação mediante Lei Complementar aos Estados:

Art. 22 *Compete privativamente à União legislar sobre:*
I – Direito civil, comercial, penal, processual, eleitoral, agrário, marítimo, aeronáutico, espacial e do trabalho;
II – Desapropriação;
III – Requisições civis e militares, em caso de iminente perigo e em tempo de guerra;
IV – Águas, energia, informática, telecomunicações e radiodifusão;
V – Serviço postal;
VI – Sistema monetário e de medidas, títulos e garantias dos metais;
VII – Política de crédito, câmbio, seguros e transferência de valores;
VIII – Comércio exterior e interestadual;
IX – Diretrizes da política nacional de transportes;
X – Regime dos portos, navegação lacustre, fluvial, marítima, aérea e aeroespacial;
XI – Trânsito e transporte;
XII – Jazidas, minas, outros recursos minerais e metalurgia;
XIII – Nacionalidade, cidadania e naturalização;
XIV – Populações indígenas;
XV – Emigração e imigração, entrada, extradição e expulsão de estrangeiros;
XVI – Organização do sistema nacional de emprego e condições para o exercício de profissões;
XVII – Organização judiciária, do Ministério Público do Distrito Federal e dos Territórios e da Defensoria Pública dos Territórios, bem como organização administrativa destes;
XVIII – Sistema estatístico, sistema cartográfico e de geologia nacionais;
XIX – Sistemas de poupança, captação e garantia da poupança popular;
XX – Sistemas de consórcios e sorteios;
XXI – normas gerais de organização, efetivos, material bélico, garantias, convocação, mobilização, inatividades e pensões das polícias militares e dos corpos de bombeiros militares; (Redação dada pela Emenda Constitucional nº 103/2019)
XXII – Competência da polícia federal e das polícias rodoviária e ferroviária federais;
XXIII – Seguridade social;
XXIV – Diretrizes e bases da educação nacional;
XXV – Registros públicos;
XXVI – Atividades nucleares de qualquer natureza;
XXVII – Normas gerais de licitação e contratação, em todas as modalidades, para as administrações públicas diretas, autárquicas e fundacionais da União, Estados, Distrito Federal e Municípios, obedecido o disposto no art. 37, XXI, e para as empresas públicas e sociedades de economia mista, nos termos do art. 173, § 1º, III;
XXVIII – Defesa territorial, defesa aeroespacial, defesa marítima, defesa civil e mobilização nacional;
XXIX – Propaganda comercial.
XXX – proteção e tratamento de dados pessoais. (Incluído pela Emenda Constitucional nº 115/2022)
Parágrafo único. *Lei complementar poderá autorizar os Estados a legislar sobre questões específicas das matérias relacionadas neste artigo.*

As competências concorrentes, previstas no art. 24 da Constituição, podem ser exercidas de forma concorrentes pela União, pelos Estados e pelo Distrito Federal. Fique ligado: Município não possui competência concorrente. Vejamos o que diz o citado artigo:

Art. 24 *Compete à União, aos Estados e ao Distrito Federal legislar concorrentemente sobre:*
I – Direito tributário, financeiro, penitenciário, econômico e urbanístico;
II – Orçamento;
III – Juntas comerciais;
IV – Custas dos serviços forenses;
V – Produção e consumo;
VI – Florestas, caça, pesca, fauna, conservação da natureza, defesa do solo e dos recursos naturais, proteção do meio ambiente e controle da poluição;
VII – Proteção ao patrimônio histórico, cultural, artístico, turístico e paisagístico;
VIII – Responsabilidade por dano ao meio ambiente, ao consumidor, a bens e direitos de valor artístico, estético, histórico, turístico e paisagístico;
IX – Educação, cultura, ensino, desporto, ciência, tecnologia, pesquisa, desenvolvimento e inovação;
X – Criação, funcionamento e processo do juizado de pequenas causas;
XI – Procedimentos em matéria processual;
XII – Previdência social, proteção e defesa da saúde;
XIII – Assistência jurídica e Defensoria pública;
XIV – Proteção e integração social das pessoas portadoras de deficiência;
XV – Proteção à infância e à juventude;
XVI – Organização, garantias, direitos e deveres das polícias civis.
§ 1º No âmbito da legislação concorrente, a competência da União limitar-se-á a estabelecer normas gerais.
§ 2º A competência da União para legislar sobre normas gerais não exclui a competência suplementar dos Estados.
§ 3º Inexistindo lei federal sobre normas gerais, os Estados exercerão a competência legislativa plena, para atender a suas peculiaridades.
§ 4º A superveniência de lei federal sobre normas gerais suspende a eficácia da lei estadual, no que lhe for contrário.

No âmbito das competências concorrentes, algumas regras são fundamentais para a prova. Aqui, a participação da União é no sentido de fixar normas gerais, ficando os Estados com a competência de suplementar a legislação federal. Caso a União não legisle sobre determinada matéria de competência concorrente, nasce para o Estado o direito de legislar de forma plena sobre a matéria. Contudo, resolvendo a União legislar sobre matéria já regulada pelo Estado, a lei estadual ficará com sua eficácia suspensa pela lei federal nos pontos discordantes. Deve-se ter cuidado com esse último ponto. Não ocorre revogação da lei estadual pela lei federal, haja vista não existir hierarquia entre leis de entes federativos distintos. O que ocorre, como bem explicitou a Constituição Federal, é a suspensão da eficácia.

Quanto às competências dos Estados, há as seguintes espécies: residual, por delegação da União, concorrente suplementar e expressa.

A competência residual dos Estados é também chamada de competência remanescente ou reservada. Está prevista no art. 25, § 1º, que prevê que aos estados serão reservadas todas as competências que não sejam previstas a União ou aos municípios. Deve-se lembrar que esse dispositivo fundamenta tanto as competências materiais quanto as legislativas:

Art. 25 *[...]*
§ 1º São reservadas aos Estados as competências que não lhes sejam vedadas por esta Constituição.

Outra competência dos Estados é a por delegação da União, que decorre da possibilidade de serem delegadas as competências privativas

NOÇÕES DE DIREITO CONSTITUCIONAL

da União mediante Lei Complementar. Encontra-se prevista no art. 22, parágrafo único:

Art. 22 [...]
Parágrafo único. *Lei complementar poderá autorizar os Estados a legislar sobre questões específicas das matérias relacionadas neste artigo.*

Temos ainda as competências concorrentes suplementares previstas no art. 24, § 2º da Constituição Federal de 1988. Essas suplementam a competência legislativa da União no âmbito das competências concorrentes permitindo, inclusive, que os Estados legislem de forma plena quando não existir lei federal sobre o assunto:

Art. 24 [...]
§ 2º A competência da União para legislar sobre normas gerais não exclui a competência suplementar dos Estados.
§ 3º Inexistindo lei federal sobre normas gerais, os Estados exercerão a competência legislativa plena, para atender a suas peculiaridades.

Há também as competências expressas dos Estados, as quais podem ser encontradas nos art. 18, § 4º e 25, §§ 2º e 3º da Constituição Federal:

Art. 18 [...]
§ 4º A criação, a incorporação, a fusão e o desmembramento de Municípios, far-se-ão por lei estadual, dentro do período determinado por Lei Complementar Federal, e dependerão de consulta prévia, mediante plebiscito, às populações dos Municípios envolvidos, após divulgação dos Estudos de Viabilidade Municipal, apresentados e publicados na forma da lei.
Art. 25, § 2º Cabe aos Estados explorar diretamente, ou mediante concessão, os serviços locais de gás canalizado, na forma da lei, vedada a edição de medida provisória para a sua regulamentação.
§ 3º Os Estados poderão, mediante lei complementar, instituir regiões metropolitanas, aglomerações urbanas e microrregiões, constituídas por agrupamentos de municípios limítrofes, para integrar a organização, o planejamento e a execução de funções públicas de interesse comum.

Para os Municípios, a Constituição previu dois tipos de competência legislativa: exclusiva e suplementar. A legislativa exclusiva dos Municípios está prevista no art. 30, I, o qual menciona que os Municípios possuem competência para legislar sobre assuntos de interesse local:

Art. 30 Compete aos Municípios:
I – Legislar sobre assuntos de interesse local.

A competência legislativa suplementar está prevista no art. 30, II, que permite aos Municípios legislar de forma suplementar a Legislação Federal e Estadual:

Art. 30 Compete aos Municípios: [...]
II – Suplementar a legislação federal e a estadual no que couber.

Por fim, nós há a competência legislativa do Distrito Federal que, conforme já dito, é híbrida, permitindo ao Distrito Federal legislar sobre as matérias de competência dos estados e dos municípios. Apesar dessa competência ampla, a Constituição resolveu estabelecer algumas limitações a sua autonomia legislativa excluindo algumas matérias de sua competência. Segundo o art. 21, incisos XIII e XIV da Constituição Federal de 1988, o Distrito Federal não possui competência para organizar e legislar sobre alguns dos seus órgãos: Poder Judiciário, Polícia Militar, Corpo de Bombeiros Militar e Polícia Civil.

Art. 21 Compete à União:[...]
XIII – Organizar e manter o Poder Judiciário, o Ministério Público do Distrito Federal e dos Territórios e a Defensoria Pública dos Territórios.
XIV – organizar e manter a polícia civil, a polícia penal, a polícia militar e o corpo de bombeiros militar do Distrito Federal, bem como prestar assistência financeira ao Distrito Federal para a execução de serviços públicos, por meio de fundo próprio;

> **Dicas para os concursos**
> Não se deve confundir as competências exclusivas com as privativas da União. **Competência exclusiva** é administrativa e indelegável. **Competência privativa** é legislativa e delegável. Não se deve confundir as **competências comuns** com as **concorrentes**. **Competência comum** é comum a todos os entes e é administrativa. **Competência concorrente** é só para União, estados e o Distrito Federal além de ser legislativa. Município tem competência comum, mas não tem concorrente.

Competências administrativas
- União
  - Exclusiva (art. 21)
  - Comum (art. 23)
- Estados
  - Comum (art. 23)
  - Residual, reservada, remanescente (art. 25, §1º)
- Municípios
  - Comum (art. 23)
  - Exclusiva (art. 30, III-IX)
- Distrito Federal
  - Competência híbrida

Competências legislativas
- União
  - Privativa (art. 22)
  - Concorrente (art. 24)
- Estados
  - Concorrente suplementar (art. 24)
  - Residual reservada remanescente (art. 25, §1º)
  - Por delegação da União (art. 22, parágrafo único)
  - Expressos (art. 25, §§2º e 3º)
- Municípios
  - Exclusiva (art. 30, I)
  - Suplementar ao Estado (art. 30, II)
- Distrito Federal
  - Competência híbrida (Estados e Municípios)

5.2 Intervenção

A Constituição Federal de 1988 está assentada no princípio federativo como forma de Estado adotada no Brasil. O fato de sermos uma federação reflete inúmeras características, dentre as quais se destaca a autonomia de cada ente federativo. A autonomia é atributo inerente aos entes federativos que exclui a possibilidade de hierarquia entre eles bem como a possibilidade de intervenção de um ente federativo no outro.

A regra constitucional é a da não intervenção. Contudo, excepcionalmente, a Constituição Federal de 1988 previu hipóteses taxativas que permitem a um ente federativo intervir em outro ente em situações que visem à preservação da unidade do pacto federativo, a garantia da soberania nacional e de princípios fundamentais.

ORGANIZAÇÃO POLÍTICO-ADMINISTRATIVA

A União poderá intervir nos estados e no Distrito Federal e os estados poderão intervir em seus Municípios. A União não pode intervir em município, salvo se for um município pertencente a Território Federal. Destaca-se, novamente, que a possibilidade de intervenção é uma exceção e só poderá ocorrer nas hipóteses taxativamente elencadas na Constituição Federal de 1988.

Outra regra comum às intervenções é que a competência para as decretar é exclusiva do chefe do Poder Executivo. Se a intervenção é federal, a competência para decretar é do Presidente da República. Se a intervenção é estadual, a competência é do Governador de Estado.

A seguir serão abordadas as espécies de intervenção.

5.2.1 Intervenção federal

A intervenção federal é a intervenção da União nos Estados ou nos Municípios pertencentes aos Territórios Federais e será decretada pelo Presidente da República.

Como dito anteriormente, a possibilidade de intervenção federal constitui exceção prevista em rol taxativo, conforme disposto no art. 34:

> *Art. 34 A União não intervirá nos Estados nem no Distrito Federal, exceto para:*
> *I – Manter a integridade nacional;*
> *II – Repelir invasão estrangeira ou de uma unidade da Federação em outra;*
> *III – Pôr termo a grave comprometimento da ordem pública;*
> *IV – Garantir o livre exercício de qualquer dos Poderes nas unidades da Federação;*
> *V – Reorganizar as finanças da unidade da Federação que:*
> *a) suspender o pagamento da dívida fundada por mais de dois anos consecutivos, salvo motivo de força maior;*
> *b) deixar de entregar aos Municípios receitas tributárias fixadas nesta Constituição, dentro dos prazos estabelecidos em lei;*
> *VI – Prover a execução de lei federal, ordem ou decisão judicial;*
> *VII – Assegurar a observância dos seguintes princípios constitucionais:*
> *a) forma republicana, sistema representativo e regime democrático;*
> *b) direitos da pessoa humana;*
> *c) autonomia municipal;*
> *d) prestação de contas da Administração Pública, direta e indireta;*
> *e) aplicação do mínimo exigido da receita resultante de impostos estaduais, compreendida a proveniente de transferências, na manutenção e desenvolvimento do ensino e nas ações e serviços públicos de saúde.*

A partir desse artigo, a doutrina classificou a intervenção federal em dois tipos:

- **Intervenção federal espontânea:** ou de ofício, é aquela em que o Chefe do Poder Executivo, de forma discricionária, decreta a intervenção independentemente de provocação de outros órgãos. A decretação de ofício ocorrerá nas hipóteses previstas nos incisos I, II, III do art. 34:

> *Art. 34 A União não intervirá nos Estados nem no Distrito Federal, exceto para:*
> *I – Manter a integridade nacional;*
> *II – Repelir invasão estrangeira ou de uma unidade da Federação em outra;*
> *III – Pôr termo a grave comprometimento da ordem pública.*

- **Intervenção federal provocada:** é aquela que depende da provocação dos órgãos legitimados pela Constituição Federal de 1988, conforme o art. 36:

> *Art. 36 A decretação da intervenção dependerá:*
> *I – No caso do art. 34, IV, de solicitação do Poder Legislativo ou do Poder Executivo coacto ou impedido, ou de requisição do Supremo Tribunal Federal, se a coação for exercida contra o Poder Judiciário;*
> *II – No caso de desobediência a ordem ou decisão judiciária, de requisição do Supremo Tribunal Federal, do Superior Tribunal de Justiça ou do Tribunal Superior Eleitoral;*
> *III – De provimento, pelo Supremo Tribunal Federal, de representação do Procurador-geral da República, na hipótese do art. 34, VII, e no caso de recusa à execução de lei federal.*

A provocação se dá por meio de solicitação ou requisição. A solicitação não obriga o Presidente da República a decretar a medida, ao contrário da requisição, que está revestida de obrigatoriedade na qual caberá ao presidente apenas executá-la.

A decretação de intervenção federal por solicitação ocorrerá na hipótese do art. 34, inciso IV, a qual compete ao Poder Executivo ou Legislativo das Unidades da Federação solicitar a execução da medida quando se acharem coagidos ou impedidos de executarem suas atribuições constitucionais.

A decretação de intervenção federal por requisição ocorrerá nas hipóteses previstas no art. 34, incisos IV, VI e VII. No inciso IV, a requisição caberá ao Supremo Tribunal Federal quando a coação for exercida contra o Poder Judiciário. No inciso VI, a requisição virá do STF, STJ ou do TSE quando houver desobediência de ordem judicial. Nos incisos VI e VII, a requisição será do Supremo quando houver representação interventiva feita pelo Procurador Geral da República nos casos de recusa de execução de lei federal ou ofensa aos princípios sensíveis.

O decreto interventivo especificará todas as condições em que ocorrerá a medida e terá eficácia imediata após a sua decretação pelo Presidente da República. Após sua decretação, a medida será submetida a apreciação do Congresso Nacional no prazo de 24 horas:

> *Art. 36 [...]*
> *§ 1º O decreto de intervenção, que especificará a amplitude, o prazo e as condições de execução e que, se couber, nomeará o interventor, será submetido à apreciação do Congresso Nacional ou da Assembleia Legislativa do Estado, no prazo de vinte e quatro horas.*
> *§ 2º Se não estiver funcionando o Congresso Nacional ou a Assembleia Legislativa, far-se-á convocação extraordinária, no mesmo prazo de vinte e quatro horas.*

Caberá ao Congresso Nacional aprovar ou suspender a execução da Intervenção:

> *Art. 49 É da competência exclusiva do Congresso Nacional:[...]*
> *IV – Aprovar o estado de defesa e a intervenção federal, autorizar o estado de sítio, ou suspender qualquer uma dessas medidas.*

Nas hipóteses de intervenção decretada por requisição do Poder Judiciário previstas no art. 34, VI e VII, a Constituição dispensou a necessidade e apreciação do Congresso Nacional, destacando que, nesses casos, o decreto limitar-se-á a suspensão do ato impugnado, caso essa medida seja suficiente para conter a crise. Se a mera suspensão do ato não restabelecer a normalidade, poderão ser adotadas outras medidas com o mesmo objetivo:

> *Art. 36 [...]*
> *§ 3º Nos casos do art. 34, VI e VII, ou do art. 35, IV, dispensada a apreciação pelo Congresso Nacional ou pela Assembleia Legislativa, o decreto limitar-se-á a suspender a execução do ato impugnado, se essa medida bastar ao restabelecimento da normalidade.*

Não podemos esquecer que nos casos de intervenção espontânea ou provocada por solicitação, o Presidente deverá consultar, antes da decretação, o Conselho da República e o Conselho da Defesa Nacional que emitirão parecer opinativo sobre a situação:

> *Art. 90 Compete ao Conselho da República pronunciar-se sobre:*
> *I – Intervenção federal, estado de defesa e estado de sítio;*

Art. 91 [...]

§ 1º Compete ao Conselho de Defesa Nacional:[...]

II – Opinar sobre a decretação do estado de defesa, do estado de sítio e da intervenção federal.

Cessando a crise, a ordem será restabelecida, inclusive com o retorno das autoridades públicas afastadas, caso não possuam outra incompatibilidade:

Art. 36 [...]

§ 4º Cessados os motivos da intervenção, as autoridades afastadas de seus cargos a estes voltarão, salvo impedimento legal.

Apesar de a Constituição Federal não mencionar sobre a possibilidade de controle judicial da intervenção, seria possível que ocorresse este controle caso os limites constitucionais estabelecidos fossem desrespeitados. Ressalta-se que contra a intervenção em si não cabe atuação do Poder Judiciário, considerando ser essa uma medida de natureza política.

5.2.2 Intervenção estadual

A intervenção estadual poderá ocorrer nos Municípios localizados em seu território mediante decreto do Governador do Estado nas hipóteses previstas no art. 35:

Art. 35 O Estado não intervirá em seus Municípios, nem a União nos Municípios localizados em Território Federal, exceto quando:

I – Deixar de ser paga, sem motivo de força maior, por dois anos consecutivos, a dívida fundada;

II – Não forem prestadas contas devidas, na forma da lei;

III – Não tiver sido aplicado o mínimo exigido da receita municipal na manutenção e desenvolvimento do ensino e nas ações e serviços públicos de saúde;

IV – O Tribunal de Justiça der provimento a representação para assegurar a observância de princípios indicados na Constituição Estadual, ou para prover a execução de lei, de ordem ou de decisão judicial.

Devem ser atendidos os mesmos requisitos da intervenção federal: temporariedade, controle político pelo legislativo e decreto do Chefe do Executivo.

Na hipótese do inciso IV, a intervenção dependerá de representação interventiva do Procurador-geral de Justiça, sendo dispensada a apreciação da Assembleia Legislativa. Segundo o STF, essa decisão do Tribunal de Justiça que autoriza a intervenção do Estado no Município possui natureza político-administrativa e tem caráter definitivo, sendo insuscetível de recurso extraordinário para o STF.

PODER LEGISLATIVO

6. PODER LEGISLATIVO

6.1 Funções típicas do Legislativo

O Poder Legislativo possui como função típica duas atribuições: legislar e fiscalizar.

- **Legislar:** significa criar leis, inovar o ordenamento jurídico.
- **Fiscalizar:** diz respeito ao controle externo das contas públicas. É a fiscalização financeira, contábil e orçamentária.

6.1.1 Informações gerais

O Poder Legislativo da União é representado pelo Congresso Nacional, cuja estrutura é bicameral, ou seja, é formado pela Câmara dos Deputados e pelo Senado Federal. Essa previsão encontra-se na Constituição Federal:

> *Art. 44 O Poder Legislativo é exercido pelo Congresso Nacional, que se compõe da Câmara dos Deputados e do Senado Federal.*

A Câmara dos Deputados é composta pelos Deputados Federais que são representantes do povo eleitos segundo o sistema proporcional, devendo cada ente (Estado e Distrito Federal) eleger no mínimo 8 e no máximo 70 deputados federais. A proporcionalidade está relacionada com a quantidade da população dos entes federativos. Quanto maior for a população, mais deputados serão eleitos. Os territórios podem eleger quatro deputados. O mandato do Deputado é de quatro anos. Atualmente, existem na Câmara 513 membros. Sua organização é assim expressa na Constituição:

> *Art. 45 A Câmara dos Deputados compõe-se de representantes do povo, eleitos, pelo sistema proporcional, em cada Estado, em cada Território e no Distrito Federal.*
>
> *§ 1º. O número total de Deputados, bem como a representação por Estado e pelo Distrito Federal, será estabelecido por lei complementar, proporcionalmente à população, procedendo-se aos ajustes necessários, no ano anterior às eleições, para que nenhuma daquelas unidades da Federação tenha menos de oito ou mais de setenta Deputados.*
>
> *§ 2º. Cada Território elegerá quatro Deputados.*

O **Senado Federal** é composto por senadores da República que são **representantes dos Estados e do Distrito Federal** eleitos segundo o **sistema majoritário simples ou puro**, devendo cada ente eleger três senadores. Aqui o sistema é majoritário, haja vista serem eleitos os candidatos mais votados.

O mandato do Senador é de oito anos cuja eleição de quatro em quatro anos ocorre de forma alternada. Numa eleição, elegem-se 2 e na outra 1. Cada Senador será eleito com dois suplentes. Atualmente, existem 81 Senadores. Conforme o art. 46 da Constituição Federal de 1988:

> *Art. 46 O Senado Federal compõe-se de representantes dos Estados e do Distrito Federal, eleitos segundo o princípio majoritário.*
>
> *§ 1º Cada Estado e o Distrito Federal elegerão três Senadores, com mandato de oito anos.*
>
> *§ 2º A representação de cada Estado e do Distrito Federal será renovada de quatro em quatro anos, alternadamente, por um e dois terços.*
>
> *§ 3º Cada Senador será eleito com dois suplentes.*

6.1.2 Competências

Este é um dos temas mais cobrados em prova, razão pela qual precisa ser estudado com estratégia para que no momento em que o candidato enfrentar a questão, consiga resolvê-la. A melhor forma de acertar essas questões é memorizando os artigos sobre as competências, pois é dessa forma que será cobrado em prova. Uma sugestão para facilitar a memorização é fazer muitos exercícios sobre o tema.

A seguir apresentam-se as competências de cada órgão.

- **Competência do Congresso Nacional**

Uma coisa que se deve entender é que o Congresso Nacional, apesar de ser formado pela Câmara e pelo Senado, possui suas próprias competências, as quais estão previstas nos arts. 48 e 49. Um detalhe que sempre cai em prova diz respeito à diferença entre as competências desses dois artigos.

No art. 48, encontram-se as competências do Congresso que dependem de sanção presidencial, as quais serão desempenhadas mediante lei (lei ordinária ou complementar) que disponham sobre matérias de competência da União. Segue abaixo o rol dessas competências:

> *Art. 48 Cabe ao Congresso Nacional, com a sanção do Presidente da República, não exigida esta para o especificado nos Arts. 49, 51 e 52, dispor sobre todas as matérias de competência da União, especialmente sobre:*
>
> *I – Sistema tributário, arrecadação e distribuição de rendas;*
>
> *II – Plano plurianual, diretrizes orçamentárias, orçamento anual, operações de crédito, dívida pública e emissões de curso forçado;*
>
> *III – Fixação e modificação do efetivo das Forças Armadas;*
>
> *IV – Planos e programas nacionais, regionais e setoriais de desenvolvimento;*
>
> *V – Limites do território nacional, espaço aéreo e marítimo e bens do domínio da União;*
>
> *VI – Incorporação, subdivisão ou desmembramento de áreas de Territórios ou Estados, ouvidas as respectivas Assembleias Legislativas;*
>
> *VII – Transferência temporária da sede do Governo Federal;*
>
> *VIII – Concessão de anistia;*
>
> *IX – organização administrativa, judiciária, do Ministério Público e da Defensoria Pública da União e dos Territórios e organização judiciária e do Ministério Público do Distrito Federal;*
>
> *X – Criação, transformação e extinção de cargos, empregos e funções públicas, observado o que estabelece o art. 84, VI, b;*
>
> *XI – Criação e extinção de Ministérios e órgãos da Administração Pública;*
>
> *XII – Telecomunicações e radiodifusão;*
>
> *XIII – Matéria financeira, cambial e monetária, instituições financeiras e suas operações;*
>
> *XIV – Moeda, seus limites de emissão, e montante da dívida mobiliária federal;*
>
> *XV – Fixação do subsídio dos Ministros do Supremo Tribunal Federal, observado o que dispõem os Arts. 39, § 4º; 150, II; 153, III; e 153, § 2º, I.*

No art. 49, têm-se as competências exclusivas do Congresso Nacional. Essas não dependem de sanção presidencial e serão formalizadas por meio de decreto legislativo:

> *Art. 49 É da competência exclusiva do Congresso Nacional:*
>
> *I – Resolver definitivamente sobre tratados, acordos ou atos internacionais que acarretem encargos ou compromissos gravosos ao patrimônio nacional;*
>
> *II – Autorizar o Presidente da República a declarar guerra, a celebrar a paz, a permitir que forças estrangeiras transitem pelo território nacional ou nele permaneçam temporariamente, ressalvados os casos previstos em lei complementar;*
>
> *III – Autorizar o Presidente e o Vice-Presidente da República a se ausentarem do País, quando a ausência exceder a quinze dias;*
>
> *IV – Aprovar o estado de defesa e a intervenção federal, autorizar o estado de sítio, ou suspender qualquer uma dessas medidas;*
>
> *V – Sustar os atos normativos do Poder Executivo que exorbitem do poder regulamentar ou dos limites de delegação legislativa;*
>
> *VI – Mudar temporariamente sua sede;*
>
> *VII – Fixar idêntico subsídio para os Deputados Federais e os Senadores, observado o que dispõem os Arts. 37, XI, 39, § 4º, 150, II, 153, III, e 153, § 2º, I;*
>
> *VIII – Fixar os subsídios do Presidente e do Vice-Presidente da República e dos Ministros de Estado, observado o que dispõem os Arts. 37, XI, 39, § 4º, 150, II, 153, III, e 153, § 2º, I;*

IX – Julgar anualmente as contas prestadas pelo Presidente da República e apreciar os relatórios sobre a execução dos planos de governo;

X – Fiscalizar e controlar, diretamente, ou por qualquer de suas Casas, os atos do Poder Executivo, incluídos os da administração indireta;

XI – Zelar pela preservação de sua competência legislativa em face da atribuição normativa dos outros Poderes;

XII – Apreciar os atos de concessão e renovação de concessão de emissoras de rádio e televisão;

XIII – Escolher dois terços dos membros do Tribunal de Contas da União;

XIV – Aprovar iniciativas do Poder Executivo referentes a atividades nucleares;

XV – Autorizar referendo e convocar plebiscito;

XVI – Autorizar, em terras indígenas, a exploração e o aproveitamento de recursos hídricos e a pesquisa e lavra de riquezas minerais;

XVII – Aprovar, previamente, a alienação ou concessão de terras públicas com área superior a dois mil e quinhentos hectares.

XVIII – Decretar o estado de calamidade pública de âmbito nacional previsto nos arts. 167-B, 167-C, 167-D, 167-E, 167-F e 167-G desta Constituição. (Incluído pela EC nº 109/2021)

- **Competência da Câmara de Deputados**

As competências da Câmara dos Deputados estão previstas no art. 51, as quais serão exercidas, em regra, por meio de Resolução da Câmara. Apesar de o texto constitucional prever essas competências como privativas, elas não podem ser delegadas:

Art. 51 *Compete privativamente à Câmara dos Deputados:*

I – Autorizar, por dois terços de seus membros, a instauração de processo contra o Presidente e o Vice-Presidente da República e os Ministros de Estado;

II – Proceder à tomada de contas do Presidente da República, quando não apresentadas ao Congresso Nacional dentro de sessenta dias após a abertura da sessão legislativa;

III – Elaborar seu regimento interno;

IV – Dispor sobre sua organização, funcionamento, polícia, criação, transformação ou extinção dos cargos, empregos e funções de seus serviços, e a iniciativa de lei para fixação da respectiva remuneração, observados os parâmetros estabelecidos na lei de diretrizes orçamentárias;

V – Eleger membros do Conselho da República, nos termos do art. 89, VII.

- **Competência do Senado Federal**

As competências do Senado Federal estão previstas no art. 52, as quais serão exercidas, em regra, por meio de Resolução do Senado. Apesar de o texto constitucional prever essas competências como privativas, elas não podem ser delegadas:

Art. 52 *Compete privativamente ao Senado Federal:*

I – Processar e julgar o Presidente e o Vice-Presidente da República nos crimes de responsabilidade, bem como os Ministros de Estado e os Comandantes da Marinha, do Exército e da Aeronáutica nos crimes da mesma natureza conexos com aqueles;

II – Processar e julgar os Ministros do Supremo Tribunal Federal, os membros do Conselho Nacional de Justiça e do Conselho Nacional do Ministério Público, o Procurador-geral da República e o Advogado-Geral da União nos crimes de responsabilidade;

III – Aprovar previamente, por voto secreto, após arguição pública, a escolha de:

a) Magistrados, nos casos estabelecidos nesta Constituição;

b) Ministros do Tribunal de Contas da União indicados pelo Presidente da República;

c) Governador de Território;

d) Presidente e diretores do banco central;

e) Procurador-geral da República;

f) Titulares de outros cargos que a lei determinar;

IV – Aprovar previamente, por voto secreto, após arguição em sessão secreta, a escolha dos chefes de missão diplomática de caráter permanente;

V – Autorizar operações externas de natureza financeira, de interesse da União, dos Estados, do Distrito Federal, dos Territórios e dos Municípios;

VI – Fixar, por proposta do Presidente da República, limites globais para o montante da dívida consolidada da União, dos Estados, do Distrito Federal e dos Municípios;

VII – Dispor sobre limites globais e condições para as operações de crédito externo e interno da União, dos Estados, do Distrito Federal e dos Municípios, de suas autarquias e demais entidades controladas pelo Poder Público federal;

VIII – Dispor sobre limites e condições para a concessão de garantia da União em operações de crédito externo e interno;

IX – Estabelecer limites globais e condições para o montante da dívida mobiliária dos Estados, do Distrito Federal e dos Municípios;

X – Suspender a execução, no todo ou em parte, de lei declarada inconstitucional por decisão definitiva do Supremo Tribunal Federal;

XI – Aprovar, por maioria absoluta e por voto secreto, a exoneração, de ofício, do Procurador-geral da República antes do término de seu mandato;

XII – Elaborar seu regimento interno;

XIII – Dispor sobre sua organização, funcionamento, polícia, criação, transformação ou extinção dos cargos, empregos e funções de seus serviços, e a iniciativa de lei para fixação da respectiva remuneração, observados os parâmetros estabelecidos na lei de diretrizes orçamentárias;

XIV – Eleger membros do Conselho da República, nos termos do art. 89, VII;

XV – Avaliar periodicamente a funcionalidade do Sistema Tributário Nacional, em sua estrutura e seus componentes, e o desempenho das administrações tributárias da União, dos Estados e do Distrito Federal e dos Municípios.

Parágrafo único. *Nos casos previstos nos incisos I e II, funcionará como Presidente o do Supremo Tribunal Federal, limitando-se a condenação, que somente será proferida por dois terços dos votos do Senado Federal, à perda do cargo, com inabilitação, por oito anos, para o exercício de função pública, sem prejuízo das demais sanções judiciais cabíveis.*

6.1.3 Imunidade parlamentar

Os parlamentares, por ocuparem uma função essencial na organização política do Estado, possuem Imunidades. As imunidades são prerrogativas inerentes à sua função que têm como objetivo garantir a sua independência durante o exercício do seu mandato. Um ponto que deve ser lembrado é que a imunidade não pertence à pessoa, e sim ao cargo, motivo pelo qual é irrenunciável. Isso significa que o parlamentar só a detém enquanto estiver no exercício de sua função.

São dois os tipos de imunidade:

- **Imunidade material:** é uma verdadeira irresponsabilidade absoluta. Também conhecida como inviolabilidade parlamentar, ela isenta o seu titular de qualquer responsabilidade civil, penal, administrativa ou mesmo política, no que tange às suas opiniões, palavras e votos. Vejamos o que diz o *caput* do art. 53:

Art. 53 *Os Deputados e Senadores são invioláveis, civil e penalmente, por quaisquer de suas opiniões, palavras e votos.*

Fique ligado!

Esta prerrogativa diz respeito apenas às opiniões, palavras e votos proferidos no exercício da função parlamentar durante o seu mandato, ainda que a busca pela responsabilização ocorra após o término do seu mandato. Não importa se está dentro do recinto parlamentar ou fora dele. O que importa é que seja praticado na função ou em razão da função parlamentar.

PODER LEGISLATIVO

- **Imunidades formais:** são prerrogativas de ordem processual e ocorrem em relação a**o foro de julgamento, à prisão ao processo.**

Julgamento: a **prerrogativa de foro** decorre do previsto no art. 53, § 1º da CF/1988, que prevê:

> § 1º Os Deputados e Senadores, desde a expedição do diploma, serão submetidos a julgamento perante o Supremo Tribunal Federal.

Como pode se depreender do texto constitucional, a partir da expedição do diploma o parlamentar será julgado perante o STF nas ações de natureza penal sem necessidade de autorização da Casa legislativa à qual pertence. Ressalte-se que o parlamentar será julgado no STF por infrações cometidas antes ou depois da diplomação, contudo, finalizado o seu mandato, perde-se com ele a imunidade, fazendo com que os seus processos saiam da competência do STF e passem para os demais órgãos do Judiciário, a depender da matéria em questão. Não estão incluídas nessa prerrogativa as ações de natureza cível.

Prisão: o parlamentar só poderá ser preso em flagrante delito de crime inafiançável conforme previsão do § 2º do art. 53:

> § 2º Desde a expedição do diploma, os membros do Congresso Nacional não poderão ser presos, salvo em flagrante de crime inafiançável. Nesse caso, os autos serão remetidos dentro de vinte e quatro horas à Casa respectiva, para que, pelo voto da maioria de seus membros, resolva sobre a prisão.

Essa prerrogativa inicia sua abrangência a partir da diplomação e alcança qualquer forma de prisão, seja de natureza penal ou civil. A manutenção dessa prisão depende de manifestação da maioria absoluta dos membros da Casa.

Apesar de o texto constitucional não prever, interpreta-se de forma lógica que o parlamentar será preso no caso de uma sentença penal condenatória transitada em julgado.

Há também a imunidade em relação ao processo prevista no art. 53, §§ 3º ao 5º:

> § 3º Recebida a denúncia contra o Senador ou Deputado, por crime ocorrido após a diplomação, o Supremo Tribunal Federal dará ciência à Casa respectiva, que, por iniciativa de partido político nela representado e pelo voto da maioria de seus membros, poderá, até a decisão final, sustar o andamento da ação.
>
> § 4º O pedido de sustação será apreciado pela Casa respectiva no prazo improrrogável de quarenta e cinco dias do seu recebimento pela Mesa Diretora.
>
> § 5º A sustação do processo suspende a prescrição, enquanto durar o mandato.

Processo: possibilita à Casa a qual pertence o parlamentar, pelo voto da maioria absoluta, sustar o andamento da ação penal desde que a faça antes da decisão definitiva e desde que seja em relação aos crimes cometidos após a diplomação. Não é necessária autorização da respectiva casa para processar o parlamentar.

A Casa Legislativa possui 45 dias para apreciar o pedido que, se aprovado, suspenderá o prazo prescricional da infração até o final do mandato.

NOÇÕES DE DIREITO CONSTITUCIONAL

7. PODER EXECUTIVO

O Poder Executivo, tem como função principal administrar o Estado. Para entender como o Poder Executivo brasileiro está organizado, a seguir serão analisados alguns princípios constitucionais que o influenciam.

7.1 Princípios constitucionais

7.1.1 Princípio republicano

O primeiro princípio que será estudado é o Republicano que representa a forma de governo adotada no Brasil. A forma de governo reflete o modo de aquisição e exercício do poder político, além de medir a relação existente entre o governante e o governado.

A melhor forma de entender esse instituto é conhecendo suas características. A primeira característica decorre da análise etimológica da expressão *res publica*. Essa expressão, que dá origem ao princípio ora estudado, significa coisa pública, ou seja, em um Estado republicano o governante governa a coisa pública, governa para o povo.

Na república, o governante é escolhido pelo povo. Essa é a chamada eletividade. O poder político é adquirido pelas eleições, cuja vontade popular se concretiza nas urnas.

Outra característica importante é a temporariedade. Esse atributo revela o caráter temporário do exercício do poder político. Por causa desse princípio, em nosso Estado, o governante permanece por quatro anos no poder, sendo permitida apenas uma reeleição.

Por fim, num Estado Republicano, o governante pode ser responsabilizado por seus atos.

Quando se fala dessas características da forma de governo republicana, remete-se imediatamente ao regime político adotado no Brasil, que permite a participação popular nas decisões estatais: **democracia.**

7.1.2 Princípio democrático

Esse princípio revela o **regime de governo** adotado no Brasil, também chamado de **regime político**. Caracteriza-se por um governo do povo, pelo povo e para o povo.

7.2 Presidencialismo

O **presidencialismo** é o **sistema de governo** adotado no Brasil. O sistema de governo rege a relação entre o Poder Executivo e o Legislativo, medindo o grau de dependência entre eles. No Presidencialismo, prevalece a separação entre os Poderes Executivo e Legislativo os quais são independentes e harmônicos entre si.

A Constituição declara que o Poder Executivo da União é exercido pelo Presidente da República, auxiliado por seus Ministros de Estado:

> *Art. 76 O Poder Executivo é exercido pelo Presidente da República, auxiliado pelos Ministros de Estado.*

O presidencialismo possui uma característica muito importante para prova: o presidente, que é eleito pelo povo, exerce ao mesmo tempo três funções: chefe de Estado, chefe de governo e chefe da Administração Pública.

A função de chefe de Estado diz respeito a todas as atribuições do Presidente nas relações externas do País. Como chefe de governo, o presidente possui inúmeras atribuições internas, no que tange à governabilidade do país. Já como chefe da Administração Pública, o presidente exercerá as funções relacionadas com a chefia da Administração Pública Federal, ou seja, apenas da União.

Esses princípios que regem o Poder Executivo e costumam ser cobrados em prova.

Sistema de Governo →	Presidencialismo.
Chefe de Estado →	Relações externas do Brasil com outros Estados.
Chefe da Administração Pública →	Chefe da Administração Pública Federal.
Chefe de Governo →	Ações Internas de Governabilidade.

Partindo de discussões sobre o presidencialismo, que caracteriza as funções exercidas pelo Presidente da República, a seguir serão estudadas suas atribuições, que aparecem praticamente em todos os editais que contêm o Poder Executivo.

7.2.1 Atribuições do Presidente

As atribuições do Presidente da República encontram-se arroladas no art. 84 da Constituição Federal de 1988:

> *Art. 84 Compete privativamente ao Presidente da República:*
>
> *I – Nomear e exonerar os Ministros de Estado;*
>
> *II – Exercer, com o auxílio dos Ministros de Estado, a direção superior da administração federal;*
>
> *III – Iniciar o processo legislativo, na forma e nos casos previstos nesta Constituição;*
>
> *IV – Sancionar, promulgar e fazer publicar as leis, bem como expedir decretos e regulamentos para sua fiel execução;*
>
> *V – Vetar projetos de lei, total ou parcialmente;*
>
> *VI – Dispor, mediante decreto, sobre:*
>
> *a) Organização e funcionamento da administração federal, quando não implicar aumento de despesa nem criação ou extinção de órgãos públicos;*
>
> *b) Extinção de funções ou cargos públicos, quando vagos;*
>
> *VII – Manter relações com Estados estrangeiros e acreditar seus representantes diplomáticos;*
>
> *VIII – Celebrar tratados, convenções e atos internacionais, sujeitos a referendo do Congresso Nacional;*
>
> *IX – Decretar o estado de defesa e o estado de sítio;*
>
> *X – Decretar e executar a intervenção federal;*
>
> *XI – Remeter mensagem e plano de governo ao Congresso Nacional por ocasião da abertura da sessão legislativa, expondo a situação do País e solicitando as providências que julgar necessárias;*
>
> *XII – Conceder indulto e comutar penas, com audiência, se necessário, dos órgãos instituídos em lei;*
>
> *XIII – Exercer o comando supremo das Forças Armadas, nomear os Comandantes da Marinha, do Exército e da Aeronáutica, promover seus oficiais-generais e nomeá-los para os cargos que lhes são privativos;*
>
> *XIV – Nomear, após aprovação pelo Senado Federal, os Ministros do Supremo Tribunal Federal e dos Tribunais Superiores, os Governadores de Territórios, o Procurador-geral da República, o presidente e os diretores do banco central e outros servidores, quando determinado em lei;*
>
> *XV – Nomear, observado o disposto no art. 73, os Ministros do Tribunal de Contas da União;*
>
> *XVI – Nomear os magistrados, nos casos previstos nesta Constituição, e o Advogado-Geral da União;*
>
> *XVII – Nomear membros do Conselho da República, nos termos do art. 89, VII;*
>
> *XVIII – Convocar e presidir o Conselho da República e o Conselho de Defesa Nacional;*
>
> *XIX – Declarar guerra, no caso de agressão estrangeira, autorizado pelo Congresso Nacional ou referendado por ele, quando ocorrida no intervalo das sessões legislativas, e, nas mesmas condições, decretar, total ou parcialmente, a mobilização nacional;*

PODER EXECUTIVO

XX – Celebrar a paz, autorizado ou com o referendo do Congresso Nacional;

XXI – Conferir condecorações e distinções honoríficas;

XXII – Permitir, nos casos previstos em lei complementar, que forças estrangeiras transitem pelo território nacional ou nele permaneçam temporariamente;

XXIII – Enviar ao Congresso Nacional o plano plurianual, o projeto de lei de diretrizes orçamentárias e as propostas de orçamento previstos nesta Constituição;

XXIV – Prestar, anualmente, ao Congresso Nacional, dentro de sessenta dias após a abertura da sessão legislativa, as contas referentes ao exercício anterior;

XXV – Prover e extinguir os cargos públicos federais, na forma da lei;

XXVI – Editar medidas provisórias com força de lei, nos termos do art. 62;

XXVII – Exercer outras atribuições previstas nesta Constituição.

XXVIII – propor ao Congresso Nacional a decretação do estado de calamidade pública de âmbito nacional previsto nos arts. 167-B, 167-C, 167-D, 167-E, 167-F e 167-G desta Constituição. (Incluído pela Emenda Constitucional nº 109/2021)

Parágrafo único: O Presidente da República poderá delegar as atribuições mencionadas nos incisos VI, XII e XXV, primeira parte, aos Ministros de Estado, ao Procurador-geral da República ou ao Advogado-Geral da União, que observarão os limites traçados nas respectivas delegações.

Fique ligado!

Esse tema, quando cobrado em prova, costuma trabalhar com a memorização do texto constitucional. A dica é memorizar o art. 84 da Constituição Federal de 1988.

As atribuições do presidente são de chefe de Estado, chefe de governo ou chefe da Administração Pública. Procurou-se, abaixo, adequar, conforme a melhor doutrina, as atribuições do art. 84 às funções desenvolvidas pelo Presidente no exercício de seu mandato:

- **Como chefe de Estado:** o Presidente representa o Estado nas suas relações internacionais. São funções de Chefe de Estado as previstas nos incisos VII, VIII, XIX, XX, XXII e XXVII do art. 84.
- **Como chefe de governo:** o Presidente exerce sua liderança política representando e gerindo os negócios internos nacionais. São funções de Chefe de Governo as previstas nos incisos I, III, IV, V, IX, X, XI, XII, XIII, XIV, XV, XVI, XVII, XVIII, XXI, XXIII, XXIV, XXVI e XXVII.
- **Como chefe da Administração Pública:** o Presidente gerencia os negócios internos administrativos da Administração Pública federal. São funções de Chefe da Administração Pública as previstas nos incisos II, VI, XXV e XXVII.

Uma característica interessante é que esse rol de competências é meramente exemplificativo, por força do inciso XXVII, que abre a possibilidade de o Presidente exercer outras atribuições além das previstas expressamente no texto constitucional.

Outra questão amplamente trabalhada em prova é a possibilidade de delegação de algumas de suas atribuições, conforme prescrição do parágrafo único do art. 84. Nem todas as atribuições do presidente são delegáveis, apenas as previstas nos incisos **VI, XII e XXV, primeira parte:**

VI – Dispor, mediante decreto, sobre:
a) Organização e funcionamento da administração federal, quando não implicar aumento de despesa nem criação ou extinção de órgãos públicos;
b) Extinção de funções ou cargos públicos, quando vagos; [...]
XII – Conceder indulto e comutar penas, com audiência, se necessário, dos órgãos instituídos em lei; [...]
XXV – Prover os cargos públicos federais, na forma da lei.

São três competências que podem ser delegadas para três pessoas: ministro de Estado, procurador-geral da República e advogado-geral da União.

Ministro de Estado é qualquer ministro que auxilie o Presidente da República na administração do Estado. São exemplos: ministro da Justiça, ministro da Fazenda e ministro da Agricultura.

7.2.2 Órgãos auxiliares do Presidente da República

A Constituição nos apresenta três órgãos auxiliares do Presidente da República: ministros de Estado, Conselho da República e Conselho de Defesa Nacional. Os ministros de Estados são os auxiliares diretos do Presidente da República. Os arts. 87 e 88 trazem várias regras que podem ser trabalhadas em prova:

Art. 87 Os Ministros de Estado serão escolhidos dentre brasileiros maiores de vinte e um anos e no exercício dos direitos políticos.

Parágrafo único. Compete ao Ministro de Estado, além de outras atribuições estabelecidas nesta Constituição e na lei:

I – Exercer a orientação, coordenação e supervisão dos órgãos e entidades da administração federal na área de sua competência e referendar os atos e decretos assinados pelo Presidente da República;

II – Expedir instruções para a execução das leis, decretos e regulamentos;

III – Apresentar ao Presidente da República relatório anual de sua gestão no Ministério;

IV – Praticar os atos pertinentes às atribuições que lhe forem outorgadas ou delegadas pelo Presidente da República.

Art. 88 A lei disporá sobre a criação e extinção de Ministérios e órgãos da Administração Pública.

O Conselho da República e o Conselho de Defesa Nacional também são órgãos auxiliares do Presidente da República, mas que possuem atribuição consultiva. Em situações determinadas pela Constituição, o presidente, antes de tomar alguma decisão, precisa consultar esses dois órgãos.

Seguem os arts. 89, 90 e 91, cujas regras também podem ser cobradas em prova. Destacam-se as composições e as competências desses órgãos:

Art. 89 O Conselho da República é órgão superior de consulta do Presidente da República, e dele participam:
I – O Vice-Presidente da República;
II – O Presidente da Câmara dos Deputados;
III – O Presidente do Senado Federal;
IV – Os líderes da maioria e da minoria na Câmara dos Deputados;
V – Os líderes da maioria e da minoria no Senado Federal;
VI – O Ministro da Justiça;
VII – Seis cidadãos brasileiros natos, com mais de trinta e cinco anos de idade, sendo dois nomeados pelo Presidente da República, dois eleitos pelo Senado Federal e dois eleitos pela Câmara dos Deputados, todos com mandato de três anos, vedada a recondução.

Art. 90 Compete ao Conselho da República pronunciar-se sobre:
I – Intervenção federal, estado de defesa e estado de sítio;
II – As questões relevantes para a estabilidade das instituições democráticas.

§ 1º O Presidente da República poderá convocar Ministro de Estado para participar da reunião do Conselho, quando constar da pauta questão relacionada com o respectivo Ministério.

§ 2º A lei regulará a organização e o funcionamento do Conselho da República.

Art. 91 *O Conselho de Defesa Nacional é órgão de consulta do Presidente da República nos assuntos relacionados com a soberania nacional e a defesa do Estado democrático, e dele participam como membros natos:*

I – O Vice-Presidente da República;
II – O Presidente da Câmara dos Deputados;
III – O Presidente do Senado Federal;
IV – Ministro da Justiça;
V – O Ministro de Estado da Defesa;
VI – O Ministro das Relações Exteriores;
VII – O Ministro do Planejamento;
VIII – Os Comandantes da Marinha, do Exército e da Aeronáutica.

§ 1º Compete ao Conselho de Defesa Nacional:

I – Opinar nas hipóteses de declaração de guerra e de celebração da paz, nos termos desta Constituição;

II – Opinar sobre a decretação do estado de defesa, do estado de sítio e da intervenção federal;

III – Propor os critérios e condições de utilização de áreas indispensáveis à segurança do território nacional e opinar sobre seu efetivo uso, especialmente na faixa de fronteira e nas relacionadas com a preservação e a exploração dos recursos naturais de qualquer tipo;

IV – Estudar, propor e acompanhar o desenvolvimento de iniciativas necessárias a garantir a independência nacional e a defesa do Estado democrático.

§ 2º A lei regulará a organização e o funcionamento do Conselho de Defesa Nacional.

7.2.3 Responsabilidades do Presidente

A forma de governo adotada no país é a República e, por essa razão, é possível responsabilizar o Presidente da República por seus atos. A Constituição Federal de 1988 tratou de regular a responsabilização por crime de responsabilidade e por infrações penais comuns.

Antes de trabalhar com cada uma das responsabilidades, serão analisadas as chamadas imunidades.

Imunidades são prerrogativas inerentes aos cargos mais importantes do Estado. Cargos que são estratégicos e essenciais à manutenção da ordem constitucional. Entre vários, se destaca o de Presidente da República.

A imunidade pode ser:
- **Material:** é a conhecida irresponsabilidade penal absoluta. Essa imunidade protege o titular contra a responsabilização penal.
- **Formal:** são prerrogativas de cunho processual.

Um primeiro ponto essencial que precisa ser estabelecido: o presidente não possui imunidade material, contudo, em razão da importância do seu cargo, possui imunidades formais. Apesar de o Presidente não possuir imunidade material, outros cargos a possuem, por exemplo, os parlamentares.

Ao todo, pode-se elencar **quatro prerrogativas processuais** garantidas pela Constituição Federal ao Chefe do Executivo da União:

7.2.4 Prerrogativas processuais garantidas ao Presidente

- **Processo**

A Constituição exige juízo de admissibilidade emitido pela Câmara para que o presidente possa ser processado durante o seu mandato. Isso significa que o Presidente da República só poderá ser processado se a Câmara dos Deputados autorizar pelo voto de 2/3 dos membros:

Art. 86 Admitida a acusação contra o Presidente da República, por dois terços da Câmara dos Deputados, será ele submetido a julgamento perante o Supremo Tribunal Federal, nas infrações penais comuns, ou perante o Senado Federal, nos crimes de responsabilidade.

- **Prerrogativa de Foro**

O presidente não pode ser julgado por qualquer juiz, haja vista a importância da função que exerce no Estado.

Diante disso, a Constituição estabeleceu dois foros competentes para julgar o Presidente:

Supremo Tribunal Federal: será julgado pelas infrações penais comuns.

Senado Federal: será julgado pelos crimes de responsabilidade.

Analisando essas duas primeiras prerrogativas, não se pode esquecer o previsto no art. 86, § 1º:

§ 1º O Presidente ficará suspenso de suas funções:

I – Nas infrações penais comuns, se recebida a denúncia ou queixa-crime pelo Supremo Tribunal Federal;

II – Nos crimes de responsabilidade, após a instauração do processo pelo Senado Federal.

§ 2º Se, decorrido o prazo de cento e oitenta dias, o julgamento não estiver concluído, cessará o afastamento do Presidente, sem prejuízo do regular prosseguimento do processo.

A Constituição determina que, após iniciado o processo, tanto por infração penal comum quanto por crime de responsabilidade, o Presidente fique suspenso de suas funções pelo prazo de 180 dias, tempo necessário para que se finalize o processo. Caso o Presidente não seja julgado nesse período, ele poderá retornar ao exercício de suas funções sem prejuízo de continuidade do processo. Deve-se ter muito cuidado em prova com o início do prazo de suspensão:

- **Infração penal comum:** o prazo de suspensão inicia-se **a partir do recebimento da denúncia ou queixa**.
- **crime de responsabilidade:** o prazo de suspensão inicia-se **a partir da instauração do processo**.

Caso a Câmara autorize o processo do Presidente por crime de responsabilidade, o Senado deverá processá-lo, pois não assiste discricionariedade ao Senado em processar ou não. Sua decisão é vinculada à decisão da Câmara, pelo fato de as duas Casas serem políticas. Contudo, nos casos de infração penal comum, o STF não está obrigado a processar o Presidente em respeito à Separação dos Poderes.

Vamos aproveitar o momento para entender o que são infração penal comum e crime de responsabilidade.

> **Infração penal comum:** é qualquer crime ou contravenção penal cometida pelo Presidente da República na função ou em razão da sua função de Presidente. Seu processamento se dará no Supremo Tribunal Federal.
>
> **crime de responsabilidade:** a primeira coisa que se precisa saber sobre o crime de responsabilidade é que ele não é um crime. O crime de responsabilidade é uma infração de natureza **político-administrativa**. O nome crime é impróprio para esse instituto. O processo que visa a esse tipo de responsabilização é o **impeachment**.

O presidente responderá por esse tipo de infração caso sua conduta se amolde ao previsto no art. 85 da Constituição Federal de 1988:

Art. 85 São crimes de responsabilidade os atos do Presidente da República que atentem contra a Constituição Federal e, especialmente, contra:

PODER EXECUTIVO

I – A existência da União;
II – O livre exercício do Poder Legislativo, do Poder Judiciário, do Ministério Público e dos Poderes constitucionais das unidades da Federação;
III – O exercício dos direitos políticos, individuais e sociais;
IV – A segurança interna do País;
V – A probidade na administração;
VI – A lei orçamentária;
VII – O cumprimento das leis e das decisões judiciais.
Parágrafo único. Esses crimes serão definidos em lei especial, que estabelecerá as normas de processo e julgamento.

Esse rol de condutas, consideradas como crime de responsabilidade estabelecido na Constituição Federal de 1988, é meramente exemplificativo, já que é a Lei nº 1.079/1950 o dispositivo regulador do crime de responsabilidade. Deve-se destacar sua relevância na fixação de outras autoridades que respondem por esse crime, novos crimes além dos procedimentos adotados nesse processo, principalmente na competência exclusiva do cidadão para denunciar o Presidente. Destaca-se ainda que, para haver condenação, o Senado deve proferi-la pelo voto de 2/3 dos seus membros.

Considerando que não se trata de um crime, essa infração não pode resultar numa pena privativa de liberdade. Quem pratica crime de responsabilidade não pode ser preso. A consequência estabelecida no art. 52, parágrafo único da Constituição Federal de 1988, é a perda do cargo e a inabilitação para o exercício de qualquer função pública pelo prazo de oito anos:

Art. 52 [...]
Parágrafo único. Nos casos previstos nos incisos I e II, funcionará como Presidente o do Supremo Tribunal Federal, limitando-se a condenação, que somente será proferida por dois terços dos votos do Senado Federal, à perda do cargo, com inabilitação, por oito anos, para o exercício de função pública, sem prejuízo das demais sanções judiciais cabíveis.

- **Prisão**

O presidente só pode ser preso pela prática de infração penal comum e somente se sobrevier sentença condenatória:

Art. 86 [...]
§ 3º Enquanto não sobrevier sentença condenatória, nas infrações comuns, o Presidente da República não estará sujeito a prisão.

- **Irresponsabilidade penal relativa**

Também conhecida na doutrina como **Imunidade Formal Temporária**, essa prerrogativa afirma que o Presidente não poderá ser responsabilizado por atos alheios aos exercícios de suas funções:

Art. 86 [...]
§ 4º O Presidente da República, na vigência de seu mandato, não pode ser responsabilizado por atos estranhos ao exercício de suas funções.

Para melhor compreender as imunidades conferidas ao Presidente da República, analisemos as seguintes situações hipotéticas:

Suponhamos que o Presidente da República seja flagrado após ter cometido o assassinado de duas pessoas por motivos particulares.

Poderia ele, no momento em que é flagrado, ser preso pelo crime? Não. O presidente só pode ser preso se tiver uma sentença condenatória.

Poderia o presidente ser processado pelo crime de duplo homicídio durante o se mandato? O presidente não pode ser responsabilizado por atos alheios aos exercícios de suas funções. Ao matar duas pessoas, ele não comete o crime na condição de presidente, ou seja, esse crime não possui relação com sua função de presidente. Por esse motivo, ele não pode ser processado durante o seu mandato. Não significa que ficará impune pelo crime cometido, apenas será responsabilizado normalmente após o mandato, nesse caso, sem nenhuma prerrogativa. Apesar de não haver previsão legal, a jurisprudência entende que o prazo prescricional, nesse caso, ficará suspenso, não prejudicando a responsabilização do presidente.

Suponhamos agora que, em reunião com os Ministros, o presidente tenha discutido com um deles. Em meio à confusão, o presidente mata o ministro. Poderia ele ser preso por esse crime? O presidente não pode ser preso enquanto não sobrevier sentença condenatória. É a imunidade em relação às prisões.

O presidente poderá ser processado por esse crime enquanto estiver no seu mandato? Nesse caso sim. Perceba que o crime cometido foi em razão da função de presidente, visto que não estaria na reunião com Ministros se não fosse o Presidente da República. Dessa forma, ele será processado por essa infração penal comum no Supremo Tribunal Federal, caso a Câmara dos Deputados autorize o processo. Havendo sentença condenatória, ele poderá ser preso. A possibilidade de responsabilização do Presidente da República por infração penal comum só ocorre se o crime cometido estiver ligado à sua função de presidente.

Já em relação a outras esferas do direito, como cíveis, administrativas, trabalhistas ou qualquer outra área, o presidente não possui prerrogativa. Isso significa que o presidente responderá normalmente, sem nenhum privilégio, nas outras esferas do Direito. O tema das responsabilidades do Presidente tem sido alvo de inúmeras questões de prova. As questões podem ser trabalhadas a partir da literalidade do texto constitucional ou mesmo invocando caso concreto para verificação das regras e prerrogativas do presidente.

Imunidade Formal
Processo → autorização da câmara dos deputados = 2/3 dos votos.
Prerrogativa de foro → STF: crime comum/Senado: crime de responsabilidade.
Prisão → só depois da sentença penal condenatória.
Responsabilidade penal relativa → não responde por ato alheio a sua função.

8. PODER JUDICIÁRIO

8.1 Disposições gerais

O Poder Judiciário é o titular da chamada função jurisdicional. Ele possui a atribuição principal de "dizer o direito", "aplicar o direito ao caso concreto". Além de desempenhar esta função típica, o Judiciário também exerce de forma atípica a função dos demais poderes. Quando realiza concursos públicos ou contrata uma empresa prestadora de serviços, ele o faz no exercício da função administrativa (Poder Executivo). O Judiciário também exerce de forma atípica a função do Poder Legislativo quando edita instrumentos normativos que regulam as atividades dos tribunais.

Para desempenhar suas funções, o Poder Judiciário se utiliza de diversos órgãos os quais estão previstos no art. 92:

> *Art. 92 São órgãos do Poder Judiciário:*
> *I – O Supremo Tribunal Federal;*
> *I-A. O Conselho Nacional de Justiça;*
> *II – O Superior Tribunal de Justiça;*
> *II-A. O Tribunal Superior do Trabalho;*
> *III – Os Tribunais Regionais Federais e Juízes Federais;*
> *IV – Os Tribunais e Juízes do Trabalho;*
> *V – Os Tribunais e Juízes Eleitorais;*
> *VI – Os Tribunais e Juízes Militares;*
> *VII – Os Tribunais e Juízes dos Estados e do Distrito Federal e Territórios.*
> *§ 1º O Supremo Tribunal Federal, o Conselho Nacional de Justiça e os Tribunais Superiores têm sede na Capital Federal.*
> *§ 2º O Supremo Tribunal Federal e os Tribunais Superiores têm jurisdição em todo o território nacional.*

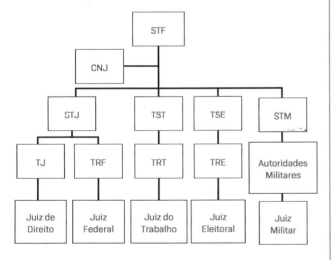

8.1.1 Critérios para ingresso na carreira

Conforme o que diz o art. 93, inciso I, da Constituição Federal de 1988:

> *Art. 93 Lei complementar, de iniciativa do Supremo Tribunal Federal, disporá sobre o Estatuto da Magistratura, observados os seguintes princípios:*
> *I – Ingresso na carreira, cujo cargo inicial será o de juiz substituto, mediante concurso público de provas e títulos, com a participação da Ordem dos Advogados do Brasil em todas as fases, exigindo-se do bacharel em direito, no mínimo, três anos de atividade jurídica e obedecendo-se, nas nomeações, à ordem de classificação.*

Esse inciso apresenta regras para o ingresso na carreira da Magistratura. O ingresso dar-se-á no cargo de juiz substituto e depende de aprovação em concurso público de provas e títulos.

Como foi possível perceber, é um tipo de concurso que é bem seletivo, sendo que aprovação depende de intensa dedicação do candidato. Além de a prova ser dificílima, o candidato precisa comprovar no mínimo três anos de atividade jurídica, que só pode ser realizada após a conclusão do curso. Deve-se estar atento a esse prazo de atividade jurídica exigido, as bancas costumam trocar o três por outro numeral.

O conceito de atividade jurídica é definido na Resolução nº 75/2009 do Conselho Nacional de Justiça que prevê, entre outros, o exercício da advocacia ou de cargo público privativo de bacharel em direito como forma de se comprovar o tempo exigido.

8.1.2 Quinto constitucional

O quinto permite que uma pessoa se torne magistrado sem necessidade de realização de concurso público para a magistratura. É uma porta de entrada destinada a quem não é membro do Poder Judiciário. A regra do quinto decorre do fato de que 1/5 das vagas em alguns tribunais são destinadas aos membros do Ministério Público ou da Advocacia. Vejamos o que dispõe o art. 94 da Constituição Federal:

> *Art. 94 Um quinto dos lugares dos Tribunais Regionais Federais, dos Tribunais dos Estados, e do Distrito Federal e Territórios será composto de membros, do Ministério Público, com mais de dez anos de carreira, e de advogados de notório saber jurídico e de reputação ilibada, com mais de dez anos de efetiva atividade profissional, indicados em lista sêxtupla pelos órgãos de representação das respectivas classes.*
> *Parágrafo único. Recebidas as indicações, o tribunal formará lista tríplice, enviando-a ao Poder Executivo, que, nos vinte dias subsequentes, escolherá um de seus integrantes para nomeação.*

Um detalhe que não pode ser esquecido é: para concorrer às vagas pelo quinto constitucional, faz-se necessário que os membros do Ministério Público e da Advocacia possuam mais de dez anos de experiência.

Outra questão muito importante é saber quais são os tribunais que permitem o ingresso pelo quinto. Segundo o art. 94, podem ingressar pelo quinto os membros dos tribunais regionais federais, dos tribunais dos estados, e do Distrito Federal e territórios.

Ainda possuem um quinto das vagas para os membros do Ministério Público e da Advocacia os Tribunais Regionais do Trabalho e o Tribunal Superior do Trabalho. Assim preveem os arts. 111-A e 115 da Constituição Federal de 1988:

> *Art. 111-A O Tribunal Superior do Trabalho compor-se-á de vinte e sete Ministros, escolhidos dentre brasileiros com mais de trinta e cinco anos e menos de sessenta e cinco anos, de notável saber jurídico e reputação ilibada, nomeados pelo Presidente da República após aprovação pela maioria absoluta do Senado Federal, sendo:*
> *I – Um quinto dentre advogados com mais de dez anos de efetiva atividade profissional e membros do Ministério Público do Trabalho com mais de dez anos de efetivo exercício, observado o disposto no art. 94.*
> *Art. 115 Os Tribunais Regionais do Trabalho compõem-se de, no mínimo, sete juízes, recrutados, quando possível, na respectiva região, e nomeados pelo Presidente da República dentre brasileiros com mais de trinta e menos de sessenta e cinco anos, sendo:*
> *I – Um quinto dentre advogados com mais de dez anos de efetiva atividade profissional e membros do Ministério Público do Trabalho com mais de dez anos de efetivo exercício, observado o disposto no art. 94.*

O Superior Tribunal de Justiça também permite que membros do Ministério Público ou da advocacia nele ingressem, contudo, não são destinadas 1/5 das vagas, mas 1/3 das vagas:

PODER JUDICIÁRIO

Art. 104 *O Superior Tribunal de Justiça compõe-se de, no mínimo, trinta e três Ministros.*

Parágrafo único. *Os Ministros do Superior Tribunal de Justiça serão nomeados pelo Presidente da República, dentre brasileiros com mais de trinta e cinco e menos de sessenta e cinco anos, de notável saber jurídico e reputação ilibada, depois de aprovada a escolha pela maioria absoluta do Senado Federal, sendo:*

I – Um terço dentre juízes dos Tribunais Regionais Federais e um terço dentre desembargadores dos Tribunais de Justiça, indicados em lista tríplice elaborada pelo próprio Tribunal;

II – Um terço, em partes iguais, dentre advogados e membros do Ministério Público Federal, Estadual, do Distrito Federal e Territórios, alternadamente, indicados na forma do art. 94.

8.1.3 Garantias dos membros

As garantias são um conjunto de proteções que os membros do Poder Judiciário possuem e que são inerentes ao exercício de suas funções. Uma observação se faz necessária: quando se fala "membro do Poder Judiciário", refere-se ao titular da função jurisdicional, ou seja, ao magistrado, ao juiz. Os demais servidores auxiliares do Poder Judiciário não possuem as mesmas garantias dos juízes.

A doutrina classifica as garantias dos magistrados em duas espécies:

- **Garantias de independência:**

São proteções que garantem ao magistrado uma maior tranquilidade para desempenhar suas funções. O objetivo é permitir ao juiz segurança no desempenhar de suas funções. Elas estão previstas no art. 95 da Constituição Federal de 1988, as quais são:

Art. 95 Os juízes gozam das seguintes garantias:

I – Vitaliciedade, que, no primeiro grau, só será adquirida após dois anos de exercício, dependendo a perda do cargo, nesse período, de deliberação do tribunal a que o juiz estiver vinculado, e, nos demais casos, de sentença judicial transitada em julgado;

II – Inamovibilidade, salvo por motivo de interesse público, na forma do art. 93, VIII;

III – Irredutibilidade de subsídio, ressalvado o disposto nos Arts. 37, X e XI, 39, § 4º, 150, II, 153, III, e 153, § 2º, I.

A **vitaliciedade** é como se fosse a estabilidade do servidor público, com uma diferença: ela é bem mais vantajosa que a simples estabilidade. A vitaliciedade garante ao magistrado perder o seu cargo apenas por sentença judicial transitada em julgado. Como se pode ver, é bem mais vantajosa que a estabilidade. Atente-se para alguns detalhes: a vitaliciedade só será adquirida após dois anos de exercício no cargo; durante o estágio probatório do juiz, que dura dois anos, ele poderá perder o cargo por deliberação do próprio tribunal do qual faz parte.

Um detalhe quase nunca percebido é que a exigência dos dois anos de exercício para se adquirir a vitaliciedade só se aplica aos juízes do primeiro grau, ou seja, aos juízes que ingressaram na carreira por meio de concurso público. Os juízes que ingressam diretamente no Tribunal, por meio do quinto constitucional, ou mesmo no STJ pelo 1/3 das vagas, não precisam esperar os dois anos para adquirir a garantia. Para estes, a vitaliciedade é imediata, sendo adquirida quando ele pisa no Tribunal.

A **inamovibilidade** prevê que o magistrado não poderá ser removido do local onde exerce a sua função sem sua vontade. Ele poderá julgar qualquer pessoa, conforme sua convicção, sem medo de ser obrigado a deixar o local onde exerce sua jurisdição. Essa garantia não é absoluta, pois poderá ser removido de ofício por interesse público conforme preleciona o art. 93, inciso VIII, da Constituição Federal de 1988:

Art. 93 [...]

VIII – O ato de remoção ou de disponibilidade do magistrado, por interesse público, fundar-se-á em decisão por voto da maioria absoluta do respectivo tribunal ou do Conselho Nacional de Justiça, assegurada ampla defesa.

A **irredutibilidade dos subsídios** representa a garantia de que o magistrado não poderá ter redução em sua remuneração. A forma de retribuição pecuniária do magistrado é por meio de subsídio, que equivale a uma parcela única. Por isso, fala-se em irredutibilidade dos subsídios.

- **Garantias de imparcialidade**

Essas normas são verdadeiras vedações aplicadas aos magistrados. São impedimentos que visam a garantir um julgamento imparcial, sem vícios ou privilégios. Por isso, são chamadas de garantias de imparcialidade. São elas:

Art. 95 [...]

Parágrafo único. Aos juízes é vedado:

I – Exercer, ainda que em disponibilidade, outro cargo ou função, salvo uma de magistério;

II – Receber, a qualquer título ou pretexto, custas ou participação em processo;

III – Dedicar-se à atividade político-partidária.

IV – Receber, a qualquer título ou pretexto, auxílios ou contribuições de pessoas físicas, entidades públicas ou privadas, ressalvadas as exceções previstas em lei;

V – Exercer a advocacia no juízo ou tribunal do qual se afastou, antes de decorridos três anos do afastamento do cargo por aposentadoria ou exoneração.

Geralmente as bancas cobram a memorização dessas vedações. O **inciso I** é bem cobrado em razão da exceção prevista na Constituição para a acumulação de cargos ou funções. Segundo esse inciso, o magistrado, além de exercer sua função de juiz, também pode exercer uma função no magistério.

O **inciso II** proíbe o magistrado de receber custas ou participação em processos. O juiz já recebe sua remuneração para desempenhar sua função independente dos valores que estão em jogo nos processos.

O **inciso III** proíbe o juiz de se dedicar à atividade político-partidária exatamente para evitar que seus julgamentos sejam influenciados por correntes políticas ou convicções partidárias. O juiz precisa ficar alheio a tais situações.

O **inciso IV** proíbe o magistrado de receber ajudas financeiras de terceiros ressalvados os casos previstos em lei. Por exemplo, um juiz não pode receber um carro como agradecimento por um julgamento favorável, mas poderia receber os valores decorrentes da venda de livros que tenha escrito ou mesmo, receber valores pela ministração de palestras.

8.2 Composição dos órgãos do Poder Judiciário

A composição dos tribunais é tema recorrente em prova e requer um alto poder de memorização do candidato, principalmente pela composição diferenciada entre um e outro tribunal. A seguir descreve-se, então, a composição de cada um dos órgãos do Poder Judiciário.

8.2.1 Conselho Nacional de Justiça

Vejamos agora a composição do Conselho Nacional de Justiça (CNJ):

Art. 103-B O Conselho Nacional de Justiça compõe-se de 15 (quinze) membros com mandato de 2 (dois) anos, admitida 1 (uma) recondução, sendo:

I – O Presidente do Supremo Tribunal Federal;

NOÇÕES DE DIREITO CONSTITUCIONAL

II – Um Ministro do Superior Tribunal de Justiça, indicado pelo respectivo tribunal;

III – Um Ministro do Tribunal Superior do Trabalho, indicado pelo respectivo tribunal;

IV – Um desembargador de Tribunal de Justiça, indicado pelo Supremo Tribunal Federal;

V – Um juiz estadual, indicado pelo Supremo Tribunal Federal;

VI – Um juiz de Tribunal Regional Federal, indicado pelo Superior Tribunal de Justiça;

VII – Um juiz federal, indicado pelo Superior Tribunal de Justiça;

VIII – Um juiz de Tribunal Regional do Trabalho, indicado pelo Tribunal Superior do Trabalho;

IX – Um juiz do trabalho, indicado pelo Tribunal Superior do Trabalho;

X – Um membro do Ministério Público da União, indicado pelo Procurador-geral da República;

XI – Um membro do Ministério Público estadual, escolhido pelo Procurador-geral da República dentre os nomes indicados pelo órgão competente de cada instituição estadual;

XII – Dois advogados, indicados pelo Conselho Federal da Ordem dos Advogados do Brasil;

XIII – Dois cidadãos, de notável saber jurídico e reputação ilibada, indicados um pela Câmara dos Deputados e outro pelo Senado Federal.

§ 1º O Conselho será presidido pelo Presidente do Supremo Tribunal Federal e, nas suas ausências e impedimentos, pelo Vice-Presidente do Supremo Tribunal Federal.

§ 2º Os demais membros do Conselho serão nomeados pelo Presidente da República, depois de aprovada a escolha pela maioria absoluta do Senado Federal.

§ 3º Não efetuadas, no prazo legal, as indicações previstas neste artigo, caberá a escolha ao Supremo Tribunal Federal.

§ 4º Compete ao Conselho o controle da atuação administrativa e financeira do Poder Judiciário e do cumprimento dos deveres funcionais dos juízes, cabendo-lhe, além de outras atribuições que lhe forem conferidas pelo Estatuto da Magistratura:

I – zelar pela autonomia do Poder Judiciário e pelo cumprimento do Estatuto da Magistratura, podendo expedir atos regulamentares, no âmbito de sua competência, ou recomendar providências;

II – zelar pela observância do art. 37 e apreciar, de ofício ou mediante provocação, a legalidade dos atos administrativos praticados por membros ou órgãos do Poder Judiciário, podendo desconstituí-los, revê-los ou fixar prazo para que se adotem as providências necessárias ao exato cumprimento da lei, sem prejuízo da competência do Tribunal de Contas da União;

III – receber e conhecer das reclamações contra membros ou órgãos do Poder Judiciário, inclusive contra seus serviços auxiliares, serventias e órgãos prestadores de serviços notariais e de registro que atuem por delegação do poder público ou oficializados, sem prejuízo da competência disciplinar e correicional dos tribunais, podendo avocar processos disciplinares em curso, determinar a remoção ou a disponibilidade e aplicar outras sanções administrativas, assegurada ampla defesa;

IV – representar ao Ministério Público, no caso de crime contra a Administração Pública ou de abuso de autoridade;

V – rever, de ofício ou mediante provocação, os processos disciplinares de juízes e membros de tribunais julgados há menos de um ano;

VI – elaborar semestralmente relatório estatístico sobre processos e sentenças prolatadas, por unidade da Federação, nos diferentes órgãos do Poder Judiciário;

VII – elaborar relatório anual, propondo as providências que julgar necessárias, sobre a situação do Poder Judiciário no País e as atividades do Conselho, o qual deve integrar mensagem do Presidente do Supremo Tribunal Federal a ser remetida ao Congresso Nacional, por ocasião da abertura da sessão legislativa.

A composição do CNJ possui uma dificuldade peculiar para a memorização. Perceba na leitura do artigo, que os membros do Conselho são indicados por algum órgão. Além de memorizar os membros, o candidato tem de memorizar o órgão que indicou o membro. Para isso, deve-se fazer uma análise lógica na construção dessa composição:

A primeira coisa que se tem que fazer é identificar os órgãos que escolhem:

- **Supremo Tribunal Federal (STF);**
- **Superior Tribunal de Justiça (STJ);**
- **Tribunal Superior do Trabalho (TST);**
- **Programa de Gerenciamento de Riscos (PGR);**
- **Conselho Federal da Ordem dos Advogados do Brasil (CF/1988OAB);**
- **Câmara dos Deputados;**
- **Senado Federal.**

A partir dessa primeira análise, parte-se para a identificação dos membros que são indicados por cada um dos órgãos, que deve ser construída de forma lógica.

Entre os membros do CNJ existem dois advogados: quem poderia indicar dois advogados? O STF, o STJ, o TST ou o **Conselho Federal dos Advogados do Brasil**? Que quem indica os dois advogados é o CF/1988OAB. Entre os membros do CNJ, existe um membro do Ministério Público da União e um membro do Ministério Público estadual. Quem indica esses dois membros do Ministério Público? Será o STF? Ou seria o STJ? Não é mais lógico que a escolha dos membros do Ministério Público seja do **Procurador Geral da República,** que é o chefe do Ministério Público da União? Certamente.

Com base nessa lógica, fica fácil identificar os membros do CNJ. Continuemos a análise. Agora existem membros da justiça trabalhista: um Ministro do TST, um Juiz do TRT e um Juiz do Trabalho. Quem escolhe esses juízes é o **Tribunal Superior do Trabalho** o responsável pela escolha desses três membros pertencentes à justiça trabalhista.

Ainda há alguns membros a serem escolhidos. Quem escolhe os membros da Justiça Federal (Juiz do TRF e Juiz Federal)? Tem de ser o Tribunal guardião da Legislação Federal: **Superior Tribunal de Justiça**. Ele também escolherá um membro do seu próprio tribunal para fazer parte do CNJ.

Ao **Supremo Tribunal Federal,** fica a responsabilidade pela escolha dos membros da Justiça Estadual, ou seja, um Juiz Estadual e um Desembargador de Tribunal de Justiça. Aqui cabe uma observação importantíssima. O STF não escolhe um de seus ministros para fazer parte do CNJ, pois o Presidente do STF é membro nato. Ele não é escolhido, ele faz parte do CNJ desde sua nomeação como Presidente do STF. Ao mesmo tempo em que é indicado como Presidente do STF, ele também cumulará a função de Presidente do CNJ.

Por último, resta saber quem o **Senado Federal** e a **Câmara dos Deputados** indicarão para ser membro do CNJ. Cada um deles indicará um cidadão de notável saber jurídico e reputação ilibada.

Como se pode perceber, nem todos os membros do Conselho Nacional de Justiça são membros do Poder Judiciário. Essa é uma característica já cobrada em prova, com exceção do Presidente do STF, que é membro nato do CNJ; os demais serão nomeados pelo Presidente da República depois de aprovada a escolha pela maioria do Senado Federal. Caso as indicações acima listadas não sejam efetuadas, caberá ao Supremo Tribunal Federal fazê-las. Lembre-se de que os membros do CNJ exercem um mandato de dois anos, sendo admitida uma recondução.

8.3 Análise das competências dos órgãos do Poder Judiciário

O sucesso nesta parte da matéria depende de intensa leitura e memorização das competências que serão cobradas em prova. As mais cobradas são, sem dúvida, as do STF e do STJ. Também há grande ocorrência de questões sobre o CNJ. Passa-se à análise de cada um dos órgãos do Poder Judiciário.

8.3.1 Conselho Nacional de Justiça

O Conselho Nacional de Justiça é órgão do Poder Judiciário, mas não possui função jurisdicional. Sua função é de caráter administrativo.

O CNJ é responsável pela fiscalização administrativa e financeira do Poder Judiciário. Possui também atribuição para fiscalizar os seus membros quanto a observância dos deveres funcionais.

Por fim, deve-se lembrar que o CNJ não possui competência sobre o STF, haja vista este ser o órgão de cúpula de todo o Poder Judiciário.

Art. 103-B [...]

§ 4º Compete ao Conselho o controle da atuação administrativa e financeira do Poder Judiciário e do cumprimento dos deveres funcionais dos juízes, cabendo-lhe, além de outras atribuições que lhe forem conferidas pelo Estatuto da Magistratura:

I – Zelar pela autonomia do Poder Judiciário e pelo cumprimento do Estatuto da Magistratura, podendo expedir atos regulamentares, no âmbito de sua competência, ou recomendar providências;

II – Zelar pela observância do art. 37 e apreciar, de ofício ou mediante provocação, a legalidade dos atos administrativos praticados por membros ou órgãos do Poder Judiciário, podendo desconstituí-los, revê-los ou fixar prazo para que se adotem as providências necessárias ao exato cumprimento da lei, sem prejuízo da competência do Tribunal de Contas da União;

III – Receber e conhecer das reclamações contra membros ou órgãos do Poder Judiciário, inclusive contra seus serviços auxiliares, serventias e órgãos prestadores de serviços notariais e de registro que atuem por delegação do poder público ou oficializados, sem prejuízo da competência disciplinar e correicional dos tribunais, podendo avocar processos disciplinares em curso e determinar a remoção, a disponibilidade ou a aposentadoria com subsídios ou proventos proporcionais ao tempo de serviço e aplicar outras sanções administrativas, assegurada ampla defesa;

IV – Representar ao Ministério Público, no caso de crime contra a Administração Pública ou de abuso de autoridade;

V – Rever, de ofício ou mediante provocação, os processos disciplinares de juízes e membros de tribunais julgados há menos de um ano;

VI – Elaborar semestralmente relatório estatístico sobre processos e sentenças prolatadas, por unidade da Federação, nos diferentes órgãos do Poder Judiciário;

VII – Elaborar relatório anual, propondo as providências que julgar necessárias, sobre a situação do Poder Judiciário no País e as atividades do Conselho, o qual deve integrar mensagem do Presidente do Supremo Tribunal Federal a ser remetida ao Congresso Nacional, por ocasião da abertura da sessão legislativa.

§ 5º O Ministro do Superior Tribunal de Justiça exercerá a função de Ministro-Corregedor e ficará excluído da distribuição de processos no Tribunal, competindo-lhe, além das atribuições que lhe forem conferidas pelo Estatuto da Magistratura, as seguintes:

I – Receber as reclamações e denúncias, de qualquer interessado, relativas aos magistrados e aos serviços judiciários;

II – Exercer funções executivas do Conselho, de inspeção e de correição geral;

III – Requisitar e designar magistrados, delegando-lhes atribuições, e requisitar servidores de juízes ou tribunais, inclusive nos Estados, Distrito Federal e Territórios.

§ 6º Junto ao Conselho oficiarão o Procurador-geral da República e o Presidente do Conselho Federal da Ordem dos Advogados do Brasil.

§ 7º A União, inclusive no Distrito Federal e nos Territórios, criará ouvidorias de justiça, competentes para receber reclamações e denúncias de qualquer interessado contra membros ou órgãos do Poder Judiciário, ou contra seus serviços auxiliares, representando diretamente ao Conselho Nacional de Justiça.

NOÇÕES DE DIREITO CONSTITUCIONAL

9. FUNÇÕES ESSENCIAIS À JUSTIÇA

As funções essenciais à justiça estão previstas expressamente do art. 127 ao 135 da Constituição Federal de 1988, elas são representadas pelas seguintes instituições:

- **Ministério Público;**
- **Advocacia Pública;**
- **Defensoria Pública;**
- **Advocacia.**

Ao contrário do que muitos pensam, essas instituições não fazem parte do Poder Judiciário, mas desempenham suas funções junto a esse poder. Sua atuação é essencial ao exercício jurisdicional, razão pela qual foram classificadas como funções essenciais. Essa necessidade se justifica em razão da impossibilidade de o Judiciário agir de ofício, ou seja, toda a atuação jurisdicional demanda provocação, a qual será titularizada por uma dessas instituições.

Esses organismos são representados por agentes públicos ou privados cuja função principal é provocar a atuação do Poder Judiciário, o qual se mantém inerte e imparcial, aguardando o momento certo para agir. São em sua essência "advogados".

O Ministério Público é o advogado da sociedade, pois, conforme prevê o *caput* do art. 127, incumbe-lhe a tarefa de defender a ordem jurídica, o regime democrático e os interesses sociais e individuais indisponíveis:

> *Art. 127 O Ministério Público é instituição permanente, essencial à função jurisdicional do Estado, incumbindo-lhe a defesa da ordem jurídica, do regime democrático e dos interesses sociais e individuais indisponíveis.*

A Advocacia Pública advoga para o Estado representando os entes públicos judicial e extrajudicialmente ou mesmo desempenhando atividades de assessoria e consultoria jurídica.

A Defensoria Pública tem como atribuição principal advogar para os necessitados. São os defensores públicos responsáveis pela defesa dos hipossuficientes, aqueles que não possuem recursos financeiros para contratarem advogados privados.

E, por último, há a Advocacia, que, pela lógica, é privada, formada por advogados particulares, os quais são inscritos na Ordem dos Advogados do Brasil (OAB) e atuam de forma autônoma e independente dentro dos limites estabelecidos em lei.

O objetivo desta breve introdução é apresentar a diferença funcional básica entre as instituições de forma a facilitar o estudo que, a partir de agora, será mais aprofundado, visando a possíveis questões em provas de concursos públicos. Então, analisaremos, a partir de agora, as Funções Essenciais à Justiça.

9.1 Ministério Público

A compreensão dessa instituição inicia-se pela leitura do próprio texto constitucional, que prevê: o Ministério Público é uma instituição permanente, de natureza política, cujas atribuições possuem natureza administrativa, sem que com isso esteja subordinada ao Poder Executivo.

Fala-se em uma instituição independente e autônoma aos demais Poderes, motivo pelo qual está posicionada constitucionalmente em capítulo à parte na organização dos poderes como uma função essencial à justiça. Como função essencial à justiça, o Ministério Público é responsável pela provocação do Poder Judiciário em defesa da sociedade, quando se tratar de direitos sociais e individuais indisponíveis.

O Ministério Público no Brasil, além de obedecer às regras constitucionais, também é regido por duas normas: Lei Complementar nº 75/1993 e a Lei nº 8.625/1993. Essa regula o Ministério Público Nacional e é aplicável aos Ministérios Públicos dos Estados. Aquela é específica para o Ministério Público da União. Cada Estado da Federação poderá organizar o seu órgão ministerial editando sua própria lei orgânica estadual.

A seguir, será feita uma leitura da instituição sob a ótica constitucional sem aprofundar nas estruturas lançadas nas referidas leis orgânicas, o que será feito em momento oportuno.

9.1.1 Estrutura orgânica

Para viabilizar o exercício de suas funções, a Constituição Federal organizou o Ministério Público no art. 128:

> *Art. 128 O Ministério Público abrange:*
> *I – o Ministério Público da União, que compreende:*
> *a) o Ministério Público Federal;*
> *b) o Ministério Público do Trabalho;*
> *c) o Ministério Público Militar;*
> *d) o Ministério Público do Distrito Federal e Territórios;*
> *II – os Ministérios Públicos dos Estados.*

Fique atento a essa classificação, pois o rol é taxativo e, em prova, os examinadores costumam mencionar a existência de um Ministério Público Eleitoral ao se fazer comparativo com a estrutura do Poder Judiciário. Na organização do MPU, não foi prevista a existência de Ministério Público com atribuição Eleitoral, função essa de competência do Ministério Público Federal e do Ministério Público Estadual, conforme prevê a Lei Complementar nº 75/1993 (arts. 72 a 80).

Como se pode perceber, o Ministério Público está dividido em Ministério Público da União e Ministério Público dos Estados, cada um com sua própria autonomia organizacional e chefia própria. O Ministério Público da União, por sua vez, abrange:

- Ministério Público Federal;
- Ministério Público do Trabalho;
- Ministério Público Militar;
- Ministério Público do Distrito Federal e Territórios.

Existe ainda o Ministério Público junto ao Tribunal de Contas, o qual possui natureza diversa do Ministério Público aqui estudado. Sua organização está atrelada ao Tribunal de Contas do qual faz parte, mas aos seus membros são estendidas as disposições aplicáveis aos Membros do Ministério Público:

> *Art. 130 Aos membros do Ministério Público junto aos Tribunais de Contas aplicam-se as disposições desta seção pertinentes a direitos, vedações e forma de investidura.*

9.1.2 Atribuições

Suas atribuições se apoiam na defesa da ordem jurídica, do regime democrático e dos interesses sociais e individuais indisponíveis. É um verdadeiro defensor da sociedade e fiscal dos poderes públicos. Em rol meramente exemplificativo, a Constituição previu como funções institucionais o art. 129:

> *Art. 129 São funções institucionais do Ministério Público:*
> *I – promover, privativamente, a ação penal pública, na forma da lei;*
> *II – zelar pelo efetivo respeito dos Poderes Públicos e dos serviços de relevância pública aos direitos assegurados nesta Constituição, promovendo as medidas necessárias a sua garantia;*
> *III – promover o inquérito civil e a ação civil pública, para a proteção do patrimônio público e social, do meio ambiente e de outros interesses difusos e coletivos;*

FUNÇÕES ESSENCIAIS À JUSTIÇA

IV – promover a ação de inconstitucionalidade ou representação para fins de intervenção da União e dos Estados, nos casos previstos nesta Constituição;

V – defender judicialmente os direitos e interesses das populações indígenas;

VI – expedir notificações nos procedimentos administrativos de sua competência, requisitando informações e documentos para instrui-los, na forma da lei complementar respectiva;

VII – exercer o controle externo da atividade policial, na forma da lei complementar mencionada no artigo anterior;

VIII – requisitar diligências investigatórias e a instauração de inquérito policial, indicados os fundamentos jurídicos de suas manifestações processuais;

IX – exercer outras funções que lhe forem conferidas, desde que compatíveis com sua finalidade, sendo-lhe vedada a representação judicial e a consultoria jurídica de entidades públicas.

§ 1º A legitimação do Ministério Público para as ações civis previstas neste artigo não impede a de terceiros, nas mesmas hipóteses, segundo o disposto nesta Constituição e na lei.

§ 2º As funções do Ministério Público só podem ser exercidas por integrantes da carreira, que deverão residir na comarca da respectiva lotação, salvo autorização do chefe da instituição.

§ 3º O ingresso na carreira do Ministério Público far-se-á mediante concurso público de provas e títulos, assegurada a participação da Ordem dos Advogados do Brasil em sua realização, exigindo-se do bacharel em direito, no mínimo, três anos de atividade jurídica e observando-se, nas nomeações, a ordem de classificação.

§ 4º Aplica-se ao Ministério Público, no que couber, o disposto no art. 93.

§ 5º A distribuição de processos no Ministério Público será imediata.

No desempenho das suas funções institucionais, algumas características foram previstas pela Constituição, as quais são muito importantes para a prova.

Os § 2º e § 3º afirmam que as funções do Ministério Púbico só podem ser exercidas por integrantes da carreira, ou seja, por Membros aprovados em concurso público de provas e títulos, assegurada a participação da OAB durante a sua realização, entre os quais são exigidos os seguintes requisitos:

- Ser bacharel em direito;
- Possuir, no mínimo, três anos de atividade jurídica.

Em relação à atividade jurídica, deve-se salientar a regulamentação feita pela Resolução nº 40 do Conselho Nacional do Ministério Público, a qual prevê, entre outras atividades, o exercício da advocacia ou de cargo, função e emprego que exija a utilização preponderante de conhecimentos jurídicos, ou até mesmo a realização de cursos de pós-graduação dentro dos parâmetros estabelecidos pela referida resolução. É importante lembrar que esse requisito deverá ser comprovado no momento da investidura no cargo, ou seja, na posse, depois de finalizadas todas as fases do concurso.

A Constituição exige ainda que o Membro do Ministério Público resida na comarca de lotação, salvo quando houver autorização do chefe da Instituição. Em razão da semelhança e importância com a carreira da magistratura, a Constituição previu expressamente a aplicação do art. 93 aos membros do Ministério Público, no que for compatível com a carreira. E, por fim, determina que a distribuição dos processos aos órgãos ministeriais seja feita de forma imediata.

Titular da ação penal pública

Segundo o inciso I do art. 129, compete ao Ministério Público promover, privativamente, a ação penal pública, na forma da lei. A doutrina classifica esse dispositivo como espécie de norma de eficácia contida possuindo aplicabilidade direta e imediata, permitida a regulamentação por lei.

Essa competência é corroborada pela possibilidade de requisição de diligências investigatórias e da instauração de inquérito policial, para que o órgão ministerial formule sua convicção sobre o ilícito penal, o que está previsto no inciso VIII do art. 129.

Essa exclusividade conferida pela Constituição Federal encontra limitação no próprio texto constitucional, ao permitir o cabimento de ação penal privada subsidiária da pública nos casos em que o Ministério Público (MP) fique inerte e não cumpra com sua obrigação.

Dessa competência decorre o poder de investigação do Ministério Público, o qual tem sido alvo de muita discussão nos tribunais. Quem não concorda com esse poder sustenta ser a atividade de investigação criminal uma atividade exclusiva da autoridade policial nos termos do art. 144 da CF/1988.

O posicionamento que tem prevalecido na doutrina e na jurisprudência é no sentido de que o Ministério Público tem legitimidade para promover a investigação criminal, haja vista ser ele o destinatário das informações sobre o fato delituoso produzido no inquérito policial. Ademais, por ter caráter administrativo, o inquérito policial é dispensável, não dependendo o Ministério Público da sua existência para promover a persecução penal.

Para a solução desse caso, tem-se aplicado a Teoria dos Poderes Implícitos. Segundo a teoria, as competências expressamente previstas no texto constitucional carregam consigo os meios necessários para sua execução, ou seja, a existência de uma competência explícita implica existência de competências implicitamente previstas e necessárias para execução da atribuição principal. Em suma, se ao Ministério Público compete o oferecimento exclusivo da ação penal pública, por consequência da aplicação dessa teoria, compete também a execução das atividades necessárias à formação da sua opinião sobre o delito. Significa dizer que o poder de investigação criminal está implicitamente previsto no poder de oferecimento da ação penal pública.

9.1.3 Legitimidade para promover o inquérito civil e a ação civil pública

O Ministério Público também é competente para promover o inquérito civil e a ação civil pública nos termos do inciso III do art. 129. Essas ferramentas são utilizadas para a proteção do patrimônio público e social, do meio ambiente e de outros interesses difusos e coletivos.

Entendem-se como interesses difusos aqueles de natureza indivisível, cujos titulares não se podem determinar apesar de estarem ligados uns aos outros pelas circunstâncias fáticas. Interesses coletivos se diferenciam dos difusos na medida em que é possível determinar quem são os titulares do direito.

Segundo a Constituição Federal, a ação civil pública não é medida exclusiva a ser adotada pelo Ministério Público:

Art. 129 [...]

§ 1º A legitimação do Ministério Público para as ações civis previstas neste artigo não impede a de terceiros, nas mesmas hipóteses, segundo o disposto nesta Constituição e na lei.

A Lei nº 7.347/1985 (Lei de Ação Civil Pública) prevê que são legitimados para propor tal ação, além do MP:

- **A Defensoria Pública;**
- **A União, os estados, o Distrito Federal e os municípios;**
- **A autarquia, empresa pública, fundação ou sociedade de economia mista;**

- A associação que concomitantemente esteja constituída há pelo menos 1 ano nos termos da lei civil e inclua entre suas finalidades institucionais a proteção ao meio ambiente, ao consumidor, à ordem econômica, à livre concorrência ou ao patrimônio artístico, estético, histórico, turístico e paisagístico.

Já o inquérito civil é procedimento investigatório de caráter administrativo, que poderá ser instaurado pelo Ministério Público com o fim de colher os elementos de prova necessários para a sua convicção sobre o ilícito e, posteriormente, instrução da ação civil pública.

9.1.4 Controle de constitucionalidade

Função das mais relevantes desempenhada pelos órgãos ministeriais ocorre no controle da constitucionalidade das leis e atos normativos. Essa atribuição é inerente à sua função de guardião da ordem jurídica. Como protetor da ordem jurídica, compete ao Ministério Público oferecer as ações de controle abstrato de constitucionalidade, bem como a Representação Interventiva para fins de intervenção da União e dos estados nas hipóteses previstas na Constituição Federal.

9.1.5 Controle externo da atividade policial

A Constituição Federal determina que o Ministério Público realize o controle externo da atividade policial. Fala-se em controle externo haja vista o Ministério Público não pertencer à mesma estrutura das forças policiais. É uma instituição totalmente autônoma a qualquer órgão policial, razão pela qual não se pode falar em subordinação dos organismos policiais ao Parquet. A justificativa para essa atribuição decorre do fato de ser ele o destinatário final da atividade policial.

Se, por um lado, o controle externo objetiva a fiscalização das atividades policiais para que elas não sejam desenvolvidas além dos limites legais, preservando os direitos e garantias fundamentais dos investigados, por outro, garante o seu perfeito desenvolvimento, prevenindo e corrigindo a produção probatória, visando ao adequado oferecimento da ação penal.

O controle externo da atividade policial desenvolvido pelo Ministério Público, além de regulamentado nas respectivas leis orgânicas, está normatizado na Resolução nº 20 do CNMP. Ressalte-se que o controle externo não exime a instituição policial de realizar o seu próprio controle interno por meio das corregedorias e órgãos de fiscalização.

Sujeitam-se ao citado controle externo todas as instituições previstas no art. 144 da Constituição Federal de 1988, bem como as demais instituições que possuam parcela do poder de polícia desde que estejam relacionadas com a segurança pública e a persecução criminal.

9.1.6 Conselho Nacional do Ministério Público (CNMP)

O Conselho Nacional do Ministério Público, a exemplo do Conselho Nacional de Justiça, foi criado pela Emenda Constitucional nº 45/2004 com o objetivo de efetuar a fiscalização administrativa e financeira do Ministério Público, bem como o cumprimento dos deveres funcionais de seus membros.

- **Composição**

Segundo o texto constitucional, o CNMP é composto de 14 membros, nomeados pelo Presidente da República, depois de aprovada a escolha pela maioria absoluta do Senado Federal, para um mandato de dois anos, sendo permitida apenas uma recondução. Veja-se a composição prevista pela Constituição Federal no art. 130-A:

Art. 130-A O Conselho Nacional do Ministério Público compõe-se de quatorze membros nomeados pelo Presidente da República, depois de aprovada a escolha pela maioria absoluta do Senado Federal, para um mandato de dois anos, admitida uma recondução, sendo:

I – o Procurador-geral da República, que o preside;

II – quatro membros do Ministério Público da União, assegurada a representação de cada uma de suas carreiras;

III – três membros do Ministério Público dos Estados;

IV – dois juízes, indicados um pelo Supremo Tribunal Federal e outro pelo Superior Tribunal de Justiça;

V – dois advogados, indicados pelo Conselho Federal da Ordem dos Advogados do Brasil;

VI – dois cidadãos de notável saber jurídico e reputação ilibada, indicados um pela Câmara dos Deputados e outro pelo Senado Federal.

§ 1º. Os membros do Conselho oriundos do Ministério Público serão indicados pelos respectivos Ministérios Públicos, na forma da lei.

- **Atribuições**

Vejamos as atribuições previstas constitucionalmente para o CNMP:

Art. 130-A [...]

§ 2º. Compete ao Conselho Nacional do Ministério Público o controle da atuação administrativa e financeira do Ministério Público e do cumprimento dos deveres funcionais de seus membros, cabendo-lhe:

I – zelar pela autonomia funcional e administrativa do Ministério Público, podendo expedir atos regulamentares, no âmbito de sua competência, ou recomendar providências;

II – zelar pela observância do art. 37 e apreciar, de ofício ou mediante provocação, a legalidade dos atos administrativos praticados por membros ou órgãos do Ministério Público da União e dos Estados, podendo desconstituí-los, revê-los ou fixar prazo para que se adotem as providências necessárias ao exato cumprimento da lei, sem prejuízo da competência dos Tribunais de Contas;

III – receber e conhecer das reclamações contra membros ou órgãos do Ministério Público da União ou dos Estados, inclusive contra seus serviços auxiliares, sem prejuízo da competência disciplinar e correicional da instituição, podendo avocar processos disciplinares em curso, determinar a remoção, a disponibilidade ou a aposentadoria com subsídios ou proventos proporcionais ao tempo de serviço e aplicar outras sanções administrativas, assegurada ampla defesa;

IV – rever, de ofício ou mediante provocação, os processos disciplinares de membros do Ministério Público da União ou dos Estados julgados há menos de um ano;

V – elaborar relatório anual, propondo as providências que julgar necessárias sobre a situação do Ministério Público no País e as atividades do Conselho, o qual deve integrar a mensagem prevista no art. 84, XI.

§ 3º. O Conselho escolherá, em votação secreta, um Corregedor nacional, dentre os membros do Ministério Público que o integram, vedada a recondução, competindo-lhe, além das atribuições que lhe forem conferidas pela lei, as seguintes:

I – receber reclamações e denúncias, de qualquer interessado, relativas aos membros do Ministério Público e dos seus serviços auxiliares;

II – exercer funções executivas do Conselho, de inspeção e correição geral;

III – requisitar e designar membros do Ministério Público, delegando-lhes atribuições, e requisitar servidores de órgãos do Ministério Público.

§ 4º. O Presidente do Conselho Federal da Ordem dos Advogados do Brasil oficiará junto ao Conselho.

§ 5º. Leis da União e dos Estados criarão ouvidorias do Ministério Público, competentes para receber reclamações e denúncias de qualquer interessado contra membros ou órgãos do Ministério Público, inclusive contra seus serviços auxiliares, representando diretamente ao Conselho Nacional do Ministério Público.

FUNÇÕES ESSENCIAIS À JUSTIÇA

9.1.7 Princípios institucionais

A Constituição Federal prevê expressamente no § 1º do art. 127 os chamados princípios institucionais, os quais norteiam o desenvolvimento das atividades dos Órgãos Ministeriais:

> § 1º São princípios institucionais do Ministério Público a unidade, a indivisibilidade e a independência funcional.

- **Princípio da unidade:** revela que os membros do Ministério Público integram um órgão único chefiado por um procurador-geral. Essa unidade é percebida dentro de cada ramo do Ministério Público, não existindo unidade entre o Ministério Público estadual e da União, ou entre os diversos Ministérios Públicos estaduais, ou ainda entre os ramos do Ministério Público da União. Qualquer divisão que exista dentro de um dos órgãos ministeriais possui caráter meramente funcional.

- **Princípio da indivisibilidade:** que decorre do princípio da unidade, revela a possibilidade de os membros se substituírem sem qualquer prejuízo ao processo, pois o Ministério Público é uno e indivisível. Os membros agem em nome da instituição e nunca em nome próprio, pois pertencem a um só corpo. Esse princípio veda a vinculação de um membro a um processo permitindo, inclusive, a delegação da denúncia a outro membro. Ressalte-se que, como no princípio da unidade, a indivisibilidade só ocorre dentro de um mesmo ramo do Ministério Público.

- **Princípio da independência funcional:** com uma dupla acepção: em relação aos membros e em relação à instituição. No que tange aos membros, o referido princípio garante uma atuação independente no exercício das suas atribuições sujeitando-se apenas às determinações constitucionais, legais e de sua consciência jurídica, não havendo qualquer hierarquia ou subordinação intelectual entre os membros. Sob a perspectiva da instituição, o princípio da independência funcional elimina qualquer subordinação do Ministério Público a outro poder. Apesar da independência funcional, verifica-se a existência de uma mera hierarquia administrativa.

Além desses princípios expressos na Constituição Federal, a doutrina e a jurisprudência reconhecem a existência de um princípio implícito no texto constitucional:

- **Princípio do promotor natural:** esse princípio decorre da interpretação do art. 129, § 2º, da Constituição, que afirma:

> § 2º As funções do Ministério Público só podem ser exercidas por integrantes da carreira, que deverão residir na comarca da respectiva lotação, salvo autorização do chefe da instituição.

O princípio do promotor natural veda a designação de membros do Ministério Público fora das hipóteses constitucionais e legais, exigindo que sua atuação seja predeterminada por critérios objetivos aplicáveis a todos os membros da carreira, evitando, assim, que haja designações arbitrárias. O princípio também impede a nomeação de promotor *ad hoc* ou de exceção considerando que as funções do Ministério Público só podem ser desempenhadas por membros da carreira.

9.1.8 Garantias

O Ministério Público, em razão da importância de sua função, recebeu da Constituição Federal algumas garantias que lhe asseguram a independência necessária para bem desempenhar suas atribuições. E não é só a instituição que possui garantias, mas os membros também. Vejamos o que diz a Constituição sobre as garantias institucionais e dos membros:

> Art. 127 [...]
> § 2º Ao Ministério Público é assegurada autonomia funcional e administrativa, podendo, observado o disposto no art. 169, propor ao Poder Legislativo a criação e extinção de seus cargos e serviços auxiliares, provendo-os por concurso público de provas ou de provas e títulos, a política remuneratória e os planos de carreira; a lei disporá sobre sua organização e funcionamento.
> § 3º O Ministério Público elaborará sua proposta orçamentária dentro dos limites estabelecidos na lei de diretrizes orçamentárias.
> § 4º Se o Ministério Público não encaminhar a respectiva proposta orçamentária dentro do prazo estabelecido na lei de diretrizes orçamentárias, o Poder Executivo considerará, para fins de consolidação da proposta orçamentária anual, os valores aprovados na lei orçamentária vigente, ajustados de acordo com os limites estipulados na forma do § 3º.
> § 5º Se a proposta orçamentária de que trata este artigo for encaminhada em desacordo com os limites estipulados na forma do § 3º, o Poder Executivo procederá aos ajustes necessários para fins de consolidação da proposta orçamentária anual.
> § 6º Durante a execução orçamentária do exercício, não poderá haver a realização de despesas ou a assunção de obrigações que extrapolem os limites estabelecidos na lei de diretrizes orçamentárias, exceto se previamente autorizadas, mediante a abertura de créditos suplementares ou especiais.

O art. 127, § 2º a § 6º, trata das chamadas **garantias institucionais**. Essas garantias visam a conceder maior autonomia à instituição, além de proteger sua independência no exercício de suas atribuições constitucionais. As Garantias Institucionais são de três espécies:

- **Autonomia funcional**: ao desempenhar sua função, o Ministério Público não se subordina a qualquer outra autoridade ou poder, sujeitando-se apenas às determinações constitucionais, legais e de sua consciência jurídica.

- **Autonomia administrativa**: é a capacidade de autogestão, autoadministração e autogoverno. O Ministério Público tem competência para propor ao Legislativo a criação, extinção e organização de seus cargos e carreiras bem como demais atos de gestão.

- **Autonomia financeira**: o Ministério Público pode elaborar sua proposta orçamentária dentro dos limites estabelecidos na Lei de Diretrizes Orçamentárias, tendo liberdade para administrar esses recursos.

Um dos temas mais importantes e que revelam a autonomia administrativa do Ministério Público é a possibilidade que a instituição tem de escolher os seus próprios chefes. Vejamos a literalidade do texto constitucional:

> Art. 128 [...]
> § 1º O Ministério Público da União tem por chefe o Procurador-geral da República, nomeado pelo Presidente da República dentre integrantes da carreira, maiores de trinta e cinco anos, após a aprovação de seu nome pela maioria absoluta dos membros do Senado Federal, para mandato de dois anos, permitida a recondução.
> § 2º A destituição do Procurador-geral da República, por iniciativa do Presidente da República, deverá ser precedida de autorização da maioria absoluta do Senado Federal.

No âmbito dessa autonomia, a Constituição previu expressamente que o procurador-geral será escolhido pela própria instituição dentre os membros da carreira. No caso do Ministério Público da União (MPU), a chefia ficará a cargo do procurador-geral da República, o qual será nomeado pelo Presidente da República dentre os membros da carreira com mais de 35 anos de idade, desde que sua escolha seja aprovada pelo voto da maioria absoluta do Senado Federal. O procurador-geral da República exercerá seu mandato por dois anos, permitida a recondução. Ao permitir a recondução, a Constituição não estabeleceu limites, de forma que o procurador-geral da República poderá ser reconduzido por quantas vezes o presidente considerar conveniente. Se o presidente pode nomear o Chefe do MPU, ele também poderá destituí-lo do cargo, desde que autorizado pelo Senado pela mesma quantidade de votos, qual seja, maioria absoluta.

Já em relação à Chefia dos Ministérios Públicos dos Estados e do Distrito Federal e Territórios a regra é um pouco diferente:

> *Art. 128 [...]*
>
> *§ 3º Os Ministérios Públicos dos Estados e o do Distrito Federal e Territórios formarão lista tríplice dentre integrantes da carreira, na forma da lei respectiva, para escolha de seu Procurador-Geral, que será nomeado pelo Chefe do Poder Executivo, para mandato de dois anos, permitida uma recondução.*
>
> *§ 4º Os Procuradores-Gerais nos Estados e no Distrito Federal e Territórios poderão ser destituídos por deliberação da maioria absoluta do Poder Legislativo, na forma da lei complementar respectiva.*

A escolha dos procuradores-gerais de justiça dependerá de nomeação pelo chefe do Poder Executivo, com base em lista tríplice formada dentre os integrantes da carreira, sendo permitida uma recondução. Diferentemente do procurador-geral da República, que poderá ser reconduzido várias vezes, o procurador-geral de Justiça só poderá ser reconduzido uma única vez. A destituição desses procuradores-gerais dependerá da deliberação da maioria absoluta do Poder Legislativo.

Já o art. 128, § 5º, apresenta as **garantias dos membros.**

> *Art. 128 [...]*
>
> *§ 5º Leis complementares da União e dos Estados, cuja iniciativa é facultada aos respectivos Procuradores-Gerais, estabelecerão a organização, as atribuições e o estatuto de cada Ministério Público, observadas, relativamente a seus membros:*
>
> *I – as seguintes garantias:*
>
> *a) vitaliciedade, após dois anos de exercício, não podendo perder o cargo senão por sentença judicial transitada em julgado;*
>
> *b) inamovibilidade, salvo por motivo de interesse público, mediante decisão do órgão colegiado competente do Ministério Público, pelo voto da maioria absoluta de seus membros, assegurada ampla defesa;*
>
> *c) irredutibilidade de subsídio, fixado na forma do art. 39, § 4º, e ressalvado o disposto nos Arts. 37, X e XI, 150, II, 153, III, 153, § 2º, I;*

São duas espécies de garantias dos membros: **garantias de independência e garantias de imparcialidade.**

• **Garantias de independência**

São prerrogativas inerentes ao cargo e estão previstas no inciso I do referido artigo, as quais visam a garantir aos membros maior liberdade, independência e autonomia no exercício de sua função ministerial. Tais garantias são indisponíveis, proibindo o titular do cargo de dispensar qualquer das prerrogativas. São as garantias da vitaliciedade, inamovibilidade e irredutibilidade dos subsídios.

A **vitaliciedade** é como se fosse uma estabilidade só que muito mais vantajosa. O membro, ao ingressar na carreira mediante concurso público, torna-se vitalício após o efetivo exercício no cargo pelo prazo de dois anos. Uma vez vitalício só perderá o cargo por sentença judicial transitada em julgado. Após passar pelo estágio probatório de dois anos, um Membro do Ministério Público só perderá o cargo por sentença judicial transitada em julgado.

A **inamovibilidade** impede a movimentação do membro *ex-ofício* contra a sua vontade. Em regra, o Membro do Ministério Público só poderá ser removido ou promovido por sua própria iniciativa, ressalvados os casos em que houver interesse público. E mesmo quando o interesse público exigir, a remoção dependerá de decisão do órgão colegiado competente pelo voto da maioria absoluta de seus membros, assegurando-se o direito à ampla defesa.

A **Irredutibilidade dos Subsídios** diz respeito à proteção da remuneração do membro ministerial. Subsídio é a forma de retribuição pecuniária paga ao membro do Ministério Público a qual se caracteriza por ser uma parcela única. Com essa garantia, o Membro do Ministério Público poderá trabalhar sem medo de perder sua remuneração.

Ressalta-se que o Supremo Tribunal Federal já entendeu tratar-se esta irredutibilidade como meramente nominal, não protegendo o subsídio da desvalorização provocada por perdas inflacionárias. Lembre-se também de que essa garantia não é absoluta, pois comporta exceções previstas nos Arts. 37, X e XI, 150, II, 153, III, e 153, § 2º, I, da Constituição Federal. Em suma, a irredutibilidade não impedirá a redução do subsídio quando ultrapassar o teto constitucional ou em razão da cobrança do imposto de renda.

• **Garantias de imparcialidade**

São verdadeiras vedações e visam a garantir uma atuação isenta de qualquer interferência política ou pessoal.

> *Art. 128 [...]*
>
> *§ 5º [...]*
>
> *II – as seguintes vedações:*
>
> *a) receber, a qualquer título e sob qualquer pretexto, honorários, percentagens ou custas processuais;*
>
> *b) exercer a advocacia;*
>
> *c) participar de sociedade comercial, na forma da lei;*
>
> *d) exercer, ainda que em disponibilidade, qualquer outra função pública, salvo uma de magistério;*
>
> *e) exercer atividade político-partidária;*
>
> *f) receber, a qualquer título ou pretexto, auxílios ou contribuições de pessoas físicas, entidades públicas ou privadas, ressalvadas as exceções previstas em lei (Incluída pela Emenda Constitucional nº 45, de 2004).*
>
> *§ 6º Aplica-se aos membros do Ministério Público o disposto no art. 95, parágrafo único, V.*

Antes de explorar essas regras, faz-se necessária a menção ao art. 29, § 3º, da ADCT:

> *§ 3º Poderá optar pelo regime anterior, no que respeita às garantias e vantagens, o membro do Ministério Público admitido antes da promulgação da Constituição, observando-se, quanto às vedações, a situação jurídica na data desta.*

Esse dispositivo retrata uma peculiaridade interessante a respeito dos membros do Ministério Público. Antes da promulgação da Constituição Federal de 1988, o regime jurídico a que estavam sujeitos era diferente. A ADCT permitiu aos membros que ingressaram antes de 1988 a escolha do regime jurídico a que estariam sujeitos a partir de então. Os membros que ingressaram na carreira antes de 1988 e que possuíam inscrição na OAB podem advogar desde que tenham optado pelo regime jurídico anterior a 1988. Para os membros que ingressaram na carreira depois da promulgação da Constituição Federal, essa escolha não é permitida, pois estão sujeitos apenas ao regime constitucional atual. Feita essa consideração, passa-se à análise das garantias vigentes.

Deve-se compreender a abrangência das vedações do inciso II do § 5º do art. 128 da Constituição Federal de 1988.

É vedado aos membros do Ministério Público receber, a qualquer título e sob qualquer pretexto, honorários, percentagens ou custas processuais, bem como receber auxílios ou contribuições de pessoas físicas, entidades públicas ou privadas, ressalvadas as exceções previstas em lei. Tais vedações visam a impedir que membros sejam motivados indevidamente a exercer suas funções sob a expectativa de receberem maiores valores pela sua atuação. Percebe-se que a vedação encontra exceção quando a contribuição está prevista em lei. Dessa forma, não ofende a Constituição Federal o recebimento de valores em razão da venda de livros, do exercício do magistério ou mesmo da ministração de palestra.

FUNÇÕES ESSENCIAIS À JUSTIÇA

Outra vedação aplicável aos membros do Parquet é em relação ao exercício da advocacia. Acerca desse impedimento, deve-se ressaltar a situação dos membros do Ministério Público da União que ingressaram na carreira antes de 1988 e que tenham optado pelo regime jurídico anterior, nos termos do § 3º do art. 29 da ADCT, os quais poderão exercer a advocacia nos termos da Resolução nº 8 do CNMP, com a nova redação dada pela Resolução nº 16.

Ademais, o texto constitucional estendeu aos Membros do Ministério Público a mesma vedação aplicável aos Magistrados no art. 95, parágrafo único, V, qual seja, a de exercer a advocacia no juízo ou tribunal do qual se afastou, antes de decorridos três anos do afastamento do cargo por aposentadoria ou exoneração. A doutrina tem chamado essa vedação de quarentena.

Os membros do Ministério Público não podem participar de sociedade comercial, na forma da lei. Essa vedação encontra regulamentação na Lei nº 8.625/1993, a qual prevê a possibilidade de participação como cotista ou acionista.

Também não podem exercer, ainda que em disponibilidade, qualquer outra função pública, salvo uma de magistério. Ressalta-se que o CNMP regulamentou o exercício do magistério, que poderá ser público ou privado, por no máximo 20 horas aula por semana, desde que o horário seja compatível com as atribuições ministeriais e o seu exercício se dê inteiramente em sala de aula.

Para evitar que sua atuação seja influenciada por pressões políticas, a Constituição vedou o exercício de atividade político-partidária aos membros do Ministério Público. Isso significa que, se um membro quiser se filiar ou mesmo exercer um cargo político, deverá se afastar do cargo no Ministério Público. Essa vedação tem caráter absoluto desde a Emenda Constitucional nº 45/2004, a qual foi regulamentada pelo Conselho Nacional do Ministério Público, que determinou a aplicação da vedação apenas aos membros que tenham ingressado na carreira após a promulgação da emenda.

9.2 Advocacia Pública

A Advocacia Pública é a função essencial à justiça responsável pela defesa dos interesses dos entes estatais, tanto judicialmente quanto extrajudicialmente, bem como as atividades de consultoria e assessoramento jurídico do Poder Executivo.

No âmbito da União, essa atividade é exercida pela Advocacia-Geral da União, enquanto nos estados, Distrito Federal e nos municípios, a Advocacia Pública será exercida pelas procuradorias.

Apesar de não haver previsão constitucional para as procuradorias municipais, elas são perfeitamente possíveis desde que previstas na Lei Orgânica do Município ou permitidas sua criação pela Constituição Estadual.

São vistas, a seguir, quais instituições compõem a Advocacia Pública no Brasil.

9.2.1 Advocacia-Geral da União (AGU)

A AGU é responsável pela assistência jurídica da União, conforme prevê o texto constitucional:

> *Art. 131 A Advocacia-Geral da União é a instituição que, diretamente ou através de órgão vinculado, representa a União, judicial e extrajudicialmente, cabendo-lhe, nos termos da lei complementar que dispuser sobre sua organização e funcionamento, as atividades de consultoria e assessoramento jurídico do Poder Executivo.*
>
> *§ 1º A Advocacia-Geral da União tem por chefe o Advogado-Geral da União, de livre nomeação pelo Presidente da República dentre cidadãos maiores de trinta e cinco anos, de notável saber jurídico e reputação ilibada.*

A chefia desse órgão fica a cargo do Advogado-Geral da União, o qual é nomeado livremente pelo Presidente da República, entre os cidadãos maiores de trinta e cinco anos, com notável saber jurídico e reputação ilibada. Segundo a Lei nº 10.683/2003, em seu art. 25, o advogado-geral da União é considerado ministro de Estado, sendo-lhe aplicadas todas as prerrogativas inerentes ao *status*. Atente-se para isso em prova, visto que, para ser o chefe dessa Instituição, não é necessário ser membro da carreira nem depende de aprovação do Senado Federal. É um cargo de livre nomeação e exoneração cuja confiança do Presidente da República se torna o principal critério para a escolha do seu titular.

Um detalhe muito importante e que pode ser cobrado em prova é que a Constituição Federal, ao apontar as competências dessa instituição, afirmou que a AGU representa judicial e extrajudicialmente a União e em relação a consultoria e assessoramento jurídico apenas ao Poder Executivo. Essas competências foram confirmadas na Lei Complementar nº 73/1993 (Lei Orgânica da Advocacia-Geral da União):

> *Art. 1º A Advocacia-Geral da União é a instituição que representa a União judicial e extrajudicialmente.*
>
> *Parágrafo único. À Advocacia-Geral da União cabem as atividades de consultoria e assessoramento jurídicos ao Poder Executivo, nos termos desta Lei Complementar.*

Enquanto a atividade de consultoria e assessoramento jurídico restringe-se apenas ao Poder Executivo, a representação judicial e extrajudicial abrangerá todos os poderes da União (Executivo, Legislativo e Judiciário), bem como suas autarquias e fundações públicas, conforme esclarece a Lei nº 9.028/1995:

> *Art. 22 A Advocacia-Geral da União e os seus órgãos vinculados, nas respectivas áreas de atuação, ficam autorizados a representar judicialmente os titulares e os membros dos Poderes da República, das Instituições Federais referidas no Título IV, Capítulo IV, da Constituição, bem como os titulares dos Ministérios e demais órgãos da Presidência da República, de autarquias e fundações públicas federais, e de cargos de natureza especial, de direção e assessoramento superiores e daqueles efetivos, inclusive promovendo ação penal privada ou representando perante o Ministério Público, quando vítimas de crime, quanto a atos praticados no exercício de suas atribuições constitucionais, legais ou regulamentares, no interesse público, especialmente da União, suas respectivas autarquias e fundações, ou das Instituições mencionadas, podendo, ainda, quanto aos mesmos atos, impetrar Habeas corpus e mandado de segurança em defesa dos agentes públicos de que trata este artigo.*

É importante lembrar também que o ingresso na carreira da AGU depende de aprovação em concurso público de provas e títulos nos termos do art. 131, § 2º:

> *§ 2º O ingresso nas classes iniciais das carreiras da instituição de que trata este artigo far-se-á mediante concurso público de provas e títulos.*

Destaca-se ainda a atuação da AGU na defesa da República Federativa do Brasil em demandas instauradas perante Cortes Internacionais.

Além das diversas carreiras que serão vistas, não se pode esquecer dos Advogados da União, os quais são responsáveis pela defesa da União quando esta se encontra em juízo.

9.2.2 Procuradoria-Geral da Fazenda Nacional (PGFN)

A PGFN é órgão vinculado a AGU responsável pelas ações de natureza tributária, cujo objetivo principal é garantir o recebimento de recursos de origem fiscal. A Constituição assim define sua competência no art. 131:

> *Art. 131, § 3º. Na execução da dívida ativa de natureza tributária, a representação da União cabe à Procuradoria-Geral da Fazenda Nacional, observado o disposto em lei.*

9.2.3 Procuradoria-Geral Federal

A Procuradoria-Geral Federal, órgão vinculado à AGU, é responsável pela representação judicial e extrajudicial das autarquias e fundações públicas da União por meio dos Procuradores Federais. Sua previsão não é constitucional, mas está descrita na Lei nº 10.480/2002:

> *Art. 10 À Procuradoria-Geral Federal compete a representação judicial e extrajudicial das autarquias e fundações públicas federais, as respectivas atividades de consultoria e assessoramento jurídicos, a apuração da liquidez e certeza dos créditos, de qualquer natureza, inerentes às suas atividades, inscrevendo-os em dívida ativa, para fins de cobrança amigável ou judicial.*

Em relação ao Banco Central, autarquia vinculada a União, foi prevista carreira própria regulamentada na Lei nº 9.650/1998, a qual localizou o Procurador do Banco Central como membro de carreira da própria instituição. Apesar disso, o Procurador do Banco Central está vinculado à AGU.

9.2.4 Procuradoria-Geral dos estados e do Distrito Federal

No âmbito dos estados e do Distrito Federal, a consultoria jurídica e a representação judicial serão realizadas pelos Procuradores dos Estados e do Distrito Federal, conforme preleciona o art. 132 da Constituição Federal:

> *Art. 132 Os Procuradores dos Estados e do Distrito Federal, organizados em carreira, na qual o ingresso dependerá de concurso público de provas e títulos, com a participação da Ordem dos Advogados do Brasil em todas as suas fases, exercerão a representação judicial e a consultoria jurídica das respectivas unidades federadas.*
>
> *Parágrafo único. Aos procuradores referidos neste artigo é assegurada estabilidade após três anos de efetivo exercício, mediante avaliação de desempenho perante os órgãos próprios, após relatório circunstanciado das corregedorias.*

Segundo a Constituição, o ingresso na carreira depende de concurso público de provas e títulos, cuja participação da OAB é obrigatória em todas as suas fases, não sendo admitido, portanto, que as atividades de representação judicial e de consultoria jurídica sejam realizadas por ocupantes de cargos em comissão.

Apesar de não haver previsão constitucional, o STF já decidiu que devem ser aplicadas simetricamente as mesmas regras da União para a nomeação do Procurador-geral das Unidades Federadas. Dessa forma, o governador detém a competência de nomear e exonerar livremente o chefe da Instituição, não se exigindo que o titular do referido cargo seja membro da carreira.

Por fim, a Constituição Federal de 1988 garantiu aos procuradores estaduais e do Distrito Federal, estabilidade após três anos de efetivo exercício mediante avaliação de desempenho perante os órgãos próprios, após relatório circunstanciado das corregedorias.

9.2.5 Procuradoria dos municípios

Conforme já estudado, não existe previsão constitucional para a criação das procuradorias municipais, não havendo da mesma forma qualquer impedimento para sua criação. Logo, cada município poderá criar sua própria procuradoria, desde que prevista essa possibilidade na Constituição Estadual ou na Lei Orgânica do Município.

9.2.6 Defensoria Pública

Como instituição essencial ao funcionamento da Justiça, a Defensoria Pública é responsável, em primeiro plano, pela assistência jurídica e gratuita dos hipossuficientes, os quais não possuem recursos financeiros para contratar um advogado. Essa função tipicamente realizada pela Defensoria concretiza o direito fundamental expresso no art. 5º, LXXIV, da Constituição:

> *Art. 5º [...]*
>
> *LXXIV – O Estado prestará assistência jurídica integral e gratuita aos que comprovarem insuficiência de recursos.*

Complementando esse dispositivo, a Constituição previu no art. 134 algumas regras sobre a defensoria:

> *Art. 134 A Defensoria Pública é instituição permanente, essencial à função jurisdicional do Estado, incumbindo-lhe, como expressão e instrumento do regime democrático, fundamentalmente, a orientação jurídica, a promoção dos direitos humanos e a defesa, em todos os graus, judicial e extrajudicial, dos direitos individuais e coletivos, de forma integral e gratuita, aos necessitados, na forma do inciso LXXIV do art. 5º desta Constituição Federal.*
>
> *§ 1º Lei complementar organizará a Defensoria Pública da União e do Distrito Federal e dos Territórios e prescreverá normas gerais para sua organização nos Estados, em cargos de carreira, providos, na classe inicial, mediante concurso público de provas e títulos, assegurada a seus integrantes a garantia da inamovibilidade e vedado o exercício da advocacia fora das atribuições institucionais.*
>
> *§ 2º Às Defensorias Públicas Estaduais são asseguradas autonomia funcional e administrativa e a iniciativa de sua proposta orçamentária dentro dos limites estabelecidos na lei de diretrizes orçamentárias e subordinação ao disposto no art. 99, § 2º.*
>
> *§ 3º Aplica-se o disposto no § 2º às Defensorias Públicas da União e do Distrito Federal.*
>
> *§ 4º São princípios institucionais da Defensoria Pública a unidade, a indivisibilidade e a independência funcional, aplicando-se também, no que couber, o disposto no art. 93 e no inciso II do art. 96 desta Constituição Federal.*

Atualmente, cada Unidade Federativa é responsável pela organização da sua Defensoria Pública, havendo ainda uma defensoria no âmbito da União e no Distrito Federal.

As defensorias estaduais possuem autonomia funcional e administrativa não se admitindo sua subordinação a nenhum dos poderes. Sua autonomia avança ainda nas questões orçamentárias permitindo que tenha iniciativa própria para apresentação de proposta orçamentária dentro dos limites estabelecidos na lei de diretrizes orçamentárias.

A Emenda Constitucional nº 74/2013, introduziu o § 3º ao art. 134, da CF/1988/1988 para conferir autonomia funcional e administrativa e a iniciativa de proposta orçamentária também às Defensorias Públicas da União e do Distrito Federal.

Segundo a Lei Complementar nº 80/1994 que organiza a Defensoria Pública:

> *Art. 2º A Defensoria Pública abrange:*
>
> *I – a Defensoria Pública da União;*
>
> *II – a Defensoria Pública do Distrito Federal e dos Territórios;*
>
> *III – as Defensorias Públicas dos Estados.*

Cabe aos defensores públicos a assistência jurídica integral dos hipossuficientes, não se limitando apenas à defesa judicial. A Lei Complementar nº 80/1994 traz extenso rol de atribuições:

> *Art. 4º São funções institucionais da Defensoria Pública, dentre outras:*
>
> *I – prestar orientação jurídica e exercer a defesa dos necessitados, em todos os graus;*
>
> *II – promover, prioritariamente, a solução extrajudicial dos litígios, visando à composição entre as pessoas em conflito de interesses, por meio de mediação, conciliação, arbitragem e demais técnicas de composição e administração de conflitos;*
>
> *III – promover a difusão e a conscientização dos direitos humanos, da cidadania e do ordenamento jurídico;*

FUNÇÕES ESSENCIAIS À JUSTIÇA

IV – prestar atendimento interdisciplinar, por meio de órgãos ou de servidores de suas Carreiras de apoio para o exercício de suas atribuições;

V – exercer, mediante o recebimento dos autos com vista, a ampla defesa e o contraditório em favor de pessoas naturais e jurídicas, em processos administrativos e judiciais, perante todos os órgãos e em todas as instâncias, ordinárias ou extraordinárias, utilizando todas as medidas capazes de propiciar a adequada e efetiva defesa de seus interesses;

VI – representar aos sistemas internacionais de proteção dos direitos humanos, postulando perante seus órgãos;

VII – promover ação civil pública e todas as espécies de ações capazes de propiciar a adequada tutela dos direitos difusos, coletivos ou individuais homogêneos quando o resultado da demanda puder beneficiar grupo de pessoas hipossuficientes;

VIII – exercer a defesa dos direitos e interesses individuais, difusos, coletivos e individuais homogêneos e dos direitos do consumidor, na forma do inciso LXXIV do art. 5º da Constituição Federal;

IX – impetrar Habeas corpus, mandado de injunção, Habeas Data e mandado de segurança ou qualquer outra ação em defesa das funções institucionais e prerrogativas de seus órgãos de execução;

X – promover a mais ampla defesa dos direitos fundamentais dos necessitados, abrangendo seus direitos individuais, coletivos, sociais, econômicos, culturais e ambientais, sendo admissíveis todas as espécies de ações capazes de propiciar sua adequada e efetiva tutela;

XI – exercer a defesa dos interesses individuais e coletivos da criança e do adolescente, do idoso, da pessoa portadora de necessidades especiais, da mulher vítima de violência doméstica e familiar e de outros grupos sociais vulneráveis que mereçam proteção especial do Estado;

XII e XIII. Vetados.

XIV – acompanhar inquérito policial, inclusive com a comunicação imediata da prisão em flagrante pela autoridade policial, quando o preso não constituir advogado;

XV – patrocinar ação penal privada e a subsidiária da pública;

XVI – exercer a curadoria especial nos casos previstos em lei;

XVII – atuar nos estabelecimentos policiais, penitenciários e de internação de adolescentes, visando a assegurar às pessoas, sob quaisquer circunstâncias, o exercício pleno de seus direitos e garantias fundamentais;

XVIII – atuar na preservação e reparação dos direitos de pessoas vítimas de tortura, abusos sexuais, discriminação ou qualquer outra forma de opressão ou violência, propiciando o acompanhamento e o atendimento interdisciplinar das vítimas;

XIX – atuar nos Juizados Especiais;

XX – participar, quando tiver assento, dos conselhos federais, estaduais e municipais afetos às funções institucionais da Defensoria Pública, respeitadas as atribuições de seus ramos;

XXI – executar e receber as verbas sucumbenciais decorrentes de sua atuação, inclusive quando devidas por quaisquer entes públicos, destinando-as a fundos geridos pela Defensoria Pública e destinados, exclusivamente, ao aparelhamento da Defensoria Pública e à capacitação profissional de seus membros e servidores;

XXII – convocar audiências públicas para discutir matérias relacionadas às suas funções institucionais.

Por fim, cabe destacar que, assim como os Advogados Públicos, os Defensores Públicos são remunerados por meio de subsídio:

Art. 135 *Os servidores integrantes das carreiras disciplinadas nas Seções II e III deste Capítulo serão remunerados na forma do art. 39, § 4º.*

9.3 Advocacia

Quando a Constituição Federal se refere à advocacia, fala-se do advogado privado, profissional autônomo, indispensável à função jurisdicional. Os advogados estão vinculados à Ordem dos Advogados do Brasil, entidade de classe de natureza especial, não vinculada aos poderes do Estado e que tem como atribuições controlar, fiscalizar e selecionar novos profissionais para o exercício da carreira.

Segundo a Constituição Federal de 1988:

Art. 133 *O advogado é indispensável à administração da justiça, sendo inviolável por seus atos e manifestações no exercício da profissão, nos limites da lei.*

Esse dispositivo revela dois princípios que regem a advocacia no Brasil: o princípio da indispensabilidade e o da inviolabilidade.

- **Princípio da indispensabilidade:** o advogado é indispensável à administração da justiça, pois só ele possui a chamada capacidade postulatória. Logicamente, esse princípio não goza de caráter absoluto, sendo permitida a capacidade de postular ao próprio interessado em situações expressamente previstas na Constituição Federal como no *Habeas corpus* e nos juizados especiais.
- Destaca-se ainda que nos processos administrativos disciplinares a ausência de defesa técnica por meio de advogado não gera nulidade ao procedimento.
- **Princípio da inviolabilidade:** constitui norma que visa garantir ao advogado o exercício das suas atribuições de forma independente e autônoma às demais instituições do Estado. Da mesma forma, esse princípio não goza de caráter absoluto, sendo possível a limitação quando seus atos e atribuições não estiverem ligados ao exercício da profissão nos termos do Estatuto da Advocacia.

Como condição para o exercício dessa profissão, o STF já declarou que é constitucional a necessidade de aprovação do Exame de Ordem aplicado pela OAB aos bacharéis em Direito.

A amplitude desse tema requer análise aprofundada, a qual é feita em disciplina própria. Aqui foi feita uma breve análise constitucional do instituto.

Ministério Público → defende a sociedade.

Advocacia Pública → defende o Estado.

Advocacia Privada → defende os particulares.

Defensoria Pública → defende pessoas de baixa renda.

NOÇÕES DE DIREITO CONSTITUCIONAL

10. DEFESA DO ESTADO E DAS INSTITUIÇÕES DEMOCRÁTICAS

10.1 Forças Armadas

10.1.1 Instituições

As Forças Armadas são formadas por instituições que compõem a estrutura de defesa do Estado, a Marinha, o Exército e a Aeronáutica. Possuem como funções principais a defesa da pátria, a garantia dos poderes constitucionais, da lei e da ordem. Apesar de sua vinculação à União, suas atribuições têm caráter nacional e podem ser exercidas em todo o território brasileiro:

> **Art. 142** *As Forças Armadas, constituídas pela Marinha, pelo Exército e pela Aeronáutica, são instituições nacionais permanentes e regulares, organizadas com base na hierarquia e na disciplina, sob a autoridade suprema do Presidente da República, e destinam-se à defesa da Pátria, à garantia dos poderes constitucionais e, por iniciativa de qualquer destes, da lei e da ordem.*

Segundo o *caput* do art. 142, são classificadas como instituições permanentes e regulares. Estão sempre prontas para agir. São regulares, pois desempenham funções sistemáticas e dependem de um efetivo de servidores para realizá-las.

Ainda, destaca-se a base de sua organização na hierarquia e na disciplina. Esses atributos típicos da Administração Pública são ressaltados nessas instituições devido ao caráter militar que possuem. As Forças Armadas valorizam demasiadamente essa estrutura hierárquica, com regulamentos que garantem uma distribuição do efetivo em diversos níveis de escalonamento, cujo comando supremo está nas mãos do Presidente da República.

Em linhas gerais, a Constituição Federal de 1988 previu algumas regras para o funcionamento das instituições militares:

> **Art. 142** [...]
> *§ 1º Lei complementar estabelecerá as normas gerais a serem adotadas na organização, no preparo e no emprego das Forças Armadas.*
> *§ 3º Os membros das Forças Armadas são denominados militares, aplicando-se-lhes, além das que vierem a ser fixadas em lei, as seguintes disposições:*
> *I – as patentes, com prerrogativas, direitos e deveres a elas inerentes, são conferidas pelo Presidente da República e asseguradas em plenitude aos oficiais da ativa, da reserva ou reformados, sendo-lhes privativos os títulos e postos militares e, juntamente com os demais membros, o uso dos uniformes das Forças Armadas;*
> *II – o militar em atividade que tomar posse em cargo ou emprego público civil permanente, ressalvada a hipótese prevista no art. 37, inciso XVI, alínea "c", será transferido para a reserva, nos termos da lei;*
> *III – o militar da ativa que, de acordo com a lei, tomar posse em cargo, emprego ou função pública civil temporária, não eletiva, ainda que da administração indireta, ressalvada a hipótese prevista no art. 37, inciso XVI, alínea "c", ficará agregado ao respectivo quadro e somente poderá, enquanto permanecer nessa situação, ser promovido por antiguidade, contando-se-lhe o tempo de serviço apenas para aquela promoção e transferência para a reserva, sendo depois de dois anos de afastamento, contínuos ou não, transferido para a reserva, nos termos da lei;*
> *IV – ao militar são proibidas a sindicalização e a greve;*
> *V – o militar, enquanto em serviço ativo, não pode estar filiado a partidos políticos;*
> *VI – o oficial só perderá o posto e a patente se for julgado indigno do oficialato ou com ele incompatível, por decisão de tribunal militar de caráter permanente, em tempo de paz, ou de tribunal especial, em tempo de guerra;*
> *VII – o oficial condenado na justiça comum ou militar a pena privativa de liberdade superior a dois anos, por sentença transitada em julgado, será submetido ao julgamento previsto no inciso anterior;*
> *VIII – aplica-se aos militares o disposto no art. 7º, incisos VIII, XII, XVII, XVIII, XIX e XXV, e no art. 37, incisos XI, XIII, XIV e XV, bem como, na forma da lei e com prevalência da atividade militar, no art. 37, inciso XVI, alínea "c";*
> *IX – (Revogado pela Emenda Constitucional nº 41, de 19.12.2003).*
> *X – a lei disporá sobre o ingresso nas Forças Armadas, os limites de idade, a estabilidade e outras condições de transferência do militar para a inatividade, os direitos, os deveres, a remuneração, as prerrogativas e outras situações especiais dos militares, consideradas as peculiaridades de suas atividades, inclusive aquelas cumpridas por força de compromissos internacionais e de guerra.*

10.1.2 Habeas corpus

A Constituição declarou expressamente o não cabimento de *Habeas corpus* nas punições disciplinares militares:

> **Art. 142** [...]
> *§ 2º Não caberá Habeas corpus em relação a punições disciplinares militares.*

Essa vedação decorre do regime constritivo rigoroso existente nas instituições castrenses, o qual permite como sanção administrativa a prisão. Deve-se ter muito cuidado com isso em prova. Segundo o STF, se o *Habeas corpus* versar sobre a ilegalidade da prisão, ele será admitido, ficando a vedação subordinada apenas ao seu mérito.

10.1.3 Vedações

Como foi dito anteriormente, o regime militar é bem rigoroso e a Constituição apresentou algumas vedações que sempre caem em prova:

> **Art. 142** [...]
> *IV – ao militar são proibidas a sindicalização e a greve;*
> *V – o militar, enquanto em serviço ativo, não pode estar filiado a partidos políticos;*

A sindicalização e a greve são medidas que dificultam o trabalho do militar, pois o influencia a questionar as ordens recebidas de seus superiores. As atribuições dos militares dependem de uma obediência irrestrita, por essa razão a Constituição os impediu de se organizarem em sindicatos e de realizarem movimentos paredistas.

Quanto à vedação de filiação ao partido político, deve-se destacar que o militar, para que desenvolva suas atividades com eficiência, não pode se sujeitar às correntes político-partidárias. O militar deve obedecer apenas à Constituição Federal e executar suas atividades com determinação. Essa vedação não o impede de se candidatar a cargo eletivo, desde que não seja conscrito. Aqui cabe citar o art. 14, § 8º da Constituição Federal de 1988:

> *§ 8º O militar alistável é elegível, atendidas as seguintes condições:*
> *I – se contar menos de dez anos de serviço, deverá afastar-se da atividade;*
> *II – se contar mais de dez anos de serviço, será agregado pela autoridade superior e, se eleito, passará automaticamente, no ato da diplomação, para a inatividade.*

10.1.4 Serviço militar obrigatório

Outro tema importante acerca das Forças Armadas é a existência do serviço militar obrigatório, previsto no art. 143:

> **Art. 143** *O serviço militar é obrigatório nos termos da lei.*
> *§ 1º Às Forças Armadas compete, na forma da lei, atribuir serviço alternativo aos que, em tempo de paz, após alistados, alegarem imperativo de consciência, entendendo-se como tal o decorrente de crença religiosa e de convicção filosófica ou política, para se eximirem de atividades de caráter essencialmente militar.*

§ 2º as mulheres e os eclesiásticos ficam isentos do serviço militar obrigatório em tempo de paz, sujeitos, porém, a outros encargos que a lei lhes atribuir.

A lei que regula o serviço militar obrigatório é a Lei nº 4.375/1964, a qual obriga todos os brasileiros a se alistarem. Destaca-se que essa obrigatoriedade não se aplica aos eclesiásticos (líderes religiosos) e às mulheres, em tempos de paz, o que nos conduz à conclusão de que eles poderiam ser convocados em momentos de guerra ou mobilização nacional.

O § 1º apresenta um tema que já foi cobrado em prova: a dispensa do serviço obrigatório pela escusa de consciência. Isso ocorre quando o indivíduo se recusa a cumprir a obrigação essencialmente militar que é imposta pela Constituição Federal em razão da sua convicção filosófica, religiosa ou política. O referido parágrafo, em consonância com o inciso VIII do art. 5º, permite que nesses casos o interessado tenha respeitado o seu direito de escolha e de livre consciência desde que cumpra a prestação alternativa regulamentada na Lei nº 8.239/1991, a qual consiste no desempenho de atribuições de caráter administrativo, assistencial, filantrópico ou produtivo, em substituição às atividades de caráter essencialmente militar. Não havendo o cumprimento da atividade obrigatória ou da prestação alternativa fixada em lei, o art. 15 prevê como consequência a restrição dos direitos políticos:

Art. 15 É vedada a cassação de direitos políticos, cuja perda ou suspensão só se dará nos casos de:[...]

IV – recusa de cumprir obrigação a todos imposta ou prestação alternativa, nos termos do art. 5º, VIII.

Acerca desse tema, um problema surge na doutrina. A Constituição não estabelece de forma clara qual consequência deverá ser aplicada ao indivíduo que se recusa a cumprir a obrigação ou a prestação alternativa. A Lei nº 8.239/1991, que regula a prestação alternativa ao serviço militar obrigatório, prevê que será declarada a suspensão dos direitos políticos de quem se recusar a cumprir a obrigação e a prestação alternativa. A doutrina tem se dividido entre as duas possibilidades: perda ou suspensão dos direitos políticos.

10.2 Órgãos de segurança pública

Conforme prescrito no *caput* do art. 144, a segurança pública é dever do Estado e tem como objetivo a preservação da ordem pública e da incolumidade das pessoas e do patrimônio. Esse tema é certo em concursos públicos da área de Segurança Pública e deve ser estudado com o foco na memorização de todo o artigo. Um dos pontos mais importantes está na definição de quais órgãos compõem a chamada segurança pública, os quais estão listados de forma taxativa no art. 144:

Art. 144 A segurança pública, dever do Estado, direito e responsabilidade de todos, é exercida para a preservação da ordem pública e da incolumidade das pessoas e do patrimônio, através dos seguintes órgãos:

I – polícia federal;

II – polícia rodoviária federal;

III – polícia ferroviária federal;

IV – polícias civis;

V – polícias militares e corpos de bombeiros militares.

VI – polícias penais federal, estaduais e distrital.

O STF já decidiu que esse rol é taxativo e que os demais entes federativos estão vinculados à classificação proposta pela Constituição. Diante disso, conclui-se que os estados, Distrito Federal e municípios estão proibidos de criar outros órgãos de segurança pública diferentes dos estabelecidos na Constituição Federal.

Ainda, como fruto dessa taxatividade, deve-se afirmar que nenhum outro órgão além dos estabelecidos nesse artigo poderá ser considerado como sendo de Segurança Pública. Isso se aplica às Guardas Municipais, aos Agentes Penitenciários, aos Agentes de Trânsito e aos Seguranças Privados.

Há ainda a chamada Força Nacional de Segurança, instituição criada como fruto de um acordo de cooperação entre os estados e o Distrito Federal que possui o objetivo de apoiar ações de segurança pública nesses locais. Apesar de ser formado por membros dos órgãos de segurança pública de todo o país, não se pode afirmar, principalmente numa prova de concurso, que essa instituição faça parte dos órgãos de Segurança Pública.

Não se pode esquecer das Polícias Legislativas criadas no âmbito da Câmara dos Deputados e do Senado Federal, previstas nos arts. 51, inciso IV e 52, inciso XIII. Também não entram na classificação de órgãos de Segurança Pública para a prova, pois não estão no rol do art. 144:

Art. 51 Compete privativamente à Câmara dos Deputados:[...]

IV – dispor sobre sua organização, funcionamento, polícia, criação, transformação ou extinção dos cargos, empregos e funções de seus serviços, e a iniciativa de lei para fixação da respectiva remuneração, observados os parâmetros estabelecidos na lei de diretrizes orçamentárias.

Art. 52 Compete privativamente ao Senado Federal: [...]

XIII – dispor sobre sua organização, funcionamento, polícia, criação, transformação ou extinção dos cargos, empregos e funções de seus serviços, e a iniciativa de lei para fixação da respectiva remuneração, observados os parâmetros estabelecidos na lei de diretrizes orçamentárias.

Cada um dos órgãos será organizado em estatuto próprio, conforme preleciona o § 7º do art. 144:

§ 7º. A lei disciplinará a organização e o funcionamento dos órgãos responsáveis pela segurança pública, de maneira a garantir a eficiência de suas atividades.

10.2.1 Polícia Administrativa e Polícia Judiciária

Antes de iniciar uma análise mais detida do artigo em questão, uma importante distinção doutrinária deve ser feita em relação às polícias de segurança pública: Polícia Administrativa e Polícia Judiciária.

- **Polícia Administrativa** é a polícia preventiva. Sua atividade ocorre antes do cometimento da infração penal com o intuito de impedir a sua ocorrência. Sua atuação é ostensiva, ou seja, visível pelos membros da sociedade. É aquela polícia a que recorremos quando temos um problema. Uma característica marcante das polícias ostensivas é o seu uniforme. É a vestimenta que identifica um policial ostensivo. O maior exemplo de polícia administrativa é a Polícia Militar. Também são consideradas como polícia preventiva: Polícia Federal (em situações específicas), Polícia Rodoviária Federal, Polícia Ferroviária Federal e Corpo de Bombeiros Militar.

- **Polícia Judiciária** é a polícia repressiva. Sua atividade ocorre após o cometimento da infração penal, quando a atuação da polícia preventiva não surtiu efeito. Sua atividade é investigativa com o fim de encontrar os elementos comprobatórios do ilícito penal cometido. O resultado do trabalho das polícias judiciárias é utilizado posteriormente pelo Ministério Público para subsidiar sua atuação junto ao Poder Judiciário. Daí a razão do nome ser Polícia Judiciária. O resultado de seu trabalho é utilizado pelo Poder Judiciário em seus julgamentos. Atente-se para a seguinte diferença, pois já caiu em prova de concurso: a Polícia Judiciária não faz parte do Poder Judiciário, mas do Poder Executivo. São consideradas como Polícia Judiciária a Polícia Civil e a Polícia Federal. A Polícia Militar também possui atribuições repressivas quando atua na investigação de crimes cometidos por policiais militares.

Além dessa classificação, pode-se distinguir os órgãos do art. 144 em federais e estaduais, a depender da sua vinculação federativa:
- **Federais:** Polícia Federal, Polícia Rodoviária Federal e Polícia Ferroviária Federal;
- **Estaduais:** Polícia Civil, Polícia Militar e Corpo de Bombeiro Militar.

Feitas essas considerações iniciais, prossegue-se agora com a análise de cada um dos órgãos de segurança pública do art. 144.

10.2.2 Polícia Federal

A Polícia Federal é o órgão de segurança pública com maior quantidade de atribuições previstas na Constituição Federal, razão pela qual é a mais cobrada em prova:

§ 1º A polícia federal, instituída por lei como órgão permanente, organizado e mantido pela União e estruturado em carreira, destina-se a:
I – apurar infrações penais contra a ordem política e social ou em detrimento de bens, serviços e interesses da União ou de suas entidades autárquicas e empresas públicas, assim como outras infrações cuja prática tenha repercussão interestadual ou internacional e exija repressão uniforme, segundo se dispuser em lei;
II – prevenir e reprimir o tráfico ilícito de entorpecentes e drogas afins, o contrabando e o descaminho, sem prejuízo da ação fazendária e de outros órgãos públicos nas respectivas áreas de competência;
III – exercer as funções de polícia marítima, aeroportuária e de fronteiras;
IV – exercer, com exclusividade, as funções de polícia judiciária da União.

Deve-se destacar, como característica principal, a sua atuação como Polícia Judiciária exclusiva da União. É ela quem atuará na repressão dos crimes cometidos contra a União e suas entidades autárquicas e empresas públicas. Apesar de mencionar algumas entidades da administração indireta, não se mencionou as sociedades de economia mista. Isso força uma conclusão de que a Polícia Federal não tem atribuição nos crimes que envolvam interesses de sociedades de economia mista.

As demais atribuições serão exercidas concomitantemente com outros órgãos, limitando a exclusividade de sua atuação apenas à função investigativa no âmbito da União.

10.2.3 Polícia Rodoviária Federal

A Polícia Rodoviária Federal é órgão da União responsável pelo patrulhamento das rodovias federais:

§ 2º A polícia rodoviária federal, órgão permanente, organizado e mantido pela União e estruturado em carreira, destina-se, na forma da lei, ao patrulhamento ostensivo das rodovias federais.

Eventualmente, sua atuação se estenderá às rodovias estaduais ou distritais mediante convênio firmado entre os entes federativos. Não havendo esse convênio, o patrulhamento das rodovias estaduais e distritais fica a cargo das Polícias Militares. É comum no âmbito das Polícias Militares a criação de batalhões ou companhias com essa atribuição específica, as chamadas Polícias Rodoviárias.

10.2.4 Polícia Ferroviária Federal

A Polícia Ferroviária Federal é o órgão da União responsável pelo patrulhamento das ferrovias federais:

§ 3º. A polícia ferroviária federal, órgão permanente, organizado e mantido pela União e estruturado em carreira, destina-se, na forma da lei, ao patrulhamento ostensivo das ferrovias federais.

Diante da pouca relevância das ferrovias no Brasil, esse órgão ficou no esquecimento durante vários anos. No dia 5 agosto de 2011, a presidente Dilma sancionou a Lei nº 12.462, que criou no âmbito do Ministério da Justiça a Polícia Ferroviária Federal. O efetivo que comporá essa nova estrutura se originará das instituições que anteriormente cuidavam das ferrovias:

Art. 48 A Lei nº 10.683, de 28 de maio de 2003, passa a vigorar com as seguintes alterações:

Art. 29 [...]
XIV – Do Ministério da Justiça: o Conselho Nacional de Política Criminal e Penitenciária, o Conselho Nacional de Segurança Pública, o Conselho Federal Gestor do Fundo de Defesa dos Direitos Difusos, o Conselho Nacional de Combate à Pirataria e Delitos contra a Propriedade Intelectual, o Conselho Nacional de Arquivos, o Conselho Nacional de Políticas sobre Drogas, o Departamento de Polícia Federal, o Departamento de Polícia Rodoviária Federal, o Departamento de Polícia Ferroviária Federal, a Defensoria Pública da União, o Arquivo Nacional e até 6 (seis) Secretarias;
§ 8º Os profissionais da Segurança Pública Ferroviária oriundos do grupo Rede, Rede Ferroviária Federal (RFFSA), da Companhia Brasileira de Trens Urbanos (CBTU) e da Empresa de Trens Urbanos de Porto Alegre (Trensurb) que estavam em exercício em 11 de dezembro de 1990, passam a integrar o Departamento de Polícia Ferroviária Federal do Ministério da Justiça (NR).

10.2.5 Polícia Civil

Essa é a Polícia Judiciária no âmbito dos estados e do Distrito Federal. É dirigida por delegados de polícia de carreira e possui atribuição subsidiária à da Polícia Federal e à da Polícia Militar. Significa dizer que o que não for atribuição da Polícia Federal ou da Polícia Militar será da Polícia Civil:

§ 4º. às polícias civis, dirigidas por delegados de polícia de carreira, incumbem, ressalvada a competência da União, as funções de polícia judiciária e a apuração de infrações penais, exceto as militares.

10.2.6 Polícia Militar e Corpo de Bombeiros Militar

Essas duas instituições possuem caráter essencialmente ostensivo dentro das atribuições próprias. A Polícia Militar é responsável pelo policiamento ostensivo e preservação da ordem pública.

É a Polícia Militar quem exerce a função principal de prevenção do crime. Quando se pensa em polícia, certamente é a primeira que vem à mente, pois é vista pela sociedade. Já o Corpo de Bombeiros Militar, apesar de não ser órgão policial, possui atribuição de segurança pública à medida que executa atividades de defesa civil. São responsáveis por uma atuação voltada para a proteção da sociedade, prestação de socorro, atuação em incêndios e acidentes. Destaca-se pela agilidade no atendimento, o que muitas vezes acaba por coibir maiores tragédias:

§ 5º às polícias militares cabem a polícia ostensiva e a preservação da ordem pública; aos corpos de bombeiros militares, além das atribuições definidas em lei, incumbe a execução de atividades de defesa civil.
§ 6º As polícias militares e corpos de bombeiros militares, forças auxiliares e reserva do Exército, subordinam-se, juntamente com as polícias civis, aos Governadores dos Estados, do Distrito Federal e dos Territórios.

Por serem corporações militares, a eles se aplicam as mesmas regras que são aplicadas às Forças Armadas, como a proibição de greve, filiação partidária e sindicalização.

São ainda consideradas forças auxiliares e reserva do Exército. Significa que, em um momento de necessidade de efetivo, seria possível a convocação de Policiais e Bombeiros Militares como força reserva e de apoio.

Estão subordinados aos governadores dos estados, a Distrito Federal e dos territórios a quem compete a gestão da Segurança Pública em cada ente federativo.

No que tange à Polícia Militar, ao Corpo de Bombeiros Militares e à Polícia Civil do Distrito Federal, há um detalhe que não pode ser esquecido, pois já foi cobrado em prova. Apesar da subordinação destas forças ao governador do Distrito Federal, a competência para legislar e manter estas corporações é da União.

Aqui há uma exceção na autonomia federativa do Distrito Federal, que está prevista expressamente na Constituição no art. 21, XIV:

> *Art. 21 Compete à União:*
>
> *XIV – organizar e manter a polícia civil, a polícia penal, a polícia militar e o corpo de bombeiros militar do Distrito Federal, bem como prestar assistência financeira ao Distrito Federal para a execução de serviços públicos, por meio de fundo próprio; (Redação dada pela Emenda Constitucional nº 104/2019)*

10.2.7 Polícias penais

A Emenda Constitucional nº 104/2019 introduziu no rol de entidades de segurança pública as chamadas polícias penais.

De acordo com o art. 144, § 5º-A da Constituição Federal de 1988, cabe às polícias penais, vinculadas ao órgão administrador do sistema penal da unidade federativa a que pertencem, a segurança dos estabelecimentos penais.

NOÇÕES DE DIREITOS HUMANOS

TEORIA GERAL DOS DIREITOS HUMANOS

1 TEORIA GERAL DOS DIREITOS HUMANOS

1.1 Conceitos

A conceitualização dos Direitos Humanos não obedece a uma forma absoluta de definição universal. Muitos foram, e continuam sendo, os teóricos que refletem esse âmbito do Direito. Vejamos, a título de exemplos, alguns conceitos:

> "Compreendemos por Direitos Humanos os direitos que o homem possui pelo fato de ser homem, por sua própria natureza humana, pela dignidade que a ela é inerente. São direitos que não resultam de uma concessão da sociedade política. Pelo contrário, são direitos que a sociedade política tem o dever de consagrar".
>
> João Baptista Herkenhoff (Advogado e escritor).

> "O conjunto institucionalizado de direitos e garantias do ser humano que tem por finalidade básica o respeito à sua dignidade por meio de sua proteção contra o arbítrio do poder estatal e o estabelecimento de condições mínimas de vida e desenvolvimento da personalidade humana".
>
> Alexandre de Moraes (jurista, magistrado e atual ministro do Supremo Tribunal Federal-STF).

> "A expressão Direitos Humanos refere-se obviamente ao homem, e como "direitos" só se pode designar aquilo que pertence à essência do homem, que não é puramente acidental, que não surge e desaparece com a mudança dos tempos, da moda, do estilo ou do sistema, deve ser algo que pertence ao homem como tal".
>
> Charlles Malik (Relator da comissão de Direitos Humanos da ONU, 1947).

Após analisarmos os conceitos dados, uma dúvida pode surgir: "Qual a diferença entre **direitos do Homem**, **Direitos Fundamentais** e **Direitos Humanos**?". Pode-se dizer que a principal diferença entre esses conceitos reside na positivação ou não dos referidos direitos, bem como o local onde se encontram positivados. Porém, as expressões têm sido, equivocadamente, usadas indistintamente como sinônimos. Observe:

Direitos do Homem: é a universalidade de direitos naturais (caráter jusnaturalista) que garantem a proteção global do homem e válido em todos os tempos. Trata-se de direitos que não estão nos textos constitucionais, nem mesmo em tratados de proteção aos direitos humanos. Portanto, podemos caracterizar como direitos que:

▷ Condicionam ao ser humano exercer sua humanidade;
▷ São universais, válidos em qualquer tempo e em qualquer lugar;
▷ São naturais, inseparáveis e imprescindíveis a qualquer ser humano.

Direitos Fundamentais: representam os direitos naturais positivados ou escritos no Texto Constitucional, ganhando uma conotação de direitos positivos constitucionais. Um exemplo é o Título II da Constituição de 1988. É importante também ter cuidado para não confundir os direitos fundamentais com garantias fundamentais. A primeira espécie são os bens protegidos pela Constituição, já a segunda é aquela que visa proteger esses bens, ou seja, instrumentos constitucionais.

Direitos Humanos: é a evolução dos direitos fundamentais, ou seja, quando esses direitos previstos nas normas internas passaram a ser regulados em **tratados internacionais** (seja no plano global ou regional).

> **Fique ligado**
>
> Um tratado é um acordo entre os Estados, que se comprometem com regras específicas. Tratados internacionais têm diferentes designações, como pactos, cartas, protocolos, convenções e acordos. Um tratado é legalmente vinculativo para os Estados que tenham consentido em se comprometer com as disposições do tratado – em outras palavras, que são parte do tratado.

A expressão Direito Humanitário também pode gerar novas dúvidas, portanto, fazemos bem em conceituá-la. O **Direito Humanitário** visa ao mínimo de dignidade para os participantes de conflitos armados ou feridos e doentes vítimas de guerras e proteção para aqueles que não participam ou que fugiram de determinado conflito.

1.2 Concepções

Ao analisarmos os Direitos Humanos, devemos nos perguntar quais as premissas filosóficas que os precedem e os projetam, e o alicerce sobre o qual estão levantadas as colunas que estruturam todos os direitos humanos e suas ramificações. Neste sentido, é possível afirmar as seguintes teorias basilares:

Naturalismo: a pessoa humana é o fundamento atemporal dos Direitos Humanos, pois, a partir dela, verificamos a existência de direitos pré-concebidos e precedentes a qualquer modo de positivação estatal. A dignidade, não importa a cultura na qual a pessoa esteja imersa, deve ser objeto de zelo e amparo, pois está presente no homem enquanto homem. Neste sentido, os Direitos Humanos não são criados pelos homens, não são criados pelo Estado, mas resta a este o reconhecimento destes direitos.

Positivismo: os Direitos Humanos não podem ser caracterizados como absolutos. Devem obedecer à ordem prática do Direito que, como fruto social, leva em consideração fatores culturais, morais e sociais, variáveis em sua constituição. Portanto, não poderíamos almejar uma fundamentação absoluta, ou caráter permanente para algo que necessariamente irá sofrer alterações. Isso gera uma tendência natural à positivação dos Direitos Humanos pelas Constituições nacionais.

> **Fique ligado**
>
> A dignidade pode ser definida como consciência do próprio valor, respeito que se tem para com a própria pessoa e o reconhecimento de suas próprias qualidades. Neste sentido, o ser capaz de reconhecimento de si e autoconsciência, inferindo valores a seu contexto social, artístico e cultural, capaz de dar sentido e promover a liberdade é o ser humano.

Não devemos estabelecer um ponto exato no nascimento dos Direitos Humanos, mas percebê-los como fruto do tempo e das experiências. Eles nasceram fragmentados em resposta às atrocidades cometidas arbitrariamente sobre o ser humano durante guerras e conflitos. O direito à liberdade e à vida são exemplos de alguns desses direitos. Mesmo com perspectivas de fundamentação distintas, os Direitos Humanos permanecem tendo como horizonte de ação a **Dignidade do Homem**, que, na condição de humano, já merece respeito e dignidade, ambos inseparáveis de sua natureza.

1.3 Terminologia

Para darmos a terminologia da expressão "direitos humanos", precisamos explicar as expressões "direitos do homem" e "direitos fundamentais". **Direitos do homem:** expressão jusnaturalista que apresenta uma série de direitos naturais, os quais visam a proteção global do homem em todos os tempos. São direitos que não estão expressos na Constituição, nem nos tratados internacionais.

▷ **Direitos fundamentais:** expressão que apresenta a proteção interna dos cidadãos, trata-se dos direitos previstos na Constituição, garantidos e limitados no tempo e no espaço.

▷ **Direitos humanos:** o termo se refere aos direitos inscritos em tratados ou costumes internacionais, os quais já ultrapassaram as fronteiras estatais de proteção interna e passaram a garantir a proteção internacional.

1.4 Características

Os Direitos Humanos são caracterizados pela:

- **Historicidade:** não nasceram todos de uma única vez, em um único momento histórico. Surgiram de maneira gradual, resultado de lutas contra o poder vigente, evoluem com o tempo e obedecem a fluxos circunstanciais do contexto a que estão inseridos. São assegurados pela positivação jurídica dos Estados.
- **Universalidade:** destinam-se a todos os seres humanos. Não limitam, distinguem ou separam os homens por conta de sexo, orientação política, religião, cor ou nacionalidade. Almejam respeitar e considerar o princípio da liberdade e o princípio da dignidade presente em todo e qualquer ser humano só pelo fato de o sê-lo.
- **Inalienabilidade:** os direitos não podem ser alienados, não podem ser vendidos.
- **Inexauribilidade:** os Direitos Humanos não são esgotados em si mesmos, não assumem rol taxativo. É admissível ampliá-los e não reduzi-los, respeitando-se sempre seu núcleo essencial.
- **Irrenunciabilidade:** os titulares desses direitos não podem renunciá-los. Eles são inerentes à existência humana e, tomando consciência disso, o Estado impede que os indivíduos deliberem sobre direitos de ordem natural.
- **Imprescritibilidade:** podem ser exercidos em qualquer tempo. Ainda que não tenham sido exigidos durante certo período de tempo, não significa que não possam mais ser exigidos.
- **Inviolabilidade:** os Direitos Humanos não podem ser violados e cabe ao Estado zelar para que a sua violação não ocorra.
- **Complementaridade:** a evolução dos Direitos Humanos é marcada pelo complemento que cada direito dá ao outro.
- **Efetividade:** a concretização, a realização no mundo real. Os direitos não permanecem somente ao plano teórico, mas se efetivam no mundo.
- **Concorrência:** os Direitos Humanos não têm efeito isoladamente. Eles coexistem entre si, ativam-se conjuntamente e um direito não anula o outro.
- **Limitabilidade:** os limites dos direitos são postos por outros direitos. A ponderação e o bom senso sobre determinadas situações irá confirmar que tipo de limitação será essa. Exemplo: direito de propriedade x direito à vida.
- **Vedação ao retrocesso:** compreende-se a ampliação dos Direitos Humanos enquanto Direitos Fundamentais, porém, não é permitido reduzir esses direitos.
- **Indivisibilidade:** os Direitos Humanos formam um todo, um conjunto de direitos que não podem ser analisados isoladamente.
- **Aplicabilidade imediata:** segundo o art. 5º, §1º, da Constituição Federal, a aplicação desses direitos é de ordem imediata.
- **Essencialidade:** os Direitos Humanos são inerentes à natureza humana e fundamentam-se no princípio da dignidade de caráter supremo e inigualável.

DIREITOS HUMANOS E RESPONSABILIDADE DO ESTADO

2 DIREITOS HUMANOS E RESPONSABILIDADE DO ESTADO

2.1 O Estado, seu conceito e funções para os Direitos Humanos

O Estado é um corpo político administrativo, delimitado juridicamente e territorialmente, e constituído por forma de poder soberana com a função de garantir os direitos dos que o constituem e o bem-estar social. São três os pilares fundamentais que permitem sua articulação: os Poderes Executivo, Legislativo e Judiciário. O Estado tem responsabilidades nas áreas, política, econômica e social que devem garantir a eficiência, a estabilidade e equidade social.

O contrato social ou contratualismo indica uma classe de teorias que tentam explicar os caminhos que levam as pessoas a formarem Estados e/ou manterem a ordem social. Essa noção de contrato traz implícito que as pessoas abrem mão de certos direitos para um governo ou outra autoridade a fim de obter as vantagens da ordem social. Sob esse prisma, o contrato social seria um acordo entre os membros da sociedade, pelo qual reconhecem a autoridade, igualmente sobre todos, de um conjunto de regras, de um regime político ou de um governante.

No entanto, ao falarmos de Direitos Humanos, o Estado surge como fenômeno garantidor e destrutivo, isto é, possui um lado positivo e outro negativo: **o Estado que garante é o mesmo que pode violar os Direitos Humanos. A Revolução Francesa foi um momento da História que**, além de marcar o início da Idade Contemporânea, **serve de exemplo para analisarmos as responsabilidades do Estado** e como esse Estado estabelecido em prol do bem comum pode se tornar autoritário e violar direitos diversos.

2.2 Gerações ou dimensões dos Direitos Humanos

Em 1979, Karel Vasak (primeiro secretário-geral do Instituto Internacional de Direitos Humanos em Estrasburgo), inspirado nos ideais da Revolução Francesa (liberdade, igualdade e fraternidade), foi o primeiro a propor uma divisão dos direitos humanos em gerações.

Alguns doutrinadores divergem sobre a terminologia mais coerente para se denominar o evento de evolução histórica dos direitos fundamentais, e isto acontece principalmente sobre o uso das expressões **gerações** e **dimensões**. É muito comum doutrinadores utilizarem gerações, porém parte da doutrina tem se posicionado contrária ao uso desse termo, defendendo o uso de dimensões, uma vez que gerações poderia desencadear a falsa ideia de que, conforme fossem evoluindo, ocorreria uma substituição de uma geração por outra.

Primeira geração ou dimensão: referem-se às **liberdades negativas** ou clássicas. São chamados também de direitos de resistência ou de defesa. Enfatizam o princípio da liberdade, configurando direitos civis e políticos. A gênese dessa geração de direitos foi a resistência burguesa contra o Estado absolutista opressor, contra os privilégios da nobreza, contra o sistema feudal que oprimia a burguesia incipiente. Para a realização dos direitos de primeira geração, bastou o surgimento do Estado de Direito, em que a atuação dos entes estatais deveria ser feita mediante lei, suprimindo a vontade despótica do rei.

São direitos que surgiram com a Revolução Francesa e se afirmaram durante os séculos XVIII e XIX. Tinham como função limitar o poder estatal e garantir liberdade aos indivíduos ou grupos.

> **Fique ligado**
>
> A Constituição Imperial brasileira de 1824, em seu art. 179 (o último da Carta Magna), seguindo os passos da Declaração dos Direitos do Homem e do Cidadão, decretada pela Assembleia Nacional Francesa em 1789, afirmou que a inviolabilidade dos direitos civis e políticos tinha por base a liberdade, a segurança individual e a propriedade.
>
> *Art. 179 A inviolabilidade dos Direitos Civis, e Políticos dos Cidadãos Brasileiros, que tem por base a liberdade, a segurança individual, e a propriedade, é garantida pela Constituição do Império, pela maneira seguinte.*
> *I – Nenhum Cidadão pode ser obrigado a fazer, ou deixar de fazer alguma cousa, senão em virtude da Lei. [...]*
> *V – Ninguém pode ser perseguido por motivo de Religião, uma vez que respeite a do Estado, e não ofenda a Moral Publica. [...]*
> Trecho do texto original da Constituição de 1824.

Segunda geração ou dimensão: direitos que se associam às **liberdades positivas**, reais ou concretas, assegurando o princípio da isonomia material entre os seres humanos. A Revolução Industrial foi o estopim da consagração dos direitos de segunda geração, a partir do século XIX, implicando na luta da classe proletária, na defesa de seus direitos básicos: alimentação, saúde e educação. O início do século XX é marcado pela Primeira Grande Guerra e pela fixação desses direitos, o que fica evidenciado, entre outros documentos, pela Constituição de Weimar e pelo Tratado de Versalhes, ambos de 1919. Surge com a queda do Estado Liberal e o aparecimento de um Estado de Bem-estar Social. O que está em jogo não são mais as individualidades, mas as categorias: direitos do idoso, direitos dos trabalhadores.

A partir da Constituição de 1934, em meio à primeira passagem de Getúlio Vargas pelo poder, verifica-se maior inserção dos direitos de segunda geração nas Constituições brasileiras. Eles exigem do Estado mais participação para serem implementados, ou seja, é necessária uma atuação estatal positiva.

Art. 148 Cabe à União, aos Estados e aos Municípios favorecer e animar o desenvolvimento das ciências, das artes, das letras e da cultura em geral, proteger os objetos de interesse histórico e o patrimônio artístico do País, bem como prestar assistência ao trabalhador intelectual. [...]
Trecho do texto original da Constituição de 1934.

Terceira geração ou dimensão: baseada no princípio da fraternidade (ou solidariedade), os direitos dessa geração tendem a proteger interesses de titularidade coletiva ou difusa. Não se destinam especificamente à proteção dos interesses individuais, de um grupo ou de um determinado Estado, e demonstram grande preocupação com as gerações humanas, presentes e futuras. Essa geração possui origem na Revolução Técnico--científico-informacional ou Terceira Revolução Industrial.

> **Fique ligado**
>
> Em seu art. 225, a Constituição de 1988, a "Cidadã", enuncia que todos têm direito ao meio ambiente ecologicamente equilibrado, bem de uso comum do povo e essencial à sadia qualidade de vida, impondo-se ao poder público e à coletividade o dever de defendê-lo e de preservá-lo para as presentes e futuras gerações. Assim, é a primeira, dentre as Constituições brasileiras, que insere em seu texto um direito conhecido como de 3ª geração, ou seja, direito de solidariedade.
>
> *Art. 225, CF/1988 Todos têm direito ao meio ambiente ecologicamente equilibrado, bem de uso comum do povo e essencial à sadia qualidade de vida, impondo-se ao Poder Público e à coletividade o dever de defendê-lo e preservá-lo para as presentes e futuras gerações.*

Atualmente, alguns doutrinadores defendem a existência dos direitos de quarta e quinta gerações ou dimensões, apesar de ainda não haver consenso na doutrina sobre o conteúdo dessa espécie de direito.

Quarta geração ou dimensão: para Norberto Bobbio, são direitos relacionados à **engenharia genética**. Já para Paulo Bonavides, trata-se de aspectos introduzidos pela **globalização política**, relacionados à democracia, à informação e ao pluralismo. Além de Bobbio e de Bonavides, outros autores vêm promovendo o reconhecimento dos direitos de quarta geração ou dimensão.

Quinta geração ou dimensão: Paulo Bonavides afirma em publicações recentes, que a **Paz** seria um direito de quinta geração.

2.2.1 Dimensão (ou eficácia) subjetiva e objetiva

▷ **Dimensão subjetiva:** nessa perspectiva, os direitos fundamentais geram direitos subjetivos aos seus titulares, permitindo que estes ordenem comportamentos (negativos ou positivos) dos destinatários. Constata-se que a referência aos direitos fundamentais como direitos subjetivos atribui a estes a característica de serem exigíveis judicialmente.

▷ **Dimensão objetiva:** os direitos fundamentais são dotados de certos valores que penetram por todo o ordenamento jurídico, condicionando e inspirando a interpretação e a aplicação de outras normas (**efeito irradiante**) e criando dever geral de proteção sobre aqueles bens jurídicos salvaguardados.

3 CONSTITUIÇÃO BRASILEIRA E TRATADOS DE DIREITOS HUMANOS

3.1 Contexto histórico

A Constituição da República Federativa do Brasil de 1988 apresenta em seu corpo, principalmente no Título I (Dos Princípios Fundamentais) e no Título II (Dos Direitos e Garantias Fundamentais), os conceitos de Direitos Humanos que foram historicamente construídos.

Para isso, os Tratados Internacionais de Direitos Humanos foram fundamentais na formação ideológica e sociocultural no contexto da Assembleia Nacional Constituinte de 1987, momento da gênese de nossa Carta Magna.

Antes de abordarmos os Tratados Internacionais de Direitos Humanos e sua relação com a Legislação brasileira e a Constituição, é necessário entendermos o que são Tratados Internacionais.

> **Tratados Internacionais:** segundo a Convenção de Viena (1969), configura um Tratado Internacional um acordo entre duas partes ou mais em âmbito internacional concretizado e formalizado por meio de texto escrito, com ciência de função de efeitos jurídicos no plano internacional. É o mecanismo pelo qual os Estados estabelecem obrigações para si em âmbito internacional e coparticipativo.

Na conjuntura histórica dos ataques à vida humana, das diversas atrocidades e atentados cometidos contra os seres humanos durante a Segunda Guerra Mundial e logo após seu fim, em guerras pontuais, a comunidade internacional passou a:

▷ Estabelecer ações que visavam punir os próprios Estados em casos de violação dos Direitos Humanos;

▷ Relativizar a Soberania dos Estados envolvidos que, a partir dos Tratados, colocavam seus acordos internacionais acima de suas vontades particulares.

Dentre as atrocidades ocorridas durante a Segunda Guerra Mundial estão:

▷ **Genocídio:** aproximadamente seis milhões de judeus mortos em campos de concentração.

▷ **Tortura e crueldade:** a polícia militar japonesa (*Kempeitai*) a serviço do Império, aplicava técnicas de tortura em prisioneiros como lascas de metal marteladas embaixo das unhas e ferro em brasa nas genitálias.

▷ **Crimes de guerra:** prisioneiros alemães na Noruega foram obrigados a limpar campos minados. O saldo foi de 392 feridos e 275 mortos.

▷ **Estupros:** o Exército Vermelho estuprou milhares de alemãs; os militares japoneses usavam mulheres capturadas em guerra como escravas sexuais.

O breve século XX fez emergir, então, o Direito Internacional dos Direitos Humanos. Era a resposta que a comunidade internacional daria:

▷ Aos Estados devastados pela guerra e que almejavam um futuro de paz;

▷ Às violações aos Direitos Humanos ocorridos em alta escala durante a guerra;

▷ Aos países como mecanismo de prevenção contra tentativas de uma nova guerra.

Apesar do movimento mundial pós-guerra, de todo empenho entre as nações para consolidar acordos e tratados que mantivessem o respeito à dignidade humana e aos Direitos Humanos e prevenissem outra "catástrofe bélica" como havia sido a Segunda Guerra Mundial, o Brasil só começou a participar intensamente do corpo internacional dos Direitos Humanos a partir de 1985, quando o país voltou a dar passos no retorno à Democracia.

Vários Tratados, Pactos e Convenções foram ratificados pelo Brasil. As propostas trazidas pela Carta Constitucional de 1988, evidenciando os Direitos Humanos como norteadores das relações internacionais, exibiram uma nova forma de compreensão a respeito desses direitos. Temos, então, uma clara relação entre Direitos Humanos e Processo de Democratização do Estado brasileiro.

3.2 A redemocratização e os tratados internacionais de Direitos Humanos

Juntamente com a necessidade de afirmação democrática, em 1985, tem início no Brasil o processo de ratificação de diversos Tratados Internacionais de Direitos Humanos. Seu ponto inicial foi a ratificação em 1989 da Convenção contra a Tortura e outros Tratamentos cruéis, Desumanos ou Degradantes.

> **Art. 5º, § 3º, CF/1988** *Os tratados e as convenções internacionais sobre direitos humanos que forem aprovados, em cada Casa do Congresso Nacional, em dois turnos, por três quintos dos votos dos respectivos membros, serão equivalentes às emendas constitucionais.*

Problema: os Tratados Internacionais anteriores à Emenda Constitucional nº 45/2004 teriam força de Emenda Constitucional com sistema de votação de maioria simples. Isto significa que haveria um ferimento no processo legislativo ao utilizar processo de votação para leis ordinárias elegendo Emendas Constitucionais.

Solução: os tratados e as convenções internacionais sobre direitos humanos incorporados ao ordenamento jurídico brasileiro pela forma comum, ou seja, sem observar o disposto no art. 5º, § 3º, da Constituição Federal, possuem, segundo a posição que prevaleceu no Supremo Tribunal Federal, *status* supralegal, mas infraconstitucional.

> **Norma supralegal:** está acima das leis, mas abaixo da Constituição Federal.
>
> **Rito ordinário:** maioria simples (todos os tratados anteriores à EC nº 45/2004).
>
> **Rito de emenda:** maioria qualificada (3/5, 2 turnos, 2 casas do Congresso Nacional).

O Direito Constitucional, depois de 1988, passou a contar com relações diferenciadas frente ao Direito Internacional dos Direitos Humanos. A visão da supralegalidade deste último encontra amparo em vários dispositivos constitucionais (art. 4º, art. 5º, §§ 2º ao 4º, CF/1988).

3.3 Localização dos tratados internacionais dos Direitos Humanos na pirâmide de Hans Kelsen

A pirâmide de Hans Kelsen é uma teoria que caminha entre a Filosofia e o Direito e que se baseia na criação de uma hierarquia entre as leis. Dessa forma, quando houver um possível conflito legal, a pirâmide de Hans Kelsen pode ser utilizada para verificar o grau de prioridade das leis em discussão.

Dessa forma, os Tratados Internacionais dos Direitos Humanos, dentro de um contexto legal, também integram o *corpus* legislativo. Daí a importância de se entender como localizar e priorizar as diferentes leis sobre um determinado assunto.

A Constituição Federal de 1988 é um marco de ruptura com o processo jurídico ditatorial dos anos que a precederam. Neste sentido, os diversos vínculos nela existentes com os Direitos Humanos podem ser evidenciados em toda redação jurídica constitucional:

- **Dignidade da pessoa humana:** art. 1º, III.
- **Interação entre o direito brasileiro e os Tratados Internacionais de Direitos Humanos:** art. 5º, § 2º.
- **Sobre julgamento de causas relativas aos Direitos Humanos:** art. 109, V.

Ao considerarmos os Tratados Internacionais e seu encontro com a legislação constitucional brasileira, podemos extrair como conclusão de que a natureza do Direito encontrado no Tratado Internacional poderá:

- **Gerar conflitos entre um TIDH e o Direito interno:** se, na existência de conflito entre um Direito interno e os Direitos Internacionais dos Direitos Humanos, a conclusão a que chegamos é a de que sempre prevalece a norma que melhor beneficia os direitos da pessoa humana.

    CF/1988 (art. 5º, LXVII):
    Não haverá prisão civil por dívida, salvo a do responsável pelo inadimplemento voluntário e inescusável de obrigação alimentícia e a do depositário infiel.

    Pacto de San José de Costa Rica (art. 7, VII):
    Ninguém deve ser detido por dívidas. Este princípio não limita os mandatos de autoridade judiciária competente expedidos em virtude de inadimplemento de obrigação alimentar.

- Identificar-se com um direito já presente na Constituição. Exemplo:

    CF/1988 (art. 5º, III):
    Ninguém será submetido à tortura ou a tratamento desumano ou degradante.

    Documentos Internacionais:
    Art. 5º Declaração Universal dos Direitos Humanos (1948).
    Art. 7º Pacto Internacional de Direitos Civis e Políticos (1966).
    Art. 5º Convenção Americana de Direitos Humanos (1969).

- Complementar e aumentar o território dos direitos previstos constitucionalmente. Exemplo:

    Direito de toda a pessoa a um nível de vida adequado para si próprio e sua família inclusive à alimentação, vestimenta e moradia.
    Art. 11 Pacto Internacional dos Direitos Econômicos, Sociais e Culturais.
    Proibição de qualquer propaganda em favor da guerra.
    Art. 20 Pacto Internacional dos Direitos Civis e Políticos.

3.3.1 Fases de incorporação

Primeira fase (celebração): é o ato de celebração do tratado, convenção ou ato internacional, para posteriormente e internamente o parlamento decidir sobre sua viabilidade, conveniência e oportunidade. Essa etapa compete privativamente ao Presidente da República, pois a este cabe celebrar todos os tratados e atos internacionais (art. 84, VIII, CF/1988). No Brasil, concedem-se poderes de negociação de convenções internacionais a pessoas específicas, ou seja, aqueles considerados aptos para negociar em nome do Presidente da República: os Chefes de Missões Diplomáticas, sob a responsabilidade do Ministério das Relações Exteriores. Com isso, exime-se o Chefe de Estado de negociação corriqueira no âmbito das relações internacionais.

Segunda fase (aprovação parlamentar): é de competência exclusiva do Congresso Nacional, pois cabe a este resolver definitivamente sobre tratados, acordos ou atos internacionais que acarretam encargos ou compromissos gravosos ao patrimônio nacional (art. 49, I, CF/1988). Se o Congresso Nacional concordar com a celebração do ato internacional, elabora-se um decreto legislativo, de acordo com o art. 59, VI da Constituição Federal, que é o instrumento adequado para referendar e aprovar a decisão do Chefe do Executivo, dando-se a este uma carta branca para ratificar ou aderir ao tratado.

Terceira fase (ratificação pelo presidente): com o objetivo de incorporar o tratado e, a partir daí, passar a ter efeitos no ordenamento jurídico interno, é a fase em que o Presidente da República, mediante decreto, promulga o texto, publicando-o em português, em órgão da imprensa oficial, dando-se, pois, ciência e publicidade da ratificação da assinatura já lançada. Com a promulgação do tratado, esse ato normativo passa a ser aplicado de forma geral e obrigatória.

A doutrina mais moderna de direito internacional defende uma força mais expressiva dos tratados e convenções sobre a legislação infraconstitucional. Defende-se, inclusive, uma equivalência entre normas constitucionais e tratados, especialmente aqueles que versarem sobre direitos humanos, de maneira que, afora o controle de constitucionalidade, o intérprete deve ainda verificar se o caso sob análise está de acordo com a "legislação" internacional (controle de convencionalidade).

3.4 Declaração Universal dos Direitos Humanos (DUDH)

O período que sucedeu a Segunda Guerra Mundial carregou consigo a memória viva das grandes atrocidades experimentadas em um conflito sangrento e de proporções alarmantes. A barbárie imposta pelos nazistas, consolidada sobre a lógica da "supremacia racial", fez com que o mundo se colocasse diante de situações de absoluta desumanidade em que os direitos mais básicos do ser humano eram negados, restando-lhe a fome, a falta de liberdade, o trabalho forçado, o sofrimento e a morte. Contudo, a consolidação das potências bélicas, vitoriosas da grande guerra, resultou no encabeçamento de um movimento que traria respeito e segurança aos direitos humanos, garantindo-lhes proteção em qualquer tempo e lugar.

A Organização das Nações Unidas (ONU), constituída por 58 Estados-membros em sua origem, entre eles o Brasil, em 10 de dezembro de 1948 instituiu, por meio da Resolução 217 A (III), a Declaração Universal dos Direitos Humanos (DUDH). Quando foi editada, era apenas uma recomendação, não possuía força vinculante. Este posicionamento, no entanto, não é mais adequado porque décadas após a Resolução que criou a DUDH, os Tribunais Internacionais consideram que essa Resolução pode ser vista como espelho do costume internacional de proteção dos Direitos Humanos.

Constituído por 30 artigos, o documento traz a defesa dos direitos básicos para a promoção da dignidade humana. Sem distinção de cor, nacionalidade, orientação sexual, política ou religiosa, a Resolução visa impedir as arbitrariedades dos indivíduos e dos Estados que firam os Direitos Humanos:

> *Considerando que o reconhecimento da dignidade inerente a todos os membros da família humana e de seus direitos iguais e inalienáveis é o fundamento da liberdade, da justiça e da paz no mundo,*
>
> *Considerando que o desprezo e o desrespeito pelos direitos humanos resultam em atos bárbaros que ultrajam a consciência da humanidade e que o advento de um mundo em que os homens gozem de liberdade de palavra, descrença e da liberdade de viverem a salvo do temor e da necessidade foi proclamado como a mais alta aspiração do homem comum, [...]*

CONSTITUIÇÃO BRASILEIRA E TRATADOS DE DIREITOS HUMANOS

Considerando que os povos das Nações Unidas reafirmaram, na Carta, sua fé nos direitos humanos fundamentais, na dignidade e no valor da pessoa humana e na igualdade de direitos dos homens e das mulheres, e que decidiram promover o progresso social e melhores condições de vida em uma liberdade mais ampla,

Considerando que uma compreensão comum desses direitos e liberdades é da mais alta importância para o pleno cumprimento desse compromisso.

Trechos retirados do Preâmbulo da DUDH, 1948.

Outros trechos da DUDH:

▷ **Objetivo:**

A presente Declaração Universal dos Direitos Humanos como o ideal comum a ser atingido por todos os povos e todas as nações, com o objetivo de que cada indivíduo e cada órgão da sociedade, tendo sempre em mente esta Declaração, se esforce, através do ensino e da educação, por promover o respeito a esses direitos e liberdades, e, pela adoção de medidas progressivas de caráter nacional e internacional, por assegurar o seu reconhecimento e a sua observância universal e efetiva, tanto entre os povos dos próprios Estados-Membros, quanto entre os povos dos territórios sob sua jurisdição.

▷ **Medidas progressivas:** não é intenção da Declaração Universal dos Direitos Humanos que suas medidas sejam compreendidas e estabelecidas de maneira absoluta.

▷ **Declaração dos Direitos do Homem e do Cidadão, 1789.**

Artigo 1 Todos os seres humanos nascem livres e iguais em dignidade e direitos. São dotados de razão e consciência e devem agir em relação uns aos outros com espírito de fraternidade.

▷ **Nenhum pré-requisito é motivo de distinção entre cidadãos em relação ao direito.**

Artigo 2

1. Todo ser humano tem capacidade para gozar os direitos e as liberdades estabelecidos nesta Declaração, sem distinção de qualquer espécie, seja de raça, cor, sexo, língua, religião, opinião política ou de outra natureza, origem nacional ou social, riqueza, nascimento, ou qualquer outra condição.

2. Não será também feita nenhuma distinção fundada na condição política, jurídica ou internacional do país ou território a que pertença uma pessoa, quer se trate de um território independente, sob tutela, sem governo próprio, quer sujeito a qualquer outra limitação de soberania.

Artigo 3

▷ **Vedação à escravidão. Para alguns autores, temos um direito que se reveste de caráter absoluto.**

Artigo 4

Ninguém será mantido em escravidão ou servidão; a escravidão e o tráfico de escravos serão proibidos em todas as suas formas.

▷ **Base para os remédios constitucionais.**

Artigo 8

Todo ser humano tem direito a receber dos tribunais nacionais competentes remédio efetivo para os atos que violem os direitos fundamentais que lhe sejam reconhecidos pela constituição ou pela lei.

▷ **Presunção de inocência e reserva legal.**

Artigo 11

1. Todo ser humano acusado de um ato delituoso tem o direito de ser presumido inocente até que a sua culpabilidade tenha sido provada de acordo com a lei, em julgamento público no qual lhe tenham sido asseguradas todas as garantias necessárias à sua defesa.

2. Ninguém poderá ser culpado por qualquer ação ou omissão que, no momento, não constituíam delito perante o direito nacional ou internacional. Também não será imposta pena mais forte do que aquela que, no momento da prática, era aplicável ao ato delituoso.

Em alguns artigos da DUDH, é possível verificar os principais **direitos tutelados** (grifos nossos):

Artigo 5

Ninguém será submetido *à tortura nem a tratamento ou* ***castigo cruel, desumano*** *ou* ***degradante****.*

Artigo 6

Todo ser humano tem o direito de ser, em todos os lugares, reconhecido como pessoa perante a lei.

Artigo 7

Todos são iguais perante a lei *e têm direito, sem qualquer distinção, a igual proteção da lei.* ***Todos têm direito a igual proteção contra qualquer discriminação*** *que viole a presente Declaração e contra qualquer incitamento a tal discriminação.*

Artigo 13

1. Todo ser humano tem direito à ***liberdade de locomoção*** *e residência dentro das fronteiras de cada Estado.*

2. Todo ser humano tem o direito de deixar qualquer país, inclusive o próprio, e a este regressar.

Artigo 14

1. Todo ser humano, vítima de perseguição, ***tem o direito de procurar e de gozar asilo em outros países****.*

2. Este direito ***não pode ser invocado em caso de perseguição legitimamente motivada*** *por crimes de direito comum ou por atos contrários aos objetivos e princípios das Nações Unidas.*

Artigo 15

1. Todo ser humano tem ***direito a uma nacionalidade****.*

2. Ninguém será arbitrariamente privado de sua nacionalidade, nem do direito de mudar de nacionalidade.

Artigo 16

1. Os homens e mulheres de maior idade, sem qualquer restrição de raça, nacionalidade ou religião, têm o ***direito de contrair matrimônio e fundar uma família****. Gozam de iguais direitos em relação ao casamento, sua duração e sua dissolução.*

2. O casamento não será válido senão com o livre e pleno consentimento dos nubentes.

3. A ***família*** *é o núcleo natural e fundamental da sociedade e* ***tem direito à proteção da sociedade e do Estado****.*

Artigo 17

1. Todo ser humano tem ***direito à propriedade****, só ou em sociedade com outros.*

2. Ninguém será arbitrariamente privado de sua propriedade.

Artigo 20

1. Todo ser humano tem direito à ***liberdade de reunião e associação pacífica****.*

2. Ninguém pode ser obrigado a fazer parte de uma associação.

Artigo 21

1. Todo ser humano tem o ***direito de tomar parte no governo de seu*** *país diretamente ou por intermédio de representantes livremente escolhidos.*

2. Todo ser humano tem igual direito de ***acesso ao serviço público*** *do seu país.*

3. A ***vontade do povo*** *será a base da autoridade do governo; esta vontade será expressa em* ***eleições periódicas e legítimas****, por* ***sufrágio universal****, por* ***voto secreto*** *ou processo equivalente que assegure a liberdade de voto.*

Artigo 26

1. Todo ser humano tem ***direito à instrução****. A instrução será* ***gratuita, pelo menos nos graus elementares e fundamentais****. A instrução elementar será* ***obrigatória****. A* ***instrução técnico-profissional será acessível a todos****, bem como a* ***instrução superior****, está* ***baseada no mérito****.*

2. A instrução ***será orientada no sentido do pleno desenvolvimento da personalidade humana e do fortalecimento do respeito pelos direitos humanos e pelas liberdades fundamentais****. A instrução promoverá a compreensão, a tolerância e a amizade entre todas as nações e grupos raciais ou religiosos, e coadjuvará as atividades das Nações Unidas em prol da manutenção da paz.*

NOÇÕES DE DIREITOS HUMANOS

3.4.1 Considerações sobre a Declaração Universal dos Direitos Humanos

▷ Quando a Declaração Universal dos Direitos Humanos começou a ser pensada, o mundo ainda sentia os efeitos da Segunda Guerra Mundial, encerrada em 1945.

▷ Outros documentos já haviam sido redigidos em reação a tratamentos desumanos e injustiças, como a Declaração de Direitos Inglesa (elaborada em 1689, após as Guerras Civis Inglesas, para pregar a democracia) e a Declaração dos Direitos do Homem e do Cidadão (redigida em 1789, após a Revolução Francesa, a fim de proclamar a igualdade para todos).

▷ Depois da Segunda Guerra e da criação da Organização das Nações Unidas (também em 1945), líderes mundiais decidiram complementar a promessa da comunidade internacional de nunca mais permitir atrocidades como as que haviam sido vistas na guerra. Assim, elaboraram um guia para garantir os direitos de todas as pessoas e em todos os lugares do globo.

▷ O documento foi apresentado na primeira Assembleia Geral da ONU em 1946 e repassado à Comissão de Direitos Humanos para que fosse usado na preparação de uma declaração internacional de direitos. Na primeira sessão da comissão em 1947, seus membros foram autorizados a elaborar o que foi chamado de "esboço preliminar da Declaração Internacional dos Direitos Humanos".

▷ Um comitê formado por membros de oito países recebeu a declaração e se reuniu pela primeira vez em 1947. Ele foi presidido por Eleanor Roosevelt, viúva do presidente americano Franklin D. Roosevelt. O responsável pelo primeiro esboço da declaração, o francês René Cassin, também participou.

▷ O primeiro rascunho da Declaração Universal dos Direitos Humanos, que contou com a participação de mais de 50 países na redação, foi apresentado em setembro de 1948 e teve seu texto final redigido em menos de dois anos.

3.4.2 Declaração Universal dos Direitos Humanos e a legislação brasileira

▷ Podemos afirmar que houve uma clara violação dos Direitos Humanos durante 21 anos (1964 a 1985).

▷ Temos uma violação desigual que atinge a sociedade em diferentes níveis.

▷ A Emenda Constitucional nº 01/1969 alterou o Texto Constitucional, formando, na prática, uma nova Constituição (referente a Constituição de 1967).

▷ Em 1984, como resposta à repressão imposta pela Constituição de 1967 aos Direitos Políticos, surgiu o movimento "Diretas Já", que reivindicava a volta das eleições diretas no Brasil para eleger o Presidente da República. No primeiro momento, o movimento não logrou êxito plenamente, pois a primeira eleição após o regime militar foi indireta, realizada pelo Congresso. Entretanto, obteve bom resultado quando, nestas eleições, devolveu o governo à sociedade civil.

▷ A Constituição de 1988, conhecida como "Constituição Cidadã", é a que melhor representa a harmonia do Brasil com os Direitos Humanos atualmente. Pela própria estrutura da Constituição, a forma pela qual é escrita e a organização dos artigos, percebemos maior destaque aos Direitos Humanos: eles aparecem logo nas primeiras linhas do texto constitucional, a demonstrar que o constituinte quis garanti-los e fazer deles a base para a sociedade que nascia a partir daquele momento.

▷ Logo no primeiro artigo, encontramos como fundamento da República Federativa do Brasil a "dignidade da pessoa humana", os "valores sociais do trabalho e da livre iniciativa" e o "pluralismo político". Isto prova que a nova ordem social, acolhida e inaugurada pela Constituição, rompia com aquela criada em 1967, e valorizava os direitos sociais, trabalhistas e políticos. É, porém, no art. 5º da Carta de 1988, que encontramos o maior leque de direitos garantidos; são direitos individuais e coletivos, direitos civis e instrumentos de controle judiciário da vida social e de limitações ao direito estatal de punir. É um grande avanço comparado à Constituição anterior.

3.5 Convenção Americana de Direitos Humanos (Pacto de São José da Costa Rica)

3.5.1 Considerações gerais sobre a Convenção Americana de Direitos Humanos

É um Tratado Internacional entre os países membros da Organização dos Estados Americanos (OEA) firmado durante a Conferência Interamericana Especializada de Direitos Humanos em 22 de novembro de 1969 na cidade de San José da Costa Rica (país).

Possui **82 artigos**, incluindo as disposições transitórias, que estabelecem os direitos fundamentais da pessoa humana, como o direito à vida, à liberdade, à dignidade, à integridade pessoal e moral, à educação, entre outros.

Tem como **objetivo** promover a garantia dos direitos fundamentais da pessoa humana: direito à liberdade, à vida, à dignidade, à integridade pessoal, proibir a escravidão e a servidão humana, afirmar a liberdade de consciência e liberdade de orientação religiosa, além de garantir os direitos e proteção da família.

Este Tratado busca afirmar que os direitos essenciais da dignidade humana resultam da condição humana e não de sua nacionalidade. Ou seja, em qualquer lugar, o ser humano possui os mesmos direitos essenciais, sem qualquer tipo de discriminação.

O governo brasileiro depositou a carta de adesão a essa convenção em 25 de setembro de 1992. Portanto, a Convenção Americana sobre Direitos Humanos (Pacto de São José da Costa Rica) entrou em vigor, para o Brasil, em 25 de setembro de 1992, conforme o disposto no segundo parágrafo de seu art. 74. A promulgação veio com o Decreto nº 678, de 06 de novembro de 1992.

> *Artigo 74, 2 A ratificação desta Convenção ou a adesão a ela efetuar-se-á mediante depósito de um instrumento de ratificação ou de adesão na Secretaria-Geral da Organização dos Estados Americanos. Esta Convenção entrará em vigor logo que onze Estados houverem depositado os seus respectivos instrumentos de ratificação ou de adesão. **Com referência a qualquer outro Estado que a ratificar ou que a ela aderir ulteriormente, a Convenção entrará em vigor na data do depósito do seu instrumento de ratificação ou de adesão.** (grifo nosso).*

> **Fique ligado**
>
> Segundo a Emenda Constitucional nº 45/2004, sobre a reforma no Poder Judiciário, os tratados referentes aos direitos humanos passam a vigorar imediatamente e tornam-se equiparados às normas constitucionais.

Modo de aprovação: três quintos dos votos na Câmara dos Deputados e no Senado, em dois turnos em cada casa. Vale lembrar que o Pacto de São José da Costa Rica é anterior à referida emenda.

CONSTITUIÇÃO BRASILEIRA E TRATADOS DE DIREITOS HUMANOS

PARTE I - DEVERES DOS ESTADOS E DIREITOS PROTEGIDOS

Capítulo I: Enumeração de Deveres
Art. 1 Obrigação de respeitar os direitos.
Art. 2 Dever de adotar disposições de direito interno.

Capítulo II: Direitos Civis e Políticos
Art. 3 Direito ao reconhecimento da personalidade jurídica.
Art. 4 Direito à vida.
Art. 5 Direito à integridade pessoal.
Art. 6 Proibição da escravidão e da servidão.
Art. 7 Direito à liberdade pessoal.
Art. 8 Garantias judiciais.
Art. 9 Princípios da legalidade e da retroatividade.
Art. 10 Direito à indenização.
Art. 11 Proteção da honra e dignidade.
Art. 12 Liberdade de consciência e religião.
Art. 13 Liberdade de pensamento e de expressão.
Art. 14 Direito da retificação ou resposta.
Art. 15 Direito à reunião.
Art. 16 Liberdade de associação.
Art. 17 Proteção da família.
Art. 18 Direito ao nome.
Art. 19 Direitos da criança.
Art. 20 Direito à nacionalidade.
Art. 21 Direito à propriedade privada.
Art. 22 Direito de circulação e de residência.
Art. 23 Direitos políticos.
Art. 24 Igualdade perante a lei.
Art. 25 Proteção judicial.

Capítulo III: Direitos Econômicos, Sociais e Culturais.
Art. 26 Desenvolvimento progressivo.

Capítulo IV: Suspensão de Garantias, garantias e aplicação.
Art. 27 Suspensão de garantias.
Art. 28 Cláusula federal.
Art. 29 Normas de interpretação.
Art. 30 Alcance das restrições.
Art. 31 Reconhecimento de outros direitos.

Capítulo V: Deveres das Pessoas.
Art. 32 Correlação entre deveres e direitos.

PARTE II - MEIOS DA PROTEÇÃO

Capítulo VI: Órgãos Competentes
Art. 33 São competentes para conhecer dos assuntos relacionados com o cumprimento dos compromissos assumidos pelos Estados-Partes dessa convenção:
a) a Comissão Interamericana de Direitos Humanos, doravante denominada a Comissão; e
b) a Corte Interamericana de Direitos Humanos, doravante denominada a Corte.

Capítulo VII: Comissão Interamericana de Direitos Humanos (CIDH)
Art. 34 A Comissão Interamericana de Direitos Humanos compor-se-á de sete membros, que deverão ser pessoas de alta autoridade moral e de reconhecido saber em matéria de direitos humanos.
Art. 35 A Comissão representa todos os membros da Organização dos Estados Americanos.
Art. 36 Dos membros da comissão.
Art. 37 Da Eleição dos membros da comissão e do tempo de mandato.
Art. 38 Das Vagas.
Art. 39 Do Estatuto da Comissão.
Art. 40 Dos servidores de secretaria da Comissão.
Art. 41 Da principal função da Comissão.

Art. 42 Dos relatórios dos Estados-Partes.
Art. 43 Das informações dos Estados-Partes.
Art. 44 Dos órgãos não governamentais.
Art. 45 Do reconhecimento da Comissão como representante dos Estados-Partes.
Art. 46 Dos requisitos para apresentação de petição à Comissão.
Art. 47 Da inadmissibilidade das petições apresentadas à Comissão.
Art. 48 Dos procedimentos após aceitação de petição pela Comissão.
Art. 49 Do procedimento (fim amistoso) pós-resolução de problemas pela Comissão.
Art. 50 Do procedimento (fim não amistoso) pós-resolução de problemas pela Comissão.
Art. 51 Dos procedimentos e limites temporais estabelecidos aos Estados pela Comissão.

Capítulo VIII: Corte Interamericana de Direitos Humanos.
Art. 52 Da composição da Corte.
Art. 53 Da eleição para juízes da Corte.
Art. 54 Do tempo de mandato dos juízes da corte.
Art. 55 Da Nacionalidade dos Juízes.
Art. 56 Da formação de quórum pelos juízes.
Art. 57 Da Comissão e da Corte.
Art. 58 Da Sede da Corte.
Art. 59 Da Secretaria da Corte.
Art. 60 Da elaboração do Estatuto pela Corte.
Art. 61 Do direito de submeter decisões à Corte.
Art. 62 Do reconhecimento da competência da Corte pelos Estados-Partes.
Art. 63 Das Garantias da Corte aos Estados-Partes.
Art. 64 Da relação entre Estados-Partes e a Corte.
Art. 65 Do relatório sobre as atividades da Corte.
Art. 66 Dos fundamentos de um processo na Corte.
Art. 67 Da Sentença da Corte.
Art. 68 Do Comprometimento com a Corte por parte dos Estados-Partes.
Art. 69 Das Sentenças da Corte.

Capítulo IX: Disposições Comuns
Art. 70 Das Condições de Juízes e da Corte.
Art. 71 Da incompatibilidade das atividades dos juízes com outras atividades.
Art. 72 Dos Gastos com Juízes e membros da Corte.
Art. 73 Das Sanções à Corte ou aos Juízes.

PARTE III - DISPOSIÇÕES GERAIS E TRANSITÓRIAS.

Capítulo X: Assinatura, Ratificação, Reserva, Emenda, Protocolo e Denúncia.
Art. 74 Da adesão e da Ratificação à Convenção.
Art. 75 Da Condição de objeto de reserva.
Art. 76 Das propostas de emenda à Convenção.
Art. 77 Dos projetos de protocolo por parte dos Estados- Partes.
Art. 78 Da Denúncia pelos Estados-Partes.

Capítulo XI: Disposições Transitórias
Art. 79 da apresentação dos membros dos Estados-Partes à convenção
Art. 80 Da eleição dos membros da comissão.
Art. 81 Da apresentação dos Estados-Partes.
Art. 82 Das eleições dos juízes da corte.

Os Estados signatários da Convenção de São José da Costa Rica se comprometem a respeitar os direitos e liberdades reconhecidas pela Convenção, algo essencial para o Direito Internacional e as relações diplomáticas entre os países.

Da mesma forma, os Estados Membros estão dispostos a tomar atitudes legais para que direitos acordados no Tratado sejam respeitados por todos os componentes.

NOÇÕES DE DIREITOS HUMANOS

A Convenção ainda estabelece um desenvolvimento progressivo dos direitos econômicos, sociais e culturais, de acordo com os recursos disponíveis. Esse é um meio encontrado para que as nações se tornem cada vez menos desiguais em um mundo cada vez mais globalizado.

O cumprimento e a proteção dos direitos humanos ficam sob a tutela de dois órgãos criados pela convenção: Comissão Interamericana dos Direitos Humanos e a Corte Interamericana dos Direitos Humanos.

3.5.2 Comissão Interamericana de Direitos Humanos (arts. 34 a 51)

A Comissão é o órgão principal da OEA, cuja função primordial é promover a observância e a defesa dos direitos humanos, além de servir como órgão consultivo nessa matéria, incorporando a sua estrutura básica por meio da sua inclusão na Carta da Organização. Compõe-se de sete membros que deverão ser pessoas de alta autoridade moral e de reconhecido saber em matéria de direitos humanos. Os membros da Comissão são eleitos a título pessoal, pela Assembleia Geral da Organização, de uma lista de candidatos propostos pelos governos dos Estados membros. Cada um dos referidos governos pode propor até três candidatos, nacionais do Estado que os propuser ou de qualquer outro Estado membro da Organização dos Estados Americanos. Quando proposta uma lista de três candidatos, pelo menos um deles deverá ser nacional de Estado diferente do proponente.

Os membros da Comissão são eleitos por quatro anos e só poderão ser reeleitos uma vez. Não pode integrar a Comissão mais de um nacional de um mesmo Estado. A Comissão tem a função principal de promover a observância e a defesa dos direitos humanos e, no exercício do seu mandato, tem as seguintes funções e atribuições:

- Estimular a consciência dos direitos humanos nos povos da América.
- Formular recomendações aos governos dos Estados membros, quando o considerar conveniente, no sentido de que adotem medidas progressivas em prol dos direitos humanos no âmbito de suas leis internas e seus preceitos constitucionais, bem como disposições apropriadas para promover o devido respeito a esses direitos.
- Preparar os estudos ou relatórios que considerar convenientes para o desempenho de suas funções.
- Solicitar aos governos dos Estados membros que lhe proporcionem informações sobre as medidas que adotarem em matéria de direitos humanos.
- Atender às consultas que, por meio da Secretaria-Geral da Organização dos Estados Americanos, lhe formularem os Estados membros sobre questões relacionadas aos direitos humanos e, dentro de suas possibilidades, prestar-lhes o assessoramento que eles lhe solicitarem.
- Atuar com respeito às petições e outras comunicações, no exercício de sua autoridade, conforme o disposto nos arts. 44 a 51 da Convenção Americana de Direitos Humanos.
- Apresentar um relatório anual à Assembleia Geral da Organização dos Estados Americanos.

Qualquer pessoa ou grupo de pessoas, ou entidade não governamental legalmente reconhecida em um ou mais Estados membros da Organização, pode apresentar à Comissão petições que contenham denúncias ou queixas de violação desta Convenção por um Estado Parte.

3.5.3 Corte Interamericana de Direitos Humanos (arts. 52 a 73)

A Corte é um órgão de caráter jurisdicional criado pela Convenção com o objetivo de supervisionar o seu cumprimento, com uma função complementar àquela conferida pela mesma Convenção à Comissão. Com sede em São José, capital da Costa Rica, integra o Sistema Interamericano de Direitos Humanos. É um dos três Tribunais regionais de proteção dos Direitos Humanos, ao lado do Tribunal Europeu de Direitos Humanos e a Corte Africana de Direitos Humanos e dos Povos. Sua primeira reunião foi realizada em 1979, na sede da Organização dos Estados Americanos (OEA), em Washington, EUA.

A Corte é composta de sete juízes, nacionais dos Estados membros da Organização, eleitos a título pessoal dentre juristas da mais alta autoridade moral, de reconhecida competência em matéria de direitos humanos, que reúnam as condições requeridas para o exercício das mais elevadas funções judiciais, de acordo com a lei do Estado do qual sejam nacionais, ou do Estado que os propuser como candidatos. Não deve haver dois juízes da mesma nacionalidade.

Os juízes da Corte são eleitos, em votação secreta e pelo voto da maioria absoluta dos Estados Partes na Convenção, na Assembleia Geral da Organização, de uma lista de candidatos propostos pelos mesmos Estados. Cada um dos Estados Partes pode propor até três candidatos, nacionais do Estado que os propuser ou de qualquer outro Estado membro da Organização dos Estados Americanos. Quando se propuser uma lista de três candidatos, pelo menos um deles deverá ser nacional de Estado diferente do proponente. Os juízes da Corte serão eleitos por um período de seis anos e só poderão ser reeleitos uma vez. Somente os Estados Partes e a Comissão têm direito de submeter caso à decisão da Corte.

A Corte tem competência para conhecer de qualquer caso relativo à interpretação e aplicação das disposições da Convenção Americana de Direitos Humanos que lhe seja submetido, desde que os Estados Partes no caso tenham reconhecido ou reconheçam a referida competência. Quando decidir que houve violação de um direito ou liberdade protegidos nesta Convenção, a Corte determinará que se assegure ao prejudicado o gozo do seu direito ou liberdade violados. Determinará, também, se isso for procedente, que sejam reparadas as consequências da medida ou situação que haja configurado a violação desses direitos, além do pagamento de indenização justa à parte lesada.

Em casos de extrema gravidade e urgência, e quando se fizer necessário evitar danos irreparáveis às pessoas, a Corte, nos assuntos de que estiver conhecendo, poderá tomar as medidas provisórias consideradas pertinentes. Se se tratar de assuntos que ainda não estiverem submetidos ao seu conhecimento, poderá atuar a pedido da Comissão.

4 PROGRAMA NACIONAL DE DIREITOS HUMANOS (PNDH-3)

4.1 Breve contexto histórico e importância do Programa Nacional de Direitos Humanos (PNDH-3)

Os Programas Nacionais de Direitos Humanos brasileiros (PNDH-1/1996, PNDH-2/2002, PNDH-3/2009) tiveram origem na Declaração e Programa de Ação de Viena de 1993, organizada pela ONU (Organização das Nações Unidas). A preocupação, naquele momento histórico, era com o estímulo e a proteção dos direitos humanos nos diversos Estados membros da ONU. O Brasil se organizou e, por meio do Decreto nº 1.904/1996, inaugurou o primeiro PNDH brasileiro, focado em verificar e cumprir os direitos humanos em território nacional.

Em 2002, por meio do Decreto nº 4.229, o Brasil promoveu o segundo PNDH, dessa vez com ênfase nos direitos sociais e na democratização das oportunidades à população.

Já em 2009, com o Decreto nº 7.037, o governo lança o PNDH-3, que tem como base uma estrutura sistemática e que tenta englobar o máximo possível, com eficácia e eficiência, os pontos discutidos em todos os momentos que anteciparam sua formação, que foram:

> 6 eixos orientadores > 25 diretrizes > 82 objetivos estratégicos > 521 ações programáticas

Os objetivos estratégicos e as ações programáticas constam no anexo ao Decreto nº 7.037/2009.

4.2 Decreto nº 7.037/2009 e seus eixos orientadores

A seguir, apresentaremos o texto do Decreto nº 7.037/2009 na íntegra, com algumas contextualizações importantes para melhor compreensão de cada Eixo Orientador, retirados do anexo do próprio decreto:

Decreto nº 7.037/2009

Aprova o Programa Nacional de Direitos Humanos - PNDH-3 e dá outras providências.

O PRESIDENTE DA REPÚBLICA, no uso da atribuição que lhe confere o art. 84, inciso VI, alínea "a", da Constituição,
DECRETA:

Art. 1º Fica aprovado o Programa Nacional de Direitos Humanos - PNDH-3, em consonância com as diretrizes, objetivos estratégicos e ações programáticas estabelecidos, na forma do Anexo deste Decreto.

Art. 2º O PNDH-3 será implementado de acordo com os seguintes eixos orientadores e suas respectivas diretrizes:

4.2.1 Eixo Orientador I: interação democrática entre Estado e sociedade civil

Diretriz 1: interação democrática entre Estado e sociedade civil como instrumento de fortalecimento da democracia participativa.

Diretriz 2: fortalecimento dos Direitos Humanos como instrumento transversal das políticas públicas e de interação democrática.

Diretriz 3: interação e ampliação dos sistemas de informação em Direitos Humanos e construção de mecanismos de avaliação e monitoramento de sua efetivação.

> 6 objetivos – 28 ações programáticas

A partir da metade dos anos 1970, começam a ressurgir no Brasil iniciativas de rearticulação dos movimentos sociais, a despeito da repressão política e da ausência de canais democráticos de participação. Fortes protestos e a luta pela democracia marcaram esse período. Paralelamente, surgiram iniciativas populares nos bairros reivindicando direitos básicos como saúde, transporte, moradia e controle do custo de vida. Em um primeiro momento, eram iniciativas atomizadas que buscaram conquistas pontuais, mas que ao longo dos anos foram se caracterizando como movimentos sociais organizados.

Com o avanço da democratização do país, os movimentos sociais se multiplicaram. Alguns deles se institucionalizaram e passaram a ter expressão política. Os movimentos populares e sindicatos foram, no caso brasileiro, os principais promotores da mudança e da ruptura política em diversas épocas e contextos históricos. Com efeito, durante a etapa de elaboração da Constituição Cidadã de 1988, esses segmentos atuaram de forma especialmente articulada, afirmando-se como um dos pilares da democracia e influenciando diretamente nos rumos do país.

Nos anos que se seguiram, os movimentos passaram a se consolidar por meio de redes com abrangência regional ou nacional, firmando-se como sujeitos na formulação e no monitoramento das políticas públicas. Nos anos 1990, desempenharam papel fundamental na resistência a todas as orientações do neoliberalismo de flexibilização dos direitos sociais, privatizações, dogmatismo do mercado e enfraquecimento do Estado. Nesse mesmo período, multiplicaram-se pelo país experiências de gestão estadual e municipal em que lideranças desses movimentos, em larga escala, passaram a desempenhar funções de gestores públicos.

Com as eleições de 2002, alguns dos setores mais organizados da sociedade trouxeram reivindicações históricas acumuladas, passando a influenciar diretamente na atuação do governo e vivendo de perto suas contradições internas. Nesse novo cenário, o diálogo entre Estado e sociedade civil assumiu destaque, com a compreensão e a preservação do distinto papel de cada um dos segmentos no processo de gestão. A interação é desenhada por acordos e dissensos, debates de ideias e pela deliberação em torno de propostas. Esses requisitos são imprescindíveis ao pleno exercício da democracia, cabendo à sociedade civil exigir, pressionar, cobrar, criticar, propor e fiscalizar as ações do Estado.

Essa concepção de interação democrática construída entre os diversos órgãos do Estado e a sociedade civil trouxe consigo resultados práticos em termos de políticas públicas e avanços na interlocução de setores do poder público com toda a diversidade social, cultural, étnica e regional que caracteriza os movimentos sociais no Brasil. Avançou-se, fundamentalmente, na compreensão de que os Direitos Humanos constituem condição para a prevalência da dignidade humana, e que devem ser promovidos e protegidos por meio do esforço conjunto do Estado e da sociedade civil.

Dessa forma, uma das finalidades do PNDH-3 é dar continuidade à integração e ao aprimoramento dos mecanismos de participação existentes, além de criar novos meios de construção e monitoramento das políticas públicas sobre Direitos Humanos no Brasil. No âmbito institucional, o PNDH-3 amplia as conquistas na área de direitos e garantias fundamentais, pois internaliza a diretriz segundo a qual a primazia dos Direitos Humanos constitui princípio transversal a ser considerado em todas as políticas públicas

> *Diretriz 1: interação democrática entre Estado e sociedade civil como instrumento de fortalecimento da democracia participativa;*
>
> *Diretriz 2: fortalecimento dos Direitos Humanos como instrumento transversal das políticas públicas e de interação democrática; e*
>
> *Diretriz 3: integração e ampliação dos sistemas de informações em Direitos Humanos e construção de mecanismos de avaliação e monitoramento de sua efetivação;*

Essas diretrizes discorrem sobre a importância de fortalecer a garantia e os instrumentos de participação social, o caráter transversal dos Direitos Humanos e a construção de mecanismos de avaliação e monitoramento de sua efetivação. Isso inclui a construção de um sistema de indicadores de Direitos Humanos e a articulação de políticas e instrumentos de monitoramento.

O Poder Executivo tem papel protagonista na coordenação e na implementação do PNDH-3, mas faz-se necessário definir responsabilidades compartilhadas entre União, Estados, Municípios e Distrito Federal na execução de políticas públicas, tanto quanto criar espaços de participação e controle social nos Poderes Judiciário e Legislativo, no Ministério Público e nas Defensorias, em ambiente de respeito, proteção e efetivação dos Direitos Humanos. O conjunto dos órgãos do Estado – não apenas no âmbito do Poder Executivo Federal – deve estar comprometido com a implementação e o monitoramento do PNDH-3.

Aperfeiçoar a interlocução entre Estado e sociedade civil depende da implementação de medidas que garantam à sociedade maior participação no acompanhamento e no monitoramento das políticas públicas em Direitos Humanos, num diálogo plural e transversal entre os vários atores sociais e deles com o Estado. Ampliar o controle externo dos órgãos públicos por meio de ouvidorias, monitorar os compromissos internacionais assumidos pelo Estado brasileiro, realizar conferências periódicas sobre a temática, fortalecer e apoiar a criação de conselhos nacional, distrital, estaduais e municipais de Direitos Humanos, garantindo-lhes eficiência, autonomia e independência são algumas das formas de assegurar o aperfeiçoamento das políticas públicas por meio de diálogo, de mecanismos de controle e das ações contínuas da sociedade civil.

Fortalecer as informações em Direitos Humanos com produção e seleção de indicadores para mensurar demandas, monitorar, avaliar, reformular e propor ações efetivas, garante e consolida o controle social e a transparência das ações governamentais. A adoção dessas medidas fortalece a democracia participativa, na qual o Estado atua como instância republicana da promoção e defesa dos Direitos Humanos e a sociedade civil como agente ativo – propositivo e reativo – de sua implementação.

4.2.2 Eixo Orientador II: desenvolvimento e Direitos Humanos

Diretriz 4: efetivação de modelo de desenvolvimento sustentável, com inclusão social e econômica, ambientalmente equilibrado e tecnologicamente responsável, cultural e regionalmente diverso, participativo e não discriminatório.

Diretriz 5: valorização da pessoa humana como sujeito central do processo de desenvolvimento.

Diretriz 6: promover e proteger os direitos ambientais como Direitos Humanos, incluindo as gerações futuras como sujeitos de direitos.

8 objetivos – 54 ações programáticas

O tema "desenvolvimento" tem sido amplamente debatido por ser um conceito complexo e multidisciplinar. Não existe modelo único e preestabelecido de desenvolvimento, porém pressupõe-se que ele deva garantir a livre determinação dos povos, o reconhecimento de soberania sobre seus recursos e riquezas naturais, o respeito pleno à sua identidade cultural e a busca de equidade na distribuição das riquezas.

Durante muitos anos, o crescimento econômico, medido pela variação anual do Produto Interno Bruto (PIB), foi usado como indicador relevante para medir o avanço de um país. Acreditava-se que, uma vez garantido o aumento de bens e serviços, sua distribuição ocorreria de forma a satisfazer as necessidades de todas as pessoas. Constatou-se, porém, que, embora importante, o crescimento do PIB não é suficiente para causar, automaticamente, melhoria do bem-estar para todas as camadas sociais. Por isso, o conceito de desenvolvimento foi adotado por ser mais abrangente e refletir, de fato, melhorias nas condições de vida dos indivíduos.

A teoria predominante de desenvolvimento econômico o define como um processo que faz aumentar as possibilidades de acesso das pessoas a bens e serviços, propiciadas pela expansão da capacidade e do âmbito das atividades econômicas. O desenvolvimento seria a medida qualitativa do progresso da economia de um país, refletindo transições de estágios mais baixos para estágios mais altos, por meio da adoção de novas tecnologias que permitem e favorecem essa transição. Cresce nos últimos anos a assimilação das ideias desenvolvidas por *Amartya Sen*, que abordam o desenvolvimento como liberdade e seus resultados centrados no bem-estar social e, por conseguinte, nos direitos do ser humano.

São essenciais para o desenvolvimento: as liberdades e os direitos básicos como alimentação, saúde e educação.

As privações das liberdades não são apenas resultantes da escassez de recursos, mas das desigualdades inerentes aos mecanismos de distribuição, da ausência de serviços públicos e de assistência do Estado para a expansão das escolhas individuais. Este conceito de desenvolvimento reconhece seu caráter pluralista e a tese de que a expansão das liberdades não representa somente um fim, mas também o meio para seu alcance. Como consequência, a sociedade deve pactuar as políticas sociais e os direitos coletivos de acesso e uso dos recursos. A partir de então, a medição de um índice de desenvolvimento humano veio substituir a medição de aumento do PIB, uma vez que o Índice de Desenvolvimento Humano (IDH) combina a riqueza *per capita* indicada pelo PIB aos aspectos de educação e expectativa de vida, permitindo, pela primeira vez, uma avaliação de aspectos sociais não mensurados pelos padrões econométricos.

No caso do Brasil, por muitos anos o crescimento econômico não levou à distribuição justa de renda e riqueza, mantendo-se elevados índices de desigualdade. As ações de Estado voltadas à conquista da igualdade socioeconômica requerem ainda políticas permanentes, de longa duração, para se verificar a plena proteção e promoção dos Direitos Humanos. É necessário que o modelo de desenvolvimento econômico se preocupe em aperfeiçoar os mecanismos de distribuição de renda e de oportunidades para todos os brasileiros, além de incorporar os valores de preservação ambiental.

Os debates sobre as mudanças climáticas e o aquecimento global, gerados pela preocupação com a maneira pela qual os países vêm explorando os recursos naturais e direcionando o progresso civilizatório, estão na agenda do dia. A discussão coloca em pauta os investimentos em infraestrutura e os modelos de desenvolvimento econômico na área rural, baseados, em grande parte, no agronegócio, sem a preocupação com a potencial violação dos direitos de pequenos e médios agricultores e das populações tradicionais.

O desenvolvimento pode ser garantido se as pessoas forem protagonistas do processo, pressupondo a garantia de acesso de todos os indivíduos aos direitos econômicos, sociais, culturais e ambientais, e incorporando a preocupação com a preservação e a sustentabilidade como eixos estruturantes de proposta renovada de progresso. Esses direitos têm como foco a distribuição da riqueza, dos bens e de serviços.

Todo esse debate traz desafios para a conceituação sobre os Direitos Humanos no sentido de incorporar o desenvolvimento como exigência fundamental. Nesse contexto, a perspectiva dos Direitos Humanos contribui para redimensionar o desenvolvimento. Motiva a deixar de ser a consideração de problemas individuais para se tornar questões de interesse comum, de bem-estar coletivo, o que alude novamente o Estado e o chama à corresponsabilidade social e à solidariedade.

Ressaltamos que a noção de desenvolvimento está sendo amadurecida como parte de um debate em curso na sociedade e no governo, incorporando a relação entre os direitos econômicos, sociais, culturais e ambientais, buscando a garantia do acesso ao trabalho, à saúde, à educação, à alimentação, à vida cultural, à moradia adequada, à previdência, à assistência social e a um meio ambiente sustentável. A inclusão do tema Desenvolvimento e Direitos Humanos foi feito na 11ª Conferência Nacional que reforçou as estratégias governamentais em sua proposta de desenvolvimento.

Assim, este tema do PNDH-3 propõe instrumentos de avanço e reforça propostas para políticas públicas de redução das desigualdades sociais concretizadas por meio de ações de transferência de renda, incentivo à economia solidária e ao cooperativismo, à expansão da reforma agrária, ao fomento da aquicultura, da pesca e do extrativismo e da promoção do turismo sustentável. O PNDH-3 inova ao incorporar o meio ambiente saudável e as cidades sustentáveis como Direitos Humanos, propõe a inclusão do item "direitos ambientais" nos relatórios de monitoramento sobre Direitos Humanos e do item "Direitos Humanos" nos relatórios ambientais, assim como fomenta pesquisas de tecnologias socialmente inclusivas.

Nos projetos e empreendimentos com grande impacto socioambiental, o PNDH-3 garante a participação efetiva das populações atingidas, além de prever ações mitigatórias e compensatórias. Considera fundamental fiscalizar o respeito aos Direitos Humanos nos projetos implementados pelas empresas transnacionais e seus impactos na manipulação das políticas de desenvolvimento. Nesse sentido, considera importante mensurar o impacto da biotecnologia aplicada aos alimentos, da nanotecnologia, dos poluentes orgânicos persistentes, metais pesados e outros poluentes inorgânicos em relação aos Direitos Humanos.

Alcançar o desenvolvimento com Direitos Humanos é capacitar as pessoas e as comunidades a exercerem a cidadania, com direitos e responsabilidades. É incorporar, nos projetos, a própria população brasileira, por meio de participação ativa nas decisões que afetam diretamente suas vidas. É assegurar a transparência dos grandes projetos de desenvolvimento econômico e mecanismos de compensação para a garantia dos Direitos Humanos das populações diretamente atingidas. Por fim, este PNDH-3 reforça o papel da equidade no Plano Plurianual, como instrumento de garantia de priorização orçamentária de programas sociais.

4.2.3 Eixo Orientador III: universalizar direitos em um contexto de desigualdades

Diretriz 7: garantia dos Direitos Humanos de forma universal, indivisível e interdependente, assegurando a cidadania plena.

Diretriz 8: promoção de direitos de crianças e adolescentes para o seu desenvolvimento integral, de forma não discriminatória assegurando seu direito de opinião e participação.

Diretriz 9: combate às desigualdades estruturais.

Diretriz 10: garantia da igualdade na diversidade.

25 objetivos – 213 ações programáticas

A Declaração Universal dos Direitos Humanos afirma em seu preâmbulo que o "reconhecimento da dignidade inerente a todos os membros da família humana e de seus direitos iguais e inalienáveis é o fundamento da liberdade, da justiça e da paz no mundo". No entanto, nas vicissitudes ocorridas no cumprimento da Declaração pelos Estados signatários, identificou-se a necessidade de reconhecer as diversidades e diferenças para concretização do princípio da igualdade.

No Brasil, ao longo das últimas décadas, os Direitos Humanos passaram a ocupar uma posição de destaque no ordenamento jurídico. O país avançou decisivamente na proteção e promoção do direito às diferenças. Porém o peso negativo do passado continua a projetar no presente uma situação de profunda iniquidade social. O acesso aos direitos fundamentais continua enfrentando barreiras estruturais, resquícios de um processo histórico, até secular, marcado pelo genocídio indígena, pela escravidão e por períodos ditatoriais, práticas que continuam a ecoar em comportamentos, leis e na realidade social.

O PNDH-3 assimila os grandes avanços conquistados ao longo dos últimos anos, tanto nas políticas de erradicação da miséria e da fome quanto na preocupação com a moradia e saúde, e aponta para a continuidade e ampliação do acesso a tais políticas, fundamentais para garantir o respeito à dignidade humana. Os objetivos estratégicos direcionados à promoção da cidadania plena preconizam a universalidade, a indivisibilidade e a interdependência dos Direitos Humanos, condições para sua efetivação integral e igualitária. O acesso aos direitos de registro civil, alimentação adequada, terra e moradia, trabalho decente, educação, participação política, cultura, lazer, esporte e saúde, deve considerar a pessoa humana em suas múltiplas dimensões de ator social e sujeito de cidadania.

À luz da história dos movimentos sociais e de programas de governo, o PNDH-3 orienta-se pela transversalidade, para que a implementação dos direitos civis e políticos transitem pelas diversas dimensões dos direitos econômicos, sociais, culturais e ambientais. Caso contrário, grupos sociais afetados pela pobreza, pelo racismo estrutural e pela discriminação dificilmente terão acesso a esses direitos.

As ações programáticas formuladas visam enfrentar o desafio de eliminar as desigualdades, levando em conta as dimensões de gênero e raça nas políticas públicas, desde o planejamento até a sua concretização e avaliação. Há, neste sentido, propostas de criação de indicadores que possam mensurar a efetivação progressiva dos direitos. Às desigualdades soma-se a persistência da discriminação, que muitas vezes se manifesta sob a forma de violência contra sujeitos histórica e estruturalmente vulneráveis.

O combate à discriminação mostra-se necessário, mas é insuficiente como medida isolada. Os pactos e as convenções que integram o sistema regional e internacional de proteção dos Direitos Humanos apontam para a necessidade de combinar essas medidas com políticas compensatórias que acelerem a construção da igualdade, como forma capaz de estimular a inclusão de grupos socialmente vulneráveis. Além disso, as ações afirmativas constituem medidas especiais e temporárias que buscam remediar um passado discriminatório. No rol de movimentos e grupos sociais que demandam políticas de inclusão social encontram-se, por exemplo, crianças, adolescentes, mulheres, pessoas idosas, lésbicas, gays, bissexuais, travestis, transexuais, pessoas com deficiência, pessoas moradoras de rua, povos indígenas, populações negras e quilombolas, ciganos, ribeirinhos, vazanteiros e pescadores.

Definem-se, nestas diretrizes, medidas e políticas que devem ser efetivadas para reconhecer e proteger os indivíduos como iguais na diferença, ou seja, para valorizar a diversidade presente na população brasileira para estabelecer acesso igualitário aos direitos fundamentais.

Trata-se de reforçar os programas de governo e as resoluções pactuadas nas diversas conferências nacionais temáticas, sempre sob o foco dos Direitos Humanos, com a preocupação de assegurar o respeito às diferenças e o combate às desigualdades, para o efetivo acesso aos direitos.

Por fim, em respeito à primazia constitucional de proteção e promoção da infância, do adolescente e da juventude, o capítulo aponta suas diretrizes para o respeito e a garantia das gerações futuras. Como sujeitos de direitos, as crianças, os adolescentes e os jovens são frequentemente subestimados em sua participação política e em sua capacidade decisória. É dever assegurar-lhes, desde cedo, o direito de opinião e participação.

Marcadas pelas diferenças e por sua fragilidade temporal, as crianças, os adolescentes e os jovens estão sujeitos a discriminações e violências. As ações programáticas garantem espaços e investimentos que assegurem proteção contra qualquer forma de violência e discriminação, além da articulação entre família, sociedade e Estado para fortalecer a rede social de proteção que garante a efetividade de seus direitos.

4.2.4 Eixo Orientador IV: segurança pública, acesso à justiça e combate à violência

Diretriz 11: democratização e modernização do sistema de segurança pública.

Diretriz 12: transparência e participação popular no sistema de segurança pública e justiça criminal.

Diretriz 13: prevenção da violência e da criminalidade e profissionalização da investigação de atos criminosos.

Diretriz 14: combate à violência institucional, com ênfase na erradicação da tortura e na redução da letalidade policial e carcerária.

Diretriz 15: garantia dos direitos das vítimas de crimes e de proteção das pessoas ameaçadas.

Diretriz 16: modernização da política de execução penal, priorizando a aplicação de penas e medidas alternativas à privação de liberdade e melhoria do sistema penitenciário.

Diretriz 17: promoção de sistema de justiça mais acessível, ágil e efetivo, para o conhecimento, a garantia e a defesa dos direitos.

29 objetivos – 161 ações programáticas

Por muito tempo, alguns segmentos da militância em Direitos Humanos mantiveram-se distantes do debate sobre as políticas públicas de segurança no Brasil. No processo de consolidação da democracia, por diferentes razões, movimentos sociais e entidades manifestaram dificuldade no tratamento do tema. Na base dessa dificuldade, estavam a memória dos enfrentamentos com o aparato repressivo ao longo de duas décadas de regime ditatorial, a postura violenta vigente, muitas vezes, em órgãos de segurança pública, a percepção do crime e da violência como meros subprodutos de uma ordem social injusta a ser transformada em seus próprios fundamentos.

Distanciamento análogo ocorreu nas universidades, que, com poucas exceções, não se debruçaram sobre o modelo de polícia legado ou sobre os desafios da segurança pública. As polícias brasileiras, nos termos de sua tradição institucional, pouco aproveitaram da reflexão teórica e dos aportes oferecidos pela criminologia moderna e demais ciências sociais, já disponíveis há algumas décadas às polícias e aos gestores de países desenvolvidos. A cultura arraigada de rejeitar as evidências acumuladas pela pesquisa e pela experiência de reforma das polícias no mundo era a mesma que expressava nostalgia de um passado de ausência de garantias individuais e que identificava na ideia dos Direitos Humanos não a mais generosa entre as promessas construídas pela modernidade, mas uma verdadeira ameaça.

Estavam postas as condições históricas, políticas e culturais para que houvesse um fosso aparentemente intransponível entre os temas da segurança pública e os Direitos Humanos. Nos últimos anos, contudo, esse processo de estranhamento mútuo passou a ser questionado. De um lado, articulações na sociedade civil assumiram o desafio de repensar a segurança pública a partir de diálogos com especialistas na área, policiais e gestores. De outro, começaram a ser implantadas as primeiras políticas públicas buscando caminhos alternativos de redução do crime e da violência, a partir de projetos centrados na prevenção e influenciados pela cultura de paz.

A proposição do Sistema Único de Segurança Pública, a modernização de parte das nossas estruturas policiais e a aprovação de novos regimentos e leis orgânicas das polícias, a consciência crescente de que políticas de segurança pública são realidades mais amplas e complexas do que as iniciativas possíveis às chamadas "forças da segurança", o surgimento de nova geração de policiais, disposta a repensar práticas e dogmas e, sobretudo, a cobrança da opinião pública e a maior fiscalização sobre o Estado, resultante do processo de democratização, têm tornado possível a construção de agenda de reformas na área.

O Programa Nacional de Segurança Pública com Cidadania (Pronasci) e os investimentos já realizados pelo Governo Federal na montagem de rede nacional de altos estudos em segurança pública, que têm beneficiado milhares de policiais em cada Estado, simbolizam, ao lado do processo de debates da 1ª Conferência Nacional de Segurança Pública, acúmulos históricos significativos, que apontam para novas e mais importantes mudanças.

As propostas elencadas neste eixo orientador do PNDH-3 articulam-se com esse processo histórico de transformação e exigem muito mais do que já foi alcançado. Para tanto, parte-se do pressuposto de que a realidade brasileira segue sendo gravemente marcada pela violência e por severos impasses estruturais na área da segurança pública.

Problemas antigos, como a ausência de diagnósticos, de planejamento e de definição formal de metas, a desvalorização profissional dos policiais e dos agentes penitenciários, o desperdício de recursos e a consagração de privilégios dentro das instituições, as práticas de abuso de autoridade e de violência policial contra grupos vulneráveis e a corrupção dos agentes de segurança pública demandam reformas tão urgentes quanto profundas.

As propostas sistematizadas no PNDH-3 agregam, nesse contexto, as contribuições oferecidas pelo processo da 11ª Conferência Nacional dos Direitos Humanos que passou a avançar sobre temas que não foram objeto de debate, trazendo para o PNDH-3 parte do acúmulo crítico que tem sido proposto ao país pelos especialistas e pesquisadores da área.

Em linhas gerais, o PNDH-3 aponta para a necessidade de ampla reforma no modelo de polícia e propõe o debate sobre a implantação do ciclo completo de policiamento às corporações estaduais. Prioriza transparência e participação popular, estimulando o aperfeiçoamento das estatísticas e a publicação de dados, assim como a reformulação do Conselho Nacional de Segurança Pública. Contempla a prevenção da violência e da criminalidade como diretriz, ampliando o controle sobre armas de fogo e indicando a necessidade de profissionalização da investigação criminal.

Com o objetivo de erradicar a tortura e reduzir a letalidade policial e carcerária, confere atenção especial a procedimentos operacionais

PROGRAMA NACIONAL DE DIREITOS HUMANOS (PNDH-3)

padronizados, que previnam as ocorrências de abuso de autoridade e de violência institucional, e confiram maior segurança a policiais e agentes penitenciários. Reafirma a necessidade de criação de ouvidorias independentes em âmbito federal e, inspirado em tendências mais modernas de policiamento, estimula as iniciativas orientadas por resultados, o desenvolvimento do policiamento comunitário e voltado para a solução de problemas, elencando medidas que promovam a valorização dos trabalhadores em segurança pública. Contempla, ainda, a criação de um sistema federal que integre os atuais sistemas de proteção a vítimas e testemunhas, defensores de Direitos Humanos e crianças e adolescentes ameaçados de morte.

Também como diretriz, o PNDH-3 propõe uma profunda reforma da Lei de Execução Penal que introduza garantias fundamentais e novos regramentos para superar as práticas abusivas, hoje comuns. E trata as penas privativas de liberdade como última alternativa, propondo a redução da demanda por encarceramento e estimulando novas formas de tratamento dos conflitos, como as sugeridas pelo mecanismo da Justiça Restaurativa.

Reafirma-se a centralidade do direito universal de acesso à Justiça, com a possibilidade de acesso aos tribunais por toda a população, com o fortalecimento das defensorias públicas e a modernização da gestão judicial, de modo a garantir respostas judiciais mais céleres e eficazes. Destacam-se, ainda, o direito de acesso à Justiça em matéria de conflitos agrários e urbanos e o necessário estímulo aos meios de soluções pacíficas de controvérsias.

O PNDH-3 apresenta neste eixo, fundamentalmente, propostas para que o Poder Público se aperfeiçoe no desenvolvimento de políticas públicas de prevenção ao crime e à violência, reforçando a noção de acesso universal à Justiça como direito fundamental, e sustentando que a democracia, os processos de participação e transparência, aliados ao uso de ferramentas científicas e à profissionalização de instituições e trabalhadores da segurança, assinalam os roteiros mais promissores para o Brasil avançar no caminho da paz pública.

4.2.5 Eixo Orientador V: educação e cultura em Direitos Humanos

Diretriz 18: efetivação das diretrizes e dos princípios da política nacional de educação em Direitos Humanos para fortalecer cultura de direitos.

Diretriz 19: fortalecimento dos princípios de democracia e dos Direitos Humanos nos sistemas de educação básica, nas instituições de ensino superior e nas instituições formadoras.

Diretriz 20: reconhecimento da educação não formal como espaço de defesa e promoção dos Direitos Humanos.

Diretriz 21: promoção da educação em Direitos Humanos no serviço público.

Diretriz 22: garantia do direito à comunicação democrática e o acesso à informação para a consolidação de uma cultura em Direitos Humanos.

11 objetivos – 59 ações

A educação e a cultura em Direitos Humanos visam à formação de nova mentalidade coletiva para o exercício da solidariedade, do respeito às diversidades e da tolerância. Como processo sistemático e multidimensional que orienta a formação do sujeito de direitos, seu objetivo é combater o preconceito, a discriminação e a violência, promovendo a adoção de novos valores de liberdade, justiça e igualdade.

A educação em Direitos Humanos, como canal estratégico capaz de produzir uma sociedade igualitária, extrapola o direito à educação permanente e de qualidade. Trata-se de mecanismo que articula, dentre outros elementos:

a) A apreensão de conhecimentos historicamente construídos sobre Direitos Humanos e a sua relação com os contextos internacional, regional, nacional e local;

b) A afirmação de valores, atitudes e práticas sociais que expressem a cultura dos Direitos Humanos em todos os espaços da sociedade;

c) A formação de consciência cidadã capaz de se fazer presente nos níveis cognitivo, social, ético e político;

d) O desenvolvimento de processos metodológicos participativos e de construção coletiva, utilizando linguagens e materiais didáticos contextualizados;

e) O fortalecimento de políticas que gerem ações e instrumentos em favor da promoção, da proteção e da defesa dos Direitos Humanos, bem como da reparação das violações.

O PNDH-3 dialoga com o Plano Nacional de Educação em Direitos Humanos (PNEDH) como referência para a política nacional de Educação e Cultura em Direitos Humanos, estabelecendo os alicerces a serem adotados nos âmbitos nacional, estadual, distrital e municipal. O PNEDH, refletido neste programa, se desdobra em cinco grandes áreas:

▷ Na **educação básica**, a ênfase do PNDH-3 é possibilitar, desde a infância, a formação de sujeitos de direito, priorizando as populações historicamente vulnerabilizadas. A troca de experiências entre crianças de diferentes raças e etnias, imigrantes, com deficiência física ou mental, fortalece, desde cedo, um sentimento de convivência pacífica. Conhecer o diferente, desde a mais tenra idade, é perder o medo do desconhecido, formar opinião respeitosa e combater o preconceito, às vezes arraigado na própria família.

▷ No PNDH-3, essa concepção se traduz em propostas de mudanças curriculares, incluindo a **educação transversal e permanente** nos temas ligados aos Direitos Humanos e, mais especificamente, o estudo de gênero e orientação sexual, das culturas indígena e afro-brasileira entre as disciplinas do ensino fundamental e médio.

▷ No **ensino superior**, as metas previstas visam a incluir os Direitos Humanos, por meio de diferentes modalidades como disciplinas, linhas de pesquisa, áreas de concentração, transversalização nos projetos acadêmicos dos diferentes cursos de graduação e pós-graduação, e em programas e projetos de extensão.

▷ A **educação não formal** em Direitos Humanos é orientada pelos princípios da emancipação e da autonomia, um processo de sensibilização e de formação da consciência crítica. Desta forma, o PNDH-3 propõe incluir o tema Educação em Direitos Humanos nos programas de capacitação de lideranças comunitárias e nos programas de qualificação profissional e de alfabetização de jovens e adultos. Volta-se, especialmente, para o estabelecimento de diálogo e parcerias permanentes como o vasto leque brasileiro de movimentos populares, sindicatos, igrejas, ONGs, clubes, entidades empresariais e toda sorte de agrupamentos da sociedade civil que desenvolvem atividades formativas em seu cotidiano.

▷ A **formação e a educação continuada** em Direitos Humanos, com recortes de gênero, relações étnico-raciais e de orientação sexual, em todo o serviço público, especialmente entre os agentes do sistema de Justiça de segurança pública, são fundamentais para consolidar o Estado Democrático e a proteção do direito à vida e à dignidade, garantindo tratamento igual a todos e o funcionamento de sistemas de Justiça que promovam os Direitos Humanos.

Aborda-se também o papel estratégico dos meios de comunicação de massa, no sentido de construir ou desconstruir ambiente nacional e cultura social de respeito e proteção aos Direitos Humanos. Daí a importância primordial de introduzir mudanças que assegurem ampla democratização desses meios, além de atuar permanentemente junto a todos os profissionais e as empresas do setor (seminários, debates, reportagens, pesquisas e conferências), buscando sensibilizar e conquistar seu compromisso ético com a afirmação histórica dos Direitos Humanos.

4.2.6 Eixo Orientador VI: direito à memória e à verdade

Diretriz 23: reconhecimento da memória e da verdade como Direito Humano da cidadania e dever do Estado.

Diretriz 24: preservação da memória histórica e a construção pública da verdade.

Diretriz 25: modernização da legislação relacionada com a promoção do direito à memória e à verdade, fortalecendo a democracia.

> 3 objetivos – 11 ações

A investigação do passado é fundamental para a construção da cidadania. Estudar o passado, resgatar sua verdade e trazer à tona seus acontecimentos caracterizam forma de transmissão de experiência histórica essencial para a constituição da memória individual e coletiva.

O Brasil ainda processa com dificuldades o resgate da memória e da verdade sobre o que ocorreu com as vítimas atingidas pela repressão política durante o regime de 1964. A impossibilidade de acesso a todas as informações oficiais impede que familiares de mortos e desaparecidos possam conhecer os fatos relacionados aos crimes praticados e não permite à sociedade elaborar seus próprios conceitos sobre aquele período.

A história que não é transmitida de geração a geração torna-se esquecida e silenciada. O silêncio e o esquecimento das barbáries geram graves lacunas na experiência coletiva de construção da identidade nacional. Ao resgatar a memória e a verdade, o país adquire consciência superior sobre sua própria identidade, a democracia se fortalece. As tentações totalitárias são neutralizadas e crescem as possibilidades de se erradicar definitivamente alguns resquícios daquele período sombrio, como a tortura, por exemplo, ainda persistente no cotidiano brasileiro.

O trabalho de reconstituir a memória exige revisitar o passado e compartilhar experiências de dor, violência e mortes. Somente depois de lembrá-las e fazer seu luto, será possível superar o trauma histórico e seguir adiante. A vivência do sofrimento e das perdas não pode ser reduzida a conflito privado e subjetivo, uma vez que se inscreveu num contexto social, e não individual.

A compreensão do passado por intermédio da narrativa da herança histórica e pelo reconhecimento oficial dos acontecimentos possibilita aos cidadãos construírem os valores que indicarão sua atuação no presente. O acesso a todos os arquivos e documentos produzidos durante o regime militar é fundamental no âmbito das políticas de proteção dos Direitos Humanos.

As violações sistemáticas dos Direitos Humanos pelo Estado durante o regime ditatorial são desconhecidas pela maioria da população, em especial pelos jovens. A radiografia dos atingidos pela repressão política ainda está longe de ser concluída, mas calcula-se que pelo menos cinquenta mil pessoas foram presas somente nos primeiros meses de 1964; cerca de vinte mil brasileiros foram submetidos a torturas e cerca de quatrocentos cidadãos foram mortos ou estão desaparecidos. Ocorreram milhares de prisões políticas não registradas, 130 banimentos, 4.862 cassações de mandatos políticos, uma cifra incalculável de exílios e refugiados políticos.

As ações programáticas deste eixo orientador têm como finalidade assegurar o processamento democrático e republicano de todo esse período da história brasileira, para que se viabilize o desejável sentimento de reconciliação nacional. E para se construir consenso amplo no sentido de que as violações sistemáticas de Direitos Humanos registradas entre 1964 e 1985, assim como no período do Estado Novo, não voltem a ocorrer.

> ***Diretriz 25**, parágrafo único. A implementação do PNDH-3, além dos responsáveis nele indicados, envolve parcerias com outros órgãos federais relacionados com os temas tratados nos eixos orientadores e suas diretrizes.*
>
> ***Art. 3º** As metas, prazos e recursos necessários para a implementação do PNDH-3 serão definidos e aprovados em Planos de Ação de Direitos Humanos bianuais.*
>
> ***Art. 4º** (Revogado pelo Decreto nº 10.087/2019).*
>
> ***Art. 5º** Os Estados, o Distrito Federal, os Municípios e os órgãos do Poder Legislativo, do Poder Judiciário e do Ministério Público, serão convidados a aderir ao PNDH-3.*
>
> ***Art. 6º** Este Decreto entra em vigor na data de sua publicação.*
>
> ***Art. 7º** Fica revogado o Decreto nº 4.229/2002.*

As principais características de cada um dos eixos orientadores estudados são:

- **Eixo I:** diálogo entre Estado e sociedade civil; pressuposição de que a participação social monitora políticas públicas que garantam a realização dos Direitos Humanos e da legitimação da Democracia.

- **Eixo II:** evidencia a inclusão social; a ampliação do espaço da cidadania; levanta reflexões acerca das futuras gerações, além de atitudes que garantam os direitos dos cidadãos futuros.

- **Eixo III:** evidencia a necessidade de se reconhecer desigualdades; a concretização da igualdade frente a uma sociedade desigual; iniciativas para diminuir ou erradicar os problemas sociais que impeçam o desenvolvimento dos Direitos Humanos.

- **Eixo IV:** metas a serem traçadas no combate à violência; aplicação de medidas que promovam mais acesso à justiça; transparência da justiça e dos indivíduos que a ela promovem.

- **Eixo V:** atitudes relativas à ponte Educação – Direitos Humanos; atitudes com relação à ponte Cultura – Direitos Humanos;

- **Eixo VI:** valorização dos princípios históricos como valorização dos Direitos Humanos; reflexão acerca do processo histórico dos Direitos Humanos, evitando o retorno a momentos de violação desses direitos.

5 LEI Nº 11.340/2006 - LEI MARIA DA PENHA

5.1 Origem da Lei Maria da Penha

É interesse o fato do qual se originou a Lei nº 11.340/2006, mais conhecida por Lei Maria da Penha, a qual foi uma determinação da Comissão Interamericana de Direitos Humanos, Renato Brasileiro Lima (2016, p. 899) explica a origem:

> Em data de 22 de setembro de 2006, entrou em vigor a Lei nº 11.340/06, referente à violência doméstica e familiar contra a mulher. **Esta lei ficou conhecida como Lei Maria da Penha em virtude da grave violência de que foi vítima Maria da Penha Maia Fernandes**: em 29 de maio de 1983, na cidade de Fortaleza, a farmacêutica Maria da Penha, enquanto dormia, foi atingida por disparo de espingarda desferido por seu próprio marido. Por força desse disparo, que atingiu a vítima em sua coluna, Maria da Penha ficou paraplégica. Porém, as agressões não cessaram. Uma semana depois, a vítima sofreu nova violência por parte de seu então marido, tendo recebido uma descarga elétrica enquanto se banhava. O agressor foi denunciado em 28 de setembro de 1984. Devido a sucessivos recursos e apelos, sua prisão ocorreu somente em setembro de 2002. Por conta da lentidão do processo, e por envolver grave violação aos direitos humanos, o caso foi levado à Comissão Interamericana de Direitos Humanos, que publicou o Relatório nº 54/2001, no sentido de que a ineficácia judicial a impunidade e a impossibilidade de a vítima obter uma reparação mostra a falta de cumprimento do compromisso assumido pelo Brasil de reagir adequadamente ante a violência doméstica. Cinco anos depois da publicação do referido relatório, com o objetivo de coibir e reprimir a violência doméstica e familiar contra a mulher e superar uma violência há muito arraigada na cultura machista do povo brasileiro, entrou em vigor a Lei nº 11.340/06, que ficou mais conhecida como Lei Maria da Penha.

Violação dos Direitos Humanos: a lei dita que a violência doméstica e familiar contra a mulher é uma conduta que viola os Direitos Humanos (art. 6º).

> **Art. 6º** A violência doméstica e familiar contra a mulher constitui uma das formas de violação dos direitos humanos.

5.2 Objetivos

Os objetivos estão expostos na ementa da Lei e no seu art. 1º, quais sejam:

- Cria mecanismos para coibir e prevenir a violência doméstica e familiar contra a mulher, nos termos do § 8º do art. 226 da Constituição Federal, da Convenção sobre a Eliminação de Todas as Formas de Violência contra a Mulher, da Convenção Interamericana para Prevenir, Punir e Erradicar a Violência contra a Mulher e de outros tratados internacionais ratificados pela República Federativa do Brasil;
- Dispõe sobre a criação dos Juizados de Violência Doméstica e Familiar contra a mulher;
- Estabelece medidas de assistência e proteção às mulheres em situação de violência doméstica e familiar;
- Altera o Código de Processo Penal, o Código Penal e a Lei de Execução Penal; e
- Dá outras providências.

O referido artigo remete ao § 8º, do art. 226, da CF/1988; porém, a mesma CF/1988 estabelece a proteção à família de forma genérica (a todos que integram a família), isto é, não diretamente à mulher.

5.3 Direitos das mulheres

> **Art. 2º** Toda mulher, independentemente de classe, raça, etnia, orientação sexual, renda, cultura, nível educacional, idade e religião, **goza dos direitos fundamentais inerentes à pessoa humana**, sendo-lhe asseguradas as oportunidades e facilidades para viver sem violência, preservar sua saúde física e mental e seu aperfeiçoamento moral, intelectual e social.
>
> **Art. 3º** Serão asseguradas **às mulheres** as condições para o exercício efetivo dos direitos à vida, à segurança, à saúde, à alimentação, à educação, à cultura, à moradia, ao acesso à justiça, ao esporte, ao lazer, ao trabalho, à cidadania, à liberdade, à dignidade, ao respeito e à convivência familiar e comunitária.
>
> **§ 1º** O poder público desenvolverá políticas que visem garantir os direitos humanos das mulheres no âmbito das relações domésticas e familiares no sentido de resguardá-las de toda forma de negligência, discriminação, exploração, violência, crueldade e opressão.
>
> **§ 2º** Cabe à família, à sociedade e ao poder público criar as condições necessárias para o efetivo exercício dos direitos enunciados no 'caput'.

Não é só dever do **poder público**, mas também da **família** e da **sociedade** criar condições para o exercício efetivo dos **direitos garantidos, direitos que estão descritos** no caput do art. 3º: direitos à vida, à segurança, à saúde, à alimentação, à educação, à cultura, à moradia, ao acesso à justiça, ao esporte, ao lazer, ao trabalho, à cidadania, à liberdade, à dignidade, ao respeito e à convivência familiar e comunitária (art. 3º, § 2º).

Todavia, cabe ao **poder público** (exclusivamente) **desenvolver políticas** a fim de garantir os **Direitos Humanos** das mulheres (art. 3º, § 1º).

5.4 Sujeitos da violência doméstica e familiar contra a mulher

> **Art. 4º** Na interpretação desta Lei serão considerados os fins sociais a que ela se destina e, especialmente, as condições peculiares **das mulheres** em situação de violência doméstica e familiar.

Sujeito passivo: exclusivamente a mulher, de nascença ou com transgenitalização, com a devida alteração em documento de registro civil de identificação autorizada por ordem judicial, em situação doméstica e/ou familiar.

Os homens não são sujeitos passivos dessa lei (travestis, homossexuais ou transexuais). Há doutrina (minoritária) no sentido de ser extensível aos transexuais sem cirurgia de mudança de sexo.

Deve-se caracterizar o vínculo familiar, de relação doméstica ou de afetividade; basicamente, a existência de laços de convivência entre os sujeitos ativo (agressor) e passivo (vítima), com ou sem habitação.

> Lei nº 11.340/06. Sujeito passivo: mulher. 'In casu', a relação de violência retratada neste feito ocorreu entre dois irmãos. **Inaplicabilidade**. Precedentes. **STJ, HC 212.767/DF,** Rel. Min. Vasco Della Giustina (Desembargador convidado do TJRS), julgado em 13/09/2011, 6ª Turma, DJe 09/11/2011. Precedente do STJ: CC 88.027/MG.

Assevera-se que também é válido para **hermafrodita** que fez procedimento médico para concluir a sua natureza feminina, conforme a jurisprudência do **TJSC**:

> Conflito negativo de competência. Violência doméstica e familiar. Homologação de auto de prisão em flagrante. Agressões praticadas pelo companheiro contra pessoa civilmente identificada como sendo do sexo masculino. **Vítima submetida à cirurgia de adequação de sexo por ser hermafrodita. Adoção do sexo feminino.** Presença de órgãos reprodutores femininos que lhe conferem a condição de mulher. Retificação do registro civil já requerida judicialmente. **Possibilidade de aplicação, no caso concreto, da Lei nº 11.340/06**. Competência do juízo suscitante. Conflito improcedente. **TJSC, Conflito de Jurisdição nº 2009.006461-6,** da Capital, Rel. Des. Roberto Lucas Pacheco, julgado em 23/06/2009, 3ª Câmara Criminal, DJe 14/08/2009.

NOÇÕES DE DIREITOS HUMANOS

Sujeito ativo: tanto o **homem** quanto a **mulher**, independentemente da opção sexual, por exemplo, em uma relação homoafetiva entre duas mulheres (art. 5º, parágrafo único).

Corrobora o STJ:

> *O sujeito passivo da violência doméstica objeto da Lei Maria da Penha é a mulher, já o sujeito ativo pode ser tanto o homem quanto a mulher, desde que fique caracterizado o vínculo de relação doméstica, familiar ou de afetividade, além da convivência, com ou sem coabitação.* **STJ, Jurisprudência em Teses nº 41.** *Precedentes: HC 277.561/AL; HC 250.435/RJ; HC 181.246/RS; HC 175.816/RS; CC 88.027/MG; RHC 46.278/AL (Vide Inf. 551).*

5.5 Alcance da Lei

> *Art. 5º Para os efeitos desta Lei configura violência doméstica e familiar contra a mulher qualquer ação ou omissão baseada no gênero que lhe cause morte, lesão, sofrimento físico, sexual ou psicológico e dano moral ou patrimonial:*
>
> *I – no âmbito da unidade doméstica, compreendida como o espaço de convívio permanente de pessoas, com ou sem vínculo familiar, inclusive as esporadicamente agregadas;*
>
> *II – no âmbito da família, compreendida como a comunidade formada por indivíduos que são ou se consideram aparentados, unidos por laços naturais, por afinidade ou por vontade expressa;*
>
> *III – em qualquer relação íntima de afeto, na qual o agressor conviva ou tenha convivido com a ofendida, independentemente de coabitação.*
>
> *Parágrafo único. As relações pessoais enunciadas neste artigo independem de orientação sexual.*

Mesmo que ocorra uma agressão contra a mulher, deve-se obrigatoriamente ser **baseada no gênero** para que seja aplicada a Lei Maria da Penha (art. 5º, caput).

Alcance da norma: a eficácia da lei em estudo tem alcance limitado a três situações (art. 5º, I, II e III):

▷ **Âmbito doméstico:** coabitação, hospitalar ou empregatício etc.

> A patroa que bate na empregada doméstica que dorme, uma ou duas vezes por semana, na residência da empregadora (sem vínculo familiar e esporadicamente agregada); ou, uma colega agride a outra, em uma república de estudantes (coabitação).

▷ **Âmbito familiar:** parentesco consanguíneo ou por afinidade.

> Numa perspectiva de gênero e em condições de hipossuficiência ou inferioridade física e econômica, a irmã mais velha (22 anos) agride violentamente a caçula (17 anos) durante as férias à beira-mar (irmã que bate na irmã); ou, na mesma motivação, a mãe que bate na filha e vice-versa.

▷ **Relação íntima de afeto:** casamento, noivado, namoro ou ex-namoro/noivado, separados, divorciados etc.

> Uma ex-namorada agride a ex-parceira, que nunca moraram juntas (relação homoafetiva independente de coabitação).

União homoafetiva e desnecessidade de coabitação: haverá aplicação da lei em apreço mesmo que em uma relação homossexual (art. 5º, parágrafo único) e sem coabitação (art. 5º, III).

Nesse sentido é a jurisprudência do STJ:

> **Súmula nº 600 – STJ:** *Para a configuração da violência doméstica e familiar prevista no artigo 5º da Lei nº 11.340/2006 (Lei Maria da Penha) não se exige a coabitação entre autor e vítima.*
>
> *A violência doméstica abrange qualquer relação íntima de afeto, dispensada a coabitação.* **STJ, Jurisprudência em Teses nº 41.** *Precedentes: HC 280.082/RS; REsp 1.416.580/RJ; HC 181.246/RS; RHC 27.317/RJ; CC 91.979/MG; HC 179.130/SP; CC 107.238/MG; CC 105.201/MG (Vide Inf. 551).*

> *A Lei Maria da Penha atribuiu às uniões homoafetivas o caráter de entidade familiar, ao prever, no seu artigo 5º, parágrafo único, que as relações pessoais mencionadas naquele dispositivo independem de orientação sexual.* **STJ, Jurisprudência em Teses nº 41.** *Precedentes: REsp 1.183.378/RS; REsp 827.962/RS; REsp 1.026.981/RJ; REsp 1.236.524/SP.*

Rescindência de contrato de trabalho: o contrato de trabalho poderá ser rescindido, por culpa do empregador, se ele praticar qualquer forma de violência doméstica e familiar contra a mulher prevista na Lei Maria da Penha (Lei Complementar nº 150, de 1º/6/2015).

Necessidade de demonstração de vulnerabilidade: a doutrina tende a entender que há necessidade de demonstração de vulnerabilidade da vítima quando o **sujeito ativo for mulher**.

> *Para a aplicação da Lei nº 11.340/2006, há necessidade de demonstração da situação de vulnerabilidade ou hipossuficiência da mulher, numa perspectiva de gênero.* **STJ, Jurisprudência em Teses nº 41.** *Precedentes: AgRg no REsp 1.430.724/RJ; HC 181.246/RS; HC 175.816/RS; HC 176.196/RS; CC 96.533/MG (Vide Inf. 524).*

Desnecessidade de demonstração de vulnerabilidade: todavia, tem-se presumida a condição de vulnerável quando o **sujeito ativo for homem**.

> *A vulnerabilidade, hipossuficiência ou fragilidade da mulher têm-se como presumidas nas circunstâncias descritas na Lei nº 11.340/2006.* **STJ, Jurisprudência em Teses nº 41.** *Precedentes: RHC 55.030/RJ; HC 280.082/RS; REsp 1.416.580/RJ (Vide Inf. 539).*

5.6 Formas de violência doméstica e familiar contra a mulher

> *Art. 7º São formas de violência doméstica e familiar contra a mulher, entre outras:*
>
> *I – a violência física, entendida como qualquer conduta que ofenda sua integridade ou saúde corporal;*
>
> *II – a violência psicológica, entendida como qualquer conduta que lhe cause dano emocional e diminuição da autoestima ou que lhe prejudique e perturbe o pleno desenvolvimento ou que vise degradar ou controlar suas ações, comportamentos, crenças e decisões, mediante ameaça, constrangimento, humilhação, manipulação, isolamento, vigilância constante, perseguição contumaz, insulto, chantagem, violação de sua intimidade, ridicularização, exploração e limitação do direito de ir e vir ou qualquer outro meio que lhe cause prejuízo à saúde psicológica e à autodeterminação; (Redação dada pela Lei nº 13-772/2018)*
>
> *III – a violência sexual, entendida como qualquer conduta que a constranja a presenciar, a manter ou a participar de relação sexual não desejada, mediante intimidação, ameaça, coação ou uso da força; que a induza a comercializar ou a utilizar, de qualquer modo, a sua sexualidade, que a impeça de usar qualquer método contraceptivo ou que a force ao matrimônio, à gravidez, ao aborto ou à prostituição, mediante coação, chantagem, suborno ou manipulação; ou que limite ou anule o exercício de seus direitos sexuais e reprodutivos;*
>
> *IV – a violência patrimonial, entendida como qualquer conduta que configure retenção, subtração, destruição parcial ou total de seus objetos, instrumentos de trabalho, documentos pessoais, bens, valores e direitos ou recursos econômicos, incluindo os destinados a satisfazer suas necessidades;*
>
> *V – a violência moral, entendida como qualquer conduta que configure calúnia, difamação ou injúria.*

Violência geral: diante deste artigo, é possível perceber que os meios de violência doméstica e familiar contra a mulher são amplos. Por isso, a doutrina a nomeou de **violência geral:** física, psicológica, sexual, patrimonial e moral (art. 7º, I a V).

Além disso, com relevância, não é qualquer ação ou omissão capaz de infligir sofrimento na mulher que se aplicará a Lei Maria da Penha,

LEI Nº 11.340/2006 - LEI MARIA DA PENHA

mas somente aquelas condutas que sejam algum tipo de ilícito civil ou penal (crime ou contravenção).

Ex.: imagine que Tício, namorado de Mévia, decida terminar o relacionamento com ela, que fica desconsolada e chora compulsivamente por mais de 30 dias sem parar, sem se alimentar direito, nem saindo de seu quarto, sofrendo de uma forma descomunal. Nessa situação hipotética, a Lei Maria da Penha não será aplicada.

A aplicação da Lei Maria da Penha está condicionada à coexistência de três requisitos: sujeito passivo (art. 4º), âmbito (art. 5º) e violência geral (art. 7º).

5.7 Requisitos para aplicar a Lei Maria da Penha

(1) Sujeito passivo	(1.1) mulher
(2) Âmbito	(2.1) doméstico (2.2) familiar (2.3) relação íntima de afeto
(3) Violência geral	(3.1) física (3.2) psicológica (3.3) sexual (3.4) patrimonial (3.5) moral

5.8 Da assistência à mulher em situação de violência doméstica e familiar

5.8.1 Das medidas integradas de prevenção

Art. 8º *A política pública que visa coibir a violência doméstica e familiar contra a mulher far-se-á por meio de um conjunto articulado de ações da União, dos Estados, do Distrito Federal e dos Municípios e de ações não-governamentais, tendo por diretrizes:*

I – a integração operacional do Poder Judiciário, do Ministério Público e da Defensoria Pública com as áreas de segurança pública, assistência social, saúde, educação, trabalho e habitação;

II – a promoção de estudos e pesquisas, estatísticas e outras informações relevantes, com a perspectiva de gênero e de raça ou etnia, concernentes às causas, às consequências e à frequência da violência doméstica e familiar contra a mulher, para a sistematização de dados, a serem unificados nacionalmente, e a avaliação periódica dos resultados das medidas adotadas;

III – o respeito, nos meios de comunicação social, dos valores éticos e sociais da pessoa e da família, de forma a coibir os papéis estereotipados que legitimem ou exacerbem a violência doméstica e familiar, de acordo com o estabelecido no inciso III do art. 1º, no inciso IV do art. 3º e no inciso IV do art. 221 da Constituição Federal;

IV – a implementação de atendimento policial especializado para as mulheres, em particular nas Delegacias de Atendimento à Mulher;

V – a promoção e a realização de campanhas educativas de prevenção da violência doméstica e familiar contra a mulher, voltadas ao público escolar e à sociedade em geral, e a difusão desta Lei e dos instrumentos de proteção aos direitos humanos das mulheres;

VI – a celebração de convênios, protocolos, ajustes, termos ou outros instrumentos de promoção de parceria entre órgãos governamentais ou entre estes e entidades não-governamentais, tendo por objetivo a implementação de programas de erradicação da violência doméstica e familiar contra a mulher;

VII – a capacitação permanente das Polícias Civil e Militar, da Guarda Municipal, do Corpo de Bombeiros e dos profissionais pertencentes aos órgãos e às áreas enunciados no inciso I quanto às questões de gênero e de raça ou etnia;

VIII – a promoção de programas educacionais que disseminem valores éticos de irrestrito respeito à dignidade da pessoa humana com a perspectiva de gênero e de raça ou etnia;

IX – o destaque, nos currículos escolares de todos os níveis de ensino, para os conteúdos relativos aos direitos humanos, à equidade de gênero e de raça ou etnia e ao problema da violência doméstica e familiar contra a mulher.

5.8.2 Da assistência à mulher em situação de violência doméstica e familiar

Art. 9º *A assistência à mulher em situação de violência doméstica e familiar será prestada de forma articulada e conforme os princípios e as diretrizes previstos na Lei Orgânica da Assistência Social, no Sistema Único de Saúde, no Sistema Único de Segurança Pública, entre outras normas e políticas públicas de proteção, e emergencialmente quando for o caso.*

§ 1º O juiz determinará, por prazo certo, a inclusão da mulher em situação de violência doméstica e familiar no cadastro de programas assistenciais do governo federal, estadual e municipal.

§ 2º O juiz assegurará à mulher em situação de violência doméstica e familiar, para preservar sua integridade física e psicológica:

I – acesso prioritário à remoção quando servidora pública, integrante da administração direta ou indireta;

II – manutenção do vínculo trabalhista, quando necessário o afastamento do local de trabalho, por até seis meses.

III – encaminhamento à assistência judiciária, quando for o caso, inclusive para eventual ajuizamento da ação de separação judicial, de divórcio, de anulação de casamento ou de dissolução de união estável perante o juízo competente. (Incluído pela Lei nº 13.894/2019)

§ 3º A assistência à mulher em situação de violência doméstica e familiar compreenderá o acesso aos benefícios decorrentes do desenvolvimento científico e tecnológico, incluindo os serviços de contracepção de emergência, a profilaxia das Doenças Sexualmente Transmissíveis (DST) e da Síndrome da Imunodeficiência Adquirida (AIDS) e outros procedimentos médicos necessários e cabíveis nos casos de violência sexual.

§ 4º Aquele que, por ação ou omissão, causar lesão, violência física, sexual ou psicológica e dano moral ou patrimonial a mulher fica obrigado a ressarcir todos os danos causados, inclusive ressarcir ao Sistema Único de Saúde (SUS), de acordo com a tabela SUS, os custos relativos aos serviços de saúde prestados para o total tratamento das vítimas em situação de violência doméstica e familiar, recolhidos os recursos assim arrecadados ao Fundo de Saúde do ente federado responsável pelas unidades de saúde que prestarem os serviços. (Incluído pela Lei nº 13.871/2019)

§ 5º Os dispositivos de segurança destinados ao uso em caso de perigo iminente e disponibilizados para o monitoramento das vítimas de violência doméstica ou familiar amparadas por medidas protetivas terão seus custos ressarcidos pelo agressor. (Incluído pela Lei nº 13.871/2019)

§ 6º O ressarcimento de que tratam os §§ 4º e 5º deste artigo não poderá importar ônus de qualquer natureza ao patrimônio da mulher e dos seus dependentes, nem configurar atenuante ou ensejar possibilidade de substituição da pena aplicada. (Incluído pela Lei nº 13.871/2019)

§ 7º A mulher em situação de violência doméstica e familiar tem prioridade para matricular seus dependentes em instituição de educação básica mais próxima de seu domicílio, ou transferi-los para essa instituição, mediante a apresentação dos documentos comprobatórios do registro da ocorrência policial ou do processo de violência doméstica e familiar em curso. (Incluído pela Lei nº 13.882/2019)

§ 8º Serão sigilosos os dados da ofendida e de seus dependentes matriculados ou transferidos conforme o disposto no §7º deste artigo, e o acesso às informações será reservado ao juiz, ao Ministério Público e aos órgãos competentes do poder público. (Incluído pela Lei nº 13.882/2019)

Prioridade de remoção de servidora pública: nos casos de violência doméstica e familiar contra a mulher que seja servidora pública da Administração Direta ou Indireta, o juiz deverá garantir prioridade na remoção desta para outro órgão a fim de garantir a integridade física e psicológica da vítima (art. 9º, § 2º, I).

Manutenção de vínculo trabalhista até 6 meses: quando houver necessidade de afastamento da vítima, o juiz garantirá a manutenção do vínculo trabalhista por até 6 (seis) meses objetivando a incolumidade dela (art. 9º, § 2º, II).

Ressarcimento ao Sistema Único de Saúde (SUS): a Lei nº 13.871/2019, que incluiu os §§ 4º, 5º e 6º, dispõe sobre a responsabilidade do agressor pelo ressarcimento dos custos relacionados aos serviços de saúde prestados pelo Sistema Único de Saúde (SUS) às vítimas de violência doméstica e familiar e aos dispositivos de segurança por elas utilizados. Todavia, tais parágrafos só tiveram vigência a partir de 2/11/2019 (45 dias após sua publicação no DOU).

Matrícula de dependentes na rede de educação básica: a Lei nº 13.882/2019, que incluiu os §§ 7º e 8º, dispõe sobre a garantia de matrícula dos dependentes da mulher vítima de violência doméstica e familiar em instituição de educação básica mais próxima de seu domicílio. Tais parágrafos possuem eficácia imediata, uma vez que a lei previu a sua vigência a partir do dia de sua publicação (publicado no DOU em 9/10/2019).

5.8.3 Do atendimento pela autoridade policial

Art. 10 Na hipótese da iminência ou da prática de violência doméstica e familiar contra a mulher, à autoridade policial que tomar conhecimento da ocorrência adotará, de imediato, as providências legais cabíveis.

Parágrafo único. Aplica-se o disposto no 'caput' deste artigo ao descumprimento de medida protetiva de urgência deferida.

Prioridade de atendimento policial: o art. 10 determina a atuação imediata pela autoridade policial que tomar conhecimento da iminência ou da prática de violência doméstica e familiar contra a mulher.

Art. 10-A É direito da mulher em situação de violência doméstica e familiar o atendimento policial e pericial especializado, ininterrupto e prestado por servidores — preferencialmente do sexo feminino — previamente capacitados. (Artigo acrescido pela Lei nº 13.505/2017)

§ 1º A inquirição de mulher em situação de violência doméstica e familiar ou de testemunha de violência doméstica, quando se tratar de crime contra a mulher, obedecerá às seguintes diretrizes:

I – salvaguarda da integridade física, psíquica e emocional da depoente, considerada a sua condição peculiar de pessoa em situação de violência doméstica e familiar;

II – garantia de que, em nenhuma hipótese, a mulher em situação de violência doméstica e familiar, familiares e testemunhas terão contato direto com investigados ou suspeitos e pessoas a eles relacionadas;

III – não revitimização da depoente, evitando sucessivas inquirições sobre o mesmo fato nos âmbitos criminal, cível e administrativo, bem como questionamentos sobre a vida privada.

§ 2º Na inquirição de mulher em situação de violência doméstica e familiar ou de testemunha de delitos de que trata esta Lei, adotar-se-á, preferencialmente, o seguinte procedimento:

I – a inquirição será feita em recinto especialmente projetado para esse fim, o qual conterá os equipamentos próprios e adequados à idade da mulher em situação de violência doméstica e familiar ou testemunha e ao tipo e à gravidade da violência sofrida;

II – quando for o caso, a inquirição será intermediada por profissional especializado em violência doméstica e familiar designado pela autoridade judiciária ou policial;

III – o depoimento será registrado em meio eletrônico ou magnético, devendo a degravação e a mídia integrar o inquérito.

Atendimento policial e pericial especializado: a Lei nº 13.505/2017, que incluiu os arts. 10-A, 12-A e 12-B, dispõe sobre o direito da mulher em situação de violência doméstica e familiar de ter atendimento policial e pericial especializado, ininterrupto e prestado por servidores — **preferencialmente do sexo feminino** — previamente capacitados.

Veja que o dispositivo não determina o atendimento obrigatório por servidores do sexo feminino, mas, sim, preferencialmente; isto é, na ausência delas, poderá o atendimento ser feito por agente policial masculino.

Diretrizes obrigatórias da inquirição (§ 1º)	Procedimento preferencial da inquirição (§ 2º)
I – Salvaguarda da integridade da depoente;	I – Recinto especial;
II – Ausência de contato direto com investigados, suspeitos ou pessoas relacionadas;	II – Intermediação por profissional especializado;
III – Não revitimização da depoente.	III – Registro em meio eletrônico ou magnético.

Art. 11 No atendimento à mulher em situação de violência doméstica e familiar, a autoridade policial deverá, entre outras providências:

I – garantir proteção policial, quando necessário, comunicando de imediato ao Ministério Público e ao Poder Judiciário;

II – encaminhar a ofendida ao hospital ou posto de saúde e ao Instituto Médico Legal;

III – fornecer transporte para a ofendida e seus dependentes para abrigo ou local seguro, quando houver risco de vida;

IV – se necessário, acompanhar a ofendida para assegurar a retirada de seus pertences do local da ocorrência ou do domicílio familiar;

V – informar à ofendida os direitos a ela conferidos nesta Lei e os serviços disponíveis, inclusive os de assistência judiciária para o eventual ajuizamento perante o juízo competente da ação de separação judicial, de divórcio, de anulação de casamento ou de dissolução de união estável. (Redação dada pela Lei nº 13.894/2019)

Providências durante o atendimento policial à mulher: o art. 11 lista certas providências que devem ser executadas pela autoridade policial que estiver atendendo a mulher em situação de violência doméstica e familiar, as quais não estão listadas em um rol taxativo, mas, sim, um rol exemplificativo, por força do termo: "[...] entre outras providências: [...]".

Providências durante o atendimento policial à mulher (art. 11)	
Garantir	Proteção policial (quando necessário).
Encaminhar	A ofendida ao hospital ou posto de saúde e ao IML.
Fornecer	Transporte para abrigo ou local seguro (quando houver risco de vida).
Acompanhar	Para assegurar a retirada de seus pertences (se necessário).
Informar	Os direitos e os serviços disponíveis.

Art. 12 Em todos os casos de violência doméstica e familiar contra a mulher, feito o registro da ocorrência, deverá a autoridade policial adotar, de imediato, os seguintes procedimentos, sem prejuízo daqueles previstos no Código de Processo Penal:

I – ouvir a ofendida, lavrar o boletim de ocorrência e tomar a representação a termo, se apresentada;

LEI Nº 11.340/2006 - LEI MARIA DA PENHA

II – colher todas as provas que servirem para o esclarecimento do fato e de suas circunstâncias;

III – remeter, no prazo de 48 (quarenta e oito) horas, expediente apartado ao juiz com o pedido da ofendida, para a concessão de medidas protetivas de urgência;

IV – determinar que se proceda ao exame de corpo de delito da ofendida e requisitar outros exames periciais necessários;

V – ouvir o agressor e as testemunhas;

VI – ordenar a identificação do agressor e fazer juntar aos autos sua folha de antecedentes criminais, indicando a existência de mandado de prisão ou registro de outras ocorrências policiais contra ele;

VI-A – verificar se o agressor possui registro de porte ou posse de arma de fogo e, na hipótese de existência, juntar aos autos essa informação, bem como notificar a ocorrência à instituição responsável pela concessão do registro ou da emissão do porte, nos termos da Lei nº 10.826, de 22 de dezembro de 2003 (Estatuto do Desarmamento); (Incluído pela Lei nº 13.880/2019)

VII – remeter, no prazo legal, os autos do inquérito policial ao juiz e ao Ministério Público.

§ 1º O pedido da ofendida será tomado a termo pela autoridade policial e deverá conter:

I – qualificação da ofendida e do agressor;

II – nome e idade dos dependentes;

III – descrição sucinta do fato e das medidas protetivas solicitadas pela ofendida;

IV – informação sobre a condição de a ofendida ser pessoa com deficiência e se da violência sofrida resultou deficiência ou agravamento de deficiência preexistente. (Incluído pela Lei nº 13.836/2019)

§ 2º A autoridade policial deverá anexar ao documento referido no § 1º o boletim de ocorrência e cópia de todos os documentos disponíveis em posse da ofendida.

§ 3º Serão admitidos como meios de prova os laudos ou prontuários médicos fornecidos por hospitais e postos de saúde.

Procedimentos após o registro de ocorrência (art. 12)	
Ouvir, lavrar e tomar	Ouvir a ofendida, lavrar o boletim de ocorrência e tomar a representação a termo, se apresentada;
Colher	Todas as provas que servirem para o esclarecimento do fato e de suas circunstâncias;
Remeter	No prazo de 48 (quarenta e oito) horas, expediente apartado ao juiz com o pedido da ofendida, para a concessão de medidas protetivas de urgência;
Determinar	Que se proceda ao exame de corpo de delito da ofendida e requisitar outros exames periciais necessários;
Ouvir	O agressor e as testemunhas;
Ordenar	A identificação do agressor e fazer juntar aos autos sua folha de antecedentes criminais, indicando a existência de mandado de prisão ou registro de outras ocorrências policiais contra ele;
Verificar	Se o agressor possui registro de porte ou posse de arma de fogo e, na hipótese de existência, juntar aos autos essa informação, bem como notificar a ocorrência à instituição responsável pela concessão do registro ou da emissão do porte, nos termos da Lei nº 10.826/03 (Estatuto do Desarmamento).
Remeter	No prazo legal, os autos do inquérito policial ao juiz e ao Ministério Público.

Art. 12-A Os Estados e o Distrito Federal, na formulação de suas políticas e planos de atendimento à mulher em situação de violência doméstica e familiar, darão prioridade, no âmbito da Polícia Civil, à criação de Delegacias Especializadas de Atendimento à Mulher (DEAMS), de Núcleos Investigativos de Feminicídio e de equipes especializadas para o atendimento e a investigação das violências graves contra a mulher. (Artigo acrescido pela Lei nº 13.505/2017)

Art. 12-B (Vetado na Lei nº 13.505/2017)

§ 1º (Vetado na Lei nº 13.505/2017)

§ 2º (Vetado na Lei nº 13.505/2017)

§ 3º A autoridade policial poderá requisitar os serviços públicos necessários à defesa da mulher em situação de violência doméstica e familiar e de seus dependentes. (Incluído pela Lei nº 13.505, de 8/11/2017)

Art. 12-C Verificada a existência de risco atual ou iminente à vida ou à integridade física ou psicológica da mulher em situação de violência doméstica e familiar, ou de seus dependentes, o agressor será imediatamente afastado do lar, domicílio ou local de convivência com a ofendida: (Redação dada pela Lei nº 14.188/2021)

I – pela autoridade judicial;

II – pelo delegado de polícia, quando o Município não for sede de comarca; ou

III – pelo policial, quando o Município não for sede de comarca e não houver delegado disponível no momento da denúncia.

§ 1º Nas hipóteses dos incisos II e III do 'caput' deste artigo, o juiz será comunicado no prazo máximo de 24 (vinte e quatro) horas e decidirá, em igual prazo, sobre a manutenção ou a revogação da medida aplicada, devendo dar ciência ao Ministério Público concomitantemente.

§ 2º Nos casos de risco à integridade física da ofendida ou à efetividade da medida protetiva de urgência, não será concedida liberdade provisória ao preso.

5.9 Aspectos processuais relevantes

5.9.1 Competência mista e legislações aplicáveis

Art. 13 Ao processo, ao julgamento e à execução das causas cíveis e criminais decorrentes da prática de violência doméstica e familiar contra a mulher aplicar-se-ão as normas dos Códigos de Processo Penal e Processo Civil e da legislação específica relativa à criança, ao adolescente e ao idoso que não conflitarem com o estabelecido nesta Lei.

Aplicação subsidiária: por ser uma lei específica, a Lei Maria da Penha prevalece sobre a genérica naquilo que houver contradição, todavia, ainda se aplicará a lei geral quando aquela não versar sobre o assunto, por exemplo, os Códigos Processuais Penal e Civil (CPP e CPC), o Estatuto da Criança e do Adolescente (ECA), bem como o Estatuto do Idoso, entre outros.

5.9.2 Juizados de Violência Doméstica e Familiar contra a Mulher

Art. 14 Os Juizados de Violência Doméstica e Familiar contra a Mulher, órgãos da Justiça Ordinária com **competência cível e criminal**, poderão ser criados pela União, no Distrito Federal e nos Territórios, e pelos Estados, para o processo, o julgamento e a execução das causas decorrentes da prática de violência doméstica e familiar contra a mulher.

Parágrafo único. Os atos processuais poderão realizar-se em horário noturno, conforme dispuserem as normas de organização judiciária.

Competência cumulativa: os juizados de violência doméstica e familiar contra a mulher possuem a cumulação de competência civil e criminal, bem como de outras causas decorrentes (art. 14, caput).

Os Juizados de Violência Doméstica e Familiar contra a Mulher **têm competência cumulativa para o julgamento e a execução das causas decorrentes** *da prática de violência doméstica e familiar contra a mulher, nos termos do art. 14, da Lei nº 11.340/2006. STJ, Jurisprudência em Teses nº 41. Precedentes: REsp 1.475.006/MT (Vide Inf. 550). (grifo nosso)*

NOÇÕES DE DIREITOS HUMANOS

Horário noturno: os atos processuais relativos à Lei Maria da Penha poderão se realizar em **horário noturno** (art. 14, parágrafo único).

> *Art. 14-A A ofendida tem a opção de propor ação de divórcio ou de dissolução de união estável no Juizado de Violência Doméstica e Familiar contra a Mulher. (Incluído pela Lei nº 13.894/2019)*
> *§ 1º Exclui-se da competência dos Juizados de Violência Doméstica e Familiar contra a Mulher a pretensão relacionada à partilha de bens.*
> *§ 2º Iniciada a situação de violência doméstica e familiar após o ajuizamento da ação de divórcio ou de dissolução de união estável, a ação terá preferência no juízo onde estiver.*

5.9.3 Opção da ofendida nos processos cíveis

> *Art. 15 É competente, por opção da ofendida, para os processos cíveis regidos por esta Lei, o Juizado:*
> *I – do seu domicílio ou de sua residência;*
> *II – do lugar do fato em que se baseou a demanda;*
> *III – do domicílio do agressor.*

5.9.4 Audiência de retratação

> *Art. 16 Nas ações penais públicas condicionadas à representação da ofendida de que trata esta Lei, só será admitida a renúncia à representação perante o juiz, em audiência especialmente designada com tal finalidade, antes do recebimento da denúncia e ouvido o Ministério Público.*

Retratação da representação: nos casos de violência doméstica e familiar contra a mulher, somente será possível a **retratação da representação** (nos crimes de ação penal pública condicionada) **antes do recebimento da denúncia**.

> *A audiência de retratação prevista no art. 16 da Lei nº 11.340/06 apenas será designada no caso de **manifestação expressa ou tácita da vítima** e desde que ocorrida **antes do recebimento da denúncia**. STJ, Jurisprudência em Teses nº 41. Precedentes: RHC 41.545/PB; HC 184.923/DF; AgRg no AREsp 40.934/DF; HC 167.898/MG; AgRg no Ag 1.380.117/SE; RHC 27.317/RJ; REsp 1.533.691/MG; AREsp 518.363/DF. (grifo nosso)*

O art. 16 da Lei Maria da Penha apresenta situação dilatada à regra geral descrita no CPP referente à retratação da representação (art. 25, CPP). Portanto, cuidado com esses temas em sua prova.

Retratação da representação	
Lei Maria da Penha	Até o **recebimento** da denúncia (por exemplo: a denúncia está em mãos do juiz, mas ainda não se iniciou o processo).
CPP	Até o **oferecimento** da denúncia (por exemplo: a denúncia ainda não foi encaminhada para o juiz, mas ainda está em mãos do Ministério Público).

5.9.5 Sanções vedadas

> *Art. 17 É vedada a aplicação, nos casos de violência doméstica e familiar contra a mulher, de penas de cesta básica ou outras de prestação pecuniária, bem como a substituição de pena que implique o pagamento isolado de multa.*

Aplicação de pena de cesta básica ou de prestação pecuniária: a fim de desencorajar o agressor, o legislador proibiu (vedou) a **aplicação** de penas de cesta básica ou de prestação pecuniária (pagamento em dinheiro à vítima), bem como a **substituição** de pena pelo pagamento isolado de multa.

Substituição de pena privativa de liberdade por restritiva de direitos: o STJ determinou a impossibilidade de **substituição** de pena privativa de liberdade por restritiva de direitos, nos casos de violência doméstica e familiar contra a mulher.

> *Súmula nº 588 – STJ: A prática de crime ou contravenção penal contra a mulher com violência ou grave ameaça no ambiente doméstico impossibilita a substituição da pena privativa de liberdade por restritiva de direitos.*

Princípio da insignificância e bagatela imprópria

Não se admite o **princípio da insignificância** (bagatela própria) para a violência doméstica e familiar contra a mulher.

> *Súmula nº 589 – STJ: É inaplicável o princípio da insignificância nos crimes ou contravenções penais praticados contra a mulher no âmbito das relações domésticas.*

Nem mesmo a aplicação da bagatela imprópria:

> *Não é possível a aplicação dos princípios da insignificância e da bagatela imprópria nos delitos praticados com violência ou grave ameaça no âmbito das relações domésticas e familiares. STJ, Jurisprudência em Teses nº 41. Precedentes: REsp 1.537.749/DF; AgRg no REsp 1.464.335/MS; AgRg no AREsp 19.042/DF; REsp 1.538.562/SP; AREsp 652.428/DF; HC 317.781/MS. (grifo nosso)*

5.9.6 Vedação da Lei nº 9.099/1995

> *Art. 41 Aos crimes praticados com violência doméstica e familiar contra a mulher, independentemente da pena prevista, não se aplica a Lei nº 9.099, de 26 de setembro de 1995.*

Não se aplica a **Lei nº 9.099/1995** (JECrim) à violência doméstica e familiar contra a mulher, em todos os sentidos: sursis processual (suspensão condicional do processo), transação penal, reparação dos danos, entre outros dispositivos.

> *Súmula nº 536 – STJ: A suspensão condicional do processo e a transação penal não se aplicam na hipótese de delitos sujeitos ao rito da Lei Maria da Penha.*

Lesão corporal leve e culposa

> *Súmula nº 542 – STJ: A ação penal relativa ao crime de lesão corporal resultante de violência doméstica contra a mulher é pública incondicionada.*

Os demais crimes são de ação penal pública condicionada à representação continuarão com a mesma regra do Código Penal ou outras Leis Penais Especiais, o que não se aplica à Lei Maria da Penha é a Lei nº 9.099/1995 (JECrim).

Na violência doméstica e familiar contra a mulher que gere lesão corporal leve ou culposa, a **ação penal é pública incondicionada.** Por exemplo: o **crime de ameaça** contra a mulher em situação de violência doméstica e familiar continua a ser de **ação penal pública condicionada** à representação da vítima, conforme dispõe o art. 147, parágrafo único, do Código Penal.

> *O crime de lesão corporal, ainda que leve ou culposo, praticado contra a mulher no âmbito das relações domésticas e familiares, deve ser processado mediante ação penal pública incondicionada. STJ, Jurisprudência em Teses nº 41. Precedentes: REsp 1.537.749/DF; AgRg no REsp 1.442.015/MG; RHC 42.228/SP; AgRg no REsp 1.358.215/MG; RHC 45.444/MG; AgRg no REsp 1.428.577/DF; AgRg no HC 213.597/MT; HC 184.923/DF; RHC 33.881/MG; HC 242.458/DF (Vide Inf. 509).*

5.10 Medidas protetivas de urgência

5.10.1 Disposições gerais

> *Art. 18 Recebido o expediente com o pedido da ofendida, caberá ao juiz, no prazo de 48 (quarenta e oito) horas:*
> *I – conhecer do expediente e do pedido e decidir sobre as medidas protetivas de urgência;*

LEI Nº 11.340/2006 - LEI MARIA DA PENHA

II – determinar o encaminhamento da ofendida ao órgão de assistência judiciária, quando for o caso, inclusive para o ajuizamento da ação de separação judicial, de divórcio, de anulação de casamento ou de dissolução de união estável perante o juízo competente; (Redação dada pela Lei nº 13.894/2019)

III – comunicar ao Ministério Público para que adote as providências cabíveis;

IV – determinar a apreensão imediata de arma de fogo sob a posse do agressor. (Incluído pela Lei nº 13.880/2019)

Atendimento policial e pericial especializado: a Lei nº 13.505/2017, que incluiu os arts. 10-A, 12-A e 12-B, dispõe sobre o direito da mulher em situação de violência doméstica e familiar de ter atendimento policial e pericial especializado, ininterrupto e prestado por servidores — **preferencialmente do sexo feminino** — previamente capacitados.

Art. 19 As medidas protetivas de urgência poderão ser concedidas pelo juiz, a requerimento do Ministério Público ou a pedido da ofendida.

§ 1º As medidas protetivas de urgência poderão ser concedidas de imediato, independentemente de audiência das partes e de manifestação do Ministério Público, devendo este ser prontamente comunicado.

§ 2º As medidas protetivas de urgência serão aplicadas isolada ou cumulativamente, e poderão ser substituídas a qualquer tempo por outras de maior eficácia, sempre que os direitos reconhecidos nesta Lei forem ameaçados ou violados.

§ 3º Poderá o juiz, a requerimento do Ministério Público ou a pedido da ofendida, conceder novas medidas protetivas de urgência ou rever aquelas já concedidas, se entender necessário à proteção da ofendida, de seus familiares e de seu patrimônio, ouvido o Ministério Público.

Ministério Público ou ofendida: as medidas protetivas de urgências necessitam de **autorização judicial** e poderão ser concedidas por: [1] requerimento do Ministério Público ou [2] pedido da ofendida. Sendo assim, não cabe à autoridade policial solicitar medida protetiva de urgência, conforme a ausência legal no art. 19.

Art. 20 Em qualquer fase do inquérito policial ou da instrução criminal, caberá a prisão preventiva do agressor, decretada pelo juiz, de ofício, a requerimento do Ministério Público ou mediante representação da autoridade policial.

Parágrafo único. O juiz poderá revogar a prisão preventiva se, no curso do processo, verificar a falta de motivo para que subsista, bem como de novo decretá-la, se sobrevierem razões que a justifiquem.

Ministério Público ou autoridade policial: a prisão preventiva do agressor necessita de **autorização judicial** e poderá ser concedida: [1] requerimento do Ministério Público ou [2] representação da autoridade policial — no inquérito policial ou na instrução criminal (durante o processo penal poderá o juiz decretá-la de ofício).

Art. 21 A ofendida deverá ser notificada dos atos processuais relativos ao agressor, especialmente dos pertinentes ao ingresso e à saída da prisão, sem prejuízo da intimação do advogado constituído ou do defensor público.

Parágrafo único. A ofendida não poderá entregar intimação ou notificação ao agressor.

Notificação dos atos processuais: a ofendida deve ser "notificada" (ou "cientificada") sobre todos os atos processuais que envolverem o agressor; vedando-se, entretanto, que ela entregue intimação ou notificação ao agressor.

5.10.2 Medidas protetivas de urgência que obrigam o agressor

Art. 22 Constatada a prática de violência doméstica e familiar contra a mulher, nos termos desta Lei, o juiz poderá aplicar, de imediato, ao agressor, em conjunto ou separadamente, as seguintes medidas protetivas de urgência, entre outras:

I – suspensão da posse ou restrição do porte de armas, com comunicação ao órgão competente, nos termos da Lei nº 10.826, de 22 de dezembro de 2003 (Estatuto do Desarmamento);

II – afastamento do lar, domicílio ou local de convivência com a ofendida;

III – proibição de determinadas condutas, entre as quais:

a) aproximação da ofendida, de seus familiares e das testemunhas, fixando o limite mínimo de distância entre estes e o agressor;

b) contato com a ofendida, seus familiares e testemunhas por qualquer meio de comunicação;

c) frequentação de determinados lugares a fim de preservar a integridade física e psicológica da ofendida;

IV – restrição ou suspensão de visitas aos dependentes menores, ouvida a equipe de atendimento multidisciplinar ou serviço similar;

V – prestação de alimentos provisionais ou provisórios.

VI – comparecimento do agressor a programas de recuperação e reeducação; e (Incluído pela Lei nº 13.984/2020)

VII – acompanhamento psicossocial do agressor, por meio de atendimento individual e/ou em grupo de apoio. (Incluído pela Lei nº 13.984/2020)

§ 1º As medidas referidas neste artigo não impedem a aplicação de outras previstas na legislação em vigor, sempre que a segurança da ofendida ou as circunstâncias o exigirem, devendo a providência ser comunicada ao Ministério Público.

§ 2º Na hipótese de aplicação do inciso I, encontrando-se o agressor nas condições mencionadas no 'caput' e incisos do art. 6º da Lei nº 10.826, de 22 de dezembro de 2003 (Estatuto do Desarmamento), o juiz comunicará ao respectivo órgão, corporação ou instituição as medidas protetivas de urgência concedidas e determinará a restrição do porte de armas, ficando o superior imediato do agressor responsável pelo cumprimento da determinação judicial, sob pena de incorrer nos crimes de prevaricação ou de desobediência, conforme o caso.

§ 3º Para garantir a efetividade das medidas protetivas de urgência, poderá o juiz requisitar, a qualquer momento, auxílio da força policial.

§ 4º Aplica-se às hipóteses previstas neste artigo, no que couber, o disposto no 'caput' e nos §§ 5º e 6º do art. 461 da Lei nº 5.869, de 11 de janeiro de 1973 (Código de Processo Civil).

Medidas isoladas ou cumulativamente: determina o caput do art. 22 que o juiz poderá, de imediato, aplicar as medidas protetivas de urgência isoladas ou cumulativamente, entre outras, ou seja, o rol é exemplificativo.

Comunicação ao Ministério Público (§ 1º): como o rol é exemplificativo, poderá o juiz competente aplicar outras medidas previstas na legislação em vigor, mas sempre notificando o Ministério Público.

Agentes de segurança pública (§ 2º): tratando-se de agentes de segurança previstos no rol do *caput* e incisos do art. 6º do Estatuto do Desarmamento, o juiz competente irá comunicar o órgão competente e o superior hierárquico ficará responsável pela restrição do porte do subordinado sob de pena de incorrer nos crimes de prevaricação ou desobediência, conforme o caso.

Auxílio da força policial (§ 3º): a fim de garantir a efetividade das medidas protetivas, o juiz poderá requisitar o auxílio da força policial.

Medidas protetivas de urgência que obrigam o agressor, entre outras (art. 22)	
Suspensão de posse/porte de armas	Com comunicação ao órgão competente, nos termos da Lei nº 10.826/2003 (Estatuto do Desarmamento).
Afastamento do lar	Ou local de convivência com a ofendida.

NOÇÕES DE DIREITOS HUMANOS

Proibição de condutas	a) aproximação da ofendida, de seus familiares e das testemunhas, fixando o limite mínimo de distância entre estes e o agressor; b) contato com a ofendida, seus familiares e testemunhas por qualquer meio de comunicação; c) frequentação de determinados lugares a fim de preservar a integridade física e psicológica da ofendida;
Restrição de visitas	Aos dependentes menores, ouvida a equipe de atendimento multidisciplinar ou serviço similar.
Prestação de alimentos	Provisionais ou provisórios.

5.10.3 Medidas protetivas de urgência à ofendida

Art. 23 Poderá o juiz, quando necessário, sem prejuízo de outras medidas:

I – encaminhar a ofendida e seus dependentes a programa oficial ou comunitário de proteção ou de atendimento;

II – determinar a recondução da ofendida e a de seus dependentes ao respectivo domicílio, após afastamento do agressor;

III – determinar o afastamento da ofendida do lar, sem prejuízo dos direitos relativos a bens, guarda dos filhos e alimentos;

IV – determinar a separação de corpos;

V – determinar a matrícula dos dependentes da ofendida em instituição de educação básica mais próxima do seu domicílio, ou a transferência deles para essa instituição, independentemente da existência de vaga. (Incluído pela Lei nº 13.882/2019)

Medidas protetivas de urgência à ofendida, entre outras (art. 23)	
Programa de proteção	Encaminhamento da ofendida e de seus dependentes à programa oficial ou comunitário de proteção ou de atendimento.
Recondução ao domicílio	Determinação de reconduzir a ofendida e seus dependentes ao respectivo domicílio, após afastamento do agressor.
Afastamento do lar	Determinação de afastar a ofendida do lar, sem prejuízo dos direitos relativos a bens, guarda dos filhos e alimentos.
Separação matrimonial	Determinação da separação de corpos.
Matrícula escolar	Determinação de matrícula dos dependentes da ofendida em instituição de educação básica mais próxima do seu domicílio, ou a transferência deles para essa instituição, independentemente da existência de vaga.

Art. 24 Para a proteção patrimonial dos bens da sociedade conjugal ou daqueles de propriedade particular da mulher, o juiz poderá determinar, liminarmente, as seguintes medidas, entre outras:

I – restituição de bens indevidamente subtraídos pelo agressor à ofendida;

II – proibição temporária para a celebração de atos e contratos de compra, venda e locação de propriedade em comum, salvo expressa autorização judicial;

III – suspensão das procurações conferidas pela ofendida ao agressor;

IV – prestação de caução provisória, mediante depósito judicial, por perdas e danos materiais decorrentes da prática de violência doméstica e familiar contra a ofendida.

Parágrafo único. Deverá o juiz oficiar ao cartório competente para os fins previstos nos incisos II e III deste artigo.

Medidas protetivas do patrimônio da ofendida (art. 24)	
Restituição de bens	Indevidamente subtraídos pelo agressor à ofendida.
Proibição temporária	Para a celebração de atos e contratos de compra, venda e locação de propriedade em comum, salvo expressa autorização judicial.
Suspensão de procurações	Conferidas pela ofendida ao agressor.
Prestação de caução provisória	Mediante depósito judicial, por perdas e danos materiais decorrentes da prática de violência doméstica e familiar contra a ofendida.

5.10.4 Do crime de descumprimento de medidas protetivas de urgência

Descumprimento de medidas protetivas de urgência

Art. 24-A Descumprir decisão judicial que defere medidas protetivas de urgência previstas nesta Lei: (Incluído pela Lei nº 13.641/2018)

Pena – detenção, de 3 (três) meses a 2 (dois) anos.

§ 1º A configuração do crime independe da competência civil ou criminal do juiz que deferiu as medidas.

§ 2º Na hipótese de prisão em flagrante, apenas a autoridade judicial poderá conceder fiança.

§ 3º O disposto neste artigo não exclui a aplicação de outras sanções cabíveis.

Antes da Lei nº 13.641/2018, ao agente que descumprisse medida de protetiva de urgência, o juiz poderia aplicar outras sanções previstas, como, por exemplo, a possibilidade de se aplicar a prisão preventiva (art. 313, III, CPP). Portanto, antigamente o seu descumprimento não configurava crime na Lei Maria da Penha nem mesmo o de desobediência (art. 330, CP).

> *O descumprimento de medida protetiva de urgência não configura o crime de desobediência, em face da existência de outras sanções previstas no ordenamento jurídico para a hipótese.* **STJ, Jurisprudência em Teses nº 41.** *Precedentes: AgRg no HC 305.448/RS; Ag no REsp 1.519.850/DF; HC 312.513/RS; AgRg no REsp 1454609/RS; AgRg no REsp 1.490.460/DF; HC 305.442/RS; AgRg no AREsp 575.017/DF; HC 299.165/RS; AgRg no REsp 1.482.990/MG; AgRg no REsp 1.477.632/DF (Vide Inf. 544).*

Sujeito ativo: é **próprio** (somente aquele que teve a medida protetiva de urgência decretada poderá cometê-lo).

Mesmo após a vigência da Lei nº 13.641/2018, não configura o delito de desobediência (art. 330, CP), mas, sim, o crime de **"descumprimento de medidas protetivas de urgência"** (art. 24-A, Lei nº 11.340/2006) — especial modalidade de desobediência.

Elemento subjetivo e conduta: é **doloso** (não admite a forma culposa) e **comissivo** (admite tentativa) ou **omissivo** (não admite tentativa).

Consumação e tentativa: trata-se de **delito instantâneo** (sua consumação se dá em momento certo: quando o agente comete a conduta proibida na decisão judicial ou deixa de praticar aquela que lhe foi ordenada) e; tanto é **plurissubsistente** (admite tentativa), na forma comissiva; como também, **unissubsistente** (não admite tentativa), na forma omissiva.

LEI Nº 11.340/2006 - LEI MARIA DA PENHA

Princípio da especialidade: o crime de "descumprimento de medidas protetivas de urgência" (art. 24-A da Lei Maria da Penha) trata-se de especial modalidade de "desobediência" (art. 330 do Código Penal) e, por conseguinte, o tipo específico prevalece sobre o genérico, por força do princípio da especialidade.

Ação penal: é pública incondicionada, isto é, o Ministério Público deverá promover, privativamente, a ação penal pública (art. 129, I, CF/1988), assim que tiver conhecimento, não podendo desistir da ação penal (art. 42, CPP).

Inquérito policial: mesmo que se trate de infração penal de menor potencial ofensivo, não se aplicará os institutos referentes a esta infração (art. 61, Lei nº 9.099/1995), devendo, portanto, a autoridade policial instaurar inquérito policial de ofício assim que tomar conhecimento da materialidade do delito (art. 4º, caput, I, CPP).

Competência: é do Juizado de Violência Doméstica e Familiar Contra a Mulher (arts. 13 e 14).

Descumprimento de medida protetiva penal ou civil (§ 1º): o descumprimento de decisão judicial que defere medida protetiva de urgência prevista na Lei Maria da Penha não é somente a de cunho penal, mas também a civil, por exemplo, as impostas pelos arts. 22 a 24.

Inadmissibilidade de fiança em sede policial (§ 2º): cuidado, pois o art. 24-A da Lei Maria da Penha é delito afiançável em sede judicial, mas será inafiançável em sede policial. Assim, a fiança somente poderá ser decretada pelo juiz competente.

Outras sanções (§ 3º): o cometimento do crime em estudo não impede a aplicação de outras sanções cabíveis, como a prisão preventiva (art. 313, III, CPP).

5.10.5 Atuação do Ministério Público

Art. 25 O Ministério Público intervirá, quando não for parte, nas causas cíveis e criminais decorrentes da violência doméstica e familiar contra a mulher.

Art. 26 Caberá ao Ministério Público, sem prejuízo de outras atribuições, nos casos de violência doméstica e familiar contra a mulher, quando necessário:

I – requisitar força policial e serviços públicos de saúde, de educação, de assistência social e de segurança, entre outros;

II – fiscalizar os estabelecimentos públicos e particulares de atendimento à mulher em situação de violência doméstica e familiar, e adotar, de imediato, as medidas administrativas ou judiciais cabíveis no tocante a quaisquer irregularidades constatadas;

III – cadastrar os casos de violência doméstica e familiar contra a mulher.

"**Custos legis**": o Ministério Público, quando não for parte da ação, intervirá como fiscal da lei (art. 25).

Competências do Ministério Público (art. 26)	
Requisitar	Força policial e serviços públicos de saúde, de educação, de assistência social e de segurança, entre outros.
Fiscalizar	Os estabelecimentos públicos e particulares de atendimento à mulher em situação de violência doméstica e familiar.
Adotar	De imediato, as medidas administrativas ou judiciais cabíveis no tocante a quaisquer irregularidades constatadas.
Cadastrar	Os casos de violência doméstica e familiar contra a mulher (no banco de dados à que se referem os art. 38 e 38-A).

5.10.6 Da assistência judiciária

Art. 27 Em todos os atos processuais, cíveis e criminais, a mulher em situação de violência doméstica e familiar deverá estar acompanhada de advogado, ressalvado o previsto no art. 19 desta Lei.

Art. 28 É garantido a toda mulher em situação de violência doméstica e familiar o acesso aos serviços de Defensoria Pública ou de Assistência Judiciária Gratuita, nos termos da lei, em sede policial e judicial, mediante atendimento específico e humanizado.

Assistência Judiciária: a ofendida deve estar acompanhada de advogado, caso não tenha condições para o seu pagamento, o Estado deverá lhe garantir que seja assistida pela Defensoria Pública. Tal assistência possui dois parâmetros: no inquérito policial e no processo judicial; além de atendimento específico e humanizado.

5.11 Da equipe de atendimento multidisciplinar

Art. 29 Os Juizados de Violência Doméstica e Familiar contra a Mulher que vierem a ser criados poderão contar com uma equipe de atendimento multidisciplinar, a ser integrada por profissionais especializados nas áreas psicossocial, jurídica e de saúde.

Art. 30 Compete à equipe de atendimento multidisciplinar, entre outras atribuições que lhe forem reservadas pela legislação local, fornecer subsídios por escrito ao juiz, ao Ministério Público e à Defensoria Pública, mediante laudos ou verbalmente em audiência, e desenvolver trabalhos de orientação, encaminhamento, prevenção e outras medidas, voltados para a ofendida, o agressor e os familiares, com especial atenção às crianças e aos adolescentes.

Art. 31 Quando a complexidade do caso exigir avaliação mais aprofundada, o juiz poderá determinar a manifestação de profissional especializado, mediante a indicação da equipe de atendimento multidisciplinar.

Art. 32 O Poder Judiciário, na elaboração de sua proposta orçamentária, poderá prever recursos para a criação e manutenção da equipe de atendimento multidisciplinar, nos termos da Lei de Diretrizes Orçamentárias (LDO).

Equipe multidisciplinar: essa ajudará os Juizados de Violência Doméstica e Familiar Contra a Mulher, que contará com profissionais específicos nas áreas psicossocial, jurídica e de saúde; devendo o Poder Judiciário prever recursos para a manutenção da equipe multidisciplinar, conforme dispõe a LDO.

5.12 Disposições transitórias

Art. 33 Enquanto não estruturados os Juizados de Violência Doméstica e Familiar contra a Mulher, as varas criminais acumularão as competências cível e criminal para conhecer e julgar as causas decorrentes da prática de violência doméstica e familiar contra a mulher, observadas as previsões do Título IV desta Lei, subsidiada pela legislação processual pertinente.

Parágrafo único. Será garantido o direito de preferência, nas varas criminais, para o processo e o julgamento das causas referidas no 'caput'.

Locais em que não há Juizado de Violência Doméstica e Familiar Contra a Mulher: enquanto a comarca jurídica não possuir tais Juizados, ficará a cargo das **varas criminais** tais competências (cível e penal).

5.13 Disposições finais

Art. 34 A instituição dos Juizados de Violência Doméstica e Familiar contra a Mulher poderá ser acompanhada pela implantação das curadorias necessárias e do serviço de assistência judiciária.

Art. 35 A União, o Distrito Federal, os Estados e os Municípios poderão criar e promover, no limite das respectivas competências: (Vide Lei nº 14.316/2022)

I – centros de atendimento integral e multidisciplinar para mulheres e respectivos dependentes em situação de violência doméstica e familiar;

NOÇÕES DE DIREITOS HUMANOS

II – casas-abrigos para mulheres e respectivos dependentes menores em situação de violência doméstica e familiar;

III – delegacias, núcleos de defensoria pública, serviços de saúde e centros de perícia médico-legal especializados no atendimento à mulher em situação de violência doméstica e familiar;

IV – programas e campanhas de enfrentamento da violência doméstica e familiar;

V – centros de educação e de reabilitação para os agressores.

Art. 36 *A União, os Estados, o Distrito Federal e os Municípios promoverão a adaptação de seus órgãos e de seus programas às diretrizes e aos princípios desta Lei.*

Art. 37 *A defesa dos interesses e direitos transindividuais previstos nesta Lei poderá ser exercida, concorrentemente, pelo Ministério Público e por associação de atuação na área, regularmente constituída há pelo menos um ano, nos termos da legislação civil.*

Parágrafo único. *O requisito da pré-constituição poderá ser dispensado pelo juiz quando entender que não há outra entidade com representatividade adequada para o ajuizamento da demanda coletiva.*

Art. 38 *As estatísticas sobre a violência doméstica e familiar contra a mulher serão incluídas nas bases de dados dos órgãos oficiais do Sistema de Justiça e Segurança a fim de subsidiar o sistema nacional de dados e informações relativo às mulheres.*

Parágrafo único. *As Secretarias de Segurança Pública dos Estados e do Distrito Federal poderão remeter suas informações criminais para a base de dados do Ministério da Justiça.*

Art. 38-A *O juiz competente providenciará o registro da medida protetiva de urgência. (Artigo acrescido pela Lei nº 13.827/2019)*

Parágrafo único. *As medidas protetivas de urgência serão, após sua concessão, imediatamente registradas em banco de dados mantido e regulamentado pelo Conselho Nacional de Justiça, garantido o acesso instantâneo do Ministério Público, da Defensoria Pública e dos órgãos de segurança pública e de assistência social, com vistas à fiscalização e à efetividade das medidas protetivas. (Redação pela Lei nº 14.310/2022)*

Art. 39 *A União, os Estados, o Distrito Federal e os Municípios, no limite de suas competências e nos termos das respectivas leis de diretrizes orçamentárias, poderão estabelecer dotações orçamentárias específicas, em cada exercício financeiro, para a implementação das medidas estabelecidas nesta Lei.*

Art. 40 *As obrigações previstas nesta Lei não excluem outras decorrentes dos princípios por ela adotados.*

Art. 41 *Aos crimes praticados com violência doméstica e familiar contra a mulher, independentemente da pena prevista, não se aplica a Lei nº 9.099, de 26 de setembro de 1995 (Lei dos Juizados Especiais Cíveis e Criminais).*

Não se aplica a **Lei nº 9.099/1995** (JECrim) à violência doméstica e familiar contra a mulher, em todos os sentidos: sursis processual (suspensão condicional do processo), transação penal, reparação dos danos, entre outros dispositivos.

Súmula nº 536 – STJ: A suspensão condicional do processo e a transação penal não se aplicam na hipótese de delitos sujeitos ao rito da Lei Maria da Penha.

5.13.1 Lesão corporal leve e culposa

Súmula nº 542 – STJ: A ação penal relativa ao crime de lesão corporal resultante de violência doméstica contra a mulher é pública incondicionada.

Na violência doméstica e familiar contra a mulher que gere lesão corporal leve ou culposa, a **ação penal é pública incondicionada.**

Os demais crimes de ação penal pública condicionada à representação **continuarão** com a mesma regra do Código Penal ou outras Leis Penais Especiais, o que não se aplica à Lei Maria da Penha é a Lei nº 9.099/1995 (JECrim). Por exemplo: o **crime de ameaça** contra a mulher em situação de violência doméstica e familiar, continua a ser de **ação penal pública condicionada** à representação da vítima, conforme dispõe o art. 147, parágrafo único, do Código Penal.

O crime de lesão corporal, ainda que leve ou culposo, praticado contra a mulher no âmbito das relações domésticas e familiares, deve ser processado mediante ação penal pública incondicionada. **STJ, Jurisprudência em Teses nº 41.** *Precedentes: REsp 1.537.749/DF; AgRg no REsp 1.442.015/MG; RHC 42.228/SP; AgRg no REsp 1.358.215/MG; RHC 45.444/MG; AgRg no REsp 1.428.577/DF; AgRg no HC 213.597/MT; HC 184.923/DF; RHC 33.881/MG; HC 242.458/DF (Vide Inf. 509).*

5.14 Alterações legislativas

Art. 42 *O art. 313 do Decreto-Lei nº 3.689, de 3 de outubro de 1941 (Código de Processo Penal), passa a vigorar acrescido do seguinte inciso IV:*

Art. 313 *[...]*

IV – se o crime envolver violência doméstica e familiar contra a mulher, nos termos da lei específica, para garantir a execução das medidas protetivas de urgência.

Art. 43 *A alínea "f" do inciso II do art. 61 do Decreto-Lei nº 2.848, de 7 de dezembro de 1940 (Código Penal), passa a vigorar com a seguinte redação:*

Art. 61 *[...]*

I – [...]

f) com abuso de autoridade ou prevalecendo-se de relações domésticas, de coabitação ou de hospitalidade, ou com violência contra a mulher na forma da lei específica;

Art. 44 *O art. 129 do Decreto-Lei nº 2.848, de 7 de dezembro de 1940 (Código Penal), passa a vigorar com as seguintes alterações:*

Art. 129 *[...]*

§ 9º Se a lesão for praticada contra ascendente, descendente, irmão, cônjuge ou companheiro, ou com quem conviva ou tenha convivido, ou, ainda, prevalecendo-se o agente das relações domésticas, de coabitação ou de hospitalidade:

Pena *– detenção, de 3 (três) meses a 3 (três) anos [...]*

§ 11. Na hipótese do §9º deste artigo, a pena será aumentada de um terço se o crime for cometido contra pessoa portadora de deficiência.

Art. 45 *O art. 152 da Lei nº 7.210, de 11 de julho de 1984 (Lei de Execução Penal), passa a vigorar com a seguinte redação:*

Art. 152 *[...]*

Parágrafo único. *Nos casos de violência doméstica contra a mulher, o juiz poderá determinar o comparecimento obrigatório do agressor a programas de recuperação e reeducação.*

6 LEI Nº 12.288/2010 - ESTATUTO DA IGUALDADE RACIAL

6.1 A relevância histórica da legislação de promoção da igualdade racial

A expansão europeia em direção a outros continentes, que se iniciou junto com a chamada Idade Moderna, foi elemento fundamental no processo histórico que levou ao surgimento do Brasil como Estado-nação. Nesse processo, os europeus, além de entrarem em contato com as populações nativas do futuro território brasileiro, para aqui transferiram vastos contingentes humanos de outras regiões do mundo, sobretudo da África, em função, principalmente, de necessidades de mão de obra para os empreendimentos coloniais. Aprendemos, por isso, desde cedo, que, a partir da contribuição inicial de portugueses, indígenas e africanos, logo acrescida pela de pessoas das mais diversas origens, formou-se o povo brasileiro.

Da interação entre populações com experiências históricas distintas, que se enriqueciam pelo contato com as experiências das demais, resultou o imenso patrimônio cultural do país. No entanto, o grau de desigualdade e opressão que marcou aquele encontro inicial, decorrente de desmedida violência colonialista, deixou marcas difíceis de superar. A hierarquia entre as populações de variada origem que compõem a população brasileira manteve-se presente em todos os indicadores econômicos e sociais, século após século, reforçando-se pela discriminação racial desleal que se criou, em detrimento especialmente dos grupos humanos incorporados à sociedade nascente como escravos.

A relação entre populações assim fortemente hierarquizadas nunca deixou de ser uma questão crucial para quem refletisse sobre o Brasil. Desde sempre, pontos de vista distintos se contrapuseram na reflexão sobre a matéria, incluindo visões intransigentemente racistas, que chegaram a postular a incapacidade do povo brasileiro para se desenvolver social e economicamente, dado o seu vício racial de origem. Desde sempre as contradições objetivas da realidade se expressaram em leis e em divergências e disputas sobre a forma de organização do Estado brasileiro.

Nos primeiros anos da nova nação independente, por exemplo, o conselheiro Antônio Pereira Rebouças, deputado negro, defendeu vigorosamente, no parlamento recém-instalado, o direito de voto dos ex-escravos nascidos no Brasil, após adquirirem a liberdade. Mesmo na vigência do escravismo, que introduzia uma distinção de fundo entre as pessoas que viviam no país, não haveria por que estender essa distinção para o campo dos homens livres, dizia ele. Os brasileiros libertos eram cidadãos como quaisquer outros, não lhes podendo ser negado qualquer direito pelo simples fato de terem sido escravos. A proibição do voto dos libertos, no entanto, foi legalmente imposta, revelando que o estigma da escravidão se estendia, sim, a todos os que haviam sido um dia escravizados.

A longa espera pela redação e promulgação do primeiro Código Civil brasileiro também expõe, embora de outro ângulo, a influência da aguda hierarquização racial sobre o processo legislativo. Nesse caso, a influência não se dava pelo conteúdo positivo da lei formulada, mas pela dificuldade de formulá-la.

No período em que se deu a abolição do escravismo, o sistema de predomínio mundial europeu já deixava para trás a forma propriamente colonial para adotar outras estratégias de dominação, das quais fazia parte a consagração de hierarquias pseudocientíficas entre seres humanos, com base em critérios raciais. Assim, o Brasil, cujo processo histórico de formação o tornava terreno fértil para esse tipo de ideologia, viu-se enredado numa malha de noções espúrias, legitimadas pelo prestígio da ciência. Tais concepções mostraram toda a sua força institucional e legal nos programas governamentais de atração de mão de obra racial e culturalmente "superior" para substituir a mão de obra de origem africana.

Somente no século XX começa a tornar-se dominante a visão positiva sobre a diversidade humana presente na construção do Brasil e a convicção de que o valor dos indivíduos e grupos não pode ser aferido por critério racial. Estávamos, não por acaso, no século em que o predomínio europeu, construído nos quatro séculos anteriores, passava a perder força em todo o mundo.

A nova visão a respeito do valor da diversidade racial e da importância de que indivíduos de diversa origem tenham oportunidades iguais não deixou de se expressar na organização do Estado brasileiro e em nossa legislação. O conjunto de diplomas normativos apresentados nesta compilação já reflete essa visão, pois se estende da segunda metade do século XX aos dias atuais. Sua importância ganha ainda maior nitidez, no entanto, quando ele é observado contra o pano de fundo do processo de formação do país, que realça a centralidade da questão racial em nossa história, inclusive no aspecto institucional e legal.

A primeira e decisiva tarefa da luta antirracista, no plano legal, foi a de coibir a discriminação racial e o racismo. O processo, lento, começou por tornar contravenção penal a "prática de atos resultantes de preconceitos de raça ou de cor" (Lei nº 1.390/1951) e culminou na determinação do art. 5º, XLII, da Constituição Federal de 1988, de que "a prática do racismo constitui crime inafiançável e imprescritível, sujeito à pena de reclusão, nos termos da lei".

Nas últimas décadas, começou a ganhar volume no debate público a noção de que cabe ao Estado não apenas combater a discriminação e o racismo, mas agir positivamente na promoção da igualdade racial efetiva. Na Constituição Federal de 1988, a influência dessa noção aparece em formulações ainda relativamente tímidas, como, por exemplo, na referência explícita à proteção de manifestações culturais "indígenas e afro-brasileiras" (art. 215, § 1º) ou na norma do Ato das Disposições Constitucionais Transitórias que realça a obrigação do Estado de emitir títulos que formalizem o direito dos remanescentes das comunidades dos quilombos à propriedade definitiva das terras que estejam ocupando (art. 68).

Mais recentemente, a mudança – ou ampliação – de perspectiva ganhou relevo institucional com a implantação de agências dentro do Estado especialmente destinadas à promoção da igualdade racial. É assim que surgem entes como a Secretaria de Políticas de Promoção da Igualdade Racial da Presidência da República (Seppir) e o Conselho Nacional de Promoção da Igualdade Racial (CNPIR) e iniciativas como a Política Nacional de Promoção da Igualdade Racial (PNPIR) e o Plano Nacional de Promoção da Igualdade Racial (Planapir). Todas essas manifestações institucionais encontram suporte normativo em decretos transcritos nesta publicação.

Mas o estágio culminante da atividade legislativa acontece quando se formam os consensos sociais e políticos indispensáveis para que o Congresso Nacional introduza um tema novo, ou o novo enquadramento de um tema antigo, na ordem legal. A Lei nº 12.288/2010 (Estatuto da Igualdade Racial), constitui, assim, um verdadeiro salto de qualidade no tratamento dado pelo Estado brasileiro ao tema da promoção da igualdade racial. Com ela, passamos a dispor de um amplo enquadramento normativo da matéria, que inclui a fixação dos princípios gerais que guiam a atuação do Estado e da sociedade nessa área, a criação da base legal para a estruturação do Sistema Nacional de

NOÇÕES DE DIREITOS HUMANOS

Promoção da Igualdade Racial (Sinapir) e o encaminhamento das ações de promoção da igualdade em diversas áreas (saúde, educação, liberdade de crença e de culto, acesso à terra e à habitação e tantas outras).

A Lei nº 12.288/2010, nos dá, também, um retrato do estágio em que se encontra o tema da promoção da igualdade racial na esfera política brasileira. Esse estágio se refletiu tanto na tramitação da matéria como no conteúdo final do diploma legal. Nem todas as questões tratadas no Estatuto chegaram ao mesmo grau de definição, mas poucas categorias de políticas públicas deixaram de ser abordadas, até porque a promoção da igualdade racial atinge realmente nossa sociedade em todas as suas dimensões. Ademais, os princípios que permitem desenvolver novas iniciativas nessas várias dimensões ficaram bem determinados nos primeiros artigos da Lei.

A Câmara dos Deputados, ao possibilitar o acesso, em meio de fácil manuseio e circulação, à legislação vigente sobre matéria de tamanha relevância na história brasileira, estimula a discussão social sobre os caminhos que o país deve trilhar nessa área. Além disso, contribui para disseminar o conhecimento sobre normas fundamentais para a definição da imagem que o Brasil tem de si mesmo e de seu futuro, normas que têm significado imediato para a vida de milhões de brasileiros.

O dia 20 de outubro de 2010 foi marcado por um acontecimento ímpar na história brasileira. Nessa data, o Governo brasileiro, pelas mãos do presidente Lula, sancionou a Lei nº 12.288, que instituiu o Estatuto da Igualdade Racial.

O Estatuto da Igualdade Racial, do ponto de vista histórico, nada mais é que o terceiro artigo que faltou à Lei Imperial nº 3.353/1888, que "aboliu" a escravidão no Brasil, a qual, com um pouco de criatividade e uma boa técnica legislativa, poderia ter incluído o artigo 1º da Lei nº 12.288, de 2010, à Lei Imperial nº 3.353/1888, sem provocar nenhuma incongruência. Com essa suposta modificação, a Lei da Abolição teria a seguinte redação:

Lei Imperial nº 3.353, de 1888, modificada pela Lei 12.288/2010 Declara extinta a escravidão no Brasil e institui o Estatuto da Igualdade Racial.

Este exercício dá a dimensão de que a demora na aprovação dessa Lei não foi apenas pelos sete anos de sua tramitação no Congresso Nacional, mas inclui os cento e vinte e dois anos passados desde a "abolição inacabada", uma vez que a Lei Imperial nº 3.353/1888, não criou um único mecanismo de reparação, pelos mais de trezentos e oitenta anos de escravização criminosa da população negra (africana e afrodescendente) ou qualquer outro mecanismo de promoção de igualdade racial. Ao contrário, pelo tempo de tramitação dessa Lei no Congresso Nacional (apenas 3 dias), percebe-se que o objetivo, ao que parece, era apenas o de livrar o legislativo de uma "batata quente", ou seja, instituir uma abolição que na prática já vinha se efetivando, seja pelas alforrias e pelos quilombos, seja pelos custos de manutenção da escravização diante das fortes pressões internacionais e, com isso, livrar o país da obrigação de indenizar a população negra pelas atrocidades cometidas.

De qualquer modo, ainda que tardio, o Estatuto da Igualdade Racial é uma realidade legal. E, como toda lei que institui políticas públicas para as populações marginalizadas, necessita de muita mobilização social para atingir sua plena efetivação. E, mesmo assim, convém enfatizar que o Estatuto sofreu grandes alterações durante sua tramitação na Câmara e no Senado, limitando sua abrangência e efetividade, pontos que serão tratados adiante.

6.2 Avanços contra o preconceito racial

O parágrafo único do art. 1º do Estatuto da Igualdade Racial define os conceitos fundamentais utilizados na Lei – discriminação racial ou étnico-racial, desigualdade racial, desigualdade de gênero e raça, população negra –, bem como as políticas públicas que amparam as ações afirmativas, em curso ou a serem implementadas, entendidas como os programas e medidas especiais adotados pelo Estado e pela iniciativa privada para a correção das desigualdades raciais e para a promoção da igualdade de oportunidades.

Discriminação racial ou étnico-racial: *toda distinção, exclusão, restrição ou preferência baseada em cor, descendência ou origem nacional ou étnica que tenha por objeto anular ou restringir o reconhecimento, gozo ou exercício, em igualdade de condições, de direitos humanos e liberdades fundamentais nos campos político, econômico, social, cultural ou em qualquer outro campo da vida privada* (BRASIL, 2010, I, parágrafo único do art. 1º).

Com isso, o Estatuto da Igualdade Racial define precisamente o que se quer combater com o estabelecimento desta Lei e, ao definir que a população negra é formada pelo conjunto de pessoas que se autodeclaram pretas e pardas, conforme o quesito cor ou raça usado pelo IBGE, ou que adotam auto definição análoga, pretende elucidar quem é o público-alvo das ações afirmativas.

Do direito à saúde:

▷ O Estatuto assegura a Constituição da Política Nacional de Saúde Integral da População Negra;

▷ A participação de representantes do movimento negro nos conselhos de controle social da área;

▷ Acesso universal e igualitário ao Sistema Único de Saúde (SUS) para promoção, proteção e recuperação da saúde da população negra.

Do direito à educação:

▷ Nos estabelecimentos de ensino fundamental e de ensino médio, públicos e privados, é obrigatório o estudo da história geral da África e da história da população negra no Brasil.

▷ Contempla princípios que fomentam a necessidade da formação inicial e continuada de professores e de uma política de elaboração de material didático específico.

▷ Promoção de políticas de ação afirmativa que assegurem a ampliação do acesso da população negra ao ensino gratuito, fomentem a pesquisa e a pós-graduação, com incentivos a programas voltados para temas referentes às relações étnicas, aos quilombolas e às questões pertinentes à população negra.

Do direito à cultura, esporte e lazer:

▷ O Estatuto reconhece como patrimônio histórico e cultural as sociedades negras, clubes e outras formas de manifestação coletiva da população negra, com trajetória histórica comprovada.

- **A capoeira passa a ser tratada como desporto de criação nacional**, garantindo seu registro e proteção, em todas as suas modalidades.

Do direito à liberdade de consciência e de crença:

▷ Garante a plena liberdade de consciência e de crença, assegurando o livre exercício dos cultos religiosos de matriz africana e a proteção aos locais de culto e liturgia, assegurando, inclusive, o acesso aos órgãos e aos meios de comunicação para sua divulgação, bem como a assistência religiosa em hospitais ou em outras instituições de internação coletiva, inclusive àqueles submetidos à pena privativa de liberdade.

LEI Nº 12.288/2010 - ESTATUTO DA IGUALDADE RACIAL

Do acesso à terra:

▷ Assegura que o Poder Público elaborará e desenvolverá políticas públicas especiais para promover o acesso da população negra à terra e às atividades produtivas no campo, ampliando e simplificando o acesso ao financiamento agrícola, garantindo assistência técnica rural, educação e orientação profissional agrícola e fortalecendo a infraestrutura de logística, tanto para a comercialização da produção como para o desenvolvimento sustentável dos remanescentes das comunidades dos quilombos, respeitando as tradições de proteção ambiental das comunidades, estimulando, inclusive, a emissão dos títulos de propriedade.

Do acesso à moradia adequada:

▷ Estabelece que o Poder Público assegure o direito à moradia adequada da população negra que vive em favelas, cortiços, áreas urbanas subutilizadas, degradadas ou em processo de degradação, com a garantia da infraestrutura urbana e dos equipamentos comunitários associados à função habitacional, bem como a assistência técnica e jurídica para a construção, a reforma ou a regularização fundiária da habitação em área urbana.

Da igualdade de oportunidades no trabalho:

▷ Afirma que o Poder Público adotará políticas voltadas para a inclusão da população negra no mercado de trabalho, inclusive, mediante a adoção de medidas visando à promoção da igualdade nas contratações feitas pelo setor público e o incentivo à adoção de medidas similares por parte das empresas e organizações privadas.

Dos meios de comunicação:

▷ Estabelece que os órgãos de comunicação devam valorizar a herança cultural e a participação da população negra na história do país, adotando a prática de conferir oportunidades de emprego para atores, figurantes e técnicos negros, vedando toda e qualquer discriminação de natureza política, ideológica, étnica ou artística.

Do acesso à justiça e à segurança:

▷ A Lei impõe ao Poder Público Federal a responsabilidade de instituir ouvidorias permanentes em defesa da igualdade racial, para receber e encaminhar denúncias de preconceito e discriminação com base em etnia ou cor e acompanhar a implementação de medidas para a promoção da igualdade.

▷ Adotar medidas especiais para coibir desde a violência policial incidente sobre a população negra até os atos de discriminação e preconceito praticados por servidores públicos.

Do financiamento da promoção da igualdade racial:

▷ Estabelece a obrigatoriedade de inclusão de políticas de ações afirmativas nos programas e ações constantes dos planos plurianuais e dos orçamentos anuais da União e, por conseguinte, dos demais entes federados.

A efetividade do estatuto em questão, ao longo dos tempos, sempre visa a proteção e acima de tudo atuar em defesa de minorias, o Brasil se efetiva em criação de leis que dificilmente são fiscalizadas e com isso, tem sua eficácia comprometida.

Importante considerarmos que as políticas públicas adotadas ou criadas para o Brasil são ineficazes e deixam de lado as ações afirmativas, posto que, é preciso uma política de valorização das pessoas, em questão lógica pelo próprio estatuto, o negro, que mesmo após a abolição da escravatura, com a modernização, foram e continuam marginalizados e excluídos. Quando se fala em igualdade racial, temos que incluir outras raças, como o índio, que não se vislumbra diretamente no presente estatuto.

Mas há diferença entre o legal e o real. Nunca foi e não será através de leis que promoveremos mudanças estruturais no país. A legislação é uma ferramenta importante, mas há que se realizarem amplos processos de reestruturação do Estado democrático que resulte em desconcentração da renda, em elevação da qualidade da escola pública em todos os níveis, que forme quadros capazes de responder ao novo ciclo de desenvolvimento da nação, que crie oportunidades para todos e elimine as desigualdades salariais baseadas em cor e sexo.

A vinda de negros africanos foi em numeral de milhares. Os escravos africanos e seus descendentes crioulos e mestiços influenciaram em profundidade a formação cultural do país, desde a época em que este era América portuguesa. No Brasil, de 1864, o número de escravos era de 1.715.000 pessoas. Em 1874, dez anos depois, o número era de 1.540.829 pessoas; 1.240.806 em 1884; e 723.419 em 1887, estando a maioria localizada na região sudeste. (IBGE – Brasil, 500 anos de povoamento, 2007, no tema PRESENÇA NEGRA: conflitos e encontros, por João José Reis).

6.2.1 Disposições preliminares

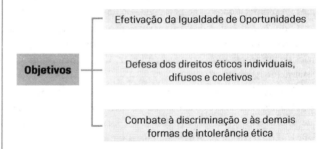

Art. 1º Esta lei institui o Estatuto da Igualdade Racial, destinado a:
Parágrafo único. *Para efeito deste estatuto, considera-se:*

I – discriminação racial ou étnico-racial: toda distinção, exclusão, restrição ou preferência baseada em raça, cor, descendência ou origem nacional ou étnica que tenha por objeto anular ou restringir o reconhecimento, gozo ou exercício, em igualdade de condições, de direitos humanos e liberdades fundamentais nos campos político, econômico, social, cultural ou em qualquer outro campo da vida pública ou privada;

II – desigualdade racial: toda situação injustificada de diferenciação de acesso e fruição de bens, serviços e oportunidades, nas esferas pública e privada, em virtude de raça, cor, descendência ou origem nacional ou étnica;

III – desigualdade de gênero e raça: assimetria existente no âmbito da sociedade que acentua a distância social entre mulheres negras e os demais segmentos sociais;

IV – população negra: o conjunto de pessoas que se autodeclaram pretas e pardas, conforme o quesito cor ou raça usado pela Fundação Instituto Brasileiro de Geografia e Estatística (IBGE), ou que adotam autodefinição análoga;

V – políticas públicas: as ações, iniciativas e programas adotados pelo Estado no cumprimento de suas atribuições institucionais;

VI – ações afirmativas: os programas e medidas especiais adotados pelo Estado e pela iniciativa privada para a correção das desigualdades raciais e para a promoção da igualdade de oportunidades.

6.3 Direitos fundamentais

6.3.1 Direito à saúde

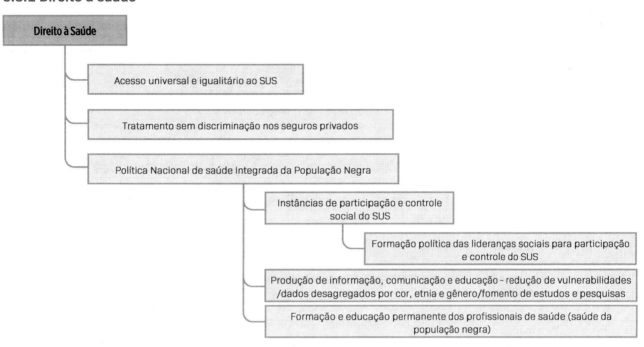

Art. 6º *O direito à saúde da população negra será garantido pelo poder público mediante políticas universais, sociais e econômicas destinadas à redução do risco de doenças e de outros agravos.*

§ 1º O acesso universal e igualitário ao Sistema Único de Saúde (SUS) para promoção, proteção e recuperação da saúde da população negra será de responsabilidade dos órgãos e instituições públicas federais, estaduais, distritais e municipais, da administração direta e indireta.

§ 2º O poder público garantirá que o segmento da população negra vinculado aos seguros privados de saúde seja tratado sem discriminação.

Art. 7º *O conjunto de ações de saúde voltadas à população negra constitui a Política Nacional de Saúde Integral da População Negra, organizada de acordo com as diretrizes abaixo especificadas:*

I – ampliação e fortalecimento da participação de lideranças dos movimentos sociais em defesa da saúde da população negra nas instâncias de participação e controle social do SUS;

II – produção de conhecimento científico e tecnológico em saúde da população negra;

III – desenvolvimento de processos de informação, comunicação e educação para contribuir com a redução das vulnerabilidades da população negra.

Art. 8º *Constituem objetivos da Política Nacional de Saúde Integral da População Negra:*

I – a promoção da saúde integral da população negra, priorizando a redução das desigualdades étnicas e o combate à discriminação nas instituições e serviços do SUS;

II – a melhoria da qualidade dos sistemas de informação do SUS no que tange à coleta, ao processamento e à análise dos dados desagregados por cor, etnia e gênero;

III – o fomento à realização de estudos e pesquisas sobre racismo e saúde da população negra;

IV – a inclusão do conteúdo da saúde da população negra nos processos de formação e educação permanente dos trabalhadores da saúde;

V – a inclusão da temática saúde da população negra nos processos de formação política das lideranças de movimentos sociais para o exercício da participação e controle social no SUS.

Parágrafo único. *Os moradores das comunidades de remanescentes de quilombos serão beneficiários de incentivos específicos para a garantia do direito à saúde, incluindo melhorias nas condições ambientais, no saneamento básico, na segurança alimentar e nutricional e na Fique ligado integral à saúde.*

6.4 Qual é a diferença entre preto, pardo e negro?

▷ **Preto:** esse termo toma como referência a ascendência oriunda de nativos da África.

▷ **Pardo:** o termo pardo remete a uma miscigenação de origem preta ou indígena com qualquer outra cor ou raça.

▷ **Negro: já esse termo é definido pelo Estatuto da Igualdade Racial como:**

▷ *"O conjunto de pessoas que se autodeclaram pretas e pardas, conforme o quesito cor ou raça usado pela Fundação Instituto Brasileiro de Geografia e Estatística (IBGE), ou que adotam autodefinição análoga".*

São conhecidas três diferentes formas de identificação da etnia parda: autodeclaração, identificação biológica e heteroclassificação.

7 ESTATUTO DA PESSOA COM DEFICIÊNCIA (OU LEI DE INCLUSÃO)

Quando tratamos de direitos das pessoas com deficiência, abordamos não só o Estatuto da Pessoa com Deficiência (ou lei de inclusão), mas diversas leis e normas que garantem a efetividade de diversos direitos, promovendo inclusão e igualdade.

O seu edital poderá cobrar somente o Estatuto da Pessoa com Deficiência (EPD) ou abordar outras leis. Nosso foco será o Estatuto e faremos, em alguns pontos, comparativos e abordando aspectos de outras leis que garantem acessibilidade.

A Lei nº 13.146/2015 instituiu o Estatuto da Pessoa com Deficiência (EPD) que visa promover a inclusão social e a cidadania, promovendo a igualdade no exercício dos direitos e liberdades fundamentais da pessoa com deficiência.

A Lei tem por base a Convenção sobre os Direitos das Pessoas com Deficiência e seu protocolo facultativo, que foram devidamente ratificados pelo Congresso Nacional e promulgados pelo Decreto nº 6.949, de 25 de agosto de 2009.

Para aplicação do Estatuto, devemos entender que a lei conceitua como pessoa com deficiência:

Considera-se pessoa com deficiência aquela que tem impedimento de longo prazo de natureza física, mental, intelectual ou sensorial, o qual, em interação com uma ou mais barreiras, pode obstruir sua participação plena e efetiva na sociedade em igualdade de condições com as demais pessoas (art. 2º do EPD).

Para acesso a alguns direitos (como aposentadoria com tempo de contribuição reduzido), faz-se necessária a avaliação da deficiência.

Conforme prevê o EPD, a avaliação da deficiência, quando necessária, será biopsicossocial (modelo que visa à análise e identificação considerando fatores biológicos, psicológicos e sociais) por uma equipe multiprofissional e interdisciplinar e considerará:

- os impedimentos nas funções e nas estruturas do corpo;
- os fatores socioambientais, psicológicos e pessoais;
- a limitação no desempenho de atividades; e
- a restrição de participação.

Além do conceito sobre pessoa com deficiência, o artigo 3º dispõe de diversos conceitos para a aplicabilidade da lei. Para melhor compreensão e fixação, agrupamos em uma tabela e colocamos lado a lado os conceitos que mais são "trocados" nas provas:

Acessibilidade: possibilidade e condição de alcance para utilização, com segurança e autonomia, de espaços, mobiliários, equipamentos urbanos, edificações, transportes, informação e comunicação, inclusive seus sistemas e tecnologias, bem como de outros serviços e instalações abertos ao público, de uso público ou privados de uso coletivo, tanto na zona urbana como na rural, por pessoa com deficiência ou com mobilidade reduzida.	Pessoa com deficiência aquela que tem impedimento de longo prazo de natureza física, mental, intelectual ou sensorial, o qual, em interação com uma ou mais barreiras, pode obstruir sua participação plena e efetiva na sociedade em igualdade de condições com as demais pessoas.	Pessoa com mobilidade reduzida: aquela que tenha, por qualquer motivo, dificuldade de movimentação, permanente ou temporária, gerando redução efetiva da mobilidade, da flexibilidade, da coordenação motora ou da percepção, incluindo idoso, gestante, lactante, pessoa com criança de colo e obeso.
Adaptações razoáveis: adaptações, modificações e ajustes necessários e adequados que não acarretem ônus desproporcional e indevido, quando requeridos em cada caso, a fim de assegurar que a pessoa com deficiência possa gozar ou exercer, em igualdade de condições e oportunidades com as demais pessoas, todos os direitos e liberdades fundamentais.	Elemento de urbanização: quaisquer componentes de obras de urbanização, tais como os referentes a pavimentação, saneamento, encanamento para esgotos, distribuição de energia elétrica e de gás, iluminação pública, serviços de comunicação, abastecimento e distribuição de água, paisagismo e os que materializam as indicações do planejamento urbanístico.	Mobiliário urbano: conjunto de objetos existentes nas vias e nos espaços públicos, superpostos ou adicionados aos elementos de urbanização ou de edificação, de forma que sua modificação ou seu traslado não provoque alterações substanciais nesses elementos, como semáforos, postes de sinalização e similares, terminais e pontos de acesso coletivo às telecomunicações, fontes de água, lixeiras, toldos, marquises, bancos, quiosques e quaisquer outros de natureza análoga.
Moradia para a vida independente da pessoa com deficiência: moradia com estruturas adequadas capazes de proporcionar serviços de apoio coletivos e individualizados que respeitem e ampliem o grau de autonomia de jovens e adultos com deficiência.	Residências inclusivas: unidades de oferta do Serviço de Acolhimento do Sistema Único de Assistência Social (Suas) localizadas em áreas residenciais da comunidade, com estruturas adequadas, que possam contar com apoio psicossocial para o atendimento das necessidades da pessoa acolhida, destinadas a jovens e adultos com deficiência, em situação de dependência, que não dispõem de condições de autossustentabilidade e com vínculos familiares fragilizados ou rompidos.	
Atendente pessoal: pessoa, membro ou não da família, que, com ou sem remuneração, assiste ou presta cuidados básicos e essenciais à pessoa com deficiência no exercício de suas atividades diárias, excluídas as técnicas ou os procedimentos identificados com profissões legalmente estabelecidas.	Acompanhante: aquele que acompanha a pessoa com deficiência, podendo ou não desempenhar as funções de atendente pessoal.	Profissional de apoio escolar: pessoa que exerce atividades de alimentação, higiene e locomoção do estudante com deficiência e atua em todas as atividades escolares nas quais se fizer necessária, em todos os níveis e modalidades de ensino, em instituições públicas e privadas, excluídas as técnicas ou os procedimentos identificados com profissões legalmente estabelecidas.

7.1 Da igualdade e não discriminação

Determina o artigo 4º do EPD:

Art. 4º Toda pessoa com deficiência tem direito à igualdade de oportunidades com as demais pessoas e não sofrerá nenhuma espécie de discriminação.

§ 1º Considera-se discriminação em razão da deficiência toda forma de distinção, restrição ou exclusão, por ação ou omissão, que tenha o propósito ou o efeito de prejudicar, impedir ou anular o reconhecimento ou o exercício dos direitos e das liberdades fundamentais de pessoa com deficiência, incluindo a recusa de adaptações razoáveis e de fornecimento de tecnologias assistivas.

§ 2º A pessoa com deficiência não está obrigada à fruição de benefícios decorrentes de ação afirmativa.

A ação afirmativa são ações especiais e temporárias que visam eliminar desigualdades, garantindo a compensação provocada pela discriminação e desigualdade.

A pessoa com deficiência, especialmente os considerados vulneráveis, criança, adolescente, mulher e idoso, deve ser protegida de toda forma de:

- negligência;
- discriminação;
- exploração;
- violência;
- tortura;
- crueldade;
- opressão; e
- tratamento desumano ou degradante.

A deficiência não afeta a plena capacidade civil da pessoa, inclusive para:

- casar-se e constituir união estável;
- exercer direitos sexuais e reprodutivos;
- exercer o direito de decidir sobre o número de filhos e de ter acesso a informações adequadas sobre reprodução e planejamento familiar;
- conservar sua fertilidade, sendo vedada a esterilização compulsória;
- exercer o direito à família e à convivência familiar e comunitária; e
- exercer o direito à guarda, à tutela, à curatela e à adoção, como adotante ou adotando, em igualdade de oportunidades com as demais pessoas.

O Estatuto prevê como DEVER:

DEVER	
Juízes e tribunais - no exercício da função	Todos
↓	↓
Remeter peças ao Ministério Público para providências	Comunicar ameaça ou violação de direitos

Ainda, prevê o artigo 8º do EPD:

Art. 8º É dever do Estado, da sociedade e da família assegurar à pessoa com deficiência, com prioridade, a efetivação dos direitos referentes à vida, à saúde, à sexualidade, à paternidade e à maternidade, à alimentação, à habitação, à educação, à profissionalização, ao trabalho, à previdência social, à habilitação e à reabilitação, ao transporte, à acessibilidade, à cultura, ao desporto, ao turismo, ao lazer, à informação, à comunicação, aos avanços científicos e tecnológicos, à dignidade, ao respeito, à liberdade, à convivência familiar e comunitária, entre outros decorrentes da Constituição Federal, da Convenção sobre os Direitos das Pessoas com Deficiência e seu Protocolo Facultativo e das leis e de outras normas que garantam seu bem-estar pessoal, social e econômico.

7.2 Do atendimento prioritário

Determina o art. 9º do EPD:

Art. 9º A pessoa com deficiência tem direito a receber atendimento prioritário, sobretudo com a finalidade de:

I. proteção e socorro em quaisquer circunstâncias;

II. atendimento em todas as instituições e serviços de atendimento ao público;

III. disponibilização de recursos, tanto humanos quanto tecnológicos, que garantam atendimento em igualdade de condições com as demais pessoas;

IV. disponibilização de pontos de parada, estações e terminais acessíveis de transporte coletivo de passageiros e garantia de segurança no embarque e no desembarque;

V. acesso a informações e disponibilização de recursos de comunicação acessíveis;

VI. recebimento de restituição de imposto de renda;

VII. tramitação processual e procedimentos judiciais e administrativos em que for parte ou interessada, em todos os atos e diligências.

§ 1º Os direitos previstos neste artigo são extensivos ao acompanhante da pessoa com deficiência ou ao seu atendente pessoal, exceto quanto ao disposto nos incisos VI e VII deste artigo.

§ 2º Nos serviços de emergência públicos e privados, a prioridade conferida por esta Lei é condicionada aos protocolos de atendimento médico.

O dispositivo determina situações que as pessoas com deficiência terão atendimento prioritário.

Atenção com as confusões sobre prioridade de atendimento. O edital pode abordar, além do EPD, a Lei nº 10.048/2000, que trata das pessoas que terão atendimento prioritário em órgãos públicos, instituições financeiras, entre outras.

A citada lei prevê atendimento prioritário para:

- pessoas com deficiência;
- os idosos com idade igual ou superior a 60 (sessenta) anos;
- as gestantes;
- as lactantes;
- as pessoas com crianças de colo;
- obesos.

A lei prevê também que as empresas públicas de transporte e as concessionárias de transporte coletivo reservarão assentos, devidamente identificados, aos idosos, gestantes, lactantes, pessoas deficientes e pessoas acompanhadas por crianças de colo e os logradouros e sanitários públicos, bem como os edifícios de uso público, terão normas de construção, para efeito de licenciamento da respectiva edificação, baixadas pela autoridade competente, destinadas a facilitar o acesso e uso desses locais pelas pessoas deficientes.

O PRESIDENTE DA REPÚBLICA Faço saber que o Congresso Nacional decreta e eu sanciono a seguinte Lei:

Art. 1° As pessoas portadoras de deficiência física, os idosos com idade igual ou superior a sessenta e cinco anos, as gestantes, as lactantes e as pessoas acompanhadas por crianças de colo terão atendimento prioritário, nos termos desta Lei.

Art. 1° As pessoas portadoras de deficiência, os idosos com idade igual ou superior a 60 (sessenta) anos, as gestantes, as lactantes e as pessoas acompanhadas por crianças de colo terão atendimento prioritário, nos termos desta Lei. (Redação dada pela Lei nº 10.741, de 2003)

Art. 1° As pessoas com deficiência, os idosos com idade igual ou superior a 60 (sessenta) anos, as gestantes, as lactantes, as pessoas com crianças de colo e os obesos terão atendimento prioritário, nos termos desta Lei. (Redação dada pela Lei nº 13.146, de 2015) (Vigência)

Art. 2° As repartições públicas e empresas concessionárias de serviços públicos estão obrigadas a dispensar atendimento prioritário, por meio de serviços individualizados que assegurem tratamento diferenciado e atendimento imediato às pessoas a que se refere o art. 1°.

Parágrafo único. É assegurada, em todas as instituições financeiras, a prioridade de atendimento às pessoas mencionadas no art. 1°.

ESTATUTO DA PESSOA COM DEFICIÊNCIA (OU LEI DE INCLUSÃO)

Art. 3° As empresas públicas de transporte e as concessionárias de transporte coletivo reservarão assentos, devidamente identificados, aos idosos, gestantes, lactantes, pessoas portadoras de deficiência e pessoas acompanhadas por crianças de colo.

Art. 4° Os logradouros e sanitários públicos, bem como os edifícios de uso público, terão normas de construção, para efeito de licenciamento da respectiva edificação, baixadas pela autoridade competente, destinadas a facilitar o acesso e uso desses locais pelas pessoas portadoras de deficiência.

Art. 5° Os veículos de transporte coletivo a serem produzidos após doze meses da publicação desta Lei serão planejados de forma a facilitar o acesso a seu interior das pessoas portadoras de deficiência.

§ 1° (VETADO)

§ 2° Os proprietários de veículos de transporte coletivo em utilização terão o prazo de cento e oitenta dias, a contar da regulamentação desta Lei, para proceder às adaptações necessárias ao acesso facilitado das pessoas portadoras de deficiência.

Art. 6° A infração ao disposto nesta Lei sujeitará os responsáveis:

I. no caso de servidor ou de chefia responsável pela repartição pública, às penalidades previstas na legislação específica;

II. no caso de empresas concessionárias de serviço público, a multa de R$ 500,00 (quinhentos reais) a R$ 2.500,00 (dois mil e quinhentos reais), por veículos sem as condições previstas nos arts. 3° e 5°;

III. no caso das instituições financeiras, às penalidades previstas no art. 44, incisos I, II e III, da Lei n° 4.595, de 31 de dezembro de 1964.

Parágrafo único. As penalidades de que trata este artigo serão elevadas ao dobro, em caso de reincidência.

Art. 7° O Poder Executivo regulamentará esta Lei no prazo de sessenta dias, contado de sua publicação.

Art. 8° Esta Lei entra em vigor na data de sua publicação.

Brasília, 8 de novembro de 2000; 179º da Independência e 112º da República.

FERNANDO HENRIQUE CARDOSO
Alcides Lopes Tápias
Martus Tavares

7.3 Direitos Fundamentais

Os direitos fundamentais são garantidos a todos pela nossa Constituição. Portanto, não importa quem seja, fica garantido os direitos previstos na nossa Carta Magna.

O EPD prevê regras específicas tratando sobre direitos fundamentais, tendo por objetivo a garantia de inclusão e igualdade.

São previstos:

- Do direito à vida;
- Do direito à habilitação e à reabilitação;
- Do direito à saúde;
- Do direito à educação;
- Do direito à moradia;
- Do direito ao trabalho;
- Do direito à assistência social;
- Do direito à previdência social;
- Do direito à cultura, ao esporte, ao turismo e ao lazer;
- Do direito ao transporte e à mobilidade.

Vamos trabalhar alguns destes (é essencial a leitura da lei de todos os dispositivos).

7.3.1 Direito à Vida

O Poder Público deve garantir a dignidade da pessoa com deficiência ao longo de toda a vida. E em situações de risco, emergência ou estado de calamidade pública, a pessoa com deficiência será considerada vulnerável, devendo o poder público adotar medidas para sua proteção e segurança.

A pessoa com deficiência não poderá ser obrigada a se submeter à intervenção clínica ou cirúrgica, a tratamento ou a institucionalização forçada (a curatela pode suprir o consentimento)

O consentimento prévio, livre e esclarecido da pessoa com deficiência é indispensável para a realização de tratamento, procedimento, hospitalização e pesquisa científica.

Dispensa em casos de:

- Risco de morte.
- Emergência em saúde, resguardado seu superior interesse e adotadas as salvaguardas legais cabíveis.

O EPD prevê que a pesquisa científica envolvendo pessoa com deficiência em situação de tutela ou de curatela deve ser realizada, em caráter excepcional, quando não existe a possibilidade de realização com participantes não tutelados ou curatelados, apenas quando houver indícios de benefício direto para sua saúde ou para a saúde de outras pessoas com deficiência.

7.3.2 Direito à Reabilitação e Habilitação

A reabilitação e habilitação é um direito garantido a toda pessoa com deficiência, visando ao desenvolvimento de potencialidades, talentos, habilidades e aptidões físicas, cognitivas, sensoriais, psicossociais, atitudinais, profissionais e artísticas que contribuam para a conquista da autonomia da pessoa com deficiência e de sua participação social em igualdade de condições e oportunidades com as demais pessoas.

Para passar por este processo, será realizada avaliação multidisciplinar, analisando potencialidades, habilidades e quais necessidades da pessoa com deficiência, seguindo as seguintes diretrizes:

Art. 15. O processo mencionado no art. 14 desta Lei baseia-se em avaliação multidisciplinar das necessidades, habilidades e potencialidades de cada pessoa, observadas as seguintes diretrizes:

I. diagnóstico e intervenção precoces;

II. adoção de medidas para compensar perda ou limitação funcional, buscando o desenvolvimento de aptidões;

III. atuação permanente, integrada e articulada de políticas públicas que possibilitem a plena participação social da pessoa com deficiência;

IV. oferta de rede de serviços articulados, com atuação intersetorial, nos diferentes níveis de complexidade, para atender às necessidades específicas da pessoa com deficiência;

V. prestação de serviços próximo ao domicílio da pessoa com deficiência, inclusive na zona rural, respeitadas a organização das Redes de Atenção à Saúde (RAS) nos territórios locais e as normas do Sistema Único de Saúde (SUS).

Fica, ainda, garantido para as pessoas com deficiência:

- organização, serviços, métodos, técnicas e recursos para atender às características de cada pessoa com deficiência;
- acessibilidade em todos os ambientes e serviços;
- tecnologia assistiva, tecnologia de reabilitação, materiais e equipamentos adequados e apoio técnico profissional, de acordo com as especificidades de cada pessoa com deficiência;
- capacitação continuada de todos os profissionais que participem dos programas e serviços.

Os serviços do SUS e do SUAS deverão promover ações articuladas para garantir à pessoa com deficiência e sua família a aquisição de informações, orientações (nas mais diversas áreas: de saúde, de educação, de cultura, de esporte, de lazer, de transporte, de previdência social, de assistência social, de habitação, de trabalho, de empreendedorismo, de acesso ao crédito, de promoção, proteção e defesa de direitos e nas demais áreas que possibilitem à pessoa com deficiência exercer sua cidadania) formas de acesso às políticas públicas disponíveis, com a finalidade de propiciar sua plena participação social.

7.3.3 Direito à Saúde

À pessoa com deficiência fica assegurada a atenção integral à saúde, de forma universal e igualitária, por intermédio do SUS, bem como fica assegurada a participação na elaboração de políticas de saúde.

As ações e os serviços de saúde pública destinados à pessoa com deficiência devem assegurar:

NOÇÕES DE DIREITOS HUMANOS

- diagnóstico e intervenção precoces, realizados por equipe multidisciplinar;
- serviços de habilitação e de reabilitação sempre que necessários, para qualquer tipo de deficiência, inclusive para a manutenção da melhor condição de saúde e qualidade de vida;
- atendimento domiciliar multidisciplinar, tratamento ambulatorial e internação;
- campanhas de vacinação;
- atendimento psicológico, inclusive para seus familiares e atendentes pessoais;
- respeito à especificidade, à identidade de gênero e à orientação sexual da pessoa com deficiência;
- atenção sexual e reprodutiva, incluindo o direito à fertilização assistida;
- informação adequada e acessível à pessoa com deficiência e a seus familiares sobre sua condição de saúde;
- serviços projetados para prevenir a ocorrência e o desenvolvimento de deficiências e agravos adicionais;
- promoção de estratégias de capacitação permanente das equipes que atuam no SUS, em todos os níveis de atenção, no atendimento à pessoa com deficiência, bem como orientação a seus atendentes pessoais;
- oferta de órteses, próteses, meios auxiliares de locomoção, medicamentos, insumos e fórmulas nutricionais, conforme as normas vigentes do Ministério da Saúde.

As diretrizes aplicam-se também às instituições privadas que participem de forma complementar do SUS ou que recebam recursos públicos para sua manutenção.

O Art. 19 do EPD prevê ações que devem ser desenvolvidas pelo SUS destinadas à prevenção:

> *Art. 19. Compete ao SUS desenvolver ações destinadas à prevenção de deficiências por causas evitáveis, inclusive por meio de:*
> *I. acompanhamento da gravidez, do parto e do puerpério, com garantia de parto humanizado e seguro;*
> *II. promoção de práticas alimentares adequadas e saudáveis, vigilância alimentar e nutricional, prevenção e cuidado integral dos agravos relacionados à alimentação e nutrição da mulher e da criança;*
> *III. aprimoramento e expansão dos programas de imunização e de triagem neonatal;*
> *IV. identificação e controle da gestante de alto risco.*

Importante também frisar que o EPD prevê no aspecto da saúde:
- As operadoras de planos e seguros privados de saúde são obrigadas a garantir à pessoa com deficiência, no mínimo, todos os serviços e produtos ofertados aos demais clientes. Também é vedada cobrança de valores diferenciados por planos e seguros privados de saúde, em razão de sua condição de pessoa com deficiência.
- Quando esgotados os meios de atenção à saúde da pessoa com deficiência no local de residência, será prestado atendimento fora de domicílio, para fins de diagnóstico e de tratamento, garantidos o transporte e a acomodação da pessoa com deficiência e de seu acompanhante.
- À pessoa com deficiência internada ou em observação é assegurado o direito à acompanhante ou à atendente pessoal, devendo o órgão ou a instituição de saúde proporcionar condições adequadas para sua permanência em tempo integral e, na impossibilidade de permanência, o profissional de saúde responsável deverá justificar, por escrito, devendo o órgão ou a instituição de saúde adotar as providências cabíveis para suprir a ausência do acompanhante ou do atendente pessoal.
- É assegurado à pessoa com deficiência o acesso aos serviços de saúde, tanto públicos como privados, e às informações prestadas e recebidas, por meio de recursos de tecnologia assistiva e de todas as formas de comunicação.
- Os espaços dos serviços de saúde, tanto públicos quanto privados, devem assegurar o acesso da pessoa com deficiência, em conformidade com a legislação em vigor, mediante a remoção de barreiras, por meio de projetos arquitetônicos, de ambientação de interior e de comunicação que atendam às especificidades das pessoas com deficiência física, sensorial, intelectual e mental.
- Os casos de suspeita ou de confirmação de violência praticada contra a pessoa com deficiência serão objetos de notificação compulsória pelos serviços de saúde públicos e privados à autoridade policial e ao Ministério Público, além dos Conselhos dos Direitos da Pessoa com Deficiência. Para efeito da lei, conceitua-se violência qualquer ação ou omissão, praticada em local público ou privado, que lhe cause morte ou dano ou sofrimento físico ou psicológico.

Aos profissionais que prestam assistência à pessoa com deficiência, especialmente em serviços de habilitação e de reabilitação, deve ser garantida capacitação inicial e continuada.

7.3.4 Direito à Educação

A educação também constitui direito da pessoa com deficiência, assegurados um sistema educacional inclusivo em todos os níveis e aprendizado ao longo de toda a vida, de forma a alcançar o máximo de desenvolvimento possível de seus talentos e habilidades físicas, sensoriais, intelectuais e sociais, segundo suas características, interesses e necessidades de aprendizagem.

Cabe ao Estado, à família, à comunidade escolar e à sociedade assegurar educação de qualidade à pessoa com deficiência, colocando-a a salvo de toda forma de violência, negligência e discriminação.

DIREITO EDUCAÇÃO
↓
DEVER DE ASSEGURAR EDUCAÇÃO DE QUALIDADE E IMPEDIR VIOLÊNCIA, NEGLIGÊNCIA E DISCRIMINAÇÃO
↓   ↓   ↓   ↓
ESTADO | FAMÍLIA | COMUNIDADE ESCOLAR | SOCIEDADE

Desta feita, determina o Art. 28 do EPD:

> *Art. 28. Incumbe ao poder público assegurar, criar, desenvolver, implementar, incentivar, acompanhar e avaliar:*
> *I. sistema educacional inclusivo em todos os níveis e modalidades, bem como o aprendizado ao longo de toda a vida;*
> *II. aprimoramento dos sistemas educacionais, visando a garantir condições de acesso, permanência, participação e aprendizagem, por meio da oferta de serviços e de recursos de acessibilidade que eliminem as barreiras e promovam a inclusão plena;*
> *III. projeto pedagógico que institucionalize o atendimento educacional especializado, assim como os demais serviços e adaptações razoáveis, para atender às características dos estudantes com deficiência e garantir o seu pleno acesso ao currículo em condições de igualdade, promovendo a conquista e o exercício de sua autonomia;*
> *IV. oferta de educação bilíngue, em Libras como primeira língua e na modalidade escrita da língua portuguesa como segunda língua, em escolas e classes bilíngues e em escolas inclusivas;**
> *V. adoção de medidas individualizadas e coletivas em ambientes que maximizem o desenvolvimento acadêmico e social dos estudantes com deficiência, favorecendo o acesso, a permanência, a participação e a aprendizagem em instituições de ensino;*
> *VI. pesquisas voltadas para o desenvolvimento de novos métodos e técnicas pedagógicas, de materiais didáticos, de equipamentos e de recursos de tecnologia assistiva; **
> *VII. planejamento de estudo de caso, de elaboração de plano de atendimento educacional especializado, de organização de recursos e serviços de acessibilidade e de disponibilização e usabilidade pedagógica de recursos de tecnologia assistiva;*

ESTATUTO DA PESSOA COM DEFICIÊNCIA (OU LEI DE INCLUSÃO)

VIII. participação dos estudantes com deficiência e de suas famílias nas diversas instâncias de atuação da comunidade escolar;

IX. adoção de medidas de apoio que favoreçam o desenvolvimento dos aspectos linguísticos, culturais, vocacionais e profissionais, levando-se em conta o talento, a criatividade, as habilidades e os interesses do estudante com deficiência;

X. adoção de práticas pedagógicas inclusivas pelos programas de formação inicial e continuada de professores e oferta de formação continuada para o atendimento educacional especializado;

XI. formação e disponibilização de professores para o atendimento educacional especializado, de tradutores e intérpretes da Libras, de guias intérpretes e de profissionais de apoio;

XII. oferta de ensino da Libras, do Sistema Braille e de uso de recursos de tecnologia assistiva, de forma a ampliar habilidades funcionais dos estudantes, promovendo sua autonomia e participação;

XIII. acesso à educação superior e à educação profissional e tecnológica em igualdade de oportunidades e condições com as demais pessoas;

XIV. inclusão em conteúdos curriculares, em cursos de nível superior e de educação profissional técnica e tecnológica, de temas relacionados à pessoa com deficiência nos respectivos campos de conhecimento;

XV. acesso da pessoa com deficiência, em igualdade de condições, a jogos e a atividades recreativas, esportivas e de lazer, no sistema escolar;

XVI. acessibilidade para todos os estudantes, trabalhadores da educação e demais integrantes da comunidade escolar às edificações, aos ambientes e às atividades concernentes a todas as modalidades, etapas e níveis de ensino;

XVII. oferta de profissionais de apoio escolar;

XVIII. articulação intersetorial na implementação de políticas públicas.

Às instituições privadas, de qualquer nível e modalidade de ensino, aplica-se obrigatoriamente o que determina o artigo, exceto incisos IV e VI, sendo vedada a cobrança de valores adicionais de qualquer natureza em suas mensalidades, anuidades e matrículas no cumprimento dessas determinações.

Na disponibilização de tradutores e intérpretes da Libras para o atendimento educacional especializado, de guias intérpretes e de profissionais de apoio; deve-se observar o seguinte:

- **Educação básica:** Ensino Médio + certificado de proficiência na Libras.
- **Os tradutores e intérpretes da Libras, quando direcionados à tarefa de interpretar nas salas de aula dos cursos de graduação e pós-graduação:** nível superior + com habilitação, prioritariamente, em Tradução e Interpretação em Libras.

Nos processos seletivos para ingresso e permanência nos cursos oferecidos pelas instituições de ensino superior e de educação profissional e tecnológica, públicas e privadas, devem ser adotadas as seguintes medidas:

- atendimento preferencial à pessoa com deficiência nas dependências das Instituições de Ensino Superior (IES) e nos serviços;
- disponibilização de formulário de inscrição de exames com campos específicos para que o candidato com deficiência informe os recursos de acessibilidade e de tecnologia assistiva necessários para sua participação;
- disponibilização de provas em formatos acessíveis para atendimento às necessidades específicas do candidato com deficiência;
- disponibilização de recursos de acessibilidade e de tecnologia assistiva adequados, previamente solicitados e escolhidos pelo candidato com deficiência;
- dilação de tempo, conforme demanda apresentada pelo candidato com deficiência, tanto na realização de exame para seleção quanto nas atividades acadêmicas, mediante prévia solicitação e comprovação da necessidade;
- adoção de critérios de avaliação das provas escritas, discursivas ou de redação que considerem a singularidade linguística da pessoa com deficiência, no domínio da modalidade escrita da língua portuguesa;
- tradução completa do edital e de suas retificações em Libras.

7.3.5 Direito à Moradia

O EPD prevê que a pessoa com deficiência tem direito à moradia digna, no seio da família natural ou substituta, com seu cônjuge ou companheiro ou desacompanhada, ou em moradia para a vida independente da pessoa com deficiência, ou, ainda, em residência inclusiva.

O Poder público deve adotar programas e ações estratégicas para apoiar a criação e a manutenção de moradia para a vida independente da pessoa com deficiência.

A proteção integral na modalidade de residência inclusiva será prestada no âmbito do Suas à pessoa com deficiência em situação de dependência que não disponha de condições de autossustentabilidade, com vínculos familiares fragilizados ou rompidos.

Programas habitacionais, públicos ou subsidiados devem reservar 3% das unidades habitacionais para aquisição para pessoa com deficiência, que goza de prioridade na aquisição, sendo beneficiada com prioridade uma vez apenas.

PROGRAMAS HABITACIONAIS → **PÚBLICOS OU SUBSIDIADOS** → 3% DAS UNIDADES

7.3.6 Direito ao Trabalho

A pessoa com deficiência tem direito ao trabalho de sua livre escolha e aceitação, em ambiente acessível (sendo obrigação das pessoas jurídicas a garantir ambiente acessível e inclusivo) e inclusivo, em igualdade de oportunidades com as demais pessoas.

São direitos das pessoas com deficiência:

- igualdade de oportunidades com as demais pessoas;
- condições justas e favoráveis de trabalho, incluindo igual remuneração por trabalho de igual valor;
- participação e acesso a cursos, treinamentos, educação continuada, planos de carreira, promoções, bonificações e incentivos profissionais oferecidos pelo empregador, em igualdade de oportunidades com os demais empregados;
- acessibilidade em cursos de formação e de capacitação.

É vedada a restrição ao trabalho da pessoa com deficiência e qualquer discriminação em razão de sua condição, inclusive nas etapas de recrutamento, seleção, contratação, admissão, exames admissional e periódico, permanência no emprego, ascensão profissional e reabilitação profissional, bem como exigência de aptidão plena.

É finalidade primordial das políticas públicas de trabalho e emprego promover e garantir condições de acesso e de permanência da pessoa com deficiência no campo de trabalho. Os programas de estímulo ao empreendedorismo e ao trabalho autônomo, incluídos o cooperativismo e o associativismo, devem prever a participação da pessoa com deficiência e a disponibilização de linhas de crédito, quando necessárias.

7.3.7 Da Habilitação Profissional e Reabilitação Profissional

O Art. 36 do EPD prevê:

> **Art. 36.** O poder público deve implementar serviços e programas completos de habilitação profissional e de reabilitação profissional para que a pessoa com deficiência possa ingressar, continuar ou retornar ao campo do trabalho, respeitados sua livre escolha, sua vocação e seu interesse.
>
> **§ 1º** Equipe multidisciplinar indicará, com base em critérios previstos no § 1º do art. 2o desta Lei, programa de habilitação ou de reabilitação que possibilite à pessoa com deficiência restaurar sua capacidade e habilidade profissional ou adquirir novas capacidades e habilidades de trabalho.
>
> **§ 2º** A habilitação profissional corresponde ao processo destinado a propiciar à pessoa com deficiência aquisição de conhecimentos, habilidades e aptidões para exercício de profissão ou de ocupação, permitindo nível suficiente de desenvolvimento profissional para ingresso no campo de trabalho.

§ 3º Os serviços de habilitação profissional, de reabilitação profissional e de educação profissional devem ser dotados de recursos necessários para atender a toda pessoa com deficiência, independentemente de sua característica específica, a fim de que ela possa ser capacitada para trabalho que lhe seja adequado e ter perspectivas de obtê-lo, de conservá-lo e de nele progredir.

§ 4º Os serviços de habilitação profissional, de reabilitação profissional e de educação profissional deverão ser oferecidos em ambientes acessíveis e inclusivos.

§ 5º A habilitação profissional e a reabilitação profissional devem ocorrer articuladas com as redes públicas e privadas, especialmente de saúde, de ensino e de assistência social, em todos os níveis e modalidades, em entidades de formação profissional ou diretamente com o empregador.

§ 6º A habilitação profissional pode ocorrer em empresas por meio de prévia formalização do contrato de emprego da pessoa com deficiência, que será considerada para o cumprimento da reserva de vagas prevista em lei, desde que por tempo determinado e concomitante com a inclusão profissional na empresa, observado o disposto em regulamento.

§ 7º A habilitação profissional e a reabilitação profissional atenderão à pessoa com deficiência.

7.4 Da Inclusão da Pessoa com Deficiência no Trabalho

Teremos inclusão quando da colocação da pessoa com deficiência de forma competitiva e em igualdade de oportunidades, observada legislação trabalhista e previdenciária.

Devem, ainda, ser observadas as normas de acessibilidade e fornecidos recursos de tecnologia assistiva e a adaptação razoável no ambiente de trabalho.

A colocação competitiva da pessoa com deficiência pode ocorrer por meio de trabalho com apoio, observadas as seguintes diretrizes:
- prioridade no atendimento à pessoa com deficiência com maior dificuldade de inserção no campo de trabalho;
- provisão de suportes individualizados que atendam a necessidades específicas da pessoa com deficiência, inclusive a disponibilização de recursos de tecnologia assistiva, de agente facilitador e de apoio no ambiente de trabalho;
- respeito ao perfil vocacional e ao interesse da pessoa com deficiência apoiada;
- oferta de aconselhamento e de apoio aos empregadores, com vistas à definição de estratégias de inclusão e de superação de barreiras, inclusive atitudinais;
- realização de avaliações periódicas;
- articulação intersetorial das políticas públicas;
- possibilidade de participação de organizações da sociedade civil.

7.4.1 Assistência Social

A assistência social visa à promoção da pessoa, sendo previstos serviços, programas, projetos e os benefícios no âmbito da política pública de assistência social à pessoa com deficiência e sua família têm como objetivo a garantia da segurança de renda, da acolhida, da habilitação e da reabilitação, do desenvolvimento da autonomia e da convivência familiar e comunitária, para a promoção do acesso a direitos e da plena participação social.

Os serviços socioassistenciais destinados à pessoa com deficiência em situação de dependência deverão contar com cuidadores sociais para prestar-lhe cuidados básicos e instrumentais.

É assegurado à pessoa com deficiência que não possua meios para prover sua subsistência nem de tê-la provida por sua família o benefício mensal de 1 (um) salário-mínimo, nos termos da Lei nº 8.742, de 7 de dezembro de 1993 (LOAS – Lei Orgânica da Assistência Social), que é conhecido como Benefício de Prestação Continuada da Assistência Social (BPC-LOAS).

Dentro do âmbito assistencial, o EPD trouxe a previsão do Auxílio-Inclusão, prevendo benefício para aquele que passe a exercer atividade remunerada e recebia o BPC-LOAS, como uma forma de incentivo para manutenção da pessoa com deficiência no mercado de trabalho (ser segurado obrigatório do RGPS – Regime Geral de Previdência Social) vejamos o que dispõe o artigo 94 do Estatuto:

Art. 94. Terá direito a auxílio-inclusão, nos termos da lei, a pessoa com deficiência moderada ou grave que:

I. receba o benefício de prestação continuada previsto no art. 20 da Lei nº 8.742, de 7 de dezembro de 1993, e que passe a exercer atividade remunerada que a enquadre como segurado obrigatório do RGPS;

II. tenha recebido, nos últimos 5 (cinco) anos, o benefício de prestação continuada previsto no art. 20 da Lei nº 8.742, de 7 de dezembro de 1993, e que exerça atividade remunerada que a enquadre como segurado obrigatório do RGPS.

Resumo dos requisitos pelo Estatuto:

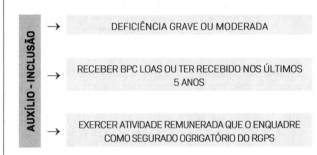

7.4.2 Cultura, Esporte, Turismo e Lazer

Vamos aos dispositivos legais:

Art. 42. A pessoa com deficiência tem direito à cultura, ao esporte, ao turismo e ao lazer em igualdade de oportunidades com as demais pessoas, sendo-lhe garantido o acesso:

I. a bens culturais em formato acessível;

II. a programas de televisão, cinema, teatro e outras atividades culturais e desportivas em formato acessível; e

III. a monumentos e locais de importância cultural e a espaços que ofereçam serviços ou eventos culturais e esportivos.

§ 1º É vedada a recusa de oferta de obra intelectual em formato acessível à pessoa com deficiência, sob qualquer argumento, inclusive sob a alegação de proteção dos direitos de propriedade intelectual.

§ 2º O poder público deve adotar soluções destinadas à eliminação, à redução ou à superação de barreiras para a promoção do acesso a todo patrimônio cultural, observadas as normas de acessibilidade, ambientais e de proteção do patrimônio histórico e artístico nacional.

Art. 43. O poder público deve promover a participação da pessoa com deficiência em atividades artísticas, intelectuais, culturais, esportivas e recreativas, com vistas ao seu protagonismo, devendo:

I. incentivar a provisão de instrução, de treinamento e de recursos adequados, em igualdade de oportunidades com as demais pessoas;

II. assegurar acessibilidade nos locais de eventos e nos serviços prestados por pessoa ou entidade envolvida na organização das atividades de que trata este artigo; e

III. assegurar a participação da pessoa com deficiência em jogos e atividades recreativas, esportivas, de lazer, culturais e artísticas, inclusive no sistema escolar, em igualdade de condições com as demais pessoas.

Nos teatros, cinemas, auditórios, estádios, ginásios de esporte, locais de espetáculos e de conferências e similares serão reservados espaços livres e assentos para a pessoa com deficiência, de acordo com a capacidade de lotação da edificação, que devem ser distribuídos em locais diversos, de boa visibilidade, em todos os setores, próximos aos corredores, devidamente sinalizados, evitando-se áreas segregadas de público e obstrução das saídas, em conformidade com as normas de acessibilidade, devendo acomodar acompanhante da pessoa deficiente ou com mobilidade reduzida, sendo garantida também a acomodação próxima ao grupo familiar e comunitário.

ESTATUTO DA PESSOA COM DEFICIÊNCIA (OU LEI DE INCLUSÃO)

No caso de não haver comprovada procura pelos assentos reservados, esses podem, excepcionalmente, ser ocupados por pessoas sem deficiência ou que não tenham mobilidade reduzida.

Devem existir rotas de fuga e saídas de emergência acessíveis, conforme padrões das normas de acessibilidade, a fim de permitir a saída segura da pessoa com deficiência ou com mobilidade reduzida, em caso de emergência.

- **Cinema:** deve garantir, em todas as sessões, recursos de acessibilidade para a pessoa com deficiência.
- O valor do ingresso da pessoa com deficiência não poderá ser superior ao valor cobrado das demais pessoas.

O Estatuto também prevê regras para hotéis, pousadas e similares:

PINCÍPIOS DO DESENHO UNIVERSAL

Hotéis, Pousadas e Similares
↓
Devem ser Acessíveis → 10% Dormitórios Acessíveis, Garantido pelo Menos uma Unidade
Já Existentes → Rotas Acessíveis

7.4.3 Direito ao Transporte e Mobilidade

O EPD determina diversas regras com relação ao transporte e mobilidade das pessoas com deficiência. Vamos aos dispositivos e esquematizar:

> **Art. 46.** O direito ao transporte e à mobilidade da pessoa com deficiência ou com mobilidade reduzida será assegurado em igualdade de oportunidades com as demais pessoas, por meio de identificação e de eliminação de todos os obstáculos e barreiras ao seu acesso.
>
> **§ 1º** Para fins de acessibilidade aos serviços de transporte coletivo terrestre, aquaviário e aéreo, em todas as jurisdições, consideram-se como integrantes desses serviços os veículos, os terminais, as estações, os pontos de parada, o sistema viário e a prestação do serviço.
>
> **§ 2º** São sujeitas ao cumprimento das disposições desta Lei, sempre que houver interação com a matéria nela regulada, a outorga, a concessão, a permissão, a autorização, a renovação ou a habilitação de linhas e de serviços de transporte coletivo.
>
> **§ 3º** Para colocação do símbolo internacional de acesso nos veículos, as empresas de transporte coletivo de passageiros dependem da certificação de acessibilidade emitida pelo gestor público responsável pela prestação do serviço.
>
> **Art. 47.** Em todas as áreas de estacionamento aberto ao público, de uso público ou privado de uso coletivo e em vias públicas, devem ser reservadas vagas próximas aos acessos de circulação de pedestres, devidamente sinalizadas, para veículos que transportem pessoa com deficiência com comprometimento de mobilidade, desde que devidamente identificados.
>
> **§ 1º** As vagas a que se refere o caput deste artigo devem equivaler a 2% (dois por cento) do total, garantida, no mínimo, 1 (uma) vaga devidamente sinalizada e com as especificações de desenho e traçado de acordo com as normas técnicas vigentes de acessibilidade.
>
> **§ 2º** Os veículos estacionados nas vagas reservadas devem exibir, em local de ampla visibilidade, a credencial de beneficiário, a ser confeccionada e fornecida pelos órgãos de trânsito, que disciplinarão suas características e condições de uso.
>
> **§ 3º** A utilização indevida das vagas de que trata este artigo sujeita os infratores às sanções previstas no inciso XX do art. 181 da Lei nº 9.503, de 23 de setembro de 1997 (Código de Trânsito Brasileiro). (Redação dada pela Lei nº 13.281, de 2016) (Vigência)
>
> **§ 4º** A credencial a que se refere o § 2º deste artigo é vinculada à pessoa com deficiência que possui comprometimento de mobilidade e é válida em todo o território nacional.
>
> **Art. 48.** Os veículos de transporte coletivo terrestre, aquaviário e aéreo, as instalações, as estações, os portos e os terminais em operação no País devem ser acessíveis, de forma a garantir o seu uso por todas as pessoas.
>
> **§ 1º** Os veículos e as estruturas de que trata o caput deste artigo devem dispor de sistema de comunicação acessível que disponibilize informações sobre todos os pontos do itinerário.
>
> **§ 2º** São asseguradas à pessoa com deficiência prioridade e segurança nos procedimentos de embarque e de desembarque nos veículos de transporte coletivo, de acordo com as normas técnicas.
>
> **§ 3º** Para colocação do símbolo internacional de acesso nos veículos, as empresas de transporte coletivo de passageiros dependem da certificação de acessibilidade emitida pelo gestor público responsável pela prestação do serviço.
>
> **Art. 49.** As empresas de transporte de fretamento e de turismo, na renovação de suas frotas, são obrigadas ao cumprimento do disposto nos arts. 46 e 48 desta Lei. (Vigência)
>
> **Art. 50.** O poder público incentivará a fabricação de veículos acessíveis e a sua utilização como táxis e vans, de forma a garantir o seu uso por todas as pessoas.
>
> **Art. 51.** As frotas de empresas de táxi devem reservar 10% (dez por cento) de seus veículos acessíveis à pessoa com deficiência.
>
> **§ 1º** É proibida a cobrança diferenciada de tarifas ou de valores adicionais pelo serviço de táxi prestado à pessoa com deficiência.
>
> **§ 2º** O poder público é autorizado a instituir incentivos fiscais com vistas a possibilitar a acessibilidade dos veículos a que se refere o caput deste artigo.
>
> **Art. 52.** As locadoras de veículos são obrigadas a oferecer 1 (um) veículo adaptado para uso de pessoa com deficiência, a cada conjunto de 20 (vinte) veículos de sua frota.
>
> **Parágrafo único.** O veículo adaptado deverá ter, no mínimo, câmbio automático, direção hidráulica, vidros elétricos e comandos manuais de freio e de embreagem.

Direito ao Transporte e a Mobilidade

- Estacionamentos: uso público ou privado de uso coletivo e vias públicas
  - Vagas próximas aos acessos de pedestres
  - 2% do total, garantindo no mínimo uma vaga
- Frotas de táxis
  - 10% de seus veículos acessíveis
- Locadoras de veículos
  - Um veículo adaptado a cada conjunto de 20 veículos da frota

8 ACESSIBILIDADE

A acessibilidade é direito que garante à pessoa com deficiência ou com mobilidade reduzida viver de forma independente e exercer seus direitos de cidadania e de participação social.

Estão sujeitas às normas de acessibilidade (previstas no EPD e outras normas):

- a aprovação de projeto arquitetônico e urbanístico ou de comunicação e informação, a fabricação de veículos de transporte coletivo, a prestação do respectivo serviço e a execução de qualquer tipo de obra, quando tenham destinação pública ou coletiva;
- a outorga ou a renovação de concessão, permissão, autorização ou habilitação de qualquer natureza;
- a aprovação de financiamento de projeto com utilização de recursos públicos, por meio de renúncia ou de incentivo fiscal, contrato, convênio ou instrumento congênere; e
- a concessão de aval da União para obtenção de empréstimo e de financiamento internacionais por entes públicos ou privados.

A acessibilidade é direito que garante à pessoa com deficiência ou com mobilidade reduzida viver de forma independente e exercer seus direitos de cidadania e de participação social.

Estão sujeitas às normas de acessibilidade (previstas no EPD e outras normas):

- a aprovação de projeto arquitetônico e urbanístico ou de comunicação e informação, a fabricação de veículos de transporte coletivo, a prestação do respectivo serviço e a execução de qualquer tipo de obra, quando tenham destinação pública ou coletiva;
- a outorga ou a renovação de concessão, permissão, autorização ou habilitação de qualquer natureza;
- a aprovação de financiamento de projeto com utilização de recursos públicos, por meio de renúncia ou de incentivo fiscal, contrato, convênio ou instrumento congênere; e
- a concessão de aval da União para obtenção de empréstimo e de financiamento internacionais por entes públicos ou privados.

Atente para o disposto no Art. 55 do EPD:

> *Art. 55. A concepção e a implantação de projetos que tratem do meio físico, de transporte, de informação e comunicação, inclusive de sistemas e tecnologias da informação e comunicação, e de outros serviços, equipamentos e instalações abertos ao público, de uso público ou privado de uso coletivo, tanto na zona urbana como na rural, devem atender aos princípios do desenho universal, tendo como referência as normas de acessibilidade.*
>
> *§ 1º O desenho universal será sempre tomado como regra de caráter geral.*
> *§ 2º Nas hipóteses em que comprovadamente o desenho universal não possa ser empreendido, deve ser adotada adaptação razoável.*
> *§ 3º Caberá ao poder público promover a inclusão de conteúdos temáticos referentes ao desenho universal nas diretrizes curriculares da educação profissional e tecnológica e do ensino superior e na formação das carreiras de Estado.*
> *§ 4º Os programas, os projetos e as linhas de pesquisa a serem desenvolvidos com o apoio de organismos públicos de auxílio à pesquisa e de agências de fomento deverão incluir temas voltados para o desenho universal.*
> *§ 5º Desde a etapa de concepção, as políticas públicas deverão considerar a adoção do desenho universal.*

Toda construção, reforma, ampliação e mudanças de uso de edificação abertas ao público ou privadas de uso coletivo (museus, teatros, cinemas etc.) devem ser acessíveis, sendo obrigação de entidades de fiscalização das atividades de Engenharia, de Arquitetura e correlatas, ao anotarem a responsabilidade técnica de projetos, devem exigir a responsabilidade profissional declarada de atendimento às regras de acessibilidade previstas em legislação e em normas técnicas pertinentes.

Para aprovar licenciamento ou emissão de certificado de projeto executivo arquitetônico, urbanístico e de instalações e equipamentos temporários ou permanentes e para o licenciamento ou a emissão de certificado de conclusão de obra ou de serviço, deve ser atestado o atendimento às regras de acessibilidade.

As edificações públicas e privadas de uso coletivo já existentes devem garantir acessibilidade à pessoa com deficiência em todas as suas dependências e serviços, tendo como referência as normas de acessibilidade vigentes.

> *Art. 58. O projeto e a construção de edificação de uso privado multifamiliar devem atender aos preceitos de acessibilidade, na forma regulamentar. (Regulamento)*
>
> *§ 1º As construtoras e incorporadoras responsáveis pelo projeto e pela construção das edificações a que se refere o caput deste artigo devem assegurar percentual mínimo de suas unidades internamente acessíveis, na forma regulamentar.*
>
> *§ 2º É vedada a cobrança de valores adicionais para a aquisição de unidades internamente acessíveis a que se refere o § 1º deste artigo.*
>
> *Art. 59. Em qualquer intervenção nas vias e nos espaços públicos, o poder público e as empresas concessionárias responsáveis pela execução das obras e dos serviços devem garantir, de forma segura, a fluidez do trânsito e a livre circulação e acessibilidade das pessoas, durante e após sua execução.*
>
> *Art. 60. Orientam-se, no que couber, pelas regras de acessibilidade previstas em legislação e em normas técnicas, observado o disposto na Lei no 10.098, de 19 de dezembro de 2000, nº 10.257, de 10 de julho de 2001, e nº12.587, de 3 de janeiro de 2012:*
>
> *I. os planos diretores municipais, os planos diretores de transporte e trânsito, os planos de mobilidade urbana e os planos de preservação de sítios históricos elaborados ou atualizados a partir da publicação desta Lei;*
>
> *II. os códigos de obras, os códigos de postura, as leis de uso e ocupação do solo e as leis do sistema viário;*
>
> *III. os estudos prévios de impacto de vizinhança;*
>
> *IV. as atividades de fiscalização e a imposição de sanções; e*
>
> *V. a legislação referente à prevenção contra incêndio e pânico.*
>
> *§ 1º A concessão e a renovação de alvará de funcionamento para qualquer atividade são condicionadas à observação e à certificação das regras de acessibilidade.*
>
> *§ 2º A emissão de carta de habite-se ou de habilitação equivalente e sua renovação, quando esta tiver sido emitida anteriormente às exigências de acessibilidade, é condicionada à observação e à certificação das regras de acessibilidade.*
>
> *Art. 61. A formulação, a implementação e a manutenção das ações de acessibilidade atenderão às seguintes premissas básicas:*
>
> *I. eleição de prioridades, elaboração de cronograma e reserva de recursos para implementação das ações; e*
>
> *II. planejamento contínuo e articulado entre os setores envolvidos.*
>
> *Art. 62. É assegurado à pessoa com deficiência, mediante solicitação, o recebimento de contas, boletos, recibos, extratos e cobranças de tributos em formato acessível.*

A Acessibilidade também contempla a informação e a comunicação, determinando a legislação:

- Obrigatoriedade nos sites de internet mantidos por empresas com sede ou representação comercial no País ou por órgãos de governo, para uso da pessoa com deficiência, garantindo-lhe acesso às informações disponíveis, conforme as melhores práticas e diretrizes de acessibilidade adotadas internacionalmente, devendo ter símbolos de acessibilidade em destaque.
- Telecentros comunitários que receberem recursos públicos federais para seu custeio ou sua instalação e lanhouses devem possuir equipamentos e instalações acessíveis. Os telecentros e as lanhouses devem garantir, no mínimo, 10% (dez por cento) de seus computadores com recursos de acessibilidade para pessoa com deficiência visual, sendo assegurado pelo menos 1 (um) equipamento, quando o resultado percentual for inferior a 1 (um).

ACESSIBILIDADE

- As empresas prestadoras de serviços de telecomunicações deverão garantir pleno acesso à pessoa com deficiência, conforme regulamentação específica.
- Cabe ao poder público incentivar a oferta de aparelhos de telefonia fixa e móvel celular com acessibilidade que, entre outras tecnologias assistivas, possuam possibilidade de indicação e de ampliação sonoras de todas as operações e funções disponíveis.
- **Os serviços de radiodifusão de sons e imagens devem permitir o uso dos seguintes recursos, entre outros:**
  - subtitulação por meio de legenda oculta;
  - janela com intérprete da Libras;
  - audiodescrição.
- O poder público deve adotar mecanismos de incentivo à produção, à edição, à difusão, à distribuição e à comercialização de livros em formatos acessíveis, inclusive em publicações da administração pública ou financiadas com recursos públicos, com vistas a garantir à pessoa com deficiência o direito de acesso à leitura, à informação e à comunicação.
- Nos editais de compras de livros, inclusive para o abastecimento ou a atualização de acervos de bibliotecas em todos os níveis e modalidades de educação e de bibliotecas públicas, o poder público deverá adotar cláusulas de impedimento à participação de editoras que não ofertem sua produção também em formatos acessíveis. Consideram-se formatos acessíveis os arquivos digitais que possam ser reconhecidos e acessados por softwares leitores de telas ou outras tecnologias assistivas que vierem a substituí-los, permitindo leitura com voz sintetizada, ampliação de caracteres, diferentes contrastes e impressão em Braille.
- O poder público deve estimular e apoiar a adaptação e a produção de artigos científicos em formato acessível, inclusive em Libras.
- O poder público deve assegurar a disponibilidade de informações corretas e claras sobre os diferentes produtos e serviços ofertados, por quaisquer meios de comunicação empregados, inclusive em ambiente virtual, contendo a especificação correta de quantidade, qualidade, características, composição e preço, bem como sobre os eventuais riscos à saúde e à segurança do consumidor com deficiência, em caso de sua utilização, aplicando-se, no que couber, o disposto no Código de Defesa do Consumidor.
- Os fornecedores devem disponibilizar, mediante solicitação, exemplares de bulas, prospectos, textos ou qualquer outro tipo de material de divulgação em formato acessível.
- As instituições promotoras de congressos, seminários, oficinas e demais eventos de natureza científico-cultural devem oferecer à pessoa com deficiência, no mínimo, os recursos de tecnologia assistiva. Os congressos, os seminários, as oficinas e os demais eventos de natureza científico-cultural promovidos ou financiados pelo poder público devem garantir as condições de acessibilidade e os recursos de tecnologia assistiva.
- Os programas, as linhas de pesquisa e os projetos a serem desenvolvidos com o apoio de agências de financiamento e de órgãos e entidades integrantes da administração pública que atuem no auxílio à pesquisa devem contemplar temas voltados à tecnologia assistiva. Caberá ao poder público, diretamente ou em parceria com organizações da sociedade civil, promover a capacitação de tradutores e intérpretes da Libras, de guias intérpretes e de profissionais habilitados em Braille, audiodescrição, estenotipia e legendagem.

Também contempla a tecnologia, incentivando o acesso e a criação de recursos e facilidades para garantir a acessibilidade, ficando garantido à pessoa com deficiência acesso a produtos, recursos, estratégias, práticas, processos, métodos e serviços de tecnologia assistiva que maximizem sua autonomia, mobilidade pessoal e qualidade de vida.

O poder público desenvolverá plano específico de medidas, a ser renovado em cada período de 4 (quatro) anos, com a finalidade de:
- facilitar o acesso a crédito especializado, inclusive com oferta de linhas de crédito subsidiadas, específicas para aquisição de tecnologia assistiva;
- agilizar, simplificar e priorizar procedimentos de importação de tecnologia assistiva, especialmente as questões atinentes a procedimentos alfandegários e sanitários;
- criar mecanismos de fomento à pesquisa e à produção nacional de tecnologia assistiva, inclusive por meio de concessão de linhas de crédito subsidiado e de parcerias com institutos de pesquisa oficiais;
- eliminar ou reduzir a tributação da cadeia produtiva e de importação de tecnologia assistiva;
- facilitar e agilizar o processo de inclusão de novos recursos de tecnologia assistiva no rol de produtos distribuídos no âmbito do SUS e por outros órgãos governamentais;
- os procedimentos constantes do plano específico de medidas deverão ser avaliados, pelo menos, a cada 2 (dois) anos.

Dentro do contexto de acessibilidade, também visualizamos a participação política e na vida pública:

Art. 76. O poder público deve garantir à pessoa com deficiência todos os direitos políticos e a oportunidade de exercê-los em igualdade de condições com as demais pessoas.

§ 1º À pessoa com deficiência será assegurado o direito de votar e de ser votada, inclusive por meio das seguintes ações:

I. garantia de que os procedimentos, as instalações, os materiais e os equipamentos para votação sejam apropriados, acessíveis a todas as pessoas e de fácil compreensão e uso, sendo vedada a instalação de seções eleitorais exclusivas para a pessoa com deficiência;

II. incentivo à pessoa com deficiência a candidatar-se e a desempenhar quaisquer funções públicas em todos os níveis de governo, inclusive por meio do uso de novas tecnologias assistivas, quando apropriado;

III. garantia de que os pronunciamentos oficiais, a propaganda eleitoral obrigatória e os debates transmitidos pelas emissoras de televisão possuam, pelo menos, os recursos elencados no art. 67 desta Lei;

IV. garantia do livre exercício do direito ao voto e, para tanto, sempre que necessário e a seu pedido, permissão para que a pessoa com deficiência seja auxiliada na votação por pessoa de sua escolha.

§ 2º O poder público promoverá a participação da pessoa com deficiência, inclusive quando institucionalizada, na condução das questões públicas, sem discriminação e em igualdade de oportunidades, observado o seguinte:

I. participação em organizações não governamentais relacionadas à vida pública e à política do País e em atividades e administração de partidos políticos;

II. formação de organizações para representar a pessoa com deficiência em todos os níveis;

III. participação da pessoa com deficiência em organizações que a representem.

Quanto à ciência e tecnologia é previsto:

Art. 77. O poder público deve fomentar o desenvolvimento científico, a pesquisa e a inovação e a capacitação tecnológicas, voltados à melhoria da qualidade de vida e ao trabalho da pessoa com deficiência e sua inclusão social.

§ 1º O fomento pelo poder público deve priorizar a geração de conhecimentos e técnicas que visem à prevenção e ao tratamento de deficiências e ao desenvolvimento de tecnologias assistiva e social.

§ 2º A acessibilidade e as tecnologias assistiva e social devem ser fomentadas mediante a criação de cursos de pós-graduação, a formação de recursos humanos e a inclusão do tema nas diretrizes de áreas do conhecimento.

§ 3º Deve ser fomentada a capacitação tecnológica de instituições públicas e privadas para o desenvolvimento de tecnologias assistiva e social que sejam voltadas para melhoria da funcionalidade e da participação social da pessoa com deficiência.

§ 4º As medidas previstas neste artigo devem ser reavaliadas periodicamente pelo poder público, com vistas ao seu aperfeiçoamento.

Art. 78. Devem ser estimulados a pesquisa, o desenvolvimento, a inovação e a difusão de tecnologias voltadas para ampliar o acesso da pessoa com deficiência às tecnologias da informação e comunicação e às tecnologias sociais.

Parágrafo único. Serão estimulados, em especial:

I. o emprego de tecnologias da informação e comunicação como instrumento de superação de limitações funcionais e de barreiras à comunicação, à informação, à educação e ao entretenimento da pessoa com deficiência;

II. a adoção de soluções e a difusão de normas que visem a ampliar a acessibilidade da pessoa com deficiência à computação e aos sítios da internet, em especial aos serviços de governo eletrônico.

8.1 Do Acesso à Justiça

É um dever do poder público assegurar o acesso da pessoa com deficiência à justiça, em igualdade de oportunidades com as demais pessoas, garantindo, sempre que requeridos, adaptações e recursos de tecnologia assistiva, para, assim, garantir acesso e igualdade no judiciário. Devem ser oferecidos todos os recursos de tecnologia assistiva disponíveis para que a pessoa com deficiência tenha garantido o acesso à justiça, sempre que figure em um dos polos da ação ou atue como testemunha, partícipe da lide posta em juízo, advogado, defensor público, magistrado ou membro do Ministério Público.

A pessoa com deficiência tem garantido o acesso ao conteúdo de todos os atos processuais de seu interesse, inclusive no exercício da advocacia, pois não raro atuação de advogados com deficiência.

A fim de garantir a atuação da pessoa com deficiência em todo o processo judicial, o poder público deve capacitar os membros e os servidores que atuam no Poder Judiciário, no Ministério Público, na Defensoria Pública, nos órgãos de segurança pública e no sistema penitenciário quanto aos direitos da pessoa com deficiência.

As pessoas com deficiência submetida à medida restritiva de liberdade ficam assegurados todos os direitos e garantias a que fazem jus os apenados sem deficiência, garantida a acessibilidade.

Cabe à Defensoria Pública e ao Ministério Público tomar as medidas necessárias à garantia dos direitos previstos nesta Lei de Inclusão.

Os serviços notariais e de registro não podem negar ou criar óbices ou condições diferenciadas à prestação de seus serviços em razão de deficiência do solicitante, devendo reconhecer sua capacidade legal plena, garantida a acessibilidade, sendo o descumprimento caracterizado como discriminação em razão da deficiência.

8.2 Do Reconhecimento Igual perante à Lei

Determina a Lei:

Art. 84. A pessoa com deficiência tem assegurado o direito ao exercício de sua capacidade legal em igualdade de condições com as demais pessoas.

§ 1º Quando necessário, a pessoa com deficiência será submetida à curatela, conforme a lei.

§ 2º É facultado à pessoa com deficiência a adoção de processo de tomada de decisão apoiada.

§ 3º A definição de curatela de pessoa com deficiência constitui medida protetiva extraordinária, proporcional às necessidades e às circunstâncias de cada caso, e durará o menor tempo possível.

§ 4º Os curadores são obrigados a prestar, anualmente, contas de sua administração ao juiz, apresentando o balanço do respectivo ano.

Art. 85. A curatela afetará tão somente os atos relacionados aos direitos de natureza patrimonial e negocial.

§ 1º A definição da curatela não alcança o direito ao próprio corpo, à sexualidade, ao matrimônio, à privacidade, à educação, à saúde, ao trabalho e ao voto.

§ 2º A curatela constitui medida extraordinária, devendo constar da sentença as razões e motivações de sua definição, preservados os interesses do curatelado.

§ 3º No caso de pessoa em situação de institucionalização, ao nomear curador, o juiz deve dar preferência a pessoa que tenha vínculo de natureza familiar, afetiva ou comunitária com o curatelado.

Art. 86. Para emissão de documentos oficiais, não será exigida a situação de curatela da pessoa com deficiência.

Art. 87. Em casos de relevância e urgência e a fim de proteger os interesses da pessoa com deficiência em situação de curatela, será lícito ao juiz, ouvido o Ministério Público, de ofício ou a requerimento do interessado, nomear, desde logo, curador provisório, o qual estará sujeito, no que couber, às disposições do Código de Processo Civil.

8.3 Crimes e Infrações

O EPD prevê 4 crimes expressos, sem prejuízo de sanções penais cabíveis. A cobrança é voltada para o texto da lei:

Art. 88. Praticar, induzir ou incitar discriminação de pessoa em razão de sua deficiência:

Pena reclusão, de 1 (um) a 3 (três) anos, e multa.

§ 1º Aumenta-se a pena em 1/3 (um terço) se a vítima encontrar-se sob cuidado e responsabilidade do agente.

§ 2º Se qualquer dos crimes previstos no caput deste artigo é cometido por intermédio de meios de comunicação social ou de publicação de qualquer natureza:

Pena reclusão, de 2 (dois) a 5 (cinco) anos, e multa.

§ 3º Na hipótese do § 2º deste artigo, o juiz poderá determinar, ouvido o Ministério Público ou a pedido deste, ainda antes do inquérito policial, sob pena de desobediência:

I. recolhimento ou busca e apreensão dos exemplares do material discriminatório;

II. interdição das respectivas mensagens ou páginas de informação na internet.

§ 4º Na hipótese do § 2º deste artigo, constitui efeito da condenação, após o trânsito em julgado da decisão, a destruição do material apreendido.

Art. 89. Apropriar-se de ou desviar bens, proventos, pensão, benefícios, remuneração ou qualquer outro rendimento de pessoa com deficiência:

Pena reclusão, de 1 (um) a 4 (quatro) anos, e multa.

Parágrafo único. Aumenta-se a pena em 1/3 (um terço) se o crime é cometido:

I. por tutor, curador, síndico, liquidatário, inventariante, testamenteiro ou depositário judicial; ou

II. por aquele que se apropriou em razão de ofício ou de profissão.

Art. 90. Abandonar pessoa com deficiência em hospitais, casas de saúde, entidades de abrigamento ou congêneres:

Pena reclusão, de 6 (seis) meses a 3 (três) anos, e multa.

Parágrafo único. Na mesma pena incorre quem não prover as necessidades básicas de pessoa com deficiência quando obrigado por lei ou mandado.

Art. 91. Reter ou utilizar cartão magnético, qualquer meio eletrônico ou documento de pessoa com deficiência destinados ao recebimento de benefícios, proventos, pensões ou remuneração ou à realização de operações financeiras, com o fim de obter vantagem indevida para si ou para outrem:

Pena detenção, de 6 (seis) meses a 2 (dois) anos, e multa.

Parágrafo único. Aumenta-se a pena em 1/3 (um terço) se o crime é cometido por tutor ou curador.

9 LEIS FEDERAIS, DECRETOS E RESOLUÇÕES CORRELATAS A ACESSIBILIDADE

Segundo dados da Organização Mundial da Saúde (OMS), cerca de 10% da população mundial possuem algum tipo de deficiência. Conforme dados do Censo Demográfico de 2010, do Instituto Brasileiro de Geografia e Estatística (IBGE), 45,6 milhões de pessoas declararam possuir alguma deficiência, o que correspondia a 23,9% da população, à época. A deficiência visual atinge 18,8% da população, seguida da motora (7%), da auditiva (5,1%) e da mental ou intelectual (1,4%). Esse número pode chegar a 50 milhões de pessoas com deficiência nas projeções para o Censo Demográfico de 2020, de acordo com as perspectivas do próprio IBGE.

Pessoas com deficiência no Brasil

Percentual de pessoas com deficiência no Brasil, segundo o Censo 2010

Grau de instrução das pessoas com deficiência no país*

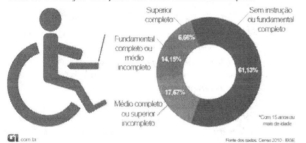

Fonte: g1.globo.com

A partir dessa realidade, percebeu-se a necessidade de pensar a sociedade brasileira e a inclusão das pessoas com deficiência em igualdades de direitos e oportunidades, seguindo os princípios constitucionais do país, já que a Constituição prevê a igualdade material entre todos, assim sendo, é de responsabilidade do Estado criar condições capazes de fazer com que pessoas com deficiência consigam os mesmos objetivos das pessoas que não possuem deficiências.

As políticas públicas são necessárias para garantir a efetivação de direitos e essas só são possíveis se iniciadas por pesquisas referentes às situações enfrentadas pelo grupo a quem se destina a política, aos exemplos já implantados em outros países, ao contato direto com o grupo afetado, para, assim, conhecer as suas demandas, necessidades e opiniões acerca do tema. Logo, é por meio da participação popular e do comprometimento do poder público que é possível implantar uma política pública de acessibilidade de qualidade.

A acessibilidade consiste na possibilidade e condição da pessoa com deficiência ou com mobilidade reduzida de usar, com segurança e autonomia, os espaços, mobiliários e equipamentos urbanos, as edificações, os transportes e os sistemas e meios de comunicação.

Ocorre que, para a consolidação deste direito, muitas vezes é necessária a eliminação de barreiras arquitetônicas, urbanísticas, de transportes, de comunicação, tecnológicas e barreiras atitudinais. As barreiras estão previstas na Lei nº 13.146/2015, o Estatuto da Pessoa com Deficiência e podem ser lembradas a partir do mnemônico TACTAU.

```
T       A       C       T       A       U
R       R       O       E       T       R
A       Q       M       C       I       B
N       U       U       N       T       A
S       I       N       O       U       N
P       T       I       L       D       Í
O       E       C       O       I       S
R       T       A       G       N       T
T       Ô       Ç       I       A       I
E       N       Ã       A       I       C
S       I       O               S       A
        C                               S
        A
```

- **Transporte:** meios de transporte.
- **Arquitetônicas:** obstáculos existentes em edifícios públicos ou privados.
- **Comunicação e Informação:** obstáculo, atitude ou comportamento que dificulte ou impossibilite expressão nos sistemas de comunicação e tecnologia da informação.
- **Tecnológicas:** dificultam ou impedem acesso às tecnologias.
- **Atitudinais:** atitudes ou comportamentos que impedem ou prejudicam a participação social igualitária.
- **Urbanísticas:** são as vias e espaços, públicos ou privados.

Infelizmente ainda é comum encontrarmos situações como calçadas esburacadas, falta de rampas, escadas sem opção deelevador ou plataforma de elevação, elevadores sem a escrita em braile e sem sinalização sonora, locais com a ausência de piso tátil, o que dificulta e até impede o acesso da pessoa com deficiência e mobilidade reduzida ao meio físico.

De acordo com a CF/88, o Direito de ir e vir deve ser assegurado a todos os cidadãos, devendo ser eliminadas todas as barreiras físicas que impeçam o acesso das pessoas com deficiência e mobilidade reduzida aos prédios públicos, aos estabelecimentos comerciais, de ensino, praças, parques, cinemas e tantos outros. Há, no cenário brasileiro, farta legislação contemplando estes direitos (artigos 227, § 2º, e 244 da CF/88; Leis nº 7.853/89, nº 10.048/00e nº 10.098/00; Decreto nº 3.298/99 e Decreto Regulamentador nº 5.296/04, além de outras legislações estaduais e municipais), devendo ser denunciado ao Ministério Público, por meio de sua ouvidoria, qualquer violação a estes direitos.

Tanto a legislação brasileira quanto as normas técnicas apresentam uma evolução na abordagem do tema acessibilidade nas diversas áreas do conhecimento. No ambiente construído, as principais referências são a Lei nº 10.098, de 19 de dezembro de 2000, que estabelece normas e critérios básicos para a promoção da acessibilidade, o Decreto nº 5.296, de 02 de dezembro de 2004, que regulamenta esta lei, e a norma brasileira que estabelece os parâmetros técnicos para a promoção da acessibilidade, que iremos tratar nesse primeiro momento.

As Leis Federais nº 10.048 e nº 10.098 de 2000 estabeleceram normas gerais e critérios básicos a fim de promover acessibilidade às pessoas com deficiência ou às pessoas com mobilidade reduzida, temporária ou terminantemente. A primeira (nº 10.048/00) trata de atendimento prioritário e de acessibilidade nos meios de transportes e inova ao introduzir penalidades ao seu descumprimento;e a segunda (nº 10.098/00) subdivide o assunto em acessibilidade ao meio físico, aos meios de transporte, na comunicação e informação e em ajudas técnicas.

As leis acima citadas foram regulamentadas por meio do Decreto nº 5.296, de 2 de dezembro de 2004, que estabeleceu critérios mais particulares para a implementação da acessibilidade arquitetônica e urbanística e aos serviços de transportes coletivos. No primeiro caso, no que se refere diretamente à mobilidade urbana, o decreto define condições para a construção de calçadas, instalação de mobiliário urbano e de equipamentos de sinalização de trânsito, de estacionamentos de uso público; no segundo, define padrões de acessibilidade universal para "veículos, terminais, estações, pontos de parada, vias principais, acessos e operação" do transporte rodoviário (urbano, metropolitano, intermunicipal e interestadual), ferroviário, aquaviário e aéreo.

9.1 Lei nº 10.048/2000 - Atendimento Prioritário

De início, é relevante ressaltar que a Lei nº 10.048/00 é a Lei de Atendimento Prioritário e não de Atendimento Exclusivo, lei essa que passou por duas alterações, como observamos abaixo:

O PRESIDENTE DA REPÚBLICA Faço saber que o Congresso Nacional decreta e eu sanciono a seguinte Lei:

Art. 1º As pessoas portadoras de deficiência física, os idosos com idade igual ou superior a sessenta e cinco anos, as gestantes, as lactantes e as pessoas acompanhadas por crianças de colo terão atendimento prioritário, nos termos desta Lei.

Art. 1º As pessoas portadoras de deficiência, os idosos com idade igual ou superior a 60 (sessenta) anos, as gestantes, as lactantes e as pessoas acompanhadas por crianças de colo terão atendimento prioritário, nos termos desta Lei. (Redação dada pela Lei nº 10.741, de 2003)

Art. 1º As pessoas com deficiência, os idosos com idade igual ou superior a 60 (sessenta) anos, as gestantes, as lactantes, as pessoas com crianças de colo e os obesos terão atendimento prioritário, nos termos desta Lei. (Redação dada pela Lei nº 13.146, de 2015) (Vigência)

A partir da Lei Brasileira de Inclusão, o legislador inclui os obesos no atendimento prioritário e a alteração da terminologia Pessoa Portadora por Pessoa com Deficiência.

As lactantes não necessariamente precisam estar com a criança de colo ou amamentando.

Art. 2º As repartições públicas e empresas concessionárias de serviços públicos estão obrigadas a dispensar atendimento prioritário, por meio de serviços individualizados que assegurem tratamento diferenciado e atendimento imediato às pessoas a que se refere o art. 1º

Parágrafo único. É assegurada, em todas as instituições financeiras, a prioridade de atendimento às pessoas mencionadas no art. 1º

Em 2008, a Federação Brasileira de Bancos (Febraban) assinou um Termo de Ajuste de Conduta (TAC) com o Ministério Público Federal, os Ministérios Públicos de São Paulo e Minas Gerais e também a Secretaria Especial de Direitos Humanos na Presidência da República (SEDH), para promover acessibilidade nas agências bancárias. O Termo abrange todas as agências de bancos federais, no Brasil inteiro. Em bancos estaduais e privados, a medida tem efeito apenas nos estados de São Paulo e Minas Gerais. Nesses estados, os bancos públicos e privados precisarão realizar ajustes não apenas arquitetônicos. Essa medida tem como objetivo diminuir as barreiras que dificultam o atendimento nos bancos, de forma adequada.

Os terminais de autoatendimento e caixas deverão ser acessíveis para atender as pessoas em cadeiras de rodas. Precisará, ainda, haver garantia de demarcação de local preferencial nas filas. Os bancos com mais de um pavimento precisarão adaptar obrigatoriamente apenas um deles, desde que este andar ofereça todos os serviços às pessoas com deficiência. As adaptações devem seguir as normas estabelecidas pela ABNT (Associação Brasileira de Normas Técnicas).

Art. 3º As empresas públicas de transporte e as concessionárias de transporte coletivo reservarão assentos, devidamente identificados, aos idosos, gestantes, lactantes, pessoas portadoras de deficiência e pessoas acompanhadas por crianças de colo.

Nesse artigo, vale destacar que os obesos não aparecem como prioridade.

Art. 4º Os logradouros e sanitários públicos, bem como os edifícios de uso público, terão normas de construção, para efeito de licenciamento da respectiva edificação, baixadas pela autoridade competente, destinadas a facilitar o acesso e uso desses locais pelas pessoas portadoras de deficiência.

Art. 5º Os veículos de transporte coletivo a serem produzidos após doze meses da publicação desta Lei serão planejados de forma a facilitar o acesso a seu interior das pessoas portadoras de deficiência.

§ 1º (VETADO)

§ 2º Os proprietários de veículos de transporte coletivo em utilização terão o prazo de cento e oitenta dias, a contar da regulamentação desta Lei, para proceder às adaptações necessárias ao acesso facilitado das pessoas portadoras de deficiência.

Art. 6º A infração ao disposto nesta Lei sujeitará os responsáveis:

I. no caso de servidor ou de chefia responsável pela repartição pública, às penalidades previstas na legislação específica;

II. no caso de empresas concessionárias de serviço público, a multa de R$ 500,00 (quinhentos reais) a R$ 2.500,00 (dois mil e quinhentos reais), por veículos sem as condições previstas nos arts. 3º e 5º;

III. no caso das instituições financeiras, às penalidades previstas no art. 44, incisos I, II e III, da Lei no 4.595, de 31 de dezembro de 1964.

Parágrafo único. As penalidades de que trata este artigo serão elevadas ao dobro, em caso de reincidência.

Art. 7º O Poder Executivo regulamentará esta Lei no prazo de sessenta dias, contado de sua publicação.

Art. 8º Esta Lei entra em vigor na data de sua publicação.

LEIS FEDERAIS, DECRETOS E RESOLUÇÕES CORRELATAS A ACESSIBILIDADE

9.2 Lei nº 10.098/2000 — Promoção da Acessibilidade

CAPÍTULO I - DISPOSIÇÕES GERAIS

Art. 1º *Esta Lei estabelece normas gerais e critérios básicos para a promoção da acessibilidade das pessoas portadoras de deficiência ou com mobilidade reduzida, mediante a supressão de barreiras e de obstáculos nas vias e espaços públicos, no mobiliário urbano, na construção e reforma de edifícios e nos meios de transporte e de comunicação.*

No art.1º, podemos observar ainda a utilização da terminologia portador de necessidade, que foi revogado pelo Estatuto da Pessoa com Deficiência. Lembre-se de que a expressão pessoas com deficiência foi adotada oficialmente pela Assembleia Geral das Nações Unidas a partir da Convenção sobre os Direitos das Pessoas com Deficiência, de 13 de dezembro de 2006, a qual entrou em vigor em 3 de maio de 2008, subscrita e ratificada por vários países, entre eles o Brasil. Essa referida Convenção foi aprovada pelo Senado Federal em 9 de julho de 2008 pelo Decreto nº 186/2008 e, posteriormente, promulgada pela Presidência da República em 25 de agosto de 2009, a partir do Decreto nº 6.949/2009.

Em relação ao Brasil, o Decreto nº 6.949/2009 foi o primeiro documento internacional de direitos humanos que adquiriu status constitucional sob a forma de emenda à Constituição, uma vez que, nos termos do art.1º, do referido Decreto, a Convenção da ONU foi aprovada pelo Congresso brasileiros nos moldes do § 3º, do art. 5º, da Constituição Federal, o qual prevê que: "Os tratados e convenções internacionais sobre os direitos humanos que forem aprovados, em cada Casa do Congresso Nacional, em dois turnos, por 3/5 dos votos dos respectivos membros, serão equivalentes à emendas constitucionais."

Art. 2º *Para os fins desta Lei são estabelecidas as seguintes definições:*
I. acessibilidade: possibilidade e condição de alcance para utilização, com segurança e autonomia, de espaços, mobiliários, equipamentos urbanos, edificações, transportes, informação e comunicação, inclusive seus sistemas e tecnologias, bem como de outros serviços e instalações abertos ao público, de uso público ou privados de uso coletivo, tanto na zona urbana como na rural, por pessoa com deficiência ou com mobilidade reduzida; (Redação dada pela Lei nº 13.146, de 2015)
II. barreiras: qualquer entrave, obstáculo, atitude ou comportamento que limite ou impeça a participação social da pessoa, bem como o gozo, a fruição e o exercício de seus direitos à acessibilidade, à liberdade de movimento e de expressão, à comunicação, ao acesso à informação, à compreensão, à circulação com segurança, entre outros, classificadas em: (Redação dada pela Lei nº 13.146, de 2015) (Vigência)ela Lei nº 13.146, de 2015)

ENTRAVE

COMPORTAMENTO

OBSTÁCULO

ATITUDE

a) barreiras urbanísticas: as existentes nas vias e nos espaços públicos e privados abertos ao público ou de uso coletivo; (Redação dada p a Lei nº 13.146, de 2015)
b) barreiras arquitetônicas: as existentes nos edifícios públicos e privados; (Redação dada pela Lei nº 13.146, de 2015)
c) barreiras nos transportes: as existentes nos sistemas e meios de transportes; (Redação dada pela Lei nº 13.146, de 2015)
d) barreiras nas comunicações e na informação: qualquer entrave, obstáculo, atitude ou comportamento que dificulte ou impossibilite a expressão ou o recebimento de mensagens e de informações por intermédio de sistemas de comunicação e de tecnologia da informação; (Redação dada pela Lei nº 13.146, de 2015)

III. pessoa com deficiência: aquela que tem impedimento de longo prazo de natureza física, mental, intelectual ou sensorial, o qual, em interação com uma ou mais barreiras, pode obstruir sua participação plena e efetiva na sociedade em igualdade de condições com as demais pessoas; (Redação dada pela Lei nº 13.146, de 2015) (Vigência)
IV. pessoa com mobilidade reduzida: aquela que tenha, por qualquer motivo, dificuldade de movimentação, permanente ou temporária, gerando redução efetiva da mobilidade, da flexibilidade, da coordenação motora ou da percepção, incluindo idoso, gestante, lactante, pessoa com criança de colo e obeso; (Redação dada pela Lei nº 13.146, de 2015)

PESSOA COM DEFICÊNCIA
≠
PESSOA COM MOBILIDADE REDUZIDA

V. acompanhante: aquele que acompanha a pessoa com deficiência, podendo ou não desempenhar as funções de atendente pessoal; (Redação dada pela Lei nº 13.146, de 2015) (Vigência)

VI. elemento de urbanização: quaisquer componentes de obras de urbanização, tais como os referentes a pavimentação, saneamento, encanamento para esgotos, distribuição de energia elétrica e de gás, iluminação pública, serviços de comunicação, abastecimento e distribuição de água, paisagismo e os que materializam as indicações do planejamento urbanístico; (Redação dada pela Lei nº 13.146, de 2015)

VII. mobiliário urbano: conjunto de objetos existentes nas vias e nos espaços públicos, superpostos ou adicionados aos elementos de urbanização ou de edificação, de forma que sua modificação ou seu traslado não provoque alterações substanciais nesses elementos, tais como semáforos, postes de sinalização e similares, terminais e pontos de acesso coletivo às telecomunicações, fontes de água, lixeiras, toldos, marquises, bancos, quiosques e quaisquer outros de natureza análoga; (Incluído pela Lei nº 13.146, de 2015)

VIII. tecnologia assistiva ou ajuda técnica: produtos, equipamentos, dispositivos, recursos, metodologias, estratégias, práticas e serviços que objetivem promover a funcionalidade, relacionada à atividade e à participação da pessoa com deficiência ou com mobilidade reduzida, visando à sua autonomia, independência, qualidade de vida e inclusão social; (Incluído pela Lei nº 13.146, de 2015)

IX. comunicação: forma de interação dos cidadãos que abrange, entre outras opções, as línguas, inclusive a Língua Brasileira de Sinais (Libras), a visualização de textos, o Braille, o sistema de sinalização ou de comunicação tátil, os caracteres ampliados, os dispositivos multimídia, assim como a linguagem simples, escrita e oral, os sistemas auditivos e os meios de voz digitalizados e os modos, meios e formatos aumentativos e alternativos de comunicação, incluindo as tecnologias da informação e das comunicações; (Incluído pela Lei nº 13.146, de 2015)

X. desenho universal: concepção de produtos, ambientes, programas e serviços a serem usados por todas as pessoas, sem necessidade de adaptação ou de projeto específico, incluindo os recursos de tecnologia assistiva. (Incluído pela Lei nº 13.146, de 2015)

Art. 3º *O planejamento e a urbanização das vias públicas, dos parques e dos demais espaços de uso público deverão ser concebidos e executados de forma a torná-los acessíveis para todas as pessoas, inclusive para aquelas com deficiência ou com mobilidade reduzida. (Redação dada pela Lei nº 13.146, de 2015)*

Parágrafo único. *O passeio público, elemento obrigatório de urbanização e parte da via pública, normalmente segregado e em nível diferente, destina-se somente à circulação de pedestres e, quando possível, à implantação de mobiliário urbano e de vegetação. (Incluído pela Lei nº 13.146, de 2015)*

Art. 4º *As vias públicas, os parques e os demais espaços de uso público existentes, assim como as respectivas instalações de serviços e mobiliários urbanos deverão ser adaptados, obedecendo-se ordem de prioridade que vise à maior eficiência das modificações, no sentido de promover mais ampla acessibilidade às pessoas portadoras de deficiência ou com mobilidade reduzida.*

Parágrafo único. *Os parques de diversões, públicos e privados, devem adaptar, no mínimo, 5% (cinco por cento) de cada brinquedo e equipamento e identificá-lo para possibilitar sua utilização por pessoas com deficiência ou com mobilidade reduzida, tanto quanto tecnicamente possível. (Incluído pela Lei nº 11.982, de 2009)*

Parágrafo único. *No mínimo 5% (cinco por cento) de cada brinquedo e equipamento de lazer existentes nos locais referidos no caput devem ser adaptados e identificados, tanto quanto tecnicamente possível, para possibilitar sua utilização por pessoas com deficiência, inclusive visual, ou com mobilidade reduzida. (Redação dada pela Lei nº 13.443, de 2017)*

Art. 5º *O projeto e o traçado dos elementos de urbanização públicos e privados de uso comunitário, nestes compreendidos os itinerários e as passagens de pedestres, os percursos de entrada e de saída de veículos, as escadas e rampas, deverão observar os parâmetros estabelecidos pelas normas técnicas de acessibilidade da Associação Brasileira de Normas Técnicas – ABNT.*

9.2.1 Conceitos Relevantes da ABNT

Acessibilidade: possibilidade e condição de alcance, percepção e entendimento para a utilização com segurança e autonomia de edificações, espaço, mobiliário, equipamento urbano e elementos. É o processo pelo qual se atinge o acesso universal, resultado da prática do design inclusivo.

Acessível: espaço, edificação, mobiliário, equipamento urbano ou elemento que possa ser alcançado, acionado, utilizado e vivenciado por qualquer pessoa, inclusive aquelas com mobilidade reduzida. O termo acessível implica tanto em acessibilidade física como de comunicação.

Acesso Universal: condição de percepção, aproximação e utilização, ampla e irrestrita, de ambientes, produtos e ou serviços por qualquer pessoa.

Adaptável: espaço, edificação, mobiliário, equipamento urbano ou elemento cujas características possam ser alteradas para que se torne acessível.

Adaptado: espaço, edificação, mobiliário, equipamento urbano ou elemento cujas características originais foram alteradas posteriormente para serem acessíveis.

Adequado: espaço, edificação, mobiliário, equipamento urbano ou elemento cujas características foram originalmente planejadas para serem acessíveis.

Barreira Arquitetônica, Urbanística ou Ambiental: qualquer elemento natural, instalado ou edificado, que impeça a aproximação, transferência ou circulação no espaço, mobiliário ou equipamento urbano.

Deficiência: redução, limitação ou inexistência das condições de percepção das características do ambiente ou de mobilidade e de utilização de edificações, espaços, mobiliário, equipamento urbano e elementos em caráter temporário ou permanente.

Desenho Universal: concepção de ambientes, produtos e ou serviços para atender ao maior número possível de pessoas, sem necessidade de adaptação ou projeto especializado, representando o nível mais amplo de acessibilidade. O desenho universal visa atender a maior gama de variações possíveis das características antropométricas e sensoriais da população.

Equipamento Urbano: todos os bens públicos e privados, de utilidade pública, destinados à prestação de serviços necessários ao funcionamento da cidade, implantados mediante autorização do poder público, em espaços públicos e privados.

Espaço Acessível: espaço que pode ser percebido e utilizado em sua totalidade por todas as pessoas, inclusive aquelas com mobilidade reduzida.

Faixa Elevada: elevação do nível do leito carroçável composto de área plana elevada, sinalizada com faixa de travessia de pedestres e rampa de transposição para veículos, destinada a promover a concordância entre os níveis das calçadas em ambos os lados da via.

Inclusão: reconhecimento da diversidade humana, garantia do acesso universal e equidade.

Mobiliário Urbano: todos os objetos, elementos e pequenas construções integrantes da paisagem urbana, de natureza utilitária, ou não, implantada mediante autorização do poder público em espaços públicos e privados.

LEIS FEDERAIS, DECRETOS E RESOLUÇÕES CORRELATAS A ACESSIBILIDADE

Pessoa com Mobilidade Reduzida: aquela que temporária ou permanentemente, tem limitada sua capacidade de relacionar-se com o meio de utilizá-lo. Entende-se por pessoa com mobilidade reduzida a pessoa com deficiência, obesa, idosa, gestante, entre outros.

Piso Tátil: piso caracterizado pela diferenciação de textura em relação ao piso adjacente, destinado a constituir alerta ou linha guia perceptível por pessoas com deficiência visual.

Tecnologia Assistiva: conjunto de técnicas, aparelhos ou instrumentos, produtos e procedimentos que visam auxiliar a mobilidade, a percepção e a utilização do meio ambiente e dos elementos por pessoas com deficiência.

Art. 6º Os banheiros de uso público existentes ou a construir em parques, praças, jardins e espaços livres públicos deverão ser acessíveis e dispor, pelo menos, de um sanitário e um lavatório que atendam às especificações das normas técnicas da ABNT.

Art. 7º Em todas as áreas de estacionamento de veículos, localizadas em vias ou em espaços públicos, deverão ser reservadas vagas próximas dos acessos de circulação de pedestres, devidamente sinalizadas, para veículos que transportem pessoas portadoras de deficiência com dificuldade de locomoção.

Parágrafo único. *As vagas a que se refere o caput deste artigo deverão ser em número equivalente a dois por cento do total, garantida, no mínimo, uma vaga, devidamente sinalizada e com as especificações técnicas de desenho e traçado de acordo com as normas técnicas vigentes.*

9.2.2 Do Desenho e da Localização do Mobiliário Urbano

Art. 8º Os sinais de tráfego, semáforos, postes de iluminação ou quaisquer outros elementos verticais de sinalização que devam ser instalados em itinerário ou espaço de acesso para pedestres deverão ser dispostos de forma a não dificultar ou impedir a circulação, e de modo que possam ser utilizados com a máxima comodidade.

Art. 9º Os semáforos para pedestres instalados nas vias públicas deverão estar equipados com mecanismo que emita sinal sonoro suave, intermitente e sem estridência, ou com mecanismo alternativo, que sirva de guia ou orientação para a travessia de pessoas portadoras de deficiência visual, se a intensidade do fluxo de veículos e a periculosidade da via assim determinarem.

Parágrafo único. *Os semáforos para pedestres instalados em vias públicas de grande circulação, ou que deem acesso aos serviços de reabilitação, devem obrigatoriamente estar equipados com mecanismo que emita sinal sonoro suave para orientação do pedestre. (Incluído pela Lei nº 13.146, de 2015)*

Art. 10. Os elementos do mobiliário urbano deverão ser projetados e instalados em locais que permitam sejam eles utilizados pelas pessoas portadoras de deficiência ou com mobilidade reduzida.

Art. 10-A. A instalação de qualquer mobiliário urbano em área de circulação comum para pedestre que ofereça risco de acidente à pessoa com deficiência deverá ser indicada mediante sinalização tátil de alerta no piso, de acordo com as normas técnicas pertinentes. (Incluído pela Lei nº 13.146, de 2015)

DECRETO nº 5.296/04

O capítulo IV, do Decreto nº 5.296/04, que discorre sobre a Implementação da Acessibilidade Arquitetônica e Urbanística, inicia com o Art. 10, impondo que a concepção e a implantação dos projetos arquitetônicos e urbanísticos atendam aos princípios do DESENHO UNIVERSAL, tendo como referências básicas as normas técnicas de acessibilidade da ABNT, a legislação específica e as regras contidas no Decreto.

O conceito de Desenho Universal, criado por uma comissão em Washington, Estados Unidos, nos anos 1960, foi inicialmente chamado de "Desenho Livre de Barreiras" por se voltar à eliminação de barreiras arquitetônicas nos projetos de edifícios, equipamentos e áreas urbanas. Posteriormente, esse conceito evoluiu para a concepção de Desenho Universal, pois passou a considerar não só o projeto, mas principalmente a diversidade humana, de forma a respeitar as diferenças existentes entre as pessoas e a garantir a acessibilidade a todos os componentes do ambiente.

O Desenho Universal deve ser concebido como gerador de ambientes, serviços, programas e tecnologias acessíveis, utilizáveis equitativamente, de forma segura e autônoma por todas as pessoas – na maior extensão possível – sem que tenham que ser adaptados ou readaptados especificamente, em virtude dos sete princípios que o sustentam, a saber:

Uso flexível	Design de produtos ou espaços que atendam pessoas com diferetnes habilidade e diversas preferências, sendo adaptáveis para qualquer uso.

NOÇÕES DE DIREITOS HUMANOS

Uso equiparável	São espaços objetos e produtos que podem ser utilizados por pessoas com diferentes capacidades, tornando os ambientes iguais para todos.
Simples e intuitivo	De fácil entendimento para que uma pessoa possa compreender, independentemente de sua experiência, conhecimento, habilidade de linguagem, ou nível de concentração.
Informação perceptível	Quando a informação necessária é transmitida de forma a atender as necessidades do receptor, seja ela uma pessoa estrangeira, com dificuldade de visão ou audição.
Tolerante ao erro	Previsto para minimizar os riscos e possíveis consequências de ações acidentais ou não intencionais.
Com pouca exigência de esforço físico	Para ser usado eficientemente, com o mínimo de fadiga.
Dimensão e espaço para aproximação e uso	Que estabelece dimensões e espaços apropriados para o acesso, o alcance, a manipulação e o uso, independentemente do tamanho do porpo (obesos, anões etc.) da postura ou mobilidade de usuários (pessoas em cadeiras de rodas, com carrinhos de bebê, bengalas etc.).

10 RESOLUÇÃO Nº 230/2016 - CNJ

A Resolução nº 230/16 do Conselho Nacional de Justiça orienta a adequação das atividades dos órgãos do Poder Judiciário e de seus serviços auxiliares às determinações exaradas pela Convenção Internacional sobre os Direitos das Pessoas com Deficiência e seu Protocolo Facultativo e pela Lei Brasileira de Inclusão da Pessoa com Deficiência por meio – entre outras medidas – da Recomendação CNJ 27, de 16/12/2009, bem como da instituição de Comissões Permanentes de Acessibilidade e Inclusão.

10.1 Princípios Gerais da Convenção Internacional sobre os Direitos das Pessoas com Deficiência

A Resolução nº 230/2016 prevê, entre outros procedimentos, atendimento e tramitação processual prioritários aos usuários com deficiência quando forem parte ou interessados. Também visa a adoção urgente de medidas apropriadas para eliminar e prevenir qualquer barreira. O intuito é assegurar a servidores, a funcionários terceirizados e a usuários em geral as adaptações necessárias para o atendimento.

10.1.1 Essência da Norma

"Art. 1º Esta Resolução orienta a adequação das atividades dos órgãos do Poder Judiciário e de seus serviços auxiliares em relação às determinações exaradas pela Convenção Internacional sobre os Direitos das Pessoas com Deficiência e seu Protocolo Facultativo (promulgada por meio do Decreto nº 6.949/2009) e pela Lei Brasileira de Inclusão da Pessoa com Deficiência (Lei nº 13.146/2015)."

10.1.2 O Que a Resolução Leva em Conta

O Art. 2º, da Resolução nº 230/2016, do CNJ, estabelece conceitos aplicáveis às pessoas com deficiência, dos quais se destacam:

- "discriminação por motivo de deficiência" significa qualquer diferenciação, exclusão ou restrição, por ação ou omissão, baseada em deficiência, com o propósito ou efeito de impedir ou impossibilitar o reconhecimento, o desfrute ou o exercício, em igualdade de oportunidades com as demais pessoas, de direitos humanos e liberdades fundamentais nos âmbitos político, econômico, social, cultural, civil ou qualquer outro, incluindo a recusa de adaptações razoáveis e de fornecimento de tecnologias assistivas;
- "acessibilidade" significa possibilidade e condição de alcance para utilização, com segurança e autonomia, de espaços, mobiliários, equipamentos urbanos, edificações, transportes, informação e comunicação, inclusive seus sistemas e tecnologias, bem como de outros serviços e instalações abertos ao público, de uso público ou privados de uso coletivo, tanto na zona urbana como na rural, por pessoa com deficiência ou com mobilidade reduzida;
- "barreiras" significa qualquer entrave, obstáculo, atitude ou comportamento que limite ou impeça a participação social da pessoa, bem como o gozo, a fruição e o exercício de seus direitos à acessibilidade, à liberdade de movimento e de expressão, à comunicação, ao acesso à informação, à compreensão, à circulação com segurança;
- "tecnologia assistiva" (ou "ajuda técnica") significa produtos, equipamentos, dispositivos, recursos, metodologias, estratégias, práticas e serviços que objetivem promover a funcionalidade, relacionada à atividade e à participação da pessoa com deficiência ou com mobilidade reduzida, visando à sua autonomia, independência, qualidade de vida e inclusão social;
- "comunicação" significa uma forma de interação dos cidadãos que abrange, entre outras opções, as línguas, inclusive a Língua Brasileira de Sinais (Libras), a visualização de textos, o Braille, o sistema de sinalização ou de comunicação tátil, os caracteres ampliados, os dispositivos multimídia, assim como a linguagem simples, escrita e oral, os sistemas auditivos e os meios de voz digitalizados e os modos, meios e formatos aumentativos e alternativos de comunicação, incluindo as tecnologias da informação e das comunicações.

10.1.3 Atendimento Prioritário à Pessoa com Deficiência

Art. 16. A pessoa com deficiência tem direito a receber atendimento prioritário, sobretudo com a finalidade de:
I. proteção e socorro em quaisquer circunstâncias;
II. atendimento em todos os serviços de atendimento ao público;
III. disponibilização de recursos, tanto humanos quanto tecnológicos, que garantam atendimento em igualdade de condições com as demais pessoas;
IV. acesso a informações e disponibilização de recursos de comunicação acessíveis;
V. tramitação processual e procedimentos judiciais e administrativos em que for parte ou interessada, em todos os atos e diligências.
Parágrafo único. *Os direitos previstos neste artigo são extensivos ao acompanhante da pessoa com deficiência ou ao seu atendente pessoal, exceto quanto ao disposto no inciso V deste artigo.*
Art. 3º *A fim de promover a igualdade, adotar-se-ão, com urgência, medidas apropriadas para eliminar e prevenir quaisquer barreiras urbanísticas, arquitetônicas, nos transportes, nas comunicações e na informação, atitudinais ou tecnológicas, devendo-se garantir às pessoas com deficiência – servidores, serventuários extrajudiciais, terceirizados ou não – quantas adaptações razoáveis ou mesmo tecnologias assistivas sejam necessárias para assegurar acessibilidade plena, coibindo qualquer forma de discriminação por motivo de deficiência.*

NOÇÕES DE DIREITOS HUMANOS

11 DOS DIREITOS DAS PESSOAS MORADORAS DE FAVELA

As favelas no Brasil ou aglomerados subnormais no Brasil (denominação adotada oficialmente pelo IBGE a partir do Censo de 2010), são considerados como uma consequência da má distribuição de renda e do déficit habitacional no país. A migração da população rural para o espaço urbano em busca de trabalho, nem sempre bem remunerado, aliada à histórica dificuldade do poder público em criar políticas habitacionais adequadas, são fatores que têm levado ao crescimento dos domicílios em favelas.

Segundo o IBGE: Aglomerado Subnormal é uma forma de ocupação irregular de terrenos de propriedade alheia – públicos ou privados – para fins de habitação em áreas urbanas e, em geral, caracterizados por um padrão urbanístico irregular, carência de serviços públicos essenciais e localização em áreas com restrição à ocupação. No Brasil, esses assentamentos irregulares são conhecidos por diversos nomes como favelas, invasões, grotas, baixadas, comunidades, vilas, ressacas, loteamentos irregulares, mocambos e palafitas, entre outros. Enquanto referência básica para o conhecimento da condição de vida da população brasileira em todos os municípios e nos recortes territoriais intramunicipais – distritos, subdistritos, bairros e localidades.

A Constituição Federal quando prevê a dignidade da pessoa humana tem como objetivo erradicar a pobreza e a marginalização e reduzir as desigualdades sociais e regionais. Além do direito social à moradia, determina que o poder público implemente políticas públicas assegurando o direito à habitação digna e adequada.

Além do mais, o art. XXV da Declaração Universal dos Direitos Humanos afirma que todos têm direito a um padrão de vida que seja capaz de assegurar a si e a sua família saúde e bem-estar, incluindo a alimentação, o vestuário e a moradia (ONU, 1948).

Art. 1º A República Federativa do Brasil, formada pela união indissolúvel dos Estados e Municípios e do Distrito Federal, constitui-se em Estado Democrático de Direito e tem como fundamentos:
III - a dignidade da pessoa humana;
[...]
Art. 3º Constituem objetivos fundamentais da República Federativa do Brasil:
[...]
III - erradicar a pobreza e a marginalização e reduzir as desigualdades sociais e regionais;

A Dignidade da pessoa humana é uma qualidade intrínseca e distintiva de cada ser humano, independente de qualquer condição – política, social, racial, étnica.

No sentido negativo, a DPH veda o tratamento desumano, degradante, as discriminações odiosas.

No sentido positivo, a DPH assegura condições materiais mínimas de sobrevivência.

Art. 6º São direitos sociais a educação, a saúde, a alimentação, o trabalho, a moradia, o transporte, o lazer, a segurança, a previdência social, a proteção à maternidade e à infância, a assistência aos desamparados, na forma desta Constituição. (Redação dada pela Emenda Constitucional nº 90, de 2015)
Esses direitos sociais são detalhados no Título VIII da CF, que versa sobre a Ordem Social.

Fique ligado

O direito à moradia foi estabelecido com a EC nº 26/2000;
O direito à alimentação foi estabelecido com a EC nº 64/2010;
O direito ao transporte foi estabelecido com a EC nº 90/2015.

O direito à uma habitação digna encontra-se dentro da esfera do chamado mínimo existencial. O que é o mínimo existencial? Trata-se da dimensão positiva da dignidade da pessoa humana, devendo o Estado conceder um mínimo de direitos para que se possa falar em uma vida com dignidade.

O Comentário Geral nº 4 do Comitê dos Direitos Econômicos, Sociais e Culturais da ONU prevê algumas condicionantes do direito à moradia:

▷ Segurança da posse;
▷ Disponibilidade de serviços, materiais, instalações e infraestrutura;
▷ Economicidade;
▷ Habitabilidade;
▷ Acessibilidade;
▷ Localização;
▷ Adequação cultural.

Art. 23 É competência comum da União, dos Estados, do Distrito Federal e dos Municípios:
[...]
IX - promover programas de construção de moradias e a melhoria das condições habitacionais e de saneamento básico;

Na implementação da Política Nacional de Habitação, a Lei nº 11.124/2005 previu a elaboração do Plano Nacional de Habitação (PlanHab), o que foi realizado em 2009 pelo Ministério das Cidades, que o considera como um pacto nacional pela moradia digna. No documento é formulada uma estratégia de longo prazo, estruturada em quatro eixos: financiamento e subsídio; política urbana e fundiária; arranjos institucionais e cadeia produtiva da construção civil, que estão articulados, a fim de universalizar o acesso à moradia digna para a população Brasileira.

11.1 Intervenção federal no Rio de Janeiro e a violação das pessoas moradoras de favela

A intervenção federal é caracterizada pela supressão, temporária e excepcional, de autonomia política de um ente federado visando manter a normalidade constitucional e, principalmente, a forma de Estado Federativa.

PRINCÍPIOS DA INTERVENÇÃO FEDERAL PRINCÍPIO DA NÃO INTERVENÇÃO/EXCEPCIONALIDADE:

A regra é não intervir, diante da autonomia dos entes políticos, portanto, a intervenção ocorrerá somente em hipóteses excepcionais.

PRINCÍPIO DA TAXATIVIDADE:

As hipóteses de intervenção federal estão previstas em um rol fechado do art. 34 e 35 da CF.

PRINCÍPIO DA TEMPORARIEDADE:

A intervenção não pode se perpetuar no tempo. O período de duração da intervenção deve ser aquele imprescindível ao estabelecimento da normalidade constitucional.

O primeiro caso de intervenção federal foi o do Estado do Rio de Janeiro em 2018, pelo Decreto nº 9.288 de 16.02.2018, com o objetivo de pôr termo ao grave comprometimento de ordem pública.

Art. 34 A União não intervirá nos Estados nem no Distrito Federal, exceto para:
[...]
III - pôr termo a grave comprometimento da ordem pública;

O decreto estabeleceu o prazo da intervenção até 31.12.2018, limitando-a área de segurança pública do Estado, tendo sido nomeado o cargo de interventor pelo General do Exército Braga Netto que, subordinado ao presidente, assumiu o controle operacional dos órgãos de segurança púbica do Estado.

Durante a intervenção diminui-se os casos de roubos de carga e de carros, e de assaltos a pedestres, mas o número de mortes decorrentes de ações policiais aumentou em 36,3%. Além de mortes provocadas pela violência policial, ocorreram outras violações de direitos como invasão de domicílio, abusos físicos e morais, prisões arbitrárias. Em relatos de moradores dos locais onde ocorreram operações GLO à Defensoria Pública do Estado do Rio de Janeiro foram registrados constantes assédios morais e comentários racistas, as principais vítimas a narrar os casos foram mulheres. Também foram relatados casos de abusos sexuais cometidos por militares e policiais e casos de tortura.[1]

---

[1] Disponível em https://mareonline.com.br/intervencao-federal/

12 PESSOAS EM SITUAÇÃO DE RUA

As pessoas em situação de rua são grupos extremamente vulneráveis em razão da pobreza extrema, assim como pelos vínculos familiares rompidos ou fragilizados. Em março de 2020, o número estimado de pessoas em situação de rua no Brasil era de 221.869. (IBGE)

O Brasil Sem Miséria, por exemplo, adota a linha de até R$ 85 mensais per capita (pobreza extrema) e R$ 170 mensais per capita (pobreza)".

A Declaração Universal dos Direitos Humanos garante o reconhecimento de direitos a todas as pessoas.

Além do mais, a Constituição Federal reconhece o direito à moradia para todos os indivíduos.

> *Artigo 6° DUDH Todos os indivíduos têm direito ao reconhecimento, em todos os lugares, da sua personalidade jurídica.*
>
> ***Art. 6°*** *São direitos sociais a educação, a saúde, a alimentação, o trabalho, a moradia, o transporte, o lazer, a segurança, a previdência social, a proteção à maternidade e à infância, a assistência aos desamparados, na forma desta Constituição.*

A relatoria nº 25/17 do Conselho de direitos humanos aborda 16 Diretrizes, estabelecendo deveres dos Estados a partir de padrões internacionais de direitos humanos, tais como:

- Garantir o direito à moradia como um direito humano fundamental vinculado à dignidade e ao direito à vida;
- Proibir os despejos forçados e impedir despejos sempre que for possível;
- Garantir o acesso à justiça para todos os aspectos do direito à moradia;
- Garantia de participação significativa das pessoas afetadas na concepção, implementação e monitoramento de políticas e decisões relacionadas à moradia;
- Erradicar o problema da falta de moradia para pessoas em situação de rua no menor tempo possível e pôr fim à criminalização das pessoas vivendo em situação de rua.
- Melhorar os assentamentos informais incorporando uma abordagem de direitos humanos;
- Adotar medidas imediatas para garantir realização progressiva do direito à moradia, respeitando padrões de razoabilidade.

12.1 Política nacional para a população de rua

No plano interno, destaca-se o Decreto nº 7.053/2009 que institui a Política Nacional para a população em situação de rua e seu comitê intersetorial de acompanhamento e monitoramento.

> ***Art. 1°*** *Fica instituída a Política Nacional para a População em Situação de Rua, a ser implementada de acordo com os princípios, diretrizes e objetivos previstos neste Decreto.*
>
> **Parágrafo único.** *Para fins deste Decreto, considera-se população em situação de rua o grupo populacional heterogêneo que possui em comum a pobreza extrema, os vínculos familiares interrompidos ou fragilizados e a inexistência de moradia convencional regular, e que utiliza os logradouros públicos e as áreas degradadas como espaço de moradia e de sustento, de forma temporária ou permanente, bem como as unidades de acolhimento para pernoite temporário ou como moradia provisória.*
>
> ***Art. 2°*** *A Política Nacional para a População em Situação de Rua será implementada de forma descentralizada e articulada entre a União e os demais entes federativos que a ela aderirem por meio de instrumento próprio.*
>
> **Parágrafo único.** *O instrumento de adesão definirá as atribuições e as responsabilidades a serem compartilhadas.*
>
> ***Art. 4°*** *O Poder Executivo Federal poderá firmar convênios com entidades públicas e privadas, sem fins lucrativos, para o desenvolvimento e a execução de projetos que beneficiem a população em situação de rua e estejam de acordo com os princípios, diretrizes e objetivos que orientam a Política Nacional para a População em Situação de Rua.*
>
> ***Art. 5°*** *São princípios da Política Nacional para a População em Situação de Rua, além da igualdade e equidade:*
>
> *I - respeito à dignidade da pessoa humana;*
>
> *II - direito à convivência familiar e comunitária;*
>
> *III - valorização e respeito à vida e à cidadania;*
>
> *IV - atendimento humanizado e universalizado; e*
>
> *V - respeito às condições sociais e diferenças de origem, raça, idade, nacionalidade, gênero, orientação sexual e religiosa, com atenção especial às pessoas com deficiência.*
>
> *Art. 6° São diretrizes da Política Nacional para a População em Situação de Rua:*
>
> *I - promoção dos direitos civis, políticos, econômicos, sociais, culturais e ambientais;*
>
> *II - responsabilidade do poder público pela sua elaboração e financiamento;*
>
> *III - articulação das políticas públicas federais, estaduais, municipais e do Distrito Federal;*
>
> *IV - integração das políticas públicas em cada nível de governo;*
>
> *V - integração dos esforços do poder público e da sociedade civil para sua execução;*
>
> *VI - participação da sociedade civil, por meio de entidades, fóruns e organizações da população em situação de rua, na elaboração, acompanhamento e monitoramento das políticas públicas;*
>
> *VII - incentivo e apoio à organização da população em situação de rua e à sua participação nas diversas instâncias de formulação, controle social, monitoramento e avaliação das políticas públicas;*
>
> *VIII - respeito às singularidades de cada território e ao aproveitamento das potencialidades e recursos locais e regionais na elaboração, desenvolvimento, acompanhamento e monitoramento das políticas públicas;*
>
> *IX - implantação e ampliação das ações educativas destinadas à superação do preconceito, e de capacitação dos servidores públicos para melhoria da qualidade e respeito no atendimento deste grupo populacional; e*
>
> *X - democratização do acesso e fruição dos espaços e serviços públicos.*
>
> ***Art. 7°*** *São objetivos da Política Nacional para a População em Situação de Rua:*
>
> *I - assegurar o acesso amplo, simplificado e seguro aos serviços e programas que integram as políticas públicas de saúde, educação, previdência, assistência social, moradia, segurança, cultura, esporte, lazer, trabalho e renda;*
>
> *II - garantir a formação e capacitação permanente de profissionais e gestores para atuação no desenvolvimento de políticas públicas intersetoriais, transversais e intergovernamentais direcionadas às pessoas em situação de rua;*
>
> *III - instituir a contagem oficial da população em situação de rua;*
>
> *IV - produzir, sistematizar e disseminar dados e indicadores sociais, econômicos e culturais sobre a rede existente de cobertura de serviços públicos à população em situação de rua;*
>
> *V - desenvolver ações educativas permanentes que contribuam para a formação de cultura de respeito, ética e solidariedade entre a população em situação de rua e os demais grupos sociais, de modo a resguardar a observância aos direitos humanos;*
>
> *VI - incentivar a pesquisa, produção e divulgação de conhecimentos sobre a população em situação de rua, contemplando a diversidade humana em toda a sua amplitude étnico-racial, sexual, de gênero e geracional, nas diversas áreas do conhecimento;*

PESSOAS EM SITUAÇÃO DE RUA

VII - implantar centros de defesa dos direitos humanos para a população em situação de rua;

VIII - incentivar a criação, divulgação e disponibilização de canais de comunicação para o recebimento de denúncias de violência contra a população em situação de rua, bem como de sugestões para o aperfeiçoamento e melhoria das políticas públicas voltadas para este segmento;

IX - proporcionar o acesso das pessoas em situação de rua aos benefícios previdenciários e assistenciais e aos programas de transferência de renda, na forma da legislação específica;

X - criar meios de articulação entre o Sistema Único de Assistência Social e o Sistema Único de Saúde para qualificar a oferta de serviços;

XI - adotar padrão básico de qualidade, segurança e conforto na estruturação e reestruturação dos serviços de acolhimento temporários, de acordo com o disposto no art. 8o;

XII - implementar centros de referência especializados para atendimento da população em situação de rua, no âmbito da proteção social especial do Sistema Único de Assistência Social;

XIII - implementar ações de segurança alimentar e nutricional suficientes para proporcionar acesso permanente à alimentação pela população em situação de rua à alimentação, com qualidade; e

XIV - disponibilizar programas de qualificação profissional para as pessoas em situação de rua, com o objetivo de propiciar o seu acesso ao mercado de trabalho.

Art. 8o O padrão básico de qualidade, segurança e conforto da rede de acolhimento temporário deverá observar limite de capacidade, regras de funcionamento e convivência, acessibilidade, salubridade e distribuição geográfica das unidades de acolhimento nas áreas urbanas, respeitado o direito de permanência da população em situação de rua, preferencialmente nas cidades ou nos centros urbanos.

[...]

Art. 15 A Secretaria Especial dos Direitos Humanos da Presidência da República instituirá o Centro Nacional de Defesa dos Direitos Humanos para a População em Situação de Rua, destinado a promover e defender seus direitos, com as seguintes atribuições:

I - divulgar e incentivar a criação de serviços, programas e canais de comunicação para denúncias de maus tratos e para o recebimento de sugestões para políticas voltadas à população em situação de rua, garantido o anonimato dos denunciantes;

II - apoiar a criação de centros de defesa dos direitos humanos para população em situação de rua, em âmbito local;

III - produzir e divulgar conhecimentos sobre o tema da população em situação de rua, contemplando a diversidade humana em toda a sua amplitude étnico-racial, sexual, de gênero e geracional nas diversas áreas;

IV - divulgar indicadores sociais, econômicos e culturais sobre a população em situação de rua para subsidiar as políticas públicas; e

V - pesquisar e acompanhar os processos instaurados, as decisões e as punições aplicadas aos acusados de crimes contra a população em situação de rua.

12.2 Comitê intersetorial de acompanhamento da política para população em situação de rua

Por fim, o Decreto nº 9.894/2019 prevê o Comitê Intersetorial de acompanhamento e monitoramento da Política Nacional para a População em Situação de Rua:

Art. 2º O Comitê Intersetorial de Acompanhamento e Monitoramento da Política Nacional para a População em Situação de Rua é órgão consultivo do Ministério da Mulher, da Família e dos Direitos Humanos destinado a:

I - elaborar planos de ação periódicos com o detalhamento das estratégias de implementação da Política Nacional para a População em Situação de Rua;

II - acompanhar e monitorar o desenvolvimento da Política Nacional para a População em Situação de Rua;

III - desenvolver, em conjunto com os órgãos federais competentes, indicadores para o monitoramento e avaliação das ações da Política Nacional para a População em Situação de Rua;

IV - propor medidas que assegurem a articulação intersetorial das políticas públicas federais para o atendimento da população em situação de rua;

V - propor formas e mecanismos para a divulgação da Política Nacional para a População em Situação de Rua;

VI - catalogar informações sobre a implementação da Política Nacional da População em Situação de Rua nos Estados, no Distrito Federal e nos Municípios;

VII - propor formas de estimular a criação e o fortalecimento dos comitês estaduais, distrital e municipais de acompanhamento e monitoramento da Política Nacional para a População em Situação de Rua; e

VIII - organizar, periodicamente, encontros nacionais para avaliar e formular ações para a consolidação da Política Nacional para a População em Situação de Rua.

Art. 3º O Comitê Intersetorial de Acompanhamento e Monitoramento da Política Nacional para a População em Situação de Rua é composto por doze membros, observada a seguinte composição:

I - seis representantes do Governo federal, indicados pelos titulares dos seguintes órgãos:

a) Ministério da Mulher, da Família e dos Direitos Humanos, que o coordenará;

b) Ministério da Justiça e Segurança Pública;

c) Ministério da Educação;

d) Ministério da Cidadania;

e) Ministério da Saúde; e

f) Ministério do Desenvolvimento Regional;

II - cinco representantes da sociedade civil indicados por entidades que trabalhem auxiliando a população em situação de rua; e

III - um representante das instituições de ensino superior, públicas, privadas e comunitárias que desenvolvam estudos ou pesquisas sobre a população em situação de rua.

13 PROTEÇÃO DA DIVERSIDADE SEXUAL

A proteção da diversidade sexual insere-se no tema de vedação da discriminação por qualquer motivo, direito amplamente protegido no direito internacional e no direito interno.

Segundo o site da ONU: Pessoas cuja orientação sexual, identidade ou expressão de gênero diferem de normas vigentes podem enfrentar discriminação, rejeição e violência dentro de sua comunidade ou família. Em muitos países, pessoas LGBTI enfrentam assédio ativo, discriminação e prisões e detenções arbitrárias por parte das autoridades governamentais, com base em sua orientação sexual ou identidade de gênero, incluindo os 73 Estados onde relações homossexuais consensuais são atualmente criminalizadas. Em alguns países, pessoas trans enfrentam também sanções penais e, em outros, crianças intersexo são submetidas a cirurgias e esterilização sem o seu consentimento.

LGBTQIA é a sigla para lésbicas, gays, bissexuais, pessoas trans, queer, intersexual, assexual.

A Constituição Federal protege a igualdade sem preconceito de sexo, vejamos:

> **Art. 5º** Todos são iguais perante a lei, sem distinção de qualquer natureza, garantindo-se aos brasileiros e aos estrangeiros residentes no País a inviolabilidade do direito à vida, à liberdade, à igualdade, à segurança e à propriedade, nos termos seguintes:
>
> Art. 1º A República Federativa do Brasil, formada pela união indissolúvel dos Estados e Municípios e do Distrito Federal, constitui-se em Estado Democrático de Direito e tem como fundamentos: [...]
>
> V - o pluralismo político.
>
> **Art. 3º** Constituem objetivos fundamentais da República Federativa do Brasil: [...]
>
> IV - promover o bem de todos, sem preconceitos de origem, raça, sexo, cor, idade e quaisquer outras formas de discriminação.
>
> Resolução nº 348/2020 CNJ: Art. 4º O reconhecimento da pessoa como parte da população LGBTI será feito exclusivamente por meio de autodeclaração, que deverá ser colhida pelo magistrado em audiência, em qualquer fase do procedimento penal, incluindo a audiência de custódia, até a extinção da punibilidade pelo cumprimento da pena, garantidos os direitos à privacidade e à integridade da pessoa declarante.
>
> § 1º-A. A possibilidade de manifestação da preferência quanto ao local de privação de liberdade e de sua alteração deverá ser informada expressamente à pessoa pertencente à população LGBTI no momento da autodeclaração.
>
> **Art. 6º** Pessoas autodeclaradas parte da população LGBTI submetidas à persecução penal têm o direito de ser tratadas pelo nome social, de acordo com sua identidade de gênero, mesmo que distinto do nome que conste de seu registro civil, como previsto na Resolução CNJ nº 270/2018.

13.1 Documentos internacionais

> PRINCÍPIOS DE YOGYAKARTA SOBRE A APLICAÇÃO DA LEGISLAÇÃO INTERNACIONAL DE DIREITOS HUMANOS EM RELAÇÃO À ORIENTAÇÃO SEXUAL E IDENTIDADE DE GÊNERO (YOGYAKARTA, 2006)
>
> CONSCIENTES de que historicamente pessoas experimentaram essas violações de direitos humanos porque são ou são percebidas como lésbicas, gays ou bissexuais, ou em razão de seu comportamento sexual consensual com pessoas do mesmo sexo, ou porque são percebidas como transexuais, transgêneros, intersexuais, ou porque pertencem a grupos sexuais identificados em determinadas sociedades pela sua orientação sexual ou identidade de gênero;
>
> COMPREENDENDO "orientação sexual" como estando referida à capacidade de cada pessoa de experimentar uma profunda atração emocional, afetiva ou sexual por indivíduos de gênero diferente, do mesmo gênero ou de mais de um gênero, assim como de ter relações íntimas e sexuais com essas pessoas;
>
> ENTENDENDO "identidade de gênero" como estando referida à experiência interna, individual e profundamente sentida que cada pessoa tem em relação ao gênero, que pode, ou não, corresponder ao sexo atribuído no nascimento, incluindo-se aí o sentimento pessoal do corpo (que pode envolver, por livre escolha, modificação da aparência).
>
> **Art. 1º** Todos os seres humanos nascem livres e iguais em dignidade e direitos. Os seres humanos de todas as orientações sexuais e identidades de gênero têm o direito de desfrutar plenamente de todos os direitos humanos.
>
> Previsão de direitos de igualdade e de não discriminação, reconhecimento perante a lei, vida, segurança pessoal, privacidade, não sofrer privação arbitrária de liberdade, julgamento justo, tratamento humano na detenção, não sofrer tortura, entre outros.

13.2 Jurisprudência correlata

> *O STF CRIMINALIZOU A HOMOFOBIA E A TRANSFOBIA, POR 8×3, ENTENDEU APLICÁVEL A LEI DO RACISMO (LEI nº 7.716/1989), ATÉ QUE SOBREVENHA LEI DO CONGRESSO NACIONAL CRIMINALIZANDO A CONDUTA*
>
> **Art. 5º** [...] XLI - a lei punirá qualquer discriminação atentatória dos direitos e liberdades fundamentais; [...]
>
> XLII - a prática do racismo constitui crime inafiançável e imprescritível, sujeito à pena de reclusão, nos termos da lei;
>
> [...] LXXI - conceder-se-á mandado de injunção sempre que a falta de norma regulamentadora torne inviável o exercício dos direitos e liberdades constitucionais e das prerrogativas inerentes à nacionalidade, à soberania e à cidadania;

Vejamos os argumentos:

1. Até que sobrevenha lei emanada do Congresso Nacional destinada a implementar os mandados de criminalização definidos nos incisos XLI e XLII do art. 5º da Constituição da República, as condutas homofóbicas e transfóbicas, reais ou supostas, que envolvem aversão odiosa à orientação sexual ou à identidade de gênero de alguém, por traduzirem expressões de racismo, compreendido este em sua dimensão social, ajustam-se, por identidade de razão e mediante adequação típica, aos preceitos primários de incriminação definidos na Lei nº 7.716, de 08/01/1989, constituindo, também, na hipótese de homicídio doloso, circunstância que o qualifica, por configurar motivo torpe (Código Penal, art. 121, § 2º, I, "in fine");

2. A repressão penal à prática da homotransfobia não alcança nem restringe ou

imita o exercício da liberdade religiosa, qualquer que seja a denominação confessional professada, a cujos fiéis e ministros (sacerdotes, pastores, rabinos, mulás ou clérigos muçulmanos e líderes ou celebrantes das religiões afro-brasileiras, entre outros) é assegurado o direito de pregar e de divulgar, livremente, pela palavra, pela imagem ou por qualquer outro meio, o seu pensamento e de externar suas convicções de acordo com o que se contiver em seus livros e códigos sagrados, bem assim o de ensinar segundo sua orientação doutrinária e/ou teológica, podendo buscar e conquistar prosélitos e praticar os atos de culto e respectiva liturgia, independentemente do espaço, público ou privado, de sua atuação individual ou coletiva, desde que tais manifestações não configurem discurso de ódio, assim entendidas aquelas exteriorizações que incitem a discriminação, a hostilidade ou a violência contra pessoas em razão de sua orientação sexual ou de sua identidade de gênero;

PROTEÇÃO DA DIVERSIDADE SEXUAL

3. O conceito de racismo, compreendido em sua dimensão social, projeta-se para além de aspectos estritamente biológicos ou fenotípicos, pois resulta, enquanto manifestação de poder, de uma construção de índole histórico-cultural motivada pelo objetivo de justificar a desigualdade e destinada ao controle ideológico, à dominação política, à subjugação social e à negação da alteridade, da dignidade e da humanidade daqueles que, por integrarem grupo vulnerável (LGBTI+) e por não pertencerem ao estamento que detém posição de hegemonia em uma dada estrutura social, são considerados estranhos e diferentes, degradados à condição de marginais do ordenamento jurídico, expostos, em consequência de odiosa inferiorização e de perversa estigmatização, a uma injusta e lesiva situação de exclusão do sistema geral de proteção do direito.

O Supremo Tribunal Federal (STF) entendeu ser possível a alteração de nome e gênero no assento de registro civil mesmo sem a realização de procedimento cirúrgico de redesignação de sexo. A decisão ocorreu no julgamento da Ação Direta de Inconstitucionalidade (ADI) 4.275, encerrado na sessão plenária realizada na tarde desta quinta-feira (1º).

ADPF nº 132: União homoafetiva

O sexo das pessoas, salvo disposição constitucional expressa ou implícita em sentido contrário, não se presta como fator de desigualação jurídica. Proibição de preconceito, à luz do inciso IV do art. 3º da Constituição Federal, por colidir frontalmente com o objetivo constitucional de "promover o bem de todos". Reconhecimento do direito à preferência sexual como direta emanação do princípio da "dignidade da pessoa humana": direito a autoestima no mais elevado ponto da consciência do indivíduo. Direito à busca da felicidade. Salto normativo da proibição do preconceito para a proclamação do direito à liberdade sexual. O concreto uso da sexualidade faz parte da autonomia da vontade das pessoas naturais. Empírico uso da sexualidade nos planos da intimidade e da privacidade constitucionalmente tuteladas. Autonomia da vontade. Cláusula pétrea.

Ante a possibilidade de interpretação em sentido preconceituoso ou discriminatório do art. 1.723 do Código Civil, não resolúvel à luz dele próprio, faz-se necessária a utilização da técnica de "interpretação conforme à Constituição". Isso para excluir do dispositivo em causa qualquer significado que impeça o reconhecimento da união contínua, pública e duradoura entre pessoas do mesmo sexo como família. Reconhecimento que é de ser feito segundo as mesmas regras e com as mesmas consequências da união estável heteroafetiva.

Art. 1º *É vedada às autoridades competentes a recusa de habilitação, celebração de casamento civil ou de conversão de união estável em casamento entre pessoas de mesmo sexo.*

14 CONVENÇÃO INTERAMERICANA CONTRA O RACISMO E FORMAS CORRELATAS DE INTOLERÂNCIA

A Convenção Contra o Racismo, a Discriminação Racial e Formas Correlatas de Intolerância reafirma e aprimora os meios de proteção internacionalmente consagrados, além de incluir formas contemporâneas de racismo e discriminação e suprir lacunas regionais, uma vez que até a sua aprovação pela OEA, não existia nenhum documento específico sobre o tema da discriminação racial no âmbito da Organização dos Estados Americanos.

14.1 Natureza jurídica da convenção

O texto foi assinado em reunião da Organização dos Estados Americanos (OEA) na Guatemala em 2013, com o apoio do Brasil. O Congresso Nacional aprovou o texto em Decreto Legislativo nº 01/2021, em fevereiro de 2021. Quando internalizada, a convenção passará a integrar o ordenamento jurídico brasileiro, com status hierárquico equivalente ao de Emenda Constitucional.

> *Art. 5º, § 3º Os tratados e convenções internacionais sobre direitos humanos que forem aprovados, em cada Casa do Congresso Nacional, em dois turnos, por três quintos dos votos dos respectivos membros, serão equivalentes às emendas constitucionais.*

14.2 Definições

Estão previstas no art. 1º da Convenção.

Discriminação racial é qualquer distinção, exclusão, restrição ou preferência, em qualquer área da vida pública ou privada, cujo propósito ou efeito seja anular ou

restringir o reconhecimento, gozo ou exercício, em condições de igualdade, de um ou mais direitos humanos e liberdades fundamentais consagrados nos instrumentos internacionais aplicáveis aos Estados Partes.

A discriminação racial pode basear-se em: raça, cor, ascendência ou origem nacional ou étnica.

Discriminação racial indireta é aquela que ocorre, em qualquer esfera da vida pública ou privada, quando um dispositivo, prática ou critério aparentemente neutro tem a capacidade de acarretar uma desvantagem particular para pessoas pertencentes a um grupo específico, com base nas razões estabelecidas no Artigo 1.1, ou as coloca em desvantagem, a menos que esse dispositivo, prática ou critério tenha um objetivo ou justificativa razoável e legítima à luz do Direito Internacional dos Direitos Humanos.

OBS.: A ideia da discriminação indireta levou ao entendimento da chamada teoria do impacto desproporcional.

Discriminação múltipla ou agravada é qualquer preferência, distinção, exclusão ou restrição baseada, de modo concomitante, em dois ou mais critérios dispostos no Artigo 1.1, ou outros reconhecidos em instrumentos internacionais, cujo objetivo ou resultado seja anular ou restringir o reconhecimento, gozo ou exercício, em condições de igualdade, de um ou mais direitos humanos e liberdades fundamentais consagrados nos instrumentos internacionais aplicáveis aos Estados Partes, em qualquer área da vida pública ou privada.

Racismo consiste em qualquer teoria, doutrina, ideologia ou conjunto de ideias que enunciam um vínculo causal entre as características fenotípicas ou genotípicas de indivíduos ou grupos e seus traços intelectuais, culturais e de personalidade, inclusive o falso conceito de superioridade racial.

As medidas especiais ou de ação afirmativa adotadas com a finalidade de assegurar o gozo ou o exercício, em condições de igualdade, de um ou mais direitos humanos e liberdades fundamentais de grupos que requeiram essa proteção não constituirão discriminação racial, desde que essas medidas não levem à manutenção de direitos separados para grupos diferentes e não se perpetuem uma vez alcançados seus objetivos.

Intolerância é um ato ou conjunto de atos ou manifestações que denotam desrespeito, rejeição ou desprezo à dignidade, características, convicções ou opiniões de pessoas por serem diferentes ou contrárias. Pode manifestar-se como a marginalização e a exclusão de grupos em condições de vulnerabilidade da participação em qualquer esfera da vida pública ou privada ou como violência contra esses grupos.

O art. 4º trata de uma série de deveres dos Estados.

> *Os Estados Partes comprometem-se a adotar as políticas especiais e ações afirmativas necessárias para assegurar o gozo ou exercício dos direitos e das liberdades fundamentais das pessoas ou dos grupos sujeitos ao racismo, à discriminação racial e às formas correlatas de intolerância, com o propósito de promover condições equitativas para a igualdade de oportunidades, inclusão e progresso para essas pessoas ou grupos. Tais medidas ou políticas não serão consideradas discriminatórias ou incompatíveis com o propósito ou objeto desta Convenção, não resultarão na manutenção de direitos separados para grupos distintos e não se estenderão além de um período razoável ou após terem alcançado seu objetivo.*

▷ **Mecanismos de proteção e acompanhamento da Convenção:**
- Possibilidade de peticionar à Comissão Interamericana com denúncias ou queixas de violação da Convenção.
- Estados-partes podem consultar à Comissão Interamericana sobre questões relacionadas a Convenção.
- Criação de um comitê para monitorar os compromissos assumidos pelos Países que são partes da Convenção.

15 CASOS DE CONDENAÇÃO DO BRASIL NA CORTE INTERAMERICANA

15.1 Corte interamericana de direitos humanos

O Pacto de São José da Costa Rica internalizado no Brasil pelo Decreto 678/1992, possui dois mecanismos de monitoramento aos direitos humanos: a Comissão e a Corte. Vejamos alguns atributos preliminares da Corte Interamericana de Direitos Humanos.

15.1.1 Organização da corte interamericana de direitos humanos

07 juízes (mais alta autoridade moral e reconhecida competência em dir. humanos)

Eleitos em votação secreta e por maioria absoluta dos Estados-partes

Mandato: 06 anos, admitida uma reeleição;

OBS: O juiz que for nacional de algum dos Estados em caso submetido à Corte conserva o direito de conhecer do mesmo. Nesse caso, outro Estado-Parte poderá designar uma pessoa para atuar como juiz ad hoc.

Quórum para deliberação é de 05 juízes;

15.1.2 Competência e funções da corte interamericana de direitos humanos

Competência consultiva:

Os Estados-Partes da Organização poderão consultar a Corte sobre a interpretação desta Convenção ou de outros tratados concernentes à proteção dos direitos humanos nos Estados americanos.

A Corte, a pedido de um Estado-Membro da Organização, poderá emitir pareceres sobre a compatibilidade entre qualquer de suas leis internas e os mencionados instrumentos internacionais.

Competência e funções da Corte Interamericana de Direitos Humanos:

Competência contenciosa:

A Corte tem competência para conhecer de qualquer caso relativo à interpretação e aplicação das disposições desta Convenção que lhe seja submetido, desde que os Estados-Partes no caso tenham reconhecido ou reconheçam a referida competência, seja por declaração especial, como preveem os incisos anteriores, seja por convenção especial.

Quando decidir que houve violação de um direito ou liberdade protegido nesta Convenção, a Corte determinará que se assegure ao prejudicado o gozo do seu direito ou liberdade violados. Determinará também, se isso for procedente, que sejam reparadas as consequências da medida ou situação que haja configurado a violação desses direitos, bem como o pagamento de indenização justa à parte lesada.

Em casos de extrema gravidade e urgência, e quando se fizer necessário evitar danos irreparáveis às pessoas, a Corte, nos assuntos de que estiver conhecendo, poderá tomar as medidas provisórias que considerar pertinente. Se tratar de assuntos que ainda não estiverem submetidos ao seu conhecimento, poderá atuar a pedido da Comissão.

---

1. A sentença da Corte deve ser fundamentada.

2. Se a sentença não expressar no todo ou em parte a opinião unânime dos juízes, qualquer deles terá direito a que se agregue à sentença o seu voto dissidente ou individual.

A sentença da Corte será definitiva e inapelável. Em caso de divergência sobre o sentido ou alcance da sentença, a Corte interpretá-la-á, a pedido de qualquer das partes, desde que o pedido seja apresentando dentro de noventa dias a partir da data da notificação da sentença.

1. Os Estados-Partes na Convenção comprometem-se a cumprir a decisão da Corte em todo caso em que forem partes.

2. A parte da sentença que determinar indenização compensatória poderá ser executada no país respectivo pelo processo interno vigente para a execução de sentença contra o Estado.

15.2 Caso Cosme Rosa Genoveva e outros vs. Brasil ("caso favela Nova Brasília")

Data da sentença: 11-05-2017

Resumo do caso: O caso trata de vinte e seis execuções praticadas durante operação policial em favela do Rio de Janeiro nos dias 18 de outubro de 1994 e 8 de maio de 1995. Algumas das vítimas eram adolescentes, que teriam sido submetidos a práticas sexuais e atos de tortura antes de serem executados. As mortes ocorridas foram apuradas pelas autoridades policiais com o levantamento de "autos de resistência à prisão". Todos os crimes permaneceram impunes e encontram-se prescritos no ordenamento jurídico brasileiro.

Vejamos alguns trechos da decisão:

Em 19 de maio de 2015, a Comissão Interamericana de Direitos Humanos (doravante denominada "Comissão Interamericana" ou "Comissão") submeteu à Corte o caso Cosme Rosa Genoveva, Evandro de Oliveira e outros (Favela Nova Brasília) contra a República Federativa do Brasil (doravante denominado "Estado" ou "Brasil"). O caso se refere às falhas e à demora na investigação e punição dos responsáveis pelas supostas "execuções extrajudiciais de 26 pessoas [...] no âmbito das incursões policiais feitas pela Polícia Civil do Rio de Janeiro em 18 de outubro de 1994 e em 8 de maio de 1995 na Favela Nova Brasília". Alega-se que essas mortes foram justificadas pelas autoridades policiais mediante o levantamento de "atas de resistência à prisão". Alega-se também que, na incursão de 18 de outubro de 1994, três mulheres, duas delas menores, teriam sido vítimas de tortura e atos de violência sexual por parte de agentes policiais. Finalmente, se alega que a investigação dos fatos mencionados teria sido realizada supostamente com o objetivo de estigmatizar e revitimizar as pessoas falecidas, pois o foco teria sido dirigido à sua culpabilidade e não à verificação da legitimidade do uso da força

O Estado deverá conduzir eficazmente a investigação em curso sobre os fatos

relacionados às mortes ocorridas na incursão de 1994, com a devida diligência e em prazo razoável, para identificar, processar e, caso seja pertinente, punir os responsáveis, nos termos dos parágrafos 291 e 292 da presente Sentença. A respeito das mortes ocorridas na incursão de 1995, o Estado deverá iniciar ou reativar uma investigação eficaz a respeito desses fatos, nos termos dos parágrafos 291 e 292 da presente Sentença. O Estado deverá também, por intermédio do Procurador-Geral da República do Ministério Público Federal, avaliar se os fatos referentes às incursões de 1994 e 1995 devem ser objeto de pedido de

Incidente de Deslocamento de Competência, no sentido disposto no parágrafo 292 da presente Sentença.

11. O Estado deverá iniciar uma investigação eficaz a respeito dos fatos de violência sexual, no sentido disposto no parágrafo 293 da presente Sentença.

12. O Estado deverá oferecer gratuitamente, por meio de suas instituições de saúde especializadas, e de forma imediata, adequada e efetiva, o tratamento psicológico e psiquiátrico de que as vítimas necessitem, após consentimento fundamentado e pelo tempo que seja necessário, inclusive o fornecimento gratuito de medicamentos. Do mesmo modo, os tratamentos respectivos deverão ser prestados, na medida do possível, nos centros escolhidos pelas vítimas, no sentido disposto no parágrafo 296 da presente Sentença.

13. O Estado deverá proceder às publicações mencionadas no parágrafo 300 da Sentença, nos termos nela dispostos.

14. O Estado deverá realizar um ato público de reconhecimento de responsabilidade internacional, em relação aos fatos do presente caso e sua posterior investigação, durante o qual deverão ser inauguradas duas placas em memória das vítimas da presente Sentença, na praça principal da Favela Nova Brasília, no sentido disposto nos parágrafos 305 e 306 da presente Sentença.

15. O Estado deverá publicar anualmente um relatório oficial com dados relativos às mortes ocasionadas durante operações da polícia em todos os estados do país. Esse relatório deverá também conter informação atualizada anualmente sobre as investigações realizadas a respeito de cada incidente que redunde na morte de um civil ou de um policial, no sentido disposto nos parágrafos 316 e 317 da presente Sentença.

16. O Estado, no prazo de um ano contado a partir da notificação da presente Sentença, deverá estabelecer os mecanismos normativos necessários para que, na hipótese de supostas mortes, tortura ou violência sexual decorrentes de intervenção policial, em que prima facie policiais apareçam como possíveis acusados, desde a notitia criminis se delegue a investigação a um órgão independente e diferente da força pública envolvida no incidente, como uma autoridade judicial ou o Ministério Público, assistido por pessoal policial, técnico criminalístico e administrativo alheio ao órgão de segurança a que pertença o possível acusado, ou acusados, em conformidade com os parágrafos 318 e 319 da presente Sentença.

17. O Estado deverá adotar as medidas necessárias para que o Estado do Rio de Janeiro estabeleça metas e políticas de redução da letalidade e da violência policial, nos termos dos parágrafos 321 e 322 da presente Sentença.

18. O Estado deverá implementar, em prazo razoável, um programa ou curso permanente e obrigatório sobre atendimento a mulheres vítimas de estupro, destinado a todos os níveis hierárquicos das Polícias Civil e Militar do Rio de Janeiro e a funcionários de atendimento de saúde. Como parte dessa formação, deverão ser incluídas a presente Sentença, a 90jurisprudência da Corte Interamericana a respeito da violência sexual e tortura e as normas internacionais em matéria de atendimento de vítimas e investigação desse tipo de caso, no sentido disposto nos parágrafos 323 e 324 da presente Sentença.

19. O Estado deverá adotar as medidas legislativas ou de outra natureza necessárias para permitir às vítimas de delitos ou a seus familiares participar de maneira formal e efetiva da investigação de delitos conduzida pela polícia ou pelo Ministério Público, no sentido disposto no parágrafo 329 da presente Sentença.

20. O Estado deverá adotar as medidas necessárias para uniformizar a expressão "lesão corporal ou homicídio decorrente de intervenção policial" nos relatórios e investigações da polícia ou do Ministério Público em casos de mortes ou lesões provocadas por ação policial. O conceito de "oposição" ou "resistência" à ação policial deverá ser abolido, no sentido disposto nos parágrafos 333 a 335 da presente Sentença.

21. O Estado deverá pagar as quantias fixadas no parágrafo 353 da presente Sentença, a título de indenização por dano imaterial, e pelo reembolso de custas e gastos, nos termos do parágrafo 358 da presente Sentença.

22. O Estado deverá restituir ao Fundo de Assistência Jurídica às Vítimas, da Corte Interamericana de Direitos Humanos, a quantia desembolsada durante a tramitação do presente caso, nos termos do parágrafo 362 desta Sentença.

23. O Estado deverá, no prazo de um ano, contado a partir da notificação desta Sentença, apresentar ao Tribunal um relatório sobre as medidas adotadas para seu cumprimento.

24. A Corte supervisionará o cumprimento integral desta Sentença, no exercício de suas atribuições e em cumprimento de seus deveres, conforme a Convenção Americana sobre Direitos Humanos, e dará por concluído o presente caso tão logo o Estado tenha dado cabal cumprimento ao que nela se dispõe.

16 GARANTIAS JUDICIAIS

16.1 Diferença entre direito e garantia

Direito: Normas descritivas. Bens e vantagens descritas na lei.

Garantia: Normas instrumentais. Protegem/garantem o direito em si ou indica como/por que meio um direito vai ser exercido.

▷ Garantias fundamentais (asseguram os direitos propriamente ditos).
  - Garantias em sentido amplo - são as chamadas "garantias institucionais", consistem em um conjunto de meios de índole institucional (MP, Defensoria Pública e etc) e organizacional (Imprensa livre) que visa assegurar a efetividade e observância dos direitos humanos.
  - Garantias em sentido estrito - consistem no conjunto de mecanismos processuais ou procedimentais destinada a proteger os direitos essenciais dos indivíduos. Essas garantias são de ordem nacional e internacional (ex.: remédios constitucionais e o direito de petição na esfera internacional)

16.2 Diferença entre garantia e remédio constitucional

Remédio constitucional é uma espécie de garantia. Nem sempre a garantia vai ser um remédio constitucional, as vezes a garantia pode vir dentro da própria norma que garante o direito.

Exemplos:

▷ Art. 5°, I da CF - homens e mulheres são iguais em direitos e obrigações, nos termos desta Constituição → DIREITO: IGUALDADE ENTRE HOMEM E MULHER

▷ IV - é livre a manifestação do pensamento, sendo vedado o anonimato → DIREITO: LIBERDADE DE EXPRESSÃO + GARANTIA: VEDAÇÃO AO ANONIMATO

▷ VI - é inviolável a liberdade de consciência e de crença, sendo assegurado o livre exercício dos cultos religiosos e garantida, na forma da lei, a proteção aos locais de culto e a suas liturgias → DIREITO: LIBERDADE CONSCIÊNCIA, CRENÇA E RELIGIOSA + GARANTIA DA LIBERDADE RELIGIOSA: PROTEÇÃO AOS LOCAIS DE CULTO E SUAS LITURGIAS.

▷ LXVIII - conceder-se-á habeas corpus sempre que alguém sofrer ou se achar ameaçado de sofrer violência ou coação em sua liberdade de locomoção, por ilegalidade ou abuso de poder → REMÉDIO CONSTITUCIONAL: AÇÃO PREVISTA NA CF PARA GARANTIR O DIREITO À LIBERDADE DE LOCOMOÇÃO DO ART. 5°, XV DA CF.

17 VEDAÇÃO À TORTURA

17.1 Protocolo de Instambul

Em agosto de 1999, no âmbito da ONU, foi apresentada ao Alto Comissariado das Nações Unidas para os direitos humanos, manual para a investigação e documentação eficazes de tortura e outras penas ou tratamentos cruéis, desumanos ou degradantes, também denominado de Protocolo de Istambul.

O protocolo é formalmente não vinculante, norma de soft law.

O objetivo do documento é fornecer aos Estados auxílio na coleta e utilização de provas da prática de tortura e maus-tratos, possibilitando, consequentemente, a responsabilização dos infratores.

O protocolo especifica as regras sobre os inquéritos estatais que investiguem crimes de tortura com base nos seguintes princípios:

a) esclarecimento dos factos, bem como o estabelecimento e reconhecimento da responsabilidade individual e estadual perante as vítimas e suas famílias;

b) identificação das medidas necessárias para evitar que os factos se repitam;

c) facilitar o exercício da ação penal ou, sendo caso disso, a aplicação de sanções disciplinares, contra as pessoas cuja responsabilidade se tenha apurado na sequência do inquérito, e demonstrar a necessidade de plena reparação e ressarcimento por parte do Estado, incluindo a necessidade de atribuir uma indenização justa e adequada e de disponibilizar os meios necessários ao tratamento médico e à reabilitação

A autoridade responsável pelo inquérito deverá dispor de poderes para obter toda a informação necessária à investigação e estar obrigada a procurá-la. As pessoas que conduzem a investigação deverão ter ao seu dispor todos os recursos financeiros e técnicos necessários a uma investigação eficaz.

Os peritos médicos envolvidos na investigação da tortura ou maus tratos deverão pautar a sua conduta, em todos os momentos, de acordo com os princípios éticos mais rigorosos, devendo, em particular, obter o consentimento esclarecido da pessoa em causa antes da realização de qualquer exame. Os exames devem ser efetuados em conformidade com as regras estabelecidas de prática médica.

Procedimentos a serem feitos na apuração de um inquérito de tortura:

▷ determinação do organismo responsável pela realização do inquérito;
▷ recolha de depoimentos da alegada vítima e outras testemunhas;
▷ consentimento esclarecido e outras salvaguardas da presumível vítima;
▷ seleção do investigador;
▷ contexto da investigação;
▷ segurança das testemunhas;
▷ utilização de intérpretes;
▷ informação a obter da presumível vítima;
▷ depoimento da vítima e autor;
▷ recolha e preservação das provas materiais;
▷ provas médicas;
▷ Fotografias.

Como consequência do Protocolo de Istambul, em âmbito nacional, foi elaborado em 2003 o Protocolo Brasileiro de Perícia Forense no crime de tortura, o qual adaptou tais normas, regras e orientações à realidade do país.

O CNJ editou a recomendação nº 49/2014 reiterando a obrigatoriedade de observância das normas de Protocolo de Istambul.

18 POLÍTICAS PÚBLICAS

Parte-se do pressuposto que a nossa Constituição Federal, quanto à extensão, é analítica, ampla ou prolixa, tendo em vista que abordam todos os assuntos que os representantes do povo entendem como fundamentais, além do que, é uma constituição dirigente, eis que traz em seu bojo uma diversidade de políticas públicas a serem implementadas.

Como exemplo de Constituição Dirigente, os objetivos constituem-se em normas programáticas que estabelecem diretrizes a serem seguidas pelo País.

> **Art. 3º** Constituem objetivos fundamentais da República Federativa do Brasil:
> I - construir uma sociedade livre, justa e solidária;
> II - garantir o desenvolvimento nacional;
> III - erradicar a pobreza e a marginalização e reduzir as desigualdades sociais e regionais;
> IV - promover o bem de todos, sem preconceitos de origem, raça, sexo, cor, idade e quaisquer outras formas de discriminação.

Conforme definição corrente, *políticas públicas* são conjuntos de programas, ações e decisões tomadas pelos governos (nacionais, estaduais ou municipais) com a participação, direta ou indireta, de entes públicos ou privados que visam assegurar determinado direito de cidadania para vários grupos da sociedade ou para determinado segmento social, cultural, étnico ou econômico. Ou seja, correspondem a direitos assegurados na Constituição.

O conceito de políticas públicas pode possuir dois sentidos diferentes. No sentido político, encara-se a política pública como um processo de decisão, em que há naturalmente conflitos de interesses. Por meio das políticas públicas, o governo decide o que fazer ou não fazer. O segundo sentido se dá do ponto de vista administrativo: as políticas públicas são um conjunto de projetos, programas e atividades realizadas pelo governo.

Uma política pública pode tanto ser parte de uma política de Estado ou uma política de governo. Vale a pena entender essa diferença: uma política de Estado é toda política que independe do governo e do governante deve ser realizada porque é amparada pela constituição. Já uma política de governo pode depender da alternância de poder. Cada governo tem seus projetos, que por sua vez se transformam em políticas públicas.

18.1 Política nacional de direitos humanos

A política nacional brasileira surge na democratização do país com o advento da CF/1988. A partir dessa época, houve a necessidade do governo brasileiro, tomar como sua, a responsabilidade em dirigir uma política voltada à proteção de direitos humanos.

A política nacional tem por finalidade orientar ações governamentais futuras relacionados ao tema direitos humanos.

O principal mecanismo utilizado para exteriorizar e planejar a Política Nacional de Direitos Humanos é o Programa Nacional de Direitos Humanos.

18.1.1 Programas nacionais de direitos humanos

A origem do programa nacional encontra-se assentada na Declaração e Programa de Ação da Conferência Mundial de Direitos Humanos de Viena de 1993, organizada pela ONU.

O art. 71 da Conferência Mundial de Viena recomenda que cada Estado pondere a oportunidade da elaboração de um plano de ação nacional que identifique os passos por meio dos quais esse Estado poderia melhorar a promoção e a proteção dos Direitos Humanos.

No Brasil, a competência administrativa comum para realizar políticas públicas de implementação de direitos humanos é comum a todos os entes federados (art. 23, X, CF).

> **Art. 23.** É competência comum da União, dos Estados, do Distrito Federal e dos Municípios:
> [...]
> X - combater as causas da pobreza e os fatores de marginalização, promovendo a integração social dos setores desfavorecidos;

Portanto, é possível termos programas de direitos humanos em âmbito federal, estadual e municipal.

A missão dos programas em nível nacional, estadual e municipal é mapear os problemas referentes aos direitos humanos e, simultaneamente, estipular e coordenar os esforços para a superação das deficiências e implementação dos direitos.

Os programas de direitos humanos não possuem força vinculante, pois advêm de mero decreto regulamentar (dar fiel execução às leis e às normas constitucionais), editado à luz do art. 84, IV, da CF. Contudo, serve como orientação para as ações governamentais, podendo o legislador ou administrador ser questionado por condutas incompatíveis com os termos do PNDH.

Atualmente, o Brasil está no PNDH 3, mas existiram o PNDH 1 e o PNDH 2.

- O *PNDH-1 (1996 – Governo Fernando Henrique Cardoso)* teve como foco a proteção de direitos civis, especialmente no tocante à impunidade e à violência policial. Adotou como meta a adesão brasileira a tratados internacionais.
- O *PNDH-2 (2002 – Governo Lula)*, por sua vez, concentrou-se nos direitos sociais, acerca das desigualdades e carência do mínimo existencial para grande parte da população brasileira. Mencionou grupos vulneráveis (GLTTB) e afrodescendentes. Propostas voltadas para educação e sensibilização de toda sociedade brasileira para a cristalização de uma cultura de respeito aos direitos humanos.
- O *PNDH-3 (2009 – Governo Lula)* atualmente em vigor e mais importante para sua prova.

18.1.2 Programa nacional de direitos humanos nº 03

O PNDH 3 está previsto no Decreto Federal nº 7.037/2009, estruturado em seis eixos orientadores, subdivididos em 25 diretrizes, 82 objetivos estratégicos e 521 ações programáticas.

As medidas previstas devem ser implementadas a partir de uma visão de transversalidade, ou seja, deve ser levada em conta a atuação de diversos órgãos e poderes estatais, além da efetiva participação da sociedade civil. Elaboração e monitoramento conjunto.

A elaboração do Programa contou com a articulação do Governo com a sociedade civil para se chegar a uma redação comum.

O PNDH-3 inovou em sua forma redacional, aproximando seus enunciados da linguagem adotada pelos movimentos de direitos humanos no Brasil e pela sociedade civil, em geral. Assim, a técnica de escrita empregada no programa causou a impressão de afastamento da abstratividade própria de recomendações, favorecendo a interpretação de implementações iminentes. Essa sensação gerou ampla reação negativa na mídia e inclusive de alguns juristas mais conservadores.

O PNDH-3 assumiu o compromisso do Estado e da sociedade civil (eixo interação democrática) de instituir um Conselho Nacional de Direitos Humanos (em substituição ao Conselho de Defesa

NOÇÕES DE DIREITOS HUMANOS

dos Direitos da Pessoa Humana), obedecendo os Princípios de Paris, para fins de credenciamento junto ao Alto Comissariado das Nações Unidas.

Para sua prova, ficar os seis eixos orientadores com especial atenção no EIXO IV, memorizando as diretrizes 11 a 17:

Eixo nº 1: Interação democrática (Estado × Sociedade Civil) → agentes públicos e cidadãos são responsáveis pela consolidação dos direitos humanos no Brasil. Instrumento de fortalecimento da democracia participativa (uma das características do Estado Constitucional Democrático), criação de um Conselho Nacional de Direitos Humanos.

Eixo nº 2: Desenvolvimento e Direitos Humanos → Garantia do exercício amplo da cidadania, efetivação do modelo de desenvolvimento sustentável, caracterizado pela inclusão social e econômica, desenvolvimento ambientalmente equilibrado e tecnologicamente responsável, cultural e religiosamente diverso, participativo e não discriminatório.

Eixo n º 3: Universalizar direitos em um contexto de desigualdade → dialoga com as intervenções desenvolvidas no Brasil para reduzir a pobreza, erradicação da fome e da miséria, fomento a aquisição da cidadania plena (Defensoria Pública como importante instrumento de emancipação do cidadão).

Eixo nº 5: Educação e cultura em Direitos Humanos → fortalecimento de uma cultura em direitos (serviço público, escolas, família e demais instituições formadoras da personalidade dos cidadãos).

Eixo nº 6: Direito a memória e verdade → Preservar a memória histórica e a construção pública da verdade. Posteriormente, cria-se a comissão nacional da verdade, destinada a apurar violações aos direitos humanos ocorridos entre 1946 e 1988.

Quanto à implementação do PNDH-3, verifica-se que cada ação estratégica incumbe a um ou mais de um órgão governamental, o que evita que o programa seja visto como mera carta de intenções.

Inclusive, foi criado um Comitê de Acompanhamento e Monitoramento do PNDH-3, presidido pelo Secretário de Direitos Humanos e estabelecida a possibilidade de criação de subcomitês temáticos.

OBSERVAÇÃO:

O Comitê foi revogado pelo Decreto nº 10.087, de 2019)

Chamo a atenção para os seguintes artigos:

> *Art. 3º As metas, prazos e recursos necessários para a implementação do PNDH-3 serão definidos e aprovados em Planos de Ação de Direitos Humanos bianuais.*
>
> *Art. 5º Os Estados, o Distrito Federal, os Municípios e os órgãos do Poder Legislativo, do Poder Judiciário e do Ministério Público, serão convidados a aderir ao PNDH-3.*

Veja o Decreto nº 7.037 com os eixos e diretrizes.

> *Art. 2º O PNDH-3 será implementado de acordo com os seguintes eixos orientadores e suas respectivas diretrizes:*
>
> *I - Eixo Orientador I: Interação democrática entre Estado e sociedade civil:*
> *a) Diretriz 1: Interação democrática entre Estado e sociedade civil como instrumento de fortalecimento da democracia participativa;*
> *b) Diretriz 2: Fortalecimento dos Direitos Humanos como instrumento transversal das políticas públicas e de interação democrática; e*
> *c) Diretriz 3: Integração e ampliação dos sistemas de informações em Direitos Humanos e construção de mecanismos de avaliação e monitoramento de sua efetivação;*
>
> *II - Eixo Orientador II: Desenvolvimento e Direitos Humanos:*
> *a) Diretriz 4: Efetivação de modelo de desenvolvimento sustentável, com inclusão social e econômica, ambientalmente equilibrado e tecnologicamente responsável, cultural e regionalmente diverso, participativo e não discriminatório;*
> *b) Diretriz 5: Valorização da pessoa humana como sujeito central do processo de desenvolvimento; e*
> *c) Diretriz 6: Promover e proteger os direitos ambientais como Direitos Humanos, incluindo as gerações futuras como sujeitos de direitos;*
>
> *III - Eixo Orientador III: Universalizar direitos em um contexto de desigualdades:*
> *a) Diretriz 7: Garantia dos Direitos Humanos de forma universal, indivisível e interdependente, assegurando a cidadania plena;*
> *b) Diretriz 8: Promoção dos direitos de crianças e adolescentes para o seu desenvolvimento integral, de forma não discriminatória, assegurando seu direito de opinião e participação;*
> *c) Diretriz 9: Combate às desigualdades estruturais; e*
> *d) Diretriz 10: Garantia da igualdade na diversidade;*
>
> *IV - Eixo Orientador IV: Segurança Pública, Acesso à Justiça e Combate à Violência:*
> *a) Diretriz 11: Democratização e modernização do sistema de segurança pública;*
> *b) Diretriz 12: Transparência e participação popular no sistema de segurança pública e justiça criminal;*
> *c) Diretriz 13: Prevenção da violência e da criminalidade e profissionalização da investigação de atos criminosos;*
> *d) Diretriz 14: Combate à violência institucional, com ênfase na erradicação da tortura e na redução da letalidade policial e carcerária;*
> *e) Diretriz 15: Garantia dos direitos das vítimas de crimes e de proteção das pessoas ameaçadas;*
> *f) Diretriz 16: Modernização da política de execução penal, priorizando a aplicação de penas e medidas alternativas à privação de liberdade e melhoria do sistema penitenciário; e*
> *g) Diretriz 17: Promoção de sistema de justiça mais acessível, ágil e efetivo, para o conhecimento, a garantia e a defesa de direitos;*
>
> *V - Eixo Orientador V: Educação e Cultura em Direitos Humanos:*
> *a) Diretriz 18: Efetivação das diretrizes e dos princípios da política nacional de educação em Direitos Humanos para fortalecer uma cultura de direitos;*
> *b) Diretriz 19: Fortalecimento dos princípios da democracia e dos Direitos Humanos nos sistemas de educação básica, nas instituições de ensino superior e nas instituições formadoras;*
> *c) Diretriz 20: Reconhecimento da educação não formal como espaço de defesa e promoção dos Direitos Humanos;*
> *d) Diretriz 21: Promoção da Educação em Direitos Humanos no serviço público; e*
> *e) Diretriz 22: Garantia do direito à comunicação democrática e ao acesso à informação para consolidação de uma cultura em Direitos Humanos; e*
>
> *VI - Eixo Orientador VI: Direito à Memória e à Verdade:*
> *a) Diretriz 23: Reconhecimento da memória e da verdade como Direito Humano da cidadania e dever do Estado;*
> *b) Diretriz 24: Preservação da memória histórica e construção pública da verdade; e*
> *c) Diretriz 25: Modernização da legislação relacionada com promoção do direito à memória e à verdade, fortalecendo a democracia.*
>
> **Parágrafo único.** *A implementação do PNDH-3, além dos responsáveis nele indicados, envolve parcerias com outros órgãos federais relacionados com os temas tratados nos eixos orientadores e suas diretrizes.*

NDHUM

NOÇÕES DE DIREITO PENAL MILITAR/ PROCESSO PENAL MILITAR

NOÇÕES DE DIREITO PENAL MILITAR/PROCESSO PENAL MILITAR

1 APLICAÇÃO DA LEI PENAL MILITAR

1.1 Princípio da Legalidade

A lei penal militar concebe dois princípios em seu texto normativo, o princípio da legalidade e da anterioridade.

O princípio da legalidade define que o tipo penal incriminador deve ser criado por lei, seguindo o processo legislativo previsto na Constituição Federal.

1.1.1 Princípio da Anterioridade

O princípio da anterioridade obriga a existência prévia de lei penal incriminadora, ou seja, para que alguém possa ser processado e julgado, deve existir lei anterior ao fato definindo seu ato como crime, bem como prévia determinação da sanção a ser imposta.

1.2 Lei Supressiva de Incriminação

> **Fique ligado**
>
> A sentença cessa seus efeitos dentro do âmbito penal, os efeitos de natureza civil permanecem.

Uma lei penal nova só vai alcançar fato ocorrido após a sua entrada em vigência se for para melhorar a situação do réu. O Art. 2º do CPM trata da descriminalização da conduta, ou seja, a lei nova deixa de considerar determinada conduta como crime, e, quando isso ocorre, a vigência da sentença condenatória irrecorrível é desconstituída, deixando de gerar seus efeitos.

1.2.1 Princípio da Retroatividade da Lei Penal Mais Benéfica

A ideia desse princípio é assegurar que a lei só pode alcançar fato ocorrido antes da sua entrada em vigência se for em benefício do réu. Por isso, o Art. 2º, §1, do CPM diz que a lei penal militar benéfica retroage sempre, podendo ser aplicada até mesmo após o trânsito em julgado de sentença condenatória definitiva, ou seja, aquela que não se pode mais interpor recurso.

1.2.2 Apuração da Maior Benignidade

Para que efetivamente o réu seja beneficiado, deve ocorrer a análise de ambas as normas aplicadas ao fato para que se verifique qual lei, seja a nova ou a antiga, é a mais benéfica.

1.3 Medidas de Segurança

A medida de segurança é uma espécie do gênero infração penal. Assim, embora não seja tecnicamente uma pena, não deixa de ser uma espécie de sanção aplicada aos inimputáveis e semi-imputáveis que praticam atos ilícitos. É uma forma de internação na qual o agente é submetido a tratamentos.

Na hipótese de aplicação da medida de segurança, a lei penal militar aplicável será a lei vigente no tempo da sentença, porém, se no momento da execução estiver em vigência uma nova lei, diversa da aplicada, essa irá prevalecer se for mais benéfica. Isso ocorre porque, como se trata de um método para tratar o agente, pressupõe-se que a lei mais nova traga melhores resultados.

1.4 Lei Excepcional ou Temporária

Lei excepcional ou temporária é uma espécie de lei feita para durar por um determinado período de tempo ou durante uma situação excepcional (um período de seca, por exemplo). Em tese, seria exceção à regra da retroatividade, pois, se aplicada a retroatividade, assim que o tempo de vigência estiver decorrido, todos por ela incriminados deveriam ter extinta sua punibilidade.

Assim, a lei temporária será aplicável ao fato ocorrido dentro da sua vigência.

1.5 Tempo do Crime

O tempo do crime é aquele em que se considera praticada a infração penal, para determinar quando ocorrer esse momento. Sobre esse tema, a doutrina aponta a existência de três teorias:

a) Teoria da atividade: o crime considera-se praticado no momento em que ocorre a ação ou a omissão, independentemente de quando ocorre o resultado.

b) Teoria do resultado: o crime considera-se praticado no momento em que ocorre o resultado.

c) Teoria da ubiquidade: o crime considera-se praticado tanto no momento em que ocorre a conduta (ação ou omissão) ou quando ocorre o resultado.

O Código Penal Militar adota a teoria da atividade, ou seja, para fins de aplicação da lei penal militar, considera-se tempo do crime aquele em que ocorre a ação ou omissão.

Nos crimes continuados, o tempo do crime será todo o lapso de tempo em que a conduta delituosa estiver se desenvolvendo.

1.6 Lugar do Crime

O lugar do crime é aquele que, para fins penais militar, será considerada praticada a infração penal.

Existem três teorias sobre o lugar do crime:

a) Teoria da atividade: que considera o lugar do crime aquele onde a conduta foi praticada.

b) Teoria do resultado: considera o lugar do crime onde ocorreu o resultado.

c) Teoria da ubiquidade: considera o lugar do crime tanto onde ocorreu a conduta quanto onde se deu o resultado.

> **Fique ligado**
>
> Sugerimos a mnemônica LUTA (Lugar, Ubiquidade, Tempo Atividade) muito útil para o estudante lembrar-se das teorias, que, nos crimes comissivos, são as mesmas que as do Código Penal. A que difere é referente somente aos crimes omissivos, em que se aplica unicamente a teoria da atividade.

O Código Penal Militar adota a teoria da ubiquidade para determinar o lugar do crime, podendo, assim, ser tanto o local em que ocorreu a conduta quanto aquele em que que ocorreu o resultado. O Art. 6º do CPM ainda menciona a "participação" como meio de evitar que esta se exclua do cenário do lugar do crime.

Os crimes omissivos são aqueles que ocorrem quando o agente não faz o que pode ou o que deve fazer. Nessa hipótese, será considerado local do crime aquele onde a conduta omissiva deveria ter ocorrido.

1.7 Territorialidade e Extraterritorialidade

Território é o espaço no qual o Brasil exerce sua soberania, podendo ser ele terrestre, aéreo, marítimo ou fluvial. A extensão desse território se aplica a aeronaves e navios brasileiros, onde quer que estejam, e a aeronaves e navios estrangeiros, desde que em local sujeito à administração militar ou, ainda, que o crime praticado atente contra as instituições militares.

Vale ressaltar que, para efeitos da lei penal militar, qualquer embarcação, seja ela pequena ou grande que estejam sob Comando militar, são considerados como navio.

A regra é que as leis penais militares serão aplicadas aos crimes cometidos dentro do território brasileiro. E que, pelo alcance da extraterritorialidade, o brasileiro que comete crime militar em território estrangeiro, ou estrangeiro que cometa crime militar no território nacional, poderão ser alcançados pela lei penal militar nacional.

Porém, protegem-se as convenções, os tratados e as regras de direito internacional adotadas pelo Brasil, as quais são uma exceção à regra da territorialidade. Isso porque, adotando qualquer convenção, tratado ou regra de direito internacional do qual o Brasil abre mão da aplicação da territorialidade, será então afastada a aplicação da lei penal militar na hipótese adotada.

1.8 Pena Cumprida no Estrangeiro

Há casos em que os crimes cometidos fora do território brasileiro, ainda que julgados no estrangeiro, serão novamente processados e julgados pelo judiciário brasileiro. Quando isso ocorrer, haverá uma nova condenação pela lei penal militar brasileira, então a pena já cumprida no estrangeiro será abatida da pena imposta pela nova condenação na forma do referido artigo.

NOÇÕES DE DIREITO PENAL MILITAR/PROCESSO PENAL MILITAR

2 CRIMES PROPRIAMENTE E IMPROPRIAMENTE MILITARES

Os crimes militares se subdividem em duas espécies, os crimes propriamente militares e os crimes impropriamente militares.

Crimes propriamente militares são aqueles que se encontram previstos apenas no Código Penal Militar, e, em regra, somente podem ser cometidos por militar, pois consiste numa violação a deveres restritos à função. São exemplos de crime propriamente militar todos os previstos do CPM: embriaguez em serviço (Art. 202); dormir em serviço (Art. 203); deserção (Art.187); desacato a superior (Art. 298), etc.

Não há previsão desses crimes no Código Penal comum ou em qualquer outra lei de caráter penal, por isso a nomenclatura "propriamente militares".

Já os crimes impropriamente militares são aqueles tipificados como militares por força de lei, em razão de determinadas circunstâncias, como, por exemplo, crimes praticados contra a instituição militar; mesmo que praticado por civil ou por militares em serviço, são tipificados nos mesmos moldes. Os crimes impropriamente militares estão previstos tanto no Código Penal Militar quanto no Código Penal comum, e os elementos constitutivos do tipo é que determinam qual lei será aplicável. Desse modo, o crime impropriamente militar não é apenas o cometido por civis contra militar, mas também aquele cometido por militar e que encontra previsão na legislação penal comum.

São exemplos desses crimes, todos previstos no CPM: homicídio (Art. 205), lesão corporal (Art. 209); estupro (Art. 232); roubo (Art. 242) etc.

2.1 Crimes Militares em Tempo de Paz

Crime militar é aquele cometido contra as instituições militares independentemente da qualidade do agente.

A expressão "crimes militares em tempo de paz" deriva do fato de a lei penal militar também estabelecer normas de crimes militares cometidos em tempo de guerra. A parte especial do Código Penal Militar está dividido em crimes militares em tempos de paz e crimes militares em tempo de guerra.

Os chamados crimes militares em tempo de paz são hipóteses estabelecidas neste código com os que podem ser considerados crimes militares; sendo assim, se o fato não estiver descrito nessa norma, não há o que se falar em crime militar.

Vale ressaltar que o autor de um crime militar necessariamente não precisa ser um militar, os crimes previstos na lei penal militar serão considerados militares independentemente da qualidade do agente, desde que definidos de modo diverso na lei penal comum, ou desde que nela não estejam previstos, salvo se houver disposição em legislação especial.

Serão considerados crimes militares:

a) quando o crime for praticado por militar em situação de atividade contra outro militar que se encontre na mesma situação, ou seja, em atividade militar em situação de atividade é aquele que efetivamente está no exercício de suas funções.

b) quando o crime for praticado por militar em situação de atividade contra um militar da reserva remunerada, um militar reformado, ou mesmo um civil, ou assemelhado, que se encontre no interior do local sujeito à administração militar.

c) quando o crime for praticado pelo militar que se encontra em serviço, ou seja, esteja ele dentro ou fora de local da administração militar, contra o militar da reserva, ou mesmo o militar reformado, ou ainda o civil.

d) quando o militar que se encontra em período de manobras ou exercício praticar qualquer ato ilícito contra um militar da reserva, reformado, assemelhado ou civil, ficará sujeito a ser processado e julgado perante a Justiça Militar.

e) quando o militar em situação de atividade, ou assemelhado, praticar qualquer ato contra o patrimônio sob a administração militar, ou a ordem administrativa militar.

O crime militar, por força do que estabelece o Código Penal Militar, poderá ser praticado, a princípio, por militar que se encontre em situação de atividade, mas outras pessoas também poderão ser sujeitos ativos do crime militar.

O militar que se encontra na reserva, ou reformado, mantém um vínculo com as instituições militares, e ainda continua sujeito às regras impostas aos militares. Neste sentido, o militar que se encontra na reserva ou reformado, ou civil poderá ser sujeito ativo de crime militar quando vier a praticar um crime contra as instituições militares na forma estabelecida na lei penal militar.

Atentar contra o patrimônio sob a administração militar ou contra a ordem administrativa militar caracteriza crime militar e terá como aplicação a lei penal militar. O patrimônio mencionado abrange todos os bens essenciais à existência das forças militares, e não somente o patrimônio é protegido, mas também a ordem administrativa militar, com o intuito de se evitarem fraudes, ou mesmo atos que possam colocar em perigo o regular andamento da administração.

Considera-se também como crime militar se o agente praticar um delito em lugar sujeito à administração militar contra militar em situação de atividade ou assemelhado, ou contra funcionário de ministério militar ou da justiça militar, no exercício de função inerente ao seu cargo, ficando sujeito a ser processado e julgado perante a justiça militar.

Se o crime militar for praticado contra o militar que se encontre em formatura, ou durante o período de prontidão, vigilância, observação, exploração, exercício, acampamento, acantonamento ou manobras, o infrator ficará sujeito à aplicação das normas da lei penal militar.

Se um militar da reserva remunerada, reformado, ou um civil, ou funcionário civil que trabalha junto às forças armadas, praticar um crime militar, ainda que fora do lugar sujeito à administração militar, contra militar em função de natureza militar, ou no desempenho de serviço de vigilância garantia e preservação da ordem pública, administrativa ou judiciária, quando legalmente requisitado para aquele fim, ou em obediência a determinação legal superior, terá o crime a aplicação da lei penal militar.

Ressalta-se que os crimes militares mencionados, quando dolosos contra a vida, terão como competência:

01. Se praticado por militar contra civil, a competência será do Tribunal do Júri.

02. Se praticado por militar das Forças Armadas contra civil, serão de competência da Justiça Militar da União, desde de que:

   a) em cumprimento de atribuições que lhes forem estabelecidas pelo Presidente da República ou pelo Ministro de Estado da Defesa;

   b) em ação que envolva a segurança de instituição militar ou de missão militar, mesmo que não beligerante;

   c) em atividade de natureza militar, de operação de paz, de garantia da lei e da ordem ou de atribuição subsidiária, realizadas em conformidade com o disposto no Art. 142 da Constituição Federal e na forma dos seguintes diplomas legais: Código Brasileiro de Aeronáutica; Lei Complementar no 97, de 9 de junho de 1999; Código de Processo Penal Militar; e Código Eleitoral.

2.2 Crimes Militares em Tempo de Guerra

Os crimes militares mencionados são aplicáveis desde o início da guerra com a declarar até o seu fim. Porém, não tem caráter temporário, pois são crimes permanentes dispostos no Livro II da Parte Especial, ou seja, eles não se aplicam dentro de um lapso de tempo, e sim dentro de uma condição especial.

São considerados como crimes militares em tempo de guerra os previstos no Código Penal Militar do Art. 355 ao 408, os crimes previstos para o tempo de paz cometidos no momento em que o país esteja em guerra declarada.

CRIMES PROPRIAMENTE E IMPROPRIAMENTE MILITARES

São considerados também os crimes previstos no Código Penal Militar, ainda que sejam iguais aos definidos no Código Penal comum, independentemente da qualidade do agente quando praticados:

a) em território nacional, ou estrangeiro, militarmente ocupado;

b) em qualquer lugar, se comprometem ou podem comprometer a preparação, a eficiência ou as operações militares ou, de qualquer outra forma, atentam contra a segurança externa do País ou podem expô-la a perigo;

E, ainda, são considerados crimes militares os crimes definidos na lei penal comum ou especial embora que ainda não previstos no Código Penal Militar quando praticados em zona de efetivas operações militares ou em território estrangeiro, militarmente ocupado.

2.3 Militares Estrangeiros

É a aplicação da territorialidade, ou seja, ao militar estrangeiro que estiver em comissão ou estagio nas forças armadas, dentro do território brasileiro ou ainda que fora do território nacional se aplica a lei penal militar nacional.

2.4 Equiparação a Militar da Ativa

O militar ainda que reserva ou reformado desde que esteja empregado em qualquer órgão da administração militar equipara-se a militar da ativa para efeito da aplicação da lei penal militar, isso ocorre porque ele se encontra exercendo a atividade da administração militar o que de todo modo compromete a instituição caso ele cometa uma infração penal.

2.5 Militar da Reserva ou Reformado

Para os efeitos da aplicação da lei penal militar, o reserva ou reformado apenas conserva as reponsabilidades e prerrogativas como sujeito ativo ou passivo da conduta incriminadora.

2.6 Defeito de Incorporação

Defeito de incorporação consiste na hipótese de um convocado, que não deveria ser, cometer uma infração militar. Visa evitar que o agente tente escapar da responsabilidade penal alegando defeito de incorporação, indicando o motivo pelo qual ele não deveria ter sido incorporado à vida militar.

Apenas se, antes da prática do crime, o defeito tiver sido alegado ou conhecido pelo órgão militar é que se pode usar como alegação o defeito da incorporação.

2.7 Tempo de Guerra

O disposto no Art. 84, XIX, CF, diz que cabe ao Presidente da Republica declarar guerra, no caso de agressão estrangeira, autorizado pelo Congresso Nacional ou referendado por ele, quando ocorrida no intervalo das sessões legislativas, e, nas mesmas condições, decretar, total ou parcialmente, a mobilização nacional.

Após a declaração do Presidente da República, inicia o tempo de guerra para aplicação da lei penal, e somente após declarada a cessação dos conflitos é que o tempo de guerra chega ao fim. Durante esse período, os crimes cometidos serão os chamados crimes militares em tempo de guerra, que já têm uma previsão no Código Penal Militar.

2.8 Contagem de Prazo

Os prazos de direito penal militar iniciam a sua contagem no mesmo dia em que os fatos ocorreram, independentemente de se tratar de dia útil ou não. Da mesma forma, o prazo termina no dia computado, não importando se é caso de dia útil ou não.

2.9 Legislação Especial

2.9.1 Salário-Mínimo

As regras estabelecidas na parte geral se aplicam não somente a delitos previstos na Parte Especial do código, mas em toda legislação penal militar especial, salvo quando a própria lei estabelecer regras próprias.

O Código Penal Militar diz, no final do texto do Art. 17 do CPM, que, para os efeitos penais militar, o salário será o maior mensal vigente no país no tempo da sentença. Essa parte do artigo é irrelevante atualmente, visto que o salário mínimo é unificado em todo país.

2.10 Crimes Praticados em Prejuízo de País Aliado

No caso de um país aliado ser vítima de quaisquer dos crimes previstos no Código Penal Militar, cometido por brasileiro, ou quando o crime ocorrer dentro do território nacional, a lei penal militar é a que será aplicada.

2.11 Infrações Disciplinares

O Código Penal Militar não diz respeito a normas incriminadores previstas em regulamentos; assim, se o magistrado entender que a infração em discussão se trata de infração disciplinar, deverá este absolver o acusado por atipicidade da conduta.

2.12 Crimes Praticados em Tempo de Guerra

Crimes previstos no Código Penal Militar para tempo de paz, quando cometidos em tempo de guerra, têm causa de aumento de pena em 1/3. Ocorre que, em tempo de guerra, os crimes cometidos se tornam mais graves; então, o legislador visou um meio de se evitar a dupla punição para o mesmo fato, ou seja, já existe tipificação para a conduta, mas excepcionalmente nesse caso haverá um aumento de pena.

2.13 Assemelhado

O assemelhado era aquele servidor público civil que prestava serviço para instituição militar. Esse civil também respondia de acordo com o regulamento disciplinar militar. Embora o dispositivo ainda esteja no Código Penal Militar, a figura do assemelhado não existe mais. Hoje o servidor civil responde conforme a lei disciplinar do ente em que trabalha, ou seja, reponde com o regulamento jurídico próprio e não mais pelo militar.

2.14 Pessoa Considerada Militar

Todo indivíduo incorporado às forças armadas para nelas servir em posto, graduação, ou sujeição à disciplina militar será considerado como militar para aplicação da lei penal militar.

2.15 Equiparação a Comandante

Toda autoridade que tenha como função a direção, no âmbito militar, é um comandante natural; sendo assim, o militar que exerça função de direção será equiparado ao que exerce a função de comandante.

2.16 Conceito de Superior

Para fins penais, a autoridade está baseada na função exercida e não no cargo ocupado, ou seja, oficiais que ocupam o mesmo posto podem apresentar uma relação de superioridade quando assim sua função determinar.

2.17 Crime Praticado em Presença do Inimigo

Se um militar praticar atos ilícitos na presença de um inimigo, este ficará sujeito às sanções estabelecidas pelo Código Penal Militar, visto que praticou fato na presença de um inimigo declarado, demonstrando indisciplina para com a instituição.

2.18 Referência a "Brasileiro" ou "Nacional"

Sempre que a lei penal militar usar o termo "brasileiro" ou "nacional", estará se referindo ao conceito dado pela própria Constituição Federal.

O Art. 12 da Constituição da República traz um rol dos considerados brasileiros:

> *I – natos:*
>
> *a) os nascidos na República Federativa do Brasil, ainda que de país estrangeiro, desde que estes não estejam a serviço de seu país;*
>
> *b) os nascidos no estrangeiro, de pai brasileiro ou mãe brasileira, desde que qualquer deles esteja a serviço da República Federativa do Brasil;*
>
> *c) os nascidos no estrangeiro de pai brasileiro ou de mãe brasileira, desde que sejam registrados em repartição brasileira competente ou venham a residir na República Federativa do Brasil e optem, em qualquer tempo, depois de atingida a maioridade, pela nacionalidade brasileira;*
>
> *II. naturalizados:*
>
> *a) os que, na forma da lei, adquiram a nacionalidade brasileira, exigidas aos originários de países de língua portuguesa apenas residência por um ano ininterrupto e idoneidade moral;*
>
> *b) os estrangeiros de qualquer nacionalidade, residentes na República Federativa do Brasil há mais de quinze anos ininterruptos e sem condenação penal, desde que requeiram a nacionalidade brasileira.*

2.19 Estrangeiros

Além dos que têm nacionalidade que não a brasileira, para efeitos da lei penal militar, são considerados ainda estrangeiros os apátridas (pessoas que não têm nacionalidade) e os brasileiros que perderam sua nacionalidade (ou porque tiveram cancelada sua naturalização, por sentença judicial, em virtude de atividade nociva ao interesse nacional, ou porque adquiriram outra nacionalidade).

2.20 Os Que se Compreendem como Funcionários da Justiça Militar

Os juízes, os representantes do Ministério Publico, os funcionários e auxiliares da justiça militar, e todo aquele, seja ele funcionário ou auxiliar da justiça militar, será considerado como funcionário para efeitos da aplicação penal.

2.21 Casos de Prevalência do Código Penal Militar

Os crimes previstos no Código Penal Militar se sobrepõem aos demais crimes dispostos em outras leis no que diz respeito à segurança externa do país ou contra as instituições militares.

3 DO CRIME

Crime nada mais é do que a conduta que lesiona um bem jurídico tutelado pela norma penal e que tem como consequência uma pena pré-determinada. Sob o aspecto analítico, considera-se crime a conduta típica, ilícita e culpável.

3.1 Relação de Causalidade

Relação de causalidade é o nexo entre a conduta e o resultado por ele causado que se enquadram na hipótese prevista como crime.

Conduta nada mais é do que a ação ou omissão do agente, já o resultado é a modificação de algo no mundo exterior que deriva da conduta praticada.

Portanto, apenas o agente que deu causa, ou seja, executou os atos necessários para obter o resultado tipificado no código como crime é que será responsabilizado penalmente.

3.2 Superveniência de Causa Relativamente Independente

As causas relativamente independentes são aquelas que surgem em decorrência das causas geradas pelo agente, porém são aptas o suficiente para gerar o resultado sozinhas. Exemplo: a vítima é esfaqueada, é levada ao pronto socorro, ocorre que este sofre um incêndio e, em consequência dele, a vítima vem a morrer queimada.

Somente o incêndio teve força suficiente para gerar o resultado, porém, se não fosse a ação do agente, a vítima não estaria no pronto-socorro e, consequentemente, não teria morrido.

Nessa hipótese, o agente apenas responde pelos atos que ele já praticou, ele não responde pelo resultado mais grave, pois, embora tenha dado causa indiretamente, não tinha como prever.

3.3 Omissão e Sua Relevância

A omissão será relevante para o crime quando o agente deveria e poderia agir para evitar a ocorrência do resultado.

Quando se diz "deveria" agir, significa que o agente, em virtude de lei, tem a obrigação de cuidado, proteção ou vigilância; ou que, por outro meio, assumiu a responsabilidade de impedir que o resultado viesse a ocorrer, ou, ainda, o agente com seu comportamento anterior tenha criado o risco de sua superveniência. Assim, nasceu ao agente um dever de agir por ter dado causa ao surgimento do risco.

Ainda, a expressão "poderia" agir significa que o agente não tem obrigação alguma de proteger, ou não deu causa ao resultado, ou, ainda, não criou o risco, mas poderia de algum modo ter evitado que o resultado acontecesse se tivesse agido em auxílio da vítima.

3.4 Crime Consumado e Tentado

Diz-se consumado o crime quando o fato concreto apresenta todos os elementos no tipo penal. E diz-se tentado quando o agente executou todos os atos possíveis para alcançar o resultado, porém, por vontade alheia a sua, o resultado desejado não chega a acontecer.

A tentativa será punida como a pena correspondente ao crime que se desejava alcançar diminuída de um a dois terços. Quanto mais próximo o agente estiver de consumar o crime, menos a pena é diminuída, e quanto mais distante da consumação, maior será a diminuição.

3.5 Desistência Voluntária e Arrependimento Eficaz

O instituto da desistência voluntária corresponde à desistência dos atos executórios do crime, o agente de modo voluntário (por sua vontade) não realiza os atos executórios que poderiam consumar o crime; nesse caso, o agente só irá responder pelos atos que já praticou.

> **Fique ligado**
>
> Desistência voluntária: não ocorrem os atos executórios.
> Arrependimento eficaz: ocorrem os atos executórios, porém tenta se evitar a consumação.

Já o arrependimento eficaz corresponde à desistência que vai ocorrer entre a prática dos atos executórios e a consumação do crime; nessa hipótese, o agente realiza todos os atos para se obter a consumação, porém, antes que ela ocorra, ele interfere para evitar que o resultado se concretize.

3.6 Crime Impossível

Ocorre o crime impossível quando o agente se vale de meios absolutamente ineficazes ou se utiliza de objetos impróprios, tornando impossível que o crime seja consumado.

3.7 Tipicidade Subjetiva

A tipicidade subjetiva consiste no aspecto volitivo do agente no agir, tendo a função de determinar se é passível ou não de aplicação de pena ao agente que pratica fato tipificado como crime.

3.7.1 Dolo

O dolo é a intenção, a vontade do agente de praticar a conduta delituosa ou, então, de assumir o risco de praticá-la.

3.7.2 Culpa

A culpa é o comportamento voluntário descuidado do agente, em virtude de descuido, de falta de atenção, ou diligência ordinária ou especial do qual estava obrigado em virtude das circunstâncias. O agente não prevê o resultado que poderia ser previsto, ou prevê e imprudentemente acredita que não irá se realizar ou que poderia evitar que ocorra.

A regra no do Código Penal Militar é o dolo, a culpa é exceção e somente será punido se o código expressamente determinar.

3.8 Nenhuma Pena Sem Culpabilidade

Existem crimes que serão qualificados pelo resultado, ou seja, são considerados mais graves em virtude de o resultado nessas hipóteses serem também mais graves. Ocorre que ninguém deve ser punido se não houver agido, ao menos com culpa, para alcançar esse resultado.

O agente somente responde pela qualificadora do crime se tiver dado causa a ela, seja por dolo ou culpa.

3.9 Erro de Direito

Quando alguém considera como lícita determinada conduta, embora não seja, e pratique sem imaginar que está agindo ilicitamente, poderá ter sua pena atenuada ou substituída por outra menos grave, se perdoáveis.

O Art. 35 do CPM determina que, se for escusável (perdoável), poderá ter a pena atenuada ou substituída, porém, não sendo assim, ou seja, se o fato for inescusável (imperdoável), o agente não obtém nenhum benefício.

3.10 Erro de Fato

Ocorre em duas hipóteses:

a) O agente pratica o crime acreditando que não existe o elemento fático que caracteriza o crime.

b) O agente pratica o crime acreditando existir uma situação, que, se de fato existisse, constituiria uma excludente de ilicitude e tornaria sua ação legítima.

Em ambos os casos, se o agente agir com erro escusável, este será isento de pena. Caso o agente tenha agido com culpa, o agente poderá responder pelo crime culposo desde que haja previsão legal.

E ainda, se terceiro provoca a prática da conduta mantendo o agente em erro, ele responderá pelo crime a título de dolo ou culpa, a depender do caso.

3.11 Erro Sobre a Pessoa

Essa espécie de erro acontece quando o agente, por erro de percepção ou de execução, atinge pessoa diversa da pretendida.

No erro de percepção, o agente, por se encontrar em situação de falsa percepção da realidade, acaba atingindo pessoa diversa da que se pretendia. E no erro da execução, o agente não se engana sobre a vítima, porém, por algum imprevisto no momento de executar o crime, ele atinge vítima diversa da pretendida.

Caso o agente atinja bem jurídico diverso do pretendido, ele só irá responder por culpa, desde que haja, para o crime contra esse bem, a modalidade culposa.

Nesses casos, o CPM entende que o agente irá responder como se tivesse agido contra a vítima pretendida, porém devem-se levar em conta as qualificações e características de ambas, da vítima concreta e da vítima pretendida para configuração, atenuação, qualificação ou exclusão do crime e agravação ou atenuação da pena.

Vale ressaltar que, se o agente atinge a vítima errada e mais a pretendida, ou ainda ocorre o resultado pretendido, este responderá por concurso de crimes.

3.12 Coação Irresistível

Existem duas formas de coação, a física e a moral. A coação física tende a afetar o corpo do indivíduo, a coação moral tende a afetar a vontade do indivíduo, interferir no seu livre arbítrio.

Desde modo, não é culpado o agente que comece o crime sob qualquer uma das formas de coação, pois ambas tiram do agente a escolha de praticar ou não o ato.

3.13 Obediência Hierárquica

Para que o agente não seja culpado com base na obediência hierárquica, é necessário que:
a) exista uma ordem manifestamente legal;
b) hoje ordem direta de autoridade competente;
c) existam de três partes envolvidas: superior, subordinado e vítima;
d) haja relação de subordinação entre o mandante e o executor.

O agente (superior) que atribui a ordem para o cometimento do crime pelo seu subordinado é quem responde pelo crime cometido. Porém, se a ordem tem por objeto prática de ato manifestamente ilegal ou há excessos na execução dos atos, o subordinado também será responsabilizado.

Se o subordinado verifica que tal ordem é manifestamente ilegal e vai em contradição com a lei, deve este agir em fiel seguimento com o ordenamento jurídico, pois, ainda que exista ordem de superior, o militar não está autorizado a cumprir ordem manifestamente ilegal.

3.14 Estado de Necessidade Com Excludente de Culpabilidade

O Código Penal Militar, em seu Art. 39, acolhe o chamado estado de necessidade exculpante e justificante, o qual expressamente determina a exclusão da culpabilidade, permitindo, assim, a absolvição do agente.

Para que se esteja diante de tal hipótese, será necessário o preenchimento de alguns requisitos:
a) existência de uma situação de perigo certo e atual;
b) perigo gerado involuntariamente, não há dolo ou culpa;
c) perigo inevitável;
d) proteção a bem próprio ou de terceiro que tenha relação de parentesco ou de afeto;
e) sacrifício de direito alheio que tenha valor superior ao bem protegido;
f) existência de situação de inexigibilidade de conduta diversa.

Assim, se o caso concreto apresentar todos os requisitos acima mencionados, o agente se encontrará no chamado estado de necessidade exculpante, ou, como traz o código estado de necessidade, com excludente de culpabilidade, não podendo, assim, ser considerado culpado de um crime.

3.15 Coação Física ou Material

Quando o delito tratar de violação de dever militar, somente poderá ser alegada a coação irresistível se física ou material, pois afeta a voluntariedade da conduta, o que a torna atípica.

3.16 Atenuação de Pena

Nas hipóteses de coação resistível, obediência hierárquica e estado de necessidade exculpante, o Art. 41 do CPM irá trazer a estas possibilidades de atenuação de pena.

Quando a coação for resistível, o crime não é afastado, podendo, nesse caso, ser concedida uma atenuante de pena, pois, ainda que resistível, o agente sofreu uma coação que impulsionou o crime.

No caso de obediência hierárquica, se a ordem não era manifestamente ilegal, poderá o agente receber uma atenuação de pena. E, se no estado de necessidade exculpante proteger um bem de menor valor, deixando perecer o de maior valor, observando uma situação atípica em que o sacrifício do bem era exigível, o juiz, levando em conta as condições pessoais do réu, pode atenuar a pena.

3.17 Exclusão do Crime

Não há crime quando o agente age em estado de necessidade, ou legítima defesa, ou estrito cumprimento do dever legal ou em exercício regular do direito.

E, ainda, não há crime quando o comandante de navio, aeronave ou praça de guerra, na iminência de perigo ou grave calamidade, compele os subalternos, por meios violentos, a executar serviços e manobras urgentes, para salvar a unidade ou vidas, ou evitar o desânimo, o terror, a desordem, a rendição, a revolta ou o saque.

3.17.1 Estado de Necessidade como Excludente do Crime

O estado de necessidade acontece quando o agente que não tem dever de enfrentar o perigo se encontra em perigo certo e atual, o qual não deu causa ou não pode evitar, e, para proteger direito próprio ou de terceiro, sacrifica um bem jurídico de menor valor para salvar um de valor maior.

3.17.2 Legítima Defesa

A legítima defesa ocorre quando o agente impede injusta agressão de direito seu ou de terceiro, que esteja acontecendo ou está a ponto de acontecer, valendo-se dos meios moderados (o suficiente para parar com a agressão).

3.17.3 Estrito Cumprimento do Dever Legal

Ocorre quando o agente age em cumprimento de disposição legal mesmo que isso cause lesão a bem jurídico de terceiro.

3.17.4 Exercício Regular do Direito

O agente, ao desempenhar uma conduta ou atividade permitida por lei, torna lícito um fato considerado infração penal.

DO CRIME

3.18 Excesso Culposo

Em qualquer causa de excludente de ilicitude, há requisitos para sua configuração; quando há requisitos e moderação, deve-se observar se o agente não agiu com excessos.

Exige-se que o agente utilize os meios necessários e suficientes para repelir a agressão, tudo que exceder essa necessidade configura ação ilícita e deve ser punido de acordo com o crime que este configura, desde que o crime seja punível a título de culpa.

3.19 Excesso Escusável

Ocorre quando o agente exagera devido à surpresa ou pela perturbação de seu ânimo. O Código Penal Militar estabelece que esse tipo de excesso não será punível em face da situação em que o agente se encontrava.

3.20 Excesso Doloso

Quando o agente tem a intenção de agir com o excesso, ou seja, ele tem consciência de que está excedendo, o juiz poderá atenuar a pena ainda que o fato seja punível com excesso doloso.

3.21 Elementos Não Constitutivos do Crime

Os elementos do crime são aqueles necessários para compor o tipo penal, porém existem elementos que não são necessários para que o tipo penal se concretize, sendo eles a qualidade de superior ou a de infrator, quando não conhecida do agente, e a qualidade de superior ou a de inferior, a de oficial de dia, de serviço ou de quarto, ou a de sentinela, vigia, ou plantão, quando a ação é praticada em repulsa a agressão.

4 DA IMPUTABILIDADE PENAL

4.1 Inimputáveis

Primeiramente, devemos saber o que é imputabilidade e inimputabilidade penal. Imputabilidade é a possibilidade de atribuir responsabilidade penal a alguém. Ao contrário dela, temos a inimputabilidade, que é a ausência das características necessárias para se responsabilizar alguém penalmente, é a falta de condições para compreender suas ações.

O CPM estabelece que se o agente, no momento da ação ou omissão, não tinha capacidade de entender a ilicitude do fato ou de determinar se era de sua vontade praticar um ato ilícito, em virtude de doença mental, ou desenvolvimento mental incompleto ou retardado, será considerado inimputável, ou seja, será isento de pena, porém estará sujeito a tratamento por meio de medida de segurança.

4.1.1 Redução Facultativa Da Pena

Nessa hipótese, a capacidade de entender o caráter ilícito do ato foi reduzida consideravelmente, e não totalmente suprida como no caso da inimputabilidade; assim, não há isenção de pena, apenas a possibilidade de atenuação da pena. Essa atenuação é facultativa, e o juiz, observando o caso concreto, é quem verifica se o agente deve ou não ter esse benefício.

4.1.2 Embriaguez

Ocorre com o agente que, por embriaguez completa decorrente de caso fortuito ou força maior, não possui, no momento da ação ou omissão, plena capacidade de entender o caráter ilícito dos seus atos ou ainda de entender se estava de acordo em realizar tal conduta.

Embriaguez é a intoxicação decorrente de substâncias entorpecentes, causando perda do raciocínio ou do discernimento.

A embriaguez, para fazer com que o agente seja inimputável e esteja isento de pena, deve derivar de caso fortuito, ou seja, uma embriaguez acidental, o agente não tinha a menor ideia de que estava ingerindo substância entorpecente. A embriaguez de força maior é aquela que surge por eventos sobre os quais o agente não tem qualquer controle, ele sabe que está ingerindo, mas não por sua vontade.

A embriaguez, quando incompleta, torna o agente semi-inimputável, pois sua capacidade não foi diminuída completamente; nessa hipótese, a pena pode ser reduzida de um a dois terços.

4.2 Menores e Equiparação a Maiores

O Art. 50 e o Art. 51 do CPM não foram recebidos completamente pela Constituição Federal, a qual consagra, em seu Art. 228, que "são penalmente inimputáveis os menores de dezoito anos, sujeitos às normas da legislação especial". Assim, todo agente menor de 18 anos será considerado INIMPUTÁVEL, não importa a circunstância.

CONCURSO DE AGENTES

5 CONCURSO DE AGENTES

Concurso de agentes ocorre quando mais de uma pessoa entra em cooperação para cometer um crime; essa cooperação pode ser através da coautoria ou da participação

Existem 3 teorias relacionadas ao concurso de agentes:

a) Teoria pluralista: para essa teoria, haverá tantos crimes quantos forem os agentes. Por exemplo, se o crime for cometido por três pessoas, haverá três crimes.

b) Teoria dualista: para essa teoria, haverá dois crimes: um cometido pelo (s) coautor(es) e outro cometido pelo partícipe(s).

c) Teoria monista: para essa teoria, existe apenas um crime, independentemente de quantas pessoas participem.

O CPM adotou, em regra, a teoria monista, por mais que várias pessoas cooperem para a pratica de infração penal, irá existir um único crime. O Art. 53 do CPM, que trata dessa modalidade, vem com o título coautoria, porém deve-se interpretar de forma extensiva, pois todos aqueles que cooperarem para a prática do crime irão responder por ele; assim, tanto o coautor quanto o partícipe se encaixam na previsão do mencionado artigo.

5.1 Condições ou Circunstâncias Pessoais

Ainda que, no concurso de agentes, haja um único crime, cada agente responde individualmente na medida de sua culpabilidade. E ainda, as condições ou circunstâncias pessoais do agente só se comunicam se estas forem elementos do tipo penal incriminador.

5.2 Agravação e Atenuação da Pena

De acordo com o CPM, a pena é agravada em relação ao agente que:

> I. promove ou organiza a cooperação no crime ou dirige a atividade dos demais agentes;
>
> II. coage outrem à execução material do crime;
>
> III. instiga ou determina a cometer o crime alguém sujeito à sua autoridade, ou não punível em virtude de condição ou qualidade pessoal;
>
> IV. executa o crime, ou nele participa, mediante paga ou promessa de recompensa.

5.2.1 Atenuação de Pena

A pena é atenuada com relação ao agente, cuja participação no crime é de menos importância.

Como cada agente irá responder individualmente. A aplicação da pena ocorre da mesma forma; assim, pode o juiz aplicar causas agravantes ou atenuantes com base no caso concreto, observando a participação de cada indivíduo.

5.3 Cabeças

O CPM determina que "cabeças" são aqueles agentes que dirigem, provocam, instigam ou excitam a ação (crime), são indivíduos com poder de autoridade. Por essa razão, se o crime é cometido por inferiores e um ou mais oficiais, os oficiais serão considerados os cabeças.

5.3.1 Casos de Imputabilidade

A coautoria somente será punida se a autoria também for; então, caso o crime não chegue nem a ser tentado, não tem como haver punição.

6 DA APLICAÇÃO DA PENA

6.1 Fixação da Pena Privativa de Liberdade

O CPM não apresenta clareza sobre qual critério será utilizado na aplicação da pena, porém o STF adotou o entendimento de que será aplicado ao CPM será o mesmo aplicado ao CP comum, o chamado critério trifásico.

Esse critério consiste em dividir a dosimetria da pena em três fases:

01. a análise das circunstâncias judiciais - o juiz ao final da primeira fase fixa a pena-base;

02. a análise das circunstâncias legais - na segunda fase, o juiz verifica se há circunstâncias agravantes ou atenuantes, no final o juiz fixa a pena provisória;

03. por fim, a análise das causas de aumento e diminuição da pena - o juiz fixa a pena final.

Assim, para a fixação da pena, o juiz apreciará a gravidade do crime praticado e a personalidade do réu, devendo ter em conta a intensidade do dolo ou grau da culpa, a maior ou menor extensão do dano ou perigo de dano, os meios empregados, o modo de execução, os motivos determinantes, as circunstâncias de tempo e lugar, os antecedentes do réu e sua atitude de insensibilidade, indiferença ou arrependimento após o crime.

6.2 Determinação da Pena

Se, no caso concreto, o juiz entender o cabimento de pena alternativa, ele deve na sentença determinar sua aplicação.

6.2.1 Limites Legais da Pena

O juiz, ao fixar a pena-base, deve respeitar os limites estabelecidos pela lei, porém as causas de aumento e diminuição permitem que se rompam esses limites cominados. Deste modo, a pena a ser aplicada deve respeitar os limites legais, salvo o que está disposto no Art. 76.

Exemplo: pena de detenção deve respeitar a pena mínima de 30 dias; assim, o juiz não pode determinar uma pena menor do que a já estabelecida.

6.3 Circunstâncias Agravantes

São circunstâncias agravantes aquelas que, se verificadas no caso concreto, agravarão a pena a ser aplicada, desde que essas circunstâncias não constituam elemento ou qualificador do tipo penal.

Conforme determina o CPM, são circunstâncias que sempre agravam a pena, quando não integrantes ou qualificativas do crime:

I. a reincidência;

II. ter o agente cometido o crime:

a) por motivo fútil ou torpe;

b) para facilitar ou assegurar a execução, a ocultação, a impunidade ou vantagem de outro crime;

c) depois de embriagar-se, salvo se a embriaguez decorre de caso fortuito, engano ou força maior;

d) à traição, de emboscada, com surpresa, ou mediante outro recurso insidioso que dificultou ou tornou impossível a defesa da vítima;

e) com o emprego de veneno, asfixia, tortura, fogo, explosivo, ou qualquer outro meio dissimulado ou cruel, ou de que podia resultar perigo comum;

f) contra ascendente, descendente, irmão ou cônjuge;

g) com abuso de poder ou violação de dever inerente a cargo, ofício, ministério ou profissão;

h) contra criança, velho ou enfermo;

i) quando o ofendido estava sob a imediata proteção da autoridade;

j) em ocasião de incêndio, naufrágio, encalhe, alagamento, inundação, ou qualquer calamidade pública, ou de desgraça particular do ofendido;

l) estando de serviço;

m) com emprego de arma, material ou instrumento de serviço, para esse fim procurado;

n) em auditório da Justiça Militar ou local onde tenha sede a sua administração;

o) em país estrangeiro.

Parágrafo único. As circunstâncias das letras C, salvo no caso de embriaguez preordenada, L, M e O, só agravam o crime quando praticado por militar.

6.4 Reincidência

> **Fique ligado**
>
> Crimes anistiados não serão considerados para efeitos da reincidência.

Reincidente é o agente que pratica novo crime após o trânsito em julgado de sentença que o tenha condenado por crime anterior.

Decorrido o prazo de cinco anos entre o cumprimento ou extinção da pena e o novo crime, o agente deixa de ser considerado reincidente.

6.5 Circunstâncias Atenuantes

As circunstâncias atenuantes são aquelas que, verificadas no caso concreto, atenuam a pena do agente. De acordo com o art. 72 do CPM, são circunstancias que sempre atenuam a pena.

I. ser o agente menor de vinte e um ou maior de setenta anos;

II. ser meritório seu comportamento anterior;

III. ter o agente:

a) cometido o crime por motivo de relevante valor social ou moral;

b) procurado, por sua espontânea vontade e com eficiência, logo após o crime, evitar-lhe ou minorar-lhe as consequências, ou ter, antes do julgamento, reparado o dano;

c) cometido o crime sob a influência de violenta emoção, provocada por ato injusto da vítima;

d) confessado espontaneamente, perante a autoridade, a autoria do crime, ignorada ou imputada a outrem;

e) sofrido tratamento com rigor não permitido em lei.

6.5.1 Não Atendimento de Atenuantes

Nos crimes em que a pena máxima cominada é de morte, ao juiz é facultado atender, ou não, às circunstâncias atenuantes enumeradas no artigo.

6.6 Quantum da Agravação ou Atenuação

Respeitados os limites da pena cominada ao crime, o juiz poderá aumentar ou diminuir a pena, de um quinto a um terço, quando a lei não determinar o quantum de agravação ou a atenuação deva ser aplicado.

6.7 Mais de Uma Agravante ou Atenuante

Havendo mais de uma circunstância agravante ou atenuante, poderá o juiz se limitar a apenas uma agravante ou uma só atenuante.

6.8 Concurso de Agravantes e Atenuantes

Quando houver confronto de agravantes e atenuantes, deve haver uma simples compensação; se houver proporção entre uma e outra, considera-se que ambas não tenham existido. Porém, deve-se também respeitar a valorização do legislador ao formular circunstâncias preponderantes, isto é, circunstâncias que possuem um valor maior do que as outras. Assim, entre uma circunstância agravante e outra atenuante, o julgador deve fazer incidir aquela que se aproxima dos motivos determinantes do crime, da personalidade do agente e da reincidência.

DA APLICAÇÃO DA PENA

6.9 Majorantes e Minorantes

Na última fase da dosimetria da pena, temos a aplicação das causas de aumento e diminuição de pena. Essas causas podem estar previstas na parte geral ou especial. Nessa hipótese, o juiz não ficará preso aos limites da pena cominada ao crime, mas apenas aos limites estabelecidos na espécie de plena aplicável (Art. 58 – limites impostos na reclusão e detenção).

Havendo concurso de causas de aumento ou de diminuição, o juiz pode se limitar a um só aumento ou a uma só diminuição, prevalecendo, porém, a causa que mais aumente ou diminua a pena.

6.10 Pena-Base

A pena-base é a primeira escolha do quantum feito pelo juiz na primeira fase da dosimetria da pena, é a pena sem aplicação de agravante, atenuantes, causas de aumento ou diminuição.

6.11 Criminoso Habitual ou Por Tendência

6.11.1 Criminoso habitual

O Art. 78 do CPM diz que: em se tratando de criminoso habitual ou por tendência, a pena a ser imposta será por tempo indeterminado. O juiz fixará a pena correspondente à nova infração penal, que constituirá a duração mínima da pena privativa da liberdade, não podendo ser, em caso algum, inferior a três anos.

Após o cumprimento da pena imposta, a duração da pena indeterminada não poderá exceder 10 anos.

Desde modo, a pena para o crime habitual ou por tendência será indeterminada, mas não perpétua, partindo da pena mínima de três anos e da máxima de 10 anos.

6.11.2 Habitualidade Presumida

Conforme o Art. 78, § 2º, do CPM, o criminoso habitual é o agente que reincide pela segunda vez na prática de crime doloso de mesma natureza, punível com pena privativa de liberdade no período de 5 anos, descontado o que se refere o tempo da pena.

É possível, ainda, a habitualidade reconhecida pelo juiz, quando o agente, mesmo sem condenação anterior, comete quatro crimes doloso ou mais de mesma natureza, puníveis com pena privativa de liberdade, no lapso temporal de 5 anos, e demonstra, pelas suas condições de vida e pelas circunstâncias dos fatos apreciados em conjunto, acentuada inclinação para tais crimes. O Art. 82 do CPM menciona que não se aplica a esta hipótese o disposto sobre o concurso de crimes idênticos ou ao crime continuado.

Os crimes considerados como de mesma natureza são aqueles que revelam, pelos fatos que os constituem ou pelos seus motivos determinantes, caracteres fundamentais comuns, ainda que previstos em dispositivos diversos.

6.11.3 Criminoso por Tendência

O criminoso por tendência é aquele que, pelos motivos determinantes e meios ou modo de execução, revela extraordinária torpeza, perversão ou malvadez no cometimento do crime de homicídio, tentativa de homicídio ou lesão corporal grave.

Fica ressalvado, em qualquer caso, seja do criminoso habitual ou por tendência, que a pena poderá ser substituída por internação quando o condenado necessitar de tratamento curativo, conforme dispõe o Art. 48 do CPM.

6.12 Concurso de Crimes

O concurso de crimes ocorre quando o agente pratica dois ou mais crimes, mediante uma ou mais ação ou omissão, sejam os crimes idênticos ou não.

Nessa hipótese, a pena privativa de liberdade deverá ser unificada, ou seja, tornar várias penas uma única.

Se as penas forem de mesma espécie, a pena única será a soma de todas elas; se de espécies diferentes, a pena única será a mais grave com aumento correspondente à metade do tempo das menos graves, desde que respeitados os limites impostos para as penas de reclusão e detenção.

6.13 Crime Continuado

O crime continuado ocorre quando o agente pratica dois ou mais crimes de mesma espécie, mediante uma ou mais ação ou omissão, e que, pelas condições de tempo, lugar e maneira de execução semelhantes, supõe que os subsequentes são continuação do primeiro crime praticado.

A doutrina diz que crimes de mesma espécie podem ser tanto os delitos previstos num mesmo tipo penal quanto podem ser crimes que protegem o mesmo bem jurídico, ainda que previstos em tipos penais diferentes.

Vale ressaltar também que não se admite crime continuado aos crimes cometidos contra a pessoa, salvo se essas ações ou omissões continuadas objetivam a mesma vítima.

6.14 Limite da Pena Unificada

A pena unificada tem limitação; se for de reclusão, a pena não poderá ultrapassar 30 anos; se for pena de detenção, não poderá ultrapassar 15 anos.

	RECLUSÃO	DETENÇÃO
PENA MÁXIMA	30 anos	15 anos

Quando houver concurso formal ou crime continuado, o juiz poderá diminuir a pena unificada de um sexto a um quarto.

Quando cominada a pena de morte como grau máximo e a de reclusão como grau mínimo, a pena de morte, para efeito de graduação, corresponde à de reclusão por trinta anos. Salvo se houver disposição especial, os crimes punidos com pena de morte, para cálculo da pena aplicável na hipótese de tentativa, a pena correspondente será à de reclusão por 30 anos.

6.15 Penas Não Privativas de Liberdade

Serão aplicadas distinta e integralmente ainda que previstas em um só dos crimes concorrentes às penas não privativas de liberdade.

6.16 Da Suspensão Condicional da Pena

A suspensão pausa o prazo, e, quando decorrido seu prazo, volta a fluir de onde tenha parado. Na execução da pena privativa da liberdade não superior a 2 anos, poderá ser suspensa pelo prazo de 2 a 6 anos em duas hipóteses:

a) o sentenciado não haja sofrido, no País ou no estrangeiro, condenação irrecorrível por outro crime a pena privativa da liberdade;

> **Fique ligado**
>
> A aplicação da suspensão não se estende às penas de reforma, suspensão do exercício do posto, graduação ou função ou à pena acessória, nem exclui a aplicação de medida de segurança não detentiva.

b) os seus antecedentes e personalidade, os motivos e as circunstâncias do crime, bem como sua conduta posterior, autorizem a presunção de que não tornará a delinquir.

Na própria sentença, o juiz irá determinar as condições em que ficará subordinada a suspensão, devendo estas ser atendidas pelo condenado.

A suspensão poderá ser revogada obrigatoriamente se, no curso do prazo, o beneficiário:

a) é condenado, por sentença irrecorrível, na Justiça Militar ou na comum, em razão de crime, ou de contravenção reveladora de má índole ou a que tenha sido imposta pena privativa de liberdade;

b) não efetua, sem motivo justificado, a reparação do dano;

c) sendo militar, é punido por infração disciplinar considerada grave.

Além das causas acima mencionadas, caso o beneficiário deixe de cumprir qualquer das condições previstas na sentença, o juiz poderá também decretar a revogação da suspensão. Essa possibilidade é chamada de revogação facultativa. Na revogação facultativa, pode o juiz, ao invés de decretá-la, prorrogar a suspensão ao período máximo de prova, se antes não fixado.

Desse modo, quanto ao caso de um beneficiário que responde a um processo (e que se for condenado, possa acarretar a revogação), o prazo de suspensão ficará prorrogado até o julgamento definitivo. Se o prazo expira sem que a suspensão tenha sido revogada, fica extinta a pena privativa de liberdade.

Contudo, há hipóteses nas quais a suspensão condicional da pena não se aplica:

a) ao condenado por crime cometido em tempo de guerra;

b) em tempo de paz:

- Por crime contra a segurança nacional, de aliciação e incitamento, de violência contra superior, oficial de dia, de serviço ou de quarto, sentinela, vigia ou plantão, de desrespeito a superior, de insubordinação, ou de deserção;
- Pelos crimes previstos nos Arts. 160, 161, 162, 235, 291 e seu parágrafo único, números I a IV.

6.17 Do Livramento Condicional

O livramento condicional é uma espécie de liberdade antecipada mediante preenchimento de certos requisitos. O condenado à pena de reclusão ou de detenção por tempo igual ou superior a 2 anos pode ser liberto condicionalmente, desde que:

a) o agente tenha cumprido metade da pena, se primário; ou dois terços, se reincidente. Se o condenado é primário e menor de 21 anos ou maior de 70 anos, o tempo de cumprimento de pena pode ser reduzido a um terço.

b) ou que tenha reparado, salvo impossibilidade de fazê-lo, o dano causado pelo crime.

c) Ou sua boa conduta durante a execução da pena, sua adaptação ao trabalho e às circunstâncias atinentes a sua personalidade, ao meio social e à sua vida pregressa permitem supor que não voltará a delinquir.

Nos casos de concurso de crimes, deve-se levar em conta a pena unificada. Somente se concede o livramento após ouvido o conselho penitenciário, o diretor do estabelecimento prisional em que estava ou esteve o condenado, o representante do Ministério Público da justiça militar.

Fique ligado

Não pode haver livramento nos casos de condenação por crime cometido em tempo de guerra.

No caso de medida de segurança, somente após perícia conclusiva de não periculosidade do condenado. O liberado nesta hipótese irá ficar sob observação cautelar e proteção realizadas por patronato oficial ou particular. Se patrono oficial será dirigido pelo conselho penitenciário, se for patronato particular, será inspecionado pelo mesmo conselho. Se não houver patronato, o liberado fica sob observação cautelar realizada pelo serviço social penitenciário ou órgão similar.

A própria sentença deverá estabelecer as condições a que o livramento ficará subordinado.

6.18 Revogação Obrigatória e Facultativa

Existem duas hipóteses em que o livramento será revogado obrigatoriamente: quando o liberado vem a ser condenado, em sentença irrecorrível com pena privativa de liberdade por infração penal cometida durante a vigência do livramento ou por infração penal anterior quando primário, salvo se tendo que ser unificadas as penas, não fica prejudicado o requisito de cumprimento de metade da pena.

As infrações mencionadas como causa de revogação obrigatória do livramento incluem quaisquer crimes, sejam eles julgados pela justiça militar ou pela justiça comum.

O juiz ainda pode revogar facultativamente o livramento quando o beneficiário descumprir qualquer das condições determinadas na sentença ou quando irrecorrivelmente condenado, por motivo de contravenção à pena que não seja privativa de liberdade, ou, ainda, se o agente for militar, sofre penalidade por transgressão disciplinar grave.

Uma vez revogado o livramento, este benefício não poderá ser concedido novamente, a não ser que a revogação tenha resultado de condenação por infração penal anterior ao benefício. E ainda, quando revogado o benefício, não se desconta da pena o tempo em que o condenado esteve solto.

Se até o término do livramento este não é revogado, a pena privativa de liberdade será considerada extinta. Porém, quando o processo em que o liberado responde por infração penal cometida na vigência do benefício não transita em julgado, o juiz será impedido de declarar a extinção da pena.

Art. 97. Em tempo de paz, o livramento condicional por crime contra a segurança externa do país, ou de revolta, motim, aliciação e incitamento, violência contra superior ou militar de serviço, só será concedido após o cumprimento de dois terços da pena, observado ainda o disposto no Art. 89, preâmbulo, seus números II e III e §§ 1º e 2º.

6.19 Das Penas Acessórias

Como o próprio nome já sugere, as penas acessórias são aquelas que dependem da aplicação da pena principal, podendo ser eventualmente cumuladas.

São penas acessórias:

a) a perda de posto e patente;

b) a indignidade para o oficialato;

c) a incompatibilidade com o oficialato;

d) a exclusão das forças armadas;

e) a perda da função pública, ainda que eletiva;

f) a inabilitação para o exercício de função pública;

g) a suspensão do pátrio poder, tutela ou curatela;

h) a suspensão dos direitos políticos.

Para fins de aplicação da pena acessória, equipara-se à função pública a que é exercida em empresa pública, autarquia, sociedade de economia mista, ou sociedade de que participe a União, o Estado ou o Município como acionista majoritário.

6.19.1 Perda de Posto e Patente

A perda do posto ou patente não é autônoma. Ela decorre de uma declaração de indignidade ou incompatibilidade para o oficialato e, ainda, a perda do posto só ocorre através de decisão decorrente do tribunal militar de caráter permanente, em tempo de paz, ou de tribunal especial, em tempo de guerra, que condena o agente a pena privativa de liberdade por período superior a 2 anos; é importante, ainda, a perda das condecorações.

Para fins de aplicação da penalidade, "tribunal" deve ser entendido como o juízo de segunda instancia ou de instância superior; a decisão de perda de posto ou patente não pode decorrer de juiz de primeiro grau; apenas os tribunais têm competência para declarar a indignidade ou incompatibilidade.

DA APLICAÇÃO DA PENA

Qualquer que seja a pena, nos crimes de traição, espionagem, covardia, desrespeito ao símbolo nacional, pederastia ou outro ato libidinoso, furto simples, roubo simples, extorsão mediante sequestro, chantagem, estelionato, abuso de pessoa, peculato, peculato mediante aproveitamento de erro de outrem, falsificação de documento, falsidade ideológica, o agente fica sujeito à declaração de indignidade.

Ainda, fica o condenado sujeito à declaração de incompatibilidade com o oficialato na prática dos crimes de entendimento para gerar conflito ou divergência com o Brasil e tentativa contra a soberania do Brasil.

6.19.2 Exclusão das Forças Armadas

É uma pena acessória aplicada somente aos praças que, ao serem condenados à pena privativa de liberdade por período superior a 2 anos, serão excluídos das forças armadas. Tal pena deve vir expressamente descrita na sentença.

6.19.3 Perda da Função Pública

A perda da função pública aplica-se ao civil condenado por crime militar, ou ao militar da reserva ou reformado que esteja no exercício de função pública de qualquer natureza.

Para incorrer na pena de perda da função pública, o civil deve ser condenado à pena privativa de liberdade por crime cometido com abuso de poder ou violação de dever inerente à função pública (nessa hipótese, é necessária que a sentença determine expressamente); ou condenado, por outro crime, à pena privativa de liberdade por mais de dois anos.

6.19.4 Inabilitação Para o Exercício de Função Pública

Para que o agente se torne inabilitado ao exercício de função pública, são necessários dois fatores:

| Crime praticado com abuso de poder ou violação do dever militar ou inerente à função pública. | + | Condenação à pena de reclusão por mais de quatro anos. |

O período de inabilitação se inicia após o cumprimento da pena ou da medida de segurança, ou, ainda, quando a referida pena é extinta. E o condenado poderá ficar inabilitado pelo prazo de 2 até 20 anos.

O Art. 108 do CPM inclui, no período de inabilitação, o tempo em que o condenado passou a ser beneficiado pela suspensão condicional da pena ou pelo livramento condicional, caso não tenha sido revogado.

6.19.5 Suspensão do Pátrio Poder, Tutela ou Curatela

Essa pena tem como finalidade a impossibilidade de o condenado exercer o poder familiar, tutela ou curatela, e lhe será aplicado quando, concedendo a pena privativa e liberdade por mais de 2 anos, qualquer que seja o crime praticado, a suspensão irá durar o tempo que durar a execução da pena ou da medida de segurança.

Essa suspensão pode ainda ser decretada pelo juiz como medida cautelar, sendo esta a chamada suspensão provisória. É necessária expressa determinação na sentença.

6.19.6 Suspensão dos Direitos Políticos

> **Fique ligado**
> Salvo os casos dos Arts. 99, 103, nº II, e 106, do CPM, a imposição da pena acessória deve constar expressamente da sentença.

A suspensão dos direitos políticos é consequência natural da condenação, e irá durar o mesmo tempo de execução da pena ou da medida de segurança, ou ainda o mesmo período em que estiver inabilitado para a função pública.

6.20 Dos Efeitos da Condenação

São os chamados efeitos secundários ou extrapenais da condenação. Os efeitos previstos no Art. 109 têm natureza civil; em outros artigos, ainda há a previsão de efeitos de natureza penal. De acordo com o texto do CPM, são efeitos da condenação:

> *I. tornar certa a obrigação de reparar o dano resultante do crime;*
> *II. a perda, em favor da Fazenda Nacional, ressalvado o direito do lesado ou de terceiro de boa-fé:*
> *a) dos instrumentos do crime, desde que consistam em coisas cuja fabricação, alienação, uso, porte ou detenção constitua fato ilícito;*
> *b) do produto do crime ou de qualquer bem ou valor que constitua proveito auferido pelo agente com a sua prática.*

A perda de bens em favor da Fazenda Nacional corresponde à medida de confisco.

7 DAS MEDIDAS DE SEGURANÇA

A medida de segurança é uma consequência penal que decorre por meio de uma sentença absolutória. Ela tem a finalidade preventiva, visa garantir o tratamento médico ao paciente considerado inimputável e semi--imputável que apresenta grau de periculosidade.

Estão sujeitas à medida de segurança os civis, os militares condenados à pena privativa de liberdade por tempo superior a dois anos, ou aos que, de outro modo, hajam perdido função, posto e patente, ou hajam sido excluídos das forças armadas; os militares que, no momento da ação ou omissão, eram inimputáveis; os militares que apresentarem inaptidão para dirigir veículo automotor e consequente perigo, conforme dispõe o Art. 115.

A medida de segurança irá substituir a pena privativa de liberdade quando o condenado for considerado inimputável ou ainda considerado ébrio habitual (alcoólatras e dependentes de tóxicos). Vindo a ser curado, este poderá ser transferido para estabelecimento penal, não excluindo seu direito ao livramento condicional.

Porém, se a periculosidade persistir o prazo de internação passará a ser por prazo indeterminado, somente com a sua cessação é que o paciente pode ser transferido ou libertado.

A medida de segurança deverá ser imposta na sentença a qual irá estabelecer as condições conforme dispõe o COM; ainda, a imposição da medida de segurança não impede a expulsão do estrangeiro.

O CPM a divide em duas espécies: pessoais e patrimoniais. As pessoais se subdividem em detentivas e não detentivas.

7.1 Medidas de Segurança Pessoais

a) Detentivas

As detentivas são as de internação em manicômio judicial e a internação em estabelecimento psiquiátrico anexo ao manicômio judiciário ou estabelecimento penal, ou em seção especial de um ou de outro.

Vale ressaltar que a Lei de Execução Penal trouxe a figura do hospital de custódia e tratamento psiquiátrico para tratamento dos inimputáveis e semi-imputaveis. Assim, as figuras do manicômio judicial e do estabelecimento psiquiátrico a ele anexo foram extintas.

O prazo de aplicação era de, no mínimo, 1 e 3 anos, e perdurava por tempo indeterminado. O agente continuava no estabelecimento até cessar sua periculosidade, mediante constatação de perícia médica.

A perícia médica é realizada ao término do prazo mínimo fixado na internação. Se não for revogada, deve ser repetida de ano em ano, salvo se houver outra determinação superior.

A desinternação será sempre condicional, e deve ser revogada caso o indivíduo, antes de transcorrido o prazo de um ano, venha a praticar fato indicativo de persistência de sua periculosidade. Durante o período de prova, deverá o paciente permanecer sob observação cautelar e proteção realizadas por patronato oficial ou particular, dirigido àquele e inspecionado este pelo Conselho Penitenciário. Na falta de patronato, o liberado fica sob observação cautelar realizada por serviço social penitenciário ou órgão similar.

b) Não detentivas

As medidas de segurança não detentivas são:
- Cassação de licença para a direção de veículos motorizados, pelo menos por 1 ano, quando o agente comete o crime na direção ou este tenha relação com direção de veículos. Irá ocorrer a cassação se as circunstâncias do caso e os antecedentes do condenado revelam a sua inaptidão para essa atividade e consequente perigo para a incolumidade alheia.

O prazo de interdição começa a contar do dia em que a execução da pena termina, ou ainda da data da suspensão condicional da pena ou da concessão do livramento ou desinternação condicionais. Se, antes do prazo, a periculosidade cessa, revoga-se a cassação, mas, se ao seu término, ela persiste, a cassação prorroga-se até que a periculosidade cesse.

A cassação deve ser determinada mesmo que o réu seja absolvido em razão da inimputabilidade.

- Exílio local por pelo menos 1 ano, quando é determinado que o agente se afaste da localidade, município ou comarca onde o crime ocorreu, aplicável quando o juiz considera isso necessário como medida preventiva, para o bem da ordem pública ou do próprio condenado. Ele se inicia logo quando cessa ou é suspensa condicionalmente a execução da pena privativa de liberdade.
- Proibição de frequentar determinados lugares por pelo menos um ano; visa evitar o contato com lugares que favoreçam, por qualquer motivo, seu retorno à atividade criminosa. Seu início ocorre logo que é cessada ou suspensa condicionalmente a pena privativa de liberdade.

7.2 Medidas de Segurança Patrimoniais

As patrimoniais são:
- A interdição de estabelecimento ou sede de sociedade ou associação pelo prazo mínimo de 15 dias e no máximo de 6 meses. Ocorre quando o estabelecimento é utilizado como meio para a pratica do crime. A interdição consiste na proibição de exercer no local o mesmo comércio ou indústria, ou a atividade social. Ainda, mesmo em local diverso, não pode exercer em outro local suas atividades.
- **A de confisco, ainda que não apurada a autoria, ou quando o agente é inimputável ou não punível. O juiz deve ordenar o confisco dos instrumentos e produtos do crime, desde que consistam em coisas:**

  a) cujo fabrico, alienação, uso, porte ou detenção constitui fato ilícito;

  b) que, pertencendo às forças armadas ou sendo de uso exclusivo de militares, estejam em poder ou em uso do agente, ou de pessoa não devidamente autorizada;

  c) abandonadas, ocultas ou desaparecidas.

Ainda, é ressalvado o direito do lesado ou de terceiro de boa-fé, nos casos a e b.

A internação, em qualquer dos casos previstos, deve visar não apenas ao tratamento curativo do internado, senão também ao seu aperfeiçoamento, a um regime educativo ou de trabalho, lucrativo ou não, segundo o permitirem suas condições pessoais.

8 DA AÇÃO PENAL

A ação penal é o direito de realizar o jus puniendi, é o meio pelo qual se busca a punição dos responsáveis pela prática de uma conduta tipificada como crime militar.

Cabe somente ao Ministério Público da Justiça Militar promover a ação penal através do oferecimento da denúncia.

Existem duas modalidades de ação penal militar:

MODALIDADES DA AÇÃO PENAL MILITAR	
AÇÃO PENAL MILITAR PÚBLICA INCONDICIONADA	Pode ser oferecida apenas pelo Ministério Público sem necessidade de intervenção de outra parte.
AÇÃO PENAL MILITAR PÚBLICA CONDICIONADA À REQUISIÇÃO DO MINISTÉRIO MILITAR OU DO MINISTÉRIO DA JUSTIÇA	O Ministério Público depende de requisição desses órgãos para o oferecimento da denúncia.

A ação penal militar pública condicionada à requisição do comando militar ou do Ministro da Justiça ocorre nos crimes previstos do Art. 136 ao 141 do CPM, são eles: hostilidade contra o país estrangeiro, provocação a país estrangeiro, ato de jurisdição indevida, violação de território estrangeiro, entendimento para empenhar o Brasil à neutralidade ou à guerra, e entendimento para gerar conflito ou divergência com o Brasil.

O crime de entendimento para gerar conflito ou divergência com o Brasil, previsto no Art. 141, pode ser praticado tanto por civil quanto por militar; se praticado por civil, a requisição será feita pelo Ministério da Justiça.

9 DA EXTINÇÃO DA PUNIBILIDADE

Quando desaparece para o Estado a possibilidade de imposição de pena ao agente, ocorre a chamada extinção da punibilidade. De acordo com o Art. 123 do CPM:

I. pela morte do agente;
II. pela anistia ou indulto;
III. pela retroatividade de lei que não mais considera o fato como criminoso;
IV. pela prescrição;
V. pela reabilitação;
VI. pelo ressarcimento do dano, no peculato culposo (Art. 303, § 4º).

A morte do agente irá extinguir a possibilidade de imposição dos efeitos penais da sentença. Podem os efeitos extrapenais não desaparecem, sendo inclusive possível que os efeitos de caráter civil alcancem o patrimônio do agente transferido aos herdeiros.

A anistia ocorre quando o Congresso Nacional perdoa determinada conduta delituosa, ela não se dirige a uma pessoa específica, mas a todos que cometerem o delito determinado. Já o indulto ocorre por ato do Presidente da República por meio de decreto, o qual estabelece determinadas condições. Uma vez cumpridas, qualificam o agente a ter extinta a sua punibilidade.

A retroatividade já foi estudada, uma lei nova que deixa de considerar um fato como criminoso alcança fatos anteriores a sua vigência.

A reabilitação criminal é o modo pelo qual o condenado pode ser restituído a sua situação anterior à condenação, seus antecedentes criminais e anotações negativas são retirados da sua ficha. Só pode ser requerida depois de passado um determinado prazo desde o cumprimento da pena.

A reparação do dano no crime de peculato culposo, se anterior à sentença irrecorrível, extingue a punibilidade.

A prescrição é a perda do direito pela demora de seu exercício, ela se divide em duas espécies: a prescrição da ação penal, ou seja, a perda do direito de propor a ação; ou a prescrição da execução da pena, ou seja, perde-se o direito de executar a pena do condenado.

9.1 Prescrição da Ação Penal

A prescrição é regulada pelo máximo da pena privativa de liberdade cominada ao crime, o que chamamos de pena em abstrato. É a chamada prescrição externa, pois impede o início do processo.

O Art. 125 do CPM determina o tempo em que o crime prescreve com base na pena máxima cominada:

A AÇÃO PENAL PRESCREVE EM...	SE A PENA MÁXIMA COMINADA FOR DE...
30 ANOS	MORTE
20 ANOS	MAIS DE 12 ANOS
16 ANOS	MAIS DE 8 ANOS E ATÉ 12 ANOS
12 ANOS	MAIS DE 4 ANOS E ATÉ 8 ANOS
8 ANOS	MAIS DE 2 ANOS E ATÉ 4 ANOS
4 ANOS	MAIS DE 1 ANO E ATÉ 2 ANOS
2 ANOS	MENOS DE 1 ANO

Quando houver a sentença condenatória, de que somente o réu tenha recorrido, a prescrição passa a ser regulada pela pena imposta, chamada de pena em concreto, e não mais pela pena em abstrato. Deve ser logo declarado se, entre a última causa interruptiva do curso da prescrição e a sentença, já decorreu tempo suficiente.

Quando somente o réu recorre, a sua situação não pode ser piorada. Por isso, pode ser utilizada a pena em concreto, pois ela só pode ser modificada se melhorar a situação do condenado.

É nesse momento que surgem as chamadas prescrições internas, que se subdividem em intercorrente e retroativa.

A prescrição intercorrente compreende o período entre a sentença condenatória até o julgamento do recurso imposto pela defesa. Já a prescrição retroativa irá compreender o período entre a sentença condenatória para trás, ela faz o caminho inverso, da sentença até o início da ação penal.

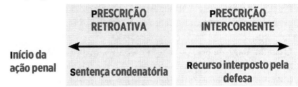

A prescrição da ação penal tem como marco inicial:

a) o dia em que o crime se consumou;
b) no caso de tentativa, o dia em que cessou a atividade criminosa;
c) nos crimes permanentes, o dia em que cessou a permanência;
d) nos crimes de falsidade, a data em que o fato se tornou conhecido.
e) concurso de crimes ou de crime continuado, a prescrição é referida, não à pena unificada, mas à de cada crime considerado isoladamente.

A partir desse momento, inicia-se o prazo que o Ministério Público tem para oferecer a denúncia perante a justiça penal militar.

Existem situações em que o prazo prescricional poderá ser suspenso ou interrompido, ou seja, quando suspenso, o prazo poderá temporariamente parar de correr, e, quando retomado, continua do tempo que restava. Quando interrompido, o prazo começa a contar do zero a partir do prazo de sua interrupção, salvo na hipótese do Art. 126, § 3º, do CPM.

CAUSAS DE SUSPENSÃO	CAUSAS DE INTERRUPÇÃO
Enquanto não resolvida, em outro processo, questão de que dependa o reconhecimento da existência do crime.	Pela instauração do processo.
Enquanto o agente cumpre pena no estrangeiro.	Pela instauração do processo.

A interrupção da prescrição produz efeito relativamente a todos os autores do crime; e nos crimes conexos, que sejam objeto do mesmo processo, a interrupção relativa a qualquer deles estende-se aos demais.

9.2 Prescrição da Execução Penal

A prescrição da execução penal ou da medida de segurança é calculada pela pena efetivamente imposta na sentença; apenas no caso de criminoso habitual ou por tendência é que o prazo prescricional aumenta em um terço.

A regra geral é que a prescrição comece sua contagem no dia em que ocorre o trânsito em julgado da sentença condenatória, mas pode também se iniciar quando houver revogação da suspensão condicional da pena ou do livramento condicional. Ainda, começa a contagem também no dia em que se interrompe a execução, desde que não haja norma que determine que a contagem de tempo da interrupção deva ser computada na pena.

No caso de fuga do condenado ou de revogação do livramento ou da desinternação condicional, a prescrição será regulada pelo tempo que resta da execução e não pelo tempo total imposto na sentença.

O prazo prescricional na execução poderá ser suspenso quando o condenado for preso por outro motivo e, poderá ser interrompido pelo início ou continuação do cumprimento da pena ou pela reincidência.

DA EXTINÇÃO DA PUNIBILIDADE

9.3 Prescrição no caso de Reforma ou Suspensão de Exercício

> **Fique ligado**
> Não há prescrição da execução das penas acessórias.

Nos crimes em que a pena exposta é de reforma ou suspensão do exercício do posto, graduação, cargo ou função, o prazo prescricional será de 4 anos.

Quando o agente era, no tempo do crime, menor de 21 anos ou mais de 70 anos, o prazo prescricional será reduzido à metade.

Existem alguns crimes que apresentam peculiaridades a respeito da prescrição.

No crime de insubmissão, a contagem da prescrição somente se inicia após o insubmisso atingir a idade de 30 anos.

> **Fique ligado**
> A prescrição, embora não alegada, deve ser declarada de ofício.

Já no crime de deserção, embora o prazo prescricional corra normalmente, a punibilidade só poderá ser extinta quando o desertor atingir 45 anos de idade, quando praça, ou 60 anos, quando oficial.

9.4 Reabilitação

A reabilitação permite que ex-condenados sejam inseridos novamente na sociedade, evitando as eventuais dificuldades que esse retorno possa ter gerado caso as informações sobre sua vida pregressa sejam de conhecimento de todos.

A medida só pode ser requerida após transcorrido o prazo de 5 anos desde a extinção, de qualquer modo, da pena principal ou da medida de segurança, ou ainda do dia em que terminar o prazo da suspensão condicional da pena ou do livramento condicional.

Para que a medida seja declarada, é necessário o preenchimento de alguns requisitos:

a) tenha tido o ex-condenado domicílio no País, no prazo acima referido;

b) tenha o ex-condenado dado, durante esse tempo, demonstração efetiva e constante de bom comportamento público e privado;

c) tenha o ex-condenado ressarcido o dano causado pelo crime ou demonstre absoluta impossibilidade de o fazer até o dia do pedido, ou exiba documento que comprove a renúncia da vítima ou novação da dívida.

Se declarada a reabilitação esta importará no cancelamento, mediante averbação, dos antecedentes criminais. Somente autoridade policial ou judiciária, ou representante do ministério público, para instrução do processo penal que venha a ser instaurado contra o reabilitado poderá ter acesso aos antecedentes

Caso venha a ser negada a reabilitação, só poderá ser requerida novamente após o transcorrido o prazo de 2 anos. E ainda, se o criminoso for habitual ou por tendência, o prazo para o pedido será contado em dobro.

Há situações que restringem a concessão do benefício em razão da natureza do crime cometido. Assim, não pode conceder a reabilitação em favor dos que foram reconhecidos perigosos, salvo prova cabal em contrário; ou em relação aos atingidos pelas penas acessórias do Art. 98, inciso VII, se o crime for de natureza sexual em detrimento de filho, tutelado ou curatelado.

10 CRIMES MILITARES EM TEMPO DE PAZ

Estão previstos na parte especial, Livro I, dos artigos 136 a 354, divididos em 8 títulos:

I. Dos crimes contra a segurança externa do país;
II. Dos crimes contra a autoridade ou disciplina militar;
III. Dos crimes contra o serviço militar e o dever militar;
IV. Dos crimes contra a pessoa;
V. Dos crimes contra o patrimônio;
VI. Dos crimes contra a incolumidade pública;
VII. Dos crimes contra a administração militar;
VIII. Dos crimes contra a administração da justiça;

Podem-se dividir em crimes propriamente e impropriamente militares, ou seja, cometidos somente por miliares ou por militares e civis. Vale ainda a ressalva de que os crimes que podem ser praticados por civil somente se aplicam no que se refere ao âmbito federal, pois, pelo que dispõe a Constituição Federal, no Art. 125, § 4º, a Justiça Militar Estadual não julga civis.

Na análise dos crimes da parte especial do CPM, serão analisadas, em cada um dos crimes, as questões mais relevantes para provas e concursos, de modo a facilitar o entendimento dos crimes. Há diversos crimes que são semelhantes aos crimes previstos no Código Penal Comum. Nestes, os comentários trazem como enfoque principalmente as diferenças entre os crimes praticados por qualquer pessoa e os crimes praticados somente por militares.

Convém notar que a doutrina costuma dividir a análise de cada crime em partes, que se repetem. Essas partes dizem respeito ao bem jurídico tutelado pelo crime, isto é, o bem ou interesse a que o legislador visou proteger quando da criação daquele tipo de ilícito. A parte especial do Código Penal Militar já nos adianta os bens jurídicos dos delitos ao estabelecer seus títulos. Assim, verifica-se o crime de hostilidade contra país estrangeiro (Art. 136 do CPM), por exemplo, busca tutelar a segurança externa do país, assim como os demais delitos desse título.

Após o bem jurídico, o que chama atenção nos delitos é a conduta típica, no seu aspecto objetivo e subjetivo. No que toca ao aspecto objetivo, o que se analisa é o aspecto externo, visível do agir humano (praticar ato de hostilidade contra país estrangeiro, para manter o exemplo no primeiro crime definido no CPM). Quando a análise recai sobre o elemento subjetivo, fala-se em dolo ou culpa, isto é, a ligação do agente com sua conduta, se o agente quis o resultado ou assumiu o risco de produzi-lo, estaremos diante do dolo; de outro lado, caso o agente, deixando de empregar a cautela, atenção, ou diligência ordinária, ou especial, a que estava obrigado em face das circunstâncias, não prevê o resultado que podia prever ou, prevendo-o, supõe levianamente que não se realizaria ou que poderia evitá-lo, fala-se em crime culposo. É importante sempre lembrar que a regra dos crimes militares é a prática mediante dolo. Para que alguém seja punido por culpa, deverá haver previsão expressa, isto é, deve vir taxativamente prevista a referência à modalidade culposa.

Outro aspecto importante é a questão relativa aos atores do crime, isto é: o agente, o autor do delito, e a vítima, ofendida pela conduta. Há diversos crimes que só podem ser praticados por militares, enquanto outros só por militares da ativa. Esses aspectos serão ressaltados no decorrer do texto.

Há, por fim, alguns outros aspectos que podem ser importantes em cada um dos delitos, que serão analisados individualmente na sequência, como uma causa de aumento de pena importante, por exemplo.[1]

Conforme determina o Art. 121 do Código Penal Militar, a ação penal somente pode ser promovida por denúncia do Ministério Público da Justiça Militar, ou seja, a ação penal nos crimes militares será pública e, em regra, incondicionada. Dependerá, contudo, de requisição do Comando Militar[1] a que o agente esteja subordinado (Exército, Marinha ou Aeronáutica), nos crimes previstos nos Arts. 136 a 141, sendo que, no caso do Art. 141, quando o agente for civil e não houver coautor militar, a requisição será prerrogativa do Ministro da Justiça.

10.1 Dos Crimes Contra a Segurança Externa do País

10.1.1 Hostilidade contra País Estrangeiro

> **Art. 136.** *Praticar o militar ato de hostilidade contra país estrangeiro, expondo o Brasil a perigo de guerra:*
> **Pena** – *reclusão, de oito a quinze anos.*

10.1.2 Resultado mais Grave

> **§ 1º** *Se resulta ruptura de relações diplomáticas, represália ou retorsão:*
> **Pena** – *reclusão, de dez a vinte e quatro anos.*
> **§ 2º** *Se resulta guerra:*
> **Pena** – *reclusão, de doze a trinta anos.*

A conduta consiste na ação do militar que pratica contra país estrangeiro ato de hostilidade, ou seja, age de forma agressiva, expondo o país a perigo guerra. O crime só é punido a título de dolo, não havendo previsão de modalidade culposa (com infração de um dever de cuidado). O crime ainda pode ser qualificado pelo resultado, isto é, se de fato o perigo gerado se concretiza com a ruptura (rompimento) das relações diplomáticas do país com o Brasil, ou ainda caso o Brasil sofra represália ou retorsão (consequências desse ato), ou na modalidade mais grave, se do ato do sujeito ativo resultar a guerra do Brasil com o país.

10.1.3 Provocação a País Estrangeiro

> **Art. 137.** *Provocar o militar, diretamente, país estrangeiro a declarar guerra ou mover hostilidade contra o Brasil ou a intervir em questão que respeite à soberania nacional:*
> **Pena** – *reclusão, de doze a trinta anos.*

O sujeito ativo desse delito é o militar que, por seu ato, provoca o país estrangeiro a declarar guerra ou mover hostilidade contra o país, ou ainda na intervenção de questão que respeite a soberania nacional. Esse delito praticamente repete o anterior, de uma maneira mais genérica, abrangendo qualquer tipo de ato, e não só a prática de hostilidade. A principal diferença consiste no tipo de dolo, isto é, para a prática do Art. 136 do CPM, basta do risco; enquanto no Art. 137 se faz necessária a efetiva realização do resultado (provocar a guerra, p.ex.).

10.1.4 Ato de Jurisdição Indevida

> **Art. 138.** *Praticar o militar, indevidamente, no território nacional, ato de jurisdição de país estrangeiro, ou favorecer a prática de ato dessa natureza:*
> **Pena** – *reclusão, de cinco a quinze anos.*

Consiste na conduta do militar que, dentro do território nacional, pratica ato de jurisdição de país estrangeiro ou favor desse país. Jurisdição é ato típico do Poder Judiciário. No sistema brasileiro, para que se cumpra uma decisão estrangeira, há necessidade de um controle pelo Poder Judiciário Brasileiro, para que seja verificada a legalidade da decisão proferida por Judiciário de outro país. Essa competência, a propósito, de acordo com o Art. 105 da Constituição da República, é do Superior Tribunal de Justiça[2].

10.1.5 Violação de Território Estrangeiro

> **Art. 139.** *Violar o militar território estrangeiro, com o fim de praticar ato de jurisdição em nome do Brasil:*
> **Pena** – *reclusão, de dois a seis anos.*

O militar, nesse delito, viola o território estrangeiro, com o intuito de praticar ato de jurisdição em nome do Brasil. A ideia do crime é a transgressão do território estrangeiro para o cumprimento de uma decisão brasileira, punindo justamente o inverso do crime do Art. 138 do CPM, até para evitar os efeitos que tal ato pode causar no âmbito externo ao Brasil.

---

1 Embora a lei fale em Ministério Militar, eles foram substituídos pelos Comandos Militares.

2 1 - processar e julgar, originariamente: (...) i) a homologação de sentenças estrangeiras e a concessão de exequatur às cartas rogatórias.

CRIMES MILITARES EM TEMPO DE PAZ

10.1.6 Entendimento para Empenhar o Brasil à Neutralidade ou à Guerra

Art. 140. Entrar ou tentar entrar o militar em entendimento com país estrangeiro, para empenhar o Brasil à neutralidade ou à guerra:
Pena - reclusão, de seis a doze anos.

O delito pune de maneira igual a consumação do crime (entrar em entendimento) ou a tentativa de fazê-lo. Trata-se do chamado crime de atentado, em que se punem da mesma forma o crime consumado ou tentado. O crime é cometido pelo militar que visa se unir ao país estrangeiro (entrar em entendimento) com o intuito de levar o Brasil a guerra ou a posição de neutralidade.

10.1.7 Entendimento para Gerar Conflito ou Divergência com o Brasil

Art. 141. Entrar em entendimento com país estrangeiro, ou organização nele existente, para gerar conflito ou divergência de caráter internacional entre o Brasil e qualquer outro país, ou para lhes perturbar as relações diplomáticas:
Pena - reclusão, de quatro a oito anos.

10.1.8 Resultado mais Grave

§ 1º Se resulta ruptura de relações diplomáticas:
Pena - reclusão, de seis a dezoito anos.
§ 2º Se resulta guerra:
Pena - reclusão, de dez a vinte e quatro anos.

O agente pratica um ato que gere conflito de caráter nacional que pode perturbar as relações diplomáticas. De acordo com o modelo constitucional brasileiro, não cabe aos militares (mesmo aos oficiais) a realização de entendimento com países ou organizações estrangeiras, cabendo privativamente ao Presidente da República, entre outros, manter relações com os Estados estrangeiros (Art. 84, VII, da Constituição) e declarar guerra (Art. 84, XIX, da CF). Caso esse entendimento entre o militar e o país ou organização estrangeiros resulte ruptura de relações diplomáticas (§ 6º) ou guerra (§ 7º), haverá crime qualificado pelo resultado. Quando esse delito for praticado por civil, será configurado o delito do Art. 8º da Lei 7.170/1983 (Lei de Segurança Nacional).

10.1.9 Tentativa contra a Soberania do Brasil

Art. 142. Tentar:
I. submeter o território nacional, ou parte dele, à soberania de país estrangeiro;
II. desmembrar, por meio de movimento armado ou tumultos planejados, o território nacional, desde que o fato atente contra a segurança externa do Brasil ou a sua soberania;
III. internacionalizar, por qualquer meio, região ou parte do território nacional:
Pena - reclusão, de quinze a trinta anos, para os cabeças; de dez a vinte anos, para os demais agentes.

O sujeito passivo atenta contra a soberania do Brasil, tentando de algum modo submeter o país, em todo ou em parte à soberania estrangeira (domínio de um país estrangeiro). Os demais incisos (II e III), na verdade, trazem exemplos do inciso I, isto é, constituem formas que a lei já antecipa a tentativa de submeter o território nacional ou ao menos uma parte ao poder de país estrangeiro, seja por meio do desmembramento ou da internacionalização de região ou parte do território nacional. Pensemos, por exemplo, em um militar (ou muitos, na verdade) que busque efetivar o desmembramento de parte do Sul do país para que se submeta ao poder argentino. Trata-se de crime de atentado, em que a tentativa e a consumação têm a mesma punição. Caso seja praticado por civil, há previsão semelhante na Lei de Segurança Nacional (Art. 9º da Lei 7.170/1983).

Registra-se que esse crime prevê penas diferentes de acordo com o agente que o pratica, estabelecendo limites punitivos maiores para os cabeças, isto é, para os comandantes das ações dos demais

10.1.10 Consecução de Notícia, Informação ou Documento para Fim de Espionagem

Art. 143. Conseguir, para o fim de espionagem militar, notícia, informação ou documento, cujo sigilo seja de interesse da segurança externa do Brasil:
Pena - reclusão, de quatro a doze anos.
§ 1º A pena é de reclusão de dez a vinte anos:
I. se o fato compromete a preparação ou eficiência bélica do Brasil, ou o agente transmite ou fornece, por qualquer meio, mesmo sem remuneração, a notícia, informação ou documento, a autoridade ou pessoa estrangeira;
II. se o agente, em detrimento da segurança externa do Brasil, promove ou mantém no território nacional atividade ou serviço destinado à espionagem;
III. se o agente se utiliza, ou contribui para que outrem se utilize, de meio de comunicação, para dar indicação que ponha ou possa pôr em perigo a segurança externa do Brasil.

10.1.11 Modalidade Culposa

§ 2º Contribuir culposamente para a execução do crime:
Pena - detenção, de seis meses a dois anos, no caso do artigo; ou até quatro anos, no caso do § 1º, nº I.

O sujeito ativo pode ser qualquer pessoa, a conduta prevê a obtenção de qualquer informe, escrito ou verbal secreto, de interesse da segurança externa brasileira. O crime possui finalidade de espionagem no campo militar. Para a consumação desse delito, não há necessidade de efetivo prejuízo militar ao Brasil, bastando que seja fornecida a título de espionagem a informação sigilosa brasileira. O delito prevê modalidades qualificadas nas hipóteses em que a informação comprometa a preparação ou eficiência bélica brasileira, ou ainda que a informação efetivamente seja transmitida a autoridade ou pessoa estrangeira. Também há punição mais grave caso o agente tenha no território nacional atividade ou serviço especialmente destinado à prática da espionagem ou mesmo se utilizar ou contribuir para que alguém utilize meio de comunicação para transmitir as informações sigilosas. Todas essas condutas são punidas a título doloso. Há, contudo, a modalidade culposa, prevista no § 2º, segundo a qual praticará crime aquele que, mesmo culposamente (quando o agente, sem intenção, mas deixando de empregar a cautela, atenção, ou diligência ordinária), contribuir para a prática do delito.

10.1.12 Revelação de Notícia, Informação ou Documento

Art. 144. Revelar notícia, informação ou documento, cujo sigilo seja de interesse da segurança externa do Brasil:
Pena - reclusão, de três a oito anos.

10.1.13 Fim da Espionagem Militar

§ 1º Se o fato é cometido com o fim de espionagem militar:
Pena - reclusão, de seis a doze anos.

10.1.14 Resultado mais Grave

§ 2º Se o fato compromete a preparação ou a eficiência bélica do país:
Pena - reclusão, de dez a vinte anos.

10.1.15 Modalidade Culposa

§ 3º Se a revelação é culposa:
Pena - detenção, de seis meses a dois anos, no caso do artigo; ou até quatro anos, nos casos dos §§ 1º e 2.

O sujeito ativo pode ser qualquer pessoa (civil ou militar). O crime diz respeito a revelar informação sigilosa que pode comprometer a segurança externa do país. Ele se diferencia daquele previsto no Art. 143 do CPM por não haver um fim específico de espionagem na revelação do sigilo, sendo indiferente para a caracterização do crime a fonte da informação sigilosa. Caso, contudo, a informação seja revelada para fins de espionagem militar ou se o fato comprometer a preparação ou a eficácia bélica brasileira, estaremos diante de figuras mais graves, qualificadas do delito. Há, por fim, modalidade culposa, daquele agente que, sem intenção, mas deixando de empregar a cautela, atenção, ou diligência ordinária, ou especial, quando estava obrigado em face das circunstâncias, não prevê o resultado que podia prever ou, prevendo-o, supõe levianamente que não se realizaria ou que poderia evitá-lo.

10.1.16 Turbação de Objeto ou Documento

Art. 145. Suprimir, subtrair, deturpar, alterar, desviar, ainda que temporariamente, objeto ou documento concernente à segurança externa do Brasil:
Pena - reclusão, de três a oito anos.

10.1.17 Resultado mais Grave

§ 1º Se o fato compromete a segurança ou a eficiência bélica do país:
Pena - Reclusão, de dez a vinte anos.

10.1.18 Modalidade Culposa

§ 2º Contribuir culposamente para o fato:
Pena - detenção, de seis meses a dois anos.

Para entender a ideia da turbação, basta acrescentar a expressão per, obtendo a ideia de perturbação. No caso, o legislador previu diversas formas pelas quais o documento ou objetivo podem ser "perturbados", seja por supressão (destruição), subtração, deturpação (desfigurar), por alteração, ou ainda desvio do objeto ou documento. É necessário lembrar que, embora o crime possa ser cometido por diversas condutas, o agente que pratica mais de uma das descritas no tipo penal militar só comete um crime, desde que o tenha feito contra o mesmo objeto, desde que esse objeto ou documento seja importante à segurança externa do país. O sujeito ativo pode ser qualquer pessoa. Esse crime prevê a modalidade culposa daquele agente que, sem intenção, mas deixando de empregar a cautela, atenção, ou diligência ordinária, ou especial, quando estava obrigado em face das circunstâncias, não prevê o resultado que podia prever ou, prevendo-o, supõe levianamente que não se realizaria ou que poderia evitá-lo.

10.1.19 Penetração com o Fim de Espionagem

Art. 146. Penetrar, sem licença, ou introduzir-se clandestinamente ou sob falso pretexto, em lugar sujeito à administração militar, ou centro industrial a serviço de construção ou fabricação sob fiscalização militar, para colher informação destinada a país estrangeiro ou agente seu:
Pena - reclusão, de três a oito anos.

Parágrafo único. Entrar, em local referido no artigo, sem licença de autoridade competente, munido de máquina fotográfica ou qualquer outro meio hábil para a prática de espionagem:
Pena - reclusão, até três anos.

O sujeito ativo desse crime pode ser qualquer pessoa. Por meio dessa previsão, o legislador busca punir quem ingressa, seja de que forma for, mas desde que sem autorização, em local sujeito à Administração Militar ou em centro industrial de interesse militar. A conduta deve ter como fim obter informação destinada a agente ou a país estrangeiro. O delito prevê, ainda, modalidade privilegiada, isto é, com limite penal inferior, na hipótese do agente ingressar em local sujeito à Administração Militar, sem autorização, com uma máquina fotográfica ou qualquer meio que possa praticar espionagem.

10.1.20 Desenho ou Levantamento de Plano ou Planta de Local Militar ou de Engenho de Guerra

Art. 147. Fazer desenho ou levantar plano ou planta de fortificação, quartel, fábrica, arsenal, hangar ou aeródromo, ou de navio, aeronave ou engenho de guerra motomecanizado, utilizados ou em construção sob administração ou fiscalização militar, ou fotografá-los ou filmá-los:
Pena - reclusão, até quatro anos, se o fato não constitui crime mais grave.

10.1.21 Sobrevoo em Local Interdito

Art. 148. Sobrevoar local declarado interdito:
Pena - reclusão, até três anos.

Os dois crimes analisados em conjunto visam proteger locais de importância militar. A ideia do legislador é tutelar os planos ou plantas de locais ou veículos de uso militar, que não podem ser desenhados, conhecidos, fotografados, filmados ou mesmo sobrevoados, para proteger as estruturas militares brasileiras contra a espionagem. Esse delito, assim, coroa os anteriores, como forma de punir qualquer tentativa de obtenção de dados sobre a estrutura militar brasileira para fins de espionagem, bastando, aqui, para a consumação, o mero sobrevoo, filmagem, desenho ou simplesmente o levantamento do plano ou planta do local.

10.2 Dos Crimes Contra a Autoridade ou Disciplina Militar

10.2.1 Do Motim e da Revolta

Motim

Art. 149. Reunirem-se militares ou assemelhados:
I. agindo contra a ordem recebida de superior, ou negando-se a cumpri-la;
II. recusando obediência a superior, quando estejam agindo sem ordem ou praticando violência;
III. assentindo em recusa conjunta de obediência, ou em resistência ou violência, em comum, contra superior;
IV. ocupando quartel, fortaleza, arsenal, fábrica ou estabelecimento militar, ou dependência de qualquer deles, hangar, aeródromo ou aeronave, navio ou viatura militar, ou utilizando-se de qualquer daqueles locais ou meios de transporte, para ação militar, ou prática de violência, em desobediência a ordem superior ou em detrimento da ordem ou da disciplina militar:
Pena - reclusão, de quatro a oito anos, com aumento de um terço para os cabeças.

Revolta

Parágrafo único. Se os agentes estavam armados:
Pena - reclusão, de oito a vinte anos, com aumento de um terço para os cabeças.

Motim é uma rebelião sem uso de armas. Convém notar que todos os incisos desse artigo mencionam apenas formas de resistência e desobediência ao cumprimento de ordem superior. Ambos os crimes necessitam da ação de duas ou mais pessoas para sua tipificação, é que chamamos de concurso de agentes necessários. Os sujeitos ativos do crime são os militares em atividade. Pode ocorrer de militar inativo ou civil cometer o crime na condição de partícipe ou coautor, desde haja pelo menos dois militares da ativa envolvidos, nesse caso como ser militar da ativa é elemento do crime, ela se comunica aos coautores e partícipes, nos termos do Art. 53, § 1º do CPM.

A revolta compreende as mesmas hipóteses do motim, com uma diferença importante: no crime de revolta os agentes estão armados.

Violência, no que diz respeito à revolta ou ao motim, significa meios de coação, físicos ou morais, que visam impedir o cumprimento de ordens recebidas dos superiores.

Organização de Grupo para a Prática de Violência

Art. 150. Reunirem-se dois ou mais militares ou assemelhados, com armamento ou material bélico, de propriedade militar, praticando violência à pessoa ou à coisa pública ou particular em lugar sujeito ou não à administração militar:
Pena - reclusão, de quatro a oito anos.

Assim como o crime do Art. 149 do CPM, esta infração não pode ser praticada individualmente, sendo necessário para a própria existência do delito o concurso de agentes. O porte de armamento ou material bélico também constitui elemento essencial do tipo, sem ele o crime não ocorre.

Não há necessidade de que todos os agentes portem o armamento, basta um, desde que os demais conheçam dessa condição, hipótese em que todos respondem pelo mesmo crime. Sua consumação só ocorre com a prática da violência. Como o próprio artigo deixa claro, o sujeito ativo desse crime é o militar.

Omissão de Lealdade Militar

Art. 151. Deixar o militar ou assemelhado de levar ao conhecimento do superior o motim ou revolta de cuja preparação teve notícia, ou, estando presente ao ato criminoso, não usar de todos os meios ao seu alcance para impedi-lo:

Pena – reclusão, de três a cinco anos.

O sujeito ativo somente pode ser o militar da ativa, é um crime que não exige mais de um agente para tipificação. O crime é constituído de duas condutas omissivas: ou o militar toma conhecimento de que está sendo planejado um motim ou revolta e não leva a informação ao superior; ou, ele não tem conhecimento prévio, porém está presente no momento em que esses crimes estão acontecendo, e não usa de todos os meios para impedir os atos.

Conspiração

Art. 152. Concertarem-se militares ou assemelhados para a prática do crime previsto no artigo 149:

Pena – reclusão, de três a cinco anos.

É um crime de concurso necessário, sendo necessário mais de um agente para a tipificação, devendo o sujeito ativo ser um militar da ativa.

O termo "concertam-se" significa acordar, assim o crime diz respeito aos atos preparatórios para o motim ou para a revolta, trata-se do ato de planejar tais crimes. De modo que ao se reunirem, conscientemente, para o planejamento do motim ou da revolta, o crime de conspiração estará consumado.

Isenção de Pena

Parágrafo único. É isento de pena aquele que, antes da execução do crime e quando era ainda possível evitar-lhe as consequências, denuncia o ajuste de que participou.

Será isento de pena aquele que denuncia (delata) o planejamento, ainda que tenha participado dele, desde que o faça quando ainda é possível evitar sua consumação.

Cumulação de Penas

Art. 153. As penas dos arts. 149 e 150 são aplicáveis sem prejuízo das correspondentes à violência.

O Art. 153 do CPM prevê, assim, expressamente, que além das penas relativas ao motim, à revolta e à organização de grupo para a prática de violência aqueles agentes que participarem das infrações, também receberão as penas correspondentes ao emprego de violência (uma eventual lesão corporal, por exemplo).

10.2.2 Da Aliciação e do Incitamento

Aliciação para Motim ou Revolta

Art. 154. Aliciar militar ou assemelhado para a prática de qualquer dos crimes previstos no capítulo anterior:

Pena – reclusão, de dois a quatro anos.

Trata-se de um crime impropriamente militar, pois nada impede o aliciamento de civil para a prática dos crimes mencionados.

O agente delituoso convence o militar a praticar os crimes contra a disciplina ou autoridade militar, só se consumando o crime quando o militar efetivamente se deixa seduzir e concorda em participar.

Incitamento

Art. 155. Incitar à desobediência, à indisciplina ou à prática de crime militar:

Pena – reclusão, de dois a quatro anos.

Parágrafo único. Na mesma pena incorre quem introduz, afixa ou distribui, em lugar sujeito à administração militar, impressos, manuscritos ou material mimeografado, fotocopiado ou gravado, em que se contenha incitamento à prática dos atos previstos no artigo.

O sujeito ativo pode ser tanto o militar quanto o civil. Incitar quer dizer estimular, ou seja, incorre nesse crime o agente que estimula outro à desobediência, indisciplina ou à prática de crime militar. O parágrafo único descreve outras formas pelas quais o incitamento possa ser praticado, como a distribuição de impressos visando à indisciplina, por exemplo.

Apologia de Fato Criminoso ou do seu Autor

Art. 156. Fazer apologia de fato que a lei militar considera crime, ou do autor do mesmo, em lugar sujeito à administração militar:

Pena – detenção, de seis meses a um ano.

O sujeito ativo pode ser qualquer pessoa, civil ou militar. Fazer apologia significa elogiar uma conduta tipificada como crime militar, podendo assim levar alguém a cometer tal infração. A apologia ainda pode ser feita ao autor do crime militar, desde que seja ele exaltado em razão do crime cometido.

O crime só será militar e feito em local sob Administração Militar.

10.2.3 Da Violência Contra Superior ou Militar de Serviço

Violência contra Sperior

Art. 157. Praticar violência contra superior:

Pena – detenção, de três meses a dois anos.

Formas Qualificadas

§ 1º Se o superior é comandante da unidade a que pertence o agente, ou oficial general:

Pena – reclusão, de três a nove anos.

§ 2º Se a violência é praticada com arma, a pena é aumentada de um terço.

§ 3º Se da violência resulta lesão corporal, aplica-se, além da pena da violência, a do crime contra a pessoa.

§ 4º Se da violência resulta morte:

Pena – reclusão, de doze a trinta anos.

§ 5º A pena é aumentada da sexta parte, se o crime ocorre em serviço.

O sujeito ativo é o militar da ativa, e o agente é inferior hierárquico em relação à vítima. O crime somente se consuma se houver violência contra o superior.

O comandante goza de proteção especial; assim, se o agredido ocupar este cargo, o crime será qualificado.

Caso haja o efetivo uso de arma, será esta uma circunstância agravante do crime, que elevará sua pena em um terço.

A pena ainda será qualificada se a violência resultar morte. Caso da violência advenha lesão corporal, a pena desse crime será aplicada juntamente à pena do crime previsto no Art. 157 do CPM.

E, por fim, se o crime é praticado em serviço, ou seja, estar no desempenho de suas funções será causa de aumento de pena. Vale lembrar que tanto faz se era o autor ou a vítima que estavam em serviço.

Violência contra Militar de Serviço

Art. 158. Praticar violência contra oficial de dia, de serviço, ou de quarto, ou contra sentinela, vigia ou plantão:

Pena – reclusão, de três a oito anos.

Formas Qualificadas

> *§ 1º Se a violência é praticada com arma, a pena é aumentada de um terço.*
> *§ 2º Se da violência resulta lesão corporal, aplica-se, além da pena da violência, a do crime contra a pessoa.*
> *§ 3º Se da violência resulta morte:*
> **Pena** – *reclusão, de doze a trinta anos.*

O sujeito ativo pode ser tanto o militar quanto o civil, a violência é direcionada ao Oficial de Dia, de Serviço, ou de Quarto, ou contra Sentinela, Vigia ou Plantão. Trata-se de crime impropriamente militar. O Oficial de Dia é aquele que desempenha função de gerenciamento de uma unidade militar.

Em determinadas circunstâncias a função de Oficial de Dia poderá ser executada pelo Praça, e neste caso ele exercerá todas as atribuições decorrentes da função, e a violência contra ele praticada configurará o crime de violência contra militar de serviço.

O Oficial de Serviço tem atribuições específicas que são conferidas aos oficiais, enquanto que o Oficial de Quarto é o militar que está desempenhando a função de vigilância ou sentinela.

Algumas funções mencionadas são exercidas pela Praça: Sentinela é o militar que guarda determinado local, em posto fixo ou móvel, com ou sem arma. O Vigia também exerce função de proteção de uma situação, evento ou pessoa.

Haverá aumento de pena se houver uso de arma; haverá concurso de crimes no caso de a lesão corporal resultar da violência, exigindo ainda a cumulação de penas. E ainda, será qualificado o crime quando resultar na morte do ofendido.

Ausência de Dolo no Resultado

> *Art. 159. Quando da violência resulta morte ou lesão corporal e as circunstâncias evidenciam que o agente não quis o resultado nem assumiu o risco de produzi-lo, a pena do crime contra a pessoa é diminuída de metade.*

Caso verificado que o agente não tinha a intenção de produzir o resultado morte ou a lesão corporal, a pena será diminuída na metade.

10.2.4 Do Desrespeito a Superior e a Símbolo Nacional ou a Farda

Desrespeito a Superior

> *Art. 160. Desrespeitar superior diante de outro militar:*
> **Pena** – *detenção, de três meses a um ano, se o fato não constitui crime mais grave.*

Desrespeito a Comandante, Oficial General ou Oficial de Serviço

> *Parágrafo único. Se o fato é praticado contra o comandante da unidade a que pertence o agente, oficial-general, oficial de dia, de serviço ou de quarto, a pena é aumentada da metade.*

Apenas o militar pode ser sujeito ativo, sendo que o agente que pratica esse delito deve ser nível hierárquico inferior ao da vítima. Desrespeitar significa desacatar, ou faltar com consideração, podendo essa conduta ser praticada de diversas formas. O desrespeito para configurar tal crime deve ter sido cometido na presença de outro militar.

É um crime subsidiário, pois se houver outro dispositivo que considerar o fato como crime mais grave ele é quem será aplicado.

Além disso, se o crime for cometido contra comandante da unidade à qual o agente pertence, será esta causa de aumento de pena.

Desrespeito a Símbolo Nacional

> *Art. 161. Praticar o militar diante da tropa, ou em lugar sujeito à administração militar, ato que se traduza em ultraje a símbolo nacional:*
> **Pena** – *detenção, de um a dois anos.*

O sujeito ativo é o militar em atividade que insulta (ofenda, fazendo uma piada, por exemplo), por meio de seu ato, símbolo nacional. É necessário, para a configuração do crime, que este seja praticado em lugar sujeito à Administração Militar.

Despojamento Desprezível

> *Art. 162. Despojar-se de uniforme, condecoração militar, insígnia ou distintivo, por menosprezo ou vilipêndio:*
> **Pena** – *detenção, de seis meses a um ano.*
> *Parágrafo único. A pena é aumentada da metade, se o fato é praticado diante da tropa, ou em público.*

O sujeito ativo é o militar, ativo ou inativo, que retira seu uniforme, condecoração, insígnia ou distintivo por menosprezo. A conduta precisa ser praticada pelo próprio militar contra ele mesmo, se um militar tira o distintivo de outro, este fato não configura essa hipótese de crime. A pena será majorada se a conduta ocorrer na presença de tropa ou em local público.

10.2.5 Da Insubordinação

Recusa de Obediência

> *Art. 163. Recusar obedecer a ordem do superior sobre assunto ou matéria de serviço, ou relativamente a dever imposto em lei, regulamento ou instrução:*
> **Pena** – *detenção, de um a dois anos, se o fato não constitui crime mais grave.*

O sujeito ativo é o militar em posição hierárquica inferior. Trata-se de crime que não admite coautoria. A essência da conduta é a recusa de cumprir a ordem de superior, sendo possível a conduta omissiva ou comissiva.

Na omissiva, o desobediente permanece inerte diante da ordem, já na comissiva ele age de forma contrária a ela.

É um crime subsidiário, existindo tipificação que constitua crime mais grave, ela então será a aplicável ao caso.

Oposição à Ordem de Sentinela

> *Art. 164. Opor-se às ordens da sentinela:*
> **Pena** – *detenção, de seis meses a um ano, se o fato não constitui crime mais grave.*

O sujeito ativo pode ser militar ou civil. As sentinelas apenas transmitem as ordens, criadas geralmente pelo próprio comandante militar. A oposição pode ocorrer de forma omissiva ou comissiva, na primeira o agente fica inerte, na segunda o agente age em contrariedade à ordem imposta. Trata-se de crime subsidiário.

Reunião Ilícita

> *Art. 165. Promover a reunião de militares, ou nela tomar parte, para discussão de ato de superior ou assunto atinente à disciplina militar:*
> **Pena** – *detenção, de seis meses a um ano a quem promove a reunião; de dois a seis meses a quem dela participa, se o fato não constitui crime mais grave.*

O sujeito ativo é o militar ou o civil. A reunião necessariamente deve ter sido promovida com o intuito de se discutir ato de superior ou de assunto atinente à disciplina militar.

Promover significa organizar e convocar demais pessoas para a discussão. Assim, a reunião se configura apenas se estiverem presentes pelo menos dois militares.

Publicação ou Crítica Indevida

> *Art. 166. Publicar o militar ou assemelhado, sem licença, ato ou documento oficial, ou criticar publicamente ato de seu superior ou assunto atinente à disciplina militar, ou a qualquer resolução do Governo:*
> **Pena** – *detenção, de dois meses a um ano, se o fato não constitui crime mais grave.*

O sujeito ativo do crime é o militar em atividade. O tipo descreve duas condutas: na primeira, o militar leva a conhecimento público, sem permissão, ato ou documento oficial, não importando o alcance do meio utilizado. A segunda conduta é a de criticar publicamente o ato de superior ou assunto atinente à disciplina militar, ou qualquer resolução do governo.

Trata-se de hipótese de crime subsidiário, punível somente se não caracterizar crime mais grave.

10.2.6 Da Usurpação e do Excesso ou Abuso de Autoridade

Assunção de Comando sem Ordem ou Autorização

Art. 167. Assumir o militar, sem ordem ou autorização, salvo se em grave emergência, qualquer comando, ou a direção de estabelecimento militar:

Pena – reclusão, de dois a quatro anos, se o fato não constitui crime mais grave.

O sujeito ativo é o militar que assume ilegalmente comando ou direção de estabelecimento militar. Ambos os atos dizem respeito a atos próprios de comandantes, sendo necessária, para a configuração do crime, a prática de atos decisórios.

Há situações em que a assunção de comando é permitida, nos casos emergenciais ou mediante autorização. Além disso, este crime é subsidiário.

Conservação Ilegal de Comando

Art. 168. Conservar comando ou função legitimamente assumida, depois de receber ordem de seu superior para deixá-los ou transmiti-los a outrem:

Pena – detenção, de um a três anos.

Nessa hipótese, o militar assume o comando ou função ilicitamente, e mesmo após receber a ordem de superior para deixá-lo ou transmitir a outro, ele não o faz.

Operação Militar sem Ordem Superior

Art. 169. Determinar o comandante, sem ordem superior e fora dos casos em que essa se dispensa, movimento de tropa ou ação militar:

Pena – reclusão, de três a cinco anos.

Forma Qualificada

Parágrafo único. Se o movimento da tropa ou ação militar é em território estrangeiro ou contra força, navio ou aeronave de país estrangeiro:

Pena – reclusão, de quatro a oito anos, se o fato não constitui crime mais grave.

Nesse caso, o sujeito ativo não basta ser apenas militar, deve ainda ser comandante. Nessa hipótese, a determinação do comandante pode ser de maneira verbal ou escrita, de forma direta ou por terceiro. A ilegalidade está na ordem emitida de movimento de tropa ou de ação militar.

Movimento de tropa é o deslocamento de um lugar para o outro; já ação militar é o emprego da tropa com execução e finalidades definidas.

A forma qualificadora diz respeito a tropas ou ações dentro do território estrangeiro, ou ainda se a movimentação se dá em contrariedade com força, navio ou aeronave do país estrangeiro.

Ordem Arbitrária de Invasão

Art. 170. Ordenar, arbitrariamente, o comandante de força, navio, aeronave ou engenho de guerra motomecanizado a entrada de comandados seus em águas ou território estrangeiro, ou sobrevoá-los:

Pena – suspensão do exercício do posto, de um a três anos, ou reforma.

O sujeito ativo é o comandante de força, navio, aeronave ou engenho de guerra, que ordena arbitrariamente que seus comandados entrem em águas, territórios estrangeiros ou o sobrevoem.

Pela descrição da pena cominada, o crime só pode ser cometido por oficial, pois somente eles é que têm posto.

Uso Indevido por Militar de Uniforme, Distintivo ou Insígnia

Art. 171. Usar o militar ou assemelhado, indevidamente, uniforme, distintivo ou insígnia de posto ou graduação superior:

Pena – detenção, de seis meses a um ano, se o fato não constitui crime mais grave.

Para que o fato seja considerado consumado, é necessária a aparição pública, pois o militar que se veste com o uniforme de superior só para ver como fica não causa nenhum prejuízo. E, ainda, deve o uso decorrer de uniforme, distintivo ou insígnia de posto ou graduação de superior.

Uso Indevido de Uniforme, Distintivo ou Insígnia Militar por Qualquer Pessoa

Art. 172. Usar, indevidamente, uniforme, distintivo ou insígnia militar a que não tenha direito:

Pena – detenção, até seis meses.

O sujeito ativo pode ser tanto o militar quanto o civil, como menciona o próprio texto normativo. A conduta é a mesma que a do artigo 171 do CPM, exceto pelo fato de que aqui se trata de uso indevido uniforme, distintivo ou insígnia genérica, não mencionando de qual função.

Abuso de Requisição Militar

Art. 173. Abusar do direito de requisição militar, excedendo os poderes conferidos ou recusando cumprir dever imposto em lei:

Pena – detenção, de um a dois anos.

O sujeito ativo é o militar ativo, pois somente ele pode exceder esse direito e, consequentemente, cometer abusos puníveis.

Requisição é um ato administrativo para intervir na propriedade em casos de extrema necessidade. De acordo com o Decreto-Lei 4.812/1945, será permitida a requisição do que for indispensável ao aprestamento, aprovisionamento e transporte das Forças Armadas de terra, mar e ar, quando empenhadas em operações de guerra ou de defesa da segurança nacional, sendo também possível requisitar a ocupação e utilização de instituições de fins econômicos ou não que, no interesse da defesa nacional e da salvaguarda do Estado, tornarem-se necessários à mobilização do país. O citado decreto ainda estabelece a necessidade de limitar a requisição aos bens extremamente necessários a atendimento da situação emergencial, bem como sobre a competência e a forma para o exercício da requisição. Nesse contexto, abusar, significa exceder o direito de requisição.

Rigor Excessivo

Art. 174. Exceder a faculdade de punir o subordinado, fazendo-o com rigor não permitido, ou ofendendo-o por palavra, ato ou escrito:

Pena – suspensão do exercício do posto, por dois a seis meses, se o fato não constitui crime mais grave.

O sujeito ativo é o militar em atividade. O excesso ocorrerá quando houver imposição de uma sanção não prevista. É um crime subsidiário, se ocorrer crime mais grave, é ele que será aplicado.

Violência contra Inferior

Art. 175. Praticar violência contra inferior:

Pena – detenção, de três meses a um ano.

Resultado mais Grave

Parágrafo único. Se da violência resulta lesão corporal ou morte é também aplicada a pena do crime contra a pessoa, atendendo-se, quando for o caso, ao disposto no art. 159.

O sujeito ativo não precisa ser apenas militar, mas também superior do ofendido. Violência, para fins penais militares, só se considera a física. Assim, se resultar em lesão corporal ou morte, será aplicada também a pena do crime contra a pessoa.

Ofensa Aviltante a Inferior

Art. 176. *Ofender inferior, mediante ato de violência que, por natureza ou pelo meio empregado, se considere aviltante:*
Pena - *detenção, de seis meses a dois anos.*
Parágrafo único. *Aplica-se o disposto no parágrafo único do artigo anterior.*

A conduta é idêntica ao crime anterior, a única diferença é que aqui a agressão ocorre contra a honra e a dignidade, além da integridade física. Caso haja lesão corporal ou morte, aplica-se a mesma norma prevista para a violência contra inferior (hipótese de cúmulo material das penas).

É necessária a demonstração de que o ofensor tinha intenção de humilhar moralmente o ofendido.

10.2.7 Da Resistência

Resistência Mediante Ameaça ou Violência

Art. 177. *Opor-se à execução de ato legal, mediante ameaça ou violência ao executor, ou a quem esteja prestando auxílio:*
Pena - *detenção, de seis meses a dois anos.*

Forma Qualificada

§ 1º *Se o ato não se executa em razão da resistência:*
Pena - *reclusão de dois a quatro anos.*

Cumulação de Penas

§ 2º *As penas deste artigo são aplicáveis sem prejuízo das correspondentes à violência, ou ao fato que constitua crime mais grave.*

O sujeito ativo pode ser tanto militar quanto o civil. Opor-se à execução é o meio pelo qual visa impedir a realização do ato legal, no caso é necessário que seja feito mediante violência ou ameaça ao executor ou a quem o auxilie.

Haverá ainda o cúmulo material de penas de resistência com a de eventual delito resultante da violência. Aqui não há subsidiariedade, mas sim a soma da pena de resistência com a de uma eventual violência.

10.2.8 Da Fuga, Evasão, Arrebatamento e Amotinamento de Presos

Fuga de Preso ou Internado

Art. 178. *Promover ou facilitar a fuga de pessoa legalmente presa ou submetida a medida de segurança detentiva:*
Pena - *detenção, de seis meses a dois anos.*

Formas Qualificadas

§ 1º *Se o crime é praticado a mão armada ou por mais de uma pessoa, ou mediante arrombamento:*
Pena - *reclusão, de dois a seis anos.*

§ 2º *Se há emprego de violência contra pessoa, aplica-se também a pena correspondente à violência.*

§ 3º *Se o crime é praticado por pessoa sob cuja guarda, custódia ou condução está o preso ou internado:*
Pena - *reclusão, até quatro anos.*

Modalidade Culposa

Art. 179. *Deixar, por culpa, fugir pessoa legalmente presa, confiada à sua guarda ou condução:*
Pena - *detenção, de três meses a um ano.*

Os dois crimes serão estudados juntos. Ambos têm como sujeito ativo tanto o militar quanto o civil. No primeiro, a conduta é promover ou facilitar a fuga do preso ou do internado. Promover é o ato de iniciar a fuga, e facilitar significa tomar parte do plano de fuga, mas sem desencadear.

No caso de fuga de estabelecimentos prisionais, somente haverá o crime mencionado quando o fato for praticado em estabelecimento militar, ou seja, em presídios militares ou outras unidades com instalações prisionais.

Súmula 75 do Superior Tribunal de Justiça: Compete à Justiça Comum Estadual processar e julgar o policial militar por crime de promover ou facilitar a fuga de preso de Estabelecimento Penal.

A utilização de arma qualifica o crime, bem como se praticado por mais de uma pessoa ou se mediante arrombamento de instalação. Se a pessoa que tem responsabilidade pela guarda, custódia ou condução do preso pratica este crime, também estaremos diante de uma forma qualificada.

A regra do § 2º impõe o cúmulo das penas aplicadas ao crime referido e o da violência.

Para que um civil pratique um crime militar, deve haver a intenção de ofender as instituições militares. Portanto, na modalidade culposa, não é possível que o civil pratique o delito, somente militar. É importante destacar que a modalidade culposa só diz respeito à fuga do preso, e não da pessoa submetida à medida de segurança.

Evasão de Preso ou Internado

Art. 180. *Evadir-se, ou tentar evadir-se o preso ou internado, usando de violência contra a pessoa:*
Pena - *detenção, de um a dois anos, além da correspondente à violência.*

§ 1º *Se a evasão ou a tentativa ocorre mediante arrombamento da prisão militar:*
Pena - *detenção, de seis meses a um ano.*

Cumulação de Penas

§ 2º *Se ao fato sucede deserção, aplicam-se cumulativamente as penas correspondentes.*

O sujeito ativo pode ser tanto civil quanto o militar, desde que preso em estabelecimento militar ou submetido à guarda militar. Não importa nesse caso se o agente conseguiu ou não escapar, a tentativa já caracteriza consumação do delito; o que importa é o uso da violência contra a pessoa, pois se não houver a violação física, não há o crime mencionado. Há cumulação da pena do crime e da pena da violência praticada.

Tendo o militar fugido, começa a contagem do tempo para que se configure o crime de deserção. Caso ele não se apresente em oito dias, incorrerá em outro crime, cuja pena, nos termos do §2º, deve ser cumulada com a da evasão de preso ou internado.

Arrebatamento de Preso ou Internado

Art. 181. *Arrebatar preso ou internado, a fim de maltratá-lo, do poder de quem o tenha sob guarda ou custódia militar:*
Pena - *reclusão, até quatro anos, além da correspondente à violência.*

O sujeito ativo pode ser tanto o militar quanto o civil que toma à força o preso ou internado sob autoridade, com o intuito de maltratá-lo. A pena do crime é cumulativa com a correspondente à violência.

Amotinamento

Art. 182. *Amotinarem-se presos, ou internados, perturbando a disciplina do recinto de prisão militar:*
Pena - *reclusão, até três anos, aos cabeças; aos demais, detenção de um a dois anos.*

Responsabilidade de Partícipe ou de Oficial

Parágrafo único. *Na mesma pena incorre quem participa do amotinamento ou, sendo oficial e estando presente, não usa os meios ao seu alcance para debelar o amotinamento ou evitar-lhe as consequências.*

É um crime no qual o concurso de agentes é necessário, podendo ser o sujeito ativo tanto civil quanto o militar. Amotinar-se significa revoltar-se, de alguma forma juntar-se para perturbar a ordem. Desse modo, incorrem no tipo os presos ou internados que perturbam a disciplina do recinto militar. O tempo de pena difere para o cabeça e para os demais participantes.

CRIMES MILITARES EM TEMPO DE PAZ

10.3 Dos Crimes Contra o Serviço Militar e o Dever Militar

10.3.1 Da Insubmissão

Insubmissão

Art. 183. *Deixar de apresentar-se o convocado à incorporação, dentro do prazo que lhe foi marcado, ou, apresentando-se, ausentar-se antes do ato oficial de incorporação:*

Pena - *impedimento, de três meses a um ano.*

Caso Assimilado

§ 1º Na mesma pena incorre quem, dispensado temporariamente da incorporação, deixa de se apresentar, decorrido o prazo de licenciamento.

Diminuição da Pena

§ 2º A pena é diminuída de um terço:

a) pela ignorância ou a errada compreensão dos atos da convocação militar, quando escusáveis;

b) pela apresentação voluntária dentro do prazo de um ano, contado do último dia marcado para a apresentação.

O sujeito ativo é o civil convocado para prestar serviço militar obrigatório. O cidadão que tenha participado da seleção e sido designado para a incorporação ou matrícula em organização Militar, passa à condição de convocado, e comete o delito de insubmissão, caso não se apresente para incorporação.

O tipo apresenta duas condutas: a primeira ocorre quando o autor, diante da convocação, deixa de apresentar-se no prazo determinado; na segunda, ele se apresenta, mas logo após se ausenta, antes de ato oficial de incorporação.

O §1º diz respeito sobre o convocado a quem foi concedida a dispensa temporária de incorporação, e o §2º prevê a diminuição de pena para os casos em que o convocado não tinha perfeita compreensão acerca dos atos de convocação e dos prazos a que estava submetido. Nessa hipótese há um prazo limite de um ano entre a data em que ele deveria ter-se apresentado e aquela em que o fez voluntariamente.

De acordo com a Súmula 7 do Superior Tribunal Militar: O crime de insubmissão, capitulado no art. 183 do CPM, caracteriza-se quando provado de maneira inconteste o conhecimento pelo conscrito da data e local de sua apresentação para incorporação, através de documento hábil constante dos autos. A confissão do indigitado insubmisso deverá ser considerada no quadro do conjunto probatório. É importante, ademais, anotar que de acordo com a Súmula 3 do Superior Tribunal Militar: Não constituem excludentes de culpabilidade, nos crimes de deserção e insubmissão, alegações de ordem particular ou familiar desacompanhadas de provas.

Criação ou Simulação de Incapacidade Física

Art. 184. *Criar ou simular incapacidade física, que inabilite o convocado para o serviço militar:*

Pena - *detenção, de seis meses a dois anos.*

O sujeito ativo pode ser qualquer pessoa que possa simular incapacidade para escapar do serviço militar. Criar significa gerar uma incapacidade (automutilar-se para fugir ao serviço, por exemplo), enquanto simular é o fingimento sobre uma incapacidade com intuito de enganar o selecionador.

De acordo com a Súmula 8 do Superior Tribunal Militar: O desertor sem estabilidade e o insubmisso que, por apresentação voluntária ou em razão de captura, forem julgados em inspeção de saúde, para fins de reinclusão ou incorporação, incapazes para o Serviço Militar, podem ser isentos do processo, após o pronunciamento do representante do Ministério Público.

Substituição de Convocado

Art. 185. *Substituir-se o convocado por outrem na apresentação ou na inspeção de saúde.*

Pena - *detenção, de seis meses a dois anos.*

Parágrafo único. *Na mesma pena incorre quem substitui o convocado.*

O sujeito ativo somente pode ser o convocado ou ainda aquele que o substitui. Não é necessário que convocado e seu substituto consigam enganar Administração Militar para que a conduta seja consumada, só o fato de fazer a substituição já configura o crime.

Favorecimento a Convocado

Art. 186. *Dar asilo a convocado, ou tomá-lo a seu serviço, ou proporcionar-lhe ou facilitar-lhe transporte ou meio que obste ou dificulte a incorporação, sabendo ou tendo razão para saber que cometeu qualquer dos crimes previstos neste capítulo:*

Pena - *detenção, de três meses a um ano.*

Isenção de Pena

Parágrafo único. *Se o favorecedor é ascendente, descendente, cônjuge ou irmão do criminoso, fica isento de pena.*

O sujeito ativo deste crime pode ser qualquer pessoa, seja civil ou militar. A conduta típica é a de dar abrigo a convocado para que esse possa fugir da incorporação. Outra modalidade da conduta é facilitar o transporte ou proporcionar meio que impeça ou atrapalhe a incorporação. Apenas pratica conduta o agente que tem conhecimento da condição de convocado daquele a que presta auxílio.

A pena não será aplicada ao sujeito ativo se o convocado for seu ascendente, descendente, cônjuge ou irmão.

10.3.2 Da Deserção

Deserção

Art. 187. *Ausentar-se o militar, sem licença, da unidade em que serve, ou do lugar em que deve permanecer, por mais de oito dias:*

Pena - *detenção, de seis meses a dois anos; se oficial, a pena é agravada.*

Somente pode ser sujeito ativo deste crime o militar em atividade. A deserção só ocorre após o militar ser incorporado às Forças Armadas, e a conduta consiste em se ausentar da unidade em que serve ou de outro lugar em que deva permanecer, por mais de oito dias, por ausência injustificada.

Durante os oito primeiros dias, o militar não comete crime, ele somente pratica infrações disciplinares. A deserção é um crime permanente, e sua consumação perdura no tempo, ou seja, desde o dia em que o crime se consumou, o desertor está sujeito à prisão.

Súmula 3 do Superior Tribunal Militar: Não constituem excludentes de culpabilidade, nos crimes de deserção e insubmissão, alegações de ordem particular ou familiar desacompanhadas de provas.

Casos Assimilados

Art. 188. *Na mesma pena incorre o militar que:*

I - não se apresenta no lugar designado, dentro de oito dias, findo o prazo de trânsito ou férias;

II - deixa de se apresentar a autoridade competente, dentro do prazo de oito dias, contados daquele em que termina ou é cassada a licença ou agregação ou em que é declarado o estado de sítio ou de guerra;

III - tendo cumprido a pena, deixa de se apresentar, dentro do prazo de oito dias;

IV - consegue exclusão do serviço ativo ou situação de inatividade, criando ou simulando incapacidade.

O sujeito ativo desse crime é o militar e, nessa hipótese, a deserção ocorre com o não retorno do militar que estava regularmente afastado.

Art. 189. *Nos crimes dos Arts. 187 e 188, ns. I, II e III:*

354

NOÇÕES DE DIREITO PENAL MILITAR/PROCESSO PENAL MILITAR

Atenuante Especial

I - se o agente se apresenta voluntariamente dentro em oito dias após a consumação do crime, a pena é diminuída de metade; e de um terço, se de mais de oito dias e até sessenta;

A atenuante será aplicada ao desertor que se apresenta de forma voluntária, seja dentro do prazo de graça ou após este, desde que ate 70 dias.

Agravante Especial

II - se a deserção ocorre em unidade estacionada em fronteira ou país estrangeiro, a pena é agravada de um terço.

A agravante de pena será aplicada para deserção que ocorrer em unidade de fronteira ou país estrangeiro.

Deserção Especial

Art. 190. *Deixar o militar de apresentar-se no momento da partida do navio ou aeronave, de que é tripulante, ou do deslocamento da unidade ou força em que serve:*

Pena - *detenção, até três meses, se após a partida ou deslocamento se apresentar, dentro de vinte e quatro horas, à autoridade militar do lugar, ou, na falta desta, à autoridade policial, para ser comunicada a apresentação ao comando militar competente.*

§ 1º Se a apresentação se der dentro de prazo superior a vinte e quatro horas e não excedente a cinco dias:

Pena - *detenção, de dois a oito meses.*

§ 2º Se superior a cinco dias e não excedente a oito dias:

Pena - *detenção, de três meses a um ano.*

§ 2º-A. Se superior a oito dias

Pena - *detenção, de seis meses a dois anos.*

Aumento de Pena

§ 3º A pena é aumentada de um terço, se se tratar de sargento, subtenente ou suboficial, e de metade, se oficial.

Na hipótese de deserção especial, não importa o período de oito dias para que o crime seja considerado consumado. Basta que o militar deixe de se apresentar para partir com a sua força, e ele já será considerado desertor. Caso, ainda, seja o desertor sargento, subtenente ou suboficial, será a pena aumentada de 1/3 e se oficial na metade, pois o prejuízo para a tropa é maior se essas pessoas não se apresentarem, visto que todas exercem funções relacionadas ao comando.

Concerto para Deserção

Art. 191. *Concertarem-se militares para a prática da deserção:*
I - se a deserção não chega a consumar-se:
Pena - *detenção, de três meses a um ano.*

Modalidade Complexa

II - se consumada a deserção:
Pena - *reclusão, de dois a quatro anos.*

Trata-se de um de um crime de concurso de pessoas necessário. Nessa hipótese, os militares organizam uma deserção coletiva. A pena cominada ao crime vai se dividir nas duas possibilidades: se a deserção se consuma e se a deserção não se consuma.

Se consumada, haverá dois crimes: o de concerto para o deserção e deserção, devendo o agente responder em concurso de crimes por ambos.

Deserção por Evasão ou Fuga

Art. 192. *Evadir-se o militar do poder da escolta, ou de recinto de detenção ou de prisão, ou fugir em seguida à prática de crime para evitar prisão, permanecendo ausente por mais de oito dias:*
Pena - *detenção, de seis meses a dois anos.*

O sujeito ativo desse crime é o militar. Nessa hipótese o militar visa fugir logo após a prática de um crime para evitar ser preso, permanecendo como ausente por mais de oito dias.

Favorecimento a Desertor

Art. 193. *Dar asilo a desertor, ou tomá-lo a seu serviço, ou proporcionar-lhe ou facilitar-lhe transporte ou meio de ocultação, sabendo ou tendo razão para saber que cometeu qualquer dos crimes previstos neste capítulo:*
Pena - *detenção, de quatro meses a um ano.*

Isenção de Pena

Parágrafo único. *Se o favorecedor é ascendente, descendente, cônjuge ou irmão do criminoso, fica isento de pena.*

O sujeito ativo desse crime pode ser tanto civil quanto militar, desde que proporcione abrigo ao desertor, ou tome seu serviço, ou ainda proporcione ou facilite transporte ou meio de ocultação. Para que o crime se configure, o agente precisava ter conhecimento da condição criminosa do desertor.

Omissão de Oficial

Art. 194. *Deixar o oficial de proceder contra desertor, sabendo, ou devendo saber encontrar-se entre os seus comandados:*
Pena - *detenção, de seis meses a um ano.*

O sujeito ativo desse crime, além de ser militar, tem que ocupar a posição do oficial. Nessa hipótese, o desertor está sob o comando do oficial, e o oficial, ao tomar toma ciência de que há um desertor entre seus comandados, não toma nenhuma providência.

De acordo com a Súmula 12 do Superior Tribunal Militar: A praça sem estabilidade não pode ser denunciada por deserção sem ter readquirido o status de militar, condição de procedibilidade para a persecutio criminis, através da reinclusão. Para a praça estável, a condição de procedibilidade é a reversão ao serviço ativo.

10.3.3 Do Abandono de Posto e de Outros Crimes em Serviço

Abandono de Posto

Art. 195. *Abandonar, sem ordem superior, o posto ou lugar de serviço que lhe tenha sido designado, ou o serviço que lhe cumpria, antes de terminá-lo:*
Pena - *detenção, de três meses a um ano.*

O sujeito ativo desse crime tem que ser militar da ativa que esteja de serviço em posto ou em lugar delimitado ou então em execução de tarefas específicas. Para que se configure o crime, é necessário que o abandono ocorra sem autorização ou sem ordem de superior. Não há necessidade de contagem temporal, não importa se o sujeito abandonou posto por um minuto, uma hora ou por um dia, o crime vai estar consumado de mesmo modo.

Descumprimento de Missão

Art. 196. *Deixar o militar de desempenhar a missão que lhe foi confiada:*
Pena - *detenção, de seis meses a dois anos, se o fato não constitui crime mais grave.*
§ 1º Se é oficial o agente, a pena é aumentada de um terço.
§ 2º Se o agente exercia função de comando, a pena é aumentada de metade.

Modalidade Culposa

§ 3º Se a abstenção é culposa:
Pena - *detenção, de três meses a um ano.*

O sujeito ativo pode ser apenas militar da ativa. É a hipótese de um crime omissivo, no qual o agente vai deixar de cumprir a missão que a ele foi atribuída.

Se o agente é oficial ou exerce função de comando, haverá causa de aumento de pena.

CRIMES MILITARES EM TEMPO DE PAZ

Retenção Indevida

Art. 197. *Deixar o oficial de restituir, por ocasião da passagem de função, ou quando lhe é exigido, objeto, plano, carta, cifra, código ou documento que lhe haja sido confiado:*

Pena – *suspensão do exercício do posto, de três a seis meses, se o fato não constitui crime mais grave.*

Parágrafo único. *Se o objeto, plano, carta, cifra, código, ou documento envolve ou constitui segredo relativo à segurança nacional:*

Pena – *detenção, de três meses a um ano, se o fato não constitui crime mais grave.*

O sujeito ativo desse crime é o militar com a função de oficial. A infração se caracteriza quando o oficial deixa de devolver qualquer material vinculado à atividade que está sendo transmitida àquele que vai substituí-lo. Se o material diz respeito a segredo relativo à segurança nacional, o crime estará configurado na sua forma qualificada.

Omissão de Eficiência da Força

Art. 198. *Deixar o comandante de manter a força sob seu comando em estado de eficiência:*

Pena – *suspensão do exercício do posto, de três meses a um ano.*

O sujeito ativo, além de ser militar, deve ser comandante. Sua conduta consiste na omissão de tomar providências para manter seus subordinados treinados para ação necessária ao desempenho das suas funções.

Omissão de Providências para Evitar Danos

Art. 199. *Deixar o comandante de empregar todos os meios ao seu alcance para evitar perda, destruição ou inutilização de instalações militares, navio, aeronave ou engenho de guerra motomecanizado em perigo:*

Pena – *reclusão, de dois a oito anos.*

Modalidade Culposa

Parágrafo único. *Se a abstenção é culposa:*

Pena – *detenção, de três meses a um ano.*

O sujeito ativo é o militar investido na função de comandante de navio, aeronave, engenho de guerra ou de instalação militar. Nesse crime, o comandante não se dedica a salvar os materiais ou instalações que estão sob seu comando.

Omissão de Providências para salvar comandados

Art. 200. *Deixar o comandante, em ocasião de incêndio, naufrágio, encalhe, colisão, ou outro perigo semelhante, de tomar todas as providências adequadas para salvar os seus comandados e minorar as consequências do sinistro, não sendo o último a sair de bordo ou a deixar a aeronave ou o quartel ou sede militar sob seu comando:*

Pena – *reclusão, de dois a seis anos.*

Modalidade Culposa

Parágrafo único. *Se a abstenção é culposa:*

Pena – *detenção, de seis meses a dois anos.*

O sujeito ativo nesse crime é o militar em função de comandante. Como comandante, este tem o dever de proteção com as pessoas que compõem a sua tropa e, por isso, deve-se empenhar para assegurar o bem-estar de todos, especialmente quando diante de situações de perigo.

Omissão de Socorro

Art. 201. *Deixar o comandante de socorrer, sem justa causa, navio de guerra ou mercante, nacional ou estrangeiro, ou aeronave, em perigo, ou náufragos que hajam pedido socorro:*

Pena – *suspensão do exercício do posto, de um a três anos ou reforma.*

O sujeito ativo é o comandante, porém a cominação de pena indica que ele deve ser oficial, pois apenas os oficiais ocupam posto. Nesse caso, o comandante toma conhecimento de que o navio ou aeronave está em perigo, ou que há náufragos, e não presta socorro. É um crime omissivo, pois o comandante deixa de fazer algo para prestar socorro, sem justa causa.

Embriaguez em Serviço

Art. 202. *Embriagar-se o militar, quando em serviço, ou apresentar-se embriagado para prestá-lo:*

Pena – *detenção, de seis meses a dois anos.*

O sujeito ativo é o militar e vai concorrer nesse crime aquele que se embriaga em serviço ou que já se apresenta nessa condição. Trata-se de embriaguez voluntária e a sua constatação se dará, em regra, por exames feitos por peritos médicos, sendo irrelevante o tipo de droga utilizada pelo embriagado, sendo possível o crime de embriaguez em serviço até mesmo pelo uso de substância entorpecente.

Dormir em Serviço

Art. 203. *Dormir o militar, quando em serviço, como oficial de quarto ou de ronda, ou em situação equivalente, ou, não sendo oficial, em serviço de sentinela, vigia, plantão às máquinas, ao leme, de ronda ou em qualquer serviço de natureza semelhante:*

Pena – *detenção, de três meses a um ano.*

O sujeito ativo do crime é o militar. Sua conduta consiste em se entregar ao sono, mesmo que por pouco tempo, durante o serviço. É necessário que o militar durma quando estiver exercendo funções específicas e que tenha relação com as tarefas de vigias. Vale anotar que o sono é um processo natural do ser humano e o crime somente se caracteriza se o agente praticá-lo de maneira dolosa, isto é, quando o agente quis o resultado ou assumiu o risco de produzi-lo. Caso seja decorrente de culpa, ou seja, quando o agente deixou de empregar a cautela, atenção, ou diligência ordinária, ou especial, a que estava obrigado em face das circunstâncias, não prevê o resultado que podia prever ou, prevendo-o, supõe levianamente que não se realizaria ou que poderia evitá-lo, não estará caracterizada a infração criminal.

10.3.4 Do Exercício de Comércio

Exercício de Comércio por Oficial

Art. 204. *Comerciar o oficial da ativa, ou tomar parte na administração ou gerência de sociedade comercial, ou dela ser sócio ou participar, exceto como acionista ou cotista em sociedade anônima, ou por cotas de responsabilidade limitada:*

Pena – *suspensão do exercício do posto, de seis meses a dois anos, ou reforma.*

O sujeito ativo é oficial da ativa, que pratica o crime ao comercializar, ou tomar parte em administração ou gerência de sociedade comercial, ou assumir a condição de sócio.

10.4 Dos Crimes Contra a Pessoa

10.4.1 Do Homicídio

Homicídio Simples

Art. 205. *Matar alguém:*
Pena – *reclusão, de seis a vinte anos.*

Minoração Facultativa da Pena

§ 1º *Se o agente comete o crime impelido por motivo de relevante valor social ou moral, ou sob o domínio de violenta emoção, logo em seguida a injusta provocação da vítima, o juiz pode reduzir a pena, de um sexto a um terço.*

Homicídio Qualificado

§ 2º *Se o homicídio é cometido:*
I. por motivo fútil;
II. mediante paga ou promessa de recompensa, por cupidez, para excitar ou saciar desejos sexuais, ou por outro motivo torpe;

356

NOÇÕES DE DIREITO PENAL MILITAR/PROCESSO PENAL MILITAR

III. com emprego de veneno, asfixia, tortura, fogo, explosivo, ou qualquer outro meio dissimulado ou cruel, ou de que possa resultar perigo comum;
IV. à traição, de emboscada, com surpresa ou mediante outro recurso insidioso, que dificultou ou tornou impossível a defesa da vítima;
V. para assegurar a execução, a ocultação, a impunidade ou vantagem de outro crime;
VI. prevalecendo-se o agente da situação de serviço:
Pena *– reclusão, de doze a trinta anos.*

Homicídio Culposo

Art. 206. *Se o homicídio é culposo:*
Pena *– detenção, de um a quatro anos.*
§ 1° A pena pode ser agravada se o crime resulta de inobservância de regra técnica de profissão, arte ou ofício, ou se o agente deixa de prestar imediato socorro à vítima.

Multiplicidade de Vítimas

§ 2° Se, em consequência de uma só ação ou omissão culposa, ocorre morte de mais de uma pessoa ou também lesões corporais em outras pessoas, a pena é aumentada de um sexto até metade.

O sujeito ativo pode ser qualquer pessoa, a consumação do crime se dá com a cessação das funções vitais do ser humano, considerada mediante diagnóstico da morte encefálica, na forma prevista pelo Art. 3º da Lei 9.434/1997. Difere do homicídio previsto no Código Penal Comum, especialmente pela hipótese qualificadora quando o homicídio for praticado pelo agente da situação de serviço. Também há uma pena mais grave para o homicídio culposo em relação àquele previsto no Direito Penal comum.

Os crimes dolosos contra a vida praticados por militar contra civil terão a competência definida de maneiras diferentes se o delito for praticado com militar das Forças Armadas ou policiais militares. No primeiro caso (homicídio praticado por militar das Forças Armadas), em razão da edição da Lei 13.491/2017, a competência para julgamento será da Justiça Militar. No segundo, de acordo com o Art. 125, § 4º, da Constituição Federal, caberá ao Tribunal do Júri o julgamento, pois de acordo com esse dispositivo: Compete à Justiça Militar estadual processar e julgar os militares dos Estados, nos crimes militares definidos em lei e as ações judiciais contra atos disciplinares militares, ressalvada a competência do júri quando a vítima for civil, cabendo ao tribunal competente decidir sobre a perda do posto e da patente dos oficiais e da graduação das praças.

Provocação Direta ou Auxílio a Suicídio

Art. 207. *Instigar ou induzir alguém a suicidar-se, ou prestar-lhe auxílio para que o faça, vindo o suicídio consumar-se:*
Pena *– reclusão, de dois a seis anos.*

Agravação de Pena

§ 1° Se o crime é praticado por motivo egoístico, ou a vítima é menor ou tem diminuída, por qualquer motivo, a resistência moral, a pena é agravada.

Provocação Indireta ao Suicídio

§ 2° Com detenção de um a três anos, será punido quem, desumana e reiteradamente, inflige maus-tratos a alguém, sob sua autoridade ou dependência, levando-o, em razão disso, à prática de suicídio.

Redução de Pena

§ 3° Se o suicídio é apenas tentado, e da tentativa resulta lesão grave, a pena é reduzida de um a dois terços.

No suicídio, a morte é voluntária, e não se pune o autor do crime, ou seja, quem atentou contra a própria vida. Pune-se, entretanto quem de algum modo levou outra pessoa a cometer o suicídio de maneira dolosa. Cuidado com questões capciosas: a participação no suicídio somente é punível se o suicídio se consuma com a morte da vítima ou, ao menos, esta tenta se matar e sofre lesão corporal grave. O sujeito ativo da conduta pode ser qualquer pessoa.

10.4.2 Do Genocídio

Genocídio

Art. 208. *Matar membros de um grupo nacional, étnico, religioso ou pertencente a determinada raça, com o fim de destruição total ou parcial desse grupo:*
Pena *– reclusão, de quinze a trinta anos.*

Casos Assimilados

Parágrafo único. *Será punido com reclusão, de quatro a quinze anos, quem, com o mesmo fim:*
I. inflige lesões graves a membros do grupo;
II. submete o grupo a condições de existência, físicas ou morais, capazes de ocasionar a eliminação de todos os seus membros ou parte deles;
III. força o grupo à sua dispersão;
IV. impõe medidas destinadas a impedir os nascimentos no seio do grupo;
V. efetua coativamente a transferência de crianças do grupo para outro grupo.

O genocídio é um crime contra a humanidade, podendo ser praticado por diversas condutas, porém a essência da infração se concentra na vontade do agente, ainda que parcial, de atingir grupo nacional, étnico, racial ou religioso. Atualmente, podem-se levar em conta também os que visam ofender determinadas orientações sexuais e filosóficas. A importância da punição do genocídio é tamanha que, além de ser punido por meio de lei especial quando praticado fora do contexto militar (Lei 2.889/1956), é um dos crimes da competência do Tribunal Penal Internacional (cf. Art. 6º do Decreto 4.388/2002)

10.4.3 Da Lesão Corporal e da Rixa

Lesão Leve

Art. 209. *Ofender a integridade corporal ou a saúde de outrem:*
Pena *– detenção, de três meses a um ano.*

Lesão Grave

§ 1° Se se produz, dolosamente, perigo de vida, debilidade permanente de membro, sentido ou função, ou incapacidade para as ocupações habituais, por mais de trinta dias:
Pena *– reclusão, até cinco anos.*
§ 2° Se se produz, dolosamente, enfermidade incurável, perda ou inutilização de membro, sentido ou função, incapacidade permanente para o trabalho, ou deformidade duradoura:
Pena *– reclusão, de dois a oito anos.*

Lesões Qualificadas pelo Resultado

§ 3° Se os resultados previstos nos §§ 1° e 2° forem causados culposamente, a pena será de detenção, de um a quatro anos; se da lesão resultar morte e as circunstâncias evidenciarem que o agente não quis o resultado, nem assumiu o risco de produzi-lo, a pena será de reclusão, até oito anos.

Minoração Facultativa da Pena

§ 4° Se o agente comete o crime impelido por motivo de relevante valor moral ou social ou sob o domínio de violenta emoção, logo em seguida a injusta provocação da vítima, o juiz pode reduzir a pena, de um sexto a um terço.
§ 5° No caso de lesões leves, se estas são recíprocas, não se sabendo qual dos contendores atacou primeiro, ou quando ocorre qualquer das hipóteses do parágrafo anterior, o juiz pode diminuir a pena de um a dois terços.

Lesão Levíssima

§ 6° No caso de lesões levíssimas, o juiz pode considerar a infração como disciplinar.

CRIMES MILITARES EM TEMPO DE PAZ

Lesão corporal é uma ofensa física que atinge a integridade ou a saúde do corpo humano; é necessário que a vítima sofra algum dano em seu corpo, que possa prejudicar sua saúde. Pode ser cometida tanto pelo militar quanto pelo civil. O crime se consuma no momento em que o agente lesiona um terceiro.

Lesão Culposa

Art. 210. Se a lesão é culposa:
Pena - detenção, de dois meses a um ano.
§ 1° A pena pode ser agravada se o crime resulta de inobservância de regra técnica de profissão, arte ou ofício, ou se o agente deixa de prestar imediato socorro à vítima.

Aumento de Pena

§ 2° Se, em consequência de uma só ação ou omissão culposa, ocorrem lesões em várias pessoas, a pena é aumentada de um sexto até metade.

Assim como o crime anterior, ofende-se a integridade física da vítima; porém, aqui o agente não tinha intenção de fazê-lo. O agente, deixando de empregar a cautela, atenção, ou diligência ordinária ou especial, a que estava obrigado em face das circunstâncias, não prevê o resultado que podia prever ou, prevendo-o, supõe levianamente que não se realizaria ou que poderia evitá-lo, respondendo assim com uma pena maior a depender das circunstâncias, isto é, se causou o resultado não respeitando regra profissional ou se deixa de prestar socorro à vítima, quando poderia fazê-lo.

Participação em Rixa

Art. 211. Participar de rixa, salvo para separar os contendores:
Pena - detenção, até dois meses.
Parágrafo único. Se ocorre morte ou lesão grave, aplica-se, pelo fato de participação na rixa, a pena de detenção, de seis meses a dois anos.

O sujeito ativo pode ser qualquer pessoa, embora nesse crime todos são agentes e vítimas ao mesmo tempo. Exige-se vontade de tomar parte da rixa. Desse modo, não se admite a modalidade culposa.

10.4.4 Da Periclitação da Vida ou da Saúde

Abandono de Pessoa

Art. 212. Abandonar o militar pessoa que está sob seu cuidado, guarda, vigilância ou autoridade e, por qualquer motivo, incapaz de defender-se dos riscos resultantes do abandono:
Pena - detenção, de seis meses a três anos.

Formas Qualificadas pelo Resultado

§ 1° Se do abandono resulta lesão grave:
Pena - reclusão, até cinco anos.
§ 2° Se resulta morte:
Pena - reclusão, de quatro a doze anos.

O sujeito ativo é o militar que foi designado para garantir segurança à vítima incapaz, colocada sob seu cuidado. O abandono nessa hipótese é físico, ou seja, deve haver risco de perigo.

Maus-Tratos

Art. 213. Expor a perigo a vida ou saúde, em lugar sujeito à administração militar ou no exercício de função militar, de pessoa sob sua autoridade, guarda ou vigilância, para o fim de educação, instrução, tratamento ou custódia, quer privando-a de alimentação ou cuidados indispensáveis, quer sujeitando-a a trabalhos excessivos ou inadequados, quer abusando de meios de correção ou disciplina:
Pena - detenção, de dois meses a um ano.

Formas Qualificadas pelo Resultado

§ 1° Se do fato resulta lesão grave:
Pena - reclusão, até quatro anos.
§ 2° Se resulta morte:
Pena - reclusão, de dois a dez anos.

O sujeito ativo é o militar que esteja responsável por outra sob sua autoridade, guarda, vigilância, de acordo com a determinação legal. O agente expõe a vítima a uma situação de risco, sujeitando esta a uma situação forçada sob pena de sofrer um mal. É necessário apenas que a conduta de maus-tratos ocorra em local sujeito à Administração Militar ou no exercício de função militar.

10.4.5 Dos Crimes Contra a Honra

Calúnia

Art. 214. Caluniar alguém, imputando-lhe falsamente fato definido como crime:
Pena - detenção, de seis meses a dois anos.
§ 1° Na mesma pena incorre quem, sabendo falsa a imputação, a propala ou divulga.

Exceção da Verdade

§ 2° A prova da verdade do fato imputado exclui o crime, mas não é admitida:
I. se, constituindo o fato imputado crime de ação privada, o ofendido não foi condenado por sentença irrecorrível;
II. se o fato é imputado a qualquer das pessoas indicadas no n° I do art. 218;
III. se do crime imputado, embora de ação pública, o ofendido foi absolvido por sentença irrecorrível.

O sujeito ativo pode ser qualquer pessoa, seja militar ou civil. Caluniar significa acusar falsamente uma pessoa de cometer um fato definido como crime, tirando sua credibilidade social. É necessário, para a configuração desse crime, que a imputação feita seja falsa. Convém notar que não se pune por esse crime **dizer que a pessoa é criminosa**, mas sim dizer que **praticou um fato que seja considerado crime**. É exigível a descrição do fato criminoso praticado pelo agente, ainda que sem maiores detalhes.

Difamação

Art. 215. Difamar alguém, imputando-lhe fato ofensivo à sua reputação:
Pena - detenção, de três meses a um ano.
Parágrafo único. A exceção da verdade somente se admite se a ofensa é relativa ao exercício da função pública, militar ou civil, do ofendido.

O sujeito ativo pode ser qualquer pessoa, militar ou civil. O crime de difamação consiste em atribuir a alguém um fato desonroso, mas não descrito na lei como crime. Para a consumação da difamação, deve-se haver a divulgação para mais pessoas.

Injúria

Art. 216. Injuriar alguém, ofendendo-lhe a dignidade ou o decoro:
Pena - detenção, até seis meses.

O sujeito ativo pode ser qualquer pessoa. O crime só será punido quando o agente agir dolosamente. A injúria consiste em atacar de forma direta atributos pessoais da vítima, atribuir a ela adjetivos pejorativos.

Injúria Real

Art. 217. Se a injúria consiste em violência, ou outro ato que atinja a pessoa, e, por sua natureza ou pelo meio empregado, se considera aviltante:
Pena - detenção, de três meses a um ano, além da pena correspondente à violência.

Nessa hipótese, a injúria consiste em violência física ou outro meio que atinja a vítima de maneira desonrosa.

Disposições Comuns

Art. 218. As penas cominadas nos antecedentes artigos deste capítulo aumentam-se de um terço, se qualquer dos crimes é cometido:
I. contra o Presidente da República ou chefe de governo estrangeiro;

II. contra superior;
III. contra militar, ou funcionário público civil, em razão das suas funções;
IV. na presença de duas ou mais pessoas, ou de inferior do ofendido, ou por meio que facilite a divulgação da calúnia, da difamação ou da injúria.
Parágrafo único. *Se o crime é cometido mediante paga ou promessa de recompensa, aplica-se a pena em dobro, se o fato não constitui crime mais grave.*

São hipóteses que tornam mais grave o crime cometido contra a honra, obrigando o juiz a aumentar em um terço a pena fixada ao réu.

Ofensa às Forças Armadas

Art. 219. *Propalar fatos, que sabe inverídicos, capazes de ofender a dignidade ou abalar o crédito das forças armadas ou a confiança que estas merecem do público:*
Pena - *detenção, de seis meses a um ano.*
Parágrafo único. *A pena será aumentada de um terço, se o crime é cometido pela imprensa, rádio ou televisão.*

O sujeito ativo pode ser qualquer pessoa, seja militar ou civil. Esse crime visa ofender as Forças Armadas, imputando a ela autoria por fato que sabe ser falso, que é capaz de ofender a dignidade, abalar sua credibilidade ou confiança do público.

Exclusão de Pena

Art. 220. *Não constitui ofensa punível, salvo quando inequívoca a intenção de injuriar, difamar ou caluniar:*
I. a irrogada em juízo, na discussão da causa, por uma das partes ou seu procurador contra a outra parte ou seu procurador;
II. a opinião desfavorável da crítica literária, artística ou científica;
III. a apreciação crítica às instituições militares, salvo quando inequívoca a intenção de ofender;
IV. o conceito desfavorável em apreciação ou informação prestada no cumprimento do dever de ofício.
Parágrafo único. *Nos casos dos ns. I e IV, responde pela ofensa quem lhe dá publicidade.*

A exclusão da pena se refere a uma excludente de delito, pois das hipóteses mencionadas há ausência de ilicitude. O agente se torna imune e a conduta se torna lícita por parte de quem a pratica.

Equivocidade da Ofensa

Art. 221. *Se a ofensa é irrogada de forma imprecisa ou equívoca, quem se julga atingido pode pedir explicações em juízo. Se o interpelado se recusa a dá-las ou, a critério do juiz, não as dá satisfatórias, responde pela ofensa.*

Ocorre quando alguém profere uma frase com duplo sentido que, por dedução, a vítima chega à conclusão de que se trata de uma ofensa. Trata-se de mera dedução, não se tem certeza da intenção ofensiva, pois os meios utilizados são disfarçados.

10.4.6 Dos Crimes Contra a Liberdade

Dos Crimes Contra a Liberdade Individual

Constrangimento Ilegal

Art. 222. *Constranger alguém, mediante violência ou grave ameaça, ou depois de lhe haver reduzido, por qualquer outro meio, a capacidade de resistência, a não fazer o que a lei permite, ou a fazer ou a tolerar que se faça, o que ela não manda:*
Pena - *detenção, até um ano, se o fato não constitui crime mais grave.*

Aumento de Pena

§ 1º A pena aplica-se em dobro, quando, para a execução do crime, se reúnem mais de três pessoas, ou há emprego de arma, ou quando o constrangimento é exercido com abuso de autoridade, para obter de alguém confissão de autoria de crime ou declaração como testemunha.
§ 2º Além da pena cominada, aplica-se a correspondente à violência.

Exclusão de Crime

§ 3º Não constitui crime:
I. Salvo o caso de transplante de órgãos, a intervenção médica ou cirúrgica, sem o consentimento do paciente ou de seu representante legal, se justificada para conjurar iminente perigo de vida ou de grave dano ao corpo ou à saúde;
II. a coação exercida para impedir suicídio.

O sujeito ativo pode ser qualquer pessoa, militar ou civil. A violência e a grave ameaça são os primeiros meios de se cometer o delito de constrangimento ilegal.

O uso de violência se refere à física, enquanto que a grave ameaça pode-se constituir por meio da intimidação. Essa intimidação deve conter promessa de promover contra pessoa um mal futuro.

Ameaça

Art. 223. *Ameaçar alguém, por palavra, escrito ou gesto, ou qualquer outro meio simbólico, de lhe causar mal injusto e grave:*
Pena - *detenção, até seis meses, se o fato não constitui crime mais grave.*
Parágrafo único. *Se a ameaça é motivada por fato referente a serviço de natureza militar, a pena é aumentada de um terço.*

Qualquer pessoa pode cometer o crime de ameaça, podendo ser civil ou militar. Só se exige que o sujeito passivo tenha capacidade de compreender que uma ameaça contra ele está sendo realizada.

O ato de ameaçar é o mesmo que intimidar alguém, anunciando a ele um mal futuro que pode vir a acontecer.

Desafio para Duelo

Art. 224. *Desafiar outro militar para duelo ou aceitar-lhe o desafio, embora o duelo não se realize:*
Pena - *detenção, até três meses, se o fato não constitui crime mais grave.*

É uma figura típica exclusiva do Código Penal Militar. Esse crime ocorre quando há um duelo entre militares, afinal entre os militares há disciplina e rigor no que diz respeito à sua imagem e fácil manipulação de armas, então qualquer desafio de força pode levar a algo mais sério.

Nesse sentido, se o duelo se realiza e, como resultado, causa lesão ou morte, a conduta típica será regulamentada pelo artigo que representa a violência, visto que o crime de duelo é subsidiário.

Sequestro ou Cárcere Privado

Art. 225. *Privar alguém de sua liberdade, mediante sequestro ou cárcere privado:*
Pena - *reclusão, até três anos.*

Aumento de Pena

§ 1º A pena é aumentada de metade:
I. se a vítima é ascendente, descendente ou cônjuge do agente;
II. se o crime é praticado mediante internação da vítima em casa de saúde ou hospital;
III. se a privação de liberdade dura mais de quinze dias.

Formas Qualificadas pelo Resultado

§ 2º Se resulta à vítima, em razão de maus-tratos ou da natureza da detenção, grave sofrimento físico ou moral:
Pena - *reclusão, de dois a oito anos.*
§ 3º Se, pela razão do parágrafo anterior, resulta morte:
Pena - *reclusão, de doze a trinta anos.*

O sujeito ativo pode ser qualquer pessoa, militar ou civil, a essência do tipo diz respeito à conduta de restringir a liberdade de alguém, entendida esta como seu direito de ir e vir.

É hipótese de crime permanente, com isso sua consumação se prolonga no tempo. Não é necessário determinado lapso de tempo para caracterizar o crime, basta a intenção do agente em permanecer por certo tempo com a vítima para que o crime seja consumado.

CRIMES MILITARES EM TEMPO DE PAZ

Do Crime Contra a Inviolabilidade do Domicílio

Violação de Domicílio

Art. 226. Entrar ou permanecer, clandestina ou astuciosamente, ou contra a vontade expressa ou tácita de quem de direito, em casa alheia ou em suas dependências:
Pena – detenção, até três meses.

Forma Qualificada

§ 1º Se o crime é cometido durante o repouso noturno, ou com emprego de violência ou de arma, ou mediante arrombamento, ou por duas ou mais pessoas:
Pena – detenção, de seis meses a dois anos, além da pena correspondente à violência.

Agravação de Pena

§ 2º Aumenta-se a pena de um terço, se o fato é cometido por militar em serviço ou por funcionário público civil, fora dos casos legais, ou com inobservância das formalidades prescritas em lei, ou com abuso de poder.

Exclusão de Crime

§ 3º Não constitui crime a entrada ou permanência em casa alheia ou em suas dependências:
I. durante o dia, com observância das formalidades legais, para efetuar prisão ou outra diligência em cumprimento de lei ou regulamento militar;
II. a qualquer hora do dia ou da noite para acudir vítima de desastre ou quando alguma infração penal está sendo ali praticada ou na iminência de o ser.

Compreensão do Termo "casa"

§ 4º O termo casa compreende:
I. qualquer compartimento habitado;
II. aposento ocupado de habitação coletiva;
III. compartimento não aberto ao público, onde alguém exerce profissão ou atividade.
§ 5º Não se compreende no termo casa:
I. hotel, hospedaria, ou qualquer outra habitação coletiva, enquanto aberta, salvo a restrição do nº II do parágrafo anterior;
II. taverna, boate, casa de jogo e outras do mesmo gênero.

A casa é um bem jurídico protegido diretamente pela Constituição Federal, que, no Art. 5º, inciso XI, prevê que ela é asilo inviolável do indivíduo, ninguém nela podendo penetrar sem consentimento do morador, salvo em caso de flagrante delito ou desastre, ou para prestar socorro, ou, durante o dia, por determinação judicial. Assim, qualquer violência praticada contra sua inviolabilidade deve ser reprimida pelo Estado. Na hipótese em análise, o sujeito ativo pode ser qualquer pessoa, seja civil ou militar, a vítima é a pessoa que tem o poder legal de controlar a entrada e saída de seu domicílio.

O tipo penal apresenta algumas modalidades de invasão de domicílio:
- quando o agente invade o domicílio de maneira clandestina, sem se deixar notar, pressupõe que seja contra vontade quem tem direito;
- Invadir domicílio de modo astucioso, o agente se utiliza de um pretexto, agindo de má-fé, para ingressar no domicílio, pressupondo também ausência de consentimento.

É importante anotar que a ideia de que a conduta deve ser contra vontade de quem de direito significa que a invasão, seja ela às claras (à vista do morador) ou de maneira clandestina, deve ser contrária à vontade do morador.

A forma qualificada ocorre na hipótese em que o agente, para invadir, utiliza-se de violência física ou uso arma de fogo.

Dos crimes Contra a Inviolabilidade de Correspondência ou Comunicação

Violação de Correspondência

Art. 227. Devassar indevidamente o conteúdo de correspondência privada dirigida a outrem:
Pena – detenção, até seis meses.
§ 1º Nas mesmas penas incorre:
I. quem se apossa de correspondência alheia, fechada ou aberta, e, no todo ou em parte, a sonega ou destrói;
II. quem indevidamente divulga, transmite a outrem ou utiliza, abusivamente, comunicação telegráfica ou radioelétrica dirigida a terceiro, ou conversação telefônica entre outras pessoas;
III. quem impede a comunicação ou a conversação referida no número anterior.

Aumento de Pena

§ 2º A pena aumenta-se de metade, se há dano para outrem.
§ 3º Se o agente comete o crime com abuso de função, em serviço postal, telegráfico, radioelétrico ou telefônico:
Pena – detenção, de um a três anos.

Natureza Militar do Crime

§ 4º Salvo o disposto no parágrafo anterior, qualquer dos crimes previstos neste artigo só é considerado militar no caso do art. 9º, nº II, letra a.

O sujeito ativo pode ser qualquer pessoa, militar ou civil, o sujeito passivo pode ser tanto o remetente quanto o destinatário da correspondência.

Nesse crime, o agente toma conhecimento de conteúdo de correspondência que não foi autorizado a abrir. A conduta caracteriza uma violação a direito constitucional (Art. 5º, XII, da CF), e não somente penal.

Dos Crimes Contra a Inviolabilidade dos Segredos de Caráter Particular

Divulgação de Segredo

Art. 228. Divulgar, sem justa causa, conteúdo de documento particular sigiloso ou de correspondência confidencial, de que é detentor ou destinatário, desde que da divulgação possa resultar dano a outrem:
Pena – detenção, até seis meses.

O sujeito ativo pode ser tanto o militar quanto o civil, sendo ele o detentor ou destinatário de documento sigiloso ou de correspondência confidencial. A divulgação é o ato de tornar a informação de conhecimento geral. Esse crime só se configura se esta divulgação resultar em dano a outrem.

Violação de Recato

Art. 229. Violar, mediante processo técnico o direito ao recato pessoal ou o direito ao resguardo das palavras que não forem pronunciadas publicamente:
Pena – detenção, até um ano.
Parágrafo único. Na mesma pena incorre quem divulga os fatos captados.

O sujeito ativo é o militar na ativa, que com sua conduta viola direito ao recato pessoal, ou seja, a intimidade, ou ao resguardo das palavras que não forem pronunciadas publicamente, ou seja, o sigilo das comunicações privadas. O agente se utiliza de processo técnico para cometer tal violação.

Violação de Segredo Profissional

Art. 230. Revelar, sem justa causa, segredo de que tem ciência, em razão de função ou profissão, exercida em local sob administração militar, desde que da revelação possa resultar dano a outrem:
Pena – detenção, de três meses a um ano.

O sujeito ativo é aquele que exerce função ou profissão em local sob Administração Militar, e em razão dela toma ciência de um segredo, o qual deveria guardar.

O agente revela esse fato para terceiro, sem motivo justificado, consumindo assim o crime referido.

Natureza Militar do Crime

Art. 231. Os crimes previstos nos arts. 228 e 229 somente são considerados militares no caso do art. 9º, nº II, letra a.

Isso quer dizer que esses dois crimes somente serão militares se praticados por militar em situação de atividade ou assemelhado, contra militar, na mesma situação ou assemelhado.

10.4.7 Dos Crimes Sexuais

Estupro

Art. 232. Constranger mulher a conjunção carnal, mediante violência ou grave ameaça:
Pena - reclusão, de três a oito anos, sem prejuízo da correspondente à violência.

O sujeito ativo só pode ser homem, e o passivo, mulher.

A conduta descreve que, mediante violência ou grave ameaça, o agente força mulher a conjunção carnal (copula pênis-vagina).

Atentado Violento ao Pudor

> **Fique ligado**
> Embora no Código Penal Comum as condutas de estupro e atentado violento ao pudor tenham se unido em uma única, para o Código Penal Militar continuam tipos autônomos, possuindo, inclusive, penas diferentes.

Art. 233. Constranger alguém, mediante violência ou grave ameaça, a presenciar, a praticar ou permitir que com ele pratique ato libidinoso diverso da conjunção carnal:
Pena - reclusão, de dois a seis anos, sem prejuízo da correspondente à violência.

O sujeito ativo pode ser tanto o militar quanto o civil, que visa obter, de maneira forçosa, presenciar prática ou permitir que com ele se pratique ato libidinoso, que não seja a conjunção carnal. Ato libidinoso é qualquer ato que vise a satisfazer ou causar prazer sexual no agente.

Corrupção de Menores

Art. 234. Corromper ou facilitar a corrupção de pessoa menor de dezoito e maior de quatorze anos, com ela praticando ato de libidinagem, ou induzindo-a a praticá-lo ou presenciá-lo:
Pena - reclusão, até três anos.

O sujeito ativo pode ser qualquer pessoa, já o passivo dever ser o menor de 18 anos e maior de 14 anos, corrompendo estes ou facilitando sua corrupção, pela prática de ato libidinoso ou induzindo à prática ou a presenciá-la.

O ato deve ser tão intenso a ponto de perverter a vítima, e assim efetivamente corrompê-la. Para sua consumação, basta o ato libidinoso com o ofendido; o agente tem como objetivo a satisfação da sua lascívia.

Pederastia ou Outro Ato de Libidinagem

Art. 235. Praticar, ou permitir o militar que com ele se pratique ato libidinoso, homossexual ou não, em lugar sujeito à administração militar:
Pena - detenção, de seis meses a um ano.

O sujeito ativo é militar. Esse crime traz hipótese de desrespeito ao local sujeito à Administração Militar, que é regido por uma disciplina rigorosa, não havendo espaço para qualquer tipo de relacionamento sexual. Apesar de o crime começar com a ideia da pederastia, que significa a prática de ato sexual entre um homem e um jovem, a conduta proibida consiste na prática de qualquer ato sexual em local sujeito à Administração Militar, e não só a ideia limitada ao ato homossexual.

Presunção de Violência

Art. 236. Presume-se a violência, se a vítima:
I. não é maior de quatorze anos, salvo fundada suposição contrária do agente;
II. é doente ou deficiente mental, e o agente conhecia esta circunstância;
III. não pode, por qualquer outra causa, oferecer resistência.

Essa hipótese visa estabelecer como critério para o consentimento sexual a plena capacidade de entender o fato, assim: ser maior de 14 nos, estar em pleno gozo de suas faculdades mentais, estar em condições em que possa resistir à investida sexual de terceiro. O artigo, assim, fixa como presunção de violência as hipóteses em que se considera a vítima como incapaz em consentir qualquer ato sexual.

Aumento de Pena

Art. 237. Nos crimes previstos neste capítulo, a pena é agravada, se o fato é praticado:
I. com o concurso de duas ou mais pessoas;
II. por oficial, ou por militar em serviço.

O artigo fixa agravantes aos crimes sexuais, sendo a pena agravada quando há concurso de agentes (pluralidade de autores), ou ainda se praticado por oficial ou militar em serviço. A conduta já é grave, mas se o sujeito ativo é oficial ou militar, o legislador entende ser necessária maior repressão penal, pois estes deveriam representar segurança pública.

10.4.8 Do Ultraje Público ao Pudor

Ato Obsceno

Art. 238. Praticar ato obsceno em lugar sujeito à administração militar:
Pena - detenção de três meses a um ano.
Parágrafo único. A pena é agravada, se o fato é praticado por militar em serviço ou por oficial.

O sujeito ativo pode ser qualquer pessoa, sendo necessário que outra pessoa veja o ato praticado por ele. Basta haver uma conotação sexual no ato em questão para que se configure um ato obsceno.

Escrito ou Objeto Obsceno

Art. 239. Produzir, distribuir, vender, expor à venda, exibir, adquirir ou ter em depósito para o fim de venda, distribuição ou exibição, livros, jornais, revistas, escritos, pinturas, gravuras, estampas, imagens, desenhos ou qualquer outro objeto de caráter obsceno, em lugar sujeito à administração militar, ou durante o período de exercício ou manobras:
Pena - detenção, de seis meses a dois anos.
Parágrafo único. Na mesma pena incorre quem distribui, vende, oferece à venda ou exibe a militares em serviço objeto de caráter obsceno.

O sujeito ativo pode ser qualquer pessoa, as condutas são alternativas, ou seja, a prática de uma delas, ou de mais de uma, representa um só delito. O objeto do crime pode ser qualquer um que contenha em si ou tenha caráter de obscenidade, ainda exige que as condutas sejam realizadas em local sujeito à Administração Militar ou durante o exercício de manobras.

10.5 Dos Crimes Contra o Patrimônio

10.5.1 Do Furto

Furto Simples

Art. 240. Subtrair, para si ou para outrem, coisa alheia móvel:
Pena - reclusão, até seis anos.

Furto Atenuado

§ 1º *Se o agente é primário e é de pequeno valor a coisa furtada, o juiz pode substituir a pena de reclusão pela de detenção, diminuí-la de um a dois terços, ou considerar a infração como disciplinar. Entende-se pequeno o valor que não exceda a um décimo da quantia mensal do mais alto salário-mínimo do país.*

§ 2º *A atenuação do parágrafo anterior é igualmente aplicável no caso em que o criminoso, sendo primário, restitui a coisa ao seu dono ou repara o dano causado, antes de instaurada a ação penal.*

Energia de Valor Econômico

§ 3º *Equipara-se à coisa móvel a energia elétrica ou qualquer outra que tenha valor econômico.*

Furto Qualificado

§ 4º *Se o furto é praticado durante a noite:*
Pena *reclusão, de dois a oito anos.*
§ 5º *Se a coisa furtada pertence à Fazenda Nacional:*
Pena - *reclusão, de dois a seis anos.*
§ 6º *Se o furto é praticado:*
I. com destruição ou rompimento de obstáculo à subtração da coisa;
II. com abuso de confiança ou mediante fraude, escalada ou destreza;
III. com emprego de chave falsa;
IV. mediante concurso de duas ou mais pessoas:
Pena - *reclusão, de três a dez anos.*
§ 7º *Aos casos previstos nos §§ 4º e 5º são aplicáveis as atenuações a que se referem os §§ 1º e 2º. Aos previstos no § 6º é aplicável a atenuação referida no § 2º.*

O sujeito ativo pode ser qualquer pessoa, civil ou militar. A previsão do crime de furto visa proteger o patrimônio.

O crime se consuma no momento em que o objeto sai da esfera de proteção e disponibilidade da vítima e passar a estar à disposição do agente.

Furto de Uso

Art. 241. *Se a coisa é subtraída para o fim de uso momentâneo e, a seguir, vem a ser imediatamente restituída ou reposta no lugar onde se achava:*
Pena - *detenção, até seis meses.*
Parágrafo único. *A pena é aumentada de metade, se a coisa usada é veículo motorizado; e de um terço, se é animal de sela ou de tiro.*

O crime de furto de uso ocorre quando o agente subtrai a coisa para uso momentâneo e logo após o devolve. Nesse caso a gente não tem a intenção de ter a posse definitiva; antes de a vítima tomar conhecimento do fato, o objeto já volta a seu lugar; o objeto é devolvido inteiro e sem lesão.

10.5.2 Do Roubo e da Extorsão

Roubo Simples

Art. 242. *Subtrair coisa alheia móvel, para si ou para outrem, mediante emprego ou ameaça de emprego de violência contra pessoa, ou depois de havê-la, por qualquer modo, reduzido à impossibilidade de resistência:*
Pena - *reclusão, de quatro a quinze anos.*
§ 1º *Na mesma pena incorre quem, em seguida à subtração da coisa, emprega ou ameaça empregar violência contra pessoa, a fim de assegurar a impunidade do crime ou a detenção da coisa para si ou para outrem.*

Roubo Qualificado

§ 2º *A pena aumenta-se de um terço até metade:*
I. se a violência ou ameaça é exercida com emprego de arma;
II. se há concurso de duas ou mais pessoas;
III. se a vítima está em serviço de transporte de valores, e o agente conhece tal circunstância;
IV. se a vítima está em serviço de natureza militar;
V. se é dolosamente causada lesão grave;
VI. se resulta morte e as circunstâncias evidenciam que o agente não quis esse resultado, nem assumiu o risco de produzi-lo.

Latrocínio

§ 3º *Se, para praticar o roubo, ou assegurar a impunidade do crime, ou a detenção da coisa, o agente ocasiona dolosamente a morte de alguém, a pena será de reclusão, de quinze a trinta anos, sendo irrelevante se a lesão patrimonial deixa de consumar-se. Se há mais de uma vítima dessa violência à pessoa, aplica-se o disposto no art. 79.*

O sujeito ativo desse crime pode ser qualquer pessoa, seja ela civil ou militar. O crime consiste em subtrair coisa alheia, porém com emprego de violência ou ameaça de violência. Para a configuração do roubo, portanto, a violência é elemento necessário.

No Direito Militar existem duas formas de o roubo ter como consequência a morte: uma descrita como causa de aumento de pena, quando o roubo resulta em morte da vítima, e o agente não queria o resultado nem assumiu o risco, ou seja, quando o agente não tinha a intenção de produzi-la; outra corresponde à hipótese do latrocínio, quando o agente tem a intenção de provocar a morte para garantir o roubo, ou a posse da coisa ou a impunidade do crime, sendo a morte uma consequência do crime, ainda que o agente não consiga subtrair o patrimônio.

Cumpre lembrar que o agente só pode ser punido pelas suas intenções ou descuidos, seja por dolo ou culpa. Se a intenção é roubar e, no meio da execução, ocorre a morte, deve-se verificar se houve ou não intenção.

Extorsão Simples

Art. 243. *Obter para si ou para outrem indevida vantagem econômica, constrangendo alguém, mediante violência ou grave ameaça:*
a) a praticar ou tolerar que se pratique ato lesivo do seu patrimônio, ou de terceiro;
b) a omitir ato de interesse do seu patrimônio, ou de terceiro:
Pena - *reclusão, de quatro a quinze anos.*

Formas Qualificadas

§ 1º *Aplica-se à extorsão o disposto no § 2º do art. 242.*
§ 2º *Aplica-se à extorsão, praticada mediante violência, o disposto no § 3º do art. 242.*

O sujeito ativo pode ser qualquer pessoa, civil ou militar, o agente visa conseguir vantagem econômica indevida. O crime se configura no momento em que o agente exerce o constrangimento. A partir desse momento, o crime já começa a ser executado, ainda que não se consiga a vantagem econômica. Esse crime é diferente do roubo por ser necessária uma ação da vítima para sua configuração. É o caso, por exemplo, da obtenção de uma senha bancária: o agente somente terá a senha com a colaboração da vítima, então a hipótese será de extorsão. Agora, caso a vantagem possa ser obtida diretamente pelo criminoso, tirando o celular da mão da vítima, por exemplo, estaremos diante da hipótese de roubo, e não de extorsão, ainda que a vítima em razão de ameaça entregue o bem.

Extorsão Mediante Sequestro

Art. 244. *Extorquir ou tentar extorquir para si ou para outrem, mediante sequestro de pessoa, indevida vantagem econômica:*
Pena - *reclusão, de seis a quinze anos.*

Formas Qualificadas

§ 1º *Se o sequestro dura mais de vinte e quatro horas, ou se o sequestrado é menor de dezesseis ou maior de sessenta anos, ou se o crime é cometido por mais de duas pessoas, a pena é de reclusão de oito a vinte anos.*

NOÇÕES DE DIREITO PENAL MILITAR/PROCESSO PENAL MILITAR

§ 2º Se à pessoa sequestrada, em razão de maus-tratos ou da natureza do sequestro, resulta grave sofrimento físico ou moral, a pena de reclusão é aumentada de um terço.

§ 3º Se o agente vem a empregar violência contra a pessoa sequestrada, aplicam-se, correspondentemente, as disposições do art. 242, § 2º, ns. V e VI, e § 3º.

O sujeito ativo pode ser qualquer pessoa, seja ela civil ou militar. O crime consiste no sequestro de pessoa com a finalidade de obter vantagem econômica indevida. Sequestro é a privação da liberdade contra a vontade do indivíduo.

Chantagem

Art. 245. Obter ou tentar obter de alguém, para si ou para outrem, indevida vantagem econômica, mediante a ameaça de revelar fato, cuja divulgação pode lesar a sua reputação ou de pessoa que lhe seja particularmente cara:

Pena - reclusão, de três a dez anos.

Parágrafo único. Se a ameaça é de divulgação pela imprensa, radiodifusão ou televisão, a pena é agravada.

O sujeito ativo pode ser qualquer pessoa; nesse crime o agente tenta obter vantagem econômica em troca de não revelar fato que possa prejudicar a reputação da vítima ou de alguém próximo a ela.

Extorsão Indireta

Art. 246. Obter de alguém, como garantia de dívida, abusando de sua premente necessidade, documento que pode dar causa a procedimento penal contra o devedor ou contra terceiro:

Pena - reclusão, até três anos.

O sujeito ativo pode ser qualquer pessoa, civil ou militar, desde que credor de uma dívida. A vítima, por necessidade, entrega documento que pode dar causa a procedimento penal contra si mesmo ou terceiro, o agente abusa do seu desespero ao aceitar tal obtenção como forma de garantia do pagamento.

Aumento de Pena

Art. 247. Nos crimes previstos neste capítulo, a pena é agravada, se a violência é contra superior, ou militar de serviço.

O crime é praticado contra superior, seja hierárquico ou funcional, ou militar de serviço.

10.5.3 Da Apropriação Indébita

Apropriação Indébita Simples

Art. 248. Apropriar-se de coisa alheia móvel, de que tem a posse ou detenção:

Pena - reclusão, até seis anos.

Agravação de Pena

Parágrafo único. A pena é agravada, se o valor da coisa excede vinte vezes o maior salário-mínimo, ou se o agente recebeu a coisa:
I. em depósito necessário;
II. em razão de ofício, emprego ou profissão.

O sujeito ativo pode ser qualquer pessoa, desde que tenha a posse ou detenção do objeto.

O proprietário da coisa confiou ao agente um bem seu, para que este o guardasse ou o utilizasse. No momento em que deveria fazer a devolução, houve a negativa do agente, invertendo, com isso, a posse e consumando o delito.

Apropriação de Coisa Havida Acidentalmente

Art. 249. Apropriar-se alguém de coisa alheia vinda ao seu poder por erro, caso fortuito ou força da natureza:

Pena - detenção, até um ano.

Apropriação de Coisa Achada

Parágrafo único. Na mesma pena incorre quem acha coisa alheia perdida e dela se apropria, total ou parcialmente, deixando de restituí-la ao dono ou legítimo possuidor, ou de entregá-la à autoridade competente, dentro do prazo de quinze dias.

O sujeito ativo pode ser qualquer pessoa, civil ou militar. A diferença dessas espécies de apropriação é que, no caso de coisa havida acidentalmente, a coisa alheia chega ao poder de agente por evento estranho à sua vontade; é uma falsa percepção da realidade, que leva uma pessoa a entregar coisa que pertence a outro ao agente; a apropriação por coisa achada, assim como esta, depende de um evento alheio à vontade do agente, o qual encontra um bem perdido e o toma para si.

Art. 250. Nos crimes previstos neste capítulo, aplica-se o disposto nos §§ 1º e 2º do art. 240.

Trata-se das figuras privilegiadas previstas no crime de furto.

10.5.4 Do Estelionato e Outras Fraudes

Estelionato

Art. 251. Obter, para si ou para outrem, vantagem ilícita, em prejuízo alheio, induzindo ou mantendo alguém em erro, mediante artifício, ardil ou qualquer outro meio fraudulento:

Pena - reclusão, de dois a sete anos.

§ 1º Nas mesmas penas incorre quem:

Disposição de Coisa Alheia como Própria

I. vende, permuta, dá em pagamento, em locação ou em garantia, coisa alheia como própria;

Alienação ou Oneração Fraudulenta de Coisa Própria

II. vende, permuta, dá em pagamento ou em garantia coisa própria inalienável, gravada de ônus ou litigiosa, ou imóvel que prometeu vender a terceiro, mediante pagamento em prestações, silenciando sobre qualquer dessas circunstâncias;

Defraudação de Penhor

III. defrauda, mediante alienação não consentida pelo credor ou por outro modo, a garantia pignoratícia, quando tem a posse do objeto empenhado;

Fraude na Entrega de Coisa

IV. defrauda substância, qualidade ou quantidade de coisa que entrega a adquirente;

Fraude no Pagamento de Cheque

V. defrauda de qualquer modo o pagamento de cheque que emitiu a favor de alguém.

§ 2º Os crimes previstos nos ns. I a V do parágrafo anterior são considerados militares somente nos casos do art. 9º, nº II, letras a e e.

Agravação de Pena

§ 3º A pena é agravada, se o crime é cometido em detrimento da administração militar.

O sujeito ativo pode ser qualquer pessoa, militar ou civil. A conduta é dupla: o agente, ao visar obter vantagem indevida, induz ou mantém alguém em erro. A vantagem ilícita pode ser de qualquer natureza, não necessariamente econômica, é qualquer benefício que o agente vise conseguir. O agente se utiliza de meios fraudulentos para manter a vítima em erro.

O § 2º determina que, nas hipóteses do inciso I a V, os crimes que serão considerados militares são os que forem praticados por militar em situação de atividade ou assemelhado, contra militar na mesma situação ou assemelhado; ou por militar em situação de atividade, ou assemelhado, contra o patrimônio sob a Administração Militar, ou a ordem administrativa militar.

Abuso de Pessoa

Art. 252. *Abusar, em proveito próprio ou alheio, no exercício de função, em unidade, repartição ou estabelecimento militar, da necessidade, paixão ou inexperiência, ou da doença ou deficiência mental de outrem, induzindo-o à prática de ato que produza efeito jurídico, em prejuízo próprio ou de terceiro, ou em detrimento da administração militar:*
Pena - *reclusão, de dois a seis anos.*

O sujeito ativo pode ser qualquer pessoa, civil ou militar, desde que no exercício de função em unidade, repartição ou estabelecimento militar, o sujeito ativo é a pessoa apaixonada, necessitada ou inexperiente ou com enfermidade mental que esta suscetível a praticar atos que produzam efeitos jurídicos que lhe possam gerar danos para si ou para terceiros.

Art. 253. *Nos crimes previstos neste capítulo, aplica-se o disposto nos §§ 1º e 2º do art. 240.*

Consiste na aplicação dos benefícios concedidos ao furto privilegiado.

10.5.5 Da Receptação

Receptação

Art. 254. *Adquirir, receber ou ocultar em proveito próprio ou alheio, coisa proveniente de crime, ou influir para que terceiro, de boa-fé, a adquira, receba ou oculte:*
Pena - *reclusão, até cinco anos.*
Parágrafo único. *São aplicáveis os §§ 1º e 2º do art. 240.*

O sujeito ativo pode ser qualquer pessoa. É um crime simples, constituído de quatro condutas autônomas possíveis. São elas:

- **adquirir:** obter ou comprar objeto derivado de crime;
- **receber:** aceitar, seja como pagamento, presente, etc., objeto derivado de crime;
- **ocultar:** encobrir objeto derivado de crime;
- **influir:** inspirar, convencer que terceiro de boa-fé, adquira, receba ou oculte objeto derivado de crime.

Receptação Culposa

Art. 255. *Adquirir ou receber coisa que, por sua natureza ou pela manifesta desproporção entre o valor e o preço, ou pela condição de quem a oferece, deve presumir-se obtida por meio criminoso:*
Pena - *detenção, até um ano.*
Parágrafo único. *Se o agente é primário e o valor da coisa não é superior a um décimo do salário-mínimo, o juiz pode deixar de aplicar a pena.*

O sujeito ativo pode ser qualquer pessoa, seja ele militar ou civil. Configura o crime quando o agente deveria presumir que o objeto foi obtido de forma criminosa, o agente age com imprudência adquirindo ou recebendo algo que poderia deduzir ser fruto de ato ilícito.

Punibilidade da receptação

Art. 256. *A receptação é punível ainda que desconhecido ou isento de pena o autor do crime de que proveio a coisa.*

A receptação é um crime independente, ainda que o autor do crime tenha extinta sua punibilidade ou que seja ele desconhecido, a conduta será punível. Pouco importa o crime que antecede a receptação; havendo um crime anterior, o crime de receptação será punível.

10.5.6 Da Usurpação

Alteração de Limites

Art. 257. *Suprimir ou deslocar tapume, marco ou qualquer outro sinal indicativo de linha divisória, para apropriar-se, no todo ou em parte, de coisa imóvel sob administração militar:*
Pena - *detenção, até seis meses.*
§ 1º Na mesma pena incorre quem:

Usurpação de Águas

I. desvia ou represa, em proveito próprio ou de outrem, águas sob administração militar;

Invasão de Propriedade

II. invade, com violência à pessoa ou à coisa, ou com grave ameaça, ou mediante concurso de duas ou mais pessoas, terreno ou edifício sob administração militar.

Pena Correspondente à Violência

§ 2º Quando há emprego de violência, fica ressalvada a pena a esta correspondente.

O sujeito ativo pode ser qualquer pessoa, civil ou militar, desde que dono do imóvel ao lado daquele que terá seus limites alterados.

Suprimir é o mesmo que eliminar, e deslocar o mesmo que mover. O agente que elimina ou move qualquer sinal que indique a limitação do imóvel, com o intuito de se apropriar dele, pratica a figura típica.

O elemento essencial é que o imóvel que teve sua limitação alterada esteja sob Administração Militar.

Aposição, Supressão ou Alteração de Marca

Art. 258. *Apor, suprimir ou alterar, indevidamente, em gado ou rebanho alheio, sob guarda ou administração militar, marca ou sinal indicativo de propriedade:*
Pena - *detenção, de seis meses a três anos.*

O sujeito ativo pode ser tanto civil quanto militar, o agente sobrepõe, elimina ou modifica, em gado ou rebanho alheio, que esteja sob seu cuidado, ou sob Administração Militar, marca ou sinal que indica sua propriedade.

10.5.7 Do Dano

Dano Simples

Art. 259. *Destruir, inutilizar, deteriorar ou fazer desaparecer coisa alheia:*
Pena - *detenção, até seis meses.*
Parágrafo único. *Se se trata de bem público:*
Pena - *detenção, de seis meses a três anos.*

O sujeito ativo pode ser qualquer pessoa, civil ou militar. O crime é simples e de fácil compreensão: com seu ato o agente visa danificar bem alheio, seja destruindo-o, seja tirando sua utilidade, deteriorando-o ou fazendo com que desapareça.

Dano Atenuado

Art. 260. *Nos casos do artigo anterior, se o criminoso é primário e a coisa é de valor não excedente a um décimo do salário-mínimo, o juiz pode atenuar a pena, ou considerar a infração como disciplinar.*
Parágrafo único. *O benefício previsto no artigo é igualmente aplicável, se, dentro das condições nele estabelecidas, o criminoso repara o dano causado antes de instaurada a ação penal.*

Desde que respeitados os requisitos estabelecidos, pode o agente ter sua pena reduzida ou o crime desclassificado.

Se o agente que repara o dano antes da instauração criminal for primário e a coisa for de valor não excedente a um décimo do salário-mínimo, o juiz poderá atenuar a pena ou considerar a infração somente como administrativo-disciplinar, e não como crime.

Dano Qualificado

Art. 261. *Se o dano é cometido:*
I. com violência à pessoa ou grave ameaça;
II. com emprego de substância inflamável ou explosiva, se o fato não constitui crime mais grave;
III. por motivo egoístico ou com prejuízo considerável:
Pena - *reclusão, até quatro anos, além da pena correspondente à violência.*

São hipóteses em que o crime de dano terá limites punitivos maiores, tratando-se de hipóteses de crime qualificado.

Dano em Material ou Aparelhamento de Guerra

> **Art. 262.** *Praticar dano em material ou aparelhamento de guerra ou de utilidade militar, ainda que em construção ou fabricação, ou em efeitos recolhidos a depósito, pertencentes ou não às forças armadas:*
> **Pena** – *reclusão, até seis anos.*

O sujeito ativo pode ser qualquer pessoa, seja ela civil ou militar, o agente destrói, inutiliza, deteriora ou faz desaparecer objetos em geral que servem às Forças Armadas.

Dano em Navio de Guerra ou Mercante em Serviço Militar

> **Art. 263.** *Causar a perda, destruição, inutilização, encalhe, colisão ou alagamento de navio de guerra ou de navio mercante em serviço militar, ou nele causar avaria:*
> **Pena** – *reclusão, de três a dez anos.*
> **§ 1º** *Se resulta lesão grave, a pena correspondente é aumentada da metade; se resulta a morte, é aplicada em dobro.*
> **§ 2º** *Se, para a prática do dano previsto no artigo, usou o agente de violência contra a pessoa, ser-lhe-á aplicada igualmente a pena a ela correspondente.*

O sujeito ativo pode ser qualquer pessoa, civil ou militar. O agente, com sua conduta, visa provocar qualquer tipo de estrago em navio de guerra ou mercante em serviço militar.

Dano em Aparelhos e Instalações de Aviação e Navais, e em Estabelecimentos Militares

> **Art. 264.** *Praticar dano:*
> *I. em aeronave, hangar, depósito, pista ou instalações de campo de aviação, engenho de guerra motomecanizado, viatura em comboio militar, arsenal, dique, doca, armazém, quartel, alojamento ou em qualquer outra instalação militar;*
> *II. em estabelecimento militar sob regime industrial, ou centro industrial a serviço de construção ou fabricação militar:*
> **Pena** – *reclusão, de dois a dez anos.*
> **Parágrafo único.** *Aplica-se o disposto nos parágrafos do artigo anterior.*

O sujeito ativo pode ser qualquer pessoa, civil ou militar, que vise danificar quaisquer dos bens descritos nos seus incisos.

Desaparecimento, Consunção ou Extravio

> **Art. 265.** *Fazer desaparecer, consumir ou extraviar combustível, armamento, munição, peças de equipamento de navio ou de aeronave ou de engenho de guerra motomecanizado:*
> **Pena** – *reclusão, até três anos, se o fato não constitui crime mais grave.*

O sujeito ativo pode ser qualquer pessoa, civil ou militar, é um crime subsidiário cuja conduta só será punida se não constituir um crime mais grave.

Modalidades Culposas

> **Art. 266.** *Se o crime dos arts. 262, 263, 264 e 265 é culposo, a pena é de detenção de seis meses a dois anos; ou, se o agente é oficial, suspensão do exercício do posto de um a três anos, ou reforma; se resulta lesão corporal ou morte, aplica-se também a pena cominada ao crime culposo contra a pessoa, podendo ainda, se o agente é oficial, ser imposta a pena de reforma.*

O crime culposo é aquele que o agente por deixar de empregar cautela, atenção, ou diligência ordinária, ou especial, a que estava obrigado em face das circunstâncias, não prevê o resultado que podia prever ou, prevendo-o, supõe levianamente que não se realizaria ou que poderia evitá-lo, sendo possível a modalidade culposa nos crimes de dano em material ou aparelhamento de guerra; dano em navio de guerra ou mercante em serviço militar; dano em aparelhos e instalações de aviação e navais, e em estabelecimentos militares; desaparecimento, consunção ou extravio.

10.5.8 Da Usura

Usura Pecuniária

> **Art. 267.** *Obter ou estipular, para si ou para outrem, no contrato de mútuo de dinheiro, abusando da premente necessidade, inexperiência ou leviandade do mutuário, juro que excede a taxa fixada em lei, regulamento ou ato oficial:*
> **Pena** – *detenção, de seis meses a dois anos.*

Casos Assimilados

> **§ 1º** *Na mesma pena incorre quem, em repartição ou local sob administração militar, recebe vencimento ou provento de outrem, ou permite que estes sejam recebidos, auferindo ou permitindo que outrem aufira proveito cujo valor excede a taxa de três por cento.*

Agravação de Pena

> *2º A pena é agravada, se o crime é cometido por superior ou por funcionário em razão da função.*

Usura consiste na obtenção de renda sobre um capital. No caso do crime de usura pecuniária, o sujeito ativo pode ser qualquer pessoa, seja civil ou militar. O agente visa obter ou estipular juros que excedem a taxa legal ou regulamento ou ato oficial, em contrato de mútuo, e para tanto se aproveita da necessidade, inexperiência ou leviandade de terceiro. O agente que recebe vencimento ou provento de outrem, ou permite que estes sejam recebidos, ultrapassando o limite permitido de provento, incorre na mesma pena. E se o crime é praticado por superior, funcional ou hierárquico ou por funcionário em razão de sua função, a pena será agravada.

NOÇÕES DE DIREITO PROCESSUAL PENAL

NOÇÕES DE DIREITO PROCESSUAL PENAL

1 INTRODUÇÃO AO DIREITO PROCESSUAL PENAL

Toda vez que ocorre a prática de um delito, nasce para o Estado o *jus puniendi*, ou seja, o direito de punir do Estado, sempre pautado no devido processo legal. Tal mandamento deriva do Estado Democrático de Direito. Cumpre frisar que o Estado não pode simplesmente aplicar qualquer pena, mas, sim, seguir o mandamento constitucional previsto no art. 5º, XLVII:

> *Art. 5º, CF/1988 [...]*
> *XLVII – não haverá penas:*
> *a) de morte, salvo em caso de guerra declarada, nos termos do art. 84, XIX;*
> *b) de caráter perpétuo;*
> *c) de trabalhos forçados;*
> *d) de banimento;*
> *e) cruéis.*

Assim, visa-se respeitar a dignidade da pessoa humana, harmonizando-a com as medidas legais pertinentes à elucidação de um delito, bem como a consequente aplicação posterior da pena.

Desse modo, definimos o processo penal como um conjunto de normas jurídicas tendentes a direcionar a atuação da polícia judiciária, assim como de todo o Poder Judiciário criminal, objetivando uma investigação, um processo e uma sentença justa, que se fundamentem na verdade dos fatos, a fim de respeitar todos os direitos constitucionais do homem, a ampla defesa, a presunção de inocência, dentre outros. Nesse sentido, verificamos nos comandos a seguir relacionados, previstos no art. 5º da CF/1988:

> *Art. 5º, CF/1988 [...]*
> *III – ninguém será processado nem sentenciado senão pela autoridade competente;*
> *LIV – ninguém será privado da liberdade ou de seus bens sem o devido processo legal;*
> *LV – aos litigantes, em processo judicial ou administrativo, e aos acusados em geral são assegurados o contraditório e ampla defesa, com os meios e recursos a ela inerentes;*
> *LVI – são inadmissíveis, no processo, as provas obtidas por meios ilícitos;*
> *LVII – ninguém será considerado culpado até o trânsito em julgado de sentença penal condenatória.*

Por fim, cabe ressaltar que a prisão ocorre no Brasil conforme mandamento também presente no inciso LXI do art. 5º da CF/1988:

> *Art. 5º, LXI, CF/1988* Ninguém será preso senão em flagrante delito ou por ordem escrita e fundamentada de autoridade judiciária competente, salvo nos casos de transgressão militar ou crime propriamente militar, definidos em lei.

1.1 Lei Processual Penal no espaço

O Código de Processo Penal, em seu art. 1º, estabelece o princípio da territorialidade da Lei Processual Penal *(Locus Regit Actum ou Lex Fori)*, de modo que se aplicam em território brasileiro as normas de cunho processual penal a todas as infrações penais relacionadas com o Estado brasileiro, de maneira a não haver hipóteses de extraterritorialidade de Lei Processual Penal.

> *Art. 1º, CPP* O processo penal reger-se-á, em todo o território brasileiro, por este Código, ressalvados:
> *I – os tratados, as convenções e regras de Direito Internacional;*
> *II – as prerrogativas constitucionais do presidente da República, dos ministros de Estado, nos crimes conexos com os do presidente da República, e dos ministros do Supremo Tribunal Federal, nos crimes de responsabilidade;*
> *III – os processos da competência da Justiça Militar;*
> *IV – os processos da competência do tribunal especial;*
> *V – os processos por crimes de imprensa.*
> *Parágrafo único. Aplicar-se-á, entretanto, este Código aos processos referidos nºs IV e V, quando as leis especiais que os regulam não dispuserem de modo diverso.*

Ao falar sobre território, faz-se necessário buscar seu conceito na própria lei, ou seja, no Código Penal Brasileiro, conforme esculpido definição presente no em seu art. 5º:

> *Art. 5º, CP* Aplica-se a lei brasileira, sem prejuízo de convenções, tratados e regras de direito internacional, ao crime cometido no território nacional.
> *§ 1º Para os efeitos penais, consideram-se como extensão do território nacional as embarcações e aeronaves brasileiras, de natureza pública ou a serviço do governo brasileiro onde quer que se encontrem, bem como as aeronaves e as embarcações brasileiras, mercantes ou de propriedade privada, que se achem, respectivamente, no espaço aéreo correspondente ou em alto-mar.*
> *§ 2º É também aplicável a lei brasileira aos crimes praticados a bordo de aeronaves ou embarcações estrangeiras de propriedade privada, achando-se aquelas em pouso no território nacional ou em voo no espaço aéreo correspondente, e estas em porto ou mar territorial do Brasil.*

1.2 Lei Processual Penal no tempo

> *Art. 2º, CPP* A lei processual penal aplicar-se-á desde logo, sem prejuízo da validade dos atos realizados sob a vigência da lei anterior.

Este artigo contempla o princípio da aplicação imediata (*tempus regit actum*). Deste princípio derivam duas regras fundamentais:

▷ A lei genuinamente processual tem aplicação imediata;
▷ A vigência dessa nova lei não invalida os atos processuais anteriores já praticados.

1.3 Interpretação da Lei Processual Penal

> *Art. 3º, CPP* A lei processual penal admitirá interpretação extensiva e aplicação analógica, bem como o suplemento dos princípios gerais de direito.

A aplicação da Lei Processual Penal segue as mesmas regras de hermenêutica que disciplinam a interpretação da legislação em geral. Interpretar significa definir o sentido e o alcance de determinado conceito.

Em função da impossibilidade de se poder escrever na lei todo seu significado ou, ainda, de se prever todas as situações possíveis de ocorrer efetivamente, o art. 3º do Código de Processo Penal prevê que a Lei Processual Penal admitirá:

▷ Interpretação extensiva;
▷ Aplicação analógica;
▷ Suplemento dos princípios gerais de Direito.

2 INQUÉRITO POLICIAL

A persecução criminal apresenta dois momentos distintos: o da investigação e o da ação penal. A investigação é a atividade preparatória da ação penal, de caráter preliminar e informativo. Já a ação penal consiste no pedido de julgamento da pretensão punitiva.

Em outros termos, a persecução penal estatal se constitui de duas etapas:

▷ Investigação preliminar: gênero do qual é espécie o inquérito policial, cujo objetivo é formar lastro probatório mínimo para a deflagração válida da fase seguinte;

▷ Processo penal: é desencadeado pela propositura de ação penal perante o judiciário.

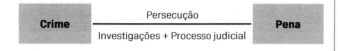

2.1 Conceito de inquérito policial

Inquérito policial (IP) é um **procedimento administrativo** inquisitivo, anterior ao processo, presidido pela autoridade policial (delegado de Polícia) que conduz diligências, as quais objetivam apurar: autoria (responsável pelo crime); materialidade (existência) e circunstâncias com a finalidade de possibilitar que o titular da ação penal possa ingressar em juízo.

2.2 Natureza jurídica

Trata-se de um **procedimento administrativo**, quando verificamos o quesito Procedimento – uma vez que não se trata de processo judicial nem de processo administrativo, porquanto dele não resulta a imposição direta de nenhuma sanção.

O IP é um procedimento administrativo, porque é realizado pela polícia judiciária, que é um órgão do Poder Executivo, que tem como função típica administrar a coisa pública.

2.3 Características do inquérito policial

2.3.1 Inquisitivo

No inquérito policial não há partes, acusação e defesa; temos somente o delegado de Polícia investigando um crime e, consequentemente, um suspeito. Nele, não há contraditório nem ampla defesa.

A investigação não observa o contraditório, pois a Polícia não tem a obrigação de avisar um suspeito que o está investigando; e não há ampla defesa, porque o inquérito não pode, em regra, fundamentar uma sentença condenatória, tendo o suspeito possibilidade de se defender durante o processo.

> *Art. 5º, LV, CF/1988 Aos litigantes, em processo judicial ou administrativo, e aos acusados em geral são assegurados o contraditório e ampla defesa, com os meios e recursos a ela inerentes.*

Como na fase da investigação não existe nenhuma acusação nem partes, não há que se falar em contraditório e ampla defesa, pois o Direito Constitucional previsto no art. 5º, LV, da CF/1988 é válido para as partes de um processo. Além do inquérito policial não ter partes, é um procedimento e não um processo, conforme descrito na Constituição Federal.

2.3.2 Escrito

Todas as diligências realizadas no curso de um inquérito policial devem ser passadas a termo (escritas), para que seja facilitada a troca de informações entre os órgãos responsáveis pela persecução penal.

O delegado de Polícia tem a faculdade de filmar ou gravar diligências realizadas, mas isso não afasta a obrigação de transcrever todas por escrito.

> *Art. 405, § 1º, CPP Sempre que possível, o registro dos depoimentos do investigado, indiciado, ofendido e testemunhas será feito pelos meios ou recursos de gravação magnética, estenotipia, digital ou técnica similar, inclusive audiovisual, destinada a obter maior fidelidade das informações.*

Assim, é possível que o delegado, havendo meios, documente os atos do IP por meio das tecnologias existentes, inclusive captação de som e imagem.

2.3.3 Discricionário

Discricionariedade é a liberdade dentro da lei (esta determina ou autoriza a atuação do Estado). Assim, o delegado tem liberdade para a adoção e condução das diligências adotadas no curso de um inquérito policial.

O art. 6º do CPP traz um rol de possíveis procedimentos que podem ser adotados pela Polícia na condução de um inquérito; ele não é taxativo, pois a Polícia pode adotar qualquer uma daquelas diligências na ordem que entender melhor, ou seja, o rol é exemplificativo.

Não podemos entender discricionariedade como uma faculdade do delegado de iniciar ou não uma investigação, porque, conforme veremos adiante, em alguns casos a investigação é obrigatória. A discricionariedade refere-se ao fato de o delegado, sendo obrigado ou não a investigar, poder adotar as diligências que considere convenientes para a solução do crime, desde que esteja prevista tal diligência na lei.

Explica essa regra o fato de que cada crime é um acontecimento único no mundo e, assim, a solução deles não tem uma receita certa, devendo a autoridade policial saber utilizar, dentre os meios disponíveis, aqueles adequados à solução do caso.

2.3.4 Oficial

A realização do inquérito policial é atribuição de um órgão oficial do Estado (Polícia Judiciária), com a presidência deste incumbida à autoridade policial do respectivo órgão (delegado de Polícia – art. 2º, § 1º, Lei nº 12.830/2013).

> *Art. 2º, Lei nº 12.830/2013 As funções de polícia judiciária e a apuração de infrações penais exercidas pelo delegado de polícia são de natureza jurídica, essenciais e exclusivas de Estado.*

2.3.5 Oficioso

Ao tomar conhecimento de notícia de crime de ação penal pública incondicionada, a autoridade policial é obrigada a agir de ofício, independentemente de provocação da vítima e/ou qualquer outra pessoa.

Deve instaurar o inquérito policial de ofício, nos termos do art. 5º, I, do CPP, procedendo, então, às diligências investigatórias para obter elementos de informação quanto à infração penal e sua autoria.

No caso de crimes de ação penal pública condicionada à representação e de ação penal de iniciativa privada, a instauração do IP está condicionada à manifestação da vítima ou de seu representante legal.

2.3.6 Sigiloso

Ao contrário do que ocorre no processo, o inquérito não comporta publicidade, sendo procedimento essencialmente sigiloso, disciplinando o art. 20, do CPP:

> *Art. 20, CPP A autoridade assegurará no inquérito o sigilo necessário à elucidação do fato ou exigido pelo interesse da sociedade.*

Classificação do sigilo:

▷ **Sigilo externo**: destinado aos terceiros desinteressados e à imprensa;

▷ **Sigilo Interno**: destinado aos interessados no processo.

O sigilo do IP não atinge o juiz e o membro do Ministério Público.

Quanto ao advogado do investigado, o Estatuto da OAB traz, em art. 7º, XIV, a seguinte redação:

> *Art. 7º, EOAB São direitos do advogado: [...]*
>
> *XIV – examinar, em qualquer instituição responsável por conduzir investigação, mesmo sem procuração, autos de flagrante e de investigações de qualquer natureza, findos ou em andamento, ainda que conclusos à autoridade, podendo copiar peças e tomar apontamentos, em meio físico ou digital.*

NOÇÕES DE DIREITO PROCESSUAL PENAL

Súmula Vinculante nº 14 – STF
É direito do defensor, no interesse do representado, ter acesso amplo aos elementos de prova que, já documentados em procedimento investigatório realizado por órgão com competência de polícia judiciária, digam respeito ao exercício do direito de defesa.

2.3.7 Indisponível

A persecução criminal é de ordem pública e, uma vez iniciado o inquérito, o delegado de Polícia não pode dispor dele. Se diante de uma circunstância fática o delegado percebe que não houve crime, nem em tese, não deve iniciar o inquérito policial. Contudo, uma vez iniciado o procedimento investigativo, deve levá-lo até o final, não podendo arquivá-lo em virtude de expressa vedação contida no art. 17 do CPP.

Art. 17, CPP A autoridade policial não poderá mandar arquivar autos de inquérito.

2.3.8 Dispensável

Da leitura de dispositivos que regem a persecução penal preliminar, a exemplo art. 39, § 5º, do CPP, podemos concluir que o inquérito não é imprescindível para a propositura da ação penal.

Art. 39, § 5º, CPP O órgão do Ministério Público dispensará o inquérito, se com a representação forem oferecidos elementos que o habilitem a promover a ação penal, e, neste caso, oferecerá a denúncia no prazo de quinze dias.

O inquérito visa coletar indícios de autoria e materialidade do crime para que o titular da ação penal possa ingressar em juízo. Assim, se ele tiver esses indícios colhidos por outros meios, como por um inquérito não policial, o inquérito policial se torna dispensável.

Súmula nº 234 – STJ
A participação de membro do Ministério Público na fase investigatória criminal não acarreta seu impedimento ou suspeição para o oferecimento da denúncia.

2.4 Valor probatório do inquérito policial

O inquérito policial tem valor probatório relativo, pois ele serve para embasar o início do processo, mas não tem a força de, sozinho, sustentar uma sentença condenatória, porque as provas colhidas durante o IP não se submeteram ao contraditório e à ampla defesa. Enfatizamos que o valor probatório é relativo, uma vez que não fundamenta uma decisão judicial, porém pode dar margem à abertura de um processo criminal contra alguém.

Art. 155, CPP O juiz formará sua convicção pela livre apreciação da prova produzida em contraditório judicial, não podendo fundamentar sua decisão exclusivamente nos elementos informativos colhidos na investigação, ressalvadas as provas cautelares, não repetíveis e antecipadas.

2.4.1 Provas cautelares, não repetíveis e antecipadas

São as provas extraídas do inquérito policial e que têm a força de, eventualmente, sustentar uma sentença condenatória, conforme orienta o art. 155 do CPP.

Provas cautelares

São aquelas em que existe um risco de desaparecimento do objeto pelo decurso do tempo. Justificam-se pela necessidade, pela urgência.

Provas não renováveis ou irrepetíveis

São colhidas na fase investigatória, porque não podem ser produzidas novamente na fase processual devido ao seu fácil perecimento.

Perícia nos vestígios do crime: para que essas provas tenham valor probatório de justificar uma sentença na fase processual, é necessário que elas sejam submetidas à ampla defesa e ao contraditório diferido ou postergado, ou seja, durante a fase processual.

Prova antecipada

Aqui, referimo-nos às provas que, em regra, deveriam ser colhidas durante o curso do processo, e não durante o inquérito policial. Em alguns casos, é possível que o juiz antecipe a oitiva de uma testemunha para a fase das investigações, quando houver receio de que ela morra (idade avançada ou doença grave) ou, então, que a vítima se mude definitivamente para outro lugar, inviabilizando sua audição.

Art. 225, CPP Se qualquer testemunha houver de ausentar-se, ou, por enfermidade ou por velhice, inspirar receio de que ao tempo da instrução criminal já não exista, o juiz poderá, de ofício ou a requerimento de qualquer das partes, tomar-lhe antecipadamente o depoimento.

2.5 Vícios

Os vícios do inquérito policial são seus defeitos ou suas nulidades, e a dúvida é se aqueles podem ou não causar nulidades ao processo futuro. A resposta é negativa, pois o IP não tem a força de condenar ninguém; assim, seus defeitos serão apurados pelos órgãos competentes (Corregedoria, Ministério Público). Dessa forma, podemos concluir que o delegado não pode ser considerado impedido ou suspeito de presidir o IP pelas futuras partes.

2.6 Procedimento investigatório face aos servidores vinculados aos órgãos da segurança da pública (art. 144, CF/1988)

A Lei nº 13.964/2019 (Pacote Anticrime) incluiu o art. 14-A ao Código de Processo Penal, com a seguinte redação:

Art. 14-A, CPP Nos casos em que servidores vinculados às instituições dispostas no art. 144 da Constituição Federal figurarem como investigados em inquéritos policiais, inquéritos policiais militares e demais procedimentos extrajudiciais, cujo objeto for a investigação de fatos relacionados ao uso da força letal praticados no exercício profissional, de forma consumada ou tentada, incluindo as situações dispostas no art. 23 do Decreto-lei nº 2.848, de 7 de dezembro de 1940 (Código Penal), o indiciado poderá constituir defensor.

§ 1º Para os casos previstos no caput deste artigo, o investigado deverá ser citado da instauração do procedimento investigatório, podendo constituir defensor no prazo de até 48 (quarenta e oito) horas a contar do recebimento da citação.

§ 2º Esgotado o prazo disposto no § 1º deste artigo com ausência de nomeação de defensor pelo investigado, a autoridade responsável pela investigação deverá intimar a instituição a que estava vinculado o investigado à época da ocorrência dos fatos, para que essa, no prazo de 48 (quarenta e oito) horas, indique defensor para a representação do investigado.

§ 3º Havendo necessidade de indicação de defensor nos termos do § 2º deste artigo, a defesa caberá preferencialmente à Defensoria Pública, e, nos locais em que ela não estiver instalada, a União ou a Unidade da Federação correspondente à respectiva competência territorial do procedimento instaurado deverá disponibilizar profissional para acompanhamento e realização de todos os atos relacionados à defesa administrativa do investigado.

§ 4º A indicação do profissional a que se refere o § 3º deste artigo deverá ser precedida de manifestação de que não existe defensor público lotado na área territorial onde tramita o inquérito e com atribuição para nele atuar, hipótese em que poderá ser indicado profissional que não integre os quadros próprios da Administração.

§ 5º Na hipótese de não atuação da Defensoria Pública, os custos com o patrocínio dos interesses dos investigados nos procedimentos de que trata este artigo correrão por conta do orçamento próprio da instituição a que este esteja vinculado à época da ocorrência dos fatos investigados.

§ 6º As disposições constantes deste artigo se aplicam aos servidores militares vinculados às instituições dispostas no art. 142 da Constituição Federal, desde que os fatos investigados digam respeito a missões para a Garantia da Lei e da Ordem.

INQUÉRITO POLICIAL

2.7 Incomunicabilidade

É importante saber que a incomunicabilidade não foi recepcionada pela CF/1988 e está tacitamente sem efeitos, mas suas regras são cobradas em questão de concurso.

> *Art. 21, CPP A incomunicabilidade do indiciado dependerá sempre de despacho nos autos e somente será permitida quando o interesse da sociedade ou a conveniência da investigação o exigir.*
>
> *Parágrafo único. A incomunicabilidade, que não excederá de três dias, será decretada por despacho fundamentado do Juiz, a requerimento da autoridade policial, ou do órgão do Ministério Público, respeitado, em qualquer hipótese, o disposto no artigo 89, inciso III, do Estatuto da Ordem dos Advogados do Brasil.*

2.8 Notícia crime

Notícia crime (*notitia criminis*) é o conhecimento espontâneo ou provocado por parte da autoridade policial de um fato aparentemente criminoso. Por meio dela, a autoridade policial dará início às investigações.

2.8.1 Classificação da notícia crime

Ela é classificada em direta ou indireta, conforme veremos a seguir:

▷ **Notícia crime direta (cognição imediata ou espontânea):** a autoridade policial toma conhecimento de um fato supostamente criminoso por meio da atuação da própria Polícia, quando noticiado o crime pela imprensa ou comunicado anonimamente por um particular.

▷ **Notícia crime indireta (cognição mediata ou provocada):** a Polícia Judiciária toma conhecimento do crime por meio da comunicação de um terceiro identificado.

2.8.2 Espécies de notícia crime indireta

Requerimento

É a comunicação de um fato supostamente criminoso, realizado pela vítima ou por seu representante legal. Além de comunicar o crime, também serve como um pedido para que a Polícia inicie as investigações.

Segundo o CPP, diante de um requerimento, o delegado pode recusar-se a iniciar as investigações e, nesse caso, é cabível recurso ao chefe de Polícia (art. 5º, § 2º, CPP).

> *Art. 5º, § 2º, CPP Do despacho que indeferir o requerimento de abertura de inquérito caberá recurso para o chefe de Polícia.*

Requisição

É a comunicação do crime feita à autoridade policial pelo promotor ou pelo juiz e uma determinação para o início das investigações. O delegado não pode se recusar a cumprir uma requisição.

> *Art. 13, CPP Incumbirá ainda à autoridade policial:*
> *I – fornecer às autoridades judiciárias as informações necessárias à instrução e julgamento dos processos;*
> *II – realizar as diligências requisitadas pelo juiz ou pelo Ministério Público;*
> *III – cumprir os mandados de prisão expedidos pelas autoridades judiciárias;*
> *IV – representar acerca da prisão preventiva.*

Representação

É a comunicação do crime e, também, uma autorização para que o Estado atue, seja investigando e/ou processando o possível autor. A representação é apresentada pela vítima ou por seu representante legal nos crimes de ação penal pública condicionada a ela.

É importante saber que a falta da representação nos casos em que a investigação depende dela impede a atuação do Estado, ou seja, a Polícia não pode investigar o fato, não pode lavrar um auto de prisão em flagrante e não haverá processo.

Requisição do ministro da justiça

É a comunicação do crime e, também, uma autorização política para que o delegado inicie as investigações. Será necessária especificamente em crimes de ação penal pública condicionada à requisição do Ministro da Justiça, a qual não tem caráter de ordem como a do juiz ou do promotor. O nome requisição foi adotado, porque o ato é praticado por uma autoridade da alta cúpula do Poder Executivo.

2.8.3 Notícia crime com força coercitiva ou notícia crime por apresentação

É comunicação de um crime decorrente de uma prisão em flagrante, porque a notícia crime manifesta-se com a simples apresentação do autor do delito à autoridade policial, pela pessoa que realizou a prisão.

2.9 Prazos para conclusão do inquérito policial

O inquérito policial não pode se estender indefinidamente (é temporário), dispondo o Código de Processo Penal e a legislação extravagante acerca dos prazos de sua conclusão.

2.9.1 Regra geral

Como regra geral, para os crimes da atribuição da Polícia Civil estadual, o prazo para a conclusão do inquérito é de 10 dias, estando o indiciado preso (prazo improrrogável), e de 30 dias, se o agente está solto. Este prazo comporta prorrogação, a requerimento do delegado e mediante autorização do juiz (art. 10, CPP), não especificando a lei qual o tempo de prorrogação nem quantas vezes poderá ocorrer, o que nos leva a crer que esta se dá em razão da natureza das diligências necessárias e a complexidade da investigação.

> *Art. 10, CPP O inquérito deverá terminar no prazo de 10 dias, se o indiciado tiver sido preso em flagrante, ou estiver preso preventivamente, contado o prazo, nesta hipótese, a partir do dia em que se executar a ordem de prisão, ou no prazo de 30 dias, quando estiver solto, mediante fiança ou sem ela.*

Com o advento da Lei nº 13.964/2019, foi acrescentado o art. 3º-B ao CPP, o qual se encontra no tópico "Juiz das Garantias", passando a dispor, dentre as várias competências do juiz das garantias, a possibilidade de que este possa prorrogar o inquérito policial quando o investigado estiver preso.

> *Art. 3º-B, § 2º, CPP Se o investigado estiver preso, o juiz das garantias poderá, mediante representação da autoridade policial e ouvido o Ministério Público, prorrogar, uma única vez, a duração do **inquérito por até 15 (quinze) dias**, após o que, se ainda assim a investigação não for concluída, a prisão será imediatamente relaxada.*

Reprodução simulada do fato

> *Art. 7º, CPP Para verificar a possibilidade de haver a infração sido praticada de determinado modo, a autoridade policial poderá proceder à reprodução simulada dos fatos, desde que esta não contrarie a moralidade ou a ordem pública.*

A reprodução simulada do fato é a famosa reconstituição do crime; tem a finalidade de verificar se a infração foi praticada de determinado modo. Nesse caso, o suspeito não é obrigado a contribuir com a diligência, mas é obrigado a comparecer.

Indiciamento

É o ato da autoridade policial que comunica a uma pessoa que ela é a suspeita de ter praticado determinado crime e está sendo investigada em um inquérito policial. O indiciamento não é um ato discricionário, pois se fundamenta nas provas colhidas durante as diligências. Se as provas apontam um suspeito, ele deve ser indiciado; se não apontam, o delegado não pode indiciar ninguém.

> *Art. 2º, § 6º, Lei nº 12.830/2013 O indiciamento, privativo do delegado de polícia, dar-se-á por ato fundamentado, mediante análise técnico-jurídica do fato, que deverá indicar a autoria, materialidade e suas circunstâncias.*

NOÇÕES DE DIREITO PROCESSUAL PENAL

Procedimento especial no CPP

Art. 13-A, CPP *Nos crimes previstos nos arts. 148, 149 e 149-A, no § 3º do art. 158 e no art. 159 do Decreto-lei nº 2.848, de 7 de dezembro de 1940 (Código Penal), e no art. 239 da Lei nº 8.069, de 13 de julho de 1990 (Estatuto da Criança e do Adolescente), o membro do Ministério Público ou o delegado de polícia poderá requisitar, de quaisquer órgãos do poder público ou de empresas da iniciativa privada, dados e informações cadastrais da vítima ou de suspeitos.*

Parágrafo único. *A requisição, que será atendida no prazo de 24 (vinte e quatro) horas, conterá:*

I – o nome da autoridade requisitante;

II – o número do inquérito policial; e

III – a identificação da unidade de polícia judiciária responsável pela investigação.

Art. 13-B *Se necessário à prevenção e à repressão dos crimes relacionados ao tráfico de pessoas, o membro do Ministério Público ou o delegado de polícia poderão requisitar, mediante autorização judicial, às empresas prestadoras de serviço de telecomunicações e/ou telemática que disponibilizem imediatamente os meios técnicos adequados – como sinais, informações e outros – que permitam a localização da vítima ou dos suspeitos do delito em curso.*

§ 1º Para os efeitos deste artigo, sinal significa posicionamento da estação de cobertura, setorização e intensidade de radiofrequência.

§ 2º Na hipótese de que trata o caput, o sinal:

I – não permitirá acesso ao conteúdo da comunicação de qualquer natureza, que dependerá de autorização judicial, conforme disposto em lei;

II – deverá ser fornecido pela prestadora de telefonia móvel celular por período não superior a 30 (trinta) dias, renovável por uma única vez, por igual período;

III – para períodos superiores àquele de que trata o inciso II, será necessária a apresentação de ordem judicial.

§ 3º Na hipótese prevista neste artigo, o inquérito policial deverá ser instaurado no prazo máximo de 72 (setenta e duas) horas, contado do registro da respectiva ocorrência policial.

§ 4º Não havendo manifestação judicial no prazo de 12 (doze) horas, a autoridade competente requisitará às empresas prestadoras de serviço de telecomunicações e/ou telemática que disponibilizem imediatamente os meios técnicos adequados – como sinais, informações e outros – que permitam a localização da vítima ou dos suspeitos do delito em curso, com imediata comunicação ao juiz.

Final do inquérito policial

O inquérito policial é finalizado com a produção de um documento chamado relatório. Nele, o delegado relatará as diligências realizadas.

O delegado não deve emitir opinião no relatório – ressalva feita à Lei nº 11.343/2006 (Lei de Drogas), prevendo que, na elaboração do relatório, a autoridade policial deva justificar as razões que a levaram à classificação do delito (art. 52).

Após a confecção do relatório, o IP estará concluído.

Destino dos autos do inquérito policial

Os autos do inquérito, integrados ao relatório, serão remetidos ao Judiciário (art. 10, § 1º, CPP), para que sejam acessados pelo titular da ação penal.

Art. 10, § 1º, CPP *A autoridade fará minucioso relatório do que tiver sido apurado e enviará autos ao juiz competente.*

Arquivamento do inquérito

Art. 28, CPP *Ordenado o arquivamento do inquérito policial ou de quaisquer elementos informativos da mesma natureza, o órgão do Ministério Público comunicará à vítima, ao investigado e à autoridade policial e encaminhará os autos para a instância de revisão ministerial para fins de homologação, na forma da lei. (Redação dada pela Lei nº 13.964/2019)*

Ordenado o arquivamento do IP, o membro do Ministério Público comunicará à vítima, ao investigado e à autoridade policial, devendo, ainda, encaminhar os autos para a instância de revisão ministerial para fins de homologação.

Assim, atualmente, o controle do arquivamento é feito pelo próprio órgão ministerial (MP) e não mais pelo juiz.

Efeitos do arquivamento do inquérito policial

Arquivado o inquérito policial, por despacho do juiz, a requerimento do promotor de Justiça, não pode a ação penal ser iniciada sem novas provas (Súmula nº 524 – STF). Assim, o arquivamento do IP veda o oferecimento da denúncia para a promoção da ação penal, mas tal vedação não é absoluta, pois, se surgirem novas provas, a acusação poderá ser oferecida e ser iniciada a ação penal.

Art. 18, CPP *Depois de ordenado o arquivamento do inquérito pela autoridade judiciária, por falta de base para a denúncia, a autoridade policial poderá proceder a novas pesquisas, se de outras provas tiver notícia.*

3 AÇÃO PENAL

A ação penal é o início para todo o processo penal.

3.1 Condições da ação penal

Possibilidade jurídica do pedido

Para atender a essa condição, a ação penal precisa apenas ter sido ajuizada com base em conduta que demonstre fato típico.

Essa conduta típica se mostra quando cumprido o requisito da possibilidade jurídica do pedido.

Interesse de agir

No Processo Penal, a lide tem, **obrigatoriamente**, que ser resolvida pelas vias judiciárias. Assim, o titular da ação penal deverá provocar o Judiciário.

O interesse de agir, no Processo Penal, está muito ligado à utilização da via correta para dar andamento na lide.

Legitimidade *ad causam*

Trata-se de quem é pertinente para estar em determinado polo da demanda. O Ministério Público, por exemplo, deve estar no polo ativo no caso de denúncia de crimes hediondos, assim como o réu deve estar em polo passivo no processo.

3.2 Espécies de ação penal

Pública

- Incondicionada;
- Condicionada:
  - Representação ofendido;
  - Requisição Ministro da Justiça.

Privada

- Exclusiva;
- Personalíssima;
- Subsidiária da Pública;

3.3 Ação penal incondicionada

É a regra em nosso ordenamento processual penal. A titularidade é do Ministério Público de forma privativa, ou seja, somente ele possui o poder postulatório como pressuposto processual para a provocação do Poder Judiciário.

Há, no entanto, exceções a essa titularidade:

- Nesse caso, a lei deverá determinar se é **ação penal pública condicionada** ou **ação penal privada**;
- Nos casos em que o crime praticado atenta contra patrimônio ou interesse da União, estados e municípios, a ação penal **será sempre pública**.

> **Art. 24, CPP** *Nos crimes de ação pública, esta será promovida por denúncia do Ministério Público, mas dependerá, quando a lei o exigir, de requisição do Ministro da Justiça, ou de representação do ofendido ou de quem tiver qualidade para representá-lo. [...]*
>
> *§ 2º Seja qual for o crime, quando praticado em detrimento do patrimônio ou interesse da União, Estado e Município, a ação penal será pública.*

3.4 Princípios que regem a ação penal incondicionada

Obrigatoriedade

Se houver todos os indícios da materialidade do fato (delito), o MP **deverá** oferecer a denúncia.

Exceção: nos juizados especiais, já que nesses casos o titular da ação e o infrator transacionam de forma que não haja o ajuizamento da demanda.

Indisponibilidade

Após ter sido ajuizada a ação penal pública, seu titular **não poderá desistir ou transigir**.

O MP **não** poderá desistir da ação penal.

> **Art. 42, CPP** *O Ministério Público não poderá desistir da ação penal.*

Oficialidade

A ação penal pública **deverá** ser ajuizada por um órgão oficial. Se passado o prazo legal para ajuizamento da ação e o MP não o tiver feito, a lei prevê que o ofendido poderá promover a ação penal privada subsidiária da pública.

Durante o **prazo legal**, a ação penal pública é **exclusiva do MP**. O prazo legal para que o ofendido possa ajuizar a ação penal privada subsidiária da pública é de **6 meses**. Após este prazo, caso o ofendido não tenha ajuizado a ação, **a legitimidade volta a ser do MP, exclusivamente**, desde que não tenha sido extinta a punibilidade.

Divisibilidade

Caso haja **mais de 1 infrator**, o MP pode ajuizar a demanda apenas a um ou alguns deles, podendo deixar os demais para a demanda posterior. O MP **não** está obrigado a oferecer a denúncia sempre que uma investigação criminal for instaurada. Há casos em que o inquérito policial será arquivado.

> **Art. 28, CPP** *Ordenado o arquivamento do inquérito policial ou de quaisquer elementos informativos da mesma natureza, o órgão do Ministério Público comunicará à vítima, ao investigado e à autoridade policial e encaminhará os autos para a instância de revisão ministerial para fins de homologação, na forma da lei.*

3.5 Ação penal pública condicionada

Nesse caso, para que o MP possa ser o titular da ação penal e exercer de forma legítima tal direito, deverá estar presente o critério de **procedibilidade**, que nada mais é do que a requisição do ministro da Justiça ou, ainda, a representação do ofendido.

Nos casos de requisição do Ministro da Justiça, bem como do condicionamento à representação do ofendido, a representação admite retratação, desde que feita até o momento do oferecimento da denúncia.

No caso em que for ajuizada a ação penal sem a representação, tal nulidade poderá ser sanada se a vítima a apresentar em juízo dentro do prazo de 6 meses – já mencionado anteriormente.

A representação **não poderá ser dividida no que diz respeito aos autores do fato**. Mesmo não podendo haver fracionamento da representação, nada impede o MP de denunciar apenas um infrator por vez, de acordo como o que vimos no processo de divisibilidade.

Ofendido menor ou incapaz

Representante legal tem legitimidade.

Não tem representante legal?

Interesses colidem com os do representante?

- Juiz deverá nomear curador (art. 33, CPP);
- Tal curador não está obrigado a oferecer representação, apenas a analisar o que é bom ou não para o ofendido.

Prazo para representação: **6 meses**, a contar da data em que se é conhecido o autor do delito.

Representação poderá ser feita perante:

- MP;
- Autoridade policial;
- Juiz.

NOÇÕES DE DIREITO PROCESSUAL PENAL

Nos casos de ação penal pública condicionada à requisição do ministro da Justiça:

- Apenas para determinados crimes;
- **Não** há prazo decadencial para o oferecimento da requisição, desde que não esteja extinta a punibilidade do crime em questão.

3.6 Ação penal privada exclusiva

A vontade do ofendido em oferecer ou não a denúncia se sobrepõe ao interesse público.

Princípios

- **Oportunidade:** o ofendido ou demais legitimados poderão avaliar se darão ou não início ao processo, levando em consideração a **conveniência do ajuizamento da ação**.
- **Disponibilidade:** o ofendido (titular) pode desistir da ação penal.
- **Indivisibilidade:** não será possível fracionar a ação penal no que diz respeito aos infratores.

> *Art. 48, CPP A queixa contra qualquer dos autores do crime obrigará ao processo de todos, e o Ministério Público velará pela sua indivisibilidade.*
>
> *Art. 49 A renúncia ao exercício do direito de queixa, em relação a um dos autores do crime, a todos se estenderá.*

Prazo decadencial: **6 meses** contados a partir do momento em que o ofendido fica ciente de quem foi o infrator.

A queixa poderá ser oferecida:

- Pessoalmente;
- Por procurador com poderes especiais.

Ofendido faleceu. Quem pode ajuizar a ação penal?

- Cônjuge;
- Ascendente;
- Descendente;
- Irmão.

A ordem acima deverá ser respeitada.

Início do prazo para os legitimados

- **Ação penal já ajuizada:** prazo de **60 dias** para prosseguir na ação.
- **Ação penal ainda não ajuizada:** prazo se inicia com o óbito do ofendido.
- **Exceção:** ainda não era sabido o provável infrator.

3.7 Ação penal privada subsidiária da pública

Trata-se do caso em que a ação penal é pública, no entanto, por inércia do MP, é concedido por lei o direito de ajuizar a ação ao ofendido.

> *Art. 29, CPP Será admitida ação privada nos crimes de ação pública, se esta não for intentada no prazo legal, cabendo ao Ministério Público aditar a queixa, repudiá-la e oferecer denúncia substitutiva, intervir em todos os termos do processo, fornecer elementos de prova, interpor recurso e, a todo tempo, no caso de negligência do querelante, retomar a ação como parte principal.*

O ofendido terá o prazo de **6 meses** para oferecer a denúncia, que começa a correr a partir de findo o prazo para que o MP a ofereça.

> *Art. 38, CPP Salvo disposição em contrário, o ofendido, ou seu representante legal, decairá no direito de queixa ou de representação, se não o exercer dentro do prazo de seis meses, contado do dia em que vier a saber quem é o autor do crime, ou, no caso do art. 29 do dia em que se esgotar o prazo para o oferecimento da denúncia.*

Iniciado tal prazo para o ofendido, tanto ele quanto o MP têm legitimidade para oferecer a denúncia. Findo o prazo de **6 meses**, o ofendido perde o direito de ajuizar a ação penal, retornando tal direito exclusivamente para o MP.

Na ação penal privada subsidiária da pública, o MP atua como fiscal da lei, porém com atribuições mais amplas.

Nesses casos, o MP pode:

- **Aditar a queixa:** pode se referir a diversos aspectos (inclusão de réus, por exemplo).
- **Repudiar a queixa:** somente poderá fazê-lo quando alegar que não houve inércia.
- **Retomar a ação como parte principal:** o ofendido deixa a desejar na forma como conduz a causa e o MP retoma a ação como parte principal.

3.8 Ação penal personalíssima

Tipo de ação penal personalíssima exclusiva, na qual apenas o ofendido pode ajuizar a ação.

Caso o ofendido venha a falecer, não há a hipótese de estender a legitimidade aos sucessores.

Se o ofendido for menor, não há a possibilidade de o representante ajuizar a demanda.

3.9 Denúncia e queixa

Elementos

- **Exposição do fato criminoso:** a inicial deverá expor de forma detalhada o fato criminoso.
- **Qualificação do acusado:** a inicial deverá conter a qualificação do acusado. Caso não haja qualificação suficiente, deverão ser indicados elementos que tornem possível a identificação (tatuagem, marcas no corpo, características físicas).
- **Tipificação do delito:** deverá indicar qual dispositivo legal o acusado violou. Não é elemento indispensável.
- **Rol de testemunhas:** a inicial deverá conter o rol de testemunhas, caso haja.
- **Endereçamento:** a peça acusatória deverá ser endereçada ao juiz competente para apreciação do caso. O endereçamento errado não invalidará a peça.
- **Redação em vernáculo:** todos os atos processuais deverão ser redigidos em língua portuguesa.
- **Subscrição:** a inicial deverá ser assinada pelo membro do MP ou advogado querelante, quando for o caso.

3.10 Acordo de não persecução penal

Trata-se de uma espécie de transação, entre o MP e o suposto infrator, em que há uma transação penal buscando evitar o ajuizamento da ação.

> *Art. 28-A, CPP Não sendo caso de arquivamento e tendo o investigado confessado formal e circunstancialmente a prática de infração penal sem violência ou grave ameaça e com pena mínima inferior a 4 (quatro) anos, o Ministério Público poderá propor acordo de não persecução penal, desde que necessário e suficiente para reprovação e prevenção do crime, **mediante as seguintes condições ajustadas cumulativa e alternativamente:***
>
> *I – **reparar o dano ou restituir a coisa à vítima**, exceto na impossibilidade de fazê-lo;*
>
> *II – **renunciar voluntariamente a bens e direitos indicados pelo Ministério Público** como instrumentos, produto ou proveito do crime;*
>
> *III – **prestar serviço à comunidade ou a entidades públicas por período correspondente à pena mínima** cominada ao delito diminuída de um a dois terços, em local a ser indicado pelo juízo da execução, na forma do art. 46 do Decreto-lei nº 2.848, de 7 de dezembro de 1940 (Código Penal);*
>
> *IV – **pagar prestação pecuniária**, a ser estipulada nos termos do art. 45 do Decreto-lei nº 2.848, de 7 de dezembro de 1940 (Código Penal), a entidade pública ou de interesse social, a ser indicada pelo juízo da execução, que tenha, preferencialmente, como função proteger bens jurídicos iguais ou semelhantes aos aparentemente lesados pelo delito; ou*
>
> *V – **cumprir, por prazo determinado, outra condição indicada pelo Ministério Público**, desde que proporcional e compatível com a infração penal imputada.*

AÇÃO PENAL

§ 1º Para aferição da pena mínima cominada ao delito a que se refere o caput deste artigo, serão consideradas as causas de aumento e diminuição aplicáveis ao caso concreto.

§ 2º O disposto no caput deste artigo não se aplica nas seguintes hipóteses:

I – se for cabível transação penal de competência dos Juizados Especiais Criminais, nos termos da lei;

II – se o investigado for reincidente ou se houver elementos probatórios que indiquem conduta criminal habitual, reiterada ou profissional, exceto se insignificantes as infrações penais pretéritas;

III – ter sido o agente beneficiado nos 5 anos anteriores ao cometimento da infração, em acordo de não persecução penal, transação penal ou suspensão condicional do processo; e

IV – nos crimes praticados no âmbito de violência doméstica ou familiar, ou praticados contra a mulher por razões da condição de sexo feminino, em favor do agressor.

§ 3º O acordo de não persecução penal será formalizado por escrito e será firmado pelo membro do Ministério Público, pelo investigado e por seu defensor.

§ 4º Para a homologação do acordo de não persecução penal, será realizada audiência na qual o juiz deverá verificar a sua voluntariedade, por meio da oitiva do investigado na presença do seu defensor, e sua legalidade.

§ 5º Se o juiz considerar inadequadas, insuficientes ou abusivas as condições dispostas no acordo de não persecução penal, devolverá os autos ao Ministério Público para que seja reformulada a proposta de acordo, com concordância do investigado e seu defensor.

§ 6º Homologado judicialmente o acordo de não persecução penal, o juiz devolverá os autos ao Ministério Público para que inicie sua execução perante o juízo de execução penal.

§ 7º O juiz poderá recusar homologação à proposta que não atender aos requisitos legais ou quando não for realizada a adequação a que se refere o § 5º deste artigo.

§ 8º Recusada a homologação, o juiz devolverá os autos ao Ministério Público para a análise da necessidade de complementação das investigações ou o oferecimento da denúncia.

§ 9º A vítima será intimada da homologação do acordo de não persecução penal e de seu descumprimento.

§ 10 Descumpridas quaisquer das condições estipuladas no acordo de não persecução penal, o Ministério Público deverá comunicar ao juízo, para fins de sua rescisão e posterior oferecimento de denúncia.

§ 11 O descumprimento do acordo de não persecução penal pelo investigado também poderá ser utilizado pelo Ministério Público como justificativa para o eventual não oferecimento de suspensão condicional do processo.

§ 12 A celebração e o cumprimento do acordo de não persecução penal não constarão de certidão de antecedentes criminais, exceto para os fins previstos no inciso III do § 2º deste artigo.

§ 13 Cumprido integralmente o acordo de não persecução penal, o juízo competente decretará a extinção de punibilidade.

§ 14 No caso de recusa, por parte do Ministério Público, em propor o acordo de não persecução penal, o investigado poderá requerer a remessa dos autos a órgão superior, na forma do art. 28 deste Código.

Pressupostos para proposição

- Infração penal;
- Sem violência ou grave ameaça;
- Pena **mínima inferior a 4 anos**;
- Acordo suficiente e necessário para prevenção do crime.

3.11 Da ação penal

Art. 24, CPP *Nos crimes de **ação pública**, esta **será promovida por denúncia do Ministério Público**, mas dependerá, quando a lei o exigir, de requisição do Ministro da Justiça, ou de representação do ofendido ou de quem tiver qualidade para representá-lo.*

§ 1º *No **caso de morte do ofendido ou quando declarado ausente por decisão judicial**, o **direito de representação** passará ao cônjuge, ascendente, descendente ou irmão.*

§ 2º *Seja qual for o **crime**, quando **praticado em detrimento do patrimônio** ou **interesse da União, Estado e Município**, a **ação penal será pública**.*

Art. 25 *A representação será irretratável, depois de oferecida a denúncia.*

Art. 26 *A ação penal, nas contravenções, será iniciada com o auto de prisão em flagrante ou por meio de portaria expedida pela autoridade judiciária ou policial.*

Art. 27 *Qualquer pessoa do povo poderá provocar a iniciativa do Ministério Público, nos casos em que caiba a ação pública, fornecendo-lhe, por escrito, informações sobre o fato e a autoria e indicando o tempo, o lugar e os elementos de convicção.*

Art. 28 *Ordenado o arquivamento do inquérito policial ou de quaisquer elementos informativos da mesma natureza, o órgão do Ministério Público comunicará à vítima, ao investigado e à autoridade policial e encaminhará os autos para a instância de revisão ministerial para fins de homologação, na forma da lei.*

§ 1º *Se a vítima, ou seu representante legal, não concordar com o arquivamento do inquérito policial, poderá, no prazo de 30 dias do recebimento da comunicação, submeter a matéria à revisão da instância competente do órgão ministerial, conforme dispuser a respectiva lei orgânica.*

§ 2º *Nas ações penais relativas a crimes praticados em detrimento da União, Estados e Municípios, a revisão do arquivamento do inquérito policial poderá ser provocada pela chefia do órgão a quem couber a sua representação judicial.*

Art. 28-A *Não sendo caso de arquivamento e tendo o investigado confessado formal e circunstancialmente a prática de infração penal sem violência ou grave ameaça e com pena mínima inferior a **4 anos**, o Ministério Público poderá propor acordo de não persecução penal, desde que necessário e suficiente para reprovação e prevenção do crime, mediante as seguintes condições ajustadas cumulativa e alternativamente:*

I – **reparar o dano** *ou restituir a coisa à vítima, exceto na impossibilidade de fazê-lo;*

II – **renunciar voluntariamente** *a bens e direitos indicados pelo Ministério Público como instrumentos, produto ou proveito do crime;*

III – **prestar serviço à comunidade** *ou a entidades públicas por período correspondente à pena mínima cominada ao delito diminuída de um a dois terços, em local a ser indicado pelo juízo da execução, na forma do art. 46 do Decreto-lei nº 2.848, de 7 de dezembro de 1940 (Código Penal);*

IV – **pagar prestação pecuniária**, *a ser estipulada nos termos do art. 45 do Decreto-lei nº 2.848, de 7 de dezembro de 1940 (Código Penal), a entidade pública ou de interesse social, a ser indicada pelo juízo da execução, que tenha, preferencialmente, como função proteger bens jurídicos iguais ou semelhantes aos aparentemente lesados pelo delito; ou*

V – **cumprir, por prazo determinado, outra condição indicada pelo Ministério Público**, *desde que proporcional e compatível com a infração penal imputada.*

§ 1º *Para aferição da pena mínima cominada ao delito a que se refere o caput deste artigo, serão consideradas as causas de aumento e diminuição aplicáveis ao caso concreto.*

§ 2º *O disposto no caput deste artigo não se aplica nas seguintes hipóteses:*

I – *se for cabível transação penal de competência dos Juizados Especiais Criminais, nos termos da lei;*

II – *se o investigado for reincidente ou se houver elementos probatórios que indiquem conduta criminal habitual, reiterada ou profissional, exceto se insignificantes as infrações penais pretéritas;*

III – *ter sido o agente beneficiado nos **5 anos** anteriores ao cometimento da infração, em acordo de não persecução penal, transação penal ou suspensão condicional do processo; e*

IV – *nos crimes praticados no âmbito de violência doméstica ou familiar, ou praticados contra a mulher por razões da condição de sexo feminino, em favor do agressor.*

NOÇÕES DE DIREITO PROCESSUAL PENAL

§ 3º O acordo de não persecução penal será formalizado por escrito e será firmado pelo membro do Ministério Público, pelo investigado e por seu defensor.

§ 4º Para a homologação do acordo de não persecução penal, será realizada audiência na qual o juiz deverá verificar a sua voluntariedade, por meio da oitiva do investigado na presença do seu defensor, e sua legalidade.

§ 5º Se o juiz considerar inadequadas, insuficientes ou abusivas as condições dispostas no acordo de não persecução penal, devolverá os autos ao Ministério Público para que seja reformulada a proposta de acordo, com concordância do investigado e seu defensor.

§ 6º Homologado judicialmente o acordo de não persecução penal, o juiz devolverá os autos ao Ministério Público para que inicie sua execução perante o juízo de execução penal.

§ 7º O juiz poderá recusar homologação à proposta que não atender aos requisitos legais ou quando não for realizada a adequação a que se refere o § 5º deste artigo.

§ 8º Recusada a homologação, o juiz devolverá os autos ao Ministério Público para a análise da necessidade de complementação das investigações ou o oferecimento da denúncia.

§ 9º A vítima será intimada da homologação do acordo de não persecução penal e de seu descumprimento.

§ 10 Descumpridas quaisquer das condições estipuladas no acordo de não persecução penal, o Ministério Público deverá comunicar ao juízo, para fins de sua rescisão e posterior oferecimento de denúncia.

§ 11 O descumprimento do acordo de não persecução penal pelo investigado também poderá ser utilizado pelo Ministério Público como justificativa para o eventual não oferecimento de suspensão condicional do processo.

§ 12 A celebração e o cumprimento do acordo de não persecução penal não constarão de certidão de antecedentes criminais, exceto para os fins previstos no inciso III do § 2º deste artigo

§ 13 Cumprido integralmente o acordo de não persecução penal, o juízo competente decretará a extinção de punibilidade.

§ 14 No caso de recusa, por parte do Ministério Público, em propor o acordo de não persecução penal, o investigado poderá requerer a remessa dos autos a órgão superior, na forma do art. 28 deste Código.

Art. 29 Será admitida ação privada nos crimes de ação pública, se esta não for intentada no prazo legal, cabendo ao Ministério Público aditar a queixa, repudiá-la e oferecer denúncia substitutiva, intervir em todos os termos do processo, fornecer elementos de prova, interpor recurso e, a todo tempo, no caso de negligência do querelante, retomar a ação como parte principal.

Art. 30 Ao ofendido ou a quem tenha qualidade para representá-lo caberá intentar a **ação privada**.

Art. 31 No caso de morte do ofendido ou quando declarado ausente por decisão judicial, o direito de oferecer queixa ou prosseguir na ação passará ao cônjuge, ascendente, descendente ou irmão.

Art. 32 Nos crimes de ação privada, o juiz, a requerimento da parte que comprovar a sua pobreza, nomeará advogado para promover a ação penal.

§ 1º Considerar-se-á pobre a pessoa que não puder prover às despesas do processo, sem privar-se dos recursos indispensáveis ao próprio sustento ou da família.

§ 2º Será prova suficiente de pobreza o atestado da autoridade policial em cuja circunscrição residir o ofendido.

Art. 33 Se o ofendido for **menor de 18 anos**, ou **mentalmente enfermo**, ou **retardado mental**, e não tiver representante legal, ou colidirem os interesses deste com os daquele, o direito de queixa poderá ser exercido por curador especial, nomeado, de ofício ou a requerimento do Ministério Público, pelo juiz competente para o processo penal.

Art. 34 Se o ofendido for **menor de 21 e maior de 18 anos**, o direito de queixa poderá ser exercido por ele ou por seu representante legal.

Art. 36 Se comparecer mais de uma pessoa com direito de queixa, terá preferência o cônjuge, e, em seguida, o parente mais próximo na ordem de enumeração constante do art. 31. Podendo, entretanto, qualquer delas prosseguir na ação, caso o querelante desista da instância ou a abandone.

Art. 37 As fundações, associações ou sociedades legalmente constituídas poderão exercer a ação penal, devendo ser representadas por quem os respectivos contratos ou estatutos designarem ou, no silêncio destes, pelos seus diretores ou sócios-gerentes.

Art. 38 Salvo disposição em contrário, o ofendido, ou seu representante legal, decairá no direito de queixa ou de representação, se não o exercer dentro do prazo de seis meses, contado do dia em que vier a saber quem é o autor do crime, ou, no caso do art. 29 do dia em que se esgotar o prazo para o oferecimento da denúncia.

Parágrafo único. Verificar-se-á a decadência do direito de queixa ou representação, dentro do mesmo prazo, nos casos dos arts. 24, parágrafo único, e 31.

Art. 39 O direito de representação poderá ser exercido, pessoalmente ou por procurador com poderes especiais, mediante declaração, escrita ou oral, feita ao juiz, ao órgão do Ministério Público, ou à autoridade policial.

§ 1º A representação feita oralmente ou por escrito, sem assinatura devidamente autenticada do ofendido, de seu representante legal ou procurador, será reduzida a termo, perante o juiz ou autoridade policial, presente o órgão do Ministério Público, quando a este houver sido dirigida.

§ 2º A representação conterá todas as informações que possam servir à apuração do fato e da autoria.

§ 3º Oferecida ou reduzida a termo a representação, a autoridade policial procederá a inquérito, ou, não sendo competente, remetê-lo-á à autoridade que o for.

§ 4º A representação, quando feita ao juiz ou perante este reduzida a termo, será remetida à autoridade policial para que esta proceda a inquérito.

§ 5º O órgão do Ministério Público dispensará o inquérito, se com a representação forem oferecidos elementos que o habilitem a promover a ação penal, e, neste caso, oferecerá a denúncia no prazo de quinze dias.

Art. 40 Quando, em autos ou papéis de que conhecerem, os juízes ou tribunais verificarem a existência de crime de ação pública, remeterão ao Ministério Público as cópias e os documentos necessários ao oferecimento da denúncia.

Art. 41 A denúncia ou queixa conterá a exposição do fato criminoso, com todas as suas circunstâncias, a qualificação do acusado ou esclarecimentos pelos quais se possa identificá-lo, a classificação do crime e, quando necessário, o rol das testemunhas.

Art. 42 O Ministério Público não poderá desistir da ação penal.

Art. 43. (Revogado pela Lei nº 11.719/2008).

Art. 44 A queixa poderá ser dada por procurador com poderes especiais, devendo constar do instrumento do mandato o nome do querelante e a menção do fato criminoso, salvo quando tais esclarecimentos dependerem de diligências que devem ser previamente requeridas no juízo criminal.

Art. 45 A queixa, ainda quando a ação penal for privativa do ofendido, poderá ser aditada pelo Ministério Público, a quem caberá intervir em todos os termos subsequentes do processo.

Art. 46 O prazo para oferecimento da denúncia, estando o réu preso, será de **5 dias**, contado da data em que o órgão do Ministério Público receber os autos do inquérito policial, e de **15 dias**, se o réu estiver solto ou afiançado. No último caso, se houver devolução do inquérito à autoridade policial (art. 16), contar-se-á o prazo da data em que o órgão do Ministério Público receber novamente os autos.

§ 1º Quando o Ministério Público dispensar o inquérito policial, o prazo para o oferecimento da denúncia contar-se-á da data em que tiver recebido as peças de informações ou a representação

§ 2º O prazo para o aditamento da queixa será de **3 dias**, contado da data em que o órgão do Ministério Público receber os autos, e, se este não se pronunciar dentro do tríduo, entender-se-á que não tem o que aditar, prosseguindo-se nos demais termos do processo.

Art. 47 Se o Ministério Público julgar necessários maiores esclarecimentos e documentos complementares ou novos elementos de convicção, deverá requisitá-los, diretamente, de quaisquer autoridades ou funcionários que devam ou possam fornecê-los.

Art. 48 A queixa contra qualquer dos autores do crime obrigará ao processo de todos, e o Ministério Público velará pela sua indivisibilidade.

AÇÃO PENAL

Art. 49 A renúncia ao exercício do direito de queixa, em relação a um dos autores do crime, a todos se estenderá.

Art. 50 A renúncia expressa constará de declaração assinada pelo ofendido, por seu representante legal ou procurador com poderes especiais.

Parágrafo único. A renúncia do representante legal do menor que houver completado 18 (dezoito) anos não privará este do direito de queixa, nem a renúncia do último excluirá o direito do primeiro.

Art. 51 O perdão concedido a um dos querelados aproveitará a todos, sem que produza, todavia, efeito em relação ao que o recusar.

Art. 52 Se o querelante for **menor de 21 e maior de 18 anos**, o direito de perdão poderá ser exercido por ele ou por seu representante legal, mas o perdão concedido por um, havendo oposição do outro, não produzirá efeito.

Art. 53 Se o querelado for mentalmente enfermo ou retardado mental e não tiver representante legal, ou colidirem os interesses deste com os do querelado, a aceitação do perdão caberá ao curador que o juiz lhe nomear.

Art. 54 Se o querelado for **menor de 21 anos**, observar-se-á, quanto à aceitação do perdão, o disposto no art. 52.

Art. 55 O perdão poderá ser aceito por procurador com poderes especiais.

Art. 56 Aplicar-se-á ao perdão extraprocessual expresso o disposto no art. 50.

Art. 57 A renúncia tácita e o perdão tácito admitirão todos os meios de prova.

Art. 58 Concedido o perdão, mediante declaração expressa nos autos, o querelado será intimado a dizer, dentro de três dias, se o aceita, devendo, ao mesmo tempo, ser cientificado de que o seu silêncio importará aceitação.

Parágrafo único. Aceito o perdão, o juiz julgará extinta a punibilidade.

Art. 59 A aceitação do perdão fora do processo constará de declaração assinada pelo querelado, por seu representante legal ou procurador com poderes especiais.

Art. 60 Nos casos em que somente se procede mediante queixa, considerar-se-á perempta a ação penal:

I – quando, iniciada esta, o querelante deixar de promover o andamento do processo durante **30 dias** seguidos;

II – quando, falecendo o querelante, ou sobrevindo sua incapacidade, não comparecer em juízo, para prosseguir no processo, dentro do prazo de **60 dias**, qualquer das pessoas a quem couber fazê-lo, ressalvado o disposto no art. 36;

III – quando o querelante deixar de comparecer, sem motivo justificado, a qualquer ato do processo a que deva estar presente, ou deixar de formular o pedido de condenação nas alegações finais;

IV – quando, sendo o querelante pessoa jurídica, esta se extinguir sem deixar sucessor.

Art. 61 Em qualquer fase do processo, o juiz, se reconhecer extinta a punibilidade, deverá declará-lo de ofício.

Parágrafo único. No caso de requerimento do Ministério Público, do querelante ou do réu, o juiz mandará autuá-lo em apartado, ouvirá a parte contrária e, se o julgar conveniente, concederá o prazo de cinco dias para a prova, proferindo a decisão dentro de cinco dias ou reservando-se para apreciar a matéria na sentença final.

Art. 62 No caso de morte do acusado, o juiz somente à vista da certidão de óbito, e depois de ouvido o Ministério Público, declarará extinta a punibilidade.

4 PRISÕES

4.1 Conceito

Prisão é uma restrição à liberdade de ir e vir (liberdade ambulatorial ou de locomoção), por meio do recolhimento ao cárcere por ordem fundamentada do juiz ou derivada da prisão em flagrante.

4.2 Espécies de prisão cautelar

Atualmente, existem três espécies de prisão cautelar: 1) prisão em flagrante, 2) preventiva e 3) temporária.

4.2.1 Prisão preventiva

É a medida cautelar de constrição da liberdade pessoal, cabível durante toda a persecução penal (inquérito policial + processo), decretada pelo juiz *ex-officio* no curso da ação penal, ou a requerimento do MP, do querelante, do assistente ou por representação da autoridade policial. Não tem prazo e justifica-se na presença dos requisitos estabelecidos na lei.

Note que a prisão preventiva teve alterações consideráveis conforme o Pacote Anticrime.

Tempo da prisão preventiva

Não há prazo definido em lei acerca da duração dela e estende-se no tempo enquanto houver necessidade, que é dosada pela presença de seus requisitos legais. Se eventualmente estes desaparecem, a prisão preventiva será revogada e nada impede que ela seja decretada novamente, caso algum dos requisitos reapareça.

Por sua vez, se ela se estende no tempo de maneira desproporcional, transforma-se em prisão ilegal e, nesse caso, merecerá relaxamento.

Cabimento

Será possível tanto na investigação policial como no processo.

Art. 311, CPP Em qualquer fase da investigação policial ou do processo penal, caberá a prisão preventiva decretada pelo juiz, a requerimento do Ministério Público, do querelante ou do assistente, ou por representação da autoridade policial.

Decretação

Art. 312, CPP A prisão preventiva poderá ser decretada como garantia da ordem pública, da ordem econômica, por conveniência da instrução criminal ou para assegurar a aplicação da lei penal, quando houver prova da existência do crime e indício suficiente de autoria e de perigo gerado pelo estado de liberdade do imputado.

§ 1º A prisão preventiva também poderá ser decretada em caso de descumprimento de qualquer das obrigações impostas por força de outras medidas cautelares (art. 282, § 4º).

§ 2º A decisão que decretar a prisão preventiva deve ser motivada e fundamentada em receio de perigo e existência concreta de fatos novos ou contemporâneos que justifiquem a aplicação da medida adotada.

Admissibilidade

Art. 313, CPP Nos termos do art. 312 deste Código, será admitida a decretação da prisão preventiva:

I – nos crimes dolosos punidos com pena privativa de liberdade máxima superior a 4 (quatro) anos.

II – se tiver sido condenado por outro crime doloso, em sentença transitada em julgado, ressalvado o disposto no inciso I do caput do art. 64 do Decreto-lei nº 2.848, de 7 de dezembro de 1940 – Código Penal.

III – se o crime envolver violência doméstica e familiar contra a mulher, criança, adolescente, idoso, enfermo ou pessoa com deficiência, para garantir a execução das medidas protetivas de urgência.

§ 1º Também será admitida a prisão preventiva quando houver dúvida sobre a identidade civil da pessoa ou quando esta não fornecer elementos suficientes para esclarecê-la, devendo o preso ser colocado imediatamente em liberdade após a identificação, salvo se outra hipótese recomendar a manutenção da medida.

§ 2º Não será admitida a decretação da prisão preventiva com a finalidade de antecipação de cumprimento de pena ou como decorrência imediata de investigação criminal ou da apresentação ou recebimento de denúncia.

Excludentes de ilicitude

Art. 314, CPP A prisão preventiva em nenhum caso será decretada se o juiz verificar pelas provas constantes dos autos ter o agente praticado o fato nas condições previstas nos incisos I, II e III do caput do art. 23 do Decreto-lei nº 2.848, de 7 de dezembro de 1940 – Código Penal.

Motivação

Art. 315, CPP A decisão que decretar, substituir ou denegar a prisão preventiva será sempre motivada e fundamentada.

§ 1º Na motivação da decretação da prisão preventiva ou de qualquer outra cautelar, o juiz deverá indicar concretamente a existência de fatos novos ou contemporâneos que justifiquem a aplicação da medida adotada.

§ 2º Não se considera fundamentada qualquer decisão judicial, seja ela interlocutória, sentença ou acórdão, que:

I – limitar-se à indicação, à reprodução ou à paráfrase de ato normativo, sem explicar sua relação com a causa ou a questão decidida.

II – empregar conceitos jurídicos indeterminados, sem explicar o motivo concreto de sua incidência no caso.

III – invocar motivos que se prestariam a justificar qualquer outra decisão.

IV – não enfrentar todos os argumentos deduzidos no processo capazes de, em tese, infirmar a conclusão adotada pelo julgador.

V – limitar-se a invocar precedente ou enunciado de súmula, sem identificar seus fundamentos determinantes nem demonstrar que o caso sob julgamento se ajusta àqueles fundamentos.

VI – deixar de seguir enunciado de súmula, jurisprudência ou precedente invocado pela parte, sem demonstrar a existência de distinção no caso em julgamento ou a superação do entendimento.

Art. 316 O juiz poderá, de ofício ou a pedido das partes, revogar a prisão preventiva se, no correr da investigação ou do processo, verificar a falta de motivo para que ela subsista, bem como novamente decretá-la, se sobrevierem razões que a justifiquem.

Parágrafo único. Decretada a prisão preventiva, deverá o órgão emissor da decisão revisar a necessidade de sua manutenção a cada 90 (noventa) dias, mediante decisão fundamentada, de ofício, sob pena de tornar a prisão ilegal.

4.2.2 Prisão temporária

É a prisão cautelar cabível apenas ao longo do inquérito policial, decretada pelo juiz a requerimento do MP ou por representação da autoridade policial (o juiz não pode decretar a medida de ofício e não pode ser requerida pelo querelante nos casos de ação penal privada), com prazo pré-estabelecido em lei, uma vez presente os requisitos do art. 1º da Lei nº 7.960/1989.

Prisão temporária

- É a prisão cautelar;
- Cabível apenas ao longo do IP;
- Decretada pelo juiz;
- Requerida pelo MP ou pelo delegado;
- Com prazo pré-estabelecido em lei;
- Uma vez presente os seus requisitos.

Cabimento

Art. 1º, Lei nº 7.960/1989 Caberá prisão temporária:

I – quando imprescindível para as investigações do inquérito policial;

II – quando o indicado não tiver residência fixa ou não fornecer elementos necessários ao esclarecimento de sua identidade;

PRISÕES

III – quando houver fundadas razões, de acordo com qualquer prova admitida na legislação penal, de autoria ou participação do indiciado nos seguintes crimes:

a) homicídio doloso (art. 121, caput, e seu § 2º);

b) sequestro ou cárcere privado (art. 148, caput, e seus §§ 1º e 2º);

c) roubo (art. 157, caput, e seus §§ 1º, 2º e 3º);

d) extorsão (art. 158, caput, e seus §§ 1º e 2º.);

e) extorsão mediante sequestro (art. 159, caput, e seus §§ 1º, 2º e 3º);

f) estupro (art. 213, caput, e sua combinação com o art. 223, caput, e parágrafo único);

g) atentado violento ao pudor (art. 214, caput, e sua combinação com o art. 223, caput, e parágrafo único);

h) rapto violento (art. 219, e sua combinação com o art. 223, caput, e parágrafo único);

i) epidemia com resultado de morte (art. 267, § 1º);

j) envenenamento de água potável ou substância alimentícia ou medicinal qualificado pela morte (art. 270, caput, combinado com art. 285);

l) quadrilha ou bando (art. 288), todos do Código Penal;

m) genocídio (arts. 1º, 2º e 3º da Lei nº 2.889, de 1º de outubro de 1956), em qualquer de suas formas típicas;

n) tráfico de drogas (art. 12 da Lei nº 6.368, de 21 de outubro de 1976);

o) crimes contra o sistema financeiro (Lei nº 7.492, de 16 de junho de 1986).

p) crimes previstos na Lei de Terrorismo.

O rol de crimes descrito é taxativo, o que significa que somente esses delitos comportam a medida e mais nenhum.

4.2.3 Prisão em flagrante

É a prisão cautelar de natureza administrativa que funciona como ferramenta de preservação social, autorizando a captura daquele que é surpreendido no instante em que pratica ou termina de concluir a infração penal. Caracteriza-se pela imediatidade entre o crime e a prisão. Essa modalidade de prisão comporta várias delas e, a seguir, exemplificaremos cada hipótese de flagrante, conforme o que vem sendo cobrado nos principais concursos do país.

Modalidades de flagrante

▷ **Flagrante obrigatório/coercitivo**: é aquele flagrante das autoridades policiais e seus agentes. A autoridade policial não tem qualquer discricionariedade quanto a prisão em flagrante ou não.

> **Art. 301, CPP** Qualquer do povo poderá e as autoridades policiais e seus agentes **deverão** prender quem quer que seja encontrado em flagrante delito.

```
Flagrante obrigatório
        ↓
Autoridade Policial ou seus Agentes
        ↓
Tem o dever de efetuar a prisão
```

▷ **Flagrante facultativo**: é o flagrante que se aplica a qualquer pessoa do povo, não tendo o sujeito a obrigação de agir.

> **Art. 301, CPP** Qualquer do povo poderá e as autoridades policiais e seus agentes deverão prender quem quer que seja encontrado em flagrante delito.

```
Flagrante facultativo
        ↓
Qualquer pessoa do povo
        ↓
Poderá realizar o flagrante
```

Esquematizando o tema:

Art. 301	Espécie de flagrante
Qualquer do povo PODERÁ	FACULTATIVO
As autoridades policiais e seus agentes DEVERÃO	OBRIGATÓRIO

Excludente de licitude	Infração em tese
Exercício regular do direito	Constrangimento ilegal
Estrito cumprimento do dever legal	Abuso de autoridade

▷ **Flagrante próprio (real/perfeito/propriamente dito)** tem cabimento em duas hipóteses:

- Quando o agente está cometendo o delito, ou seja, está em plena prática dos atos executórios;
- Acaba de cometer o delito, isto é, o agente terminou de concluir a prática da infração penal, ficando evidente que é o autor do crime.

> **Art. 302, CPP** Considera-se em flagrante delito quem:
> *I – Está cometendo a infração penal;*
> *II – Acaba de cometê-la;*

▷ **Flagrante impróprio (irreal/imperfeito/quase flagrante)**: é a espécie de flagrante que ocorre quando o criminoso conclui o crime ou é interrompido pela chegada de terceiros e foge, sem ser preso no local, fazendo com que se inicie uma perseguição, seja pela polícia, pela vítima ou por terceiro.

> **Art. 302** Considera-se em flagrante delito quem: [...]
> *III – É perseguido, logo após, pela autoridade, pelo ofendido ou por qualquer pessoa, em situação que faça presumir ser autor da infração.*

▷ **Flagrante presumido (ficto ou assimilado):** o criminoso é encontrado logo depois de praticar o crime, com objetos, armas ou papéis que faça presumir ser ele o autor do delito. Nesse caso, não há perseguição.

> **Art. 302** Considera-se em flagrante delito quem: [...]
> *IV – É encontrado, logo depois, com instrumentos, armas, objetos ou papéis que façam presumir ser ele autor da infração.*

▷ **Flagrante forjado**: é o flagrante realizado para incriminar um inocente. A prisão é ilegal e o forjador responderá criminalmente por denunciação caluniosa (art. 339, CP).

▷ **Flagrante esperado**: ocorre quando a Polícia toma conhecimento da possibilidade da ocorrência de um crime, então, fica em campana, aguardando que se iniciem os primeiros atos executórios, na expectativa de concretizar a captura. Devido à falta de previsão legal do flagrante esperado, quando a tomada se concretiza, ele se transforma em flagrante próprio. Assim, essa é uma modalidade viável para autorizar a prisão em flagrante.

No flagrante esperado, a Polícia em nada contribui com a prática do delito; ela simplesmente toma conhecimento do crime que está por vir e aguarda o delito acontecer para realizar a prisão. Não confundir com o flagrante preparado.

▷ **Flagrante preparado (provocado/delito putativo por obra do agente provocador):** ocorre quando o agente provocador (em regra, a Polícia, podendo também ser terceiro) induz ou instiga alguém a cometer um crime. Não é admitida no Brasil a prisão – é ilegal –, e o fato praticado não constitui crime, pois é atípico, sendo a consumação da ação impossível, haja vista que, durante os atos executórios, haverá a prisão.

> **Súmula nº 145 – STF**
> *Não há crime, quando a preparação do flagrante pela polícia torna impossível a sua consumação.*

NOÇÕES DE DIREITO PROCESSUAL PENAL

▷ **Flagrante postergado (diferido/estratégico/ação controlada):** caracteriza-se pela possibilidade que a Polícia – e somente ela – tem de retardar a prisão em flagrante, na expectativa de realizá-la em um momento mais adequado para a colheita de provas, para a captura do maior número de infratores e, também, a fim de conseguir o enquadramento no delito principal da facção criminosa. Ele é possível no **art. 53, Lei nº 11.343/2006**.

> *Art. 53, Lei nº 11.343/2006 Em qualquer fase da persecução criminal relativa aos crimes previstos nesta Lei, são permitidos, além dos previstos em lei, mediante autorização judicial e ouvido o Ministério Público, os seguintes procedimentos investigatórios:*
>
> *I – A infiltração por agentes de polícia, em tarefas de investigação, constituída pelos órgãos especializados pertinentes;*
>
> *II – A não atuação policial sobre os portadores de drogas, seus precursores químicos ou outros produtos utilizados em sua produção, que se encontrem no território brasileiro, com a finalidade de identificar e responsabilizar maior número de integrantes de operações de tráfico e distribuição, sem prejuízo da ação penal cabível.*
>
> *Parágrafo único. Na hipótese do inciso II deste artigo, a autorização será concedida desde que sejam conhecidos o itinerário provável e a identificação dos agentes do delito ou de colaboradores.*

Fases da prisão em flagrante

▷ **Captura:** emprego da força – a força pode ser utilizada, porém com moderação. Referente ao tema, importante o teor constante do art. 292 do CPP.

> *Art. 292, CPP Se houver, ainda que por parte de terceiros, resistência à prisão em flagrante ou à determinada por autoridade competente, o executor e as pessoas que o auxiliarem poderão usar dos meios necessários para defender-se ou para vencer a resistência, do que tudo se lavrará auto subscrito também por duas testemunhas.*
>
> **Uso de algemas**
> *Trata-se de uma medida de natureza excepcional, devendo ser utilizado utilizada quando houver risco de fuga OU agressão do preso contra policiais, membros da sociedade ou até a si mesmo.*
>
> **Súmula Vinculante nº 11 – STF**
> *Só é lícito o uso de algemas em casos de resistência e de fundado receio de fuga ou de perigo à integridade física própria ou alheia, por parte do preso ou de terceiros, justificada a excepcionalidade por escrito, sob pena de responsabilidade disciplinar, civil e penal do agente ou da autoridade e de nulidade da prisão ou do ato processual a que se refere, sem prejuízo da responsabilidade civil do Estado.*
>
> *Art. 292, parágrafo único, CPP É vedado o uso de algemas em mulheres grávidas durante os atos médico-hospitalares preparatórios para a realização do parto e durante o trabalho de parto, bem como em mulheres durante o período de puerpério imediato.*

▷ **Condução coercitiva:** não se imporá prisão em flagrante.
- Lei dos Juizados Especiais Criminais;
- Porte de drogas para consumo pessoal;
- CTB.

▷ **Lavratura do auto de prisão em flagrante:** possibilidade de concessão de fiança pela própria autoridade policial, nos moldes previstos pelo art. 322 do CPP.

> *Art. 322, CPP A autoridade policial **somente** poderá conceder fiança nos casos de infração cuja pena privativa de liberdade máxima não seja superior a 4 (quatro) anos.*
>
> *Parágrafo único. Nos demais casos, a fiança será requerida ao juiz, que decidirá em 48 (quarenta e oito) horas.*

▷ **Convalidação judicial da prisão em flagrante:** essa convalidação judicial constitui-se no procedimento que deverá ser observado pelo juiz quando do recebimento do auto de prisão em flagrante.

Cumpre recordarmos que a obrigatoriedade de comunicação da prisão ao juiz encontra-se prevista na legislação ao teor do art. 306, do Código de Processo Penal, o que dispõe:

> *Art. 306 A prisão de qualquer pessoa e local onde se encontre serão comunicados imediatamente ao juiz competente, ao Ministério Público e à família do preso ou a pessoa por ele indicada.*
>
> *§ 1º Em até 24 (vinte e quatro horas) após a realização da prisão, será encaminhado ao juiz competente o auto de prisão em flagrante e, caso o autuado não informe o nome de seu advogado, cópia integral para Defensoria Pública.*
>
> *§ 2º No mesmo prazo, será entregue ao preso, mediante recibo, a nota de culpa (termo de ciência das garantias constitucionais), assinada pela autoridade, com o motivo da prisão, o nome do condutor e os das testemunhas.*

Audiência de custódia: audiência de custódia consiste no direito que a pessoa presa em flagrante possui de ser conduzida (levada), sem demora, à presença de uma autoridade judicial (magistrado) que analisará se os direitos fundamentais dessa pessoa foram respeitados (por exemplo: se não houve tortura), se a prisão em flagrante foi legal e se a prisão cautelar deve ser decretada ou se o preso poderá receber a liberdade provisória ou medida cautelar diversa da prisão.

> *Art. 310, CPP Após receber o auto de prisão em flagrante, no prazo máximo de até 24 (vinte e quatro) horas após a realização da prisão, o juiz deverá promover audiência de custódia com a presença do acusado, seu advogado constituído ou membro da Defensoria Pública e o membro do Ministério Público, e, nessa audiência, o juiz deverá, fundamentadamente.*
>
> *I – relaxar a prisão ilegal; o.*
>
> *II – converter a prisão em flagrante em preventiva, quando presentes os requisitos constantes do art. 312 deste Código, e se revelarem inadequadas ou insuficientes as medidas cautelares diversas da prisão; o.*
>
> *III – conceder liberdade provisória, com ou sem fiança.*
>
> *§ 1º Se o juiz verificar, pelo auto de prisão em flagrante, que o agente praticou o fato em qualquer das condições constantes dos incisos I, II ou III do caput do art. 23 do Decreto-lei nº 2.848, de 7 de dezembro de 1940 (Código Penal), poderá, fundamentadamente, conceder ao acusado liberdade provisória, mediante termo de comparecimento obrigatório a todos os atos processuais, sob pena de revogação.*
>
> *§ 2º Se o juiz verificar que o agente é reincidente ou que integra organização criminosa armada ou milícia, ou que porta arma de fogo de uso restrito, deverá denegar a liberdade provisória, com ou sem medidas cautelares.*
>
> *§ 3º A autoridade que deu causa, sem motivação idônea, à não realização da audiência de custódia no prazo estabelecido no caput deste artigo responderá administrativa, civil e penalmente pela omissão.*
>
> *§ 4º Transcorridas 24 (vinte e quatro) horas após o decurso do prazo estabelecido no caput deste artigo, a não realização de audiência de custódia sem motivação idônea ensejará também a ilegalidade da prisão, a ser relaxada pela autoridade competente, sem prejuízo da possibilidade de imediata decretação de prisão preventiva.*

HABEAS CORPUS E SEU PROCESSO

5 HABEAS CORPUS E SEU PROCESSO

5.1 Espécies de HC

Preventivo: quando ocorre uma ameaça ao direito de locomoção, desde que o temor seja concreto, não basta uma simples suspeita. Salvo-conduto, impedindo-se que a pessoa venha a ser privada de sua liberdade.

Art. 660, § 4º, CPP Se a ordem de habeas corpus for concedida para evitar ameaça de violência ou coação ilegal, dar-se-á ao paciente salvo-conduto assinado pelo juiz.

Repressivo: quando a liberdade já foi sacrificada, haverá alvará de soltura.

Art. 660, § 1º, CPP Efetuadas as diligências, e interrogado o paciente, o juiz decidirá, fundamentadamente, dentro de 24 (vinte e quatro) horas.

§ 1º Se a decisão for favorável ao paciente, será logo posto em liberdade, salvo se por outro motivo dever ser mantido na prisão.

5.2 Outra denominação

Profilático: também conhecido como HC trancativo, visa ao trancamento da uma ação penal que não tenha os seguintes requisitos básicos:
▷ Ausência de condições da ação;
▷ Fato já prescrito;
▷ Justa causa.

5.3 Cabimento

Art. 648, CPP A coação considerar-se-á ilegal:
I – quando não houver justa causa;
II – quando alguém estiver preso por mais tempo do que determina a lei;
III – quando quem ordenar a coação não tiver competência para fazê-lo;
IV – quando houver cessado o motivo que autorizou a coação;
V – quando não for alguém admitido a prestar fiança, nos casos em que a lei a autoriza;
VI – quando o processo for manifestamente nulo;
VII – quando extinta a punibilidade.

5.4 Sujeitos

Impetrante: quem ajuíza o *habeas corpus*. Mas quem pode impetrar o HC?

Art. 654, CPP O habeas corpus poderá ser impetrado por qualquer pessoa, em seu favor ou de outrem, bem como pelo Ministério Público.

▷ Não exige capacidade postulatória (presença de advogado);
▷ O juiz pode conceder ex-officio;
▷ Analfabeto.

Art. 654, § 1º, CPP A petição de habeas corpus conterá: [...]
c) a assinatura do impetrante, ou de alguém a seu rogo, quando não souber ou não puder escrever, e a designação das respectivas residências.

Cuidado! Juiz não pode impetrar, mas, sim, conceder.

Art. 654, § 2º, CPP Os juízes e os tribunais têm competência para expedir de ofício ordem de habeas corpus, quando no curso de processo verificarem que alguém sofre ou está na iminência de sofrer coação ilegal.

Paciente: em favor da pessoa qual se impetra.

Cuidado:
▷ Impetrante e paciente podem ser a mesma pessoa;
▷ Não pode ser pessoa jurídica.

Coator: quem privou o direito de locomoção.
Pode ser autoridade pública ou particular.

5.5 Formalidades

Não tem exigências formais:
▷ Não precisa de advogado;
▷ Gratuito.

Art. 647, CPP Dar-se-á habeas corpus sempre que alguém sofrer ou se achar na iminência de sofrer violência ou coação ilegal na sua liberdade de ir e vir, salvo nos casos de punição disciplinar.

Art. 648 A coação considerar-se-á ilegal:
I – quando não houver justa causa;
II – quando alguém estiver preso por mais tempo do que determina a lei;
III – quando quem ordenar a coação não tiver competência para fazê-lo;
IV – quando houver cessado o motivo que autorizou a coação;
V – quando não for alguém admitido a prestar fiança, nos casos em que a lei a autoriza;
VI – quando o processo for manifestamente nulo;
VII – quando extinta a punibilidade.

Art. 649 O juiz ou o tribunal, dentro dos limites da sua jurisdição, fará passar imediatamente a ordem impetrada, nos casos em que tenha cabimento, seja qual for a autoridade coatora.

Art. 650 Competirá conhecer, originariamente, do pedido de habeas corpus:
I – ao Supremo Tribunal Federal, nos casos previstos no Art. 101, I, g, da Constituição;
II – aos Tribunais de Apelação, sempre que os atos de violência ou coação forem atribuídos aos governadores ou interventores dos Estados ou Territórios e ao prefeito do Distrito Federal, ou a seus secretários, ou aos chefes de Polícia.

§ 1º A competência do juiz cessará sempre que a violência ou coação provier de autoridade judiciária de igual ou superior jurisdição.

§ 2º Não cabe o habeas corpus contra a prisão administrativa, atual ou iminente, dos responsáveis por dinheiro ou valor pertencente à Fazenda Pública, alcançados ou omissos em fazer o seu recolhimento nos prazos legais, salvo se o pedido for acompanhado de prova de quitação ou de depósito do alcance verificado, ou se a prisão exceder o prazo legal.

Art. 651 A concessão do habeas corpus não obstará, nem porá termo ao processo, desde que este não esteja em conflito com os fundamentos daquela.

Art. 652 Se o habeas corpus for concedido em virtude de nulidade do processo, este será renovado.

Art. 653 Ordenada a soltura do paciente em virtude de habeas corpus, será condenada nas custas a autoridade que, por má-fé ou evidente abuso de poder, tiver determinado a coação.

Parágrafo único. Neste caso, será remetida ao Ministério Público cópia das peças necessárias para ser promovida a responsabilidade da autoridade.

Art. 654 O habeas corpus poderá ser impetrado por qualquer pessoa, em seu favor ou de outrem, bem como pelo Ministério Público.

§ 1º A petição de habeas corpus conterá:
a) o nome da pessoa que sofre ou está ameaçada de sofrer violência ou coação e o de quem exercer a violência, coação ou ameaça;
b) a declaração da espécie de constrangimento ou, em caso de simples ameaça de coação, as razões em que funda o seu temor;
c) a assinatura do impetrante, ou de alguém a seu rogo, quando não souber ou não puder escrever, e a designação das respectivas residências.

§ 2º Os juízes e os tribunais têm competência para expedir de ofício ordem de habeas corpus, quando no curso de processo verificarem que alguém sofre ou está na iminência de sofrer coação ilegal.

Art. 655 O carcereiro ou o diretor da prisão, o escrivão, o oficial de justiça ou a autoridade judiciária ou policial que embaraçar ou procrastinar a expedição de ordem de habeas corpus, as informações sobre a causa da prisão, a condução e apresentação do paciente, ou a sua soltura, será multado na quantia de duzentos mil-réis a um conto de réis, sem prejuízo das penas em que incorrer. As multas serão impostas pelo juiz do tribunal que julgar o habeas corpus, salvo quando se tratar de autoridade judiciária, caso em que caberá ao Supremo Tribunal Federal ou ao Tribunal de Apelação impor as multas.

NOÇÕES DE DIREITO PROCESSUAL PENAL

Art. 656 Recebida a petição de habeas corpus, o juiz, se julgar necessário, e estiver preso o paciente, mandará que este lhe seja imediatamente apresentado em dia e hora que designar.

Parágrafo único. Em caso de desobediência, será expedido mandado de prisão contra o detentor, que será processado na forma da lei, e o juiz providenciará para que o paciente seja tirado da prisão e apresentado em juízo.

Art. 657 Se o paciente estiver preso, nenhum motivo escusará a sua apresentação, salvo:

I – grave enfermidade do paciente;

II – não estar ele sob a guarda da pessoa a quem se atribui a detenção;

III – se o comparecimento não tiver sido determinado pelo juiz ou pelo tribunal.

Parágrafo único. O juiz poderá ir ao local em que o paciente se encontrar, se este não puder ser apresentado por motivo de doença.

Art. 658 O detentor declarará à ordem de quem o paciente estiver preso.

Art. 659 Se o juiz ou o tribunal verificar que já cessou a violência ou coação ilegal, julgará prejudicado o pedido.

Art. 660 Efetuadas as diligências, e interrogado o paciente, o juiz decidirá, fundamentadamente, dentro de 24 horas.

§ 1º Se a decisão for favorável ao paciente, será logo posto em liberdade, salvo se por outro motivo dever ser mantido na prisão.

§ 2º Se os documentos que instruírem a petição evidenciarem a ilegalidade da coação, o juiz ou o tribunal ordenará que cesse imediatamente o constrangimento.

§ 3º Se a ilegalidade decorrer do fato de não ter sido o paciente admitido a prestar fiança, o juiz arbitrará o valor desta, que poderá ser prestada perante ele, remetendo, neste caso, à autoridade os respectivos autos, para serem anexados aos do inquérito policial ou aos do processo judicial.

§ 4º Se a ordem de habeas corpus for concedida para evitar ameaça de violência ou coação ilegal, dar-se-á ao paciente salvo-conduto assinado pelo juiz.

§ 5º Será incontinenti enviada cópia da decisão à autoridade que tiver ordenado a prisão ou tiver o paciente à sua disposição, a fim de juntar-se aos autos do processo.

§ 6º Quando o paciente estiver preso em lugar que não seja o da sede do juízo ou do tribunal que conceder a ordem, o alvará de soltura será expedido pelo telégrafo, se houver, observadas as formalidades estabelecidas no art. 289, parágrafo único, in fine, ou por via postal.

Art. 661 Em caso de competência originária do Tribunal de Apelação, a petição de habeas corpus será apresentada ao secretário, que a enviará imediatamente ao presidente do tribunal, ou da câmara criminal, ou da turma, que estiver reunida, ou primeiro tiver de reunir-se.

Art. 662 Se a petição contiver os requisitos do art. 654, § 1º, o presidente, se necessário, requisitará da autoridade indicada como coatora informações por escrito. Faltando, porém, qualquer daqueles requisitos, o presidente mandará preenchê-lo, logo que lhe for apresentada a petição.

Art. 663 As diligências do artigo anterior não serão ordenadas, se o presidente entender que o habeas corpus deva ser indeferido in limine. Nesse caso, levará a petição ao tribunal, câmara ou turma, para que delibere a respeito.

Art. 664 Recebidas as informações, ou dispensadas, o habeas corpus será julgado na primeira sessão, podendo, entretanto, adiar-se o julgamento para a sessão seguinte.

Parágrafo único. A decisão será tomada por maioria de votos. Havendo empate, se o presidente não tiver tomado parte na votação, proferirá voto de desempate; no caso contrário, prevalecerá a decisão mais favorável ao paciente.

Art. 665 O secretário do tribunal lavrará a ordem que, assinada pelo presidente do tribunal, câmara ou turma, será dirigida, por ofício ou telegrama, ao detentor, ao carcereiro ou autoridade que exercer ou ameaçar exercer o constrangimento.

Parágrafo único. A ordem transmitida por telegrama obedecerá ao disposto no art. 289, parágrafo único, in fine.

Art. 666 Os regimentos dos Tribunais de Apelação estabelecerão as normas complementares para o processo e julgamento do pedido de habeas corpus de sua competência originária.

Art. 667 No processo e julgamento do habeas corpus de competência originária do Supremo Tribunal Federal, bem como nos de recurso das decisões de última ou única instância, denegatórias de habeas corpus, observar-se-á, no que lhes for aplicável, o disposto nos artigos anteriores, devendo o regimento interno do tribunal estabelecer as regras complementares.

▷ Súmulas do STF
- **Súmula nº 395:** "Não se conhece de recurso de *habeas corpus* cujo objeto seja resolver sobre o ônus das custas, por não estar mais em causa a liberdade de locomoção."
- **Súmula nº 693:** "Não cabe *habeas corpus* contra decisão condenatória a pena de multa, ou relativo a processo em curso por infração penal a que a pena pecuniária seja a única cominada."
- **Súmula nº 694:** "Não cabe *habeas corpus* contra a imposição da pena de exclusão de militar ou de perda de patente ou de função pública."
- **Súmula nº 695:** "Não cabe *habeas corpus* quando já extinta a pena privativa de liberdade."

Não cabimento do *habeas corpus*

▷ O *habeas corpus* não é meio processual adequado para o apenado obter autorização de visita de sua companheira no estabelecimento prisional. (STF. 2ª Turma. HC 127.685/DF, Rel. Min. Dias Toffoli, julgado em 30/6/2015 [Info 792]).

▷ Apreensão de veículos – CF/1988;

▷ Extração gratuita de cópias de processo criminal – STJ – 5ºTurma, HC 111.561/SP;

▷ Perda de direitos políticos – STF – 2ª Turma – HC 81.003/RS;

▷ Impeachment – STF, HC 70.033 e HC 134.315;

▷ Suspensão do direito de dirigir veículo automotor – STJ, 5ª Turma, HC 283.505/SP.

Pontos importantes

▷ Não cabe HC como substituto penal quando houver recurso cabível;

▷ O HC não comporta dilação probatória, ou seja, o impetrante deve provar de plano a ilegalidade da coação;

▷ É incabível o HC para impugnar decisão que defere a intervenção do assistente de acusação na ação penal;

▷ Efeito extensivo do HC;

▷ Cabe HC em varas Cíveis – Depositário infiel;

▷ Cabe HC em Internação Psiquiátrica – HC 135.271-SP.

NOÇÕES DE CRIMINOLOGIA

1 INTRODUÇÃO, MÉTODO, CONCEITO E RELAÇÕES DA CRIMINOLOGIA

Após o estudo da estrutura social e do sistema penal, além dos modelos conceituais sociológicos e criminológicos importantes, estudaremos o conceito de Criminologia e o seu método.

1.1 Introdução à Criminologia

A Criminologia é considerada, atualmente, uma ciência dedicada ao estudo do crime como manifestação social. Essa ciência dedica-se também ao estudo das formas de reação social ao delito, da figura do delinquente (criminoso), da vítima e das diversas formas de controle social. Nesse sentido, ela exerce a crítica de todas as ciências que tratam de algum aspecto do estudo do crime e da violência, predominantemente do Direito Penal e Processo Penal, e dialoga com todas elas.

A Criminologia se afirma como ciência, pois tem objetivos, métodos e fornece um conhecimento válido e necessário para a sociedade e o homem. Não é apenas uma arte (que para Aristóteles consistia em tudo que não era ciência) ou mera práxis (ação ou agir reflexivo).

Por ter um grande campo de visão e não se limitar apenas ao Direito, essa ciência é estudada por profissionais das mais diversas áreas do conhecimento, como psicólogos, sociólogos, antropólogos, psiquiatras, economistas e operadores do Direito e juristas. Por isso, é normalmente denominada como ciência multidisciplinar, uma vez que vários saberes se enfeixam (reúnem) para seu estudo.

A Criminologia é uma ciência do mundo do **ser**, da coleta, da discussão e da observação dos mais diversos fenômenos sociais (como crime, criminoso e vítima), de análise da realidade circundante. Como já dito, possui grande espectro de estudo, com objetos e pretensões muito maiores do que os perseguidos pelo Direito Penal e Processo Penal, por exemplo.

Essa ciência difere do Direito Penal (e do próprio Direito), que é uma ciência normativa ou do **dever ser**, também denominada como cultural, com normas prescritivas de condutas, que pune com sanções as ações/omissões que contrariem as normas mais caras ao funcionamento da sociedade. A Criminologia, por outro lado, busca observar e coletar, nas mais diversas sociedades/realidades, dados sobre crimes e as formas de decidir como eleger condutas e classificá-las como delitos. Desse modo, a Criminologia tem por objetivo **apontar práticas para o incremento da prevenção de crimes, bem como oferecer formas mais humanizadas de repressão.**

A Criminologia estuda igualmente a figura do criminoso, questionando os condicionamentos individuais e sociais que podem levar à transgressão das normas penais. Ela questiona como é feita a atribuição/imputação de um delito a uma pessoa ou a determinada classe social, demonstrando, por exemplo, que alguns grupos sociais são mais frágeis e vulneráveis à criminalização, em detrimento de outros estamentos, que estariam mais protegidos da imputação de crimes pelo poderio econômico, social e político que possuem.

A Criminologia **sente** a realidade e busca explicá-la (mundo do ser).

O Direito **valora** e **determina** a realidade a partir de inúmeros critérios e preceitos de valor (também denominados de axiológicos). Por isso, afirma-se como ciência do dever ser, de como as coisas devem ou deveriam ser e não de como atualmente são.

A classificação entre mundo ou âmbito do ser e do dever ser é atribuída a Hans Kelsen (1881-1973), em sua obra *Teoria Pura do Direito* (1934). Na obra, o autor classifica o aspecto do ser como o mundo natural, o mundo dos fenômenos, a própria sociedade por exemplo. Já o mundo do dever ser representaria a previsão das normas que buscam dirigir a conduta.

Como exemplo da diferença de enfoques e visões, pode-se analisar o art. 176 do Código Penal, tanto no aspecto penal como criminológico, vejamos:

> **Art. 176** Tomar refeição em restaurante, alojar-se em hotel ou utilizar-se de meio de transporte, sem dispor de recursos para efetuar o pagamento.
> **Pena** – detenção, de 15 (quinze) dias a 2 (dois) meses, ou multa.

O Direito Penal estudará o referido artigo a partir das noções teóricas e normativas do conceito analítico de crime (via de regra: fato típico, ilícito e culpável), passando, eventualmente, por uma análise jurisprudencial (decisões reiteradas dos Tribunais) dentre outras. Mas uma análise criminológica vai enfatizar os porquês da decisão legislativa de punir a conduta de quem se nega a pagar alimentação, tendo recursos para tal, em detrimento de quem não possui recursos para alimentação, passível de criminalização. Buscará também estabelecer um estudo de como se manifestam, na prática, as punições por tal delito, formando estatísticas e demonstrando, por exemplo, a seleção operada no mundo real (ser).

Assim, pode-se dizer, também, que a Criminologia se debruça sobre o estudo de como efetivamente funciona todo o sistema de justiça criminal e o processo de criminalização/punição, integrado tradicionalmente pela polícia, justiça e prisão. Desse modo, essa ciência aponta observações críticas ao processo seletivo de criminalização, desde o momento político de edição da norma penal até a atividade concreta de exercício do direito de punir, atividade que normalmente recai sobre classes sociais mais vulneráveis, do ponto de vista econômico (como no exemplo supracitado, para o crime do art. 176 do Código Penal).

A prevenção e o conhecimento sobre os fenômenos criminais demanda muito mais do que o estudo técnico-jurídico que nos fornece o Direito Penal. Para além da técnica e do estudo sistemático do Direito Penal, é necessário que o profissional de segurança pública, por exemplo, tenha noção de que a diminuição dos índices de violência depende apenas em parte da aplicação, tanto do Direito, como do Processo Penal. Deve-se ter em mente que o crime é fenômeno multicausal, com inúmeras causas e processos decorrentes. Daí a razão para a matéria Criminologia começar, de forma salutar, a ser cobrada em concursos públicos, como reflexo, também, do seu aparecimento nos currículos de graduação.

Repare que a nossa Constituição, ao tratar sobre a Segurança Pública (art. 144), dentro do título sobre a defesa do Estado e das Instituições Democráticas, prescreve ser a Segurança Pública não só um dever do Estado, mas também um direito e responsabilidade de todos. Ou seja, a responsabilidade pela Segurança Pública não pode ser debitada apenas na conta das Polícias, mas deve ser buscada de forma incisiva por todos os integrantes da sociedade. Maiores investimentos em educação, com escolas em tempo integral e creches, seguramente representam ação em prol da Segurança de todos (Segurança Pública). A Criminologia estuda tais iniciativas de forma ampla.

Cuida também a Criminologia de estudar as várias formas de controle social que são tradicionalmente classificadas em:

- **Controles sociais informais:** caracterizados predominantemente pelo pouco ou nenhum formalismo para o exercício das sanções, como são os casos dos controles familiares, escolares, profissionais, da opinião pública em geral, grupos de pressão (sindicatos e ONGs) e clubes de serviço.

INTRODUÇÃO, MÉTODO, CONCEITO E RELAÇÕES DA CRIMINOLOGIA

- **Controles sociais formais:** são os exercidos pelo Estado, mediante aparelho político/burocrático e, assim, possuem um acréscimo de formalismo para aplicação das sanções, que será tanto maior quanto mais grave for a sanção aplicada e a possibilidade de aplicação de penas privativas de liberdade. Consistem nos controles sociais exercidos pelas Polícias, Justiça, Ministério Público, Forças Armadas, Prisão, órgãos de trânsito, prefeituras etc.

1.2 Método (ou métodos)

Quanto ao método, ou caminho de exercício da ciência, diz-se que, na Criminologia, utiliza-se preponderantemente do **método empírico**. Empirismo é uma corrente filosófica que valoriza a observação, a coleta de dados e a análise indutiva (do particular para o geral) para fazer ciência e obter conhecimento. Por sua vez, a epistemologia é também outro conceito importante ligado ao método empírico, consistindo na teoria do conhecimento, ou no estudo sobre as formas e métodos empregados pelo homem para aprender. Um dos métodos estudados pela epistemologia é o empirismo.

Assim, é importante frisar que o método principal da Criminologia é o empírico, em que se destacam a **experiência, a indução, a observação e a análise social**, partindo-se do princípio de que toda verdade pode e deve ser verificável na prática.

Já para o estudo do Direito, normalmente se utiliza o **método dogmático**, no qual predomina o estudo das normas jurídicas, partindo-se do plano geral da lei para a incidência específica do caso concreto (dedução).

Como a Criminologia é uma ciência multidisciplinar, que se utiliza de várias visões e ciências, como a Sociologia, o Direito, a Psicanálise, a Economia, a Antropologia, a Política e a Filosofia, empresta também de tais ciências o caminho (método) de se fazer ciência e procura integrar suas conclusões e mensagens. Lembre-se sempre de que quem comete crimes é o ser humano, um sujeito histórico extremamente complexo.

1.2.1 Algumas técnicas de investigação em criminologia

Sabe-se que o método preponderante da Criminologia é o empírico. Desse modo, podem ser diferenciadas algumas técnicas de observação (também denominadas de métodos) em **quantitativas** ou **qualitativas**.

- **Quantitativas:** um exemplo ocorre quando a Criminologia se utiliza de estatísticas ou de quaisquer métodos de medição, como, por exemplo, buscar a estatística de crimes contra o patrimônio em um determinado ano, ou os índices de homicídio como forma de aferir (medir) o grau de violência de uma região.

  Repare que, nestes casos, não se trata de Direito Penal, mas de um estudo muito mais abrangente, próprio da Criminologia. O Direito Penal trata cada crime de forma isolada e técnica. A Criminologia vai estudar todo o contexto.

- **Qualitativas:** seriam as técnicas de pesquisa em que o cientista da Criminologia procede a entrevistas aprofundadas sobre o perfil e as condutas das vítimas de certos crimes, bem como quando faz observações, coletas de dados e perfis de criminosos em unidades prisionais. São técnicas também denominadas de intensivas ou de profundidade.

Fala-se, ainda, em técnicas ou **métodos transversais**, com a análise de uma única medida da variável ou do fenômeno observado.

Já os métodos **longitudinais**, muito mais importantes e abrangentes, buscam várias medições, em diversos momentos.

O georreferenciamento de crimes, muito comum atualmente, consiste na medição por região geográfica (cidade, bairro e até mesmo ruas) da incidência de crimes, como forma de permitir que a Secretaria de Segurança Pública e suas Polícias distribuam melhor o policiamento. Um exemplo de técnica **longitudinal** ocorre quando são feitas análises estatísticas sobre diversos períodos e regiões.

Por sua vez, há também a ideia de prognóstico criminológico como sendo a reunião e a análise de certos dados e estatísticas que possibilitem um estudo de probabilidade de reincidência do criminoso.

- **Perfilamento criminal (*criminal profiling*):** é uma técnica de investigação policial, muito difundida nos Estados Unidos da América, que consiste na aplicação de recursos e conhecimentos técnicos nas áreas da Psicologia, da Criminologia, da Antropologia e outras, para traçar um perfil criminal do autor de crimes, normalmente violentos e sequenciais, como que numa "engenharia reversa do crime" (Penteado Filho).
- **Criminalidade real:** é o dado estatístico real sobre os crimes cometidos em uma sociedade.
- **Cifra negra (cifra oculta):** é a quantidade de crimes que, mesmo cometidos, não chegam ao conhecimento das autoridades, por falta de notificação ou não são apurados, como pequenos furtos, delitos sexuais etc.
- **Cifra dourada:** são as infrações penais cometidas pelas elites econômicas, não notificadas, ou não investigadas, como crimes de sonegação e lavagem de dinheiro.

1.3 Conceito

Podemos conceituar Criminologia como sendo a ciência do ser que se dedica de forma multidisciplinar e mediante a análise das experiências humanas, de forma predominantemente empírica, portanto esta ciência se reporta ao estudo do delito como fenômeno social, dos processos de elaboração das leis, das várias formas de delinquência e das reações sociais ao crime, passando pelas causas da criminalidade, pela posição da vítima, e percorrendo os sistemas de justiça criminal e as inúmeras formas de controle social.

Criminalização primária: o legislador faz a lei penal, prevendo a criminalização de uma conduta determinada.

Criminalização secundária: violada a norma penal, nasce a possibilidade de se punir o infrator, por meio do Processo Penal. Este momento é quando, normalmente, criminalizam-se aqueles mais fáceis de se criminalizar.

1.4 Relações

Já se afirmou que a Criminologia, por se propor a um estudo multidisciplinar do delito e do criminoso (dentre outras) guarda estreitas relações, tanto com disciplinas de métodos empíricos, como a Biologia, a Psicologia e a Sociologia, como com o Direito Penal, de método normativo, ciência do dever ser.

Com o Direito Penal, todavia, as relações nem sempre foram amistosas. Isso porque o Direito estudava/estuda o crime de forma técnico-normativa e normalmente isolada de manifestações e influências sociais, muitas vezes ainda de costas para a sociedade. Já a Criminologia faz a crítica, demonstrando que o delito e o criminoso são produtos da sociedade e criações das leis penais.

Atualmente, Direito Penal e Criminologia são disciplinas de interesses comuns. O Direito Penal volta-se, sobremaneira, para a dogmática (técnicas) e para a previsão de como a sociedade deve ser. A Criminologia, por sua vez, através de suas pesquisas e coletas de dados no mundo do ser (realidade) procura fornecer dados sólidos para eventuais mudanças legislativas e processuais. Pode-se dizer que a Criminologia alimenta o Direito Penal com os dados da realidade (dados empíricos), de forma que o Direito Penal possa alterar ou aprimorar as normas e prescrições de como a sociedade pode **aproximar o ser do dever ser.**

A **Política Criminal** é, desse modo, a disciplina que busca o encontro tanto com o Direito Penal como com a Criminologia, de maneira a buscar estratégias para entendimento e aprimoramento da organização social. Ela é a ponte de ouro entre o Direito Penal (e Processual) e a Criminologia. Ela oferece aos poderes públicos as opções científicas concretas mais adequadas para controle do crime, para o entendimento do criminoso, da vítima e dos meios e formas de controle social.

Por exemplo: mediante pesquisas criminológicas de georreferenciamento de crimes, em região, que demonstrem grande incidência de delitos contra a vida e o patrimônio, no período noturno, a Política Criminal pode recomendar como uma das estratégias viáveis aprimorar a iluminação pública daquela região, bem como aumentar o efetivo policial, nos horários de maior incidência dos delitos.

1.5 Criminologia – multidisciplinaridade ou interdisciplinaridade?

A Criminologia é uma ciência do mundo do ser que tanto pode ser interdisciplinar como multidisciplinar. Os termos se completam e não se excluem.

Interdisciplinar, pois busca tangenciar saberes próximos, não se tratando de uma ciência que se isola em seus estudos. A multidisciplinariedade, que não se contrapõe à interdisciplinaridade, consiste na busca de conhecimentos nas mais diversas ciências e artes do conhecimento humano, sem preconceitos, limitações ou distâncias. Também é coerente com os objetivos múltiplos de estudo da Criminologia, que investiga não só o crime, mas também o delinquente, a vítima e o controle social, podendo inclusive resolver por novos objetos futuros.

Na doutrina, normalmente as referências são de que a Criminologia se trata de uma ciência interdisciplinar (por exemplo: Penteado Filho e Pablos de Molina/Luiz Flavio Gomes e Shecaira). Porém não deixa de ser também uma ciência multidisciplinar, pois permite um conhecimento final mais eclético e múltiplo e autônomo, típico das explorações da ciência Criminológica.

Para Marta Xavier De Lima Gouvêa, por exemplo, a criminologia é uma ciência multidisciplinar, no sentido que integra várias áreas do conhecimento humano para resolução dos problemas.

A concepção interdisciplinar é mais linear, por isso alguns autores preferem a noção de Criminologia como uma ciência que busca diversos conhecimentos e ciências, da forma mais ampla e múltipla possível, de maneira a colher elementos passíveis de permitir o melhor entendimento do fenômeno delitivo. Repare que como ciência a Criminologia é autônoma, mas que se aprimora sempre compartilhando outros saberes de forma plural.

A ideia de interdisciplinaridade consiste naquilo que seria comum a duas ou mais disciplinas. Enquanto multidisciplinariedade, seria um sistema de investigação que busca resolver os objetos da criminologia (como o crime, o delinquente, a vítima e o controle social) com as experiências de várias disciplinas (psicologia, direito, economia, psiquiatria, sociologia etc.) de forma a melhor entender o fenômeno criminal, como objetivo próprio e às vezes diverso das ciências parceiras de que se utiliza. Não são conceitos antagônicos.

É necessário mencionar o que Lelio Braga Calhau diz:

> [...] *A Criminologia busca mais que a multidisciplinaridade. Esta ocorre quando os saberes parciais trabalham lado a lado em distintas visões sobre um determinado problema. Já a interdisciplinaridade existe quando os saberes parciais se integram e cooperam entre si [...].*

2 OBJETOS E FINALIDADES

2.1 Objetos da Criminologia

2.1.1 Delito (ou crime)

Na Criminologia, o conceito de *crime* ou *delito* é objeto muito mais abrangente do que a noção de *crime* no Direito Penal. No Direto Penal, o crime é visto e estudado em sua porção individualizada (Fulano A cometeu crime de homicídio em face de Beltrano B). Nota-se que, sob essa ótica, emprega-se a técnica jurídica do conceito analítico (fato típico, ilícito e culpável). Já a Criminologia, em contrapartida, faz o estudo do crime enquanto manifestação social ou de uma comunidade específica.

Por exemplo, é típico da Criminologia a análise da incidência criminal, no âmbito social, a partir das estatísticas, como o conhecido índice de homicídios que, conforme estudos da ONU, é de aproximadamente 7 mortes para cada 100.000 habitantes, em todo o mundo. O Brasil concentraria 11% dos homicídios praticados no mundo, com 25,2 mortes violentas para cada grupo de 100.000 pessoas.

A Criminologia indaga os motivos pelos quais determinada sociedade resolveu, em um momento histórico, criminalizar uma conduta. Por exemplo, qual foi o motivo que levou a tornar crime o corte não autorizado de árvores e o maltrato a animais e ao meio ambiente? Eventualmente, o estudante de Criminologia vai fundamentar o incremento da proteção ao meio ambiente com o crescimento populacional desordenado e a decorrente escassez dos insumos naturais, com prováveis incidências negativas para as populações futuras. Perceba-se que a nossa atual Lei de Crimes Ambientais é de 1998 (Lei nº 9.605/1998), e antes as prescrições de crimes ambientais eram difusas na legislação, como no Código Florestal (Lei nº 4.771/1965). É possível perceber um aumento histórico na proteção penal para delitos contra o meio ambiente e esta é uma típica análise criminológica sobre necessidade social de penalização, em face à escassez de recursos.

Assim, é possível perceber que o conceito de crime nasce ou deveria nascer na sociedade antes da sua configuração como tal na legislação penal. É preciso que o fato tenha uma grande ocorrência e relevância social e passe a necessitar do apoio do Direito Penal para tentar dissuadir (não recomendar) a sua prática. Doutrinariamente, o Direito Penal é tido como a última das razões para prescrever a organização da sociedade e não deve ser vulgarizado ou ser utilizado para sancionar (punir) condutas que possam ser reprimidas por outros ramos do Direito como o Administrativo, por exemplo.

É de senso comum a ideia de que não se deve utilizar de uma "bazuca" para matar um simples mosquito, para o qual seria mais apropriado e necessário um simples inseticida. A Criminologia, ao analisar de forma ampla a ideia de crime, vai criticar a criminalização desnecessária e buscar o porquê ideológico do apenamento de algumas condutas humanas, muitas vezes idealizadas para atingir grupos que se quer reprimir. Por exemplo: a criminalização das bebidas alcoólicas nos Estados Unidos da América, no início do século XX (1920-1933), seria uma forma de reprimir e ordenar o grande número de desocupados, em face da grande depressão (recessão econômica). Porém, ela também foi uma forma de reprimir a migração de algumas etnias.

É próprio da análise criminológica o questionamento sobre os motivos que levaram à criminalização do uso de determinadas substâncias entorpecentes (estupefacientes), em detrimento de outras. Sabe-se, por exemplo, que as bebidas alcoólicas possuem grande potencial lesivo junto aos seres humanos e à sociedade em geral, notadamente pelas possibilidades de abuso. Todavia, atualmente, não há qualquer menção em criminalizá-las, diferentemente das drogas classificadas como ilícitas. As razões explícitas e recônditas (escondidas) de tal proceder são explorações típicas da Criminologia.

Percebe-se que, no caso tanto do álcool como do tabaco, há um movimento mundial de limitação de propaganda. Tal movimento aparece como forma de, ao menos, não incentivar o início do consumo dessas substâncias por jovens. Isso vem somado às campanhas antitabagismo e de prevenção ao abuso do consumo de bebidas alcoólicas. No caso do cigarro, percebe-se também uma política de restringir seu uso a locais cada vez mais isolados. Tais medidas têm demonstrado aptidão a diminuir ou a dificultar o uso dessas drogas por parte dos adultos. Entretanto, para reprimir o uso por crianças e adolescentes, houve a criminalização daqueles que fornecem álcool, cigarros ou demais substâncias ilícitas para jovens em pleno desenvolvimento (art. 243 do Estatuto da Criança e do Adolescente – Lei nº 8.069/1990, redação da Lei nº 13.106/2015).

É preciso, além disso, destacar o fato de que, muitas vezes, há oportunismo de alguns legisladores, que vulgarizam a criminalização para condutas que mereceriam disciplinamento e punições não penais (como multas administrativas e investimentos em educação, por exemplo). É importante manter o Direito Penal como a última das forças de reação da sociedade em face das transgressões sociais.

Com efeito, o Direito Penal é considerado como a última alternativa, pois é o único ramo do Direito que pode aplicar sanções de prisão, por exemplo. A Criminologia vai exatamente fazer a crítica da infração ou da vulgarização do Direito Penal, sempre que ele for empregado de forma equivocada, como, por exemplo, para dar especial *status* para condutas que não merecem criminalização. A crítica também aparecerá quando o Direito Penal é aplicado como panaceia (remédio milagroso) para aplacar altos índices delitivos.

Para a Criminologia, o conceito de crime passa também pela necessária ideia de sofrimento e angústia que a violação de uma norma penal causa. Não se deve criminalizar condutas que não propiciem sofrimento social, devendo-se empregar outros ramos do Direito para tais objetivos.

A Criminologia vai incluir também, nos estudos sobre o delito, a necessidade de que a conduta criminosa seja assim considerada, quanto tiver alguma verificação insistente, em um dado momento histórico. Assim, é possível construir severas críticas à chamada Lei da Copa (Lei nº 12.663/2012) que, em seus arts. 30 a 36, criminalizou a mera utilização não autorizada de símbolos da FIFA, bem como a apresentação de quaisquer outras marcas em áreas dos eventos da COPA.

Desse modo, Shecaira aborda quatro elementos pré-penais para o amplo conceito de delito/crime na Criminologia:

- Que o fato tenha "incidência massiva na população";
- Que haja "incidência aflitiva" no fato praticado;
- que haja "persistência espaço-temporal" no fato;
- Que exista um "inequívoco consenso" sobre quais técnicas de intervenção seriam mais eficazes para o combate.

Raffaele Garofalo, um dos representantes do positivismo criminológico, no decorrer de seus escritos, tentou cunhar um conceito de delito natural, pré-existente ao Direto positivado e que seria universal, com possibilidades de orientar eventuais produções legislativas.

Delito natural, para Garofalo, seria entendido como:

> [...] a lesão daquela parte do sentido moral que consiste nos sentimentos de piedade (respeito aos bens alheios da personalidade) e de probidade (respeito aos demais bens dos terceiros) desde que haja ofensa a tais sentimentos. na parte mais comum, a que se considera patrimônio moral indispensável de qualquer indivíduo na comunidade [...].

A contribuição da Criminologia no estudo amplo do delito é perceptível no âmbito do Direito Penal, quando, atualmente, os estudiosos e os Tribunais vêm admitindo o princípio da insignificância para declarar atípica uma conduta que não lesione, de forma concreta, o bem jurídico tutelado.

2.1.2 Delinquente (ou criminoso)

A Criminologia se dedica, também, ao estudo do criminoso, do delinquente. Neste sentido, o estudo do criminoso merece várias evoluções e perspectivas.

O criminoso já foi visto como o pecador, como a representação do mal, como aquele que, mesmo tendo o livre arbítrio divino, opta pela vida do crime, típica concepção da **Criminologia Clássica**. Naquele momento, a concepção seria reprimir o mal causado, com a pena proporcional. Aqui, nasce a perspectiva da pena de prisão como retribuição humana ao mal causado.

Posteriormente, para os **positivistas** (culto à ciência), o criminoso é visto como aquele ser que não teria livre arbítrio e, sim, um prisioneiro de sua patologia (doença) delituosa. O criminoso nasceria como tal e não teria como desvencilhar-se de sua herança atávica (ancestral). Para os adeptos de tal perfil, o criminoso deveria ser tratado da "doença do crime", permanecendo internado enquanto persistisse a "doença". A ideia da medida de segurança como sanção penal vem dessa corrente.

Outra visão sobre o criminoso é aquela proposta pelos **correcionistas**, que advogam que o indivíduo inclinado ao delito é um ser inferior, sem atuação livre, intensamente condicionado e incapaz de assumir de forma emancipada a própria vida, suas vontades de seus impulsos. Precisa ser ensinado a viver em sociedade, educado e doutrinado a aceitar o contrato social. De acordo com essa visão, a reação da sociedade deveria ser de compaixão e de ensinamento (pedagogia).

Modernamente, entretanto, melhor tem sido o estudo das condutas, em si, ao invés de se estudar estritamente o ser humano.

2.1.3 Vítima

A vítima é considerada, atualmente, a grande esquecida dos sistemas de Justiça Criminal. Já teve grande protagonismo no início das sociedades, nos tempos da chamada vingança privada, em que era a vítima que decidia e aplicava o direito de punir, atualmente monopólio Estatal.

Em que pese a falta de atuação consistente na atualidade, os estudos e as críticas por parte da Criminologia vêm, gradativamente, influenciando o legislador. Este passou a dar maior relevância à opinião da vítima, fato que possibilitou a composição dos danos, na fase preliminar do processo. Isso pode ser visto, por exemplo, na Lei dos Juizados Especiais Criminais (Lei nº 9.099/1995), para crimes e contravenções com penas de até dois anos:

> *Art. 72 Na audiência preliminar, presente o representante do Ministério Público, o autor do fato e a vítima e, se possível, o responsável civil, acompanhados por seus advogados, o Juiz esclarecerá sobre a possibilidade da composição dos danos e da aceitação da proposta de aplicação imediata de pena não privativa de liberdade. [...]*
>
> *Art. 74 A composição dos danos civis será reduzida a escrito e, homologada pelo Juiz mediante sentença irrecorrível, terá eficácia de título a ser executado no juízo civil competente.*
>
> *Parágrafo único. Tratando-se de ação penal de iniciativa privada ou de ação penal pública condicionada à representação, o acordo homologado acarreta a renúncia ao direito de queixa ou representação.*
>
> *Art. 75 Não obtida a composição dos danos civis, será imediatamente ao ofendido a oportunidade de exercer o direito de representação verbal, que será reduzida a termo.*

2.1.4 Controle social

Percebe-se, ao observar as abordagens até aqui desenvolvidas, a grandiosidade de análise a que se propõe a Criminologia. Ao se dedicar ao estudo do controle social, ou dos diversos controles erigidos pela sociedade para dispor o convívio de todos, passa a Criminologia a estudar uma das parcelas formais de tal controle que é, por exemplo, o Direito Penal.

A Criminologia vai classificar os controles sociais como **formais** e **informais**, da seguinte forma:

- **Controles formais:** seriam aqueles mais explícitos, estabelecidos institucional e politicamente pelo Estado, em regulamentos e leis escritas. São exercidos pelos seus mais diversos órgãos como a Polícia, Justiça, Ministério Público, Sistema de Justiça, Administração Penitenciária, Forças Armadas e demais agências burocráticas (departamentos de trânsito, educação etc.).
- **Controles informais: mais implícitos, sutis, difusos e informais, são os controles exercidos pelas atividades familiares, educacionais e religiosas, no sentido de, gradativamente, incutir no ser humano, desde a mais tenra idade, as normas sociais tradicionais de uma comunidade e sociedade. Quanto mais eficazes forem os controles informais, menos será necessária a coerção dos sistemas formais de controle social. Por exemplo:** quanto mais educação para o trânsito for transmitida nas escolas, para as crianças e adolescentes, menos esforço e coerção será necessário imprimir, por parte do Direito de Trânsito, nas punições administrativa e penal.

É importante, aqui, destacar o conceito de **alteridade:** é a ideia de que o indivíduo depende do outro, da sociedade para a satisfação plena de suas potencialidades. É a concepção de que o indivíduo deve se colocar no lugar do outro quando decide sobre suas individualidades.

Tal conceito é extremamente importante nos tempos pós-modernos, em que a pujança do individualismo causa grandes dificuldades à convivência social.

Pode-se dizer que as sociedades atuais vêm perdendo o âmbito de comunidade, no sentido de indivíduos que se conhecem e colaboram entre si. A velocidade e a pressa cotidianas vêm minando a solidariedade e a alteridade, substituindo tais conceitos para uma ideia de sobrevivência e sucesso a todo custo.

Zigmunt Bauman, sociólogo e escritor, articula, em suas obras, que vivemos no mundo líquido, corrido, cada vez mais dinâmico e veloz, em que as relações humanas são também extremamente transitórias e tênues, sem compromissos para a vida toda. Tal configuração afeta diretamente os controles sociais.

O uso incessante dos produtos descartáveis e a ampla competitividade e velocidade social fazem do próprio homem um ser descartável. Ele, por vezes, parece ser comparado a uma peça substituível, descartável, caso não leve aos resultados esperados. Tais circunstâncias, estudadas pela Criminologia, com o apoio fundamental da Sociologia e da Antropologia, conduzem a uma séria crise nos sistemas de controle social informais. Isso porque tais sistemas já não conseguem socializar de forma eficaz os indivíduos, repercutindo em um maior acionamento dos sistemas formais de controle, que também se encontram exauridos e com graves crises de legitimidade.

Percebe-se a falta de investimentos no processo de **socialização primária**. Essa fase é concebida como o momento inicial em que a criança aprende os rudimentos de linguagem, a comunicação, a moral e os limites, na família. Falhas nesse primeiro processo acarretam

OBJETOS E FINALIDADES

problemas na fase subsequente de socialização secundária, promovida pela escola, pelo grupo de amigos, pelo ambiente de trabalho, por exemplo.

Neste ponto de estudo dos diversos controles sociais, deve-se ter em mente que o Direito Penal é apenas uma das ferramentas disponíveis para tal desiderato e deve ser utilizado com muita parcimônia. Isso porque, como todo e qualquer remédio forte, ele possui graves e amplos efeitos colaterais. O Direito Penal, em uma sociedade doente, pode ser como a quimioterapia em um doente terminal de câncer, matando a doença, mas também fulminando o paciente.

Por isso se fala em uma aplicação pontual e moderada do Direito Penal. Veja o plano gradual das intervenções:

- **Intervenções metajurídicas:** políticas sociais.
- **Intervenções extrapenais:** Direito Civil, Administrativo etc.
- **Intervenções penais:** Direito Penal.

Assim, devem-se valorizar como controle social, primeiramente, as intervenções metajurídicas, concebidas no seio social, além e muito antes do Direito. Posteriormente, e já de forma restrita, aplicar-se-iam as intervenções extrapenais, como as multas de trânsito, ambientais e fiscais. Por fim, caso nenhuma das anteriores demonstre resultados eficazes, ou até mesmo para aqueles que não se sujeitaram àquelas intervenções iniciais, é o caso de intervenções penais, mediante sanções especialmente qualificadas, como são as sanções penais (pena de prisão e medida de segurança, por exemplo).

2.2 Funções e finalidades da Criminologia

Para Antônio García-Pablos de Molina e Luiz Flávio Gomes, a função essencial da Criminologia seria:

> [...] *A função básica da Criminologia consiste em informar a sociedade e os poderes públicos sobre o delito, o delinquente, a vítima e o controle social, reunindo um núcleo de conhecimentos – o mais seguro e contrastado – que permita compreender cientificamente o problema criminal, preveni-lo e intervir com eficácia e de modo positivo no homem delinquente [...].*

A Criminologia, por deter amplos objetos de investigação e utilizar-se de várias ciências humanas, ultrapassa em muito a visão limitada sobre o crime e o criminoso que o Direito Penal possui, por exemplo, condicionada pela teoria pura do Direito e pela análise técnica-jurídica e normativa do fenômeno criminal. Pode-se dizer que o Direito Penal é míope em relação à Criminologia que vê muito mais distante com ajuda das demais ciências humanas e pela amplitude de seus objetos.

A Criminologia procura cumprir a finalidade de alertar, de "abrir os olhos" da sociedade de que o problema criminal deve ser conhecido, prevenido e punido, através de várias ciências e providências. Ela alerta ainda que não se pode deixar apenas para os Sistemas de Justiça Criminal (tradicionalmente concebidos como a Polícia, Justiça e Cárcere) a função de resolver o problema, extremamente complexo.

A vocação prática da Criminologia, como ciência empírica, faz de seus profissionais aqueles que colhem, na experiência das ruas, das comunidades e das sociedades, os dados relevantes para operar a crítica das Políticas Criminais estéreis, populistas e de burocratas de "gabinete". Estas políticas reduzem a problemática, por exemplo, ao conhecido recrudescimento das penas, sem atacar as causas mais profundas da criminalidade, a falência dos sistemas de controle sociais informais e as carências da socialização primária e secundária.

Por fim, a Criminologia tem por finalidade mostrar para o Direito Penal e para a sociedade os abismos e as armadilhas, aparentemente imperceptíveis, na coesão social.

3 VITIMOLOGIA

3.1 Desenvolvimento histórico da vítima

Outro elemento importantíssimo para a Criminologia é a vítima e a vitimologia, um dos objetos de estudo da Criminologia moderna.

A vítima passou do total protagonismo, durante a época da vingança privada, no início das sociedades antigas, a um gradativo e total esquecimento, a partir da Idade Média. Quando protagonista, era o próprio ofendido ou os seus familiares que exerciam a punição, normalmente sem qualquer critério de razoabilidade e de proporcionalidade.

Conforme Shecaira, a vítima, nos dois últimos séculos, foi quase totalmente menosprezada pelo Direito Penal. Somente com os estudos criminológicos é que seu papel no processo penal foi resgatado. Tem-se convencionado dividir os tempos em três grandes momentos, no que concerne ao protagonismo das vítimas nos estudos penais: a idade de ouro da vítima; a neutralização do poder da vítima; e a revalorização do papel da vítima. Mesmo que tais períodos encontrem certo questionamento, essa classificação é aceita pela maioria dos autores.

Shecaira prossegue afirmando que a idade de ouro da vítima é aquele longo período que vai do início da civilização até o fim da Alta Idade Média (historiadores classificam a Idade Média em Alta – que vai da queda do Império Romano, até por volta do século XII, quando se inicia a Baixa Idade Média). Com a adoção da Inquisição, a vítima perde seu protagonismo.

Posteriormente, a fase de **neutralização da vítima** vem com o monopólio da reação penal, por parte do Estado. A vítima perde praticamente qualquer poder de reação ao fato criminoso. E sua reação é basicamente limitada apenas à legítima defesa, que é um instituto cada vez mais excepcional e regrado.

Já o período de revalorização, segundo o autor, inicia a partir da Escola Clássica da Criminologia, ou do Iluminismo.

Pode-se dizer, entretanto, que na chamada Escola Clássica, a Criminologia tinha como principal objeto de estudo a figura do crime. Posteriormente, com o advento da Escola Positivista, o principal enfoque passou para a pessoa do criminoso. Os primeiros estudos, com ênfase na figura da vítima, são decorrentes de estudos promovidos por Hans Gross, Von Henting e Mendelsohn, no século XX.

3.2 Classificação das vítimas

Benjamim Mendelsohn, advogado e professor da Universidade Hebraica em Jerusalém, proferiu, em 1947, uma conferência em que lança o desafio do estudo da vítima, na Criminologia: "Um horizonte novo na ciência biopsicossocial: a Vitimologia".

É importante recordar o específico e fulminante martírio sofrido pelo povo judeu nos campos de concentração alemães, durante a Segunda Guerra Mundial.

Mendelsohn propôs a seguinte classificação das vítimas:

- **Vítimas ideais:** aquelas que são completamente inocentes em relação à vitimização que sofreram (vítima inocente).
- **Vítimas menos culpadas:** aquelas com atuação mínima em relação à vitimização que sofreram por parte do criminoso (vítima provocadora).
- **Vítimas tão culpadas quanto os criminosos:** são aquelas que têm atuação correspondente ao do próprio criminoso, como nos casos de aborto consentido e eutanásia (vítima provocadora).
- **Vítimas mais culpadas que os criminosos:** trata-se daquelas que provocam e dão causa ativa ao delito (vítima provocadora).
- **Vítimas como únicas culpadas:** aquelas que são vitimizadas a partir de uma agressão que elas mesmas iniciam, como nos casos de vítimas originalmente agressoras, que são repelidas mediante legítima defesa, por exemplo (vítima agressora, simulada ou imaginária).

Tal classificação é útil, pois coloca a vítima numa posição mais dinâmica, demonstrando que ela não é apenas um mero objeto ou sujeito inerte, sobre o qual recai a prática delituosa. Entretanto, ela pode ser um agente capaz de influenciar decisivamente, em alguns casos, na prática criminosa. Tais estudos dão origem à ideia de Vitimologia, que consiste na análise sobre as atividades e comportamentos da vítima que, de alguma forma, podem favorecer o cometimento de delitos.

Assim, o estudo da vítima, aliado aos demais objetos de análise da Criminologia, vai possibilitar uma melhor compreensão do fenômeno multicausal do delito. Da mesma forma, permitirá estudos sobre a necessidade de amparo social, jurídico e moral para as vítimas e desviar um pouco o foco para a punição e para a ressocialização do criminoso, somente.

Quando se estuda a **interação vítima – criminoso**, fala-se em estudo do "par criminal" (autor e vítima).

Tais estudos vão precisar as atitudes pessoais, que podem contribuir para a vitimização, denominados riscos de vitimização, ou fatores de vulnerabilidade. Vejamos:

- **Fatores biológicos: são situações como idade, sexo e nível de desenvolvimento mental, que podem contribuir para o incremento de riscos de vitimização. Por exemplo:** pesquisas em determinadas localidades e grandes centros podem demonstrar que mulheres desacompanhadas, que retornam de faculdades, à noite, estão mais vulneráveis ou são mais propensas à vitimização do que homens.

    Da mesma forma, estariam mais vulneráveis pessoas de idade avançada em relação às de idade adulta, para figurarem como vítimas de crimes de trânsito, por terem fatores biológicos (como idade e decréscimo de atenção/reação) desfavoráveis.

- **Fatores biográficos:** estresse prévio, conhecimentos de técnicas de defesa pessoal, existência de traumas por vitimização anterior, problemas psiquiátricos são seguramente fatores que podem contribuir ou minimizar riscos de vitimização.

- **Fatores de personalidade:** nível de inteligência, ansiedade, instabilidade emocional, impulsividade, nível de agressividade, truculência e outros agregados na formação da personalidade também podem ter papel relevante no incremento ou não dos riscos de vitimização.

Tais fatores podem indicar pessoas como vítimas latentes ou potenciais, ou com "potencial de receptividade criminal" e orientar políticas criminais, no sentido de minimizar os riscos de vitimização.

De outro lado, assim como há criminosos contumazes, há o que se convencionou chamar de vítimas "voluntárias". Elas, na classificação de Mendelsohn, acabam por provocar a eclosão do evento criminoso. Um exemplo é o caso de pessoas com péssimo controle emocional, possuidoras de altos indicadores de agressividade, que normalmente estão envolvidas em episódios de vitimização voluntária, a partir de brigas e disputas providenciadas junto ao meio social, até em razão de um processo psicológico de afirmação perante o grupo.

Repare que o comportamento da vítima é um dos critérios que o Juiz deverá utilizar por ocasião da fixação da pena (art. 59 do Código Penal).

Veja um exemplo de modificador da posição da vítima no momento do crime:

VITIMOLOGIA

- **Síndrome de Estocolmo:** termo cunhado pelo psicólogo Nils Bejerot, que auxiliou a polícia durante o famoso caso criminal, envolvendo extorsão e o sequestro em Estocolmo, no ano de 1973, em que as vítimas permaneceram por cerca de 5 dias com seus algozes e, ao final, desenvolveram afinidades em relação a eles. O que surpreendeu é que elas, inclusive, perfilaram-se à frente dos criminosos para evitar que fossem alvejados pela polícia e ainda mantiveram depoimentos favoráveis aos perpetradores das condutas criminosas. A atitude foi explicada pelo fenômeno da dependência psicológica que seria desencadeada pela vítima, durante o confinamento.

Este movimento de retorno à vítima repercutiu em iniciativas voltadas a pesquisas sobre vitimização e delitos, demonstrando, por exemplo que os riscos de ser vítima de homicídios em São Paulo aumentam no período noturno e atingem um ápice por volta das 22 horas, retornando a índices mínimos as 10 horas da manhã.

Percebe-se, aqui, a importância da vítima como fonte alternativa de informações sobre a criminalidade, pois existe, frequentemente, um fenômeno que pode mascarar as estatísticas oficiais sobre criminalidade e vitimização. Trata-se das circunstâncias usuais, que levam as vítimas a não comunicar que sofreram delitos, causando uma criminalidade oculta, não revelável pelas estatísticas oficiais, que são colhidas através de dados policiais e judiciais.

Esta cifra de não notificações é muito alta em delitos de dano e crimes de trânsito, por exemplo, é a chamada **Cifra Negra da Criminalidade.** Este conceito influencia fortemente o completo diagnóstico de crimes, em uma região. Para tentar minimizar a ausência de notificação, são buscadas, então, as denominadas "pesquisas de vitimização". Nessas pesquisas, ao invés de as pessoas procurarem os órgãos públicos para informar que sofreram delitos, pesquisadores é que buscam tais informações, anonimamente, com as vítimas. Destaque-se, aqui, na era da informação, diversos sites em que as pessoas passam a informar de forma anônima, a vitimização sofrida.

3.3 Vitimização

É importante mencionar, também, a classificação usual sobre graus e fases do processo de vitimização:

- **Vitimização primária:** ocorre quando a pessoa, a vítima, é diretamente atingida pelo delito, sofrendo a prática de um delito.
- **Vitimização secundária:** situação de desconforto, estresse e constrangimento pelo qual a vítima primária passa tantas vezes, quando vai até uma Delegacia ou perante qualquer policial, para ver registrada a sua ocorrência e, posteriormente, avança junto ao Poder Judiciário.
- **Vitimização terciária:** aspecto que atinge o criminoso, que sofre torturas e outros tipos de violência no cárcere (provenientes tanto de agentes do Estado, como de outros presos) como também àqueles que são acusados injustamente e expostos à execração pública, posteriormente comprovando-se sua inocência.

3.4 Programas e políticas de estado

A Vitimologia e o papel reivindicatório, exercido por intermédio de associações de vítimas de determinados delitos, vem repercutindo paulatinamente na elaboração de programas e políticas de Estado, que garantam o mínimo de atenção e de relevância para a problemática do vitimizado. Tais programas são resumidos por Pablos de Molina da seguinte forma:

- **Programas de assistência imediata:** ofertam serviços imediatos para as vítimas (como orientações médicas e psicológicas) e repercutem na maior notificação de crimes, pois a assistência influencia na disposição das vítimas em informar as autoridades sobre as violações sofridas.

- **Programas de reparação ou restituição a cargo do infrator (*restitution*):** programas e políticas que incentivam a reparação do dano por parte do próprio infrator. No Brasil, constitui um importante exemplo de incentivo reparatório a Lei dos Crimes de Menor Potencial Ofensivo, Lei nº 9.099/1995, que incentiva a composição do dano e a indenização, ainda na fase preliminar. Também há diversos dispositivos legais que buscam, mesmo que timidamente, incentivar a reparação da vítima, com destaque para a mudança na legislação processual penal, em 2008. Esta mudança passou a determinar ao Juiz Criminal que estabelecesse, na sentença criminal condenatória, o valor mínimo da indenização à vítima (art. 387, inciso IV do Código de Processo Penal).

- **Programas de compensação à vítima:** fundos públicos que providenciam seguros e indenizações para vítimas de certos delitos.

    No Brasil, por exemplo, existe o Seguro Obrigatório para Cobertura de Acidentes de Trânsito, que, em alguns casos, repercute em coberturas mínimas para vítimas de crimes de trânsito.

- **Programas de assistência à vítima-testemunha:** procuram apoiar a vítima que participa como testemunha relevante, notadamente em processos criminais complexos, em que a cooperação da vítima ou testemunha é essencial, mas os riscos decorrentes são imensos e precisam da atuação Estatal, de forma a até mesmo viabilizar a colaboração. No Brasil, há a Lei de Proteção a Vítimas e Testemunhas, com sistema de proteção, consubstanciada, na Lei nº 9.807/1999.

Ainda com relação a algumas tipologias de vítimas, com evolução das classificações iniciais, pode-se destacar, resumidamente, a formulação proposta por Pablos de Molina:

- **A vítima nos delitos imprudentes, contra a vida ou a saúde, no trânsito:** neste caso, repousa grande insatisfação dos vulnerados por graves acidentes de trânsito, em face da baixa punibilidade decorrente de tais delitos.
- **A vítima de negligências profissionais:** nesta forma de classificação, também repousa grande insatisfação com a lentidão da justiça criminal, com grandes índices de não notificação e "cifra negra", apurados em pesquisas de vitimização.
- **A vítima de agressões sexuais:** nesta situação, é fundamental a assistência médica e social imediata, bem como políticas que incentivem as notificações de tais delitos pelas suas vítimas.
- **A vítima de violência e de maus-tratos intradomésticos:** acomete predominantemente as mulheres, com baixa taxa de notificação e elevados índices de "cifra negra". Campanhas públicas e reforços legais, aos poucos, vêm vencendo a cultura de "resignação" da vítima destes crimes. Destaca-se a recente "Lei Maria da Penha" (Lei nº 11.340/2006).

4 FATORES CONDICIONANTES E DESENCADEANTES DA CRIMINALIDADE

Neste momento de desenvolvimento de nosso estudo, serão elencados e discutidos alguns fatores passíveis de desencadear a criminalidade.

Conforme foi possível observar anteriormente, a Criminologia tem por objetos de estudo o crime, o criminoso, a vítima e o controle social. Pode-se dizer que todos estes objetos de análise da ciência criminológica podem ser fatores condicionantes e desencadeantes da criminalidade. Isso porque, inegavelmente, há circunstâncias que colaboram para os níveis de criminalidade em uma sociedade. Tais situações podem ser exemplificadas como: características do criminoso (como carências sociais, desemprego, agressividade); características da vítima (constituição física, estresse, traumas anteriores); situações aliadas à decisão política de punir, mediante escolha de condutas a serem reprimidas (definição de crimes – criminalização primária); a configuração, a efetividade e a estrutura das instâncias de controle.

Vejamos alguns desses fatores ou causas da criminalidade, destacando apenas os mais importantes.

> **Fique ligado**
>
> Nenhum dos objetos de estudo da Criminologia, entretanto, é absoluto como gerador de criminalidade (etiologia). Todos esses objetos de estudo devem ser discutidos e examinados numa perspectiva relativa. Dificilmente, no estudo criminológico, vamos nos deparar com termos como: "certeza", "sempre" e "nunca".

O homem como fator de criminalidade: a Escola Positivista tinha como objeto de estudo predominante a figura do delinquente como maior explicação, como etiologia principal da criminalidade. Lembre-se de que Lombroso pesquisou características físicas que, segundo suas teses iniciais, explicariam tendências ancestrais para a prática de crimes e transgressões.

Verri, seguidor de Lombroso, negou que o homem fosse totalmente livre nas suas decisões criminosas, como afirmavam os adeptos da Escola Clássica. Esse autor alegou haver um determinismo que dirigia a conduta do agente. Ele demonstrou ainda que o meio social poderia desencadear processos agressivos e contrários a normas penais, cuja determinação já existiria na formação psíquica e fisiológica do indivíduo.

Atualmente, modernas escolas e teorias criminológicas demonstram que, algumas vezes, a prática de crimes resulta de condições psicológicas e, até mesmo, psiquiátricas do delinquente (oligofrenias, abuso de álcool e drogas, doenças mentais etc.), consistentes nos modelos psicológicos. Ainda conforme as teorias estudadas, a prática de crimes pode ser decorrente de aspectos biológicos. É possível citar, como exemplo, os estudos desenvolvidos pelas teorias antropológicas, biopsicossociais, genéticas e endocrinológicas, por exemplo.

O homem, portanto, é uma medida importante de todo o estudo da criminalidade e não pode ser negligenciado. Além disso, modernamente, estuda-se a influência da vítima como fator que pode levar ao incremento ou à de diminuição de crimes, tendo, inclusive, papel ativo em alguns delitos.

Desenvolvimento social como fator desencadeante: em que pese o homem ser um vetor importante da criminalidade, mesmo considerado isoladamente, é em sociedade que os crimes repercutem drasticamente. Por isso, é importante analisar o crime como um fenômeno social amplo e dinâmico.

Assim, pesquisas estatísticas vão demonstrar que, quanto maior o nível de desenvolvimento econômico igualitário de uma sociedade, menores serão os índices de crimes contra o patrimônio. Por exemplo, há sociedades desenvolvidas economicamente, em números absolutos, mas com uma distribuição desigual da renda. Por isso, possuem maior incidência de crimes patrimoniais.

Não é correto afirmar que existe uma relação direta entre pobreza e criminalidade. Há comunidades pobres, mas homogêneas, em que todos possuem as mesmas carências de meios, e são registrados poucos crimes patrimoniais. O problema, normalmente, são os contrastes sociais observados entre pobres e ricos, decorrentes de carências de igualdades materiais, de acesso à educação de qualidade, com reflexos no nível de emprego, saúde e lazer.

Também, dentre as classes mais abastadas, há cometimentos de crimes graves, denominados "crimes do colarinho branco". Normalmente, são motivados pela intensa competitividade social e pela ambição desenfreada, na busca por poder, dinheiro e reconhecimento social.

Como abordado anteriormente, as teorias ecológicas também registram a enorme influência da organização do espaço físico das cidades, como passíveis de contribuir com as taxas de criminalidade. Comunidades superpovoadas, desorganizadas e com precárias condições urbanísticas e sem espaços públicos de lazer e encontro, possuem maiores tendências na eclosão de crimes violentos, pois a falta de espaço e a decorrente disputa de um lugar geram inevitáveis conflitos.

De outro modo, bairros planejados ou reurbanizados, em que a presença do Estado como promotor do convívio social se faz constante, estabelecendo diversas opções de encontro, formação profissional, estudo e lazer aos moradores, auxiliando no desenvolvimento de todos, tem inegável efeito na dissuasão de crimes. O Estado tem que atuar no sentido de demonstrar que é aliado da sociedade, e não seu mero algoz. Neste sentido, é importante mencionar, também, o papel relevante dos líderes da sociedade. Estes devem se conduzir pelo exemplo límpido de predominância do interesse público, da transparência política e da não corrupção.

Além de tudo, políticas que deixam a resolução dos problemas da criminalidade apenas a cargo das Polícias sempre irão fracassar, pois a Polícia é apenas e tão somente uma das instituições de controle. Além disso, normalmente é uma das últimas a atuar sobre aqueles que não se submeteram às demais instâncias, formais e informais, de controle social.

É preciso recordar sempre que a Segurança Pública é dever do Estado, mas é direito e responsabilidade de todos (art. 144 da CF/1988).

Assim, pode-se afirmar que investimentos consistentes em educação e creches para todos terão influência direta na diminuição da criminalidade no médio e longo prazo. Investir mais em educação significa construir menos presídios no futuro. O problema é que investimentos em educação têm seus benefícios colhidos após longos períodos, no transcorrer da formação de uma geração de jovens.

Meios de comunicação de massa: a opinião pública e os meios utilizados para a comunicação em grande escala, como televisão, rádio e internet, possuem intensa responsabilidade na transmissão de valores éticos e morais. Isso porque muitos cidadãos utilizam-se de tais meios para se informar sobre o funcionamento social e são drasticamente influenciados.

FATORES CONDICIONANTES E DESENCADEANTES DA CRIMINALIDADE

O incentivo ao consumo, proporcionado pelos meios de comunicação, através de propagandas, por exemplo, geram desejos e condicionamentos que podem repercutir em frustrações e resignações em algumas pessoas. Muitas delas conseguem conviver com a ideia de que jamais conseguirão o nível econômico para dispor de tais produtos. Todavia, o consumismo também pode incentivar a obtenção de um status social, através de práticas ilícitas.

Pode-se dizer que os meios de comunicação são instâncias informais de controle, pois podem condicionar comportamentos, através de seus programas e propagandas. Veja, por exemplo, que a proibição de propagandas sobre o consumo de cigarros e a criação de campanhas antitabagismo vêm contribuindo para uma redução no consumo de tais produtos.

Da mesma forma, o poder da influência das mídias se manifesta com campanhas maciças que advertem sobre a contradição entre o consumo de álcool e drogas e o ato de dirigir, ou ainda propagandas que alertam sobre o uso do cinto de segurança e de cadeirinhas para crianças. Todas estas campanhas se destinaram a prestar relevantes serviços em prol da melhoria da segurança pública.

Já filmes e programas que relativizam e enfraquecem o papel da família e das escolas na formação básica do indivíduo; que vulgarizam a duração dos relacionamentos; que romantizam o papel do criminoso; que pregam a violência gratuita contra o próximo e o sucesso a qualquer preço, servem para incentivar a falta de alteridade (respeito ao outro e à diversidade). Nota-se ainda que estas influências contribuem para a formação de uma sociedade niilista (sem valores).

Migrações populacionais: consistem em movimentos populacionais, tanto de aspectos internos (dentro de um dado país), como externos entre países.

É denominado emigrante aquele que, por motivos diversos, resolve por fixar-se em outro país. Logo, em seu país de origem, será considerado emigrante. Já a ideia de imigrante refere-se ao mesmo fenômeno, mas, dessa vez, visualizado e entendido na ótica do país que recebe o estrangeiro. No país de destino, será considerado um imigrante.

Estas mudanças podem ser elementos propícios a desencadear fenômenos criminais, pelo decorrente choque entre as culturas que se encontram em um mesmo território. Por vezes, há tendências xenofóbicas, decorrentes também do incremento de disputas por empregos e por colocação social. Tais conflitos são normalmente verificáveis em momentos de graves crises sociais e políticas.

É interessante ressaltar que dificilmente são constatadas movimentações internacionais significativas, quando as situações sociais e políticas no país de origem são adequadas. É o caso dos refugiados por guerras, dos imigrantes ilegais que buscam melhores condições de vida na Europa e Estados Unidos e que ficam à mercê de quadrilhas de atravessadores (como é o caso dos "coiotes" nos EUA e México).

Da mesma forma, a migração entre regiões de um mesmo país, normalmente decorrentes de oportunidades de emprego, podem repercutir em incremento da criminalidade. A explicação para isso pode se dar pela falta de adaptação, por diferenças de costumes, hábitos e valores, bem como pela ausência de amparo familiar e pela exploração do trabalho em condições degradantes.

O controle social como elemento criador da criminalidade: conforme teorias já estudadas, como a do *labelling approach* (ou etiquetamento), a criminalidade constitui uma atribuição que se faz a uma determinada pessoa, através da criminalização primária (criação da lei penal, através de processo legislativo) e criminalização secundária, determinada a partir da atuação das agências de controle formal.

Estas, quando não podem agir sobre todos os crimes que acontecem diariamente, acabam por selecionar algumas condutas e pessoas que seriam mais fáceis de criminalizar.

Também é possível estabelecer que o incremento nas atividades de Justiça Criminal, como a maior contratação de Policiais, Promotores e Juízes, vai trazer como resultado uma maior apuração e punição dos crimes cometidos. Este fato, inclusive, incentiva as vítimas a notificarem os crimes, o que provoca a diminuição da denominada "cifra negra" da criminalidade. Tais atitudes repercutem diretamente na necessidade de maiores investimentos na última fase do Sistema de Justiça Criminal, que é a fase de execução das penas, com a construção de penitenciárias e gestão pública das unidades, de forma a não incentivar a união de presos em associações criminosas como Primeiro Comando da Capital (PCC) e Comando Vermelho.

NOÇÕES DE CRIMINOLOGIA

5 SISTEMA PENAL E ESTRUTURA SOCIAL

5.1 Visão geral

O Sistema Penal de uma sociedade é decorrente da sua estrutura social e é um dos instrumentos para manter e garantir a estrutura social desejada, em um dado momento histórico. Com efeito, em sociedades capitalistas, por exemplo, observa-se maior atenção para a criminalização de condutas que venham a violar a propriedade privada. Tais condutas mostram-se inexistentes em Estados comunistas, por exemplo. Estes, porém, normalmente apresentam tendência a criminalizar a liberdade de expressão.

A principal obra de Criminologia que desenvolveu o amálgama entre as noções de sistema penal e de punição, levando em consideração as estruturas sociais, é a obra *Punição e Estrutura Social*, de Georg Rusche e Otto Kirchheimer. Nela, uma das primeiras representantes da **Escola de Frankfurt**, desenvolve-se a relação entre a atuação do sistema penal com a situação econômica de uma comunidade ou sociedade. Assim, o mercado de trabalho teria estreita relação com o momento econômico e a punição do sistema penal.

> **Escola de Frankfurt**
>
> Foi uma escola pensamento criada em 1923 na Universidade de Frankfurt, na Alemanha, com o nome de Instituto de Pesquisas Sociais.
> De orientação marxista, tinha como objetivo criticar a sociedade ocidental, o capitalismo, a religião e a tradição de pensamento clássico, assim como o socialismo soviético. Dessa forma, acreditavam seus representantes, poderiam repensar novas formas de transformação da sociedade por caminhos alternativos.
> Foram criadores dos conceitos de teoria crítica e indústria cultural, fundamentais para a Sociologia moderna.
> Teve como principais membros fundadores: Max Horkheimer, Theodor W. Adorno, Herbert Marcuse, Friedrich Pollock, Erich Fromm, Otto Kirchheimer e Leo Löwenthal. Atualmente, seu filósofo mais influente é Jürgen Habermas.

Como exemplo das relações entre estrutura social e punição, os autores da obra mencionam a utilização dos presos como força de trabalho no impulsionamento das embarcações a remo nas galés do século XVI. Posteriormente, com o início da Revolução Industrial e o grande acúmulo de pessoas nas cidades, relacionam o surgimento das "casas de correção" (final do século XVII), das primeiras penitenciárias, como forma de reprimir a horda de mendigos que assolavam as cidades. Essas casas também buscavam discipliná-los para o serviço eventual nas fábricas, pois havia grande demanda por mão de obra e os trabalhadores, normalmente provenientes do campo, deveriam estar disciplinados e pouco articulados em suas reivindicações. O objetivo das primeiras casas de correção era transformar mendigos, ladrões, prostitutas e similares em força de trabalho útil para o mercantilismo, o sistema econômico da época.

Para essa escola, o sistema carcerário nasce pela necessidade econômica do mercantilismo. Entretanto, ele é elaborado e fundamentado ideologicamente pelo Iluminismo, que passa a criticar ferozmente a arbitrariedade das punições exercidas, naquela época de transição entre os Estados Absolutos e o Iluminismo. A famosa obra de Cesare Beccaria, *Dos Delitos e das Penas*, constitui a primeira síntese de tais críticas.

Podemos confirmar as hipóteses formuladas pelos autores citados anteriormente – da estreita relação entre o sistema penal e a estrutura social – quando verificamos o exemplo da história do Brasil Colônia e de grande parte do Império. Naquela época, a escravidão foi a base da mão de obra e de todo o sistema econômico. O sistema penal e punitivo teve, em geral, grande ênfase no controle e disciplinamento dos cativos.

Ainda hoje, a Lei de Contravenções Penais (LCP – Decreto-lei nº 3.688/1941), em seu art. 59, pune a conduta de "vadiagem", definida como ato de entregar-se habitualmente à ociosidade. Esta definição é válida para o trabalho, sem ter renda que lhe assegure meios bastantes de subsistência ou meios de prover a própria subsistência, mediante ocupação ilícita. A pena prevista é de prisão simples, de 15 dias a 3 meses. A aquisição superveniente de renda, assegurando ao condenado meios bastantes de subsistência, extingue a pena.

A criminalização da mendicância, também prevista na Lei de Contravenções, somente foi revogada em 2009. Já a embriaguez pública é ainda apenada no art. 62 da LCP, com pena similar à da vadiagem, prevendo-se, ainda, a internação em "casa de custódia e tratamento", caso seja habitual. Tais delitos são exemplos das teorias que ligam o sistema penal com a estrutura social, sempre na necessidade de criação de seres úteis para o mercado de trabalho, com maior ou menor repressão, a depender de momentos de crise ou de pujança do mercado de trabalho.

5.2 Correntes do Direito na Criminologia

É de suma importância conhecer as duas diferentes percepções acerca dos direitos na Criminologia. Ambas foram amplamente utilizadas no decorrer da história e continuam basilares para a compreensão essencial da sociedade.

5.2.1 Jusnaturalismo (direito natural)

Teoria que destaca e afirma a existência de direitos cujo conteúdo decorre da própria natureza, sendo, portanto, universais.

A concepção jusnaturalista dos Direitos Humanos entende tais direitos como inatos e naturais ao ser humano e anteriores a qualquer lei ou direito positivado. Tal concepção é recorrente nas declarações de direitos, como a Declaração dos Direitos do Homem e do Cidadão, da Revolução Francesa.

5.2.2 Juspositivismo (positivismo jurídico)

Teoria que defende que direito é somente aquilo que é determinado e exposto pelo Estado. O direito é produto da determinação e das decisões humanas, e não de algo natural, divino ou ancestral, como defende a teoria jusnaturalista.

A concepção juspositivista de Direitos Humanos relaciona e entende os direitos humanos a partir daquilo que está expressamente colocado em lei, ou seja, das normas positivadas em leis. Assim, esses direitos são aqueles expressamente relacionados nas normas, como as constantes da Constituição Federal de 1988 (CF/1988), por exemplo, notadamente no art. 5º.

5.3 Políticas de Segurança Pública

5.3.1 Principais modelos policiais

Foi apenas com a CF/1988 que a segurança pública passou a ter *status* constitucional relevante. Erigiu-se um capítulo exclusivo, qual seja o Título III do Capítulo V, que versa sobre a defesa do Estado e das instituições democráticas.

Anteriormente (e, em alguns aspectos, ainda hoje), a instituição policial esteve ou está fortemente vinculada às classes dominantes, servindo de proteção para o *status quo*, sem normalmente virar-se contra os poderes constituídos.

SISTEMA PENAL E ESTRUTURA SOCIAL

Conforme Marcos David Salem, "[...] considerando-se a gênese da polícia brasileira, não causa espanto, mesmo nos tempos atuais, que certos indivíduos situados em camadas mais altas do corpo social ainda considerem um acinte a sua mera participação em qualquer evento de natureza policial. Isto porque a polícia, no imaginário das classes dominantes brasileiras, não foi criada para os componentes delas, e sim por eles, para manter em ordem a mão-de-obra que participa do processo produtivo [...]."

Nesse novo contexto constitucional, democrático, inaugurado juridicamente a partir da Carta de 1988, a atuação do Estado, em qualquer das suas manifestações, teve que se ordenar pelo respeito aos fundamentos da República, principalmente no que tange à cidadania e à dignidade da pessoa humana. Não foi diferente para as políticas de segurança pública e a atuação dos órgãos policiais, que ainda se adaptam aos novos tempos constitucionais. Isso não se refere, necessariamente, à observância às normas Constitucionais e legais, cujo cumprimento é relativamente simples, mas notadamente à abertura necessária para garantir a participação popular na sua atuação.

É necessário relembrar que, conforme o art. 144 da CF/1988, a segurança pública é dever do Estado, mas direito e responsabilidade de todos. Repare, portanto, que a segurança não é mera atribuição das polícias, mas de todos, indistintamente, tanto governo, como cidadãos, sociedade civil organizada e empresas.

Também dispõe nossa Constituição que a segurança pública é exercida para a preservação da ordem pública e da incolumidade das pessoas e do patrimônio, por meio de órgãos específicos, quais sejam:

Art. 144, I, CF/1988 Polícia Federal;
II – Polícia Rodoviária Federal;
III – Polícia Ferroviária Federal;
IV – Polícias Civis;
V – Polícias Militares e Corpos de Bombeiros Militares.

Nesse momento, é importante a distinção entre os seguintes conceitos:

- **Polícia Administrativa (ou de Segurança):** com maior caráter preventivo, atuando na manutenção da ordem pública e na prevenção de delitos, mediante o policiamento ostensivo. Atua com grande discricionariedade, independentemente de ordem judicial. Um exemplo, no Brasil, é a atuação da Polícia Militar (PM). Nas rodovias federais, a atividade é exercida pela Polícia Rodoviária Federal (PRF), que exerce o patrulhamento ostensivo das rodovias federais.
- **Polícia Judiciária:** tem caráter repressivo, atua primordialmente após a prática dos crimes, por meio do procedimento administrativo, destinado a apurar a autoria e a materialidade das infrações penais. Possui destaque, ainda, o Inquérito Policial ou o Termo Circunstanciado, destinado às infrações penais de menor potencial ofensivo (contravenções penais e crimes, cuja pena máxima seja igual ou inferior a 2 anos).

O Superior Tribunal de Justiça (STJ) diferencia ainda (REsp. 332.172/ES):

- **Polícia Judiciária:** aquela que funciona como auxiliar do Poder Judiciário, no cumprimento das suas ordens (prisão, por exemplo).
- **Polícia Investigativa:** atua na investigação dos crimes (Polícia Civil, tanto as estaduais como federal).
- **Conceito de poder de polícia (Código Tributário Nacional – CTN):** por mais curioso que possa parecer, o conceito *lato* de poder de polícia consta do Código Tributário Nacional (CTN), pois não é exclusivo dos órgãos policiais, mas engloba toda a atividade de ordenação e de fiscalização exercidas pelos poderes públicos, notadamente o Poder Executivo. Vejamos:

Art. 78, CTN Considera-se poder de polícia atividade da Administração Pública que, limitando ou disciplinando direito, interesse ou liberdade, regula a prática de ato ou abstenção de fato, em razão de interesse público concernente à segurança, à higiene, à ordem, aos costumes, à disciplina da produção e do mercado, ao exercício de atividades econômicas dependentes de concessão ou autorização do Poder Público, à tranquilidade pública ou ao respeito à propriedade e aos direitos individuais ou coletivos.

- **Poder de polícia *lato sensu*:** diligências policiais, propriamente ditas, como buscas pessoais, domiciliares, condução de presos, prisões etc.

Atualmente, o melhor modelo de policiamento é o de viés comunitário, em que o policial é incentivado a conviver e a interagir em uma comunidade. Estimula-se o convívio e a participação proativa na resolução integrada dos problemas sociais. A gestão policial em um Estado Democrático de Direito deve ser responsabilidade de todos e não apenas dos policiais ou de profissionais de segurança pública. Assim, modelos democráticos são sistemas que privilegiam o contato da Polícia com a comunidade, via conselhos e audiências públicas, por exemplo.

Conforme Theodomiro Dias Neto, inerente ao conceito de democracia é o princípio de que os cidadãos devem possuir mecanismos de controle sobre as decisões estatais. Esse controle, no âmbito do modelo de policiamento comunitário, consiste na possibilidade de interação constante entre as forças policiais e uma comunidade, que pode trazer, via Conselhos Comunitários de Segurança, quais seriam as principais reinvindicações e angústias de segurança naquela localidade. O policiamento comunitário vem da constatação de que é praticamente impossível o êxito no combate ao crime se não houver cooperação da sociedade.

Na sequência do desenvolvimento da obra supracitada, verifica-se que o professor Dias Neto constrói a seguinte esquematização, sobre a história das polícias nos Estados Unidos. O referido esquema pode ser resumido da forma apresentada a seguir. Nota-se que suas propostas são similares a algumas manifestações de organização policial verificadas no Brasil:

- **Era Política (1ª metade do século XIX e início do XX):** polícia com fortes vínculos com políticos locais, com ampla discricionariedade no agir e enormes atribuições. A Polícia era vista como grande "quebra galho".
- **Modelo Profissional (início do século XX até os anos 1970/1980):** chefes de Polícia com estabilidade e mandatos fixos, com grande ênfase na hierarquia e na disciplina, afastamento da população com o fundamento de se evitar a corrupção e os abusos, com demarcação das funções eminentemente policiais. O policial deve executar a lei, sem participação da sociedade na decisão policial.
- **Modelo Comunitário:** inicia-se na década de 1970 com a ampliação das competências não penais do policial, que também passa a ser um líder e um pacificador social, auxiliando nos pequenos atritos e construindo um relacionamento cooperativo com a sociedade. Parte do princípio de que a participação social na Polícia não entra em contradição com o respeito à lei.

Mas como fomentar a colaboração social da Polícia com a sociedade, e vice-versa? Eis as principais medidas e aspectos propostos, dentro da visão de policiamento comunitário:

- **Maior interação do policial com o cidadão:** deve-se incentivar, no modelo comunitário de policiamento, a presença constante e direta do policial na área em que atua, priorizando-se a noção de pertencimento do policial na sociedade em que trabalha.

A formação do policial deve também priorizar a sensibilidade para aceitar a diversidade.
- **Ajustamento das expectativas:** o contato constante entre policiais e comunidade auxilia também no reconhecimento das dificuldades inerentes ao trabalho policial, de modo a diminuir as altas e irreais expectativas que são normalmente depositadas nesse trabalho.
- **Policiamento orientado ao problema: consiste na cooperação entre policiais e cidadãos, na busca por soluções integradas e colaborativas para os problemas de criminalidade local. Por exemplo: a partir de reuniões do Conselho de Segurança de um bairro, com a equipe de policiais que atua no policiamento comunitário, são levantadas as principais fragilidades que ocasionam a criminalidade. Algumas delas são:** falta de iluminação pública, áreas degradadas (como prédios abandonados) e ociosidade de jovens, em face da ausência de contraturno escolar ou atividades de lazer. De forma integrada, comunidade e polícia devem buscar a solução dessas demandas.

A necessidade de organizar os órgãos policiais, de maneira a cumprir democraticamente as desafiadoras funções de garantir a preservação da ordem democrática, determinou a formulação de inúmeras políticas públicas. Merece destaque o fato de que ainda não há lei que discipline a organização e o funcionamento dos órgãos responsáveis pela segurança pública, de modo a garantir a eficiência de suas atividades de forma unitária, conforme determina o § 7º do art. 144 da CF/1988.

Vejamos: pode-se situar a gestação inicial de políticas democráticas para a gestão e aplicação da segurança pública a partir de 1996, com o lançamento do primeiro Programa Nacional de Direitos Humanos.

De acordo com Celso Lafer e vários outros doutrinadores, os direitos humanos podem ser classificados em quatro gerações, que representam a evolução histórica da humanidade:
- **Primeira geração:** representada pelas conquistas dos direitos civis e políticos, os direitos individuais fundamentados no contratualismo do Estado liberal. São tidos como inerentes ao indivíduo como direito natural.
- **Segunda geração:** também denominados direitos socioeconômicos, são os direitos relativos aos serviços públicos e que dão garantia de trabalho, saúde, educação e segurança pública e civil.
- **Terceira e quarta gerações:** define-se direitos humanos cujo titular é a coletividade. Citam-se grupos humanos como a família, as associações, coletividades regionais e outros. São conquistas referentes ao equilíbrio do meio ambiente e das relações de consumo, por exemplo.

5.4 Plano Nacional de Direitos Humanos (PNDH-3)

Atualmente, está em vigor o Programa Nacional de Direitos Humanos (PNDH-3), consubstanciado no Decreto nº 7.037/2009. Esse documento, em diversos eixos temáticos, busca concretizar políticas em prol do desenvolvimento contínuo dos direitos humanos. No Eixo Orientador nº IV, verifica-se a temática da segurança pública, do acesso à justiça e do combate à violência, com as seguintes diretrizes:
- **Diretriz 11:** democratização e modernização do sistema de segurança pública;
- **Diretriz 12:** transparência e participação popular no sistema de segurança pública e justiça criminal;
- **Diretriz 13:** prevenção da violência e da criminalidade e profissionalização da investigação de atos criminosos;
- **Diretriz 14:** combate à violência institucional, com ênfase na erradicação da tortura e na redução da letalidade policial e carcerária;
- **Diretriz 15:** garantia dos direitos das vítimas de crimes e de proteção das pessoas ameaçadas;
- **Diretriz 16:** modernização da política de execução penal, priorizando a aplicação de penas e medidas alternativas à privação de liberdade e melhoria do sistema penitenciário; e
- **Diretriz 17:** promoção de sistema de justiça mais acessível, ágil e efetivo, para o conhecimento, a garantia e a defesa de direitos.

Mais adiante, o PNDH-3 destaca que:

> [...] Por muito tempo, alguns segmentos da militância em Direitos Humanos mantiveram-se distantes do debate sobre as políticas públicas de segurança no Brasil. No processo de consolidação da democracia, por diferentes razões, movimentos sociais e entidades manifestaram dificuldade no tratamento do tema. Na base dessa dificuldade, estavam a memória dos enfrentamentos com o aparato repressivo, ao longo de duas décadas de regime ditatorial, a postura violenta vigente, muitas vezes, em órgãos de segurança pública, a percepção do crime e da violência como meros subprodutos de uma ordem social injusta a ser transformada em seus próprios fundamentos.
>
> Distanciamento análogo ocorreu nas universidades, que, com poucas exceções, não se debruçaram sobre o modelo de polícia legado ou sobre os desafios da segurança pública. As polícias brasileiras, nos termos de sua tradição institucional, pouco aproveitaram da reflexão teórica e dos aportes oferecidos pela Criminologia moderna e demais ciências sociais, já disponíveis há algumas décadas às polícias e aos gestores de países desenvolvidos. A cultura arraigada de rejeitar as evidências acumuladas pela pesquisa e pela experiência de reforma das polícias no mundo era a mesma que expressava nostalgia de um passado de ausência de garantias individuais, e que identificava na ideia dos Direitos Humanos não a mais generosa entre as promessas construídas pela modernidade, mas uma verdadeira ameaça.
>
> Estavam postas as condições históricas, políticas e culturais para que houvesse um fosso aparentemente intransponível entre os temas da segurança pública e os Direitos Humanos.
>
> Nos últimos anos, contudo, esse processo de estranhamento mútuo passou a ser questionado. De um lado, articulações na sociedade civil assumiram o desafio de repensar a segurança pública a partir de diálogos com especialistas na área, policiais e gestores. De outro, começaram a ser implantadas as primeiras políticas públicas, buscando caminhos alternativos de redução do crime e da violência, a partir de projetos centrados na prevenção e influenciados pela cultura de paz.
>
> A proposição do Sistema Único de Segurança Pública, a modernização de parte das nossas estruturas policiais e a aprovação de novos regimentos e leis orgânicas das polícias, a consciência crescente de que políticas de segurança pública são realidades mais amplas e complexas do que as iniciativas possíveis às chamadas 'forças da segurança', o surgimento de nova geração de policiais, disposta a repensar práticas e dogmas e, sobretudo, a cobrança da opinião pública e a maior fiscalização sobre o Estado, resultante do processo de democratização, têm tornado possível a construção de agenda de reformas na área.
>
> O Programa Nacional de Segurança Pública com Cidadania (PRONASCI) e os investimentos já realizados pelo Governo Federal na montagem de rede nacional de altos estudos em segurança pública, que têm beneficiado milhares de policiais em cada Estado, simbolizam, ao lado do processo de debates da 1ª Conferência Nacional de Segurança Pública, acúmulos históricos significativos, que apontam para novas e mais importantes mudanças. [...]

Fonte: https://bit.ly/3OBOfx5

5.4.1 Principais diretrizes do PNDH-3 para a segurança pública

A seguir, são destacadas as principais propostas e diretrizes listadas no Plano Nacional de Direitos Humanos para a Segurança Pública:
- Propor alteração do texto constitucional, de modo a considerar as polícias militares não mais como forças auxiliares do Exército, mantendo-as apenas como força reserva.

SISTEMA PENAL E ESTRUTURA SOCIAL

- Propor a revisão de estrutura, treinamento, controle, emprego e regimentos disciplinares dos órgãos de segurança pública, de modo a potencializar suas funções de combate ao crime e proteção dos direitos de cidadania, bem como garantir que seus órgãos corregedores disponham de carreira própria, sem subordinação à direção das instituições policiais.
- Propor a criação obrigatória de ouvidorias de polícias independentes nos estados e no Distrito Federal, com ouvidores protegidos por mandato e escolhidos com participação da sociedade.
- Assegurar a autonomia funcional dos peritos e a modernização dos órgãos periciais oficiais, como modo de incrementar sua estruturação, assegurando a produção isenta e qualificada da prova material, bem como o princípio da ampla defesa e do contraditório e o respeito aos direitos humanos. Propor regulamentação da perícia oficial.
- Propor projeto de lei para proporcionar autonomia administrativa e funcional dos órgãos periciais federais.
- Desenvolver sistema de dados nacional informatizado para monitoramento da produção e da qualidade dos laudos produzidos nos órgãos periciais.
- Promover o aprofundamento do debate sobre a instituição do ciclo completo da atividade policial, com competências repartidas pelas polícias, a partir da natureza e da gravidade dos delitos.
- Apoiar a aprovação do projeto de lei que dispõe sobre o Sistema Único de Segurança Pública.
- Condicionar o repasse de verbas federais à elaboração e à revisão periódica de planos estaduais, distrital e municipais de segurança pública, que se pautem pela integração e pela responsabilização territorial da gestão dos programas e ações.
- Criar base de dados unificada, que permita o fluxo de informações entre os diversos componentes do sistema de segurança pública e a Justiça criminal.
- Proporcionar equipamentos para proteção individual efetiva para os profissionais do sistema federal de segurança pública.
- Condicionar o repasse de verbas federais aos estados, ao Distrito Federal e aos municípios, à garantia da efetiva disponibilização de equipamentos de proteção individual aos profissionais do sistema nacional de segurança pública.
- Fomentar o acompanhamento permanente da saúde mental dos profissionais do sistema de segurança pública, mediante serviços especializados do sistema de saúde pública.
- Propor projeto de lei instituindo seguro para casos de acidentes incapacitantes ou morte em serviço para profissionais do sistema de segurança pública.
- Garantir a reabilitação e reintegração ao trabalho dos profissionais do sistema de segurança pública federal, nos casos de deficiência adquirida no exercício da função.
- Publicar trimestralmente estatísticas sobre crimes registrados, inquéritos instaurados e concluídos, prisões efetuadas, flagrantes registrados, operações realizadas, armas e entorpecentes apreendidos pela Polícia Federal em cada estado da Federação; veículos abordados, armas e entorpecentes apreendidos e prisões efetuadas; presos provisórios e condenados sob custódia do sistema penitenciário federal e quantidade de presos trabalhando e estudando por idade, sexo e raça ou etnia; vitimização de policiais federais, policiais rodoviários federais, membros da Força Nacional de Segurança Pública e agentes penitenciários federais.
- Fomentar mecanismos de gestão participativa das políticas públicas de segurança, como conselhos e conferências, ampliando a Conferência Nacional de Segurança Pública.
- Realizar ações permanentes de estímulo ao desarmamento da população.
- Propor reforma da legislação para ampliar as restrições e os requisitos para aquisição de armas de fogo por particulares e empresas de segurança privada.
- Propor alteração da legislação para garantir que as armas apreendidas em crimes que não envolvam disparo sejam inutilizadas imediatamente após a perícia.
- Propor projeto de lei para alterar o procedimento do inquérito policial, de modo a admitir procedimentos orais gravados e transformar em peça ágil e eficiente de investigação criminal voltada à coleta de evidências.
- Fomentar o debate com o objetivo de unificar os meios de investigação e obtenção de provas e padronizar procedimentos de investigação criminal.
- Promover a capacitação técnica em investigação criminal para os profissionais dos sistemas estaduais de segurança pública.
- Realizar pesquisas para qualificação dos estudos sobre técnicas de investigação criminal.
- Realizar anualmente pesquisas nacionais de vitimização.
- Fortalecer mecanismos que possibilitem a efetiva fiscalização de empresas de segurança privada e a investigação e responsabilização de policiais que delas participem de forma direta ou indireta.
- Elaborar diretrizes para atividades de policiamento comunitário e policiamento orientado para a solução de problemas, bem como catalogar e divulgar boas práticas dessas atividades.

6 POLÍTICAS DE SEGURANÇA PÚBLICA E SERVIÇOS PENAIS

Serão analisadas algumas políticas públicas formuladas no sentido de se garantir mais democracia na atuação policial. Serão também conhecidas as entidades instituídas para este mesmo fim.

6.1 1ª Conferência Nacional de Segurança Pública (1ª CONSEG)

A 1ª Conseg buscou mobilizar toda a sociedade para discutir a participação popular na segurança. Idealizada em 2008 e desenvolvida em 2009, por parte do Ministério da Justiça, propôs, basicamente, uma discussão democrática sobre segurança pública. após várias etapas municipais e regionais, teve seu ápice na conferência nacional, realizada em Brasília/DF, em agosto de 2009.

O que se vê a seguir é um resumo das principais discussões e características da Conseg, obtido a partir do relatório final da conferência.

Os Membros da Comissão Organizadora Nacional da 1ª Conferência Nacional de Segurança Pública foram congregados em uma proporção de 40% de representantes da sociedade civil, 30% de trabalhadores e 30% de gestores da área de Segurança Pública. A concepção do projeto possuiu a ideia de que discutir segurança pública é, mais do que nunca, falar dos de dois eixos fundamentais presentes no texto inicial da conferência: respeito aos direitos humanos e valorização dos profissionais de segurança pública, responsáveis por prevenir e reprimir violência e crime no brasil.

Os Objetivos Da 1ª Conseg foram:

Objetivo geral
- Definir princípios e diretrizes orientadores da política nacional de segurança pública, com participação da sociedade civil, trabalhadores e poder público como instrumento de gestão, visando efetivar a segurança como direito fundamental.

Objetivos específicos
- Fortalecer o conceito de segurança como direito humano.
- Definir as prioridades para a implementação da política nacional de segurança pública, conforme os eixos temáticos.
- Contribuir para o fortalecimento do Sistema Único de Segurança Pública (SUSP), tornando-o um ambiente de integração, cooperação e pactuação política entre as instituições e a sociedade civil com base na solidariedade federativa.
- Contribuir para a implementação do Programa Nacional de Segurança Com Cidadania (Pronasci) e para valorização do conceito de segurança com cidadania entre os estados e municípios.
- Promover, qualificar e consolidar a participação da sociedade civil, trabalhadores e poder público no ciclo de gestão das políticas públicas de segurança.
- Fortalecer os eixos de valorização profissional e de garantia de direitos humanos como estratégicos para a política nacional de segurança pública.
- Criar e estimular o compromisso e a responsabilidade para os demais órgãos do poder público e para a sociedade, na efetivação da segurança com cidadania.
- Deliberar sobre a estratégia de implementação, monitoramento e avaliação das resoluções da 1ª conferência nacional de segurança pública, bem como recomendar a incorporação dessas resoluções nas políticas públicas desenvolvidas pelos estados, municípios e outros poderes.

Foram sete os eixos temáticos da 1ª Conseg:
- **EIXO 1: gestão democrática:** controle social e externo, integração e federalismo.
- **EIXO 2:** financiamento e gestão da política pública de segurança.
- **EIXO 3:** valorização profissional e otimização das condições de trabalho.
- **EIXO 4:** repressão qualificada da criminalidade.
- **EIXO 5:** prevenção social do crime e das violências e construção da cultura de paz.
- **EIXO 6:** diretrizes para o sistema penitenciário.
- **EIXO 7:** diretrizes para o sistema de prevenção, atendimentos emergenciais e acidentes.

Muito importante no âmbito da 1º Conseg foi a concepção de que a segurança pública deveria ser uma política de Estado que proporcionasse autonomia administrativa, financeira, orçamentária e funcional das instituições envolvidas, nos três níveis de governo. incluem-se, ainda, a descentralização e a integração sistêmica do processo de gestão democrática, transparência na publicidade dos dados, consolidação do Sistema Único de Segurança Pública (SUSP) e do Programa Nacional de Segurança Pública com Cidadania (Pronasci).

Também foi destacada a defesa da dignidade da pessoa humana, com valorização e respeito à vida e à cidadania. Enfatizou-se a necessidade de proporcionar atendimento humanizado a todas as pessoas, com respeito às diversas identidades religiosas, culturais, étnico-raciais, geracionais, de gênero, orientação sexual e as das pessoas com deficiência.

Fomentou-se, também, um ideário de cultura da paz, combatendo-se a criminalização da pobreza, da juventude, dos movimentos sociais e de seus defensores. Valorizou-se a busca pelo reconhecimento jurídico-legal, da importância do município como cogestor da área, no sentido de sua atuação na prevenção social do crime e das violências.

A Conseg admitiu que as discussões e as práticas sobre a segurança pública devem ser multidisciplinares e transversais. Reconheceu-se a sua necessária integração com políticas sociais, sobretudo na área da educação, como forma de prevenção da violência e da criminalidade. Reconheceu-se que os fenômenos de violência e de criminalidade têm origem multicausal (causas econômicas, sociais, políticas, culturais etc.) E que a competência de seu enfrentamento não pode ser de responsabilidade exclusiva dos órgãos de segurança pública. Desse modo, a polícia é entendida como apenas uma das forças que deve ser mobilizada para a diminuição da violência, e não a única responsável pela diminuição das estatísticas de violação e criminalidade.

A Conseg reconheceu a necessidade de reestruturação do sistema penitenciário, de modo a torná-lo mais humanizado e respeitador das identidades, com capacidade efetiva de ressocialização dos apenados. No sentido de garantir legitimidade e autonomia na sua gestão, o sistema penitenciário deve privilegiar formas alternativas à privação da liberdade, bem como incrementar as estruturas de fiscalização e de monitoramento.

A Conseg também destacou o necessário papel de fortalecimento da família como garantidora da cidadania e de condições essenciais para a prevenção da violência. É a entidade familiar que proporciona a socialização primária, fundamental para a entrada plena do cidadão na sociedade.

POLÍTICAS DE SEGURANÇA PÚBLICA E SERVIÇOS PENAIS

> **Fique ligado**
>
> O Programa das Nações Unidas para o Desenvolvimento (PNUD) enfoca o conceito de segurança pública como uma segurança humana, de proteção à pessoa contra todas as fontes possíveis de insegurança pessoal, daquilo que é mínimo para a existência digna do ser humano. O PNUD vem, desde a década de 90 do século passado, reunindo conhecimentos e as melhores práticas colhidas, no mundo todo, de modo a consolidar um modelo de segurança baseado em uma abordagem multidisciplinar e integrada de políticas públicas, o que se convencionou chamar de "Segurança Cidadã".

6.2 Secretaria Nacional de Segurança Pública (SENASP/MJ)

Foi criada pelo Decreto nº 2.315/1997, e subordinada ao Ministério da Justiça, foi sucessora da antiga Secretaria de Planejamento de Ações Nacionais de Segurança Pública (Seplanseg), de 1995.

Atualmente, são atribuições da Secretaria Nacional de Segurança Pública:

I – assessorar o Ministro de Estado na definição, implementação e acompanhamento da Política Nacional de Segurança Pública e dos Programas Federais de Prevenção Social e Controle da Violência e Criminalidade;

II – planejar, acompanhar e avaliar a implementação de programas do Governo Federal para a área de segurança pública;

III – elaborar propostas de legislação e regulamentação em assuntos de segurança pública, referentes ao setor público e ao setor privado;

IV – promover a integração dos órgãos de segurança pública;

V – estimular a modernização e o reaparelhamento dos órgãos de segurança pública;

VI – promover a interface de ações com organismos governamentais e não governamentais, de âmbito nacional e internacional;

VII – realizar e fomentar estudos e pesquisas voltados para a redução da criminalidade e da violência;

VIII – estimular e propor aos órgãos estaduais e municipais a elaboração de planos e programas integrados de segurança pública, objetivando controlar ações de organizações criminosas ou fatores específicos geradores de criminalidade e violência, bem como estimular ações sociais de prevenção da violência e da criminalidade;

IX – exercer, por seu titular, as funções de Ouvidor-Geral das Polícias Federais;

X – implementar, manter e modernizar o Sistema Nacional de Informações de Justiça e Segurança Pública - INFOSEG;

XI – promover e coordenar as reuniões do Conselho Nacional de Segurança Pública;

XII – incentivar e acompanhar a atuação dos Conselhos Regionais de Segurança Pública;

XIII – coordenar as atividades da Força Nacional de Segurança Pública.

6.3 Força Nacional de Segurança Pública (FNSP)

Criada em 2004 e subordinada à Secretaria Nacional de Segurança Pública/MJ (Senasp), é integrada por Policiais Militares, Bombeiros, Policiais Civis e Peritos de vários Estados da Federação. Esses profissionais são cedidos pelos Governos Estaduais ao Poder Executivo Federal, sob o apanágio do Ministério da Justiça que, após nivelamento de doutrina, viabiliza a atuação da FNSP nos mais recônditos rincões do território nacional. O objetivo da FNSP é o de atender aos pedidos expressos dos Governadores de Estado ou até mesmo de outras Autoridades Federais, quando da necessidade de incrementar ações de segurança pública, sempre em respeito ao pacto federativo.

O órgão visa atender às necessidades emergenciais dos Estados, em questões nas quais se fizer necessária a interferência decisiva do poder público. A FNSP age ainda em situações em que for detectada a urgência de reforço na área de segurança, sempre por períodos determinados e passíveis de prorrogações.

Uma importante atitude adotada pela Senasp foi a criação do Sistema Nacional de Informações de Segurança Pública, Prisionais e Sobre Drogas (Sinesp). Este sistema consiste em um portal de informações integradas, em parceria com os entes federados, o qual consultas estatísticas, operacionais, investigativas e estratégicas, relacionadas a drogas, segurança pública, justiça criminal, sistema prisional, entre outras.

O Sinesp constitui-se de importante medida estatística, que pode subsidiar diagnósticos de criminalidade, formulação e avaliação de políticas de segurança pública e promover a integração nacional de informações de forma padronizada.

Dentro do site do Sinesp é acessar o módulo Sinesp Cidadão, que consiste em um módulo do Sistema Nacional de Informações de Segurança Pública, Prisionais e sobre Drogas, o Sinesp, que permite acesso direto pelo cidadão aos serviços da Secretaria Nacional de Segurança Pública do Ministério da Justiça. Por ele, é possível a qualquer cidadão, inclusive a partir de celulares, consultar veículos, verificando eventual apontamento de roubo ou furto, bem como consultar mandados de prisão aguardando cumprimento e vigentes, com base no Banco Nacional de Mandados de Prisão (BNMP) do CNJ.

A iniciativa confirma a ideia de que a segurança pública é uma responsabilidade de todos, de modo a oferecer abertura à população sobre relevantes informações criminais. O aplicativo enfatiza que o cidadão deve procurar a Polícia para as ações decorrentes da localização de um foragido ou de um veículo roubado.

6.4 Gabinete de Gestão Integrada (GGI)

Foi idealizado no âmbito do Sistema Único de Segurança Pública (Susp). Teve o objetivo de ser espaço de interlocução entre as instituições do sistema de justiça criminal e os órgãos de segurança pública, debatendo e propondo ações visando à redução da violência e da criminalidade. Trata-se de um fórum deliberativo e executivo, que atua em consenso e sem hierarquia, garantindo respeito à autonomia de cada um dos órgãos que o compõem. Existem Gabinetes de Gestão Integrada estaduais, municipais, distrital, de fronteira e regionais.

Podem e devem atuar ouvindo as demandas prioritárias da comunidade, a partir da promoção de audiências públicas, com líderes comunitários. O objetivo é o de difundir a filosofia de gestão integrada em segurança pública, a partir da elaboração de um planejamento estratégico das ações a serem executadas em âmbito local.

Cabe aos GGIs auxiliar na implementação das políticas vinculadas ao Plano Nacional de Segurança Pública e aos planos estaduais, distrital e municipais. Com isso, pretende-se que se crie e se alimente uma rede de intercâmbio e de troca de informações, experiências e propagação das melhores práticas de gestão. Tais atitudes contribuem para a construção de indicadores que possam medir a eficiência do sistema de segurança pública.

6.5 Conselho Nacional de Segurança Pública (CONASP)

É o órgão colegiado de cooperação técnica entre os entes federativos, no combate à criminalidade, subordinado diretamente ao Ministro da Justiça. Tem como principais finalidades a formulação da Política Nacional de Segurança Pública.

O Conasp segue o modelo tripartite, composto por membros da sociedade civil, gestores e trabalhadores da área de segurança pública. O conselho tem 9 conselheiros governamentais, 9 representantes de entidades dos servidores da segurança pública e outros 12 representantes de entidades e organizações da sociedade civil, cuja finalidade seja relacionada com as políticas de segurança pública.

Os representantes governamentais serão designados pelo Ministro da Justiça, e os demais serão eleitos mediante processo aberto a todas as entidades e organizações, cuja finalidade seja relacionada com as políticas de segurança pública, conforme convocação pública e critérios objetivos previamente definidos pelo Conasp.

Ao Conselho Nacional de Segurança Pública (Conasp) compete (conforme Decreto nº 7.413/2010):

> *I – atuar na formulação de diretrizes e no controle da execução da Política Nacional de Segurança Pública;*
>
> *II – estimular a modernização institucional para o desenvolvimento e a promoção intersetorial das políticas de segurança pública;*
>
> *III – desenvolver estudos e ações visando ao aumento da eficiência na execução da Política Nacional de Segurança Pública;*
>
> *IV – propor diretrizes para as ações da Política Nacional de Segurança Pública e acompanhar a destinação e aplicação dos recursos a ela vinculados;*
>
> *V – articular e apoiar, sistematicamente, os Conselhos de Segurança Pública dos Estados, do Distrito Federal e dos Municípios, com vistas à formulação de diretrizes básicas comuns e à potencialização do exercício das suas atribuições legais e regulamentares;*
>
> *VI – propor a convocação e auxiliar na coordenação das Conferências Nacionais de Segurança Pública e outros processos de participação social, e acompanhar o cumprimento das suas deliberações;*
>
> *VII – estudar, analisar e sugerir alterações na legislação pertinente; e*
>
> *VIII – promover a integração entre órgãos de segurança pública federais, estaduais, do Distrito Federal e municipais.*

6.6 Estratégia Nacional de Justiça e Segurança Pública (ENASP)

Foi constituída em 2010, por ato do Ministro de Estado da Justiça, do Presidente do Conselho Nacional do Ministério Público e do Presidente do Conselho Nacional de Justiça. Tem como objetivos planejar e implementar a coordenação de ações e metas nas áreas de justiça e segurança pública, em âmbito nacional, que exijam a conjugação articulada de esforços dos órgãos envolvidos.

A Enasp foi criada a partir da necessidade de planejamento conjunto de ações. Objetivou ainda a adoção de estratégias comuns pelos órgãos que compõem o sistema de justiça e de segurança pública, de modo que as ações estivessem voltadas para a plena eficácia dos programas desenvolvidos. A Enasp é instrumento, portanto, de efetivação da articulação transversal dos órgãos públicos para a consecução de fins específicos e comuns. Ela reúne representantes dos Poderes Executivo, Legislativo e Judiciário, do Ministério Público, da advocacia pública e privada, da Defensoria Pública, tanto em âmbito federal, quanto estadual.

Como estratégias de segurança integrada com o Judiciário, Ministério Público, Defensorias, para 2010 e 2011, foram selecionadas, a título de exemplo, as seguintes ações: dar maior efetividade na apuração de homicídios; erradicar carceragens em delegacias e criar um cadastro único de mandados de prisão. Atualmente, tal cadastro está no Banco Nacional de Mandado de Prisão, constante e aberto para consultas de quaisquer cidadãos.

6.7 Sistema Único de Segurança Pública (SUSP)

O Sistema Único de Segurança Pública ainda é um projeto de lei que tramita no Congresso Nacional, sob o nº 3.734/2012. Em que pese ainda não estar convolado em lei, algumas das medidas elencadas no presente capítulo fazem parte de iniciativas políticas que buscam articular as ações federais, estaduais e municipais, na área da segurança pública e da Justiça Criminal, ainda muito dispersas e pouco articuladas. É muito usual, na segurança pública, a atuação dispersa e solitária das forças policiais, com prejuízo ao enfrentamento da questão criminal.

Criou-se, pelo projeto, no âmbito do Ministério da Justiça, o Sistema Único de Segurança Pública (Susp), que deverá planejar, orientar e executar as ações de segurança pública em todo o território nacional, com o objetivo de garantir a eficiência das atividades policiais. O SUSP será integrado pelos órgãos mencionados no art. 144 da Constituição Federal de 1988 e pela Força Nacional de Segurança Pública que poderão atuar, em conjunto ou isoladamente, nas rodovias, ferrovias e hidrovias federais, estaduais ou distritais, no âmbito de suas respectivas atribuições.

Do projeto que está sendo discutido no Congresso Nacional, mas já é praticado a partir de normas e regulamentos, junto ao Ministério da Justiça e Senasp, é importante destacar os seguintes tópicos:

- O Susp busca uma visão democrática da segurança pública, dever do Estado, direito e responsabilidade de todos, exercida para a preservação da ordem pública e para a garantia dos direitos fundamentais, individuais e coletivos da pessoa humana". Os termos "ordem pública" e "garantias fundamentais" passam a ser completamente relacionados.

Como princípios de atuação dos órgãos policiais destacam-se no projeto do Susp:

- Proteção dos direitos humanos;
- Respeito aos direitos fundamentais e promoção da cidadania e da dignidade da pessoa humana;
- Resolução pacífica de conflitos;
- Uso proporcional da força;
- Eficiência na prevenção e repressão das infrações penais;
- Eficiência nas ações de prevenção e redução de desastres;
- Participação comunitária.

Ainda como diretrizes fundamentais tem-se que a segurança pública deverá ser prestada com observância das seguintes prioridades:

- Atendimento imediato ao cidadão;
- Planejamento estratégico e sistêmico;
- integração dos órgãos e instituições da segurança pública;
- Unidade de comando;
- Coordenação por cooperação e colaboração;
- Distribuição proporcional do efetivo policial;
- Deontologia policial comum;
- Utilização de métodos e processos científicos;
- Unidade de registro de ocorrência policial e procedimentos apuratórios;
- Uso de sistema integrado de informações e dados eletrônicos;
- Responsabilidade territorial;
- Qualificação para gestão e administração de conflitos;
- Prevenção e preparação para emergências e desastres e recuperação das áreas atingidas;
- Técnicas adequadas de controle de distúrbios civis.

POLÍTICAS DE SEGURANÇA PÚBLICA E SERVIÇOS PENAIS

A ideia do Susp é forjar uma articulação que não viole a autonomia dos Estados Federados. Não se trata de unificação, mas de integração prática entre os principais responsáveis pelo serviço de segurança. O sistema é único, mas as instituições que farão parte dele são diversas e autônomas, cada uma cumprindo suas responsabilidades. Servem de modelo para o SUSP as experiências de missões especiais e forças-tarefa, em que órgãos diferentes trabalham integrados, com pessoal qualificado, e objetivos, metas e metodologia bem definidos.

Resumidamente e conforme informações da Senasp/MJ, é possível informar os principais eixos do Susp:

- **Gestão unificada da informação:** uma central vai receber todas as demandas na área de segurança pública. A coleta de informações deverá auxiliar na redução da violência e na prevenção ao crime.
- **Gestão do sistema de segurança:** delegacias com perícia, polícia civil e polícia militar deverão ser implantadas para cuidar de determinadas áreas geográficas das cidades.
- **Formação e aperfeiçoamento de policiais:** os policiais civis e militares serão treinados em academias integradas. A Secretaria Nacional de Segurança Pública tem um setor de formação e aperfeiçoamento que já está trabalhando nos currículos das academias para definir o conteúdo desses cursos de formação, que levarão em conta sempre a valorização do profissional.
- **Valorização das perícias:** essa fase da investigação dos crimes receberá atenção especial.
- **Prevenção:** ações concretas para a prevenção e redução da violência nos Estados serão prioritárias. A Polícia Comunitária terá papel fundamental nesse processo.
- **Ouvidorias independentes e corregedorias unificadas:** serão criados órgãos para receber as reclamações da população e identificar possíveis abusos da ação policial. A corregedoria vai fiscalizar os atos dos policiais civis e militares. O objetivo é realizar o controle externo sobre a ação da segurança pública nos Estados.

O projeto institui também o Sistema Integrado de Educação e Valorização Profissional (Sievap), com a finalidade, dentre outras, de planejar, pactuar, implementar, coordenar e supervisionar as atividades de educação gerencial, técnica e operacional, identificando e propondo novas metodologias e técnicas de educação voltadas ao aprimoramento das suas atividades.

O sistema educacional integrado dos policiais contará com uma rede nacional de altos estudos em segurança pública, uma rede nacional de educação à distância e um programa nacional de qualidade de vida para segurança pública.

Como matriz curricular nacional, para os servidores da segurança pública, destina-se um referencial teórico, metodológico e avaliativo para as ações de educação. Essa mesma matriz curricular deverá ser observada nas atividades formativas de ingresso, aperfeiçoamento, atualização, capacitação e especialização na área de segurança pública, nas modalidades presencial e à distância. Ela deve ainda ser pautada nos direitos humanos, nos princípios da andragogia e nas teorias que enfocam o processo de construção do conhecimento.

> **Fique ligado**
>
> **Andragogia** é a arte ou ciência de orientar adultos a aprender, segundo a definição creditada a Malcolm Knowles, na década de 1970. O termo remete a um conceito de educação voltada para o adulto, em contraposição à pedagogia, que se refere à educação de crianças (do grego *paidós*, criança).
> Para educadores como Pierre Furter (1973), a andragogia é um conceito amplo de educação do ser humano, em qualquer idade. A UNESCO, por sua vez, já utilizou o termo para se referir à educação continuada.
> "Andragogia é a arte de causar o entendimento." - Franklin Wave

Um importante conceito trazido pelo Sistema Único é a noção de **segurança cidadã**. Essa noção consiste na situação política e social de segurança integral e cultura da paz, em que as pessoas têm, legal e efetivamente, garantido o gozo pleno de seus direitos fundamentais. A segurança cidadã se dá por meio de mecanismos institucionais eficientes e eficazes, capazes de prever, prevenir, planejar, solucionar pacificamente os conflitos e controlar as ameaças, as violências e coerções ilegítimas.

O projeto responsabiliza a União, estados, Distrito Federal e municípios na construção e execução de políticas públicas voltadas para a implementação da segurança cidadã. Concede-se efetividade às ações de prevenção da violência e da criminalidade e se tem, como meta, garantir a inclusão social e a igualdade de oportunidades, por meio de políticas públicas que garantam, conforme texto do projeto:

- **Prevenção primária:** centrada em ações dirigidas ao meio ambiente físico ou social, mais especificamente aos fatores ambientais que aumentam o risco de crimes e violências (fatores de risco) e que diminuem o risco de crimes e violência (fatores de proteção), visando reduzir a incidência ou os efeitos negativos de crimes e violências.
- **Prevenção secundária:** focada em ações dirigidas a pessoas mais suscetíveis de praticar crimes e violências, mais especificamente aos fatores que contribuem para a vulnerabilidade ou resiliência destas pessoas, visando evitar o seu envolvimento com o crime e a violência, bem como a pessoas mais suscetíveis de serem vítimas de crimes e violências, de modo a evitar ou limitar os danos causados pela sua vitimização.
- **Prevenção terciária:** consiste em ações dirigidas a pessoas que já praticaram crimes e violências, visando evitar a reincidência e promover o seu tratamento, reabilitação e reintegração familiar, profissional e social, bem como a pessoas que já foram vítimas de crimes e violências, de modo a evitar a repetição da vitimização e a promover o seu tratamento, reabilitação e reintegração familiar, profissional e social.
- **Prevenção situacional:** centrada em ações dirigidas à redução das oportunidades para a prática de crimes e violências na sociedade, por meio do aumento dos custos, aumento dos benefícios ou redução dos benefícios associados à prática de crimes e violências.
- **Prevenção social:** ações dirigidas à redução da predisposição dos indivíduos e grupos para a prática de crimes e violências na sociedade, visando enfrentar os problemas de fundo que criam condições para as pessoas ou grupos de risco, que chegam a incorrer em atos delitivos.

Tais conceitos, usuais em estudos criminológicos, conforme verificamos em lições passadas, passam a ser empregados expressamente em projetos legislativos, de modo a transpor a retórica academicista para se alcançar a prática.

Com efeito, a segurança pública é um bem democrático, cuja ausência e falhas afetam todos, indistintamente. Assim, ela é legitimamente desejada por todos os setores sociais; constitui um direito fundamental da cidadania; é uma obrigação constitucional do Estado; é, também, responsabilidade de todos.

Afirmar que o cidadão é o destinatário dos serviços de segurança pública significa reconhecer que compete à polícia trabalhar pelo estabelecimento das relações pacíficas entre os cidadãos. Para a obtenção de tais relações, é necessário o respeito às diferenças de gênero, classe, idade, pensamento, crenças e etnia. Deve-se criar ações de proteção aos direitos dos diferentes. Com isso, não se pretende a abdicação da força, mas seu uso - quando necessário - de forma proporcional.

NOÇÕES DE CRIMINOLOGIA

6.8 Política Nacional de Proteção aos Defensores dos Direitos Humanos (PNPDDH)

Foi instituído a partir do Decreto nº 6.044/2007, que aprova a Política Nacional de Proteção aos Defensores dos Direitos Humanos. Tem a finalidade de estabelecer princípios e diretrizes de proteção e assistência à pessoa física ou jurídica, grupo, instituição, organização ou movimento social que promove, protege e defende os Direitos Humanos. Vale lembrar que, em função de sua atuação e atividade nessas circunstâncias, os indivíduos ou grupos protegidos por essa política encontram-se em situação de risco ou de vulnerabilidade.

6.8.1 Princípios da PNPDDH

I – respeito à dignidade da pessoa humana;

II – não discriminação por motivo de gênero, orientação sexual, origem étnica ou social, deficiência, procedência, nacionalidade, atuação profissional, raça, religião, faixa etária, situação migratória ou outro status;

III – proteção e assistência aos defensores dos direitos humanos, independentemente de nacionalidade e de colaboração em processos judiciais;

IV – promoção e garantia da cidadania e dos direitos humanos;

V – respeito a tratados e convenções internacionais de direitos humanos;

VI – universalidade, indivisibilidade e interdependência dos direitos humanos; e

VII – transversalidade das dimensões de gênero, orientação sexual, deficiência, origem étnica ou social, procedência, raça e faixa etária nas políticas públicas.

6.8.2 Diretrizes gerais da PNPDDH

I – fortalecimento do pacto federativo, por meio da atuação conjunta e articulada de todas as esferas de governo na proteção aos defensores dos direitos humanos e na atuação das causas que geram o estado de risco ou vulnerabilidade;

II – fomento à cooperação internacional bilateral ou multilateral;

III – articulação com organizações não governamentais, nacionais e internacionais;

IV – estruturação de rede de proteção aos defensores dos direitos humanos, envolvendo todas as esferas de governo e organizações da sociedade civil;

V – verificação da condição de defensor e respectiva proteção e atendimento;

VI – incentivo e realização de pesquisas e diagnósticos, considerando as diversidades regionais, organização e compartilhamento de dados;

VII – incentivo à formação e à capacitação de profissionais para a proteção, bem como para a verificação da condição de defensor e para seu atendimento;

VIII – harmonização das legislações e procedimentos administrativos nas esferas federal, estadual e municipal, relativas ao tema;

IX – incentivo à participação da sociedade civil;

X – incentivo à participação dos órgãos de classe e conselhos profissionais;

XI – garantia de acesso amplo e adequado a informações e estabelecimento de canais de diálogo entre o Estado, a sociedade e os meios de comunicação.

6.8.3 Diretrizes específicas de proteção aos defensores dos Direitos Humanos

I – implementação de medidas preventivas nas políticas públicas, de maneira integrada e intersetorial, nas áreas de saúde, educação, trabalho, segurança, justiça, assistência social, comunicação, cultura, dentre outras;

II – apoio e realização de campanhas socioeducativas e de conscientização nos âmbitos internacional, nacional, regional e local, considerando suas especificidades, que valorizem a imagem e atuação do defensor dos direitos humanos;

III – monitoramento e avaliação de campanhas com a participação da sociedade civil;

IV – apoio à mobilização social e fortalecimento da sociedade civil; e

V – fortalecimento dos projetos já existentes e fomento à criação de novos projetos.

São diretrizes específicas de proteção aos defensores dos direitos humanos, no que se refere à **responsabilização dos autores das ameaças ou intimidações:**

I – cooperação entre os órgãos de segurança pública;

II – cooperação jurídica nacional;

III – sigilo dos procedimentos judiciais e administrativos, nos termos da lei;

IV – integração com políticas e ações de repressão e responsabilização dos autores de crimes correlatos.

São diretrizes específicas de atenção aos defensores dos direitos humanos que se encontram em **estado de risco ou vulnerabilidade:**

I – proteção à vida;

II – prestação de assistência social, médica, psicológica e material;

III – iniciativas visando à superação das causas que geram o estado de risco ou vulnerabilidade;

IV – preservação da identidade, imagens e dados pessoais;

V – apoio para o cumprimento de obrigações civis e administrativas que exijam comparecimento pessoal;

VI – suspensão temporária das atividades funcionais; e

VII – excepcionalmente, a transferência de residência ou acomodação provisória em local sigiloso, compatível com a proteção.

6.9 O Conselho Nacional de Combate à Discriminação e Promoção dos Direitos de Lésbicas, Gays, Bissexuais, Travestis e Transexuais (CNCD/LGBT)

É um órgão colegiado, integrante da estrutura da Secretaria de Direitos Humanos da Presidência da República (SDH/PR).

Com as políticas voltadas para a promoção da igualdade racial e para a população, o CNCD/LGBT é um órgão colegiado composto por trinta membros, sendo quinze representantes da Sociedade Civil e quinze do Governo Federal. Este órgão possui a finalidade de formular e propor diretrizes de ação governamental, em âmbito nacional, voltadas para o combate à discriminação, e para a promoção e a defesa dos direitos de Lésbicas, Gays, Bissexuais, Travestis e Transexuais (LGBT).

HISTÓRIA DO CEARÁ

HISTÓRIA DO CEARÁ

1 O PERÍODO COLONIAL

1.1 A ocupação do território

A polêmica sobre o descobrimento – ou achamento, como alguns historiadores costumam dizer – do Brasil, sempre foi tema de discussão e controvérsia, especialmente pelo fato de o marco inicial da chegada europeia não ter sido a Bahia, mas sim o Ceará. O descobrimento se deu de fato, no Ceará, mas o processo inicial de colonização se deu na Bahia.

Não é verdade que o Brasil foi descoberto a 22 de abril de 1500, no Monte Pascoal, região do Trancoso na Bahia: o fato é que o navegador espanhol do navio Nina, Vicente Pinzón, da Frota de Cristóvão Colombo, esteve no Mucuripe (Fortaleza-CE) muito antes de Cabral partir de Portugal comandando uma flotilha composta por 4 caravelas.

A descoberta não entrou nos registros oficiais em consequência das determinações do Tratado de Tordesilhas que demarcava essas Terras como pertencentes à Coroa Portuguesa. A Espanha, por sua parte, não tinha interesses de entregar de bandeja a descoberta de terra abaixo da linha do Equador.

O descobridor Vicente Pinzón chegou a batizar a Terra Nova com o nome de Santa Maria de la Consolación, em 2 de fevereiro de 1500, dia de Nossa Senhora das Candeias. Pouco depois, uma outra expedição espanhola, comandada por Diogo Lepe deixou nas Terras cearenses, no mesmo local onde esteve o comandante da nau Nina, um marco de sua passagem: uma grande cruz de madeira. Portanto dois meses antes do Português Pedro Alvares Cabral descortinar o Monte Pascoal, a Ponta Grossa do Mucuripe, atual Castelo Encantado (comunidade na cidade de Fortaleza), a região já estava nos mapas náuticos da coroa espanhola.

Em 1534 houve a divisão do Brasil em Capitanias Hereditárias, coube o Ceará ao português Antônio Cardoso de Barros, que, ao contrário dos espanhóis, nunca pôs os pés naquele chão. Em 1539, foi designado Luís Melo da Silva para a tarefa não cumprida por Cardoso de Barros, mas ele acabou naufragando nos mares do Maranhão. Curiosamente, quando o Ceará entrou oficialmente na História do Brasil, Portugal se encontrava sob o domínio da Espanha, que riscou do mapa a linha do meridiano de Tordesilhas. Isso se deu no ano de 1603 e o desbravador não era português ou espanhol, mas sim açoriano, Pero Coelho de Sousa, desbravador que obteve do 8º Governador Geral do Brasil, Diogo de Botelho, o Título para obter privilégios indispensáveis para a ousada Bandeira.

Os principais objetivos da bandeira lusitana no Ceará, entre outros, eram:

▷ expulsão dos franceses da Ibiapaba;
▷ pacificar os índios;
▷ criar uma Fortificação e fundar uma vila ou aldeamento;
▷ interligação do eixo Ibiapaba-Natal.

Em julho, seguiram 65 soldados e 200 índios pela Beira Mar, da Paraíba ao Ceará. Só descansaram na embocadura do rio Pirangi, que foi batizado de Siará, onde ficaram todo o resto do ano. Até que, em excursão na região de Ibiapaba, se depararam com piratas franceses, era 18 de janeiro de 1604 e o planalto da Ibiapaba foi palco da primeira batalha registrada nos anais da história brasileira, onde 17 companheiros tombaram mortos; mas a vitória foi brasileira; 10 mosqueteiros franceses foram aprisionados e os brasileiros fizeram as pazes com os morubixabas: Irapuã, Diabo Grande e Ibaúna. Pero Coelho ganhou fama, prestígio e o nome de Punaré.

De volta ao acampamento na Barra do Siará, ele levantou um fortim denominado São Tiago. Pero Coelho chamou de Nova Lisboa a localidade que pretendeu desenvolver em torno do fortim de São Tiago. E à Capitania deu o nome de Nova Lusitânia.

Em 1605-1606, Pero Coelho de Sousa registrou a primeira seca da história do Nordeste Brasileiro, o terrível flagelo foi inclemente e fulminou seus dois filhos pequenos de sede, em seguida, o filho mais velho de inanição, o que deixou o açoriano prostrado. Foi aí que entrou a figura da Mulher na história do Ceará: sua esposa, Tomásia, tomou a frente da trágica retirada e guiou, com energia e determinação, os sobreviventes. Dos 65 homens brancos e 200 índios que saíram regressaram pouco mais de meia dúzia deles, seminus e semimortos chegaram ao Forte dos Reis Magos.

1.2 Aldeamentos

Em 1607, já que Pero Coelho não havia levado nenhum sacerdote à sua bandeira, foram ao Ceará a Companhia de Jesus, os padres Francisco Pinto e Luís Filgueira. 60 índios os acompanhavam rezando o terço, cantando a ladainha e recitando o ofício de Nossa Senhora. Em pouco tempo aqueles homens que não tinham mulheres nem aceitavam as deles, fizeram amizades com os índios tabajaras, chamavam o padre Pinto de Pai Pina ou Amanaiara, "o que faz chover".

Fizeram amizades com grandes caciques como Diabo Grande, Algodão, Cobra Azul e Milho Verde. Os padres fundaram diversas aldeias e missões, até que, em 11 de janeiro de 1608, numa pequena capela de madeira e palha de catolé no alto da Serra da Ibiapaba, o ataque dos índios Tocarijus resultou em incêndio e morte de muitos, entre eles o Padre Francisco Pinto no momento em que celebrava o santo ofício.

Regressando de onde, no futuro, seria a cidade de Fortaleza, o Padre Luís Filgueira fundou um novo núcleo populacional, provavelmente nas proximidades do primeiro aldeamento, na Barra do Ceará, anteriormente criado por Pero Coelho.

Usando como marco desse aldeamento uma cruz de cedro, o padre batizou a nova comunidade de São Lourenço, por ser o santo do dia conforme a tradição católica da época. Em 20 de agosto de 1608, Padre Luís Filgueiras escapou protegido pelo filho do Tuxaua Diabo Grande, rumou de volta à Barra do Ceará e seguiu em um barco com Jerônimo de Albuquerque, Governador do Rio Grande do Norte. Esses Padres formaram um forte pacto entre os índios e a suas memórias foram reverenciadas por anos a fio.

Em fins de 1611, o açoriano Martim Soares Moreno (o "guerreiro branco", imortalizado na obra de José de Alencar, Iracema) veio colonizar o Ceará. Na Barra do Ceará, no mesmo local onde restava o fortim de São Tiago, levantado por Pero Coelho, Martim Soares Moreno reconstruiu o reduto, dessa feita sob a invocação de São Sebastião.

A aldeia criada em seu redor foi colocada sob a proteção de Nossa Senhora do Amparo. Em 1613, depois de passados algum tempo no Ceará, Martim partiu em direção ao Maranhão para expulsar os invasores franceses. Martim regressou ao Ceará em 1621, trazendo gado, mudas de cana de açúcar e a tentativa de melhoria da capitania.

Em 1631, Martim se viu forçado a combater os holandeses que haviam invadido Pernambuco. Sem a presença e a liderança de Martim Soares Moreno no Ceará, o pequeno núcleo lusitano não conseguiu resistir à invasão holandesa. Ele regressou a Portugal depois de 45 anos servindo ao Brasil.

O PERÍODO COLONIAL

Disputas entre nativos e portugueses

Depois de tomar posse de Pernambuco, Alagoas, Paraíba e Rio Grande do Norte, a expedição holandesa comandada por Jorge Gartsman e Coronel Hendrick Huss chegou, em 26 de outubro de 1637, ao Forte de S. Sebastião e o tomou em assalto. O português Bartolomeu de Brito Freire, que seguiu preso para Recife com vários feridos, comandava o Forte.

Naquele mesmo ano, a Barra do Ceará é ocupada por holandeses. Estabelece-se uma relação entre holandeses e indígenas marcada por inimizade, traições e constantes conflitos. Em 1644, essa relação de inimizade acabou levando ao massacre do contingente batavo (holandês) pelos índios da cercania.

O Ceará ficou, então, novamente entregue ao domínio indígena até a chegada de Matias Beck em 1649. A chegada de Matias Beck ao Ceará foi resultado de sua expulsão de Pernambuco e sua busca, em terras cearenses, por prata. Tomando conhecimento dos ataques sofridos pelo primeiro contingente, Matias Beck achou por bem transferir a fortificação e resolveu batizá-la de Forte Schoonenborch.

Em 1654, Matias Beck, que já há tempos vinha sendo assediado pelos índios e vivia na iminência de um ataque devastador, pois a fome há muito se abatera sobre os holandeses, rende-se ao português Álvaro de Azevedo Barreto. Sob o novo domínio português, a primeira mudança é a denominação do Forte de Schoonenborch para Forte de Nossa Senhora da Assunção.

Em 1660, após a restauração, o primeiro capitão-mor é nomeado e, em manifesto sinal de colonizar a terra, traz também sua família e procede o início do arruamento da pequena vila.

Em 13 de fevereiro de 1699, é criada por carta-régia a Vila do Ceará.

A Criação da Vila do Ceará ocasionou uma enorme disputa, principalmente devido a decisão da instalação do Pelourinho, que marca a demarcação da Vila, por carta régia. Em 25 de janeiro de 1700, o Pelourinho é instalado no aldeamento do Iguape, posteriormente denominado de Jacaúna.

Sesmarias

Entre 1679 e 1699, num período de 20 anos, foram doadas 261 sesmarias, o que representa uma média de 13 cartas por ano. No período entre 1700 e 1740, num período de 40 anos foram doadas 1.700 sesmarias, representando uma média de 42 sesmarias por ano. Foi nesse período que o conflito entre os povos indígenas e fazendeiros se tornou mais agudo.

À medida que a pecuária avançava para o interior da capitania, o conflito se acirrava, ao ponto de em 1706, o rei aprovar a ação do Capitão-mor do Ceará de distribuir armas à população branca, a fim de exterminar os indígenas:

Viu-se a vossa carta de 25 de dezembro do ano passado em que daí conta de ficarem nessa capitania as armas que por ordem mandou o governador de Pernambuco para a defesa dela representando-se ser conveniente o repartirem-se pelos moradores que não as têm, por se acharem armados na ocasião que se ofereça [...]

Simone Sousa, Adelaide Gonçalves, (et al,) in: **Uma nova história do Ceará.** Fortaleza, Fundação Demócrito Rocha, 2002, p.30,35.

A ocupação territorial cearense, se deu de forma contrária à do Brasil colônia. Enquanto a ocupação brasileira se deu do litoral para o sertão / interior, a ocupação cearense ocorreu no sentido inverso. A distribuição das sesmarias do Siará Grande seguiu os caminhos dos principais rios: Jaguaribe, Banabuiú, Salgado etc. Feitas as concessões nas margens destes rios, passaram-se às doações nos seus afluentes. A formação de adensamentos populacionais e vilas na capitania também estava ligada ao movimento de ocupação de terras para a criação de fazendas de gado e, em muitos casos, era a partir do fluxo do gado nestas áreas que as povoações começavam a ser formadas, como Icó, Aracati e Quixeramobim. A associação entre doação das sesmarias para o desenvolvimento da atividade da pecuária e o combate ao gentio foi feita, principalmente, no período que compreende o final do século XVII e a primeira metade do século XVIII.

Em 1702, a câmara se decidiu pela transferência da vila para a Barra do Ceará. Somente em 1706 o pelourinho voltou às imediações da Fortaleza. Entretanto, a câmara instituída insistia na transferência para a vila de Aquiraz, que somente se consolida em 27 de junho de 1713. Um mês depois da instalação, em cumprimento à ordem do rei, da Vila do Ceará no Aquiraz, o local foi atacado pelos índios Paiacus e da confederação dos Cariris, matando cerca de 200 pessoas. Só escaparam os que fugiram para Fortaleza, via Paupina, hoje Messejana.

Em 13 de abril de 1726, foi instalada a Vila da Fortaleza de Nossa Senhora da Assunção, pelo capitão-mor Manuel Francês. Os limites entre as duas vilas cearenses, São José de Ribamar de Aquiraz e Fortaleza de Nossa Senhora da Assunção, eram estabelecidos pelo riacho Precabura.

Por volta de 1750, surgiram, no Ceará (mais precisamente em Aracati, Granja, Camocim e Acaraú), várias oficinas de beneficiamento de carne de gado bovino, as charqueadas. Essas vilas e, posteriormente, cidades, litorâneas, embarcam as sumacas, embarcações que transportavam quantidade expressiva de carne de gado em direção a outras províncias. A exportação da carne-de-sol, do couro salgado de boi e de cabra trouxe as essas vilas, extraordinário desenvolvimento econômico, que, por sua vez, ampliaram as importações de móveis, tecidos, objetos de luxo, materiais de construção, sal e uma infinidade de produtos, que implantaram o comercio provincial.

Houve duas frentes de ocupação do território cearense: a do Sertão-de-fora, controlada por pernambucanos que vinham pelo litoral; e a do Sertão-de-dentro, dominada por baianos. Graças à pecuária e aos deslocamentos de pessoas das áreas então mais povoadas, praticamente todo o Ceará foi ocupado ao longo do tempo, levando ao nascimento de várias cidades importantes nos cruzamentos das principais estradas utilizadas pelos vaqueiros.

Ao longo do século XVIII, a principal atividade econômica cearense foi a pecuária, levando muitos historiadores a falarem que o Ceará se transformou em uma "Civilização do Couro", pois a partir do couro se faziam praticamente todos os objetos necessários à vida do sertanejo. O comércio do charque foi decisivo para a vida econômica do Ceará ao longo dos séculos XVIII e XIX. Com o couro, passou a existir uma clara divisão do trabalho entre as regiões do Estado: no litoral se encontravam as charqueadas e, no sertão, as áreas para criação de gado. O charque também permitiu o enriquecimento de proprietários de terras e de comerciantes, bem como o surgimento de um pequeníssimo mercado interno local.

Durante o auge do comércio do charque, a principal cidade cearense foi Aracati, mas também floresceram outros centros regionais, como Sobral, Icó, Acaraú, Camocim e Granja. Outra vila importante criada, a Vila de Aracati em 1748, em função do desenvolvimento do comércio e da indústria de carne.

A partir de 1758, as aldeias indígenas foram transformadas em vilas. Com a expulsão dos jesuítas, a administração dos povos indígenas passou para a orbita laica e os povos nativos foram igualados aos demais moradores. Uma nova legislação foi então adotada em relação aos povos nativos, sob a determinação do diretório pombalino, em que se garantia a liberdade destes; no entanto foi nomeado um diretor que, na prática, se transformou em feitor para controlar a força de trabalho na vila.

Outras cidades nasceram a partir de aldeamentos indígenas, onde os nativos (isto é, o que restava deles) eram confinados sob o controle de jesuítas, responsáveis por sua catequização e aculturação. Esse foi o caso de cidades importantes como Caucaia (outrora chamada Soure), Crato, Pacajus, Messejana e Parangaba (as duas últimas, atuais bairros de Fortaleza). Embora os indígenas cearenses tenham resistido até o início do século XIX, eles foram, em sua maior parte, massacrados.

1.3 Confederação dos Cariris (guerra dos bárbaros)

O mundo indígena se findou com o avanço das fazendas de gado do branco colonizador, que assassinava os índios, violentava-os e usurpava suas terras, e com a própria ação dos missionários católicos, que, na pretensão de catequizar os nativos, acabaram por destruir-lhes a cultura e o modo de viver. Os índios, todavia, jamais aceitaram passivamente a dominação do homem branco, reagindo de modo heroico contra as circunstâncias. Tal reação veio de diversas maneiras, como escapando dos aldeamentos, fugindo do cativeiro e se armando para lutar abertamente contra o invasor, atacando as vilas e as fazendas.

Um dos grandes exemplos da resistência indígena no Brasil se deu com a chamada "Guerra dos Bárbaros" ou "Confederação dos Cariris", que durou cerca de 30 anos (1683-1713), na qual nativos do Rio Grande do Norte e, principalmente, do Ceará, e alguns de Pernambuco, Piauí e Parnaíba se uniram em uma confederação para enfrentar o conquistador branco. Os cariris ocupavam a vastíssima região compreendida entre a margem esquerda do Rio São Francisco e as quebradas das serras do Araripe e da Ibiapaba.

Habitavam o sertão, mas, ao longo dos rios e de suas cabeceiras, se estendiam até as proximidades da costa ou para lá se dirigiam de outubro a novembro, para a colheita do caju, que usavam como alimento e na fabricação do vinho denominado mocororó. Em face da gravidade da situação, dos pedidos de socorro que lhe chegavam das zonas conflagradas, não dispondo de forças suficientes para reprimir a revolta, frei Manuel da Ressurreição, então no governo-geral do Brasil, decidiu requisitar bandeirantes de São Paulo e de São Vicente, para acabar com a anarquia.

A presença dos paulistas não evitou que a guerra entre os brancos e os silvícolas confederados se dilatasse anos seguidos das fronteiras do Rio Grande do Norte ao interior do Ceará. Os Baiacus foram os mais terríveis e constantes inimigos dos colonizadores na zona do baixo Jaguaribe.

No ano de 1713, a Confederação se mostrou ainda viva na revolta geral desencadeada pelos Baiacus, Anacés, Jaguaribaras, Acriús, Canindés e Jenipapos, que forçaram os Tremembés a segui-los. A vila do Aquiraz, então sede da Capitania, foi inopinadamente atacada. Na sua defesa, morreram 200 pessoas. O resto da população fugiu, se defendendo como pôde pelo caminho, indo se acolher à proteção dos canhões da fortaleza de Nossa Senhora da Assunção na foz do Pajeú.

Entrou, então, em ação o famoso regimento de ordenanças do coronel João de Barros Braga. Essa cavalaria, vestida de couro como os vaqueiros e composta de homens conhecedores do terreno em que pisavam, bem como do modo de guerrear dos indígenas, exterminou em violentíssima guerra de morte, que subiu pelo vale do Jaguaribe ao do Cariri e aos confins piauienses. Assim, acabou melancolicamente a terrível Confederação dos Cariris que, durante 30 anos, trouxe em sobressalto as gentes que iam povoando e civilizando as terras do Rio Grande do Norte e do Ceará.

2 O PERÍODO IMPERIAL

2.1 O Ceará no processo de independência

Para se entender o processo de independência ocorrida no Ceará, é necessário analisar a estrutura política da época. Existiam dois grandes partidos, os corcundas, políticos vinculados à metrópole, e os patriotas, ditos nacionalistas. Num ato político que visava um maior controle do país, o governo central decide realizar eleições para a formação de juntas governamentais provinciais. Essa decisão criou um ambiente propício para o aumento de antigas rusgas políticas e pessoais entre os políticos cearenses. A demora na realização das eleições arrefeceu os ânimos, causando, assim, um movimento pró-independência comandado por Tristão Gonçalves e José Pereira Filgueiras (ambos haviam participado da Revolução de 1817).

A eleição foi marcada para o dia 16 e outubro de 1822, após a Proclamação da Independência do Brasil, fato que o Ceará ainda não tomara conhecimento. Reuniu-se o colégio eleitoral em Icó e exigiram a renúncia da junta governativa de Porbém Barbosa. Essa exigência deflagrou uma série de conflitos no Cariri, região Jaguaribana e até mesmo em Fortaleza. Em seguida elegeram, finalmente, representantes cearenses para a assembleia constituinte brasileira e um novo governo para a província, ligado aos patriotas, formando, assim, um governo temporário.

Foram eleitos os seguintes representantes: José Pereira Filgueiras, do Crato (presidente), Vigário Antonio Manoel de Souza, de Jardim, José Joaquim Xavier Sobreira, de Lavras, Tenente coronel Antônio Bezerra de Menezes, do Icó, Francisco Fernandes Vieira, de São Mateus, Joaquim Pinto de Almeida e Castro, de Quixeramobim. Todos homens do campo, agricultores e criadores.

Em 23 de janeiro de 1823, Pereira Filgueiras chegou a Fortaleza e assumiu o governo cearense. A câmara municipal corcunda foi dissolvida e políticos portugueses foram perseguidos. Em 23 de março de 1823, a vila de Fortaleza foi elevada à condição de cidade, recebendo o nome de Fortaleza de Nova Bragança em homenagem à família real portuguesa de Orleans e Bragança.

2.2 Confederação do Equador

O século XIX também foi marcado por alguns movimentos revolucionários e conflitos. Em 1817, alguns cearenses, liderados pela família Alencar, apoiaram a Revolução Pernambucana. O movimento, no entanto, ficou restrito ao Cariri e, especialmente, à cidade do Crato, e foi rapidamente sufocado. m 1824, já após a independência, os mesmos ideais republicanos e liberais apareceram em um movimento mais amplo e organizado: a Confederação do Equador. Aderindo aos revoltosos pernambucanos, várias cidades cearenses, como Crato, Icó e Quixeramobim, demonstraram sua insatisfação com o governo imperial.

Em 9 de janeiro de 1824, sob o comando do padre Inácio de Loiola Albuquerque e Melo (Pe. Mororó), na câmara de Campo Maior de Quixeramobim, declarou excluído do trono D. Pedro I e decaída a dinastia Bragantina, proclamando assim, a República, com um governo a ser entregue a José Pereira Filgueiras. Outras vilas se negaram a jurar a constituição outorgada por D. Pedro I, entre elas, as vilas do Crato, Aracati e Icó. frente do movimento militar e no comando das tropas de resistência, estavam Tristão Gonçalves e Pereira Filgueiras, que se encarregaram de tomar a capital. Em fins de fevereiro de 1824, Tristão e Filgueiras chegaram a Fortaleza, acompanhados dos exércitos dos confederados, no intuito de ajudar o governo provisório instalado em Fortaleza, que sofria uma forte pressão dos "corcundas" (monarquistas). O deputado constituinte, José Martiniano de Alencar, depois da dissolução dela, se encarregou, juntamente com Paes de Andrade, de divulgar os ideais republicanos no Ceará, pois era um campo fértil, dada a indignação com o autoritarismo de D. Pedro I e sua carta magna outorgada.

Em abril de 1824, foi publicado o jornal Diário do Governo do Ceará, sob a direção de Pe. Mororó. O clima de tensão aumentou quando chegou, em Fortaleza, José Costa Barros, presidente nomeado por D. Pedro I para substituir o governo provisório.

O problema era que Costa Barros era ligado aos monarquistas (corcundas), o que muito desagradou ao movimento confederado. Em 15 de abril, os confederados, sob o comando de Pereira Filgueiras, se retiraram para Arronches (Parangaba) e iniciaram a organização da resistência ao governo central. Em 28 de abril, a cidade de Fortaleza foi invadida e o presidente Costa Barros foi intimado a renunciar em favor de Tristão Gonçalves.

Em 26 de Agosto de 1824, o grande conselho se reuniu em Fortaleza, a fim de definir as diretrizes políticas do movimento, ficando determinadas a independência do Ceará, a adesão a Confederação do Equador e a Proclamação da República. Sendo eleito como presidente da República cearense, Tristão Gonçalves de Alencar Araripe, tendo como secretário Pe. Mororó. Em 12 de setembro do mesmo ano, as forças monarquistas tomaram Recife e começaram a desbaratar o movimento. O Presidente Paes de Andrade fugiu para Europa, os revolucionários Frei Caneca e Agostinho Bezerra, se embrenharam no Sertão com o intuito de juntarem as forças resistentes do Ceará. Em 29 de setembro, Frei Caneca e Agostinho Bezerra foram presos em Missão Velha e conduzidos a Recife, mas o Ceará continuou ainda, mesmo que sozinho, dando combate às forças monarquistas, que então se instalaram em Icó.

Nesse momento, o movimento confederado dentro do Ceará começou a ter dissidências internas e uma onda de violência, assassinatos, saques e estupros ocorreram sertão a fora, tanto causados pelos soldados confederados quanto pelas forças monarquistas, que aproveitavam o momento para a desforra. Isso acabou por minar o movimento.

As vilas que apoiavam o movimento republicano, então se voltaram para o lado monarquista e os revoltosos, se viram sozinhos. Em 18 de outubro de 1824, atracou em Fortaleza a divisão naval imperial, comandada pelo mercenário Lorde Cochrane, que exigia o fim imediato da rebelião e mantinha José Felix como presidente da província. Em 31 de outubro, no Cariri, Tristão foi emboscado e morto em Santa Rosa (Jaguaribara). José Martiniano foi preso e conduzido ao Rio de Janeiro, onde pediu perdão ao imperador e negou a participação no movimento. Por se tratar de um líder político de grande importância no Nordeste, foi perdoado em 1825.

Pereira Filgueiras se rendeu ao companheiro de armas, Reinaldo de Araújo Bezerra, mas morreu enquanto era conduzido ao Rio de Janeiro, possivelmente de tifo. Em abril de 1825, se instalava em Fortaleza uma comissão militar, que deveria julgar os "revolucionários" cearenses. Foram condenados à pena capital: Pe. Mororó, João Andrade de Pessoa Anta, Francisco Miguel Pereira Ibiapina, Feliciano José da Silva Carapinima, Luis Inácio de Azevedo Bolão, Frei Alexandre da Purificação, Antônio Bezerra de Souza Menezes e José Ferreira de Azevedo.

Os três últimos tiveram a pena comutada em degredo para Amazônia. (Sousa Menezes, morrera antes no Cariri). Os condenados deveriam ser enforcados, mas, por falta de quem executasse a sentença como carrasco, foram arcabuzados, no campo da pólvora, hoje passeio público, na atual praça dos mártires, centro da cidade de Fortaleza.

2.3 Ciclo do algodão

As secas sempre fizeram parte do imaginário e do cotidiano dos cearenses, e foi justamente esse fenômeno climático e socioeconômico que criou condições para o surgimento e desenvolvimento urbano da região. Com o declínio do ciclo da pecuária no final do século XVIII, teve início um novo ciclo que transformou a economia do Ceará e, consequentemente, a de Fortaleza: o ciclo do algodão, também chamado de ouro branco.

Até então, a cotonicultura era uma atividade secundária, praticada paralelamente à pecuária. Sua produção se destinava basicamente ao mercado do Recife. Mas, com o advento da Revolução Industrial, na Inglaterra, que impulsionou a fabricação de tecidos, a demanda por algodão cresceu acentuadamente. Assim, o Ceará passou a produzi-lo em larga escala.

A trégua nos ciclos das secas, que se estabeleceu entre 1831 e 1876, criou as condições ideais para o florescimento e ampliação da cultura do algodão. A posição geográfica da província, as terras disponíveis no interior e os rios, ainda que intermitentes, foram fundamentais para o desenvolvimento dessa cultura, que se adequava perfeitamente ao clima da região. "A Inglaterra não demorou a consumir o algodão brasileiro. [...] Ao porto de Mucuripe chegavam mais navios, na maioria britânicos, em busca da pluma. [...] Vinham carregados de escravatura, açúcar, farinha, cachaça e outros gêneros de consumo", diz Raimundo Girão, em Geografia Estética de Fortaleza, sobre o período.

Com o fluxo comercial decorrente do algodão, surgiram os primeiros estabelecimentos de negócios estrangeiros em Fortaleza. A cidade passou a receber, então, os mais variados produtos importados.

2.4 Fortaleza na belle époque

Nesse período, a região passou por transformações que alteraram suas estruturas econômicas e sociais. Mudanças que tiveram suas origens no início do século, com o crescimento das exportações do algodão no mercado internacional. A partir de 1840, a cidade passou a ter exclusividade do movimento de exportação e importação da província, conquistando hegemonia perante as demais cidades cearenses.

Na década de 60, as exportações do algodão foram estimuladas devido à "suspensão temporária da demanda do algodão norte-americano para a Europa, causada pela Guerra de Secessão nos EUA, o que lhe conferiu crescimento comercial, tornando-a centro urbano, econômico, financeiro e social do Ceará" Esse produto deixou suas marcas na economia e na sociedade cearense.

O algodão foi o primeiro produto agrícola de exportação alternativo ao açúcar, contribuiu para melhor aparelhamento urbano de algumas vilas, com destaque para Fortaleza, atraiu o interesse de casas comerciais estrangeiras e se efetivou como produção paralela ao poder econômico da pecuária. Na década de 1870, em meio a esse crescimento econômico, foi inaugurada a Estrada de Ferro Baturité que dinamizou o transporte de pessoas e do algodão, encurtando distâncias e tempo.

Além das mudanças de ordem econômica, a partir da década de 1860, se iniciou na cidade um processo de remodelação sócio-urbana que significou a inserção da capital cearense no contexto da "belle époque" através de transformações que afetaram a configuração da sociedade.

A planta de Fortaleza de 1856, elaborada pelo Padre Manoel do Rêgo Medeiros, visava orientar as ruas de Fortaleza de acordo com a sua funcionalidade. Observa-se claramente também uma preocupação estética com o ordenamento das travessas e alamedas, já que a denominação "rua", ainda era pouco usual na época.

Em 1872, foi criada a Academia Francesa do Ceará, que visava à divulgação das teorias cientificistas, *darwinistas* e evolucionistas que estavam em voga na Europa. A penetração de novas ideias originárias da Europa, marcou as atitudes das camadas dominantes diante da configuração do espaço urbano e de sua relação com as camadas populares. As construções do Lazareto da Lagoa Funda (1856), da Santa Casa de Misericórdia (1861) e do cemitério São João Batista (1866), mais afastado do perímetro urbano e a iluminação a gás, figuraram entre as principais medidas de racionalização do espaço e disciplinarização dos corpos, marcas de uma nova mentalidade que ia se delineando.

Para disciplinar a crescente urbanização de Fortaleza, o engenheiro e arquiteto Adolfo Herbster, contratado de Pernambuco pelo governo cearense, elaborou, em 1875, a "Planta Topográfica de Fortaleza e Subúrbios" com o objetivo de adaptar Fortaleza ao seu crescimento econômico na configuração do mercado internacional, viabilizando a circulação e o controle de mercadorias e pessoas. Esse processo foi interrompido temporariamente de 1877 a 1879, devido à trágica seca que assolou a província e expulsou dos sertões cerca de 100 mil retirantes.

Os retirantes migraram, em sua maioria, em direção à capital em busca de sobrevivência, se instalaram em abarracamentos localizados na periferia de Fortaleza ou ficaram desabrigados, dormindo embaixo de árvores e perambulando pelas ruas da capital. Esse quadro foi descrito com propriedade pelo farmacêutico Rodolpho Theóphilo:

> *Poucos eram os retirantes abarracados. A quase totalidade deles morava em ruins palhoças, ou vivia de todo desabrigada, à sombra dos cajueiros, nos subúrbios da capital [...]*
> (THEÓPHILO,1997 p.7).

A cidade, que possuía aproximadamente 25 mil habitantes, passou a ter uma população de cerca de 130 mil pessoas durante a seca. Desses retirantes, quase a metade morreu assolada pela epidemia de varíola que abateu a cidade, devido às precárias condições higiênicas encontradas nesse cenário de miséria e inchaço populacional. O mesmo memorialista atesta a respeito das consequências do desastre que desestabilizou a economia da província e provocou significativas modificações no cotidiano da cidade:

> *Tinha Fortaleza o aspecto da sombria desolação. A tristeza e o luto estavam em todos os lares. O comércio completamente paralisado dava às ruas mais públicas a feição de uma terra abandonada. Os transeuntes que se viam eram vestidos de preto ou mendigos dos lazaretos com os sinais recentes de bexiga confluente que lhes esburacou a cara e deformou o nariz [...]*
> (THEÓPHILO,1997, p. 23).

Na tentativa de minimizar a situação dos acometidos pela varíola ou dos apenas tangidos pela seca, se criou os abarracamentos. Esses abarracamentos tinham funções diversas, como a de manter a política de aformoseamento que se instalara havia algum tempo na cidade. Além de isolar a população pobre da população mais abastada, daí, esses abarracamentos se localizarem, em sua maioria, na porção Oeste da cidade, dentro de uma visão higienista, obedecendo à orientação dos ventos que sopram na capital no sentido Leste-Oeste.

2.5 Escravidão no Ceará

A introdução da mão de obra escrava no Ceará se acentuou no fim do século XVIII, quando a lavoura algodoeira, juntamente com a pecuária, ainda formava grandes atrativos populacionais em direção a província. A maioria dos escravos que se destinavam ao Ceará era originária do eixo Congo-Angola, onde prevalecia a cultura Bantu. Em 1819, a população escrava cearense orbitava o percentual de 28%. Depois desse período, a população começa a declinar. Esse declínio possui diversas explicações, entre elas, o processo de miscigenação, as dificuldades climáticas, o tráfico interprovincial, as mortes e assim por diante. Em 1872, a população escrava já era da ordem de 4,4%, muito aquém da população escrava existente em outras províncias como Rio Grande do Norte, Bahia e Pernambuco, que já haviam integrado o circuito de produção canavieira.

As primeiras "peças" foram adquiridas com o intuito de explorar as ilusórias minas de prata do Cariri, posteriormente essa mão de obra migrou para atividades rurais e nos novos centros urbanos, como Fortaleza e Aracati, a atividade de "escravos de ganho". Os escravos no Ceará atuaram nos mais diversos trabalhos, para além da lida agrícola. Em 1881, a província possuía em torno de 24.245 escravos, um número irrisório quando comparado ao contexto nacional. 34,7% deles eram ligados às atividades rurais, enquanto 19,5% trabalhavam em atividades urbanas e 45,7% não tinham profissão. Em Fortaleza, Saboeiro, Aracati e Acaraú, a população negra / escrava urbana era maior que a população escrava rural. Ainda no fim do século ocorreu um acontecimento que merece destaque: o Ceará viveu seu processo de abolição da escravidão.

A atuação das sociedades libertadoras, que se proliferaram na segunda metade do século, influenciou diretamente na abolição (1883-1884), antecipada em relação ao restante do Império. Porém, convém ressaltar que a escravatura nunca foi um fator preponderante na economia da província, dado que, anteriormente ao cultivo de algodão, a principal atividade econômica era a pecuária extensiva, que não demandava um número significativo de mão-de-obra.

Havia muitos trabalhadores pobres na capital cearense, geralmente, trabalhadores de rua, sem local fixo de trabalho. Em momentos de seca e epidemia, muitos se tornavam carregadores de cadáveres, empregando-se temporariamente na Santa Casa. Em períodos normais, se dividiam em vários trabalhos, como: vendedores de carne, aguadeiros, vendedores de frutas, acrobatas e quimoeiros. Outros eram pedintes, batiam nas portas das casas, mostrando as chagas deixadas pela varíola. A cidade era cenário de um conflito explicitado pelo crescente desenvolvimento urbano.

A própria seca passou a criar mais ocupações para os segmentos menos privilegiados, como no caso dos quimoeiros e gatos pingados. Outra consequência foi o aumento populacional, gerando aumento da demanda de gêneros de primeira necessidade. Chama a atenção a vila do Crato em 1804, com uma população residente de 20.681, dos quais 67,5% era de "pretos e pardos" livres e cativos. Em Sobral, essa porcentagem chegava a 72%.

Mais tarde, com o surto da lavoura algodoeira, ainda em meados do século XVIII, se acentuou uma demanda por mão-de-obra, configurando maior presença de trabalhadores livres e escravos. Porém, a partir de 1850, com a promulgação da Lei Eusébio de Queiroz, o Ceará, no contexto do tráfico interprovincial, começou a exportar seus escravos. A mão de obra escrava no Ceará se fez presente em todo o campo de trabalho, seja no espaço rural, seja no urbano. A mão de obra escrava foi amplamente empregada nas mais variadas funções e atividades, desde a lavoura até escravos de aluguel e ganho. O escravo era um investimento de alto risco. A "peça" era cara, podia morrer ou fugir, o que acarretaria enormes prejuízos aos seus donos.

Os escravos, mesmo sujeitos a uma série de limitações impostas pelo sistema escravista, buscavam a construção de determinados espaços que lhes permitissem conquistar momentos de autonomia, direito e liberdade.

2.6 Processo de abolição no Ceará

Um conjunto de fatores propiciou condições para que o Ceará fosse pioneiro no processo de abolição da escravatura no Brasil, a saber:
▷ As secas periódicas, que debilitavam ou destruíam as "peças";
▷ O tráfico interprovincial iniciado em 1850, demandando muitos escravos para as províncias do Sul e do Sudeste;
▷ Os elevados custos dos escravos: um escravo chegava a custar o preço equivalente a 25 vacas. Associado à existência de um pequeno contingente de escravos na segunda metade do século XIX na província.

A campanha abolicionista cearense começou a se intensificar a partir do momento em que as províncias do Sul passaram a criar leis que dificultavam o tráfico interprovincial, elevando, assim, os impostos sobre os cativos e deixando de ser um negócio outrora lucrativo. Com os preços em baixa, a ocorrência de uma seca devastadora (1877-79) associada a um surto de varíola hemorrágica, surge o espírito "abolicionista" cearense. Em 1879, surgiu o movimento Perseverança e Porvir, fundado por jovens, a maioria associada ao comércio de Fortaleza, como José do Amaral, Manuel Albano Filho, Alfredo Salgado e outros. Eles promoviam reuniões, debates e formavam fundos para compra de cartas de alforria, geralmente para mulheres e crianças.

Em 1880, esse movimento mudou para a denominação de Sociedade Cearense Libertadora, com a entrada de novos sócios, entre eles, Pedro Borges, João Cordeiro, Justiniano de Serpa e os irmãos Amaral (José e Isaac), que empregaram um maior radicalismo ao movimento, chegando a "roubar" alguns escravos e contrabandeá-los para outras províncias. Mas, excetuando esses rompantes, a sociedade se mantinha tão pacata quanto a "Perseverança e Porvir". Um destaque da sociedade libertadora, foi a criação do jornal "O Libertador", no intuito de mobilizar a sociedade para a causa abolicionista.

Dissidentes da sociedade libertadora, que consideravam o movimento radical, fundaram o "Centro Abolicionista", entre eles Guilherme Studart (futuro Barão de Studart), Júlio César Fonseca e João Lopes Ferreira Filho. Existiu ainda a Sociedade das Senhoras Libertadoras, presidida por Maria Tomásia Filgueira Lima e o Clube Abolicionista Caixeral, promovido pelos do comércio. Em 1883, surgiu a Libertadora Estudantil, que reunia estudantes do Liceu, Ateneu e Instituto Cearense de Humanidades e outros estabelecimentos, presidida por Antônio Papi Júnior.

A participação popular, se fez sentir principalmente pela atuação dos jangadeiros, que promoviam o embarque e o desembarque das "peças" dos navios que transportavam em direção as outras províncias. Os abolicionistas Pedro Artur de Vasconcelos e José do Amaral, convenceram jangadeiros a promoverem uma greve para impedir o desembarque dos escravos, entre eles o jangadeiro e escravo alforriado José Luís Napoleão e Francisco José do Nascimento, o Dragão do Mar.

No dia 27 de janeiro de 1881 os jangadeiros se recusaram a conduzir alguns escravos para o Favor Pará. Rapidamente, a notícia ganhou as ruas de Fortaleza, surgiu uma voz anônima que transformou a história em brado: "No porto do Ceará não se embarcam mais escravos!". No dia 30 de agosto de 1881, 6.000 pessoas se reuniram no porto em uma nova manifestação: bradavam o lema que nortearia a campanha abolicionista daí por diante: "No porto do Ceará não se embarcam mais escravos!".

Em 1882, o "Marechal Negro", José do Patrocínio, visitou o Ceará no intuito de incrementar ainda mais a campanha abolicionista. Sua permanência no Ceará, ocorreu exatamente quando entrou em ação no Ceará um programa sistemático de libertação de cativos, de rua a rua, depois bairros, depois vilas, até atingir toda a província. A escolha de Acarape, se deu devido à proximidade da capital e por existirem, ali, apenas 32 escravos para serem libertados. No dia 1º de janeiro de 1883, Acarape passou a ser o primeiro núcleo urbano do país a libertar seus cativos. Daí a mudança de Acarape para Redenção. Depois desse evento, outros mais desencadearam a abolição no restante da província, entre eles o aumento extorsivo dos impostos sobre os escravos, o que inviabilizava a manutenção do sistema escravista. Assim, no dia 25 de março de 1884, a abolição ocorreu em toda a província do Ceará.

HISTÓRIA DO CEARÁ

3 O PERÍODO REPUBLICANO

3.1 O dia dos mil mortos

No período de seca de 1877 a 1879, apesar das iniciativas governamentais e privadas, a situação em Fortaleza era caótica. Os serviços públicos foram paralisados, os equipamentos urbanos foram danificados, as ruas e as praças ocupadas por abarracamentos fétidos por onde as epidemias se espalhavam com a maior facilidade. A varíola hemorrágica provocava uma grande mortandade entre os retirantes e os habitantes da cidade. O farmacêutico Rodolfo Teófilo calculou que em dezembro de 1878, estavam acometidos pela doença cerca de 80.000 pessoas.

O dia 10 de dezembro ficou conhecido como o dia dos mil mortos, pois 1004 cadáveres foram encaminhados ao cemitério, sendo que 230 ficaram insepultos devido à sobrecarga de trabalho para os coveiros. Em Fortaleza, os conflitos não demoraram a aparecer. Além dos roubos e furtos de alimentos realizados pelos retirantes, protestos e manifestações transformaram a cidade num palco de guerra, muitas vezes com vítimas fatais. Normalmente, esses protestos tinham por origem o atraso no pagamento das rações de alimentos aos trabalhadores nas obras públicas ou a insuficiência para o pagamento total.

Nogueira Accioly deveu ao sogro sua ascensão política. Sua grande oportunidade política se deu quando Bezerril Fontenelle assumiu o governo no quadriênio de 1892 a 1896, pois passou a ser vice-presidente do estado. Quando da sucessão de Bezerril Fontenele, este indicou Accioly para substituí-lo. Bezerril havia ganhado algum prestígio durante o seu governo, sendo Accioly eleito presidente do Ceará no quadriênio de 1896 a 1900. Frustrando todas as expectativas do povo cearense, Accioly utiliza do poder para desenvolver a sua oligarquia. Tinha todo o apoio dos governos federal e estadual, para os quais era considerado um homem honrado e íntegro. Assim, manipulou a política de forma que favorecesse familiares e correligionários. Accioly não deu prioridade a setores responsáveis pelo desenvolvimento do estado.

Preferiu se voltar para a construção de obras das quais pudesse tirar vantagem pessoal. Como exemplo, podemos citar a construção de cinco pontes sobre o rio Pacotí, encomendadas à França através da Casa Boris Fréres. O dinheiro das pontes apareceu nas contas do Estado, mas as pontes nunca foram construídas. Não podemos esquecer de dizer que Boris era correligionário de Accioly.

Durante a seca que assolou o estado em 1898 e 1900, a oligarquia Acciolina fez vistas grossas ao sofrimento sertanejo. Além da fome, ocorreu no estado uma epidemia de varíola. Rodolfo Teófilo, opositor de Accioly, fabricava vacina contra a varíola, saia conscientizando o povo e aplicando-a em quem permitisse. O grupo Acciolino perseguiu Teófilo, alegando que ele agia assim para desmoralizar o governo. Terminando o seu quadriênio, Accioly foi substituído por Dr. Pedro Borges, que, a princípio, quis se voltar contra seu antecessor, mas acabou fazendo um acordo com ele. Acordo que beneficiou a ambos. Borges governou o Ceará até 1904, com grande influência de Accioly. Durante o governo de Borges, foi criada a Academia Livre de Direito do Ceará, feita com um único propósito: beneficiar os filhos de Accioly. A oposição e o povo de Fortaleza continuaram a luta contra o domínio Acciolino, mas ainda não foi dessa vez. Em 1908, Accioly foi eleito novamente presidente do Ceará, governando de 1908 a 1912, quando foi deposto. Muitos movimentos surgiram para derrubar Accioly do poder.

3.2 Passeata das crianças

O mais importante deles foi a Passeata das Crianças. Liderada por mulheres cearenses, cerca de seiscentas crianças, todas vestidas de branco, com laços verdes e amarelos e ostentando no pescoço um medalhão do coronel Franco Rabelo, desfilaram pelas ruas de Fortaleza, cantando e sendo olhadas por, mais ou menos, oito mil pessoas.

O Babaquara, como era conhecido Accioly, enviou a polícia para combater o movimento. A polícia agiu com rigor, tendo ocasionado a morte de várias pessoas. A reação de Accioly causou revolta no povo fortalezense, que se armou com o que pôde para tirar o Babaquara do poder. Accioly resolveu então renunciar. O responsável pelas negociações foi coronel José Faustino. A oposição aceitou a renúncia de Accioly desde que se cumprissem algumas condições, entre elas:

▷ Accioly jamais seria candidato ao governo do Ceará;
▷ Se comprometeria a não aceitar qualquer ajuda do Governo Federal para recolocá-lo no governo do estado;
▷ Deixaria de imediato o Palácio da Luz e se abrigaria no Quartel da Inspetoria do Ceará aguardando o primeiro navio que o levasse junto com a família para o Sul;
▷ **Deixaria dois reféns:** José Accioli e Granco Cardoso, tutelados, mas com livre trânsito.

3.3 Sedição de juazeiro

A guerra que tomou conta do Ceará entre dezembro de 1913 e março do ano seguinte refletiu a situação da política interna do país, caracterizada pela disputa das oligarquias pelo poder. A vida política brasileira era marcada pelo predomínio de poucas famílias no comando dos estados; as oligarquias se utilizavam da prática do coronelismo para manter o poder político e econômico. No início de 1912, a "Política de Salvações" do presidente Hermes da Fonseca atingiu o Ceará. A prática intervencionista acompanhada de um discurso moralizador serviu para derrubar o governador Nogueira Accioly, representante das oligarquias tradicionais do estado, em especial da região do Cariri, no poder a quase 25 anos.

Em abril do mesmo ano, foi eleito o coronel Franco Rabelo como novo governador do Ceará, representando os grupos intervencionistas e os interesses dos comerciantes. Rabelo procurou diminuir a interferência do governo federal no estado e demitiu o prefeito de Juazeiro do Norte, o Padre Cícero. O conflito envolveu, de um lado, o novo governador eleito, Franco Rabelo e as tropas legalistas, e, de outro, as tropas de jagunços comandadas por Floro Bartolomeu, apoiadas pelo padre Cícero e pelos coronéis da região do Cariri, contando ainda com o apoio do senador Pinheiro Machado (RS), desde a capital.

O movimento armado se iniciou em 9 de dezembro de 1913, quando os jagunços invadiram o quartel da força pública e tomaram as armas. Nos dias que se seguiram, a população da cidade se organizou e se armou, construindo uma grande vala ao redor da cidade, como forma de evitar uma possível invasão.

Com o deslocamento de tropas da capital, que se somariam aos soldados legalistas no Crato, a reação do governo federal demorou alguns dias. Apesar de estarem em maior número e melhor armados, não conheciam a região nem as posições dos jagunços, e, por isso, a primeira investida em direção a Juazeiro foi um grande fracasso, responsável por abater os ânimos dos soldados. Os reforços demoraram a chegar e as condições do tempo dificultaram as ações para um segundo ataque, realizado somente em 22 de janeiro, e que não teve melhor sorte do que o anterior. Com novo fracasso, parte das tropas se retirou da região, possibilitando que os jagunços e remeiros invadissem e saqueassem as cidades, a começar por Crato, completamente desguarnecida.

Os saques tinham por objetivo obter armas e alimentos e foram caracterizados por grande violência. A última investida legalista

O PERÍODO REPUBLICANO

ocorreu em fevereiro sob o comando de José da Penha, que acabou morto em combate. A partir de então, Floro Bartolomeu começou a organizar uma grande tropa de jagunços com o objetivo de ocupar a capital Fortaleza. Durante os primeiros dias de março, os jagunços ocuparam diversas cidades e estradas do interior, se aproximando da capital e forçando Franco Rabelo à renúncia. Dessa maneira terminava a Política das Salvações e a família Accioly retomava o poder. Floro Bartolomeu foi eleito deputado estadual e, posteriormente, deputado federal. A influência política do Padre Cícero se manteve forte até o final da República Velha.

As relações de dominação e clientelismo entre dominadores, os coronéis do Sertão e seus dominados, agricultores ou jagunços, que realizavam o trabalho de segurança e imposição da ordem definida por esses senhores do Sertão, foi o que possibilitou a eclosão e o crescimento do cangaço no interior nordestino. Assim como em outros grandes fenômenos históricos, o Ceará não fugiu a essa regra, no entanto, apresentou uma grande distinção: a vinculação de vários jagunços e até mesmo cangaceiros, associados a líderes políticos e religiosos, sendo o mais expressivo, Cícero Romão Batista, o Padre Cícero.

Ao longo da história cearense, os padres criaram diversas missões para a catequese indígena, mas ali também eram letrados os filhos dos senhores brancos, donos de gado, escravos, algodão e detentores do poder político. A proximidade com esses religiosos ampliou o poder da ideologia do Catolicismo popular que se desenvolveu ferozmente no interior nordestino.

Esses religiosos não apenas representam a ligação com o mundo espiritual e a representação do divino, mas funcionavam como conselheiros, juízes, e, muitas vezes, provedores. Alimento, segurança, e conforto espiritual, que se mesclavam com o poder político e temporal, assim as figuras religiosas ganham poder. A exclusão social, a seca e a fome, forçavam cada vez mais sertanejos a procurarem o caridoso padre nas terras férteis do Cariri cearense. Esse poder e influência chamaram a atenção de vários grupos políticos, aliados ou opositores, criava-se assim, a imagem do *"Padim Ciço"*.

3.4 Lampião e padre Cícero

Perseguido intensamente em Pernambuco, Alagoas e Bahia, o cangaceiro desfrutava de abrigo em território cearense. Mossoró, no Rio Grande do Norte, foi a maior cidade atacada por Virgulino Ferreira da Silva, sua ação mais ousada - e sua maior derrota. O bando de Lampião encontrou feroz resistência e, após cerca de uma hora e meia de combate, bateu em retirada. A contagem dos mortos entre os cangaceiros varia de três a seis. Na fuga, dirigiram-se ao Ceará.

Em 15 de junho de 1927, chegaram a Limoeiro do Norte, no Vale do Jaguaribe, Ceará, dois dias após deixarem de Mossoró. Lampião enviou mensageiro para avisar de sua chegada. A polícia, então, deixou a cidade. O bando entrou em Limoeiro dando vivas ao governador José Moreira da Rocha e ao padre Cícero Romão Batista, de quem Virgulino era devoto. Os chefes políticos mataram um boi para recepcionar os bandidos. O bando comeu, fez orações. A contribuição em dinheiro foi acertada com os líderes locais. Após o pagamento, o bando de Lampião se retirou.

De todos os estados nos quais esteve, o Ceará foi, de longe, o que menos sofreu com a violência imposta por Lampião. Ele dizia que preservava o território. O motivo principal era o padre Cícero. Além disso, tinha boas relações com políticos, e a polícia local não costumava importuná-lo. Possuía também importantes aliados.

Em março de 1926, Lampião chegou a Juazeiro do Norte. Ele havia recebido convite do deputado federal cearense, Floro Bartolomeu, para integrar os Batalhões Patrióticos, formados para combater a Coluna Prestes. Virgulino foi recebido pelo padre Cícero, no encontro que reuniu duas das personalidades mais emblemáticas da história dos sertões. A pedido do sacerdote, Pedro de Albuquerque Uchôa, inspetor agrônomo do Ministério da Agricultura e única autoridade federal em quilômetros, assinou numa folha de papel almaço documento dando a Virgulino a patente de capitão dos Batalhões Patrióticos. Os cangaceiros desfrutaram da estada e foram alvos da curiosidade popular. Muitos familiares de Virgulino haviam se mudado para a cidade que já então era uma Meca dos sertões. Lá fizeram a última foto de família.

Ao irem embora, receberam armas, munições e a promessa de trânsito livre. Em Pernambuco, porém, a polícia os perseguiu. O status de capitão dos Batalhões não foi reconhecido. Em pouco tempo, o bando estava novamente envolvido em violência.

No ano seguinte, pouco antes do ataque a Mossoró, em maio de 1927, Lampião esteve de novo no Ceará. Foi a Aurora e, conforme noticiaram os jornais, teve encontro e tomou café com o chefe de Polícia. No mês seguinte, já ao deixar Limoeiro do Norte, Lampião tomava a direção de Aurora quando foi alvo de inesperada hostilidade de policiais cearenses.

Aparentemente, tomavam as dores do ataque a Mossoró, sobretudo pelo ataque ter ocorrido tão perto e em cidade tão ligada ao Estado. Os cangaceiros ficaram acuados e quase sem comida, mas conseguiram escapar, em episódio que rendeu duas críticas aos policiais cearenses e sérios questionamentos por parte das tropas de outros estados.

Mesmo sem a repressão ter sido bem-sucedida, a inusual hostilidade em território cearense parece ter sido determinante para uma guinada na trajetória de Lampião e dos sertões.

Em 21 de agosto de 1928, numa canoa, ele cruzou o Rio São Francisco. A região ao sul do Rio se tornaria a base de suas operações dali em diante. O cangaço na Bahia conheceria nova era.

Lampião passou a ter como refúgio preferencial outro estado: Sergipe, onde um de seus protetores seria o médico e capitão do Exército, Eronides de Carvalho, com quem Virgulino se encontrou ao menos uma vez. Em meados dos anos 1930, Eronides se tornou governador.

3.5 Caldeirão

A fama do Padre Cícero atraiu para o Cariri muitos agricultores sem-terra. José Lourenço Gomes da Silva – o Beato Zé Lourenço – chegou em Juazeiro em 1890. Aconselhado pelo Padre Cícero, arrendou um pedaço de terra no Sítio Baixa Dantas, localizado no município de Crato, propriedade do Coronel João de Brito. Em pouco tempo, com ajuda de seus primeiros seguidores, Zé Lourenço transformou o lugar, outrora estéril, em um pomar. O sítio prosperou e começou a desagradar parte da elite, sendo difamado pelos adversários políticos de Padre Cícero. Isso culminou na exigência do dono do sítio Baixa Dantas de que os camponeses e o beato deixassem a terra. Instalando-se no sítio Caldeirão, no Crato, propriedade de Padre Cícero, os camponeses formaram uma pequena sociedade coletiva e igualitária, prosperando tanto que chegaram a vender os excedentes nas cidades vizinhas.

Em 1914, durante o episódio que passou à história como a Sedição de Juazeiro, forças policiais passaram pela Baixa Dantas, destruindo muito do que fora edificado pelo Beato e sua gente. Zé Lourenço recomeçou tudo de novo. Em 1926, Padre Cícero entregou ao Beato um novo sítio, inóspito e seco, conhecido como Caldeirão dos Jesuítas, localizado no município de Crato. Ali, o Beato e seus seguidores desenvolveram a mais importante experiência coletivista de natureza religiosa e popular do século XX. Construíram um arraial, dotado de capela, engenho de rapadura, casa de farinha, reservatórios de água e oficina de fabricação de utensílios e instrumentos. Plantaram cana-de-açúcar, mandioca, feijão, milho, legumes e frutas. Criaram gado, aves e peixes. Dividiam a produção segundo as necessidades de cada um. Viviam ordeiramente, regidos pela fé e pelo trabalho.

1932 foi um ano de terrível seca. O Governo Federal criou um campo no Muriti, periferia de Crato, para abrigar as vítimas do flagelo. Ali, os camponeses deveriam receber alimentação e assistência médica evitando o êxodo para a capital do Estado, mas, na verdade, registraram-se revoltas dos flagelados e surtos de epidemia. Enquanto isso, no Sítio Caldeirão os camponeses produziam as ferramentas de trabalho, roupas e calçados. Não faltou comida e muitas pessoas, das localidades vizinhas, tiveram a fome saciada com os alimentos produzidos pelo Beato Zé Lourenço e seus seguidores.

O sítio se tornou, portanto, um "mau exemplo" para os sertanejos e desagradou fortemente à Igreja e aos latifundiários, que perdiam a mão-de-obra barata. As difamações culminaram com a acusação de que o beato Zé Lourenço era agente bolchevique. Quando Padre Cícero morreu, em 1934, as terras foram herdadas pelos padres salesianos, e os camponeses do Caldeirão ficaram desamparados.

Em 1936, autoridades religiosas e políticas se reuniram em Fortaleza, dentre elas, o bispo do Crato D. Francisco de Assis Pires e o Governador Menezes Pimentel, para discutirem acerca do "grande risco" que aquela comunidade representava e premeditaram a destruição do lugar com uma ação militar. Primeiro, enviaram um "espião", o capitão José Bezerra, para se infiltrar no Caldeirão como um pobre comprador de algodão e fazer um levantamento geral do dia a dia de todos. Ele cumpriu a ordem, tirando do Beato todas as informações de que precisava. Em retorno, o "fiel escoteiro" fez todo o relato ao Governo do Estado, dizendo ser ali uma "ameaça comunista" e que "uma nova Canudos surgia", para justificar, assim, os atos que haveriam de vir. Passou a ideia de que eram um risco contra o Poder do Estado, sendo urgente uma intervenção militar. Em setembro de 1936, a comunidade foi dispersa e o sítio incendiado e bombardeado.

Zé Lourenço e seus seguidores rumaram, então, para uma nova comunidade. Alguns dos moradores, no entanto, resolveram se vingar e realizaram uma emboscada, matando alguns policiais, o que foi respondido com um verdadeiro massacre de camponeses pelos contingentes policiais (estima-se entre 300 e 1000 mortos). O beato José Lourenço, que conseguiu fugir de Caldeirão, fundou mais tarde nova comunidade na serra do Araripe. Embora fosse pacífica, alguns seguidores, como o beato Severino Tavares, pregavam a luta armada de resistência. A nova comunidade foi, posteriormente, destruída e mais de mil camponeses foram mortos.

3.6 Destruição do sítio caldeirão

Para destruir o Caldeirão, em setembro 1936, uma expedição militar comandada pelo Capitão Cordeiro Neto e pelo Capitão José Bezerra seguiu para o Cariri. O Beato soube com antecedência e fugiu. As pessoas não ofereceram resistência e não tinham com elas as famosas "armas comunistas", apenas suas enxadas, arados e outros instrumentos de trabalho. Foi determinado que todos fossem embora deixando tudo para trás, mesmo sendo, em sua maioria, nordestinos de outros estados. Saquearam e incendiaram as casas e os armazéns, arrancaram as portas da capela, destruíram as plantações, bateram nos camponeses e os deixaram sem alimento.

A comunidade estava abalada e destruída. Eles se alojaram em um acampamento na Serra do Araripe em uma área chamada Mata dos Cavalos, e surgia uma divisão: uma parte ao lado do Beato que queria paz e não reagir, e outra, se rebelava. Mas havia um clima de guerra maior no ar.

O estopim veio em 10 de maio de 1937, quando o Capitão José Bezerra e alguns soldados seguiram para a Serra do Araripe, mas, em luta com alguns sertanejos, morreu com um golpe de foice. Os soldados feridos conseguiram fugir, o mal êxito policial causou temor entre as autoridades e mais raiva contra os sertanejos. A situação se agravou e acabar com os fanáticos virou "questão de honra". As tropas seguiram para a Chapada do Araripe. O 1º Batalhão de Combate da polícia militar da capital cearense marchou para a região Sul do Ceará com o auxílio de tropas do 23º Batalhão de Combate por autorização do ministro da guerra, o general Eurico Gaspar Dutra. Aviões seguiram para o lugar de conflito (Serra - acampamento).

No dia 12 de novembro de 1937, metralharam e jogaram artefatos explosivos nos indefesos que, em sua grande maioria, sequer estavam na operação em que morreu José Bezerra. Aconteceu ali uma verdadeira chacina: casebres foram incendiados com pessoas dentro, crianças e adultos brutalmente mortos. A tiros, policiais perseguiram os fugitivos por toda a Serra do Araripe. O Beato conseguiu fugir para Pernambuco com outros sertanejos, mas muitos que conseguiram atravessar a fronteira foram massacrados pelas forças policiais que estavam em pontos estratégicos, já avisados pelo Governo do Ceará sobre o conflito.

> Segundo o historiador João Mauro de Araújo:
> *Em 11 de maio de 1937, um ruído no céu da Chapada do Araripe assustou os camponeses ligados ao Beato. Com medo, eles tentavam se esconder entre as árvores enquanto máquinas voadoras deslizavam pelos ares daquela região do Cariri. Homens, mulheres e crianças fugiam de algo que, com certeza, viam pela primeira vez.*

Alguns sobreviventes da matança se estabeleceram na Bahia, quando, em 1938, as autoridades baianas foram alertadas do perigo daquele povo e, através de intervenção militar, expulsaram e exterminaram os sertanejos "fanáticos". Estima-se que mais de 400 deles foram mortos.

A primeira Guerra Mundial (1914-18), desencadeou a grande crise econômica mundial de 1929, com a quebra da bolsa de Nova Iorque, e, por conseguinte, o efeito cascata ou dominó atingindo as economias mundiais, e claro, a economia brasileira, que se pautava na produção de café.

A produção de café brasileira não possuía apenas um aspecto econômico, era fundamental para a consolidação da chamada política do "café com leite", quando se alternavam, na presidência da República, paulistas e mineiros. Todo esse ambiente de instabilidade, preparou o caminho para a 'Revolução de 1930', cujo estopim foi o assassinato do político paraibano João Pessoa, candidato a vice-presidente na chapa do gaúcho Getúlio Vargas. Ao assumir a presidência mediante golpe, Vargas burlou todas as leis possíveis e imagináveis e estabeleceu os interventores.

O interventor cumpria as ordens federais e exercia o poder executivo e legislativo em função das casas legislativas (Câmara Federal e Senado). Durante a Revolução de 30, alguns líderes tiveram destaque nacional, entre eles o cearense Juarez Távora, que foi nomeado Delegado Militar do Governo Provisório. Seu poder abrangia todo o Norte do Brasil, a partir da Bahia. Tal poder lhe garantiu o epíteto de "Vice-Rei do Norte". No Ceará, Manoel do Nascimento Fernandes Távora foi nomeado o primeiro interventor civil do estado. Entretanto, já em 1931, foi substituído pelo tenente Carneiro de Mendonça, que contava com o apoio do movimento tenentista. Carneiro de Mendonça tentou separar a administração da politicagem que lhe era comum.

O PERÍODO REPUBLICANO

Em 1935, com a eclosão da Intentona Comunista, Vargas decretou a Lei de Segurança Nacional, que foi usada em larga escala para reprimir os movimentos sociais que se opunham à sua política. Entre os movimentos que sofreram perseguição, destacam-se a LCT (Liga Católica Trabalhista), COC (Círculo Operário Católico) e JUC (Juventude Operária Católica), esse último criado por Dom Hélder Câmara. A instituição do Estado Novo (10 nov. 1937) abriu o caminho para a ampliação do regime ditatorial de Vargas, o que reverberou em seus interventores. No Ceará para esse período, foi eleito de forma indireta, o interventor Menezes Pimentel, que durante toda a sua gestão (1937-45) perseguiu, prendeu vários opositores que eram acusados de subversivos. Tais ações encontravam respaldo no regime dominante nesse período, que estabeleceu a Delegacia de Ordem Política e Social (DEOPS), que passou a perseguir os que não se enquadravam na política instituída pelo interventor.

A situação política no Ceará se modificou bastante com a Revolução de 30, que levou Getúlio Vargas ao poder. Durante 15 anos, interventores do Governo Federal governaram o Estado. O primeiro interventor no Ceará foi Fernandes Távora, mas ele governou por pouco tempo, pois continuou com as práticas clientelistas e corruptas da República Velha. Os interventores não tardaram a se acomodar com as elites locais. O quadro político cearense esteve, nesse período, influenciado por duas associações: a Liga Eleitoral Católica (LEC), que, por seus vínculos religiosos e apoio dos latifundiários interioranos, obteve grande penetração no eleitorado cearense e apoiou segmentos fascistas que organizaram a Ação Integralista Brasileira (AIB) no Ceará; e a Legião Cearense do Trabalho (LCT), organização operária conservadora, corporativista, anticomunista e antiliberal (na prática, fascista) que existiu no Ceará entre 1931 e 1937. A LCT, após o exílio de seu líder Severino Sombra por ter apoiado a Revolução Constitucionalista de São Paulo em 1932, foi perdendo poder.

Em 1937, por fim, todas as associações de orientação fascista (LCT, AIB e Campanha Legionária) foram extintas pelo Estado Novo de Getúlio Vargas. O início dos anos 40, no Ceará, foi influenciado pela Segunda Guerra Mundial. Em Fortaleza, foi montada uma base norte-americana, mudando os hábitos locais e empolgando a população, que passou a realizar diversos atos, manifestos e passeatas contra o nazismo. Ao mesmo tempo, uma forte propaganda governamental estimulava os sertanejos a migrar para a Amazônia, onde formariam o Exército da Borracha, isto é, explorariam o látex das seringueiras. Milhares de cearenses emigraram para o Norte, muitos dos quais morreram. Porém, essas mortes não foram em vão, já que, graças aos soldados da borracha e sua mais-valia, os Estados Unidos e Aliados puderam combater os exércitos do Eixo que estavam sem os seringais da Ásia para abastecê-los.

A luta contra o nazismo e o posicionamento contraditório do governo brasileiro (uma ditadura de base fascista dentro do País lutando contra regimes autoritários fascistas no exterior) precipitaram a derrocada do Estado Novo. Formaram-se os diversos partidos novos, como a UDN, o PSD, o PCB e o PSP. A UDN e o PSD, partidos conservadores e elitistas, dominaram o cenário político cearense nas décadas seguintes, enquanto o PSP, chefiado por Olavo Oliveira, seria, ao menos nos anos 50, o "fiel da balança" nas disputas eleitorais. O primeiro governador após a redemocratização foi Faustino Albuquerque, da UDN. Vale lembrar que, apesar de todas as transformações políticas, o Ceará era então um dos locais mais miseráveis do Brasil.

3.7 Campos de concentração em Fortaleza

Trens lotados de famintos em busca da Capital marcaram a seca de 1932. Os retirantes chegavam por estradas de poeira e por caminhos de ferro. "Tangidos pelo desespero da fome, no interior, os flagelados têm invadido vários trens da Rede de Viação Cearense para se transportarem a esta Capital", dizia uma matéria do dia 13 de abril do 1932, do O POVO. Os jornais relatavam frequentemente as viagens de retirantes, quando grandes levas saíam das estações ferroviárias rumo a Fortaleza. As cidades mais atingidas pela seca aglomeravam uma multidão nas estações de trem e, à medida que os caminhos de ferro avançavam, novas estações que surgiam nas cidades também significavam espaços de muita tensão. Grandes aglomerações tentavam passagens para Fortaleza e as matérias dos jornais falavam de assaltos a trens. Algumas notícias até defendiam um serviço organizado do trem para retirantes e outro para passageiros.

O Governo chegou a suspender por alguns meses a distribuição de passagens para Fortaleza e, mesmo assim, muitos tentavam chegar à Capital. Nessa lógica de afastamento dos retirantes foram criados sete campos de concentração no Ceará, sendo cinco no Interior e dois em Fortaleza, o do Pirambu (chamado Urubu) e do Otavio Bonfim (chamado de Matadouro).

3.8 1940-1950

Ao longo das décadas de 40 e 50 do século passado, Fortaleza, seguia se consolidando como umas das capitais de grande importância no Nordeste e, em plena Era Vargas, começava a polarizar cada vez recursos em sua capital. Um desses fatores de atração foi a instalação do IFOCS (Inspetoria Federal de Obras Contra as Secas) na cidade de Fortaleza, o objetivo dessa autarquia federal era a utilização dos recursos para combater a seca, não apenas na capital, mas também no interior do Estado. Entretanto, grande parte dos recursos ficaram centrados na capital e em seu melhoramento urbano.

Na década de 1940, Fortaleza já apresentava um número crescente de favelas, resultado de secas consecutivas e falta de planejamento econômico, nesse período, porém, grandes obras foram realizadas, entre elas:

▷ O início da construção da Catedral de Fortaleza;
▷ O surgimento de novos bairros, como o Montese;
▷ E um plano urbano, que visava orientar o crescimento da cidade.

As décadas de 1940 e 1950 foram marcadas pela instalação de uma base norte-americana em Fortaleza e pelo surgimento das "garotas coca-cola", moças consideradas "moderninhas" para a época que namoravam os soldados norte-americanos em terras alencarinas.

3.9 Semta

O Serviço Especial de Mobilização de Trabalhadores para a Amazônia (SEMTA) foi um órgão brasileiro criado em 1943 como parte dos Acordos de Washington. Ele tinha como finalidade principal o alistamento compulsório, treinamento e transporte de nordestinos para a extração da borracha na Amazônia, com o intuito de fornecer matéria-prima para os aliados da II Guerra Mundial. Sediado no Nordeste, em Fortaleza, funcionou no Palácio do Comércio a sua sede administrativa. Já os campos de alojamento ficavam no Prado (atualmente Benfica) e no Alagadiço (atualmente São Gerardo). Já para as mulheres e famílias dos homens casados, existia um alojamento que ficava no Porangabussu (hoje Hospital das Clínicas).

O diretor do SEMTA foi Paulo de Assis Ribeiro. Entre 1943 e 1945, o SEMTA alistou e transportou para a Amazônia milhares de brasileiros com o objetivo de extrair borracha para suprir as necessidades dos Estados Unidos da América, na II Guerra Mundial. Em razão da ocupação da Malásia pelos japoneses, não havia borracha sintética disponível em escala necessária para suprir os esforços de guerra americanos. Assim, o Brasil assumiu, em decorrência de acordos firmados com os Estados Unidos (Acordo de Washington), o compromisso de suprir todo o látex que pudesse produzir em troca de 2 milhões de dólares.

Para o atendimento do compromisso assumido, o SEMTA alistou mais de cinquenta mil brasileiros, em estados do Nordeste, os chamados "soldados da borracha", com promessas de assistência médica, acomodação e alimentação, promessas que nunca se cumpriram. Sem médicos ou hospitais, milhares de soldados da borracha morreram de malária, hepatite ou febre amarela ou foram vitimados por ataques de animais.

Hoje, segundo dados do Sindicato dos Soldados da Borracha, do número inicial existem cerca de 8.300 sobreviventes e 6.500 viúvas. Esses brasileiros, os "soldados da borracha", embora tenham contribuído com o seu esforço, com a sua saúde e muitos com a própria vida para a defesa da liberdade no mundo, não mereceram do Estado brasileiro o mesmo reconhecimento que receberam os ex-combatentes que lutaram na Itália, ainda que o seu sacrifício pessoal e os perigos enfrentados não tenham sido menores.

4 O PERÍODO 1930-1964

4.1 Indústria da Seca

> "O drama das secas tem uma longa história: o primeiro registro da ocorrência nos documentos portugueses é de 1552, três anos após a chegada do primeiro governador-geral, Tomé de Souza. Segundo menção do Padre Antônio Pires: 'Em Pernambuco havia quatro ou cinco anos que não chovia'."

De 1580 a 1583, os registros mostram prejuízos da seca aos engenhos de cana-de-açúcar e relatam o deslocamento para o sul de cerca de 5 mil indígenas em busca de comida. A seca de 1877 foi a mais dramática de que se tem notícia. Após um período de trinta anos sem estiagem, a falta de chuvas vitimou quase metade da população que vivia no sertão. O episódio fez com que o imperador dom Pedro II criasse uma comissão para propor soluções para a seca. Pouco foi feito, no entanto. Em 1909, já no regime republicano, foi criada a Inspetoria de Obras Contra as Secas (Iocs), que está na origem do atual Departamento Nacional de Obras contra as Secas (Dnocs). Até a implantação da Sudene, em 1959, pelo economista Celso Furtado, durante o governo de Juscelino Kubitschek, o Iocs era responsável pela construção de açudes e usinas hidrelétricas e o único órgão designado a socorrer as populações flageladas pelas secas cíclicas que assolavam a região.

Apesar da criação do Iocs, as estiagens adentraram o século XX, produzindo tristes estatísticas. Em 1915, o governo do Ceará instalou uma espécie de "campo de concentração" às margens de algumas cidades para impedir a entrada de retirantes, provocando grande número de mortes por causa da fome e das péssimas condições sanitárias. A seca desse ano foi o mote para o romance de estreia de Rachel de Queiroz, *O Quinze*.

O drama humano provocado pelo clima inóspito da região também foi explorado por outros autores em diferentes obras da literatura brasileira, como Graciliano Ramos, no romance *Vidas Secas*, e João Cabral de Melo Neto, no poema "Morte e Vida Severina". Ambos foram adaptados para o cinema e para a televisão.

Em 1932, a dura realidade do sertão nordestino vai tornar conhecida em todo o Brasil outra mazela: a chamada "indústria da seca". Poderosos da região utilizavam o argumento da seca para conseguir benefícios governamentais, como mais crédito e perdão de dívidas. Não raro foram construídos poços e cisternas nas terras dos latifundiários. O historiador Marco Antonio Villa afirma que, em 1998, dos 8 mil açudes existentes no Ceará, somente 95 eram públicos. "E o pior é que os 7.905 restantes foram quase todos construídos com dinheiro público." Em 1979, repete-se o desastre. A seca durou quase cinco anos. Assim como aconteceu com os indígenas no século XIV, o século XX assistiu a um grande êxodo de nordestinos em direção ao sul do país, fugindo da seca e em busca de melhores condições de subsistência. Mais crítico que o movimento populacional pelo país é a ameaça à vida representada pela seca. Marco Antônio Villa estima que, em 150 anos, de 1825 a 1983, morreram no Nordeste, em decorrência da seca, cerca de 3 milhões de pessoas.

4.2 Departamento nacional de obras contra as secas (DNOCS)

Órgão criado em 1909, vinculado ao Ministério da Viação e Obras Públicas, com o nome de Inspetoria de Obras contra as Secas. Em 1919, passou a chamar-se Inspetoria Federal de Obras contra as Secas (IFOCS) e, em 1945, recebeu o nome atual.

4.3 1909-1930

A criação da IFOCS resultou da insatisfação com o modo como vinha sendo encaminhado o combate contra as secas no Nordeste desde 1877. Durante a administração do presidente Francisco de Paula Rodrigues Alves (1902-1906), quando foi desencadeada a campanha de erradicação da febre amarela e de outras moléstias epidêmicas no Rio de Janeiro, tomou corpo a ideia de que também seria possível erradicar o flagelo da seca. Assim, em 1904, foram criadas várias comissões federais temporárias para tratar do problema, como a Comissão de Estudos e Obras contra os Efeitos das Secas e a Comissão de Perfuração de Poços.

Essas comissões revelaram-se contudo incapazes de produzir uma solução integrada para a região, confirmando a necessidade de uma agência unificada e permanente que, entre outras coisas, eliminasse os abusos praticados na distribuição de recursos. Muitas vezes, os recursos destinados à luta contra as secas eram na verdade utilizados para consolidar a influência política dos chefes do interior.

Instalada em 1909, a inspetoria teve como primeiro diretor o engenheiro de minas Arrojado Lisboa, que reuniu uma equipe de engenheiros, agrônomos, botânicos, pedologistas, geólogos e hidrólogos, além de vários técnicos estrangeiros, numa primeira tentativa de estudar o meio físico semiárido do Nordeste. Além de examinar as potencialidades e os limites do solo, da água e da flora nativa, essa equipe deveria examinar a possibilidade de adaptação de outras espécies na região. Os estudos realizados não levaram em conta, entretanto, a estrutura socioeconômica do Nordeste. Por outro lado, Arrojado Lisboa lançou-se à construção de barragens nos estados do Ceará, Paraíba e Rio Grande do Norte. A inspetoria não correspondeu ao que dela se esperava no desempenho de suas funções. Na grave seca de 1915, verificou-se que o Nordeste enfrentava as mesmas dificuldades anteriores à criação do órgão, cuja falta de dinamismo seria a consequência da escassez de verbas e da burocratização.

Durante o governo de Epitácio Pessoa (1919-1922), além de alterar seu nome, a inspetoria empenhou-se na execução de obras de grande porte, contratando firmas de engenharia estrangeiras para a construção de estradas e portos. Para assegurar o apoio financeiro permanente à IFOCS, foi criado o Fundo Especial para Obras de Irrigação de Terras Cultiváveis do Nordeste, constituído basicamente de 2% da receita anual da União e de contribuições dos estados nordestinos. A administração de Artur Bernardes (1922-1926) interrompeu as obras iniciadas no governo anterior e aboliu o fundo especial. Enfrentando graves problemas financeiros, Bernardes desenvolveu uma política de contenção de gastos que atingiu seriamente o Nordeste.

4.4 Período pós-1930

A participação da Paraíba na Aliança Liberal e a contribuição dos estados nordestinos em geral na Revolução de 1930 foram recompensadas com a nomeação do paraibano José Américo de Almeida para o Ministério da Viação e Obras Públicas, o que trouxe novo dinamismo para a IFOCS. Ao mesmo tempo, a seca prolongada de 1931 a 1932 levou o governo a dotar a inspetoria de recursos adicionais. Em 1932, as despesas da IFOCS atingiram quase 10% da receita federal, contra menos de 1% nos anos anteriores. Os financiamentos diminuíram após esse período, mas prosseguiram as obras de construção de represas e rodovias. Até 1930, a capacidade de acumulação em 92 açudes públicos alcançava 625 milhões de metros cúbicos. Na década de 1930, essa capacidade foi quadruplicada, com 31 novas represas postas em serviço.

A partir de 1940, começou a ser questionada a política de construção de obras públicas como reservatórios, poços e rodovias, que ofereciam apenas uma solução hidráulica à seca. Foi com a publicação nesse ano de um artigo de José Augusto Trindade, primeiro diretor do serviço de pesquisa da IFOCS, que o problema da desapropriação dos latifúndios situados nas bacias irrigáveis dos grandes açudes públicos passou a ser um dos principais pontos de debate na avaliação das dificuldades do Nordeste. Para Trindade, a irrigação deveria corrigir o equilíbrio social em favor do pequeno proprietário e do meeiro, as principais vítimas das secas. A necessidade de uma reforma fundiária passou assim a constar do elenco de soluções para a região, ao mesmo tempo em que se fortalecia a visão de que só o desenvolvimento econômico e a melhoria dos níveis de bem-estar social poderiam tornar o Nordeste menos vulnerável à seca. Em 1945, a IFOCS passou a chamar-se Departamento Nacional de Obras contra as Secas.

Ao final da década de 1940, os programas federais para o Nordeste sofreram modificações com o estabelecimento de duas agências de desenvolvimento de recursos – a Comissão do Vale do São Francisco (CVSF) e a Companhia Hidroelétrica do São Francisco (CHESF). O interesse foi deslocado da parte setentrional do Nordeste para a área cortada pelo curso médio e inferior do São Francisco, e o DNOCS entrou numa fase de atuação restrita. A seca de 1951 colocou mais uma vez em discussão a política federal em relação ao Nordeste. Ao mesmo tempo em que eram feitas acusações de incapacidade e corrupção ao DNOCS, tomava corpo a tese do desenvolvimento econômico, em detrimento da solução hidráulica. Nesse momento foi criado o Banco do Nordeste do Brasil S.A.

O DNOCS continuou a atuar, embora com uma imagem já totalmente desfavorável. A seca de 1958, uma das mais severas e com um dos mais elevados números de refugiados, apresentou-se como uma prova indiscutível de que toda a política até então executada havia sido inócua. Ainda assim, o DNOCS recebeu novos recursos para enfrentar a situação. Foram retomadas as obras de construção da represa de Orós, iniciadas no governo de Epitácio Pessoa, e novo impulso foi dado aos programas de assistência à construção de pequenos açudes particulares, à utilização dos açudes públicos para a geração de energia elétrica, à perfuração de poços e ao abastecimento de água. Foi também confiada ao DNOCS nesse ano a construção de uma rodovia ligando Fortaleza a Brasília, numa extensão de 1.600 km. Entretanto, a imagem do órgão junto à opinião pública era cada vez mais negativa.

O DNOCS era visto como uma instituição que se aproveitava das secas para manipular verbas de forma corrupta, favorecendo o enriquecimento ilícito de políticos e fazendeiros da região, realizando obras "fantasmas" e forjando pagamentos a trabalhadores inexistentes. As acusações chegaram a provocar a abertura de uma comissão parlamentar de inquérito (CPI). Por fim, o descrédito do DNOCS levou o governo a buscar uma solução mais radical para o Nordeste, criando em 1959 a Superintendência de Desenvolvimento do Nordeste (Sudene). O DNOCS passou a ser controlado por essa nova agência.

Num balanço de suas atividades, de sua criação até 1970 o DNOCS atuou numa área de 949.578km2, abrangendo os estados de Minas Gerais, Bahia, Sergipe, Alagoas, Pernambuco, Paraíba, Rio Grande do Norte, Ceará e Piauí. Construiu 246 represas públicas, acumulando 113 bilhões de metros cúbicos de água, e cooperou na construção de 594 represas particulares, com capacidade para mais de 1,3 bilhão de metros cúbicos; organizou 148 serviços de abastecimento de água; colocou em ação 820km de canais de irrigação beneficiando 12 mil hectares de terras; perfurou 7.135 poços e os aparelhou para o bombeamento destinado a fins agropecuários; construiu sete usinas hidrelétricas, com 10.666cv e 650 km de linhas de transmissão; construiu 8.760km de estradas de rodagem, e preparou 78 campos de pouso para aviões de pequeno e médio porte.

Extraído de: http://www.fgv.br/cpdoc/acervo/dicionarios/verbete-tematico/departamento-nacional-de-obras-contra-as-secas-dnocs

4.5 Sudene

A Superintendência do Desenvolvimento do Nordeste, criada pela Lei nº 3.692, de 15 de dezembro de 1959, foi uma forma de intervenção do Estado no Nordeste, com o objetivo de promover e coordenar o desenvolvimento da região. Sua instituição envolveu, antes de mais nada, a definição do espaço que seria compreendido como Nordeste e passaria a ser objeto da ação governamental: os estados do Maranhão, Piauí, Ceará, Rio Grande do Norte, Paraíba, Pernambuco, Alagoas, Sergipe, Bahia e parte de Minas Gerais. Esse conjunto, equivalente a 18,4% do território nacional, abrigava, em 1980, cerca de 35 milhões de habitantes, o que correspondia a 30% da população brasileira. A criação da SUDENE resultou da percepção de que, mesmo com o processo de industrialização, crescia a diferença entre o Nordeste e o Centro-Sul do Brasil.

Tornava-se necessário, assim, haver uma intervenção direta na região, guiada pelo planejamento, entendido como único caminho para o desenvolvimento. Como causa imediata da criação do órgão, pode-se citar uma nova seca, a de 1958, que aumentou o desemprego rural e o êxodo da população. Igualmente relevante foi uma série de denúncias que revelaram os escândalos da "indústria das secas": corrupção na administração da ajuda dada pelo governo federal por meio das frentes de trabalho, existência de trabalhadores fantasmas, construção de açudes nas fazendas dos "coronéis" etc. Ou seja, denunciava-se que o latifúndio e seus coronéis – a oligarquia agrária nordestina – tinham capturado o Departamento Nacional de Obras Contra as Secas (DNOCS), criado em 1945, da mesma forma como anteriormente tinham dominado a Inspetoria de Obras Contra as Secas, de 1909.

No esforço de criação da Sudene estiveram presentes empresários industriais, políticos interessados no desenvolvimento industrial da região, representantes de forças populares e de esquerda – como Francisco Julião, das Ligas Camponesas –, além de membros da Igreja envolvidos em ações de combate à pobreza – como D. Eugênio Sales e D. Helder Câmara. Todas essas forças se uniram contra aqueles que defendiam o latifúndio, tinham tomado conta do DNOCS e eram contra a criação do novo órgão. A Sudene pode ser tomada assim como exemplo empírico da divisão existente na sociedade brasileira, segundo as análises produzidas pelo ISEB.

A Sudene foi criada como uma autarquia subordinada diretamente à Presidência da República, e sua secretaria executiva coube a Celso Furtado. De 1959 a 1964, Celso Furtado foi responsável pela estratégia de atuação do órgão, definida a partir do diagnóstico apresentado em seu livro *A operação Nordeste*, de 1959.

Órgão criado para diminuir as diferenças entre o Nordeste e o Sul-Sudeste, a Sudene falhou, segundo a análise do sociólogo Francisco de Oliveira. O número de empregos industriais criado foi insuficiente para resolver os problemas estruturais da região, os padrões de miséria foram mantidos, e as migrações não cessaram. Em termos de concentração de renda, nada mudou.

Extraído de: https://cpdoc.fgv.br/producao/dossies/JK/artigos/Economia/Sudene

5 REPÚBLICA MILITAR

No dia 1º de abril, o Congresso Nacional declara a vacância da Presidência. Os comandantes militares assumem o poder. Em 2 de abril de 1964, Auro de Moura Andrade declara vacância do cargo de Presidente da República e determina a posse do presidente da Câmara, Ranieri Mazzilli, com ações extremamente irregulares, às três horas da manhã do dia 3 de abril, um conjunto de parlamentares dão posse a Mazzilli como Presidente da República. Em 9 de abril é decretado o Ato Institucional Nº 1 (AI-1), que cassa mandatos e suspende a imunidade parlamentar, a vitaliciedade dos magistrados, a estabilidade dos funcionários públicos e outros direitos constitucionais.

5.1 Governo Castelo Branco (1964-1967)

O general Castello Branco é eleito pelo Congresso Nacional presidente da República em 15 de abril de 1964. Declara-se comprometido com a defesa da democracia, mas logo adota posição autoritária. Decreta três atos institucionais, dissolve os partidos políticos e estabelece eleições indiretas para presidente e governadores.

O governo de Castello Branco trazia a promessa de reformas, como a reforma agrária, habitacional, bancária e fiscal. O objetivo era romper com o impasse vivido pelo país nos últimos anos e promover um rápido desenvolvimento econômico, político e social no país. No entanto, para tais medidas eram necessários recursos que o país não dispunha, isso foi remediado com um empréstimo de 50 milhões de dólares, concedido pelos Estados Unidos, que tinha enorme interesse em barrar a possível reação comunista na América Latina.

Em junho de 1965, foi promulgada a "Lei de Greve", que tramitava havia catorze anos no Congresso. Representou uma vitória do novo governo, essa vitória teve apoio do Congresso, considerando que o relator do projeto foi o Deputado Ulysses Guimarães (PSD), já bastante alinhado com o governo revolucionário. O "Clube de Paris" (países credores do Brasil), mediante a implantação do Programa de Ação Econômica do Governo (Paeg), que tinha como principal objetivo combater a inflação, que em 1964 já orbitava na esfera de 89,5%, escalonou 70% da dívida que venceria em 1965, isso deu um novo fôlego econômico ao governo que agora se iniciara.

Ao longo do seu governo, Castello Branco cassa mandatos de parlamentares federais e estaduais, suspende os direitos políticos de centenas de cidadãos, intervém em quase 70% dos sindicatos e federações de trabalhadores e demite funcionários. Institui o bipartidarismo com a Aliança Renovadora Nacional (Arena), de situação, e o Movimento Democrático Brasileiro (MDB), de oposição. Cria o Serviço Nacional de Informações (SNI), que funciona como polícia política. Em janeiro de 1967, o governo impõe ao Congresso a aprovação da nova Constituição que incorpora a legislação excepcional e institucionaliza a ditadura.

5.2 Governo Costa e Silva (1967-1969)

Ministro do Exército de Castello Branco, o general Arthur da Costa e Silva assume a presidência em 1967. Eleito indiretamente pelo Congresso Nacional. Em seu governo cresce a oposição à ditadura. Em meados de 1968, a União Nacional dos Estudantes (UNE) promove no Rio de Janeiro a Passeata dos Cem Mil. Ao mesmo tempo ocorrem greves operárias em Contagem (MG) e Osasco (SP). Grupos radicais de esquerda começam a organizar-se para a guerrilha urbana e promovem os primeiros assaltos a bancos para obter fundos. O governo é pressionado pelos militares da linha dura, que defendem a retomada das ações repressivas no plano político, institucional e policial. Em 17 de abril de 1968, 68 municípios (incluindo todas as capitais) são transformados em zonas de segurança nacional, e seus prefeitos passam a ser nomeados pelo presidente. O deputado Márcio Moreira Alves (MDB/Guanabara), em discurso na Câmara, convoca a população a boicotar a parada militar de 7 de setembro, e o governo pede licença ao Congresso para processá-lo.

Na noite de 13 de dezembro, Costa e Silva fecha o Congresso e decreta o Ato Institucional Nº 5 (AI-5). Ao contrário dos anteriores, esse não tem prazo de vigência e dura até 1979. O AI-5 reestabelece o poder presidencial de cassar mandatos, suspender direitos políticos, demitir e aposentar juízes e funcionários, acaba com a garantia do habeas-corpus, amplia e endurece a repressão policial e militar. Outros 12 atos institucionais complementares são decretados e passam a constituir o núcleo da legislação do regime.

5.3 Atos institucionais

▷ **AI-1 (09/04/1964):** modifica a Constituição do Brasil de 1946 quanto à eleição, ao mandato e aos poderes do Presidente da República; confere aos Comandantes-em-chefe das Forças Armadas o poder de suspender direitos políticos e cassar mandatos legislativos, excluída a apreciação judicial desses atos; e dá outras providências.

▷ **AI-2 (27/10/1965):** modifica a Constituição do Brasil de 1946 quanto ao processo legislativo, às eleições, aos poderes do Presidente da República, à organização dos três Poderes; suspende garantias de vitaliciedade, inamovibilidade, estabilidade e a de exercício em funções por tempo certo; exclui da apreciação judicial atos praticados de acordo com suas normas e Atos Complementares decorrentes; Estabelece o bipartidarismo e dá outras providências.

▷ **AI-3 (5/2/1966):** dispõe sobre eleições indiretas nacionais, estaduais e municipais; permite que Senadores e Deputados Federais ou Estaduais, com prévia licença, exerçam o cargo de Prefeito de capital de Estado; exclui da apreciação judicial atos praticados de acordo com suas normas e Atos Complementares decorrentes.

▷ **AI-4 (12/12/1966):** convoca o Congresso Nacional para discussão, votação e promulgação do Projeto de Constituição apresentado pelo Presidente da República e dá outras providências.

▷ **AI-5 (13/12/1968): suspende a garantia do habeas corpus para determinados crimes; dispõe sobre os poderes do Presidente da República de decretar:** estado de sítio, nos casos previstos na Constituição Federal de 1967; intervenção federal, sem os limites constitucionais; suspensão de direitos políticos e restrição ao exercício de qualquer direito público ou privado; cassação de mandatos eletivos; recesso do Congresso Nacional, das Assembleias Legislativas e das Câmaras de Vereadores; exclui da apreciação judicial atos praticados de acordo com suas normas e Atos Complementares decorrentes; e dá outras providências.

▷ **AI-6 (01/02/1969):** dá nova redação aos artigos 113, 114 e 122 da Constituição Federal de 1967; ratifica as Emendas Constitucionais feitas por Atos Complementares subsequentes ao Ato Institucional nº 5; exclui da apreciação judicial atos praticados de acordo com suas normas e Atos Complementares decorrentes; e dá outras providências.

▷ **AI-7 (26/02/1969):** estabelece normas sobre remuneração de Deputados Estaduais e Vereadores; dispõe sobre casos de vacância de cargos de Prefeito e Vice-Prefeito; suspende quaisquer eleições parciais para cargos executivos ou legislativos da União, dos Estados, dos Territórios e dos Municípios; exclui da apreciação judicial atos praticados de acordo com suas normas e Atos Complementares decorrentes; e dá outras providências.

- **AI-8 (02/04/1969):** atribui competência para realizar Reforma Administrativa ao Poder Executivo dos Estados, do Distrito Federal e dos Municípios de população superior a duzentos mil habitantes; e dá outras providências.
- **AI-9 (25/04/1969):** dá nova redação ao artigo 157 da Constituição Federal de 1967, que dispõe sobre desapropriação de imóveis e territórios rurais.
- **AI-10 (16/05/1969):** dispõe sobre as consequências da suspensão dos direitos políticos e da cassação dos mandatos eletivos federais, estaduais e municipais; e dá outras providências.
- **AI-11 (14/08/1969):** dispõe sobre o tempo de mandato dos Prefeitos, Vice-Prefeitos e Vereadores e sobre as eleições para esses cargos no dia 30 de novembro de 1969; extingue a Justiça da Paz eletiva; exclui da apreciação judicial atos praticados de acordo com suas normas e Atos Complementares decorrentes.
- **AI-12 (01/09/1969):** confere aos Ministros da Marinha de Guerra, do Exército e da Aeronáutica Militar as funções exercidas pelo Presidente da República, Marechal Arthur da Costa e Silva, enquanto durar sua enfermidade; exclui da apreciação judicial atos praticados de acordo com suas normas e Atos Complementares decorrentes.
- **AI-13 (05/09/1969):** dispõe sobre o banimento do território nacional de brasileiro inconveniente, nocivo ou perigoso à segurança nacional, mediante proposta dos Ministros de Estado da Justiça, da Marinha de Guerra, do Exército ou da Aeronáutica Militar; exclui da apreciação judicial atos praticados de acordo com suas normas e Atos Complementares decorrentes.
- **AI-14 (05/09/1969):** dá nova redação ao artigo 15, §11 da Constituição Federal de 1967; garante a vigência de Atos Institucionais, Atos Complementares, leis, decretos-leis, decretos e regulamentos que dispõem sobre o confisco de bens em casos de enriquecimento ilícito; exclui da apreciação judicial atos praticados de acordo com suas normas e Atos Complementares decorrentes.
- **AI-15 (11/09/1969):** dá nova redação ao artigo 1º do Ato Institucional nº 11, de 14 de agosto de 1969, que dispõe sobre as eleições para Prefeito, Vice-Prefeito e Vereadores dos Municípios; exclui da apreciação judicial atos praticados de acordo com suas normas e Atos Complementares decorrentes.
- **AI-16 (14/10/1969):** declara vacância dos cargos de Presidente e Vice-Presidente da República; dispõe sobre eleições e período de mandato para esses cargos; confere a Chefia do Poder Executivo aos Ministros militares enquanto durar a vacância; exclui da apreciação judicial atos praticados de acordo com suas normas e Atos Complementares decorrentes; e dá outras providências
- **AI-17 (14/10/1969):** autoriza o Presidente da República a transferir para reserva, por período determinado, os militares que tenham atentado ou venham a atentar contra a coesão das Forças Armadas.

5.4 Governo da junta militar

Gravemente doente, o presidente é substituído por uma Junta Militar formada pelos ministros Aurélio de Lira Tavares (Exército), Augusto Rademaker (Marinha) e Márcio de Sousa e Melo (Aeronáutica). O vice-presidente, o civil Pedro Aleixo, é impedido de tomar posse. A Aliança de Libertação Nacional (ALN) e o Movimento Revolucionário 8 de Outubro (MR-8), grupos de esquerda, sequestram no Rio o embaixador norte-americano Charles Elbrick.

Ele é trocado por 15 presos políticos mandados para o México. Os militares respondem com a decretação da Lei de Segurança Nacional (18 de setembro) e com a Emenda Constitucional No 1 (17 de outubro), que na prática é uma nova Constituição, com a figura do banimento do território nacional e a pena de morte nos casos de "guerra psicológica adversa, ou revolucionária, ou subversiva". Ainda no final de 1969, o líder da ALN, Carlos Marighella, é morto em São Paulo pelas forças da repressão.

5.5 Governo Médici (1969-1974)

Após o afastamento de Costa e Silva por motivos de saúde, em outubro de 1969 o nome de Médici foi indicado pelo alto comando do Exército para assumir o posto de presidente da República. O general assume um Brasil já repressivo, em virtude das medidas de seu antecessor, e endurece ainda mais o regime. Baseado nisso, o governo de Emílio Médici ficou marcado por graves denúncias de tortura contra presos políticos e estudantes. Neste período foi registrado o maior número de mortos pela ditadura militar brasileira. Em contrapartida, o grande comercial das benesses do governo foi o chamado "milagre econômico". O Produto Interno Bruto (PIB) aumentou muito e a classe média viu sua renda ampliar consideravelmente. Por conta dos amplos incentivos, muitas multinacionais se instalaram aqui. Houve também a criação de algumas estatais, como a Infraero e a Embrapa. Às custas de um aumento estrondoso da dívida externa, nessa época foram construídas grandes obras brasileiras, como a Ponte Rio-Niterói, a refinaria de Paulínia e a hidrelétrica de Ilha Solteira.

5.6 Crise do regime militar

A luta armada intensifica-se e a repressão policial-militar cresce ainda mais. Ela é acompanhada de severa censura à imprensa, espetáculos, livros, músicas etc. Atingindo políticos, artistas, editores, professores, estudantes, advogados, sindicalistas, intelectuais e religiosos. Espalham-se pelo país os centros de tortura do regime, ligados ao Destacamento de Operações e Informações e ao Centro de Operações de Defesa Interna (DOI-CODI). A guerrilha urbana cede terreno rapidamente nas capitais, tenta afirmar-se no interior do país, como no Araguaia, mas acaba enfraquecida e derrotada.

O governo Médici foi marcado pelo recrudescimento, perseguição e morte dos dissidentes do governo militar, muitos sumiram e outros morreram, e mais centenas foram torturados ou banidos da terra pátria. Tudo isso acontecia embalado pelo sonho do país gigante; grandes obras, muitas obras questionáveis e não raramente identificadas como "faraônicas". É inquestionável que grandes obras, como a criação de Itaipu, foram e são fundamentais para o desenvolvimento econômico do país, mas a que preço? A sociedade que não se alinhava com as ações do regime, era reprimida e desaparecia com muita frequência. A constância dessas ações e a repressão tem seus anos mais evidentes dentro do governo Médici, que se respaldava no crescimento econômico, com dinheiro emprestado.

5.7 Milagre econômico

O endurecimento político é respaldado pelo milagre econômico, que vai de 1969 a 1973. O produto interno bruto (PIB) cresce a quase 12% ao ano, e a inflação média anual não ultrapassa 18%. O Estado arrecada mais, faz grandes empréstimos e atrai investimentos externos para projetos de grande porte no setor industrial, agropecuário, mineral e de infraestrutura. Alguns desses projetos, por seu custo e impacto, são chamados de faraônicos, como a construção da rodovia Transamazônica e da Ponte Rio-Niterói. O governo do general terminou em 15 de março de 1974, quando o também general, Ernesto Geisel, assume o posto de Presidente da República.

REPÚBLICA MILITAR

5.8 Governo Geisel (1974-1979)

O general Ernesto Geisel enfrenta dificuldades que marcam o fim do milagre econômico e ameaçam a estabilidade do Regime Militar. A crise internacional do petróleo contribui para uma recessão mundial e o aumento das taxas de juro – além de reduzir muito o crédito, põe a dívida externa brasileira em um patamar crítico. O presidente anuncia então a abertura política lenta, gradual e segura e nos bastidores procura afastar os militares da linha dura, encastelados nos órgãos de repressão e nos comandos militares.

A oposição se fortalece e nas eleições de novembro de 1974, o MDB conquista 59% dos votos para o Senado, 48% para a Câmara dos Deputados e ganha em 79 das 90 cidades com mais de 100 mil habitantes. A censura à imprensa é suspensa em 1975. A linha dura resiste à liberalização e desencadeia uma onda repressiva contra militantes e simpatizantes do clandestino Partido Comunista Brasileiro (PCB). Em outubro de 1975, o jornalista Vladimir Herzog é assassinado em uma cela do DOI-CODI do 2º Exército, em São Paulo.

Em janeiro de 1976, o operário Manuel Fiel Filho é morto em circunstâncias semelhantes. O MDB vence novamente as eleições no final de 1976. Em abril de 1977, o governo coloca o Congresso em recesso e baixa o "pacote de abril". As regras eleitorais são modificadas de modo a garantir maioria parlamentar à Arena, o mandato presidencial passa de cinco para seis anos e é criada a figura do senador biônico, eleito indiretamente pelas Assembleias Legislativas estaduais. Em 1978, Geisel envia ao Congresso emenda constitucional que acaba com o AI-5 e restaura o habeas-corpus. Com isso, abre caminho para a normalização do país. No final do ano, o MDB volta a ganhar as eleições.

5.9 Governo Figueiredo (1979-1985)

O crescimento da oposição nas eleições de 1978 acelera a abertura política. O general João Baptista Figueiredo concede anistia aos acusados ou condenados por crimes políticos. O processo, porém, é perturbado pela linha dura. Figuras ligadas à Igreja Católica são sequestradas e cartas-bomba explodem nas sedes de instituições democráticas, como a Ordem dos Advogados do Brasil (OAB). O episódio mais grave é um malsucedido atentado terrorista promovido por militares no centro de convenções do Riocentro, no Rio, em 30 de abril de 1981. Em dezembro de 1979, o governo modifica a legislação partidária e eleitoral e restabelece o pluripartidarismo. A Arena transforma-se no Partido Democrático Social (PDS), e o MDB torna-se o PMDB. Outras agremiações são criadas, como o Partido dos Trabalhadores (PT) e o Partido Democrático Trabalhista (PDT), de esquerda, e o Partido Popular (PP), de centro-direita.

A crise econômica se aprofunda e mergulha o Brasil na inflação e na recessão. Crescem os partidos de oposição, fortalecem-se os sindicatos e as entidades de classe. Em 1984, o país mobiliza-se na campanha pelas Diretas Já, que pede eleição direta para a Presidência da República. Mas a emenda é derrotada na Câmara dos Deputados em 25 de abril. Em 15 de janeiro de 1985, o Colégio Eleitoral escolhe o candidato Tancredo Neves como novo presidente da República. Ele integra a Aliança Democrática — a frente de oposição formada pelo PMDB e pela Frente Liberal, dissidência do PDS. A eleição marca o fim da ditadura militar, mas o processo de redemocratização só se completa em 1988, no governo José Sarney, com a promulgação da nova Constituição.

QUADRO SUCESSÓRIO DA REPÚBLICA MILITAR AUTORITÁRIA

CARACTERÍSTICAS GERAIS	• **ESG (ESCOLA SUPERIOR DE GUERRA)** – formou uma classe dirigente, uma elite militar e civil. • **DOUTRINA DA SEGURANÇA NACIONAL**: concebida no contexto da Guerra Fria. Principal pensador Golbery do Couto e Silva. Preocupação básica: combater a guerra "revolucionária local" promovida pelos comunistas.		
ANOS	1964	1967 1969	1974
PRES.	CASTELLO BRANCO	COSTA E SILVA	GARRASTAZU MÉDICI
POLÍTICA	• AI-1: mantém a Constituição e dá poderes ao Executivo. • AI-2: eleições indiretas para presidente e vice; extinção dos partidos. • Formação da ARENA e MDB. • AI-3: indiretas para governadores estaduais. • Recesso do Congresso. • AI-4: projeto constitucional. • 1967: Constituição.	• AI-5: aumenta os poderes do Executivo. • Agosto/1969: adoece Costa e Silva. • Assume a Junta Militar. • Decreto-lei 477. • EMENDA CONSTITUCIONAL nº 1.	• 1969: Emenda Constitucional. • Regime ditatorial. • Popularização do governo através de campanhas publicitárias.

HISTÓRIA DO CEARÁ

		"MILAGRE ECONÔMICO BRASILEIRO"	
ECONOMIA	• PAEG. • Equipe econômica: R. Campos e O. Bulhões. • Doutrina da interdependência. • FGTS/BNH/INPS. • Recessão. • Arrocho salarial. • Média da inflação: 47,3%. • Média do PIB: 3,5%.	• PED. • Equipe econômica: H. Beltrão e Delfim Neto. • Projeto Rondon. • FUNAI. • SUFRAMA. • MOBRAL. • Média da inflação: 23,3%. • Média do PIB: 8,6%.	• Metas e bases para ação do Governo. • Equipe econômica: R. Velloso e Delfim. • Plano de Integração Nacional. • INCRA/PROTERRA/PRORURAL. • Transamazônica/Cuiabá/Santarém. • PIS/PASEP. • Ponte Rio-Niterói. • Mar territorial de 200 milhas. • Média da inflação 20,8%. • Média do PIB: 10,1%.
SOCIEDADE	• Críticas ao governo feitas pela Igreja e UNE. • Frente ampla liderada por Carlos Lacerda. • Cassações de mandatos. • Prisões.	• Guerrilhas urbanas e rurais da esquerda. • Atos terroristas da extrema direita. • Movimento estudantil. • Greves. • Extinção da Frente Ampla e cassação de Lacerda.	• Guerrilhas no Araguaia (PC do B). • Concentração de renda. • Aumento da oferta de emprego. • Sequestros de aviões. • Atividades do Esquadrão da Morte.

• **POLÍTICA DE SEGURANÇA NACIONAL**: objetivava criar um planejamento global da vida econômica, política e social do Brasil. Fortalecimento do Poder Executivo que pode legislar através de decretos-leis e atos institucionais (ao todo, 17). Redução da participação política do Legislativo e do eleitorado.
• **LINHA DURA**: atitudes políticas intransigentes e radicais; anticomunista e defensora das empresas estatais.

	1974	1979	1985
	ERNESTO GEISEL		**J. BAPTISTA FIGUEIREDO**

• Regime de "distensão" política. • Lei Falcão (1976). • Política externa: "pragmatismo responsável" (relações com a China). • Nova Lei Orgânica dos Partidos. • Pacote de Abril. • Senador "biônico". • Última medida: anistia e fim do AI-5.	• Regime de "abertura". • Criação de novos partidos. • Voto vinculado. • Demissão de Golbery da chefia do Gabinete Civil. • Eleições diretas para governadores em 1982. • Extinção dos senadores "biônicos". • Formação da Frente Liberal.
• II PND. • Equipe econômica: R. Velloso e Simonsen. • 1º choque mundial do petróleo. • Política econômica expansionista. • Siderúrgicas Tubarão e Açominas. • Ferrovia do Aço/Itaipu. • Acordo nuclear com a Alemanha. • Excessivo endividamento externo. • Média da inflação: 44,5%. • Média do PIB: 6,9%.	• 1ª equipe econômica: Simonsen e Rischbieter (recessionistas). • 2ª equipe econômica: Delfim e Galvêas (desenvolvimentistas). • Projeto Carajás. • 2º choque mundial do petróleo. • Recessão (a partir de 1981). • Falências, concordatas, desemprego. • Negociações com o FMI. • Média da inflação: 136,1%. • Média do PIB: 1,2%.
• Vitória do MDB nas eleições de 1974. • Greves no ABC (1978). • Ação da AAB (Aliança Anticomunista do Brasil) com bombas. • Movimento contra a Carestia.	• Atentado no Riocentro (1981). • Saques a supermercados. • Alto índice de criminalidade. • Movimento 'Diretas Já" para o projeto Dante de Oliveira. • Greves por aumento salarial e estabilidade de emprego. • Euforia social com a vitória de Tancredo Neves (janeiro/85).

5.10 Governo Virgílio Távora

No contexto da Ditadura Militar, o coronel Virgílio Távora, que tinha sido eleito para governar de 1963 a 1966, viveu uma singularidade, tentando se equilibrar entre apoiadores e opositores, pois foi eleito com apoio maciço da União do Ceará (UDN, PSD, PTN), que representava as elites locais. Herdeiro do núcleo político dos Távora (Juarez Távora, Fernandes Távora), logo não foi difícil chegar ao poder, mesmo no

REPÚBLICA MILITAR

período conturbado da Ditadura Militar (1964-85). A ideia de Virgílio Távora era implementar no plano estadual, as mudanças que tinham sido implementadas por Juscelino (1955-60), assim nasceu uma versão cearense do Plano de Metas, o PLAMEG.

O plano de metas governamentais objetivava o desenvolvimento industrial cearense, como aporte financeiro da SUDENE e da Companhia de Desenvolvimento do Ceará (CODEC). Eram necessárias condições infraestruturais para atrair as indústrias e os recursos ao desenvolvimento estadual, assim, o governo instalou linhas de transmissão de energia gerada pela hidrelétrica de Paulo Afonso, no rio São Francisco. Ampliou também o porto do Mucuripe, para que ali aportassem navios de maior calado. Era a "modernização conservadora" tomando forma. Durante o seu mandato, eclode o Golpe Militar de 1964, e seu governo é marcado por forte repressão a políticos, professores e estudantes, muitos deles confinados no 23º BC (Batalhão de Caçadores).

Características:
- União pelo Ceará que elegeu Virgílio Távora em 1963 (PSD, UDN e PTN).
- Greves e passeatas.
- Medo do país tornar-se socialista.
- Dubiedade de posição, por vezes oposição, em outras, situação ao governo Jango.
- Apoio ao movimento golpista mineiro.

5.10.1 Primeira fase (1963 a 1964)
- Ambiguidade política – Amigo de Jango e oposicionista às reformas de base.
- Criação do PLAMEG I (visava à industrialização).
- Ampliação do porto do Mucuripe.
- Vinda da energia de Paulo Afonso.
- Criação do I distrito industrial (Maracanaú).
- Criação do BEC (Banco do Estado do Ceará)
- Criação da CODEC e da Companhia DOCAS do Ceará.
- Mobilização das entidades como a UNE, UEE, PCB, Pacto Sindical pelas reformas de base.

5.10.2 Segunda fase (1964 a 1966)
- Na eminência de perder o cargo, passa a apoiar os militares.
- Com sua habilidade política conseguiu, junto aos militares, os recursos para o PLAMEG I.
- Com o AI-2, aderiu à ARENA; seu vice, Figueiredo Correia, ao MDB.
- Fez "vistas grossas" às perseguições empreendidas às esquerdas no Ceará.

5.11 Governo plácido castelo (1966-1971)

Apadrinhado político do Senador Paulo Sarasate, o deputado Plácido Aderaldo Castelo realizou uma administração tímida, inexpressiva. A conjuntura política repressiva praticada pela Ditadura Militar elegeu os senadores Paulo Sarasate Menezes Pimentel, o que de certa forma deu sustentação a seu governo.

Sua administração foi marcada por algumas obras, que referenciam sua breve passagem na política cearense: a construção da Estrada do Algodão (trajeto que se inicia em Quixadá, no Sertão Central, e termina em Jardins, na região do Cariri – passando por dezenas de cidades cearenses e diferentes vias) e o estádio de futebol Plácido Aderaldo Castelo (Castelão/Arena Castelão).

Características:
- "Eleito" pela Assembleia Legislativa.
- Cassação de vários parlamentares eleitos (Dorian Sampaio, José Martins Rodrigues etc.).
- Prisão e tortura de muitos estudantes e trabalhadores.
- Morte do gráfico Pedro Jerônimo na prisão.
- Atentados à bomba em Fortaleza, inclusive no DCE da UFC (feitos pelo MAC).
- Nomeação de Jose Walter Cavalcante prefeito de Fortaleza.
- Criação do BANDECE.
- Pavimentação da "Rodovia do Algodão".
- Início das obras de construção do estádio Plácido Aderaldo Castelo (Castelão).
- Criação do IPPS (Instituto Penal Paulo Sarasate).

5.12 Governo Virgílio Távora

No contexto da Ditadura Militar, o coronel Virgílio Távora, que tinha sido eleito para governar de 1963 a 1966, viveu uma singularidade, tentando se equilibrar entre apoiadores e opositores, pois foi eleito com apoio maciço da União do Ceará (UDN, PSD, PTN), que representava as elites locais. Herdeiro do núcleo político dos Távora (Juarez Távora, Fernandes Távora), logo não foi difícil chegar ao poder, mesmo no período conturbado da Ditadura Militar (1964-85). A ideia de Virgílio Távora era implementar no plano estadual, as mudanças que tinham sido implementadas por Juscelino (1955-60), assim nasceu uma versão cearense do Plano de Metas, o PLAMEG.

O plano de metas governamentais objetivava o desenvolvimento industrial cearense, como aporte financeiro da SUDENE e da Companhia de Desenvolvimento do Ceará (CODEC). Eram necessárias condições infraestruturais para atrair as indústrias e os recursos ao desenvolvimento estadual, assim, o governo instalou linhas de transmissão de energia gerada pela hidrelétrica de Paulo Afonso, no rio São Francisco. Ampliou também o porto do Mucuripe, para que ali aportassem navios de maior calado. Era a "modernização conservadora" tomando forma. Durante o seu mandato, eclode o Golpe Militar de 1964, e seu governo é marcado por forte repressão a políticos, professores e estudantes, muitos deles confinados no 23º BC (Batalhão de Caçadores).

Características
- União pelo Ceará que elegeu Virgílio Távora em 1963 (PSD, UDN e PTN).
- Greves e passeatas.
- Medo do país tornar-se socialista.
- Dubiedade de posição, por vezes oposição, em outras, situação ao governo Jango.
- Apoio ao movimento golpista mineiro.

5.13 Primeira Fase (1963-1964)
- Ambiguidade política – Amigo de Jango e oposicionista às reformas de base.
- Criação do PLAMEG I (visava à industrialização).
- Ampliação do porto do Mucuripe.
- Vinda da energia de Paulo Afonso.
- Criação do I distrito industrial (Maracanaú).

- Criação do BEC (Banco do Estado do Ceará)
- Criação da CODEC e da Companhia DOCAS do Ceará.
- Mobilização das entidades como a UNE, UEE, PCB, Pacto Sindical pelas reformas de base.

5.14 Segunda Fase (1964-1966)
- Na eminência de perder o cargo, passa a apoiar os militares.
- Com sua habilidade política conseguiu, junto aos militares, os recursos para o PLAMEG I.
- Com o AI-2, aderiu à ARENA; seu vice, Figueiredo Correia, ao MDB.
- Fez "vistas grossas" às perseguições empreendidas às esquerdas no Ceará.

5.15 Governo Plácido Castelo (1966-1971)

Apadrinhado político do Senador Paulo Sarasate, o deputado Plácido Aderaldo Castelo realizou uma administração tímida, inexpressiva. A conjuntura política repressiva praticada pela Ditadura Militar elegeu os senadores Paulo Sarasate Menezes Pimentel, o que de certa forma deu sustentação a seu governo.

Sua administração foi marcada por algumas obras, que referenciam sua breve passagem na política cearense: a construção da Estrada do Algodão (trajeto que se inicia em Quixadá, no Sertão Central, e termina em Jardins, na região do Cariri – passando por dezenas de cidades cearenses e diferentes vias) e o estádio de futebol Plácido Aderaldo Castelo (Castelão/Arena Castelão).

Características
- "Eleito" pela Assembleia Legislativa.
- Cassação de vários parlamentares eleitos (Dorian Sampaio, José Martins Rodrigues etc.).
- Prisão e tortura de muitos estudantes e trabalhadores.
- Morte do gráfico Pedro Jerônimo na prisão.
- Atentados à bomba em Fortaleza, inclusive no DCE da UFC (feitos pelo MAC).
- Nomeação de Jose Walter Cavalcante prefeito de Fortaleza.
- Criação do BANDECE.
- Pavimentação da "Rodovia do Algodão".
- Início das obras de construção do estádio Plácido Aderaldo Castelo (Castelão).
- Criação do IPPS (Instituto Penal Paulo Sarasate).

6 NOVA REPÚBLICA

6.1 César Cals (1971-1975)

O coronel César Cals foi indicado diretamente pelo General Emílio Médici, dentro do contexto nacional do "Milagre Econômico", em que o Brasil crescia economicamente 10% ao ano. O cenário econômico nacional era muito vantajoso. César Cals de Oliveira Filho não fazia parte do núcleo tradicional das oligarquias cearenses e necessitava se firmar politicamente, implementando mudanças "reais", quando comparadas às administrações anteriores. Em 1974, criou a Televisão Educativa (TVE), instituindo o telensino em um estado carente de educação e em que muitas pessoas ainda não tinham televisão. Cunhou um slogan "O Governo da Confiança". Embora tenha sido escolhido em 1972 como o melhor governo do Brasil, isso não foi suficiente para que ele conseguisse eleger seu sucessor. O cenário político nacional havia mudado; com a substituição na presidência de Médici por Geisel (General Ernesto Geisel), seu governo definhou. Sua administração realizou grandes obras, especialmente em Fortaleza, entre elas: Terminal Rodoviário João Tomé, Centro de Convenções, Avenida Leste-Oeste, Centro de Turismo de Fortaleza.

Características:

- Indicado pelo Presidente Médici e referendado pela Assembleia Legislativa.
- Auge da repressão militar; vários cearenses mortos no Araguaia e torturas em outros no estado.
- Tem início o trio que dominará a política cearense até o fim da ditadura (César Cals, Adauto Bezerra, Virgílio Távora).
- Nomeação de Vicente Fialho para prefeito de Fortaleza.
- Procurou governar tecnocraticamente e formar sua própria facção política.
- Rompimento com Virgílio e perseguição aos seus correligionários.
- Grande ênfase na publicidade ("Governo da Confiança").
- Ao final de governo teve seu candidato ao senado derrotado (Edílson Távora).

6.2 Adauto Bezerra (1975-1978)

Adauto Bezerra tinha seu nicho eleitoral baseada na porção do Cariri cearense, especialmente Juazeiro do Norte. Sua indicação deu-se pelo presidente Geisel. Criou as secretarias municipais que tinham duplo objetivo, maior articulação e controle sobre as prefeituras. Para tão importante cargo, indicou seu irmão, Humberto Bezerra. A articulação entre os irmãos proporcionou um resultado extraordinário: em 1976, 95% dos prefeitos eram da Arena, partido do governador do Estado, ou seja, sua base estava garantida.

Em 1978, renuncia para concorrer às eleições parlamentares. Realizou grandes obras, o interceptor oceânico, emissário submarino, unidade mista de saúde, ampliação do abastecimento de água para as cidades, além de criar a Universidade Estadual do Ceará, a UECE.

Características:

- Governo voltado para as bases interioranas.
- Construção do interceptor oceânico.
- Criação da secretaria de assuntos municipais (Humberto Bezerra).
- Elege 95% dos prefeitos interioranos.
- Facilita empréstimos para os prefeitos no BIC em troca de favores políticos.
- O escândalo do Juazeiro em 1977 (assassinato de um vigia de uma de suas empresas por policiais, supostamente a mando de sua família).
- Renuncia alegando candidatura ao senado (nunca ocorreu). Elegeu-se Dep. Federal.
- Assumiu o vice, Waldemar Alcântara (apenas cumpriu o restante do mandato).
- Criação do Senador Biônico (César Cals) durante o governo Waldemar Alcântara.

6.3 Virgílio Távora (1979-1982)

A marca do segundo governo de Virgílio Távora foi o assistencialismo e o nepotismo, que ganharam grande expressão em seu mandato. Lançou o PLAMEG II, que assim como o primeiro, objetivava ampliar o processo de industrialização iniciado por ele em seu governo anterior. Sua esposa, Luiza Távora, realizou várias ações sociais, junto às diversas comunidades carentes, especialmente em Fortaleza. Embora imbuída de boa vontade, o pano de fundo político era angariar votos, o que, de fato, surtiu efeito.

Ao fim do seu mandato, Virgílio Távora renuncia em favor de seu vice-governador, Manoel de Castro, manobra política fundamental para a consolidação do "Pacto dos Coronéis", em que se alternavam no Governo do Estado, no Senado e na Prefeitura de Fortaleza, os três coronéis: Virgílio, Cals e Adauto Bezerra. Manoel Castro "inundou" o Estado com milhares de nomeações, sem concurso público, especialmente junto à Secretaria de Educação, o que colaborou para o colapso da educação cearense àquela época.

Características:

- Última eleição indireta para governador da ditadura militar.
- Criação do PLAMEG II.
- Governa praticamente sem oposição na Assembleia.
- Criação do PROMOVALE (projeto de irrigação).
- Luiza Távora implementa projetos sociais.
- Grande descontrole financeiro.
- Instalação do II Polo industrial do Nordeste no Ceará.
- "Festival" de nomeações (aproximadamente 16.000 pessoas).
- Ressurgimento das greves e dos movimentos populares (Federação de Bairros e Favelas).
- Fim do bipartidarismo.
- Os três coronéis entram no PDS.
- O "acordo dos Coronéis" (O Ceará é "dividido" entre os três com o apoio do Planalto).

6.4 Gonzaga Mota (1983-1987)

O governo de Luiz Gonzaga Mota corresponderá da transição da Ditadura Militar para a Democracia. Ex-secretário de Virgílio Távora, foi eleito com o apoio dos coronéis, que contribuía para que seu governo fosse visto como um governo fantoche, ou seja, existia "de direito", mas não existia de fato. Em 1982, derrota o candidato da oposição, Mauro Benevides, mas sua vitória não foi completa, pois em Fortaleza, a capital do Estado, que funciona como o espelho da condição política e econômica do restante do estado, o PMDB vence com 58,4%, um indicador da insatisfação dos fortalezenses. Como à época os prefeitos eram "biônicos" (nomeados pelo governador do Estado), para a capital foi nomeado José Barros Pinho e exonerado César Cals Neto, filho de César Cals, um dos coronéis do triunvirato.

A economia do estado ia muito mal, endividamento, atraso de salários, e a inflação desse período colaborava para corroer o salário dos funcionários, tudo isso associado à existência de milhares de funcionários "fantasmas". Greves eram comuns.

O governo de Gonzaga Mota, passou a conceder "vales" aos funcionários, na tentativa de minimizar a situação, o que não ocorreu. No cenário nacional, a lei da Anistia de 1979, a campanha das Diretas Já! e a formação de uma Assembleia Constituinte contribuiu para a ruína de seu governo e abertura de um novo modelo de governança.

> **Maria Luiza Fontenele** foi a primeira prefeita de Fortaleza, de 1986 a 1989. Foi a primeira prefeita de capital estadual eleita pelo Partido dos Trabalhadores (PT). Quando assumiu o cargo, a cidade estava em estado de abandono e com altas dívidas, inclusive atraso na folha de pagamentos. Tratava-se da primeira administração eleita pelo voto direto. Não existindo ainda a Constituição Federal de 1988, a quase totalidade de recursos da prefeitura dependia de repasses federais ou estaduais.

Prova da perseguição sofrida pela prefeita foi a liberação imediata de todos os recursos para projetos da cidade, negados durante os três anos de sua gestão, para Ciro Gomes, sucessor da prefeita e afilhado político do governador Tasso Jereissati. Todos os projetos encaminhados por Maria Luiza foram liberados quando Ciro assumiu. Foi a prefeita de um partido de oposição, de esquerda, e sua administração sofreu bloqueio explícito por parte do Governo Federal, na figura de José Sarney, e dos governos Gonzaga Mota e Tasso Jereissati.

Características:
- Último governador do ciclo dos coronéis (por meio do acordo dos coronéis).
- Eleito por voto popular.
- Nepotismo (nomeia os dois irmãos secretários).
- Rompe com os coronéis.
- Tenta articular-se com o Planalto sem sucesso.
- Rompe com Figueiredo e sofre represália.
- Maria Luiza (PT) é eleita prefeita de Fortaleza.
- Apoia a eleição de Tancredo Neves e entra no PMDB.
- Deixa o governo praticamente falido e com o pagamento do funcionalismo atrasado.

7 A "NOVA REPÚBLICA": OS "GOVERNOS DAS MUDANÇAS"

As mudanças políticas no cenário nacional brasileiro, com a Anistia de 1979, e principalmente a campanha das Diretas Já!, que almejavam a eleição de um novo presidente de forma direta, o que não ocorria desde 1964, criaram o ambiente perfeito para a ascensão de um novo grupo político. O grupo político era realmente novo na política, mas a maioria era oriunda do grande empresariado estadual ou vinha de famílias de grande poder econômico, prestígio político e até mesmo a junção dos dois. Era o caso de Tasso Jereissati, filho do senador Carlos Jereissati, empresário e político de sucesso.

Em 1986, Tasso Jereissati era eleito governador do Ceará, derrotando os três "famosos coronéis" do Ceará, Adauto, Virgílio e César, inaugurando uma nova etapa política no estado. Mas tal fato não foi ocasional. Na realidade, enquadra-se em um projeto político burguês-capitalista, com origens no ano de 1978, quando "jovens empresários" assumiram o controle do Centro Industrial Cearense (CIC). Até aquela data, a chefia do CIC era ocupada pelo presidente da Federação das Indústrias do Estado do Ceará (FIEC). Esses "jovens empresários", como Beni Veras, Tasso Jereissati, Amarílio Macedo, Sérgio Machado e Assis Machado Neto, tornaram o CIC um centro de debates, gestando uma candidatura ao governo.

Embora o CIC tenha mantido boas relações com os coronéis (por exemplo, apoiaram a candidatura de Gonzaga Mota ao governo em 1982), criticava duramente o excessivo intervencionismo do estado na economia, a corrupção, o clientelismo e outros problemas da máquina pública, pregando uma gestão "moderna", empresarial e (neo) liberal no Ceará, para "acabar com a miséria".

A oportunidade para os "jovens empresários" assumirem o governo ocorreu em 1986. O então governador Gonzaga Mota (PMDB), já rompido com seus "padrinhos políticos" (os coronéis), resolveu apoiar um nome do CIC para concorrer a sua sucessão: Tasso Jereissati. Este, valendo-se do sucesso nacional do Plano Cruzado, da crise e da decadência das "velhas" elites chefiadas pelos coronéis e contando com o apoio e a simpatia de amplos segmentos sociais (até das esquerdas), derrota o candidato do PFL (dissidente do PDS, atual DEM), coronel Adauto Bezerra. Encontrando o estado em complicada situação financeira, Tasso, sob o lema "Governo das Mudanças", buscou moralizar a máquina pública, diminuindo o nepotismo e o empreguismo – embora "achatando" o salário dos servidores públicos, tendo com estes uma relação de atritos.

Visando dar ao governo uma "gestão técnica", o "Governo das Mudanças" elimina a intermediação de "políticos profissionais", sobretudo na primeira gestão (1987-1991), o que lhe trouxe certo isolamento da sociedade civil e a acusação de autoritário. Em pouco tempo, ganhou forte oposição, mesmo daqueles que o haviam apoiado na eleição (daí o grupo "tassista" ter deixado o PMDB e ingressado no PSDB). O Cambeba (Palácio do Governo e sinônimo dos partidários de Tasso) procurou descredenciar essa oposição chamando-a genericamente de "forças do atraso", elementos "corporativistas", pessoas de "interesses contrariados".

A geração Cambeba procurou a "modernização" da máquina administrativa cearense, ou seja, a promoção de uma "gestão técnica" e pró-capitalista do Estado, de modo que se buscasse o equilíbrio orçamentário (o que aconteceu principalmente no primeiro mandato de Tasso e na gestão de Ciro Gomes, com a austeridade nos gastos públicos, aumento da arrecadação de tributos, corte de gratificações, eliminação de cargos públicos, achatamento de salários dos servidores, etc.), a eficiência da máquina estatal (por exemplo, com a informatização da burocracia e a qualificação dos servidores públicos), a probidade no trato com a coisa pública (sem privilégios a particulares), o investimento em obras de infraestruturas (sobretudo a partir do segundo mandato de Tasso, com verbas e empréstimos do governo federal e de órgãos internacionais de desenvolvimento) e os estímulos à indústria e atividade conexas.

Utilizando também muito *marketing* (um dos estados que mais investia em propaganda no Brasil era o Ceará), a geração Cambeba ganhou a hegemonia política do Estado e projeção nacional, embora as "mudanças" tão propaladas, como a industrialização cearense, venha de décadas, desde os anos 1960, a partir da criação do Banco do Nordeste (1952), da SUDENE (1959) e das administrações do coronel Virgílio Távora (1963-1966/1979-1982).

7.1 Tasso Jereissati (1987-1991)

Tasso foi eleito com 52,3% dos votos, contra 30% do Coronel Adauto Bezerra. O então jovem empresário tinha o apoio de Gonzaga Mota e do presidente José Sarney, no auge de sua popularidade com o Plano Cruzado. Tasso tinha a imagem da renovação, apoio de setores do empresariado e de grupos organizados em um movimento chamado Pró-Mudanças, que agitou o estado.

O governo Tasso, para uns, representou uma mudança profunda na cultura política cearense, por meio da modernização, do equilíbrio fiscal, econômico e financeiro e da recuperação da credibilidade do estado. Para outros, uma alteração significativa, porém acompanhada de altos índices de miséria e pobreza, concentração de renda e desemprego. Tasso retornaria à frente do governo novamente em 1998, com grande parte das contas do Estado saneadas e com uma nova política que divergia sobre o viés econômico dos militares, mas isso não evitou que fosse visto como um "novo coronel" do Ceará.

Características:

Com os ajustes da máquina sendo feitos, cabe destacar os projetos de infraestrutura e industrialização executados durante os governos de Tasso no Ceará:

▷ construção do porto do Pecém.
▷ ampliação e modernização do Aeroporto Pinto Martins.
▷ açude Castanhão.
▷ perímetros irrigados, como Tabuleiro de Russas.
▷ projeto São José.
▷ incentivos à agroindústria, em especial de frutas frescas e flores.
▷ fortalecimento dos setores têxtil e calçadista, tanto na RMF como em certas regiões interioranas, com a atração, via incentivos fiscais, de grandes indústrias nacionais, dentre outros.

7.2 Ciro Gomes (1991-1995)

Ciro foi eleito pela Coligação Geração Ceará Melhor com 54,3% dos votos contra 36,9% de Lustosa da Costa, da Coligação Compromisso Ceará Verdade. A coligação governista ainda elegeu Beni Veras para o Senado, 10 dos 22 deputados federais e 22 dos 46 deputados estaduais.

Ciro Gomes continuou o projeto burguês iniciado por Tasso, contando agora com o apoio de boa parte da Assembleia Legislativa. Em sua gestão, para atender à elite econômica, criou o "pacto de cooperação empresário/governo", ao mesmo tempo em que desenvolvia importante política industrial. Nos anos de 1992 e 1993, ocorreu uma grave seca no estado e mais uma vez verificou-se a fome em larga escala e miséria no sertão. Para conter o colapso de abastecimento de água no Ceará, Ciro criou o chamado "Canal do Trabalhador", um canal de 115 km construído em três meses para levar água do açude de Orós para a capital. Nesse período, o governo recebeu um prêmio internacional pela redução da mortalidade infantil.

SEGURANÇA PÚBLICA

PRONASCI – PROGRAMA NACIONAL DE SEGURANÇA PÚBLICA COM CIDADANIA

1 PRONASCI – PROGRAMA NACIONAL DE SEGURANÇA PÚBLICA COM CIDADANIA

O Programa Nacional de Segurança Pública com Cidadania (Pronasci) é desenvolvido pelo Ministério da Justiça e marca uma iniciativa inédita no enfrentamento à criminalidade no país.

> O projeto articula políticas de segurança com ações sociais; prioriza a prevenção e busca atingir as causas que levam à violência, sem abrir mão das estratégias de ordenamento social e segurança pública.
> Entre os principais eixos do Pronasci destacam-se a valorização dos profissionais de segurança pública; a reestruturação do sistema penitenciário; o combate à corrupção policial e o envolvimento da comunidade na prevenção da violência.

O que você precisa saber, resumidamente, do Pronasci:

▷ **Finalidade:** O PRONASCI tem por finalidade, de uma maneira geral, a melhoria na segurança pública, ou seja, na prevenção, no controle e na repressão da criminalidade.

▷ **Modo de atuação:** Sua atuação se dá nas raízes dos problemas socioculturais. A ideia é a interação da segurança pública com políticas sociais.

▷ **Modo de agir:** Compartilhamento, articulação. A segurança pública é problema de todos – poder público e sociedade. Articulação de ações de segurança pública com políticas sociais da União, Estados, DF e Municípios junto com a participação da família e comunidade.

Obs.: De certa forma, o PRONASCI é um programa de polícia comunitária, tendo em vista que aproxima a polícia à sociedade.

1.1 Focos prioritários dos programas, projetos e ações do Pronasci

▷ **Foco etário:** população juvenil de 15 (quinze) a 24 (vinte e quatro) anos;

▷ **Foco social:** jovens e adolescentes egressos do sistema prisional ou em situação de moradores de rua, famílias expostas à violência urbana, vítimas da criminalidade e mulheres em situação de violência;

▷ **Foco territorial:** regiões metropolitanas e aglomerados urbanos que apresentem altos índices de homicídios e de crimes violentos;

▷ **Foco repressivo:** combate ao crime organizado.

1.2 Diretrizes do Pronasci

Estão previstas no art. 3° da Lei n° 11.530/07:

> Art. 3o São diretrizes do Pronasci:
> I – promoção dos direitos humanos, intensificando uma cultura de paz, de apoio ao desarmamento e de combate sistemático aos preconceitos de gênero, étnico, racial, geracional, de orientação sexual e de diversidade cultural;
> II – criação e fortalecimento de redes sociais e comunitárias;
> III – fortalecimento dos conselhos tutelares;
> IV – promoção da segurança e da convivência pacífica;
> V – modernização das instituições de segurança pública e do sistema prisional;
> VI – valorização dos profissionais de segurança pública e dos agentes penitenciários;
> VII – participação de jovens e adolescentes, de egressos do sistema prisional, de famílias expostas à violência urbana e de mulheres em situação de violência;
> VIII – ressocialização dos indivíduos que cumprem penas privativas de liberdade e egressos do sistema prisional, mediante implementação de projetos educativos, esportivos e profissionalizantes;
> IX – intensificação e ampliação das medidas de enfrentamento do crime organizado e da corrupção policial;
> X – garantia do acesso à justiça, especialmente nos territórios vulneráveis;
> XI – garantia, por meio de medidas de urbanização, da recuperação dos espaços públicos;
> XII – observância dos princípios e diretrizes dos sistemas de gestão descentralizados e participativos das políticas sociais e das resoluções dos conselhos de políticas sociais e de defesa de direitos afetos ao Pronasci;
> XIII – participação e inclusão em programas capazes de responder, de modo consistente e permanente, às demandas das vítimas da criminalidade por intermédio de apoio psicológico, jurídico e social;
> XIV – participação de jovens e adolescentes em situação de moradores de rua em programas educativos e profissionalizantes com vistas na ressocialização e reintegração à família;
> XV – promoção de estudos, pesquisas e indicadores sobre a violência que considerem as dimensões de gênero, étnicas, raciais, geracionais e de orientação sexual;
> XVI – transparência de sua execução, inclusive por meios eletrônicos de acesso público; e
> XVII – garantia da participação da sociedade civil.

1.3 Gestão do Pronasci

Lembre-se, sempre, que a responsabilidade é compartilhada por todo mundo – poder público e sociedade.

> Art. 5º O Pronasci será executado de forma integrada pelos órgãos e entidades federais envolvidos e pelos Estados, Distrito Federal e Municípios que a ele se vincularem voluntariamente, mediante instrumento de cooperação federativa.
> Art. 6º Para aderir ao Pronasci, o ente federativo deverá aceitar as seguintes condições, sem prejuízo do disposto na legislação aplicável e do pactuado no respectivo instrumento de cooperação:
> I – criação de Gabinete de Gestão Integrada – GGI; (Redação dada pela Lei nº 11.707, de 2008)

OBS.: Gabinetes de Gestão Integrada Municipal (GGIM) – A execução do programa se dará por meio de mobilizações comunitárias e policiais. O instrumento de articulação entre polícia e sociedade será o Gabinete de Gestão Integrada Municipal (GGIM). Os GGIM articularão junto aos órgãos competentes ações integradas de combate à violência e darão condições para o trabalho de equipes multidisciplinares do Pronasci, que serão compostas de assistentes sociais, psicólogos, educadores, pedagogos. Os GGIM também serão um espaço de articulação entre as diferentes forças de segurança – polícias civis, militares, bombeiros, guardas municipais, secretarias de segurança pública – e a sociedade.

> II – garantia da participação da sociedade civil e dos conselhos tutelares nos fóruns de segurança pública que acompanharão e fiscalizarão os projetos do Pronasci;
> III – participação na gestão e compromisso com as diretrizes do Pronasci;
> IV – compartilhamento das ações e das políticas de segurança, sociais e de urbanização;
> V – comprometimento de efetivo policial nas ações para pacificação territorial, no caso dos Estados e do Distrito Federal;
> VI – disponibilização de mecanismos de comunicação e informação para mobilização social e divulgação das ações e projetos do Pronasci;
> VII – apresentação de plano diretor do sistema penitenciário, no caso dos Estados e do Distrito Federal;

VIII - compromisso de implementar programas continuados de formação em direitos humanos para os policiais civis, policiais militares, bombeiros militares e servidores do sistema penitenciário;

IX - compromisso de criação de centros de referência e apoio psicológico, jurídico e social às vítimas da criminalidade;

Art. 7º Para fins de execução do Pronasci, a União fica autorizada a realizar convênios, acordos, ajustes ou outros instrumentos congêneres com órgãos e entidades da administração pública dos Estados, do Distrito Federal e dos Municípios, assim como com entidades de direito público e Organizações da Sociedade Civil de Interesse Público - OSCIP, observada a legislação pertinente.

Art. 8º A gestão do Pronasci será exercida pelos Ministérios, pelos órgãos e demais entidades federais nele envolvidos, bem como pelos Estados, Distrito Federal e Municípios participantes, sob a coordenação do Ministério da Justiça, na forma estabelecida em regulamento.

1.4 Programas, projetos e ações do Pronasci

O Pronasci é composto por 94 ações, que envolvem a União, estados, municípios e a própria comunidade. No entanto, para a prova, vamos focar na Lei:

São quatro projetos:

▷ Reservista-Cidadão;
▷ Proteção de Jovens em Território Vulnerável - Protejo;
▷ Mulheres da Paz;
▷ Bolsa-Formação.

2 PRONASCI E COMBATE AO PRECONCEITO

A temática do combate aos preconceitos é oriunda do tema PRONASCI, principalmente em uma das diretrizes de atuação do PROGRAMA NACIONAL DE SEGURANÇA PÚBLICA COM CIDADANIA, a qual tem previsão na Lei nº 11.530/2017, vejamos:

> **Art. 3o** São diretrizes do Pronasci:
> I - promoção dos direitos humanos, intensificando uma cultura de paz, de apoio ao desarmamento e de combate sistemático aos preconceitos de gênero, étnico, racial, geracional, de orientação sexual e de diversidade cultural;

Registre-se que, dentro dos programas do PRONASCI, está a valorização dos policiais. Nessa temática, o programa prevê cursos de capacitações na adequação do atendimento policial aos grupos vulneráveis, vejamos:

2.1 Atendimento a grupos vulneráveis

Os profissionais da área de segurança serão formados para tratar de maneira adequada e

digna mulheres, homossexuais, afrodescendentes e outras minorias. A capacitação se dará por meio de cursos para policiais estaduais, bombeiros, agentes penitenciários e guardas municipais. Além do Ministério da Justiça, a iniciativa envolverá as secretarias especiais de Direitos Humanos, de Promoção da Igualdade Racial e de Políticas para as Mulheres.

2.2 Do princípio da igualdade

Em abordagem preliminar, precisamos lembrar do princípio da igualdade.

▷ **Igualdade formal: perante a lei:** imposição de tratamento isonômico (igual) a todos da mesma categoria;

▷ **Igualdade material: Igualdade real, de fato. Objetivo de reduzir as desigualdades fáticas por meio de concessão de direitos/vantagens. Ex:** sistema de cotas

Por exemplo, a Lei Maria da Penha traz uma diferença de tratamento entre homens e mulheres. Foi considerado constitucional pelo STF. Esta diferenciação é razoável. A própria CF faz diferenciações, como o caso de aposentadoria de mulheres mais cedo do que os homens.

Sobre a igualdade, Boaventura preceitua: *temos o direito a ser iguais quando a nossa diferença nos inferioriza, e temos o direito a ser diferentes quando a nossa igualdade nos descaracteriza.*

A igualdade material consiste em concretizar duas dimensões de justiça:

▷ **Justiça distributiva: redistribuição de recursos socioeconômicos para grupos historicamente em desvantagens. Ex.:** ações afirmativas.

▷ **Justiça de reconhecimento de identidades: grupos cujo fator de identidade os leva a situação de vulnerabilidade. Respeitar as pessoas nas suas diferenças. Decorre do pluralismo político, fundamento da República Federativa do Brasil (art. 1, IV da CF). Ex.:** Constitucionalidade da Lei Maria da Penha, direito do transgênero de alterar o nome e sexo no registro civil independente de cirurgia de transgenitalização ou de tratamento hormonal. (ADI 4275 DF), ato de homofobia e transfobia foi considerado crime de racismo social para o STF. ADO 26. STF reconheceu a união homoafetiva como entidade familiar (ADPF 132).

> **Art. 3º** Constituem objetivos fundamentais da República Federativa do Brasil:
> [...]
> III - erradicar a pobreza e a marginalização e reduzir as desigualdades sociais e regionais FUNDAMENTO DA IGUALDADE MATERIAL NA CF

Exemplos de igualdade material na cf:

> **Art. 5º, L** - às presidiárias serão asseguradas condições para que possam permanecer com seus filhos durante o período de amamentação;
> **Art. 7º, XX** - proteção do mercado de trabalho da mulher, mediante incentivos específicos, nos termos da lei;
> **Art. 7º, XXX** - proibição de diferença de salários, de exercício de funções e de critério de admissão por motivo de sexo, idade, cor ou estado civil.

Súmula nº 683 – STF

O limite de idade para inscrição em concurso público só se legitima quando possa ser justificado **pelas naturezas das atribuições do cargo a ser preenchido.** *Além disso, a limitação deve estar prevista na lei.*

Obs.: O STF já entendeu que cargos de natureza intelectual não podem ter discriminação por idade. Ex.: magistratura.

> **Art. 7º, XXXI** - proibição de qualquer discriminação no tocante a salário e critérios de admissão do trabalhador portador de deficiência;

Ações afirmativas: Política social de redução da desigualdade fática. Também chamadas de discriminações positivas ou reversas. São medidas de compensação, buscando concretizar, ao menos em parte, uma igualdade de oportunidades com o demais indivíduos, que não sofreram as mesmas restrições. As ações afirmativas são transitórias.

É mecanismo de inclusão social.

Cotas raciais:

> *O sistema de cotas em universidades públicas, com base em critério étnico-racial é CONSTITUCIONAL. No entanto, as políticas de ação afirmativa baseadas no critério racial possuem natureza transitória. STF. Plenário. ADPF 186/DF. Rei. Min. Ricardo Lewandowski julgado em 25 e 26/4/2012 (Info 663).*

É constitucional a Lei nº 12.990/2014 que reserva 20% das vagas oferecidas nos concursos públicos para provimento de cargos efetivos e empregos públicos na administração pública direta e indireta federal. É legítima a utilização, além da autodeclaração, de critérios subsidiários de heteroidentificação, desde que respeitada a dignidade da pessoa humana e garantidos o contraditório e ampla defesa. (ADC 41)

▷ **Heteroidentificação:** é a utilização de outros critérios para identificação do candidato as cotas raciais, no intuito de se evitar fraudes.

É constitucional a Lei nº 12.990/2014, que reserva a pessoas negras 20% das vagas oferecidas nos concursos públicos para provimento de cargos efetivos e empregos públicos no âmbito da administração pública federal direta e indireta, por três fundamentos.

Em primeiro lugar, a desequiparação promovida pela política de ação afirmativa em questão está em consonância com o princípio da isonomia. Ela se funda na necessidade de superar o racismo estrutural e institucional ainda existente na sociedade brasileira, e garantir a igualdade material entre os cidadãos, por meio da distribuição mais equitativa de bens sociais e da promoção do reconhecimento da população afrodescendente.

Em segundo lugar, não há violação aos princípios do concurso público e da eficiência. A reserva de vagas para negros não os isenta da aprovação no concurso público. Como qualquer outro candidato, o beneficiário da política deve alcançar a nota necessária para que seja considerado apto a exercer, de forma adequada e eficiente, o cargo em questão. Além disso, a incorporação do fator "raça" como critério de seleção, ao invés de afetar o princípio da eficiência, contribui para sua realização em maior extensão, criando uma "burocracia representativa", capaz de garantir que os pontos de vista e interesses de toda a população sejam considerados na tomada de decisões estatais.

Em terceiro lugar, a medida observa o princípio da proporcionalidade em sua tríplice dimensão. A existência de uma política de cotas para o acesso de negros à educação superior não torna a reserva de vagas nos quadros da administração pública desnecessária ou desproporcional em sentido estrito. Isso porque: (i) nem todos os cargos e empregos públicos exigem curso superior; (ii) ainda quando haja essa exigência, os beneficiários da ação afirmativa no serviço público podem não ter sido beneficiários das cotas nas universidades públicas; e (iii) mesmo que o concorrente tenha ingressado em curso de ensino superior por meio de cotas, há outros fatores que impedem os negros de competir em pé de igualdade nos concursos públicos, justificando a política de ação afirmativa instituída pela Lei 12.990/2014.

2.3 Minorias e grupos vulneráveis

Os direitos humanos se fundam em dois grandes sistemas: um sistema geral, aplicado a toda e qualquer pessoa, bastando ser humano para titularizar tais direitos e outro especial por considerar que nem todos os sujeitos de direito conseguem exercer de maneira efetiva os direitos previstos no sistema geral, razão pela qual necessitam de maiores doses de proteção, por estarem em posição de desvantagem na sociedade.

Estamos tratando de grupos vulneráveis e/ou minorias. Vamos entender a diferença entre minorias e grupos vulneráveis:

Preliminarmente, nem toda minoria é um grupo vulnerável, nem todo grupo vulnerável é minoria, mas é possível que a mesma categoria se encaixe nos dois grupos.

Minorias são grupos de pessoas que não têm a mesma representação política que os demais cidadãos ou sofrem histórica e crônica discriminação por guardarem entre si características essenciais à sua personalidade que demarcam sua singularidade no meio social e, portanto, existem em menor número.

Grupos vulneráveis são marginalizados em razão de um fator de identidade específica e não se constituem, necessariamente, em grupos menores.

Como exemplo, mulheres são grupos vulneráveis, eis que marginalizadas em uma cultura altamente machista, mas não são minorias, eis que existem em proporção até maior do que os homens.

De modo semelhante, os afrodescendentes são grupos vulneráveis, em razão da discriminação pelo legado da escravidão, mas não são minorias.

Por sua vez, os índios são minorias e pela posição altamente marginalizada, são, também, grupos vulneráveis, de igual forma a população em situação de rua, os quais são minorias e grupos vulneráveis.

A doutrina aponta minorias que não são grupos vulneráveis pessoas que exercem o direito de liberdade de maneira diversa ao hábito social geral. Por exemplo, os praticantes do candomblé, os ciganos e os nômades.

> Um dos aspectos que diferenciam grupos vulneráveis das minorias é o fato de estes possuírem autodeterminação e solidariedade, características essas não encontradas nos grupos vulneráveis. Enquanto as minorias se organizam solidariamente para terem seus direitos tutelados pelo Estado, os grupos vulneráveis, geralmente não são organizados, encontrando-se muitas vezes dispersos, o que dificulta a possibilidade de exigir do Estado um tratamento melhor e ações afirmativas.

3 COMBATE AO PRECONCEITO DE GÊNERO

3.1 Introdução

O direito à igualdade tem como uma de suas vertentes a igualdade entre os sexos. Nesse sentido, a CF dispõe que:

> Art. 5º Todos são iguais perante a lei, sem distinção de qualquer natureza, garantindo-se aos brasileiros e aos estrangeiros residentes no País a inviolabilidade do direito à vida, à liberdade, à igualdade, à segurança e à propriedade, nos termos seguintes:
> I - homens e mulheres são iguais em direitos e obrigações, nos termos desta Constituição;

As mulheres são historicamente discriminadas constituindo-se em grupos vulneráveis. As conquistas das mulheres são recentes na história. A título de exemplo, temos que o voto feminino no Brasil só passou a ser aceito em 1932.

As mulheres são grupos vulneráveis, eis que marginalizadas em uma cultura altamente machista, mas não são minorias, eis que existem em proporção até maior do que os homens.

De toda forma, por serem grupos vulneráveis, necessitam de igualdade material sob o viés da justiça de reconhecimento de identidades.

> A Lei Maria da Penha traz uma diferença de tratamento entre homens e mulheres. Foi considerada constitucional pelo STF. Esta diferenciação é razoável. A própria CF faz diferenciações, como o caso de aposentadoria de mulheres mais cedo do que os homens.

3.2 Caso Maria da Penha Maia Fernandes

3.2.1 Origem

Em maio e junho de 1983, em Fortaleza, no Estado do Ceará, Marco Antônio Heredia Viveiros praticou violência física contra a sua esposa Maria da Penha Maia Fernandes, tendo o fato se subsumido ao crime de homicídio tentado. Foram mais de 15 anos desde o momento em que foram iniciadas as investigações sem sentença definitiva e sem reparação das consequências do delito.

Desta forma, em 20 de agosto e 1998, o Centro pela Justiça e pelo Direito Internacional (CEJIL) e Comitê Latino Americano de Defesa da Mulher (CLADEM) apresentaram petição a Comissão Interamericana de Direitos Humanos pela tolerância do Brasil em não ter tomado providências efetivas no caso.

O relatório nº 54/2001 dispõe que:

> A Comissão considera que as decisões judiciais internas neste caso apresentam uma ineficácia, negligência ou omissão por parte das autoridades judiciais brasileira e uma demora injustificada no julgamento de um acusado, bem como põem em risco definitivo a possibilidade de punir o acusado e indenizar a vítima, pela possível prescrição do delito. Demonstram que o Estado não foi capaz de organizar sua estrutura para garantir esses direitos.

3.2.2 Direitos na Lei nº 11.340/2006

A Lei nº 11.340/2006 cria mecanismos para coibir a violência doméstica e familiar contra a mulher, nos termos do § 8º do art. 226 da Constituição Federal, da Convenção sobre a Eliminação de Todas as Formas de Discriminação contra as Mulheres e da Convenção Interamericana para Prevenir, Punir e Erradicar a Violência contra a Mulher; dispõe sobre a criação dos Juizados de Violência Doméstica e Familiar contra a Mulher; altera o Código de Processo Penal, o Código Penal e a Lei de Execução Penal; e dá outras providências.

3.2.3 Constitucionalidade da Lei Maria da Penha

A ação declaratória nº 19 foi julgada procedente por unanimidade, ou seja, o STF declarou constitucional o art. 1º da Lei, afirmando que não há violação ao princípio da igualdade.

Dessa feita, conclui-se que a Lei Maria da Penha somente protege a mulher.

O homem até pode ser vítima de violência doméstica e familiar (Ex.: homem que apanha de sua esposa). No entanto, somente a mulher recebe uma proteção diferenciada. O homem recebe a proteção comum prevista no Código Penal.

> A mulher, conforme o Relator, Min. Marco Aurélio, é vulnerável quando se trata de constrangimentos físicos, morais e psicológicos sofridos em âmbito privado. "Não há dúvida sobre o histórico de discriminação por ela enfrentado na esfera afetiva. As agressões sofridas são significativamente maiores do que as que acontecem – se é que acontecem – contra homens em situação similar", avaliou.

O Relator afirmou que a Lei Maria da Penha promove a igualdade em seu sentido material, sem restringir de maneira desarrazoada o direito das pessoas pertencentes ao gênero masculino.

Assim, trata-se de uma ação afirmativa (discriminação positiva) em favor da mulher.

4 COMBATE AO PRECONCEITO DAS PESSOAS COM DEFICIÊNCIA

O direito à igualdade tem como uma de suas vertentes a igualdade formal, a qual veda discriminações por qualquer motivo. Nesse sentido, a CF dispõe:

> *Art. 5º Todos são iguais perante a lei, sem distinção de qualquer natureza, garantindo-se aos brasileiros e aos estrangeiros residentes no País a inviolabilidade do direito à vida, à liberdade, à igualdade, à segurança e à propriedade, nos termos seguintes:*
>
> *Art. 7º São direitos dos trabalhadores urbanos e rurais, além de outros que visem à melhoria de sua condição social: XXXI - proibição de qualquer discriminação no tocante a salário e critérios de admissão do trabalhador portador de deficiência;*
>
> *Art. 23 É competência comum da União, dos Estados, do Distrito*

A doutrina cita 4 fases no desenvolvimento da proteção das pessoas com deficiência:

- **Fase da intolerância:** deficiência representava pecado ou castigo divino.
- **Fase da invisibilidade:** ignorava-se os direitos das pessoas com deficiência.
- **Fase assistencialista:** perspectiva médica de encontrar uma cura.
- **Fase humanista:** direitos à inclusão social para eliminar barreiras. Nestes termos a Convenção das Pessoas com Deficiência que reconhece a deficiência como resultado da interação entre indivíduos e seu meio ambiente, não residindo apenas intrinsecamente no indivíduo.

Desta forma, a noção de proteção a pessoa com deficiência atual não é tratá-la como se fosse uma doença, mas entender que se trata uma forma de manifestação da individualidade humana e garantir a proteção da liberdade dessas pessoas, não se exigindo das pessoas com deficiência adaptação à sociedade.

5 COMBATE AO PRECONCEITO ÉTNICO

5.1 Povos indígenas

A CF dá especial proteção aos índios e, no intuito de proteger a identidade deles, assim como preservar seu habitat, foram reconhecidos direitos de organização social, costumes, línguas, crenças e tradições.

> *Art. 231 São reconhecidos aos índios sua organização social, costumes, línguas, crenças e tradições, e os direitos originários sobre as terras que tradicionalmente ocupam, competindo à União demarcá-las, proteger e fazer respeitar todos os seus bens.*

Nos termos do Estatuto do Índio – Lei nº 6.001/1973, é considerado como índio ou silvícola:

> *Art. 3º Para os efeitos de lei, ficam estabelecidas as definições a seguir discriminadas:*
>
> *I - Índio ou Silvícola - É todo indivíduo de origem e ascendência pré-colombiana que se identifica e é identificado como pertencente a um grupo étnico cujas características culturais o distinguem da sociedade nacional;*

POSSE DAS TERRAS TRADICIONALMENTE OCUPADAS

Cumpre ressaltar que a CF assegura aos índios o direito de posse das terras que tradicionalmente ocupam, contudo, a propriedade é da União, nos termos do art. 20, XI da CF.

Considera-se como terras tradicionalmente ocupadas pelos índios:

> *§ 1º São terras tradicionalmente ocupadas pelos índios as por eles habitadas em caráter permanente, as utilizadas para suas atividades produtivas, as imprescindíveis à preservação dos recursos ambientais necessários a seu bem-estar e as necessárias a sua reprodução física e cultural, segundo seus usos, costumes e tradições.*

5.2 Quilombolas

Quilombolas são escravos refugiados em quilombos, ou descendentes de escravos negros cujos antepassados no período da escravidão fugiram dos engenhos de cana-de-açúcar, fazendas e pequenas propriedades onde executavam diversos trabalhos braçais para formar pequenos vilarejos chamados de quilombos.

O art. 68 do ADCT, considerado como direito fundamental, assegura as comunidades quilombolas o direito de propriedade das terras que ocupam, veja:

> *Art. 68 Aos remanescentes das comunidades dos quilombos que estejam ocupando suas terras é reconhecida a propriedade definitiva, devendo o Estado emitir-lhes os títulos respectivos.*

5.3 Comunidades tradicionais

As comunidades tradicionais são grupos culturalmente diferenciados e que se reconhecem como tais, pois possuem formas próprias de organização social. Seringueiros, castanheiros, ribeirinhos.

6 COMBATE AO PRECONCEITO DE ORIENTAÇÃO SEXUAL

A proteção à diversidade sexual decorre, primariamente, do princípio da igualdade e a vedação ao preconceito de qualquer ordem:

> Art. 5º Todos são iguais perante a lei, sem distinção de qualquer natureza, garantindo-se aos brasileiros e aos estrangeiros residentes no País a inviolabilidade do direito à vida, à liberdade, à igualdade, à segurança e à propriedade, nos termos seguintes:
> Art. 3º Constituem objetivos fundamentais da República Federativa do Brasil:
> IV - promover o bem de todos, sem preconceitos de origem, raça, sexo, cor, idade e quaisquer outras formas de discriminação.

A comunidade lésbica, gay, bissexual, transexual, travestis, transgêneros, e intersexuais vêm sendo discriminadas ao longo da história, tão somente, pelo fator de identidade.

Registre-se, a título de curiosidade, que países como Uganda ainda promulgam leis que preveem pena de prisão perpétua para os que mantiverem relação sexual com pessoas do mesmo sexo, ainda que adultos e de forma consentida.

No âmbito da ONU, há o princípio de Yogyakarta que dispõe sobre a aplicação da legislação internacional de direitos humanos relacionados à orientação sexual e identidade de gênero, elaborado no ano de 2007, na Indonésia.

6.1 União homoafetiva na jurisprudência do STF

A norma constante do art. 1.723 do Código Civil — CC ("É reconhecida como entidade familiar a união estável entre o homem e a mulher, configurada na convivência pública, contínua e duradoura e estabelecida com o objetivo de constituição de família") não obsta que a união de pessoas do mesmo sexo possa ser reconhecida como entidade familiar apta a merecer proteção estatal.

No mérito, prevaleceu o voto proferido pelo Min. Ayres Britto, relator, que dava interpretação conforme a Constituição ao art. 1.723 do CC para dele excluir qualquer significado que impeça o reconhecimento da união contínua, pública e duradoura entre pessoas do mesmo sexo como entidade familiar, entendida esta como sinônimo perfeito de família. Asseverou que esse reconhecimento deveria ser feito segundo as mesmas regras e com idênticas consequências da união estável heteroafetiva. De início, enfatizou que a Constituição proibiria, de modo expresso, o preconceito em razão do sexo ou da natural diferença entre a mulher e o homem. Além disso, apontou que fatores acidentais ou fortuitos, a exemplo da origem social, idade, cor da pele e outros, não se caracterizariam como causas de merecimento ou de desmerecimento intrínseco de quem quer que fosse. Assim, observou que isso também ocorreria quanto à possibilidade da concreta utilização da sexualidade. Afirmou, nessa perspectiva, haver um direito constitucional líquido e certo à isonomia entre homem e mulher:

- de não sofrer discriminação pelo fato em si da contraposta conformação anátomo-fisiológica;
- de fazer ou deixar de fazer uso da respectiva sexualidade; e
- de, nas situações de uso emparceirado da sexualidade, fazê-lo com pessoas adultas do mesmo sexo, ou não.

6.2 Atos de homofobia e transfobia

O ato de homofobia e transfobia foi considerado crime de racismo social para o STF - ADO nº26.

6.3 Alteração do nome no registro civil do transexual

O STF decidiu do direito do transgênero de alterar o nome e sexo no registro civil independente de cirurgia de transgenitalização ou de tratamento hormonal ou de autorização judicial. (ADI 4275 DF).

7 COMBATE AO PRECONCEITO RACIAL, ÉTNICO, CULTURAL

Art. 4º A República Federativa do Brasil rege-se nas suas relações internacionais pelos seguintes princípios:
VIII - repúdio ao terrorismo e ao racismo;
Art. 5º, XLI - a lei punirá qualquer discriminação atentatória dos direitos e liberdades fundamentais;
Art. 5º, XLII - a prática do racismo constitui crime inafiançável e imprescritível, sujeito à pena de reclusão, nos termos da lei;

Pacto de São José da Costa Rica
ARTIGO 1
Obrigação de Respeitar os Direitos
1. Os Estados-Partes nesta Convenção comprometem-se a respeitar os direitos e liberdades nela reconhecidos e a garantir seu livre e pleno exercício a toda pessoa que esteja sujeita à sua jurisdição, sem discriminação alguma por motivo de raça, cor, sexo, idioma, religião, opiniões políticas ou de qualquer outra natureza, origem nacional ou social, posição econômica, nascimento ou qualquer outra condição social.
2. Para os efeitos desta Convenção, pessoa é todo ser humano.

7.1 Convenção interamericana contra o racismo e formas correlatas de intolerância

A Convenção Contra o Racismo, a Discriminação Racial e Formas Correlatas de Intolerância reafirma e aprimora os meios de proteção internacionalmente consagrados, além de incluir formas contemporâneas de racismo e discriminação e suprir lacunas regionais, já que até a sua aprovação pela OEA, não existia nenhum documento específico sobre o tema da discriminação racial no âmbito da Organização dos Estados Americanos.

7.2 Natureza jurídica da convenção

O texto foi assinado em reunião da Organização dos Estados Americanos (OEA) na Guatemala em 2013 com o apoio do Brasil. O Congresso Nacional aprovou o texto em Decreto Legislativo nº 01/2021, em fevereiro de 2021. Quando internalizada, a convenção passará a integrar o ordenamento jurídico brasileiro, com status hierárquico equivalente ao de Emenda Constitucional.

Art. 5º, § 3º Os tratados e convenções internacionais sobre direitos humanos que forem aprovados, em cada Casa do Congresso Nacional, em dois turnos, por três quintos dos votos dos respectivos membros, serão equivalentes às emendas constitucionais.

7.3 Definições

Estão previstas no art. 1° da Convenção.

Discriminação racial é qualquer distinção, exclusão, restrição ou preferência, em qualquer área da vida pública ou privada, cujo propósito ou efeito seja anular ou

restringir o reconhecimento, gozo ou exercício, em condições de igualdade, de um ou mais direitos humanos e liberdades fundamentais consagrados nos instrumentos internacionais aplicáveis aos Estados Partes.

A discriminação racial pode basear-se em raça, cor, ascendência ou origem nacional ou étnica.

Discriminação racial indireta é aquela que ocorre, em qualquer esfera da vida pública ou privada, quando um dispositivo, prática ou critério aparentemente neutro tem a capacidade de acarretar uma desvantagem particular para pessoas pertencentes a um grupo específico, com base nas razões estabelecidas no artigo 1.1, ou as coloca em desvantagem, a menos que esse dispositivo, prática ou critério tenha um objetivo ou justificativa razoável e legítima à luz do Direito Internacional dos Direitos Humanos

OBS.: A ideia da discriminação indireta levou ao entendimento da chamada teoria do impacto desproporcional

Discriminação múltipla ou agravada é qualquer preferência, distinção, exclusão ou restrição baseada, de modo concomitante, em dois ou mais critérios dispostos no artigo 1.1, ou outros reconhecidos em instrumentos internacionais, cujo objetivo ou resultado seja anular ou restringir o reconhecimento, gozo ou exercício, em condições de igualdade, de um ou mais direitos humanos e liberdades fundamentais consagrados nos instrumentos internacionais aplicáveis aos Estados Partes, em qualquer área da vida pública ou privada.

Racismo consiste em qualquer teoria, doutrina, ideologia ou conjunto de ideias que enunciam um vínculo causal entre as características fenotípicas ou genotípicas de indivíduos ou grupos e seus traços intelectuais, culturais e de personalidade, inclusive o falso conceito de superioridade racial.

As medidas especiais ou de ação afirmativa adotadas com a finalidade de assegurar o gozo ou exercício, em condições de igualdade, de um ou mais direitos humanos e liberdades fundamentais de grupos que requeiram essa proteção não constituirão discriminação racial, desde que essas medidas não levem à manutenção de direitos separados para grupos diferentes e não se perpetuem uma vez alcançados seus objetivos.

Intolerância é um ato ou conjunto de atos ou manifestações que denotam desrespeito, rejeição ou desprezo à dignidade, características, convicções ou opiniões de pessoas por serem diferentes ou contrárias. Pode manifestar-se como a marginalização e a exclusão de grupos em condições de vulnerabilidade da participação em qualquer esfera da vida pública ou privada ou como violência contra esses grupos.

O art. 4° trata de uma série de deveres dos Estados.

> Os Estados Partes comprometem-se a adotar as políticas especiais e ações afirmativas necessárias para assegurar o gozo ou exercício dos direitos e liberdades fundamentais das pessoas ou grupos sujeitos ao racismo, à discriminação racial e formas correlatas de intolerância, com o propósito de promover condições equitativas para a igualdade de oportunidades, inclusão e progresso para essas pessoas ou grupos. Tais medidas ou políticas não serão consideradas discriminatórias ou incompatíveis com o propósito ou objeto desta Convenção, não resultarão na manutenção de direitos separados para grupos distintos e não se estenderão além de um período razoável ou após terem alcançado seu objetivo

▷ **Mecanismos de proteção e acompanhamento da Convenção:**
▷ Possibilidade de peticionar à Comissão Interamericana com denúncias ou queixas de violação da Convenção.
▷ Estados-partes podem consultar a à Comissão Interamericana sobre questões relacionadas a Convenção.
▷ Criação de um comitê para monitorar os compromissos assumidos pelos Países que são partes da Convenção;

8 COMBATE AO RACISMO

Art. 1º Esta Lei institui o Estatuto da Igualdade Racial, destinado a garantir à população negra a efetivação da igualdade de oportunidades, a defesa dos direitos étnicos individuais, coletivos e difusos e o combate à discriminação e às demais formas de intolerância étnica.

Racismo institucional é aquele que se configura no contexto de instituições públicas, cabendo a modificação na estrutura destas instituições em prol da igualdade racial, inclusive mediante adoção de políticas públicas afirmativas, entre as quais se incluem as cotas. O artigo 4°, nos incisos III a V, estabelece o dever de combate ao racismo institucional.

8.1 Jurisprudência correlata

▷ **Ações afirmativas:** Também chamadas de discriminações positivas ou reversas. São medidas de compensação, buscando concretizar, ao menos em parte, uma igualdade de oportunidades com o demais indivíduos, que não sofreram as mesmas restrições. As ações afirmativas são transitórias.

▷ **COTAS RACIAS:** O sistema de cotas em universidades públicas, com base em critério étnico-racial é CONSTITUCIONAL. No entanto, as políticas de ação afirmativa baseadas no critério racial possuem natureza transitória. *STF.* Plenário. *ADPF 186/DF.* Rei. Min. *Ricardo Lewandowski julgado* em 25 e 26/4/2012 (lnfo 663).

É constitucional a reserva de 20% das vagas oferecidas nos concursos públicos para provimento de cargos efetivos e empregos públicos na administração pública direta e indireta. É legítima a utilização, além da autodeclaração, de critérios subsidiários de heteroidentificação, desde que respeitada a dignidade da pessoa humana e garantidos o contraditório e ampla defesa. (ADC 41)

▷ **Heteroidentificação:** é a utilização de outros critérios para identificação do candidato as cotas raciais, no intuito de se evitar fraudes.

9 COMBATE AO PRECONCEITO GERACIONAL – IDOSOS

A Constituição Federal preceitua que:

Art. 229 Os pais têm o dever de assistir, criar e educar os filhos menores, e os filhos maiores têm o dever de ajudar e amparar os pais na velhice, carência ou enfermidade.

Art. 230. A família, a sociedade e o Estado têm o dever de amparar as pessoas idosas, assegurando sua participação na comunidade, defendendo sua dignidade e bem-estar e garantindo-lhes o direito à vida.

§ 1º Os programas de amparo aos idosos serão executados preferencialmente em seus lares.

§ 2º Aos maiores de sessenta e cinco anos é garantida a gratuidade dos transportes coletivos urbanos.

O Protocolo de San Savaldor (Decreto nº 332/99) no sistema interamericano prevê que:

Artigo 17

Proteção de Pessoas Idosas

Toda pessoa tem direito a proteção especial na velhice. Nesse sentido, os Estados-Partes comprometem-se a adotar, de maneira progressiva, as medidas necessárias a fim de por em prática este direito e, especialmente, a:

a) proporcionar instalações adequadas, bem como alimentação e assistência médica especializada, às pessoas de idade avançada que não disponham delas e que não estejam em condições de adquiri-las por seus próprios meios;

b) executar programas de trabalho específicos, destinados a proporcionar a pessoas idosas a possibilidade de realizar atividades produtivas adequadas às suas capacidades, respeitando sua vocação ou desejos;

c) promover a formação de organizações sociais destinadas a melhorar a qualidade de vida das pessoas idosas.

10 SEGURANÇA PÚBLICA

A Constituição Federal trata do termo "Segurança" por três vezes:
- **Segurança Jurídica:** art. 5° da CF;
- **Segurança Social:** art. 6° da CF;
- **Segurança Pública:** art. 144 da CF

A segurança pública é exercida pela polícia de segurança e se divide em duas áreas:
- **Polícia Administrativa - Preventiva ou Ostensiva: atua antes de ocorrer a infração penal, para inibir o crime. São elas:** Polícia Federal, Polícia Rodoviária Federal e Polícia Ferroviária Federal, Polícia Militar, Polícia Penal e os Corpos de Bombeiros. Visam, normalmente, aparecer para a sociedade. Às vezes, andam fardados.
- **Polícia Judiciária ou Repressiva – de investigação:** atua após a ocorrência da infração penal, visando à apuração da materialidade e autoria do crime. São elas: Polícia Federal e a Polícia Civil. OBS: A polícia militar tem função de polícia judiciária para apuração de crimes militares.

Os órgãos responsáveis pela segurança pública estão previstos no art. 144 da CF:

> Art. 144. A segurança pública, dever do Estado, direito e responsabilidade de todos, é exercida para a preservação da ordem pública e da incolumidade das pessoas e do patrimônio, através dos seguintes órgãos:
> I- polícia federal;
> II-- polícia rodoviária federal;
> III - polícia ferroviária federal; I
> V - polícias civis;
> V - polícias militares e corpos de bombeiros militares;
> V-A- polícia penal.

Obs: Esse rol é TAXATIVO. Não podem os Estados, o Distrito Federal e os Municípios criar outros órgãos de segurança pública. O STF já entendeu inconstitucional a criação de Instituto Geral de Perícias pelos Estados como órgão de segurança pública.

Guarda municipal, guarda de trânsito, GAECO, IGP, polícia do senado, da câmara e força nacional não podem ser consideradas como órgão de segurança pública.

10.1 Polícia comunitária

Para o teórico Robert Trojanovicz, polícia comunitária:

> É uma filosofia e estratégia organizacional que proporciona uma nova parceria entre a população e a polícia. Baseia-se na premissa de que tanto a polícia quanto a comunidade devem trabalhar juntas para identificar, priorizar e resolver problemas contemporâneos, como crime, drogas, medo do crime, desordens físicas e morais, e em geral a decadência do bairro, com o objetivo de melhorar a qualidade geral da vida na área.

> "Polícia Comunitária é uma filosofia organizacional assentada na ideia de uma Polícia prestadora de serviços, agindo para o bem comum para, junto da comunidade, criarem uma sociedade pacífica e ordeira. Não é um programa e muito menos Relações Públicas". O Chief BEHAN (apud Ferreira. 1995, p.56) 21 Baltimore County Police Department.

A polícia comunitária é uma polícia de aproximação com a sociedade → a polícia é a sociedade e a sociedade é a polícia.

A Polícia Comunitária (como filosofia de trabalho) difere do Policiamento Comunitário (ação de policiar junto à comunidade). Aquela deve ser interpretada como filosofia organizacional indistinta a todos os órgãos de Polícia, esta pertinente às ações efetivas com a comunidade.

É preciso deixar claro que "Polícia Comunitária" não tem o sentido de ASSISTÊNCIA POLICIAL, mas sim o de PARTICIPAÇÃO SOCIAL.

10.1.1 Elementos de polícia comunitária
- Prevenção do crime baseada na comunidade.
- Reorientação das atividades de patrulhamento.
- Aumento da responsabilização da polícia.
- Descentralização do comando.
- Supervisão.
- Policiamento orientado para solução de problemas.

10.1.2 Interpretações equivocadas de polícia comunitária

Robert Trojanowicz no livro "Policiamento Comunitário: Como Começar" procura mostrar as interpretações errôneas sobre o que não é Policiamento Comunitário:

- **Policiamento Comunitário não é uma tática, nem um programa, nem uma técnica** – não é um esforço limitado para ser tentado e depois abandonado, e sim um novo modo de oferecer o serviço policial à comunidade.
- **Policiamento Comunitário não é apenas relações públicas** – a melhoria das relações com a comunidade é necessária porém não é o objetivo principal.
- **Policiamento Comunitário não é antitecnologia** – o Policiamento Comunitário pode se beneficiar de novas tecnologias que podem auxiliar a melhora do serviço e a segurança dos policiais. Computadores, celulares, sistemas de monitoramento, veículos com computadores, além de armamento moderno (inclusive não letal) e coletes protetores fazem parte da relação de equipamentos disponíveis e utilizáveis pelo policial comunitário.
- **Policiamento Comunitário não é condescendente com o crime – os policiais comunitários respondem às chamadas e fazem prisões como quaisquer outros policiais:** são enérgicos e agem dentro da lei com os marginais e os agressores da sociedade. Contudo atuam próximos a sociedade orientando o cidadão de bem, os jovens e buscam estabelecer ações preventivas que busquem melhorar a qualidade de vida no local onde trabalham.
- **Policiamento Comunitário não é espalhafatoso nem camisa "10"** – as ações dramáticas narradas na mídia não podem fazer parte do dia a dia do policial comunitário. Ele deve ser humilde e sincero nos seus propósitos. Nada pode ser feito para aparecer ou se sobressair sobre seus colegas de profissão. Ao contrário, ele deve contribuir com o trabalho de seus companheiros, seja ele do motorizado, a pé, trânsito, bombeiro, civil etc. O Policiamento Comunitário deve ser uma referência a todos, polícia ou comunidade. Afinal, ninguém gosta de ser tratado por um médico desconhecido, ou levar seu carro em um mecânico estranho.
- **Policiamento Comunitário não é paternalista** – não privilegia os mais ricos ou os "mais amigos da polícia", mas procura dar um senso de justiça e transparência à ação policial. Nas situações impróprias deverá estar sempre ao lado da justiça, da lei e dos interesses da comunidade.
- **Policiamento Comunitário não pode ser um enfoque de cima para baixo** – as iniciativas do Policiamento Comunitário começam com o policial de serviço. Assim admite-se compartilhar poder e autoridade com o subordinado, pois no seu ambiente de trabalho ele deve ser respeitado pela sua competência e conhecimento.
- **Policiamento Comunitário não é uma fórmula mágica ou panaceia** – o Policiamento Comunitário não pode ser visto como a solução para os problemas de insegurança pública, mas uma forma de facilitar a aproximação da comunidade favorecendo a participação

SEGURANÇA PÚBLICA

e demonstrando a sociedade que grande parte da solução dos problemas de insegurança dependem da própria sociedade. Sabemos que a filosofia de Polícia Comunitária não pode ser imediatista, pois depende da reeducação da polícia e dos próprios cidadãos.

- **O Policiamento Comunitário não deve favorecer ricos e poderosos – a participação social da polícia deve ser em qualquer nível social:** os mais carentes, os mais humildes, que residem em periferia ou em áreas menos nobres.

- **Policiamento Comunitário não é uma simples edificação** – construir ou reformar prédios da Polícia não significa implantação de Polícia Comunitária. A Polícia Comunitária depende diretamente do profissional que acredita e pratica esta filosofia muitas vezes com recursos mínimos e em comunidades carentes.

- **Policiamento Comunitário não pode ser interpretado como um instrumento político-partidário mas uma estratégia da Corporação** – muitos acham que acabou o Governo "acabou a moda", pois vem outro governante e cria outra coisa.

10.1.3 Princípios da polícia comunitária

- **Filosofia e Estratégia Organizacional** – a base desta filosofia é a comunidade.
- **Comprometimento da Organização com a concessão de poder à Comunidade.**
- **Policiamento Descentralizado e Personalizado** – é necessário um policial plenamente envolvido com a comunidade, conhecido pela mesma e conhecedor de suas realidades;
- **Resolução Preventiva de Problemas a curto e a longo prazo** – a ideia é que o policial não seja acionado pelo rádio, mas que se antecipe à ocorrência.
- Ética, Legalidade, Responsabilidade e Confiança – o Policiamento Comunitário pressupõe um novo contrato entre a polícia e os cidadãos aos quais ela atende, com base no rigor do respeito à ética policial, da legalidade dos procedimentos, da responsabilidade e da confiança mútua que devem existir.
- **Extensão do Mandato Policial** – cada policial passa a atuar como um chefe de polícia local, com autonomia e liberdade para tomar iniciativa, dentro de parâmetros rígidos de responsabilidade.
- **Ajuda às pessoas com Necessidades Específicas – valorizar as vidas de pessoas mais vulneráveis:** jovens, idosos, minorias, pobres, deficientes, sem teto etc. Isso deve ser um compromisso inalienável do Policial Comunitário.
- **Criatividade e apoio básico** – ter confiança nas pessoas que estão na linha de frente da atuação policial, confiar no seu discernimento, sabedoria, experiência e sobretudo na formação que recebeu. Isso propiciará abordagens mais criativas para os problemas contemporâneos da comunidade.
- **Mudança interna** – o Policiamento Comunitário exige uma abordagem plenamente integrada, envolvendo toda a organização. É fundamental a reciclagem de seus cursos e respectivos currículos, bem como de todos os seus quadros de pessoal. É uma mudança que se projeta para 10 ou 15 anos.
- **Construção do Futuro** – deve-se oferecer à comunidade um serviço policial descentralizado e personalizado, com endereço certo. A ordem não deve ser imposta de fora para dentro, mas as pessoas devem ser encorajadas a pensar na polícia como um recurso a ser utilizado para ajudá-las a resolver problemas atuais de sua comunidade.

10.1.4 Diferenças entre polícia tradicional e polícia comunitária

POLÍCIA TRADICIONAL	POLÍCIA COMUNITÁRIA
O papel da polícia é a resolução do crime.	O papel da polícia é a resolução de problemas, principalmente por meio da prevenção.
A eficiência é medida pelo tempo de resposta.	A eficiência é medida pela ausência de desordens, apoio e colaboração com o público.
O policial volta suas energias para a marginalidade da sua área, representando 2% da população.	O policial volta suas energias para os 98% da população que são pessoas de bem e trabalhadoras.
O policial "presta contas" ao seu chefe.	O policial "presta contas" à sociedade.
O policial é o do serviço.	O policial é o da área.

10.2 Funções de cada um dos órgãos de segurança pública

10.2.1 Polícias da união

Polícia federal

§ 1º A polícia federal, instituída por lei como órgão permanente, organizado e mantido pela União e estruturado em carreira, destina-se a:

- Apurar infrações penais contra a ordem política e social ou em detrimento de bens, serviços e interesses da União ou de suas entidades autárquicas e empresas públicas **(não entra sociedade de economia mista federal – fundação federal entra)**, assim como outras infrações cuja prática tenha repercussão interestadual ou internacional e exija repressão uniforme, segundo se dispuser em lei;

Lei nº 10.446/02:

Art. 1o Na forma do inciso I do § 1o do art. 144 da Constituição, quando houver repercussão interestadual ou internacional que exija repressão uniforme, poderá o Departamento de Polícia Federal do Ministério da Justiça, sem prejuízo da responsabilidade dos órgãos de segurança pública arrolados no art. 144 da Constituição Federal, em especial das Polícias Militares e Civis dos Estados, proceder à investigação, dentre outras, das seguintes infrações penais:

I – seqüestro, cárcere privado e extorsão mediante seqüestro (arts. 148 e 159 do Código Penal), se o agente foi impelido por motivação política ou quando praticado em razão da função pública exercida pela vítima;

II – formação de cartel (incisos I, a, II, III e VII do art. 4º da Lei nº 8.137, de 27 de dezembro de 1990); e

III – relativas à violação a direitos humanos, que a República Federativa do Brasil se comprometeu a reprimir em decorrência de tratados internacionais de que seja parte; e

IV – furto, roubo ou receptação de cargas, inclusive bens e valores, transportadas em operação interestadual ou internacional, quando houver indícios da atuação de quadrilha ou bando em mais de um Estado da Federação.

V - falsificação, corrupção, adulteração ou alteração de produto destinado a fins terapêuticos ou medicinais e venda, inclusive pela internet, depósito ou distribuição do produto falsificado, corrompido, adulterado ou alterado (art. 273 do Decreto-Lei nº 2.848, de 7 de dezembro de 1940 - Código Penal).

VI – furto, roubo ou dano contra instituições financeiras, incluindo agências bancárias ou caixas eletrônicos, quando houver indícios da atuação de associação criminosa em mais de um Estado da Federação.

VII – quaisquer crimes praticados por meio da rede mundial de computadores que difundam conteúdo misógino, definidos como aqueles que propagam o ódio ou a aversão às mulheres.

Parágrafo único. Atendidos os pressupostos do caput, o Departamento de Polícia Federal procederá à apuração de outros casos, desde que tal providência seja autorizada ou determinada pelo Ministro de Estado da Justiça.

▷ Prevenir e reprimir o tráfico ilícito de entorpecentes e drogas afins, o contrabando e o descaminho, sem prejuízo da ação fazendária e de outros órgãos públicos nas respectivas áreas de competência;

▷ Exercer as funções de polícia marítima, aeroportuária e de fronteiras;

Obs.: Polícia naval é atribuição da marinha. Pode a polícia militar pode realizar rádio patrulha aérea.

▷ Exercer, com exclusividade, as funções de polícia judiciária da União.

Obs.: O MP tem competência para investigar, conforme já decidiu o STF.

A carreira da Polícia Federal é formada pelos seguintes cargos:
▷ Delegado de Polícia Federal.
▷ Perito Criminal Federal.
▷ Escrivão de Polícia Federal.
▷ Papiloscopista Policial Federal.
▷ Agente de Polícia Federal.

O cargo de **Diretor-Geral**, nomeado pelo Presidente da República, é privativo de Delegado de Polícia Federal integrante da classe especial.

▷ A carreira é regulamentada pela Lei 9.266/1996.

Polícia rodoviária federal

§ 2º A Polícia Rodovia Federal, órgão permanente, organizado e mantido pela União e estruturado em carreira, destina-se, na forma da lei, ao patrulhamento ostensivo das rodovias federais.

Obs.: No âmbito estadual e distrital, o patrulhamento das rodovias é feito pela Polícia Militar.

As competências da PRF estão definidas nos seguintes instrumentos normativos, art. 20 do CTB. Carreira criada e regulamentada pela Lei nº 9.654/1998 e suas competências também estão estabelecidas no Decreto nº 1.655/1995.

Art. 20 do CTB. Compete à Polícia Rodoviária Federal, no âmbito das rodovias e estradas federais:

I – cumprir e fazer cumprir a legislação e as normas de trânsito, no âmbito de suas atribuições;

II – realizar o patrulhamento ostensivo, executando operações relacionadas com a segurança pública, com o objetivo de preservar a ordem, incolumidade das pessoas, o patrimônio da União e o de terceiros;

III – aplicar e arrecadar as multas impostas por infrações de trânsito, as medidas administrativas decorrentes e os valores provenientes de estada e remoção de veículos, objetos, animais e escolta de veículos de cargas superdimensionadas ou perigosas;

IV – efetuar levantamento dos locais de acidentes de trânsito e dos serviços de atendimento, socorro e salvamento de vítimas;

V – credenciar os serviços de escolta, fiscalizar e adotar medidas de segurança relativas aos serviços de remoção de veículos, escolta e transporte de carga indivisível;

VI – assegurar a livre circulação nas rodovias federais, podendo solicitar ao órgão rodoviário a adoção de medidas emergenciais, e zelar pelo cumprimento das normas legais relativas ao direito de vizinhança, promovendo a interdição de construções e instalações não autorizadas;

VII – coletar dados estatísticos e elaborar estudos sobre acidentes de trânsito e suas causas, adotando ou indicando medidas operacionais preventivas e encaminhando-os ao órgão rodoviário federal;

VIII – implementar as medidas da Política Nacional de Segurança e Educação de Trânsito;

IX – promover e participar de projetos e programas de educação e segurança, de acordo com as diretrizes estabelecidas pelo CONTRAN;

X – integrar-se a outros órgãos e entidades do Sistema Nacional de Trânsito para fins de arrecadação e compensação de multas impostas na área de sua competência, com vistas à unificação do licenciamento, à simplificação e à celeridade das transferências de veículos e de prontuários de condutores de uma para outra unidade da Federação;

XI – fiscalizar o nível de emissão de poluentes e ruído produzidos pelos veículos automotores ou pela sua carga, de acordo com o estabelecido no art. 66, além de dar apoio, quando solicitado, às ações específicas dos órgãos ambientais.

Polícia ferroviária federal

§ 3º A Polícia Ferroviária Federal, órgão permanente, organizado e mantido pela União e estruturado em carreira, destina-se, na forma da lei, ao patrulhamento ostensivo das ferrovias federais.

Polícias penais federais

As polícias penais, vinculadas ao órgão administrador do sistema penal da unidade federativa a que pertencem, cabe a segurança dos estabelecimentos penais.

10.2.2 Polícias dos estados

A segurança pública nos Estados é realizada pelas polícias civis, penais e militares e pelo Corpo de Bombeiros.

A gestão da segurança pública nos Estados é atribuição dos governadores de Estado, ou seja, as polícias civis, penais e militares e o corpo de bombeiros militares se subordinam ao Governador.

Polícia civil

A Polícia Civil é a polícia judiciária em âmbito estadual e a ela incumbe apurar as infrações penais que não sejam de competência da União e que não sejam de natureza militar.

São dirigidas por **Delegados de Polícia** que exercem função de natureza jurídica.

§ 4º Às polícias civis, dirigidas por delegados de polícia de carreira, incumbem, ressalvada a competência da União, as funções de polícia judiciária e a apuração de infrações penais, exceto as militares.

Lei nº 12.830/16

Art. 2º As funções de polícia judiciária e a apuração de infrações penais exercidas pelo delegado de polícia são de natureza jurídica, essenciais e exclusivas de Estado.

§ 1º Ao delegado de polícia, na qualidade de autoridade policial, cabe a condução da investigação criminal por meio de inquérito policial ou outro procedimento previsto em lei, que tem como objetivo a apuração das circunstâncias, da materialidade e da autoria das infrações penais.

§ 2º Durante a investigação criminal, cabe ao delegado de polícia a requisição de perícia, informações, documentos e dados que interessem à apuração dos fatos.

§ 3º (VETADO).

§ 4º O inquérito policial ou outro procedimento previsto em lei em curso somente poderá ser avocado ou redistribuído por superior hierárquico, mediante despacho fundamentado, por motivo de interesse público ou nas hipóteses de inobservância dos procedimentos previstos em regulamento da corporação que prejudique a eficácia da investigação.

§ 5º A remoção do delegado de polícia dar-se-á somente por ato fundamentado.

§ 6º O indiciamento, privativo do delegado de polícia, dar-se-á por ato fundamentado, mediante análise técnico-jurídica do fato, que deverá indicar a autoria, materialidade e suas circunstâncias.

SEGURANÇA PÚBLICA

Art. 3º O cargo de delegado de polícia é privativo de bacharel em Direito, devendo-lhe ser dispensado o mesmo tratamento protocolar que recebem os magistrados, os membros da Defensoria Pública e do Ministério Público e os advogados.

Polícia militar e corpo de bombeiros

A Polícia Militar e o Corpo de Bombeiros, por serem militares, são forças auxiliares e reserva do Exército.

§ 5º Às polícias militares cabem a polícia ostensiva e a preservação da ordem pública; aos corpos de bombeiros militares, além das atribuições definidas em lei, incumbe a execução de atividades de defesa civil.

§ 6º As polícias militares e corpos de bombeiros militares, forças auxiliares e reserva do Exército, subordinam-se, juntamente com as polícias civis, aos Governadores dos Estados, do Distrito Federal e dos Territórios.

Assim como as polícias civis, militares e penais e o corpo de bombeiros militares se subordinam ao Governador.

As PMs e os CBMs são considerados militares dos Estados/DF e Territórios, nos termos do art. 42 da CF:

Art. 42 Os membros das Polícias Militares e Corpos de Bombeiros Militares, instituições organizadas com base na hierarquia e disciplina, são militares dos Estados, do Distrito Federal e dos Territórios.

10.2.3 Polícias do DF

▷ **Subordinação:** Governador do DF (art. 144, §6º da CF)
▷ **Organização e Manutenção:** União (art. 21, XIV da CF0029

Art. 21, XIV - organizar e manter a polícia civil, a polícia penal, a polícia militar e o corpo de bombeiros militar do Distrito Federal, bem como prestar assistência financeira ao Distrito Federal para a execução de serviços públicos, por meio de fundo próprio; (Redação dada pela Emenda Constitucional nº 104, de 2019)

Art. 32, § 4º Lei federal disporá sobre a utilização, pelo Governo do Distrito Federal, da polícia civil, da polícia penal, da polícia militar e do corpo de bombeiros militar.

10.2.4 Guardas municipais

§ 8º Os Municípios poderão constituir guardas municipais destinadas à proteção de seus bens, serviços e instalações, conforme dispuser a lei.

Lei nº 13.022/2014 dispõe sobre o Estatuto Geral das Guardas Municipais, e deve ser entendida como uma norma geral que estabelece apenas diretrizes e disposições gerais, uma vez que é o Município quem deverá instituir a Guarda Municipal, por meio de lei municipal.

Essa lei é objeto de ADI ainda em trâmite no STF.

10.2.5 Segurança viária

Considerando que a violência no trânsito é uma questão de saúde pública, a EC nº 84/2014 criou a carreira dos **agentes de trânsito**.

§ 10º A segurança viária, exercida para a preservação da ordem pública e da incolumidade das pessoas e do seu patrimônio nas vias públicas:

▷ Compreende a educação, engenharia e fiscalização de trânsito, além de outras atividades previstas em lei, que assegurem ao cidadão o direito à mobilidade urbana eficiente; e
▷ Compete, no âmbito dos Estados, do Distrito Federal e dos Municípios, aos respectivos órgãos ou entidades executivos e seus agentes de trânsito, estruturados em Carreira, na forma da lei.

Assim, a carreira de agentes de trânsito deve ser estruturada em lei em âmbito estadual, distrital e municipal, mediante concurso público, vedando-se assim contratações temporárias, não se confundindo com a carreira de guardas municipais.

Essa carreira ainda não afasta a atividade de policiamento ostensivo de trânsito da Polícia Militar.

11 ENFRENTAMENTO À CORRUPÇÃO POLICIAL E AO CRIME ORGANIZADO

Uma das diretrizes do PRONASCI é o combate ao crime organizado e a corrupção policial, vejamos:

> Art. 3º São diretrizes do Pronasci:
>
> IX - intensificação e ampliação das medidas de enfrentamento do crime organizado e da corrupção policial; (Redação dada pela Lei nº 11.707, de 2008

Um dos focos prioritários do PRONASCI é o enfrentamento ao crime organizado, vejamos:

> Art. 4º São focos prioritários dos programas, projetos e ações que compõem o Pronasci:
>
> IV - foco repressivo: combate ao crime organizado.

O PRONASCI em sua cartilha, prevê mecanismos/projetos/programas para o aperfeiçoamento dessa temática – intensificação e ampliação das medidas de enfrentamento do crime organizado e da corrupção policial, vejamos alguns deles.

A Lei nº 12.850/2013 avança na temática, trazendo um conceito de organização criminosa:

> Art. 1º Esta Lei define organização criminosa e dispõe sobre a investigação criminal, os meios de obtenção da prova, infrações penais correlatas e o procedimento criminal a ser aplicado.
>
> § 1º Considera-se organização criminosa a associação de 4 (quatro) ou mais pessoas estruturalmente ordenada e caracterizada pela divisão de tarefas, ainda que informalmente, com objetivo de obter, direta ou indiretamente, vantagem de qualquer natureza, mediante a prática de infrações penais cujas penas máximas sejam superiores a 4 (quatro) anos, ou que sejam de caráter transnacional.

11.1 Laboratórios contra lavagem de dinheiro

Serão instalados laboratórios de tecnologia contra lavagem de dinheiro em todas as regiões metropolitanas atendidas pelo Pronasci. Eles terão como base o Laboratório do Departamento de Recuperação de Ativos (DRCI), do Ministério da Justiça, que trabalha com material proveniente de mandados de buscas e apreensão e quebra de sigilo de suspeitos de envolvimento com corrupção e lavagem de dinheiro.

Informações como ligações telefônicas, transferências bancárias e e-mails são analisadas por sofisticados programas de computador que buscam dados para a produção de provas em processos criminais. Ainda no âmbito dos laboratórios, serão desenvolvidos métodos e ferramentas que permitam identificar casos de corrupção previamente.

11.2 Ouvidorias e corregedorias

Uma das prioridades do Pronasci é o combate à corrupção e à violência policial. O fortalecimento das ouvidorias vai contribuir para o cumprimento desse objetivo. O Pronasci defende ouvidorias independentes e autônomas como canal de controle social e aprimoramento das corporações.

Criadas por lei estadual, elas funcionarão como espaço de recebimento, análise e encaminhamento das legítimas demandas da população. Além de aproximar a corporação do cidadão, as ouvidorias contribuirão para a instauração de confiança no trabalho policial e mais efetividade no combate ao crime. As corregedorias das polícias civil e militar, que atuam como órgãos de controle interno das corporações, também serão fortalecidas. Elas têm a função de acolher e investigar atos ilegais e arbitrários cometidos por policiais civis e militares. Está prevista a criação de um quadro de servidores com carreira própria para as corregedorias, para que atuem livres de pressões corporativas.

Para garantir um procedimento isento, os corregedores passarão por cursos de capacitação e oficinas para investigação criminal. A meta é atingir 330 profissionais até 2011. Entre setembro e dezembro deste ano, duas turmas (40 alunos cada) já estarão capacitadas.

11.3 Tráfico de pessoas

Serão criados planos bianuais para o combate ao tráfico de pessoas por meio de parcerias entre o Ministério da Justiça e outros órgãos que tenham afinidade com o tema. Para fortalecer a ação conjunta entre governo e sociedade civil, serão instalados 10 núcleos multissetoriais de prevenção e atendimento às vítimas. Os postos funcionarão em aeroportos, portos e rodovias. As ações gerais devem atingir cerca de dois milhões de pessoas (entre familiares, potenciais vítimas e amigos). As ações específicas, voltadas para as vítimas do tráfico, atingirão cerca de duas mil pessoas.

12 GARANTIA DO ACESSO À JUSTIÇA

O acesso à justiça é uma garantia fundamental prevista no art. 5° da Constituição Federal. Nada mais é do que a possibilidade de se ir ao Poder Judiciário reclamando uma violação ou perigo de violação a algum direito.

Neste sentido, o art. 5° da CF preceitua que:

Art. 5°da Constituição Federal:

XXXV - a lei não excluirá da apreciação do Poder Judiciário lesão ou ameaça a direito; (princípio da inafastabilidade da jurisdição)

LIII - ninguém será processado nem sentenciado senão pela autoridade competente; (princípio do juiz natural

LIV - ninguém será privado da liberdade ou de seus bens sem o devido processo legal; (princípio do devido processo legal)

LV - aos litigantes, em processo judicial ou administrativo, e aos acusados em geral são assegurados o contraditório e ampla defesa, com os meios e recursos a ela inerentes; (princípio do contraditório e ampla defesa)

LVI - são inadmissíveis, no processo, as provas obtidas por meios ilícitos; (princípio da vedação as provas ilícitas)

LVII - ninguém será considerado culpado até o trânsito em julgado de sentença penal condenatória; (princípio da presunção de inocência ou de não culpabilidade)

LXXIV - o Estado prestará assistência jurídica integral e gratuita aos que comprovarem insuficiência de recursos;

LXXVIII - a todos, no âmbito judicial e administrativo, são assegurados a razoável duração do processo e os meios que garantam a celeridade de sua tramitação. (princípio da duração razoável do processo)

É uma diretriz do PRONASCI, a garantia de acesso à justiça, vejamos:

Art. 3° São diretrizes do Pronasci:

X - garantia do acesso à justiça, especialmente nos territórios vulneráveis; (Redação dada pela Lei n° 11.707, de 2008)

Art. 4° São focos prioritários dos programas, projetos e ações que compõem o Pronasci:

III - foco territorial: regiões metropolitanas e aglomerados urbanos que apresentem altos índices de homicídios e de crimes violentos; e (Redação dada pela Lei n° 11.707, de 2008)

Nesta medida, a cartilha do PRONASCI apresenta alguns projetos relacionados ao acesso à justiça, vejamos:

12.1 Lei Maria da Penha/proteção à mulher

A Lei Maria da Penha, ganhará mais força no Pronasci. Serão construídos centros de educação e reabilitação para os agressores. Os espaços servirão como local de combate à impunidade e promoção da cultura de paz. Serão erguidos 53 centros nas 11 regiões metropolitanas atendidas pelo Programa.

Ainda no âmbito da Lei Maria da Penha, serão implementados juizados de violência doméstica e familiar contra a mulher, delegacias especializadas e núcleos especializados nas defensorias públicas.

A meta é realizar, por meio de parcerias com tribunais estaduais de justiça, ministérios públicos e defensorias públicas, cerca de 70 mil atendimentos até 2011

12.2 Capacitação de magistrados, promotores e defensores públicos em direitos humanos

Magistrados, promotores e defensores públicos também serão capacitados em direitos humanos. O Pronasci prevê parcerias com escolas superiores de magistratura. O objetivo é inserir no cotidiano dos aplicadores do direito temas relacionados aos direitos humanos, principalmente os que dizem respeito à aplicação dos tratados internacionais assinados pelo Brasil.

12.3 Formação de núcleos de justiça comunitária

O Pronasci implementará 20 núcleos de Justiça Comunitária. Lideranças das comunidades serão capacitadas em oficinas para mediar conflitos e promover a coesão social. Essas lideranças serão identificadas por meio de parcerias com as justiças estaduais, governos estaduais e Secretaria Especial de Direitos Humanos.

A mediação de conflitos pela comunidade apresenta-se como alternativa para promover a celeridade dos processos jurídicos e a integração da população. A intenção é realizar cerca de 375 mil atendimentos até 2011.

12.4 Canal comunidade

A população contará com ações sensibilizadoras sobre os direitos dos consumidores, especificamente em relação aos serviços essenciais. Serão instituídos mecanismos para garantir o acesso das comunidades ao Sistema Nacional de Defesa do Consumidor (SNDC). O objetivo é fazer com que as pessoas, conscientes de seu papel como cidadãos, possam exigir seus direitos. Possibilitar o acesso aos direitos do consumidor é uma das formas de contribuir para a diminuição da violência.

Além disso, o Pronasci não apenas vai instruir os cidadãos a procurar os Procons, como também acompanhará o encaminhamento das demandas e os respectivos resultados. Os estados e os municípios vão contar com a implantação de tecnologia da informação para integração ao SNDC.

SIMULADO PARA PMCE

Texto para as próximas 10 questões

Estudo sugere que metano em lua de Saturno pode ser indicativo de vida

A pequena Encélado encontrou uma "fosfina" para chamar de sua. Um grupo de pesquisadores sugere que a presença de metano nas quantidades observadas nas plumas de água que são ejetadas da lua de Saturno não pode ser explicada por qualquer mecanismo conhecido, salvo vida.

O resultado lembra muito as conclusões dos pesquisadores liderados por Jane Greaves, da Universidade de Cardiff, no Reino Unido, que detectaram fosfina nas nuvens de Vênus. Eles também não cravaram que era um sinal de vida, mas indicaram não conhecer mecanismo alternativo capaz de explicar as quantidades.

O novo estudo, liderado por Régis Ferrière, da Universidade do Arizona, nos EUA, e Stéphane Mazevet, da Universidade Paris Ciências & Letras, na França, foi publicado na revista *Nature Astronomy* e segue a trilha dos achados da sonda Cassini, que em 2017 causou furor ao cruzar as plumas e detectar nelas a presença de hidrogênio molecular e metano.

Sabe-se que, sob a crosta congelada de Encélado, há um oceano de água líquida, em contato direto com um leito rochoso. É de lá que partem as plumas, ejetadas a partir de fissuras no gelo. Na Terra, fumarolas no fundo do oceano são o lar de muitas formas de vida metanogênicas: elas consomem hidrogênio e despejam metano. Na lua saturnina, encontramos ambos, o que fez muitos evocarem o oceano subsuperficial como habitável. Mas daí a habitado são outros 500. Até porque há outros processos de geração de metano que não envolvem formas de vida, como a interação de água com certos minerais, no processo conhecido como serpentinização.

O trabalho de Ferrière e Mazevet consistiu em tentar determinar a origem do metano sem precisar ir até lá para checar. Em vez disso, o grupo modelou matematicamente a probabilidade de que diferentes processos, dentre eles metanogênese biológica, ou seja, a produção de metano por formas de vida, pudessem explicar o resultado colhido pela Cassini.

A pergunta central era: a quantidade seria compatível com processos puramente geológicos? E a resposta dos pesquisadores é "não" – mas só até onde sabemos. Eles apontam que das duas uma: ou está rolando metanogênese por micróbios no interior de Encélado, ou há algum fenômeno desconhecido, sem igual na Terra, capaz de gerar a substância.

Na soma dos resultados, podemos olhar o copo meio cheio ou meio vazio. Por um lado, é empolgante que tenhamos já detectado compostos que podem sinalizar a presença de vida em tantos astros (fosfina em Vênus, metano em Encélado e em Marte). Por outro lado, as conclusões são mais especulativas do que gostaríamos até o momento. Para todos os casos, ainda é inteiramente possível, quiçá provável, que a explicação dispense atividade biológica. Em todos, o que falta são mais observações. Será preciso enviar novas sondas até lá, se quisermos desfazer esses mistérios.

(NOGUEIRA, Salvador. *Folha de S. Paulo*, 18 jul. 2021.)

01. (IDECAN – 2021 – PC/CE – ESCRIVÃO) Assinale a alternativa em que o termo indicado desempenhe, no texto, papel adjetivo.
a) Vênus (linha 5)
b) publicado (linha 8)
c) achados (linha 8)
d) metano (linha 9)
e) muitas (linha 12)

02. (IDECAN – 2021 – PC/CE – ESCRIVÃO) Um grupo de pesquisadores sugere que a presença de metano nas quantidades observadas nas plumas de água que são ejetadas da lua de Saturno não pode ser explicada por qualquer mecanismo conhecido, salvo vida. (linhas 1 a 3).
A palavra sublinhada no período acima se classifica como:
a) adjetivo.
b) substantivo.
c) partícula expletiva.
d) verbo.
e) palavra denotativa.

03. (IDECAN – 2021 – PC/CE – ESCRIVÃO) Na Terra, fumarolas no fundo do oceano são o lar de muitas formas de vida metanogênicas: elas consomem hidrogênio e despejam metano. (linhas 11 e 12)
O segmento sublinhado, em relação ao trecho anterior do período, tem a função de:
a) explicação.
b) explicitação.
c) exemplificação.
d) enumeração.
e) especificação.

04. (IDECAN – 2021 – PC/CE – ESCRIVÃO) A respeito das inferências corretas com a leitura do texto, analise as afirmativas a seguir:
I. É possível que ocorram fenômenos metanogênicos na lua de Saturno desconhecidos pelos cientistas e inexistentes na Terra.
II. As plumas de metano ejetadas na lua saturnina são a prova de que, sob o gelo, ocorre um processo de metanogênese biológica, podendo tornar o oceano habitável.
III. Assim como nas nuvens de Vênus, é possível que haja vida na lua de Saturno, embora ainda não haja evidências concretas do fenômeno de metanogênese biológica em ambas.
Assinale:
a) se apenas as afirmativas I e II estiverem corretas.
b) se apenas as afirmativas I e III estiverem corretas.
c) se apenas as afirmativas II e III estiverem corretas.
d) se todas as afirmativas estiverem corretas.
e) se nenhuma afirmativa estiver correta.

05. (IDECAN – 2021 – PC/CE – ESCRIVÃO) Acerca da estrutura do texto e seus recursos de linguagem, analise as afirmativas a seguir:
I. Embora com teor científico, o autor do texto emprega um tom de linguagem mais próximo do coloquial, certamente para tornar o texto mais acessível a um leitor de jornal, não especialista no assunto.
II. Em função do assunto, foi necessário que o texto tivesse assumido um tom mais didático, com acréscimo de apostos e elementos explicativos.
III. O texto apresenta tipologia textual predominantemente narrativa.
Assinale
a) se apenas as afirmativas I e II estiverem corretas.
b) se apenas as afirmativas I e III estiverem corretas.
c) se apenas as afirmativas II e III estiverem corretas.

d) se todas as afirmativas estiverem corretas.

e) se nenhuma afirmativa estiver correta.

06. (IDECAN – 2021 – PC/CE – ESCRIVÃO) Até porque há outros processos de geração de metano que não envolvem formas de vida, como a interação de água com certos minerais, no processo conhecido como serpentinização. (linhas 13 a 15)

No período acima, empregou-se corretamente a forma do porquê. Assinale a alternativa em que isso também tenha ocorrido.

a) Esperamos que nosso desenho demonstre por quê, naquela cena, era impossível identificar a quantidade de pessoas presentes.

b) Por que estávamos esperando a chegada do depósito não podíamos ir adiantando outras tarefas?

c) Nunca se identificaria por que eles agiram daquela maneira.

d) Era muito difícil identificar as causas, por que a substância não tinha todas as suas propriedades ainda conhecidas.

e) Os objetivos porque lutamos não podem ser esquecidos.

07. (IDECAN – 2021 – PC/CE – ESCRIVÃO) O resultado lembra muito as conclusões dos pesquisadores liderados por Jane Greaves, da Universidade de Cardiff, no Reino Unido, que detectaram fosfina nas nuvens de Vênus. (linhas 4 e 5)

Assinale a alternativa em que, alterando-se o verbo sublinhado no período acima, tenha-se mantido a correção gramatical. Não leve em conta alterações de sentido.

a) O resultado almeja às conclusões dos pesquisadores...

b) O resultado imiscui às conclusões dos pesquisadores...

c) O resultado esquece das conclusões dos pesquisadores...

d) O resultado anui às conclusões dos pesquisadores...

e) O resultado alude as conclusões dos pesquisadores...

08. (IDECAN – 2021 – PC/CE – ESCRIVÃO) Assinale a alternativa em que o termo indicado desempenhe, no texto, função sintática igual à de *Cassini* (linha 9).

a) de Saturno (linha 2)

b) Jane Greaves (linha 4)

c) *Nature Astronomy* (linha 8)

d) saturnina (linha 12)

e) de Ferrière e Mazevet (linha 16)

09. (IDECAN – 2021 – PC/CE – ESCRIVÃO) A pergunta central era: a quantidade seria compatível com processos puramente geológicos? (linha 19)

Assinale a alternativa em que, inserindo-se um pronome com valor catafórico, tenha-se mantido correção gramatical para o período acima.

a) A pergunta central era essa: a quantidade seria compatível com processos puramente geológicos?

b) A pergunta central era tal: a quantidade seria compatível com processos puramente geológicos?

c) A pergunta central era aquela: a quantidade seria compatível com processos puramente geológicos?

d) A pergunta central era esta: a quantidade seria compatível com processos puramente geológicos?

e) A pergunta central era a mesma: a quantidade seria compatível com processos puramente geológicos?

10. (IDECAN – 2021 – PC/CE – ESCRIVÃO) Assinale a alternativa em que o período indicado, retirado do texto, **NÃO** apresente alguma estrutura em voz passiva.

a) Um grupo de pesquisadores sugere que a presença de metano nas quantidades observadas nas plumas de água que são ejetadas da lua de Saturno não pode ser explicada por qualquer mecanismo conhecido, salvo vida. (linhas 1 a 3)

b) O resultado lembra muito as conclusões dos pesquisadores liderados por Jane Greaves, da Universidade de Cardiff, no Reino Unido, que detectaram fosfina nas nuvens de Vênus. (linhas 4 e 5)

c) O novo estudo, liderado por Régis Ferrière, da Universidade do Arizona, nos EUA, e Stéphane Mazevet, da Universidade Paris Ciências & Letras, na França, foi publicado na revista *Nature Astronomy* e segue a trilha dos achados da sonda Cassini, que em 2017 causou furor ao cruzar as plumas e detectar nelas a presença de hidrogênio molecular e metano. (linhas 7 a 9)

d) É de lá que partem as plumas, ejetadas a partir de fissuras no gelo. (linha 11)

e) Eles apontam que das duas uma: ou está rolando metanogênese por micróbios no interior de Encélado, ou há algum fenômeno desconhecido, sem igual na Terra, capaz de gerar a substância. (linhas 20 e 21)

11. (IDECAN – 2021 – PC/CE – INSPETOR)

Policiais assassinados no Brasil são negros na maioria

No ano passado, 194 policiais foram assassinados no país, e 63% deles eram negros.

Para Samira Bueno, diretora-executiva do Fórum Brasileiro de Segurança Pública, a ideia de que policiais são heróis os deixa mais vulneráveis e contribui para o aumento no número de mortes.

"Eles tendem a reagir a qualquer situação por causa da ideia fantasiosa de que se é policial 24 horas por dia."

Mesmo em um ano com menor circulação de pessoas nas ruas, devido à pandemia, a quantidade de mortes de agentes de segurança pública cresceu 13% no país em relação a 2019.

Segundo o último anuário do Fórum Brasileiro de Segurança Pública, 7 a cada 10 mortes ocorreram fora do horário de trabalho dos policiais. Eles foram mortos em passeios, no trajeto de ida e volta da corporação ou quando faziam serviços paralelos, os "bicos", ilegais, mas realizados para complementar a renda.

A reportagem ouviu um policial militar que atua no Rio de Janeiro há 20 anos.

"Entrei por querer estabilidade, depois me apaixonei pela profissão", diz ele, que pediu para não ser identificado.

O PM criticou o treinamento dado pela corporação: "O policial acaba aprendendo na rua", diz. E reclamou da falta de apoio jurídico, do Estado, da sociedade e dos superiores ao trabalho do policial.

Sobre o fato de negros serem as maiores vítimas da violência, ele descarta preconceito. Na sua visão, ocorre porque a maioria da população é de pessoas negras. "Policial não escolhe criminoso."

Para a socióloga Paula Poncioni, pesquisadora da UFRJ (Universidade Federal do Rio de Janeiro), falhas de formação são um dos fatores que explicam o desempenho policial. "Muitas vezes, há um currículo ajustado à matriz nacional, mas não há professores qualificados, as aulas são recheadas de preconceitos", diz a autora de "Tornar-se Policial" (Editora Appris).

A letalidade policial, para Poncioni, decorre de uma sociedade "muito violenta e muito hierárquica". Ela afirma que a polícia mata mais no Brasil por representar o pensamento geral da sociedade, refletido na composição dos governos que administram as polícias.

"A formação profissional está eivada de crenças, valores e preconceitos de um sistema de representação sobre o que é polícia, o que é criminoso, o que é mulher, o que é o menor e o que é o negro", aponta.

O ouvidor da Polícia do Estado de São Paulo, Elizeu Soares Lopes, diz considerar a formação da polícia muito boa, mas ressalva que é preciso reforço. "Insistimos na necessidade de ações formativas em direitos humanos. A qualificação e a requalificação permanente dos quadros da polícia são fundamentais, seja ela civil, militar ou técnico-científica."

Hoje, a matriz curricular que define as regras para a formação de policiais no Brasil está em sua segunda versão, editada em 2014, no governo Dilma Rousseff (PT). Nela, o Ministério da Justiça orienta as ações formativas dos profissionais. Na grade dos cursos há, por exemplo, determinação para que os aspirantes tenham acesso a um módulo de 14 horas de aulas sobre diversidade étnico-racial.

Procurado, o Ministério da Justiça não respondeu.

GONÇALVES, Anelise et al. Folha de S.Paulo, 1º ago. 2021.

"Para Samira Bueno, diretora-executiva do Fórum Brasileiro de Segurança Pública, a ideia de que policiais são heróis os deixa mais vulneráveis e contribui para o aumento no número de mortes." (linhas 2 e 3)

Se representarmos o segmento sublinhado no período acima pelo código {>X [X(Xy(Xy))]}, o código para o segmento *"Para a socióloga Paula Poncioni, pesquisadora da UFRJ"* (linha 16) manterá a mesma lógica se composto da seguinte forma:

a) {>X [Xy]}.
b) {>Xy [X(Xy)]}.
c) {>X [X(yX)]}.
d) {>XX [Xy(Xy)]}.
e) {>XX [X(X)]}.

12. **(IDECAN – 2021 – PC/CE – ESCRIVÃO)** No Brasil, o combate à improbidade administrativa exige forte atuação do Poder Público, em especial do Poder Judiciário, ao qual compete aplicar as sanções aos agentes públicos ímprobos.
Nesse cenário, é possível afirmar que:

a) a legislação sobre a probidade administrativa não admite que haja a aplicação de sanções cíveis, mas sim das sanções penais, que são mais graves.
b) os atos de improbidade administrativa, quando causam prejuízo ao erário, são tipificados como ilícitos penais.
c) a lesão ao patrimônio, para fins de caracterização da improbidade administrativa, deve ser sempre dolosa.
d) os atos de improbidade administrativa, quando importam em enriquecimento ilícito, são considerados contravenções penais.
e) quando ocorrer o enriquecimento ilícito, tanto o agente público como o terceiro beneficiário perderão os bens ou valores acrescidos aos seus patrimônios.

13. **(IDECAN – 2021 – PC/CE – ESCRIVÃO)** Com base na Lei de Improbidade Administrativa (Lei nº 8.429/1992), preencha corretamente as lacunas a seguir: Qualquer _____ poderá representar _____ para que seja instaurado(a) _____ destinado(a) a apurar a prática de ato de improbidade.
Assinale a alternativa que apresente a sequência correta dos termos empregados.

a) cidadão – ao Tribunal de Contas – investigação.
b) pessoa – ao Tribunal de Contas – inquérito.
c) cidadão – à Polícia Civil – inquérito.
d) cidadão – ao Ministério Público – inquérito.
e) pessoa – à autoridade administrativa competente – investigação.

14. **(IDECAN – 2021 – PC/CE – ESCRIVÃO)** Analise as afirmativas a seguir, a respeito dos atos de improbidade administrativa que atentam contra os princípios da Administração Pública:

I. Se negar publicidade aos atos oficiais, o responsável por tal improbidade poderá ser sancionado com a suspensão dos direitos políticos de três a cinco anos.
II. Se deixar de cumprir a exigência de requisitos de acessibilidade previstos na legislação, o responsável por tal improbidade poderá ser obrigado ao pagamento de multa civil de até cem vezes o valor da sua remuneração.
III. Se frustrar a licitude de concurso público, o responsável por tal improbidade deverá efetuar o ressarcimento integral do dano, mas não perderá a função pública.

Assinale

a) se apenas a afirmativa I estiver correta.
b) se apenas a afirmativa II estiver correta.
c) se apenas a afirmativa III estiver correta.
d) se apenas as afirmativas I e II estiverem corretas.
e) se todas as afirmativas estiverem corretas.

15. **(IDECAN – 2021 – PC/CE – ESCRIVÃO)** Aos integrantes da defensoria pública, é garantido:

I. Provimento dos cargos de carreira, na classe inicial, mediante concurso público de provas e títulos.
II. Exercício de função essencial à Justiça com o objetivo de defender os direitos individuais dos autossuficientes, de forma integral e gratuita.
III. Inamovibilidade, permitido o exercício da advocacia fora das atribuições institucionais.
IV. Vitaliciedade, vedado o exercício da advocacia fora das atribuições institucionais.
V. Vitaliciedade, permitido o exercício da advocacia fora das atribuições institucionais.

Analise os itens e assinale:

a) se apenas os itens I e II estiverem corretos.
b) se apenas o item V estiver correto.
c) se apenas os itens III e V estiverem corretos.
d) se apenas os itens I e IV estiverem corretos.
e) se apenas o item I estiver correto.

16. (IDECAN – 2021 – PC/CE – ESCRIVÃO) A respeito da repartição de competências entre a União, estados, Distrito Federal e municípios, é correto afirmar que:
a) a competência para legislar sobre direito tributário é exclusiva da União.
b) a competência para legislar sobre direito financeiro é concorrente entre União, estados e Distrito Federal.
c) a competência para legislar sobre proteção à infância e à juventude é concorrente entre União, estados, Distrito Federal e municípios.
d) a competência para legislar sobre procedimentos em matéria processual é exclusiva dos estados e Distrito Federal.
e) a competência para legislar sobre juntas comerciais é exclusiva da União.

17. (IDECAN – 2021 – PC/CE – ESCRIVÃO) Mandado de segurança coletivo pode ser impetrado por:
I. Partido político.
II. Associação legalmente constituída e em funcionamento há pelo menos um ano, em defesa dos direitos de seus associados.
III. Entidade de classe em favor dos associados independentemente da autorização destes.
IV. Empresa de capital misto.
V. Entidade de classe ainda que a pretensão veiculada interesse apenas a uma parte da categoria.
Analise os itens anteriores e assinale:
a) se apenas os itens I, II e IV estiverem corretos.
b) se apenas os itens II, III e V estiverem corretos.
c) se apenas os itens II, IV e V estiverem corretos.
d) se apenas os itens I, III e V estiverem corretos.
e) se apenas os itens I, II e III estiverem corretos.

18. (IDECAN – 2021 – PC/CE – ESCRIVÃO) É correto afirmar que é privativo de brasileiro nato o cargo:
a) de Senador.
b) de Ministro da Justiça.
c) de Delegado da Polícia Federal.
d) de Presidente da Câmara Federal.
e) de Juiz Federal.

19. (IDECAN – 2021 – PC/CE – ESCRIVÃO) A respeito das associações, é correto afirmar que:
a) a liberdade de associação é plena e irrestrita.
b) decisão judicial passível de reforma pode dissolver uma associação.
c) podem ter suas atividades suspensas após decisão judicial.
d) ao se filiar, o associado confere poderes implícitos para ser representado judicialmente pela associação.
e) a criação de uma associação depende de autorização.

20. (IDECAN – 2021 – PC/CE – ESCRIVÃO) A prisão de agente, previamente condenado, por porte de instrumento comumente empregado na prática do crime de furto:
a) obedece ao princípio da isonomia.
b) não demanda uma condição específica do agente.
c) decorre de uma infração penal de perigo em concreto.
d) viola o princípio da dignidade da pessoa humana.
e) está de acordo com o princípio da razoabilidade.

21. (IDECAN – 2017 – SEJUC/RN – AGENTE PENITENCIÁRIO) "O objetivo fundamental da segurança pública é a preservação da ordem pública e da incolumidade das pessoas e do patrimônio" (art. 144 da CF/1988). Segundo o constitucionalista Pedro Lenza, podemos distinguir a) polícia administrativa *lato sensu*; b) polícia de segurança, dividida está em X1 e polícia judiciária. As funções de polícia judiciária da União são desempenhadas pela Polícia Federal e a competência remanescente é da X4. No âmbito estadual, a X1 fica a cargo dos seguintes órgãos: X2 e X3.

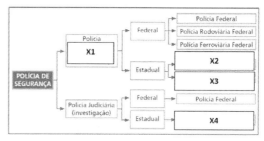

(LENZA, Pedro. *Direito Constitucional Esquematizado*. 16. ed. rev., atual. e ampl. São Paulo: Saraiva, 2012.)

Os termos que podem substituir os códigos em destaque correta e respectivamente são:
a) polícia ostensiva / segurança viária / polícia civil / polícia administrativa.
b) polícia administrativa / forças auxiliares / guarda municipal / polícia civil.
c) polícia ostensiva / polícia militar / guarda municipal / polícia administrativa.
d) polícia administrativa / polícia militar / corpo de bombeiros militar / polícia civil.

22. (IDECAN – 2017 – SEJUC/RN – AGENTE PENITENCIÁRIO) A Constituição da República reconhece a instituição do júri, com a organização que lhe der a lei, assegurados, EXCETO:
a) Sigilo das votações.
b) Plenitude de defesa.
c) Soberania dos veredictos.
d) Participação de parentes do réu.

23. (IDECAN – 2017 – SEJUC/RN – AGENTE PENITENCIÁRIO) Quanto à Constituição Federal de 1988, analise as afirmativas a seguir.
I. Às presidiárias serão asseguradas condições para que possam permanecer com seus filhos durante o período de amamentação.
II. A pena será cumprida em estabelecimentos distintos, de acordo com a natureza do delito, a idade e o sexo do apenado.
III. Será vedada ação privada nos crimes de ação pública, mesmo se esta não for intentada no prazo legal.
Está(ão) correta(s) apenas a(s) afirmativa(s):
a) I.
b) III.
c) I e II.
d) I e III.

24. (IDECAN – 2017 – SEJUC/RN – AGENTE PENITENCIÁRIO) A respeito da temática dos direitos e garantias fundamentais, analise as afirmativas a seguir.
I. O *habeas corpus* pode ser formulado sem advogado, não tendo de obedecer a formalidades processuais ou instrumentais, sendo, por força do art. 5.º, LXXVII, da Constituição Federal, gratuita.

II. A segurança pública é não apenas dever do Estado, como também direito e responsabilidade de todos, sendo exercida para a preservação da ordem pública e da incolumidade das pessoas e do patrimônio.

III. A lei considerará crimes inafiançáveis e insuscetíveis de graça ou anistia a prática da tortura, o tráfico ilícito de entorpecentes e drogas afins, o terrorismo e os definidos como crimes hediondos, por eles respondendo os mandantes, os executores e os que, podendo evitá-los, se omitirem.

Estão corretas as afirmativas:
a) I, II e III.
b) I e II, apenas.
c) I e III, apenas.
d) II e III, apenas.

25. (IDECAN – 2017 – SEJUC/RN – AGENTE PENITENCIÁRIO) Quanto aos Direitos Fundamentais, na visão do ordenamento jurídico constitucional brasileiro, analise as afirmativas a seguir.
I. A prática do racismo constitui crime inafiançável e imprescritível, sujeito à pena de reclusão, nos termos da lei.
II. Não há crime sem lei anterior que o defina, nem pena sem prévia cominação legal.
III. A lei regulará a individualização da pena e adotará, entre outras, a de trabalhos forçados.

Está(ão) correta(s) apenas a(s) afirmativa(s):
a) I.
b) III.
c) I e II.
d) I e III.

26. (IDECAN – 2017 – SEJUC/RN – AGENTE PENITENCIÁRIO) Sobre as Regras de Mandela, assinale a afirmativa correta.
a) Antecedem aquelas previstas no Congresso sobre Prevenção ao Crime e Tratamento de Infratores que ocorreu em 1955.
b) Consideram a preocupação, de longa data, do Mercosul pela humanização da justiça criminal e da proteção dos direitos humanos.
c) Determinam que, a despeito das variedades das condições jurídicas, sociais, econômicas e geográficas no mundo, todas as regras devem ser sempre aplicadas em todos os lugares.
d) Reconhecem que um sistema de justiça criminal efetivo, justo, responsável e humano é baseado no compromisso de salvaguardar a proteção dos direitos humanos na administração da justiça.

27. (IDECAN – 2017 – SEJUC/RN – AGENTE PENITENCIÁRIO) São Regras de Mandela, exceto:
a) Deverá existir um sistema padronizado de gerenciamento dos registros dos presos em todos os locais de encarceramento.
b) Indivíduos presos por dívidas, ou outros presos civis, devem ser mantidos separados dos indivíduos presos por infrações criminais.
c) O regime prisional deve acentuar as diferenças entre a vida no cárcere e aquela em liberdade visando a reduzir a responsabilidade dos presos ou o respeito à sua dignidade como seres humanos.
d) As administrações prisionais devem fazer todos os ajustes possíveis para garantir que os presos portadores de deficiências físicas, mentais ou outra incapacidade tenham acesso completo e efetivo à vida prisional em base de igualdade.

28. (IDECAN – 2017 – SEJUC/RN – AGENTE PENITENCIÁRIO) Em relação às Regras de Mandela, analise as afirmativas a seguir.
I. Todo preso que não trabalhar a céu aberto deve ter pelo menos uma hora diária de exercícios ao ar livre, se o clima permitir.

II. As administrações prisionais devem assegurar a proporcionalidade entre a sanção disciplinar e a infração para a qual foi estabelecida e devem manter registros apropriados de todas as sanções disciplinares impostas.

III. Os presos devem ter acesso aos documentos relacionados aos seus processos judiciais e serem autorizados a mantê-los consigo, sem que a administração prisional tenha acesso a estes.

Está(ão) correta(s) a(s) afirmativa(s):
a) I, II e III.
b) I, apenas.
c) III, apenas.
d) I e III, apenas.

29. (IDECAN – 2017 – SEJUC/RN – AGENTE PENITENCIÁRIO) Acerca das Regras de Mandela, analise as afirmativas a seguir.
I. Toda unidade prisional deve ter uma biblioteca para uso de todas as categorias de presos, adequadamente provida de livros de lazer e de instrução, e os presos devem ser incentivados a fazer uso dela.
II. Todo preso deve ter o direito de atender às necessidades de sua vida religiosa, participando de celebrações realizadas nas unidades prisionais e mantendo consigo livros de prática e de ensino de sua confissão.
III. Se um preso trouxer quaisquer drogas ou medicamentos, o médico ou outro profissional da saúde farão imediata apreensão e incineração do material apreendido.

Está(ão) correta(s) apenas a(s) afirmativa(s):
a) I.
b) III.
c) I e II.
d) I e III.

30. (IDECAN – 2017 – SEJUC/RN – AGENTE PENITENCIÁRIO) No que concerne a Declaração Universal dos Direitos Humanos, analise as afirmativas a seguir.
I. Todo ser humano tem direito a um padrão de vida capaz de assegurar-lhe, e a sua família, saúde e bem-estar, inclusive alimentação, vestuário, habitação, cuidados médicos e os serviços sociais indispensáveis, e direito à segurança em caso de desemprego, doença, invalidez, viuvez, velhice ou outros casos de perda dos meios de subsistência em circunstâncias fora de seu controle.
II. Todo ser humano que trabalha tem direito a uma remuneração justa e satisfatória, que lhe assegure, assim como à sua família, uma existência compatível com a dignidade humana, ao que é vedado acrescer outros meios de proteção social.
III. Todo ser humano tem direito à instrução. A instrução será gratuita, pelo menos nos graus elementares e fundamentais. A instrução elementar será obrigatória. A instrução técnico-profissional será acessível a todos, bem como a instrução superior, esta, baseada no mérito.

Está(ão) correta(s) apenas a(s) afirmativa(s):
a) I.
b) III.
c) I e II.
d) I e III.

31. (IDECAN – 2017 – SEJUC/RN – AGENTE PENITENCIÁRIO) Quanto à Declaração Universal dos Direitos Humanos, analise as afirmativas a seguir.
I. Todo ser humano tem direito à liberdade de pensamento, consciência e religião; este direito inclui a liberdade de mudar de religião ou crença e a liberdade de manifestar essa religião ou crença, pelo ensino, pela prática, pelo culto e pela observância, em público ou em particular.

II. Todo ser humano tem direito à liberdade de opinião e expressão; este direito inclui a liberdade de, sem interferência, ter opiniões e de procurar, receber e transmitir informações e ideias por quaisquer meios e independentemente de fronteiras.

III. Todo ser humano tem o direito de fazer parte no governo de seu país diretamente ou por intermédio de representantes livremente escolhidos.

Está(ão) correta(s) a(s) afirmativa(s):
a) I, II e III.
b) I, apenas.
c) III, apenas.
d) I e II, apenas.

32. **(IDECAN – 2017 – SEJUC/RN – AGENTE PENITENCIÁRIO)** Conforme expressa previsão na Declaração Universal dos Direitos Humanos, ninguém:
a) será submetido à tortura.
b) será preso, detido ou exilado.
c) pode mudar de nacionalidade.
d) pode reunir-se sem autorização.

33. **(IDECAN – 2017 – SEJUC/RN – AGENTE PENITENCIÁRIO)** A Declaração Universal dos Direitos Humanos estabelece que todo ser humano acusado de um ato delituoso tem o direito de ser presumido inocente até que a sua culpabilidade tenha sido provada de acordo com a lei, em julgamento público no qual lhe tenham sido asseguradas todas as garantias necessárias à sua defesa. A interpretação dessa norma, em face da Constituição brasileira, permite afirmar que:
a) é vedada a prisão de qualquer cidadão antes do trânsito em julgado da ação condenatória penal.
b) ninguém pode ser investigado, denunciado ou condenado com base, unicamente, em provas ilícitas.
c) a ampla defesa deve ser interpretada de modo restrito, pois não alcança as fases recursais no processo.
d) o fato de o réu estar sendo processado por outros crimes é suficiente para condená-lo nos demais processos.

34. **(IDECAN – 2017 – SEJUC/RN – AGENTE PENITENCIÁRIO)** A Declaração Universal dos Direitos Humanos estabelece que todos os seres humanos nascem livres e iguais em dignidade e direitos. A interpretação dessa norma, em face da Constituição brasileira, permite afirmar que:
a) é constitucional a atribuição supervalorizada de pontos na prova de títulos em concurso público.
b) as ações afirmativas que estabelecem cotas em concurso são repudiadas na jurisprudência pátria.
c) os direitos fundamentais têm caráter absoluto, mesmo em face do princípio de convivência das liberdades.
d) o direito à saúde é direito de todos e representa consequência constitucional indissociável do direito à vida.

35. **(IDECAN – 2017 – SEJUC/RN – AGENTE PENITENCIÁRIO)** Nos termos expressos da Declaração Universal dos Direitos Humanos, o fundamento da liberdade, da justiça e da paz no mundo encontra amparo no(a):
a) Prescindibilidade de proteção dos direitos fundamentais da pessoa humana.
b) Reconhecimento de que todos os países signatários abominam a pena de morte.
c) Poder soberano dos países signatários da declaração universal dos direitos humanos.
d) Dignidade inerente a todos os membros da família humana e de seus direitos iguais e inalienáveis.

36. **(IDECAN – 2021 – PC/CE – ESCRIVÃO)** Pedro se desentendeu com seu melhor amigo, José, em virtude de posições políticas antagônicas e, ao se encontrarem, Pedro, completamente descontrolado, praticou os crimes de injúria e ameaça contra José, o que foi presenciado pelo policial civil Ricardo, que passava pelo local onde os fatos ocorreram. Com base na hipótese narrada acima, em relação à prisão em flagrante, o policial civil Ricardo:
a) não poderá efetuar a prisão em flagrante, tendo em vista que os crimes são de ação penal privada.
b) não poderá efetuar a prisão em flagrante, tendo em vista que os crimes são de ação penal pública condicionada a representação.
c) poderá efetuar a prisão em flagrante, desde que haja manifestação de vontade da vítima, já que se trata de crimes de ação penal privada e de ação penal pública condicionada à representação, respectivamente.
d) poderá efetuar a prisão em flagrante, desde que haja manifestação de vontade da vítima, já que se trata de crimes de ação penal pública condicionada à representação e de ação penal pública condicionada à representação privada, respectivamente.
e) poderá efetuar a prisão em flagrante, já que presenciou o cometimento de crimes, e o instituto da prisão em flagrante nada tem a ver com o da ação penal.

37. **(IDECAN – 2021 – PC/CE – ESCRIVÃO)** Conceitua-se o flagrante delito como a prisão ocorrida no momento do cometimento do crime, no instante em que o sujeito pratica os elementos descritos no tipo penal. Portanto, ocorre a prisão em flagrante no momento em que o indivíduo é surpreendido cometendo a infração penal, seja ela tentada ou consumada. Como espécie de medida cautelar, a prisão em flagrante possui determinadas características, À EXCEÇÃO DE UMA. Assinale-a.
a) Jurisdicionalidade.
b) Provisoriedade.
c) Homogeneidade.
d) Acessoriedade.
e) Informalidade.

38. **(IDECAN – 2021 – PC/CE – ESCRIVÃO)** A Lei nº 13.964/19 – o chamado "Pacote Anticrime" – incluiu na legislação processual penal a figura do Acordo de Não Persecução Penal (ANPP), no qual o Ministério Público poderá realizar o acordo com o autor do delito, desde que preenchidos os requisitos legais, ampliando-se, assim, as hipóteses da chamada justiça negociada no Processo Penal.

Em relação ao tema, observam-se os requisitos legais listados nas alternativas a seguir, à exceção de uma. Assinale-a.
a) A pena em abstrato deve ser inferior a 4 anos, independente se seja hipótese de transação penal de competência do JECrim.
b) O agente não pode ser reincidente.
c) O agente não pode ter sido beneficiado nos últimos 5 anos com o acordo de não persecução penal, transação ou suspensão condicional do processo.
d) A acusação não pode ser crime praticado com violência ou grave ameaça contra pessoa.
e) Não deve ser caso de arquivamento da investigação.

GABARITOS

1 GABARITOS

01	E	02	E	03	A	04	B	05	A
06	C	07	D	08	C	09	D	10	E
11	E	12	E	13	E	14	D	15	E
16	B	17	B	18	D	19	C	20	D
21	D	22	D	23	C	24	A	25	C
26	D	27	C	28	A	29	C	30	D
31	A	32	A	33	B	34	D	35	D
36	C	37	E	38	A				